华中科技大学人文社会科学重大原创性成果培育项目成果

中国新闻传播教育年鉴（2024）

中国新闻史学会新闻传播教育专业委员会
《中国新闻传播教育年鉴》编撰委员会 编

武汉大学出版社
WUHAN UNIVERSITY PRESS

图书在版编目(CIP)数据

中国新闻传播教育年鉴. 2024 / 中国新闻史学会新闻传播教育专业委员会,《中国新闻传播教育年鉴》编撰委员会编. -- 武汉：武汉大学出版社，2024.10. -- ISBN 978-7-307-24618-8

Ⅰ. G210-54
中国国家版本馆 CIP 数据核字第 2024FK4010 号

责任编辑:胡国民　　　责任校对:鄢春梅　　　版式设计:马　佳

出版发行:**武汉大学出版社**　　（430072　武昌　珞珈山）
（电子邮箱:cbs22@whu.edu.cn 网址:www.wdp.com.cn）
印刷:湖北诚齐印刷股份有限公司
开本:787×1092　1/16　印张:69.25　字数:1345 千字　插页:32
版次:2024 年 10 月第 1 版　　2024 年 10 月第 1 次印刷
ISBN 978-7-307-24618-8　　定价:298.00 元

《中国新闻传播教育年鉴（2024）》
顾问委员会

（按姓氏笔划排序）

《中国新闻传播教育年鉴（2024）》
编撰委员会

精彩瞬间回眸

2023年4月8日，"新闻与传播学科双一流建设创新发展交流会"在北京大学新闻与传播学院报告厅成功举行

2023年4月9日，第一届大数据与国家传播战略研讨会暨《寰球民意指数（2023）》发布会在北京举行。此次会议由教育部哲学社会科学实验室大数据与国家传播战略实验、华中科技大学国家传播战略研究院联合举办

2023 年 4 月 15 日，"第十届新闻史论青年论坛暨北京大学新闻学研究会年会"在天津师范大学召开

2023 年 4 月 15 日，以"跨文化传播与跨媒介再造"为主题的第五届"中国影像全球传播"高峰论坛在四川外国语大学举行

2023 年 4 月 15 日，由中国新闻史学会与山东大学主办，山东大学新闻传播学院承办的首届"中国式现代化与文化'两创'论坛"在山东曲阜召开

2023 年 5 月 6—7 日，中国人民大学新闻学院等单位组织召开第三届当代马克思主义新闻观学术研讨会，会议以"新时代新闻舆论与中国式现代化"为主题，来自全国的百余位专家学者参会

2023 年 5 月 10 日，广东外语外贸大学新闻与传播学院院长侯迎忠代表大学与香港大公文汇传媒集团签署战略合作协议

2023 年 5 月 13 日，2023 年新闻传播学院院长论坛在广州东方宾馆举办，此次论坛由暨南大学承办，旨在促进学术交流与合作，助力新闻传播教育的繁荣发展

2023 年 5 月 13 日，由教育部高等学校新闻传播学类专业教学指导委员会主办，暨南大学新闻与传播学院承办的 2023 年新闻传播学院长论坛在广州举行

2023 年 5 月 13 日，在南京大学举办的中国新闻传播教育年鉴编委会第十三次会议上，同时举办了 2022 年度中国新闻传播教育年鉴奖的颁奖典礼，张昆教授向武汉大学新闻学院创院院长吴高福教授颁发杰出院长奖证书

2023 年 5 月 13 日，中国新闻传播教育年鉴编委会第十三次会议在南京大学举行

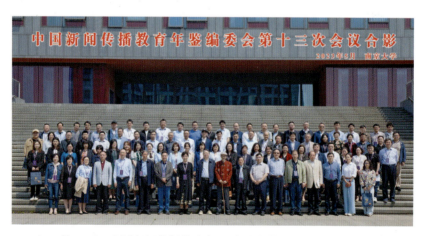

2023 年 5 月 13 日，中国新闻传播教育年鉴编委会第十三次会议在南京大学召开，会议确定了 2024 年版年鉴大纲及编写任务，并遴选了 2023 年度中国新闻传播教育年鉴奖候选者

2023 年 5 月 14 日，中国新闻传播学知识体系创新与学科发展论坛在华南理工大学举办

2023 年 5 月 20 日，中央民族大学新闻与传播学院成立"互联网平台企业发展与治理研究中心"，郭全中教授担任中心主任

2023 年 5 月 27 日，湖南师范大学新闻与传播学院与中国人民大学新闻学院在长沙联合举办"中国式现代化与国际传播能力建设"学术研讨会

2023 年 5 月 27 日，以"提振新闻发布效能　服务党和国家工作大局"为主题的第三届中国新闻发言人论坛在清华大学召开。论坛由国务院新闻办公室、清华大学联合主办，清华大学新闻与传播学院承办

2023 年 5 月 28 日，北京大学新闻与传播学院、北京大学新闻学研究会共同主办"北京大学新闻学研究会与马克思主义在中国的早期传播"专题研讨会

2023 年 5 月 30 日，中国人民大学与中央广播电视总台合作共建的"新时代国际传播研究院"正式成立，签约现场正式发布了"新时代国际传播研究院"首项研究成果——《世界眼中的中国：理念、成就与未来》

2023 年 5 月 31 日，由教育部牵头发起、国内 15 所高校相关研究机构参加的国际传播联合研究院正式成立，该研究院设立在中国传媒大学

2023 年 6 月 3 日，"第三届马克思主义新闻观研究与实践高端论坛"在北京外国语大学召开

2023 年 6 月 4—16 日，河北大学新闻学院代表团访问了韩国全州大学、釜山大学和日本北海道大学、东洋大学、创价大学等 10 所高校

2023 年 6 月 10 日，由中央民族大学、中国新闻史学会主办的首届新闻传播学科女院长论坛在北京举行，来自全国多所高校的新闻传播学院女院长与会，以"凝聚她力量　贡献她智慧"为主题，交流分享学科建设与女教师职业发展

2023年6月17日，吴廷俊教授编著的《大公报全史（1902—1949）》新书首发式暨新闻史研究与教学学术研讨会在天津师范大学召开，全国60余位专家和《大公报》报人后人参加了此次会议

2023年6月24日，"后传播社会·媒介与空间"学术研讨会暨吉林省传播学会第四届代表大会在长春召开，会议由吉林省传播学会和吉林大学新闻与传播学院联合主办，来自全国30多所高校和多家媒体单位120余位专家学者参加

2023 年 6 月 25 日，浙江省新闻传播本科教指委第一次工作会议暨院长论坛在杭州举办，省内 19 所高校的新闻传播学院院长、学科负责人参会

2023 年七八月间，西南政法大学新闻学院大篷车课堂教学：师生沿着桑株古道，穿越喀喇昆仑山，在海拔 5000 多米的色日克克尔达坂合影

2023 年 7 月，云南师范大学与中国新闻史学会应用新闻传播学专业委员会联动全国七所高校共同举办"多彩中国云南行"暑期融媒体实训营

2023 年 7 月 2—6 日，暨南大学第十六期传媒讲习班开班，350 余名学员出席

2023 年 7 月 7 日，新闻传播专业建设与人才培养研讨会暨四川省新闻传播教学指导委员会 2023 年会议在成都体育学院召开

2023 年 7 月 8 日，第十届国家传播战略高峰论坛暨兰州大学新闻传播学科建设研讨会在兰州大学举行

2023 年 7 月 8 日，第四届国家品牌传播论坛暨乡村振兴与品牌传播研讨会在安徽师范大学举行

2023 年 7 月 8 日，由西藏民族大学新闻传播学院主办的少数民族地区高质量发展与国际传播效能提升咨询会在西藏自治区林芝市隆重举行

2023 年 7 月 8 日，在第十届国家传播战略高峰论坛暨兰州大学新闻传播学科建设研讨会上，张昆教授向兰州大学新闻与传播学院赠送大数据与国家传播战略实验室纪念品

2023 年 7 月 22—28 日，第三届全国新闻传播学院院长研修班在武汉成功举办，此次研修班由华中科技大学新闻与信息传播学院承办

2023 年 8 月，"讲好中国故事　构建中国话语叙事体系暨新疆新闻传播教育 40 周年学术研讨会"在乌鲁木齐举行，此次会议由新疆大学新闻学院与中国新闻史学会新闻传播教育史专业委员会联合举办

2023 年 8 月 13 日，由云南大学新闻学院（南亚东南亚国际传播学院）、中国传媒大学新闻传播学部和南亚东南亚大学联盟新闻与传播学分委员会联合主办的"第二届（南亚东南亚）国际传播理论前沿与研究方法研究生暑期学校"开学典礼在昆明市云南经贸宾馆顺利举行

2023 年 8 月 18 日，由中国新闻史学会公共关系专业委员会主办，兰州大学新闻与传播学院承办，兰州大学公共关系与战略传播研究中心协办的中国新闻史学会公共关系专业委员会第七届学术年会在兰州大学召开

2023 年 8 月 21 日，新文科创新发展论坛在浙江大学举行，来自全国高校的 160 多位专家学者参加论坛

2023 年 8 月 30 日，"激情·奉献·廉洁——2023 全国广播电视和网络视听先进事迹报告会"在中央广播电视总台央视 10 套播出，中国传媒大学电视学院党委成为报告会有史以来首个入选的高校单位

2023 年 9 月 8 日，天津大学举办 2023 级新生开学典礼，首届新闻传播学硕士研究生入学

2023 年 9 月 16 日，中国新闻史学会传媒经济与管理专业委员会学术年会暨第六届中国智能媒体传播高峰论坛在上海大学举办。论坛发布了《智能时代中国传媒经济创新发展的五点共识》和《2022 全球中国人工智能媒体发展研究报告》

2023 年 9 月 16 日，中国新闻史学会媒介法规现伦理专业委员会 2023 年学术年会在西南政法大学新闻传播学院召开

2023 年 9 月 23 日，2023 年度中国新闻传播教育年鉴奖定评会暨深圳大学新闻传播学科发展研讨会在深圳举行

2023 年 9 月 23 日，第五届中国新闻史学会地方新闻史专业委员会年会暨"新闻史的在地化与想象力"学术论坛在河南大学举行

2023 年 10 月 9 日，由河南大学新闻与传播学院、上海韬奋纪念馆、上海市中共党史学会、复旦大学新闻学院、上海交通大学韬奋研究院联合主办的第九届韬奋学术研讨会在河南大学举行

2023 年 10 月 14—15 日，第二届中国–东盟传媒与新闻传播教育国际学术研讨会在广西大学举行

2023 年 10 月 14 日，郑州大学新闻与传播学院、新媒体研究院成功举办第七届"新媒体公共传播"学术年会

2023 年 10 月 14 日，中国新闻史学会新闻传播思想史专业委员会 2022—2023 学术双年会暨第九届中外新闻传播思想史论坛在武汉大学新闻与传播学院举行

2023 年 10 月 15 日，西北政法大学、陕西省延安精神研究会、延安市融媒体中心主办的"共建红色平台、共育红色人才、共谱红色未来——《黄河大合唱》专场音乐会"在延安大剧院举行

2023 年 10 月 21 日，《中国新闻传播教育年鉴》十周年纪念丛书编撰会议在河南大学举行

2023 年 10 月 21 日，苏州大学传媒学院承办第七届国际大学生新媒体节暨新媒体原创作品大赛，吸引了来自 100 余所国内外高校的 426 份作品参赛

2023 年 10 月 23 日，中国新闻史学会新闻传播与文化暨《赵玉明教授纪念文集》学术研讨会在北京举行

2023 年 10 月 24 日，复旦大学新闻学院举行"抗战烽烟中的记者、复旦名师"纪念舒宗侨教授诞辰 110 周年座谈会暨主题展，深切缅怀舒宗侨教授的新闻人生和家国情怀，学习传承他勇担历史责任、记录时代的使命意识，大力弘扬教育家精神

2023 年 10 月 27 日，中国特色新闻传播学研究学术研讨会于中国传媒大学召开，来自中宣部、教育部、中国记协、新华社研究院的领导，以及 20 余位全国新闻传播院校的院长出席会议，共同商讨新闻传播学自主知识体系建设

2023 年 10 月 28 日，学习贯彻落实习近平文化思想座谈会 "'讲好中国故事' 系列成果展　第二届中国故事国际传播论坛"在华中科技大学成功举行

2023 年 10 月 28 日，中国近现代新闻团体与社会治理研究学术研讨会在湖北大学拉开帷幕

2023年10月29日，华中科技大学新闻与信息传播学院举办40周年院庆大会

2023年11月4日，"向北开放与周边传播"论坛暨中国周边传播共同体成立大会在黑龙江大学举行

2023 年 11 月 4 日，"中国新闻传播学自主知识体系联盟"启动仪式暨"2023 年中外新闻传播学院院长论坛"举行，40 余所院校的专家学者共聚一堂，共同发起成立"中国新闻传播学自主知识体系联盟"

2023 年 11 月 5 日，学习《习近平外交演讲集》与加强国际传播能力建设研讨会暨第二届党的历史和理论对外传播论坛在浙江大学召开

2023 年 11 月 5 日，亚太传播学会联盟（APCA）在清华大学举办 2023 学术年会，围绕"人工智能时代的传播研究：问题、机遇与展望"进行了深入的研讨与交流

2023 年 11 月 10 日，复旦大学新闻学院与高校新闻学国家教材建设重点研究基地联合举办"中国新闻传播学自主知识体系建构与教材建设院长论坛"，充分研讨中国新闻传播学自主知识体系和教材体系的内涵和建设进路

2023 年 11 月 10 日，广东外语外贸大学新闻与传播学院和广州城市舆情治理与
国际形象传播研究中心共同承办 21 世纪海上丝绸之路国际智库论坛（2023）平行
论坛"构建海洋命运共同体暨湾区国际传播"。来自国内各高校的知名专家学者，
围绕"一带一路"倡议与国家形象、国际传播的价值基础，海洋命运共同体的理
念、传播与影响进行了研讨

2023 年 11 月 11 日，中国新闻史学会 2023 年学术年会在广州白云国际会议中心举行

2023 年 11 月 11 日，中国政法大学光明新闻传播学院与中国人民大学新闻与社会发展研究中心、中国人民大学新闻学院联合举办"中国新闻传播伦理与法规教育教学深研会"

2023 年 11 月 12 日，华南理工大学举办第三届计算广告与数字品牌创新论坛暨国家级一流广告学专业建设研讨会

2023 年 11 月 13 日，中山大学新闻传播学院 20 周年院庆暨第二届智能媒体与公共传播学术论坛在广州举办

2023 年 11 月 14—23 日，云南大学新闻学院与中国传媒大学新闻传播学部、马尼拉雅典耀大学孔子学院联合举办国际青年训练营在昆明开班，来自南亚东南亚国家的国际青年与来自中国传媒大学和云南大学新闻传播学类专业的志愿者们共同完成 5 部以云南为主题的微纪录片

2023 年 11 月 14 日，湖南师范大学新闻与传播学院召开"中国式现代化视域下新闻传播高等教育发展路径"研讨会，来自多所新闻院校的院长和资深专家献言新闻教育发展

2023 年 11 月 15 日，上海大学与黄山市人民政府、黄山学院联合成立上海大学黄山国际传播研究院，并与安徽黄山市联合主办"2023 首届大黄山国际传播论坛"

2023 年 11 月 18 日，《中国新闻传播教育年鉴（2023）》在合肥安徽大学成功地举办首发式

2023 年 11 月 18 日，苏州大学传媒学院成功主办第五届国际传播高峰论坛

2023 年 11 月 18 日，中国新闻史学会新闻传播教育专业委员会暨中国新闻传播教育年鉴编委会 2023 年
学术年会在安徽大学举行

2023 年 11 月 23 日，粤港澳大湾区 (深圳) 2023 国际传播高峰论坛在深圳举行

2023 年 11 月 24 日，"数字时代的卓越新闻传播人才培养：一流本科专业建设研讨会"在复旦大学新闻学院举行

2023 年 11 月 25 日，"互联网与社会发展"第二届研讨会在杭州召开，十余位国内著名学者出席会议，论坛探讨了生成式人工智能时代新闻传播行业发生的重大变革及未来发展趋势

2023 年 11 月 25 日，江苏省新闻传播学年会在苏州举行，此次会议由苏州大学传媒学院承办

2023 年 11 月 25 日，武汉大学新闻传播学科教育四十周年发展大会在汉隆重举行

2023年11月26日，中国新媒体传播学年会在武汉大学新闻与传播学院举行，会议主题为"数字·数据·数智：全球视野与中国经验"

2023年12月1日，中国传媒大学与联合国教科文组织联合主办的"无障碍信息传播与人权保障"研讨会在京召开

2023 年 12 月 2—3 日，首届新闻传播学优秀博士生"弘毅学术论坛"在重庆大学举行

2023 年 12 月 2 日，由兰州大学新闻与传播学院主办的"第一届新时代新闻传播实践教学研讨会暨丝绸之路新闻传播教育联盟年会"在兰州大学逸夫科学馆召开

2023年12月6日，中央民族大学新闻与传播学院举办"8090'青椒'成长分享会"

2023年12月9日，第八届新闻传播学CSSCI来源期刊双年会在南京举行

2023年12月9日，第二届华夏文明传播与企业家精神培育研讨会在河北大学举行。围绕"传播华夏文明，弘扬中华文化，培育新时代企业家精神"，来自厦大、北大、南大等80余所高校200余位嘉宾参加研讨

2023年12月9日，中央民族大学新闻与传播学院成立"中华民族文化传播研究中心"，特聘教授程曼丽担任中心主任

2023 年 12 月 10 日，西安交通大学新闻与新媒体学院、厦门大学新闻传播学院共同主办的"第三届'一带一路'国际传播能力建设论坛"在西安举行

2023 年 12 月 13 日，西藏自治区党委宣传部和西藏民族大学部校共建战略合作协议、共建新闻传播学院合作协议签约仪式暨部校共建新闻传播学院第二届理事会在秦汉校区召开

2023 年 12 月 14—28 日，云南师范大学传媒学院"边疆·传播·国际"工作坊聚焦云南边疆传播，邀请民族学、社会学和传播学专家研讨云南与南亚、东南亚传播关联及其效应

2023 年 12 月 22 日，首届湖南省高校大学生"做马克思主义新闻观的践行者"征文颁奖典礼暨马克思主义新闻观教育创新论坛在湖南大学举办

2023年12月24日，上海大学隆重举行广告学专业设立30周年庆典。上海大学广告学专业于1993年开始招生，是上海高校最早的广告学本科专业

2023年12月29日，中国政法大学光明新闻传播学院主办"中国式现代化进程中的政治传播学"学科建设研讨会

安徽大学新闻传播学院

安徽大学新闻传播学教育发端于1960年，也是改革开放后国内最早设立新闻学科的院校之一。1980年，经安徽省教委（现教育厅）批准开办新闻学专业；1984年，经国家教委（现教育部）批准设立新闻学专业；1998年，学校根据安徽省对新闻人才的实际需求以及新闻专业自身发展的需要，将新闻专业从中文系分出，成立安徽大学新闻学系。

2000年，获得新闻学硕士学位授予权；2003年，与安徽日报报业集团合作共建，成立安徽大学新闻传播学院，同年获得传播学硕士学位授予权；2006年，成为安徽省第一个拥有新闻传播学一级学科硕士学位授予权的单位；2010年，首批获得新闻与传播硕士(MJC)、出版硕士(MP)两个专业硕士学位授予权。2016年，入选"部校共建新闻传播学院"建设单位，中共安徽省委宣传部与我校签署协议共建新闻传播学院；2017年，在教育部第四次学科评估中入选B类学科，跻身安徽大学乃至安徽省优势学科之一；2018年，成功获批新闻传播学一级学科博士点，至此实现本、硕、博人才培养体系全覆盖。2020年，入选安徽省高峰学科；2021年，高峰学科年度考核为优秀等次。

目前，学院开设新闻学、编辑出版学、广播电视学、广告学（于2020年停止招生）、网络与新媒体5个本科专业。学院现有3个国家一流本科建设专业（新闻学、广播电视学和编辑出版学），1个国家级特色专业（新闻学专业），1个国家级实验教学示范中心（安徽大学新闻传播实验教学中心），2门国家级一流课程"新闻采访"和"当代媒介素养"，1门国家级精品课"新闻学概论"，1门教育部精品视频公开课"当代媒介素养"，1本国家级规划教材《简明中国新闻事业史》。建有1个国家新闻出版署智库，1个安徽省哲学社会科学重点实验室（全域认知与国际传播实验室），1个安徽省课程思政建设示范基地（安徽大学马克思主义新闻观研究中心），1个安徽省人文社科重点研究基地（安徽大学舆情与区域形象研究中心），1个部校共建重点平台（安徽大学大数据与智能媒体发展研究中心），共建1个安徽省重点智库（安徽大学创新发展研究院）。

学院现有教职工63人，其中专任教师45人，实验教师5人。专任教师中，教授（正高）14人（交叉学科计划双聘1人）、副教授13人（交叉学科计划双聘3人）、讲师22人；博士生导师8人、硕士生导师37人；全国优秀教师1人，中宣部"宣传思想文化青年英才"1人，"教育部新世纪优秀人才"2人，安徽省特聘教授计划入选者1人，"安徽省学术和技术带头人"入选者3人，安徽省优秀教师2人，安徽省教学名师2人，安徽省教坛新秀3人，享受国务院特殊津贴者1人。

近年来，作为中国新闻传播学科的重要行动者，学院多方连接，探索国际合作、跨校合作的新路径。累计15人次担任中国新闻史学会及各分会等学术组织副会长、常务理事和理事，37人次论文入选ICA、NCA、AEJMC等重要学术会议。2019年，与密苏里大学新闻学院签署"2+2"合作办学协议。2019年，与复旦大学等高校联合发起成立"红色文化传承与马克思主义新闻观教育联盟"。2020年，与中国人民大学、南京大学、浙江大学、中山大学五校共同发起新闻传播学科研究生"青梅论坛"。2019和2020连续举办的"新闻传播学科发展高峰论坛"在学界产生重要影响。2022年以来，多篇咨政报告获得国家主要领导人和省委省政府领导肯定性批示。

河南大学融媒体中心

河南大学新闻与传播学院

　　河南大学新闻与传播学院成立于2002年，是河南省第一所建制成立的新闻与传播学院。专业建设开始于20世纪80年代的编辑出版、播音主持、新闻学、广告学等专业。学院肇创于河南大学开封明伦校区，现坐落于河南大学郑州龙子湖校区。千年文脉的积淀熏陶、国家中心城市的蓬勃活力，与学院的开放精神凝聚于一起，孕育了河南大学新闻与传播学院思想追求蕴藉深沉、学业追求晖光日新的风格。

　　河南大学新闻与传播学院在全国学科排名中位居前列，其中编辑出版学和广告学获批国家级一流本科专业建设点，新闻学、播音与主持艺术、广播电视编导获批省级一流本科专业建设点。学院拥有出版学专业博士学位点，新闻传播学一级硕士学位点、新闻与传播专业硕士学位点和出版专业硕士学位点。学院拥有河南省唯一的国家级新闻与传播实验教学示范中心，与省委网信办共建有河南高校唯一的网络素养教育基地。2017年，中共河南省委宣传部与河南大学签署协议，共建新闻与传播学院。2024年，中宣部与河南大学共建河南大学出版学院。

学院荣誉墙

2023年10月9日，第九届韬奋学术研讨会在河南大学举行

　　2023年10月28日，由河南大学新闻与传播学院、河南焦裕禄干部学院主办，国家级新闻与传播实验教学示范中心、河南大学口语文化传播研究中心协办的河南省播音与主持艺术教育30周年暨"面向智能时代的播音主持艺术实践与教学"学术论坛在河南大学明伦校区举行

南京大学新闻传播学院

南京大学的新闻传播学科，发端于1936年南京大学前身金陵大学孙明经先生创立的"电影与播音专修科"，是中国最早的电影广播教育单位，也是中国影音传播高等教育的起源。1952年，金陵大学与南京大学（由国立中央大学改建）参与国家院系调整，两校文、理学院合并，改设新闻专修科。1986年，南京大学恢复新闻专业教学建制，并于1992年10月正式建系。2003年12月，南京大学成立新闻传播学院。2014年4月，中共江苏省委宣传部和南京大学共建新闻传播学院工作正式启动。2018年秋，学院从鼓楼校区搬迁至仙林校区，新建的院楼占地面积一万多平方米，环境优美，拥有现代化的科研、教学软硬件设施。

学院现有"新闻传播学"一级学科博士学位授予点、"新闻传播学"一级学科硕士学位授予点。学院立足人才培养和学科发展的需要，不断优化学科布局，形成了科学合理的系科设置，并建设了一系列教学、科研和社会服务平台。学院是三个国家二级学会（中国新闻史学会新闻传播思想史研究委员会、中国新闻史学会计算传播学研究委员会、中国高校影视学会广播专委会）和江苏省新闻传播学学会的发起单位和会长单位；学院下设的"南京大学传媒教学示范中心"是目前南京大学文科中唯一的国家级教学示范中心；学院创设的《中国网络传播研究》《传媒经济与管理研究》入选C刊来源集刊，《中国网络传播研究》也入选A刊核心集刊。

学院秉承南京大学诚朴雄伟、励学敦行的百年传统，坚持以马克思主义新闻观为统领，着力培养学生的家国情怀与综合能力。近年来，学院在教学培养模式上积极探索创新，形成了以"不限选专业"的融合式大类教育为基础，以"国际化、前沿化、跨学科"的精英小班式教育为特色，以"学院即媒体"的实践教学理念为依托的新型人才培养模式，形成了马克思主义新闻观课程、传媒实务课程、国情教育系列讲座课程"三位一体"的理论与实践教学体系。开设的新闻学、广告学、广播电视学专业全部入选国家级一流本科专业建设点，多门课程入选国家级一流课程。学院拥有先进的实验教学条件，建有全媒体实验中心、计算传播学研究中心、新闻创新实验室、中德数字营销实验室等多个实验室，为学生在校期间从事新闻生产和媒体实践提供良好环境。

近年来，学院大力推动人才体制机制创新，着力打造一支政治可靠、师德高尚、业务精湛的高素质教师队伍。学院打破传统，与国际新闻学教育接轨，聘任实务教职，吸引业界精英加盟。中央广播电视总台原评论员徐慨、中央广播电视总台"焦点访谈"原主编庄永志、江苏广播电视总台原副台长景志刚等均任教于学院。近年来，学院先后派出6名教师分赴新华日报社、江苏省广电总台挂职，聘任江苏省宣传文化系统25名专家作为行业导师，先后聘任40名资深媒体人为研究生校外导师。

学院确立马克思主义新闻观统领下的以"互联网时代媒介中国转型研究"为"体"，"新闻理论深化和实践创新""智能传播和计算传播"为"翼"的"一体两翼"特色方向格局。为此，我们将夙兴夜寐、日夜兼程，坚持围绕"高标准建设全国一流新闻传播学院"的奋斗目标，回应时代关切、解答时代课题，心系"国家事"、肩扛"国家责"，努力为构建具有中国特色的新闻传播学自主知识体系、培养造就优秀新闻传播后备人才作出新的更大贡献。

深圳大学传播学院

深圳大学新闻传播学科始建于1985年，开办了公共关系专科，1989年开办广告学本科，此后陆续开办了传播学、新闻学、网络与新媒体等本科专业，2006年深圳大学传播学院正式成立。深圳大学传播学院现有新闻系、广告系、网络与新媒体系三个系，分别设有新闻学、广告学、网络与新媒体三个本科专业，三个本科专业均获批国家一流本科专业建设点。

学院具有新闻传播学一级学科硕士学位授予权、专业硕士学位授予权以及一级学科博士学位授予权，2019年获批设立新闻传播学博士后流动站，目前有在在校本科生及研究生近1500人。在2022年软科中国最好学科排名评级中，深圳大学新闻传播学科位居全国前10%,全国第12名；在教育部第五轮学科评估中，深圳大学新闻传播学科也较第四轮再进一步。

学院长期以来非常重视人才培养，在国内最早推行本科毕业设计，开辟了"应用型文科本科毕业设计"的创新性人才实战化培养模式。学院成功建设了两门国家一流课程和四门省级一流课程，获批国家级传媒实验教学示范中心、国家虚拟仿真实验教学项目和国家虚拟教研室，获得三项广东省教学成果奖。

深圳大学传播学院学科特色鲜明，注重将新闻传播学和其他相关学科融合，在计算传播与数字社会发展、数字新闻与媒体文化、数字营销、数字健康传播、国际传播、媒介环境学等研究领域，不断创新拓展。学院建设有三个省级研究机构和两个市级重点研究基地，依托这些科研平台，学院取得了丰硕的研究成果，近年来获得教育部和广东省哲学社会科学优秀成果奖十余项。

粤港澳大湾区国际传播（2023）高峰论坛

本科毕业设计现场

国家级传媒实验教学示范中心

国家级传媒实验教学示范中心

序　言
守正笃实，久久为功

张　昆

　　小学时，老师给我讲了一个故事，至今记忆犹新。大意是在遥远的山区，一个破败的寺庙，有一个老僧收养了一个孤苦无依的男童。男童有一个强烈的愿望，想学习武功以报家仇。老僧答应了孩子的要求，男童便在破庙里住了下来。他每天早上让男童将庙里的一只牛犊抱下山去吃草，下午再抱回破庙，并没有教他具体的招数。如此循环往复，三年过去了。小牛犊变成了一头强壮的公牛，男童也成长为孔武有力的小伙子。小伙子很着急，强烈地要求老僧教他武功，老僧捻须笑着指向旁边一只大石碾，"把它举起来"。小伙子看了看石碾，好大家伙，不下千斤重啊。他疑惑地望着老僧，为难地说，这么重的石碾怎么能举起来？老僧鼓励小伙子：试试嘛，你能行的！小伙子于是扎下马步，抓住石碾的把手，一下子就举起来了，轻轻松松。小伙子放下石碾，恍然大悟，立刻下跪，感谢师恩。

　　这个故事常常出现在我的脑海里，栩栩如生。我也常把它分享给我的学生。在我们的生活中，一方面，经常看到一些人急功近利，无视基础，急切地想学一些可以炫耀的法术，却鲜有成功者；另一方面，不少人没有修炼奇技淫巧，而是专注于基础的夯实，却练就了一身过硬的功夫。我们编撰《中国新闻传播教育年鉴》就是一个例子，没有炫目的法术，没有惑人的技巧，有的只是死办法、笨功夫，大量的人力资源投入，不急不躁，稳扎稳打，不求闻达，默默耕耘，硬是把一件大家看起来不可能的事情办起来了，甚至办得风风火火，令人称道！

　　今天我又要为《中国新闻传播教育年鉴（2024）》撰写序言，这是自 2016 年第一部《中国新闻传播教育年鉴》出版以来的第九部年鉴。在中华文化语境下，以奇数为阳，偶数为阴。《黄帝内经·素问》曰："天地之至数，始于一，终于九焉。"此处九是最大阳数，超过九就要进一位，又回到一了，所谓九九归一，就是这个意思。同时，汉字的

"九"又通"久"，具有长久、永恒的含义。教育是永恒的事业，新闻传播教育也是如此，《中国新闻传播教育年鉴》的编撰出版，也需要紧随社会的步伐，与时俱进，长期坚持，久久为功。

一、践行使命，恪守正道

《中国新闻传播教育年鉴》是在中国新闻史学会新闻传播教育专业委员会的学术平台上汇聚全国新闻传播教育界的有生力量倾力打造的一款公共知识产品，其主要的目的，就是全面、客观地记录中国新闻传播教育自身的历史，揭示新闻传播教育界存在的各种问题，展现新闻传播教育界重要的人物群像，梳理新闻传播教育改革的经验教训，集纳新闻传播教育的一手数据。一直以来，新闻界、新闻传播学术界大多关注社会焦点热点、重视政治经济军事等各界重要人物，审视重点行业领域的发展变迁，但是对于新闻传播教育界自身，对于新闻教育工作者，对于新闻传播教育存在的问题，对于新闻传播教育改革的重点难点及路径，却很少关注，这是一个不能饶恕的疏忽。我们在新闻传播教育界安身立命，却无视新闻教育本身的存在、问题及其价值，这是说不过去的。作为历史学者，我们固然要关注社会历史的变迁，更应该重视我们自身及置身其中的新闻传播教育行业本身演进的脉络，这是历史赋予的、不容推卸的使命。

万事万物皆有历史，新闻传播事业也不例外，新闻传播教育也是如此。不了解对象的历史，就无法解读对象的现状，更难以预测、顺应对象的未来趋势。历史学是一门基础学科，但是又具有重要的现实意义和实践价值。历朝历代的政治家、思想家都非常重视历史学的镜鉴作用。我们今天处在一个大变革的时代，正处于百年未有的大变局之中。社会结构转型、传媒生态变革、教育需求变化，使得高等教育尤其是新闻传播教育面临着严峻的挑战。我们只有摆脱现实的藩篱，跳出三界之外，站在历史的理论高度，以穿越时空的洞察力，才能透过复杂的现象，看清新闻传播教育变幻的内在本质。

《中国新闻传播教育年鉴》的编撰出版，是涉及新闻传播教育、新闻传播学科发展的重大"基建工程"，也是当代新闻传播教育史研究的重要前提。对于新闻传播学科而言，作为学科知识体系基础的新闻传播史、新闻传播教育史研究，是构成新闻传播学科知识体系的重要板块。《中国新闻传播教育年鉴》荟萃的原始数据、资料及研究成果，对于新闻传播学知识体系的完善、拓展、提升，具有重要的价值。在这个意义上，《中国新闻传播教育年鉴》的编撰乃是我辈同仁必须恪守遵循、精心耕耘的学术正道，义之所在，舍我其谁？

二、勤勉踏实，日新又新

自第一部《中国新闻传播教育年鉴》出版以来，编撰委员会围绕年鉴的编撰出版展开了卓有成效的工作，不仅保证了《中国新闻传播教育年鉴》的正常出版，而且在编撰出版业务方面不断改进，日渐完善。从编辑部的组织完善到撰稿者的选择培养，从选题的确定到各类文稿质量标准的制定，从相关信息采集、甄别、确认，到编写、审稿、修订、出版、发行诸环节，从编委会日常运行到编委会职能的拓展，逐步地形成了一套比较完备的制度规范，从而确保了编委会的运行效率。这便是《中国新闻传播教育年鉴》硬实力的体现。就像前面故事中提及的男童，经过几年的苦练，已经具备了轻易举起千斤石碾的能力。但是这还不够，学术研究与武功的修炼，都是漫无止境的过程。在不同的阶段，修炼重点各有不同。在打下武功根底、夯实学术基础之后，有武技的修炼，更有研究方法的推陈出新、研究视角的适当转换、研究空间的持续拓展，以及研究成果的精益求精。

最近一段时间，《中国新闻传播教育年鉴》编委会武汉编辑部认真讨论了编委会的重新编组问题，根本的目标是激发编委会的想象力和创造力。经过近 10 年的努力，编委会成员由当初的 20 多人发展到 100 余人。但是，编委会的活动及功能一直没有根本的变化，几乎所有的创意、选题、编撰、组织、协调等工作，都是出自编辑部。2024 年 5 月，在宁夏大学召开的第十五次《中国新闻传播教育年鉴》编委会上，正式讨论并通过了编委会编组方案。根据年鉴编撰工作的需要，决定在编委会下设立 21 个专题研究小组，确定了召集人。每个研究小组都确立了特定的研究范围，并被赋予组稿、提名等权限。

21 个专题小组分别是外国新闻传播教育研究小组，召集人为武汉大学周茂君教授；新闻教育人物研究小组，召集人为辽宁大学程丽红教授；新闻传播教育研究小组，召集人为陕西师范大学许加彪教授；新闻传播教育改革小组，召集人为重庆大学郭小安教授；新闻传播教育政策研究小组，召集人为华中科技大学何志武教授；院系研究小组，召集人为南京大学张红军教授；学生事务研究小组，召集人为深圳大学巢乃鹏教授；综合类高校研究小组，召集人为中国人民大学李彪教授；理工类高校研究小组，召集人为华南理工大学陈刚教授；师范类高校研究小组，召集人为南京师范大学庄曦教授；民族类高校研究小组，召集人为中央民族大学毛湛文教授；外语类高校研究小组，召集人为四川外国语大学刘国强教授；政法类高校研究小组，召集人为西南政法大学李佩教授；财经院校研究小组，召集人为北京工商大学王擎教授；体育院校研究小组，召集人为成都体育学院石磊教授；地方高校研究小组，召集人为河北大学韩立新教授；本科生研究小组，召集人为山东大学刘明洋教授；研究生研究小组，召集人为中国人民大学邓绍根教授；教材研究小组，召集人为南京财经大学刘洋育教授；评估、竞赛、评奖研究小组，召集人为中南民族大学陶喜红教授；编务出版研究小组，召集人为王一鸣博士。

各专题研究小组的成立，将激活《中国新闻传播教育年鉴》编委会潜在的能量，其召集人和小组成员将在各研究领域积极主动地展开有组织的学术研究，及时发掘新的资料，拓展新的研究空间，尝试新的研究方法，为年鉴提供越来越丰富的资源供给；同时在体系建构、质量标准、运行规范方面，可以更加广泛地吸纳各位编委、召集人的合理化建议，从而达到至善的境界。

三、一如既往，持之以恒

回顾《中国新闻传播教育年鉴》编委会10年来创业历程，可谓步履维艰。2014年末在华中科技大学召开中国新闻史学会新闻传播教育史专业委员会换届会议时，我第一次提出创办中国新闻传播教育蓝皮书(年鉴)作为学会的核心工作，以服务新闻教育界为宗旨。为此，必须在学会的平台上成立蓝皮书(年鉴)编撰委员会。这是基于新闻传播教育史专业委员会的本质定位而提出的战略调整，当时获得了大家的一致赞同。但是谁也没有想到，这一步迈出竟走出了我们的阳关大道，同时也带来许多意想不到的困难。在当时，我们都知道，要出版一本书不难，但是要持续不间断地出版大部头的年鉴，则是难以想象的。它不仅需要大量经费的支撑，包括出版费、稿费、编辑费、购书费等，别说个人，就是一个普通的学院都难以承担；而且每部120万字左右的篇幅，全方位覆盖整个新闻传播教育的全过程，其数据资料的采集、文稿的撰写编辑需要一个强大的学术团队。而我们基本上没有任何基础，属于零起步。困难摆在面前，我们没有害怕，而且信心十足。因为我们切实地感到，这是发展新闻传播教育的需要，是国家的需要，既然有这个需要，那么我们的工作自然会得到社会的支持。

就是在这一认知的基础上，我们启动了《中国新闻传播教育年鉴》的编撰出版工作，果然获得了教育界同仁的理解。首先是华中科技大学新闻与信息传播学院，赞助了年鉴出版费用；紧接着，一系列兄弟新闻院系纷纷解囊相助。第一部年鉴顺利出版，第二部、第三部也相继问世，保障年鉴得以出版的众筹制度也逐步完善起来。年鉴编委会每年线上筹集资金的情景，极富戏剧性，令人感慨不已。我一般是在上午8：30，在编委会群里发出募集通知，而当天下午下班前，所需资金全部可以到位。学术界同仁难以相信能够以这种模式支持一部大规模年鉴的长期出版，所以很多人由衷地佩服《中国新闻传播教育年鉴》编撰委员的运筹模式。还有来自新闻教育界之外的资助，如传媒茶话会的专项赞助中国新闻传播教育年鉴奖。随着年鉴影响力的扩大，终于引起了社会上公益基金的关注。2024年，《中国新闻传播教育年鉴》编委会正式得到了广东颐养健康慈善基金会的资助，第一笔30万元已经到账。经费保障的难题得以解决，消除了后续发展的诸多不确定性，我们对中国新闻传播教育的未来更加充满了信心。

当然，经费问题不是唯一的。在经费之外，还会出现一系列新的问题困扰中国新闻传播教育年鉴编委会的运作，甚至影响到年鉴的学术品质。其一，现在我们围绕着《中国新闻传播教育年鉴》，建设了全公益性的公共产品矩阵，包括《中国新闻传播教育年鉴》不同版本、中国新闻传播教育年鉴奖、全国新闻传播学院院长研修班、微信公众号镜鉴工作室等。这些产品彼此依托，相辅相成，在服务新闻传播教育方面，发挥着不可替代的作用。在此基础上，编撰委员会还准备发起筹建中国新闻传播教育博物馆，这是一个全新的领域，但是与《中国新闻传播教育年鉴》息息相关。除此之外，《中国新闻传播教育年鉴》编撰委员会将不再涉足其他领域，而将精力集中于与年鉴编撰出版、院长培养、教育博物馆筹建等事务上，心无旁骛，贯彻始终，致力于我们能够做好的事情。其二，《中国新闻传播教育年鉴》编撰委员会已经覆盖全国，囊括了不同类型的高校新闻学院，编委会成员超过了100人。人力资源充沛是件好事，可以集思广益，干活的人多，可以干更多的事情；但是人多了思想、意志可能就比较难以统一，如果坚持己见，各拉各的车，反而会影响编委会的工作效率。所以，编委会当务之急便是求同存异，在发扬学术民主的基础上，来达至理念、行为的统一。

从第一部年鉴到第九部年鉴，不过十年功夫，相对于百年大计的新闻传播教育事业，我们还只是开了一个头。十年的经验看起来比较丰富，成绩也比较突出，但是相对于漫长的教育事业，我们还真是没有骄傲的资本。将来的路还很长，我们还须团结努力，一如既往，持之以恒。

看着厚实的《中国新闻传播教育年鉴（2024）》，心情有些激动，委实难以平静。我们本是一些平凡人，干着平凡的工作，不慕富贵，不求闻达，本可以作为一个普通教员终其一生，但是我们有幸生活在一个伟大的时代，使得本来平凡的职业变得不平凡。当我们以团队的力量结成一个休戚与共的命运共同体时，我们这些渺小的个体也承担起伟大的使命。面对时代的机遇与挑战，我们没有退缩，没有推脱，而是大步向前，勇敢地接受了挑战。《中国新闻传播教育年鉴》便是我们奉献给这个时代、奉献给新闻教育界的礼物，它凝聚了我们的心血，融会了我们的智慧，承载了我们的使命、责任和情怀。随着年鉴的出版，我们年鉴人也随着成长，我们的心灵、人格、精神也逐渐地变得高尚起来。与其说是我们成就了年鉴，不如说是年鉴成就了我们。在这里，我要真诚地代表所有一起耕耘的年鉴人，向我们的终极作品——《中国新闻传播教育年鉴》表示崇高的敬意！

　　是为序。

目　　录

1. 总 论 篇

1.1 2023 年度中国新闻传播教育发展总论

2023 年，是卓越新闻人才培养计划实施 10 周年。① 中国新闻传播教育，在新老国家相关战略、政策的接续指引下，迎来并且表现出新的发展动向与生机。新闻传播学作为高等教育的一级学科，在专业设置上以服务国家发展为基础进一步调整优化改革方案；新闻传播学本科名单更替，学科专业交叉融合、复合型拔尖创新人才培养模式不断凸显，尤其是"网络与新媒体"专业在"强交叉"的人才培养思路下，被多所高校设为新增专业；新闻传播学同设计学、政治学、信息与通信工程、法学、外国语言文学等多学科的交叉、联动趋势更为显现；此外，国际传播教育在 2023 年更是势如破竹般发展，多所高校揭牌成立国际传播研究院，各类围绕"国际传播"为议题的相关学术交流层出不穷，反映了当前新闻传播教育在全球化、信息化等国际交流与传播环境下的又一前进方向。需要注意的是，习近平文化思想的首次提出，为新时代思想文化宣传工作与新闻传播教育工作指引了一条新的道路。

1.1.1 服务国家发展·突出优势特色·强化协同联动，新闻传播学科教育调整优化向高质量发展

2023 年 3 月 21 日，教育部会同国家发展改革委、工业和信息化部、财政部、人力资源社会保障部，5 部门印发《普通高等教育学科专业设置调整优化改革方案》（以下简称《改革方案》），就调整优化高等教育学科专业设置工作作出部署。

---

① 2013 年 6 月 9 日，教育部、中宣部联合实施卓越新闻传播人才教育培养计划，发布《关于加强高校新闻传播院系师资队伍建设实施卓越新闻传播人才教育培养计划的意见》。

《改革方案》的发布，是为了全面贯彻落实党的二十大精神，进一步落实党中央、国务院关于深化新时代高等教育学科专业体系改革的决策部署，加快调整优化学科专业结构，推进高等教育高质量发展，服务支撑中国式现代化建设。

《改革方案》强调，学科专业设置调整优化改革要面向世界科技前沿、面向经济主战场、面向国家重大需求、面向人民生命健康，引导高校在各自领域争创一流，走好人才自主培养之路。《改革方案》提出了服务国家发展、突出优势特色、强化协同联动的战略思路和原则。

《改革方案》的工作目标是：到 2025 年，优化调整高校 20% 左右学科专业布点，新设一批适应新技术、新产业、新业态、新模式的学科专业，淘汰不适应经济社会发展的学科专业；基础学科特别是理科和基础医科本科专业点占比进一步提高；建好 10000 个左右国家级一流专业点、300 个左右基础学科拔尖学生培养基地；建设具有一定国际影响力、对服务国家重大战略需求发挥重要作用的学科，形成一大批特色优势学科专业集群；建设一批未来技术学院、现代产业学院、高水平公共卫生学院、卓越工程师学院，建成一批专业特色学院，实现人才自主培养能力显著提升；到 2035 年，高等教育学科专业结构更加协调、特色更加彰显、优化调整机制更加完善，形成高水平人才自主培养体系，有力支撑建设一流人才方阵、构建一流大学体系，实现高等教育高质量发展，建成高等教育强国。

《改革方案》要求改进高校学科专业设置、调整和建设工作，即加强学科专业发展规划，加快推进一流学科建设，完善学科专业建设质量保障机制等。其中，加快新文科建设，要求构建中国特色哲学社会科学，建构中国自主的知识体系，努力回答中国之问、世界之问、人民之问、时代之问，彰显中国之路、中国之治、中国之理；推动文科间、文科与理工农医学科交叉融合，积极发展文科类新兴专业，推动原有文科专业改造升级；强化重点领域涉外人才培养相关专业建设，打造涉外法治人才教育培养基地和关键语种人才教育培养基地，主动服务国家软实力提升和文化繁荣发展；推进文科专业数字化改造，深化文科专业课程体系和教学内容改革，做到价值塑造、知识传授和能力培养相统一，打造文科专业教育的中国范式。这为新闻传播教育的专业设置、人才培养模式和发展方向等明确了新的要求，指明了前进的道路。

《改革方案》要求强化省级学科专业建设统筹和管理。即加强学科专业设置统筹，严格学科专业检查评价，开展人才需求和使用情况评价。

《改革方案》要求优化学科专业国家宏观调控机制。即切实发挥学科专业目录指导作用，完善学科专业管理制度，加强学科专业标准建设和应用，深入实施一流学科培优行动和一流本科专业建设"双万计划"，深入实施"国家急需高层次人才培养专项"，加强专业学院建设，健全学科专业调整与人才需求联动机制，"一校一案"狠抓落实。

以上要求，体现了《改革方案》坚持问题导向，聚焦人才培养；并深入回答了学科专业设置调整优化改革改什么、怎么改、谁来改这一系列的问题。

教育部高等教育司负责人就《改革方案》相关问题答记者问时明确指出："近年来，我国高等教育学科专业结构调整工作深入推进，目前全国普通高校本科专业布点总数6.6 万个，较 2012 年新增 1.7 万个，撤销和停招了近 1 万个专业点，每年调整幅度将近5%，专业动态调整力度之大前所未有，推进了一场数量足够多、力度足够大、频度足够高的专业结构改革。"①普通高等教育学科专业设置调整优化改革，既是形势所趋，也是响应习近平总书记高度重视学科专业设置工作的号召，强调要优化同新发展格局相适应的教育结构、学科专业结构、人才培养结构的顺势而为。

1.1.2 新闻传播学本科专业名单更替，"网络与新媒体"见长

2023 年 4 月 4 日，教育部公布了 2022 年度普通高等学校本科专业备案和审批结果，新增备案专业 1641 个、审批专业 176 个（含 150 个国家控制布点专业和 21 种、26 个目录外新专业），调整学位授予门类或修业年限专业点 62 个。

据统计，此次专业增设、撤销、调整共涉及 2800 余个专业布点，占目前专业布点总数的 4.5%。从学科门类看，新闻传播学所涉专业数量不多，有 63 个，其中新增本科专业名单 36 个，新增撤销专业名单 27 个。总体来看，新闻传播类本科专业类型结构和区域布局结构进一步优化，高校主动服务经济社会发展的意识和能力进一步增强。

1.1.2.1 新闻传播类相关专业新增备案

新增网络与新媒体专业的高校共计 18 所，占比 50%。其中教育部直属高校为中国矿业大学，各省、自治区及直辖市所属高校为天津工业大学、山西工商学院、长春科技学院、哈尔滨信息工程学院、三江学院、温州理工学院、蚌埠工商学院、阳光学院、潍坊科技学院、青岛恒星科技学院、泰山科技学院、河南财政金融学院、武汉轻工大学、广东培正学院、广西民族师范学院、广西外国语学院、重庆移通学院。

新增国际新闻与传播专业的高校共计 7 所。其中教育部直属高校为山东大学，中央

---

① 教育部高等教育司负责人就《普通高等教育学科专业设置调整优化改革方案》答记者问［EB/OL］.［2023-04-04］. http://www.moe.gov.cn/jyb_xwfb/s271/202304/t20230404_1054223.html.

统战部直属高校为暨南大学，外交部直属高校为外交学院，国家民族事务委员会直属高校为中央民族大学，各省、自治区及直辖市所属高校为浙江越秀外国语学院、四川外国语大学成都学院、西藏民族大学 3 所。

新增新闻学专业的高校共计 4 所。其中教育部直属高校为陕西师范大学，工业和信息化部直属高校为北京航空航天大学，中国社会科学院直属高校含为中国社会科学院大学（二年制），各省市及自治区及直辖市所属高校为石家庄学院。

新增传播学专业的高校共计 2 所，为河南开封科技传媒学院、西南财经大学天府学院。新增广告学专业的高校共计 1 所，为天津外国语大学滨海外事学院。新增广播电视学专业的高校共计 1 所，为浙江工业大学。新增新媒体技术专业的高校共计 1 所，为山西传媒学院。新增数字出版专业的高校共计 1 所，为长春科技学院。新增时尚传播专业的高校共计 1 所，为郑州西亚斯学院。

1.1.2.2　新闻传播类撤销专业

撤销广告学专业的高校共计 15 所，占比约 56%。其中，国家体育总局直属高校为北京体育大学，各省、自治区及直辖市所属高校为山西工商学院、内蒙古科技大学、沈阳航空航天大学、沈阳建筑大学、大连艺术学院、吉林艺术学院、湖州师范学院、滁州学院、赣南师范大学、南昌应用技术师范学院、青岛大学、商丘学院、湖北工业大学、新疆艺术学院。

撤销广播电视学专业的高校共计 4 所，为宜春学院、井冈山大学、南阳师范学院、湖北工程学院。

撤销新闻学专业的高校共计 3 所，为湖州学院、商丘学院、新疆艺术学院。

撤销编辑出版学专业的高校共计 3 所，为临沂大学、湖北恩施学院、昆明理工大学。

撤销传播学专业的高校共计 2 所，为聊城大学东昌学院、云南师范大学。

1.1.3　新闻传播学获 2022 年高等教育国家级教学成果奖 6 项

2023 年 5 月 15 日，教育部高等教育司发布《关于 2022 年高等教育（本科）国家级教学成果奖拟授奖成果的公示》。公示名单显示，新闻传播学共获得 2022 年高等教育（本科）国家级教学成果奖拟授奖成果 6 项。其中，中国传媒大学共获得 2 项国家级教学成果奖；中国人民大学、复旦大学、华中科技大学、暨南大学分别获得 1 项新闻传播学国家级教学成果奖；郑州大学获得 1 项（研究生）国家级教学成果奖。

1.1.4　新闻传播学第二批国家级一流本科课程名单①

2023 年 5 月 30 日，教育部公布第二批国家级一流本科课程名单，认定 5750 门课程为第二批国家级一流本科课程。其中，线上课程 1095 门，虚拟仿真实验教学课程 472 门，线上线下混合式课程 1800 门，线下课程 2076 门，社会实践课程 307 门；从数据分析中可知，新闻传播学认定的第二批国家级一流本科课程有 115 门。按课程建设类型分类，包括线上一流课程 23 门、虚拟仿真实验教学一流课程 4 门、线下一流课程 45 门、线上线下混合式一流课程 29 门、社会实践一流课程 14 门。公告指出，这是教育部实施一流本科课程"双万计划"以来推出的第二批国家级一流本科课程。目前国家级一流课程数量已经过万。

整体来看，新闻传播学有 115 门课程获得第二批国家一流本科课程认定，在 5751 门课程中占比为 2%。相比于首批认定的 84 门课程，不仅总数增加了 31 门，认定比例也从 1.64%提升到了 2%。这表明，新闻传播院校提高了对国家级一流本科课程申报工作的重视，新闻传播学科得到了国家级一流本科课程认定工作的进一步认可。

1.1.4.1　第二批新闻传播学国家级五大"金课"整体状况

新闻传播学有 115 门课程获得第二批国家一流本科课程认定，在国家级五大"金课"中均占有一定比例。

相比于首批国家级一流本科课程的认定，在线上一流课程认定总数整体下降的背景下，新闻传播学所占比例从首批的 1.28%上升到第二批的 2.10%。在虚拟仿真实验教学一流课程认定总数大幅提升的情况下，新闻传播学所占比例从首批的 3.16%大幅下降到第二批的 0.85%。在线下一流课程认定总数大幅提升的背景下，新闻传播学所占比例从首批的 1.50%上升到第二批的 2.17%。在线上线下混合式一流课程认定总数大幅提升的情况下，新闻传播学所占比例从首批的 0.92%上升到第二批的 1.60%。在社会实践一流课程认定总数大幅提升的背景下，新闻传播学所占比例从首批的 3.26%上升到第二批的 4.56%。

与首批国家级一流本科课程相比，第二批新闻传播学国家级一流本科课程呈现百花齐放的趋势。在首批 83 门新闻传播学国家一流本科课程中，有 24 门课与"新闻采访与写作"密切相关，占全部课程的近 30%。而在第二批中，同类课程往往不会超过两三

---

①　第 2 批新闻传播学专业国家一流本科课程花落谁家？镜鉴工作室独家统计分析［EB/OL］.［2023-04-12］. https：//mp. weixin. qq. com/s/_TGTRBpoQm6f8mFQTA0E7Q.

门，获得认定的 115 门课程基本覆盖全国新闻传播院校的所有课程。

1.1.4.2 第二批新闻传播学国家级一流本科课程学校排名

在第二批新闻传播学国家级一流本科课程学校排名方面，中国传媒大学以 17 门课程位列高居第一位，包括线上一流课程 6 门，虚拟仿真实验教学一流课程 1 门，线下一流课程 7 门，线上线下混合式一流课程 2 门，社会实践一流课程 1 门。北京师范大学以 5 门课程位列第二位，包括线上一流课程 3 门，虚拟仿真实验教学一流课程 1 门，线上线下混合式一流课程 1 门。

中国人民大学、浙江传媒学院、山西传媒学院等 3 所高校分别建设 3 门新闻传播学国家级一流本科课程。中国人民大学承担线上一流课程 1 门，虚拟仿真实验教学一流课程 1 门，线上线下混合式一流课程 1 门。浙江传媒学院承担线上一流课程 1 门，线上线下混合式一流课程 1 门，社会实践一流课程 1 门。山西传媒学院承担线下一流课程 3 门。

暨南大学、清华大学、南昌大学、华中科技大学、复旦大学、上海交通大学、中山大学、江西师范大学、广西艺术学院、上海外国语大学、郑州大学、山东艺术学院等 11 所高校分别建设 2 门新闻传播学国家级一流本科课程。北京外国语大学等 60 所高校分别建设 1 门新闻传播学国家级一流本科课程。

1.1.4.3 哪些新闻传播学院的老师爱上课、上得好

清华大学梁君健、浙江大学韦路、山东大学倪万、暨南大学谷虹、暨南大学刘涛、清华大学崔保国、武汉体育学院张德胜、郑州大学郑素侠、中山大学张志安、暨南大学支庭荣、北京师范大学王长潇 11 位课程负责人承担了两门新闻传播学国家级一流本科课程。这体现出相关高校新闻院系及其教师对一流本科课程建设的重视。

此外，张德胜教授、何志武教授、严励教授、周茂君教授、薛可教授主讲的本科课程成功进入第二批国家级一流本科课程行列！应特别指出的是，张德胜教授是"梅开二度"。一名教授主讲两门国家级一流课程，十分罕见。

1.1.4.4 还有机会：第三批国家级一流本科课程认定工作陆续启动

2023 年 3 月 29 日，《教育部高等教育司 2023 年工作要点》发布。其中明确提出，以系列"101 计划"为引领，全面夯实教育教学"新基建"，印发实施《普通高等教育学科专业设置调整优化改革方案》，修订本科专业设置管理规定，完善专业设置管理机制，调整优化学科专业结构，打造特色优势学科专业集群。深入实施一流课程建设"双万计

划"，公布第二批国家一流本科课程名单，组织开展第三批国家一流本科课程认定工作。强化教材建设与管理，开展"十四五"本科国家级规划教材建设，加强教材工作统筹指导。深化实验教学改革，加快"虚仿 2.0"建设，加强国家级实验教学示范中心、虚拟仿真实验教学中心建设指导。

一流本科课程"双万计划"是教育部贯彻落实习近平总书记关于教育的重要论述，坚持立德树人根本任务，推动高等教育高质量发展的重要行动。第二批国家级一流本科课程以高阶性、创新性、挑战度为标准，推动教学理念、课程结构、课程内容和教学方式方法等方面的改革，在提高课程质量、推动课堂革命等方面取得了重要成效。与首批一流本科课程相比，第二批课程主要有三个显著特点：覆盖范围更广、课程结构更优和课堂改革更深入。这反映出中国式教育现代化和高等教育高质量发展新要求，在落实国家教育数字化战略，大力推动先进教育理念、数字化优质资源和创新性教学方法应用于教育教学改革的时候，更加注重线上课程、虚拟仿真实验课程的开放共享，提升线上线下混合式课程认定数量，进一步鼓励线下课程有效运用智慧教室等新技术手段开展教学改革，加快教育教学的新形态形成。

1.1.5　新闻传播学新增 69 个自设二级学科、27 个自设交叉学科

前文提到，2023 年 3 月 21 日，教育部会同国家发展改革委、工业和信息化部、财政部、人力资源社会保障部，印发《普通高等教育学科专业设置调整优化改革方案》。该方案要求改进高校学科专业设置、调整、建设工作，推动文科间、文科与理工农医学科交叉融合，积极发展文科类新兴专业，推动原有文科专业改造升级。为进一步响应国家政策，顺应普通高等教育学科专业设置的发展趋势，2023 年 10 月 9 日，教育部公布《学位授予单位(不含军队单位)自主设置二级学科和交叉学科名单》，名单对原新闻传播学、风景园林学、医学技术、工商管理、公共管理、图书情报与档案管理、艺术学理论、音乐与舞蹈学、戏剧与影视学、美术学等一级学科及其下设二级学科和依托上述一级学科设置的交叉学科进行了相应调整。之前已按原二级学科或交叉学科入学学生的培养仍按原学科执行。

1.1.5.1　学位授予单位(不含军队单位)自主设置二级学科名单①

新闻传播学作为一级学科，共计 37 所高校自主设置 69 个二级学科，详见表 1-1。

---

① 本名单截至 2023 年 6 月 30 日。

表 1-1　2023 年度新闻传播类学位授予单位（不含军队单位）自主设置二级学科名单

单位名称	自设学科名称	单位名称	自设学科名称
北京大学	新媒体学	上海理工大学	数字出版与传播
			艺术传播
中国人民大学	传媒经济学	上海外国语大学	广告学
	广播电视学	上海社会科学院	舆论学
	国际传播	厦门大学	广告学
北京印刷学院	出版学		汉语国际推广
	传媒经济与管理	浙江大学	电视电影与视听传播学
中国农业大学	广播电视学与数字传播		文化产业学
	发展传播学	江西师范大学	传播社会学
中国传媒大学	广播电视学	河南大学	编辑出版学
	广告学		广告与媒介经济
	传媒经济学	武汉大学	广告与媒介经济
	编辑出版学		跨文化传播
	国际新闻学	武汉理工大学	数字出版
	舆论学	华中科技大学	公共关系学
	传媒教育		广告与媒介经济
	语言传播		广播电视与数字媒体
	国家治理与政治传播	华东政法大学	数字传媒与文化产业
中央财经大学	广告学与传媒经济学	深圳大学	政治传播学
天津师范大学	新媒体与数字传播	暨南大学	广告学
天津外国语大学	广告学		广播电视学
河北经贸大学	跨文化传播		国际传播
	影视文化传播	广州大学	区域传播
	视听新媒体传播	广东外语外贸大学	跨文化传播与国际传播
吉林大学	网络与新媒体	广西大学	传媒经济学
黑龙江大学	艺术传播		广告学
复旦大学	广告学	重庆工商大学	广告学
	广播电视学		传媒经济学
	媒介管理学		

单位名称	自设学科名称	单位名称	自设学科名称
四川大学	广播电视学	四川省社会科学院	数字出版与文化产业
	广告与媒介经济	西安外国语大学	新媒体与国际传播
	编辑出版学	西北政法大学	法制新闻与传媒法
	网络与新媒体		网络政治传播学
	符号学		

此外，与新闻传播学相关的自主设置二级学科的学位单位还有：南昌航空大学的一级学科马克思主义理论，设马克思主义新闻传播学；武汉体育学院、广州体育学院的一级学科体育学，设体育新闻传播学；西南民族大学的一级学科中国语言文学，设民族文学与新闻传播学。

1.1.5.2 学位授予单位(不含军队单位)自主设置交叉学科名单①

新闻传播学作为所涉及一级学科，共计有17所高校的27个自设学科进入该名单，详见表1-2。

表1-2 **2023年度新闻传播类学位授予单位(不含军队单位)自主设置交叉学科名单**

单位名称	自设学科名称	所涉及一级学科(排名不分先后顺序)
清华大学	信息艺术设计	新闻传播学、计算机科学与技术、设计学
北京印刷学院	文化产业管理	马克思主义理论、工商管理学、新闻传播学
北京外国语大学	区域国别研究	政治学、法学、外国语言文学、管理科学与工程、新闻传播学
	亚非地区研究	法学、政治学、外国语言文学、新闻传播学
中国传媒大学	文化产业	新闻传播学、艺术学、设计学
	新媒体	新闻传播学、信息与通信工程
	互联网信息	新闻传播学、信息与通信工程、设计学
	信息传播学	新闻传播学、信息与通信工程、中国语言文学

① 本名单截至2023年6月30日。

续表

单位名称	自设学科名称	所涉及一级学科（排名不分先后顺序）
中国政法大学	人权保障	法学、民族学、哲学、新闻传播学
河北大学	语言文化与世界文明	中国语言文学、新闻传播学、中国史
黑龙江大学	跨文化沟通与国际传播	外国语言文学、新闻传播学、政治学
华东政法大学	传播法学	法学、新闻传播学、公共管理学
	法治文化	法学、外国语言文学、新闻传播学
	法律与语言	外国语言文学、法学、新闻传播学
上海大学	数字媒体创意工程	新闻传播学、信息与通信工程
	语言文化与世界文明	中国语言文学、新闻传播学、世界史
安徽师范大学	文献资源保护与利用	中国语言文学、新闻传播学、中国史、计算机科学与技术
河南大学	文化产业学	新闻传播学、工商管理学、中国史
武汉大学	戏剧影视文学	哲学、中国语言文学、新闻传播学
	数字传媒	新闻传播学、软件工程、信息资源管理
华中师范大学	科学传播与科学教育	教育学、新闻传播学、中国史、物理学、管理科学与工程
湘潭大学	文化旅游	新闻传播学、中国史、工商管理学
湖南师范大学	文化资源与文化产业	中国史、新闻传播学、中国语言文学
	会展传播学	新闻传播学、理论经济学、工商管理学
暨南大学	中华文化传承传播	中国语言文学、中国史、新闻传播学、政治学、世界史
四川大学	中华文化国际传播	中国语言文学、外国语言文学、新闻传播学
	边疆学（边疆政治学，边疆经济学，边疆社会学，边疆史地）	理论经济学、法学、新闻传播学、中国史、公共管理学

1.1.6 习近平文化思想首次提出，新时代宣传思想文化工作与教育工作迈向新道路

2023 年 10 月 7—8 日，全国宣传思想文化工作会议在京召开。值得关注的是，此次会议首次提出了习近平文化思想。此外，中央宣传思想工作领导小组也更名为中央宣传思想文化工作领导小组。

全国宣传思想工作会议对于我们来说或许并不陌生，其是党的新一届中央委员会诞生后必开的重要会议。如在党的十八大召开后，全国宣传思想工作会议于 2013 年 8 月 19—20 日召开，习近平总书记作"8·19 讲话"；在党的十九大召开后，全国宣传思想工作会议于 2018 年 8 月 21—22 日召开，习近平总书记作"8·21 讲话"；而此次召开的全国宣传思想文化工作会议，是党的二十大召开后的一次重要会议，习近平总书记对宣传思想文化工作作出重要指示，指出宣传思想文化工作事关党的前途命运，事关国家长治久安，事关民族凝聚力和向心力，是一项极端重要的工作。

与以往相比，此次召开的全国宣传思想文化工作会议，有以下几点需要我们在今后的思想文化工作及与之相辅相成的教育工作中关注：

一是，在会议名称上增加了"文化"两字。

二是，在内容上，强调要紧紧围绕学习贯彻习近平文化思想，围绕贯彻党的二十大关于文化建设的战略部署，切实增强做好新时代新征程宣传思想文化工作的责任感使命感，推动各项工作落地见效。坚持不懈用习近平新时代中国特色社会主义思想凝心铸魂，在真学真懂真信真用、深化内化转化上下功夫。巩固壮大奋进新时代的主流思想舆论，以强信心为重点加强正面宣传，提高舆论引导能力。广泛践行社会主义核心价值观，改进创新精神文明建设工作。促进文化事业和文化产业繁荣发展，推动中华优秀传统文化保护传承。加强和改进对外宣传工作，增强中华文明传播力影响力。坚决有效防范化解意识形态风险，敢于亮剑、敢于斗争。加强党对宣传思想文化工作的全面领导，落实政治责任，勇于改革创新，强化法治保障，建强干部人才队伍，为担负起新的文化使命提供坚强政治保证。要以钉钉子精神把各项任务要求落到实处，不断增强工作能力本领，提高工作质量效能，在建设社会主义文化强国、建设中华民族现代文明的奋斗和实践中展现新气象新作为。

三是，新时代宣传思想文化工作有了新的文化使命，即围绕在新的历史起点上，继续推进文化繁荣、建设文化强国、建设中华民族现代文明这一新的文化使命，坚定文化自信，秉持开放包容，坚持守正创新。

四是，新时代宣传思想文化工作有七个着力点：着力加强党对宣传思想文化工作的

领导，着力建设具有强大凝聚力和引领力的社会主义意识形态，着力培育和践行社会主义核心价值观，着力提升新闻舆论传播力、引导力、影响力、公信力，着力赓续中华文脉、推动中华优秀传统文化创造性转化和创新性发展，着力推动文化事业和文化产业繁荣发展，着力加强国际传播能力建设、促进文明交流互鉴。

习近平总书记在新时代文化建设方面的新思想新观点新论断，内涵十分丰富、论述极为深刻，是新时代党领导文化建设实践经验的理论总结，丰富和发展了马克思主义文化理论，构成了习近平新时代中国特色社会主义思想的文化篇，形成了习近平文化思想。习近平文化思想既有文化理论观点上的创新和突破，又有文化工作布局上的部署要求，明体达用、体用贯通，明确了新时代文化建设的路线图和任务书，标志着我们党对中国特色社会主义文化建设规律的认识达到了新高度，表明我们党的历史自信、文化自信达到了新高度，并将在我国社会主义文化建设中展现出了强大伟力，为做好新时代新征程宣传思想文化工作、担负起新的文化使命提供了强大思想武器和科学行动指南。

新闻传播学作为高等教育的一级学科，要发挥学科优势，承担起新的文化使命。新闻传播学一要担负起学习、宣传、研究、阐释习近平文化思想的新使命，要发挥学科优势和理论优势，加强习近平文化思想的体系化研究和学理化阐释，坚持不懈用习近平文化思想推动中国特色社会主义新闻学、马克思主义新闻观等的发展；二要担负起培养担当民族复兴大任时代新闻人的新使命，教育、引导新闻传播学子投入实现中华民族伟大复兴的奋斗当中；三要担负起构建中国自主知识体系的新使命，加强"新文科"建设，培育新时代中国特色、中国风格、中国气派的新文化；四要担负起融通中外文化、增进全球文明交流互鉴的新使命，以习近平文化思想"着力加强国际传播能力建设、促进文明交流互鉴"为着力点，大力发展国际传播教育，培养能够讲好中国故事、塑造国家形象的国际传播人才。

1.1.7   国际传播教育及相关学术研究发展星罗棋布

2021年5月31日，习近平总书记在中共中央政治局就加强我国国际传播能力建设进行第三十次集体学习会议上发表重要讲话："讲好中国故事，传播好中国声音，展示真实、立体、全面的中国，是加强我国国际传播能力建设的重要任务。要深刻认识新形势下加强和改进国际传播工作的重要性和必要性，下大气力加强国际传播能力建设，形成同我国综合国力和国际地位相匹配的国际话语权，为我国改革发展稳定营造有利外部舆论环境，为推动构建人类命运共同体作出积极贡献。"[1]习近平总书记在讲话中要求，

---

[1]   习近平 . 习近平谈治国理政(第四卷)［M］. 北京：外文出版社，2022：316.

更好发挥高层次专家作用，利用重要国际会议论坛、外国主流媒体等平台和渠道发声；建强适应新时代国际传播需要的专门人才队伍；加强国际传播的理论研究，掌握国际传播的规律，构建对外话语体系，提高传播艺术；把国际传播能力培养作为重要内容，加强高校学科建设和后备人才培养，提升国际传播理论研究水平等。

2023 年，在习近平总书记关于加强国际传播能力建设重要讲话发表两周年之际，多所新闻传播学院系、研究院及主流媒体平台在习近平总书记对提升国际传播能力、培养国际传播人才、搭建国际传播平台等多方面要求的指引下，大力发展国际传播，尤其是各大高校及其新闻传播院系在国际传播学科建设、人才培养等方面猛下功夫；并会同中宣部、教育部、外文局、中央广播电视总台等多方一齐朝着加强国际传播能力建设迈进；此外还不断加强同各国国际传播专家学者的交流，深入开展各种形式的人文交流活动。在此多方努力加强国际传播能力建设的环境下，据不完全统计，2023 年各大高校及新闻传播院系组织筹建、成立国际传播研究院 6 所，召开围绕国际传播及其相关议题的学术会议论坛 20 余次，我国国际传播教育及相关学术研究发展呈现出星罗棋布的繁荣局面。

1.1.7.1 全球南方国际传播论坛举行，华东师大国际传播研究院揭牌成立①

2023 年 5 月 4 日，以"传播，为了团结"为主题的全球南方国际传播论坛在上海开幕，华东师范大学国际传播研究院同步揭牌成立。此次论坛由中央党校(国家行政学院)国际传播研究中心、中国外文局当代中国与世界研究院、华东师范大学国际传播研究院主办，华东师范大学传播学院协办。论坛旨在联络世界范围内进步知识分子，团结来自全球南方国家及地区的进步媒体，分享与交流中国和全球南方各地区的媒体实践经验，促成各国高校、智库、媒体等各类机构多元合作，为促进和平与发展的世界命运共同体贡献力量。来自中国、印度、加纳、赞比亚、南非、巴西、美国等国家和地区的百余名相关研究人员及媒体从业人员参会。

当下，各国学术界对于西方中心主义信息生产和传播范式的反思与批判与日俱增。在此背景下，做好新形势下国际传播工作的重要意义更为凸显，因此，新闻传播学者与媒体从业者肩负着新的历史使命。如何建立突破西方媒体霸权的统一战线，重塑国际舆论格局，成为此次论坛的重点议题。

开幕式由华东师大传播学院院长王峰主持，华东师范大学副校长顾红亮在开幕式上

---

① 全球南方国际传播论坛举行，华东师大国际传播研究院揭牌[EB/OL]. [2023-05-05]. https://wmzx.ecnu.edu.cn/cc/ed/c35428a511213/page.htm.

指出，当下世界形势深刻变化，中国和全球南方比以往任何时候都更需要加强团结合作，"只有为了团结的传播，才能够让我们共享机遇、共创未来；才可以使我们真正守望相助、携手共进，促进世界和平与发展"。

在此次论坛上，华东师范大学国际传播研究院宣布成立并正式揭牌，吕新雨教授担任研究院院长。该研究院的联合机构包括中国外文局当代中国与世界研究院、上海音像资料馆、浙江大学传媒与国际文化学院、上海外国语大学新闻传播学院、云南大学新闻传播学院、贵州大学文学与传媒学院、西藏民族大学新闻传播学院、上海马酷文化传播有限公司。

据了解，华东师范大学国际传播研究院将立足于双一流综合性国际高校国际化优势，聚焦我国当前国际传播热点与重点问题领域，整合世界范围内跨学科学术资源和传媒资源，尤其着力发展全球南方国家与地区的国际传播平台和网络，面向全球南方受众开展多层次、多渠道的国际传播实践，逐步建设形成我国面向全球南方开展国际传播工作的综合性、战略性、专业性研究机构，为我国在全球南方构建可信可爱可敬的国际形象提供理论与实践上的支持。

1.1.7.2　北京大学国际传播研究院揭牌，"面向未来的国际传播：理论与实践"研讨会召开①

2023 年 5 月 9 日，北京大学国际传播研究院揭牌仪式，暨"面向未来的国际传播：理论与实践"研讨会在北京大学英杰交流中心举办。来自业界和学界的多名国际传播领域专家学者齐聚一堂，共同见证研究院的成立，并围绕国际传播相关议题展开交流讨论。

会议开幕式由北京大学新闻与传播学院党委书记唐金楠主持。他指出，此次研讨会的举行恰逢北京大学建校 125 周年和习近平总书记考察北大五周年，此次研讨会为学习贯彻党的二十大精神、开展主题教育提供了重要契机，北京大学新闻与传播学院期望与会专家学者通过学术研究和实践经验的分享，为我国国际传播事业贡献智慧和力量。

北京大学社会科学部部长强世功指出，做好国际传播，首先需要转变观念，使新闻传播与文化传播成为自主性更高的领域，主动发力、主动作为；其次，国际传播要注重受众需求和体验，提升中国文化产品在国际市场的竞争力；最后，积极利用北大的跨学科平台，通过不同专业的碰撞结合，打造自主知识体系。

---

①　北京大学国际传播研究院揭牌仪式暨"面向未来的国际传播：理论与实践"研讨会举行［EB/OL］．［2023-05-12］．https：//news.pku.edu.cn/xwzh/8db8e4ad624644a28af4ee 63039a88af.htm.

北京大学国际传播研究院院长程曼丽表示，北京大学国家战略传播研究院更名为北京大学国际传播研究院之后①，将继续扮演研究平台和高端智库的角色，积极开展国际传播工作，为主流媒体及各类传播主体的国际传播实践活动提供策略建议，为构建具有中国特色的国际传播学科体系、学术体系、话语体系贡献力量。

会议的主旨论坛由北京大学新闻与传播学院副院长王维佳主持。来自新华社、中国公共关系协会、中国国际广播电台、中国外文局当代中国与世界研究院、中国传媒大学、清华大学等多家主流媒体、研究院、高校的专家学者，在主旨论坛上，就国际传播当前的发展实践、面临的新形势、未来的发展图景等多个问题发表了观点。

新华社原副社长兼常务副总编辑马胜荣从传播理念、话语权、讲故事、创意推动和新技术挑战五个角度讨论了国际传播实践中的几个问题；中国公共关系协会副会长、中国国际广播电台原副台长夏吉宣结合当下国际局势，提出了国际传播的几点思考，他指出，现阶段我国的国际传播在传播贴近性、选题针对性、报道平衡性、传播战略性上存在一定问题，需要把握传媒功能，完成国际传播的战略目标；中国传媒大学副校长段鹏以中华礼赞项目为例介绍和分析了中国国际传播在媒介虚拟叙事实践研究方面的探索；中国外文局当代中国与世界研究院副院长孙敬鑫从供给侧、需求侧、现阶段、整体外部环境四个维度探讨了后疫情时代国际传播面临的新形势；清华大学新闻与传播学院教授史安斌结合 ChatGPT 的发展现状，讨论 ChatGPT 为代表的生成式人工智能对国际传播与话语体系构建产生的影响，他表示，面对真伪难辨的传播现状，需要建设中国的自主叙事体系，通过跨国数字基础设施建设、国际体系的再框架化、优化政策叙事、统合国家对内对外身份认知等方式展开探索。

1.1.7.3 中央广播电视总台与中国人民大学联合成立"新时代国际传播研究院"②

2023 年 5 月 30 日，在习近平总书记关于加强国际传播能力建设重要讲话发表两周年之际，中央广播电视总台与中国人民大学合作共建的"新时代国际传播研究院"正式成立。

习近平总书记对中央广播电视总台国际传播工作高度重视，多次发来贺信，并作出一系列重要指示批示。5 年来，总台用心用情传播好领袖思想，生动鲜活讲好中国故

---

① 2015 年，北京大学国家战略传播研究院成立；2022 年 12 月，经学校批准，原"北京大学国家战略传播研究院"更名为"北京大学国际传播研究院"。

② 揭牌！中央广播电视总台与中国人民大学"新时代国际传播研究院"成立[EB/OL].［2023-05-30］. https：//news. cnr. cn/native/gd/20230530/t20230530_526269440. shtml.

事，在全球定调引领能力持续增强，在国际舆论场上的声音越来越响、地位越来越重、朋友越来越多。习近平总书记给予总台"国际传播力骤升"的充分肯定。"新时代国际传播研究院"正式成立，是总台进一步贯彻落实习近平总书记重要讲话精神的一项创新举措，是推动国际传播理论与实践创新融合的一次强强联合，是总台与中国人民大学共同提升国际传播效能的一次双向奔赴。总台将与中国人民大学共同打造全球舆论生态与区域国别传播战略研究体系、全球民意与舆情追踪调研体系、国际传播人才培养体系、国际交流对话体系等，继续讲好中国故事、传播好中国声音，着力推动重塑全球舆论生态。

在成立仪式上，中央广播电视总台编务会议成员、CGTN主任范昀与中国人民大学党委副书记、副校长胡百精代表双方签署《中央广播电视总台与中国人民大学共建"新时代国际传播研究院"战略合作协议》，还在活动现场正式发布了"新时代国际传播研究院"首项研究成果——《世界眼中的中国：理念、成就与未来》全球民意与舆情追踪调研蓝皮书。

罗马尼亚前总理阿德里安·讷斯塔塞，英国知名学者、前剑桥大学高级研究员马丁·雅克，美国当代著名传播学者、美国新闻与大众传播学会前会长帕米拉·休梅克，巴黎第二大学校长史蒂芬·布朗尼耶，俄罗斯联邦外交部、莫斯科国立国际关系学院副院长安德烈·拜科夫，巴黎地缘政治学院院长阿里·拉斯宾等通过视频向"新时代国际传播研究院"成立表示祝贺。他们表示，在经历世纪变革的今天，国与国之间的沟通交流至关重要，希望"新时代国际传播研究院"能够更好地介绍和阐释中国的理念，促进文化交流与互鉴。

据介绍，"新时代国际传播研究院"致力于加强多元国际传播主体之间的协作，通过将中央广播电视总台的实战实践经验与中国人民大学的理论研究能力紧密结合，加快构建中国话语和中国叙事体系，为全面提升我国国际传播效能探索新路径。

1.1.7.4　地方政府、高校共建上海大学黄山国际传播研究院①

2023年上半年，黄山市人民政府、上海大学和黄山学院合作共建了上海大学黄山国际传播研究院。6月27日，三方签署了共建协议，并在上海中心大厦举行了上海大学黄山国际传播研究院揭牌仪式。三方合作共建的目的是进一步链接全球资源，推动黄山国际化传播，更好地展示真实立体全面的"大黄山"。从而更好地讲述中国故事、传

---

① 2023首届大黄山国际传播论坛顺利举办［EB/OL］．［2023-11-19］．https：//mp. weixin. qq. com/s/3bIs3qbujsUJPFg2sTMKfg.

播中国声音、展现中国形象。

11月15日，由黄山市市政府、上海大学和黄山学院共同主办，大黄山国际传播研究院、黄山市新闻办、上海大学新闻传播学院、黄山学院文化与传播学院和国际新闻传播教育联盟共同承办的"2023首届大黄山国际传播论坛"在安徽黄山市召开。上海大学党委书记成旦红在致辞中表示："由上海大学、黄山市人民政府、黄山学院三方合作成立的上海大学黄山国际传播研究院，为上海大学与黄山市和黄山学院开展深度合作、更好地服务于文化强国和长三角一体化国家战略，提供了非常好的契机，搭建了合作平台。上海大学愿意发挥自身的学科专业优势，在讲好黄山故事、传播黄山声音、展现黄山形象方面，积极发力，主动作为，多作贡献，继续跟黄山市和黄山学院开展更加全面、丰富而深入的交流与合作。"

开幕式上，上海大学新闻传播学院党委书记王晴川发布了15项黄山国际传播研究院2024年度课题，其中包括"黄山红色文化资源开发与延伸价值研究""文化与旅游深度融合发展的黄山模式研究"等。

1.1.7.5 中国外文局中国翻译研究院同上海大学合作建立"国际传播人才培养基地"①

2023年11月25日，中国外文局中国翻译研究院与上海大学正式签署国际传播人才培养基地合作协议并举行授牌仪式。中国外文局副局长、全国翻译专业学位研究生教育指导委员会主任委员于涛代表中国翻译研究院颁发"国际传播人才培养基地"牌匾，欧阳华代表上海大学出席授牌仪式。

据悉，此次签约授牌标志中国外文局中国翻译研究院与上海大学正式建立合作关系。国际传播人才培养基地将致力于扎根中国大地，坚持以人才培养为导向，探索"中华外译+诗礼文化+文明互鉴+国际传播"的学科融合发展途径，着力培养具有全球视野和符合新时代中国特色社会主义现代化建设发展需要的高层次国际传播人才，推动学术研究成果的多语种翻译与国际传播，从事中华文明国际传播力及影响力研究，加深各国文明和文化的沟通与理解，推动中外人文交流。

当天，新时代对外话语创新高峰论坛暨第三十五届韩素音国际翻译大赛颁奖典礼成功举办。论坛由中国外文局指导，中国翻译协会、中国翻译研究院、当代中国与世界研究院和西安外国语大学主办，上海大学协办。上海大学承办主题分论坛"中华文明对外

---

① 签约合作! 这个国际传播人才培养基地正式授牌 [EB/OL]. [2023-11-26]. https：//mp. weixin. qq. com/s/3VDsDZL7zf7PppznkExeeA.

传播与对外话语体系创新"。

此外，11 月 14 日，由国际新闻传播教育联盟主办、上海大学新闻传播学院承办的"2023 年国际新闻传播教育联盟理事会会议"在黄山学院文化与传播学院举行，来自国内外的新闻传播学专家共同探讨"全球连接时代的新闻传播教育与研究"这一重要问题。

1.1.7.6　山东大学建设研讨新闻传播学院国际传播实验室（筹）实验项目①

2023 年 9 月 14 日，山东大学新闻传播学院国际传播实验室（筹）实验项目建设研讨会举行。副院长倪万、副院长邱凌，实验中心主任于智源以及国际传播方向骨干教师、学生共同参与讨论，为国际传播实验室（筹）软硬件内容建设建言献策。

倪万介绍了山东大学新闻传播学院实验室建设服务学科专业和教学科研的基本情况，强调此次国际传播实验室是国际传播方向的重要支撑，也是实验中心在 2023 年度的重点任务。邱凌指出，国际传播实验室应以培养具有国际视野和跨文化交流能力的新闻传播人才为核心目标，同时也要为教学科研提供充足数据和实训资源。此外，针对国际传播实验室建设的方案，与会专业教师和学生围绕课程教学、实践和科研数据支撑等方面进行了讨论。

据了解，山东大学新闻传播学院后续将充分挖掘专业方向实验环节，引入优质数字内容，为学院师生专业实验实训提供保障。

1.1.7.7　中国—孟加拉国国际传播学术研讨会举办②

2023 年 5 月 18 日，由西安交通大学新闻与新媒体学院举办的"中国—孟加拉国国际传播学术研讨会"成功举行。来自孟加拉国文科大学 Habib Mohammad Ali 助理教授与数十名师生就中国—孟加拉国国际传播、孟加拉国媒介生态、孟加拉国涉华报道等问题进行深入讨论，分享国际学术研究的新问题、新思路、新方法。

西安交通大学新媒体学院党总支副书记吴锋提到，此次研讨会对今后进一步开展国际传播研究提供了新思路。他认为，在百年未有之大变局之际，作为区域国际传播的重要组成部分，面向孟加拉国讲好"中国故事"，对于建设中国特色国际传播体系具有重要意义。

---

① 新闻传播学院组织国际传播实验室（筹）实验项目建设研讨［EB/OL］.［2023-09-28］.
https：//www.jc.sdu.edu.cn/info/1102/9210.htm.
② 西安交大新媒体学院举办中国-孟加拉国国际传播学术研讨会［EB/OL］.［2023-05-23］.
http：//news.xjtu.edu.cn/info/1219/196501.htm.

在交流环节，在座师生与 Habib Mohammad Ali 就孟加拉国媒介印刷媒介的未来、网红产业、社交媒体使用、国际传播等问题开展热烈讨论。

1.1.7.8 西安交通大学新闻与新媒体学院多次召开"中国—中亚"国际传播学术研讨会①

2023 年 5 月 24 日，西安交通大学新闻与新媒体学院"中国—中亚"国际传播学术研讨会召开，区域国际传播研究团队全体成员参加会议。

西安交通大学社科处处长梅红肯定了新闻与新媒体学院在中国—中亚国际传播研究中作出的努力。结合教育部社科司近年来的工作要点，她强调要加强智库建设，紧跟国家需要、关注社会热点；推进创新团队的建设，利用好平台，推动学科交叉，通过国际组织、国别区域、国际传播整体推进。

外国语学院院长陈向京从区域国别学科建设出发，强调今后可以结合外国语学院的语言优势和新闻与新媒体学院的传播优势，在文工交叉基础上，切实推进"文文交叉"，以"一带一路"国际传播为目标，通过跨学院招生、合作导师的方式，将团队真正联合起来，把研究落在实处。

在此次会议中，中国—中亚国际传播研究团队成员张铁云、徐婧、沈霄、张窈、刘彦、邹霞、刘丹、赵一菲等老师分别结合自己的研究关注，对中亚区域传播中的各类问题进行了具体内容分享，并就学院支持设立的 14 个项目展开了深入的学术交流与研讨。团队成员一致表示，作为古丝绸之路的起点、"一带一路"重要节点城市，西安有着得天独厚的地缘优势，在中国—中亚高质量共建中发挥着重要作用。作为丝绸之路大学联盟的发起者，西安交通大学既是人才培养的高地，也是科学研究的重镇，更是中国与中亚高校学术交流的桥梁。团队将立足自身学科特色与功能，紧跟国家战略发展需求，为共同构建更加紧密的中国—中亚命运共同体作出交大贡献。孙鹤立表示，学院通过设立项目，目的是积极开展跨院、跨学科合作，拓展区域国际传播研究的新空间。

无独有偶，2023 年 10 月 7 日，西安交通大学新闻与新媒体学院再次召开"中国—中亚"国际传播学术研讨会。学院哈萨克斯坦访问团队成员、区域国际传播研究团队教

---

① 新媒体学院召开"中国—中亚"国际传播学术研讨会［EB/OL］.［2023-06-01］. http：//news. xjtu. edu. cn/info/1219/196983. htm；西安交通大学新闻与新媒体学院：分享经验，共谋未来：西安交大新媒体学院召开中国—中亚国际传播研讨会［EB/OL］.［2023-10-10］. http：//xmtxy. xjtu. edu. cn/info/1033/9421. htm.

师代表及学院博士生、硕士生代表等参加会议。新媒体学院院长兼党总支书记马忠表示，学院布局中国—中亚国际传播研究是对国家战略的精准把握，也是主动将学院科研特色融入国家重大需求的生动实践。据了解，西安交通大学新闻与新媒体学院组建有中亚出访团队，团队教师在此次会议上分别结合相关出访经历分享了心得体会。

此外，西北大学研究院马光华研究馆员结合绘画艺术、建筑艺术、语言文化、服装文化、民居文化、教育合作、经济贸易等案例，向大家介绍中国与中亚地区文化交流的历史脉络与时代镜像，认为中国多种文化经由"一带一路"在中亚五国之间进行了极大的传播与传承，同时中亚文化艺术也进入中国。

1.1.7.9 "Z世代与全球传播"2023国际传播学会前会举办①

2023年5月25日，上海外国语大学举办国际传播学会（International Communication Association，ICA）第73届年会——"Z世代与全球传播"国际传播会前会。据了解，此次会议是上海外国语大学新闻传播学院建院40周年庆祝活动之一。

在此次会议上，来自国内外的33位学者通过线上线下相结合的方式分享了自己的学术成果，深入探讨了Z世代与全球传播之间的关系。

西班牙萨拉曼卡大学的特聘教授、宾夕法尼亚州立大学的媒介特聘教授Homero Gil de Zuniga带来以"Zoomers、千禧一代、X世代和婴儿潮一代：'新闻发现我'感知作为媒体效应均衡器的影响及对全球传播的影响"为题的主旨演讲。他探讨了新闻如何作为媒体效应均衡器影响不同世代的观点，并对全球传播产生的影响进行了论述。

在分主题论文汇报环节，国内外学者从媒介使用、儿童新闻、人工智能以及数字行动主义各方面探讨"Z世代"与全球传播的关系。此次会议共设两场专题讨论，主题分别为："媒介使用和Z世代的世界观"（Media Use and Gen Z's World View）和"儿童与新闻：经验教训和未来方向"（Children and News：Lessons Learnt and Future Directions）。

在研究论文系列汇报环节，与会者分别分享了涉及健康信息获取行为、新闻消费模式、粉丝与偶像关系、社交媒体对全球视野的影响、人工智能与Z世代、数字行动主义等多个研究领域的最新成果。

会议议题还包括跨世代比较研究，探讨了不同世代在社交媒体上的行为、影响者真实性的感知、新闻消费模式等议题。来自中国香港中文大学的学者还分享了关于中国Z世代与其他世代的新闻消费模式的跨国比较研究。

---

① 上外成功举办"Z世代与全球传播"2023国际传播学会前会［EB/OL］．［2023-05-31］．http：//www.sjc.shisu.edu.cn/_t2/98/ec/c56a170220/page.htm.

1.1.7.10　湖南师范大学召开"中国式现代化与国际传播能力建设"学术研讨会①

2023 年 5 月 27 日，"中国式现代化与国际传播能力建设"学术研讨会在湖南师范大学召开。此次会议与中国人民大学新闻学院联合举办，以深入学习贯彻党的二十大精神和习近平总书记关于国际传播的重要论述，全面推进学习贯彻习近平新时代中国特色社会主义思想主题教育走深走实。与会专家围绕湖湘文化与国际传播、中国特色哲学社会科学"三大体系"与国际传播、中国式出版现代化与国际传播三个主题，展开了深入的学术交流。

湖南师范大学党委书记蒋洪新指出，2021 年 5 月 31 日，习近平总书记从党和国家事业发展全局的战略高度，就国际传播的重大理论和实践问题作了全面深刻的阐述，为推进新时代国际传播能力建设指明了目标方向，提供了根本原则。习近平总书记对国际传播的战略谋划，也让国际传播研究迎来了重要的战略机遇期。两年来，国内新闻传播学者在国际传播领域开展了丰富多样的课题研究，取得了可喜的理论进展。

与会专家围绕三个主题，展开了深入的学术研讨。专家们一致认为，研讨会在讲好中国故事、传播好中国声音，展现可信、可爱、可敬的中国形象，服务我国国际传播能力建设，全面提升国际传播效能，构建与我国综合国力、国际地位相匹配的国际话语体系等方面产生了丰硕的理论成果。专家们就如何加强国际传播能力建设，讲好中国式现代化故事，提出了建议和意见：要切实增强做好新形势下国际传播工作的责任感和使命感，创新思路方法手段，提高对外宣传水平和水平，切实提高国际传播能力，更好地传播中国声音，展示中国形象。

1.1.7.11　教育部、中宣部联合 15 所高校召开国际传播后备人才培养与智库建设研讨会②

2023 年 5 月 31 日，在习近平总书记关于加强国际传播能力建设重要讲话发表两周年之际，由教育部社会科学司、中宣部国际传播局指导，中国传媒大学主办的国际传播后备人才培养与智库建设研讨会在北京举行。教育部国际传播联合研究院牵头中国传媒大学及首批 14 所联合高校，北京大学、清华大学、中国人民大学、北京师范大学、北京外国语大学、复旦大学、上海外国语大学、浙江大学、武汉大学、华中科技大学、中山大学、暨

---

① "中国式现代化与国际传播能力建设"学术研讨会在我校召开［EB/OL］.［2023-05-28］. https：//www. hunnu. edu. cn/info/1121/16048. htm.

② 国际传播后备人才培养与智库建设研讨会学术研讨会在中国传媒大学成功举办［EB/OL］.［2023-06-07］. https：//sgpa. cuc. edu. cn/2023/0607/c5735a209478/page. htm.

南大学、云南大学、宁夏大学等高校领导和专家学者，围绕准确把握"两个大局"、培养国际传播高层次人才，充分发挥高校智库作用、服务国际传播重大战略两个议题展开深入研讨。会上，由中国记协和中国传媒大学共同建设的中外记者交流研究中心成立揭牌。

在分议题一"准确把握'两个大局'，培养国际传播高层次人才"环节，北京大学新闻与传播学院院长陈刚表示，作为首批联合高校，要以国际传播联合研究院这个平台为依托，协同作战推动国际传播人才培养不断发展。国际传播人才培养，要重视政治素养、语言能力、学习能力的培养，不断加强特色教育和个性化培养。

在分议题二"充分发挥高校智库作用，服务国际传播重大战略"环节，华中科技大学学术委员会副主任张昆认为国家形象以往更多的是关注媒体对国家形象的呈现，而较少关注到公众对于国家形象的综合认知，民意调查就显得尤为重要，华中科技大学教育部大数据与国家传播战略实验室的"公众对于国家形象的认知和判断"课题在这一领域作了积极探索。

此次学术研讨会系统深入贯彻习近平总书记"5·31"和"4·25"重要讲话精神，着眼新时代国际传播新形势新任务新要求，打造务实、高效的中外新闻交流与研究平台，形成高等教育服务国际传播能力建设的强大合力。国际传播各路大军齐聚中传，共谋国际传播后备人才培养与智库建设之计，共商教育部国际传播联合研究院高质量建设之路，为讲好中国故事，塑造可信、可爱、可敬的中国形象贡献力量。

1.1.7.12 同济大学举办第二届国际传播论坛，专家学者共话"读懂中国——中华文明标识的国际传播"①

2023年9月2日，以"读懂中国——中华文明标识的国际传播"为主题的第二届国际传播同济论坛举行，来自社会各界的领导、专家学者齐聚一堂，共同探讨中华文明国际传播的途径与方法。

同济大学校长郑庆华在开幕式并致辞中指出，在当下信息时代，国际传播面临着挑战，如何用年轻一代喜闻乐见的方式加强国际传播是亟待探讨的问题，举办这次国际传播论坛具有重要意义。国际传播要以语言、文化为载体，实现技术、教育、经济、贸易等领域的合作交流。同济大学拥有学科的多样性及其生态的丰富性，既以工科见长，又在人文学科方面优势明显。因此，跨学科的大合作、大协同势在必行，人文学科的价值也能得到充分发挥。

---

① 同济大学举办第二届国际传播论坛，专家学者共话"读懂中国——中华文明标识的国际传播"[EB/OL].[2023-09-04]. https://news.tongji.edu.cn/info/1003/84986.htm.

据了解，此次论坛共设有"梳理中华文明的标识""展示中华文明的精髓""提升国际传播效能"三个议题。

1.1.7.13 首届话语研究与国际传播高端论坛在山西大学举办①

2023年9月15—17日，"首届话语研究与国际传播高端论坛"在山西大学召开。会议由山西大学外国语学院和上海交通大学外国语学院马丁适用语言学研究中心联袂举办。来自高校和研究机构的20余位知名专家学者出席会议并发言，来自全国56所高校的116名外语教师、学者和研究生参会学习。

据了解，此次论坛旨在推进话语分析和国际传播研究内部各理论、各流派之间的交流与沟通，站在国家战略发展的高度，探讨如何更好地用中国理论阐释中国实践，用中国实践升华中国理论，用有力量、有深度、有广度的话语更加充分鲜明地展现中国故事及其背后的思想力量和精神力量，为我国突破西方话语体系障碍，努力在国际舆论场形成中国修辞、中国表达，引导国际社会全面客观地认识当代中国指明方向。

会议主旨发言分为三大板块：话语与国际传播理论建构、话语与国际传播实证探索和话语与国际传播新方法应用。

论坛上，与会专家学者和学人共商新时代话语研究和话语传播大计，积极探讨中国对外话语体系服务国家战略的研究路径，为在话语传播中实现中国话语的可对话性、可理解性和可接受性，用我们的话语自信和话语优势阐释中国的价值观念、维护中国的国家利益提出了切实可行的方案。

1.1.7.14 华南理工大学：粤港澳大湾区国际传播研究院成功举办咨政报告写作工作坊②

2023年9月20日，粤港澳大湾区国际传播研究院举办"咨政报告写作工作坊"。粤港澳大湾区国际传播研究院副院长罗韵娟教授，在论及举办咨政报告写作工作坊的背景及开办此次工作坊的意义时表示，此次工作坊的举办旨在提升新闻与传播学院师生咨政能力水平，学习咨政报告写作的方法和技巧，加大建言成果转化力度，推进新型智库建设，服务大湾区国际传播能力建设。此外，罗韵娟还结合个人经验和学习心得，从咨政

① 我院成功举办首届话语研究与国际传播高端论坛［EB/OL］.［2023-09-19］. http：//wy.sxu.edu.cn/xydt/wykx/244494b3bbae46539978a419c85f11de.htm.

② 点赞！粤港澳大湾区国际传播研究院成功举办咨政报告写作工作坊［EB/OL］.［2023-09-25］. http：//www2.scut.edu.cn/communication/2023/0925/c13852a519819/page.htm.

报告的特点、咨政报告的选题、咨政报告写作的要求和方法三个方面进行了分享。她指出，在确定报告选题时，应对未来可能出现的热点、重点、难点问题进行研判，并结合自己的研究积累开展调查研究，基于实地调研、调查数据、具体案例撰写咨政报告。

在交流讨论环节中，相关参会人员针对咨政报告的选题思路、咨政报告写作与学术论文写作的话语表达差异等问题进行了深入研讨。最后，与会人员一致认为，未来粤港澳大湾区国际传播研究院可以通过定期组织咨政报告选题和写作研讨会，提升师生们应对社会热点问题提出建议对策的能力，更好地为粤港澳大湾区国际传播事业的发展建言献策。

1.1.7.15　中新社国际传播实验室成立，"创新国际传播 讲好中国故事"研讨会在京举行①

2023 年 9 月 21 日，由中国新闻社主办、中国新闻网承办的"创新国际传播 讲好中国故事"研讨会在北京举行。来自政府部门、国内外媒体、高校智库的各界人士齐聚一堂，就国际传播理论与实践创新展开讨论，多位国际政要和专家通过视频方式阐释了对讲好中国故事的看法。当日，中新社国际传播实验室正式成立，该实验室旨在通过学媒融合、创新协同，汇聚全球传播领域的最新研究成果和最新技术应用，追踪国际传播领域的新趋势，推进全媒体时代国际传播的前沿研究和具体实践，为提升国际传播效能、讲好中国故事提供技术、人才和平台支撑。

作为主办方，中国新闻社社长陈陆军在致辞中表示，党的二十大开启了以中国式现代化全面推进中华民族伟大复兴的新征程，新的历史方位和时代坐标上，国际传播工作面临着很多新挑战，担负着更为重要的新使命。他表示，新时代的国际传播要探索文明叙事，拓宽国际传播领域；坚持融通中外，增强国际传播效能；广交天下朋友，凝聚国际传播力量。

研讨会上，中央统战部侨务事务局有关负责人表示，当前，国际形势动荡不安、充满挑战，国际传播遭遇的"痛点"仍然存在，面临的国际舆论环境依然严峻。进一步提高国际传播能力，进一步推动中外文明交流、民心相通，要以时代为画卷，书写好中国故事；以世界为舞台，展示好同心圆故事；以文化为主轴，讲述好文明互鉴故事。

多位专家学者、资深业内人士在会上围绕国际传播的"时与势""道与策""术与效"主题展开研讨。

---

① "创新国际传播，讲好中国故事"研讨会在京举行 [EB/OL]．[2023-09-22]．https：//baijiahao. baidu. com/s？id=1777729930129463456&wfr=spider&for=pc.

1.1.7.16 北京外国语大学同中国外文局、中华文化学院联合主办 2023 中华文化国际传播论坛①

2023 年 9 月 22 日，由北京外国语大学、中国外文局、中华文化学院联合主办的 2023 中华文化国际传播论坛在京举行。此次论坛主题为"积极践行全球文明倡议 共同推动人类文明发展进步"，近 400 名来自思想文化、国际传播领域的中外知名专家和专业人士参加活动。

第十四届全国政协常委、民族和宗教委员会副主任蒋建国致辞指出，要在文化的交流、交融、交锋中增强传播信心，丰富传播话语，创新传播平台，拓展传播共建；同时依托中国式现代化这一人类文明新形态的实践讲好中国故事，传播好中国声音，展示好中国形象，为增进中华文化传播力、影响力，为人类文明发展进步而努力奋斗。

与会嘉宾表示，要主动担负新的文化使命，推动建设中华民族现代文明；要深化文明交流互鉴，推动中华文化更好走向世界；要加强文明对话，促进人文交流、民心相通，为人类文明发展进步贡献中国智慧。

1.1.7.17 新疆大学举办第七届中国传播创新论坛(2023)暨国际传播效能提升学术研讨会②

2023 年 9 月 23 日，由武汉大学媒体发展研究中心(教育部人文社会科学重点研究基地)、新疆大学新闻与传播学院、武汉大学新闻与传播学院、新疆大学中亚研究院共同主办，新疆大学涉疆国际舆情研究中心与新疆直播产业研究院承办的"第七届中国传播创新论坛(2023)暨国际传播效能提升学术研讨会"在新疆大学红湖校区顺利召开。来自全国各地 34 所高校的 80 余位嘉宾以"传播创新"和"国际传播效能提升"为主题，共同探讨中国传播的创新问题，共同建构中国传播创新体系、提升中国传播能力。

新疆大学党委常委、宣传部部长张允教授在致辞中向嘉宾介绍了新疆大学"红色基因"的传承、学科发展特色以及新闻与传播学院为推动新疆新闻传播事业所作出的贡献。张允教授希望以论坛为契机，从理论和实践层面为新时代我国传播创新以及讲好中国新疆故事提出更多对策与建议，为中国式现代化提供更多智力支持。

---

① 2023 中华文化国际传播论坛在北京举行[EB/OL]．[2023-09-22]．https：//baijiahao. baidu. com/s？id＝1777743709909906850&wfr＝spider&for＝pc.

② 第七届中国传播创新论坛(2023)暨国际传播效能提升学术研讨会在新疆大学顺利召开[EB/OL]．[2023-09-26]．https：//jcs. xju. edu. cn/info/1029/2087. htm.

据了解,此次论坛共举办了四个平行分论坛,来自34所高校的80余位嘉宾围绕讲好新时代新疆故事、铸牢中华民族共同体意识、增强国际传播效能、提升中国国际话语权、数字传播创新、媒介治理与乡村传播等主题展开了广泛而深入的交流与研讨。

1.1.8　传媒变革对新闻传播教育提出新目标、新理念、新方法

2023年12月1日,新华通讯社社长傅华、路透社总裁苏·布鲁克斯、美联社副社长陈炎权以及法新社高管委员会委员、亚太区总裁迈克尔·梅因维尔在北京举行会谈,四大通讯社负责人就世界传媒业变革背景下的交流与合作展开探讨。

傅华表示,近年来,新华社和各大国际通讯社一道主动应变、大胆创新,积极运用5G、人工智能、大数据、物联网等信息技术发展成果,在传媒变革大考中走在前列,核心技术竞争力显著提升。

苏·布鲁克斯总结道:"四大国际通讯社生产的新闻产品,能够触及全球约75%的人群。因此,我们所提供的新闻信息和报道必须是值得信赖的。"[①]

迈克尔·梅因维尔提出,人工智能可以提高媒体机构的生产力,但同时媒体机构也应以负责任的态度应用人工智能。

通过上述四大通讯社相关负责人对于当前传媒变革所带来的机遇与挑战的总结性描述,可以看出与会各方一致认为,人工智能等新技术带来的机遇和风险并存。新技术的应用可以为新闻采集、发布提供助力,但不能取代媒体本身,更不能有损新闻伦理和真实性。

5G通信、ChatGPT、元宇宙、大数据、云计算、物联网等人工智能信息技术的发展,为传媒带来了一定程度的变革,比如机器人写新闻、AI主播、大数据挖掘信息等,并进一步体现为传媒变革下,人工智能与新闻业的深度融合发展。因此,随着传媒变革向着智能化转型,新闻传播教育以及新闻传播人才的培养也被要求进行基本能力的升级和转变。

比如以ChatGPT为代表的生成式人工智能应用问世后,非职业媒体人更加容易具备像职业媒体人一样"生产"新闻信息的能力。因此面对当前传媒变革和"人机共生"的智能媒体场景,传媒及新闻传播教育将面临更大的挑战;尤其是面临现有的新闻传播教育模式、教学方法、人才培养理念等与人工智能技术之间不断扩大的落差,如何使新闻传播人才培养顺应趋势,成为新闻传播教育必须要思考的迫切现实问题。

华中科技大学新闻与信息传播学院李华君教授认为,作为"虚实相融的新型互联网应用和数字化社会形态",元宇宙为重塑教育思维、变革教学方式、推动学生创新素养注入新的生机与活力,并催生了"教育元宇宙"(Education Metaverse)这一全新的教育形

---

① 新华社北京2023年12月1日电。

态。新闻传播教育的智能化转型，需要借助教育元宇宙构建智能学习场景，通过沉浸式、游戏化、交互性的方式，培养面向未来的、具备计算和智能思维的、全面发展的新闻传播人才。

此外，面对现有的新闻传播教育模式、教学方法、人才培养理念等与人工智能技术之间的落差不断扩大这一问题，我们应该明确，传统的新闻传播教育中的"新闻采访与写作""新闻编辑"等课程已经不能完全适应于当前的智能媒体场景，智能时代下的传媒变革要求新闻传播教育应朝着"懂技术、懂用户、懂业态、懂产品"的人才培养模式靠拢，并以此重构适应传媒变革新形势的新闻传播课程体系。

需要注意的是，除了智能化的传媒变革，全媒体的传媒变革也给媒介行业及新闻传播教育带来了新的机遇与挑战。2023 年 11 月 27 日，在世界中文报业协会第 56 届年会上，暨南大学党委书记、新闻学教授林如鹏表示："近年来，从传播技术维度看，全媒体不断发展，出现了全程媒体、全息媒体、全员媒体、全效媒体，信息无处不在、无所不及、无人不用，导致舆论生态、媒体格局、传播方式发生深刻变化，新闻舆论工作面临新的挑战。"因此，当前急需革新传统新闻传播教育路径，一是可以在课程设置中加强对新媒体、智能媒体知识的教学，使学生可以掌握新媒体、智能媒体的功能和特性；二是可以使教学队伍扩军，聘请来自媒体一线、人工智能行业、计算机行业等工作人员直接参与到教学中来，将专业知识教学与社会实践教学结合起来。

（上海大学新闻传播学院　李建新、姚惟怡）

1.2　省（自治区、直辖市）新闻传播教育年度综述

1.2.1　河北省 2023 年度新闻传播教育发展综述

2023 年度，河北省新闻传播教育成果丰硕，尤其是取得了一系列重要成果和突破性成就。河北大学获批新闻传播学博士后科研流动站；中共河北省委宣传部与河北经贸大学共建新闻与文化传播学院；中国人民大学新闻学院与河北经贸大学新闻与文化传播学院签署协同共建合作协议；河北经贸大学、河北师范大学各获批 1 门新闻传播学国家级一流本科课程；河北大学新闻传播学院提交的教学案例荣获第二届全国新闻与传播专业学位优秀教学案例评选活动一等奖（全国唯一）。这些成果为河北省新闻传播教育高质量发展奠定了良好基础。

1.2.1.1 学科和专业建设

2023 年 11 月，人力资源和社会保障部、全国博士后管理委员会公布了 2023 年批准新设的博士后科研流动站名单，河北大学获批新闻传播学博士后科研流动站，河北省首度获批新闻传播学类博士后科研流动站。2023 年 12 月，河北省教育厅公布了 2023 年度普通本科高校应用型转型示范专业名单，河北经贸大学新闻学专业被确定为 2023 年河北省应用型转型示范专业。2023 年 12 月，中国人民大学新闻学院与河北经贸大学新闻与文化传播学院签署协同共建合作协议。2023 年 4 月，河北省教育厅公布 2022 年度河北省示范性中外合作办学机构和项目认定结果，河北大学-中央兰开夏传媒与创意学院获评河北省唯一一家示范性中外合作办学机构。

河北经贸大学文化与传播学院于 2023 年更名为新闻与文化传播学院，该院获批的新闻与传播专业硕士点 2023 年首次招生，分为新闻实务、传播实务两个研究方向。

教育部于 2024 年 2 月 4 日发布了《教育部关于公布 2023 年度普通高等学校本科专业备案和审批结果的通知》，河北经贸大学备案获批了网络与新媒体专业，拟于 2024 年首度招生；河北传媒学院备案获批了人工智能专业。2023 年，河北经贸大学新闻与文化传播学院广告学专业停止招生，并与广播电视学专业整合升级申办网络与新媒体专业，设置视听新媒体、新媒体广告（运营）两个培养方向。石家庄学院新闻与传媒学院 2022 年度新增新闻学专业 2023 年首度招生，广播电视学专业暂停招生。

在课程建设方面，根据 2023 年 4 月 11 日教育部发布的《关于第二批国家级一流本科课程认定结果的公示》，河北省有两门新闻传播学类课程认定为第二批国家级一流本科课程，如表 1-3 所示。

表 1-3 第二批国家级一流本科课程中的河北省课程

序号	课程类型	建设单位	课程名称	负责人
1	线上线下混合式一流课程	河北经贸大学	融合新闻学	景义新
2	线上线下混合式一流课程	河北师范大学	教育电视节目编制	王润兰

1.2.1.2 师资分布

2023 年度，河北大学新闻传播学院、河北经贸大学新闻与文化传播学院和河北师范大学新闻传播学院三个学院领导班子进行了调整，其中彭焕萍、郭学军履新分别担任河北大学新闻传播学院、河北师范大学新闻传播学院新任院长，李钢担任河北经贸大学新闻与文化传播学院新任党委书记。

2023 年，河北经贸大学新闻学教学团队荣获河北省本科院校优秀教学团队，2023年 6 月，河北经贸大学新闻与文化传播学院田悦芳教授荣获省级教学名师。

2023 年 11 月，河北省教育文化国际交流与合作协会第三届理事会第三次全体会议暨 2023 年年会在石家庄召开。河北大学—中央兰开夏传媒与创意学院院长吕屹教授等 6 人获"河北省国际教育交流突出贡献奖"。2023 年 4 月，在第三届河北省高校教师教学创新大赛中，河北大学—中央兰开夏传媒与创意学院教师王雅"创新性思维"课程荣获课程思政组河北省特等奖。

2023 年度，河北大学引进应届博士 1 人，河北经贸大学引进应届博士 1 人，河北师范大学引进应届博士 1 人。

1.2.1.3　招生及毕业人数

河北省新闻传播类各层次专业招生、毕业情况如表 1-4 所示。

表 1-4　　　　　　　　河北省部分新闻传播类专业招生和就业情况

学校代码及 学校名称	院系名称	专业类型 及层次	专业名称	2023 年 招生人数	2023 年 毕业人数
10075 河北大学	新闻传播学院	博士	新闻传播学	6	3
		学术硕士	新闻学	21	24
			传播学	17	19
		学业硕士	新闻与传播	124	88
			出版	29	21
		本科	新闻传播学类	257	—
			新闻学	—	120
			编辑出版学	—	50
			广播电视学	—	50
			广告学	50	50
	中央兰开夏传媒 与创意学院	本科	广播电视学	40	40
			广告学	40	40
	国际学院	本科	新闻学	120	—

续表

学校代码及 学校名称	院系名称	专业类型 及层次	专业名称	2023年 招生人数	2023年 毕业人数
10077 河北地质大学	艺术学院	本科	广告学	56	60
10082 河北科技大学	文法学院新闻系	本科	新闻学	0	85
			网络与新媒体	119	45
10085 河北水利电力 学院	计算机系	本科	网络与新媒体	70	—
10094 河北师范大学	新闻传播学院	硕士	新闻与传播	27	27
			艺术学理论	10	13
			广播电视	16	16
		本科	新闻学	43	54
			广告学	43	22
			广播电视编导	80	81
			播音与主持艺术	32	28
10096 保定学院	信息工程学院	本科	网络与新媒体	80	85
		专接本	网络与新媒体	40	40
10098 河北民族师范 学院	文学与传媒学院	本科	新闻学	50	80
			网络与新媒体	—	50
		专接本	新闻学	32	—
10099 唐山师范学院	中文系	本科	广播电视学	—	60
10100 廊坊师范学院	传媒学院	本科	新闻学	90	90
		专接本	新闻学	40	50
10101 衡水学院	文学与传播学院	本科	广播电视学	60	60
			广告学	50	60
			网络与新媒体	40	—
		专接本	广告学	35	40
			广播电视学	35	40

学校代码及学校名称	院系名称	专业类型及层次	专业名称	2023年招生人数	2023年毕业人数
10102 石家庄学院	新闻与传媒学院	本科	广告学	50	43
			新闻学	44	—
			广播电视学	—	43
		专接本	广告学	21	12
			广播电视学	24	13
10105 沧州师范学院	齐越传媒系	本科	网络与新媒体	30	40
			广告学	30	30
11033 唐山学院	数字传媒系	本科	广告学	80	85
		专接本	广告学	40	70
11775 防灾科技学院	文化与传播学院	本科	广告学	88	61
			网络与新媒体	86	50
11918 河北经贸大学	新闻与文化传播学院	硕士	新闻传播学	34	21
			新闻与传播	25	—
		本科	新闻学	89	108
			广播电视学	45	39
			广告学	—	38
12543 保定职业技术学院	传媒艺术系	高职专科	广播影视节目制作	60	54
			广播影视节目制作（动画）	—	13
			融媒体技术与运营	30	—
			影视编导	59	26
			新闻采编与制作	29	41
			影视多媒体技术	58	—

续表

学校代码及学校名称	院系名称	专业类型及层次	专业名称	2023年招生人数	2023年毕业人数
12784 河北传媒学院	新闻传播学院	硕士	新闻与传播	131	90
		本科	新闻传播学类	425	240
			新闻学	—	
			广播电视学	—	
			广告学	—	
			编辑出版学	—	
			网络与新媒体	—	
			传播学	—	
			数字出版	—	—
12784 河北传媒学院	新闻传播学院	专接本	传播学	30	30
			广播电视学	30	90
			新闻学	55	90
			广告学	30	60
		高职专科	新闻采编与制作	—	50
			广播影视节目制作	—	60
12796 河北工程技术学院	艺术与传媒学院	本科	网络与新媒体	160	160
		专接本	网络与新媒体	—	15
12885 河北省艺术职业学院	影视系	高职专科	广播影视节目制作	30	25
			影视编导	30	12
			录音技术与艺术	20	—
13074 河北对外经贸职业学院	传媒系	高职专科	广播影视节目制作	—	20
			广播影视节目制作（订单）	—	30
			播音与主持	—	20
			融媒体技术与运营	74	—
13402 河北外国语学院		本科	网络与新媒体		
		专接本	网络与新媒体	60	15

续表

学校代码及 学校名称	院系名称	专业类型 及层次	专业名称	2023年 招生人数	2023年 毕业人数
13411 河北师范大学 汇华学院	传媒学部	本科	新闻学	85	85
		本科	广告学	90	85
13594 河北地质大学 华信学院	文法系	本科	广告学	51	50
13895 燕京理工学院	传媒学院	本科	网络与新媒体	60	—
14225 河北东方学院	文物与艺术学院	本科	网络与新媒体	270	98
		专接本	网络与新媒体	200	150
		高职专科	广播影视节目制作	150	98
14471 河北工艺美术 职业学院	新媒体艺术系	高职专科	影视多媒体	80	—
16203 河北科技工程 职业技术大学	艺术与传媒系	高职专科	全媒体广告策划 与营销	90	89
51721 河北环境工程 学院	人文与社会科学系	本科	新闻学	47	—

1.2.1.4 学生培养及学术讲座

（1）学生培养

2023年12月，由全国新闻与传播专业学位研究生教育指导委员会主办的第二届全国新闻与传播专业学位优秀教学案例评选活动中，河北大学新闻传播学院院长彭焕萍教授提交的教学案例荣获一等奖（全国唯一）。2023年11月，河北大学新闻传播学院博士生张红光荣获第十一届"范敬宜新闻教育学子提名奖"（见表1-5）。

表1-5 河北大学新闻传播学院2023年获取博士学位学生简况表

博士专业名称	博士生姓名	博士论文题目	导师	培养单位
新闻传播学	刘 冲	智能媒体视域下数据新闻生产研究	田建平	河北大学新闻传播学院
新闻传播学	杨新明	批判与论战：马克思新闻评论实践研究	韩立新	河北大学新闻传播学院

续表

博士专业名称	博士生姓名	博士论文题目	导师	培养单位
新闻传播学	康依笛	抗战时期中国共产党新闻宣传政策研究(1931—1945)	韩立新	河北大学新闻传播学院

（2）学术讲座

2023 年，河北省各新闻传播学类院系主办的学术讲座非常丰富，最突出的是河北大学新闻传播学院、河北经贸大学新闻与文化传播学院和河北师范大学新闻传播学院，3 所新闻传播学院举办各类讲座数量达 30 余场。

1.2.1.5　科学研究情况

（1）论文

河北省新闻传播类院系 2023 年在《新闻与传播研究》《国际新闻界》《新闻大学》《现代传播》新闻传播学类"四大 A 刊"上发表学术论文 4 篇(见表 1-6)。

表 1-6　　　　河北省各高校 2022 年新闻传播学类高端论文发表统计表

作者	论文题目	发表时间	发表期刊	作者单位
朱琳 袁艳	为 AI 而生——"智伴爸爸"研发工程师的多元男性气质	2023 年 4 月	国际新闻界	河北大学新闻传播学院、河北城市传播研究院、华中科技大学新闻与信息传播学院
刘振东 宋巧丽	中国电视剧对外传播的"伦理同心圆"表意机制与实践成效——基于十国问卷的实证考察	2023 年 3 月	现代传播（中国传媒大学学报）	河北大学燕赵文化高等研究院、河北大学管理学院、河北大学新闻传播学院
韩立新 康依笛	中国共产党新闻政策史中的人民概念	2023 年 4 月	现代传播（中国传媒大学学报）	河北大学新闻传播学院
刘俣孜 管亚文	"自下而上的信息流"：社交媒体中的阶层间仪式性交往——以春节微信拜年为研究对象	2023 年 10 月	现代传播（中国传媒大学学报）	河北大学跨文化传播研究中心、江西财经大学现代经济管理学院

（2）著作

据不完全统计，河北省各高校 2023 年出版新闻传播学类著作 10 余部，大多数著者分布在河北大学新闻传播学院、河北经贸大学新闻与文化传播学院、河北师范大学新闻传播学院。

（3）学术会议和国际交流

2023 年 4 月，由教育部国际合作与交流司指导、中外合作办学联席会主办、河北大学—中央兰开夏传媒与创意学院承办的中外合作办学联席会在河北大学召开第九次全体会员大会。会议主题是"学习贯彻党的二十大精神，以高质量中外合作办学推动中国式教育现代化"。

2023 年 6 月 4—16 日，河北大学新闻传播学院韩立新院长带领学院代表团访问韩国全州大学、釜山大学和日本北海道大学、东洋大学、创价大学等 10 所高校。分别围绕"现代化与传播"等议题进行学术研讨，就共建学术论坛进行了商议，并探讨了学术合作、教师互访、学生互访、学生联合培养等议题。

2023 年 10 月 15 日，河北经贸大学新闻与文化传播学院举办"建校 70 周年"校友论坛暨新闻与文化传播"产学研"融合发展研讨会，与会代表围绕"校媒/校企协同育人机制、育人模式创新，合作实践教学模式，融合实践基地建设、协同育人运行管理和质量评价体系"等内容展开研讨。

2023 年 12 月 23 日，河北师范大学新闻传播学院主办"高质量传媒高等教育助推京津冀协同发展研讨会"。来自北京师范大学、天津师范大学、河北大学、河北经贸大学、河北科技大学、河北传媒学院等京津冀地区十几所高校的 20 余名专家、学者参加会议。

（4）科研课题

2023 年，河北省仅有 1 项新闻传播学类课题获得国家社科基金年度项目立项（见表1-7、表 1-8）。

表 1-7　　　　　　　　　河北省 2023 年度国家社科基金项目立项情况表

项目编号	项目类别	学科分类	项目题目	立项时间	项目负责人	工作单位
23BXW105	年度项目·一般项目	新闻学与传播学	少数民族大学生社交媒体使用对其中华民族共同体意识影响的实证研究		金　强	河北大学

表 1-8　　**2023—2024 年度河北省社科基金年度项目新闻学与传播学立项清单**

类别	学科	选题	姓名	单位
重点项目	新闻学与传播学	社交媒体舆情风险防范与化解途径研究	王秋菊	河北大学
专题一一般项目	新闻学与传播学	河北省政务短视频对雄安新区城市形象建构与传播机制研究	朱 琳	河北大学
专题二一般项目	新闻学与传播学	大变局下重大国家战略网络舆情风险建模与防范化解机制研究	夏一雪	中国人民警察大学
专题二一般项目	新闻学与传播学	提升"这么近、那么美，周末到河北"影响力路径研究	李恕佳	河北日报报业集团
一般自选项目	新闻学与传播学	副文本视角下《红楼梦》在英语世界的传播与接受研究	金 洁	燕山大学
一般自选项目	新闻学与传播学	传播符号学视域下中华体育精神的传播策略研究	曹晶晶	河北大学
一般自选项目	新闻学与传播学	河北"新时代文明实践中心"功能拓展的内容与策略研究	李亚林	河北大学
一般自选项目	新闻学与传播学	人工智能时代的媒体传播业态重塑研究	邓 烨	河北广播电视台(河北广电传媒集团)
一般项目	新闻学与传播学	基于多模态话语分析的河北省国际旅游形象建构及传播效果研究	武英奇	河北民族师范学院
一般项目	新闻学与传播学	学术期刊深度融合出版的战略选择与发展路径	田 杰	河北农业大学
一般项目	新闻学与传播学	河北深度融合出版的战略选择与发展路径研究	刘 冰	燕山大学
一般项目	新闻学与传播学	冀中报刊阅读史研究（1938—1949）	商建辉	河北大学
一般项目	新闻学与传播学	技术赋能视阈下的河北省公益传播效能评价	王禹洁	保定学院
一般项目	新闻学与传播学	媒介责任视域下社交平台 Vlog（视频日记）传播乱象生成逻辑与治理路径研究	王玉蓉	河北大学

续表

类别	学科	选题	姓名	单位
一般项目	新闻学与传播学	《北洋官报》与直隶新闻事业现代化研究（1902—1912）	都海虹	河北大学
一般项目	新闻学与传播学	公益传播助力乡村振兴的路径创新研究	宋伟龙	河北大学
一般项目	新闻学与传播学	文化基因视角下原创儿童绘本出版与燕赵优秀文化融合发展研究	杜 洁	河北经贸大学
一般项目	新闻学与传播学	人工智能时代河北传统村落文化传承创新路径研究	范雅琳	河北经贸大学
一般项目	新闻学与传播学	数智时代县级融媒体参与社区民生服务的集成创新路径研究	樊拥军	河北大学
一般项目	新闻学与传播学	新主流电影的短视频传播现象研究	田悦芳	河北经贸大学
一般项目	新闻学与传播学	文化认同视角下燕赵中医品牌文化跨文化传播路径与机制研究	赵晨光	河北医科大学
一般项目	新闻学与传播学	近十年央视公益广告叙事中的审美文化研究（2013—2022）	孙 会	河北师范大学
一般项目	新闻学与传播学	短视频对燕赵文化认同的建构与提升路径研究	陈婧薇	河北师范大学
一般项目	新闻学与传播学	河北文化传播路径的多元建构与提升河北影响力研究	刘育涛	河北师范大学
一般项目	新闻学与传播学	河北高校国际生助力非物质文化遗产对外传播路径研究	张明辉	河北大学
一般项目	新闻学与传播学	媒介融合视阈下河北省传统文化IP的"视听化"建构与传播策略研究	黄 帆	河北大学
一般项目	新闻学与传播学	燕赵文化濡染的短视频叙事和传播机制研究	郭学军	河北师范大学
青年项目	新闻学与传播学	西柏坡时期新闻工作弘扬伟大斗争的实践经验与当代价值研究	张 旭	河北省社会科学院
青年项目	新闻学与传播学	河北省革命文物资源跨媒介叙事创新研究	贾希希	河北博物院

类别	学科	选题	姓名	单位
青年项目	新闻学与传播学	解放战争时期河北红色广播与社会动员研究(1945—1949)	马　阳	河北师范大学
河北文化项目	新闻学与传播学	新媒体语境下大运河(河北段)集体记忆的传承与传播研究	安　琪	沧州师范学院

1.2.1.6　产学合作与社会服务

2023年12月，中共河北省委宣传部、河北经贸大学签署协议共建新闻与文化传播学院，河北经贸大学新闻与文化传播学院成为河北省第3家"部校共建"新闻学院。河北经贸大学新闻与文化传播学院5月27日举办新闻与传播专业学位研究生社会导师聘任仪式暨"校媒协同，双师育人"研讨会，来自国家、省、市、县四级媒体的23位资深媒体工作者参加受聘仪式和研讨会。

2023年11月28日、11月30日，由中共河北省委宣传部、河北省新闻工作者协会主办，分别由河北经贸大学新闻与文化传播学院、河北师范大学新闻传播学院承办的"好记者讲好故事"高校行活动顺利举办。

2023年中共石家庄市委宣传部等四部门联合发文《中共石家庄市委宣传部、中共石家庄市委网络安全和信息化委员会办公室、石家庄日报社、石家庄广播电视台关于支持石家庄学院新闻与传媒学院建设发展的五条措施》，对石家庄学院新闻与传媒学院学科专业建设给予全方位推动。

1.2.1.7　问题及讨论

①合作：各学院广泛开展纵向合作与横向合作。校媒、校企之间的合作已经成为河北省新闻传播类院系专业建设的常态化措施。河北经贸大学新闻与文化传播学院纳入河北省"部校共建"新闻学院和石家庄学院新闻与传媒学院获得石家庄市委宣传部等部门的联合支持都在此列。校校合作在近年来河北省内也比较亮眼，河北大学新闻传播学院和河北经贸大学新闻与文化传播学院均将此作为寻求学科建设新突破的建设路径之一，两个学院借助中国人民大学、武汉大学等高校的优质学科资源和先进发展经验，寻求学科发展的新引擎。

②改观：各学院博士师资招聘情况有所好转。随着全国范围内新闻传播学博士点的逐步增多，博士招生数量有所提升，2023年，河北大学、河北师范大学、河北经贸大

学等院校的新闻传播学类院系专业相对更容易招聘到优秀博士师资。一些地市所属的本科院校也开始能够招聘到或留下自己培养的博士师资。这对河北省各高校的新闻传播学科专业建设与发展具有明显的促进作用。

③精减：新闻传播学科经过优化调整专业数量有所下降。根据河北省教育厅等五部门印发的《普通高等教育学科专业设置调整优化改革方案》，河北省各高校不断将学科专业调整优化工作推向深入，省内多个新闻传播学专业感受到生存压力。专业数量和开设新闻传播学专业的院校数量均有减少。总体趋势是传统新闻传播学专业调整撤销概率较大，网络与新媒体专业数量有所增多。

④突破：学科建设取得新突破。2023 年学科建设方面取得一系列新成绩，河北大学新闻传播学院获批河北省第一个新闻传播学博士后流动站，将河北省新闻传播教育推向了新高度，河北大学新闻传播学院也进一步巩固了自身在全国新闻传播类院系中的地位。河北经贸大学新闻与文化传播学院在 2023 年取得的一系列成绩和突破，使其作为河北省新闻传播学一级学科硕士点的第二家新传学院呈现出强劲发展态势。河北大学—中央兰开夏传媒与创意学院作为河北省首家中外合作办学机构和河北省唯一涵盖本科、研究生学历教育的中外合作办学机构，在中外合作办学方面展现了较强的示范引领作用。

(河北经贸大学新闻与文化传播学院　景义新、河北大学—中央兰开夏传媒与创意学院　薄立伟)

1.2.2　河南省 2023 年度新闻传播教育发展综述

2023 年，河南省新闻传播教育深入学习贯彻党的二十大精神和习近平文化思想，将党中央的决策部署落实到学科课程建设中，为新闻传播学科发展注入新动力，在精神引领、教学改革、人才培养、协同育人等方面取得了新成效。

1.2.2.1　以马克思主义新闻观教育为抓手，开创河南典型经验

河南省各新闻传播院校以"奋力推进中国式现代化建设河南实践"为主题，立足河南本土化特色，发挥各高校优势，开创典型经验，助力河南文化强省和科技强省战略的实施。

河南省各新闻传播高校从课程建设、教学研究、成果共享三个方面将马克思主义新闻观教育持续深入推进。郑州大学新闻与传播学院以穆青新闻实验班为抓手，探索卓越新闻传播人才的选拔与培养、校外实习实践、创新创业训练、"勿忘人民"与家国情怀教育等创新型教育教学改革。"重走穆青路"实践教学向纵深开展，4 月赴兰考、红旗渠

"重走穆青路"，开展马新观实践教学，5月赴新华通讯社"重走穆青路"、开展"重走穆青路——走进延安"实践教学活动，人民网、新华网、河南日报客户端对实践教学活动进行报道。此外，还邀请国内从事马克思主义新闻观研究的学者，面向本科生开展系列讲座5期。

河南工业大学新闻与传播学院聚焦粮食文化，服务学校一流学科创建。成立粮食文化教研室，围绕粮食文化开展研究性教学和课程改革，服务于学校一流学科创建。各专业从自身专业特色出发，在课程作业、毕业选题等方面进行粮食文化相关研究与实践。围绕粮食文化研究与传播，搭建集教学、科研、社会服务为一体的综合性创新平台，持续优化"思政+文化+行业"的特色课程体系，育人成效明显。2023年，拍摄制作学校形象宣传片《与时代同行》；深入开展口述校史，抢救保护学校校史中的粮食文化遗产，挖掘丰富粮食文化资源。

河南财经政法大学突出财经类高校的新闻传播人才培养特色和优势。依据财经方面的学科资源优势，制订有特色化的培养方案，避开与其他高校同质化竞争。一是在新闻与传播专业硕士点设置传媒经济与文化产业方向；二是在新闻传播类设置了一个财经新闻方向，专门培养具有"财经+新闻"知识背景的财经新闻人才。学校2023年与河南最有影响力的财经媒体即大河财立方传媒股份有限公司签署了联合培养协议，目前已经有多位研究生到大河财立方进行实习或者工作。

1.2.2.2 注重教学改革，创新人才培养理念

河南各新闻传播高校通过课程建设、教学模式、人才培养理念改革，为全媒体人才培养提供全方位支持。高校获批立项多个教学质量工程项目，郑州大学新闻与传播学院张淑华教授主持的"目标倒逼与过程引导：新闻与传播专业学位研究生培养模式改革创新研究"获得2022年高等教育（研究生）国家级教学成果二等奖。这是郑州大学首个研究生国家级教学成果奖，也是此届研究生国家级教学成果奖中唯一的新闻传播学类的成果。新闻与传播学院在研究生人才培养尤其是专业学位研究生培养上探索出了以"目标设定—质量评价—课程改革—师资建设—国际合作"为完整改革链条的"全媒体型高级新闻传播应用人才"专硕培养模式。

河南省新闻传播院校积极推进一流专业、一流课程建设，推动教育数字化深度融入人才培养、教育教学、教育管理，深化课程体系、课程内容与教学模式改革与创新。在教育部公布的第二批国家一流本科课程认定名单中，河南新闻传播学科共入选6门，包括线上线下混合课程2门，分别是郑州大学张淑华教授主持的"趣说新媒体"和河南大学严励教授主持的"新闻编辑学"；社会实践课程2门，即郑州大学郑素侠教授主持的"重

走穆青路"、洛阳师范学院李姗姗主持的"电视节目创作与实践";虚拟仿真实验教学课程2门,即安阳师范学院传媒学院汪向征副教授主持的"现代教育技术"、南阳理工学院李艳丹主持的"广播电视文案写作"。

2023年,河南省各新闻传播院校不断创新人才培养机制,促进产学研深度融合,一是加强与政府部门的合作,以部(局)校共建为引领,强化校际合作,开启多元协同推进人才培养全方位合作模式;二是开展与媒体单位合作,打通"产教融合校外实践—就业支持"的快速培训通道;三是深化与制作机构、互联网企业等业界联动,通过校企合作培养高素质应用型、复合型、创新型人才,打造产教融合新名片。

郑州大学新闻与传播学院邀请媒体记者、编辑、管理人员进入本科生课堂开展"传媒专家进课堂"活动25期。任课教师带领学生赴媒体开展认知实习11场次;举办广告策划实战提案会、"第一帧"大学生影像作品展映,邀请媒体专家点评学生实践作品,探索校媒联合育人模式。

河南大学新闻与传播学院与河南省教育网有限公司达成合作,挂牌成立河南大学新闻与传播学院大学生实习实践教育基地。目前双方依托"河南省教育新媒体调研合作项目",围绕河南省教育厅新媒体平台运营、河南省网络思政育人研究等,已初步开展了相关学生实习实践以及就业推荐等工作。学院目前现有省级本科高校大学生校外实践教育基地1个,获批2023年度大学生创新创业训练计划国家级1项,省级重点2项,校级一般8项。

河南财经政法大学文化传播学院与河南广播电视台共建的研究生联合培养基地,获得了2024年河南省研究生教育改革与质量提升工程项目(联合培养基地项目)立项名单。根据共建方案,双方在栏目创新、教学项目改革、科研课题等方面展开深入合作。校媒联合不仅可以为培养高层次、应用型融媒体创新人才提供培养平台,也能为培养双师型教师队伍、打造高水平教学科研创新团队奠定良好基础。

河南工业大学以局校共建为引领,与大象融媒体集团有限公司签订战略合作协议,在高层次人才培养、项目产业化和人才交流等方面进一步开展广泛深入的合作。2023年在教育部第二期供需对接就业育人项目立项中,学院与上海喜马拉雅科技有限公司的合作获批定向人才培养培训项目立项,学院与凤凰数媒(北京)教育科技有限公司的合作获批就业实习基地项目立项。

洛阳师范学院新闻与传播学院与河南广播电视台洛阳记者站共建融媒体应用与传播实验室。通过校媒合作,旨在着力打通"产教融合—校外实践—就业支持"的快速培训通道,构建高素质媒体人才生态圈,争取把实验室建设成为高水平人才培养、高水平理论研究与高水平城市传播的新高地。

1.2.2.3 产学研相结合，新闻传播学科建设取得新成效

在实施创新驱动、科教兴省、人才强省战略背景下，河南省各新闻传播高校高度重视科研战略布局，注重科研与教学的结合，科学研究取得了一定成果。其中，郑州大学郑素侠主持的"共同富裕背景下城乡信息分化及其治理研究"获批国家社会科学重点项目立项（见表1-9）。

表 1-9 河南省 2023 年新闻与传播学科基金立项项目一览表

高校名称	项目名称	项目类别	负责人
郑州大学	共同富裕背景下城乡信息分化及其治理研究	国家社科重点项目	郑素侠
郑州大学	数字时代中华优秀传统文化记忆的融合传播策略研究	国家社科一般项目	张兵娟
河南工业大学	县级融媒体赋能乡村治理共同体建设的机制与路径研究	国家社科一般项目	李晓云
河南大学	青少年的短视频沉迷与治理研究	国家社科一般项目	赵宏勋
黄淮学院	组织化乡村阅读服务乡村振兴研究	国家社科一般项目	张世海
河南财经政法大学	声誉资本视域下带货主播的数字劳动研究	教育部青年基金项目	彭步云
河南大学	国际传播中多级文化折扣生成机理及治理研究	教育部青年基金项目	陈文泰
河南工业大学	金砖国家媒体的中国叙事与诠释研究	教育部青年基金项目	孙晓韵
河南财经政法大学	不确定视域下网络正能量生成机理及传播机制研究	教育部规划基金项目	崔春生
河南工业大学	数字时代新闻的情感传播及效果优化研究	教育部规划基金项目	韩瑞娜
河南工业大学	生成式 AI 背景下智能新闻的伦理问题及监管研究	教育部规划基金项目	杜付贵
河南师范大学	农村老年群体的智能媒介使用与"数字帮扶"策略研究	教育部规划基金项目	张仕勇

河南各新闻传播院校还积极调整人才培养方案，在学生培养、学科竞赛、创作实践方面亮点纷呈，斩获国家级奖项若干。在第六届全国大学生网络编辑创新大赛中，河南

大学新闻与传播学院 2023 级新闻与传播学研究生李瑞迪团队创作的数据新闻《一键解锁：数字里的杭州亚运》，获得第六届全国大学生网络编辑创新大赛全国一等奖。"红心石榴籽"民族实践团被评为全国暑期社会实践优秀团队、河南省优秀团队。河南工业大学新闻与传播学院在教育部第四届中华经典诵写讲大赛中斩获全国二等奖；入选"三下乡"社会实践活动全国示范性团队；井冈山精神志愿宣讲团等 7 支团队获评国家级志愿宣讲重点示范团队。

2023 年，河南省各高校举办了一系列主题学术论坛和国际交流项目，聚焦新闻与传播学科的学术研讨和学科建设，不断提高自身的学术影响力。郑州大学新闻与传播学院、郑州大学新媒体研究院主办第七届"新媒体公共传播"学术年会暨博士后流动站建设研讨会。年会以"新媒体公共传播"为主题，包括大会主旨演讲、"乡村振兴与中国式现代化"主题对谈、"新闻传播学期刊的当下使命"主编论坛、"新闻传播学博士后流动站建设"专题论坛，以及 4 个相关主题的分论坛。来自北京大学、复旦大学等 30 多所高校和科研院所的专家学者参加会议。4 月 22 日，河南财经政法大学文化传播学院与河南工业大学新闻与传播学院联合举办"智能传播与城乡社会发展"新闻与传播研究生学术创新论坛，会议组织了"乡村传播与乡村振兴""智能传播与社会治理""智能传播与社会发展""智能传播与媒体转型"和"数字营销与文创产业"5 场平行论坛。此次学术论坛汇聚了国内新闻传播领域专家学者，推动了校际学术交流与合作，也为研究生学子了解研究新闻传播前沿学术思想搭建了平台。

1. 2. 2. 4　成立河南省传播学会，推动学术共同体建设

2023 年 7 月 29 日上午，河南省传播学会成立大会暨第一次会员代表大会在郑州市顺利召开，来自省内高等院校、主流媒体、传媒企业等 180 余名代表参加会议，选举产生了第一届理事会理事、常务理事和副会长、会长。学会下设舆情研究专业委员会、卫生健康专业委员会、乡村旅游讲解专业委员会、传媒技术专业委员会、乡村振兴专业委员会、戏曲文化传播专业委员会、国际中文教育研究专业委员会、数字产业专业委员会等。

河南省传播学会聚焦"全媒体传播体系构建""国际传播效能提升"等重大理论命题和现实问题，为推动中国式现代化河南实践贡献传播界的智慧和力量。

2023 年河南省传播学会举办了首届河南省高校新闻与传播学院院长论坛和第四届"三农"传播论坛；制定了《河南省传播学会分支机构管理办法》《河南省传播学会会费管理办法》《河南省传播学会财务管理制度》等系列制度；发展个人会员 300 余人，单位会员 32 家，批准成立了 10 个专业委员会。河南省传播学会的成立，有助于进一步整合全

省的新闻传播学界和业界的资源，对于讲好河南好故事、传播河南好声音、加强传播学学科建设具有重要意义。

（河南财经政法大学文化传播学院　方雪琴、李晓）

1.2.3　陕西省2023年度新闻传播教育发展综述

1.2.3.1　学院及专业设置

根据陕西省教育厅官网统计数据，截至2024年5月，陕西省高等学校教育机构共计112所，比上年新增加1所。其中普通高等学校88所，独立学院10所，成人高等院校14所。普通本科院校58所，比上年新增加1所；专科院校40所，与上年持平。

目前，陕西共11所高校开设有独立建制的新闻传播学院：西安交通大学新闻与新媒体学院、西北大学新闻传播学院、陕西师范大学新闻与传播学院、西北政法大学新闻传播学院、西安外国语大学新闻与传播学院、西安培华学院传媒学院、西京学院传媒学院、西安欧亚学院文化传媒学院、西安体育学院体育新闻与传媒学院、渭南师范学院传媒学院和西安交通大学城市学院的传媒学院。

2023年，西安工商学院原先的"文学与新闻传播学院"改为"艺术与传媒学院"；延安大学西安创新学院原先的"文学与文化传播学院"改为"文学与教育学院"；西安科技大学高新学院原先的"新媒体与经济管理学院"改为"新传媒与艺术学院"。

（1）本科教育

根据教育部最新公布的《普通高等学校本科专业目录》，新闻传播学类专业属于文学门类，包括新闻学、广播电视学、广告学、传播学、编辑出版学、网络与新媒体、数字出版、时尚传播、国际新闻与传播和会展10个专业。2023年，陕西省共有39所普通高等院校开展新闻传播本科专业教育，整体与上年变化不大（见图1-1）。目前，陕西高校暂未在新闻传播的本科专业教育中开设独立的传播学、时尚传播和会展专业。此外，多所院校开设了数字媒体艺术、数字媒体技术、视觉传达设计、摄影摄像技术等专业，这些专业虽不属于新闻传播类的专业，但也从计算机科学、艺术设计等交叉领域与新闻传播相结合，对新闻传播教育发展起着十分积极的促进作用。

陕西39所高校开设的新闻传播学相关本科专业中（见图1-2），与上年相比，网络与新媒体、新闻学仍是占比最高的两个专业，分别占23%和20%，二者约占整体专业的四成左右；接着是播音与艺术主持和广播电视编导专业，均占17%，二者约占整体专业的三成。其余是广告学、广播电视学、编辑出版学、国际新闻与传播和数字出版专业，其中编辑出版学、国际新闻与传播和数字出版专业的占比较低，分别是 2%、2% 和 1%。

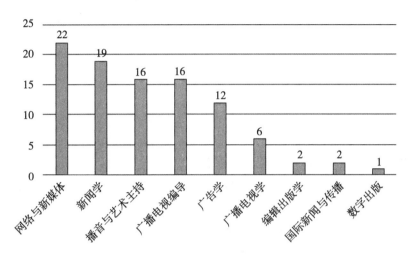

图 1-1　陕西 39 所高校主要新闻传播学相关本科专业数量分布

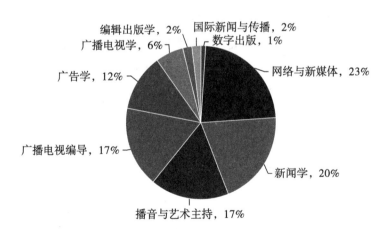

图 1-2　陕西 39 所高校主要新闻传播学相关本科专业占比分布

（2）研究生教育

2023 年，陕西省拥有新闻传播专业硕士学位授权点的院系比上年增多，共有 11 所高校，分别是西北大学、西安交通大学、陕西师范大学、西北政法大学、西安外国语大学、长安大学、西安工业大学、西安财经大学、西安石油大学、西安工程大学和延安大学。2023 年，陕西师范大学持续加强艺术学拟新增博士点申报和出版专业博士点申报工作，逐条对标国家新的学位点申报条件，补齐短板，完善申报材料。同时，优化院内学科专业结构，完成学科布局调整，获批艺术学一级硕士点、戏剧与影视专硕；西安外国语大学持续推进"国际传播"二级学科博士点与硕士点建设，"国际传播"硕士、博士招生持续扩大；西北政法大学在原有研究生招生的基础上，新增艺术硕士（广播电视领域）专业学位。

1.2.3.2　师资队伍建设

2023年以来，陕西省新闻传播教育以学科方向建设为导向，领域高水平人才引领带动作用鲜明、专兼结合队伍聚焦学科前沿方向、青年教师快速成长的局面初步形成，人才梯队趋于合理，人才队伍质量大幅提升。2023年，陕西师范大学新闻与传播学院共有"学术领军人才"1人，"青年英才"4人，1名教师荣获陕西省教学名师，双聘院士吾守尔·斯拉木教授团队领衔的院士专家工作站获批陕西省省级院士专家工作站，晋升教授1人，特聘教授1人。西安交通大学新增博士生导师3人，新增硕士生导师4人，2人学科博士后入职，新副教授转长聘3人，助理教授聘任新副教授5人。西北大学从外校引进教授1人，选聘优秀博士2人，新增博士生导师2人，西北大学强化学科特色方向建设，学术团队建设取得成效。强化"延安时期新闻传播文化"学科方向的优势，已完成7卷本"延安时期新闻出版档案"的编写工作待出版；"传播与西部社会发展"学科方向进一步凝练为传播与西部地区乡村振兴，组建和形成"计算传播学学术团队""传播法规与网络治理团队"等6个学术团队。西安外国语大学引进博士2人，硕士1人。延安大学全年引进高水平大学博士师资4人，引进年薪制博士师资9人，1名教授晋升教授二级岗位，1名教授晋升教授三级岗位。

1.2.3.3　新闻教育与教学改革持续创新

（1）教学改革

2023年，陕西省各高校勇于开拓创新，大胆实行教学改革，学科建设水平显著提升。陕西师范大学邀请专家团队来院指导，通过数据分析，明确学院建设发展的短板弱项和瓶颈制约因素，适时调整对标高校。学院"新闻采访与写作"获陕西省线下一流课程，"陕甘宁新闻传播专题研究"获批陕西省特色线上课程立项，"广播播音教学改革与创新的研究"获批陕西省教育教学改革研究项目，"延安木刻版画：媒介域视角下抗战社会动员的经验与启迪"入选第二批陕西省专业学位研究生教学案例库，《虚拟现实在传统文化教育教学情境创设中的应用》入选工信部2023年度虚拟现实先锋应用案例。2023年获得校级本科教育教学成果奖特等奖1项、一等奖1项。

西安交通大学吴锋教授"新闻传播思想史知识图谱及数据库平台课程建设"获批2023年西安交通大学研究生教育改革项目；申楠副教授"'智能媒体实践教学平台'应用对教学效果影响研究——基于'国际传播'课程教学实践"获批西安交通大学本科教学改革研究项目。

西安欧亚学院获批省级特色课程1门，获批省级创新创业在线开放课1门，新增获批校级思政示范课程2门；获批省级重点项目教改项目1项，校级重点教改项目1项，校级一般教改项目2项；国际项目总人数239人，确认并签约双语证书课程6门。

西安外国语大学顺利通过新闻传播学学科合格评估，新闻与传播水平评估上榜，持续推进学制改革，完成专业硕士"三年制"备案工作；获批陕西省高校青年创新团队1项；参与陕西国际传播中心共建，入选首批智库专家1人；新增校级一流课程一门校级教改项目课程思政专项1项，信息化课程改革项目建设10门，校级教学成果奖1项。

西北大学"融媒体创新"获陕西高校创新创业教育在线开放课程立项；6位老师获西北大学本科人才培养建设项目立项，2位老师获教改项目立项；2位老师获课程教学创新项目立项；1位老师获课程思政示范项目立项；1位老师获得高水平教材项目立项。

西北政法大学积极推动课堂革命，依托信息技术、融媒体技术创新教学方法手段，变传统课堂讲授为多方参与的开放教学系统，提升学生主体地位。遴选专业必修课进行"翻转课堂"改革，建设功能完备的全媒体教学实践平台"西法大融媒App"；广泛开展案例教学、现场教学、项目教学；2位教师获2023年校级研究生教育教学改革研究项目立项。

延安大学动员师生开展丰富多彩的创新创业活动与课堂教学改革，从近10项教改项目中遴选出汉语言文学、新闻学的四门核心、特色课程参加校级教改项目的评选活动；通过开展教授风采赛、青年教师教学比赛及课程思政大练兵等活动引导教师把精力投入教学、投入课堂，树立学生为本的教育教学理念，"陕甘宁边区新闻史"的异地同步示范课受到高度肯定。

（2）人才培养

陕西各高校新闻传播本科教育培养目标明确，培养特色较突出，重视实践教学，各高校新闻传播教育发展迅速。西安交通大学网络与新媒体本科专业2023年软科专业排名继续入选A+，入选国家外交官遴选生源基地，全国排名升至第二，学院举办第二届研究生学术论坛、第二届新闻作品大赛，提升学生媒介素养，举办十余期"业界精英进课堂"活动，助推新闻传播应用型人才培养。

长安大学新建4个人才培养联合基地，其中行业共建基地3个，教育部产学合作协同育人基地1个。目前学位点已与中央级、省级、地市级重点媒体单位和教育部产学合作项目共建11个人才联合培养基地。长安大学长期设立"虹"学讲堂、导师论坛、博士论坛，人文学院设立校友讲坛、学术工作坊，新闻传播前沿系列讲座。

西北大学以赛促学，提升学生专业技能水平。结合专业建设与人才培养，联合业界与兄弟院校，成功举办了大学生广告艺术大赛陕西赛区比赛、第六届全国大学生网络编辑创新大赛西北赛区赛事、陕西省大学生新媒体创意大赛暨第十一届全国大学生新媒体创意大赛陕西分赛、第五届中华经典诵写讲大赛等赛事，获全国大学生广告艺术大赛组委会评比颁发的"优秀赛区奖"和"优秀院校奖"等组织奖，参赛师生也屡获佳绩；秉持"共享·高效·便捷"原则，从2023年年底到2024年年初推进实施共享自助预约制学术研讨室建设，建设并开放4~5个共享学术研讨室，以提升学术交流基础条件、营造学术氛围。

陕西师范大学共举办新时代卓越传媒人才培养研讨会、第四届西部传媒类研究生学术年会、"一带一路"国际传播人才培养的探索和交流会、2023年度全国师范院校新闻传播专业联盟会议等学科会议，以学术交流的方式，了解学科前沿，分享研究成果，启发科研思路，促进学科发展。

西安欧亚学院结合人工智能时代背景将需求洞察、商业可持续、技术可实现与传媒专业结合思考，重点尝试了四种产教融合人才培养模式。网络与新媒体专业实践了产教融合研发模式；广播电视编导专业实践了产教融合共建模式；新闻学专业联合抖音集团，实践了产教融合人才培养与交流模式；广播电视编导专业联合西咸新区，实施了产教融合项目牵引模式。

西北政法大学积极推进慕课建设，发挥学院学科优势，积极推进线上线下混合式本科教学申报，"融合新闻学""网络营销"获批校级线下一流课程，"电子商务基础与应用"获批校级线上线下混合式一流课程。学院重视开展课程资源库、真实项目案例库等优质教学资源建设及共享，2023年出版了如《影视编导实践教学案例集》等"以学生为中心、教师为主导"的教学案例集。与西安邮电大学数字艺术学院共同实施艺术硕士研究生跨校选课，深化人才培养机制改革，提升人才培养质量，实现教学资源优势互补与优质精品课程共享，推进研究生教育合作创新发展新模式。

西京学院以产业学院建设助推产教深度融合，进一步凸显创新应用型传媒人才培养特色，成立乡村直播产业学院，聚焦乡村振兴新媒体人才培养，目前已面向网络与新媒体专业全体学生开设短视频运营、直播运营、传播与乡村发展等系列课程。

1.2.3.4 部校共建持续推进

西安交通大学 2023 年上报中宣部、国家民委、省委宣传部、省委网信办各类智库成果(舆情信息、专报日报、决策建言等)200 余篇,获采纳与批示 50 余篇,获国家领导人批示 3 篇。

陕西师范大学主动参与学校"第二届对接西部基础教育'百校行'调研活动",践行服务西部基础教育发展的使命担当,承办中宣部精神文明建设"五个一工程·优秀作品奖"歌剧《大汉苏武》校内演出,发挥美育育人功能。

西北政法大学 2023 年为政府部门提供 200 余份资政报告、政策建议、舆情报告;认真贯彻"政产学研"结合的办学理念,积极寻求与实习基地企业更广泛深入的合作,2023 年度与近十家省市政府单位、传媒公司接洽合作,建立实习基地。

西北大学 2023 年获批成为首批陕西省中华经典诵写讲基地,省教育厅副厅长为基地揭牌,在省委宣传部支持下加强陕西省新闻发言人培训基地建设,坚持"送培训下基层";争取省委网信办支持,组织全省互联网从业人员培训,举办全省新闻采编人员资格考试培训等培训项目,提升学院在省内高层次人才继续教育中的影响力,更好发挥咨政育人服务功能。在第 33 届中国新闻奖评选中,学院作为全国 21 家新闻教研机构试点报送单位之一推荐报送 3 件作品,喜获一等奖、二等奖各 1 篇,取得了全国有推荐资格的高校 2023 年度最好成绩。

1.2.3.5 学术科研与学术交流

(1)科研项目

2023 年陕西省新闻传播类科研项目中,获得 4 项国家社会科学基金资助项目,3 项 2023 年国家社科基金后期资助项目,7 项教育部人文社会科学研究项目资助,17 项陕西省社会科学基金项目(见表 1-10~表 1-14)。

表 1-10　　　　　　　　2023 年国家社科基金青年项目立项名单

序号	课题名称	课题负责人	所在单位	项目类别
1	提升中华文明对俄罗斯及中亚五国传播力的机制研究	刘 彦	西安交通大学	青年项目

表 1-11 **2023 年国家社科基金年度项目立项名单**

序号	课题名称	课题负责人	所在单位	项目类别
1	突发公共事件中政务新媒体促进社会共识的机制研究	陈 强	西安交通大学	一般项目
2	主流媒体"中国故事"原创视频国际传播效果研究	李 鹏	西安外国语大学	一般项目
3	新闻职业范式的制度性转向、影响与规制研究	刘蒙之	陕西师范大学	一般项目

表 1-12 **2023 年国家社科基金后期资助项目立项名单**

序号	课题名称	课题负责人	所在单位
1	中国新媒体传播自主知识体系的脉络谱系与建构理路研究	张秀丽	西安外国语大学
2	社会思潮新媒体传播：关系、形态、路向	李明德	西安交通大学
3	数字时代的媒体商业模式研究	王 亮	西北大学

表 1-13 **2023 年度教育部人文社会科学研究项目立项**

序号	课题名称	课题负责人	所在单位	项目类别
1	计算传播视域下海外媒体涉藏报道的话语建构及应对策略研究	宋欢迎	西安交通大学	规划基金项目
2	智能化时代社会思潮传播模式与治理研究	王含阳	西安交通大学	青年基金项目
3	基于共识凝聚的数字时代新闻价值标准重构研究	赵一菲	西安交通大学	青年基金项目
4	中国电视起源研究(1910—1958)	薛毅帆	西北大学	青年基金项目
5	西部乡村儿童数字素养测量模型构建与城乡鸿沟弥合研究(西部和边疆地区项目)	高晓瑜	西安外国语大学	青年基金项目
6	中华古都文化记忆的短视频建构与活化传承研究(西部和边疆地区项目)	殷 航	西北大学	青年基金项目
7	媒介视角下西部乡村环境治理的共意动员机制研究(西部和边疆地区项目)	郭 淼	西北政法大学	规划基金项目

表 1-14　　　　　　　**2023 年陕西省社会科学基金年度项目立项**

序号	课题名称	课题负责人	所在单位
1	智能时代陕西网络舆情的结构化特征与风险防范研究	王含阳	西安交通大学
2	新时代中国共产党国际传播能力建设问题研究	侯文阁	中共陕西省委党校（陕西行政学院）
3	短视频隐性广告对儿童消费观影响机制及干预策略研究	崔　芳	陕西师范大学
4	陕西特色文化街区的数字化重构与赋能研究	姚　倩	西北政法大学
5	以"一带一路"沿线国家在陕留学生为中介的"中国故事"传受偏差调查研究	王佳炜	西安外国语大学
6	社会空间视角下陕西红色文化资源传播的优化路径研究	张　窈	西安交通大学
7	陕西面向中亚国家提升丝路综合性枢纽形象的传播策略研究	刘　彦	西安交通大学
8	学术传播视域下学术主权的陕西省域实践研究	赵文义	长安大学
9	媒介视角下新时代陕西乡村环境治理的共意动员研究	郭　森	西北政法大学
10	增强中华文明传播力影响力视域下讲好陕西红色故事战略创新研究	范晨虹	西安外国语大学
11	陕西地域网络舆情生成演化机制与防控策略研究	赵一菲	西安交通大学
12	延安时期中国共产党形象的海外史料库建设与研究	高晓瑜	西安外国语大学
13	突发灾害事件中的数字志愿者传播机制研究	郭　蓓	陕西师范大学
14	全球治理变局中人类命运共同体理念的国际传播及认同提升研究	宋欢迎	西安交通大学
15	延安时期诗朗诵的跨媒介传播与社会动员研究	李亚铭	陕西科技大学
16	中华古都文化记忆的数字实践与活化传承研究	殷　航	西北大学
17	人类命运共同体视域下陕西文化对外传播策略研究	乔燕妮	西安财经大学

（2）学术交流

2023 年，陕西省多所高校在科学传播、数字沟通、社会思潮、丝路传播、乡村振兴、国际传播等领域发生学术碰撞与争鸣。2023 年，陕西师范大学举办新时代卓越传媒人才培养研讨会、第四届西部传媒类研究生学术年会、"一带一路"国际传播人才培养的探索和交流会、第五届中国电影地缘文化研究论坛及丝路十年影像展、2023年度全国师范院校新闻传播专业联盟会议。

延安大学开设"文汇大讲堂"开展学术讲座，先后邀请了新疆大学文学院院长邹赞教授、新疆师范大学栾睿教授、浙江大学王杰教授、海南师范大学文学院院长王学振教授、北京语言大学张廷银教授、陕西省社科院张立新教授、中山大学康保成教授等多位国内知名学者为学院研究生做学术讲座，并鼓励研究生积极与讲座专家进行交流。

西北大学成功举办"中国式现代化进程中的数字沟通"高峰学术论坛，邀请复旦大学朱春阳教授、上海交通大学李本乾教授、南京大学胡翼青教授及丁和根教授等专家做学术报告，推动有组织的学术研究。

西安外国语大学成功举办第五届国际新闻与传播教育论坛暨首届中南西亚国际传播学术研讨会，安排学生赴西班牙、英国，以及中国香港等国（境）外访学9人次，转入一名日籍国际留学生，聘请1位外籍教师，举办了两场外籍专家讲座，邀请英国斯旺西大学，马来西亚理工大学相关负责人等进行国际化教学科研合作探讨。

西安交通大学成功举办第二届"中国新闻史知识数据库建设及可视化设计大赛"、首届"新媒体与乡村振兴"论坛、第八届"中国数据新闻大赛"暨"新一代人工智能信息传播与社会治理"主题论坛、与厦门大学新闻传播学院共同举办第三届"一带一路国际传播能力建设高峰论坛"、2022—2023年度中国社会思潮新媒体传播与影响报告发布会；成立"中国—中亚"区域国际传播团队；组织教师团队出访哈萨克斯坦、乌兹别克斯坦、塔吉克斯坦等，开展"中国—中亚"区域国际传播科研课题。

（西北大学新闻传播学院　韩隽、郭晓燕、张雅欣）

1.2.4　山西省2023年度新闻传播教育发展综述

2023年，山西省各高校深入贯彻落实习近平总书记关于教育的重要论述，以落实立德树人为根本任务，不断深化教育改革，在专业建设、科研工作、学术交流、教学实践等方面不断努力，持续提升新闻传播教育质量。

1.2.4.1　扎实推进专业建设

总体来看，2023年山西新闻传播类专业招生情况较为稳定，各高校本科招生及毕业人数如表1-15所示。

表 1-15　　　　　　2023 年山西各高校新闻传播类专业本科招生及毕业人数

学校代码	学校	院/系名称	专业设置	招生人数	毕业人数
10108	山西大学	新闻学院	新闻学、广告学	140	141
10110	中北大学	人文社会科学学院	广播电视学	100	93
10117	长治医学院	人文艺术传媒系	传播学	75	40
10118	山西师范大学	文学院	编辑出版学	47	47
10119	太原师范学院	文学院	广播电视学	70	69
10120	山西大同大学	新闻与传媒学院	新闻学	98	46
			网络与新媒体	100	54
			数字媒体技术	97	92
10121	晋中学院	中文系	新闻学	79	106
			网络与新媒体	79	42
10122	长治学院	中文系	新闻学	100	100
			网络与新媒体	50	/
10124	忻州师范学院	中文系	网络与新媒体	50	45
10125	山西财经大学	新闻与艺术学院	新闻学	54	102
			网络与新媒体	57	/
10812	吕梁学院	中文系	新闻学	80	85
14434	山西传媒学院	新闻传播学院	新闻学	100	101
			网络与新媒体	100	150
			广播电视学	100	50
			数字出版	100	/

在专业建设方面，探索人才培养改革，根据实际情况新增招生专业，积极加入全国性学术团体。山西大学新闻学专业入选 2023 年山西省卓越（拔尖）人才培养改革试点。2023 年，晋中学院经山西省招生考试管理中心批准，新增网络与新媒体专业为二本 A 类招生专业。2023 年 8 月 25 日，山西师范大学文学院编辑出版专业、山西传媒学院新闻传播学院数字出版专业正式加入中国编辑学会。

在教学改革方面，进行跨学科整合，创新教学模式，加强课程思政。山西大学新闻学院获批 2 项省级教学改革创新项目，荣获 2023 年山西大学本科教学成果特等奖 1 项、课程思政教学设计大赛二等奖 1 项。2023 年 3 月，中北大学软件学院李院长提出软件学院与人文社会科学学院新闻系共建融媒体技术与数字可视化两个学科方向的新举措，实现"跨界"培养，育出"复合型"人才。2023 年 11 月，山西师范大学传媒学院组织"走进2023 黄河非遗大展"教学实践活动，将课堂搬到黄河非遗大展现场，以课程联合实践教学为基础，与传统文化思政内容进行深度融合，基于专业特色开展教学改革，探索课程思政的新路径。

1.2.4.2　探索实践育人新路径

山西省新闻传播教育高度重视实践人才培养，努力提升学生实践能力，积极开展访企拓岗行动，推进学生就业工作。

拓展教学科研实践方式和基地。2023 年 10 月 13 日，山西大学新闻学院与中新社、中青网合作，设立"小新工作室""青蜂侠工作室"，由国字头媒体一线记者作为实践导师，带领学生直接生产新闻作品。2023 年 5 月 25 日，山西传媒学院与晋中广播电视台签署战略合作协议，建立"节目研发制作基地"，在晋中广播电视台建立"山西传媒学院教学科研实习基地"，同时还将建立健全人才共享机制，开展新媒体研发与创新以及文化创意产业等多领域、多业态的深度合作，合力推动广电事业高质量发展。2023 年 7月 25 日，山西传媒学院新闻传播学院与乡宁县融媒体中心共建教学实践基地，10 月 12日，与兴县融媒体中心共建教学实践基地。

开展访企拓岗促就业专项行动。2023 年 5 月 25 日，山西财经大学文化旅游与新闻艺术学院赴太原古县城景区开展访企拓岗促就业专项行动，签署战略合作协议，建立文化旅游与新闻艺术学院实践教学基地，开展校企深度合作。2023 年 5 月，中北大学人文社会科学学院赴太原教育电视台就探索校企合作进行深入调研交流，6 月 29 日、30日，赴北京参加"校企协同，精准就业"——"百日冲刺"行动背景下的产教融合论坛，并参访相关企业，进行访企拓岗交流。2023 年，山西大同大学新闻与传媒学院开展访企拓岗促就业专项行动，就校企合作、毕业生就业、优质就业基地建设等进行深入交流。

1.2.4.3　积极承办参加专业比赛

2023 年 12 月，第六届全国大学生网络编辑创新大赛暨电子网络编辑专业委员会成立 20 周年活动在山西太原举办。山西大学新闻学院作为承办单位，荣获优秀组织奖，院长庞慧敏教授获优秀组织工作者，郭慧老师获优秀指导教师，学生作品荣获"视听新媒体类"一等奖、"数据多媒体类"二等奖。此外，山西大学在第 18 届"挑战杯"全国赛、第 8 届"互联网+"创新创业全国赛各获得 3 等奖 1 项、省赛获奖 9 项，在第 13 届全国大学生市场调查与分析大赛和第 15 届全国大学生广告艺术大赛中 30 人次荣获省部级奖项。组织制作十余部视频作品参加第 6 届省社会主义核心价值观主题微电影（微视频）展示和第 4 届全省"小故事彰显思想伟力"微视频大赛。

中北大学 2021 级广播电视学专业学生团队作为山西省唯一一支进入决赛的队伍，在第八届中国数据新闻大赛中取得三等奖的佳绩，指导老师任占文、李硕荣获大赛优秀指导老师奖。太原师范学院文学院 20 余名学子在"第二届全国大学生体育新闻写作大赛"中斩获奖项。山西传媒学院师生在第二届全国大学生反走私创作大赛喜获佳绩，师生作品《濒危市场》《圈套》《走私产品》荣获优秀奖，作品《严禁走私》荣获入围奖。山西大同大学新闻与传媒学院在 2023 年第十一届全国大学生数字媒体科技作品及创意竞赛全国总决赛中喜获佳绩。

1.2.4.4 科研工作取得新进展

2023 年 11 月 4 日，山西大学新闻学院庞慧敏教授主持的国家社科基金重大项目"全面抗战时期中国共产党国际抗日宣传方略及成效研究"进行开题论证，邀请尹韵公教授担任专家组组长，开题论证获得与会专家的高度肯定，顺利通过。该课题将深化对全面抗战时期中国共产党国际抗日宣传规律和经验的总结，为新形势下国际传播的战略布局和国际话语权提升策略贡献研究智慧。

2022 年 11 月，太原师范学院文学院张原教授的论文《民主知识分子的媒介实践与马克思主义早期中国化——以邓初民为个案的考察（1915—1949）》荣获山西省第十二次社会科学研究优秀成果奖一等奖。2023 年 11 月，山西大学新闻学院李彩霞老师的论文《再域：移动社交媒体在移民社会整合中的作用分析》以及辛萌老师的著作《抗日战争专题研究（二）——山西抗日根据地的社会教育》荣获 2022 年度山西省社会科学研究优秀成果"百部（篇）工程"奖二等奖。

1.2.4.5 开展国内外学术交流

山西省各大高校新闻传播教育积极开展国内外学术交流活动，通过前沿论坛、专业研讨会、专题讲座等方式开阔学术视野，提升教学水平。

第一，举办学术论坛和专业研讨会。2023 年 10 月 28 日，山西大学新闻学院举办了"国际传播与传播研究方法前沿论坛"。此次论坛邀请了美国哈佛大学、英国巴斯大学等 6 所世界一流高校著名学者交流研讨。2023 年 12 月 3 日，山西传媒学院新闻传播学院举行了"新闻传播学科发展暨专业建设研讨会"，在"新文科建设"视域下，围绕高素质应用型新闻传播人才培养目标、学科专业结构、师资队伍建设、创新创业教育、产学研协同育人等问题，建立新的认知，寻求新的发展。

第二，开设专题讲座。2023 年，山西大学新闻学院开设"文瀛·新传讲堂"10 次，先后邀请了北京大学程曼丽教授、暨南大学曾一果教授、郑州大学董广安教授、清华大学李彬教授、国务院发展研究中心《中国发展观察》原总编辑卫建民、中国人民大学邓绍根教授、中国人民大学王斌教授、复旦大学张涛甫教授、中国青年网副总编辑王海、中国传媒大学新媒体研究院书记卢迪等作讲座，使师生们近距离接触和捕捉学术前沿。2023 年 10 月，太原师范学院文学院邀请《光明日报》首席记者、文艺部高级记者编辑李韵作了题为"如何点燃不一样的烟火——新闻采编心得分享"的讲座，加深同学们对记者行业的理解，丰富同学们在新闻采编方面的知识储备，指引学生未来的就业方向。

（山西大学新闻学院　常媛媛、陈乐芬、李慧倩、李晶晶、仝佳璇）

1.2.5　山东省 2023 年度新闻传播教育发展综述

2023 年，山东大学新设本科专业国际新闻与传播，进一步丰富了山东省新闻传播学科体系。目前，山东省新闻传播本科专业的数量已达 7 个，涵盖发展较为成熟的新闻学、广播电视学等多个学科，增加了山东省在新闻传播教育领域的全面性与深度。其中，新闻学和网络与新媒体专业依旧保持着设立数量的全国领先的地位。鲁东大学、济南大学等 4 所高校针对新闻传播本科专业的设置进行了相应调整，撤销了广告学、编辑出版以及数字出版等专业。

2023 年，山东省新闻与传播专业硕士学位点数量依然稳定在 9 所。曲阜师范大学、临沂大学和山东理工大学列入山东省推荐新闻与传播专业硕士学位授权审核推荐名单、山东工商学院列入出版学专业硕士学位授权审核推荐名单。

在 2023 年的重大人才工程的入选情况中，杨晓冬老师入选山东大学"齐鲁青年学者"。曲阜师范大学的"社交媒体信息失序治理创新团队"、青岛大学的"癌症防治传播与干预研究创新团队"分别被列入山东省高等学校优秀青年创新团队。

1.2.5.1　主要院系与专业设置情况

（1）院系设置情况

目前，设置新闻传播专业本科院系的高校增加至 40 所，其中教育部直属 2 所、省属公办 26 所、民办 12 所。

（2）专业设置情况

各新闻传播院系开设本科生专业的在 20 年左右。除新闻学、广播电视学、广告学、传播学、编辑出版学、网络与新媒体、数字出版、国际新闻与传播等在设专业（见表 1-16），部分高校还自设有播音与主持艺术、广播电视编导、数字新媒体、新媒体艺术、影视、戏剧、动画、艺术设计、时尚等相关本科专业，此处对自设专业情况未做统计。

表 1-16　　　　　　　　山东设置新闻传播本科专业高校及专业情况

	学院院系（以学校代码为序）	新闻学	广播电视学	广告学	传播学	编辑出版学	网络与新媒体	数字出版	国际新闻与传播
1	山东大学新闻传播学院	✓							✓
2	中国海洋大学文学与新闻传播学院	✓					✓		
3	山东科技大学文法学院			✓					
4	青岛科技大学传播与动漫学院			✓		✓			
5	济南大学文学院		✓	✓					
6	青岛理工大学人文与外国语学院						✓		
7	山东建筑大学艺术学院			✓					
8	齐鲁工业大学文法学院			✓					
9	山东理工大学文学与新闻传播学院			✓					
10	青岛农业大学动漫与传媒学院			✓	✓				
11	山东师范大学新闻与传媒学院	✓					✓		
12	曲阜师范大学传媒学院	✓	✓						
13	聊城大学文学院		✓						

续表

	学院院系(以学校代码为序)	新闻学	广播电视学	广告学	传播学	编辑出版学	网络与新媒体	数字出版	国际新闻与传播
14	德州学院文学与新闻传播学院	✓							
15	鲁东大学文学与新闻传播学院				✓				
16	临沂大学传媒学院	✓		✓					
17	菏泽学院人文与新闻传播学院		✓	✓					
18	山东财经大学文学与新闻传播学院	✓						✓	
19	山东体育学院体育传媒信息与技术学院	✓							
20	枣庄学院文学院						✓		
21	青岛大学文学与新闻传播学院	✓							
22	烟台大学文学与新闻传播学院	✓							
23	潍坊学院文字与新闻传播学院		✓						
24	泰山学院						✓		
25	济宁学院人文与传播学院						✓		
26	山东管理学院人文学院								
25	山东工商学院人文与传播学院			✓		✓			
26	山东女子学院文化传播学院		✓						
27	山东政法学院传媒学院	✓				✓	✓	✓	

续表

	学院院系(以学校代码为序)	新闻学	广播电视学	广告学	传播学	编辑出版学	网络与新媒体	数字出版	国际新闻与传播
28	山东青年政治学院文化传播学院		✓						
29	潍坊科技学院(民)						✓		
30	泰山科技学院(民)						✓		
31	山东师范大学历山学院(民)	✓							
32	潍坊理工学院新闻与传媒学院(民)						✓		
33	齐鲁理工学院新闻与传播学院(民)	✓					✓		
34	山东财经大学东方学院(民)	✓					✓		
35	烟台理工学院文法学院(民)	✓					✓		
36	山东英才学院人文学院(民)						✓		
38	聊城大学东昌学院影视传媒系(民)				✓		✓		
39	青岛恒星科技学院(民)						✓		
40	烟台科技学院文化传媒学院(民)	✓	✓ `	✓					

2023 年，山东大学新增本科生专业国际新闻与传播，体现了高校对社会发展新趋势的敏锐洞察和积极应对。此外，广告学、编辑出版学和数字出版专业设置继续减少，其中广告学减少数量较为显著。具体到各分专业方面，目前 40 所开展本科教育的高校共开设新闻传播学类专业 60 个，平均每所高校开设 1.5 个专业。其中，16 所高校开设了新闻学本科专业，占专业总数的 26.67%；8 所高校开设了广播电视学本科专业，占专业总数的 13.33%；11 所高校开设了广告学本科专业，占专业总数的 18.33%；3 所高校开设了传播学本科专业，占专业总数的 5%；3 所高校开设了编辑出版学本科专业，

占专业总数的 5%；16 所高校开设了网络与新媒体本科专业，占专业总数的 26.67%；2 所高校开设了数字出版本科专业，占专业总数的 3.33%；1 所高校新增了国际新闻与传播本科专业，占专业总数的 1.67%。

在研究生教育方面，目前山东省有新闻传播学一级学科博士点 1 个，二级博士点 1 个。新闻传播学一级学科硕士点 2 个，新闻与传播专业学位点 9 个，出版专业学位点 2 个。其中，山东大学新闻与传播专业学位点下设新增融合出版方向含知识服务、数字版权、数字人文、数字阅读等。

2023 年，山东省新闻传播专业研究生总招生人数 274 人，较 2022 年降低了 8.05%。招收学术硕士研究生 32 人，占招收研究生总人数的 11.68%。另外招收专业硕士研究生 224 人，占招收研究生总人数的 81.75%。同时，招收新闻传播博士研究生 8 人，占招收研究生总人数的 2.92%。此外，还招收了出版专业的 10 人，占招收研究生总人数的 3.65%。值得一提的是，与 2022 年相比，博士研究生招生名额可能有所缩减，而专业硕士研究生虽然也有所减少，但依然占据总招生人数的绝大多数(见表 1-17)。

表 1-17　　　　山东省 2023 年主要新闻传播院系研究生学位点招生情况

学院院系（以学校代码为序）	新闻传播学一级学科博士招生人数	新闻传播学一级学科硕士招生人数	新闻与传播专业学位招生人数	出版专业学位招生人数	研究生招生总人数
山东大学新闻传播学院	8	24	52		84
山东师范大学新闻与传媒学院		8	35		43
中国海洋大学文学与新闻传播学院			26		26
济南大学文学院			12	10	22
鲁东大学文学院			22		22
青岛大学新闻与传播学院			10		10
烟台大学文学与新闻传播学院			47		47
山东财经大学			10		10
青岛理工大学			10		10

1. 2. 5. 2　新闻传播学校部共建情况

2022 年山东省新闻传播学校部共建取得长足发展。共建高校包括山东大学、中国海洋大学、济南大学、鲁东大学、山东师范大学与菏泽学院。其中除山东大学与山东省委宣传部共建外，其他学校均与高校驻在城市市委宣传部共建新闻传播学院。

山东大学新闻传播学院是 2013 年中宣部、教育部确定的全国首批"部校共建"新闻学院，一期建设已完成。2023 年，学校推动完成山东省委宣传部与山东大学共建新闻传播学院第二期(2023—2027)协议的签署，确立了未来 5 年共建任务、目标及经费支持额度。

1. 2. 5. 3　第二批国家级一流本科课程建设

2023 年山东省新增新闻传播学国家一流本科课程 8 门。其中，线上一流课程 2 门，线上线下混合式一流课程 3 门，线下一流课程 1 门，社会实践一流课程 1 门(见表 1-18)。

表 1-18　　　　　山东省新闻传播学第二批国家级一流本科课程建设名单

项目类别	课程名称	课程负责人	主要建设单位
线上一流课程	跟着电影去旅游	朱　峰	山东大学
线上一流课程	从文学到电影	马　兵	山东大学
线上线下混合式一流课程	中国新闻事业史	俞　凡	山东大学
线上线下混合式一流课程	传播学	陈晓洁	济南大学
线上线下混合式一流课程	影视特效与包装	陈　珊	临沂大学
线下一流课程	中国电视剧史	宋法刚	山东艺术学院
线下一流课程	电视节目导播	李　磊	山东艺术学院
社会实践一流课程	纪录片创作	张成良	鲁东大学

此外，第三批国家一流课程推荐评选中，山东省立项省级一流课程 6 门，其中 4 门课程推荐参加国家级一流课程的评选。

1. 2. 5. 4　科研项目情况

2023 年山东省新闻传播学专业教师在科研立项上取得丰收。山东大学王咏梅教授立项中国近代新闻通讯社史料搜集、整理与研究获国家社科基金重大项目。同时立项国家社会科学基金资助一般项目 3 项、青年项目 1 项（见表 1-19）。

表 1-19　　　　　2023 年山东省国家社科基金年度项目立项名单

	项目批准号	项目类别	项目名称	项目负责人	工作单位
1	23&ZD216	重大项目	中国近代新闻通讯社史料搜集、整理与研究（1872—1949）	王咏梅	山东大学
2	23BXW016	一般项目	木刻版画视阈下中国共产党形象建构与传播研究（1935—1949）	向　敏	山东工商学院
3	23BXW043	一般项目	跨社交网络的舆情信息传播模型与机理研究	宾　晟	青岛大学
4	23BXW052	一般项目	"韩华"群体跨国迁徙中的中国叙事研究	傅　宁	鲁东大学
5	23BXW082	一般项目	单身群体的媒介生活与婚恋观念的互构机制及引导研究	冯　强	山东大学
6	23BXW089	一般项目	媒介物质性视阈下视听媒介的融合叙事研究	王　雪	中国海洋大学
7	23BZW122	一般项目	百年鲁迅肖像画历史	魏韶华	青岛大学
8	23CXW002	青年项目	概念史视野下的传播学关键概念研究	展　宁	山东大学

2023 年，山东省高校新闻传播学获得教育部人文社科研究课题 2 项，分别是烟台大学丁大尉教授主持的"大数据时代知识生产范式的哲学基础研究"和张晓传副教授主持的"清代国家语言能力建构研究"。

在科研奖励方面，山东师范大学蒋博文副教授获第三十六届山东省社会科学优秀成果奖一等奖。

1.2.5.5　教学情况

2023 年，山东大学新闻传播学院新闻传播综合实验教学示范中心获批山东省普通高等学校实验教学示范中心，鲁东大学广播电视站获批山东省示范实训基地。此外，在山东省年度教学改革研究项目立项上，立项重点项目3项，一般项目4项。

　　山东省新闻传播教育在近年来持续的优化与调整中实现了稳健发展。2023年，山东省新闻传播学科在科研项目和教育水平方面不断取得突破，主要表现在以下几个方面：

　　一是山东省多所高校成功获批多项国家社科基金项目，涉及新闻传播理论、史论等多个领域。这些项目的成功立项不仅彰显了山东省新闻传播学科的学术实力和研究水平，也为推动学科发展提供了有力支撑。

　　二是山东省新闻传播教育在实践教学和人才培养方面取得了显著成效。各高校不仅通过加强实践教学环节，推动产学研深度融合，为学生提供了更为广阔的实践与研究平台。国家级一流本科课程建设取得了丰硕的成果，不仅为学生提供了更加优质的教学资源，也进一步为培养更多高素质新闻传播人才奠定了坚实基础。

　　三是尽管山东省新闻传播教育在学科建设和研究方面取得了不少成果，但部分高校在师资力量等方面仍有待加强。尤其是在高端人才引进和培养方面，需要加大力度，积极引进业界优秀人才，同时加强校内教师的培训和提升，以提高整体师资水平，推动山东省新闻传播教育的持续发展。

（鲁东大学文学院　王欣然、张成良）

1.2.6　甘肃省2023年度新闻传播教育发展综述

　　2023年甘肃省新闻教育事业继续秉持着扎根西北、辐射全国、放眼世界、争创一流的理念稳步前进，在党建工作、学院规划、专业发展、课程建设和社会服务几个方面取得一些新的突破和创新，为国家培养新闻传播类技术人才贡献一份西部力量。

1.2.6.1　月度理论学习和党建工作

　　2023年甘肃高校继续坚持在师生中开展月度理论学习活动，参照各学校党委理论学习中心组学习内容和安排，开展多次专题学习，西北民族大学新闻传播学院还成立了"符号学"研究团队党支部，总结凝练"三带一促进"支部工作法，在学院推广。

　　各新闻院系持续在本科生、研究生中发展入党积极分子，教师入党也取得突破。西北师范大学传媒学院2023年发展学生党员64人。兰州大学新闻与传播学院2023年发展了81名学生党员，另有1名骨干教师被批准为预备党员，吸收1名年轻教师为入党积极分子。西北民族大学新闻传播学院2023年发展了1名副教授为预备党员，1名系主任被吸收为入党积极分子，如此，高职称和行政队列的教师入党也在教师队伍的党建工作中打开了新局面。

1.2.6.2　专业发展和人才建设

2023 年甘肃省各新闻院系在分析就业局势、考量市场需求以及自身实力特点的基础上对专业发展作出了相应调整，在人才称号、实习基地等领域取得突破。

第一，修订并实施 2023 版本科专业人才培养方案。2023 年甘肃省新闻传播教育的一个关键词是"调整"，三所领头的新闻院系都在 2023 年开始实施新版本科专业人才培养方案。

兰州大学新闻与传播学院 2023 版本科专业人才培养方案的调整理念是突出国际视野、学科交叉和精英教育，收缩传统专业。2023 年学院暂时停招了广播电视学专业。自 2023 年始，新闻学大类（包括新闻学、广告学专业）实行文理兼收，入学第一年不区分专业方向，从大二开始再具体分流。学院依托 2022 年立项的甘肃省高等教育教学成果培育项目，在数字媒体技术专业上实现更深入的学科交叉培养模式，派遣年轻教师出国或其他国内院校进修相关课程，积极实现文科与工科的有机融通。

与此相匹配，兰州大学新闻与传播学院 2023 年开始投建大型的系统数据库平台，即丝绸之路经济带"文明互鉴与国际传播大数据"科研实验平台，平台下辖四个科研实验大数据子平台："文化数字化与中华文化传播数据库""公共关系与战略传播数据库""中国共产党马克思经典新闻作品数据库""舆论研究与引导数据平台社会调查研究实训系统"，计划五年时间建成，为培养全球视野的国际传播人才助力。

西北民族大学新闻传播学院实施的 2023 版本科专业人才培养方案则提出坚持 OBE 教育理念，提出"学生中心—产出导向—持续改进"的人才培养方略，制定了"培养目标—毕业要求"和"毕业要求—开设课程"两个对应矩阵，明确每门课程在培养过程中发挥的作用，以及对毕业要求达成的支撑。

西北师范大学传媒学院启动 2023 版本科专业人才培养方案，以党和国家的政策为导向，强调适应市场需求，着力优化课程设计，构建产学研一体化的系统教学理念。

兰州文理学院则继续坚持与国内其他高校合作办学的模式，先后与华南师范大学、暨南大学、西南大学、广东技术师范学院等大学签订"2+2 培养卓越新闻传播人才合作办学协议"，每年在大三学生中选拔优秀本科生赴上述高校学习 2 年，目前已派出三批43 名学生。

第二，常态化的学术会议和筹备首届甘肃省新闻传播学研究生学术论坛。2023 年各高校全面恢复线下授课和线下学术会议，甘肃省各新闻院系在这一年举办了共 9 场学术会议，更真实、更有序的学术探讨和分享给教师和学生创造了就近学习的机会。

2023 年兰州大学新闻与传播学院主办了 3 场学术会议，分别是 7 月 8 日召开的第十届国家传播战略高峰论坛暨兰州大学新闻传播学科建设研讨会、8 月 19 日召开的中国新闻史学会公共关系专业委员会第七届学术年会、12 月 2 日召开的第一届新时代新闻传播实践教学研讨会暨丝绸之路新闻传播教育联盟理事会议。筹备已久的首届甘肃省新闻传播研究学术论坛也已经在 2024 年 1 月 6 日成功举办，为甘肃每年近千名新闻学子搭建了自己家门口的学术圈和学术交流、分享平台。

2023 年西北民族大学新闻传播学院主办了 4 次学术会议，分别是 AIGC 与新闻传播学教育研讨会暨 2023 中国科技新闻学会数据新闻专委会培训会议，第三届华夏丝路符号传播研讨会，视听中国：全球、国家与乡土学术研讨会暨 2023 年中国新闻史学会视听传播专业委员会学术年会，以及共享"丝绸之路"中华文化、共叙"一带一路"十年发展——2023 中德媒体学术研讨会。

西北师范大学传媒学院也在 2023 年召开了 2 次学术会议，甘肃省新闻传播类教指委会议以及第四届西部传媒发展暨马克思主义新闻观教育论坛。

第三，开创海外实习基地。2023 年西北民族大学新闻传播学院与马来西亚韩江传媒大学学院、《光华日报》签订合作协议，学院学生将赴马来西亚进行交流学习，并在《光华日报》建立首个海外实习基地。这是甘肃省新闻院系建设海外实习基地的首试。

第四，专业学位点验收和优秀学位论文。2023 年 11 月甘肃政法大学文学与新闻学院以 22 票全票顺利通过教育部新闻与传播硕士专业学位点专项核验工作，1 篇硕士论文荣获 2023 年甘肃省优秀硕士学位论文，3 篇获得校级优秀学位论文。兰州大学新闻与传播学院 1 篇硕士论文荣获 2023 年甘肃省优秀硕士学位论文，2 篇荣获校级优秀学位论文。

第五，差异化发展和特色办学。兰州文理学院自 2013 年升本之后一直在寻找自己的特色办学之路。2022 年学校申报的非物质文化遗产保护本科专业获批设立，成为甘肃首个非遗保护本科专业。新闻传播学院依托这一发展契机，建设了以发掘、传承和传播甘肃优秀文化为核心的影视作品制作平台，截至 2023 年全院师生共完成近 80 部介绍和宣传甘肃非物质文化遗产的影视作品，形成了独具特色的非遗传承与传播的发展路子。

第六，人才称号取得新突破。西北民族大学 2023 年在人才建设方面成绩突出，张辉刚教授 2023 年 10 月获得国家"万人计划"青年拔尖人才称号，这是甘肃省首位获此殊荣的新闻专业人才。2023 年 12 月西北民族大学张辉刚、兰州大学新闻与传播学院刘晓程荣获甘肃省领军人才称号。此外，刘晓程还分别于 2023 年 7 月获聘第 33 届中国新闻奖审核委员，2023 年 8 月获聘中国新闻史学会第六届理事会常务理事，2023 年 11 月获聘中国新闻史学会公共关系专业委员会理事长。

1.2.6.3 思政教育和课程建设

课程是专业发展的具体展现，2023 年甘肃省新闻院系在新旧人才培养方案衔接中平稳过渡，课程建设继续深耕拓殖。

第一，课程思政表现形式多样化。思政内容不再是简单镶嵌于课堂讲授之中，而是以话剧、短视频、故事分享等方式表现。西北民族大学新闻传播学院成功申报学校 2023 年民族团结进步创建项目，排演话剧《誓言无声》，"融合新闻学"课程实践为国家民委"道中华"公众号制作围绕铸牢中华民族共同体意识主题动画视频 4 部，并在"道中华"公众号上刊发，学院师生团队还担纲完成了"我和我的老师"三全育人故事分享会。甘肃政法大学文学与新闻学院也在全省高校思政教育成果展示活动中展演了师生自编自导自演的原创舞台剧《深根》，并在省内高校巡演。

第二，更多课程获批国家级、省级一流课程。一流课程是衡量教学质量的重要参考指标，甘肃省各新闻院系继续在这个赛道上竞逐，有所斩获。

2023 年，3 所高校的新闻院系获批国家级一流课程，分别为兰州大学新闻与传播学院的小实习(新春采风万里行、重走中国西北角)，西北民族大学新闻传播学院的"广播电视采访"以及西北师范大学传媒学院的"影视批评"线上线下混合式课程。此外还有 4 门课程获批省级一流课程，分别是甘肃政法大学文学与新闻学院的"融合新闻学"，西北师范大学传媒学院的"纪录片创作"线上线下一流本科课程、"电视节目编排与运营"虚拟仿真实验教学一流课程和"艺术素养与实践"社会实践一流课程。2023 年，兰州大学新闻与传播学院另有 8 门校级示范课程(包括教学改革示范课程和课程思政示范课程)获批，这是继 2019 年 7 门课程之后年度立项最多的一年。

1.2.6.4 智库建言和社会服务

2023 年甘肃省各新闻院系继续站在专业角度，为国家和地方政府各部门建言献策。兰州大学新闻与传播学院 11 份智库报告被采纳，其中 5 份被省部级采纳，6 份被厅局级采纳，内容涉及网络舆情监控、基层治理效能、地方产业发展、地域文化传播、留学生交流学习等领域。西北师范大学传媒学院 1 份报告被省部级采纳，主题是自媒体传播。

(兰州大学新闻与传播学院　廖金英)

1.2.7　辽宁省 2023 年度新闻传播教育发展综述

2023 年辽宁省新闻传播教育在不断发展中取得了显著成果。随着信息技术的飞速发展，辽宁省各高校新闻传播专业的教育模式也在不断地进行创新和调整，以适应新的媒体环境和市场需求。在新闻传播教育与教学改革、实践调研与校企合作、科研成果立项、学术交流活动、社会服务等方面均取得了突出成绩。

1.2.7.1　新闻传播教育与教学改革

为进一步提高人才培养质量，辽宁省各大高校新闻传播类专业对学生培养质量和本科教学的重视程度明显提升，并进一步探索创新学生培养的模式与方法。这主要体现在教学改革与创新、课程思政、业界专家讲学、实践调研与校企合作、专业类比赛、师资流动共享等方面。

（1）教学改革与创新

辽宁大学新闻与传播学院秉承"三个坚持"理念，打造"四位一体"实践育人体系。辽宁大学新闻与传播学院助力辽宁三年新突破典型案例，结合"求真求实"的学科特点，将专业教育与思想政治教育以及实践教育深度融合，把实践育人贯穿于人才培养的每一个环节，将育人与育才相统一，将知行合一与学以致用相结合，形成了"理想信念教育+专业能力锻炼+学术实践体验+贡献服务社会""四位一体"的具有学院特色的实践育人工作体系。在德育实践中坚持思想领航。通过开展系列实践活动引领学生深化理论学习，坚定信仰追求。录制 10 期党史学习教育微课，通过视频讲解的形式带领广大青年一起回顾党的峥嵘岁月，感受党在百年风华中凝聚的中国精神与中国力量；"走进'六地'辽宁·传承红色基因"系列活动深刻阐释了辽宁"六地"等红色资源的丰富内涵和时代价值。

辽宁大学新闻与传播学院还依据学校相关文件通知，认真落实开展真实问题试点课程，开设 54 门课工作，将"真实问题"引入教学的各个环节。明确人才培养的定位和目标，以经济社会发展需求为着力点，深化创新创业教育改革理念、强化人才有效供给能力。经过一年的试验，学院共有 18 门"真实问题"为导向考核课程并逐年增加直到全面覆盖。在学科竞赛方面，辽宁大学新闻与传播学院鼓励学生以"真实问题"为导向，将辽宁省亟须解决的相关问题作为源头，将"真实问题"融入学科竞赛中去。毕业论文方面，按照相关文件对指导教师进行先期培训，要求毕业论文引入"真实问题"并全面覆盖，确保本科生毕业论文以"真实问题"为导向，根据社会中存在的，各行各业的"痛点"自主选取，在论文指导中学院严格要求学生选题符合学校人才培养目标，依托"四新"建设，体现传统优势特色与新兴现代产业相结合，以行业优秀者为标杆，着力打造学生对"真实问题"敏感度，教学相长，打造可为辽宁乃至全国出谋划策，具备等库能力的出色人才队伍。

大连民族大学文法学院新闻系教师党支部开展主题党日暨校园先锋工程对接活动为深入学习贯彻党的二十大精神，切实推进校园先锋工程，增强青年团员的责任感和使命感，深化大学生爱国主义教育，6月7日，文法学院新闻系教师党支部与新闻221班团支部前往大连博物馆开展主题党日，暨校园先锋工程对接活动。全体党员教师和22级新闻专业学生代表参加了此次活动。辽宁师范大学教师获批2023年辽宁师范大学教育教学改革研究项目、体美劳教育实践项目。

（2）以赛促学

邀请业界专家到校传授经验、指导业务学习是新闻传播类专业提升学生实践能力、扩展学生专业视野的重要途径。2023年，辽宁省多所高校在学生培养过程中加大了对业界专家的引入力度。

辽宁大学新闻与传播学院实践育人工作取得显著成果，在学术实践中坚持创新发展。"'海岛寻鲜'——海岛乡村振兴新模式引领者"项目，在乡村振兴与农业农村现代化赛道92个优秀项目的激烈角逐中，为我校摘得全国"挑战杯"赛事的首个金奖。"广众商云—区域实体零售店让利流转系统"项目荣获全国铜奖。

辽宁省教育厅主办2023第二届辽宁省大学生数字影像大赛，由大连外国语大学新闻与传播学院承办。用镜头记录美好生活，用影像呈现不一样的精彩，大赛以"服务辽宁全面振兴新突破，讲好中国故事的辽宁篇章"为主题，鼓励影像制作爱好者去拍摄、去讲述、去分享，通过手中的镜头记录生活、讲述故事、分享感悟、传递价值。大赛面向辽宁省普通高等学校大学生征集影像作品，以增强校园文化气息，促进校园文化建设，丰富学生的课外生活，引导正确的视听理念，助力各高校培养创意影像人才。

大连民族大学文法学院参加由辽宁省法学会主办的第十七届"政德律师杯"大学生法律知识竞赛。此次竞赛于2023年11月11日在大连财经学院举办，大连市9所高校参加了此次竞赛。经过多轮激烈角逐，该校文法学院法律系派出的两支竞赛队伍分获二等奖和三等奖。

大连理工大学新闻与传播学系举办"用脚丈量土地"专业实训创新大赛。2023年10月25日，人文学院新闻与传播学系在厚德楼610举办大工人文周暨"用脚丈量土地"专业实训创新大赛，由新闻与传播学系副教授高慧琳老师主持，专业多名同学踊跃参赛。

大连民族大学文法学院学子在首届快手校园视频创意大赛中喜创佳绩。2023年6月11日，首届快手校园视频创意大赛颁奖典礼在北京举行，文法学院选送的作品"嗨嗨吃民大"和"小梅酱啊"分别获得微记录学生组一等奖和三等奖,作品"小卢别紧张"获得京东校园组一等奖,作品"屁话超多牙"入围微记录学生组全国 20 强。颁奖典礼由京东校园冠名,并在快手校园账号进行了全程直播,新华网、《中国青年报》、央广网、《新京报》等多家媒体对此次活动进行了报道。

东北财经大学学生作品荣获"2023 年第十五届全国大学生广告艺术大赛"多个奖项。"2023 年第十五届全国大学生广告艺术大赛"评选结果揭晓。经过赛事组委会近 4 个月的严格评审,最终东北财经大学荣获国家级优秀奖 1 个,省级一等奖 3 个、二等奖 4 个、三等奖 11 个。全国大学生广告艺术大赛(大广赛)以立德树人为根本,以强教兴才为己任,搭建了以赛促练、以赛促学、以赛促教、以赛促改、以赛促研、以赛立德的实践教学改革平台。辽宁师范大学文学院两名学子在首届全国大学生职业规划大赛辽宁省赛中双双取得佳绩。

辽宁师范大学承办中国大学生广告艺术节学院奖 2023 秋季征集大赛·创意星球大讲堂辽宁站活动。10 月 13 日下午,学院于辽宁师范大学西山湖剧场承办中国大学生广告艺术节学院奖 2023 秋季征集大赛·创意星球大讲堂·辽宁站活动。此次活动特邀国际品牌协会亚太区主席、原梅高(中国)总裁、戛纳国际广告节评委董立津作为创意讲师,向大家展现广告创作上的独家妙思。

(3)专家讲座

邀请业界专家到校传授经验、指导业务学习是新闻传播类专业提升学生实践能力、扩展学生专业视野的重要途径。在过去的一年里辽宁省多所高校在学生培养过程中加大了对业界专家的引入力度。

2023 年,辽宁大学新闻与传播学院开展"辽大新传名家讲座"系列讲座:11 月 6 日,邀请中国传媒大学赵新利教授带来主题为"抗战时期我党通过外媒外嘴外脑开展国际传播的历史经验"的学术讲座;11 月 6 日,邀请中国传媒大学曾祥敏教授带来题为"讲好全媒体故事——我国媒体深度融合发展的创新探索"的学术讲座;11 月 14 日,邀请中国人民大学刘海龙教授带来主题为"生成式人工智能与知识生产"的专题讲座;11 月 15 日,邀请中国人民大学赵云泽教授带来题为"舆情事件中的情绪传播与平台角色"的专题讲座;10 月 18 日,邀请邀请"金话筒"奖获得者、中央民族大学王志教授开展专题讲座。另外,南开大学戚德祥教授也来该院开展主题为"新形势下出版国际传播创新路径"的精彩讲座。

为拓宽学院师生的国际视野,跟进学术前沿知识,提升国际交流能力,2023 年 12 月 5 日与 12 月 11 日,辽宁大学新闻与传播学院在蒲河校区学院 116 会议室、崇山校区机关楼 401 教室分别开展了两期"辽大新传·中高计划"系列学术活动。此次活动邀请到美国田纳西大学助理教授 Dr. Joseph Stabb(约瑟夫·斯塔伯),作为该校与美国高校合作的"2+2"双学士学位项目的第一位访学学者，为该院师生带来了精彩的学术盛宴。

大连理工大学人文学院新闻与传播学系邀请罗德岛大学哈灵顿传播与媒体学院张珏曼副教授，为同学们带来"人工智能时代新闻业的机遇和挑战"的主题讲座。讲座以线上线下相结合的形式展开，主讲人张珏曼老师以线上的形式在腾讯会议中，结合自身学术研究经历，为新闻与传播学系师生分享人工智能时代新闻业的新变化。人文学院副院长武文颖老师线下主持，40 余名同学线下参与讲座的经验分享和话题讨论。

东北财经大学人文与传播学院在 2023 年 11 月 2 日邀请中国人民大学新闻学院赵云泽教授为学院师生作题为"ChatGPT 对新闻传播业的深层次影响"学术讲座。2023 年 10 月 8 日下午，华东师范大学中文系张春田副教授应邀为学院师生作题为"视听文化与情感研究：跨学科视野中的文化与传播"学术讲座。南京大学新闻传播学院孙信茹教授应邀为东北财经大学人文与传播学院师生开展题为"'触网'：互联网人类学的田野实践与方法"的学术讲座。

(4)实践调研与校企合作

大连外国语大学新闻与传播学院多语种国际传播人才培养创新实验班开展户外摄影实践活动。10 月 25 日—11 月 1 日，新闻与传播学院组织多语种国际传播人才培养创新实验班 60 余名师生前往太阳沟产业园开展户外摄影实践。户外摄影实践活动不仅增强了学生对社会的理解与认知，而且培养了其创造性运用摄影器材创作展现时代精神的能力，为日后学习新闻摄影、数字影像创意传播等课程打下了基础。新闻与传播学院2021 年与大连旅顺太阳沟文化产业园区管理委员会签署战略合作框架协议，共建大连外国语大学社会实践基地和共建向世界讲好旅顺故事、太阳沟故事的融媒体传播产学研成果转化基地。此次活动是新闻与传播学院践行创新人才培养途径、拓宽人才培养渠道、搭建国际传播人才培养开放式教育平台的多项举措之一，充分发挥"多语种+国际传播"培养特色，充分共享专业实践教学基地，充分彰显应用型人才培养特色。

2023 年 2 月 24 日下午两点，《大连日报》和大连理工大学新闻传播学系的数据新闻合作研讨会在大连理工大学八角楼 A206 会议室召开。9 月 21 日辽宁师范大学举行辽宁省第十届"好记者讲好故事"巡回演讲报告会。

1.2.7.2　科研情况

(1)科研项目(国社科、教育部、省社科)情况

辽宁大学新闻与传播学院积极组织各级各类申报，2023 年获批项目有：

《东北地区偶像产业的在地化研究》(白玫佳黛，辽宁省社科联)；《全媒体视域下档案宣传展览创新研究》(韩亚楠，辽宁省档案局)。

东北财经大学人文与传播学院获批 3 项 2023 年度辽宁省教育厅基本科研项目 11 月 20 日，2023 年度辽宁省教育厅基本科研项目立项名单公布，东北财经大学共获批 67 项，人文与传播学院教师韩传喜、王蕴卓、赵寰申报的项目获批面上项目。

东北财经大学人文与传播学院 2 位教师获批 2023 年度辽宁省社会科学规划基金项目。2023 年 9 月 19 日，2023 年度辽宁省社会科学规划基金项目立项名单公布，东北财经大学共获批 34 项。人文与传播学院姜华老师申报的"新媒体时代马克思主义基本原理同中华优秀传统文化相结合的传播价值及路径研究"、赵寰老师申报的"突发公共事件中地方政府的舆论引导策略研究"获批重点项目。

东北财经大学人文与传播学院两部著作获得东北财经大学 2023 年度优秀学术专著出版资助。日前，学校公布了 2023 年度优秀学术专著出版资助项目立项名单，人文与传播学院两部著作获得东北财经大学 2023 年度优秀学术专著出版资助。两部著作分别是姜华老师的《〈红楼梦〉贾氏女性人物解读》、赵寰老师的《营销沟通与文案创意》。

（2）学术会议与交流

2023 年，辽宁省众多高校积极邀请国内外知名学者开展讲座、讲学，并灵活运用"线上+线下"的方式积极承办学术会议和学术交流活动。

12 月 20 日，大连理工大学第五届大工人文博士生学术论坛通过腾讯会议线上形式顺利召开，来自北京大学、中国人民大学、上海交通大学、南开大学、中山大学、大连理工大学和奥克兰大学等国内外知名高校的 60 多位专家学者、博士研究生参加论坛。

大连外国语大学举办"增强中华文明传播力影响力：2023 年第七届中华文化海外传播大连论坛"。此届论坛将以习近平新时代中国特色社会主义思想为指引，以人类命运共同体理念为视角，就如何"增强中华文明传播力影响力"展开深入探讨，为提高国际传播影响力、中华文化感召力、中国形象亲和力、中国话语说服力、国际舆论引导力贡献智慧。

1.2.7.3 校部共建与社会服务

辽宁大学新闻与传播学院在社会实践中坚持学以致用。在 2023 年暑期"三下乡"活动中，该院组建多个实践团队，调研辽宁"六地"文化建设，推动辽宁文化振兴发展，学生共计在中国青年网发表图文报道 10 篇。以"真实问题"为导向，开展大学生社区实践计划，选派志愿者前往阜新市黄家沟等地参与该校"百名教师联系百县，千名学子寻访千乡"青年助力乡村振兴项目。

大连民族大学文法学院赴甘井子区司法局举行校地共建合作协议签约仪式。为进一步促进法学理论与司法实践深度融合，推动法学教育与司法业务资源共享、共建共赢，推进校外实践基地建设。大连外国语大学新闻与传播学院、教育部中外语言交流合作中心承办的"汉语桥"线上团组交流项目"对话 UP 主——与中国青年同行"正式开启。本项目旨在进一步为做好国际中文教育发展、中外人文交流、增进国际青少年对中国语言文化的了解等方面作出积极贡献。项目侧重挖掘当代中国背后的人文精神，讲述传统与现代相交融的中华文化，为海外汉语爱好者们呈现一场灵活生动、内容丰富的云端文化盛宴，以激发国际学生的中文学习兴趣与热情，感知中国特色文化，培养广大留学生知华、友华、爱华的情怀。此外，大连外国语大学还承办 2023 中法文明对话："一带一路"人文交流青年领袖大连论坛在大连召开。10 月 20 日，由大连外国语大学、中国外文局当代中国与世界研究院主办，大连外国语大学国际交流与合作处、法语学院、国际传播研究院、中华文化海外传播研究中心承办，新闻与传播学院、汉学院、"一带一路"人文交流机制协同创新中心协办的庆祝法语学院成立 50 周年——2023 中法文明对话："一带一路"人文交流青年领袖大连论坛暨第八届大连外国语大学国际教育交流月闭幕式在图书馆报告厅召开。在分论坛环节，与会学者结合"中法文明、文化经典互鉴""中法教育、人文合作交流"等主题进行深入探讨。在闭幕式环节，各分论坛主持人进行了总结发言。

（辽宁大学新闻与传播学院　韩亚楠）

1.2.8　吉林省 2023 年度新闻传播教育发展综述

2023 年是具有特殊意义的一年，疫情结束后全面开放为全国带来了全新的希望，吉林省的新闻传播教育也展现出蓬勃生机与活力。在全面贯彻党的二十大精神的开局之年，吉林省各高校的新闻传播学院逐渐恢复线下教学，整体课程设置更注重数字媒体、社交媒体运营等新兴领域的知识传授。在硬件设施方面，作为吉林省新闻教育的领头羊，吉林大学引进眼动仪等教学设施，为学生提供更为实战化的学习环境。此外，吉林省新闻教育界与业界的合作日益紧密，多家知名新闻机构与高校建立合作关系，为学生提供实习机会，同时也为新闻机构输送新鲜血液。

1.2.8.1　学科建设情况

除了吉林大学、东北师范大学、吉林师范大学三所省内老牌新闻传播教育强校之外，吉林省内其他高校的新闻传播教育近年来也稳步发展，从课程设置、产学研结合、硬件设施等方面都有新的突破和取得一定成绩。吉林工程技术师范学院把编辑出版专业打造成学校级优质专业，并且着力加强打造学生的实践能力。2023 年 10 月 16 日，《吉林省教育厅关于公布首批吉林省本科高校卓越人才培养校外实践教学基地建设项目名单的通知》下发，吉林工程技术师范学院新闻与出版学院卓越新闻出版人才校外实践教学基地建设项目成功获批。在 2023 年 5 月发布的《校友会 2023 中国大学新闻传播学类专业排名》中，吉林工程技术师范学院新闻与出版学院的编辑出版学专业获评 2023 中国六星级应用型专业，位居应用型全国第一名，挺进中国顶尖应用型专业行列，实现了学科建设新突破。

1.2.8.2 吉林省新闻传播教育理念

（1）整合新技术，注重培养实践能力

吉林省各高校新闻学院注重学生实践能力的培养，通过丰富的实践课程和实地采访，使学生能够将理论知识与实际操作相结合，提高解决实际问题的能力。在对学生实践能力培养的过程中，吉林省的新闻教育积极探索与新技术的整合，如 ChatGPT、人工智能、大数据等，以适应媒体行业的变革。在对学生实践能力培养的同时，始终强调媒体的社会责任，培养学生的公民意识和社会责任感，使其能够在信息传播中坚守真实、客观、公正的原则。

（2）结合地域特色激发创新思维

吉林省的新闻教育紧密结合地方特色，注重对地方新闻、社会以及区域文化的关注，培养学生对地方新闻事业的责任感和使命感。强调创新思维的重要性，鼓励学生独立思考，勇于创新，以适应不断变化的媒体、社会及文化环境。面对日新月异的媒体环境，吉林省的新闻教育始终保持创新精神，不断更新教育理念和方法，以培养适应时代需求的新闻人才。

（3）培养具有跨学科背景的复合型人才

吉林省新闻教育注重与其他学科的整合，如社会学、心理学、计算机科学等，旨在培养具有跨学科背景的复合型人才。与此同时，吉林省各高校的新闻教育也逐步拓展国际视野，通过与国外新闻学院的交流合作，提升学生的国际竞争力，为全球化背景下的新闻传播事业培养新闻人才。

吉林省的新闻教育理念始终以社会责任为核心，注重实践能力的培养和创新思维的激发。回顾 2023 年吉林的新闻学教育工作，可以看到各高校的新闻传播学院在实践课程设置、学科建设、产学研合作等方面取得了显著成果。展望未来，吉林省新闻学教育将继续坚持创新发展理念，紧密结合行业需求和时代发展，不断提高教育质量和水平。总体而言，吉林省新闻教育工作在稳步推进的同时仍有较大进步空间，在未来，吉林省的新闻教育将为培养更多具有高度社会责任感、实践能力、创新思维和跨学科背景的新闻人才发挥更大的作用。

1.2.8.3 部校共建情况

部校共建新闻学院，是党和国家实施的一项重要战略任务和基础工程，是加快实施卓越新闻传播人才教育培养计划，推动加强马克思主义新闻观教育，提高新闻传播人才培养质量的一项重要举措。在吉林省的高校新闻传播教育中，"部校共建"成为一个引人注目的发展模式。这种合作模式旨在加强新闻传播学院与新闻传播行业的联系，提高新闻教育的实用性和前瞻性。吉林省多所高校的新闻传播学院通过"部校共建"得以直接了解新闻业界的最新动态和技术，并将其融入教学中。在共建过程中，吉林省的新闻传播学院与相关部门共同开发了一系列具有针对性的课程和培训项目。此外，共建还促进了业界与学界的交流与互动，双方共同开展研究项目，分享资源，实现了优势互补。

截至 2023 年 12 月，吉林省部校共建新闻传播学院一共有 5 所，分别是吉林大学、东北师范大学、吉林师范大学、长春工业大学、吉林工程技术师范学院。不断壮大的部校共建队伍体现了吉林省委宣传部与省内各高校新闻传播学院共同培养新闻宣传人才的决心与信心，在政府和高校的双重借力下共同打造一支政治坚定、业务精湛、作风优良、党和人民放心的新闻舆论工作队伍。

1.2.8.4 实习与实践教学情况

2023 年，吉林省的高校新闻传播类专业的实习就业教育呈现出新的发展趋势。随着线下教学秩序的恢复以及技术的升级迭代，新闻传播行业面临诸多挑战与机遇，吉林省各高校积极应对行业变革，努力提升学生的实践能力和就业竞争力。在这一年中，吉林省各高校新闻系纷纷加强与业界的合作，为学生提供更多的实习机会。学生们得以在实际工作环境中锻炼专业技能，深化对新闻行业的理解。与此同时，各高校也注重实习过程的规范化管理，确保学生在实习中既能够获得实践经验。2023 年 4 月 23 日，央广网与吉林大学新闻与传播学院共建"实习就业基地"；2023 年 8 月 31 日，城市晚报融媒体在长春工业大学的新闻中心设立记者站；2023 年 11 月 2 日，林工程技术师范学院与吉林省广电融媒集团签订了校外实践教学基地。这种产学研结合的模式，保证了媒体与学校共同实施师资共享，共同开展人才培养，从而实现人才培养模式的创新与跃升，有力地推动了新闻教育的实用性发展。

1.2.8.5 教学与学术交流情况

（1）以新技术为主题，开拓跨学科视界

2023 年是技术升级迭代、蓬勃生长的一年。作为 ChatGPT 元年，以 ChatGPT 的提出为首，元宇宙、人工智能、写作机器人等概念和领域都得到了更多的重视。吉林省各高校新闻学院在新技术应用、探索以及概念的普及等方面同样付出了努力，取得了显著进展。这些努力旨在提高新闻传播的效率和影响力，开拓跨学科视界，同时也可以为学生提供更丰富的学习体验。

在学术交流与教育教学方面，吉林大学举办以"人机共生共创"为主题的跨学科交流研讨会，旨在深入探讨人机共生共创的发展状从系统，推动人工智能在各学科科研与实践中的应用，促进学科间的交叉融合及深度交流。此外，吉林大学还举办了以"ChatGPT 对新闻传播业的深层次的影响"为题的学术讲座，信息论的视角分析了新闻的本质，指出智能时代对于新闻业提出更高的挑战，同样也对高校的新闻与传播教育提出了更高的要求与挑战。

在实践操作与能力训练方面，吉林大学举办了"数字空间视频创作——虚拟演播室专业研训"活动，为各学科同学进行虚拟演播室的技术工作讲解与一对一实操训练。学生们通过完成现场直播和场景切换等实际工作环节，进一步熟悉专业应用程序 OBS 的不同使用方法和多元应用场景。东北师范大学传媒国家级实验教学示范中心举办了"网络空间安全与人工智能技术应用创新"培训班——包括网络空间安全经典案例复现和 ChatGPT 创新应用赋能两部分内容，为参训学员们搭建了一个高水平学习平台，有效推动了校际交流合作，对学科交叉研究与人才培养发挥了积极作用。

（2）聚焦区域性国际传播话题，打造特色交流活动

吉林省新闻教育在侧重于与新技术接壤的同时，保持对国际传播、对外交流的重视。除了日常的教学工作中对国际传播话题的重视之外，各高校联合业界头部单位打造特色教育与交流活动。2023 年 9 月 20 日，吉林大学新闻与传播学院在广告学创办三十周年庆典时举办东北亚时尚传播国际学术论坛，出席论坛的嘉宾覆盖学界和业界，是东北地区首次举办以东北亚时尚传播为主题的学术论坛。与会嘉宾们分别从技术、文化和传播的多个角度与层次，阐述了东北地区在东北亚经济社会发展的重要地位以及做好国际传播对传播学建设的重要意义。在后续的系列活动——东北亚时尚传播产学研用论坛中，来自各单位的业界专家分别从不同角度，探讨了对于"广告传播""中国女性文化的发展""智能社会治理""流量市场趋势"及"消费主义"等主题的见解。通过此次交流活动，学子们丰富了研究和观察视角，让学子们得以更好地认识自己所身处的区域，进一

步理解更为广阔的世界。

(3)以赛促学，以奖促学

除了日常教学与学术交流活动，吉林省各高校也在着力提升学生知识转化能力，以新闻与传播专业相关比赛促进知识转化。在 2023 年，吉林省各高校新闻传播学院以大学生广告艺术大赛等实践比赛为平台，积极组织学生参与，提高学生的实践能力和创新思维。这些比赛不仅为学生提供了展示才华的机会，也促进了各高校之间的交流与合作。吉林大学文学院暨新闻与传播学院在"第十五届大学生广告艺术大赛"中获得国家二等奖 2 项，国家三等奖 3 项，国家优秀奖 10 项。

除国家级竞赛外，吉林省各高校也在积极利用自身优势资源，开办专业性比赛。东北师范大学传媒科学学院(新闻学院)在"'唐韵杯'第四届吉林省大学生广告创意大赛"中荣获多项奖项。4 月 26 日，由传媒科学学院(新闻学院)主办，东视电视台承办的第五届"东狮奖"颁奖典礼圆满落幕。"东狮奖"是东北师范大学传媒科学学院设立的教师实践教学和学生学习实践的最高奖项，对实践方面表现优秀的学生和优秀实践活动指导教师进行奖励。此外，吉林大学新闻与传播学院于 11 月 8 日顺利举办第十一届模拟新闻发布会决赛。这些大赛的举办，促进了各高校之间的经验交流和学习。通过举办成果展示活动、线上分享平台等方式，展示优秀作品和经验成果，促进共同进步。

(吉林大学新闻与传播学院　顾兴禹、田茫茫)

1.2.9　黑龙江省 2023 年度新闻教育发展形势扫描

2023 年是落实中共二十大精神的开局之年。当年 9 月习近平总书记视察黑龙江，发表了重要讲话和重要指示。全省新闻教育界感恩奋进，齐心协力，取得了许多进步。现总结如下。

1.2.9.1　扎扎实实推进马克思主义新闻观教育，不断提高课程思政水平

黑龙江大学新闻传播学院是本省第一批省委宣传部与高校共建新闻学院，在马克思主义新闻观教育中多年来一直走在前列。该学院组织师生参加了 2023 中国新闻传播大讲堂的启动仪式，作为分会场向全国做展示。另外，该学院邀请央广网黑龙江频道总编辑和中国青年网副总编辑进校开展马克思主义新闻观大讲堂讲座两次。

在思政融入专业课教学中，黑龙江大学新闻学院也具有较高水平。中共二十大闭幕后，该校新闻学院即在学院公众号推出"二十大精神融入新传课堂"课程思政教学交流专题展示活动。转入 2023 年后，共有 7 位教师课程思政案例在公众号推送展示。当年

底，姜德锋老师主讲的"传播学概论"和徐思老师主讲的"外国新闻传播史"课程分别入选黑龙江大学课程思政建设重点项目和一般项目。

此外，黑龙江大学新闻学院还带领卓越国际新闻与传播实验班以及国际传播辅修班的同学，参观哈尔滨铁路博物馆，感受铁路在中国式现代化进程中的重要意义。他们还远赴百年口岸绥芬河，开展沉浸式研学，在当地开设的"中共六大历史资料馆"以及"大白楼红色通道纪念馆"体会马克思主义经中国东北的早期传入和广泛传播。这些活动让新闻学、传播学专业的同学深受教育，同学们创作发表了一批生动的视频和文字作品。

黑龙江工程学院网络与新媒体专业也在2023年11月召开的专业发展研讨会上，集中分享了课程思政建设经验。骨干教师程晓皎依托课程思政建设提出在日常教学中要以思政为教学方式，塑造新文科融合教学中的中国魂。该院教师还注重结合专业知识点挖掘蕴含课程思政理念的教学案例，形成了系统可复制的经验做法：

首先，从整体上，以蕴含龙江精神内涵的案例为切入点，以情感为纽带，用问题去牵引，构建"融媒体教学使用—红色基因融入—理论与实践同行"的课程思政教学模式。

其次，在教学设计中，用"问题链"导出知识体系，以"案例设计"引发同学们的哲学思考。在课上教师不会对隐性的哲学思考展开讲解，但在案例选择上却始终秉持着要培养学生马克思主义世界观、新闻观这一教学理念。

最后，是课程地域特色上的创新。融入龙江"五色"教育，如"蓝色"高新科技创新教育，"金色"现代农业教育等。

黑龙江工程学院该专业的课程思政教学融入取得了较好的立德树人效果，不仅激发了学生对专业知识的理解，还促使学生树立正确的人生观、价值观，在力所能及的范围之内为社会发展作出一定的贡献。比如在毕业设计的选题时，有的同学立志于文化保护，为沧州古镇做纪录片宣传古镇文化、为红色圣地做旅游宣传、为故宫文物衍生的文创产品做营销方案、为龙江文化做小程序、为龙江戏剧做推广；还有的同学关心家乡经济发展，为本地特色产品做出营销宣传方案、为扶持本土中小型企业的发展做新媒体运营策划；也有的同学从兴趣出发关注当下社会热点话题，针对大学生求职、返乡创业、大学生深造等问题进行了探讨。

哈尔滨学院网络新媒体专业开设于2021年，现在"马克思主义新闻思想"课程已经被列入学院的"课程思政"品牌课程。另外强调"新闻传播伦理与法规"教学，以此筑牢学生的规范意识和社会责任意识，该课程还探讨与黑龙江大学新闻学院教师联合授课，增加实践性。2023年，该专业教师在省、市、校级教学改革项目中均有立项。通过教学研究，进一步推动了网络与新媒体专业的建设和发展，为培养适应社会需求的专业人才提供了有力支持。

哈尔滨师范大学传媒学院新闻学专业同样不断加强马克思主义新闻观教育，在课程思政融入方面进行了多元探索。2023 年该校的"新闻与传播"专业硕士点经受了检验，获得专家好评。在由国务院学位委员会办公室负责、全国新闻与传播专业学位研究生教育指导委员会组织实施的新闻与传播专业学位类别学位授权点核验工作中，该校新闻与传播专业学位授权点全票通过。专家组意见指出：哈尔滨师范大学新闻与传播专业学位授权点在立德树人、师资队伍、人才培养、制度建设与基础设施、培养效果等方面达到基本要求，主要表现在三个方面：第一，师资队伍建设较好，推动教研能力和教研成果转化水平整体提升；第二，该学位授权点在科研论文方面取得了一定成绩；第三，培养目标明确，专业定位清晰。

1.2.9.2　锲而不舍地推动新文科建设，为"双一流"工程注入新内涵

近年来，黑龙江省教育行政部门引导高校进行"双论证"工作，即人才培养战略定位论证及专业结构优化调整论证。黑龙江大学在这一过程中，注重发挥综合性大学的优势，开展新文科建设，鼓励学校各学院和学科打破专业和团队区隔，交叉融合协同创新强强联合。新闻传播学院则抓紧机遇，与该校强势的外国语言文学学科联手，共同探索高层次的国际传播人才培养。

黑龙江大学的外国语言文学学科以俄语为龙头，以英语和日语为强劲两翼，全国第四轮和第五轮学科评估中均为 A 类学科，连续两次被确立为黑龙江省创建世界一流学科单位。而新闻传播学科则是省内唯一具有硕士一级学科的单位，并设有新闻与传播专业学位点。

新闻传播学院与外国语言文学强调联合后，先是创建了国际传播学科，分别在两个学科招收国际传播研究生(含学术型硕士和专业型士)。同时发挥学科优势，以学科成果反哺本科教学，推动"学科专业一体化"发展。

为响应习近平总书记加强国际传播能力建设，强化中国国际话语权的要求，黑龙江大学的新闻传播学科与外语学科逐年强化合作，不仅在新闻学和传播学本科专业的2023 年版人才培养方案中，增设了"国际传播"选修模块，而且还面向外语专业学生以及其他专业学生，开办国际传播辅修班和国际新闻微专业，致力于提高大学生的国际传播素养和能力，帮助外国语言文学专业开辟复合型人才培养的新路径，强化外语类学生的职场胜任力。

2023 年，黑龙江大学新闻学科与外国语言文学学科的交叉融合结出了新成果。该校自主设立的二级学科"跨文化沟通与国际传播"顺利通过在教育部层面的备案，并于当年开始招收硕士研究生，博士招生也将于 2024 年进行。由此，黑龙江大学将实现国

际新闻与传播人才的本硕博贯通式培养。

2023 年，习近平总书记到黑龙江视察时，要求黑龙江省打造"向北开放新高地"，黑龙江大学新闻学院和黑龙江外国语学院相关专业的国际传播人才培养，正是适应国家发展和地方经济发展需要，努力为其提供强有力的人才和智力支撑。

除与外国语言文学学科的融合创新之外，黑龙江大学新闻学院还为数据科学学院和历史学院的"双一流"学科建设提供支撑。新闻学院参与了该校国家安全学申请博士学位授权一级学科点工作，即"信息安全"方向。同时参与中国史申请博士学位授权二级学科点工作，即"中国近现代史"方向。

2023 年，黑龙江大学新闻学院还两次参与"中国周边传播共同体"活动。11 月 4 日"向北开放与周边传播"论坛暨中国周边传播共同体成立大会在黑龙江大学举行。大会为"中国周边传播共同体"揭牌，并发布了《中国周边传播共同体倡议书》。

黑龙江省新闻教育领域的院校代表全部参加了周边传播论坛，见证了"中国周边传播共同体"的成立，全部成为中国周边传播共同体成员，其中包括哈尔滨工业大学数字媒体技术专业、东北林业大学广告学专业、哈尔滨师范大学新闻学专业、哈尔滨商业大学新闻学专业、哈尔滨体育学院新闻学专业、黑龙江工程学院网络新媒体专业、哈尔滨学院网络新媒体专业、东方学院新闻学专业和黑河学院广播电视新闻学专业等。

为学习借鉴国内兄弟院校发展国际传播教育，助力国际传播能力提升，2023 年 6 月 26—28 日，由黑龙江大学新闻传播学院、俄语学院、法学院、历史文化旅游学院领导和学科带头人组成的交叉学科人才培养调研考察团赴京调研考察。他们深入中国传媒大学、中国人民大学、北京外国语大学、中国政法大学、首都师范大学和新华社及相关企业，在充分听取这些单位在构建国际传播体系、新闻传播教育改革以及培养跨学科人才等方面的成功经验和做法后，调研考察团成员对黑龙江大学促进龙江高质量发展，加快国际传播体系、涉外法治体系、区域国别人才培养体系建设，贯彻落实向北开放战略提供跨学科人才保障信心满满。

1.2.9.3 持之以恒加强一流本科专业建设，一流课程建设取得进步

近年来，网络新媒体专业成为一些高校的新增专业。黑龙江工程学院网络新媒体专业是本省创建最早的网络新媒体专业，现已经成为校级一流本科建设专业。2023 年 11 月，为进一步推进专业建设，凝练专业特色，深化教学改革，提升育人质量，该校人文与社会科学学院举行了网络与新媒体专业建设研讨会。学院和专业教师达成下一步发展共识，即实现"三个跨界与融合"：

一是加强师资"跨界与融合"培育，针对专业特点开展跨专业老师培育，实现教师、教学的互通；

二是校企"跨界与融合"联动，大力加强与行业的合作，增加优质实践实习单位，深化实践教学改革，推行"双导师制"；

三是专业教育与创新能力培养的"跨界与融合"，提高人才培养质量，以"新技术的推动、新需求的产生以及新国情的要求"三个核心要素推行"新文科建设"。

2023 年黑龙江工程学院的网络新媒体专业全力完成了人才培养方案修订，其中特别增加了专业实践教学学时及学分。上一版的实践学分比例为 38.8%，2023 版实践学分比例为 44.7%，改革了现有实践教学环节；课程设计上改革了融合新闻作品创作课程设计、平面媒体制作课程设计；在校企合作上：更新了数字多媒体作品创作与新媒体产品设计与项目管理课程讲授方式，增加了外聘教师授课。同时做好了 2019 版与新版人才培养方案的有效对接。

2023 年，黑龙江大学新闻学院新闻学、传播学和广告学等专业高标准完成了本科人才培养方案修订。设立了思政育人课程目标，融入学科交叉、媒体融合、专业认证、产教融合等新文科理念。强化国际传播人才培养，国际新闻与传播实验班赴哈尔滨铁路博物馆和"百年口岸"绥芬河，开展"沉浸式"实景研学活动。

在当年启动的第三批一流本科课程评选中，黑龙江省新闻传播教育界也取得一些成果。黑龙江大学新闻学院姜德锋老师主讲的"传播学概论"、张宝龙老师主讲的"新媒体视频极速客"双双入选省级线上线下混合式一流课程。

此外，伴随新版人才培养方案实施，黑龙江大学新闻学院教师撰写完成了全部课程的新版教学大纲。实现了课程思政的全面融入以及课程内容的深度更新。

2023 年黑龙江省新闻传播类院系积极引进人才，哈尔滨师范大学引进博士师资一人，黑龙江大学新闻学院引进博士师资一人，东北林业大学的广告学专业，近年教师队伍也快速发展壮大。

1.2.9.4 大刀阔斧地开展校企合作，多方探索政产学研协同育人

哈尔滨学院网络与新媒体专业将思政融合、专创融合、产教融合思想融入教学理念。注重理论与实践并行，依托校企合作与实训基地的建设，打造系列品牌特色实践活动。黑龙江工程学院积极引企入校，2023 年度聘用 3 位企业教师，实质性参与实践教学、毕业设计、实习等专业学生教学工作中，大幅度提升学生的社会实践能力。新签实习基地 2 个，建成校企合作实践课程 1 门。

2023 年，黑龙江大学新闻传播学院与中国青年网共建黑龙江大学生短视频实训基地。牵手黑龙江省向北开放前沿地区、对俄合作示范市县，与中共鸡西市委宣传部，绥

芬河市、抚远市、饶河县、逊克县和孙吴县 5 家融媒体中心签订共建实践基地协议。

其中，黑龙江大学生短视频实训基地是黑龙江大学新闻传播学院与中国青年网双方发挥各自优势，以"青蜂侠"团队及平台为依托，推动产学研一体化的战略举措。共建实训基地是高校与媒体双方基于互联网传播的态势，以及传媒行业对新媒体传播人才的需求做出的战略选择。未来，黑龙江大学新闻学院将以短视频实训基地为依托，与中国青年网在高层次人才培养、团队建设、学术科研创新和实践成果转化以及社会服务等多层面开展全方位、深层次、多形式的合作，力争实现教育链、人才链、产业链的深度融合，在"校媒合作"中结出硕果。

2023 年，黑龙江大学新闻学院两位教师还作为主要成员，参与完成了一项教育部产学合作协同育人项目"新时代国际传播人才'三融合'培养模式研究"，该项目由该校外国语言文学学科带头人主持，发布项目的企业是北京外研在线数字科技有限公司。

1.2.9.5 用心用情回报社会，以知识成果助力舆情应对与政府决策

东北林业大学广告学系以公益广告创作为显著特色，2022 年、2023 年在中央保密办举办的全国保密公益宣传片创意文案征集大赛中，师生共创作品连续两年荣获一等奖。

其中的获奖作品《藏在照片里的秘密》被用于中央保密办 2023 年"4.15"全民国家安全教育日保密主题宣传片制作，面向全国推广。2023 年 5 月 24 日，黑龙江省委保密办专函发去"表扬信"，充分肯定了东北林业大学在保密宣教事业方面作出的突出贡献。

2023 年黑龙江省公益广告研究基地被提档升级为黑龙江省公益广告创新研究基地。当年 5 月 17 日，中共黑龙江省委宣传部、黑龙江省市场监督管理局联合印发《黑龙江省公益广告创新研究基地(公益广告创意设计中心)合作共建方案》，确立以东北林业大学为牵头单位，黑龙江大学、黑龙江广播电视台、哈尔滨学院、大庆铁人王进喜纪念馆、阿城区画院为共建单位的"1+5"建设模式。东北林业大学还承建省公益广告创新研究学术中心、省公益广告创新研究人才教育基地以及公益广告综合服务平台的建设工作。

黑龙江大学新闻学院在服务社会方面同样不遗余力。该院近年承担省委宣传部全省13 市地和 49 个厅局的新闻发布年度初评工作。2023 年学院教师专班完成黑龙江省市(地)2022 年信息发布工作评估。同时还完成省委宣传部委托开展的 2 项舆论引导力调研报告、2 篇 2022 年度突发热点舆情引导处置典型案例分析报告、2 场专场新闻发布会传播效果评估报告。

与此相关，结合近年来国际传播学科发展和研究生培养，服务国际传播能力提升、

促进对外开放事业发展的需要，黑龙江大学新闻学院完成由省政府外事办公室主办、学校承办的"黑龙江—东盟海外华文媒体新闻记者研修班"教学工作。学院承办了哈尔滨市委宣传部、绥化市委宣传部、黑龙江省生态环境厅新闻发言人与新闻发布骨干培训班。还联合学校俄罗斯文化研究中心和继续教育学院，在2023暑期承办国家人社部培训项目"一带一路"国际传播能力提升高级研修班。此外，该学院还与哈尔滨市文旅局联合举办"打造创意设计之都：哈尔滨城市形象国际传播论坛"。在建设向北开放新高地进程中，加强周边传播研究，积极为地方政府提供人才和智力支撑。

哈尔滨体育学院新闻学专业教师继2022年服务北京冬奥会之后，2023年又加入第九届亚冬会申办专班以及组委会，为输送新闻学专业学生到亚冬会做前期准备。

（黑龙江大学新闻传播学院　姜德锋）

1.2.10　云南省2023年度新闻传播教育发展综述

2023年，在教育部"双一流"建设和新文科建设推动下，在云南省专业综合评价促进下，云南省新闻传播教育在学科建设、专业建设、平台建设等方面都取得了可喜进步。

1.2.10.1　人才培养

（1）人才培养总体情况

2023年度，云南省新闻传播学类专业共有31个办学点，其中新闻学专业有9个教学点，广播电视有6个教学点，广告学有6个办学点，传播学有1个办学点，编辑出版有1个办学点，网络与新媒体有8个办学点，呈现此消彼长的情况，广告学专业办学点逐年减少的同时，网络与新媒体专业办学点在逐年增加。

2023年云南省新闻传播类专业本科在校总人数为7229人，比上年度增加847人，其中新闻学3002人，广播电视1145人，广告学831人，传播学240人，编辑出版120人，网络与新媒体专业1891人。从在校人数情况来看，网络与新媒体人数增长最快，增长了40%，新闻学专业也有增长，而广告学、传播学和编辑出版都有减少，其中广告学在校人数减少最多，近22%的降幅。

2023年，云南省新闻传播学硕士办学点共有6个学校，其中云南大学和云南师范大学为一级学科硕士点单位，2023年昆明理工大学新增新闻与传播专业硕士点，全省硕士研究生在校学生共806名，其中云南大学文化传播专业新招录博士生2名，该专业共有11名在读博士。

（2）专业建设

在教育部"以本为本""回归本位"的思想指导下，云南省连续四年开展了五轮专业综合评价，此项评价得到了省委省政府高度重视，评价结果还与省财政给各个学校的经费拨付有关，各个学校的均将综合评价工作作为学校专业建设和学校发展的重要工作列入议事日程。这一评价工作也成为云南省高等教育狠抓本科教学质量的一个创新性工作得到省委省政府的高度评价和支持。

2023 年，云南省教育厅在之前的五轮本科专业综合评价工作基础上，开展了"2023 年本科专业'增 A 去 D'成效评价"工作，对全省在前五轮评价中仍为"D"（不合格）专业专业进行成效评价，对前四年专业建设的成效进行专题评价。新闻传播类专业共有 11 个办学点参加了此次评价，涉及新闻学、广播电视学、广告学和网络与新媒体四个专业。经过各级专家的多轮评估，共有保山学院新闻学、丽江文化旅游学院网络与新媒体、滇池学院广播电视等专业摆脱了"不合格"的评估结论进入 C 类专业点。

云南省各新闻传播办学点在这项工作的促进下，在课程、师资、教材、考核和就业等方面锐意进取，不断斩获佳绩。2023 年共有 1 门课程被教育部认定为新闻传播国家一流课程（线下），9 门课程被省教育厅认定为省级一流课程，在教师教学能力比赛中，丽江文化旅游学院的邵宇航老师在"第三届全国高校教师教学创新大赛"中荣获"新文科中级及以下组一等奖"，楼艺婵老师获得"副高及以上组"二等奖，新闻传播学专业的课程和老师成为云南省参赛队伍中最突出的亮点，还有 8 位老师在省级的教师教学创新大赛中获奖。

在上述双一流项目申报和教师教学比赛的推动下，各校将专业建设、教师教学能力提高、本科教学改革作为专业建设点重要抓手，努力争创佳绩。

（3）学科竞赛

各个学校积极组织学生参加各类学科竞赛，其中"大广赛"因其教育部主办，而成为大家认为分量最重的学生竞赛奖项之一。

2023 年 7 月，云南省新闻与传播学类专业教学指导委员会主办，昆明理工大学艺术与传媒学院承办，云南工商学院协办了 2023 年第 15 届全国大学生广告艺术大赛（简称"大广赛"）云南赛区比赛，此届大广赛保持连续 8 年迅猛增长纪录，50 所在滇高校参赛作品数量达到 22993 件，比上年增加近 7751 件作品，参赛院校增加 2 所。

此届"大广赛"依据平面类、视频类、动画类、互动类、广播类、策划案类、文案类、UI 类、营销创客类、公益类十大命题，实际收到平面类作品 7988 件，视频类影视广告作品 1035 件，微电影类作品 784 件，短视频类作品 515 件，动画类作品 720 件，互动类作品 154 件，广播类作品 709 件，策划类作品 162 件，广告语文案作品 9366 件，长文案作品 1388 件，UI 类作品 171 件，达到云南赛区参赛作品历年数量之最，在评委会专业筛选下，最终评出 2634 件获奖作品，其中一等奖 61 件，二等奖 163 件，三等奖 252 件，优秀奖 1958 件。

上述所有获奖作品均报送"大广赛"全国组委会参加国家级比赛。2023 年 11 月大广赛云南赛区国家级比赛共获得 223 件，比上年增加 72 项，其中一等奖 3 件，二等奖 10 件，三等奖 38 件，优秀奖 172 件。这个成绩超越了以往的数量，为历年之最，云南赛区还获得"全国优秀赛区"荣誉称号，昆明理工大学和丽江旅游文化学院获得"优秀参赛院校"荣誉称号。

在各类学科竞赛中，全省共有 199 件学生作品获国家级竞赛奖项，634 件学生作品获省级竞赛奖项。

1.2.10.2　学科建设

2023 年，云南省新闻传播学科建设方面也取得了一定进步。

在科研项目申报方面，2023 年云南省新闻传播院系在申报并获批省级以上各类科研课题中取得了较好成绩。其中，云南师范大学传媒学院当年获批 3 项国家级社科立项，值得注意的是，一些地方院校和民办院校也取得了省级以上甚至国家级课题零的突破，其中大理大学、临沧师范科技大学和云南经济管理学院都斩获国家级课题立项，学科建设方面取得实际进展。省级科研立项共有 25 项，其中，红河学院、昆明理工大学和丽江文化旅游学院表现突出。

在教学研究领域，各个学校也有突出表现。昆明理工大学获得 3 项国家级教学研究项目、2 项省级教学研究项目立项，全省共有 4 项国家级教学研究项目立项，8 项省级立项，为专业建设和教学改革提供了较好的平台与条件。

在学术会议方面，全省 2023 年度共主办、承办了 7 场学术会议，其中云南大学承办了 3 次学术会议，其中 1 次为国际会议。由云南民族大学承办的中国新闻史学会台湾与海外华文传媒专业委员会理事会全会，以"数字时代海外华文传媒发展"为题开展学术研讨会，研究探讨华文传媒在继承发扬传统的同时，积极探索实践在数字技术支撑下的传媒行业升级与创新，旨在探讨数字化时代下华文传媒的新发展、新挑战及新路径，提升华文媒体传播力、影响力，来自厦门大学、复旦大学、西安交通大学、暨南大学、云南大学、云南师范大学、云南民族大学、马来西亚英迪国际大学、中国新闻社海外中心、云南日报社、云南广播电视台等多 40 所高校与机构的专家学者参会交流。会议收到学术论文百余篇，除主论坛外，会议共设七个平行分论坛，参会专家学者将围绕数字化时代华文传媒发展现状及发展趋势研究、数字化时代华文传媒产业中的经济新动能技术新升级、数字化时代华文媒体的中华文化传播及中国国家形象塑造，以及数字化时代国际传播与人才培养等领域议题分享各自的研究成果，展开了热烈的讨论。

在硕士点方面，昆明理工大学新增了新闻与传播专业硕士授权点。

1.2.10.3　平台建设

2023 年，云南省新闻传播院系、专业的实验平台建设又有了新的进展。云南大学、云南民族大学、云南师范大学、红河学院、滇池学院等高校共新增 3738 余万元，在各校建设、省级实验室，极大改善和提升了各校新闻传播人才培养的实验条件。

2023 年，云南民族大学网络与新媒体专业获批了省级一流专业，更重要的是还获批了云南省新兴专业建设点，由省财政支持，建设年限为三年，财政共将投入千万元对该专业在人才队伍、技术平台、课程改革等方面实施全面建设，该项目的立项将极大提升该专业的办学水平和学科档次，是云南高校新闻传播专业建设的一件重要标志性工作。

1.2.10.4　教指委工作

2023 年，云南新闻传播教指委完成了教育部教指委的相关工作的同时，根据云南省办学的实际情况，支持和助力开展了系列活动，最重要的工作除了每年参加云南省专业评估工作外，就是成立了"云南省广告教育联盟"。

为实现高等教育的可持续发展，探索数字教育区域性合作交流机制，凝聚区域性广告高等教育发展合力，打造数字化智慧教育未来新空间、新业态、新图景，云南省新闻传播教指委联合云南民族大学、云南大学、云南财经大学、昆明理工大学、大理大学、滇池学院、红河学院、曲靖师范学院、滇西科技师范学院、云南艺术学院文华学院、昆明国家广告产业园、云南省广告协会、广告人文化集团(天津)等单位，共同发起成立"云南省广告教育联盟"。联盟成立以来，教指委、云南民族大学对"大广赛"春季赛云南站宣讲、"学院奖"宣讲活动、中国国际广告节、上海国际大学生广告节等赛事和活动进行了组织、动员和指导，在云南民族大学广告学专业的积极组织下，联盟与各校的联系加强了，与国家级广告产业园的合作做实了，这些产教融合的资源让在校学生切实受益。

云南省 2023 年在全省全面开展了专业综合评价工作，以"增 A 去 D 成效评估"为年度主题，对全省 D 类专业展开综合评价和成效审核。在此工作中，云南省新闻传播教指委的主任、副主任委员积极参与，作为评审专家全程参加了该项工作，在对各校专业进行评审的同时，积累素材、查找问题，对全省新闻传播专业建设工作开展了指导。经过五年的综合评价，由于是全省教育厅、考试评估中心统筹推进的工作，且与财政拨款挂钩，各校高度重视。2023 年云南新闻传播教育在面上呈现出较大的进步，尤其是地州院校、民办院校展现出很强的发展势头，在专业建设、教学改革、教师能力建设等方面都有非常亮眼的成绩，真正朝着以评促建、优化专业结构、充实师资队伍，扎实推进课程建设的目标努力，不断提高和充实各校的办学实力。

（云南大学新闻学院　单晓红）

1.2.11　贵州省 2023 年度新闻传播教育发展综述

2023 年，贵州省新闻传播教育呈现三条主线：一是新闻传播专业建设，二是新闻传播产学研一体化的人才培养体系探索，三是新闻传播教育助力乡村振兴实践活动。这三条主线符合当下时代背景，让贵州省新闻传播教育既能满足社会现实需要，又能与时俱进茁壮成长。

1.2.11.1　新闻传播专业建设

专业建设是高校教育环节中的重要一环，涉及内容有课程体系、教学科研和师资队伍等方面。一流的专业建设需要以一流的课程为依托，2023 年在贵州省省级"金课"的认定名单中新闻传播学类课程共有 19 门，涵盖线上一流课程、线下一流课程、线上线下混合式课程以及社会实践一流课程四大类别。相比于 2022 年新闻传播学省级"金课"来说，2023 年新闻传播学省级"金课"数量有所增长，可以看出贵州省新闻传播教育在一流课程建设方面付出了不少努力并取得了较大的成绩(见表 1-20)。

表 1-20　　　　　　　**2023 年度贵州省新闻传播学类省级"金课"统计情况**

1	新闻摄影	毛燕妮	唐娟、高焕静	贵州大学	线上一流课程
2	影视剪辑基础	洪柱云	刘聪聪、吴晓洪、刘姿麟	贵州师范大学	线上一流课程

3	融合新闻学	杨逐原	张多朋、翁泽仁、林文雯、李星月	贵州大学	线上线下混合一流课程
4	影视人类学	韦 玮	廖璇、杨蕾	贵州民族大学	线上线下混合一流课程
5	融合新闻学	王 蕾	王刚、周婷婷	贵阳学院	线上线下混合一流课程
6	广告创意与设计	吴向华	余索、刘莉、杨小寻、汪仁着	六盘水师范学院	线上线下混合一流课程
7	新闻传播伦理与法规	邹嫒嫒	张早、黄婧	黔南民族师范学院	线上线下混合一流课程
8	广告学概论	沈广彩	李朝阳、曾凡忠、罗南卿	黔南民族师范学院	线上线下混合一流课程
9	融合新闻学	陈秋萌	李倩、毛霞、幸嫚	兴义民族师范学院	线上线下混合一流课程
10	传播学教程	龚 翔	韩飞、程思睿	贵州民族大学	线上线下混合一流课程
11	融合新闻学	欧继花	刘雨农、胡刃、黄丽娜	贵州民族大学	线上线下混合一流课程
12	中国电影史	宋 波	邹璿	贵州民族大学	线上线下混合一流课程
13	传播学	陈 果	谢坚、黄丹、郭建文、郝从从	贵州师范学院	线上线下混合一流课程
14	深度报道	杨雅芸	贺先林、蒋海军、李桢、陈杨	贵州黔南科技学院	社会实践一流课程
15	新闻采访与写作	管 倩	李娟	贵州民族大学	社会实践一流课程
16	广播电视常用文体写作	陈 勤	李竞、承包制然、李猛、张凯	遵义师范学院	社会实践一流课程
17	新媒体营销管理	刘全莉	张钧、田俐	铜仁学院	线下一流课程
18	电视摄像	王万鹏	石金、王怡丹	贵阳学院	线下一流课程
19	广告策划	罗 健	廖丰盛、秦福贵	贵州财经大学	线下一流课程

　　一流的专业建设也需要有一流的师资队伍作为核心力量。优秀教师作为高校教育改革和发展的重要推动力，在改进教学方法、提升教学质量方面具有重要作用。学术能力是检验教师教学能力的标准之一，2023 年贵州省新闻传播学类教师在学术上也有所贡献。如贵州大学传媒学院唐娟副教授申报的"加强贵州国际传播能力建设研究"、徐烨副教授申报的"贵州省推进国家文化数字化战略实践研究"2 项课题获批 2023 年度贵州

省委重大问题调研课题立项，贵州民族大学教授鲍远福获批国家社会科学基金西部项目。这对于加强新闻传播专业的建设，推动中华文化的传承与发展，提升国家文化软实力以及推动媒体融合与发展起着重要作用。

1.2.11.2　新闻传播产学研一体化的人才培养体系探索

在课程设置与教学改革方面，贵州省高校新闻教育始终坚持以行业需求为导向，以提升学生实践能力和创新能力为核心，不断推进教学改革和创新。贵州大学传媒学院不仅夯实基础理论，更着力于实践能力的锻造，通过增设新闻采访与写作、广告策划与创意等实践课程，增强学生的实操技能。贵州民族大学紧随行业步伐，更新课程内容，融入新媒体、数据分析等前沿知识，确保学生所学与时俱进。同时，贵州师范大学积极推动教学方法的革新，运用案例教学、小组讨论、项目驱动等多元教学手段，激发学生的学习热情与主动性。这些举措，旨在培养具备广阔视野和创新能力的传媒人才，为行业发展注入新活力。

实践基地的建设与合作育人，是贵州省各高校传媒学院培养学生实践能力、创新精神的重要环节。贵州大学积极与多家媒体机构、广告公司等建立深度合作关系，为学生提供丰富的实习实训平台，让他们在实践中学习，在学习中实践。同时，贵州民族大学充分利用校内资源，打造虚拟演播厅、数字录音棚等实践场所，让学生在校园内就能感受到职业氛围，提升专业技能。在实践基地的利用上，学院注重实践教学与理论教学的有机结合，让学生在实践中深化对理论知识的理解和应用，提高解决实际问题的能力。

在师资队伍建设方面，不仅引进业界专家和优秀青年教师，还注重培养现有教师的专业素养和教学能力。贵州大学鼓励教师参加各类培训和学术交流活动，提升教师的学术水平和视野；同时，也支持教师开展科研项目和产学研合作，促进科研成果的转化和应用。在师资队伍建设中，贵州民族大学积极推动省级教改项目，索创新创业的指导教学，还注重团队建设和文化传承，倡导教师之间的合作与交流，形成良好的学术氛围和团队精神。总体而言，各高校传媒学院的师资队伍结构不断优化，教学水平和科研能力得到显著提升，为新闻传播学专业的长远发展奠定了坚实的基础。

通过这些举措，贵州省各高校传媒学院不仅为学生的实践学习提供了广阔的空间和平台，也有效促进了学生的全面发展，提升了人才培养质量。

1.2.11.3　新闻传播教育助力乡村振兴的实践创新

2023 年是推进巩固拓展脱贫攻坚成果同乡村振兴有效衔接的深化之年。这一年，贵州深入贯彻党的二十大精神和习近平总书记视察贵州重要讲话精神，始终把"三农"工作摆在重中之重，守底线、抓发展、促振兴、开新局、做样板，推动巩固拓展脱贫攻坚成果同乡村振兴有效衔接不断取得新成效。在这样的时代语境下，贵州省新闻传播教育与乡村振兴战略部署紧密合作，利用专业优势和人才资源，积极与政府部门、企业以及媒体单位开展联合教学和社会服务工作，以各种形式的教研活动赋能乡村振兴。

贵州师范大学传媒学院一直以来秉持着开放与创新的办学理念，积极挖掘并发挥学院在新闻传播及相关学科领域的专业优势，不仅致力于学术研究与教育教学的深化，更关注如何将所学知识与实践相结合，服务于社会，特别是助力乡村振兴这一国家重大战略。在乡村振兴的大背景下，贵州师范大学传媒学院敏锐地洞察到新闻传播教育实践与乡村振兴政策在新媒体时代的落实之间的紧密关联。2023 年 7 月 16 日，贵州师范大学传媒学院迎来了一场别开生面的暑期社会实践活动。学院组织了"三下乡"社会实践志愿服务活动，其中一项重要内容就是农民群体的电商直播技能培训。这次培训旨在培养农村电商直播人才，帮助当地农民掌握电商直播技能，拓宽农产品销售渠道，提升农产品附加值，从而助力乡村振兴。

贵州民族大学积极探索新闻传播教育的创新路径，将全实训与"三下乡"活动紧密结合，为学生提供了深入乡村振兴一线进行实践的宝贵机会。实训内容紧密结合乡村振兴的实际需求，学生们在教师的指导下，深入贵州的农村和乡镇地区，与当地村民和乡村振兴工作人员面对面交流，了解乡村振兴的进展与挑战。他们通过采访村民、观察乡村变化、记录乡村振兴故事，将所学新闻传播学知识应用于新闻传播教育助力乡村振兴的实践中。

贵州高校传媒学子通过新闻传播实践活动，深入剖析乡村振兴成果与经验，为乡村振兴学术研究提供实证材料。他们发挥专业优势，报道乡村振兴进展，宣传相关理念与政策，并关注乡村文化传承问题。这种实践与乡村振兴政策的结合，既锻炼学生新闻实践能力，又助力乡村振兴学术研究，实现了教育与地方发展的深度融合。

2023 年，贵州省的新闻传播教育不仅围绕前述三条主线展开深入探索，而且省内各地的传媒学院亦取得了亮眼的成绩，展现出较大的发展潜力。尽管在过去一年中各州市的传媒学院取得了一些成绩，但在全国范围内与强势省份的新闻传播教育相比，贵州省的新闻传播教育水平仍有较大差距。由于地域限制与经济发展水平的鸿沟，贵州省的新闻传播教育仍存在顽疾与难点。各州地的新闻传播教育在硬件设施方面有所欠缺、新闻传播教学质量不高；在融入全省和全国新闻教育圈的过程中，呈现出步子缓慢、速度和质量有待加强等问题。未来，贵州省的新闻传播教育需整合各方资源，大力引进高层次人才，提高自身教学科研创新能力，同时需要保留自身特色，加强与外省院校的交流合作，探索适合省情的新闻传播教育改革路径，以促进贵州省新闻传播教育质量。

（贵州民族大学传媒学院　刘祥平）

1.2.12　福建省 2023 年度新闻传播教育发展综述

2023 年，福建省新闻传播教育规模稳中有进，高层次办学水平有所提升；在教学改革方面，推动课程创新与高质量发展、丰富教学形式、持续探索优化产学研合作模式；在思政建设方面，"思政课协同专业课"与"打造行走的思政课"并行，夯实党建成果，在守正中创新；在学术交流上，跨地区、跨院校、跨专业交流渐成风潮。

1.1.12.1　学科建设

截至 2023 年年底，福建省共有 60 所院校开展新闻传播教育，其中 31 所院校开展本科层次及以上的新闻传播教育，30 所院校开展高职(专科)类的新闻传播教育。

2023 年，福建省高层次办学规模有所扩大，福建师范大学传播学院增设二级学科博士学位授权点(国际传播)，华侨大学新闻与传播学院获批新闻传播学一级学科硕士点。福建技术师范学院于 2023 年 7 月成立"艺术与传媒学院"，以"传艺求道 至善至美"为教育理念，致力于培养数字时代下具有良好的人文素质与职业素养的复合型专业人才。该学院下设 4 个本科专业，其中包含"网络与新媒体"和"广播电视编导(艺术)"两个新闻传播类专业。

至此，福建省新闻传播高层次教育梯队由 2 所提供博士层次教育的高校(厦门大学、福建师范大学)、8 所提供硕士层次教育的高校(厦门大学、华侨大学、福建理工大学、福建师范大学、泉州师范学院、闽南师范大学、厦门理工学院、莆田学院)以及 31 所提供本科层次教育的高校构成。

1.1.12.2　教学改革

2023 年，福建省新闻传播教育院校高度重视教学改革与创新，坚持多方位提高教学质量、人才培养质量。在课程建设、教学模式、产学研合作上持续探索与优化，取得了进步和成效。

首先，积极推动课程建设。2023 年，福建省新闻传播教育积极响应"必须深化教育教学改革，必须把教学改革成果落实到课程建设上"的号召，借势新文科建设，加大课程建设的投入力度，推动课程建设高水平发展，取得优异的建设成果。根据福建省教育厅于 2023 年 11 月 14 日发布的《福建省教育厅关于公布 2023 年省级一流本科课程名单的通知》（闽教高〔2023〕22 号），省内 4 所院校共 6 门课程入选"线下一流课程"，2 所院校共 2 门课程入选"线上线下混合式一流课程"，1 所院校 1 门课程入选"社会实践一流课程"和 1 所院校 1 门课程入选"虚拟仿真一流课程"，详细名单如表 1-21 所示。

表 1-21　　　　福建省 2023 年省级新闻传播类一流本科课程名单

学校名称	课程名称	负责人	主要成员
一、线下一流课程(6 门)			
华侨大学	国际传播	王 祎	袁媛、张志坚、朱丹红、李 莎
华侨大学	广播电视学概论	孙祎妮	王桂亭、朱丹红、索燕华、郭艳梅
华侨大学	媒介经营与管理	马 溧	王桂亭、叶秀端、邓苏青、肖航
福建师范大学	新闻节目播音主持	郑 甦	王金礼、林隆强、施蕾、彭艳戎
莆田学院	传播学概论	帅志强	潘祥辉、唐沛、吉峰、庄美连
厦门华夏学院	新媒体创意与策划	胡 星	盛映红、黄君伟、林小闻、陈连利
二、线上线下混合式一流课程			
福建师范大学	口语传播	卢佳音	施蕾、张梅、邵的湾、魏武
福建师范大学协和学院	传播观念与实务	沈惠娜	陈昕、黄秀莲、陈丽、吴海燕
三、社会实践一流课程			
福建师范大学	融媒广播节目创作实践	欧阳丹娜	郑文灿、张梅、翁猛、敖峥嵘
四、虚拟仿真一流课程			
宁德师范学院	畲族语言与文化体验虚拟仿真实验教学项目	赵 峰	吴梅芳、林銮生、王经纬、黄欣、何海菊、李志阳、陈经纬、许陈颖、袁泽锐、陈聪

数据来源：福建省教育厅，http://jyt.fujian.gov.cn/xxgk/zywj/202311/t20231114_6296949.htm。

根据福建省教育厅公布的第四届福建省高校教师教学创新大赛获奖名单，共有 4 所院校获此殊荣，比上年增加了 3 组获奖队伍。其中，华侨大学新闻与传播学院王祎主讲的"跨文化传播"课程、福建技术师范学院艺术与传媒学院赵舟敏主讲的"媒体经营与管理"课程荣获一等奖；闽江学院新闻传播学院陈若凡主讲的"新闻摄影摄像"课程、厦门大学新闻传播学院谢清果主讲的"华夏传播概论"课程获得了二等奖。这些课程推进了教学内容以及教学形式的经典性与创新性，展示了福建省新闻传播院校教师在加强课程建设、提升课程示范作用上的用心与努力。

其次，实践教学受到重视。12月30日，厦门大学新闻传播学院举办了"践行四力——新闻实践教学研讨会"，福建省9所高校、3家新闻机构的17位专家学者参与会议，共议新媒体时代新闻学实践教学的改革与创新。同日下午，由厦门大学新闻传播学院联合福建师范大学传播学院、福建省传播学会主办，福建媒体研究院、厦门大学新闻传播学院新闻学系教工党支部协办的2023年大学生返乡调查竞赛表彰大会在厦门大学新闻传播学院举行。福建师范大学、福建理工大学、闽江学院、华侨大学、闽南师范大学、厦门理工学院、厦门大学嘉庚学院等高校相关院系负责人、专业老师，澎湃新闻、《厦门日报》等媒体代表以及获奖同学代表通过线上线下方式参加会议，并共同开启了2024年"返乡调查"竞赛活动。该活动由厦门大学新闻传播学院发起，福建省传播学会共同主办，至2023年已经连续举办七届。在活动中，学生利用寒暑假返乡契机开展社会调查，写成新闻报道作品参与竞赛，其目的在于以知促行，实践育人。

与此同时，福建省新闻传播院校也积极通过技能比赛、志愿服务、社会实践加强和提升新闻传播教育的实践性，收获了一批新成果。如在2023年度，厦门大学新闻传播学院共获得24项国家级赛事奖项，其中一等奖1项、二等奖8项、三等奖9项、优秀奖6项，还获得了127项省级赛事奖项，包括12项一等奖、26项二等奖、57项三等奖、32项优秀奖。福建师范大学在2023年度获"挑战杯"中国大学生创业计划竞赛全国总决赛铜奖1项、省赛金奖1项；获"挑战杯"福建省大学生课外学术科技作品竞赛二等奖4项；获福建省职业生涯规划大赛本科组二等奖1项。华侨大学纪录片《花米蟳乡》在2023"亚洲青年新秀奖"、第十届亚洲微电影艺术节、第九届万峰林微电影盛典都收获了奖项。莆田学院"莆阳青韵"乡村振兴实践团获评2023年全国大中专学生"三下乡"社会实践活动之乡村振兴"笃行计划"专项行动全国示范性团队。

再次，探索优化产学研合作新模式。由于就业环境的快速转变以及新闻传播学科重应用的特性，2023年福建省各新闻传播院校继续积极推动校企共建、访企拓岗和校媒合作，为学生争取到更广阔的实践平台和就业资源，深化了产教融合和产学研一体化，提高了育人水平。

华侨大学新闻与传播学院与厦门大学出版社签订共建研究生工作站，搭建校企双方资源共享、优势互补的桥梁。福建理工大学人文学院与福州新闻网签订产学研合作协议，双方将依托各自在教育与传媒领域的资源优势，在学生实习、联合授课、聘请行业导师、科研项目或课题共建等方面开展深度合作。福建师范大学传播学院与霞浦县融媒体中心共建教学实践基地；闽江学院新闻传播学院与仙游县融媒体中心、永春县融媒体中心、闽侯县小箬乡共建教学基地；泉州师范学院文学与传播学院与石狮市融媒体中心签订校媒共建战略合作协议；龙岩学院传播与设计学院与上杭县融媒体中心共建实习实训基地。厦门华夏学院人文学院与美图公司达成合作框架协议，并着力启动"3+1"顶岗实训合作。通过校企共建、校媒共建，学生将有更多的机会接触真实的新闻工作环境、企业工作节奏，有助于提升实践能力和职业素养。

各新闻传播院校与合作企业、媒体建立常态化互访机制。例如，厦门大学新闻传播学院开展"访企拓岗促就业专项活动"，走访调研了新华通讯社、人民网、中央广播电视总台、华为技术有限公司等用人单位。华侨大学新闻与传播学院师生代表前往厦门外图集团有限公司参观学习。福建师范大学传播学院师生先后走访了《闽北日报》、南平市广播电视台、平潭综合实验区融媒体中心。闽江学院新闻传播学院师生一起前往福州多米互娱传媒有限公司进行访企拓岗促就业专项活动。通过走访调研、考察学习，师生能够深入了解行业发展趋势，深挖就业资源，拓宽学生的就业渠道，深化访企拓岗战略。

除了长期合作以外，各院校也会把握某些特殊节点，与媒体展开特别的项目式合作。例如，在共建"一带一路"倡议提出十周年之际，华侨大学新闻与传播学院联手厦门卫视特别策划并摄制了"一带一路"系列微纪录片。该系列微纪录片以来自"一带一路"共建国家的留学生们为第一视角拍摄，以他们的家乡为起点，用他们的 VLOG 全景描绘海外华人的奋斗图谱，并向世界呈现。该系列微纪录片在厦门电视台及融媒体平台宣传和央视频、央视频移动网、学习强国、看厦门 App、厦门网、今日头条、西瓜视频、新浪微博等主流视频平台进行全网推送，并在 Facebook、YouTube 等海外视频平台发布，受到海内外广泛关注。

1.2.12.3　思政建设

福建省新闻传播院校认真学习贯彻习近平新时代中国特色社会主义思想和党的二十大精神，做好 2023 年高校思想政治工作，全面提升高校思想政治工作队伍的素质能力，切实推动高校思想政治工作的高质量发展，在校园内形成全校努力办好思政课、教师认真讲好思政课、学生积极学好思政课的良好局面。新闻传播教育思政建设工作行稳致远，守正创新。

第一，坚持思政课协同专业课。厦门大学新闻传播学院与马克思主义学院联合建设专业课程，如联合申请思政课程、马克思主义专业教师参与授课等。厦门理工学院影视与传播学院校级课程思政课程"数字营销传播"采用线上线下混合模式，以创意营销为核心，以传播推广与思政教育为抓手，使学生在实践的过程中进一步加深对数字时代营销传播活动的理解。两个月内，班级账号累计点赞量破 50 万，并有两组同学与飞博共创有限公司签署了孵化协议。

第二，打造行走的思政课。厦门大学新闻传播学院 2022 级学硕第一党支部学生党员在教师的带领下前往厦门市新闻工作者协会开展"固定党日+"主题访学交流活动，将支部党建工作与访企拓岗工作紧密结合，通过加强与媒体单位的交流合作，为大学生拓展实习实训平台，引导大学生将理论与实践有机融合，拓宽了视野眼界，提升了思想认识。新闻传播学院党委还组织了师生党员前往人民网（厦门）内容科技产业园，与人民网第十七党支部联合开展学习贯彻习近平新时代中国特色社会主义思想主题教育专题学习，围绕习近平总书记关于新闻舆论工作的重要论述开展交流研讨。

1.2.12.4 学术交流

2023 年，福建省新闻传播院系积极承担推动学科优化发展的重任，持续开展多项重要学术活动，如举办研讨会、成立研究中心、开展学术工作坊、实地学习等，为境内外、全国各地、跨学科的师生交流学习提供了良好的平台。

厦门大学新闻传播学院的国际传播研究中心于 11 月 26 日正式揭牌成立，力图打造国内具有国际影响力的国际传播创新高地，为重塑全球舆论生态、提升我国国际传播能力作出新贡献。此外，12 月 16 日，新闻传播学院的"气候变化传播与科学普及中心"正式成立。该中心一方面为实现国家确定的双碳战略目标、促进全球气候治理搭建了新平台；另一方面也体现了学科交叉的融合与深化，多学科交流合作又上升了一个新的高度。同日，新闻传播学院还成功举办了"全球气候传播与科普教育高峰论坛"，与会嘉宾围绕气候传播与科普教育的学科前沿问题进行了深刻的探讨与交流。

福建师范大学传播学院在 11 月 17 日召开了中国新闻传播学自主知识体系建构与教材建设学术研讨会，讨论建构具有自主性、系统性、原创性、时代性的中国新闻学知识传播体系这一重大课题。此外，在 6 月 26 日，福建师范大学传播学院还和福建国际传播中心、福建师范大学外国语学院联合主办，福建国际传播省级基地协办 YOUTH 海丝国际传播工作坊。工作坊以跨学科合作、传播 IP 打造、媒介技术培育为关键词，旨在培养学生"专业+全媒体"思维，培育引领多学科交叉融合的全媒体传播人才。此次工作坊作为国家级新文科项目"跨学科交叉融合的全媒体人才培养"及省级教改项目"新时代卓越国际新闻传播人才培养创新与实践"的阶段性成果，为进一步加强跨院校、跨学科的新文科建设提供了经验。该学院还持续探索合作办学新模式，与台湾世新大学搭建"4+0"合作办学模式，疫情后首批 42 名闽台合作项目学生及 24 名短期交流生赴台湾世新大学研究，并与该校联合举办学生毕业作品展。

华侨大学新闻与传播学院于 4 月 22 日承办了第五届中国周边传播战略论坛暨中广联广播电视研讨会年会。论坛主题为"建设周边传播共同体，提升中华文化传播力"，旨在探讨中国在周边地区的传播战略，加强周边国家间的文化交流与合作，提升中华文化在周边国家的传播力。100 余名来自政府、学界、业界的专家学者和代表参加了此次论坛，为促进中华文化的传播和交流做出了积极的探讨与努力，对推进中国与周边国家的合作，建设文化和谐、互利共赢的周边环境具有重要意义。

12 月 15 日，厦门理工学院影视与传播学院的未来媒体智库团队召开了福建未来媒体智库学术年会并发布《未来媒体蓝皮书：中国未来媒体研究报告（2023）》。该系列报告在社会上取得了热烈反响并且在业内产生了巨大的影响力，曾先后三次荣获中国社科院"优秀皮书报告奖"，综合评价等级为 A，并连续多年获评 A+ 级社会影响力，已成为行业发展的重要参考依据。此外，未来媒体智库还获评为福建省的重点智库。

闽江学院新闻传播学院与诺维萨德大学艺术学院于 3 月 9 日联合举办国际学术研讨会，相互深入了解双方的校园文化、研究领域、专业发展和办学特色，为两校下一步合作办学、访学交流等方面的深度合作奠定了基础。

泉州师范学院文学与传播学院新闻传播系学生作为首批闽台合作项目学生于 2023 年赴台学习，进一步加强了中国大陆与台湾地区在学术上的交流与合作。此外，文学与传播学院还组织了广播电视领域全体研究生参加了韩国著名综艺编辑朴辉善主讲的分享沙龙，详细了解了韩国综艺剧本的创作过程。

总体而言，2023 年福建省新闻传播教育的办学水平稳步前进，一定程度上改进了往年存在的教育结构失衡问题，转向更加注重在"质"上提升教学层次。此外，2023 年福建省的新闻传播院校重点关注与推进跨国界、跨地区、跨学科的合作与交流，这从各院校举办的研讨会、讲座、实践活动所关注的议题和参与人员即可窥见，这表明福建省新闻传播教育师生视野广阔，勇于进取，敢于创新，不拘于一隅，心系宏观议题的长远目光和宏大格局。而且，各院校在学科建设、教学改革、学术交流和思政建设上持续优化创新，收获了一批新成果。未来，福建省的新闻传播教育应继续砥砺前行、开拓创新。

（厦门大学新闻传播学院　吴淑冰、殷琦）

1.2.13　广东省 2023 年度新闻传播教育综述

2023 年，广东省新闻传播教育的中坚力量暨南大学新闻与传播学院、深圳大学传播学院、中山大学新闻传播学院、华南理工大学新闻与传播学院、广东外语外贸大学新闻与传播学院和华南师范大学传播系等，发展势头依然强劲，佳绩不断。

1.2.13.1 高度重视教学勇于创新

广东各高校新闻学院都相当重视专业教学，始终把教学放在首位，表现最突出的是暨南大学新闻与传播学院。2023 年，暨南大学新闻与传播学院积极探索创新融合新闻人才培养模式，从人才培养目标与规格、课程与教学内容、教学方式方法手段、管理与评估制度方面入手，创建和实践"5A 卓越"新闻传播人才培养体系，分别探索"全场景"课程思政方案、"四维融合"教学设计方案、"三轴联动"实践育人方案。这一方面的代表性成果是，林如鹏教授领衔的《国际标准 湾区实践："5A 卓越"新闻传播人才培养体系改革创新探索》获教育部 2022 年度国家级教学成果奖二等奖。

在新文科建设背景下，暨南大学新闻与传播学院依托新闻传播学类、外国语言文学类、政治学类等优势学科，不断优化学科结构，实现学科交叉融合的国际传播专业建设发展：联合外国语学院在新闻传播学一级学科博士点下设立国际传播二级学科博士点；联合外国语学院、国际关系学院、国际学院，设置国际新闻与传播本科专业并于 2023 年完成第一轮招生招录工作；持续申报中宣部、教育部国际新闻传播硕士项目，推动建立国际传播"本—硕—博"一体化人才培养体系。为扎实推进建设质量，暨南大学新闻与传播学院对获批的国家级一流本科专业建设点的 5 个专业开展了细致的建设成效自评工作，目前校内评价结果为新闻学第一档、广告学、广播电视学第二档，各专业已针对校内评价发现的问题和短板制定提质增效的方案。

其他高校也相当重视教学工作和课程建设。比如中山大学新闻传播学院的"马克思主义新闻观""传播心理学""新媒体文化研究""人机交互中的用户行为研究""数字媒体基础"共 5 门"课程思政示范课程"和 1 门"新媒体与行为决策"在线开放课程 MOOC 成功立项。华南理工大学新闻与传播学院有两门课程获第二批国家级一流本科课程认定：吴小坤、刘银娣、韩镁、刘倩、黄雅兰课程团队的"数据新闻理论与实践"获线上线下混合式一流课程认定；周煜、陈映、郑重课程团队的"摄像基础"获线下一流课程认定。广东金融学院财经与新媒体学院的陈映教授主持申报的《网络与新媒体专业深化新文科建设的改革实践》，获评广东省高等学校教学管理学会 2023 年度教育教学改革"专业综合改革"优秀案例。

1.2.13.2 "部校共建"持续向前

2023 年，广东省"部校共建"工作取得了较为显著的成绩，比较突出的依旧是暨南大学新闻与传播学院。根据教育部及广东省委宣传部要求,暨南大学新闻与传播学院提交自 2013 年以来部校共建工作的开展情况汇报,做好成果展布展工作,2023 年度共举行 3 次省委宣传部领导参与的研讨会,落实 2023 年部校共建提质增效重点工作,500 万经费将经由省委宣传部、省教育厅拨资到位。尤其重要的是,学院持续深化同省委宣传部的合作,2023 年 5 月申报建设广东省委宣传部舆情直报点。2023 年累计向省委宣传部报送舆情报告及研究报告 26 件,选题包括中国"移民热"、高校思想动态、小红书舆情传播机制、淄博烧烤、"研学游"乱象等,为有关部门深入了解上述各类社会现象提供了翔实的参考信息和科学的建议。

另外,广东外语外贸大学、深圳大学、广州大学和中山大学在"省部共建"方面取得了较好的新成绩。广东外语外贸大学新闻与传播学院顺利通过省委宣传部部校共建新闻学院检查验收,开始实施第二轮共建。在 2023 年,广东外语外贸大学新闻与传播学院完成广东省国际传播青年人才培养基地第 2 期结业,开展第 3 期培训,赴北京、上海、珠海开展移动课堂教学,效果显著。深圳市委宣传部与深圳大学启动部校共建深圳大学传播学院第二期工程,将继续围绕部校共建新闻学院的政策要求,持续推动新时代卓越新闻传播人才的培养工作,为我国新闻传播事业的蓬勃发展贡献力量。2023 年 6 月,中山大学与广东省委宣传部共建广东省对外传播研究基地。

1.2.13.3 加强研究基地建设,提升社会服务能力

2023 年 9 月,暨南大学新闻与传播学院计算传播与港澳台侨研究重点实验室获广东省教育厅批复成立。该实验室将聚焦围绕涉港澳台侨的计算宣传与反制措施、ABM 仿真计算与港澳台侨突发舆情的动态模拟、文本计算与港澳地区情感治理、多模态计算传播与铸牢中华民族共同体意识四大主攻方向,未来将致力于从多方面推动相关学科发展,服务党和国家的大政方针。与此同时,暨南大学新闻与传播学院积极探索创新智库研究方式,加强涉疆学术研究,充分发挥资政建言的积极作用,撰写多篇内参供有关部门决策参考,多次赴新疆等地,面向社会基层,对相关人员就相关主题进行专访并撰写口述史报告,以口述史访谈的形式呈现对热点问题的关注、经典主题的延续,并制作"DT 势力社交媒体动态",基于社交媒体数据及时追踪 DT 分子和组织的动态动向,向有关部门提供决策参考。

由于重视研究平台建设,暨南大学新闻与传播学院的社会服务能力明显提升。2023 年,暨南大学新闻与传播学院中宣部舆情信息直报点共报送舆情报告、专题研究报告等 202 件,围绕"ChatGPT""高校思想动态""网络社会治理""LGBT 思潮""女权主义""巴以冲突"等重点热点议题发出暨南声音,共有 69 件报告被中宣部综合采纳,7 件报告被

中宣部单独采纳。学院舆情直报点工作得到上级部门高度肯定，荣获中宣部舆情信息"优秀单位"表彰，1 篇稿件荣获中宣部舆情信息"优秀稿件"。

1.2.13.4 融合专业和思政，开展丰富的社会实践活动

暨南大学新闻与传播学院联合中山大学，华南理工大学，广州大学，广州外语外贸大学等省内多家高校，共同组织开展了"五洲四海青年行"大型主题社会实践活动，共组织 298 位青年学子分赴内蒙古、云南、新疆、粤港澳大湾区，以及英国伦敦等 18 地开展融媒体创作实践活动。通过场景学习、文化考察、实地调研等形式，师生结合专业开展主题调研，调研主题涵盖国际传播、创意产业发展、品牌出海、非物质文化遗产传承保护等，产出短视频作品、调研报道、新闻报道、摄影作品等系列成果。

中山大学新闻传播学院在实践教学方面，收获较大，连续 8 年组织"媒介融合野外实践"课程实践活动，获得"2023 大学新闻奖冠军""第八届中国 VR/AR 创作大赛金铎奖""最佳 VR 剧情"等多个殊荣，并被人民图片网等多家媒体转发刊载。而且，中山大学新闻传播学院积极探索国际新闻传播硕士的实践实训教学形式，2023 年暑期组织国际新闻传播专业学生前往韶关、深圳等地开展乡村振兴、科技兴国、能源转型等主题调研，调研中完成的中英文报道在《中国日报》、新华社等主流媒体和外文刊物 *Great Bay Express* 刊发，取得了良好的实践教学成果。

深圳大学传播学院同样高度重视学生实践活动，力图以社会实践活动为专业教育突破口，让学生更好地了解中国社会。2023 年暑假，学院组织了多支社会实践队伍，奔赴全国各地开展活动，包含走进山东聊城东阿县，与东阿阿胶公司联合开展中医药文化创意传播暑期社会实践项目；前往湖南省衡山县白果镇开展为期半个月的支教活动等。此外，深圳大学传播学院积极鼓励学生参与各类学科级竞赛，包括中国国际"互联网+"大学生创新创业大赛、全国大学生广告艺术大赛、"正大杯"第十三届全国大学生市场调查与分析大赛等，共获得国家级奖项 15 项，省级奖项 123 项。其中，"活遗活现"和"亲爱的红军"两个项目获得广东省"互联网+"大学生创新创业大赛金奖。

广东金融学院在实践教学方面也取得较好的成绩，荣获第十五届全国大学生广告艺术大赛"广东省赛区优秀组织奖"；在省赛环节共 55 件学生作品获奖并获得参加国赛资格，其中省一等奖作品 3 件，省二等奖作品 22 件，省三等奖作品 30 件；林涛、侯自然两位老师则荣获"广东省赛区优秀指导老师"。

1.2.13.5 科研工作项目多元，成果丰硕

在科研方面，暨南大学新闻与传播学院再次保持领头羊的姿态，高度重视高水平科

研项目申报，2023 年收获颇丰：国家级课题立项共计 13 项，其中社科重大项目 2 项、一般项目立项 2 项、青年项目 1 项，艺术类青年项目 1 项，教育科学专项 1 项，后期资助项目一般项目 3 项、青年项目 1 项，国自科连续第三年获 1 项立项；获教育部重大项目 1 项、青年项目 2 项；学院教师在中国知网（CNKI）数据库收录期刊发表学术论文其中论文类共 184 篇，其中 A1 级别 5 篇，A2 级别 9 篇，A3 级别论文 6 篇，B1 级别论文 63 篇，B2 级别 20 篇，C 级别 21 篇。收录于外文检索六大库的论文一共有 56 篇，其中 SSCI-Q1 区论文 35 篇，Q2 区 12 篇，A&HCI 论文 1 篇。出版著作 22 部，其中专著 7 部，编著 3 部、主编 7 部、教材（译著）5 部。

其他学校科研成果同样突出：华南师范大学获批 4 项国家级项目，3 项省部级项目；中山大学新闻传播学院 2023 年新增国家社会科学基金项目 1 项、国家自然科学基金项目 1 项、教育部人文社科青年项目 1 项、广东省哲学社科规划项目 3 项；华南理工大学新闻与传播学院在 2023 年获批科研项目 42 项，其中纵向科研项目 25 项，横向科研项目 17 项；深圳大学传播学院获批市级以上纵向课题 14 项，横向项目立项共计 15 项；广州体育学院体育传媒学院共立项省部级以上课题 8 项；广州大学新闻与传播学院获得国家级课题 3 项，部省级课题 6 项；广东外语外贸大学新闻与传播学院获批国家社科基金和省部级项目 7 项，收获良多。

1.2.13.6　学术会议与学术交流

广东省各高校致力于承办重大学术会议，提升学术影响力及院系知名度。在 2023 年度，暨南大学新闻与传播学院承办 2023 新闻传播学院院长论坛、教育部高等学校新闻传播学类专业教学指导委员会全体会议、中国新闻史学会 2023 年学术年会、首届中华文化国际传播主题论坛、第二届传播与边疆治理论坛等重大学术活动，参会人数累计近千人，在国内新闻传播学术界和教育界产生巨大影响。承办广州市社科联"广州新观察"圆桌学术会议 4 期。华南师范大学传播系主办广州市新媒体与文化创意产业研究基地主办的传媒类一流专业、一流课程、AIGC 系统建设暨实验教学专业委员会理事会年会。中山大学新闻传播学院举办"第二届智能媒体与公共传播学术论坛""国际传播与文化交流跨学科论坛""数字新闻业圆桌论坛"等高水平学术会议，学院学术影响力进一步提升。华南理工大学新闻与传播学院举办中国新闻传播学知识体系创新与学科发展论坛，这是推进"新文科"建设和中国特色新闻传播学自主知识体系建构、落实立足大湾区发挥理工学校学科特点与优势部署的重要举措。广州体育学院传媒学院承办"第二届体育传播广州论坛"和"新时代新闻学理论与实践研讨会"。广东外语外贸大学举办了广东社科学术年会"国际传播与网络空间高质量发展"分会、马克思主义新闻观与国际传播人才培养创新、21世纪海上丝绸之路智库论坛平行论坛"构建海洋命运共同体暨湾区国际传播"、广州千年商脉传承发展与国际消费中心城市建设等学术活动。

值得提及的是，广州大学在2023年12月2日，举办首届湾区传播论坛——"湾区传播：历史、理论与实践的交光互影"，来自复旦大学、浙江大学、南京大学、华中科技大学、中国传媒大学、暨南大学、中山大学等全国多所高校和业界的专家学者齐聚广州，围绕"湾区传播"这一主题，从历史、理论与实践的多个维度展开研讨，收到了良好的学术反响。

（暨南大学新闻与传播学院　赵建国）

1.2.14　海南省2023年度新闻传播教育发展综述

海南省共有六所高校开展新闻传播教育，分别是海南师范大学、海南大学、琼台师范学院、三亚学院和海口经济学院、海南热带海洋学院。2023年，围绕服务国家重大战略和对接海南自由贸易港建设的迫切需求，海南各高校新闻传播院系以马克思主义新闻观为指导，紧紧围绕立德树人的根本任务，规范教育管理，深化教育改革，提升教学质量，培养具有国际视野、顺应时代发展的高层次、应用型传媒类人才。

1.2.14.1　海南各高校新闻传播教育建制变化

海南大学经学校批准于2023年成立国际传播与艺术学院，旨在培养人文底蕴深厚、专业技能扎实、跨文化沟通能力突出、具有国际视野的高层次复合型国际传播人才，为新时代国际传播工作的高质量发展、赋能海南自贸港国际传播作出贡献。海南师范大学新闻传播与影视学院作为全国第一批10所部校共建示范试点新闻学院，2015年成立，2023年9月建立了海南师范大学国际传播研究院。三亚学院2023年在传统的汉语言文学和汉语国际教育专业的基础上申报了语言学新专业，设置了广告学专业（数字传播）新方向。

1.2.14.2　打造高质量教师队伍

在教师队伍建设上，海南各新闻传播院系做好人才建设，通过引入高层次人才、优化教师结构、提升教学质量等举措打造理论深厚、实践能力强的师资队伍。

海南师范大学新闻传播与影视学院共有教职员工50人，其中专任教师40人，教授8人，副教授15人，具有博士学位的教师20人。学院现已形成一支基础优、结构良、实力强的教师队伍。海南师范大学注重通过工作实践培养教师，始终以营造清正的学科环境和浓郁的学术氛围为发展目标，师风师德建设成效显著，教师科研成果稳定增长。同时还引进行业内的优秀骨干加入教师团队，促进学术与行业领域的知识融合。对于新引进的青年教师建立了传、帮、带制度。组织学院领导班子和教学督导听取青年教师讲课并进行指导。组织学生代表对所有授课教师进行评教，促进教师提高教学质量。学院专门召开全体教师参加提高教师教学能力研讨会议，促进青年教师科研能力成长，邀请多位专家进校指导学院教师教学工作。

海南大学新闻传播方面现有教师 24 人，其中教授 7 人，副教授 10 人，骨干教师 7 人。

三亚学院引入人才 1 名，实施中青年骨干培养"青苗计划"，探讨以多种形式开展专项培训。2023 年度，25 名新教师取得高校教师资格证，27 名教师获得工信部 PYTHON 高级专业技术认证。

海口经济学院深入校企合作，实行"双导师制"已形成较为成熟的教学机制，实现了四个专业无盲点覆盖。延请行业"大咖"，持续打造精品"大咖讲堂"，反响热烈。

海南热带海洋学院新闻学专业在原有六位专任教师的基础上，引进两名有境外经历博士，三名员额制专任教师。琼台师范学院引进两位新教师，丰富了团队多学科背景；系部教师自身综合水平提升，一位老师获得博士学位。

1.2.14.3 加大科研力度，升级平台建设

海南师范大学 2023 年度新闻学专业教师共发表高质量学术论文 5 篇，其中被《新华文摘》长文转载 1 篇，C 刊以上论文多篇，省刊多篇，并出版专著 1 部，获批省部级以上项目立项 5 项。

2023 年 4 月，海南师范大学发起第五届意识形态与舆论研究高峰论坛在桂林电子科技大学举行，来自清华大学、中国人民大学、中国传媒大学、上海大学、山西师范大学、西南交通大学、天津师范大学、北京印刷学院等院校、研究机构、政府及企事业相关部门的 100 多位专家学者与会，对新时代新形势下意识形态与舆论领域的相关议题研讨交流。5 月 27 日，自贸港首届全国大学生短视频影像大赛启动仪式暨首届短视频传播人才培养高峰论坛在该校桂林洋校区图书馆报告厅举行，省内外高校的专家学者、媒体及相关行业协会领导、师生共 200 余人参与会议。11 月，由海南师范大学与山西师范大学、中国传媒大学共同主办的第六届意识形态与舆论学术年会暨山西智库发展论坛在太原举办，来自全国 40 余所院校及科研智库机构近 200 名专家学者就"推进中国式现代化进程中的意识形态与舆论工作"这一主题进行交流研讨。同时学院主持承担海南新

闻奖作品审核工作，大大提升了学科影响力。

海南师范大学新闻传播与影视学院关注社会需要和国家战略问题并积极搭建科研平台。7月，经学校通过，建立了海南师范大学国际传播研究院。依托学院建立的海南省社会舆情与治理研究中心作为中宣部舆情直报点，多件报送的舆情报告被中宣部采纳。

海南大学传播学系教师在《国际新闻界》《现代传播》《中国农村观察》《电视研究》等CSSCI期刊上发表论文多篇；主持"帆船时代我国南海渔民口述史料抢救性搜集、整理与研究""'下南洋'核心区域国际华文报刊与华侨族群变迁史料汇编"等多个国家社科项目，"'Z世代'中华文化国际化传播路径""自贸港建设背景下海南国际传播能力的评价体系及提升路径研究"等多个省部级科研项目，申请"新文科视域下海南传媒业人才培养模式与高校课程建设创新研究"等多个省级教研项目；出版《基于微信平台的新闻生产与传播研究》《媒介素养手册》等专著多部。

三亚学院教师发表论文共计41篇，其中核心B级期刊2篇、核心C级期刊4篇、省级期刊35篇。出版专著6部。获批省级以上项目立项14项，其中14个省级以上立项中包含了2项国家社科基金项目、7项省级社会科学基金项目、5项教育部中外人文交流中心2023年度研究课题，参加学术会议及培训共21人次，举办12场学院学术讲座，听讲师生870人次。组织申报校级产教融合类科研项目8项，获批1项。

海南热带海洋学院2023年度新闻学专业教师共发表高质量学术论文5篇，其中CSSCI 2篇、AMI核心1篇、省刊2篇，并出版专著1部。

琼台师范学院团队成员申报立项社科联项目1项，校级教改项目1项结题，校级一流本科课程项目1项，荣获全国高校教师教学创新比赛海南赛区一等奖1项、二等奖1项。

1.2.14.4 优化专业布局，扩大办学规模

海南师范大学新闻传播与影视学院本科专业共4个，另外有一个与俄罗斯圣彼得堡国立电影电视大学合作开办的影视编导专业。研究生学位点共3个，其中学术硕士学位点1个，专业硕士学位点2个，研究生在校学生共80人。

三亚学院人文学院2024届毕业生共分为五个专业，分别为：汉语言文学513人、网络与新媒体专业149人、播音与主持专业139人、广告学93人、汉语国际教育70人，共计964人。提交就业材料30人，预计陆续还有30多人将签约。47名同学报考研究考试。

海南大学国际传播与艺术学院在读全日制本科生约2000人，硕士研究生约400人。

1.2.14.5　重视人才培养质量，加强保障体系

海南省各新闻传播院系重视人才培养模式，推动教学改革，坚持马克思主义新闻观的指导，加强思政教育，强化学生专业学业、文化理论修养和道德修养的培养，培育具有国际开放视野的复合型人才。

（1）强化马克思主义新闻观教育

海南省各新闻传播院系将马克思主义新闻观贯穿于新闻传播人才培养的全过程，坚持为党育人，为国育才。

海南师范大学实施思想政治教育引领等工程，形成"一'引领'，三'结合'"的工作模式特色，建设健康、规范、有序、特色的工作体系，促进学生全面发展。在具体措施上，以马克思主义新闻观为引领，强化政治思想教育，提高学生的政治素养。结合部校共建对于党和人民需要的新闻舆论人才培养要求，把马克思主义新闻观教育作为学院人才培养的中心，通过多种形式加强学生的马克思主义新闻观教育。组织学生参加各种马克思主义新闻观教育的培训班和文化活动，邀请业界专家张百新、徐新平、林跃勤等开展马克思主义新闻观大讲堂；举办如党团知识竞赛、二十大精神宣讲、习近平总书记专题理论学习党课、主题团日活动、"党建领航新青年12345工程"等形式多样的思政教育活动，引导学生学习、理解和践行马克思主义新闻观。

（2）注重实践技能培养

海南师范大学针对本科生形成了人文素养培育、写作能力提升、专业技能培训以及卓越新闻传播人才培养的"3+1"工程。鼓励教师开设学生实践工作坊，年内开设了20多个工作坊。学生近三年来在全国各类专业比赛中均有斩获，毕业生初次就业率在校内排在第4位，达到95%，社会各界对学院的毕业生质量给予了较高评价。学院皮树义老师带领学生建立的新闻阅评工作坊取得了突出成果，年内被中宣部采纳的新闻阅评稿件约10余件。该院依托部校共建资源开展了多次社会问题专题采访和新闻学子走基层采访活动，观察了解海南农村建设成就，锻炼专业能力，学院组织了20余名各专业本科生、研究生于7月5—7日赴三亚市开展"学习党的二十大、巡礼自贸港"主题采访见习活动，让学生直接走入基层，组织2020级、2021级中俄班学生到白沙县开展专题拍摄活动，并与白沙黎族自治县对俄村共建影视传播实践基地。组织学院新闻学硕士开展"封关建设看海口"系列采访活动，赴海口市江东新区、海口国家高新技术产业开发区进行采访见习活动。组织广播电视编导专业（中俄合作办学）2021级和2022级学生，前往儋州市进行了"人文儋州"主题采访见习活动。同时该院实践团队成绩斐然，先后获全国暑期"三下乡"社会实践活动"全国优秀团队"、知行促进计划"全国优秀团队奖"2

次、多次荣获海南省重点团队、优秀团队称号。2023 年，学生获得包括全国计算机设计大赛、大学生艺术展演、挑战杯、互联网+等各类国家、省级竞赛获奖累计 100 余项，其中国家级奖项累计 10 余项。在第十八届"挑战杯"全国大学生课外学术科技作品竞赛中，学生共获得一个一等奖、一个二等奖、一个三等奖的好成绩，打破了海南省历史上没有一等奖的纪录。同时，将专业社团建设与多媒体宣传平台建设结合，提高学生的媒介素养。打造"三微一端"（包括微信公众号、微视频、微空间和网络客户端）育人空间，通过开展线上平台、琼崖记忆工作坊、《南海青年报》等育人平台，充分整合、共享学习资源，拓展学习渠道，夯实思想政治教育阵地，鼓励学生结合自身新闻传播的专业，建立并运营公众号、自媒体平台，全院目前学生自己建立的公众号和自媒体平台主要有学者联盟、羊村传媒、News 等。

海南大学聚焦新媒体技术所带来的产业变革和学科机遇，与时俱进，为锻炼提升学生全媒体新闻传播知识和实务操作能力，使学生掌握计算机及网络信息应用技术和新媒体平台的运营流程，学院由学科资深教师牵头，吸纳优秀学生创建"国际传播与艺术学院媒介实践育人工作室"。通过运营"海南大学国际传播与艺术学院"官方微信公众号和视频号，逐步实现"采写编评摄运"六维媒介业务联接贯通。工作室目前已成功打造"思·响"讲坛、"国传影集""国传诗集""国传漫游""实习探班"等系列主题策划，共发布各类原创内容近 50 篇，全网各平台总阅读量达 114.8 万次，视频累计播放量 121.5 万次，先后被央广网客户端、网易新闻客户端、国际在线、人民网+、海南日报社、海南广播电视总台、海南国际传播中心海外官方账号、中国网旗下中国通 App 等各大主流媒体与平台转载。

琼台师范学院结合专业特色和学校优势资源，坚持做好社会服务。组建媒介素养社团，定期前往椰博小学开展课后服务，努力提升本地中小学生新媒体素养，借以提升中小学老师的数字媒体综合素养。至今，已连续服务四个学期，累计服务时长百余小时。同时，利用假期深入基层开展社会实践活动。

（3）加强实践基地建设

为了实现教学与人才培养跨越式发展，海南省各新闻传播院系积极开拓教学资源，探索教学改革方式，引入行业优质资源，大力建设实践基地，以培养适合时代发展的复合型人才。

海南师范大学在海南电视台、海南日报集团、海口电视台等 12 家媒体建立了实习基地，鼓励学生在校期间参与基地的实习。创新教育教学理念，积极探求与行业单位的合作，建立学生专业实践教学基地。

海南大学国际传播与艺术学院已与新华网股份有限公司、央广网文化传媒（海南）

有限公司、国广国际在线网络(北京)有限公司、环球时报在线(北京)文化传播有限公司、海南国际传播中心、中国旅游集团海南区域总部等主流涉外媒体、央企签订学生就业实习基地。2021 年，新闻传播专业学位授权点与海南广播电视总台合建的"研究生联合培养创新实践基地"被评为海南大学"校级研究生实习基地"。2024 年 3 月 24 日，海南大学国际传播与艺术学院参与建设由海南日报社新媒体中心牵头发起的海南日报AIGC 创新传播实验室，致力于拓展海南特色的人工智能媒体应用场景。

三亚学院大力推进专业实习基地建设，为学生提供更好的专业实习条件。新建实习基地 7 个，并根据单位需要派遣实习生前往实习。

(海南师范大学新闻传播与影视学院　王佩瑶、祝炜婷)

1.2.15　四川省 2023 年度新闻传播教育发展综述

立德树人是中国特色社会主义教育事业的根本任务，推动新时代高等教育高质量发展，必须坚持高水平人才培养。2023 年，四川省 24 家新闻传播教育院系在教学、科研、交流、基建、产学研等多个方面继续优化人才培养机制，提升实践创新能力，深化科教融汇和产教融合，取得了不俗的成果。

1.2.15.1　教学成果

(1)学科建设

成都体育学院新闻传播学入选四川"双一流"建设贡嘎计划。学院在建 2 门省级一流课程、1 门省级课程思政课，新增 1 门校级一流课程、2 门校级专业核心课程、1 门校级课程思政课程，保有 1 个校级重点专业核心课程教学团队、1 个校级一般专业核心课程教学团队。

成都锦城学院文学与传媒学院传媒系网络与新媒体专业完成"四川省应用示范专业"验收，被评为"优秀"；是本省唯一参加"品牌专业"申报的新闻传播学科专业。西南交通大学新闻与传播专业全票通过学位授权点专项核验。成都理工大学传播科学与艺术学院新闻传播系新增珠峰引才计划引进海外博士 3 名。

(2)教学改革

西南民族大学新闻传播学院将广播电视学专业改造为网络与新媒体专业。新增 4 门校级一流课程、1 门校级课程思政课程，有 4 个校级教改项目立项。

成都大学文学与新闻传播学院获得教育部"产学合作协同育人项目"立项 1 项；四川省教育厅四川省高等教育人才培养质量和教学改革项目顺利结题；《社会学概论》获第

三届四川省普通本科高校教师教学创新大赛副高职称组三等奖。

西南科技大学文学与艺术学院新闻系积极打造教学创新团队，获西南科技大学首届教学创新团队二等奖、西南科技大学专业学位研究生优秀教学案例奖。

四川省内江师范学院范长江新闻学院2项省级教学教研项目顺利结项。"范长江新闻思想研究"入选省级课程思政典型案例。

成都理工大学建立系主任、专业负责人听课制度。广告和广电专业负责人全年听课20余次。全系教师30余人次积极参加教学培训。2023年全系新增校级课程教学改革试点课程1门，国家级一流本科课程1门。公开发表教改论文2篇。

（3）特色教学

西南民族大学新闻传播学院持续加强马克思主义新闻观教育，常年轮周交替举办马克思主义新闻观系列讲座、铸牢中华民族共同体意识与卓越传媒人才培养系列讲座。

成都锦城学院文学与传媒学院传媒系开设"抖音数字学堂新媒体运营""剪映融合班""爱奇艺随刻训练营"等课程。"剪映模板创作与视频自媒体共建"课程进入教育部供需对接育人项目。

四川大学新闻学院推出师德示范与学院文化建设的特色主题报道，主办"文新团队课巡览"共4期和"文新读书会"共5期。

（4）产学研合作

2023年6月2日，四川大学新闻学院在"天府文创 携手同行"成都文创名企进名校招才引智活动中，老师及学生代表就"人才培养、产学研合"话题展开深入交流与探讨。2023年12月1日，四川大学新闻学院和成都商报社（红星新闻）合作编纂的《转型中的守正与创新："红星新闻"典型案例解析》由四川大学出版社正式出版。

2023年6月29日，西南民族大学新闻传播学院与四川省近30位传媒精英开展座谈交流，邀请行业专家出任该校新闻传播学院的客座教授、专业硕士生行业导师。2024年1月16日，与四川茉莉橙子文化传媒有限公司等6家单位签署了共建铸牢中华民族共同体意识教育实践基地协议。

成都锦城学院文学与传媒学院传媒系加入"中国影像传媒产教融合共同体"，开展影像传媒研究及产教融合相关工作；与抖音、爱奇艺签订校企合作协议，就校企人才培养产教融合开展相关工作。

（5）学生活动

西南民族大学新闻传播学院积极组织指导学生参加大学生创新创业相关系列活动，2023年创新创业立项14项（包含12项创新训练项目和2项创业训练项目），其中国家级1项、省级3项、校级10项。

成都理工大学传播科学与艺术学院于5月10日主办以"佳倍热爱 无惧挑战"为主题的校园巡展活动，来自新闻传播系和编导戏文系的两百多名师生参与了此次活动。

（6）获奖情况

四川大学新闻学院"了不起的中国字"团队在第十八届"挑战杯"全国大学生课外学术科技作品竞赛获得国家级特等奖。在第八届中国数据新闻大赛中，学生作品分别获得一等奖和三等奖。

西南民族大学新闻传播学院本科生获得4项国家和省级大创立项，3项国家级、15项省级学科竞赛获奖。向成都大运会派出65名学生志愿者，其中1名学生获大运会优秀解说员称号。

成都大学文学与新闻传播学院学生累计40项作品获国家级、省部级学科竞赛奖励，为历年最高，其中包括第15届大广赛优秀奖、第八届中国数据新闻大赛三等奖和优秀奖。

成都体育学院新闻与传播学院新传研究生会获得成都市2022年度优秀学生会组织集体奖。8月，多人获得四川省第十届大学生艺术展一等奖。1人获得第15届大广赛省赛一等奖。学院获得2023年成都市社科研究优秀成果奖、"成都2021年第31届世界大学生夏季运动会开闭幕式创意文案征集"金奖。

成都锦城学院文学与传媒学院传媒系老师积极指导学生参加各项比赛，指导学生获得学院奖国赛一等奖、大广赛全国二等奖、国赛优秀奖、未来设计师大赛全国一等奖、二等奖、三等奖等。

西南科技大学文学与艺术学院新闻系学生在各类竞赛中表现突出。1名同学获中国大学生计算机设计大赛三等奖，1名学生获得第八届高校学生课外"核+X"创意大赛三等奖，1名学生获得全国大学生英语竞赛二等奖，1名同学获得全国大学生数字媒体大赛省级三等奖，1名同学获得四川省大学生艺术展演三等奖，1名同学获得大广赛省级优秀奖。

四川省内江师范学院范长江新闻学院学生获得四川省大学生主持人大赛三等奖4项；四川省大学生乡村振兴网络主播大赛获得专业组二等奖2项、三等奖3项。学院全年获一类学科竞赛省级以上奖项36项，其中大广赛2项。

西南交通大学人文学院传播学系在第15届大广赛学科竞赛共获得全国一等奖3项、二等奖9项、三等奖14项、优秀奖32项，斩获"优秀院校奖"荣誉称号。

四川师范大学影视与传媒学院学生作品入选"大我青春"2023暑期社会实践成果的实践风采类优秀作品。在"第三届四川省大学生乡村振兴网络主播大赛"决赛中，6名参赛选手获一等奖2项、二等奖2项、三等奖2项，学校获优秀组织奖。在四川省首届

"中华优秀传统文化视听作品推选展播活动"中，学院师生获短视频类二等奖 1 项、三等奖 2 项，微电影类三等奖 1 项，学校获评优秀组织奖。

成都理工大学在高级别学科竞赛中，斩获全国一等奖 4 项，全国二等奖 10 项、全国三等奖 12 项，省级一等奖 32 项、二等奖 42 项、三等奖 45 项；教师参加教学竞赛并获得国家级奖项 3 项。

1.2.15.2 科研成果

四川大学新闻学院立项新闻传播学科国家社科基金重大项目 1 项、一般项目 2 项、西部项目 1 项；获得四川省哲学社会科学规划重大、重点项目培育项目等共 9 项。

四川省社会科学院新闻传播研究所立项省市级课题 8 项 2 项。2023 年，发表论文 29 篇，获省委主要领导批示 2 件，获中宣部采纳 1 件。

西南民族大学新闻传播学院获得国家级、省部级社科基金项目立项共 3 项，出版 A 类专著 2 部。获四川省社科成果奖 1 项。

成都大学文学与新闻传播学院教师学术专著《认知传播学》获四川省第二十次社会科学优秀成果奖三等奖，出版学术专著 4 本、教材 1 部；多个课题获得省部级、厅局级项目立项；主导完成了省级高级别智库服务，3 项研究报告获得省委领导批示。

成都体育学院新闻与传播学院获批国家社科基金项目 1 项，出版学术著作 3 部。

成都锦城学院文学与传媒学院传媒系教师发表论文 40 余篇；课题 4 项，申请专利 2 项。完成《四川文化产业报告-四川蓝皮书发布调查报告》一篇。

西南科技大学文学与艺术学院新闻系获四川省第二十次社会科学优秀成果奖二等奖；获教育部语合中心项目、四川网络文学发展研究中心一般项目立项。

四川省内江师范学院范长江新闻学院获得四川省哲学社会科学马克思主义理论研究和建设工程专项、四川省社科项目中华民族共同体研究专项 1 项、四川省写作协会优秀学术成果奖。范长江研究主题社会调查报告作品获得 2023 年"挑战杯"四川省大学生课外学术科技作品竞赛三等奖。

成都理工大学 2023 年新增各级人文社科类科研项目立项共 16 项，包括教育部、省厅级、地市级等，新增科研合同经费为 27.65 万元。

1.2.15.3 交流合作

（1）会议论坛

四川大学新闻学院于 2023 年 8 月 19—20 日在成都联合举办了符号学国际会议。10 月 20—22 日，联合举办第九届中国新闻史青年学者论坛。学院开展了马克思主义新闻观系列活动、中国记者节专题报告会。11 月 25 日，在青岛协同举办"第十届中国认知传播学术年会暨认知传播高端论坛"。

四川省社会科学院新闻传播研究所邀请多位传媒精英人士做讲座。多位老师参加了各级学术研讨会。

西南民族大学新闻传播学院主办 1 次学术研讨会和十余次学术讲座。

成都大学文学与新闻传播学院于 2023 年 10 月举办了"智媒时代国家形象塑造与国际传播路径创新"学术会议。

成都体育学院新闻与传播学院于 6 月 20 日召开成体新闻传播一流学科建设线上研讨会。7 月 7 日，召开新闻传播专业建设与人才培养研讨会暨四川省新闻传播教学指导委员会。此外，学院举办学术讲座十余场。

四川省内江师范学院范长江新闻学院 2023 年共开展学术讲座 5 场。20 余人次参与省级以上学术教研科研活动。

四川师范大学影视与传媒学院于 10 月 21 至 22 日承办第七届中国主持传播论坛。

成都理工大学传播科学与艺术学院 3 月 11 日开展"未来大影佳"高校影像联动计划。

（2）调研交流

四川大学新闻学院于 2023 年 8 月 17 日组织学院部分党员师生赴四川眉山参访学习美丽乡村建设成就，就文创人才与校地合作进行调研。

西南民族大学新闻传播学院组织 3 支调研队伍，对阿坝、甘孜、凉山三州的主流媒体与融媒体中心进行调研访问，撰写了《四川省民族地区新闻传播事业发展报告》。

成都体育学院新闻与传播学院参与成都大运会提供宣传决策咨询服务，并于赛事期间组织师生进入大运会主媒体中心工作。

西南交通大学传播学系于 5 月 10 日举行"封面首席进校园"活动，与同学们进行"《创新技术赋能智慧媒体》"主题分享交流会，成立"封面青年通讯团"。

四川师范大学影视与传媒学院于 12 月 15 日前往成都道诚集团全媒体中心进行交流访问。10 月 18 日，四川广播电视台全媒体新闻中心就持续深化校台合作，与师生展开座谈交流。

成都理工大学持续开展"密苏里大学—成都理工大学新闻传播教学周暨海外教授讲学周"，2023 年已是第 6 届。

1. 2. 15. 4　实践与实验基础建设

西南民族大学新闻传播学院与双流九龙湖社区及 5 家文化传媒公司共建"铸牢中华民族共同体意识实践教育基地"，与成都市广播电视台等单位共建实践教学基地。

成都大学文学与新闻传播学院 2023 年投入 300 余万元建设融媒体实践教学中心，为学生实践能力培养搭建更好的平台。

成都锦城学院文学与传媒学院传媒系总投入 63 万元建设"虚拟演播室"。

四川省内江师范学院范长江新闻学院新增 3 个实习基地，实习基地总数达到 12 个。先后完成非编实验室改造和录音室建设 2 个项目。

西南交通大学传播学系新闻评论课程展汇报暨影视实验教学中心实践基地揭牌。

四川师范大学影视与传媒学院与射洪市融媒体中心共建"实习基地"。10 月 17 日，与大面街道悦龙社区、成都市益知行社会服务工作中心签约三方共建协议。

成都理工大学艺术与传媒实验教学中心打造一体化的"平台+内容+渠道+应用+教学"实践教学生态链条，建有 18 个新闻传播类和 3 个交叉融合实验室，面积约 1.2 万平方米；设施设备价值约 1 亿元；开发融合媒体云平台和实验室信息化管理系统。

（四川大学新闻学院　骆世查、姜英）

1.2.16　湖北省 2023 年度新闻传播教育发展综述

1.2.16.1　新闻传播教育的宏观态势

2023 年，湖北地区高校新闻传播专业继续以"双一流"本科专业建设为抓手，在学科建设、教学改革、人才培养等方面真抓实干，锐意进取，取得较大进展。

湖北高校十分重视新闻传播学科和一流专业建设，多次召开会议进行专题研讨。3 月 22 日，"教与学的革命"珞珈论坛新闻与传播学院分论坛"双一流"建设背景下新闻传播学教材建设研讨会在武汉大学新闻与传播学院成功举办。此次研讨会聚焦新闻传播学一流教材建设与创新主题，围绕新闻传播学精品教材编写的标准、教材与科研的关系、实践类教材建设等议题展开深入研讨。

3 月 23 日，人民网、新华社、中央人民广播电视台等 10 家驻鄂中央媒体代表受邀来到湖北经济学院新闻与传播学院，共话新闻传播学科建设、融媒体时代人才培养、校媒合作服务地方经济社会发展等议题。湖北经济学院新闻与传播学院负责人介绍了新闻学科办学逻辑起点、阶段性成就、办学特色、比较优势、"十四五"建设目标及存在的困惑。与会代表们充分肯定了依托主干学科、差异化发展的学科定位，对"媒介经营与管理"成为国家一流专业建设点表示祝贺。

11 月 25 日下午，武汉东湖学院文法学院召开新闻学国家一流专业建设研讨会。北京印刷学院副校长王关义、山东大学新闻传播学院院长刘明洋、河北大学新闻传播学院院长韩立新、成都体育学院新闻与传播学院院长石磊、湖南大学新闻与传播学院原院长彭祝斌应邀出席会议。教务处处长王德发、文法学院院长胡蕾以及新闻传播学各专业教研室主任、副主任参加会议。

12 月 17 日下午，武昌首义学院新闻与文法学院邀请武汉大学、华中科技大学、北京清博等多位学界和业界专家，就 AI 赋能下的新闻传播一流专业建设与实践培养进行了研讨。受邀参加研讨的专家、学者有武汉大学新闻传播学院副院长洪杰文教授、华中科技大学传播系系主任余红教授、华中师范大学周莉教授、黄冈师范学院新闻与传播学院副院长孙喜杰副教授、湖北经济学院新闻与传播学院谢伍瑛副教授；新华网湖北分公司总经理田建军、湖北广播电视学会秘书长徐开元、中国网湖北事业部主任严星、神州数码集团项目总监张昊、北京清博智能高级副总裁黄丽媛、镝数科技创始人王琼等。

12 月 14 日，华中科技大学出版社人文分社首席编辑杨玲和新闻传播出版项目团队编辑庹北麟一行 3 人赴武汉纺织大学传媒学院调研交流。会上，双方就教材建设、教学研究、学科建设规划及资源共享等方面进行了全面深入的沟通。

为适应融媒体发展环境，开展教学改革创新，湖北高校开展积极探索。4 月 11 日上午，为建设产教融合育人的开放办学机制和人才培养的协同机制，中南民族大学文学与新闻传播学院与上海秒针网络科技有限公司秒针营销科学院合作开设行业协同课程"数字营销"，该课程是中南民族大学文学与新闻传播学院在国家一流专业广告学专业建设过程中，对课程内容、教学方式的一次创新，有效引入最前沿的业界教学资源于课堂，力争培养出最贴近市场需求的专业人才。

4 月 15 日，"第三届新闻传播史论课程群教学改革研讨会"拉开序幕。此次会议由华中科技大学新闻与信息传播学院、湖北省新闻传播史论名师工作室、湖北省新闻传播史论教学团队、中国新闻传播教育年鉴编委会联合主办。来自北京大学、清华大学、中国人民大学、复旦大学、中国传媒大学、香港城市大学等 55 所高校和研究机构的 117 位专家学者发表了演讲，800 余名参会者齐聚云端，就新时代下新闻传播史论课程群教学改革进行深入研讨，分享新闻传播教育学术研究与教学改革的新思路、新方法。

许多高校走出校门，积极与社会、与媒体合作，探索人才培养新路径，搭建人才培养新平台。2023 年 5 月 24 日，华中科技大学新闻与信息传播学院与中国科学报社签署研究生培养合作协议，双方就如何讲好华科大故事、如何进一步推进新闻与科技的融合进行讨论。

6 月 15 日，湖北大学新闻传播学院与澎湃新闻举行签约揭牌仪式，共建新闻传播实训基地。同时在仪式上，澎湃新闻宣布正式启动正能量视频共创计划。6 月 28 日，武汉体育学院体育科技学院与湖北日报体育新闻中心展开交流，双方表示未来将在学科建设、协同育人、社会服务等方面加强长期合作，共同探索新闻传播人才培养模式新路径，为体育科技新闻事业的发展添砖加瓦。

11月16日，华中师范大学新闻传播学院与湖北省广电局媒体融合发展创新中心共赴巴东县融媒体中心交流座谈，就学生实习就业、人才培养、项目合作等方面进行了深入交流并举行共建实习实训基地授牌仪式。11月30日，湖北民族大学文学与传媒学院先后赴宣恩、鹤峰、来凤、巴东等县级融媒体中心，就实习实践基地建设和进一步深入推进校地协同育人项目进行了沟通与座谈。

12月1日下午，武汉理工大学法学与人文社会学院与硚口融媒体中心共建人才联合培养基地并举行项目合作交流会。12月5日上午，中南财经政法大学新闻与文化传播学院与北京清博智能科技有限公司共建实习基地并举行签约仪式。12月8日上午，中国地质大学艺术与传媒学院与中国矿业报社在京签署合作协议，双方将共建"融合新闻人才培养实践教学基地"，探索联合培养融媒体语境下"媒体+高校"人才培养的新模式，共同构建适应新时代传媒产业发展需求的新型人才输送渠道。

1.2.16.2 部校共建新闻学院情况

2023年湖北地区高校参与部校共建新闻学院的仍然为6所，即武汉大学、华中科技大学、华中师范大学、中南财经政法大学、湖北大学和武汉体育学院。

2023年1月1日，《社会学研究》发表了华中科技大学青年教师王昀和硕士研究生杨寒情共同发表的最新研究成果——《制造"乡愁"：乡村视频博主的内容生产与职业身份生成》，该论文以华中科技大学新闻与信息传播学院为第一完成单位，系中共湖北省委宣传部与华中科技大学部校共建新闻学院项目(2020E08)的阶段性成果之一。

2023年11月18日，第四届新媒体与社会变革国际学术会议在华中师范大学成功举办。湖北省新闻工作者协会副主席、秘书长孔奇志发表致辞，他介绍了湖北省新闻工作者协会与武汉地区六所高校新闻院系的合作、交流情况，指出了新媒体平台下自媒体的引导问题。

2023年11月25日，武汉大学新闻传播学科教育40周年发展大会在人文馆隆重举行。中共湖北省委常委、宣传部长琚朝晖，十四届全国政协委员、中国文联原副主席胡孝汉，中国科学院院士、武汉大学校长张平文，校党委常务副书记沈壮海，来自学界和业界的专家学者，国内百余所新闻与传播学院代表，院友代表，师生代表等600余人出席会议。武汉大学校长张平文院士在致辞中指出，从1983年筹建新闻系、1995年创办新闻学院，再到2013年湖北省委宣传部与学校共建新闻与传播学院，武汉大学新闻与传播学院始终与国家改革开放的步伐、社会转型和媒介技术的变迁、学校的发展同频共振。

1.2.16.3　新闻传播教学与研究动态

2023 年 3 月 22 日，"教与学的革命"珞珈论坛新闻与传播学院分论坛"双一流"建设背景下新闻传播学教材建设研讨会在武汉大学新闻与传播学院成功举办。此次研讨会聚焦新闻传播学一流教材建设与创新主题，围绕新闻传播学精品教材编写的标准、教材与科研的关系、实践类教材建设等议题展开深入研讨。2023 年 3 月 30 日，"教与学的革命"珞珈论坛新闻与传播学院分论坛"双一流"建设背景下广告学拔尖创新人才培养研讨会暨"加强课程教学，提升教学质量"主题党日活动在武汉大学新闻与传播学院成功举办。为深入开展学习贯彻习近平新时代中国特色社会主义思想主题教育、学习贯彻党的二十大精神，由共青团北京大学新闻与传播学院委员会、共青团武汉大学新闻与传播学院委员会共同指导，北京大学新闻与传播学院研究生会、武汉大学新闻与传播学院研究生会组织举办的砥志"研"思，与日俱"新"——第一届"NEWS+"高校新闻与传播研究生会论坛于 2023 年 6 月 18 日在北京大学新闻与传播学院圆满举行。2023 年 9 月 23 日，由武汉大学媒体发展研究中心（教育部人文社会科学重点研究基地）、新疆大学新闻与传播学院、武汉大学新闻与传播学院、新疆大学中亚研究院共同主办，新疆大学涉疆国际舆情研究中心与新疆直播产业研究院承办的"第七届中国传播创新论坛（2023）暨国际传播效能提升学术研讨会"在新疆大学红湖校区召开，来自全国各地 34 所高校的 80 余位嘉宾以"传播创新"和"国际传播效能提升"为主题，共同探讨中国传播的创新问题，共同建构中国传播创新体系、提升中国传播能力。2023 年 10 月 13—15 日，中国新闻史学会新闻传播思想史专业委员会 2022—2023 学术"双年会"暨第九届中外新闻传播思想史论坛在武汉大学成功举办。此次"双年会"由中国新闻史学会新闻传播思想史专业委员会、武汉大学新闻与传播学院和武汉大学媒体发展研究中心（教育部人文社会科学重点研究基地）主办，武汉大学媒体发展研究中心环境与科学传播研究所、健康传播研究所协办。来自全国各大高校的近百名专家学者汇聚一堂，共同探讨"如何发展与反思数字时代新闻传播思潮的生产和再生产"。此次"双年会"以"数字时代新闻传播思潮的生产与再生产"为主题，以 62 篇高品质文章展现新闻传播学人探讨新闻传播学的自主性和发展方向的最新研究成果。2023 年 12 月 1—2 日，由武汉大学媒体发展研究中心（教育部人文社会科学重点研究基地）、武汉大学新闻与传播学院共同主办的第六届中国传播创新研究工作坊，在武汉大学新闻与传播学院顺利召开。来自中国人民大学、上海交通大学、复旦大学、武汉大学等多所高校的老师和同学，带来了 13 篇最新研究作品，从多维度对传播创新研究展开讨论。2023 年 12 月 8—10 日，由武汉大学媒体发展研究中心(教育部人文社会科学重点研究基地)、武汉大学新闻与传播学院主办的"第十二届跨文化传播国际学术会议"在武汉大学顺利召开。来自国内外 20 余所高校的学者共同参与了由武汉大学媒体发展研究中心主任单波教授与中心研究员纪莉教授联合召集的此次会议，共同探讨"数字沟通时代的情感共同体与跨文化传播"。此次会议共有 123 篇文章投稿，经过精心挑选与安排，共安排了 30 场主旨演讲和 6 场学子论坛，对研究议题进行充分讨论。2023 年 12 月 23 日，智能媒体与智能营销传播发展前沿论坛暨第五届智能营销传播学术工作坊在武汉大学新闻与传播学院举办。此次论坛由武汉大学新闻与传播学院、武汉大学媒体发展研究中心、《新闻与传播评论》编辑部、武汉大学城市传播与企业品牌研究中心、武汉大学智能营销传播研究青年学术创新团队主办。此次会议聚焦以 ChatGPT 等为代表的生成式大模型开创的新时代背景下媒体和营销传播领域的变革、机遇和挑战，由论坛主旨演讲和学术工作坊专题讨论两部分组成。来自清华大学、上海交通大学、中国传媒大学、重庆大学、天津大学、上海外国语大学、西安交通大学、厦门大学、暨南大学、郑州大学、上海戏剧学院、湖南师范大学、新疆大学、武汉大学、华中科技大学、华中农业大学、中南民族大学、武汉纺织大学、三峡大学、吉利学院等国内 20 余所高校的专家学者分享了智能媒体与智能营销传播前沿研究成果。

2023 年 3 月 25 日，在第八届中国新闻史学会传媒经济与管理专业委员会学术年会上，全国五十余所高校 100 多位学者集聚华中科技大学，就"ChatGPT 将对经济社会发展产生哪些影响? 转型关键期传媒经济发展新赛道和新动能何在?"等问题展开热烈讨论。据了解，这是近三年来传媒经济研究领域最大规模的线下学术交流活动。喻国明、崔保国、丁和根、丁汉青、杭敏、李明德、陆晓华、吕尚彬、严三九、张晋升、朱春阳、朱鸿军、朱天、刘俊、韩晓宁、吴小坤等学者与会。围绕传媒经济发展新机遇、新挑战、新赛道、新动能，与会者们从基础理论、内在机制、运行逻辑、要素市场和产业实践等多个角度进行了深入研讨。2023 年 4 月 15 日，"第三届新闻传播史论课程群教学改革研讨会"拉开序幕。此次会议由华中科技大学新闻与信息传播学院、湖北省新闻传播史论名师工作室、湖北省新闻传播史论教学团队、《中国新闻传播教育年鉴》编撰委员会联合主办。来自北京大学、清华大学、中国人民大学、复旦大学、中国传媒大学、香港城市大学等 55 所高校和研究机构的 117 位专家学者发表了演讲，800 余名参会者齐聚云端，就新时代下新闻传播史论课程群教学改革进行深入研讨，分享新闻传播教育学术研究与教学改革的新思路、新方法。开幕式结束后，专家学者们围绕新闻传播史论课程建设、新闻传播教育改革体系建设、新闻传播专业人才培养体系建设、新闻传播课程教学创新与实践等话题做了精彩的四场主题报告。报告分别由华中科技大学新闻与信息传播学院张昆教授、何志武教授、李华君教授、余红教授主持。2023 年 5 月 9 日上午，为迎接第七个国家品牌日，"2023 中国品牌日东湖论坛暨新能源汽车品牌高峰论坛"在华中科技大学新闻传播院演播厅举行。此次活动由湖北省发展和改革委员会指导，华中科技大学新闻与信息传播学院和东湖品牌研究院主办，华视传媒集团承办。此次论坛共分为两个主题。论坛一以"如何把握数智时代品牌增长红利"为主题，论坛二以"品牌化、数智化如何赋能未来新能源汽车产业发展"为主题。

2023 年 5 月 21 日，中南财经政法大学举行了纪念潘梓年诞辰 130 周年暨中国共产党新闻宣传思想与实践论坛。此次论坛由中南财经政法大学主办，中南财经政法大学党委宣传部、新闻与文化传播学院、潘梓年研究中心承办。论坛主题为"重温潘梓年新闻思想，促进中国式现代化新闻事业发展"，涉及潘梓年党报思想研究、潘梓年新闻工作队伍建设研究、潘梓年学术思想研究、中国共产党新闻宣传思想与实践等议题。2023 年 12 月 16—17 日，2023 中国应用新闻传播论坛暨"应用新闻传播十大创新案例"发布大会在中南财经政法大学举行。此届论坛由中国新闻史学会应用新闻传播学专业委员会、中南财经政法大学主办。上午九时，论坛准时开始，开幕式由中国新闻史学会应用新闻传播学专业委员会副理事长、中南民族大学新闻传播学院副院长余秀才教授主持。此届论坛的主题是"连接、开放、共享：应用新闻传播新动向"。中南财经政法大学党委常委、副校长覃红教授，湖北省新闻工作者协会主席向培凤，中国新闻史学会应用新闻传播学专业委员会理事长、复旦大学新闻学院张志安教授，新闻与文化传播学院院长罗晓静教授、党委书记黄俊雄，以及来自全国数十所高校、科研院所、传媒机构的百余名专家、教师、学生齐聚一堂，在学界和业界的交流对话中共同探讨当前应用新闻传播领域面临的重大挑战与发展机遇。

2023 年 11 月 18 日，第四届新媒体与社会变革国际学术会议在华中师范大学成功举办。此次国际学术会议由华中师范大学新闻传播学院主办，华中师范大学媒介伦理与媒介管理研究中心、华中师范大学大数据传播与应急管理中心承办。来自世界各地的专家学者汇聚一堂，共同探讨"新媒体与技术发展"的相关问题。

2023 年 10 月 28 日，由湖北大学主办，国家社科基金重大项目"中国近现代新闻团体资料搜集、整理与研究"课题组、湖北大学媒介研究中心协办的中国近现代新闻团体与社会治理研究学术研讨会在思齐厅拉开帷幕。开幕式由副院长黎明教授主持，中国社会科学院新闻与传播研究所原所长尹韵公教授、新闻传播学院院长聂远征教授致辞。近50 名来自新闻传播领域的专家学者和业内人士齐聚，以线上线下相结合的方式，共同探讨中国近现代新闻团体和社会治理研究的最新成果。中国社会科学院新闻与传播研究所原所长、湖南师范大学潇湘学者尹韵公教授，中国新闻史学会副会长、教育部长江学者特聘教授、武汉大学新闻与传播学院教授单波，中国新闻史学会秘书长、中国人民大学新闻学院教授邓绍根，中国新闻史学会会长、教育部长江学者特聘教授、中国人民大学新闻学院副院长王润泽，《湖北日报原》总编辑、湖北省记协原副会长、湖北大学特聘教授蔡华东，暨南大学新闻与传播学院教授赵建国，重庆大学新闻学院教授、抗战新闻传播史研究中心主任齐辉，中国新闻史学会党报党刊专业委员会秘书长、南昌大学新闻与传播学院教授余玉，华中师范大学新闻传播学院副教授张继木，江西科技师范大学文学院教师郑永涛，课题组成员等出席会议。研讨会由副院长张帆教授主持。

2023 年 10 月 21 日，第五届国际修辞传播学研讨会在武汉传媒学院成功召开。此次大会由全球修辞学会、国际修辞传播学会主办，武汉传媒学院承办。此届大会围绕"未来媒介、艺术与话语：智能时代修辞传播的发展趋向"主题展开，从媒介、艺术与话语等多个层面探讨智能技术高速发展背景下修辞传播的发展态势与趋向。

1.2.16.4　科研项目情况

根据 2023 年度国家社科基金项目立项公告，湖北地区新闻院系年度内承担新闻传播学相关的国家社科基金项目共 11 项。

其中，一般项目 9 项，分别是：武汉大学张雪霖的"乡村治理视域下县级融媒体中心建设的困境及对策研究"、武汉大学王刚的"基于防沉迷系统的未成年人社交媒体成瘾治理研究"、华中科技大学余红的"突发公共事件中网络负面情绪锚定机理研究"、华中科技大学石婧的"政策反馈视角下县级融媒体参与数字乡村建设机制研究"、华中科技大学王昀的"积极老龄化视野下老年群体的短视频使用与社会适应研究"、华中师范大学周莉的"情绪传播视角下网络社会心态的生成机制与治理策略研究"、中南民族大学陈丽娟的"健康中国视阈下家庭传播与青少年抑郁防治宣传研究"、湖北大学柴巧霞的"中华传统优秀文化的多场景传播及效能提升研究"、湖北大学罗宜虹的"乡村振兴背景下涉农媒体的传播效能研究"。

另有 2 项国家社科基金后期资助项目：华中科技大学徐涵的"新时代主流价值观精准传播研究"，武汉理工大学占莉娟的"学术期刊同行评议质量控制研究"。

1.2.16.5　相关重要信息

2022 年 12 月 31 日，《中国新闻传播教育年鉴（2022）》首发式在湖北大学举行。该年鉴由中国新闻传播教育年鉴编撰委员会和中国新闻史学会新闻传播教育史研究委员会编撰。年鉴首发式采取线上线下相结合的方式举行，通过虚拟数字人技术和虚拟空间场景技术在线上首发。上午九时，在与会者的热切期盼中，《中国新闻传播教育年鉴

（2022）》揭开面纱。虚拟视频里，中国新闻史学会会长王润泽、暨南大学党委书记林如鹏、中国社会科学院新闻与传播研究所教授唐绪军、北京外国语大学副校长孙有中、湖北大学副校长钱建国与中国新闻传播教育年鉴编撰委员会主任张昆教授一起按下了年鉴首发的按钮。

2022 年 12 月 31 日下午，湖北大学新闻教育创办 35 周年纪念活动暨学科建设研讨会举行。湖北大学校党委常委、副校长钱建国参加会议。来自中国社会科学院、中国人民大学、中国传媒大学、复旦大学、暨南大学、武汉大学、华中科技大学、湖北省社科院、农民日报社等国内高校和机构的专家学者以线上线下形式参加会议。钱建国对新闻教育创办 35 周年，深耕荆楚，推进学科建设高质量发展表示祝贺，对支持湖北大学新闻传播学科建设的专家教授表示感谢。中国人民大学党委副书记、副校长胡百精对湖北大学新闻教育创办 35 周年表示祝贺。他说，湖北大学新闻传播学科有方向、有方法、有历史、有传统，希望中国人民大学与湖大新闻传播学院在教师访学、项目合作、科研指导、学生游学等方面接续合作，共同开创新闻传播教育更美好的未来。农民日报社专职编委施维、湖北省社科院副院长邓为作为校友代表发言，寄语母校新闻传播教育发展的美好未来。当天上午，湖北大学新闻传播学院还与中国新闻传播教育年鉴编委会共同主办了《中国新闻传播教育年鉴（2022）》首发式暨首届年鉴编撰理论与实践研讨会。

2023 年 2 月 18 日上午，由华中科技大学新闻与信息传播学院钟瑛教授团队和中国新闻史学会网络传播史专业委员会共同研究编撰的《中国新媒体社会责任研究报告（2021—2022）》在线上正式发布，作为学界第三方视角，该报告聚焦新媒体社会责任问题，建构完备的责任评价指标体系，量化评估新媒体社会责任的典型类型，多角度分析了新媒体传播中的典型问题、典型案例，为完善网络综合治理体系提供了路径参考。

2023 年 4 月，中国地质大学艺术与传媒学院教师黄爱武、李长安、周宏、狄承、张睿的新闻作品《"水印千峰 江湖武汉"——武汉市 4400 年地质环境演化与城市变迁科普宣传片及自然通识直播课》荣获"2021 年科技传播奖优秀新闻作品奖"二等奖。

2023 年 5 月，国际传播学会（ICA）第 73 届年会在加拿大多伦多举行，武汉大学新闻与传播学院副教授曹皓与 2021 级新闻学硕士仲昱洁合写的论文获评 FEMINIST SCHOLARSHIP 组最佳教师论文奖。

8 月 13—16 日，根据 2023 年湖北大学生新闻传播教育创新实践技能竞赛评审方案，湖北省高等教育学会新闻与传播教育专业委员会经湖北省教育厅审批后组织评审委员会对各高校参评的 2023 年湖北大学生新闻传播教育创新实践技能竞赛作品进行了评审。从全省 43 所本专科高校参评的 571 项大学生新闻传播教育创新实践技能竞赛作品中评审出一等奖 50 项，二等奖 96 项，三等奖 100 项，合计 246 项，并予以公示。结合学校申报及获奖情况，经竞赛组委会审议决定，中国地质大学、武汉工程科技学院、武昌首义学院、湖北文理学院、黄冈师范学院、湖北民族大学、湖北第二师范学院、三峡大学荣获优秀组织奖。

2023 年 9 月 23 日，全国高等学校文科学报研究会在湖北宜昌举行了成立 35 周年庆祝大会，武汉大学新闻与传播学院《新闻与传播评论》获评"全国高校优秀社科期刊"，期刊的"媒介化社会"栏目获评"特色栏目奖"。

2023 年 10 月，由武汉大学新闻与传播学院教授周光明、武汉纺织大学传媒学院讲师贾梦梦共同编撰的《梁启超新闻学文集》出版。该文集较为全面地收录了梁启超 1895—1927 年间发表的有关新闻工作的重要文章，弥补了其相关作品从未结集以及相关文章未曾被此前各种新闻史文集收录的缺憾。

10 月 14 日，由湖北省高等教育学会新闻与传播教育专业委员会与中南民族大学主办，文学与新闻传播学院承办的 2023 湖北新闻与传播教育学会年会暨"变革中的新闻传播教育与传媒业未来"论坛在学术交流中心举行。中南民大党委书记边境，湖北省教育厅湖北省高等教育学会秘书处主任邓辉，湖北新闻与传播教育学会会长、武汉大学新闻与传播学院院长强月新，文传学院院长陶喜红等出席会议并致辞。开幕式由湖北新闻与传播教育学会副会长、文传学院副院长陈峻俊主持。湖北新闻与传播教育学会副会长、湖北大学新闻传播学院教授廖声武主持了学会换届大会，强月新当选新一届湖北新闻与传播教育学会会长。论坛邀请了中国社会科学院新闻与传播研究所所长胡正荣，暨南大学新闻与传播学院院长刘涛作主题报告，主题报告题目分别是"新文科建设与新闻传播人才培养""新文科背景下的教学创新：主题实践与专创融合"。分论坛设置了院长论坛、教师论坛和研究生论坛等 5 个会场。闭幕式上还举行了湖北省新闻传播技能大赛颁奖典礼、2023 年会论坛获奖论文颁奖仪式。

10 月 29 日，华中科技大学新闻与信息传播学院举行 40 周年院庆大会。来自湖北省委宣传部、湖北省记协的相关领导，中国人民大学新闻学院、复旦大学新闻学院、中国传媒大学等百余家院校的专家，来自人民日报社、中央广播电视总台、新华社、中新社、工人日报社等 10 余家主流媒体，以及深圳市腾讯计算机系统有限公司、北京抖音信息服务有限公司、百度在线网络技术（北京）有限公司等新媒体机构的代表以及数百名新闻学院院友参加此次大会。华中科技大学副校长许晓东向新闻与信息传播学院建院 40 周年送上诚挚祝贺，对嘉宾和校友的到来表示热烈欢迎。他指出，作为全国第一所以理工科为主的高等院校创办的新闻系，新闻与信息传播学院自建系以来就始终贯彻学校"应用为主、文理渗透"的办学方针，坚持立德树人宗旨，为祖国新闻传播战线输送了大批人才，为国家和地方经济发展贡献了人才力量。期待新闻与信息传播学院以院庆为新契机，实现新闻传播教育事业新的辉煌。

2023 年 11 月，由武汉大学新闻与传播学院院长强月新教授和新闻系主任王敏副教授编著，新闻学专业多位学生阅评员参与编撰和修订的湖北省委宣传部新闻阅评工作理论成果——《新闻阅评：地方主流媒体如何讲好中国故事》正式出版。该书从 2020—2022 年的新闻阅评报告中萃取、报道案例，着力评析地方主流媒体讲好中国故事的原则、方式、方法，运用马克思主义新闻观深化理论阐释，同时依照《中国新闻奖评选办法》中列举的差错类型，指出并修正新闻阅评中发现的差错，直面问题，对症下药，为新时代新闻阅评工作的学理化作了有益探索。

2023 年 12 月 12 日，《长江日报》记者田巧萍与华中师范大学新闻传播学院学生赵心瑜共同采制的通讯作品《痛心！协和专家：在兴趣班学的这个动作已致 1000 多名中国孩子瘫痪》获得第 33 届中国新闻奖一等奖。

2023 年 12 月，第五届中华经典诵写讲大赛"诵读中国"经典诵读大赛获奖名单公示，湖北大学新闻传播学院播音与主持艺术专业陈天依、陈雨坤、刘瑀钒组成的教师团队以省赛教师组第一名参加全国总决赛，在全国总决赛中他们凭借朗诵作品《闪耀吧 青春的火光》斩获教师组二等奖。

（湖北大学新闻传播学院　廖声武、郝莉钧、黄锦鹏、高雨霞、唐芷茜、范婷婷、李文锐、田思鹏）

1.2.17　湖南省 2023 年度新闻传播教育年度综述

2023 年，中共中央政治局就建设教育强国进行第五次集体学习，着重指出以教育之力厚植人民幸福之本，以教育之强夯实国家富强之基。湖南省新闻传播院校以培育高素质专业化人才为己任，优化新闻传播学专业设置，深化思政教育与教学改革，打造高水平课程和教材，探索部校、校媒、校企之间的多层次合作育人机制，扎实奋进，推动湖南省新闻传播教育稳步发展。

1.2.17.1　新闻教育与教学改革

湖南省新闻传播院校不断细化专业方向，强化特色教育，提升课程与教材质量，以适应新闻传播行业的快速发展和数字化时代的新需求。国家级、省级一流课程和精品教材的涌现为教学提供了有力支撑，教学方法和手段的创新让各院校在教改项目申报、教学竞赛中再创佳绩。

（1）专业建设与招生规模

2023 年湖南大学新闻与传播学院获批博士后科研流动站，学院形成从本科、一级学科硕士点、专业学位硕士点、一级学科博士点到博士后科研流动站的完备的人才培养体系。4 月，湖南工商大学数字媒体工程与人文学院获批设立数字媒体技术专业。6 月，中南大学文学与新闻传播学院更名为人文学院。

2023 年湖南省新闻传播院校招生规模总体变动不大，个别院校略有缩减（见表 1-22）。此外，湖南大众传媒职业技术学院作为国家首批骨干高职院校，素有"广电湘军"的摇篮之誉。该校新闻与传播学院 2023 年新闻采编与制作专业招生 216 人，网络新闻与传播专业招生 86 人，数字出版专业招生 84 人。

表 1-22　　　　　**2023 年湖南省主要高校新闻传播学类专业招生规模**

院校招生（名）	本科生	硕士生	博士生
湖南大学新闻与传播学院	150	114	8
湖南师范大学新闻与传播学院	210	105	8
中南大学人文学院	95	40	
湘潭大学文学与新闻学院	183	81	
长沙理工大学文学与新闻传播学院	178	36	
湖南科技大学人文学院	136	30	
吉首大学文学与新闻传播学院	201	27	
湖南理工学院新闻传播学院	180	50	
湖南工商大学数字媒体工程与人文学院	71	23	
衡阳师范学院新闻与传播学院	238	15	
湖南工业大学文学与新闻传播学院	150		
湖南第一师范学院文学与新闻传播学院	141		
长沙学院马栏山新媒体学院	123		
怀化学院文学与新闻传播学院	106		
湖南女子学院文学院	79		
湖南工程学院设计艺术学院	100		
湖南城市学院人文学院	123		
湖南科技学院传媒学院	155		
湖南人文科技学院文学院	94		

院校招生（名）	本科生	硕士生	博士生
湖南文理学院文史与法学学院	64		
邵阳学院文学院	70		
湘南学院文学与新闻学院	60		

（2）课程与教材建设

在高水平课程建设方面，湖南科技学院传媒学院"二维动画制作"被认定为第二批国家级一流课程，实现了学院国家级课程的突破。湖南第一师范学院文学与新闻传播学院"数码摄影"被评为省级精品在线开放课程。湖南理工学院新闻传播学院的"数据新闻""忧乐文化上心头——岳阳优秀传统文化传承实践""负面舆情应对演练虚拟仿真实验"3门课程被湖南省推荐参评国家一流本科课程。

在教材建设方面，湖南第一师范学院文学与新闻传播学院谢杰、杨清华老师编写的教材《新媒体视听节目制作》由中国人民大学出版社出版。湖南工业大学文学与新闻传播学院王丽萍老师主编的教材《智能广告》由清华大学出版社出版。湖南师范大学新闻与传播学院王海刚、吴亮芳老师参与编写中国特色出版学系列教材《马克思主义出版观概论》，刘振、段峰峰老师获批校级数字教材项目。

（3）课程思政建设

湖南省新闻传播院校坚持立德树人，以马克思主义新闻观为指导，在课程思政教学研究和指导实践方面成效显著。

湖南师范大学新闻与传播学院李艳老师获湖南省"奋斗青春号"大思政课堂微课竞赛本科组一等奖。湖南第一师范学院文学与新闻传播学院庄园老师获湖南省普通高等学校课程思政教学竞赛二等奖。长沙理工大学文学与新闻传播学院聂亮老师负责的"传播学概论"课程团队获2023年湖南省高校课程思政教学竞赛三等奖。湖南理工学院新闻传播学院获湖南省首届高校辅导员综合育人能力提升示范观摩活动二等奖。湖南女子学院文学与传播学院"主持人即兴口语表达"获评省级思政示范课。

长沙理工大学文学与新闻传播学院"数字化赋能新闻传播专业课程思政的实施路径与评价研究"立项省级教改课题，"新闻摄影"课程列为校级课程思政典型案例。湖南大学"电视节目主持"课程立项为校级课程思政示范课程，课程打造"青声"品牌，先后推出《青声说两会》《青声说亚运》系列特辑；选拔黄灿璨、马柏同学参与湖南省教育电视台"奋斗青春号大思政课"录制。

湖南科技学院传媒学院"影视特效制作与合成""品牌战略管理"立项为校级在线课程思政课程。湖南科技学院传媒学院坚持开展"掏心家书""红色电影配音大赛""传薪·传心校友讲坛"等品牌活动，学生党员参与和主持省级以上研究课题 6 个、转化论文研究成果 8 篇。

（4）教育教学改革

2023 年，湖南省新闻传播院校持续深化教育教学改革，申报教改项目，参与教学竞赛。

教育创新方面，为落实习近平总书记关于坚持马克思主义新闻观的重要指示精神，引导全省高校新闻传播学子牢固树立并积极践行马克思主义新闻观，培养新闻传播后备人才夯实思想根基，湖南省新闻传播学会、湖南大学新闻与传播学院、湖南大学马克思主义新闻观研究中心面向全省高校在读学生开展首届"做马克思主义新闻观的践行者"征文活动并举办马克思主义新闻观教育创新论坛。通过媒体宣传、院校交流、教师指导、组织实践等方式，充分发动师生参与，还联合主流媒体记者带领大学生读原著，悟原理、察国情、做新闻，引导同学们学习、践行马克思主义新闻观。全省 17 所高校的 1000 多名学子参与活动，活动组委会最终评选出获奖作品 64 件，优秀指导教师 50 名，湖南大学新闻与传播学院、长沙理工大学文学与新闻传播学院获得优秀组织奖。征文活动为广大学子搭建了一个学习专业的绝佳平台，是马克思主义思想教育的一次创新，也是马克思主义新闻观课程的拓展实践。活动受到国内同行和湖南省新闻工作者协会的充分肯定，被国内专家学者认为具有示范作用和创新意义，值得推广。活动得到人民网、新华网、光明网、湖南日报社、新湖南、湖南广播电视台、湖南红网等媒体持续关注。湖南日报报业集团、湖南广播影视集团、湖南出版投资控股集团、湖南红网新媒体集团、湖南大学校报提供了媒体支持。

教改项目立项方面，湖南师范大学新闻与传播学院获批湖教改研究项目 5 项；湖南大学新闻与传播学院获批 2 项；衡阳师范学院新闻与传播学院获批 2 项；湖南工商大学数字媒体工程与人文学院、湖南第一师范学院文学与新闻传播学院、湖南科技大学人文学院、湖南理工学院新闻传播学院分别获批 1 项。湖南工业大学文学与新闻传播学院获批湖南省高校教改项目重点项目 1 项，校级课程考核改革项目 1 项。

教学竞赛方面，湖南理工学院文学与新闻学院获湖南省信息化教学竞赛一等奖 1 项，湖南省教师教学创新大赛二等奖 1 项；衡阳师范学院新闻与传播学院获湖南省教师教学创新大赛二等奖 1 项，湖南省高校教师信息化教学竞赛三等奖 1 项；中南大学人文学院获第二届全国新闻与传播专业学位优秀教学案例评选活动三等奖 1 项，优秀奖 2 项。

1.2.17.2　科学研究与学术交流

湖南各院校不断提升科研水平和创新能力，高水平科研项目、论文和学术著作数量显著增加。同时通过举办系列学术讲座、论坛、研讨会等活动，为广大师生提供与国内外专家学者深入交流的机会，提升了学科的影响力和知名度。

（1）科学研究

湖南各院校在科研项目立项、科研获奖及高水平论文发表实现新的突破。

湖南大学新闻与传播学院 2023 年新增科研项目 11 个，其中国家社科基金青年项目 1 项，国家重点研发计划 1 项，横向课题 5 项。学院教师共发表学术论文 33 篇，A3 级论文收录 2 篇，SSCI 收录论文 3 篇，SCI 收录论文 3 篇，CSSCI 收录论文 5 篇。研究生科研能力不断提高，发表论文 19 篇，其中 EI、SSCI、SCI 论文 3 篇，核心期刊 3 篇。

湖南师范大学新闻与传播学院 2023 年新增国家社科基金立项 2 项，省级科研项目 4 项。学院教师共在重点刊物发表学术论文 25 篇，出版著作 3 本，4 篇论文被《新华文摘》"中国人民大学复印报刊资料"全文转载。燕道成教授荣登 2022 年新闻传播学研究高产作者榜单，王海刚教授被评为 2022—2023 年度湖南师范大学青年科研标兵。

湖南工业大学文学与新闻传播学院 2023 年新增国家级项目 2 项，省级项目 1 项，教育厅优秀青年项目 1 项；新增核心刊物文章 3 篇，出版著作 1 本。湖南第一师范学院文学与新闻传播学院新增国家级项目 2 项，省级项目 3 项。湖南科技大学人文学院新增国家级项目 1 项，省级项目 4 项；新增重点刊物文章 3 篇，出版著作 1 本。湖南工商大学数字媒体工程与人文学院 2023 年新增国家级项目 1 项，省级项目 6 项，其他重要项目 6 项；新增重点刊物文章 4 篇，出版著作 2 本。长沙理工大学文学与新闻传播学院新增国家社科项目 1 项，省部级项目 2 项。刘建新教授牵头申报的"湖湘文化创造性转化与创新传播中心"获批湖南省普通高等学校哲学社会科学重点研究基地，实现了学院省级科研平台零的突破。

湖南科技学院传媒学院 2023 年获批省级项目 5 项，市级项目 1 项、校级 4 项；学院教师公开发表论文 20 多篇，其中 SSCI、EI、CSSCI 等 3 篇，出版专著 3 本，获专利 1 项。衡阳师范学院新闻与传播学院省社科成果评审委员会重点项目 2 项，一般项目 1 项，省教育厅科学研究项目重点 1 项，一般 1 项，横向项目 2 项，新增著作 1 本，发表 CSSCI 论文 2 篇。

湖南理工学院新闻传播学院新增省级项目 4 项，出版著作 2 本。湖南女子学院文学与传播学院新增省级项目 5 项，出版著作 1 本。湘潭大学文学与新闻学院新增省级项目 2 项，出版著作 1 本。湘南学院文学与新闻学院新增省级项目 2 项，出版著作 1 本。

（2）学术交流

2023年，湖南省新闻传播院校坚持围绕本院学科建设和特色开展讲座、论坛、研讨会等丰富多样的学术活动。

湖南大学新闻与传播学院持续举办"科技赋能传统文化'双创'""信息存储与传播变革""岳麓传媒·青年沙龙"等系列学术讲座，先后邀请美国佛罗里达大学新闻传播学院丘吉尔·罗伯茨教授等国内外专家开展讲座。学院1名教师赴美参加全美传播学会，开展学术交流。

中南大学人文学院先后举办"中华民族现代文明建设与人文学科发展论坛""新文科·新融合研究生学术论坛""数智时代出版学科建设与发展论坛"等学术活动，成立中南大学新时代文艺发展研究中心，邀请国内外专家、学者来学院访问交流。传媒系教师易龙、刘玲武、田常清赴华侨大学厦门校区参加中国特色出版学科专业中青年教师培训班。

长沙理工大学文学与新闻传播学院持续举办文化与传媒前沿课程系列讲座，并承办湖南省新闻传播学会第二次代表大会暨2023年学术年会与第四届湖湘论坛。衡阳师范学院新闻与传播学院2023年度，共邀请8位国内知名高校学者和业界精英来院进行学术和教育教学指导。教师参加各种类型会议和学术活动10余项，外出教师达20余人次。湖南理工学院新闻传播学院举办了"从媒体新闻融合到新闻的新种类""荟萃分析在传播学中的应用与案例"等主题讲座；学院1名教师赴韩参与BroadCast WorldWide（BCWW）会议，1名教师参加第七届中韩艺术交流展。湖南女子学院文学与传播学院开设融媒体文艺创作与传播研究学术工作坊，先后举办3场主题讲座和1场研讨会。

1.2.17.3 队伍建设

各院校以高层次人才引进与培育为核心，通过引进业界知名专家和培育校内潜力人才，不断优化师资队伍结构，激发创新活力。

湖南师范大学新闻与传播学院方提教授入选"芙蓉学者青年人才"。湖南工业大学文学与新闻传播学院阳海洪教授获评"湖南省芙蓉教学名师"。衡阳师范学院新闻与传播学院赵立敏教授入选"芙蓉计划湖湘青年英才项目""湘江青年社科人才培养工程"。湖南工商大学数字媒体工程与人文学院新增省教育厅、人社厅等组织评选的骨干教师1人，获评望翰青年英才1人，入选"151"人才工程2人。湖南理工学院新闻传播学院获评岳阳市国家级领军人才1人、岳阳市市级领军人才3人。衡阳师范学院新闻与传播学院晋升教授与副教授职称2人，新增双师型和双师素质型教师6人，获省级教师竞赛铜奖2项。刘建新获评长沙理工大学"湖湘学者"，雷晓艳入选"湖南工业大学精英人才"。

1. 2. 17. 4　部校共建与校企合作

各院校持续推进部校共建、校际合作与校企合作，通过聘请媒体专家共建核心课程，与媒体机构签订实践教学基地协议，以及开展校际合作项目等方式，有效拓宽学生视野、增强学生专业素养，提升新闻传播人才培养质量。

湖南大学新闻与传播学院大力开展校媒合作建设，与中央人民广播电台交通频道、湖南广播电视台广播传媒中心、广东省广告传媒有限公司签订实践教学基地协议。聘请媒体专家十余位共建"融合新闻报道""数据新闻与可视化"等专业核心课程，指导学生实践环节，课程作品在省级以上媒体刊发率达 80% 以上。

中南大学人文学院与湖南锐领视界签署战略合作协议，共建大学生校外实践交流基地；与沙洲村签订思政育人联盟协议，共同传承红色基因；与湖南星辰在线新媒体有限公司合作项目获教育部第二期供需对接就业育人就业实习基地项目立项；并与复旦大学新闻学院联合举办国际新闻传播国情调研暨暑期社会实践活动，两校学子深入湖南开展勘察国情、实践调研。

湖南大学新闻传播学院、湖南理工学院新闻传播学院与湖南省新闻传播学会联合举办"湘江北去"卓越新闻传播人才培养暑期见习营，邀请《湖南日报》、湖南红网资深记者参与指导，组织两校师生分赴长沙市、岳阳市的 6 个县（区）24 个点进行实地采访，以全媒体形式报道湘江长沙至岳阳段沿岸的生态之变、产业之变、乡村之变、民生之变，作品在《光明日报》《农民日报》、中国农网、新湖南、红网、《潇湘晨报》等中央和省级媒体发表。

湖南科技大学人文学院的"智能化融媒体平台建设研究生拔尖创新人才联合培养基地"获评 2023 年第二批湖南省研究生创新人才联合培养基地。湖南理工学院新闻传播学院新增县级融媒体中心实习实训基地 2 个。湖南女子学院文学与传播学院新增校级实践基地建设项目 1 项。

湖南科技学院传媒学院 2023 年与永州印象传媒有限公司合作，选用学生进行短视频、微信公众号、视频号的创作，增强学生动手实践能力。与江华县冯乘文化旅游公司进行校企合作，开展短视频创作、直播带货培训，助力乡村振兴。

湖南人文科技学院网络与新媒体专业重视传统文化与地域文化的传播，积极助力地方文化遗产的"双创"发展。学院组织团队赴怀化溆浦辰河目连戏传承保护中心开展为期 16 天的项目调研，跟拍新一代青年演员的日常排练、"戏曲进校园"等活动，采访了一批老一辈的戏曲人，记录和保存珍贵的采访资料，对《正目连第一本》等三出大戏与一部折子戏进行完整录像并进行数字化存档。

1.2.17.5 实践教学与创新创业

湖南省新闻传播院校持续投入建设现代化实验室和实训平台，以满足新媒体时代的教学需求。各院校鼓励学生学以致用，通过参与各类专业竞赛和创新创业赛事，培养创新精神和实践能力，增强核心竞争力，取得了良好成绩。

（1）实验室建设

湖南科技学院传媒学院与长沙飞思科技有限公司进行"课程+项目"的深度合作，开工建设短视频游戏实验室。湖南科技大学人文学院投资 600 万元建设了包括融媒体指挥中心、融媒体实训平台、融媒体编辑实训室、融媒体演播室、直播间在内的新闻传播融媒体中心实训平台。湖南第一师范学院文学与新闻传播学院完成网络直播实验室改造，服务新媒体运营等课程需求。湖南工业大学文学与新闻传播学院增加播音主持与数字编辑实验室建设。湖南理工学院新闻传播学院新建 1 个电商直播间。长沙理工大学文学与新闻传播学院建设 300 多平方米的实验室。

（2）创新创业与学科竞赛

湖南省新闻传播院校聚焦学生创新创业能力提升，以学科竞赛为抓手，推动学生专业能力与创新意识共同发展。

湖南大学新闻与传播学院在第十八届"挑战杯"全国大学生课外学术科技作品竞赛红色专项活动中获一等奖 1 项，三等奖 1 项。在第十五届"挑战杯"湖南省大学生课外学术科技作品竞赛中获二等奖 1 项，红色专项活动获一等奖 2 项，二等奖 3 项。在第十五届全国大学生广告艺术大赛中，获国家级三等奖 2 项，优秀奖 4 项，省级一等奖 5 项，二等奖 5 项，三等奖 6 项。在第十三届全国大学生红色旅游创意策划大赛中获一等奖 1 项，三等奖 1 项。在齐越朗诵艺术节中获全国优秀奖 1 项。创新创业项目获国家级立项 4 项，省级 8 项，校级 3 项。

湖南理工学院新闻传播学院获"挑战杯"全国二等奖 1 项、湖南省一等奖 1 项；大广赛全国二等奖 3 项、三等奖 2 项。该学院理论宣讲团入围 2023 年全国大学生井冈山精神志愿宣讲团，薪火新传志愿服务团队获 2023 年湖南省大中专暑期科技文化三下乡省级优秀团队。衡阳师范大学新闻与传播学院获大广赛、互联网+、挑战杯红色专项等省级以上学科竞赛奖项 43 项，其中国家级二、三等奖 5 项，省一等奖 6 项、二等奖 16 项、三等奖 13 项。长沙理工大学文学与新闻传播学院获大广赛国家三等奖 1 项和省三等奖 2 项。湖南科技学院传媒学院获国家级二等奖 5 项、三等奖 3 项、省级一等奖 1 项，其他各类奖项 20 多项，创新创业训练计划项目获国家级立项 2 项，省级立项 3 项。

湖南工业大学文学与新闻传播学院阳海洪教授指导的《湖南日报》铸牢中华民族

共同体意识路径研究——以'十八洞村报道'为例"获批教育部大学生创新训练一般项目。

(湖南大学新闻与传播学院　徐琼、苏醒、彭祝斌)

1.2.18　江西省 2023 年度新闻传播教育发展综述

2023 年，是全面贯彻党的二十大精神的开局之年，是实施"十四五"规划承前启后的关键之年，也是江西新闻教育界极不寻常的一年。江西新闻教育界上下齐心协力、攻坚克难，深入学习贯彻党的二十大精神，全面贯彻落实习近平总书记关于教育的重要论述和考察江西重要讲话精神，落实立德树人根本任务，以推动高质量发展为目的，以改革创新为根本动力，以提升社会服务能力为着力点，担当实干、主动作为，党的建设、学科与科研建设、人才培养等各项工作取得了一系列显著成效和重要进展。

1.2.18.1　主题教育走深走实

南昌大学新闻与传播学院持之以恒促党建。一是学院党委抓实开展学习贯彻习近平新时代中国特色社会主义思想主题教育，通过举办专题读书班、理论学习中心组学习、班子成员领题开展调查研究，切实以党的创新理论武装头脑、指导实践、推动工作。《人民日报》以《以党建双创"三五"工作成效推进主题教育走深走实》为题报道学院党委开展主题教育工作情况。二是学院党委坚持以习近平新时代中国特色社会主义思想为指导，以"第一议题"为引领，中心组学习为龙头，深入学习领会习近平总书记关于党的建设的重要思想及习近平总书记视察江西、视察南昌大学的重要讲话精神。创新教育学习形式，组织党员师生赴井冈山神山村开展"追寻习近平总书记视察江西的红色足迹，传播发展好声音"直播活动，点赞量达 2.3 万。三是严格落实意识形态工作责任制，加强对课堂教学、学术交流、网络媒体等阵地的管理，防范化解意识形态领域风险。切实抓实学院平安建设工作，加强对师生的思想政治教育和引导，及时了解掌握师生的思想动态，做好舆情监测和处置工作，强化师生安全防范意识。四是以"新征程、再出发"使命愿景大讨论为抓手，组织开展了校友圆桌论坛、校友分享交流会、记者节系列活动、广告专业创立 30 年"三十而励、砺创一流"为主题的专业和学科建设研讨活动，以"走在前、勇争先、善作为"为激励，重点开展了院情大调研、2024 版本科生培养方案大讨论、研究生教育专业调整、部校共建研讨、与标杆院系联学共建，以及访企拓岗、采访抗美援朝老兵等系列活动，并面向全院教职工征集使命愿景意见建议，形成了《新闻与传播学院"新征程、再出发"使命愿景红皮书(讨论稿)》。五是组织师生与中国人民大学等 10 所高校共同发起"重返历史现场—中国共产党百年新闻事业"暨"红色新闻事业寻根之旅"实践活动,发挥了"党建新媒体"导航作用,中央电视台等中央媒体进行了报道。六是以学院党建工作坊品牌建设为抓手,承办学校"忆光辉党史,迎百年华诞"演讲比赛、"以青春之音,绎时代经典"经典影视作品演绎大赛、"诵扬中华情,礼赞新时代"中华经典诵读大赛等活动,以党建促思政工作;在学校"信仰之路"微党课、微团课比赛中,获学生组特等奖 2 名、一等奖 1 名,教职工组特等奖 1 名。

江西师范大学新闻与传播学院坚持深学细悟,筑牢思想根基。一是坚持读原著学原文悟原理,以集中学习、交流研讨、个人自学相结合的方式,把理论学习融入日常教育。全院深入学习宣传党的二十大精神,认真学习贯彻习近平总书记考察江西重要讲话精神,推动党的创新理论入脑入心、落地生根。围绕学校第七次党代会的部署要求,结合学院工作实际,研究制定切实可行的具体措施,推动党代会精神全面落实。二是开展沉浸式学习,教育和引导党员干部和党员师生筑牢信仰之基、补足精神之钙、把稳思想之舵。组织党员师生分别前往工业文明纪念馆、陈云旧居陈列馆、高安毛泽东旧居和吴有训纪念馆等地开展现场教学,把独特的江西红色资源优势转化为开展主题教育的鲜明特色。三是深挖难点堵点,深入查摆问题。围绕党建与业务深度融合、一流专业建设、立德树人等制约学院高质量发展的问题,学院班子成员先后前往福建师范大学、深圳大学以及上海、湖南等地企业开展座谈交流,诊脉问题关键,提出对策建议。在主题教育中,学院党委列出的关于专业建设、师生利益等方面的问题清单,并全部整改到位。学院举办专场招聘会、考研动员会、考研经验交流分享会,教工第三党支部开展教工党员"手拉手·心连心"一对一精准帮扶等民生项目多项。四是着力打造党建品牌特色。聚焦"双融双育",推动党建与业务深度融合、同频共振、互促双赢。坚持以党建引领业务发展。学院认真贯彻落实习近平总书记关于新闻工作的重要论述,以马克思主义新闻观指导学院建设发展;举办全国青年学者马克思主义新闻观系列讲座;重视课程思政建设改革,1 项课程被教育部立为 2024 年度高校思政工作质量提升综合改革与精品建设项目,1 项课程被认定为校级课程思政示范课程,2 位老师的课程思政示范课程顺利通过结项,1 个专业获批校级课程思政示范专业;对标全国重点新闻传播院系,定期编辑《全国重点新闻传播院系工作动态》,助推攻坚一级学科博士点申报和一流专业建设点验收。五是以业务反哺助推党建提升。传播人通讯社和马新观学习实践小队等学生社团,均植根专业特色。组织学生赴新华社江西分社、大江网舆情中心等地参观学习,实地感受新时代党媒工作实践,使学生对党管宣传、党管意识形态、党管媒体有更加直观的了解和更加深刻的理解。

1.2.18.2 教育教学稳步发展

南昌大学新闻与传播学院科学规范促教学。新增 2 门国家级一流课程，4 个本科专业均入选一流专业建设点，实现国家级一流专业建设全覆盖；播音与主持艺术专业在软科中国大学专业排名中名列第 14 名。学院 1 位教师获省教学创新大赛二等奖，2 位教师入选省新文科教育研究中心特聘研究员，1 位教师指导的学生作品获得"挑战杯"校级竞赛特等奖。完成播音与主持专业实验室改造，进一步提升实验实践教学软硬件条件，实验课程开出率 100%。现代传媒中心获得 2022 年度"青年文明号"集体单位。学院传承新闻传播教育的特色，在 5 月中国人民大学主办的马克思主义新闻观和红色新闻教育论坛上，推介了学院以中央苏区新闻事业史教学为特色的思政教育教学新做法。

江西师范大学新闻与传播学院学科与专业建设稳中有进。学科排名保持全国 33.62% 以内。广告学、广播电视编导获评进入 2023 中国校友会大学专业排名 A 类专业。在全国第三方大学评价机构艾瑞深校友会网发布的校友会 2023 中国大学新闻传播学类专业排名中，广告学专业位列 A+，在全国广告专业中排名第六，全国师范类院校中排名第一。广播电视编导专业与福建师范大学、南京艺术学院等高校并列全国第八。教育技术学专业顺利通过师范类专业二级认证。为适应新技术、新产业、新业态、新模式发展需求，启动微专业申报与建设，全媒体专业获得学校首批微专业立项。教学质量稳步提升，课程建设取得新成效，2023 年度斩获国家级一流课程 2 门，实现国家级课程零的突破；另有 2 门课程被推荐至教育部参评第三批国家级一流线下与线上课程。1 门课程被认定为省级线上一流课程，1 门入选校级在线开放课程。教学成果奖申报获较好成绩，6 项教学成果获评校级教学成果奖，其中 1 门课题被推荐参加省级本科教学成果奖评选，1 项课题被推荐参加省级教改课题评选。学院教师获江西省虚拟现实教学应用大赛二等奖、三等奖各 1 项，并成功申报校级虚拟教研室 1 项。获省研究生教改课题 1 项。

江西财经大学在第三届全国高校教师教学创新大赛中荣获三等奖；在第三届江西省高校教师教学创新大赛中，荣获特等奖。教师主持"中华优秀传统文化赋能'媒介哲学'课程思政建设研究"获批 2023 年江西省学位与研究生教育教学改革研究项目。新闻采访、新闻传播伦理与法规、新闻评论学获批 2023 年校级线下一流课程。

1.2.18.3 群策群力促科研

南昌大学新闻与传播学院科研成果丰硕，获批新闻传播学博士后科研流动站，顺利完成并通过新闻传播学一级学科点专项核验工作；获批国家社科基金项目 1 项，省级项目 5 项，横向项目 2 项；教师受邀参加国家社科基金专项项目 1 项。学院教师发表高水平论文 28 篇，其中 SCI1 篇，CSCCI 论文 27 篇（其中 1 类期刊 1 篇，三报一刊文章 3 篇，C 级刊物 1 篇），被《新华文摘》全文转载 2 篇，观点摘录 1 篇，人大复印资料全文转载 1 篇。获省第二十次社会科学优秀成果奖二等奖 3 项，三等奖 1 项；智库报告《江西省政务新媒体建设、管理与使用对策研究》获省委领导肯定性批示；共完成并提交各类智库报告约 18 篇。学院作为党报党刊专业委员会理事长单位，组织召开"中国式现代化背景下党报党刊理论与实践"论坛；邀请专家学者到学院开展学术讲座 12 场。

江西师范大学科研水平持续向好。认真做好国家社科基金申报与论文发表交流辅导工作，取得较好成效。全年获批国家社科基金项目 2 项，省社科重点课题 3 项，省级一般项目 5 项，项目总金额 54.2 万元，超额完成学校下达的各类科研项目指标。科研成果影响力扩大，截至 12 月底，教师共发表 C 类以上论文 26 篇，其中 CSSCI 期刊论文 14 篇，权威 1 篇，A 刊 5 篇；另有 2 篇论文获人大复印资料全文转载，出版学术专著《中央苏区革命史调查资料汇编》，完成学校高水平学术成果发表数量要求。获省社科成果奖二等奖 2 项、三等奖 2 项，创学院获奖数量新高。积极推动教材建设与出版，与中国传媒大学出版社等知名出版机构签订合作协议，目前已有新闻学、广告学、广播电视编导三个专业的 4 位老师与出版社签订出版协议。

江西财经大学新闻传播科研工作有了新的突破。在获奖方面，专著《互联网"圈子"视域下的危机传播机理与治理研究》获江西省第二十次社会科学优秀成果奖一等奖；专著《近代中国的"洋旗报"研究》江西省第二十次社会科学优秀成果奖二等奖。在课题项目方面，"乡村振兴背景下数字媒介赋能农村社区治理研究"获批 2023 年度教育部人文社科青年基金项目；"自媒体领域乱象分析及治理对策研究"获批 2023 年江西省互联网信息办公室专项研究课题。

1.2.18.4　齐抓共管促育人

南昌大学新闻与传播学院持续强化协同育人。一是加强学生心理健康教育，为学生提供全方位的服务和支持；加强对学生的学业指导和职业规划，通过组织开展 2023 届毕业生春季双选会，在江西、北京等地开展访企拓岗促就业专项活动，在北上广深等主要城市成立校友分会，密切跟进就业困难毕业生的帮扶工作等，多措并举，提高学生升学与就业质量。二是成功举办"新征程，再出发"使命愿景大讨论校友圆桌论坛、校友分享交流会、广告学专业成立 30 周年、"新火之星"学生先进典范评选等"启航新征程、奋楫再出发"庆祝第 24 个中国记者节系列活动，邀请优秀校友来院讲学、分享和交流，发挥模范引领作用；2019 播音与主持艺术专业学生获评学校 2023 年"最美大学生"，2020 级新闻学专业学生获"泰豪之星·优秀大学生"励志进取奖。三是融媒菁英班特色凸显，按照"模块化教学、流程化训练、融通化发展、精细化考核"模式，开展"融媒讲坛"系列讲座、校内外导师联合指导，学生综合素养得到较大提升，学生采写各类稿件100 余篇，稿件在《人民日报》、学习强国、央广网、中青在线、中国教育发布、《江西日报》等主流媒体发布。四是学院研究生的《共建带动·项目驱动·全链联动：新闻传播学研究生政产教融合式培养探索》获得江西省教学成果奖二等奖，实现研究生教学成果奖历史性突破；学生在第十届全国大学生新媒体创意大赛上获得二等奖，在河南大学和河南日报社联合举办的记者节竞赛中获非虚构类特等奖、一等奖、二等奖若干项。1 名研究生获江西省青年马克思主义者理论研究创新工程资助，7 名研究生获批江西省研究生创新项目，5 篇研究生毕业论文被评为省级优秀毕业论文。研究生以第一作者或与导师合作在 CSSCI 来源期刊发表论文 11 篇。六是学院班级导师获学校 2022 年度"十大教学标兵"、辅导员获评年度学校"最美辅导员"和年度学校"青年岗位能手"、6 名教师获评学校"优秀班级导师"。

江西师大新闻与传播学院强化育人保障实训有效保障。发挥学生社团在人才培养中的"课地一体化"对接优势，推进学生社团品牌化建设。传播人通讯社分获中青校媒(江西)2023 年度十佳系列评选"十佳校园媒体""十佳校园新媒体""十佳校园媒体人"三大奖项。在铁塔记者节中获第十二届通讯类特等奖、一等奖、二等奖各 1 项，并获最佳组织奖，是江西高校唯一获奖校媒。作品在第八届全国大学生经济新闻作品大赛中斩获二等奖。打造"百千万"品牌工程，以大学生志愿者暑期文化科技卫生"三下乡"社会实践活动等为载体，推动专业学习、社会实践与思想政治建设相结合。组建 3 支队伍分别赴新余市、婺源市、幽兰镇等地寻访优秀校友和感动人物，活动得到新华社、中国青年网、中国江西网、江西教育电视台等官媒报道。其中，1 支队伍获乡村振兴志愿服务大赛获得全国二等奖，1 支队伍获优秀服务队，1 位老师获优秀指导老师，4 位同学获志愿服务先进个人。结合专业特点，开展知名记者进校园、新闻写作大赛、新闻辩论赛等记者节系列活动，召开模拟记者招待会，制作学校招生小视频，提高学生专业素养。组织开展学习二十大征文、微团课等比赛，校园"十佳歌手"、篮球赛、趣味运动会等文体比赛，读书月系列等活动，丰富学生的校园文化生活，提升学生整体素质。院学生会获评校"优秀学院学生会"。学院整体立德树人成效显著。大学生学科竞赛取得丰硕成果，全年获 A 类竞赛国家级奖项 11 项，省级奖项 26 项；B 类竞赛二等奖 3 项、三等奖8 项，学生综合素质得到有效提升。研究生工作成效显著。探索扩大研究生招生调剂数量，48% 为博士招生单位生源，生源质量明显提升。实现研究生毕业论文送审教育部平台全覆盖，合格率达 100%；3 位同学获 2022 年度校优秀硕士论文，优秀率为 26.09%。6 人获省级研究生创新基金课题，1 人获省青年马克思主义者理论研究创新工程资助。与导师合作发表 CSSCI 期刊论文 3 篇，发表北大核心期刊论文 2 篇。与江西省传播学会、《传媒论坛》杂志社联合举办第五届长江中下游新闻传播学研究生学术论坛，来自国内各大高校近 500 余名研究生投稿参会，切实提升研究生学术交流平台影响力。学生就业工作稳步推进，坚持一把手亲自抓、分管领导具体抓、教职工通力合作的全员参与就业工作机制。开展"千校万岗"江西师范大学新闻与传播学院专场招聘活动，通过央企云平台邀请了 70 多家企业，发布了 130 多个岗位，岗位需求人数达到 1900 多人。举办线下招聘会，邀请 10 余家单位来院招聘。积极访企拓岗，共前往 40 多家单位协商交流合作事宜。2023 届学生共考取硕士研究生 76 人，升学率为 27.84%，创近年新高。其中考取浙江大学等"985 工程""211 工程"高校的学生 40 余人，10 人考取香港浸会大学、澳门大学等知名大学。硕士就业率达 95.24%，其中 2 位毕业生成功考取复旦大学、华中科技大学博士。

江西财经大学新闻传播学系在第八届全国大学生经济新闻作品大赛中，获新闻报道类二等奖、新闻评论类三等奖、组织奖。在第十五届全国大学生广告艺术大赛（简称"大广赛"）中，获国家级一等奖 1 项（《让爱，雨中起舞》）、国家级二等奖 1 项（《逆时光之旅》、国家级三等奖 1 项（《让爱可以看见》）、优秀奖 2 项（《FACE 女士的大餐》《AI 可画，让想法看得见》）。在第六届全国大学生网络编辑创新大赛全国赛中，获数字编辑策划类三等奖 1 项（《"山水一城"微信公众号策划案》）、视听新媒体类三等奖 1 项（《守艺·传承》）、视听新媒体类优秀奖 1 项（《城》）；在第六届全国大学生网络编辑创新大赛（华中赛区）中，获数字编辑策划类一等奖 1 项、视听新媒体类二等奖 2 项、视听新媒体类优秀奖 3 项、数据多媒体类三等奖 1 项、数据多媒体类优秀奖 1 项。

1. 2. 18. 5　凝练特色促服务

南昌大学新闻与传播学院作为江西省学科联盟主任单位，举办首届"江西省研究生'传承拓新'学术创新论坛"；与中国传媒大学人类命运共同体研究院、复旦大学新闻学院联合发起"传播政治经济学工作坊"；承担国家社科基金抗美援朝战争口述资料采录与整理重大研究专项工作，完成 130 位老战士的采录、视频剪辑、文字图片整理工作。此次采录工作，参与的师生感受到了革命前辈舍身为己、保家卫国的高尚品格和光辉事迹，部分还原和记录了真实的历史场景，更加坚定了政治立场，增强了政治觉悟，提升了专业素养和技能，丰富了工作经验，传承了红色基因，将以更加饱满的热情、更加昂扬的斗志、更务实的工作作风推进下一步的工作，为全面贯彻习近平新时代中国特色社会主义思想、建设社会主义现代化国家而努力奋斗。举办了首期全省舆情应对能力提升培训班，来自全省各县市区新闻宣传媒体 150 人参训；担任国务院新闻办新闻发布评估组成员、江西省省级职能部门和地级市级新闻发布评估组组长，参与国新办平台、各省市新闻发布评估工作、中宣部舆情直报工作，累计 60 余万字，多次获得中宣部相关领导肯定和省领导重要批示。学院教师主持江西特色茶油品牌建设，赋能乡村产业振兴，实现产学研落地转化，央视《新闻联播》等中央媒体栏目进行专题报道。

江西师大新闻传播学院社会服务有力推进。学院主动策应江西重大战略部署，对接产业发展需求，发挥专业优势，积极服务地方经济社会发展。1 名行政人员借调至江西省教育厅，1 名专任教师前往省级融媒体中心挂职。教师的智库成果获省主要领导批示。学院获批省人社厅"文化创意与内容生产高级研修班"项目，为全省文化创意人才提供高级研修。学院圆满完成为期 1 个月的网信办"2022 年全省互联网新闻信息服务单位内容管理从业人员培训暨测试项目"。

江西新闻教育界取得了显著的成绩，但也存在一些问题和不足。如党建对新闻教育的引领作用未能充分发挥，党建品牌打造还不够亮眼；学科和专业建设进入瓶颈困境：学科领军人才严重短缺，国家级教学成果待突破；教育教学水平及人才培养质量须再提升：开展课程思政形式不够丰富，思政工作特色凝练不够，学生的职业素养还需进一步加强。下一步，将全面加强党的建设，以高质量党建推动高质量发展：进一步加强基层党组织建设，夯实战斗堡垒。积极打造学院一院一品党建品牌，增强组织力、凝聚力和战斗力。推进党建业务相融相促，充分发挥党建引领促内涵建设作用。不断强化党风廉政、师德师风建设，进一步加强学院宣传文化建设，营造风清气正政治生态和育人环境；不断调整学科定位和发展方向，推进"十四五"规划目标实施落实。

2024 年，江西新闻教育界将继续以"走在前、勇争先、善作为"为激励，凝心聚力、团结奋进，脚踏实地，担当作为，再创佳绩，努力打造中国新闻教育界的江西样板。

（南昌大学新闻与传播学院　陈世华）

1.2.19　安徽省 2023 年度新闻传播教育发展综述

1.2.19.1　安徽省内新闻传播专业的高等院校概览

截至 2023 年年底，在安徽省的高校中，有 30 所本科院校开设新闻传播学相关专

业，涵盖新闻学（17 所）、编辑出版学（2 所）、网络与新媒体（24 所）、广播电视学（3
所）、广告学（15 所）等 5 个专业（见表 1-23）。安徽省新闻传播专业设置总体偏传统，数
字出版、时尚传播、国际新闻与传播、会展等新兴专业尚无布点。安徽省高校新闻传播
学类专业大多归属文学院或相关学院（见表 1-24）。2023 年，安徽大学江淮学院、安徽
师范大学皖江学院、阜阳师范大学信息工程学院三所独立学院因"转设"原因，2023 年
度暂停新闻传播学相关专业招生。巢湖学院广播电视学专业继续未招生，合肥师范学院
编辑出版学专业 2023 年度也暂停招生，因此 2023 年安徽省内编辑出版学仅剩安徽大学
继续招生。2023 年，安徽省本科高校新获批一个新闻传播本科专业（蚌埠工商学院网络
与新媒体专业），合肥工业大学、阜阳师范大学、合肥大学三所高校第一年开始正式招
收新闻与传播专业硕士。

表 1-23　　　　**2023 年度安徽省普通本科高校新闻传播学类本科专业布点**

专业名称	布点院校	小计
新闻学	安徽大学、安徽师范大学、安庆师范大学、安徽财经大学、皖西学院、黄山学院、滁州学院、淮南师范学院、淮北师范大学、宿州学院、阜阳师范大学、安徽新华学院、合肥大学、安徽大学江淮学院、芜湖学院、阜阳师范大学信息工程学院、安徽艺术学院	17 个
编辑出版学	安徽大学、合肥师范学院	2 个
网络与新媒体	安徽大学、中国科学技术大学、合肥工业大学、安徽理工大学、安徽师范大学、阜阳师范大学、安庆师范大学、淮北师范大学、皖西学院、滁州学院、安徽财经大学、宿州学院、巢湖学院、铜陵学院、合肥大学、池州学院、亳州学院、安徽艺术学院、安徽外国语学院、合肥经济学院、芜湖学院、阜阳师范大学信息工程学院、合肥师范学院、蚌埠工商学院	24 个
广播电视学	安徽大学、安庆师范大学、巢湖学院	3 个
广告学	合肥工业大学、安徽师范大学、安徽财经大学、安徽工程大学、淮北师范大学、皖西学院、蚌埠学院、池州学院、巢湖学院、淮南师范学院、铜陵学院、安徽新华学院、安徽外国语学院、蚌埠工商学院、芜湖学院	15 个

注：2023 年度，安徽师范大学皖江学院转设为芜湖学院招生，合肥学院正式更名为合肥大学。

表 1-24   **安徽省高校新闻传播学类专业所在院系**

高校名称	专业名称	所在院系
中国科学技术大学	网络与新媒体	人文与社会科学学院
安徽大学	新闻学、编辑出版学、网络与新媒体、广播电视学	新闻传播学院
安徽师范大学	新闻学、网络与新媒体、广告学	新闻与传播学院
合肥工业大学	网络与新媒体、广告学	文法学院
安徽财经大学	新闻学、广告学	文学院
安徽理工大学	网络与新媒体	人文社会科学学院
安徽工程大学	广告学	设计学院
安庆师范大学	新闻学、网络与新媒体、广播电视学	传媒学院
阜阳师范大学	新闻学、网络与新媒体	文学院
合肥大学	新闻学、网络与新媒体	语言文化与传媒学院
淮北师范大学	新闻学、网络与新媒体、广告学	文学院
合肥师范学院	编辑出版学、网络与新媒体	文学院
安徽艺术学院	新闻学、网络与新媒体	传媒学院
池州学院	网络与新媒体、广告学	文学与传媒学院
巢湖学院	网络与新媒体、广播电视学、广告学	文学与传媒学院
宿州学院	新闻学、网络与新媒体	文学与传媒学院
淮南师范学院	新闻学、广告学	文学与传播学院
滁州学院	新闻学、网络与新媒体	文学与传媒学院
黄山学院	新闻学	文化与传播学院
皖西学院	新闻学、网络与新媒体、广告学	文化与传媒学院
蚌埠学院	广告学	文学与教育学院
铜陵学院	网络与新媒体、广告学	文学与艺术传媒学院
亳州学院	网络与新媒体	中文与传媒系
安徽新华学院	新闻学、广告学	文化与传媒学院
安徽大学江淮学院	新闻学	文法系

续表

高校名称	专业名称	所在院系
芜湖学院	新闻学、网络新媒体、广告学	人文与传播系
阜阳师范大学信息工程学院	新闻学、网络与新媒体	新闻传媒系

安徽省的新闻传播教育体系呈现出较为完善的结构，涵盖从本科到博士等多个教育层次（见表1-25）。这一体系为安徽省新闻传播学生提供了连续性的学习路径，满足了他（她）们不同阶段的学术与专业发展的教育需求。截至2023年年底，安徽省新闻传播学科专业拥有教师642人，在校本科生总数为14646人，硕士生在校总人数为1026人（见表1-26）。

表 1-25　　　　　　　　**2023年度安徽省新闻传播学博士和硕士学位点**

博士*	硕士		
	新闻传播学	新闻与传播	出版
安徽大学	安徽大学 安徽师范大学	中国科学技术大学 安徽大学 安徽师范大学 合肥工业大学 安徽财经大学 淮北师范大学 安庆师范大学 阜阳师范大学 合肥大学	安徽大学

注：中国科学技术大学和安徽师范大学新闻传播学科依托其他学科招收博士生。

表 1-26　　　　　　　　**2023年度安徽省高校新闻传播学类师生数据**

学校	教师数	学生数	
		本科生	研究生
中国科学技术大学	26	73	190
安徽大学	51	969	405

续表

学校	教师数	学生数	
		本科生	研究生
安徽师范大学	41	857	135
合肥工业大学	25	339	61
安徽财经大学	17	557	84
安庆师范大学	55	1250	77
阜阳师范大学	16	594	10
合肥学院	29	392	30
淮北师范大学	24	729	34
安徽理工大学	13	518	
安徽工程大学	8	160	
合肥师范学院	32	485	
安徽艺术学院	7	471	
池州学院	27	712	
宿州学院	17	285	
淮南师范学院	19	587	
滁州学院	26	482	
黄山学院	7	428	
皖西学院	19	571	
蚌埠学院	8	213	
巢湖学院	22	624	
铜陵学院	21	454	
亳州学院	12	277	
安徽新华学院	24	520	
安徽大学江淮学院	12	258	
芜湖学院	37(含兼职)	169	

学校	教师数	学生数	
		本科生	研究生
阜阳师范大学信息工程学院	7	201	
安徽外国语学院	13	625	
合肥经济学院	12	371	
蚌埠工商学院	15	475	

截至 2023 年年底，安徽省现有新闻传播学类国家级一流本科专业建设点 8 个，省级一流本科专业建设点 6 个，国家级一流本科课程 4 门（见表 1-27）。

表 1-27　　**2023 年度安徽省高校新闻传播学类一流本科专业建设点名单**

高校名称	专业名称	级别	时间
安徽大学	新闻学	国家级	2019 年度
安徽师范大学	新闻学	国家级	2019 年度
合肥大学	新闻学	省级	2019 年度
铜陵学院	广告学	省级	2019 年度
安徽大学	广播电视学	国家级	2020 年度
安徽师范大学	广告学	省级	2020 年度
安徽大学	编辑出版学	国家级	2021 年度
安徽师范大学	广告学	国家级	2021 年度
安徽财经大学	广告学	国家级	2021 年度
铜陵学院	广告学	国家级	2021 年度
合肥大学	新闻学	国家级	2021 年度
安徽大学	网络与新媒体	省级	2021 年度
安庆师范大学	广播电视学	省级	2021 年度
安徽财经大学	新闻学	省级	2021 年度

注：合肥大学新闻学、铜陵学院广告学由省级一流本科专业建设点获批国家级一流本科专业建设点。

1.2.19.2 省内高校探索协同合作机制，促新闻学科发展

随着媒体行业的快速变革和新闻传播技术的不断进步，新闻传播学科面临着前所未有的发展机遇和挑战。为了适应这一变化，安徽省内各高校通过建立协同合作机制，共同探讨和推动新闻传播人才培养的创新与发展。

(1)依托专业合作委员会，联合发起学科竞赛

2023年度，为推进新文科建设实践，推动智能传播时代新闻传播教育创新与发展，搭建安徽省新闻传播学界、业界交流平台，在安徽省普通本科高校新闻传播学类专业合作委员会指导下，安徽大学新闻传播学院、安徽师范大学新闻与传播学院、合肥工业大学文法学院等16家新闻教育单位联合举办了安徽省大学生数据新闻大赛。

此次大赛秉承"以赛育人、以赛促学、以赛促教"的理念，面向安徽省普通高等学校全日制在校大学生，围绕安徽省经济社会发展、人文历史、科技创新等领域，通过深度的数据研究分析来制作数据新闻作品，旨在考查学生新闻发现能力、数据分析能力和可视化表达能力，着力培养适应新媒介技术、新媒体业态，德才兼备、知行合一的高素质传播人才。中新网、安徽网、《新安晚报》、《江淮晨报》、《潇湘晨报》、合肥在线、九派新闻省内外多家媒体对赛事进行了报道。此次大赛活动页面浏览量突破9000人次，报名队伍数超过100支，提交参赛作品112个，相关新闻报道阅读量超50万。

(2)成立研究生培养联盟，提升研究生培养质量

为了加强省内高校间的合作，提升新闻与传播专业学位研究生培养质量，培养适应新时代要求的新闻传播人才，2023年7月19日，安徽大学新闻传播学院联合中国科学技术大学人文与社会科学学院、合肥工业大学文法学院、安徽大学新闻传播学院、安徽师范大学新闻与传播学院、安徽财经大学文学院、淮北师范大学文学院、安庆师范大学传媒学院、阜阳师范大学文学院、合肥学院语言文化与传媒学院共同发起成立了安徽省新闻与传播专业学位研究生培养联盟。

联盟的成立旨在进一步加强校际的协作交流，着力培养更多讲好安徽故事、传播好安徽形象的新闻人才，为全面建设现代化美好安徽提供强劲生力军。

(3)两校联合办会，推动省内新闻传播教育协作发展

安徽大学新闻传播学院和安庆师范大学传媒学院紧密合作，共同承办了中国新闻史学会新闻传播教育史专业委员会、《中国新闻传播教育年鉴》编撰委员会2023年学术年会。这次会议是中国新闻传播教育史专业委员会成立以来、《中国新闻传播教育年鉴》出版以来规模最大的一次，并且首次在两地举行。200余名来自中国人民大学、复旦大学、南京大学、华中科技大学、武汉大学等高校的专家学者会聚一堂，共同探讨数字变

革背景下新闻传播教育面临的挑战与机遇。

1.2.19.3　全省新闻传播教学研究成果丰硕

随着新文科建设的推进，安徽省内各高校积极布局新闻传播学科的发展，致力于培养适应新时代要求的复合型、创新型新闻传播人才。省内多所高校围绕新文科的人才培养理念，对新闻传播专业课程体系进行了全面优化和调整，强化了媒介融合与技术应用的教学方向和教学内容，注重培养学生的跨媒体工作能力和创新思维。例如安徽财经大学陈兵、胡嘉琪老师 2023 年在《中国教育报》上发表文章《新文科背景下创新新传专业教学模式》，该文章系统介绍了安徽财经大学结合该校新闻与传播专业发展实际情况，改革教学模式，探索实践教学路径，提升学生实践能力，培养高质量新闻传播人才的情况。

2023 年度安徽省各高校继续以马克思主义新闻观为指导，以"新文科"建设为抓手，加强新闻传播类专业的内涵建设，共获得省级教学成果奖 5 项(见表 1-28)。

表 1-28　　　　　　　　**2023 年度安徽省新闻传播类教学成果奖立项项目名单**

高校名称	项目名称	负责人	级别
中国科学技术大学	元宇宙时代科技传播视角下网络与新媒体专业教学体系建设的探索与实践	张燕翔	一等奖
安徽大学	理实交融 · 五位一体：新文科背景下 融合出版人才培养模式与实践路径	刘洪权	二等奖
安徽师范大学	价值引领，知行合一：马新观视野下融合新闻实践教学改革与探索	马　梅	二等奖
合肥大学	价值引领 双元融通 实践创新：新文科背景下新闻学创新人才培养模式改革与实践	郭　静	二等奖
皖西学院	"数字赋能 赛事驱动"的应用型高校新闻传播人才培养融合创新与实践	陈尚达	二等奖

(安徽大学新闻传播学院　饶伟)

1.2.20　江苏省 2023 年度新闻传播教育发展综述

从思想政治教育、人才培养举措、学术会议交流、科研成果获得四方面来看，2023

年，江苏省新闻传播教育迈入新的发展阶段，呈现出较为强劲的发展势头，体现出"稳中有进""守正推新""持续深化"的特点。"稳中有进"意味着江苏省新闻传播教育体系在管理和运作上的沉稳表现以及在此基础上对新闻传播教育的不断充实和提升，即致力于通过建设稳定而充满活力的教育环境，确保广大师生在一个充满挑战和机遇的舞台上不断成长。"守正推新"则彰显在新闻传播教育中对传统价值的珍视与现代创新的探索，通过积极了解前沿的发展动态与人才需求情况，以培养学生具备坚实的传统价值基础与前瞻性创新思维。"持续深化"则表明江苏省在新闻传播教育发展方面的决心，这不仅包括提高教学质量，还涉及深度化的平台搭建与校内外合作；通过深化与业界的合作关系，广大师生更加贴近实践场景，感受时代脉搏。

1. 2. 20. 1 重视思想政治教育

2022 年是中国共产党第二十次全国代表大会召开的关键之年，是一个具有重要意义的时刻。进入 2023 年，为了进一步领悟党的二十大精神，切实推进学习贯彻习近平新时代中国特色社会主义思想主题教育，江苏省相关新闻传播院校采取全方位、多角度、立体化的育人方法，努力培养广大新闻学子成为党的政策主张的传播者、时代风云的记录者、社会进步的推动者、公平正义的守望者。省内各新闻传播院系通过理论学习、实践调研、历史追忆等方式进行思想政治教育，以期加深学生对党的理念和方针政策的理解。这不仅是对党的二十大精神的有力响应，更是对培养新一代新闻传播人才的责任担当。

在理论学习方面，苏州大学传媒学院召开学习贯彻习近平新时代中国特色社会主义思想主题教育专题读书班辅导报告会，报告从"主题教育是新时代加强党的建设的重点工程""学深悟透习近平著作是全体党员的必修课程""主题教育成效在于推进民族复兴的伟大征程"三个方面展开，深刻阐述了开展主题教育的重大意义和深刻内涵。南京晓庄学院新闻传播学院召开"深入学习宣传贯彻习近平新时代中国特色社会主义思想，提升育人成效"专题党课，从习近平新时代中国特色社会主义的思想内涵、习近平新时代中国特色社会主义思想的世界观和方法论、新时代新征程中国共产党的使命任务、牢记教育初心提升育人成效四部分入手，带领师生党员深刻把握党的新思想、新论断。南京邮电大学传媒与艺术学院举办"'强党性'——始终保持共产党人的政治本色"主题教育讲座，对党性的介绍、党性修养的目标、用党的理论武装自己、加强党性锻炼四个方面深入分析和讲解，要求同学们以党性修养的高标准来严格要求自己。

在理论学习的同时，江苏省相关新闻传播院系在实践调研方面持续发力。南京财经大学新闻学院与江苏省新四军研究会三师分会签订了"铁军"精神学习基地共建协议。同样地,南京师范大学为广大新闻传播学子构筑起思想政治教育的校外平台,与新华报业传媒集团江南时报社合作,将其作为马克思主义新闻观教育实践基地;与江苏广播电视总台网络传播部党支部合作共建。深入社会实践、感受时代脉搏亦是南京师范大学新闻与传播学院思政教育的重点内容,其党课活动如走进溧阳南渡镇庆丰村,使得老师和同学们对乡村振兴政策有了更深刻的领悟。而南京大学新闻传播学院则开展了"中国式现代化"国情教育活动、其红色家书传播小组参加了 2023 年全国大学生"三下乡""返家乡"社会实践活动、新传学子携手香港学子记录新时代江苏风采,以社会调研全面提升实践育人成效。

历史追忆亦是江苏省相关新闻传播院校进行思想政治教育的重要方式。南京大学新闻传播学院参加"不忘光辉岁月来时路,争当伟大精神'新传人'——五校新闻传播学科党支部共学党史活动",与来自其他高校的新闻传播学科党支部开展了线上党史学习活动。苏州大学传媒学院举行了"报国铸党魂,薪火传承颂初心——传媒学院举行著名科学家入党志愿书诵读会",重温老一辈科学家的入党初心和报国决心。相似地,南京晓庄学院新闻传播学院则组织学生参观史量才历史文化展览馆、南京邮电大学传媒与艺术学院毕业班研究生赴渡江胜利纪念馆开展离校理想信念教育、江苏师范大学传媒与影视学院赴淮海战役烈士纪念塔进行主题教育活动。

1.2.20.2 提升人才培养质量

为了全面洞察行业动态和人才需求情况,推动教育体系的升级,江苏省相关新闻传播院系积极发挥地方资源优势,深入新闻传播产业的一线实践,通过实践调研、校企合作、访企拓岗等活动,力求实现新闻传播教育与实际需求相结合,以促进课程改革、学科建设、人才培养与校内外单位的交流合作。这一系列积极的探索旨在深度融入行业实践,使教育理念更符合业界需要,为学生提供更为实用的知识和技能培训。

在实践调研方面,2023 年 4 月,南京师范大学新闻与传播学院赴江苏广电石湫影视基地、常州日报社、南通市崇川区调研座谈,了解业界最新发展动态以及对新闻人才培养的新情况、新要求,将调研成果融入人才培养方案。同样地,苏州大学传媒学院 6 月则调研了吴江平望长漾里、科大讯飞苏州研究院、南通通州区融媒体中心、现代快报社、江苏省广播电视总台(集团)、苏州明日传播集团,并同相关单位座谈交流。南京晓庄学院新闻传播学院赴字节跳动、快手开展专题调研;南京财经大学新闻学院赴江苏省广播电视台、栖霞区融媒体中心参观交流。扬州大学新闻与传媒学院赴扬州·中国电影世界影视基地调研考察。淮阴师范大学新闻与传播学院赴深圳新媒体企业进行调查研究。

　　同业界单位成立合作基地、访企拓岗以搭建高质量的实习平台、拓宽就业渠道也是江苏省相关新闻传播院校的工作重点。南京师范大学新闻与传播学院与江苏广播电视总台网络传播部成立产教创新实践基地、与常州日报社商谈学生就业工作。南京财经大学新闻学院与相城生态文旅集团、苏州市相城区黄埭镇冯梦龙村签约共建廉政教育基地、文化传承与传播实践教学基地，并且赴泰州日报社开展拓岗促就业专项行动。扬州大学新闻与传媒学院与江苏金海洋互动城市文化发展股份有限公司共建实习实践基地，此外，还赴南京薄荷网络科技有限公司、南京睿悦信息技术有限公司、新华日报新媒体创新中心、广霖（江苏）传媒有限公司开展访企拓岗行动。江苏师范大学传媒与影视学院和兔兔传媒有限公司共建实习基地，赴丰县融媒体中心、徐州华博展览服务有限公司、徐州量蜂呗呗网络科技有限公司等单位调研并开展"访企拓岗促就业"活动。

　　南京大学新闻传播学院接待了来自兰州大学新闻与传播学院、北京师范大学新闻传播学院考察团的调研活动。南京师范大学新闻与传播学院在同到来的宁夏大学新闻传播学院、扬州大学新闻与传媒学院、斯里兰卡科伦坡大学等 8 所国内外新闻传播院校的相关代表座谈交流之外，还召开了新文科背景下新闻传播高层次人才培养创新论坛、新闻传播学科人才培养创新论坛、全媒体新闻传播人才培养产教融合发展论坛、智媒时代新闻传播教育变革与创新论坛，为江苏省乃至全中国的新闻传播教育提供了多样化、高质量的交流平台，这对凝聚新闻传播教育共识、提高新闻传播教育质量具有重要意义。苏州大学传媒学院、南京晓庄学院新闻传播学院、南京财经大学新闻学院、扬州大学新闻与传媒学院、淮阴师范学院新闻与传播学院同样开展了新闻传播教育经验的分享与交流活动。

　　在多方位的人才培养举措与经验交流之下，2023 年江苏省新闻传播教育取得了丰硕成果。南京大学新闻传播学院师生的五篇论文入选第 73 届国际传播协会（ICA）、一篇论文入选第 119 届美国政治学会年会（APSA）；在第十八届"挑战杯"全国大学生课外学术科技作品竞赛、第二届全国仿真创新应用大赛、第八届大学生经济新闻作品大赛等 14 项竞赛中斩获奖项 26 项。同样地，南京晓庄新闻传播学院在 6 项竞赛中获奖项 70 项，南京邮电大学传媒与艺术学院在 5 项竞赛中获奖项 25 项，淮阴师范学院新闻与传播学院在 7 项竞赛中获得奖项 17 项。南京师范大学新闻与传播学院获批新闻传播学博士后科研流动站，该院四大专业获评校友会 2023 中国大学一流专业排名 A 类及以上，一篇论文入选第四届日惹国际传播会议。

1.2.20.3 举办学术交流活动

2023 年，江苏省相关新闻传播院校通过积极发起和承办一系列学术活动，显著提升了学术交流的质量和深度。相关学术活动不仅丰富了校园内的学术文化，还成为新闻与传播学界学者交流思想、分享见解的关键平台，促进了学界内部的互动和沟通，推动学术研究的进一步深化和发展，为新闻传播学的理论探索注入新的动力，助推新闻传播学领域的持续创新和发展。此外，这些活动也表明江苏省相关新闻传播学院对学术研究的高度重视，为学术社区提供了一个互相学习、共同进步的环境，提升了学术共同体的凝聚力和创新能力。最终，这些努力不仅有助于提升江苏省在国内国外新闻传播学领域的学术地位，也为全国学术交流与合作树立了新的标杆，促进了学科的全面发展和进步。

在这方面，南京师范大学新闻与传播学院表现突出，共举办了四场学术会议：首先是江苏省第十届传媒学科研究生论坛。来自全国各地的知名专家以及高校研究生共计百余人齐聚南京师范大学随园校区，以"全球视野下新闻与传播研究的本土创新"为主题，共同寻绎新闻之学、传播之道。其次是第二届紫金非遗传播论坛暨中国特色非遗智库建设研讨会，它以"讲好非遗故事，塑造中国形象"主题，旨在通过思维的碰撞与交流，进一步探索讲好非遗故事与中国故事的融合创新，为推进非遗传播、塑造良好中国形象提供智力支持。最后是首届全国高等师范院校新闻传播学青年学者论坛。来自全国各地师范院校的专家学者共聚一堂，聚焦"媒介变迁与社会治理"，共同探索师范类院校新闻传播学研究与教育的新思维、新方法、新实践，促进学科发展、提质人才培养。第四是智媒时代的媒介秩序与公民隐私权利保护学术研讨会。此次会议聚焦媒介秩序管理、公民隐私保护等热点议题，50 余位青年教师、博士、硕士研究生积极参与。

2023 年 7 月，苏州市社会科学院联合苏州大学传媒学院共同举办"数字传播时代的中华民族现代文明建设研究"主题学术沙龙，与会专家们围绕"深度媒介化与平台治理""网络舆论与算法影响力""数字文化与科技想象""视觉转向与具身实践"四项主题，作主旨发言并进行互动点评，给大家带来一场思想火花碰撞的盛宴。同年 10 月，由中国传媒大学联合苏州大学传媒学院共同举办的第十二届新闻学与传播学博士生国际学术研讨会在苏州举办，研讨会共设 6 个分论坛，主题分别为："中国共产党新闻传播理论与文化强国""政治传播与社会治理""乡村传播与乡村振兴""跨文化传播与文明互鉴""信息素养与数字生态""数字传播与智能社会"。当年 10 月，第三届科学传播苏州论坛由苏州大学传媒学院等机构联合主办，该论坛聚焦面向时代之问的

"科学传播自主知识体系建设"，以自主意识、问题导向、创新精神、世界视野助推"科普之翼"，试图跑出科学传播的"苏州加速度"，此次会议还揭牌苏州大学科技传播研究中心。

1.2.20.4 取得丰硕科研成果

2023 年，江苏省相关新闻传播院校取得了丰硕的科研成果，为江苏省与中国的学术研究和知识创新注入新鲜活力。这一系列的科研成果涉及广泛，包括但不限于媒介理论、基层治理、新闻史等研究领域。这些成果的取得不仅提升了江苏省在国内新闻传播研究领域的学术声誉，也为推动整个社会的进步和发展贡献了力量。这一丰硕的科研成果背后，反映了江苏省相关新闻传播院校在科研团队建设、学术交流、理论创新等方面的不懈努力。通过对新闻传播领域的深入探索，江苏省相关新闻传播院校为社会进步提供了有力的理论支持和实践指导，为行业未来的发展指明了方向。这些科研成果将对学术探讨和实际应用产生深远的影响，为江苏省在新闻传播领域的领先地位奠定坚实基础。

2023 年，江苏省相关新闻传播院校立项国家社科基金项目 21 项，详情见表 1-29：

表 1-29   **江苏省 2023 年新闻学与传播学国家社科基金立项项目**

高校名称	项目名称	项目类别	负责人
苏州大学	人工智能技术背景下算法传播的中国本土理论体系建构研究	重大项目	陈 龙
南京师范大学	基层治理现代化中乡村社区传播的数字化转型与效能评估研究	重点项目	庄 曦
南京大学	西方传播学在中国的传播、影响及其反思研究	重点项目	胡翼青
南京师范大学	百年中国共产党报刊阅读史研究	一般项目	胡正强
南京大学	全媒体传播体系中网络化新闻业建设路径研究	一般项目	王辰瑶
宿迁学院	县级融媒体中心建设的实践困境与对策研究	一般项目	刘 峰
苏州大学	算法聚合机制下网络言论的"规模化伤害"现象研究	一般项目	陈秋心
扬州大学	母婴育儿短视频的话语生产对城市女性生育意愿的影响研究	一般项目	徐 旻
南京财经大学	深度媒介化视阈下的公共事件舆情风险及其协同治理研究	一般项目	宋祖华

续表

高校名称	项目名称	项目类别	负责人
南京大学	平台视角下饭圈组织化的多元机制与协同治理研究	一般项目	朱丽丽
南京航空航天大学	体系积累周期视角下的中国电影国际化研究	一般项目	李　敏
徐州工程学院	行动者网络理论视角下我国建设世界一流科技期刊的机制研究	一般项目	胡绍君
南京邮电大学	近代报刊邮政发行史料的整理与研究（1866—1934）	青年项目	程河清
南京大学	中华文明在法语国家和地区传播机制和影响力实证分析研究	青年项目	林　佩
南京林业大学	数字时代农村随迁老人社会融入的媒介支持研究	青年项目	赵呈晨
苏州大学	数字时代人机互动及其媒介实践研究	后期资助项目	张　可
苏州大学	抖音平台的数字变革与重构研究	后期资助项目	张宗艺
南京师范大学	中国视觉传播研究	后期资助项目	于德山
南京林业大学	城乡互望：乡村传播转型研究	后期资助项目	冯广圣
苏州大学	元宇宙营销：从技术赋能到价值生成研究	后期资助项目	王　静
苏州大学	角色嬗变与重构：数字媒体时代科学传播的主体生态研究	后期资助项目	杨　正

　　此外，江苏省各新闻传播院校也分别收获了相应的科研成果。在《中国新闻传播学年鉴》研讨会暨新闻传播学自主知识体系建构研讨会上，南京大学新闻传播学院丁柏铨的《重大公共危机事件与舆论舆情》、郑欣的《我说故我在：青少年网络语言生活方式研究》获优秀著作奖；杜骏飞的《公正传播论(1)：新闻人本主义的兴起》、潘祥辉的《使于四方：先秦"行人"的媒介属性及传播功能》入选 2022 年度全国新闻传播学优秀论文；袁光锋的《定义'群众'：〈乌合之众〉在中国传播的知识社会学考察》入选《新闻与传播研究》2022 年度优秀论文。韩丛耀的国家社科基金重点项目最终结项成果《田野图像——北纬34°偏北》由中华书局出版发行。2023 年 3 月 22 日，江苏省人民政府《关于公布江苏省第十七届哲学社会科学优秀成果奖的决定》正式发布，南京师范大学新闻与传播学院共有 5 项成果获奖，获奖数量和质量创历届新高：张晓锋等人的著作《江苏新闻史》获一等奖；刘继忠的论文《"集体的组织者"：一条列宁党报语录的百年政治文化旅行》获二等奖；王晗啸、于德山的论文《意见领袖关系及主题参与倾向研究——基于微博热点事件的耦合分析》、操瑞青的论文《早期〈申报〉"体例"与 19 世纪新闻人的伦理观》、游

晓光的著作《制造大众偶像：中国早期电影明星生产研究(1922—1937)》获三等奖。苏州大学传媒学院陈一的著作《纪录片与国家形象传播》获一等奖；张健的著作《"我们"从何而来：象征、认同与建构(1978—2018)》、曹洵的著作《修辞、叙事与认同：网络公共议题中的话语政治》获二等奖；张梦晗的论文 *Applications of deep learning in news text classification* 获三等奖。

苏州大学传媒学院科技传播团队发展势头喜人，该团队的两篇论文分别发表于国际一流期刊 *Journal of Medical Internet Research*、*New Media & Society*。科技传播团队还在 2023 年赴荷兰鹿特丹参加第 17 届国际科技传播年会、在中国自然科学博物馆学会年会成功举办专场报告会。此前，苏州大学科技传播团队竞标获得 2024 年世界科技传播学会苏州论坛举办权，即将于 2024 年 10 月 17—19 日举办该会议。南京邮电大学传媒与艺术学院在 2023 年也颇有斩获：郭静的"中国近代新闻教育本土化研究(1918—1937)"获批江苏省社科基金后期资助项目；周灵的"新一代人工智能技术赋能江苏文化产业高质量发展研究"获江苏省社科基金一般项目；刘煜的"跨文化视域下江苏形象共情传播的生成机制与提升策略研究"获江苏省社科基金青年项目；彭宁玥的"混合现实信息可视化中近身空间感知对视觉信息加工的影响及设计策略研究"获批教育部人文社会科学研究青年项目。

（苏州大学传媒学院　张健、宋玉生）

1.2.21　浙江省 2023 年度新闻传播教育发展综述

2023 年，浙江省的新闻传播教育以马克思主义新闻观、新文科建设和卓越新闻传播人才培育为依托，全力推进一流专业和一流课程建设，在人才培养、马新观教育、实验教学研讨、专业社会实践、学术交流与国际交流等方面取得了显著成绩。

1.2.21.1　人才培养：专业设置和办学模式不断优化

2023 年，浙江省新闻传播学科的本科专业设置变动不大。新闻传播学类 10 个本科专业中，广告学是开设高校最多的专业，有 18 个院校开设了广告学专业；其次是网络与新媒体，开设的高校达 13 所。时尚传播和国际新闻与传播，只有浙江越秀外国语学院开设。这两年，也有多所学校陆续停止招生新闻传播学类的专业，如浙江大学、浙江师范大学、宁波大学和湖州师范学院的广告学专业、浙江万里学院和宁波财经学院的编辑出版学专业等，都不再招生。

根据学校的特点和办学特色，浙江省新闻传播学科招生方式分为两种。一种是按新闻传播学大类统一招生，学生在入学半年或一年之后，再根据自己的学业规划和职业规划选择一个最感兴趣的专业就读；另一种是按专业招生。总体来看，浙江省高校根据学校的学科专业发展需要和传媒业发展趋势变化不断优化专业设置和招生人数，努力为社会培养新型传播人才(见表 1-30)。

表 1-30　　浙江省普通高等学校新闻传播学本科专业设置一览表

招生方式	院校名称	招生专业
按"新闻传播学"大类招生	浙江大学	新闻学、传播学
	浙江工业大学	广告学、广播电视学
	浙江工商大学	新闻学、广告学、网络与新媒体
	浙江财经大学	广告学、网络与新媒体
	浙大城市学院	新闻学、广告学、广播电视学
	浙江万里学院	新闻学、广告学、网络与新媒体
	温州商学院	广告学、传播学、网络与新媒体
按专业招生	宁波大学	传播学
	浙江理工大学	传播学
	浙江农林大学	广告学
	中国计量大学	广告学
	杭州电子科技大学	传播学
	温州大学	广告学
	浙江传媒学院	新闻学、传播学、广告学、广播电视学、编辑出版学、网络与新媒体
	浙大城市学院	新闻学、广告学
	浙大宁波理工学院	新闻学、网络与新媒体
	湖州师范学院	新闻学
	台州学院	网络与新媒体
	浙江外国语学院	网络与新媒体
	宁波工程学院	广告学、网络与新媒体
	湖州学院	广告学、网络与新媒体
	浙江树人学院	新闻学、网络与新媒体
	宁波财经学院	广播电视学、广告学

续表

招生方式	院校名称	招生专业
按专业招生	台州学院	网络新媒体
	浙江越秀外国语学院	新闻学、传播学、编辑出版学、网络与新媒体、时尚传播、国际新闻与传播
	浙江工业大学之江学院	广告学
	浙江工商大学杭州商学院	新闻学、广告学
	浙江财经大学东方学院	广告学(新媒体传播方向)
	浙江农林大学暨阳学院	广告学
	中国计量大学现代科技学院	广告学
	温州理工学院	网络与新媒体

新闻传播学类专业积极探索中外合作办学模式，是浙江省新闻传播教育的一个特色和亮点。除了宁波诺丁汉大学和温州肯恩大学这两所中外合作办学的高校之外，浙江传媒学院、浙江万里学院、浙江越秀外国语学院和宁波大学科学技术学院都开设了中外合作办学项目(见表1-31)。

表1-31　　　　**浙江省普通高等学校的新闻传播学类中外合作办学项目**

高校名称	项目名称
宁波诺丁汉大学	传播学(中外合作办学)
温州肯恩大学	传播学(中外合作办学)
浙江传媒学院	传播学(中外合作办学)
浙江万里学院	广告学(中德2+2双学位班)
浙江万里学院	广告学(中外合作办学)
浙江越秀外国语学院	网络与新媒体(中外合作办学)
宁波大学科学技术学院	广告学(中外合作办学)

由于没有增加学位点，所以2023年浙江省的研究生教育布点情况与2022年相同。浙江大学有新闻传播学一级学科博士点，浙江工业大学自设了文化传播与媒介管理二级学科的博士点；浙江大学和浙江工业大学有新闻传播学一级学科硕士点；浙江大学、宁

波大学、浙江工业大学、杭州电子科技大学、浙江理工大学、浙江工商大学、浙江财经大学、温州大学、湖州师范学院、浙江传媒学院有新闻与传播专业硕士点。

在中外联合培养研究生方面，浙江传媒学院先行先试。为培养高水平、国际联合双方优势，浙江传媒学院与英国博尔顿大学合作举办视觉传媒硕士学位教育项目，已累计招收 165 人，完成培养 5 届，为强化传媒教育国际化理念、助力传媒教育与国际接轨和促进学科建设发展提供了有力的支撑。

1.2.21.2 马新观教育：强化新闻学子的使命和担当

为了将立德树人的教学理念落到实处，浙江省各高校的新闻院系除了在人才培养方案中开设"马克思主义新闻观"课程、系统讲授马克思主义新闻观基本内涵和核心观念之外，还开展了丰富多彩的马克思主义新闻观实践教育活动。

3 月，浙江工商大学人文与传播学院组织师生前往杭报集团钱塘区融媒体中心现场学习。优秀数据新闻作品的案例教学，不仅让同学们对数据新闻的编写技能有了新的认识，加深了学生们对新闻理论的理解，也激发了他们关注社会热点、群众疾苦和国家发展的激情。

3 月，浙江大学宁波理工学院传媒与法学院带领学生党员赴北仑霞浦张人亚党章学堂，开展红色教育基地参观践学主题党日活动，重温战火纷飞年代革命烈士的坚定信念，激励党员师生的奋斗意识和牺牲精神。

浙江大学传媒与国际文化学院于 5 月组织师生赴义乌市开展主题党日活动暨"行走的马新观教育"实地课堂，从"一带一路"倡议的重要名片"义新欧"班列，到《共产党宣言》中文全译本首译地陈望道故里，师生们追溯历史，汲取经验智慧，同时放眼当今未来，强化责任担当；12 月，浙江日报社的参观学习不仅使同学们了解到最真实的传媒运作模式、见识到最新的传媒转型方式，而且强化了同学们作为新闻人的使命和担当，深化了对于马克思主义新闻观的理解。

5 月，浙江工业大学人文学院举办了"八八战略在指引·我们的新时代"宣讲大赛暨第七届党员微型党课大赛。以"习近平新时代中国特色社会主义思想"和"八八战略"实施 20 周年为主题，结合浙江发展实际和自身工作经历，围绕中国共产党百年奋斗史和乡村振兴蝶变等系列重点，以人说事、以事道理，抒发家国情怀。

浙江万里学院文化与传播学院的"马新观"社团，在定期举行读书会研读马新观原典之外，还结合学习心得，开展了"图说马新观""图说党史"等活动。通过主题策划、精细实施，让学生加深了对马新观核心内容的把握，专业素养和实践动手能力也有了显著提高。

深入学习把握马克思主义新闻观，对新闻学子和新闻从业者、研究者而言，都具有深远的意义。通过开展形式丰富的马新观教育，让同学们充分认识了作为新闻人的使命和担当，深化了对于马克思主义新闻观的理解，增强了未来在媒体实践中践行马克思主义新闻观的能力。

1.2.21.3　实验教学研讨：着力推进教师教学能力建设

为了推动高校实验教学改革，引导教师潜心实验教学，提升教师实验教学水平，加快建设以数字化为特征的实验教学新形态，从而培养学生研究性学习习惯，锻炼学生观察能力和创新能力，促进学生形成严谨求实创新的科学素养。2023 年，浙江省各高校新闻与传播学院举办了以提升教学水平为核心的教育培训或竞赛，有效提升了教师教学水平和增进了学科建设。

根据浙江省高等教育学会"关于举办浙江省第三届高校教师教学创新大赛实验技能专项赛通知""浙江理工大学关于举办第三届教师教学创新大赛实验技能专项赛的通知"，浙江理工大学法政学院、史量才新闻与传播学院于 3 月举办了"教师教学创新大赛实验技能专项赛"活动，促进实验教学的扎实开展；6 月，召开了学院本科教学现状及改进调研教学管理人员座谈会，针对教学管理、师生服务中所遇到的各种问题困难展开了积极的交流。

5 月，宁波大学人文与传媒学院举办了第十届青年教师教学技能大赛，为学院青年教师提供了学习观摩和能力展示的平台，对进一步提升学院教师教育教学能力，提高课堂教学质量起到了积极的推动作用。5 月，温州大学人文学院召开全院教工大会暨师德师风专题教育会，开展师德师风问题专项整治工作。

10 月，浙江农林大学文法学院举办了 2023 年度教师教学创新大赛，立足"以学生为中心"的教学理念，既深挖课堂教学的痛点和难点，又充分展示了教师在一线教学中的实践成效和创新点；12 月，开展了"课堂教学的艺与术"教学沙龙活动，帮助教师转变观念、拓展思路和提升能力，推进学院本科教育教学质量的提升。

12 月，浙江万里学院文化与传播学院举办了"政务新媒体实务"课程群建设研讨会，推动政务新媒体课程建设，提升人才培养质量。

为适应新闻传播教育的时代发展需要，促进新闻传播教育质量的提高，离不开扎实有效的教学研讨。浙江各新闻传播学院引导教师积极主动地参与教学研讨，将优秀的教学经验和教学资源进行共享，可以有效激发教师的创造力和热情，在交流和相互启发中共同提升教学质量，收获良好的课堂效果。

1.2.21.4 实践育人：增强学生业务技能的理解和掌握

为了让同学们更加深入地认识新媒体带来的冲击与挑战，也更加清晰地明确新闻人的职业前景和转型路径，2023 年浙江省各高校的新闻与传播学院通过带领学生深入新闻生产单位和举办校内大赛等形式，增强学生的专业实践和创新能力。

浙江农林大学文法学院开展了形式多样的社会实践活动，5 月份组织学生赴阿里巴巴集团参观交流，拓宽了学生未来的职业规划的视野；6 月举办了与音坑乡人民政府校地合作暨第一届短视频大赛颁奖典礼，为校地合作搭建了新的平台；12 月带领学生赴余杭区小古城村就红色党政、禅茶文化、乡村旅游等主题进行文化考察。

9 月，浙江大学传媒与国际文化学院承办了由中央广播电视总台融合发展中心、中央广播电视总台人事局发起主办的"象舞实战训练营"融媒体实战培训，学员们对如何生动讲好中华文明故事的方法和技巧上有了更深入的认识。

10 月，浙大宁波理工学院传媒与法学院数字新闻研究团队至台州市新闻传媒中心、台州市文化传媒有限公司等单位进行调研访问，深入了解业内对媒体融合的组织现状、技术应用、困境方案的认识，共同研究媒体融合发展路径。

12 月，宁波大学开展乡村文明教学实践采风之旅——"感悟乡村文化，赓续南联之风"，通过崭新的教学实践，激发学生的乡土情怀和责任感，为乡村文化的传承注入新的活力。

12 月，浙大城市学院文化与传播学院老师带领学生参加 The show case 纽约国际广告节案例秀——浙大传媒与国际文化学院专场，7 位业界大咖带来了全球前沿的实践案例和经验分享。

专业社会实践是新闻传播学子从新闻传播课堂走向新闻传播实践的第一步，通过开展形式多样的社会实践和竞赛活动，使同学们充分认识到新闻传播实践的多元和复杂性，在实践中发现自身在理论知识学习中的不足，增强同学们将知识转化为实践的能力，为未来工作中谱写有生命力的新闻作品打下良好的基础。

1.2.21.5 学术探讨交流：提升教师的人才培养能力

为了抓住机遇性成长机会，增强新闻传播的教育教学能力，进一步推进与省内外和国际高校的交流与合作，浙江省各高校在 2023 年举办了各具特色的新闻传播学术会议和教育教学研讨会。

浙江省新闻传播本科教指委第一次工作会议暨院长论坛于 6 月 25 日成功举办。浙江省新闻传播学本科教学指导委员会委员和省内 19 所高校的新闻传播学院院长、学科负责人参会，会议加强了省内各高校新闻传播院系的相互交流与未来合作，描绘了把浙江新闻传播教育稳步向前推进、办成特色鲜明的新闻传播教育大省的蓝图，并提出了具体的路线图。

浙江大学主办了数次影响较大的新闻传播学教育和学术论坛。11月5日，召开了学习《习近平外交演讲集》与加强国际传播能力建设研讨会暨第二届党的历史和理论对外传播论坛，与会专家学者围绕如何加强党的历史和理论对外传播能力建设等议题进行深入研讨；19日，举办了"浙江大学卓越记者驻校计划"十周年庆典暨智媒时代新闻传播学科协同育人论坛，多位业界、学界嘉宾围绕智媒时代新闻传播学科协同育人等议题开展深入研讨。12月9日，举办了第八届中国电视研究年会，会议旨在理解"后电视"，探寻平台时代的媒体焕新的路径；16日，召开了第四届国际移动研究大会（Mobile Studies Congress 2023），来自海内外13个国家和地区的140余位专家学者将以线上线下结合方式参会，讨论了进一步建立全球学术对话机制、凝聚全球学术研究力量推动移动传播领域的发展等主题。

浙江传媒学院也举办了一系列学术会议和学术论坛。6月，举办了"新时代新媒介新语境：全媒体视域下口语传播的想象"高峰论坛，来自学界业界专家领导及研究生代表围绕全媒体时代的口语传播理论与教学发展、中国文化特色的口语传播学体系建设、全媒体时代口语传播与播音主持关系、口语传播与新媒体叙事变革、新媒体主持（网络主播）的传播实践等问题，共话全媒体时代口语传播的未来图景。8月，举办了电视编辑与导播国家级实验教学示范中心阶段性总结工作现场考察会议，专家组对电视编辑与导播国家级实验教学示范中心阶段性总结工作进行现场考察。12月，承办了"澳门传媒专业学生国情考察活动·浙江"，通过专题讲座、学习交流和参观考察，让来自中国内地和中国澳门的同学们全面了解与感受了浙江社会、经济和文化的发展状况。

通过探讨交流，学者们可以迅速了解同行的最新研究进展，从而在丰富自身知识体系的同时拓展研究思路；还可以使学者们在学术观点的碰撞中产生新的灵感，激发创新思维；同行的点评和建议可以帮助学者发现研究中可能存在的缺陷，从而提高研究成果的质量；而新闻学界和传媒业界的探讨与交流，更有助于相互促进共同提高。

1.2.21.6 国际交流：促进互信和文化交流

为了提升新闻传播学科教育水平和推动中外文化互鉴与交流，为浙江省新闻传播学教育搭建更高层次的平台，2023年，浙江省各高校新闻与传播学院积极开展国际交流与合作，探索和创新国际互动交流模式。

浙江大学近年来本科生出国交流率超80%，与牛津大学、威斯康星大学等海外高校合作，通过合办期刊、会议、智库、暑期学校、学位项目等提升国际化办学水平。7月至8月，浙江大学传媒与国际文化学院与美国北卡州立大学全球培训学院合办线上交流项目，通过跨文化的直播课程为学生提供了新闻传播学的国际视野和丰富案例。8月，由范志忠教授联合主编的《中国电影蓝皮书2023》和《中国电视剧蓝皮书2023》，在希腊雅典大学举行首发仪式，促进了中希的文化交流和文明互鉴。

2023年，浙江工业大学人文学院积极开拓国际合作交流，通过与教育部中外语言交流合作中心（CLEC）合作建设国别中文教育研究中心等研究基地，为学术研究与人才培养搭建了一系列高层次平台。7月，浙江工业大学人文学院邀请加拿大皇家山大学教授 Ran Ju 主讲暑期国际化课程"跨文化研究方法"，为同学们带来了跨文化研究的新方法和新视野；11月，马来西亚精英大学与浙江工业大学人文学院探索教育经验和创新双方合作形式，共同提升教育水平，并为文化互鉴搭建新的平台。

宁波大学人文与传媒学院于5月承办了台港澳中青年国情研习班，通过帮助参加研习班的台港澳青年了解新时代的历史性成就，厚植家国情怀，促进海峡两岸暨香港澳门文化合作交流。浙大宁波理工学院传媒与法学院目前与美国、英国、波兰、韩国及日本多所高校达成合作意向，学院聘请多名英、美高校学者为学院重点学科建设委员会专家委员，资助优秀学生参与国际交流项目。2023届出国深造的学生中有六成以上被全球排名前100的海外高校录取。

通过深入和广泛的国际交流与合作模式的开展，不仅可以有效拓宽教育资源和视野，提升新闻传播学教育与国际接轨的能力，增强新闻传播教育的国际影响力和竞争力；对于提升学生的国际化视野，培养适应国际传播最新需求的跨文化传播人才同样有着重要的意义。

（浙江万里学院文化与传播学院　孙宇）

1.2.22　青海省2023年度新闻传播教育发展综述

青海，作为中国的西部地区，其新闻传播教育的发展具有独特的地域特色。从历史角度看，青海地区的新闻传播教育经历了从无到有、从弱到强的过程。早期，青海地区的新闻传播教育的发展相对滞后，但随着国家对西部地区的重视和扶持，青海地区的新闻传播教育逐渐发展壮大。特别是近年来，随着地方经济社会的快速发展，青海地区的新闻传播教育呈现出蓬勃发展的态势。

2023年，是青海地区新闻传播教育发展的关键一年。在这一年中，青海地区的新闻传播教育取得了显著的成绩。不仅教育体系更加完善，课程设置更加科学，而且师资力量得到了显著提升，实验实训设施也得到了大幅改善。

1.2.22.1　教育体系与课程设置的革新

（1）传统与现代结合的课程体系构建

在青海省新闻传播教育中，课程体系的构建正在经历从传统到现代的转变。传统的课程体系注重理论知识和基础技能的传授，而现代课程体系则更加强调实践能力和创新思维的培养。为了实现这种转变，青海省的新闻传播教育机构在课程体系构建中采取了传统与现代相结合的方式。坚持"为党育人""为国育才"的教育教学理念；密切关注媒体传播前沿动态，倾心培养卓越新闻人才。

自 2004 年"马工程"项目启动以来，青海师范大学新闻学院和青海民族大学文学与新闻传播学院坚持"马工程重点教材"应用尽用，在课堂教学、实践教学中主动以马克思主义新闻理念和思想占领教育教学阵地，同时积极融入本科生的创新创业项目、学术研究、专业竞赛等综合素养的提升环节。扎实开展马克思主义新闻观教育，坚定学生政治立场。青海师范大学新闻学院在本科和研究生阶段均开设"马克思主义新闻观"课程，主要做法是：第一，确立课程思政目标，根据 OBE 教学理念，首先结合学生需求、社会需要和学科知识三个维度确定课程目标、与思政相关的教学内容、实施方式和评价方式。第二，深挖课程思政元素，围绕课程思政目标，梳理课程知识点，选取贴近社会客观实际和学生思想实际的思政教学元素。第三，创新课程思政教法，引入具有创新理念的教学手段，采用探索和选择案例教学、任务驱动教学、启发教学、研讨教学、情境教学等适合本专业以及学生实际情况的课程思政教学方法。第四，完善课程思政评价，采用特色化的指标进行评价，科学设定评价主体、系统开展评价活动。将"实践中的马克思主义新闻观"慕课作为线上教学资源，辅助教学，确保用中国特色社会主义新闻理论教书育人，回答好"培养什么人、为谁培养人"这个首要问题。

这样在整体人才培养的课程体系方面，一方面，保留了新闻学、传播学等经典课程，确保学生掌握基本理论和知识体系；另一方面，增加了新媒体技术、数据分析等现代课程，以培养学生的数字化技能和创新思维。这种课程体系构建方式不仅兼顾了传统与现代的需求，也为学生提供了更加全面和多样的学习体验。

（2）专业核心课程的创新与实践教学比重提升

在新闻传播教育中，专业核心课程是学生掌握专业知识和技能的基础。为了提升专业核心课程的质量和效果，青海省的新闻传播教育机构在课程内容、教学方法等方面进行了创新。例如，通过引入最新的新闻传播理论和实践成果，更新课程内容，使其更加贴近现实和前沿；同时，采用案例教学、项目教学等实践教学方法，让学生在实践中掌握知识和技能。此外，还加大了实践教学的比重，通过组织学生参与实际项目、实习等方式，让学生在实践中锻炼和提升自己的能力。青海师范大学新闻学院截至2023年完成专业建设项目4项，分别为新闻学专业综合改革建设项目、播音与主持艺术专业综合改革项目、新闻教学实验示范中心专项资金项目、新闻学院"部校共建"专项资金项目。新闻学专业于2020年通过卓越新闻传播人才培养教育计划2.0实施方案，同年获批校级一流专业建设项目，于2022年获批省级一流专业建设项目；播音与主持专业于2021年获批校级一流专业建设项目。

（3）跨学科融合下的课程设计思路

在当今社会，新闻传播领域与其他领域的交叉融合日益加强，跨学科的知识和技能成为新闻传播人才的重要素质。因此，青海省的新闻传播教育院系在课程设计中注重跨学科融合的思路。例如，将新闻传播学与计算机科学、社会学、心理学等学科进行交叉融合，开设融合课程，以培养学生的跨学科思维和能力。同时，还鼓励学生进行跨学科学习和研究，提供跨学科交流和合作的机会和平台。这种跨学科融合的课程设计思路有助于培养学生的综合素质和创新能力，为新闻传播领域的发展提供更多元化的人才支持。

1.2.22.2　师资力量与学术研究水平的提升

（1）引进与培养高水平教师队伍的策略

随着新闻传播教育的不断发展，青海省高校逐渐认识到高水平教师队伍的重要性。为了引进和培养更多的优秀人才，青海省采取了一系列策略。首先，通过加大引进力度，高校积极招聘国内外知名学者和业界精英，提供优厚的待遇和发展空间，吸引他们加入教学和研究团队。其次，青海师范大学和青海民族大学还鼓励和支持教师参加国内外学术交流和培训活动，提升他们的学术水平和专业素养。此外，高校还建立了完善的师资评价体系，激励教师积极参与教学研究和学术创新，形成良好的学术氛围。

在培养方面，青海省高校注重教师的全面发展。通过设立青年教师培养计划、开展学术研讨会、组织教师赴国内外知名高校学习交流等方式，提高教师的学术造诣和教学能力。同时，青海师范大学和青海民族大学还依据青海人才引进优惠待遇在全国范围内引进青年教师，对内出台入职3年以上的硕士研究生学历和45岁以下的中青年教师出台直通申博和读博经费奖励政策；通过全国高校协作帮扶提升中青年教师学历，并鼓励教师参与跨学科研究，拓宽知识视野，促进学术交叉融合。这些措施的实施，为青海省新闻传播教育的发展提供了坚实的师资保障。

（2）学术研究成果的增长及其影响力增加

近年来，青海省新闻传播教育的学术研究成果显著增长。一方面，随着师资力量的提升，研究团队逐渐壮大，研究水平不断提高。另一方面，高校加大了对学术研究的投入，提供了良好的研究条件和平台。这些因素共同促进了学术研究的繁荣发展。青海民族大学文学与新闻传播学院 2023 年国家社会科学基金年度项目和青年项目、西部项目立项共获批 7 项，包括重点项目 1 项，西部项目 1 项，一般项目 3 项，青年项目 2 项，立项数取得历史最好成绩。在影响力方面，青海省新闻传播教育的学术研究成果在国内外学术界产生了广泛的影响。研究成果不仅提升了青海省的学术声誉，还为行业发展提供了有益的理论支持和指导。同时，这些成果还为政府决策提供了科学依据，推动了新闻传播领域的改革和发展。

(3)学术交流平台建设与合作情况

为了推动学术交流和国际合作，青海省高校积极搭建各种学术交流平台。例如：中央民族大学和青海民族大学联合主办，青海民族大学文学与新闻传播学院承办的第十一届全国民族院校和民族地区高校中国语言文学学科与专业建设学术研讨会、"文明交流与互鉴：口头传统与《格萨(斯)尔》"国际学术研讨会、中国少数民族文学学会等。一方面，高校定期举办学术研讨会、论坛等活动，邀请国内外专家学者共同探讨新闻传播领域的热点问题和发展趋势。这些活动为学者提供了交流和合作的机会，促进了学术思想的碰撞和创新。另一方面，青海省高校还加强了与国际知名高校和研究机构的合作。通过共同开展研究项目、互派访问学者、联合培养研究生等方式，深化了国际学术交流与合作。这些合作不仅提升了青海省新闻传播教育的国际化水平，还为青海省高校师生提供了更广阔的发展空间和机会。总之，青海省新闻传播教育在师资力量和学术研究方面取得了显著的提升。通过引进和培养高水平教师队伍、推动学术研究成果的增长和影响力提升以及加强学术交流平台建设与国际合作，青海省新闻传播教育正朝着更高的目标迈进。这些举措为青海省新闻传播领域的发展注入新的活力和动力，也为培养更多优秀的新闻传播人才奠定了坚实的基础。

1.2.22.3 实验实训设施和学生实践教学的创新

(1)现代化教学设备的完善与利用

随着科技的发展，现代化教学设备在新闻传播教育中扮演着日益重要的角色。青海省的高校纷纷投入资金，更新和完善了一系列现代化的教学设备，包括多媒体教室、演播室、非线性编辑室等，以适应新闻传播教育的新需求。这些设备的引进，不仅提升了课堂的教学效果，也为学生提供了更加接近行业实际的学习环境。在设备利用方面，青海省的新闻传播教育机构注重发挥设备的最大效用。他们不仅在日常教学中广泛使用这些设备，还通过开设专门的实训课程，让学生有机会亲手操作这些先进的设备，提升他们的实践能力。此外，这些设备也被广泛应用于学术研究和实践项目中，推动了新闻传播教育的创新发展。

（2）校内外实践基地的建设与运营

实践基地是新闻传播教育的重要组成部分，对于提升学生的实践能力具有不可替代的作用。青海省的高校积极与媒体机构、企业合作，建立了多个校内外实践基地，为学生提供了丰富的实践机会。在校内实践基地方面，青海省的高校建立了多个模拟新闻演播室、新闻编辑室等，让学生在校园内就能体验到真实的新闻制作流程。这些基地不仅配备了先进的设备，还有专业的教师指导，确保了学生能够得到有效的实践锻炼。青海师范大学新闻学院建院以来，通过学校、学院与行业专家层层论证，结合学院专业实际与新时代背景下媒体形态与行业需求，以"分步打造、统一规划"的理念，共建成9间实验室共计近900平方米，包括录音实验室一间、非线性编辑实验室一间、全媒体演播室一间、坐播站播观摩室一套（三间）、融媒体云实验室一间、数码报刊编辑室一间、高校数字媒体产教融合创新实践基地一套（包含专业机房、VR体验和凤凰教育平台等功能）。学院基本形成较为完备的新闻传播教学实验室群，在西北地区高校中具有领先水平。在校外实践基地方面，青海省的高校与多家主流媒体、传媒公司建立了合作关系，为学生提供了实习和就业机会。这些实践基地不仅让学生有机会亲身参与到新闻制作和传播的实际工作中，也让他们有机会与业界专家面对面交流，拓宽了他们的视野。

（3）学生实践能力的培养和提升

学生实践能力的培养是新闻传播教育的核心目标之一。青海省的高校在培养学生实践能力方面进行了积极的探索和尝试。首先，他们注重课程设计的实践性。在课程设置上，他们增加了实践课程的比重，通过项目驱动、案例教学等方式，让学生在课堂上就能接触到实际的新闻制作和传播工作。其次，他们加强了实践教学环节。通过组织各种实践活动、比赛、展览等，让学生在实践中锻炼自己的能力，提升他们的综合素质。最后，他们注重培养学生的创新精神和实践能力。通过引导学生进行学术研究、参与实践项目等，让他们在实践中发现问题、解决问题，培养他们的创新精神和实践能力。

青海师范大学新闻学院通过组织学生参加中宣部"看中国·外国青年影像计划·青海行"项目，学院学生和北京师范大学、以色列特拉维夫大学、法国视觉高等传媒学院、希腊斯塔沃克斯电影电视艺术学院、丹麦奥尔堡大学青年导演联合制作11部纪录短片，先后奔赴西宁、海东、玉树、海南等地拍摄，主题涉及玉树伊舞、撒拉篱笆楼、青海刺绣等方面；组建本科生暑期社会实践历史成就观察团——大史家村红色文化记录小分队前往青海省贵德县大史家村，开展历史成就观察暑期社会实践和红色农业文化学习。组织新闻与传播专业硕士研究生赴海北州西海镇开展新闻采编实践活动，让学生以采编实践的形式学习"两弹一星"精神。

青海民族大学文学与新闻传播学院主办的青海省第三届微电影展暨 2023 青海新青年微电影展、"江源推普 绿色筑梦"志愿服务队赴青海省玉树藏族自治州国家通用语言文字的推广和调研实践活动、赴循化撒拉族自治县等地进行的系列红色实践活动，厚植学生家国情怀。

青海省新闻传播院系通过与地方政府、企事业单位合作，开展了一系列新闻采访、报道和宣传活动。青海师范大学新闻学院、青海民族大学文学与新闻传播学院与青海日报社、青海广播电视台、西宁市广播电视台、青海省油田新闻中心、光明日报社青海记者站、人民网青海频道、新华网青海频道、海晏县融媒体中心、海北藏族自治州广播电视台、青海法治报社等建立实习基地，在这些实践中，学生们深入基层，了解社会热点和民生需求，不仅提升了自身的新闻采写、摄影摄像等专业技能，也增强了社会责任感和使命感。同时，这些实践案例也成了新闻传播教育的重要教学资源，丰富了教学内容，提高了教学质量。

通过实施创新创业项目，使大学生从项目实践中提高管理能力、知识转化能力、创新能力和实践动手能力，培养适应创新型国家建设需要的高水平创新人才；2018—2020 年，青海师范大学新闻学院激励学生广泛参与创新创业大赛，"青海省教育扶贫效果调查研究报告"项目荣获第十七届"挑战杯"青海省大学生课外学术科技作品竞赛决赛哲学社会科学类社会调查报告和学术论文赛道优秀奖；"小林酿皮"荣获第七届中国国际"互联网+"大学生创新创业大赛初赛青年红色筑梦之旅赛道金奖；"蕃巴雅客：古羌大地上的高原之舟"荣获初赛青年红色筑梦之旅赛道铜奖；"幺妹儿"藜麦辣条荣获初赛青年红色筑梦之旅赛道优秀奖；"肝御者——基于广电化学的肝病变早筛平台"获全国总决赛银奖。通过大赛以赛促教、以赛促学、以赛促创，以大赛激发热情，强化学生创新创业实践和敢闯会创的意志品格。此外，校园媒体还积极拓宽传播渠道，除了传统的校报、广播、电视等媒体外，还涉足了社交媒体、短视频等新型传播平台，实现了信息传播的多元化和即时性。在内容创新上，校园媒体更加注重时效性和深度，通过专题报道、系列访谈等形式，深入挖掘校园新闻事件背后的故事，提升了传播效果和社会影响力。

学生社会实践能力的培养是新闻传播教育的重要目标之一。通过参与校园媒体平台的运营和社会服务实践，学生们的社会实践能力得到了显著提升。他们在实践中学会了如何捕捉新闻线索、如何进行深入采访报道、如何运用新媒体技术进行信息传播等技能。同时，他们的团队协作、沟通能力也得到了很好的锻炼。例如青海民族大学文学与新闻传播学院 2020 级广播电视学本科班杨璐新、陈芳、张橙睿 3 名学生的作品《他们》获得省内纪实类三等奖，学院获得最佳组织单位奖。有 3 支队伍成功入选教育部《2023年"推普助力乡村振兴"全国大学生暑期社会实践志愿服务活动入选团队名单》。青海师范大学新闻学院通过加强学生社会实践能力的培养，与地方媒体建立了良好的共建机制，在学生实习过程中，有一名学生获青海新闻奖二等奖和中国石油新闻奖一等奖，一名学生三次获得青海新闻奖三等奖，一名学生获青海省广播电视文艺奖一等奖。这些能力的培养和提升，为学生们未来的职业发展打下了坚实的基础。许多优秀的毕业生在走上工作岗位后，能够迅速适应各种新闻传媒工作，成为行业中的佼佼者。这充分证明了青海省新闻传播教育在学生社会实践能力培养方面的成果。

　　总之，青海省在新闻传播教育的实验实训设施和学生实践教学创新方面取得了显著的成效。他们通过完善现代化教学设备、建设校内外实践基地、探索学生实践能力培养模式等方式，为学生提供了更加优质的学习环境和实践机会，推动了新闻传播教育的创新发展。

1.2.22.4　展望未来：挑战与机遇并存

　　（1）新闻传播教育面临的主要挑战

　　青海省新闻传播教育正面临着一系列严峻的挑战。其中，最为突出的是教学资源与需求之间的不平衡。尽管近年来，青海省在新闻传播教育上的投入逐渐增加，但与发达地区相比，其教学设施、师资力量和教学资源仍然相对匮乏。这种资源短缺直接影响了教学质量和学生的学习体验，成为制约青海省新闻传播教育进一步发展的主要因素。此外，传统教育模式与市场需求之间的脱节也是一大挑战。当前，随着信息技术的飞速发展和新媒体的崛起，新闻传播行业对于人才的需求也在发生变化。然而，青海省部分新闻传播教育机构仍然沿用传统的教学模式，难以适应市场的快速变化。这种脱节不仅影响了学生的就业前景，也制约了新闻传播教育的创新和发展。

　　（2）技术革新与新媒体环境下的发展机遇

　　尽管面临诸多挑战，但青海省新闻传播教育也迎来了前所未有的发展机遇。首先，随着科技的进步和新媒体的普及，新闻传播教育的形式和内容也在不断创新。例如，在线教育、远程教育等新型教育模式的出现，为青海省新闻传播教育提供了更加广阔的教学空间和更加丰富的学习方式。这些技术革新不仅提高了教学效率，也拓宽了学生的学习路径。

　　其次，新媒体的崛起为新闻传播教育提供了丰富的实践平台。青海省的新闻传播教育机构可以借助新媒体平台，开展实践教学、案例分析等活动，让学生在实践中学习和成长。这种"产学研"相结合的教学模式，有助于提高学生的实践能力和综合素质，也符合当前新闻传播行业的用人需求。

（3）对青海省新闻传播教育的未来展望与建议

展望未来，青海省新闻传播教育需要在以下几个方面努力。首先，加强教学资源建设，提高教学质量和水平。这包括引进优秀人才、完善教学设施、优化课程设置等方面。通过不断提升教学水平和质量，为新闻传播行业培养更多高素质人才。其次，加强市场调研和行业需求分析，及时调整教学内容和模式。青海省新闻传播教育机构需要密切关注行业发展趋势和市场需求变化，根据市场需求调整教学内容和模式，确保所培养的人才符合市场需求。最后，加强产学研合作，推动新闻传播教育的创新和发展。通过与行业内的企业、机构等合作，共同开展实践教学、科研项目等活动，推动新闻传播教育的创新和发展。同时，也可以借助合作机会，为学生提供更多实践和就业机会，提高他们的综合素质和就业竞争力。

总之，面对挑战和机遇并存的局面，青海省新闻传播教育需要不断创新和发展，加强教学资源建设、市场调研和产学研合作等方面的工作，为新闻传播行业培养更多高素质人才，为推动新闻传播事业的发展作出积极贡献。

（青海师范大学新闻学院　杨向东）

1.2.23　西藏自治区 2023 年度新闻传播教育发展综述

西藏自治区的新闻传播教育诞生于西藏和平解放时期，在西藏地区新闻传播事业现代化发展后逐步确立，在 21 世纪进入建制化与规模化发展新阶段。目前，西藏自治区仅有西藏民族大学新闻与传播学院与西藏大学文学院大众传播系两家新闻传播教育单位。前者是典型的新闻传播学院模式，后者为隶属于人文学院的新闻传播系模式。由于特殊的历史文化背景，西藏自治区的新闻传播教育除承担为西藏经济社会高质量发展培养专业新闻传播人才的重要使命外，还肩负着对内凝聚共识，铸牢中华民族共同体意识；对外提升影响，在国际涉藏舆论场上表达自己的声音，在地缘政治中扩大自己的话语权和影响力，构建人类命运共同体的重大职责。

1.2.23.1　西藏大学文学院大众传播系

西藏大学的新闻传播教育依托西藏大学文学院实力雄厚的传统藏学学科背景，以培养藏汉双语新闻人才为目标，其历史可追溯到 1989 年西藏大学语文系新闻专科班。其发展历程有如下重要节点：1994 年大众传播系并入西藏大学藏文系；2004 年文学院成立后，开始招收新闻专业本科班；2009 年新增播音主持与艺术本科专业；2014 年开始在藏语言文学方向下招收藏语新闻学硕士研究生；2022 年获批新闻与传播专业学位硕士点，并于 2023 年开始招收首届新闻与传播专业硕士。经过 30 多年建设和不断提升，西藏大学新闻传播教育在全国同类院校中具有鲜明特色与明显优势。

（1）人才培养

西藏大学目前开设新闻学本科专业，旨在培养立足西藏、面向西藏，德、智、体、美全面发展，具备扎实的藏汉双语表达能力，具备系统的新闻传播学理论知识与技能、广博的文化与科学知识，熟悉我国新闻宣传政策法规，能在西藏地区广播电视、报刊等新闻媒体、宣传部门以及广告部门从事新闻传播工作的"靠得住、用得上、留得下"的复合型应用型人才。

新闻与传播专业硕士学位点于 2023 年首次招生，录取 6 名硕士研究生，目前开设汉藏两种语言的授课方向。2023 年，获得西藏大学优秀毕业生荣誉的 5 名硕士全部具备从事藏汉双语相关的翻译、编辑、新闻采写工作的能力，赢得社会与业界广泛好评。学院还开展了大量就业指导教育工作，通过各类公招考试、企业应聘、升学、创新创业与社会自主择业等方式，帮扶毕业生就业。

（2）学科专业建设

本科藏语版专业教材建设特色突出，注重本土教材的开发与利用。《新闻理论》（藏语版）、《新闻采访与写作教程》（藏语版）等民族语言专业教材已由民族出版社正式出版；《藏语播音主持基础知识》（藏语版）已由西藏人民出版社正式出版，并全部投入本科教学，将藏汉双语新闻人才的培养目标落到实处。

教学改革实现新突破。2017—2022 年，校级教改项目立项 2 项，结项 2 项。2018年获学院教学大练兵优秀教学奖 1 项，2019 年获学院青年教师讲课比赛三等奖 1 项，2020 年入选校级在线优质课 1 门。2019 年，参照教育部本科专业国家标准，修订 2018年版本的新闻学本科培养方案。

（3）师资团队

西藏大学文学院大众传播系组建了以教育部"长江学者"特聘教授、复旦大学新闻学院院长张涛甫为首席专家的教学科研团队，在中国语言文学一级学科下招收古代文学方向博士研究生。大众传播系师资队伍年龄梯队合理、学缘结构多样，现有 6 名专任教师，其中包括 3 名教授，1 名副教授，2 名讲师；现有 4 名硕士生导师，博士学位获得者 1 人，硕士学位获得者 2 人，学士学位 1 人。

（4）科学研究

大众传播系在涉藏媒体影响力提升、涉藏媒体话语分析、西藏新闻传播史与西藏文化传播研究等领域有较多积累，学术成果丰硕，学术品牌鲜明。2016 年以来，该系教师获得科研立项 6 项，其中省部级项目 2 项、自治区教育厅项目 1 项、校级项目 7 项、横向委托项目 1 项。其中省部级项目已完成 1 项，教育厅项目已结项，校级项目结项 5 项，横向项目已结项。在 CSSCI 刊物及各类刊物上发表 26 篇学术论文，公开出版藏文教材两部《新闻理论教程》《新闻采访与写作》，专著一部《新世纪西藏文学研究》。2023 年，专任教师颜亮与顾伟成在《中华文化与传播研究》集刊发表《自然耦合与民族符号：古代媒介环境视域中的汉藏儒学精神/物质域体认》一文，认为历史上中华民族共同体内部结构的汉藏两民族在地理环境、经济互渗、文化互传等共在座架上，复式多样的借助与凭借差异性"媒介"（物质/精神）构筑了两者动态化的共在性体识互构与中华民族不可或缺的体识构素，儒学作为缝合汉藏文化的重要媒介，在汉藏交往交流交融过程中创序、体认、体识互构。

（5）对外合作与交流

大众传播系广泛建立实践教学基地，先后与西藏广播电视台、西藏日报社、《拉萨晚报》、拉萨电视台等媒体单位开展实践教学互动与合作交流，提升学生全媒体新闻生产能力；与西藏自治区党委宣传部开展"部校合作"项目，用马克思主义新闻观育才铸魂。2023 年，西藏人民广播电台主任记者格桑德吉承担新闻实务课程教学任务，大众传媒系达娃次仁教授交流到西藏日报社藏编部挂职交流。

（6）实验室建设

大众传播系加强实验实践教学体系建设，助力卓越新闻传播人才培养。2008 年设立区部共建重点实验室——藏语新闻实验室，共投入建设经费 100 万元，主要包括非线采编室与演播室。

1.2.23.2　西藏民族大学新闻与传播学院

西藏民族大学新闻与传播学院成立于 2005 年 3 月，是西藏自治区党委宣传部与西藏民族大学的共建学院，也是西藏自治区唯一以学院建制的新闻与传播学院。学院现有教职员工 56 人（含兼职），其中硕士生导师 16 人，教授 10 人，副教授 10 人，博士学位教师 13 人。学院在本科办学层次拥有新闻学、广播电视学、广告学、播音与主持艺术与国际新闻与传播五个专业。其中，新闻学专业为国家级一流专业，播音与主持艺术为自治区一流专业。研究生培养方面，学院现有新闻传播学一级学科硕士授予点，下设新闻学、广播电视学与数字传播、少数民族文化传播三个学术型硕士招生方向，同时招收新闻与传播专业硕士，学制均为三年。学院以"少数民族新闻传播"特别是"西藏传播"

为科研主题，设有"西藏新闻传播与社会发展研究所""西藏文化对外传播研究平台"等学术研究机构，为西藏自治区现代新闻传播人才培养创新项目试点单位。多年来，该校新闻人筚路蓝缕、孜孜以求，始终坚持理论积淀与创新发展相结合，坚守奋斗、薪火相传，形成了独具特色的人才培养模式和底蕴深厚的科研学术传统，为西藏经济社会发展培养了大批优秀的新闻传播人才，在学界与业界享有良好学术声誉。当前，学院正在不断加强马克思主义新闻人才培养，全面提升全媒体人才培养质量，引领西藏新闻传播教育改革大潮，努力打造"西藏传播"研究高地，致力成为西藏新闻传播教育和研究中心、中国少数民族新闻传播研究重镇。

（1）本科教学

一是落实和拓展专业建设、人才培养项目。2023年，西藏民族大学新闻与传播学院自觉对接新时代党的治藏方略与涉藏国际传播战略需求，调整优化学科布局，新增"国际新闻与传播"本科专业。持续开展新闻学国家一流专业点建设和"五卓越一拔尖"计划2.0工作。在修订完善2022版培养方案基础上，优化课程体系与教学大纲，制定并持续更新2023级培养方案；开展诊断性评估及总结、整改工作，重点整理整改近三年试卷、毕业论文（设计）、专业实习存档材料、实习基地材料、就业材料、学院制度文件等教学与管理档案材料；完成新闻与传播专业的评估报告撰写、支撑材料归档、校外专家进校评估指导工作。持续推动专业建设改革发展工作，全年召开课程思政、科研立项、新一轮审核审评等专项工作会议十余次。

2023届182名毕业生中共有160人撰写毕业论文，22人制作毕业设计，均已通过答辩且全部顺利毕业并获得学士学位。借助对口支援与交流机制，选派10名本科生在中国人民大学、中国传媒大学进行交流学习。其中，2022年9月至2023年7月，5名本科生在中国人民大学交流学习1学年，5名本科生在中国传媒大学交流学习1学年；2023年9月至2024年7月，4名新闻学专业本科生赴中国人民大学交流学习1学年。2023年中国传媒大学接受1名本科生推免研究生，陕西师范大学接受1名本科生推免研究生，东北师范大学接受1名本科推免生。

二是强化实习实践实验工作。依托新闻传播实验中心开展专业技能实训，在陕西与西藏两地建成西藏日报社实践教学基地、西藏电视台实践教学基地、西藏人民广播台实践教学基地、西藏自治区部校共建基地等专业实习实践基地。是年，西藏民族大学新闻与传播学院新建北京雪云锐创科技有限公司、西藏啊哩呇哩影视文化发展有限公司、陕旅集团白鹿原影视城、咸阳广播电视台融媒体中心4个实习基地。2020级221名学生于5月至7月进行为期12周的专业实习活动。其中35名学生在西藏广播电视台、中国新闻社西藏分社、西藏日报社、拉萨融媒体中心、西藏自然博物馆、西藏消防救援总队、林芝市广播电视台等实习基地实习；其他学生实习单位分布在西藏自治区、陕西省及其他省市；7 名在中国人民大学、中国传媒大学交流学习的学生于暑假自主完成见习。78 名学生获学院优秀实习成果奖励。

鼓励师生参加专业（学科）竞赛，在实践中锻造教学能力、检验教学成果。李炜教授荣获第三届全国高校教师教学创新大赛西藏赛区课程思政组一等奖、第三届全国高校教师教学创新大赛三等奖；张玉荣教授获 2022 年西藏自治区"全区教学名师"称号；刘小三教授获学校教师教学创新大赛正高组二等奖。2023 年大学生创新创业训练计划项目立项 32 项，项目结项 27 项；学科竞赛项目 6 项，其中国家级 4 项，省级 1 项，校级 1 项。此外，该院学生在第 15 届全国大学生广告艺术大赛中获得了全国总评审三等奖 1 项、优秀奖 3 项；在全球大学生体育文化公益广告作品征集与展示活动中入围作品 2 件；在第五届丝路朗诵大赛中，播音与主持艺术专业斩获省级决赛一二三等奖，1 名学生获得全国赛区三等奖；在西藏民族大学第五届中华经典诵读大赛（校复赛）中，2 部作品获一等奖、4 部作品获二等奖、6 部作品获三等奖。

三是积极推进教学改革。获批西藏自治区实践实战能力提高计划项目立项 4 项、西藏自治区高等教育教学改革研究项目立项 3 项，校级教改项目立项 1 项，课程思政立项 4 项。邀请在校挂职媒体单位及高校教师进课堂为学生开展教学讲座、学术讲座 23 场。

四是提升科研工作水平。2023 年，学院获批各类纵向科研项目 9 项。国家社科基金艺术学西部项目 1 项、西藏自治区哲学社会科学项目 1 项、陕西省教育科学"十四五"规划 2023 年度课题 2 项（重点项目 1 项、一般项目 1 项）、西藏自治区教育科学研究 2022 年度课题立项 1 项，西藏自治区教育科学规划项目 1 项、西藏高校人文社科项目立项 2 项（重点项目 1 项、一般项目 1 项）、校内科研项目 1 项。申报学校 2023 年学术著作资助出版著作 3 部，申报教育部高校第九届优秀科研（人文社科）成果奖 1 份，自编教材编写立项 1 项。在《国际新闻界》《现代传播（中国传媒大学学报）》《西藏民族大学学报（哲学社会科学版）》《电影文学》《跨文化研究论丛》等期刊发表 30 余篇学术论文。

多名教师与研究生在 2023 年新闻与传播学院院长论坛、西藏自治区哲学社会科学界联合会第九届学术年会、2023 中国新闻史学会年会、中国新闻史学会外国新闻史专业委员会年会、第九届中国跨文化传播论坛、中国高等教育学会广告教育专业委员会 2023 年学术年会暨第十二届中国广告教育论坛、第七届中国主持传播论坛等学术会议上交流发言。张玉荣教授调研报告《西藏基层民间文化认知状况及文化发展策略调研》获全国民族工作优秀调研报告成果奖优秀奖，袁爱中教授论文成果《〈申报〉与〈钦定藏内善后章程二十九条〉汉文原始版本问题考辨》获第五届中国藏学研究珠峰奖三等奖，陈航行副教授研究报告《西藏网络舆情研判引导与社会治理问题研究报告》荣获西藏自治区哲学社会科学优秀成果二等奖。2023 年 8 月，张玉荣教授率队进藏拍摄纪录片《牧人》完成。该纪录片历时 4 年完成拍摄和制作，在第七届北京国际藏学研讨会上首次展映，收获良好传播效果。2023 年 11 月，学院作为共同发起单位之一，加入由中国人民大学新闻学院领衔的"中国新闻传播学自主知识体系联盟"。

（2）学科建设和研究生教育

西藏民族大学新闻与传播专业硕士学位授权点 2014 年由国务院学位办批准设立，2015 年正式招生。该学科点在 2018 年顺利通过教育部组织的专项评估，得到专家的一致肯定。该学科点按照教育部、西藏自治区学科建设的规划与要求，根据学校要求完成《新闻与传播学院 2020—2025 年新闻与传播专业硕士学位授权点合格评估工作方案》《新闻与传播专业学位专项合格评估指标体系》。2021 年，获批新闻传播学一级学科，至此西藏民族大学同时拥有新闻传播学术、专业学位授权点。目前主要包括"西藏对外传播""新媒体与民族文化传播"两个培养方向。现有在读研究生 154 人。学院在 2023 年 12 月召开新闻与传播专业硕士点周期性合格评估会，来自厦门大学、西安交通大学、西北大学、西藏电视台与西部网的评估专家全面了解学位点的整体建设情况，一致认为新闻与传播专硕学科建设"很主流、很扎实、很丰硕"，整体达到了合格要求。

重视专业素质和能力培养，突出实践教学，以培养学生拥有全面专业能力为教学重要目标，邀请校外专家、导师、挂职老师开展教学讲座 10 余场，具有鲜明的特色和办学优势。2023 年招收研究生共 54 人，其中专硕 31 人，学硕 23 人。是年，获得硕士学位的 23 名研究生毕业论文均围绕"西藏传播"主题展开，涉及《申报》涉藏报道、西藏红色文化国际传播、涉藏纪录片空间叙事与藏族大学生媒介素养等多个议题。

通过设立创新实践项目，提供必要的场地、设备和资金支持，鼓励研究生参与科技竞赛、学术论坛等创新实践活动，引导研究生自主开展创新研究，培养其独立思考和解决问题的能力。2020—2023 年新闻传播学专业硕士共获批创新创业项目 8 项，总计金额 8 万元，完成 8 项调研报告。2024 年研究生科研创新与实践项目拟立项共 10 项，其中重点项目 2 项："清末《申报》涉藏报道及其统一多民族国家办报理念研究""铸牢中华民族共同体意识下援藏精神的传播研究"，批准经费共两万元。一般项目共八项，批准经费共四万元。学院研究生在西藏民族大学第十届"珠峰杯"科研论文比赛中取得优异成绩，共有四名研究生获得优秀奖。

出台学业期内参会报销的利好政策，鼓励研究生参加学术会议。2022 年 4 月至 2023 年 10 月期间，学院研究生在第十四届中国少数民族地区信息传播与社会发展论坛、中国新闻史学会少数民族新闻传播史专业委员会 2023 年会与 2023 第六届中国品牌传播青年学者论坛等 22 次学术会议上作交流发言。2020—2023 年，共有 100 余人次参加了西藏民族大学组织的大学生"三下乡"与 65 周年校庆等社会实践与大型活动中受锻炼、长才干、做实事、干实活，强化研究生历史责任感和使命感。

（3）师资团队

2023 年获聘正高级职称 2 名，中级职称 2 名。学历提升情况：1 名教师进入复旦大学新闻传播学博士后流动站从事博士后科研工作，毕业博士 1 名（瑞士巴塞尔大学），考取博士研究生 1 名（西藏民族大学），引进 1 名博士（上海交通大学）。学院广播电视学教研室教师李叶子与广告教研室李娜作为区高等学校与新闻单位从业人员互聘交流"千人计划"人员，前往西藏广播电视台与西藏日报社挂职，西藏广播电视台高级记者、区党委宣传部新闻处新闻评阅组组长尉朝阳来该院挂职并承担相应教学任务。许颖教授领衔的国际新闻与传播专业教学团队获批立项；1 名实验员在中国人民大学新闻学院实验中心学习进修 1 个月；2 名教师参加中国传媒大学暑期工作坊。4 人次参加西藏自治区党委宣传部组织的融媒体学习进修班。

硕士研究生培养方式实行校内导师和业界导师联合指导的"双导师"制。现有校内导师 16 人，其中教授 6 人，副教授 8 人，具有博士学位 10 人；少数民族 2 人（藏族、回族各 1 人）与本学位点的民族文化特色相吻合；现有校外导师 6 人，来自中央人民广播电台、西藏日报社、西藏广播电视台、西藏传媒集团和西藏网信办等单位。导师具备良好的学术素养与专业实践指导能力，科研能力较强，主持课题层级较高。在 16 位导师中，其中就有 10 位主持了 13 项国家社科基金项目，全体导师均主持了省部级以上科研课题。

（4）对外合作交流

教育部先后确定国内最具专业实力和影响力的复旦大学新闻学院、中国人民大学新闻学院对口援助新闻与传播学院，在学术研究、学科建设和学生交流方面提供高端支持。此外，学院还与中国传媒大学电视学院、西安交通大学新闻与新媒体学院、陕西师范大学新闻与传播学院与西北大学新闻与传播学院保持长期稳定的交流合作机制。2023 年，中国人民大学新闻学院选派专家指导新闻学国家级一流专业建设、广播电视学（融媒体方向）学科建设、国际新闻与传播专业培养方案制定。是年 12 月，为深入贯彻落实西藏自治区党委书记王君正书记来校调研讲话指示精神，落实西藏自治区党委宣传部部长汪海洲指示批示，西藏自治区党委宣传部和西藏民族大学共建战略合作协议、共建新闻传播学院合作协议签约仪式暨部校共建新闻传播学院第二届理事会在秦汉校区召开，为双方基于优势互补、资源共享、互利合作、共同发展的原则的主动作为，必将为学院教学科研工作加快高质量发展注入更强劲动力、提供更广阔空间。

充分发挥援藏教师与银龄教师在学院教学、科研和学科专业建设等方面的积极作用，助力学院教学与科研高质量发展。中央组织部第十批援藏干部、中国人民大学新闻学院许颖副教授（博士）、中国传媒大学魏峰副教授（博士）于 2022 年 9 月入职该院，承担"媒介融合概论""新闻传播实务""传播学概论""西藏新闻传播史"等本科与研究生课程，并受聘为研究生导师。山东大学（威海）文化传播学院张威教授作为教育部 2023—2024 学年高校银龄教师支援西部计划成员，在 2023 年秋季学期开设"涉藏外宣文本写作"专题课程，开展学术讲座 3 次；指导青年教师 1 名。

（5）实验室建设

学院所设"新闻传播综合实验中心"为西藏自治区示范教学试验中心，总值逾 1300 万元，技术水平先进，设备体系化，居于西部地区前列，为教学实践、专业实习提供了现代化平台。实验中心依托部校共建机制，在西藏自治区党委宣传部与西藏民族大学大力支持下，主动适应传媒生态变革，对标国内院校先进做法，开放创新实验室成为学生课余实践主要阵地。是年 10 月，自治区党委书记王君正在视察实验中心时强调，要围绕西藏经济社会发展所需，持续深化教育教学改革，努力做到社会需要什么样的人、高校就培养什么样的人，为西藏培育更多"靠得住、用得上、下得去、留得住"的各类人才。

在前期已经投入使用的影视作品赏析实验室、虚拟演播室、多媒体教学实验室 3 间新实验室的基础上，2022 年度又建成摄影实验室、摄像实验室、音频实验室并已投入使用并承担相应的教学、实践任务。天光画室项目建成并通过验收。2023 年 5 月建成并投入使用的西藏融媒体实训中心拥有采用 360 度全景区设计的高清多功能演播厅主要用于电视节目制作、融媒体报道等课程实践教学，同时也是各类校园活动和节目的录制场地。学院现有 3 个院级创新实践平台暨大学生开放创新实验室，分别为唯一色工作室、创意设计工作室、校园电视台，以"项目制"形式，由指导老师带领学生制作作品，推进学生综合实践能力提升。实验中心还根据师生需求，在课余时间加班开放实验室，更好满足学有余力的学生在实验室锻炼专业实践能力。

（6）学生就业

学院强化"一把手"工程，成立就业工作领导小组，先后召开 5 次就业专题推进会，全面分析、研判毕业生的就业形势。通过毕业生毕业大会、主题班会与走访宿舍等方式，宣讲就业政策与征兵入伍政策，向学生提供个性化、精准化就业指导和服务，引导毕业生转变就业观念。通过利用教职工社会资源，建立学院教职工与毕业生"一对一""一对多"就业帮扶联系，多渠道收集和发布就业信息。在多方合力下，2023 届毕业生共计 182 人，就业 164 人，就业率 90.11%。考研录取 15 人，留学 3 人，其中"211"院校 6 人，其他 9 人。

（西藏民族大学新闻与传播学院　汪罗、金石、王美宇）

1.2.24　宁夏回族自治区 2023 年度新闻传播教育发展综述

1.2.24.1　历史回眸

宁夏回族自治区新闻学教育始于 1983 年。是年，宁夏大学创办新闻学本科专业，隶属于中文系，后发展成为新闻系、新闻传播学院。目前，宁夏大学新闻传播学院设有新闻学、广告学两个本科专业，其中新闻学是自治区"十三五"重点建设专业，下设新闻学和新闻学（网络新媒体方向）。截至 2021 年，共培养毕业生 1500 余名，很多毕业生成为当前宁夏新闻媒体的中坚力量，其中 1 人荣获"长江新闻奖"，20 余人次获得中国新闻奖，12 人次被评为宁夏名记者、名编辑。

2003 年 9 月，宁夏大学新华学院创办新闻专业，这是宁夏独立学院开设的唯一一个新闻学专业。2015 年，宁夏大学新华学院在现有新闻学专业基础上增设播音与主持人方向本科试点班，采用"1+3"的人才培养模式，在大学一年级第二学期，面向新华学院同年级各专业学生招生，选拔有志于从事广播电视播音与主持人工作的学生重新组成新闻学播音与主持人方向本科班，为宁夏新闻单位培养播音与主持人才。

2004 年，经教育部批准，北方民族大学文史学院（前身为西北第二民族学院中文系）正式创办新闻学专业。之后于 2006 年，创办广告学专业。在师资力量不断发展壮大前提下，2008 年创办传播学专业。一共 3 个专业，每届招收本科生 180 人左右。学院的人才培养目标定位为：坚持立德树人，培养掌握新闻传播历史和基本理论以及新闻传播专业技能，具备利用多种传播媒介从事新闻传播活动的能力，具有民族团结意识、社会责任感和人文关怀意识，能在民族地区从事全媒体新闻策划及采编、广告策划创意、广告文案、图形图像广告设计制作以及在党政机关、企事业单位从事宣传、公关等信息传播工作。

1.2.24.2　主要院系

（1）宁夏大学新闻传播学院

宁夏大学新闻传播学院是宁夏回族自治区党委宣传部与宁夏大学"部校共建"学院，也是宁夏高校中唯一的独立建制的新闻传播学院，现设有新闻学、广告学、播音主持艺术三个本科专业。新闻学专业目前是自治区重点建设本科专业，2020 年设立卓越新闻班。2018 年 1 月，新闻传播学专业学位硕士点获批，填补了宁夏新闻传播学学科发展的空白，目前已连续招收四届研究生。

2014 年 12 月至今，在部校共建机制及经费支持下，学院在师资力量、实训基地、课程建设、服务地方等方面取得了快速发展。目前，学院现有专职教师 30 人，其中教授 6 人，副教授 6 人，博士 8 人，有海外留学经历的 4 人。学院师资队伍有两个特点：一是以"宁夏大学兼职教授"岗位长期聘请 10 名区内外传媒业领军人物和知名高校教授为兼职教授，他们定期到学院授课或开设专题讲座；二是有新闻媒体从业经历的"双师型教师"8 人。以上特点，在西部地区高校的同类专业中是较少见的。

根据专业发展实际情况，学院深化新闻学专业教育教学改革，突出实践导向。主要做法有：降低理论性课程比重，增加实践性课程比重；允许学生以毕业设计进入毕业答辩环节；以"大学生新闻实践训练营"、兴趣小组等多种形式，拓展学生的"第二课堂"，以上措施有效提高了学生的实践创新能力和人才培养质量。

（2）北方民族大学文传学院新闻传播系

北方民族大学文史学院新闻传播系的人才培养定位为：为少数民族地区培养"采写实践型+新媒体技能型+社会责任关怀型"的复合型新闻人才。通过加强数字媒体实验室建设、数字校园媒体建设和校外实践教学力度，实现以实践教学改革促进新闻专业课程设置、课业评价机制以及人才培养模式的改革。

针对数字化传播的未来发展趋势，北方民族大学新闻传播系在国家民委及校方的大力支持下，一是创办了新闻媒介门类齐全的实验室，通过不断改善实验设备与实验环境，开设大量新媒体实验课，让师生彻底告别"黑板新闻学"时代，使实验室转变为全能记者和全能编辑的培养摇篮；二是创办了新型校园媒体，新闻系建立了校内新闻实训基地，包括校园全媒体报社、校园电视台、校园广播电台、校园手机报等，通过校内新闻实训平台，尤其是"民大新青年"微信公众号，让新闻系学生在实践教学中更好地消化课堂的理论知识，实现与新闻实务运作的"零对接"；三是开展了富有成效的校外新闻实践教学活动，使新闻专业学生在社会实践活动中，极大地锻炼了新闻业务水平；四是在以上实践平台建设基础上，加大了实践教学的学分设置比例，制定出了系统合理的学生学业的评价机制。为保证新闻实践教学活动的有效开展，新闻系将原来只占 17% 的实践教学课时加大到 34%，将实践教学活动贯穿到四年本科教学的全过程。

民族院校的新闻教育，主要是为民族地区培养少数民族新闻工作者，所以人才培养区别于研究型大学。北方民族大学新闻系少数民族学生的比例占 60% 以上，在教学过程中，他们注重强调学生的人文素质、文字功底、思维方法及为民族地区服务的意识。课程设置除新闻院系开设的主干课程外，以铸牢中华民族共同体意识为工作主线，增设了有民族特色的课程，如中华文化导论、党的民族政策、古代文学、现当代文学等，使民族院校新闻教学领域逐步拓宽，课程设置更具特点。

1.2.24.3 本科生教育

（1）宁夏大学新闻传播学院

学院找准新闻人才培养的支撑点，提升人才培养质量。根据部校共建的需要完成了人才培养方案的修订，明确了马克思主义新闻观和实践教学在新闻传播人才培养中的支撑作用，全面加强了马克思主义新闻观课程教学和实践性教学工作。在实践教学工作中，坚持一体两翼的实践教学理念，即以课程教学为核心，以校内实践和校外实践为支撑，切实提升学生的实践能力。

第一，深化部校共建和跨学科以及产学研协作工作。

做好新闻大楼后期建设工作。完成融媒体实验室一期、二期建设工作和综合演播厅建设工作，目前已交付使用。继续推进部校共建工作。开展9期全区新闻宣传系统在职人员培训，效果良好。

整合多种资源推进新文科建设。在已有培养方案的基础上进一步优化课程设置，提高实践教学比重，与信工学院、美术学院合作增设技术应用类课程包，培养学生扎实的基础理论和较高的专业知识运用能力

学院与北京"字节跳动"、北大方正、上海"睿亚训"公司合作建设中国高校产学研创新项目"新文科建设背景下新闻学一流本科专业课程建设研究与实践""产教融合背景下融媒体师资培养体系建构"及教育部高校学生司供需对接就业育人项目"基于新媒体创作与实践能力的定向人才培养培训项目建设"。与政府机构、行业协会、媒体、企业在资源共享、实习实践、人才培养、学术研究等方面进行深度合作。

第二，紧抓本科教学质量，推进课程思政建设。

一是加大基层教学组织建设力度，与中国传媒大学等6所高校共建的国家首批网络与新媒体专业虚拟教研室取得实效。二是加大"课程思政"示范课程及在线开放课程建设力度。完成"影视艺术概论""品牌学"双语在线课程录制工作，第三批校级"课程思政"示范课程建设项目"新闻学概论"结项"优秀"。"新闻评论学"课程获批自治区一流本科课程，1位教师获学校"立德树人奖"。三是做好教学改革和教学团队建设工作。卓越新闻传播人才培养卓越教学团队（新文科）获批宁夏大学2023年本科教育卓越教学团队；"卓越新闻传播人才培养模式探索研究""新范式、新进路：新文科背景下传播学的教学创新"获批自治区高等教育教学改革项目。四是做好高水平教材建设，规范马工程教材及规划教材的选用。出版数字教材《新媒体营销：实务与案例》

（中国人民大学出版社）；出版"影视艺术概论"课程教材《影像的叙说——电影理论与经典》（兰州大学出版社）；《纪实影像创作教程》已与上海交通大学出版社签订出版合同，拟于明年出版。

第三，聚焦学生实践创新能力培养，做好专业建设工作。

一是推进新闻学国家级一流本科专业建设点工作，进一步明确专业定位，深化专业综合改革。二是课内实践与课外实践相结合，增强与校内外媒体的深度合作。2023 年度大学生创新创业项目获批国家级 1 项，区级 4 项，校级 18 项；学生参加各类学科竞赛或区级以上奖项 23 项。学生公开发表作品省（区）级 57 项。

（2）北方民族大学文学与新闻传播学院

北方民族大学文学与新闻传播学院目前有新闻学、传播学、广告学、汉语言文学 4 个本科专业，2021 年新闻与传播专业硕士学位点获批，2023 年首批招收 8 名专业硕士研究生。新传系现有专任教师 17 人，正高级职称 1 人，副高级 7 人，博士 7 人，"双师型"教师 7 人。

自 2019 年 6 月开始组织新版人才培养方案的撰写，新闻传播系新闻学、传播学专业历经调研、讨论、撰写、专家论证等多个环节，初步形成科学完善、专业突出、特色鲜明的人才培养方案。疫情期间，有序组织在线教学。通过在线教学，引领教师积极转变教育教学观念，大力推进教学改革。2020 年度，学院获批各级教学研究项目共 8 项，其中省级"课程思政"项目 2 项，省级精品实践项目 1 项，省级教研项目 1 项，校级教研项目 4 项；获得 2020 年宁夏首届民族教育教学成果奖 1 项；"全媒体新闻传播实验中心"顺利通过宁夏教育厅 2018 年"本科教学工程"的项目验收，被评为优秀项目。2019 年文传学院"北方民族大学文学与新闻传播学院全媒体新闻传播实验中心"项目获批教育部高等教育司 2019 年第二批产学合作协同育人项目。2020 年、2021 年、2022 年、2023 年先后获批共计 6 项产学合作协同育人项目。文传学院在实践教学方面成效明显，先后在《中国高等教育》《教育研究》《大学教育》《宁夏大学学报》等发表了教研论文多篇，出版了实践教材《融合新闻创作——实训指南及案例评析》等。

另外，加强实践教学需要新闻、传播、广告专业教师们从教学观念上意识到实践教学的重要性，为此新传系提出从侧重理论教学逐步向理论教学与实践教学"双翼起飞"过渡。同时要不断完善人才培养方案、系统优化实践教学课程体系内容、推动教师们编写实践教学教材、加强本学院所属的五大校园媒体实践教学平台的建设、多出实践教学精品成果，从而深化实践教学改革，全面推动和提高本学院的实践教学水平。

文传学院新闻媒体实验室目前属于北方民族大学文科综合实验中心，属于省级重点实验室。该中心成立于 2016 年 6 月。中心整合了商学院、经济学院、管理学院、文传学院、设计艺术学院原有实验室，建立了经济管理类实验分中心、艺术传媒实验分中心两个实验平台。文传学院新闻媒体实验室隶属艺术传媒分中心。文科综合实验中心现有技术人员在册 6 人，其他 2 人。新闻媒体实验室现有 1100 多万元的全媒体实训中心，拥有校园报社、电视台、电台、手机客户端等多家校园媒体。相关的课程主要有：影视后期制作、新媒体编辑、新媒体运营、新媒体用户分析、纪录片创作研究、数字媒体技术、视频节目制作、传播效果与测量、田野调查与定性分析、广告创意与策划、平面设计、广告摄影基础、影视后期特效、新闻编辑、视听广告创意、纪录片创作研究、新媒体运营、融合新闻、音频录制技术、电视摄像、网页设计与制作、广告摄影实训、影视广告制作、数字化影视制作实训、媒体工作坊等。

春季学期初，学院提前进行毕业资格审核，提前进行摸底，专门组织召开会议，对不能按时毕业学生逐一进行指导帮扶，协助进行课程重修报名。通过构建就业工作责任到人体系、按时召开就业工作领导小组会议、定向推送招聘信息、召开专场宣讲会等形式大力推进学院毕业生就业工作。截至 2023 年 12 月 31 日，新闻学毕业生就业率 90%以上，考取硕士研究生 20 多人。

（3）宁夏大学新华学院新闻专业

2012 年，新闻学专业被自治区教育厅立项为优势特色专业，已基本形成系统化的教育教学理论实践教学体系；2016 年与宁夏广播电视台共建新闻传播实践教育基地，建成集广播电视采、编、播、录实践实验教学所需的新闻演播室、虚拟演播室、非线性编辑制作室、广播语录室、广播直播间、直播观摩室、直播候播室等 500 余平米。截至目前，专职教师队伍共立项建设自治区级教育教学改革项目 2 项，厅级以上科研项目 2 项、宁夏高校创新创业教育教学改革项目 1 项，宁夏大学新华学院教育教学改革项目 2 项，宁夏大学新华学院科学研究项目 2 项，指导各级大学生创新创业项目 8+余项。教师指导学生参加宁夏高校大学生原创微电影大赛、新闻传播类原创作品大赛等，均有优异表现。

目前，新闻学专业人才培养转型发展后的人才培养标准为：通过比较系统的专业学习和训练，努力实现每个学生在专业综合素质方面能够做到，"开口能讲，提笔能写，拿上设备能拍摄，进入非编室又会编"的"能文能武型"新闻人才。这也是媒体融合发展的全媒体时代对未来新闻传播人才素质的必然要求。

围绕这一转型目标，新华学院新闻学专业在未来的规划中，将以转变人才培养的理念和思路；重构课程体系，改革教学模式、教学方式和方法；深化实践教学体系的改革；进一步加强师资队伍的建设这四个方面工作为核心，进行教育教学改革探索。在继承新华学院十四年来新闻人才培养成功经验和做法的基础上，进一步强化学生的专业应用技术能力培养，走"校媒合作建基地，校媒联手共育人"的开门办学之路，牢固树立"错位竞争特色发展，有所为、有所不为"的理念，一切从实际出发，不贪大求全，不照抄照搬，不降低标准，最终实现培养行业与地方需要的合格应用技能型高级新闻传播人才的目标。

新华学院新闻学专业毕业生90%以上在区内就业和创业，其中大部分毕业生在全区地、市、县、乡等基层部门和单位工作，部分学生考研继续深造。目前全区23个县市区，基本上有新闻专业的毕业生。另外，考研率逐年提高，2017届应届毕业生考研率为12.9%，基本符合学院新闻学专业的人才培养目标和方向定位。

新华学院先后与英国普兹茅斯大学、中国台湾铭传大学、中国台湾朝阳科技大学、美国纽约电影学院、澳大利亚堪培拉大学等高校和交流中心实现合作办学。2008年至今，每年选派学生到宁夏大学各相关专业交流学习。2012年与中国澳门科技大学、2013年与中国澳门城市大学签署免试推荐硕士研究生协议，每年推荐毕业生攻读硕士学位。新闻专业学生均可享受学院创造的各种外出交流、学习的优势资源。

1.2.24.4 学术研究及其特色

宁夏大学新闻传播学院主持在研国家级科研项目4项，纵向到账经费76万元；主持厅局级、企业横向合作研究项目11项，横向到账经费170余万元。发表论著49篇（部），编辑完成《贺兰山传媒研究》（集刊），拟于2024年2月出版。做好科研平台和科研团队建设工作。打造"民族地区传播与社会发展研究中心"校级科研平台，凝练学科方向，聚焦西部传媒智库和舆情研究中心两个方向开展建设工作。

2017年6月3日挂牌成立了宁夏大学新闻传播学院民族地区传播与社会发展研究中心。该中心由教育部重点研究基地武汉大学媒体发展研究中心与宁夏大学新闻传播学院联合组建，整合了武汉大学与宁夏大学的学术资源，主要任务是开展重大课题研究，凝练宁夏大学新闻传播学科特色，以扎实有力的成果服务于自治区党委和政府的决策、服务于宁夏大学"双一流"建设。宁夏大学新闻传播学院还与中国人民大学新闻学院、宁夏银川市新闻传媒集团达成协议，联合成立西部融媒研究院，共同在新媒体发展、媒体融合发展理论研究与人才培养方面进行探索。

学院以凝练特色学科为导向，提升学科建设的内涵。学院本着立足宁夏，面向西部，服务民族地区的基本理念，积极探索和凝练学术研究方向，初步确立了民族地区传播与社会发展、西部地区融合媒体研究、区域形象与舆情研究三个科研方向，采取外引内联，整合力量，联合攻关的方式，提升学术研究实力。2017年以来，学院成立研究机构 1 个，组建民族地区新闻传播学术团队 1 个。学院与武汉大学媒体发展研究中心、中国人民大学新闻学院联合主办的"第一届互联网与西部社会治理""第七届传媒与西部社会发展论坛"在银川成功举行，与厦门大学新闻传播学院建立战略合作伙伴关系，在人才培养、智库建设、科研项目申报等方面深化合作。与厦门思所品牌策划公司签订了校企合作协议，与石嘴山市网信办签订了校地合作协议。

北方民族大学文学与新闻传播学院认真组织申报各类科研项目，目前获批在研的国家社科有 4 项；获批宁夏社科规划项目 2 项，获批宁夏引才专项基金项目 1 项。新传系着力在特色方向上组建学术团队，聘请相关专家在学术理念、学术方法、科研能力提升上进行有效交流和指导，从而形成学科凝聚力与向心力。通过学科与学位点的积极申报，学院不断拓展学科格局，争取学科建设不断上台阶、上层次。

（宁夏大学新闻传播学院　顾广欣）

1.2.25　广西壮族自治区 2023 年度新闻传播教育发展综述

（空缺）

1.2.26　新疆维吾尔自治区 2023 年度新闻传播教育发展综述

新疆新闻教育起源于 20 世纪 30 年代，从初期为数不多的新闻技术训练班发展至今，已取得不菲成绩。目前全疆共有 8 所高校开办新闻传播专业教育，分别是新疆大学、石河子大学、新疆财经大学、喀什大学、伊犁师范大学、塔里木大学、昌吉学院、新疆科技学院。新疆已经逐步形成了本科及研究生等不同层次的专业教育体系，培养了大量优秀的新闻人才，为新疆新闻事业的发展奠定了坚实的基础。

1.2.26.1　部校共建

根据中宣部、教育部《关于地方党委宣传部门与高等学校共建新闻学院的意见》通知精神，2015 年新疆大学、石河子大学、塔里木大学三家院校进入部校共建新闻学院行列。各院校成立部校共建新闻学院共建工作领导小组，负责共建新闻与传播学院工作的总体规划设计、重大事项决策、全面组织协调等工作，下设共建领导小组办公室和共建院务委员会。共建院务委员会在共建工作领导小组的指导下开展工作，负责研究制定新闻传播学院的发展规划、人才培养目标和机制创新、师资队伍建设等重大事项。

自治区党委宣传部和兵团党委宣传部发挥政治、组织优势，媒体从业专家发挥实践优势，共建院校挖掘红色资源和科研积累，共同打造新闻人才的核心竞争力。在政策导向、师资力量、基础设施等方面支持新闻学院双一流建设，形成了一系列可行可用、行之有效的做法。经过建设，三家院校的新闻与传播学院专业水平得到显著提升，课程培养体系更加科学，办学定位更加明确，专业服务面向更加清晰，办学特色优势在本行业本区域内较为明显突出，教学质量、培养水平和社会影响力得到显著提升。

1.2.26.2　专业设置与招生规模

（1）专业设置

2023 年新疆新闻教育专业设置更加科学合理，涵盖新闻传播学、广播电视学、广告学、编辑出版学等多个领域。同时，根据学科发展趋势和业界人才需求，部分高校设有网络与新媒体、视觉传播等新兴专业。全疆拥有学术型硕士学位点 2 个（新疆大学和新疆财经大学），6 个专业型硕士学位点（新疆大学、新疆财经大学、喀什大学、塔里木大学、伊犁师范大学、新疆科技学院）。

（2）招生规模

2023 年全疆各院系各依据自身办学条件和市场人才需求，合理确定招生人数，确保教育质量。全疆各院校新闻传播本科生在校生总数为 4412 人，研究生在校生总数 604 人。2023 年本科生招生数 1140 人（其中新疆大学 115 人，其他院校 1025 人），2023 年研究生招生数 243 人（其中新疆大学 141 人，其他院校 102 人）。

1.2.26.3　新闻传播教学改革

（1）以习近平新时代中国特色社会主义思想作为新闻传播教育的理论指引和行动指南

在自治区党委宣传部和兵团党委宣传部的大力支持和具体指导下，全疆各新闻院系将"马克思主义新闻观"作为本科核心课程；各院系全力打造"马克思主义新闻观精品课教案"等精品课资源；修订研究生培养方案和教学大纲，为学硕和专硕开设"马克思主义新闻观研究"研究生核心课程课程。2023 年积极推动新闻传播学大类培养改革，各院校陆续修订《新闻传播学类专业培养方案》，加强新闻传播课程思政体系建设，明确新闻传播专业课程中思想政治教育的融入点，保证知识传授与价值引领交相辉映，课程思政与思政课程有机统一，实现课程思政润物细无声、入脑入心。

（2）依托部校共建新闻学院，构建学界业界优势互补长效机制

2023 年全疆新闻院系积极开展以"马克思主义新闻观""国情区情教育""媒体融合"等为主题的名编名记进校园系列讲座。先后委派新华社新疆分社、中新社新疆分社和自

治区、兵团主流媒体的业界专家为本科生和研究生作媒体专家进课堂系列讲座。委派新疆日报社、兵团日报社、新疆经济报社、新疆人民广播电台和新疆电视台的多名媒体专家走进校园，通过独立开课、合作开课等方式，为学生开设"新闻采访""新闻评论""新闻业务研究""广播电视业务研究""视觉传播研究"等多门专业课程。

（3）依托部校共建新闻学院，大力开展新闻教育教学改革研究

充分利用国家级一流本科专业建设和部校共建新闻与传播学院及内地知名高校对口援疆的重大机遇，以社会人才需求和媒体融合发展为导向，面向业务实践技能需要，专业内涵建设得到加强，课程培养体系更加科学，各院系实践教学条件得到极大改善。依据"国标"和《关于提高高校新闻传播人才培养能力实施卓越新闻传播人才教育培养计划2.0 的意见》启动本科教学培养方案修订工作，着力培养满足社会需要的高层次、创新型新闻传播人才和广告传播人才。课程建设和教材建设取得新进展，五类"金课"和专创融合课程建设取得质和量上的提升。

1.2.26.4　师资分布与流动

（1）师资分布

新闻教育领域的师资队伍呈现出年轻化、高学历化的趋势，博士及高级职称的师资主要分布在乌高校。2023 年，各院系引进了具有丰富实践经验和学术背景的优秀人才，提升了师资队伍的整体水平。师资流动也日趋活跃，2023 年全疆专任教师流失 2 人，引进博士及副高以上师资 7 人（新疆大学 5 人，新疆财经大学 2 人）。教师们通过参加学术会议、访学交流等方式，拓宽了学术视野，提高了教学水平。

（2）师资队伍建设

全疆各院系现有专职教师 169 人（新疆大学 44 人，其他院校 125 人），总体数量不少，但是师资质量有待提升。具体数据如下：2023 年全疆具有正高职称 21 人（新疆大学 8 人，其他院校 13 人），副高 49 人，现有教师中具有博士学位的教师人数 47 人（新疆大学 26 人，其他院校 21 人）。

1.2.26.5　课程、教材及实验室建设

（1）课程建设

全疆新闻传播教育注重理论与实践相结合，增设了实践性强的课程，如"新闻采访与写作""广告策划与创意"等。创新课程教学手段和教学方式，将八路军驻疆办事处、石河子军垦博物馆、新疆日报报史馆、新疆大学校史馆、石河子大学博物馆作为教学基地，打造融新闻史论、新闻实践、课程思政为一体的教学过程，让新闻传播教育动起

来、活起来、暖起来。

（2）教材选用与建设

全疆各院系严把新闻传播教材选用审核关，确保优质教材进课堂，做到马工程教材应选尽选、应用尽用，严把教材选用政治关、思想关、学术关。扎实推进新时代教材建设高质量发展，2023年全疆各院系共出版教材3部——新疆大学教师出版《英语新闻写作》与《计算传播学》，塔里木大学教师出版《影视美学教程》。

（3）实验室建设

2023年全疆新闻院系在地方财政和中央财政专项资金的大力支持下，加大投入实验室建设投入力度，完善新闻传播实践教学实验设备，提高实验教学的质量和效果。例如新疆大学新闻与传播学院建成电子数字绘画实验室，昌吉学院检车融媒体实践教学中心，塔里木大学传媒体系建成网络与新媒体专业实验室，伊犁师范大学建成教学多媒体实验室，喀什大学建成融媒体中心（传媒实训基地）。这些有代表性的实验室建设有助于提高新闻学专业的教学水平、科研水平，有助于培养和提高学生适应行业数字化发展趋势的就业能力。

1.2.26.6　科研与学术交流

（1）科学研究

2023年新疆新闻教育领域的科研工作取得较为丰硕成果。各院系围绕铸牢中华民族共同体意识、文化润疆、媒体深度融合、马克思主义新闻观等等热点问题开展深入研究，产出一定数量高质量的学术论文和专著。

2023年全疆各院系共发表论文132篇（其中新疆大学40篇，其他院系共92篇），共发表核心论文28篇；共立项国家社科项目4项（其中新疆大学重大项目1项，一般项目1项，其他学校2项），省部级项目14项（其中新疆大学7项，其他高校共7项），厅局级项目21项（其中新疆大学8项，其他高校共13项）；出版学术专著5部，分别是《面向日常生活世界的媒介技术研究》《剧中边疆——影视媒介中的边疆文化景观及其提升研究》《新媒体环境下影视制作和传播研究》《光影本土：多元视角下的中国影视剧创作研究》和《网络媒介用户群使用研究》。

（2）学术交流

2023年全疆各院系积极举办或参加国际、国内学术会议，加强了与国内外同行的交流与合作。新疆大学新闻与传播学院8月新疆召开"讲好中国故事 构建中国话语叙事体系暨新疆新闻传播教育40周年学术研讨会"。9月召开第七届中国传播创新论坛（2023）暨国际传播效能提升学术研讨会2场国内学术会议，国内300余名学者到会交流。2023 年 7 月第五届公共传播学术论坛在喀什大学顺利召开。2023 年全疆各院系邀请国内外著名学者近百人来访问讲学，组织类型多样的学术活动，并积极支持研究生与对口支援院系交流培养。

（新疆大学新闻与传播学院　杜松平）

1.2.27　内蒙古自治区 2023 年度新闻传播教育发展综述

2023 年内蒙古自治区各高校深入贯彻落实习近平总书记系列重要讲话和考察内蒙古大学重要讲话精神，持续贯彻落实党的二十大精神，以铸牢中华民族共同体意识为主线，落实立德树人根本任务，持续深化教育教学改革，通过更新课程设置、加强实践教学、深化校企合作、优化教学资源等措施，有效提高了新闻传播教育的质量和水平。

1.2.27.1　专业建设与课程建设取得显著成效

专业建设方面，内蒙古大学新闻学专业以马克思主义新闻观培德铸魂，通过跨学科交叉、跨行业协同、立体化实践，形成“一元贯通 多维互嵌”人才培养模式。2023 年，张丽萍教授主持完成的教学成果《一元贯通 多维互嵌：卓越新闻传播人才培养模式创新与实践》获得内蒙古自治区高等教育教学成果一等奖；主持的内蒙古大学新闻学专业“政产学研协同育人”创新团队获批为校级教学创新团队。

在专业调整方面，内蒙古民族大学的数字媒体技术专业 2023 年 6 月调整至计算机科学与技术学院。该专业于 2016 年开始招生，同年与凤凰传媒教育集团开启产教融合专业共建项目。

在课程建设方面，内蒙古民族大学“新闻采访与写作”课程获批国家级线下一流本科课程，课程负责人赵承钢。内蒙古师范大学推荐申报的“全景新闻报道——沉浸式融合报道实践”获得自治区教育厅参评国家级一流本科课程资格，主持人为郭喜春。内蒙古大学推进微课建设，教师录制 4 集课程思政微视频，分别是《从重大议题中找选题——复兴大道 70 号中的爱国表达》《坚持为人民服务的工作导向》《延安新华广播电台的前世今生》《声音里的国家》；录制 3 集教学交流微视频《量化研究和质化研究的差异》《理解媒介——大学生媒介素养导论》《互联网中的人际交往——网络如何影响了人与人的关系》。

在教学研究方面，内蒙古大学青年教师烁宁主持的“立德树人背景下红色文化融入高校新闻传播教育体系研究”、韩如璋主持的“新文科背景下高校播音与主持艺术专业人才培养探索与实践研究”获批内蒙古自治区教育厅 2023 年度教育科学规划项目；内蒙古大学教师闫伟华发表教研论文《新文科背景下网络与新媒体专业人才培养的瓶颈与突破》（《新闻论坛》2023 年第 5 期），烁宁发表《融媒体时代下思政建设融入播音主持教学的创新策略——以网络电台"寻声 I 播"为例》（《传媒论坛》2023 第 11 期）。

2023 年，各高校本科教学以教育教学审核评估为中心，以教学质量提升为重点，在专业建设、师资队伍建设、课程建设、基层教学组织建设、教学质量管理等各方面不断完善，迎评工作有序进行。

1.2.27.2 虚拟教研室成为院校间交流平台

内蒙古大学张丽萍教授主持的"新闻学专业虚拟教研室"为教育部虚拟教研室试点，成员除内蒙古大学文学与新闻传播学院教师外，还包括中国人民大学、中央民族大学、兰州大学、郑州大学、河北大学、浙江工业大学、浙江工商大学、云南民族大学等 8 所高校新闻学专业负责人和一流课程负责人，以及内蒙古师范大学、内蒙古民族大学、内蒙古科技大学、内蒙古河套学院、集宁师范学院、呼伦贝尔学院 6 所本地高校的新闻学专业负责人、《内蒙古日报》和内蒙古广播电视台的总编辑。

新闻学专业虚拟教研室组织了教学研讨活动。2023 年 8 月以线上形式开展教学研讨会，邀请兰州大学王君玲教授讲授实践教学的组织经验；邀请河北大学张筱筠副教授介绍国家级一流线上课程的申报和建设经验。兰州大学、郑州大学、河北大学、浙江工业大学、浙江工商大学、内蒙古师范大学、内蒙古民族大学、内蒙古艺术学院、赤峰学院、集宁师范学院、河套学院、呼伦贝尔学院等高校 30 名教师参加研讨。

新闻学专业虚拟教研室进行了院校之间资料共享。兰州大学新闻与传播学院"重走中国西北角"接力采访活动、浙江工业大学"马克思主义新闻观教学话剧"活动、内蒙古大学"政产学研协同育人模式"等的相关资料和做法，都在微信群进行分享。内蒙古大学本科实践教学周的学生作品结成集子，作为各高校实践教学案例进行交流。

新闻学专业虚拟教研室在毕业论文审阅、人才培养方案修订方面开展合作。内蒙古大学新闻学专业本科毕业论文由郑州大学、浙江工业大学的教师进行审阅；新闻与传播专业学位研究生毕业论文与河北大学、宁夏大学、郑州大学互审，并就专业学位研究生毕业论文的选题情况、论文质量、指导心得进行了交流研讨。内蒙古大学邀请兰州大学王君玲教授、河北大学白贵教授、郑州大学张淑华教授、湖北大学聂远征教授、内蒙古广播电视台张兴茂总编辑、光明日报社内蒙古记者站高平站长等，对新闻与传播专业学位研究生培养方案进行论证。2023 年，内蒙古大学新闻与传播专业学位研究生实习答辩邀请《内蒙古日报》原总编辑孙亚辉、内蒙古新闻网总编辑刘春、新华社中国经济信息社内蒙古中心总经理史叶、内蒙古日报融媒体中心原主任郝斌等虚拟教研室成员担任答辩委员，并对学生的实习情况进行总结点评。2023 年研究生毕业论文答辩，内蒙古师范大学张芸教授、乌琼芳教授、光明日报社内蒙古记者站高平站长、内蒙古广播电视台张兴茂总编辑分别担任四个组的答辩委员会主席，汤计、焦健、郝斌、史叶(新华社中经社内蒙古分社总经理)等担任答辩委员。

1.2.27.3　产学合作取得一定进展

5 月 15 日，河套学院与凤凰数媒产教集团延续合作，确定了优化人才培养方案和实践实训管理、保证学生高质量就业、拓展教师业务培训等内容。

5 月 23 日，内蒙古民族大学文学与新闻传播学院与通辽市公安局开展警校共建深度合作，积极探索推行以公安工作为依托、以高校人才资源为支撑的警校共建模式。

6 月 9 日，呼和浩特民族学院新闻传媒学院与内蒙古蒙科立蒙古文化股份有限公司签约共建产教研联合实验室，双方签订了合作协议书并举行了"产教研联合实验室"揭牌仪式。

6 月 15 日上午，包头师范学院文学院与东河区文体旅游广电局在中国西部摄影艺术中心举行实践研修基地和战略协作单位签约仪式，加强双方在人才培养、实习基地建设、文旅资源推广等方面的深度合作。

9 月 20 日，呼伦贝尔学院文学院前往海拉尔区融媒体中心参加签约仪式。

10 月 27 日，内蒙古师范大学新闻传播学院与呼和浩特市融媒体中心举行实践基地签约暨揭牌仪式。

12 月 9 日，河套学院与锐领视界(海南)文化传媒有限公司签署"校企合作"协议，希望以产学合作为纽带，进一步加强与企业的互通，在校企深度合作上取得突破并实现学校与用人单位的双赢。

1.2.27.4　实践教学呈现亮点

3 月 9 日，内蒙古大学文学与新闻传播学院师生到呼和浩特市新城区蒙草集团百草园进行采访，了解蒙草集团"乡土种源体系"和"数字技术导航"等核心技术和内蒙古生态发展战略。

5 月 18 日，内蒙古大学文学与新闻传播学院与内蒙古广播电视台广播新闻中心联合开展马克思主义新闻观教育活动，邀请河北电视台原台长王喜民到内蒙古大学新闻学专业学生中间，讲述他 30 余年的新闻工作经历，分享了自己沿祖国边境线踏访时的心得。

5 月 30 日，内蒙古大学文学与新闻传播学院与新华社中国经济信息社内蒙古经济研究中心联合主办的《2022 年内蒙古网络舆论治理报告》发布会暨"新时代如何提升媒介素养"研讨会召开。这一活动延续 6 年,为助力内蒙古自治区做好风险防范化解工作,提升网络综合治理能力,营造良好舆论环境发出学界声音。

6 月 2 日,内蒙古大学文学与新闻传播学院师生到内蒙古能源发电投资集团有限公司金山热电厂调研采访,了解能源企业集高效节能、绿色环保、新兴旅游为一体的花园式电厂的发展模式。

7 月 17 日,"范长江行动——2023 香港传媒学子内蒙古行"在呼和浩特市拉开帷幕,来自香港的 23 名学子与内蒙古 5 所高校 14 名学子先后在呼和浩特市、包头市、鄂尔多斯市、乌兰察布市展开采访。

7 月 20 日,内蒙古大学文学与新闻传播学院与呼和浩特市赛罕区融媒体中心合作,结合呼和浩特文旅宣传活动,开展新媒体融合采访报道。学生以"潮游赛罕 烟火青城"为主题,开展"农文旅"融合系列报道,将融媒体中心的报道内容与学习实践教学活动结合起来,以真实的选题要求作为实践教学主题,发表了系列融媒体实习作品。

12 月 7 日,集宁师范学院王羽楠、徐馨婕、王佳瑶、姜虹旭四位同学合作完成的作品《改变人类历史的植物》入围第十一届全国大学生新媒体创意大赛"强交互 H5"项目组终评名单。

在新华社新闻信息中心、新华社县级融媒体研究中心组织开展的 2022—2023 年度"全国融媒体中心能力建设"调查研究中内蒙古大学文学与新闻传播学院提交的作品入选"行业融媒体中心融合发展典型事例"。

1.2.27.5　学术交流与学术会议

7 月 15—18 日,由中国民族地区信息传播与社会发展论坛组委会、中国人民大学新闻学院、中国人民大学新闻与社会发展研究中心主办,河套学院、巴彦淖尔日报社、黄河几字弯文化传播创新研究基地承办的"第十四届中国民族地区信息传播与社会发展论坛"在内蒙古巴彦淖尔市举办。

7 月 22 日,由《中国新闻传播教育年鉴》编撰委员会主办的"第三届全国新闻传播学院院长研修班"在武汉市举行,集宁师范学院文学与新闻传播学院新闻学专业系主任靳舍,新闻学专业教师郝晓宏、王旸参加了此次研修班。

10 月 18 日,呼和浩特民族学院新闻传媒学院领导班子携各教研室主任及科室负责人参访浙江大学,与传媒与国际文化学院开展座谈交流。

(内蒙古大学文学与新闻传播学院　张丽萍)

1.2.28　北京市 2023 年度新闻传播教育发展综述

1.2.28.1　北京市新闻传播教育的宏观态势

2023 年是全面落实党的二十大精神的开局之年，北京市新闻传播教育事业整体呈现出蓬勃向上的发展态势。一方面，2023 年党和国家有关政策、文件的相继出台为全国包括北京市新闻传播教育指明了方向。中央教育工作领导小组秘书组、中央教育部党组联合发了《关于学习贯彻习近平总书记在中央政治局第五次集体学习时重要讲话精神的通知》、教育部等五部门联合印发《普通高等教育学科专业设置调整优化改革方案》等重要文件，要求加快建设中国特色、世界一流的大学和学科，大力加强基础学科、新兴学科、交叉学科建设，不断提升原始创新能力和人才培养质量，为新时代新征程教育事业改革发展提供了行动指南。另一方面，面对新形势、新任务、新要求，北京市高校新闻传播院系通过举办论坛、研讨会、国际交流与合作、实践平台建设等方式，深入推进新闻传播教育的实践与发展。

2023 年，北京市新闻传播院系在马克思主义新闻观教学研究、新闻传播理论创新、学科建设与人才培养、国际交流与合作、实践平台建设、学术研讨与社会服务等方面进行了一系列的探索和创新，并取得了重大发展。

2023 年多所北京高校新闻传播院系开展了形式多样的马克思主义新闻观教学实践活动。中国人民大学举办第三届当代马克思主义新闻观学术研讨会，围绕习近平总书记关于新闻舆论工作的重要论述、马克思主义新闻学理论与实践、中国共产党新闻舆论工作的优良传统与历史经验、新时代中国舆论学自主知识体系建设、新时代舆论生态与国家治理创新、新时代中国国际传播能力建设等议题展开了全方位、多层次的讨论。北京大学举办"北京大学新闻学研究会与马克思主义在中国的早期传播"专题研讨会，围绕马克思主义中国化、时代化等问题展开了深入研讨。北京外国语大学举办"第三届马克思主义新闻观研究与实践高端论坛"，聚焦"中国共产党形象全球传播"，深入研讨党的全球传播理论与实践。中央民族大学共同举办"马克思主义新闻观实践教育：对话与反思"学术论坛，对马克思主义新闻观教育的未来发展提出展望。中国传媒大学举办"习近平文化思想与新时代文化繁荣发展交流研讨会"，围绕习近平文化思想的理论内涵、脉络体系、实践要求和重大意义等意义进行了深入研讨。为深入学习贯彻习近平外交思想，推动学习贯彻习近新时代中国特色社会主义思想主题教育走深走实，清华大学、北京大学、中国人民大学、中国传媒大学、北京外国语大学五所高校联合开展"一带一路"十周年党日活动。

1.2.28.2 科学研究

北京市高校在新闻传播理论研究与转化应用方面取得了显著成绩，成立了多个科研平台，承担了多项国家级及省部级科研项目，发布了多项调查报告，出版了多本著作，科研成果数量和质量较 2022 年有显著提升。

在科研平台建设方面，中国人民大学和中央广播电视总台共建"新时代国际传播研究院"，以期成为服务国家、辐射全球的国际传播创新高地。中国传媒大学成立"文化发展与传播研究院"，将通过对习近平文化思想的理论阐释和国际传播，推动文化繁荣，助力中华文化国际传播能力建设。北京大学"国家战略传播研究院"更名为北京大学"国际传播研究院"，进一步聚焦和助力中国国际传播事业，发挥研究平台和高端智库作用，产出更丰富的研究成果。中央民族大学成立"中华民族文化传播研究中心"，将深入挖掘和展示中华民族文化的内涵和魅力，服务构建科学完备的中华民族共同体理论体系，促进文明交流互鉴，推动中华文化更好走向世界，建设中华民族现代文明。

在科研项目立项方面，2023 年北京市高校共获批新闻传播类国家社科基金重大项目 1 项；国家社科基金年度项目 19 项，青年项目 10 项；国家社科基金后期资助项目 4 项；研究阐释党的二十大精神国家社科重大专项 3 项；教育部人文社会科学项目 8 项；北京市社科基金项目重大项目 1 项，重点项目 12 项，一般项目和青年项目 28 项。2023 年度北京市高校坚持以重大理论和现实问题为主攻方向，坚持基础研究和应用研究并重，为党的理论创新服务、为繁荣发展哲学社会科学服务的努力。从获批立项的选题数量来看，中国人民大学、中国传媒大学等高校展现出更高的科研积极性和竞争力。

在调查研究方面，中国社会科学院新闻与传播研究所先后发布《新媒体蓝皮书：中国新媒体发展报告（2023）》《青少年蓝皮书：中国未成年人互联网运用报告（2023）》《县域网络文明建设指数报告（2023）》和《媒体融合发展报告：中国媒体融合发展报告（2022—2023）》。北京师范大学先后发布《2022 中国大学、央企、城市海外网络传播力建设系列报告》《教育游戏融合发展报告（2023）》和《互联网平台青少年保护与发展报告（2023）》。清华大学发布《2023 爱德曼全球信任度调查中国报告》。这些报告全面总结了百年变局下中国新媒体在转型升级、媒体融合、网络文明建设、国际传播等方面的发展状况，为探索中国新媒体发展趋势提供思路。

在学术专著与教材出版方面，佳作频出。北京师范大学喻国明新著《游戏与元宇宙》一书，对元宇宙未来图景中游戏产业发展的驱动因素、游戏传播的新范式、媒体相关的功能与机制等问题进行了深入思考。清华大学李希光和巴基斯坦埃贾兹·阿克拉姆合著的《文明的互鉴》出版，从多维度解读了提升中国道路的影响力，以及中国在推进全球治理机制改革中所发挥的作用。北京外国语大学高金萍的《全球传播导论》教材出版，是国内首部全球传播领域的高校教材，该教材以马克思主义新闻观为立场和方法解码全球传播，系统绘制全球传播理论与实践的知识地图，探索构建中国特色的全球传播理论体系。中国传媒大学高晓虹的《中国新闻传播研究：新闻传播学自主知识体系建设》一书，基于中国式现代化目标的发展研究，为中国新闻传播学自主知识体系构建提供理论突围与实践创新路径。中国人民大学彭兰的新著《智能与涌现：智能传播时代的新媒介、新关系、新生存》出版，从智能传播时代的新表现形态及影响、媒介内容生产的新机制、人与机器的新关系、人的新生存状态等视角，对这种涌现性进行探究。中国人民大学郑保卫新著《马克思主义新闻观及其中国化》出版，对马克思主义新闻观的形成发展及其中国化的历史过程、思想成果、理论共享作了系统梳理和全面总结。

2023 年度青年学者表现不俗，中央民族大学吴占勇的新著《群落化生存：移动互联网时代网络社群的生成与传播》，勾勒了移动互联网社群的生成逻辑和传播特征，为理解技术与社会结构变迁提供了新的注解。北京外国语大学刘沫潇的新著《全球视野下的新闻真实探索：理论阐释与实践考察》，在开阔的学术视野中重思了新闻真实有关议题。

1. 2. 28. 3　学科建设与人才培养

2023 年北京市高校新闻传播学科建设与人才培养整体呈现出稳步发展态势。根据《国务院学位委员会关于下达 2022 年动态调整撤销和增列的学位授权点名单的通知》显示，北京大学新增出版硕士专业学位授权点。多所高校通过召开学科建设座谈会、学术论坛、合作办学、联合培养等方式以提升学科建设与人才培养的质量。

为加强中国新闻传播学自主知识体系建设，中国人民大学召开了"中国新闻传播学自主知识体系联盟"启动仪式暨"2023 年中外新闻传播学院院长论坛"，40 余所院校的专家学者共聚一堂，共同发起"中国新闻传播学自主知识体系联盟"，并围绕"实践与理论：中国新闻传播学自主知识体系构建的路径与目标"主题展开讨论与交流，开启了中国新闻传播学自主知识体系建设的新篇章。中国传媒大学举办了"中国特色新闻传播学研究"学术研讨会，倡导深化新闻传播学理论研究，推进中国新闻传播学学科体系、学术体系、话语体系建设。北京师范大学举办"AI 时代新闻传播学科建设与人才培养研讨会"，围绕 AI 时代背景下学科发展和人才培养等议题，展开深度研讨。北京印刷学院举办复合型人才培养校友论坛，探讨在新文科新工科建设背景下复合创新型人才培养新路径。

北京外国语大学与香港浸会大学联合举办"传习塾"博士生学术论坛，在学术交流与分享中，加强对国际传播专业博士生的培养。中国传媒大学和中国人民大学就进一步深化两校合作，协力服务新时代党的教育新闻事业进行座谈交流。中国传媒大学与中国新闻社签署战略合作框架协议，旨在共同培养新时代复合型新闻人才。中国传媒大学与中央广播电视总台山东总站签署战略合作协议，探索新闻传播理论与实践相结合的新路径。中国人民大学举办人大—北外联合培养"国际新闻传播-西班牙语"专业师生交流会，深入探讨了国际新闻传播与西班牙语融合发展等问题。中国传媒大学召开《中国传媒大学七十年（1954—2024）》修订暨学校高质量发展座谈会，围绕"中国特色世界一流传媒大学"的发展目标展开深入交流。

1.2.28.4　国际交流与合作

为加快建设中国特色、世界一流的大学和学科，多所北京高校新闻传播院系积极开展国际交流与合作。中国传媒大学先后同马来西亚拉曼理工大学、西班牙马德里康普顿斯大学、白俄罗斯明斯克国立语言大学、古巴哈瓦那大学、南昆士兰大学、爱尔兰科克大学、黑山下戈里察大学、泰国艺术大学、英国威斯敏斯特大学、马来亚大学、悉尼大学、莫纳什大学、梅西大学、伦敦大学等海外高校就师生互访、联合创作、科研合作等领域进行了深入交流。中国人民大学先后与日本北海道大学、泰国国家发展管理学院就联合研究、合作办会、教师互访、学生交换、学生工作坊等领域进行了深入探讨。北京大学承办北京论坛（2023）"我与中国式现代化的故事"青年论坛，中外青年学者从不同视角讲述了对"中国式现代化"的理解。清华大学举办亚太传播学会联盟（APCA）2023学术年会，年会以"人工智能时代的传播研究：机遇与展望"为主题，来自17个国家和地区的专家学者进行了深入研讨，展示了视野宏阔、富有活力的传播研究现状与前景。

1.2.28.5　实践平台建设

中国传媒大学与奇安信集团签署战略合作框架协议，双方将聚焦网络空间安全学科建设与人才培养，聚力科研成果加速落地和推广应用，更好地服务支撑国家重大战略。北京师范大学与人民数据签署合作协议，双方将携手在舆情大数据、融媒体、电商直播等领域开展新合作，打造数字人才的培养高地。中央民族大学成立互联网平台企业发展与治理研究中心，致力于系统研究互联网平台企业基本理论和业界实践，助力我国数字经济与数字社会的高质量发展。北京交通大学与中拉文化交流中心联合建立实习实践基地，助力中拉文化交流。北京工商大学元宇宙科技公司共同探索多元化校企合作新模式，推动教育、科研与产业的有机结合。

1.2.28.6 学术研讨与社会服务

为更好地服务于中国式现代化建设，推动国际传播能力建设、文化传承传播、乡村振兴、媒体融合发展，北京市多所高校新闻传播院系各展其长，采取了众多举措，举办了一系列主题丰富形式多样的学术研讨活动，开展了丰富多彩的社会服务实践。

在国际传播能力建设方面，清华大学与四川国际传播中心启动"国际传播启航计划"，将通过对四川特有的文化资源进行深入挖掘和资源叠加，协力推进四川的国际传播工作。清华大学先后举办"筑牢中华民族共同体意识与国家形象塑造"专题研讨会和"中国式现代化与国家形象建构"2023 年清华国家形象论坛，围绕中国式现代化、国家形象建构、国家传播能力等重大议题进行了深入研讨。北京外国语大学举办的"中国共产党形象全球传播"第三届马克思主义新闻观研究与实践高端论坛、"中国教育国际交流协会国际传播分会成立大会暨首届国际传播论坛""计算国际传播与全球治理"学术研讨会和风向标论坛，从多个维度对中国式现代化背景下加强我国国际传播能力建设等重大议题进行了深入研讨。中国人民大学召开 2024 年国际传播协作机制研讨会，探讨了构建中国话语和中国叙事体系的行动路线，交流了中国理论阐释中国实践、中国实践升华中国理论的理念准则。

在文化传承传播方面，北京大学和莆田市人民政府共建"北京大学-莆田妈祖文化工作室"，为妈祖文化发展注入新的动力与活力，为中华优秀传统文化的传承与创新性发展作出积极贡献。中国传媒大学与故宫博物院签署合作协议，这是汇集文化与传媒领域优质资源，共同推进中华优秀传统文化创造性转化、创新性发展的有力举措。

在乡村振兴方面，北京师范大学师生赴河北阜平开展帮扶工作，为乡村振兴和基础教育的优质均衡发展贡献力量。中国传媒大学与西藏自治区党委宣传部签署文化助力乡村振兴工作合作框架协议，积极推进乡村振兴战略发展。

在媒体融合发展方面，中国传媒大学召开"推进媒体深度融合，共创主流舆论新格局"媒体融合创新发展研讨会，围绕媒体融合发展趋势、视听新媒体平台特性、融媒创新典型案例等议题展开深度研讨。中央民族大学与北京市广播电视局开展座谈交流，就媒体深度融合的方向、路径等问题进行了深入交流。

（北京外国语大学　王喆、高金萍）

1.2.29　上海市新闻传播教育 2023 年度发展综述

1.2.29.1　上海地区新闻传播专业 2023 年发展特点

2023 年，上海市各高校新闻传播专业持续致力于学科发展。深入贯彻二十大会议精神，将理论学习成果积极转化为推动新传教育全方位育人的实际成效。依托扎实的基础教育和前沿科研资源，积极促进国际教育组织和机构间的合作交流，构建国际化的新传人才培养平台。同时，充分运用前沿智能技术助力教学发展，不断推进与政府单位、机构的教学实践合作，加快产学研一体化融合。2023 年，上海市各高校新闻传播学致力于教育高质量发展，不仅产出了一批原创科研成果，还为本区域和全国乃至世界范围内的新传教育发展起到良好的示范作用。

第一，学习二十大会议精神，引领新传教育发展，促进全域性育人。2023 年各大高校持续开展报告会和红色实践项目，学习贯彻党的二十大精神，深化新时代课堂教学改革，助力党的新闻事业人才培养。解放日报社党委与复旦大学新闻学院党委举办联合主题党日暨《望道》电影观影会，师生一堂，品读"好学力行"，共悟"真理之甘"，追溯"信仰之源"。上海对外经贸大学会展与传播学院研究生第二党支部与少数民族预科班开展共同开展观影活动，观看电影《志愿军，雄兵出击》，提升青年学生的民族自豪感与国家荣誉感。上海交通大学媒体与传播学院、上海广播电台、上海文化广播影视集团有限公司（SMG）总编室和上海交通大学公共卫生学院在上视大厦签订党建共建三方协议，切实加强业界和学界的相互学习、相互借鉴、交流融通，在媒体、传播、医学领域找到契合点。

第二，推动国际合作交流，建设具有国际化特色的新传培养平台。2023 年，上海各大高校新闻传播学院不断深入有关智能媒体发展的学术交流，搭建青年学生、教师间的交流互动平台，并积极开展实践活动，探讲好中国故事的新路径。上海大学新闻传播学院与澳大利亚悉尼科技大学联合举办中澳智能传播论坛，共同探讨"全球连接时代的新闻传播教育与研究"这一重要问题。东华大学人文学院与美国密苏里新闻学院开展第四届"数据新闻与数据可视化"暑期国际大师课。上海交通大学邀请法国里昂大学教授 Francoise Paguienseguy、巴黎高等师范学院文化迁变研究中心主任 Michel Espagne 教授、联合国教科文组织 Bertrand Cabedoche 教授等海外知名学者开展了题为"法国里昂：一座传统丝绸制造业城市的新千年转型""文化迁变：理论及案例研究""全球传播的当代议题"的学术讲座，大大拓宽新传学子对城市、文化和传播的认知。

第三，推动产学研一体化，充分利用教学资源，实现最大化效益。同济大学艺术与传媒学院持续加强与澎湃新闻的合作共建，举办了第 3 季"在希望在田野上"乡村振兴调研活动和"上海相册"创作者分享交流会。上海师范大学影视传媒学院积极开展七棵树生活驿站志愿者活动，在第五届中国国际进口博览会中输送"小叶子"体验官岗 1 人、志愿者服务岗 6 人。上海外国语大学新闻传播学院的"背包记者团"前往贵州省进行为期一周的考察，先后参观调研万布依古寨、安龙县、贞丰县、兴仁海河红军战斗遗址、鲤鱼坝村等地，深入了解贵州文化，围绕"党建+国际传播"战略，以国际传播视角探索乡村振兴的深刻内涵。

1.2.29.2　上海地区部分新闻传播院系重大事件

（1）复旦大学新闻学院

2023 年，复旦大学新闻学院 14 项成果获上海市第十六届哲学社会科学优秀成果奖；"数字出版"课程入选上海市一流本科课程，"数据分析与信息可视化""政府公共关系"入选第二批国家级一流线下课程，"传播政治经济学""新闻编辑"获上海市级重点课程立项。沈国麟老师"全球化与中国媒体和政治"（Chinese Media and Politics in the Context of Globalization）课程获上海市教委授予的"上海高校国际学生英语授课示范性课程"称号。

2023 年，学院主办新文明，新公益："品牌中国 复旦"（2023）暨第四届上海数字公益广告国际论坛、"智能沟通：城市共通体的前世、今生、未来——传播与中国·复旦论坛"、中国新闻传播学自主知识体系建构与教材建设院长论坛、第八届传播与国家治理论坛、第十九届复旦大学"中外新闻传播理论研究与方法"暑期学校，承办第二届全球媒体创新论坛之"全球变局下的媒体责任"分论坛。

（2）上海交通大学媒体与传播学院

2023 年上海交通大学媒体与传播学院获批 3 项国家社科基金项目，上海交通大学出版传媒研究院获国家新闻出版署"出版智库"授牌，上海交大国家文化产业创新和发展研究基地获文化和旅游部"文化和旅游研究基地（2023—2025 年）"授牌，"新媒体与社会""人际传播""文化市场营销"成功入选第二批国家级一流本科课程。上海交通大学获得 2027 年第 19 届国际科技传播学会双年会主办权，中国首次成为 PCST 双年会的举办国。

2023 年学院邀请海内外知名教授学者，开展了"从赛博朋克到非洲未来主义：科幻媒体运动""文化迁变：理论及案例研究""人机互动的新个人门户与智能平台的兴起可能""全球传播的当代议题"等讲座。举办了马克思主义新闻观教育与新闻传播学学科体系建设院长论坛、上海交通大学-苏州大学科技传播论坛暨上海交通大学文治创新论坛、马新观学术体系建设青年学术论坛。学院师生前往人民日报社、新华社、中央广播电视总台、中国人民大学新闻学院进行实地参访交流。学子积极报名上海科技节志愿活动，助力开幕式红毯活动的顺利进行。

（3）华东师范大学传播学院

2023 年，华东师范大学传播学院获上海市第十六届哲学社会科学优秀成果奖 1 项，获批国家社科基金项目立项 4 项，其中年度项目 2 项、艺术学项目 1 项、后期资助重点项目 1 项。出版著作（包括专著、教材、编著等）共计 12 部，其中专著 5 部，教材 4 部，编著及电子出版物 3 部。这一年，学院举办了全球南方国际传播论坛、第六届战略传播学术研讨会、数字人文智能传播系列论坛等近 10 场重要学术会议，邀请近百名国内外学界业界知名专家来本院交流指导，举办校级学术讲座 8 场、校庆学术报告会 11 场，讲座 30 余场。此外，学院开展博思论坛、马克思主义新闻观读书会、大夏出版读书会等学生自主性学术创新活动近 30 场。

（4）同济大学艺术与传媒学院

2022 年同济大学艺术与传媒学院动画专业获 2023 年软科评级 A+学科，入选国家一流专业。以马新观、媒介融合、智能、大数据、城市传播等为科研重点，依托部校共建投入经费支持创新科研团队 A 类 6 个，B 类 6 个，C 类 5 个，独立项目 7 个，揭榜挂帅项目 1 个，以及虚拟仿真和精品课程培育项目 13 项。自主研发的"数字皮影动画虚拟实验系统"，获批上海市高等学校一流本科课程虚拟仿真项目。新开辟英国布鲁奈尔大学双学位合作。"大学美育"课程荣获上海高校市级重点课程立项，筹建"同济大学宗白华美学美育研究中心"，将美育教学、学术研究、服务社会融汇一体。举办中国高校影视学会媒介文化专业委员会第六届学术年会暨 2023 年媒介文化论坛。

同年，学院举办了中国高校影视学会媒介文化专业委员会第六届学术年会暨 2023 年媒介文化论坛、《全球视野下的当代媒介理论》新书发布会暨"西格弗里德·齐林斯基教授著作研讨会""技艺交融，沁润心灵"——2023 艺术疗愈国际研讨会、新时代新闻传播学科发展论坛等。并与澎湃新闻启动新一轮为期五年的合作共建，双方签约合作共建"同济大学产教融合创新实践基地"，并举办了第 3 季"在希望在田野上"乡村振兴调研活动以及"上海相册"创作者分享交流会。

（5）上海外国语大学新闻传播学院

2023 年，上海外国语大学新闻传播学院全票顺利通过新闻与传播专业学位授权点专项核验，成立了上海外国语大学 Z 世代国际新闻传播人才培养基地，主办了全球交往理论创新研讨会、网络媒体与全球传播国际研讨会、"形象研究与全球传播"2023 年年会、AI 时代新闻传播课程体系改革研讨会、国际传播研究中心揭牌仪式暨交叉学科创新科研项目论证会等会议与论坛。

同年，学院师生前往浙江省诸暨市枫桥镇学习考察"枫桥经验"，探索"枫桥经验"国际传播路径；前往贵州省以新闻人的视角记录并传播红色文化、贵州本土发展和振兴的故事，以"多语种+"的优势赋能中华传统文化的国际传播。

（6）上海大学新闻传播学院

2023 年，上海大学新闻传播学院在科研领域取得了显著成就。在课题资助方面，2023 年度共获得各类纵向课题资助 12 项。其中包括国家社科基金 1 项，教育部专项重大课题 1 项，省部级项目 8 项。在学术论文方面，全年公开发表各类学术论文 221 篇，其中 SSCI 论文 13 篇，以及 A&HCI 论文 1 篇。在著作出版方面，2023 年度共出版专著 6 部、译著 2 部、编著 2 部。在专报要报方面，学院共提交各类专报要报 39 条，其中 28 条获得省部级及以上采纳。值得一提的是，学院还荣获了 2023 年上海市第十六届哲学社会科学优秀成果奖论文类一等奖。

这一年，除了学术科研外，学院还联合上海市新四军历史研究会，抢救性记录和发掘在世老红军、八路军和新四军等革命前辈的故事，创作和播出上百集纪录片，传播红色文化；承担关系国家和地方发展的重大项目，如进博会组织实施方案、上海数字广告发展报告、上海数字广告标准制定、上海市十四五会展产业规划等；依托上海国际大学生广告节举办国际广告节院长高峰论坛，与澳大利亚悉尼科技大学举办中澳智能传播论坛。

（7）华东政法大学传播学院

2023 年华东政法大学传播学院荣获上海市高等教育教学成果奖二等奖 1 项。获批高水平地方高校建设专项项目"法治传播新兴交叉学科建设"。获批国家社科基金 2 项、教育部社科基金 2 项、上海市哲社规划课题 4 项，立项数同比保持稳定，质量提升显著。学院教师以第一单位第一作者身份共发表校定 A 刊 4 篇、B1 刊 2 篇、C2 以上论文 55 篇，主持省部级以上课题 8 项，出版图书 3 本，获省级科研成果奖 1 项。

2023 年以孙祥飞副教授为核心，刘展、秦朝森等教师为骨干的智库研究团队成果产出稳定，截至 12 月底先后获国家领导批示 2 篇、省部领导批示或部门采用 14 篇、中宣部采用或《人民日报（内参）》采用 14 篇。同年，学院向学校新闻网送审发布消息近 60 余条；实践教学、特色教育、高端论坛等被中新社、中国社科网、《法治日报》等多家主流媒体关注报道达 20 余篇次，学院主流媒体能见度和显示度得到有效提升。

（8）东华大学人文学院

2023 年，东华大学人文学院获得国家社科基金一般项目 1 项，发表论文 19 篇，其中 C 刊及以上论文 6 篇，专著 1 部。三位教师获"纺织之光"2023 年度中国纺织工业联合会纺织教育教学成果奖二等奖，徐敏的"媒介与社会"课程获第五届上海高校青年教师教学竞赛三等奖，并与美国密苏里新闻学院开展第四届"数据新闻与数据可视化"暑期国际大师课。

2023 年，学院在服务世界设计之都大会、援疆、上海市政务传播方面发挥出了显著的作用。学院主办了 2023 年世界设计之都大会（WDCC）"设计'她'力量"高峰论坛；作为 2023 年上海市"文化润疆"重点项目之一的"融媒体生产运营实训"，组织对口支援地融媒体从业人员开展融媒生产和运营实地培训指导、线上融媒相关课程培训、来沪参观交流、优质媒体内容共建共推等一系列活动；与上海东方怡动有限公司共建的"城市治理与传播创新实验室"正式挂牌。

（9）上海师范大学影视传媒学院

2023 年，上海师范大学影视传媒学院新获国家社会科学基金后期资助项目 4 项，教育部人文社会科学重点研究基地重大项目 1 项、教育部青年项目 1 项、国家文旅部项目 1 项、上海市哲社科项目 1 项、上海市政府决策咨询项目 1 项，还有上海市厅局级项目 2 项、校级文科培育项目和跨学科创新团队项目 3 项，"王珮瑜戏曲教育人才孵化工作室"入选市教委文教结合高校文化艺术人才工作室品牌项目。2023 年学院共组织国内研讨会 3 个、国际学术研讨会 1 个，学术论坛 2 个，举办"新中国 70 周年戏曲史"系列重大项目推进会暨"新中国戏曲发展史"研讨会、"戏曲如何振兴"国际笔会、社会科学研究前沿议题研讨会等。邀请学术大咖、业界专家为学生开展系列学术讲座 50 余场以及"新·青年论坛""广播电视大讲堂""光启讲堂"新闻专场、"影视编剧大师班"系列讲座等多场有影响力的专题学术活动。

在社会服务方面，2023 年学院围绕"百年征程再起航，实践续写新篇章"的主题，开展社会调研 8 项、社会服务 2 项，参与人次超过 100 人次，学院获优秀组织奖。暑假期间围绕"喜迎二十大、永远跟党走、奋进新征程"的主题，共培养孵化 20 项社会调研项目与 6 项爱心学校项目，总计 136 位同学参加社会实践，学院获最佳组织奖。开展七棵树生活驿站志愿者活动，累计参与人次超过 400 人次，服务对象达 500 余名。在第五届中国国际进口博览会中，学院输送"小叶子"体验官岗 1 人、志愿者服务岗 6 人。

（10）上海对外经贸大学会展与传播学院

2023 年上海对外经贸大学会展与传播学院梁振民副教授受国家出版基金资助的著作《中国乡村传统婚丧习俗》由深圳出版社出版；田纪鹏副教授获文化和旅游部部级社科研究项目立项，获国家社科基金项目立项；王雪辉博士获 2023 年度教育部人文社会科学青年项目立项；林晓博士获 2023 年度国家自然科学基金青年项目立项。

（11）上海体育大学新闻与传播学院

2023 年上海体育大学新闻与传播学院与五星体育携手打媒体融合双轨课堂《媒介融合与融合新闻研究》；与长海路街道残联签署志愿服务共建协议，达成长期志愿服务合作意向，学院师生团队获评中共一大纪念馆"优秀志愿团队"。学院党委与上海市教育评估院党总支举行联组学习暨主题党日活动，开展了题为"一生'文字匠'，无悔体育人""从'七一勋章'获得者黄文秀成长足迹，看新时代高校青年价值观塑造"等讲座。学院积极弘扬奥林匹克精神，举办"东西方对话：加强跨文化交流"奥林匹克国际比较研究学术研讨会，开展奥林匹克文化教育校园行暨奥林匹克文化体验营活动。

（上海交通大学　薛可）

1.2.30　天津市 2023 年度新闻传播教育发展综述

2023 年，天津新闻传播教育迈入新的发展阶段，展现出蓬勃向上的风貌，创造了时代征程的新篇章。总体而言，在课程建设与教改工作、实践教学改革以及高素质人才培养、科研成果产出、学科能力建设等多个核心领域，取得了扎实的成绩和显著的进步，具体概览如下。

1.2.30.1　课程建设与教改工作成果斐然

天津大学新媒体与传播学院 2023 年首届新闻传播学硕士研究生入学，学院认真贯彻人才强国战略，探索"时代新人铸魂工程"新媒体方案，按照课程群建设思路，结合智能传播时代的特点，新开设新闻传播学专业课程 11 门，其中全英文课程 2 门、新媒体技术类课程 2 门。2023 年，学院获批天津市教改项目 3 个；三全育人工作先后获评天津市思政工作精品项目、天津市学校"三全育人"优秀工作案例、天津市思政课题等。学院重视课程建设，先后邀请学界业界知名学者与学院师生进行交流分享。

天津外国语大学国际传媒学院教改成果显著。2023 年，学院申报"新时代、新媒体、新文科背景下新闻学专业转型研究"（B231006803）获批天津市省普通高等学校本科教学质量与教学改革研究计划项目、"大宣传理念下高层次国际传播人才培养研究"（TJYG096）获批天津市高等学校研究生教育改革计划研究项目等教学改革项目。"融媒体工作室：产学研协同培养国际传播人才的创新与实践"项目获推荐天津市新一轮教学成果重点培育项目。

天津财经大学人文学院新闻与文化传播系在课程教学改革和教学创新方面深入推进"新闻摄影"课程获得 2023 年天津市劳动教育优秀课程。校级重点建设课程"电视摄像"结项评审合格。此外，该系教师参加第三届教学创新大赛，获得校级一等奖、市级三等奖。

1.2.30.2　实践教学与人才培养成效显著

天津师范大学新闻传播学院 2023 年学生获奖情况硕果累累。学院参赛学生获天津市新闻奖新闻业务研究一等奖 1 项，二等奖 2 项，三等奖 2 项；获武汉新闻奖新闻业务研究二等奖 1 项。获天津市 2022 年大中小学爱国主义教育优秀案例征集评选活动三等奖 1 项。荣获天津市委宣传部"光影天津"纪录片征集大赛二等奖 1 项。获天津市委宣传部影视创作扶持项目 1 项，获批天津市档案馆出版基金 1 项。获第十五届全国大学生广告艺术大赛优秀工作者 1 人。

南开大学新闻与传播学院 2023 年研究生招生工作顺利进行，共录取 60 名硕士研究生，优质生源率进一步提升。2023 年上半年的毕业生预答辩、答辩、毕业工作有序开展，共毕业 33 名硕士研究生。2024 年毕业生的毕业工作顺利推进，共有 12 名学术型硕士研究生和 29 名专业学位硕士研究生进入毕业流程，顺利完成开题、中期考核等程序。

天津体育学院传媒与艺术学院新闻与传播教研室重视推进部校共建成果，顺利举办天津体育学院新闻学专业成立 23 周年暨"部校共建"新闻学院成果汇报交流会。完成了第十二届天津市大学生校园微视频大赛组织工作，并举办"践行四力迎盛会"主题教学实践活动暨第一届新闻学专业技能大赛颁奖典礼，按照新闻写作、新闻摄影、短视频三个赛道，共收到 96 部参赛作品，围绕"青春献礼党的二十大""抗疫我们在行动""中国的近十年"等主题，评选出获奖作品 18 部，其中一等奖 3 部、二等奖 6 部、三等奖 9 部。与此同时，学院重视实践教育，为新闻学专业学生举办体育赛事转播培训，邀请企业、天津电视台体育频道导播开展讲座，并推进闻学专业与强棒天使公益项目(中华社会救助基金会)建立创业实习基地。此外，学院还成功与海河 MCN 签署高校电商联盟，并建立"大学生新媒体实训基地"，推进了高校产学研一体化进程，新闻学专业也拓展了实训基地。

天津外国语大学国际传媒学院以"外语+"、应用型、复合型、创新型维持的"新文科"专业建设与人才培养为优势，持续推进实践基地建设，与网易新闻天津共建"创易星球"实训实践基地。在天津滨海新区图书馆举办师生作品展，"津滨海"等媒体给予报道，产生良好的社会反响。学院积极参与社会服务，"非物质文化遗产传播实验室"积极参与天津市全域科普"四全"品牌征集宣传活动。同时，在学生工作方面也硕果累累，2023 年 1 个学生团支部荣获天津市五四红旗团支部，2020 级本科生权欣雨荣获天津市优秀共青团员、天津市"大学生自强之星"称号。本科生在"大创"项目中获国家级立项 5 项，天津市级立项 9 项。1 人获天津市优秀学生，1 人获天津市王克昌奖学金，22 人获国家励志奖学金。学生参加各类专业竞赛，获国家级奖项 23 项，天津市级奖项 12 项。

天津财经大学人文学院新闻与文化传播系突出实践教学，实现赛学互促。学院在第15届全国大学生广告艺术大赛中，指导学生获得国赛三等奖1名，优秀奖6名，天津市赛一等奖4名，二等奖11名，三等奖7名，指导教师并获得天津赛区优秀指导教师称号。在"高教社杯"大学生"用外语讲好中国故事"学生获优秀短视频大赛天津赛区特等奖，全国一等奖。在第二届新时代"人才杯"多语种翻译大赛暨首届"讲好地理标志故事"教师指导学生获外语短视频大赛特等奖。在天津市教委主办的2023年第十二届天津市大学生校园微视频大赛中，新闻与文化传播系学生获得二等奖1个、三等奖2个。学院报送项目《云·游中国——一站式数字化研学共享服务赋能平台》获得第九届中国国际"互联网+"大学生创新创业大赛天津财经大学校赛(高教主赛道研究生组)二等奖。

天津中医药大学文化与健康传播学院在学生培养方面，新增本科毕业生38人，就业率92.1%，其中4人继续攻读硕士学位，3人出国留学。学生获批市级以上大学生创新创业项目2项，在各类竞赛中获省部级以上奖项20余项。新招生44人，办学规模基本稳定。依托传播学专业成立的天津市中医药文化研究与传播中心荣获"天津市优秀科普基地"称号，传播学专业负责人毛国强教授团队主编的"中医药文化传播丛书(中英文)"获世界中医药学会联合会首届"国际贡献奖-著作奖"二等奖；组织编写的《中医名家谈节气防病与文化》一书荣获"2023年天津市优秀科普图书特别推荐奖"和"2023健康天津科普作品图文类一等奖"。该专业教师牵头组织并承担了"中医药文化进校园系列活动"，包括进入中小学普及中医药文化工作、组织中医药文化夏令营3次。此外，专业牵头面向全市大学和中小学开展"中医药文化弘扬工程"暨天津市中医药文化与健康短视频大赛，探索传播学教育与中医药文化传承相融合的新形式。

天津仁爱学院数智传媒与设计艺术学院现拥有IDCC创新设计中心，在专业实践、校企联合培养、学科前瞻和创新教育等方面打造战略性生态系统，促进跨学科交流合作及产学协作。IDCC建设有学术交流、科研工作、实验创造、设计教学、管理办公、开放共享六类功能空间，使用面积2000余平方米。通过搭建理论学习、实验操作、社会实践的一体化平台，注重学生实际应用能力的提升，突出创新能力培养，鼓励跨专业协同。此外，学院根据专业特点，积极鼓励、大力支持学生参加学科竞赛和大学生创新创业训练计划，学生累计获"互联网+"大学生创新创业大赛、"天津市大学生工业与艺术设计大赛"等省部级及以上竞赛204奖项，学生主持参与大学生创新创业训练计划17项，其中国家级5项、天津市级12项。

1.2.30.3 科研立项与学术论著成果稳步积累

2023年，天津师范大学新闻传播学院专业教师共获批科研项目13项，其中国家社会科学基金项目 1 项，天津市教育科学规划重点项目 1 项，天津市哲学社会科学规划项目 2 项、天津市艺术规划 2 项、天津市高等学校人文社会科学研究项目 2 项；此外，获批国家级横向项目 2 项，省部级项目 2 项，其他项目 1 项，科研经费共计 115 万元。学院发表学术论文共 29 篇，其中 C 刊论文 8 篇。

南开大学新闻与传播学院教师马瑞洁获批国家社科基金一般项目，吴一可获批国家自科基金青年项目；李唯嘉、吴一可获批教育部人文社科项目；戚德祥获中宣部出版局智库项目资助；于孟利获南开大学亚洲研究中心项目资助，科研经费近百万元。在科研成果方面，学院教师共发表论文 80 余篇，其中 SCI、CSSCI 期刊论文 20 余篇，在新闻传播学科一级顶刊《新闻与传播研究》发表论文 2 篇分别是陈鹏、沈文瀚的《元宇宙：历史坐标、本体及应用——以马克思主义为主要视角的分析》和钟沈军、王浩的《毛泽东关于战略传播的生动实践及启示》；孙德宏的《从"合格新闻人"到"卓越新闻人"》被《新华文摘》全文转载。出版专著、编著 3 部。刘运峰获天津市第十八届哲学社会科学优秀成果奖三等奖。

天津大学新媒体与传播学院加强交叉学科建设，持续提升学术影响力。天津大学新媒体与传播学院院长陆小华教授获得天津市社会科学优秀成果奖一等奖、天津新闻奖一等奖，学院教师累计获得省部级奖项 10 余项，获批省部级及以上科研项目 10 余项。2023 年，天津大学获批新闻与传播硕士专业学位授权点。学院新引进青年教师 4 人，1 名教师入选斯坦福大学 2023 全球前 2% 顶尖科学家榜单。持续在文工交叉领域开展前沿探索，学院教师年内发表多篇 SSCI 一区、SCI 一区、CCF-A 类及中文顶刊高水平论文，2 篇论文入选 ESI 高被引论文。学院积极开展学术交流分享，先后举办天津大学第十二届世界校友代表大会传播论坛、首届智能传播与网络空间治理论坛，学院院长陆小华教授主持 2023 读懂中国国际会议"人工智能与人类未来"研讨会。学院持续服务天津市新闻宣传工作，着力提升学院与学校的学术影响力。

天津体育学院传媒与艺术学院新闻与传播教研室教师王瑜完成了 2021 年获批的校级课题"新文科建设背景下新媒体人才培养模式探索"的研究工作并顺利结项。李鹏、张未靖各主持出版学术专著一部。杨珍撰写文章《女足出征：要争取胜利 更要展现体育之美》刊登在《中国妇女报》。

天津财经大学人文学院新闻与文化传播系共发表论文 6 篇，其中发表高水平论文 2 篇，分别是 2023 年 5 月发表在《新闻记者》上的题为《在话语-物质关系中探索数字媒介实践——对话国际媒介与传播研究学会主席尼科·卡彭铁尔教授》的论文，同年该论文的另一版本被收录在《中国人民大学复印报刊资料·新闻与传播》中。

天津中医药大学文化与健康传播学院传播学专业 2023 年共获批主持省部级项目 2

项，局级项目3项，横向课题1项，发表各类论文16篇，新增担任国家一级学会理事1人、二级学会常务理事2人。学术交流方面，组织承办了由世界中医药学会联合会中医药文化专业委员会、天津中医药大学主办的"新时代中华文化传承与传播高端论坛"，张其成、温长路等知名专家参会并做学术分享。协办华中科技大学新闻与信息学院主办的健康传播国际研讨会——中医药健康传播工作坊，近百名全国中医药大学专家、师生参加。该专业教师在各类学术会议作主题报告与主题发言20余次。

1.2.30.4　学术交流和学科建设逐步深化

天津师范大学新闻传播学院稳步推进学科建设工作，于2023年成功举办全国性学术会议"第十届新闻史论青年论坛暨北京大学新闻学研究会年会"和"《〈大公报〉全史（1902—1949）》新书首发式暨新闻史研究与教学学术研讨会"，两次学术会议累计参会人员近200人次，还吸引了中央广播电视总台、新华社天津分社、中国新闻出版广电报、中国社会科学杂志社、天津海河传媒、香港大公文汇传媒集团天津记者站等媒体的关注。

南开大学新闻与传播学院2023年获批出版博士专业学位授权点，本硕博人才培养体系初步形成。2023年7月，南开大学出版研究院入选国家出版智库高质量建设计划，实现了学院国家级智库零的突破；8月，南开大学与天津市委宣传部共建的出版研究院正式揭牌。这两个国家级平台的获批有效推动了学院整体科学研究水平。

天津大学新媒体与传播学院深入学习践行习近平新时代中国特色社会主义思想，学习领会贯彻习近平文化思想和习近平总书记关于教育、科技、人才的重要论述。2023年学院召开第一次党员大会，选举产生第一届党委会，完善党委会、党政联席会议事规则。先后成立学院工会、教代会，成立新闻传播系与智能传播系。同时天津大学中国新媒体发展研究院入选首批中央网信办合作单位；网络空间国际治理研究基地被中央网信办评为重点报送基地。新媒体与传播学院依托天津大学的学术资源，联合优质社会力量，以"新媒体"为核心定位，探索新文科与新工科交叉的建设模式，以贯通"理工文管"为理念，找准大数据及人工智能等技术与新闻传播学科的结合点，高起点建设"中国特色、世界一流、天大品格"的新媒体交叉学科平台。

天津体育学院传媒与艺术学院在学院学科发展方面，持续加强教师队伍建设。按照天津市委宣传部、市教委共同开展的2023年互聘交流"千人计划"工作安排，专业教师吴文峰赴天津人民广播电台进行从2023年4月25—12月31日，每周2天的挂职工作；专业教师刘思佳赴天津日报社进行从2023年4月25—12月31日，每周2天的挂职工作。在学科与专业建设方面，深化教学改革和课程体系建设，使之直接服务于培养目标。积极申报传播学专业和市级教学团队和基层教学组织称号，并加强新闻学专业教材选用与审核工作，完成对已出版的教材根据党的二十大精神进教材的要求的修订工作。

天津外国语大学国际传媒学院2023年1人晋升副教授职称，2人到业界挂职。1人参加区域国别学与国际传播高端论坛暨第五届高校区域国别学人才培养与学科建设联盟年会前会并做主旨发言。学院充分利用部校共建新闻学院平台，邀请2名业界精英进课堂，邀请学界、业界专家讲座10余场，开阔了学生的视野，提升了学院教师团队的专业水平。目前开设新闻学、传播学、广告学、网络与新媒体共4个新闻传播学类本科专业，招生和就业情况良好。

天津工业大学人文学院传媒艺术系结合融合媒体时代新闻传播学科专业建设特点，结合该校专业规划，调整广播电视学办学方向，于2023年起停招广播电视学专业学生。同时，正式获批网络与新媒体本科专业，首届招生人数为60人。经过院系教师推选，由人文学院传媒系姜小墨、杜立婷两位老师担任网络与新媒体专业的专业负责人。学院不断拓展实习实践教学平台，与天津市南开区融媒体中心、河东区融媒体中心共建实习实践基地，与新闻传播类院系、区级融体中心、新媒体企业合作发起"城市融媒体联合实验室"。同时，与天津出版传媒集团建立校企合作基地，拓展了专业实习实践平台。

天津财经大学人文学院新闻与文化传播系立足学院优势，顺利完成国际新闻与传播新专业的预申报，同时积极推动天津市委宣传部与新闻与文化传播系的部校共建。该院重视教学团队建设，文化传播教师参加第三届教学创新大赛，获得校级一等奖，市级三等奖，此外积极推动与津云等媒体互派人员挂职学习，并完成了2024年度部校共建方案及预算申报工作。在高等教育专业评价机构软科发布"软科中国大学专业排名"的新闻传播学专业排名中，学院专业评级由2022年的B级升级为B+级别。

天津中医药大学文化与健康传播学院传播学专业继续稳步发展。在学科建设方面，学院完成了传播学2023版培养方案的修订并启动了新闻与传播专硕点申报工作，在"中医药+"的办学理念下，继续强化传播学与中医药结合类课程、实践类课程所占比重。通过优化课程结构，致力于培养具有中医理念、文化视野和传播技能的复合型健康传播人才。学院治理方面，获批校级产业学院——文化传播现代产业学院，并依托产业学院拓展了6所产业实习基地。通过产业学院的建设，成功将校企合作以制度化的形式固定下来，建立学校和企业之间在人才培养、人才输送等方面的渠道。

天津仁爱学院数智传媒与设计艺术学院现有教职工49人，其中，专任教师37人、管理与辅导员12人；正高级8人、副高级11人；拥有博士学位教师7人、拥有行业经历教师10人。学院教师毕业于天津大学、哈尔滨工业大学、天津美术学院、天津工业大学、中南大学、河北工业大学、韩国湖西大学等国内外知名高校。学院学科建设成果显著，承担完成了各类科研项目 40 余项，获省部级科技进步奖多项。出版专业教材 10 余部，发表科研论文共计 48 篇，其中，SCI 检索论文 17 篇、EI 检索 4 篇。

（南开大学新闻与传播学院　陈娜、王端）

1.2.31　重庆市 2023 年度新闻传播教育发展综述

2023 年，重庆市新闻传播教育紧密围绕习近平新时代中国特色社会主义思想，全面贯彻立德树人的根本任务，与时代同频共振，呈现出新的教育活力。在这一年里，重庆市的新闻传播教育不断创新，以打造高水平课程和教材为抓手，深化部校共建与校企合作，积极推进实验实践教学基地的提质升级，全面夯实了教育教学基础。

1.2.31.1　新闻传播教育发展现状

（1）专业建设情况

2023 年，重庆市的新闻传播院校在专业建设上迈出新的步伐，进一步深化一流学科建设，强化专业内涵，旨在培养更多具有创新精神和实践能力的新闻传播人才，为行业发展和社会进步贡献力量。

2023 年西南政法大学新闻传播学院新增重庆市高等教育教学改革研究重点项目 1 项，一般项目 3 项；重庆市高等教育学会重点项目 1 项；重庆市研究生教改重点项目 1 项、一般项目 1 项。新增全国新闻与传播专业学位优秀教学案例 1 门，重庆市研究生联合培养基地 1 个。重庆大学新闻学院新闻传播学科建成西部地区第二家具有完整贯通的"本-硕-博-博后"人才培养体系。据上海软科最新"新闻传播学科"排名，重庆大学新闻传播学位居全国 20 位，进入全国新闻传播学前 18%。西南大学新闻传媒学院现有新闻学、广播电视编导、播音与主持艺术 3 个本科专业，均为国家级一流本科专业建设点，有新闻传播学、戏剧与影视学 2 个一级学科硕士学位授权点，新闻与传播、电影 2 个专业硕士学位授权点，有艺术美学、新媒体与未来教育 2 个博士培养方向。重庆工商大学文学与新闻学院现有汉语言文学、新闻学、广播电视学、广告学、网络与新媒体等 5 个本科专业，开办有国际商务汉语本科留学生教育，覆盖中国语言文学和新闻传播学两个一级学科。2023 年重庆交通大学旅游与传媒学院的新闻与传播团队获重庆市研究生导师团队称号，并且全票通过了教育部对新闻与传播硕士专业学位点的核验评估。四川外国语大学新闻传播学院继在外国语言文学一级学科下设"比较文学与跨文化研究"二级学科目录外专业外，2022 年在外国语言文学一级学科下设的"国际传播"博（硕）士点于 2023 年 9 月正式开始招生。

（2）师资队伍建设

重庆市的新闻传播院校始终重视引进和培养优秀人才，持续加强师资队伍建设。通过吸引国内外优秀学者、业界专家和资深从业者加盟，不断优化教师队伍的结构和素质，致力于为学生提供优质的教学资源和学术指导。

2023年西南大学引进教授1人，博士3人。学院现有教授13名，副教授8名；博士生导师6名，硕士生导师18名。1名教师获全国高校辅导员年度人物。重庆大学引进教授1人，已到岗准聘副教授1人，弘深博士后青年教师1人，预聘制青年教师1人；目前已上报学部拟引进"弘深青年学者"A岗1人，教授1人、副教授1人，预聘制青年教师3人。西南政法大学新闻传播学院全年产出高水平成果6项，88%的教师完成了个人学科任务指标。组织教师参与各类教学素养、技能培训29人次。沈艾娥主讲的《隐性采访应把握的尺度》获得重庆市微课比赛一等奖。四川外国语大学新闻传播学院现有教职工共66人，教学科研人员31名，其中教授11人，副教授20人，博士生导师3人，具有博士学位的教师占比87.10%。重庆工商大学文学与新闻学院现有专任教师75人，其中博士40人，专任教师博士占比57.14%，教授8人，副教授25人。重庆交通大学旅游与传媒学院引进新闻传播学优秀博士2人，年龄均低于30岁。专任教师中，2名年轻博士晋升为副教授，1名在职副教授取得博士学位。

（3）人才培养质量

重庆各高校新闻传播教育培养目标明确，致力于培养具有特色的新闻传播人才，并重视实践教学。在教学中，各高校注重理论与实践相结合，通过开设丰富的实践课程，积极提升学生的实际操作能力和专业技能，逐步成长为具有社会责任感的优秀新闻传播人才。

2023年度，重庆大学新闻学院27名优秀学生被推免到北京大学、中国传媒大学等名校，录取10名博士生，接受推免生61人，100%完成推免计划。西南政法大学新闻传播学院2023年届毕业生初次就业率为89.89%，年底就业率达91.5%。其中博士生就业率80%，硕士研究生93.98%，本科生88.69%。新增重庆市研究生科研创新项目6项，获批结项9项。西南大学新闻传媒学院毕业生就业率达93%，获"互联网+"全国金奖1项，市级金奖2项、银奖1项；"挑战杯"全国二等奖1项、市级特等奖1项；获国家级荣誉11项。重庆交通大学旅游与传媒学院2023年顺利完成毕业论文101篇，5篇抽检论文全部合格，论文合格率为100%。重庆工商大学文学与新闻学院本科学生毕业率、学位授予率均提高2.71%，新闻学、传媒经济学、广告学研究生就业率达100%，2名研究生考取博士，校级优秀硕士学位论文3篇。四川外国语大学新闻传播学院学生获批大学生创新创业训练计划国家级立项4项；获得"挑战杯"国赛二等奖1项、三等奖1

项，"三创赛"市赛二等奖 1 项。

(4)科研与学术交流

重庆高校在加强新闻传播理论基础研究与转化应用方面取得了显著成绩，承担了多项国家级及省部级科研项目，科研成果数量和质量都较 2022 年有明显提升。

西南政法大学新闻传播学院 2023 年获得国家级科研项目 3 项，其中国家社科重大项目 1 项，省部级项目 17 项。全年发表 B 类期刊论文 2 篇、C 类期刊论文 10 篇，其余 CSSCI 来源期刊论文 11 篇。C 类智库成果 11 篇，D1 类智库成果 35 篇。出版专著 5 部。重庆大学新闻学院 2023 年成功获批国家社科基金重大项目 1 项，国家社科基金一般项目 2 项，教育部项目 1 项，省部级项目 10 项。2023 年度学院发表学术论文 70 篇，其中 CSSCI 检索 30 篇，SCI 及 SSCI 检索 6 篇，共计 36 篇，占比 51%。西南大学新闻传媒学院 2023 年获得国家社科基金项目等省部级项目 8 项，发表学术期刊论文 50 余篇。重庆工商大学文学与新闻学院科研立项 15 项，其中国家社科西部项目 1 项、省部级 10 项、市教委 2 项、横向课题 2 项；出版专著 3 部；发表论文 26 篇，其中 CSSCI 期刊 3 篇；省部级领导批示 4 篇，厅级部门采纳资政报告 12 篇，成果转化 2 项。重庆交通大学张玉蓉教授成功申报国家社科基金重点项目，新增教育部和重庆市等省部级项目 10 余项。在学院本科专业方面，广播电视学专业方面，省部级以上项目 4 项，科研成果省部级获奖 5 项，教师公开发表高级别学术论文 17 篇；广告学专业 2023 年获批省部级以上科研项目 4 项，发表核心期刊论文 5 篇。四川外国语大学新闻传播学院 2023 年获得国家级社科基金立项 3 项，全院师生出版专著和教材 9 部，发表各级 B2 类以上期刊论文 21 篇。

1.2.31.2　新闻传播教育的创新举措

(1)坚持马克思主义新闻观的守正与创新

西南政法大学新闻传播学院依托学校优势学科，加强法治文化对外传播、涉外法治传播、国家安全传播领域的研究，产出一批高水平成果，不断提升社会主义法治文化影响力。西南大学新闻传媒学院推进社会服务工作，组建学院社会服务中心，推选社会服务中心主任，全面启动各项工作。重庆大学新闻学院邀请知名专家对本科专业进行预评估，为迎接正式评估打下良好基础。重庆工商大学文学与新闻学院深化与重庆日报报业集团、重庆广播电视集团等的合作交流。重庆交通大学旅游与传媒学院依托项目制教学的创新模式，结合该校优势理工科学实践项目，探索以产出为导向的教学培养创新模式。四川外国语大学新闻传播学院打造党建双创样板支部，培养重庆市教书育人楷模和重庆市宣传文化先进个人，彰显模范作用。

（2）持续提升国际化新闻教育水平

西南政法大学新闻传播学院逐一推动与《人民日报》海外版、中国外文局、清华大学新闻与传播学院、西部国际传播中心、四川国际传播中心、新华社北美分社等单位的全方位合作。打造"国际传播素养"系列微课和课程思政案例库，推动海外研学常态化，保证实验班学生全覆盖。西南大学新闻传媒学院开展西南大学—泰国中学生汉语秋令营活动，并做好学院留学生的学习和管理工作。重庆大学新闻学院举办国际传播课程工作坊，努力建设学院英语网站，鼓励师生参加重大国际会议。四川外国语大学新闻传播学院进一步推进与国家级媒体的合作，并加大在国际传播领域的产学研一体化进程走深走实。重庆交通大学旅游与传媒学院邀请国内外知名学者为学生举行学术讲座，师生积极参加贝宁及西非地区发展学术研讨会等学术论坛。重庆工商大学文学与新闻学院教师积极参加国际学术会议和出国访学、读博，努力在国外刊物发表学术论文。

（3）深化人才培养模式改革培养质量

重庆大学新闻学院进一步完善优异生选拔和研究生推免工作，为提高生源质量，学院通过夏令营、网络与新媒体讲习班等方式为各高校本科生作招生宣传。西南大学新闻传媒学院承办光明日报社下属教育家杂志社委托的"光媒在线教育系统新闻宣传工作培训班"和"四川文理学院网络育人队伍能力提升培训班"，不断提高人才培养质量。西南政法大学新闻传播学院进一步加强国家级一流本科专业群建设（已有3个），推动网络与新媒体专业进入国家级一流专业行列，深层次打造三全育人新品牌，扎实推进思想政治工作提质增效。重庆交通大学旅游与传媒学院结合立项的课程思政课程结合党建相关工作和要求，努力探索课程和党建相结合的人才培养新路。重庆工商大学文学与新闻学院建立校内外专家联合指导学生机制，投身乡村振兴，凝聚发展向心力，整合校友资源，拓展合作平台。四川外国语大学新闻传播学院聘请业界知名人士担任兼职教授，继续与市政府外办合作。

1.2.31.3　新闻传播教育的实践创新及成绩

重庆各高校注重引导学生将所学知识与实践相结合，促进学生的实践能力提升，为学生未来的职业发展打下坚实的基础。

西南政法大学新闻传播学院实验中心教学体系由传统广播电视实验实践教学，升级为集虚拟仿真实验项目、媒体业务系统、大数据舆情分析、选题指挥报道、网络直播融媒体制作、多平台发布于一体的多元综合实验教学系统。重庆大学新闻学院学生在教育部首届全国大学生职业规划大赛暨重庆大学第六届大学生职业规划大赛中，有9名同学入围成长赛道和就业赛道全校三十强复赛。2023年西南大学新闻传媒学院共投入

239.07 万元专项经费，完成传媒实验实训教学中心一期建设。新增实验实训场地约 1200 平方米，新建蓝箱演播厅、4k 高清剪辑室、录音室、专用多媒体机房、摄影棚等实验实训室 11 间，新添设备 141 件，实现人才培养硬件保障升级换代。重庆工商大学文学与新闻学院与企事业单位洽谈合作 34 次，围绕深化校企合作、实习实训基地等签订协议 18 份。同时，提供乡村振兴智力帮扶 2 次，文化建设 1 次，消费帮扶 1 次。2023 年新时代写作与社会治理学术论坛暨重庆市写作学会年会在重庆交通大学南岸校区举行，与会学者 80 多人。2023 年 4 月 15 日，四川外国语大学新闻传播学院主办以"跨文化传播与跨媒介再造"为主题的第五届"中国影像 全球传播"论坛。百余位学界和业界专家齐聚一堂，共同探讨新形势下影视国际传播如何应对时代挑战和历史机遇，以进一步加强高校在国际传播领域的交流与合作。

（西南政法大学新闻传播学院　蔡斐、辜浩桓）

1.3　港澳台新闻传播教育地图

1.3.1　香港特别行政区新闻传播教育

香港特别行政区的新闻传播教育主要分布于公立大专院校的香港中文大学、香港浸会大学、香港城市大学、香港大学，私立大专院校的香港珠海学院、香港树仁大学、香港恒生大学。2023 年，因应信息传播技术的变化，各校的新闻传播教育在保持原有特色方面，也有新的变化，增加了新的课程，其全球化和国际化的人才培养理念、基础研究和聚焦技术前沿的平衡处理、新闻传播的跨学科分方向培养，是突出特点。

1.3.1.1　具体办学情况

（1）香港中文大学

香港中文大学(The Chinese University of Hong Kong)，简称中大、港中大(CUHK)，是一所享誉国际的公立研究型综合大学。香港中文大学的新闻与传播学院是香港传播教育和研究的先驱之一。该学院提供多个本科生和研究生课程，致力于培养具有全球视野和专业技能的传播人才。香港中文大学新闻与传播学院在全球传播与媒体研究领域享有盛誉，根据 2023 年国际高等教育研究机构 QS (Quacquarelli Symonds) 世界大学学科排名，该学科在全球排名第 20 位，在香港排名第 1 位，亚洲排名第 2 位，这显示了学院在教学和研究方面的卓越成就。

①在专业设置方面。

香港中文大学新闻与传播学院共开设 2 个本科生项目（专业），分别是新闻与传播、全球传播。自 2017 年度起，学院推出全球传播本科课程（四年制），这是全港首个此类课程。

2023 年，香港中文大学新闻与传播学院共设有 6 个新闻传媒类硕士项目，包括传播学（学术研究型哲学硕士）、全球传播（文学硕士）、新闻学（文学硕士）、新媒体（理学硕士）、广告学（社会科学硕士）、企业传播（社会科学硕士），各项目之间有部分选修课互相重叠，学生可以自由选择修读其他项目的选修课。

博士研究项目有传播学哲学博士、传播学哲学博士—计算社会科学专业。

总之，香港中文大学新闻与传播学院的新闻传播学学位项目旨在培养卓越新闻传播专业人才，令学生掌握全球视野和丰富的实践技能，以及分析和创新思维能力，能够创作高质量的作品，通过媒体表达观点。

②在课程、教材及实验室建设方面。

香港中文大学新闻与传播学院是香港传播教育和研究的先驱，其课程、教材及实验室建设均体现了学院在新闻传播领域的专业性和前瞻性。

在课程方面，香港中文大学新闻与传播学院提供了灵活且广博的四年制本科课程，涵盖新闻、广告与公关、创意媒体与新媒体三个专业范畴。学生可以根据自己的兴趣和志向，专攻一个或两个专业范畴，或选修多个范畴的科目。学院注重理论与实践的结合，鼓励学生在全球视野下训练分析和表达能力。从二年级开始，学生就有机会参与校内的实习工作，如《大学线》和 Varsity 等实习刊物，通过亲身采访、写作和编辑，积累新闻工作的实务经验。

在教材方面，香港中文大学新闻与传播学院紧密结合业界发展，不断更新和优化教材内容。教材不仅涵盖新闻与传播的基本理论，还包含大量的案例分析和实务操作，旨在帮助学生深入理解新闻传播行业的运作机制和实际操作。此外，学院还鼓励学生通过阅读最新的学术期刊、研究报告和业界资讯，拓宽视野，提升专业素养。

在实验室建设方面，学院投入大量资源建设了先进的实验室设施，以支持学生的实践学习和科研活动。"创意媒体实验室"就着重于影音制作及创意媒体策展，学生可以在这里学习相关的专业知识及技能，进行实践创作。这些实验室不仅为学生提供了良好的实践环境，也为他们的创新和创作提供了有力的支持。

③在科研与学术交流方面。

• 2023 年 2 月 17 日，2023 年春季媒体专业人士驻校讲座系列由界面新闻社首席国际记者王青主持的第三场公开演讲《中间人：在两极分化的世界里做外国记者》。王青深入分享了她作为全球事务专业多媒体记者的经历，以及如何以人为本的方式报道重要的政治和经济新闻。

- 2023 年 2 月 28 日，传讯讲座系列：Stephen D. Reese 教授公开演讲

主题：Emerging Hybrid Networks of the Press：The U. S. Capitol Insurrection and the Work of Open-Source Investigation（新兴的新闻混合网络：美国国会暴动和开源调查工作）。

- 2023 年 3 月 24 日，传讯讲座系列：李展川教授公开讲座

主题：横看成岭侧成峰——传播研究的时空脉络。

- 2023 年 3 月 28 日，传播研讨会系列：郭良文教授公开演讲

主题：非物质文化遗产的典藏平台、数字化创新与传播

内容：将有非遗的典藏、数字化创新与传播的实际案例，在此次演讲中跟大家分享。

- 2023 年 5 月 4 日，传播研讨会系列：邱林川教授公开讲座

主题：Connecting the world through Southeast Asia：Reconsidering the Origins of Global Communication and the Futures of New Media Research（透过东南亚连结世界：重新思考全球传播的起源与新媒体研究的未来）

- 2023 年 5 月 5 日，传讯讲座系列：李天宗教授公开讲座

主题：Liberal-conservative Ideology and Communication Research：Different Paths and Nooks（自由-保守意识形态与传播研究：不同的路径与角落）

内容：主题包括对新闻媒体的信任、消费者的生活方式、媒体使用与对平等主义问题的态度之间的联系等。

- 2023 年 5 月 12 日，传讯讲座系列：Patrice M. Buzzanell 教授公开演讲

主题：Emerging Directions for Communication and Resilience Scholarship and Practice（传播与复兴的学术研究和实践的新兴方向）。

- 2023 年 9 月 29 日，传播研讨会系列：Martin Warnke 教授的公开演讲

主题：How computer simulations cause strange epistemological shifts in science and society-A case study in Quantum Physics（计算机模拟如何在科学和社会中引起奇怪的认识论转变——量子物理学的一个案例研究）。

- 2023 年 10 月 27 日，传播研讨会系列：Sabine Einwiller 教授的公开演讲

主题：Agile integrated communication -How companies Are Restructuring Corporate communication（灵活的整合传播——公司如何重建企业传播）。

● 2023 年 11 月 3 日，传讯讲座系列：史蒂文·威尔逊教授公开演讲

主题：Difficult Family conversations：Talking with Reluctant Family Members about cetting Vaccinated for CoVlD-19（艰难的家庭对话：与不愿意接种 CoVlD-19 疫苗的家庭成员交谈）

内容：根据 Dillard(2015)的目标-计划行动(GPA)模型，探讨了在疫苗广泛可用后，美国人如何鼓励犹豫不决的家庭成员接种 COVID-19 疫苗。

● 2023 年 11 月 17 日，传讯讲座系列：汤景荣博士公开讲座

主题：Open Data and Its Implications for Journalism：China，the UK，and Beyond（开放数据及其对新闻业的影响：中国、英国及其他国家）

（2）香港浸会大学

①本科专业设置。浸会大学传理学院有三个系：传播系、互动媒体系、新闻系。2023 年，其新闻传播教育在本科学科教育方面取得了一系列进展，开设的本科主修专业项目有三个，均授予传播学学士学位：新闻学与数字媒体专业（数据与媒体传播方向——新闻学与数字媒体专业与计算机科学专业的交叉专业，学生可以选择金融新闻领域或综合领域、新闻学方向——学生必须选择以下四个领域之一：中国新闻、国际新闻、广播电视新闻或财经新闻，但受资源和名额限制）、公共关系与广告专业（广告与品牌方向、公共关系方向）、游戏设计与动画专业。

自 2023 年起，新闻学与数字媒体专业新闻学方向的学生在三年级之后可从中国新闻、国际新闻、广播电视新闻、财经新闻四个方向中选择。数据与媒体传播方向的学生，将参加计算机科学专业和传播学院提供的联合课程培养。此外，自 2023 年起，计算机科学专业学生有资格将该专业作为第二专业。

②研究生专业设置。浸会大学传理学院的硕士学位项目及教学方式分为两种：研究院式、修课式。研究院式项目分为传播学哲学硕士项目、传播学哲学博士项目。主要招收对广告、互动媒体传播、游戏设计和动画、数字媒介传播、信息处理和行为改变、新闻学、媒体研究、组织传播和公共关系的理论理解和学术研究感兴趣的优秀申请人。修课式项目包括传播学文学硕士、国际新闻文学硕士、数字媒体理学硕士、传媒管理社会科学硕士。

③创新举措。从本科专业设置可以看出，首先该校注重方向化的设置与培养，为学生提供了更为专业的学习路径。其次，该校突出了对数据技术和人工智能的计算机科学训练，包括编程、算法等实践，以满足现代新闻传播领域对技术能力的需求。再次，浸会大学强调跨学科联动人才培养，例如与计算机科学专业实行第二专业辅修，又如互动媒体系游戏设计与动画专业的设置，将数字媒体艺术、动画艺术与新闻传播内容生产结

合，促进学生全面发展。

互动媒体系(IMD)旨在培养学生成为下一代传播专业人士，使他们能够运用最新的数字媒体技术，在不同的媒体平台上通过互动和引人入胜的内容，有效地向目标受众传递预期信息。

凭借 20 多年来提供游戏设计及互动应用、电脑动画及视觉传达等课程的丰富经验，该系自豪地推出香港专上教育的第一个游戏设计及动画课程，以提供独特的课程，让学生发挥创意潜能，为新兴的数码媒体制作内容，这些媒体具有高度互动及共享的虚拟环境。

IMD 课程为学生提供了连贯的学习体验，让他们通过基于学校的核心课程从传播原理和理论，到通过游戏设计和动画课程的高级学习，深入了解沉浸式互动和动画内容开发的专业知识，建立基础。此外，学生可以通过音乐系、历史系和人文与创意写作系提供的一系列选修课程拓宽他们的人文视野。凭借专业知识和传播原则，学生不仅在游戏设计和动画行业具有很强的竞争力，而且能够在充满活力的数字媒体世界中迎接各种挑战。

该系拥有一支多元化的师资团队，包括游戏设计和动画行业的专业专家，以及社交媒体、媒体素养和心理学、社会沟通和互动、人工智能和数据分析等领域的国际知名学者。IMD 教员独特的多样性为学生提供了全面而独特的学习体验，培养他们成为下一代传播领导者和专家，在全球媒体世界中发挥领导、创新和繁荣作用。

学校还重视实践活动，通过学生自己经营的出版物 *The Young Reporter* 及《新报人》等实践活动，为学生提供了丰富的新闻实践机会，培养了学生的新闻素养和实践能力。*The Young Reporter* 和《新报人》是香港历史最悠久的学生刊物之一，创刊于 1968 年。所有新闻系学生都要负责制作学生刊物或节目。学生刊物或节目让学生可以报道对社会有意义的故事，并尝试用新科技在最合适的平台上出版报道。

④科研与代表人物。主要研究领域方面，浸会大学新闻传播教育专注于人工智能和数字媒体大数据、数字时代和新闻实践、媒体伦理和媒介素养、政治和大众传播以及全球传播和政治等领域的研究。代表人物包括傅晓艺博士、林楚芹小姐、Dr Paolo MENGONI、吴雨良博士、宋韵雅博士、赵丽如女士、Ms Robin EWING、梁淑芬博士、李文先生、罗文辉教授、张少威先生、Prof Cherian GEORGE、刘志权教授、李月莲教授、卢惠娴博士、吕秉权先生、Prof Daya THUSSU 等。

(3)香港城市大学

①专业设置。2023 年，香港城市大学媒体与传播系的本科项目有媒体与传播、数字电视与广播，硕士项目有传播与新媒体、整合营销传播，分别授予文学学士、文学硕

士学位。博士项目有传播学哲学博士。

②课程设置。具体课程如表 1-32 所示。

表 1-32   香港城市大学新闻传播学科学位项目

项目	层级	核心课程
媒体与传播	本科、文学学士	媒体写作、视频制作和编辑、网络传播实务、中国语境下的媒介与传播、传播法与传播伦理
数字电视与广播	本科、文学学士	受众分析和媒体策略、媒体写作、传播法律与道德、数字摄影新闻、时事纪录片制作、国际传播
传播与新媒体	文学硕士	传播基础、传播与新媒体研究方法、互联网传播
整合营销传播	文学硕士	传播与新媒体研究方法、整合营销传播、广告制作与管理、公共关系策略、危机沟通与管理、消费者行为洞察力
传播学	哲学博士	传播与社会、传播学中的社会科学理论、传播学研究中的多元分析

③科研与学术交流。香港城市大学媒体与传播系的科研与学术交流活动非常密集，几乎每月都有校际互访活动或国内外学者到访的学术讲座、研讨，有院内的学术沙龙活动。这里列举一些典型活动如下：

第 73 届年会国际通信协会(ICA)，媒体与传播系的 30 篇论文被此次会议接受，且其中 2 篇论文获得了信息系统部的最高论文奖。

北京师范大学新闻与传播学院院长张洪忠教授于 2023 年 1 月 31 日—2 月 4 日访问。张教授向 COM 博士生发表演讲。讲座介绍了张教授最近的研究情况。

2023 年 2 月 13 日，COM 邀请莱顿大学的 Florian Scheider 博士就中国的民族主义和数字技术进行研究演讲。Scheider 博士用丰富而生动的案例介绍了他的前沿研究。

2023 年 2 月 27 日，来自政治大学的 Tammy Jih Hsuan Lin 教授举办了"元宇宙中的中介现实"研讨会。

2023 年 3 月 1 日，同济大学香港、澳门和台湾事务办公室主任郑晓蕾女士率领同济大学代表团参观了香港城市大学传媒与传播系。

Mike Yao 教授于 2023 年 3 月 6 日举办了"从媒体等式到 Uncanny Valley——技术设计中的人性特征如何影响人机通信"研讨会。

2023 年 3 月 11 日，广东-香港-澳门大学计算通信联盟在北京师范大学珠海校区成立。中国新闻史学会计算传播专业委员会名誉主席、香港城市大学传媒与传播系祝建华教授以及该系其他两位系主任刘晓帆博士和王晓辉博士出席了此次活动。

2023 年 3 月 27 日，来自台湾政治大学和香港城市大学荣誉退休教授玉山学者李金铨教授(玉山学者)，发表了题为"走向国际/跨文化传播研究方法——兼论中国学术界与国际联系"的研讨会。

加州大学圣巴巴拉分校的 Rene WEBER 教授于 2023 年 4 月 3 日举办了一场题为"媒体神经科学：传播研究的新前沿"的研讨会。

Christine Huang 教授于 2023 年 4 月 17 日举办了题为"国家/地区级流行病严重程度调节新冠肺炎风险体验、感知生活满意度和心理痛苦之间的关系"的研讨会。

复旦大学廖圣清教授于 2023 年 4 月 17 日主持了题为"新闻反馈传播中的网络结构对群体极化的影响"的研讨会。

2023 年 4 月 25 日，暨南大学代表团参观了香港城市大学媒体与传播系。代表团由暨南大学新闻与传播学院院长支庭荣教授率领，包括暨南大学新闻学与传播学院的三名副院长和两名教授。双方讨论了项目开发、学生交流、研究合作、教学活动、师资招聘与评估、学术组织等问题。

南洋理工大学的 Nuri KIM 教授于 2023 年 5 月 5 日举办了"遭遇差异：探索改善群体间关系的交际语境"研讨会。

2023 年 10 月 17 日，新加坡南洋理工大学 Wee Kim Wee 传播与信息学院助理教授、信息完整性与互联网中心(IN cube)助理主任 Edmund W. J. Lee 博士举行了题为"人口健康传播中的数字健康技术：Boon 还是 Bane？"的在线研讨会。

2023 年 11 月 6 日，香港浸会大学著名学者、《全球讲故事：数字与运动图像杂志》的创始人朱英教授举办了一场富有洞察力的研讨会，题为"好莱坞在中国"。

2023 年 11 月 13 日，密歇根州立大学传播系教授、香港城市大学博士研究生彭泰泉博士发表了题为"用大型语言模型催化民意研究：前景还是危险？"的发人深省的研讨会。

2023 年 11 月 20 日，新加坡国立大学社会学与人类学系助理教授 Emily Chua 博士举办了一场题为"江湖新闻：作为'后公共'机构的当代新闻"的有趣研讨会。

2023 年 11 月 27 日，香港城市大学媒体与传播系助理教授兼项目负责人王源教授举办了题为"当公共关系遇到人工智能：对公共关系研究与实践的启示"的研讨会。

媒体与传播系副教授黄冠雄最近在国际传播协会旗舰期刊《传播学杂志》上发表了一篇题为《人工智能比人类更有说服力吗？元分析》的研究文章。

(4)香港大学

香港大学是一所公立研究型大学，奠基于 1910 年 3 月 16 日，次年 3 月 30 日正式注册成立，其前身为香港西医书院，是香港历史最悠久的高等教育机构。香港大学新闻及传媒研究中心自1999年以来，致力于促进亚洲新闻业的卓越发展，在国际媒体发出亚洲声音，一直在为亚洲一流大学提供世界一流的专业新闻教育。值得一提的是，香港大学的新闻学是唯一的一个传媒类专业。

①专业设置。香港大学新闻及传媒研究中心的本科生与研究生主要是一个方向，即新闻学(Master of Journalism)，该专业设在社会科学学院下，同时香港大学是香港第一个开设此专业研究生学位的高校。2023年也启动了新的硕士项目，名称叫新闻学硕士-纪录片方向，目前已经招收第一届学生，将在2024年9月1日开始上课。

②招生规模。新闻学专业硕士2023年的招收人数为70~80人，具体招生人数官方没有明确公布。

③师资分布及新变化。香港大学新闻专业的老师大多是一些媒体行业的从业者(如BBC，彭博社，CNN，《纽约时报》和《华尔街日报》等国际新闻机构执业的记者)。2023年香港大学新引进三名具有丰富专业知识的优秀专业人士来教授一些最新课程。同时，在2023学年，杨紫烨教授担任中心主任。

④新设课程。2023年香港大学新闻专业新设置了五门课程，课程具体情况如下：新闻素养和数字事实核查(新核心课程)、用于媒体应用的生成式人工智能(AI课程)、公共沟通、活动和参与、媒体、技术和社会、讲述社会影响的故事：国际视角与实践。从以上新增五门课程中可以看出，香港大学在教育教学方面更加注重学生的专业素养和综合能力的培养，以及学生的创新思维。通过这些课程的学习，学生将能够更好地适应数字化时代的信息传播和社会变革，为未来的职业发展和社会进步奠定坚实基础。

⑤科研与学术交流。香港大学新闻与传媒研究中心2023年所举办的学术研讨会相对较少，主要有以下三条。其分别涉及了新闻传播、记者职业心理的影响和学生精神健康方面的学术研讨，展示了香港大学新闻与传媒研究中心在不同领域对专业知识传播、心理健康和人文关怀的关注与努力。

2023年2月28日，副教授Masato Kajimoto发表题为"我们如何让真相广为传播"的主题演讲，打开国际记者中心"让真相更强大"全球峰会。

2023年4月27日，HKU新闻台邀请多伦多大学精神病学教授Anthony Feinstein博士就道德勇气和冲突对记者的心理影响进行演讲和问答。

2023年10月10日，HKU在校园里举办了一场"学生健康展览会"，以纪念世界精神卫生日。JMSC校友Tina He(mj 2020)播放了导演杨紫烨的班级所拍摄的纪录片《守护者》。

（5）香港其他大学新闻传播教育概况

①香港珠海学院。该校新闻及传播学系设有新闻及传播（荣誉）文学士、广告及企业传播（荣誉）文学士、传播及跨媒体（荣誉）文学士、环球传播文学硕士、创意产业应用科技文学硕士、艺创科技及数码传播文学硕士。

②香港树仁大学。该校新闻与传播学系设有新闻与大众传播（荣誉）文学士、媒体设计与虚拟现实科技（荣誉）文学士。其后者有 VR、AR、UX、UI 等虚拟现实、增强现实、图形设计、计算机动画、互动技术、网页界面设计、用户体验设计的技术与艺术课程，运用新的技术与艺术手段来更好地进行新闻传播工作。

③香港恒生大学。该校传播学院的课程立足该校的管理学和商科传统，结合商业、传播科技、新闻及企业资讯的元素，致力于培养学生掌握专业知识与技能，有新闻及传播（荣誉）学士、融合媒体及传播科技（荣誉）文学士、艺术及文化传播（荣誉）文学士、策略传播文学硕士几个项目。

这些学位项目，具有鲜明的融合特色，分别是新闻与传播、新闻传播与科技、新闻传播与文化艺术的融合人才培养，也体现了鲜明的实践取向直接对应社会需求。

1.3.1.2　香港新闻传播教育的发展特点与新挑战

（1）国际化与全球视野

由于独特的区位和历史文化传统，香港的新闻传播教育历来具有国际化的特点，这首先表现在师资和学生来源的国际化全球化，而这必然带来教育教学理念上面的多元化，也能促使教师和学生尽可能地形成开放的、面向全球、接纳全球的视野与胸怀。但是国际化、全球化、多元化并不等同于全球视野，更不同于开放开阔的胸怀，同时当今国际形势风云变幻、世界经济发展不平衡、局部地区战争动荡，如何让师生来源的国际化全球化多元化与全球视野同向，更好发挥新闻传播学科在推动人类社会发展和促进人的自由全面发展中的正向作用，仍然是香港新闻传播教育面临的重要问题。

（2）理论与实践、基础与前沿的平衡

从上面梳理的情况可以看出，香港各校的新闻传播教育虽各有特点，但都能在自身院校的传统和特色的基础上出发，尽力做到新闻传播理论研究和业务实践培养的并重、基础理念知识技能与前沿技术的并重。如香港中文大学的新闻传播类本科专业一个是新闻与传播、一个是全球传播，前者不同于内地多数新闻传播院校专业的新闻学、传播学两个本科专业的分立，而是适应了现在媒介产品的文类边界模糊、整合传播中各种文类和手段并用的现象，后者顺应了当前国际化全球化形势下国际交往与信息全球流动的现状，这都是新闻传播学科对于丰富的社会实践的回应。其硕士项目则一方面坚持办好原有的学术研究导向的传播学哲学硕士项目,另一方面加强全球传播文学硕士、新闻学文学硕士、新媒体理学硕士、广告学社会科学硕士、企业传播社会科学硕士,这6个项目分别对应了当前整个社会生产生活和媒介技术变革中新闻传播的主要面向。而各高校对数字媒体技术与艺术、人工智能、互动媒体、虚拟现实、计算机社会科学等等课程的引入,并纷纷开设相关的本科项目、硕士项目甚至博士研究,体现了对新闻传播基础理论知识与理论实践前沿的平衡处理。

(3)跨学科和分方向的特色培养

香港浸会大学传理学院增设互动媒体系,下设游戏设计与动画本科专业,关注互动媒体和人工智能管理,并推出融合传播和技术的新课程,授予传播学学士学位,其硕士博士项目中也有这样的研究领域,力求将数字媒体艺术、动画、元宇宙、人工智能等新的技术艺术形态与新闻传播内容相结合,使学生能做出更有创意的新闻传播作品,更好地发挥新闻传播对于社会发展的作用,这正是对于当前新技术手段、新艺术表达大量进入新闻传播作品和活动的顺应,是一直以来主要被看作人文社会科学的新闻传播学科与科技、艺术的融合,是文、理、工、艺四个学科甚至更多学科的融通,体现了开放的跨学科开展人才培养的理念。香港几个私立大学的新闻传播本科硕士人才培养项目也鲜明地体现了文理工艺多学科融通、跨媒体跨学科的特点。而在跨学科、学科融合的理念之下,香港中文大学、香港浸会大学和其他各高校的新闻传播教育又普遍分别设有多个专业、方向,让学生根据自己的意愿和特长进行选择,分别授予文学、理学、哲学、社会科学的学位。

(安徽师范大学新闻与传播学院　马梅)

1.3.2　澳门特别行政区新闻传播教育

澳门的新闻传播教育主要是在澳门回归祖国后迅速发展。目前其新闻传播教育主要是由澳门大学、澳门科技大学开办。

1.3.2.1　澳门新闻传播教育基本情况

(1)澳门大学

澳门大学(University of Macau,缩写:UM),简称澳大,前身是1981年成立的私立东亚大学,经过38年的发展,已成为澳门本地区最优秀的唯一综合性公立大学。自创校以来,一直为澳门、国家和世界培养对社会有贡献的优秀人才。是澳门一所国际化综合性公立大学,依据泰晤士等四大知名大学排名榜单,澳门大学均位列澳门第一。澳门大学社会科学学科的发展一直与澳门社会的发展变化紧密相连。自 1999 年以来，澳门经历了重大的社会变更。在这种社会背景下，澳门大学确立了自己"立足澳门、共建湾区、融入国家、走向世界"的定位和使命。作为澳门一所综合性公立大学，由澳门特区行政长官担任校监和大学议庭主席，备受特区政府的重视。在 2016 年更成为澳门首间获澳门特别行政区政府颁授"教育功绩勋章"殊荣的高等院校，办学素质获得社会的广泛认同。2023 年 12 月 12 日，澳门大学日前正式加入"中国大学校长联谊会"（C9 联盟＋）。澳门大学的加入意味着"C9＋3＋1"的交流合作框架正式形成。

澳门大学的新闻传播教育在其社会科学学院传播系，旨在提供全面的、以学生为中心的文科教育，拥有媒体和视听实验室以及资源中心等设施，以促进学生发展和优质教学。学生制作视频和图形设计的视听实验室和工作室配备了 DV 数字编辑系统、SVHS 视频编辑系统和迷你工作室，为学生提供实践培训，帮助他们获得制作专题片和纪录片的实践经验制作和其他创意视觉设计。希望培养学生成为知识渊博，见多识广，富有成效的全球公民，为复杂而动态的地球环境作出贡献。

①专业设置。

传播系提供本科和研究生课程，设有传播学社会科学学士、传播学文学硕士（传播与新媒体方向、视觉传播方向）、传播学博士（含视觉传播方向）这些学位项目。

参加本科课程的学生学习传播学的各个方面，包括媒体研究、新闻学、公共关系和创意媒体。学生还将完成涵盖不同传播技术的实用技能课程。学生将熟悉一系列出版和新媒体软件，并在该系的创意媒体实验室学习视频制作技术。本科课程的学生有机会运用他们的知识和技能制作各种高级研讨会项目，包括学生报纸、视频新闻节目和短片。学生可选择在澳门实习，将所学知识应用于工作中，以获得实际经验。外地的学生也可以在当地的电视公司、报纸、酒店和政府部门实习。

传播与新媒体硕士课程旨在帮助当前和未来的传播专业人士获得有关传播、新媒体及其文化影响的理论和实践知识。

传播学博士课程探索不同的传播现象和文化。它采用跨学科的方法来研究传播理论和实践——从新闻学到互联网研究，从电影和电视到跨媒体研究，从媒体效应到文化研究，从批判理论到性别研究，从视觉文化到旅游研究，从社会和传播技术到民族志和城市社会学。它为社会培养出具有学术才能、专业技能、广博知识和高度诚信的优秀毕业生。

②新闻教育与教学改革。

在教育阶段，澳门大学的新闻传播教育采用了专业融合、通识、研习及社群教育的

"四位一体"协同育人模式。其中，住宿式书院系统是澳大培养学生全人发展的独特方式之一。学生们在这个大家庭中可以相互交流、互相学习，促进知识整合和社群教育。同时，全方位的学习环境也为学生提供了各种课外活动和实践机会，培养学生的领导能力和团队合作精神。

在教学方面，澳大更注重跨学科教学与研究，虽然专门的学科培训很重要，但教师鼓励学生寻求主修专业以外的教育机会，发展跨学科知识和跨学科观点。除了主修专业外，学生还有机会在其他院系提供的兴趣领域获得辅修学位，选修其他专业提供的选修课程，并利用专题研究中心和超越院系的教师项目所创造的机会。

③师资分布。

澳大是一所多元文化融合的国际化校园，实施国际化现代大学管理模式，教研人员全球招聘，八成来自世界各地。师资主要有来自世界各地的优秀学术人员，包括北美、英国、葡萄牙、荷兰、加拿大、新加坡、马来西亚、澳大利亚，以及中国内地（大陆）、香港、澳门和台湾。许多教授有丰富的从业经验和专业经验，如当地政府的政策顾问、记者和媒体记者、制片人、摄影师和跨国公司的顾问。这个精英学术团队由具有丰富知识和经验和强大研究背景的学者组成，为学生提供符合国际标准的优质课程和项目。

④课程设置。

传播学社会科学学士学位课程：人际传播、新媒体、新闻和新闻学概论、公共关系概论、媒介与社会、视觉文化基础、文化与传播概论、广告、视频制作、传播理论、说服：理论与实践、跨文化传播、英语新闻写作、中文新闻写作、定量研究方法、定性研究方法等。

传播学硕士学位课程：传播研究方法、新媒体与传播研究、传播学理论、大中华地区的传播模式与文化、国际和跨文化传播、新闻与数字媒体专题、广告专题、公共关系专题、传播与社会变革、媒体功能与管理、专业英语写作、数字媒体、传播与社会专题、传播与文化专题、传播学研究专题、创意与文化产业、媒介研究方法等。

传播学博士学位课程：研究伦理、学术写作与奖学金、定量研究方法、定性研究方法、大学教学与实践、传播研究学术写作、社会理论、视觉传播研究学术写作、视觉传播理论与研究方法等。

⑤实验室建设。

实验室建设方面学院设有媒体、视听实验室和资源中心等设施，以促进学生的发展和教学质量。学生在视听实验室及影音工作室进行影像制作及平面设计，并配备 DV 数码编辑系统、SVHS 影像编辑系统及迷你影音工作室，让学生在制作特辑、纪录片及其他视觉创意设计方面获得实践训练及经验。

创意媒体实验室是澳门大学的创意工作中心。它于 2015 年作为横琴新校区项目的一部分启动，并不断发展和发展。创意媒体实验室有两个不同的工作室空间。一号工作室是一个传统的多用途工作室空间，用于摄影、拍摄、学生和教师的创意需求。二号演播室是一个现场摄像机演播室，配有色度键绿色全景，以及附属的控制室，其十分逼真地模拟电视台场景，可以让学生深刻感受媒体制作的流程，如场景布置、道具设置、制作规范等，将自己的理论知识与实践进行结合。

（2）澳门科技大学

澳门科技大学建校于 2000 年，发展迅速，已成为澳门规模最大的综合型大学。大学致力为社会培养各类高质素人才，推行教研并重政策，注重办学特色，追求卓越，使学术发展不断踏上新台阶。2022 年 5 月，大学成为澳门第一所成功全面通过英国高等教育质量保障局（Quality Assurance Agency for Higher Education，QAA）高等教育素质评鉴——院校认证（Institutional Accreditation）的高校。大学坐落澳门氹仔岛，校园占地面积约二十一万平方米，环境优美，交通便利，是学子求学及从事研究的理想之地。大学秉持"意诚格物"之校训，恪守"增进文化交流，致力人才培育，促进经济发展，推动社会进步"的办学宗旨。紧贴澳门和国家发展所需，充分吸纳国际一流大学的办学经验，创办各类教育课程，培养基础理论扎实、实践及创新能力强、通晓中英双语、德才兼备、符合科技与经济全球化发展所需的高质素人才，同时积极拓展多元化和前沿性学术研究，促进大学跨越式发展，努力跻身亚太区知名学府行列。

澳门科技大学的新闻传播教育在人文艺术学院新闻传播系，2008 年成立并发展迅速，在澳门及亚太地区已拥有一定的知名度。新闻传播学专业目前设有 3 个学位项目，包括新闻传播学学士、传播学硕士、传播学博士学位。此外，人文艺术学院的影视制作学士学位、数字媒体艺术学士学位、电影制作硕士、互动媒体艺术硕士、电影管理硕士、数字媒体博士、电影管理博士等项目也与新闻传播学学科在不同层面发生交集，能够给予新闻传播教育以支持。

学院设有澳门传媒研究中心和澳门世界遗产保护与发展研究中心。其中，澳门传媒研究中心经中国教育部批准，与教育部人文社科重点研究基地复旦大学信息与传播研究中心达成合作，为其伙伴研究基地。

关于新闻传播学本科，主要分为 3 个专业方向课程：数据新闻、传播学、公共关系和广告学。具体课程如表 1-33 所示。

表 1-33　　　　　　　　　　**澳门科技大学新闻传播教育本科课程设置**

所有学生必修	数据新闻	公共关系和广告学	传播学
传播学概论	新闻报导高阶	消费者行为	新媒体传播
新闻采访与写作	广播电视新闻	品牌研究	数字媒体设计
广告学	调查新闻报导	广告文案写作	数码影像
跨文化传播	数据新闻编辑	广告设计	传播理论高阶
公共关系学	数据新闻专题	市场研究与调查	媒介与流行文化
整合行销传播	数据可视化	公共关系与广告专题	传播学专题
受众分析			
社会统计			
传播学定量研究方法			
传播学定性研究方法			
数码摄影			
传播法规与伦理			
组织传播			
数字叙事			
视觉传播			
传播心理学			
媒介与社会			
大众传播基础			

关于传播学硕士，主要分为整合行销传播专业和新媒体传播专业，博士不分方向如表 1-34 所示。

表 1-34　　　　　　　　　　**澳门科技大学新闻传播教育硕博研究生课程设置**

硕士必修	整合行销传播专业	新媒体传播专业	博士阶段
传播理论	新媒介心理学	新媒介心理学	批判与文化理论
社会科学研究方法	社会网络分析	社会网络分析	社会科学量化研究方法高阶
社会统计分析	数据采集与分析	数据采集与分析	社会科学质化研究方法高阶

续表

硕士必修	整合行销传播专业	新媒体传播专业	博士阶段
文化媒介与全球化	科学、健康与风险传播专题	科学、健康与风险传播专题	传播学研究前沿
整合行销传播原理	传播学研究报告的写作	传播学研究报告的写作	社会统计高阶
新媒体研究前沿	视觉传播	视觉传播	政治传播
	消费者洞察	新媒体考古	数位游戏与社会
	品牌策略与传播	文化产业的批判性论争	视觉传播研究方法 媒体不平等性研究 身体与具身性研究 文化研究专题

1.3.2.2　澳门新闻传播教育的发展特点

由于独特的区位和历史文化传统，澳门新闻传播教育的师资具有国际化的特点，在教学语言中英语非常普遍，教师的学术视野比较国际化，当然在回归后内地前往澳门的师资也很多。

在信息传播技术和媒介生态变化以及全球就业环境下，澳门的新闻传播教育也必然选择既重视基础理论教学、理论研究，也要重视培养学生的新闻传播实践能力，尤其是要适应媒介融合、新媒体技术和人工智能等深刻影响新闻传播活动的情况，将最新的前沿技术带入课程当中。

澳门新闻传播教育的优势还没有体现出来，其师资和学科的知名度还不高，培养的学生的国际国内影响力也尚待提高。未来该如何找准自己的优势和特色，提升学术影响力、人才培养质量，仍需要各方扎实努力。

（安徽师范大学新闻与传播学院　马梅）

1.3.3　台湾省新闻传播教育

自 1951 年台湾新闻教育的萌芽初现，到 1954 年台湾政治大学新闻系复校，招收第一批研究生，标志着我国台湾地区正式开启了新闻教育的新篇章。随后，1956 年，被誉为传媒巨擘与教育先驱的成舍我先生（1898—1991），在台北创办了世新大学（原为世界新闻传播学院），这不仅丰富了台湾新闻教育的版图，更以传播教育的"世新模式"（Shih Hsin Model）作为其独特的办学理念和教育模式，为后来的新闻传播教育树立了标杆。20世纪七八十年代，台湾的新闻教育紧密围绕实务操作与公共议题展开，培养了大量具备社会责任感与新闻敏感度的专业人才。然而，随着时代的变迁，20世纪八九十年代，新闻教育逐渐转向更为广泛的大众传播领域，这一转型不仅拓宽了教育内容，也促使教育者与学生共同面对新兴媒体技术带来的挑战与机遇。

1.3.3.1 从大众化到分众化，重塑台湾新闻传播教育之魂

自1991年开始，台湾的新闻传播教育转向分立，出现传播科技、传播管理、艺术传播等新方向，不仅丰富了传播学的内涵，也促使教育模式从传统的应用实务导向向更加精细化、分众化的方向发展。这一变化，既是对时代需求的积极响应，也是对新闻传播教育创新精神的深刻体现。然而，随着新科系的不断涌现，台湾传播教育也面临着"学""用"脱节的困境。一方面，学术界看似对新闻传播领域的重视达到了前所未有的高度；另一方面，部分学者则开始担忧这种转变对学生专业训练的全面性和深度化的削弱，甚至牺牲了通才教育的宝贵价值。这种矛盾与冲突，正是新闻传播教育在快速发展过程中必须直面的重要议题。在这一阶段，台湾新闻传播教育开始重塑大学教育的核心理念，深化和反思传播教育的概念。

（1）重构大学教育的核心理念

在王石番与陈世敏合著的《传播教育课程规划研究》中，开篇即深刻剖析了大学教育目标的争议，到底是应强调学术研究，还是着眼于职业技能的准备？是教学优先，还是研究为本？是追求全人教育的全面发展，还是侧重于非认知性技能的培育？是坚守质量至上的原则，还是倡导教育资源的平等分配？此外，还触及大学教育公众服务职能的一些相关探讨。尤为引人注目的是，该研究直指"台湾大学理想性、自主性和批判性之失落"，进而倡导台湾的传播教育应当回归到大学法所倡导的基本精神之中。其一，回归学术殿堂的纯粹性，将学术研究视为大学的核心使命，重申其在高等教育体系中的主导地位。其二，重拾通识教育的理想，以培养具备全面素养的"全人"作为大学教育的终极目标。其三，明确研究所作为大学教育体系中专业深化与拓展的重要一环，将其作为新闻传播专业大学部的延伸。其四，将人才培养视为一个循序渐进的过程，强调大学阶段侧重基础，硕士阶段专注专业，再延伸至毕业后的职业教育，实现人才培养的连续性与针对性。[①]

---

① 翁秀琪. 台湾传播教育的回顾与愿景[J]. 新闻学研究，2001（10）：47-48.

（2）台湾传播教育概念的再反思

在深入探讨传播教育概念时，陈世敏等人援引了传播学者 Spraque 的观点，将传播教育的核心目标概括为四大方面，即传递广博的文化知识，培育学生扎实的传播学术能力，发展学生的职业技能，以及通过教育手段促进社会价值的重塑与更新。① 同时，他们也敏锐地指出，在台湾传播教育正面临着一系列亟待深入剖析与澄清的关键问题，这些问题围绕着传播教育的角色定位、课程设置、资源分配以及传播教育的基本模式等。

针对这一时期台湾各大学传播教育课程安排的情况，陈世敏等人指出了四大显著缺陷，其一，过分依赖媒体性质来划分教学与研究领域，这种做法在快速迈向多媒体深度融合的信息时代显得愈发力不从心，难以充分满足学生多元化、跨领域的学习需求；其二，在课程设置上过于偏重专业技能的训练，却在一定程度上忽视了通识教育与人文课程的重要性，导致学生知识面狭窄，缺乏综合素养；其三，教育资源在不同课程与项目间存在重复配置的现象，造成资源的浪费与低效利用；其四，本位主义的强化使得部分学系内部形成了较为封闭的教学环境，导致学生对所学专业的本质与价值产生误解，限制了他们的视野与发展潜力。

为应对这些挑战，陈世敏等人提出了一系列富有前瞻性的应对策略。其一，传播教育需紧跟时代步伐，灵活调整课程设置，以适应传播学领域的快速发展与变革；其二，应致力于培养具备通识素养、全局视野及跨学科能力的传播人才，以满足社会对复合型人才的需求；其三，加强教育资源的统筹规划与高效利用，避免重复建设，提升整体教育效益；其四，注重启发学生的职业规划意识与独立发展能力，帮助他们构建清晰的个人发展蓝图；其五，强化通识教育在传播教育体系中的地位，实现专业知识与人文素养的有机融合，培养真正的"全人"传播者。

陈世敏等人关于台湾新闻传播教育的研究不仅深刻剖析了台湾传播教育在"大众化到分众化"发展时期的问题，更为其未来发展建构了集专业养成、学术成长与通识教育于一体的"三脚模式"。这一模式的提出不仅对台湾传播教育的改革起到引导作用，也为日后政治大学传播学院等一系列重要新闻传播教育改革奠定了坚实的理论基础，为培养更多适应未来社会需求的优秀传播人才提供了有力的支撑。②

在深入探讨传播教育的未来走向时，钟蔚文、臧国仁与陈百龄在《在传播教育应该

---

① Spraqu3, J. The goals of communication education. In Daly, J. A., Friedrich, G. w. & Vangelisti, A. L. (Eds.) Teaching communication: Theory, research, and methods. Hillsdale, new jersey: Lawrence Erlbaum Associates, Publishers.

② 郑瑞城. 大学教育和大学传播教育-观念的再思考[J]. 传播研究简讯, 1998 (15): 4-6.

教些什么?——几个极端的想法》一文中，进行了深刻的批判性反思。他们指出，传统传播教育模式过分聚焦于"陈述性"专业知识的灌输，这种单一维度的教育模式不仅限制了学生思维的广度与深度，更难以匹配大学作为知识创新与学术探索高地的本质要求。因此，他们前瞻性地提出，未来的传播教育应当以"程序性知识"与"情境知识"为核心支柱，通过引入问题导向的教学策略与信息处理技能的知识，引导学生深入理解复杂多变的传播情境，并在模拟实践中学会自我反思与持续学习。① 这一转变不仅强调了知识的应用性与实践性，更促进了学生综合素质与创新能力的全面提升。

与此同时，香港的传播学者陈翰文②(1999)亦从传播教育的知识结构优化的角度出发，主张相较于传统的典范导向教学，问题导向的教学方法更能激发学生的探索欲与创造力。他进一步指出，培养学生发现问题、分析问题直至解决问题的能力，是传播教育不可或缺的一环，而这一过程的核心在于思考分析能力的塑造。陈翰文强调，优秀的传播教育工作者应当致力于培养出兼具思考深度、创新能力、广博知识及卓越表达能力的内容制作者，以适应快速变化的媒体环境与社会需求。

尽管陈世敏、钟蔚文以及陈韬文等分别来自华人社会的不同地域，但他们在传播教育的理念与实践上却展现出了惊人的共识。他们共同强调了传播学术与通识教育的重要性，认为这是构建学生坚实知识基础与广阔视野的关键。同时，他们也一致认同，培养学生的思考及批判能力，以及将"程序性知识"置于"陈述性知识"之上，即倡导"做中学"的教学理念，是应对未来挑战、促进个人成长与社会进步的重要途径。这种跨地域、跨文化的教育共识，不仅为传播教育的改革与发展提供了宝贵的思路与方向，也为培养更多具有创新精神与实践能力的传播人才奠定了坚实的基础。

1.3.3.2 学系革新与跨界筑基：台湾新闻传播教育的智变之道

进入 21 世纪后，台湾的新闻传播教育领域迎来了前所未有的发展机遇与挑战。在 2018 年，《新闻学研究》召开五十周年座谈会，与 1999 年开展的"纸上座谈会：从 SCA 易名谈起"不同的是，这次座谈会将"数位时代新闻传播教育的改变与挑战"这一议题推向了风口浪尖。③ 王维菁、倪炎元、钟蔚文、陈百龄等知名教授齐聚一堂，围绕新闻传

① 钟蔚文，臧国仁，陈百龄. 传播教育应该教些什么?——几个极端的想法[J]. 新闻学研究，1996 (53)：107-130.

② 陈韬文. 传播教育的知识结构问题：思考分析与实务技术训练之间的张力[J]. 新闻学研究，1999 (59)：137-141.

③ 苏蘅，王维菁，林照真，等.《新闻学研究》五十周年座谈：数位时代新闻传播教育的改变与挑战[J]. 新闻学研究，2018(134)：179-217.

播教育的现状、问题、方向及未来展开了深入而激烈的讨论。面对社会媒体的快速崛起和智能科技的不断进步，台湾的多所知名高校，包括政治大学、世新大学、台湾师范大学、中正大学等，纷纷对新闻传播类系所及课程进行了深入的改革与创新，以适应并引领这一时代的变革。

(1)学系更名与技能升级，引领新闻传播教育改革

世新大学作为新闻传播教育的先锋，敏锐地捕捉到了社交媒体对传播方式的深远影响，将原有的"口语传播学系"更名为"口语传播暨社群媒体学系"。这一举措不仅彰显了学校对新媒体环境的高度关注，也为学生提供了更多关于社群媒体运营、用户行为分析、网络舆论引导等方面的知识与技能，使他们能够更好地适应社交媒体时代的发展趋势。同样，铭传大学也将原来的"新闻学系"更名为"影音新闻暨社群传播"，进一步强化了学生在影音制作与社群传播方面的综合能力。这一改革不仅使学生掌握了视频剪辑、音频处理、动画制作等专业技能，还培养了他们在社交媒体平台上进行内容创作与传播的能力，为他们在未来的媒体行业中脱颖而出奠定了坚实基础。

(2)大一大二跨界筑基，大三大四精准深耕，共筑新闻传播领域基石

政治大学为因应媒介融合，鼓励学生多元学习，增加竞争力，学士班自 2014 年起实施大一大二不分系的政策改革，旨在通过前两年广泛而全面的基础教育，为学生打下坚实的传播学基础，并培养他们成为具备全能传播技能的复合型人才。在这一阶段，学生将接触并学习平面媒体、影音媒体、数位媒体、网络媒体等多元平台的基本制作原理和相关理论。这种跨媒介的教育模式不仅有助于学生全面了解不同媒体形态的特点与运作机制，还能激发他们对不同传播领域的兴趣与探索欲。通过实践操作和理论学习相结合的方式，学生将逐渐掌握在多个平台上进行内容创作、编辑、发布及推广的技能，为未来的职业生涯奠定坚实的基础。

进入大二第二学期后，学生可以根据自己的学习兴趣和职业规划，申请进入新闻学系、广告学系、广播电视学系等主导的主修学程或实验学程。这一阶段的专业化训练将更加注重学生在特定领域的深入学习和实践应用，帮助他们将前两年的基础知识与专业技能相结合，形成自己在某一领域的独特优势。政治大学的这一改革措施不仅适应了媒介融合时代的发展需求，也为学生提供了更加灵活、多元的学习路径和发展空间。

(3)前沿 AI 课程与在台高校学分互认，共促新闻传播人才培养

为了积极应对智能时代发展潮流，政治大学传播学院凭借其前瞻性的教育视野，精心规划并开设了"智能科技与文创产业""AI 与传播科技应用""人工智能与网络治理""AI 与人文社科研究专题"等一系列前沿课程。这些课程不仅紧密追踪人工智能技术的

最新动态，如深度学习、自然语言处理、大数据分析等，更将这些尖端技术深度融合于新闻传播、文化创意、社会治理等多个领域，深入剖析 AI 如何重塑这些行业的运作模式与未来趋势。通过跨学科的教学设计，学生不仅能够掌握 AI 技术的核心原理与应用技能，还能从人文社科的角度审视技术伦理、社会影响等深层次议题，从而培养出既具备扎实技术功底又拥有广阔人文视野的复合型人才。这种创新的教育模式，无疑为学生在智能时代中脱颖而出奠定了坚实的基础。

此外，在台湾高等教育领域，一项重大改革也在悄然进行，台湾大学、世新大学、政治大学、台湾艺术大学、台湾师范大学等多所具有新闻传播方向的高校携手合作，共同推行了台湾院校修课的学分互认制度。这一制度的实施，打破了学校之间的隔阂与壁垒，促进了教育资源的自由流动与优化配置。学生不再受限于单一校园的框架之内，而是可以根据自己的兴趣所在和职业规划，自由穿梭于各大高校之间，跨校选修心仪的课程。这种灵活多样的学习模式，不仅极大地丰富了学生的课程选择，拓宽了他们的知识边界，还促进了不同学科之间的交叉融合与思想碰撞。在互认学分的保障下，学生所付出的每一分努力都能得到应有的认可与回报，这无疑将极大地激发他们的学习热情与创造力，为他们的全面发展注入新的活力与动力。

1.3.3.3 政大与世新：台湾新闻传播教育的双峰并峙

进入 21 世纪这一科技与社会变革并进的全新纪元，台湾的新闻传播教育展现出了非凡的适应力与前瞻性，在错综复杂的社交媒体环境及日新月异的智能技术挑战下，面对信息爆炸与智能化转型的双重压力，台湾地区的高等教育纷纷采取了一系列深刻而富有成效的改革与创新举措，旨在优化课程体系、强化实践教学、拓宽国际视野，并激发学生的创新思维与跨界能力。这些努力不仅显著提升了新闻传播教育的整体质量与水平，更为社会输送了一大批既精通专业技能又具备全球竞争力的高素质新闻传播人才。

在此背景下，此处梳理了截至 2024 年 7 月台湾地区新闻传播教育领域的相关院系情况（见表 1-35），并特别聚焦于政治大学与世新大学这两所在新闻传播教育领域体系最为完整、实力最为雄厚的学府。两者不仅在学士、硕士、博士三个教育层次上均实现了新闻传播教育的全面覆盖，更在课程设置、教学模式、科研创新等方面展现出了独特的优势与特色。因此，将这两所大学作为典型案例深入剖析当代台湾新闻传播教育的特色，不仅有助于我们更好地理解当前台湾新闻传播教育的最新动态与发展趋势，更为广大新闻传播教育工作者提供了宝贵的参考与启示。

表 1-35   **台湾地区新闻传播教育相关院系**

学校	本科	硕士	博士
台湾大学		台湾大学新闻研究所	
政治大学	新闻学系	传播学院传播硕士学位学程 传播学院硕士在职专班 国际传播英语硕士学程	传播学院博士班
世新大学	新闻学系 口语传播暨社群媒体学系 图文传播学系 资讯传播学系 传播管理学系 全媒体学士学位学程 影视进修学士学位学程	新闻学系硕士班 口语传播暨社群媒体学系硕士班 图文传播学系硕士班 资讯传播学系硕士班 传播管理学系硕士班 数位学习硕士在职专班	传播博士学位学程
台湾师范大学		台湾师范大学大众传播研究所	
中正大学	传播学系学士班	传播学系硕士班	
淡江大学	大众传播学系学士班	大众传播学系硕士班	
中国文化大学	传播学系 新闻学系大学部	新闻学系硕士班	
静宜大学	传播学系		
义守大学	大众传播学系		
铭传大学	影音新闻暨社群传播 新媒体暨传播管理学系	新媒体暨传播管理学系硕士班	
长荣大学	大众传播学系		
南华大学	传播学系大学部	传播学系硕士班	
玄奘大学	大众传播学系大学部	大众传播学系硕士班	
慈济大学	传播学系大学部	传播学系硕士班	
佛光大学	传播学系大学部	传播学系硕士班	

续表

学校	本科	硕士	博士
辅仁大学	新闻传播学系 广告传播学系		

截止时间：2024 年 7 月

（1）政治大学传播学院

政治大学传播学院是台湾历史最悠久的新闻传播教育学府，早在 1935 年便创立了新闻学系，先后培养出中国第一位女记者徐锺珮女士、新闻教育家王洪钧先生、传播研究领航者徐佳士先生等。该校率先引入学程制这一先进教育模式，学院不仅注重理论知识的传授，更强调实践能力的培养，为此特别设立了信息与媒体整合实验中心，这一综合性实验平台汇聚了政大之声实习广播电台、影音实验室、剧场、研究导向实验室、静态摄影实验室、新闻实验室、基础数位实验室、网络媒体及写作实验室、数位图像与出版实验室以及 2D、3D 绘图教室等多个教学实验单位。这些实验室配备了先进的设备与技术，为学生提供了从新闻采编、影像制作、数字媒体设计到出版传播等全方位、多层次的实践机会。学生可以根据自身兴趣与未来发展方向，积极参与各类实验项目，将所学知识应用于实践，从而在实践中深化理解、提升技能。

①学士阶段：新闻系。

政治大学新闻学自 2014 学年起，勇敢地迈出了教育改革的重要一步，实施了大一大二不分系制度。这一创新举措标志着新闻传播教育理念的深刻变革，旨在为学生提供更为宽广的知识基础和更灵活的学术探索空间。在这一制度下，学士班学生由传播学院统一进行招生，前两年不分具体系别，共同接受新闻传播领域的通识教育与基础技能训练。到了三年级，学生则可以根据自己的兴趣、能力和未来职业规划，自主选择进入新闻学系或其他相关系所继续深造。这一制度不仅促进了学生之间的跨领域交流，也为他们提供了更加多元化的成长路径。

政治大学新闻学系作为该领域的佼佼者，其教育理念与课程设置（如表 1-36 所示）均体现了对"纪实信息"叙事能力的高度重视。与学院内的广电系、广告系相比，新闻学系更加注重培养学生的专业素养和社会责任感。在这里，学生将接受系统的训练，掌握影像、图像、文字、声音等多种媒介形式的采、编、播、出版技能，以便在不同平台上有效地传递信息、讲述故事。同时，新闻学系还强调公共利益与社会关怀的重要性，鼓励学生关注社会热点问题，用新闻的力量推动社会进步。而在学程设计上，新闻学系负责"新闻与信息"和"媒体与文化"两个学程，课程涵盖广电、平面媒体和新传播科技，也包括社会科学、人文艺术等领域知识，其致力于培养学生的创造力、信息处理能力和新闻信息专业性。

表 1-36　　　　**政治大学传播学院学士阶段新闻传播相关课程**
政治大学传播学院新闻系

毕业共 128 学分：必修 28—32 学分；一二年级本院必修 18 学分；三四年级本系主修学程 24 学分；其他学分由学生自行选读系内外课程

校共同必修	● 人文学　　　● 社会科学　　　● 自然科学 ● 书院通识　　　● 体育	
一二年级必修 （不分系）	● 传播概论　　　● 传播与社会　　　● 静态影像设计 ● 基础影音制作　　● 传播叙事　　　● 资讯收集与应用	
三四年级 （必修）	新闻与资讯主修学程	媒体与文化主修学程
	● 新闻媒体实验(一) ● 新闻媒体实验(二)	● 传播学的想象 ● 传播方法与实践
三四年级 （选修）	● 影音新闻深度报道 ● 数位媒体内容策略 ● 新闻图标 ● 电视新闻制作与播报 ● 新闻摄影 ● 英文采访写作 ● 杂志编辑 ● 财经新闻采访报道 ● 新闻网站平台运作事务 ● 资料新闻学 ● 报道文学 ● 媒体创新与创业 ● 传播政治经济学 ● 饮食、传播与文化 ● 离散与媒体 ● 商业数据分析与简报 ● 媒体经典个案 ● 都市空间与消费文化	● 电视文化研究 ● 内容产品与内容策略 ● 政治传播 ● 媒介心理学 ● 新媒体与运算专题 ● 传播科技专题 ● 社交与行动媒体 ● 国际新闻报道事务 ● 国际传播专题 ● 媒介管理与沟通 ● 进阶新闻报道 ● 与族群/性别/阶级 ● 大文山地方创生与文化传播 ● 专题实习-机构实习（A）（B） ● 新世代内容与媒介探索及实作

截止时间：2024 年 7 月

②硕士阶段：传播硕士学位学程、传播学院硕士在职专班(EMA)。

政治大学在硕士阶段分为传播硕士学位学程和传播学院硕士在职专班。其中传播硕士学位学程自2014年起将"新闻学系硕士班""广告学系硕士班"及"广播电视学系硕士班"整并为"传播学院传播硕士学位学程"。其课程规划如表1-37所示，以整合传播学院资源，扩充创新知版图，并培养未来传播领域专业人才为目的，开设"方法类群""理论类群""主题类群""选修类群"四大类群课程。该硕班最大的特色在于培养未来"不确定"领域的传播人才，鼓励和促成多个生涯想象。

表1-37 **政治大学传播学院硕士阶段新闻传播相关课程**

政治大学传播硕士学位学程课程模块

毕业共31学分：必修(1)；方法、理论、主题类群至少各选一门课(3+3+3＝9)；自主专业修习(21)

必修	● 传播导论(上)				
	基础研究方法	质化研究取径	量化研究取径	特定领域研究方法	
方法类群	● 研究方法(上)	● 深度访谈法(上) ● 言说分析(上) ● 现象学与质性研究(下) ● 文化研究方法(下) ● 公关个案研究(下)	● 传播量化研究分析(上)NEW ● 进阶量化研究(下)	● 导演方法(下)	
	内容设计与创作模组	传播文化模组	互动传播与科技模组	风险、社会与传播模组	策略与创意沟通模组
理论类群	● 想象与书写(上) ● 想象叙事与互动基础(上)	● 媒介社会学(上) ● 传播理论与社会学(上) ● 媒介与文化技术(上) ● 大众文化研究(上) ● 都市媒介研究(1142下)NEW	● 性别与传播科技(上) ● 想象叙事与互动基础(上) ● 阅听人研究(下) ● 互动传播与科技(下) ● 都市媒介研究(1142下)NEW		● 广告理论与实务应用(上) ● 公关理论与实务应用(上)

续表

主题类群	<ul><li>身体与书写(上)</li><li>新闻信息与实践(上)</li><li>资料新闻学(下)</li><li>视觉元素与叙事(下)</li><li>数位图像叙事与创作(下) NEW</li></ul>	<ul><li>跨文化传播专题(上)</li><li>运动、媒体与社会(上)</li><li>文化产业与劳动(上)</li><li>当代大众传播问题(上)</li><li>专题:灾难与传播(上)</li><li>媒体与创伤(上)</li><li>AI与人文社科研究专题(上) NEW</li><li>传播与文化专题:跨领域视野(下)</li><li>传播政治经济学(下)</li><li>东亚影视作品与社会(下)</li></ul>	<ul><li>人工智能与网络治理(上)</li><li>阅听人与媒介市场(上)</li><li>网络内容产品策略与规划(上)</li><li>影音媒体创新与互动科技(上)</li><li>人机互动设计(上) NEW</li><li>媒介心理与阅听人(下)</li><li>阅听媒介与人文科技(下)</li><li>社交媒体研究(下)</li><li>互动科技:媒材、感知与设计(下)</li></ul>	<ul><li>专题:灾难与传播(上)</li><li>媒体与创伤(上)</li><li>环境与健康风险传播(下)</li><li>科学传播(下)</li></ul>	<ul><li>营销管理(上)</li><li>广告创意(上) NEW</li><li>专业实习(上)</li><li>整合营销传播(下)</li><li>媒介赛局专题(下)</li><li>媒介经济学(下)</li><li>广告心理与实务应用(下) NEW</li></ul>
选修类群	<ul><li>报导文学(上)</li><li>创意沟通专题:美术摄影创作(上)</li><li>声音基础(下)</li><li>非剧情片理论与创作(下)</li></ul>	<ul><li>媒介政策与法规研究(上)</li><li>两岸流行文化研究:中国电影专题(下)</li><li>信息通讯法与社会(下)</li></ul>			<ul><li>广告效果研究(上)</li><li>品牌营销专题研究(上)</li><li>竞选广告专题(上)</li><li>文化创意产业发展策略与实例(下)</li><li>媒介组织经营管理(下)</li></ul>
选修	跨院、校际、交换、双联、自由选修				
毕业要求	毕业学分(31)+ 资格考核(五选一)+学位论文/作品				

政治大学传播学院硕士在职专班(EMA)

必修课程 18 学分;选修课程 18 学分

	洞察传播地景	资讯分析与研究	创意、叙事与互动	媒介模式创新	使用者研究与经营
必修课程	• 媒介生态专题	• 资讯企划与整合专题 • 讯息设计与呈现专题 • 独立研究		• 媒介组织管理专题	• 阅听人专题
选修课程	• 数位媒介与日常生活 • 娱乐媒介与媒介心理 • 社群媒体与人机关系 • 传播科技与社会	• 都市媒介研究 • 媒介赛局专题 • 研究创意坊	• 人机互动设计 • AI 与传播科技应用 • 传播与文化专题:后影像与后电影研究 • 国外见习	• 新媒介商业模式 • 智能科技与文创产业	• 品牌与整合行销传播 • 公共传播与危机管理专题

截止时间:2024 年 7 月

　　传播学院硕士在职专班(EMA)以成为各产业主管及传媒专业人士在职精进传播知能的首要选择为目标,整合传播领域的学术,建立新闻、广告、公关、广电以及数位影音等跨领域的对话平台。其学生主要来自传播、公关、广告、营销、数位科技、公务、学术、电商、法院、军警、医疗等各领域,以公关营销工作者为主,约占总人数的43%。其职场平均年资约为 11 年,其中 6~8 年的居最多数,占总人数的 36%。在职专班以"数位转型"为核心,以"前瞻智能趋势,赋能数位人才"的精神办学。其课程系统化整合:人工智能、数据分析、互动传播技能、媒介模式创新、使用者研究、公关与营销等领域,以全方位的课程规划,辅以研究能力的提升,希望成为业界人士进修传播知识的最佳渠道。

　　③博士阶段:传播学院博士班。

　　传播学院博士班成立于 1983 年,是政治大学传播学院的最高学制,也是台湾传播类研究所博士班之首创。传播学院博士班旨在培养一群以传播学术工作为终身志业的专家学者,一方面在传承和拓展知识文明和价值,另一方面则透过社会实践,成为社会的中坚知识分子。在传播理论、研究方法、信息设计等前瞻领域均有杰出表现，研究教学强调跨域合作，积极推动组织重整与再造、发展大型研究计划，并进行课程改革，将传统以大众传播媒体为本的课程设计(见表 1-38)，转向传播与信息范畴。近年来研究重点强调媒体叙事、劝服策略、新媒体设计。并因应全球化以及快速变化的传播环境，除要求学术论述能力外，亦要求博士生须参与国际研讨会、发表外语期刊论文以及两学期以上校内外实务(实习或产学合作)经验，借此提升博士生国际视野与相关实务能力以增进其国际竞争力和就业竞争力。

表 1-38　　　　**政治大学传播学院博士阶段新闻传播相关课程**

政治大学传播学院博士班课程

至少修满 30 学分(包括必修、核心研究主题、方法、其他四大类)，其中本院科目至少 15 学分。

必修课程	• 学术志业导论　　• 传播理论研究　　• 方法论		
选修课程	博士生选修		
	• 现象学与质性研究　　• 进阶量化研究		
	硕、博生共同选修		
	• 媒介与文化技术 • 深度访谈法 • 品牌营销专题研究 • 跨文化传播专题 • 性别与传播科技 • 运动、媒体与社会 • 阅听人与媒介市场 • 大众文化研究	• 当代大众传播问题 • 媒介社会学 • 言说分析 • 文化研究方法 • 社交媒体研究 • 媒介心理与阅听人 • 文化产业与劳动 • 信息通讯法与社会	• 两岸流行文化研究-中国电影专题 • 媒介赛局专题 • 环境与健康风险传播 • 传播政治经济学 • 社交与娱乐媒体 • 资通法与社会 • 社交媒体研究
	其他选修 (8 学分不设限)		

截止时间：2024 年 7 月

因此，政治大学传播学院的博士班希望培养出学生的横向流动能力和研究创新思考能力。在横向流动能力方面，其一是地域的横向流动能力。为因应国际化挑战，该班期望能培育博士生国际公民意识与国际对话能力，使之具备国际学术、产业之竞争力。其二是知识领域的横向流动能力，期望该博士生未来除投入大学知识殿堂担任教席外，亦能投身于学术领域以外的知识产业、政府机构或第三部门从事研发、实践工作，以因应国家社会对于高教人才之殷切需求。此外，该博士生班还希望学生可以通过系统的、严谨的、踏实的、深入的训练使之兼具研究能力、创意思考以及实践能力。严格来说，社会科学各学门均具相当之实用性，传播学门亦不例外，因而传播学院的博士生不仅要有发现问题、解释现象之能力，也应当有解决问题之潜能。

（2）世新大学新闻传播学院

世新大学由知名报人成舍我 1956 年在台北所创，是中国台湾地区私校中排名第一的传媒类大学，被誉为传播教育的龙头。其拥有全台规模最大的新闻传播学院和优质师资群，是美国有线电视新闻网（CNN）在台首所且唯一缔结合作关系的大学。连续 13 年被台湾地区教育事务主管部门评为教学卓越大学，是"优久大学联盟"成员之一，是中国台湾新闻教育的翘楚。其创办人成舍我先生（1898—1991）曾先后创办《世界晚报》《民生报》《立报》等，在中国新闻史上享有极高的声望与影响。世新大学新闻传播学院成立多年，其学术地位和社会影响力在台湾地区相当于"中国传媒大学"之于大陆之地位，在业内是新闻传播与影视娱乐行业的重要人才培养基地。《Cheer 杂志》上指出世新大学是台湾"传播科系最多""唯一设有传播博士班的私立大学"，也是"孕育大量的媒体实务人才，尤其以广电媒体为多"的大学。①

①学士阶段：口语传播暨社群媒体学系、新闻学系、图文传播学系、传播管理学系等。

世新大学新闻传播学院口语传播暨社群媒体学系创建于 1992 年，是亚洲地区首个口语传播学系②，是华人地区最先注意口语传播在传播学中重要位置的高校，也是台湾地区唯一拥有口语传播科系的大学③，唯一提供完整口语传播专业教育与融合社群媒体应用的学系。该系突破传统大众传播与人际传播的二分法，培养学生的群我沟通能力，注重软硬兼备的巧实力，以因应数字化时代中所需之沟通、表达、协调、说服、思辨的传播能力，以期培养具备整体策略思维的全传播专业人才。该系学子在国际华语辩论赛、亚太华语辩论公开赛、海峡两岸主持人大赛等比赛中屡获嘉奖，在"台湾各大学学术资源能量风貌调查结果"中荣获"台湾学术资源影响力"奖。

该系从口语传播更名后成为中国台湾唯一融合口语传播专业教育与社群媒体应用的

① 潘乃欣 . 台大二度夺冠，4 成企业说："有读有加分"[N]. Cheers 杂志 . 2018 年 8 月 29 日 . 216：64-71.

② 游梓翔 . 数字时代的口语传播学：一个学科名称、核心概念与核心能力的分析[M]//数字化时代的口语传播：理论、方法与实践 . 厦门：厦门大学出版社，2014：1-14.

③ 夏春祥 . 在建制化与数字化之间：口语传播的人文主义追寻[J]. 现代传播，2016(7)：20-24.

学系。通过完整修习口语传播系的沟通、表达及社群媒体三大专业课群，学生将了解如何培养及提升人际影响力、公众影响力与社群影响力。其中沟通类课程对接广告、公关行销、企划师、业务管理师、客户关系管理师等职业类别；表达类课程对接自媒体经营者、各类型主持人、各类型训练讲师、艺术展演表演者等职业类别；社群媒体类课程对接自媒体经营者、社群媒体经营、编辑、社群媒体行销企划等职业类别。

新闻系则致力于强化学生的媒体素养与识读能力，深入剖析新闻产业的演变轨迹与未来趋势，旨在提升学生对社会公共议题的敏锐洞察与积极参与度，同时精心培育兼具批判性思维与社会责任感的新时代传媒人才。在实践教学层面，鉴于社交媒体的蓬勃兴起与数字新闻时代的到来，世新大学新闻系课程特别注重跨媒介新闻制作技能的培养，涵盖新闻数据的收集、处理与分析能力，以及在不同媒介平台上构建富有感染力的新闻叙事策略。此外，课程还强调设计并创作既注重深度又融合视觉美学的新闻报道，以满足当代受众的多元化需求。

尤为值得一提的是，在职业准备与实战演练方面，世新新闻系拥有独一无二的实习平台《小世界》媒体。作为新闻学子的实战演练场，《小世界》自创刊以来，不仅见证了新闻制作从传统的采访、编辑、排版到印刷的完整流程，更紧跟时代步伐，逐步转型为数字化、线上化的新闻产出模式。这一过程中，每一步都凝聚着系内教师的悉心指导与学生的辛勤汗水，实现了从理论到实践的深度融合。历经半个多世纪的沉淀与发展，《小世界》已累计出版超过 2000 期，成为连接学术与业界、传承与创新的重要桥梁。此外，世新大学新闻系积极构建与业界各类媒体的深度合作桥梁，精心规划了在大四学年上、下学期各占八学分的"业界媒体实习"课程。这一创新举措使学生能够在正式步入职场之前，亲身参与到真实的新闻环境中，积累宝贵的实践经验。通过与企业媒体的紧密合作，学生不仅能够学习到新闻采写、编辑、发布等核心技能在实战中的应用，还能深刻理解新闻行业的运作机制与职场文化，从而为他们毕业后顺利融入职场、实现无缝对接奠定坚实的基础。

广播电视电影学系学士班之特色为摄制实作与理论教学结合，强调影音内容创作及技术训练，以实践广播、电视、电影媒体平台（世新广播电台、数位摄影棚）的方式，实践及检验教学成果，这一模式不仅是该系最鲜明的标志，也是全台范围内校内实习体系构建最为完备与先进的学系之一。其中广播组专注于广播节目的策划、制作及声音艺术的探索，将广播实务与编曲配乐技巧深度融合于课程之中。学生在掌握声音基础理论的同时，通过"世新广播电台"的实战演练，磨砺在声音设计、节目企划、制作流程管理等方面的综合能力，旨在培养具备创新思维与实战经验的广播制作与音乐编配人才；电视组则致力于培育适应新媒体环境的电视制播精英。课程体系兼顾影音技术基础与前沿理论，特设电视专业核心课程，以强化学生的专业能力。同时，通过"影棚节目实作"等实践课程，让学生在模拟真实的电视制作环境中锻炼，结合对影音产业多元面向的深刻理解，为成为广电产业的制播人才奠定坚实基础。

电影组的教学聚焦于电影艺术的探索与制作技能的全面培养。学生在掌握电影基础理论、制作流程与产业环境的基础上，通过"电影策展实习"等课程，利用专业电影摄制设备，深入学习电影项目的企划、策展、放映、宣传及推广等全方位技能，旨在塑造具备国际视野与实战能力的电影摄制与运营人才；影视进修学士学位学程则专为有志于影视制作领域的进阶学子设计，课程内容由基础至高级循序渐进，涵盖了影视制作的各个方面。此外，还提供了选角实务、播客运营、现场表演、社群媒体营销等多元化选修课程，鼓励学生根据个人兴趣与专长进行深度探索与提升，进而培养台湾影视产业人才。

②硕士阶段：新闻学系硕士班、口语传播暨社群媒体学系硕士班、图文传播学系硕士班、资讯传播学系硕士班、传播管理学系硕士班、数位学习硕士在职专班等。

世新大学几乎所有系所都有硕士专业或硕士在职专班，以下仅分析三种不同的硕士班级及其教学特色。世新大学新闻传播学院的数位多媒体设计学系硕士班主要以游戏、互动科技及动画为发展主轴，整合数位多媒体传播科技与设计艺术教育，落实艺术文化美学素养为全方位传播教育，提供系统化的课程训练，让学生拥有丰富的实务经验，引领产业的专业能力。未来可以参与的专业领域包括新媒体传播科技产业、娱乐科技产业、视觉传播产业以及游戏设计、影视特效、动画设计及广告产业等；资讯传播学系硕士班课程特色集中关注培养学生的资讯社会研究能力、资讯组织管理能力、资讯运用与服务能力以及基础知识。课程内容包括"网络社群研究""知识管理研究""资讯分析与组织研究""数位内容与创新加值专题""商业档案学研究"等。

广播电视电影学系硕士班包括三个专业方向。第一，创作组（MFA），着重人文理论和影视创作的特色教学方式，重视影音创作的多元性、实验性和创新性的开发与探索。以理论核心课程、独立创作研究课程、影音制作课程为教学主轴，目的在训练学生能独立创作作品或剧本撰写，并提供学生多元选择的创作方式。该系硕士班为全台唯一可同时提供剧情片、纪录片及实验片创作取向之硕士班。第二，媒体应用组（MA），其宗旨是为社会培育更多影音媒体应用性研究人才，除致力于学术研究之外，亦期能整合理论与实务，发挥媒体社会教育与文化传承功能，落实媒体关注弱势与追求公益之角色。第三，硕士在职专班，其着重理论及专业知识之兼备，教学特色以广电产业营运研究为主轴，提供及补强在职进修人士专业学理知能，培养媒体产业营运与管理人才，以创造产学互助管道，响应终身教育之理念。

③博士阶段：传播博士学位学程。

世新大学传播博士专业已有 26 年的历史，其除了培养严谨的学术研究与教学人才外，更秉持世新大学"学术与实务不分家"以及"化知识为行动"的教育理念，期望学生能够成为具开创性的知识生产者，为传播实务界与相关政策制定领航。授课内涵以传播理论为经，研究方法为纬，辅以不同专业领域之训练。其鼓励学生主动发掘自己的研究兴趣，厘清主要与次要的研究范畴，并以整个新闻传播学院全方位的课程为基础，来设计自己的修课计划，以求能确立个别的研究核心与发展系列的相关研究。在学生修业的过程中，亦强调博士教育中师徒制个别指导的精神，期盼透过师生一对一的密切对话讨论、共同合作研究的过程，打开学生的视野，培养研究与论述的技艺，厚植各项能力，成为具有学术研究潜力又心怀社会的博士研究生(见表 1-39)。

表 1-39　　　　　　　　世新大学传播博士学位学程课程规划

专业核心能力	专业核心能力定义说明	相对应课程	检核指标	检核机制
研究与理论建构能力	独立研究、理论反思、理论建构之能力	▲ 传播理论研究 ▲ 社会科学方法论 ▲ 质化研究专题研讨 ▲ 人机互动与传播大数据专题研讨 ▲ 量化研究专题研讨 ▲ 民族志与田野研究 ▲ 传播史与哲学专题研讨 ▲ 论文研究 ▲ 独立研究	1. 理解并反思当代传播理论、学术研究、传播议题与传播趋势的能力 2. 熟悉西方社会科学主流哲学思想中方法论与认识论本质 3. 熟悉质化以及量化研究方法之理论架构与原理，具备应用质化以及量化研究方法进行传播研究之能力	● 通过学期测试 ● 完成指定阅读文献之评述性分析报告 ● 完成可以在研讨会或学术期刊发表的相关研究报告 ● 通过"传播理论"资格考试

续表

专业核心能力	专业核心能力定义说明	相对应课程	检核指标	检核机制
讯息产制与论述能力	了解各类传播文本与传播语境之互动关系，进而具备文本产制策略与论述之能力	▲ 语艺理论核心议题 ▲ 说服传播与传播设计 ▲ 论述分析研究与实践 ▲ 健康传播与媒介应用 ▲ 营销传播与媒介应用 ▲ 风险传播专题研讨 ▲ 视觉符号与多模态语艺 ▲ 数位媒体与内容产制	1. 理解当代语艺理论、批评的关键概念与观点以及其与当代思潮、传播科技发展的关联 2. 熟悉主要论述分析取径以及传播策略分析方法 3. 掌握策略传播主要核心议题以应用于公共风险、营销说服之能力	● 通过学期测试 ● 通过课堂师生对谈或口试来评估学生独立思考的辩证能力与清晰的理念论述能力 ● 完成可以在研讨会或学术期刊发表的相关研究报告 ● 通过"语艺与策略传播"专项领域资格考试
媒体管理与政策/法规制定能力	能掌握媒体变迁与影响，具备媒体管理之智能以及提供相关媒体政策能力	▲ 新媒体理论 ▲ 传播政策与法规专题研讨 ▲ 媒介科技与社会变迁 ▲ 媒介效果研究专题 ▲ 传媒、科技与文化 ▲ 传播与科技核心议题 ▲ 新媒体与传播管理核心议题 ▲ 新媒体与科学传播	1. 掌握传播产业动态、政策法规以及媒介使用行为的流变 2. 熟悉媒体管理及组织传播的重要议题 3. 理解传媒科技、文化与媒介效果之关联性	● 通过学期测试 ● 完成新兴传播产业之产业分析报告或提陈因应新兴传播生态之传播法规政策分析报告 ● 完成可以在研讨会或学术期刊发表的相关研究报告 ● 通过"传播科技与影响"专攻领域资格考试

专业核心能力	专业核心能力定义说明	相对应课程	检核指标	检核机制
批判与社会实践能力	对传播与媒体现况能提出反思与批判并具有实践能力提出有效的解决方案	▲ 传播批判理论 ▲ 参与式传播与社群媒体 ▲ 性别与传播专题研讨 ▲ 传播政治经济学专题研讨 ▲ 文化产业与劳动 ▲ 传播与文化行动	1. 熟悉传播批判相关典范及理论 2. 以实境学习的授课方式来提升学生传播视野与行动实践能力 3. 运用传播与文化行动来对主流媒体或新闻传播现象提出批判分析与实践方案	● 通过学期测试 ● 完成另类媒体或关键新闻传播问题的个案研究或提陈具体解决建议方案 ● 完成可以在研讨会或学术期刊发表的相关研究报告 ● 通过"文化行动与参与式传播"专攻领域资格考试

截止时间：2024 年 7 月

1.3.3.4 世新模式与全传播体系：共绘台湾新闻传播教育新蓝图

（1）世新模式：拓展台湾新闻传播教育新版图

世新大学凭借其独特的办学历程、前瞻的教育理念与战略部署，在新闻传播教育领域内独树一帜，孕育出了被业界广泛认可的"世新模式"（Shih Hsin Model）。尽管创始人成舍我先生于 1991 年遗憾离世，但他所开创并精心雕琢的这一模式，却如同不灭的火炬，照亮了后续三十载的教育征途，为后来者指明了方向。针对传统新闻传播教育中常出现的"理论与实务脱节"的问题，"世新模式"展现出了其独到的应对策略，即在深刻认识到新闻传播学理论价值重要性的同时，强调"手脑并用"的核心理念。

这一理念打破了传统新闻传播教育中"劳力"与"劳心"的界限，① 使得世新的新闻传播教育更加贴近成舍我先生所憧憬的美国"密苏里模式"，致力于与业界无缝对接，培养出能够迅速适应并贡献于行业发展的实战型人才。因此，世新的毕业生在业界广受

---

① 游梓翔，温伟群. 翠谷的传播教育："世新模式"探索［J］. 传播研究与实践，2021，11（2）：37-65.

好评，成为各大媒体机构争相招揽的宝贵资源。这也践行了成舍我先生曾对毕业生们说的："我们的校名，是'新闻'，但实际上我们的范围，已包括整个大众传播。我们毕业的同学所用工具，将不仅是一支笔；所服务的机构，将不仅是报馆，举凡广播、电视、电影、戏剧、图书、印刷以及观光旅游，它们能否发挥最大功效，都无一不与我们的民主政治，血肉相连。"

世新大学虽以"新闻"为名，其教育版图早已跨越至"媒体"与"传播"的广阔领域。其多元化的专业设置不仅丰富了课程内容，更为学生提供了在校内实现"跨界融合"的宝贵机会，这不仅表现在大四学年上、下学期各占八学分的"业界媒体实习"课程，也包括世新广播电台、数位摄影棚节目实作等平台的实践。这一"全媒体"策略，形成了具有"全媒体"教育雏形的"世新模式"，其与成舍我先生早年倡导的多元媒体实务办学理念一脉相承。[1] 在当今大学教育愈发强调"应用型教学"与"新科技融合"的背景下，世新大学坚持的"手脑并用""理论与实务并重"以及"全媒体"教育特色，无疑赋予了其更加鲜明的时代竞争力，为培养适应未来媒体生态的复合型人才奠定了坚实基础。

（2）全媒体整合：迈向新闻传播教育新高度

在20世纪90年代之前，台湾乃至整个华人传播教育界普遍侧重于新闻与大众传播的教育，[2] 但世新大学在1992年就创建了迄今仍是台湾唯一的"口语传播系"，这让口语传播一脉的专业课程，如演说辩论、人际传播、组织传播、跨文化传播等，得以既广且深地融入世新大学的新闻传播教育。如表1-38所示，在世新大学传播博士学位学程中，语艺与策略方向的研究领域也开设了高度整合口语传播与媒体传播的课程，如语艺理论核心议题、说服传播与传播设计、论述分析研究与实践等课程。

在台湾同样以新闻传播教育著称的政治大学，在20世纪90年代的中长程规划中也曾提出增设"语艺"学系（即口语传播系）的构想，遗憾的是，这一计划最终未能实现。而世新大学将口语传播纳入课程体系，强调"人与媒体并重"，兼容口语与大众传播、人际与媒体传播，不仅实现了"全媒体"教育的目标，更迈向了"全传播"教育的崭新阶段。不仅成为其独特的"世新模式"，也标志着其在传播教育领域的一次重要创新与突破，为培养具备全面传播素养的复合型人才奠定了坚实的基础。

随着社群媒体的兴起，人与媒体的整合已成为新闻传播领域不可忽视的重要趋势。

---

① Moscardini A O, Strachan R, Vlasova T. The role of universities in modern society[J]. Studies in Higher Education, 2022, 47(4)：812-830.

② Kim M S, Chen G M, Miyahara A. Communication as an academic field：East Asia[J]. The International Encyclopedia of Communication, 2008.

西方学者甚至提出了"媒体传播+人际传播"的"人媒传播"（masspersonal communication）时代概念①，强调了在这一新背景下，人际互动与媒体传播的深度融合。为了顺应这一趋势，政治大学在硕、博士的课程中增设"社交媒体研究""社群媒体与人际关系"等课程。世新大学更是于 2020 年将口语传播系更名为"口语传播暨社群媒体系"，明确将"人媒传播"作为学系的核心关注点。这一更名也标志着其在"全传播"教育领域的进一步深化与拓展。通过将口语传播与社群媒体紧密结合，培养学生在传统人际传播领域的能力，更赋予他们利用社群媒体平台进行高效、广泛传播的新技能。这种"人媒整合"的教育模式，不仅增强了学生的跨领域竞争力，也为"世新模式"注入了新的活力与竞争优势。

台湾新闻传播教育经历了从大众化向分众化的深刻转型，这一过程不仅重塑了教育的核心理念，深化了对传播教育的理解与反思，还通过学系革新与跨界融合，探索出了一条智变之道。学系更名与技能升级引领了台湾新闻传播教育的改革潮流，跨界筑基与精准深耕相结合，为学生在新闻传播领域打下了坚实基础。同时，前沿 AI 课程的引入与在台高校学分互认机制的实施，进一步促进了台湾新闻传播人才的培养与交流。政治大学与世新大学作为台湾新闻传播教育的两大重镇，各自以其独特的优势与成就，形成了双峰并峙的格局。而世新模式与全传播体系的融合，更是为台湾新闻传播教育绘制了一幅崭新的蓝图，不仅拓展了教育版图，还通过全媒体整合迈向了新闻传播教育的新高度，为培养适应未来媒体生态的复合型人才提供了有力支撑。

（西南石油大学　罗婧婷；重庆工商大学　殷俊）

---

① O'Sullivan P B, Carr C T. Masspersonal communication：a model bridging the mass-interpersonal divide[J]. New media & society, 2018, 20(3)：1161-1180.

2. 教育组织篇

2.1　院　系　巡　礼

2.1.1　中国传媒大学新闻传播学科

中国传媒大学是目前我国以新闻传播学科为特色的，覆盖从本科、硕士到博士研究生教育的全学科重点大学。在2023年教育部第五轮学科评估中，中国传媒大学的新闻传播学继续入选"双一流"建设学科，稳居国内新闻传播学科顶尖梯队，现已构建起集新闻传播、语言传播、国际传播、大众传播、文化传播、艺术传播、政治传播、品牌传播、公共传播、信息传播等于一体的中国特色新闻与传播学术图谱。从1954年创立之初至今，学校秉承"立德、敬业、博学、竞先"的校训，传承"忠诚、自信、包容、竞先"的文化基因，以培养"弘道崇德、经世致用"的传媒人为己任，培养造就了大批党和国家所需、能够应对未来媒体挑战、驰骋于国际舞台的优秀传媒人才，为党和国家的传媒事业以及经济社会发展作出了重要贡献，被誉为"中国广播电视及传媒人才摇篮""信息传播领域知名学府"。

2.1.1.1　历史沿革

中国传媒大学的前身中央广播事业局技术人员训练班始建于1954年，1958年北京广播专科学校正式成立，是新中国成立后党创办的第一所传媒类高校。1959年经国务院批准，更名为北京广播学院；2000年由国家广播电影电视总局划转教育部管理，2001年被确定为国家"211工程"重点建设高校，2004年9月更名为中国传媒大学。

中国传媒大学的新闻教育起步于20世纪50年代末期。1959年原北京广播学院新闻系成立，开始招收本科生，是当时北京广播学院建校三大系（无线电系、外语系、新闻系）之一；当时的新闻系下设编采、播音、文编和摄影四个专业。1979年原北京广播学院开始招收新闻学专业的硕士研究生。1996 年新闻传播学院成立。1999 年原北京广播学院开始招收新闻学专业的博士研究生，在新闻专业培养层次上实现了本科、硕士、博士等各个教学层次的贯通。2002 年新闻传播学院设立传播学系。

此外，1988 年原北京广播学院新闻学系设立广告专业，从 1989 年开始面向全国招收广告学专业本科生，1993 年招收首届广告学硕士研究生，2000 年招收首届广告学博士研究生，2002 年广告学系从新闻传播学院分离，成立独立设置的广告学院。2013 年新闻传播学部成立，现下辖新闻学院、电视学院、传播研究院。

2.1.1.2 办学理念和办学特色

中国传媒大学新闻传播教育以服务国家战略为导向，服务社会、面向世界、开放办学，全力推动新闻传播教育事业高质量发展，服务于中华民族伟大复兴。

中国传媒大学新闻传播教育坚持内涵发展、特色办学，坚持"一心求质量，一致谋发展，一切为学生"的办学理念，秉持"用马克思主义铸魂、用爱国情怀强基、用人文素养修身、用国际视野拓界、用特色项目托举、用未来媒体创新"的"六个维度"人理念，践行"校园大课堂、传媒大舞台"的育人模式，使理论教学、专业实践和社会服务三者有机结合，实现全员全过程全方位育人；以"双一流"建设为引领，强化信息传播领域"小综合"的学科特色，将新闻传播作为核心学科领域之一，走新工科、新文科融合发展之路，打造多门类协调可持续发展的学科体系。

新闻学院坚持"立足主流，培养一流"的人才培养理念，适应"新文科"背景下文理交叉融合的探索实践，深化新闻传播学现有学科与数据科学、网络科学、计算机信息科学等学科的融合创新。以马克思主义新闻观为指导，培养具备较全面的人文和社会科学素养、扎实的新闻传播学科理论知识、熟练的新闻传播实践能力和基本的社会科学研究方法，具有全球视野和国际传播能力，熟悉舆情演化规律，掌握驾驭数据和驱动数据能力，适应信息传播变革、应对未来媒体挑战的新型新闻传播人才。学院坚持"五育并举"学生培养理念，积极拓展学生成长更多可能性，通过有计划地开展论文发表、学科竞赛、文体赛事等各类专项辅导，推动学生个人成长与班级组织建设的双向互动。2023年全院 46 人次获"挑战杯"全国大学生课外学术科技作品竞赛、全国大学生市场调查与分析大赛、中国"互联网+"大学生创新创业大赛等国家级学科竞赛奖项，9 个学生团队分获第八届中国数据新闻大赛一等奖、二等奖、三等奖和优秀奖，中国传媒大学新闻学院获最佳组织奖。

新闻学院注重实践教学，建有多样丰富的实践教学基地。新闻学院实践教学中心于1998 年年底成立，初期建有广播实验室、网络传播实验室、电视实验室及资料室。

2000年3月，新闻学院与Adobe公司合作共建Adobe实验室，调查统计实验室、党报党刊研究中心实验平台也先后进入新闻学院并得到快速发展，对于学院专业建设和科研实践起到了重要的推动作用。2008年，全媒体实验室开始建设，成为新闻学院国际交流、工作坊、研究生教学、夏季小学期教学的重要平台。2012年起，在传播心理教研室和传播心理研究所的基础上，新闻学院开始筹建新闻与传播心理实验室。2018年年底建成融媒体新闻实验室，自建成以来，新闻学院融媒体新闻实验室累计服务师生近千人次，开展活动40余次，支持多个科研项目，产出大量融媒体新闻作品。

广告学院则始终坚持在教学、科研、国际交流与合作、社会服务等方面全力拓展，致力于推动"政、产、学、研、用"多维度的紧密结合，打造各专业领域全面覆盖、相互支撑的融通平台，为学生成人、成才，创新、创业提供良好的学习环境和实践平台。

广告学院与中宣部、国家发改委、国家卫健委、国家市场监督管理总局、国家新闻出版及广播电视总局、文化和旅游部、生态环境部、中直管理局、国家知识产权局、全国老龄办、国家禁毒办、北京市广播电视局、中央精神文明建设指导委员办公室等政府主管部门，与中国广告协会、中国广告主协会、中国商务广告协会等行业协会，与中央广播电视总台、北京市广播电视局、深圳广电集团等广电部门，以及全球范围内主要传媒集团、媒体机构、互联网公司、营销传播集团、广告公司、公关公司等建立了长期的合作关系，合作领域涉及人才培养、课题研究、学术交流、咨询服务、项目联合申请等方面，为教学、科研以及学生实习实践、就业、创业提供了广阔的产教融合平台。

多年以来，广告学院学生在中国"互联网+"大学生创新创业大赛、教育部全国大学生广告艺术大赛、中国广告协会全国大学生广告节学院奖、戛纳广告节、美国ONESHOW青年创意营、时报广告金犊奖、全国大学生视觉设计大赛、中文字体设计大赛、中国大学生公共关系策划创业大赛等国内、国际及境内外大学生广告类比赛中获得了优异的成绩。学院专业教师在多项国际、全国性奖项评选中担任评审团主席、评委等职务，为推动行业发展作出了突出贡献。

广告学院为学生提供了多种不同类型、不同层次的国际及境内外交流计划。主要合作高校包括日本早稻田大学、美国伊利诺伊大学、美国中田纳西州立大学、美国密苏里南方州立大学、美国爱莫森学院、澳大利亚埃迪斯科文大学、新加坡南洋理工大学、荷兰格罗宁根汉斯大学、挪威奥斯陆大学、冰岛大学、中国台湾辅仁大学、中国台湾世新大学、韩国淑明女子大学等。同时，学生还可以通过中国传媒大学国际合作项目获得更多的国际交流、留学机会。

AI时代下，广告学院提出"两个必须"，即"每个专业必须开设AIGC概论课，每门课必须融入AIGC相关知识理念"，优化专业人才培养路径。同时，创新开设"AIGC：机器辅助品牌创新设计"夏季学期实践课及研究生创作实践课程，创新探索 AIGC 与广告教育融合的新范式。此外，邀请百度、阿里云、科大讯飞、京东、新华社、飞猪、即时设计、蓝色光标、飞扬广告等头部企业入校开展 AIGC 讲座、研讨会，积极推进 AIGC 与广告教育全面融合。

2.1.1.3 专业建设

2017 年，中国传媒大学新闻传播学成功入选国家"双一流"建设学科名单，成为学校两个国家级"双一流"建设学科之一。同年，新闻学专业成为全国首个通过教育部专业试点认证的人文社科类专业。2019 年，新闻学、广播电视学、广告学等多个新闻传播学科专业入选为国家级一流专业建设点。根据教育部最新公布的全国高校学科排名，中国传媒大学与中国人民大学并列新闻传播学第一梯队。

目前，新闻学院设有新闻学、新闻学（数据新闻方向）、传播学、传播学（舆情分析方向）、传播学（计算传播方向）5 个本科专业（方向），硕士研究生开设新闻学、新闻与传播两个专业（领域），以及新闻学博士研究生专业。其中，新闻学专业和传播学专业为国家一流本科专业建设点。

2023 年，新闻学院"新闻理论"（郎劲松等）、"数据可视化传播与应用"（沈浩等）获批国家级一流本科课程（第二批）。"数字智能时代计算机传播教育教学体系与人才培养模式"（隋岩等）获批北京市本科教学改革创新项目立项。《新闻学基础：历史与理论》（陆佳怡）获得北京高校优质本科教材课件。成文胜和贾奇凡老师获得"2023 北京市优秀毕业论文（设计）指导教师"。

为落实学校新闻与传播专业学位硕士研究生培养体系改革实施方案，新闻学院修订了 2023 级专硕培养方案和毕业作品考核方案，大幅调整专硕培养课程体系，为 2023 级硕士生新开课程共 21 门，并首次承办了新闻与传播专业学位研究生改革成作品展《共振 Z 时代的社会参与》。

广告学院目前则开设了广告学、广告学（计算广告双学士学位复合型人才培养项目）、公共关系学、网络与新媒体（智能融媒体运营方向）、视觉传达设计等多个国家一流专业方向，并实现了营销学、广告学、传播学、数据科学和设计艺术学等多学科的有机融合。其中，广告学、网络与新媒体和视觉传达设计三个专业为国家级一流专业建设点，公共关系专业为北京市一流专业建设点。

近年来，人工智能背景下广告产业发生巨变，计算广告成为产业变革的主要方向。在高质量发展和智能社会背景下，参照国家政策、行业发展、人才需求、专业趋势，广告学院凝练了计算广告和品牌学两个重点发展方向。2021 年，由广告学院、数据科学与智能媒体学院联合建设的"计算广告双学士学位复合型人才培养项目"正式招生，积极探索文理交叉融合的新型人才培养模式，该项目是全国首个计算广告本科专业。2022年，广告学院招收第一届信息传播学（计算广告方向）学术硕士研究生；2022年，中国传媒大学与美国密歇根州立大学合作的"计算广告"中外合作办学项目获得教育部批准，将于2024年在中国传媒大学海南校区招收第一届硕士研究生，计算广告学专业建设迈出更坚实步伐。

目前党和国家高度重视品牌传播事业，广告学院持续依托现有专业（四个一流专业+品牌国际传播微专业+品牌营销传播专业硕士方向）和研究平台（中国传媒大学擘雅品牌研究院+国家广告研究院+中国广告博物馆），正加快建设具有中国特色的品牌学专业，服务党和国家工作大局。广告学院在多学科交叉思路下建设品牌学科，力争将"品牌学"在一到两个学科申请周期内建设成为交叉学科门类下的一级学科，同时在商业品牌、区域品牌和国家品牌三个领域发力，开展品牌国际传播的教学与科研工作，以品牌国际传播服务国家重大战略需要。目前广告学院已与国内西安市、长沙市、哈尔滨市、烟台市、三亚市、兴安盟等地方城市，以及与中石化、比亚迪、荣耀、方太、TCL等重要企业开展品牌国际传播的合作，现已取得初步成效。

2.1.1.4　师资队伍

中国传媒大学新闻传播学科的师资力量强大，拥有一批在学术界和业界都具有影响力的专家学者，他们不仅在各自的领域取得了卓越的学术成就，还积极参与科研与实践项目，确保学生获得最前沿的知识和最全面的指导。

新闻学院现设有新闻系、传播系和计算传播系3个教学系、1个新闻传播实践教学中心和4个行政办公室，教职工63名，其中专任教师42名，包括教授18名、副教授17名、讲师7名，在站师资博士后5人。新闻学院现有教育部"长江学者"特聘教授1人，国家"万人计划"青年拔尖人才1人，并不断通过人才招聘、师资博士后培养等方式补充教师队伍，教师年龄和专业分布更加科学合理。2023年学院自主培养的1名师资博士后出站留任；引进1名出站博士后人员，以及4名国内一流高校优秀应届博士生进入师资博士后队伍进行培养，为学院师资队伍注入了年轻力量。

广告学院自2002年成立至今，已经形成了一支师资雄厚、结构合理的教学科研队伍，目前共有专任教师48人、外教1人、师资博士后3人。职称为正高级的教师22人、副高级的教师17人，正高和副高职称教师占比超过80%。学院现有博士生导师18人、学术硕士导师41人、专业硕士导师5人、业界导师28人。学院引进和培育了3名国家级人才，其中，国家"万人计划"青年拔尖人才2人、中组部首批海外人才专项计划

1 人。

2.1.1.5 科研基地和学术平台

中国传媒大学是国家信息传播研究领域的学术重镇，新闻传播学科研资源丰富、实力雄厚，为打造新时代新闻传播学专业人才培养体系的创新提供了强大助力，也为新闻传播学重大科研项目孵化提供了支持。

新闻学院目前拥有白岩松工作室、广播发展战略研究中心、拉美传播研究中心、中国传媒大学党报党刊研究中心、中国传媒大学调查统计研究所、中国传媒大学新闻学院传播心理研究所等多所研究机构。2023 年，新闻学院教师各级各类科研立项 33 项，其中教育部人文社科规划基金立项 1 项，北京市社会科学基金立项 1 项，其他省部级项目立项 1 项；横向项目 11 项以及校级项目 14 项；科研经费总到账 394.422 万元。教师发表学术论文 60 篇，其中 T 刊 5 篇，C 刊 13 篇；学术著作 4 部，教材 3 部。指导教师奖40 项，创作获奖 1 项。

广告学院现有"国家广告研究院""首都传媒经济研究基地"两个高级别科研机构，"擎雅品牌研究院""战略传播研究所""智能商务传播研究中心""IP 跨界传播研究中心""旅游传播研究中心""民族品牌研究中心"六个校级创新科研机构。其中，"擎雅品牌研究院"为 2022 年新成立的校级实体科研机构，擎雅品牌研究院和中国传媒大学广告学院一体化发展，是校企联合学科建设特区。在教学方面，擎雅品牌研究院依托中国传媒大学广告学院开展品牌学相关的本科、研究生、留学生教育，积极探索建设校企合作人才培养的新模式；在科研方面，擎雅品牌研究院围绕新学科、新技术、新时代、新领域，搭建学术交流平台、推进科研成果转化、打造世界品牌智库，以丰硕科研成果回报社会发展，助力品牌建设。

近六年广告学院教师获批国家社科重大项目 2 项，国家社科年度项目 9 项。

2.1.1.6 社会服务

习近平总书记在 2016 年全国高校思想政治工作会议上强调的"四个服务"，是高等教育发展的初心使命，也是高等教育的责任担当，为新时代高校开展全面社会服务指明了方向。中国传媒大学一直以来高度重视社会服务建设，把全面推进社会服务工作作为高校的重要职能使命。

新闻学院从四大板块全方位开展社会服务：

一是积极服务国家重大战略需求，多项资政报告被国家级、省部级单位采纳。鼓励学生在"子牛杯"社会调查大赛中参与文化扶贫、乡村振兴等项目，教学与实践相长，提升学生家国意识和社会责任感；高质量完成了中宣部、教育部"2023 年高校与新闻单位从业人员互聘交流"系列讲座共 3 场，涵盖人工智能、驻外记者报道和国际传播等前沿重点议题，为培养国际传播人才储备力量。

二是发挥"双一流"学科优势，助力区域发展。先后辅助浙江大学、华东师范大学、西藏民族大学等多家国内传媒院系优化学科调整；协助安庆市委宣传部、黔西南自治州委宣传部等地方党委宣传部门和融媒体中心制订"十四五"规划，为服务地方经济社会发展作出贡献。

三是开展业务培训。面向新疆维吾尔族自治区党委组织部和新疆生产建设兵团党委组织部、河北省委组织部、安庆市委宣传部、成都市新都区委宣传部等开展四场主题业务培训，参加培训人员达到 260 余人次，有效提高了参训人员的专业素养和工作能力。

四是开展"新闻大篷车"社会服务项目，持续面向中国传媒大学附属临安小学、中国传媒大学附属通惠小学和中国传媒大学附属中学，以及西藏民族大学新闻传播学院、云南民族大学文学与传媒学院开展内容丰富、形式多元的培训与交流活动。

广告学院则从服务国家战略、服务中国广告教育发展出发，也举办了系列活动，开展了各类社会服务工作。2023 年，受教育部新闻办公室委托，广告学院承办了"全球大学生体育文化公益广告作品征集展示活动"，吸引了全球 10 余个国家及地区 160 余家高校的逾 2000 名学生参加；作为中国高等教育广告教育专业委员会秘书处单位，广告学院牵头举办了"第十二届中国广告教育论坛"，来自全国多所高校和单位的专家学者、业内精英等 150 余人参会。此外，广告学院还承办了"2023 北京国际品牌周"活动；主办了首届区域品牌大会，政产学研媒擘画区域发展新图景；承办了第 15 届全国大学生广告艺术大赛学科竞赛（大广赛）成果展示盛典等活动。

当今时代科技发展突飞猛进，信息革命影响深远，传播格局急剧变化，融合与共生成为时代的鲜明特征，中国传媒大学新闻传播教育在新的挑战下持续探索、与时俱进，建设新文科背景之下，正在打破专业之间、学科之间的边界，促进自然科学与人文科学的交叉融汇、相得益彰，推动讲授式教学向自主性、个性化教学转向，人才培养模式向精细化、全面化转向，深化名师名课一流教学资源建设，以培养高素质、创新型、复合型新闻传播人才为己任，在新闻传播教育的前沿领域继续开拓勇进。

（中国传媒大学广告学院　刘英华、刘雨婷、王静雯）

2.1.2　复旦大学新闻学院

复旦大学新闻学院已有 95 年的办学历程，是中国历史最悠久的新闻传播教育机构，素有"复旦新闻馆，天下记者家"的美誉。95 年来，复旦大学新闻学院为社会培养了数以万计的优秀新闻传播人才，在全国乃至世界拥有广泛影响。在中国特色社会主义进入新时代，在信息传播技术革命和媒体深度融合的背景下，复旦大学新闻学院秉承"好学力行"传统，与时俱进，不断创新，以主流化、数字化、国际化为办学理念，着力为党和国家培养理想信念坚定、专业知识深厚、业务能力精湛、职业操守优良，具有主流价值、融合技能、国际视野的卓越新闻传播人才。

2.1.2.1　历史沿革

复旦大学新闻学院前身为 1929 年 9 月成立的复旦大学新闻学系。1924 年，复旦大学国文部创设"新闻学讲座"，国文部主任邵力子亲自讲授"新闻学及现代政治"课程，复旦大学的新闻教育从此起步。

1929 年 9 月，复旦大学在建制上做出重大调整，新建文学院等 5 个学院，文学院下设中国文学系、新闻学系等系。复旦大学新闻学系由此正式成立，谢六逸担任系主任。谢六逸亲自拟定《复旦大学新闻学系简章》，揭示新闻学系设立的目的为"养成本国报纸编辑与经营人才"。1935 年 10 月，为庆祝复旦大学建校 30 周年，新闻学系举办了首届世界报纸展览会，被誉为"中国新闻史上的创举"。

全面抗战爆发后上海沦陷，新闻学系于 1938 年 2 月随同复旦大学迁往重庆北碚。同年 6 月谢六逸因病辞去系主任之职，中央日报社社长程沧波开始兼任系主任。1941 年 9 月程沧波赴香港工作，系主任一职由陈望道代理。1942 年 9 月陈望道正式担任系主任，倡导民主办学，把"宣扬真理、改革社会"作为办系指导原则。1943 年 4 月，陈望道提出"好学力行"系铭。1945 年 4 月 5 日，陈望道发起筹建的新闻馆落成，举行盛大的开幕典礼，《新民报》记者廖毓泉送来"复旦新闻馆，天下记者家"对联以示祝贺。这一对联，准确概括了复旦大学新闻学系在中国新闻教育史的地位与作用。从此，"天下记者家"成了复旦大学新闻学系的代名词。

1946 年 6 月，新闻学系随同复旦大学迁回上海江湾。上海解放后和新中国成立后，上海暨南大学新闻系、中国新闻专科学校、华东新闻学院、民治新闻专科学校、圣约翰大学新闻系等院系部分师生，先后转入或并入复旦大学新闻学系。

1950 年 7 月，已在主持复旦大学校务工作的陈望道辞去新闻学系主任一职，由解放日报社社长恽逸群兼任系主任。恽逸群提出"兼容并蓄"办学方针，一方面继续陈望道的民主传统，另一方面加强无产阶级的政治思想教育和新闻业务教育。恽逸群因报社工作繁忙，不久即委托王中教授代理系主任工作。1952 年 10 月，恽逸群受到错误处分后被免去新闻学系主任职务，王中接任系主任。1954 年 6 月，复旦大学新闻学系按照莫斯科大学新闻系模式全面修订教学计划，于1955年把学制由四年改为五年。

1956年9月，王中提出"破除迷信、坚定信心、组织力量、调动因素"的办系方针，尝试进行新闻教育改革。1957年夏天"反右"斗争开始，王中在新闻界受到重点批判，被错划为右派。1957年10月，为加强对复旦大学新闻学系的领导，中共中央直属高级党校新闻系副主任丁树奇、教员李龙牧和《人民日报》记者陆灏奉调来系工作，丁树奇担任系主任，主持系务工作。1959年1月徐震担任新闻学系党总支书记，倡导新闻学专业要培养"心红、眼亮、手巧、足勤"的新闻工作者，复旦新闻教育要走"两典一笔"的道路——新闻学专业的学生既要学习马列主义毛泽东思想经典论著，又要熟读中外古典名著，同时练好手中的一支笔。"两典一笔"后来成为复旦大学新闻学系的办系方针和课程设置原则，形成了鲜明的复旦新闻人才培养特色。

1966年5月"文化大革命"爆发，复旦大学新闻学系于当年停止招生，教学与科研活动全部中断。1970年11月开始招收工农兵学员，至1976年共招收了6批学员。

"文化大革命"结束后，复旦大学新闻教育恢复正常秩序，进入新的发展阶段。1979年9月，王中复出担任新闻学系主任。1981年、1984年先后建立新闻学专业硕士研究生、博士研究生点，形成了完整的"本科—硕士—博士"人才培养体系（1999年又成立我国第一个新闻传播学博士后流动站）。1983年创建国际新闻专业、书刊编辑专业（1987年7月停办），1984年9月又创建广播电视新闻学专业。1988年6月10日，经教育部批准，复旦大学新闻学系扩建而成新闻学院，下设新闻学系、新闻研究所以及国际新闻、广播电视新闻学等专业。复旦大学新闻学院为国内高校最先建立的新闻学院。

2001年6月，新闻学院在广告学专业（1994年9月建立）、广播电视新闻学专业的基础上创建广告学系和广播电视学系。2001年12月，中共上海市委宣传部与复旦大学签订协议共建新闻学院，开全国"部校共建"先河。2002年9月，新建传播学专业并招收首批本科生，传播学系也同时成立。至此，复旦大学新闻学院在行政建制上形成了"一院（新闻学院）四系（新闻学系、广播电视学系、广告学系、传播学系）"的格局。2019年，教育部在复旦新闻学院设立新闻学国家教材建设重点研究基地、复旦大学在新闻学院设立全球传播全媒体研究院，高标准、大平台、跨业态打造新闻传播教学科研的创新"特区"，为全国新闻传播教育树立标杆。

2.1.2.2　人才培养

复旦大学新闻学院具有完整的"本科—硕士—博士"人才培养体系。在传播技术革命和媒体深度融合背景下，学院守正创新，遵循主流化、数字化、国际化发展战略，致力于培养全媒体时代创新型、复合型卓越新闻传播人才。学院通过"2+X"本科培养方案、研究生教育"博英行动"计划方案、构建立体化课程思政育人体系、促进国际交流、做实做强专业实践等环节，致力培养学生成为理想信念坚定、专业知识深厚、业务能力精湛、职业操守优良，具有主流价值、融合技能、国际视野的栋梁之材。

新闻学院拥有新闻学、广播电视学、广告学、传播学四个本科专业，均进入国家一流本科专业建设行列。为了培养复合型高素质新闻传播人才，新闻学院对本科培养方案进行了大胆创新，从 2012 年开始施行跨学科、跨专业的"2+2"培养方案，即把四年制培养进程分成两个阶段，第一阶段(前两个学年)学生必须学习非新闻传播学类专业知识，即从经济学、社会学、电子信息科学与技术、汉语言文学、法学、国际政治、政治学与行政学、行政管理 8 个专业中选择一个专业学习；第二阶段(后两个学年)再从新闻学、广播电视学、广告学、传播学 4 个专业中选择一个专业，学习新闻传播学专业知识。"2+2"本科培养方案开创了我国新闻传播教育的新模式，被国内不少新闻传播教育机构学习借鉴。

2021 年，新闻学院根据复旦大学"大类招生、通识教育、专业培养、多元发展"的原则，在"2+2"本科培养方案的基础上，实施全新的"2+X"本科培养方案："2"是指从通识教育和专业培养两方面入手，夯实个人发展基础；"X"是指基于学生个性化成长需求，在学分制下提供专业进阶、跨学科发展、创新创业等多种发展路径，更好地为学生创造专兼结合、互相贯通的多元发展空间。"2+X"本科培养方案，构筑了厚基础、高质量的多元育人体系，为学生创造更加丰富多元的学习机会和发展渠道，更有助于培养德智体美劳全面发展，适应经济社会发展和全媒体时代要求的创新型、复合型卓越新闻传播人才。

复旦大学是我国最早培养新闻学专业研究生的高校。早在 1961 年 9 月，新闻学系就招收了 2 名新闻学硕士研究生(导师李龙牧)，这是新中国高校首次招收新闻学研究生。1978 年 9 月恢复硕士研究生招生，1981 年、1984 年先后设立新闻学专业硕士、博士点；1993 年、1998 年先后设立传播学专业硕士、博士点。2000 年 5 月，新闻传播学博士点成为国内首批具有一级学科授予权的博士点。

新闻学院现设有新闻传播学(学术学位)硕士学位授权点 1 个，包括新闻学、传播学、媒介管理学、广告学、广播电视学、国际新闻传播、新闻学(国际双学位)7 个方向；新闻与传播(专业学位)一级硕士学位授权点 1 个，包括新闻与传播(综合新闻)、财经新闻、新媒体传播、战略传播、全球媒介与传播(国际双学位)5 个方向;新闻传播学一级博士学位授权点 1 个,设有新闻学、传播学、广播电视学、广告与公关、媒介经营管理、新媒体研究 6 个方向。学院对标学校的研究生教育"博英行动"计划方案,创新课程体系,贯通硕博课程,强化科研育人,优化导学关系,细化过程管理,整体提升研究生人才培养质量。

95 年来,复旦大学新闻学院以"好学力行"为系(院)铭,立足本土、面向国际,始终与时代同行,为国家培养了数万名新闻传播专业人才,为业界输送数百位媒体领军人物,为学界培养了近千名学术骨干、数十位新闻传播院院长。学院目前在读本科生、硕士生和博士生 1400 余人。其中,本科生 780 余名、硕士生 480 余名、博士生 160 余名。学生总数中包含外国留学生 360 余名。

2.1.2.3　师资队伍

复旦大学新闻学院现有教职工 98 人,其中专职教师 67 人。在专职教师中,教授 35 人,副教授 24 人,讲师 8 人,高级职称占比 90%。50 岁以下中青年教师占比 55%,拥有博士学位 66 人,拥有海外学历学位 16 人。学院为满足实践育人的需要,还聘请了一批业界精英兼任实务课程教师和专业硕士研究生指导教师。

学院有国家级高层次人才计划入选者 12 人次(含讲座教授 4 人),中宣部"四个一批"人才 3 人,中组部青年人才计划 1 人,宝钢优秀教师奖获得者 4 人。2 人曾当选第 5~7 届国务院新闻传播学科评议组召集人;1 人曾担任教育部新闻传播学教指委主任。7 人入选上海市曙光学者计划,16 人入选上海市浦江人才计划。

学院坚持党管人才,注重师德师风,突出引育并举。制定人才发展规划,帮助青年教师加入相应教学、科研团队,组织老中青传帮带。学院为新进青年教师核拨专项科研启动经费支持其起步成长。培养和鼓励中青年骨干教师申报相关人才计划和重大重点科研项目。

2.1.2.4　科学研究

复旦大学新闻学院科研力量雄厚,名家辈出,为中国新闻史论、新闻实务、传播学理论与实证研究等领域的发展作出了重要贡献。在传承学术传统的基础上,近年来,新闻学院瞄准中国新闻传播学领域重大课题,在马克思主义新闻观、新闻史论、城市传播、公共传播、计算与智能传播研究等领域凝聚研究力量,开展科研攻关,组织科研活动，促进学术创新。在学院教师的共同努力下，新闻学院近五年来共获得各类纵向科研项目立项 75 项，其中国家社科和教育部重大、重点项目 6 项。发表论文 905 篇，包括第一作者或通讯作者 SSCI、SCIE 论文 59 篇，第一作者 CSSCI 论文 357 篇（其中包括权威期刊《中国社会科学》3 篇、《新闻与传播研究》7 篇），出版各类学术著作 115 部。获得第八届高等学校科学研究优秀成果奖（人文社会科学）7 项，包括二等奖 6 项、三等奖 1 项；获得第九届高等学校科学研究优秀成果奖（人文社会科学）4 项，包括一等奖 1 项、二等奖 3 项。获得第十五届上海市哲学社会科学优秀成果奖 4 项，包括著作类一等奖 1 项，论文类二等奖 3 项；获得第十六届上海市哲学社会科学优秀成果奖 14 项，包括"学科学术优秀成果奖"一等奖 3 项，二等奖 9 项，"党的创新理论研究优秀成果奖"二等奖 2 项。获得第十二届上海市决策咨询研究成果奖二等奖 1 项。

2.1.2.5　科研平台

复旦大学新闻学院拥有"985 工程"国家哲学社会科学创新研究基地（复旦大学新闻传播与媒介化社会研究国家哲学社会科学创新基地）、教育部人文社会科学重点研究基地（复旦大学信息与传播研究中心）、文化和旅游部复旦大学国际文化创新研究中心、复旦发展研究院传播与国家治理研究中心、复旦大学马克思主义新闻观教学与研究基地、复旦大学传媒与舆情调查中心、复旦大学新闻学国家教材建设重点研究基地和新闻传播学教学实验中心（国家级实验教学示范中心）。

近年来，新闻学院倾力打造前沿创新平台复旦大学全球传播全媒体研究院，意在破解全球传播、全媒体传播语境下的重大前沿理论和实践课题。该研究院目前下设"四中心一平台"：全媒体理论与技术社会化研究中心、国际传播研究中心、计算与智能传播研究中心、全媒体传播体系与媒体融合研究中心、义乌研究院平台。对接国家战略，成立国际传播联合研究院。2023 年，新闻学院对接国家战略，又获得教育部批准成立国际传播联合研究院。国际传播联合研究院将整合国际传播实践和理论的前沿资源，在国际传播创新人才培养、国际传播话语体系建设、中国国际传播实践模式探索以及智库建设方面发挥重要作用。

2.1.2.6　国际交流

复旦大学新闻学院素有"面向世界、开放办学"的传统，高度重视培养具有国际视野的拔尖创新人才，与美国、英国、法国、德国、奥地利、俄罗斯、日本、澳大利亚、加拿大、瑞典、韩国、新加坡、泰国、马来西亚等国家和地区的一流高校及科研机构建立了人才交流和合作培养关系，持续为国际社会输出具有复合国际视野、跨界传播技能、理解中西方理论实践的高水平人才。新闻学院直接承担教育部国际交流与合作司"丝绸之路"项目，服务"一带一路"人才培养重大需求。新闻学院与伦敦政治经济学院、巴黎政治大学、墨尔本大学、悉尼大学、密苏里大学、早稻田大学等国际著名高校相关院系联合建有双硕士学位项目。

2021 年开始，新闻学院举办"世界与中国"全球讲堂、"全媒体研究理论创新前沿对话"两大高端论坛，围绕全球新闻传播学界业界的前沿议题举办了数十场国际报告，与覆盖十几个国家的学者建设合作科研网络，在全媒体研究、城市传播、媒介技术哲学、数字人文、健康传播、性别平等、全球信息公正等方面，围绕双一流建设"人类社会可持续发展目标(Sustainable Development Goals)"，高质量推进与世界一流新闻传播院校的科研交流。近五年，来新闻学院攻读学位的留学生总数占全院学生总数的 1/4，数百名学生受学院资助参与了为期 10 天以上的海外学习。

2.1.2.7　社会服务

以科研成果、专业知识服务社会是复旦大学新闻学院的责任和使命。复旦大学新闻学院在舆情调查、传播与国家治理、数字城市治理、网络安全、文化创新、国家形象建设、媒体融合改革等方面，已经形成了多层次、多面向、精准立体的国家级智库平台矩阵，服务于国家战略需求：是全国唯一签约教育部高校高端智库联盟的新闻传播学研究机构；是教育部思政司"全国大学生舆情调查与研究基地"；是中宣部舆情直报点，连续十年获"舆情工作先进单位"；是国务院新闻办首个省部级新闻发布评估机构，累计评估重要新闻发布数百场，撰写各类评估报告数百份，为各级部门新闻发言人培训数百场，2016 年起全面承担对中央和国务院各部委、各省市自治区等全国新闻发布工作的评估和考核工作；是文化和旅游部国家文化创新中心，对接"G20 峰会""金砖峰会""亚洲文明对话大会""抗击新冠肺炎疫情"等国家重大委托课题。五年来，累计为中央办公厅、中宣部、教育部、中央网信办等单位提供咨询报告近千篇，其中数百项研究成果被中央决策部门采纳。复旦大学新闻学院培训中心以国家政策为导向，以服务社会为宗旨，通过举办各种类型的培训班，不断满足新闻宣传部门、党政机关、企事业单位的干部培训和继续学习需求。2016 年以来，为中央和地方培训干部 7800 余人，为新闻界培养业务骨干 3000 余人，为全国高校培训马克思主义新闻观骨干教师 130 余人。"中外新闻传播理论与方法"暑期学校已连续举办 19 年，为全国高校新闻传播院系、研究机构培养青年教师学者 1400 余人，被誉为新闻传播学界的"黄埔军校"。

（复旦大学新闻学院）

2.2　学　会　组　织

2.2.1　中国新闻史学会及其二级学会

2.2.1.1　中国新闻史学会 2023 年工作综述

中国新闻史学会是中华人民共和国境内新闻传播学方向唯一的一家以研究中外新闻传播历史与现状、促进新闻传播学发展为宗旨的全国一级学术团体。学会于 1989 年 4 月经中华人民共和国民政部批准，并于 1991 年 9 月 23 日再次登记注册，1992 年 6 月在北京广播学院正式成立，业务主管单位为中华人民共和国教育部。中国新闻史学会现任（第六届理事会）会长为中国人民大学新闻学院王润泽教授，名誉会长为中国人民大学荣誉教授方汉奇、北京大学教授程曼丽、清华大学新闻与传播学院教授陈昌凤。副会长有陈建云、陈先红、胡钰、林如鹏、单波、隋岩、赵振祥等人。学会联席秘书长为中国人民大学新闻学院邓绍根教授，深圳大学传播学院常江特聘教授。学会秘书处和学会新闻史志资料中心设在中国人民大学新闻学院。中国新闻史学会现有会员单位 207 家，个人会员 125 名，常务理事 69 名，二级分会 23 个，分别是：新闻传播教育史专业委员会、外国新闻传播史专业委员会、网络传播史专业研究委员会、少数民族新闻传播史专业委员会、台湾与海外华文专业研究委员会、广告与传媒发展史专业委员会、公共关系专业委员会、舆论学专业委员会、传媒经济与管理专业委员会、视听传播专业委员会、新闻传播思想史专业委员会、传播学专业委员会、编辑出版史专业委员会、媒介法规与伦理专业委员会、应用新闻传播学专业委员会、全球传播与公共外交专业委员会、中国特色新闻学专业委员会、党报党刊专业委员会、符号传播学专业委员会、智能与计算传播学专业委员会、地方新闻史专业委员会、博物馆与史志传播专业委员会、健康传播专业委员会。2023 年在全体会员和理事的大力支持下，学会采用线上线下相结合的方式，积极开展组织工作和学术交流等活动。现特将中国新闻史学会 2023 年活动综述如下：

第一，积极加强党组织建设和党建工作。

中国新闻史学会高度重视党建工作，2023 年多次组织党员大会、支委会会议、党小组会议和主题党日活动。学会与中国人民大学新闻学院传播系共同组建联合党支部，重点围绕习近平总书记对宣传思想文化工作的重要指示开展党员教育，组织党员深刻理解习近平文化思想"明体达用、体用贯通"的突出特质。同时，在党员教育中突出党性教育和政治理论教育，引导党员遵守党章党规党纪，不忘初心、牢记使命，教育党员牢固树立"四个意识"、坚定"四个自信"、做到"两个维护"。

第二，认真组织中国新闻史学会会长办公会会议和常务理事会议，推进学会各项工作的有序运转。

2023 年，中国新闻史学会先后召开了两次会长办公会会议和常务理事会议，有效推动了学会的良性运营。

4 月 4 日，中国新闻史学会会长办公会在线上举行。会议由王润泽会长主持，副会长林如鹏教授、赵振祥教授、单波教授、隋岩教授、陈建云教授、胡钰教授、陈先红教授，秘书长邓绍根，副秘书长杨奇光，秘书张怡参会。此次会长办公会审议了第六届常务理事会第六次会议的具体议程，审议并通过中国新闻史学会学术支持计划。会上，邓绍根秘书长代表秘书处汇报了第六届常务理事会第六次会议的具体组织筹备情况，并提请会长办公会审议具体事宜。会议还商讨了二级分会管理、2023 年学术年会筹办以及学会其他重要工作事项。此外，拟申报二级分会的单位代表向会长办公会作了陈述。

4 月 15 日上午，中国新闻史学会第六届常务理事会第六次会议于山东曲阜召开，此次会议由中国新闻史学会主办，山东大学新闻传播学院承办。开幕式上，山东大学党委副书记张永兵教授出席并致辞欢迎参加此次常务理事会的专家、学者，中国新闻史学会会长、中国人民大学新闻学院副院长王润泽教授致开幕词。开幕式由山东大学新闻传播学院院长刘明洋教授主持。张永兵副书记在致辞中介绍了山东大学的发展历史和办学特色，他表示，非常荣幸能和新闻传播学界同仁共聚曲阜圣贤之乡。近年来山东大学的新闻传播学科发展迅速，这离不开广大专家学者的关心和支持，山东大学愿意为学者们创造更多的契机，也欢迎学者们常来山东考察交流学习，共同为新闻传播学科发展贡献力量。王润泽会长向到会的常务理事表示感谢，向山东大学新闻传播学院和齐鲁理工学院表达真挚感谢。王润泽会长表示，在中国新闻史学会历任会长的带领下，学会始终立足学术、团结学人。2023 年是全面贯彻党的二十大精神开局之年，中国式现代化对于新闻传播学科具有深刻指导意义，学会也将进一步围绕学科发展开展高质量学术活动，助力新闻传播学科发展迈上新台阶。中国新闻史学会副会长赵振祥、陈建云、陈先红，学报《新闻春秋》主编周蔚华，各二级机构理事长、代表，60 余位常务理事等出席会议。常务理事会由联席秘书长邓绍根教授主持。邓绍根秘书长首先代表秘书处向常务理事会汇报了常务理事更换情况，随后，学会领导为新换届的二级机构理事长和常务理事颁发聘书，并向到届的常务理事致敬、颁发荣誉证书。会上，秘书处还向常务理事会汇报了二级分会换届情况、二级分会管理制度执行情况、2023 年学术年会筹备情况、2024 年第 13 届世界华文传媒与华夏文明国际学术研讨会承办情况。学会学报《新闻春秋》编辑部主任潘文静副教授汇报了办刊和组稿情况以及学报未来发展规划。王润泽会长在总结发言中向常务理事们汇报了前段时间针对学会发展所做调研情况，再次感谢学会全体成员的辛勤付出。她强调，学会的发展建设离不开学会同仁的通力合作，学会将严格按照国家主管部门的要求开展规范化、高质量的学术活动，共同为新闻传播学创新发展贡献"智识"。根据常务理事会的商议决定，同意中国新闻史学会全球传播与公共外交专业委员会更名为中国新闻史学会国际传播专业委员会，同意中国新闻史学会计算传播学专业委员会更名为中国新闻史学会智能与计算传播专业委员会。根据常务理事会表决结果，2024 年第 13 届世界华文传媒与华夏文明国际学术研讨会将由中央民族大学新闻与传播学院承办。

11 月 6 日，中国新闻史学会会长办公会在线上举行。中国新闻史学会秘书处首先向会长办公会汇报了年会的组织和筹备情况，会长办公会审议并通过了年会开闭幕式环节流程等内容。秘书处还就中国新闻史学会第六届会员代表大会暨理事会议相关组织情况作了补充说明。会上，王润泽会长汇报了学会连续三次获得国家社科资助以及连续两年获得一等奖补的情况，她表示，学会的发展和取得的成绩离不开各位同仁的大力支持，下一步学会还将继续推进相关申报工作。邓绍根秘书长补充介绍了此次年会的组织工作，并将拟签署的合作协议提请会长办公会审议。常江秘书长通报了学术精品推介活动的相关情况。

11 月 11 日晚，在广州中国新闻史学会 2023 年学术年会期间，召开了中国新闻史学会第六届常务理事会第七次会议，增选了周勇教授和韦路教授为中国新闻史学会副会长，讨论了二级分会换届管理事宜，决定开办中国新闻传播史工作坊。

第三，积极召开中国新闻史学会第六届会员代表大会暨理事会议，审议并通过了学会章程修订稿。

11 月 11 日上午，在广州中国新闻史学会 2023 年学术年会期间，召开了中国新闻史学会第六届第三次会员代表大会暨理事会议。邓绍根秘书长做了《中国新闻史学会章程修改报告》，参会的学会理事们进行了投票，获得全票一致通过。新修订的章程增加了"第四条 本团体坚持中国共产党的全面领导，根据中国共产党章程的规定，设立中国共产党的组织，开展党的活动，为党组织的活动提供必要条件"等内容。

第四，积极打造主题学术活动，引领学术研究，总会和各二级分会组织内容丰富的学术会议，开展国内外新闻传播学学术交流，助力中国自主新闻传播学知识体系建设。

2023 年，中国新闻史学会获得国家社科基金社科学术社团主题学术活动——"时代主题·未来展望：中国式现代化与新闻传播学研究"（23STB061）立项。为了深入学习贯彻习近平总书记关于中国式现代化的重要论述，中国新闻史学会发起主办，暨南大学联合主办，暨南大学新闻与传播学院等单位联合承办，中国新闻史学会 23 个二级分会协办的中国新闻史学会 2023 年学术年会举行。会议主题确定是：时代主题·未来展望：中国式现代化与新闻传播学研究，旨在开展国际学术交流活动，推动新闻传播学研究，促进新闻传播学发展，助力科学研究创新和教育教学改革。6 月 8 日，中国新闻史学会微信公众号发出了"中国新闻史学会 2023 年学术年会征稿启事"，开始正式征文。论文投稿截止日期：2023 年 9 月 30 日。学会各分会及新闻传播史专题论坛、博士生论坛的组委会等将在截稿之后组织专家对论文进行评审，并于 10 月 10 日前向入选论文作者发出学术年会邀请函。

11 月 11—12 日，中国新闻史学会 2023 年学术年会在广州白云国际会议中心盛大开幕。来自全国各地的新闻学人汇聚一堂，在中国式现代化的壮阔前景指引下，共思共享新闻传播学学科的新问题新机遇新发展。此次年会是一场全国性的会议，参会人员规模达到 800 余人。会议期间，举办大会主题论坛和 25 场学术分论坛，其中包括新闻传播史专题论坛、主编论坛、博士生论坛等。国际国内新闻传播学界的教学科研工作者将济济一堂，就新闻传播发展成就、新闻传播理论创新、传播话语体系创新、融媒体体制创新、对外话语创新、马克思主义新闻观、中华优秀文化海外传播、中国国家形象传播、互联网与新闻传播、铸牢中华民族共同体意识等话题领域展开深入讨论，着重审视中国特色新闻传播学的自主知识体系建设，形成学术共识，推动中国特色新闻传播学的创新发展。

开幕式上，广东省委宣传部常务副部长崔朝阳代表省委宣传部对年会的顺利召开表示热烈祝贺，对广大嘉宾莅临羊城表示热烈欢迎，对各位专家学者一直以来关心支持广东新闻舆论工作表示衷心感谢。他介绍了广东省宣传思想文化战线在学习贯彻习近平文化思想、深入贯彻落实全国宣传思想文化工作会议精神的部署安排，分享了广东在推进媒体深度融合发展、加强国际传播能力建设、提升舆论引导能力水平、构建大宣传格局等方面的举措和成效。他相信大会将在新闻传播理论创新、传播话语体系创新、对外传播方式创新等方面作出新推动，对建构中国特色新闻传播学自主知识体系产生积极影响。他表示广东新闻战线将珍惜这次难得的机会，充分吸收大会各项成果，助推广东新闻舆论工作不断实现新突破。暨南大学党委书记林如鹏教授代表暨南大学对莅临会议的领导、嘉宾表示热烈的欢迎，对中国新闻史学会表示诚挚的谢意。他介绍了暨南大学的历史发展和特色定位。他提出，中国新闻史学会年会不仅是学术交流的平台，更是学科建设的平台，在构建中国新闻传播学自主知识体系的时代使命下，回应世界之变、时代之变、历史之变、科技之变，用中国话语阐释中国问题，形成同我国综合国力和国际地位相匹配的国际话语权，探索中国式现代化视域下的新闻传播新理念、新路径，离不开学界同仁的共同努力，大会的召开必将在汇聚智力、凝聚共识、推动创新上作出新的贡献。中国新闻史学会会长王润泽教授在致辞中表示，习近平文化思想的系统阐释，标志着党对中国特色社会主义文化事业规律的认识达到新的高度。十八大以来，习近平总书记关于新闻宣传舆论工作的一系列重要论述，使得新闻传播学在推进实践和理论创新发展中有了更多的自信和底气，也有了更广阔的学术视野和更高远的学术理想。她对暨南大学和暨大新闻与传播学院的大力支持表示真诚感谢，对各二级分会秘书处的辛苦付出表示诚挚谢意。她回顾了中国新闻史学会的历史发展，并重点介绍了学会过去四年的情况，包括连续两年获得教育部和中宣部颁发的国家社科基金优秀学术社团一等资助、连续三年获得国家社科基金对学会学术活动的立项资助、学会会刊《中国新闻史学会学报》(《新闻春秋》)进入南大核心期刊目录、与台湾地区花木兰出版社合作出版新闻史著作专辑、启动"中国新闻传播学公益讲座"、深度参与国家级博物馆建设等，尤其是学会策划的2022年春节期间名誉会长方汉奇先生通过短视频向中国台湾新闻教育开拓者李瞻先生拜年的新闻，引起海内外学术界与媒体广泛关注与高度评价，累计播放量超过1亿次，获得中宣部的重视和褒奖。

中国新闻史学会2023年学术年会上半场主题发言，由暨南大学新闻与传播学院党委书记、教授支庭荣主持，中国新闻史学会副会长、武汉大学新闻与传播学院教授单波和中国新闻史学会副会长、厦门理工学院原副校长、教授赵振祥点评。《深圳特区报》原总编辑陈锡添以"把研究成果推向世界"为题进行演讲。中国社会科学院新闻与传播研究所所长、中国社会科学院大学新闻传播学院院长胡正荣以"中国自主新闻传播学知识体系建构：机会与路径"为题进行演讲。香港城市大学媒体与传播系教授祝建华带来题为"智能传播的塑胶化"的主题发言。中国社会科学院新闻与传播研究所原所长、湖南师范大学"潇湘学者"特聘教授尹韵公以"李先念与财经内参"为题进行主题演讲。北京大学新闻与传播学院教授、中央民族大学特聘教授程曼丽在《从科技发展史角度看人工智能的本质与特性》报告中剖析了人工智能被遮蔽的四大本质与特性清华大学新闻与传播学院教授陈昌凤以"数智科技与文明史的未来想象"为题带来主题演讲。中国传媒大学新闻学院院长、教授隋岩带来题为"群聚传播中传播主体的文本化"的主题演讲。中国人民大学新闻学院院长、教授周勇带来题为"跨文明视域中的思想迁衍：国际传播概念的流变及其普遍化探究"的演讲。浙江大学传媒与国际文化学院院长、教授韦路基于经典知识沟假说，进行题为"知沟研究 50 年：趋势和启示"的主题演讲。暨南大学新闻与传播学院院长、教授刘涛做了题为"传播修辞学的知识体系探索"的演讲。

此外，学会在 2023 年度还组织召开了以下主题学术会议：4 月 15 日，中国新闻史学会和山东大学主办首届中国式现代化与文化"两创"论坛。6 月 10 日，中国新闻史学会、中央民族大学主办，中央民族大学新闻与传播学院承办首届新闻传播学科女院长论坛。10 月 20—22 日，第九届中国新闻史青年学者论坛在成都举办，中国新闻史学会、中国社会科学院新闻与传播研究所、四川大学文学与新闻学院联合主办，此次论坛以"识旧如新：媒介史研究的新元素、新面向与新思想"为主题。

另外，学会于 5 月正式启动"新闻传播学学术精品"推介计划。该计划面向中国新闻史学会全体会员，其基本形式是：通过严格、专业的推荐和评审流程，对规定时间段内由学会会员公开出版发表的学术论文与学术专著(研究报告、教材、科普作品等暂不纳入)进行评审与评估，遴选作出突出理论贡献、产生良好社会反响、具有持续发展潜力的学术作品和研究人员，予以推介和支持。参评学术作品无须会员本人申报，而采取"推荐+盲审+终评"的综合考察方式予以遴选：①中国新闻史学会各二级分会可于每年向秘书处推荐不超过 2 件学术作品进入初评，《新闻与传播研究》《国际新闻界》《新闻大学》《现代传播》《新闻春秋》五本学术期刊可于每年各向秘书处推荐不超过 3 件学术作品进入初评；②所有被推荐的学术作品进入由秘书处组织的专家盲审环节，并依据盲审结果选择不超过 30 件作品进入终评；③进入终评环节的学术作品，由评审委员会进行最后的投票和审定，确定最终结果。

11 月 16 日，中国新闻史学会、中国传媒大学出版社、海南大学国际传播学院启动了"突破与创新：中国新闻传播史研究工作坊"，在微信公众号发出了"招生简章"。本工作坊旨在探索研究路径，激发问题创新，提高中国新闻传播史研究水平。此次工作坊将分为课程研修与论文研讨两部分，主办方将邀请专家开设主题课程，并在学员间开展学术研讨、进行论文点评与写作指导。12 月 20 日经评审，公布了 50 名入选本工作坊人员名单，并于 2024 年 1 月 8—12 日在海口举办"突破与创新：中国新闻传播史研究工作坊"。

第五，热诚服务新闻传播学界，继续组织新闻传播学学术公益讲座，普惠中西部边远地区新闻院校。

2023 年，学会再度获批国家社科基金优秀社科学术社团奖励性补助(23STC026)。学会将依托优秀社团奖补计划，继续打造系列"中国新闻传播学公益讲座"计划。公益讲座计划是中国新闻史学会策划、主办并组织的学术公益项目，学会推出一系列高水平、大视野、深思维的专题学术讲座，每期邀请新闻传播学领域资深学者主讲。2023

年 10 月，中国新闻传播学公益讲座第 14 期——《延安经验：马克思主义新闻观的历史底蕴与当代传承》在河套学院举办。本期讲座由陕西师范大学新闻与传播学院院长、教授、博士生导师许加彪主讲，河套学院汉语言文学系主任李敏霞教授担任学术主持。

第六，积极加强与社会各界交流，先后与中国传媒大学出版社和中国科技新闻学会签署战略合作协议。

11 月 12 日，学会与中国传媒大学出版社在中国新闻史学会 2023 年学术年会闭幕式上签署战略合作协议。双方通过建立密切、长久及融洽的战略合作伙伴关系，充分发挥各自在出版、学术研究领域的业务特点，在学术出版、学术研究、学术活动、学术评价等多个领域开展强强合作，实现资源共享、优势互补，共同促进双方效益的增长。

12 月 23 日，中国新闻史学会与中国科技新闻学会在北京国家科技传播中心签署战略合作框架协议。未来三年，双方将充分发挥各自优势，联合打造科技传播史研究智库、科技史传播研究风向标和科技传播人才培养平台，切实贯彻习近平总书记关于科技创新、科技传播、文化宣传工作的重要论述和重要指示精神，推动科技新闻传播事业的高质量发展。中国新闻史学会会长王润泽和中国科技新闻学会监事长、中国科技出版传媒集团有限公司副董事长陈鹏代表双方签字。

第七，中国新闻史学会学报《新闻春秋》顺利办刊，利用学会微信公众号开展刊物和学术文章的推介宣传。

《新闻春秋》是我国新闻传播学学科唯一一个国家一级学会——中国新闻史学会的学报，是一本以新闻传播史研究为特色，涵盖新闻传播学理论、实务、研究方法的综合性学术期刊。常设栏目有"马克思主义新闻观研究""国际传播研究""新闻传播史研究""新闻学研究""传播学研究""视听传播研究""出版学研究""广告与传媒经济研究""新媒体研究""媒介文化研究""媒介伦理与法研究"公共关系专栏等。在各二级分会、理事单位和广大会员大力支持下，质量稳步提升，学术文章纷纷被人大复印资料《新闻与传播》转载，入选《CSSCI 扩展版来源期刊目录（2023—2024 年）》。

2023 年 1 月 8 日，中国新闻史学会微信公众号推出了"《新闻春秋》2022 年总目录"，刊发了"《新闻春秋》征稿启事"，强调：《新闻春秋》常设栏目涉及新闻传播学科中的各个领域与话题，不只刊发新闻传播史类研究，更欢迎新闻传播学研究者、新闻传播院校师生、有志于探索理论的新闻传播从业人员和广大爱好者赐稿！发出了"公告"：《新闻春秋》杂志唯一投稿邮箱 xinwenchunqiu@163.com。随后不定期选登《新闻春秋》杂志 2023 年目录和文章。

《新闻春秋》杂志也积极作为诸多学术会议的学术支持期刊，积极支持学会的各个理事单位举办学术会议。

第八，积极加强二级分会管理，学会年检"合格"，秘书处运转正常。

学会秘书处积极与二级分会联络处沟通，加强分会管理和协作，同时狠抓内部建设和具体事务，保证学会的有效运转，认真细致进行年检准备工作，出色地完成了年检工作，年检结论评为"合格"。

中国新闻史学会新网站顺利运营，邮箱、微信公众号正常运行，及时向会员发送学会动态、会议通知等信息，并回复会员问询。尤其微信公众号，及时推出学会动态；会员微信群、常务理事群以及各分会会员群持续活跃，提高了沟通的有效性。秘书处及时完成了证书、学报会刊的邮寄，并解决作者、读者来信、来电提出的问题。

（中国新闻史学会秘书处）

2.2.1.2　中国新闻史学会新闻传播教育专业委员会2023年度工作综述

中国新闻史学会新闻传播教育专业委员会2023年继续致力于贯彻成立宗旨：团结全国新闻传播教育专家，推动新闻传播教育研究，促进新闻传播教育的发展。2023年度的主要工作包括：

①《中国新闻传播教育年鉴（2023）》顺利出版。

新闻传播教育专业委员会将集体编撰《中国新闻传播教育年鉴》确定为学会当前的中心工作。2023年11月，通过学会全体会员的艰苦努力，《中国新闻传播教育年鉴2023》正式出版。这是以新闻传播教育为主题的年鉴系列的第八部，全书篇幅达到130万字。

《中国新闻传播教育年鉴（2023）》在总论篇之后，是教育组织篇、教育者篇、学生事务篇、人才培养篇、评估评奖与排行榜篇、新闻传播教育研究篇、他山之石篇，最后是我与年鉴、附录与年表。作为第八本年鉴，《中国新闻传播教育年鉴（2023）》的编撰体系进行了全面调整，整体结构由垂直体系改为矩阵体系，力图强化了新闻传播教育的主体性，平衡历史性和当代性，重视数据的挖掘和解读，试图增强《他山之石》的镜鉴功能，增设编辑札记、编读往来、年鉴记忆等栏目，体现出年鉴编委会严谨求真的编撰态度，折射出年鉴编撰同仁记录历史开拓未来的学术追求。

2023年11月18日，《中国新闻传播教育年鉴（2023）》首发式在安徽大学举行。200余名来自中国人民大学、复旦大学、南京大学等高校的专家学者汇聚一堂，见证了该年鉴的首发。安徽大学党委书记蔡敬民教授、中国新闻史学会新闻传播教育专业委员会理事长、中国新闻传播教育年鉴编委会主任张昆教授、中国人民大学新闻学院倪宁教授、南京大学新闻传播学院段京肃教授、郑州大学新闻与传播学董广安院教授、南京师范大学新闻与传播学院方晓红教授、天津师范大学新闻传播学院刘卫东教授共同揭开了《中国新闻传播教育年鉴(2023)》的面纱。

②学会主要会议。

常务理事会和年鉴编辑会议。2023年5月12日—14日，中国新闻传播教育年鉴编委会第十三次会议在南京大学国际会议中心隆重举行。此次会议由中国新闻传播教育年鉴编委会主办，南京大学新闻传播学院承办，来自全国各地近百位专家学者齐聚南大，就《中国新闻传播教育年鉴》的编撰工作等问题展开热烈讨论。此次会议包括中国新闻史学会新闻传播教育专业委员会常务理事会、中国新闻传播教育年鉴编委会第十三次会议、第二届年鉴编撰理论与实践研讨、"中国式现代化进程中的新闻传播教育改革与创新"院长论坛、新华日报报史馆考察等环节。

2023年学术年会。2023年11月18—19日，中国新闻史学会新闻传播教育专业委员会、中国新闻传播教育年鉴编委会2023学术年会在安徽大学、安庆师范大学举办。安徽大学校党委书记蔡敬民出席并讲话。200余名来自中国人民大学、复旦大学、南京大学等高校的专家学者汇聚一堂，共同探讨数字变革背景下新闻传播教育面临的挑战与机遇。此次学术年会设立了主题报告、新闻传播学科发展论坛及五个教育分论坛。专家学者、青年教师就新闻传播专业人才培养、新闻传播教育改革、新闻传播学研究态势、数字变革背景下新闻传播教育面临的挑战和机遇等学术前沿问题进行了研讨交流。与会专家还分享了新闻传播专业教育及办学经验。

中国新闻史学会2023年学术年会上的分论坛。2023年11月11—12日，中国新闻史学会2023年学术年会在广州举行。此次学术年会以"时代主题·未来展望：中国式现代化与新闻传播史研究"为主题，旨在开展国际学术交流活动，推动新闻传播史研究，促进新闻传播学发展，助力科学研究创新和教育教学改革。此次年会设置了主题论坛、主编论坛等26场学术分论坛。遵循会议主办方的规定，学会成立了分论坛，学会秘书处从投稿中精选了20篇论文参会发表。

③支持年中国新闻传播教育鉴编委会举办院长研修班。

作为新闻传播学院的最高决策者或执行者，院长的视野和能力决定着学院的高度和水平。新闻传播学院管理者的整体素质与质量，关系到中国新闻传播教育的未来。在学会的支持下，中国新闻传播教育年鉴编撰委员会推出了"第三届全国新闻传播学院院长研修班"，一方面为新闻传播学院管理者提供交流的机会，研讨新闻传播学院发展面临的共同问题；另一方面推动新闻传播教育共同体的成长，促进中国新闻传播学科的长远发展。2023年7月22日上午，由中国新闻传播教育年鉴编撰委员会主办、华中科技大学新闻与信息传播学院承办的第三届全国新闻传播学院院长研修班在武汉开班。来自全国 80 余所高校的新闻传播学院院长、书记和系主任 120 余人参加为期 7 天的研修。

应邀前来为研修班授课的专家包括：美国密苏里大学新闻学院讲席教授、国际中华传播学会会长、亚太传播联盟（ACPC）副主席周树华，人民日报社原副总编辑、复旦大学新闻学院原院长米博华教授，教育部新闻传播学类专业教学指导委员会副主任委员、暨南大学党委书记林如鹏教授，武汉大学党委副书记沈壮海教授，江西师范大学副校长项国雄教授，教育部新闻传播学类专业教学指导委员会副主任委员、复旦大学新闻学院院长兼党委书记、第八届国务院学位委员会新闻传播学科评议组成员、《新闻大学》主编张涛甫教授，中国新闻史学会会长、中国人民大学新闻学院副院长、教育部人文社会科学重点基地新闻与社会发展研究中心执行主任王润泽教授，中国人民大学新闻学院彭兰教授，浙江大学传媒与国际文化学院院长韦路教授，南京大学新闻传播学院院长张红军教授，陕西师范大学新闻与传播学院院长许加彪教授，华中科技大学新闻与信息传播学院原院长、中央民族大学新闻与传播学院特聘院长、中国新闻传播教育年鉴编委会主任张昆教授，华中科技大学新闻与信息传播学院院长、第八届国务院学位委员会新闻传播学科评议组成员张明新教授。

④支持各新闻传播学院的学科建设。

学会积极支持各新闻传播学院的学科建设与人才培养。2023 年 5 月 12—14 日，学会在南京大学举行常务理事会期间，组织专家学者参加了"中国式现代化进程中的新闻传播教育改革与创新"院长论坛。论坛由南京大学人文社会科学高级研究院副院长、南京大学新闻传播学院教授胡翼青主持会议，各位学者从数字媒体、教材建设、实践教学等新闻学科建设主题展开讨论。2023 年 5 月 20 日，广州体育学院成功举办第二届体育传播广州论坛，与会专家学者出席了主题为"中国式现代化进程中的新闻传播教育改革"院长论坛，4 个会场的分会场报告也同步进行。体育传播广州论坛是由中国新闻史学会新闻传播教育专业委员会、广州体育学院 2022 年共同发起主办，广州体育学院体育传媒学院承办的学术会议。2023 年 10 月 14 日，学会协助主办第七届网络空间治理与传媒法治建设论坛暨"何微新闻奖"学术论坛、首届中国企业健康发展论坛，论坛由西北政法大学新闻传播学院（艺术学院）承办。

（中国新闻史学会新闻传播教育专业委员会秘书处）

2.2.2 新闻传播教育类学会

2.2.2.1 中国高等院校影视学会 2023 工作综述

（1）学会隆重举办成立 40 周年纪念大会、第二十三届年会暨第十六届中国影视高层

论坛

1983 年 8 月 21 日，中国高等院校影视学会前身——中国高等院校电影学会在北京成立。2023 年 10 月 21 日，学会在京举办成立 40 周年纪念大会、第二十三届年会暨第十六届中国影视高层论坛。此次纪念大会的主题是"团结共进四十载，守正创新向未来"，此届论坛的主题是"现代化与高质量：中国影视教育的发展历史、经验及趋势"。来自北京大学、清华大学、复旦大学、上海交通大学、北京师范大学、中国传媒大学、北京电影学院、澳门大学、澳门科技大学等高校近 800 名影视学者参加了纪念大会与高层论坛。

开幕式上，北京电影学院党委书记钱军教授代表承办方致欢迎辞，国家广播电视总局党组成员、副局长杨国瑞，中国文联党组成员、书记处书记、中国电影家协会分党组书记张宏，全国政协委员、国家新闻出版广电总局原副局长、中国广播电视社会组织联合会副会长田进，中国电影资料馆党委书记、馆长，中国电影艺术研究中心主任孙向辉，全国政协委员、中国传媒大学党委书记廖祥忠教授先后致辞。随后，由学会学术委员会副主任、教育部戏剧与影视学类专业教学指导委员会主任、北京师范大学周星教授，全国艺术专业学位研究生教育指导委员会秘书长、中央音乐学院学位管理办公室主任宋慧文，中国电影评论学会会长饶曙光研究员，学会常务理事、浙江传媒学院副院长姚争教授宣读贺信。最后，学会会长丁亚平研究员做主旨发言。与会领导为学会部分资深会员(1993 年前入会并在会 30 年的会员)颁发"终身荣誉会员"证书，为年会历届承办方颁发致谢状。

主题论坛邀请了北京师范大学资深教授、中国文化国际传播研究院院长黄会林先生，国家广播电视总局电视剧司司长高长力，学会第三任会长、学术委员会主任，中国电视艺术家协会副主席，教育部"长江学者"特聘教授，北京师范大学胡智锋教授，华纳兄弟探索集团副总裁、大中华区及东南亚区总编辑魏克然·钱纳，学会副会长、教育部"长江学者"特聘教授、全国艺术专业学位研究生教指委戏剧与影视分委会召集人、北京电影学院研究生院院长王海洲教授，从不同的专业领域和层面做精彩发言。

年会期间，学会还隆重举办了 2022—2023 年度学术成果与影视作品推优活动及第五届"学人奖"发布仪式，举办了学会成立 40 周年纪念座谈会。为营造纪念大会温馨喜庆的气氛，学会提炼了学会精神（"团结共进，守正创新"），建设了官方网站（WWW. CCAVA. CN）、年会注册系统，出版了学会 40 周年论文集、学会 40 周年大事记、学会 40 周年专题画册，组织了学会 40 周年主题展览、第四届全国高等院校影视学科建设展、首届传媒与影视新技术展等。

(2)学会建设与规范化管理稳健推进

2023 年 10 月 20 日下午召开的学会第六届理事会第三次会议决定：增补南京艺术学院科研处处长王方教授，澳门科技大学人文学院院长张志庆教授为学会副会长；增补中国传媒大学播音主持艺术学院院长、播音主持专业委员会主任委员喻梅教授，北京电影学院视听传媒学院院长、学会副秘书长程樯教授为第六届常务理事；增补海口经济学院副校长兼南海电影学院院长宿志刚教授，中国传媒大学播音主持艺术学院院长喻梅教授，西安美术学院动画系史纲教授，厦门大学电影学院院长李晓红教授，上海师范大学影视传媒学院院长孙宝国教授，中国传媒大学戏剧影视学院院长郑月教授为第六届理事会理事。

专委会建设方面，理事会通过了关于民族影视专业委员会更名为"民族影视与非遗影像专业委员会"、撤销体育影视专业委员会两项决定。2023 年，学会共有 5 家专业委员会完成换届工作，数字艺术与动画专业委员会、影视国际传播专业委员会、实验教学专业委员会、播音主持专业委员会、影视史学专业委员会分别于西安(西安美术学院，4月)、重庆(四川外国语大学，4月)、深圳(海德酒店，5月)、北京(中国传媒大学，7月)、浙江(浙江传媒学院，11月)举行了新一届理事会成立大会并举办学术年会。

2023 年，学会继续推进创研中心建设工作，正式挂牌成立创研中心 3 家，分别是：澳门科技大学承建的"澳门未来影视创研中心"(4 月 12 日)，上海戏剧学院承建的"影视表演创研中心"(12 月 1 日)，河北传媒学院承建的"微电影创研中心"(12 月 15 日)。

此外，学会在稳步推进专业委员会和创研中心建设工作的同时继续加强管理工作。6 月 16—17 日，学会在海口召开专业委员会工作会，对 16 家专委会提交的工作报告进行了认真审议，并就如何推进学会分支机构调整及规范化管理提出了建议和要求，为圆满召开第六届理事会第三次会议打下了基础。

2023 年，学会共发展新会员近 800 人，学会会员总数突破 3600 人。近年来，学会各项事业保持高质量发展，中国影视高层论坛、专业委员会、创研中心、"三奖""三展"等高端平台持续会员提供优质服务，网站、公众号、视频号、微信群等融媒体矩阵渐趋完善，更广泛的社会合作全力推进，学会美誉度、影响力、号召力不断提升，为学会会员规模再创历史新高提供了有力保证。

(3)学会业务培训、国际合作职能再行启动

2023 年 8 月 7—11 日，学会联合中国传媒大学出版社于暑期在内蒙古呼和浩特举办了"2023 年全国戏剧与影视学类专业骨干教师研修班"，接续学会初心与使命，为全国高校戏剧与影视学类专业骨干教师提供研修服务。在四天的课程中，研修班设置了 4 个主题报告、8 个专题报告、6 个分享环节共 10～12 个分享报告、1 个分组讨论环节、1 个现场教学环节。学会第三任会长、学术委员会主任、北京师范大学胡智锋教授，学会

会长、中国艺术研究院丁亚平研究员，北京师范大学周星教授、张燕教授，北京电影学院王海洲教授，西北大学张阿利教授，中国人民大学顾亚奇教授，中国传媒大学郑月教授、张国涛研究员、周建新研究员、刘俊教授，《电影艺术》主编谭政分别为研修班全体学员陆续带来精彩的学术报告。来自全国 77 所高校的 158 名学员参加并研修结业，学员们表示课程内容丰富、干货满满、受益匪浅、意犹未尽。

国际合作也是学会的五大职能之一，为推动该职能落地，学会响应联合国教科文组织号召，携手联合国教科文组织"电影艺术与文化多样性"教席，于 12 月 8 日上午在贵州贵阳花果园艺术中心举办"中非影视交流合作研讨会"。联合国教科文组织总干事非洲事务顾问费尔曼·马多克先生、国家电影局国际处徐阳处长、贵州省委宣传部（贵州省电影局）电影处刘敏处长和学会会长丁亚平研究员出席研讨会并致辞，会议还邀请了来自北京师范大学、中国传媒大学、北京电影学院、浙江大学、中国电影艺术研究中心、中国电影资料馆、《当代电影》杂志等在影视传媒领域具权威性和代表性的专家学者参加并做主题发言，共同探讨促进中非影视合作交流的路径方法。

（中国高校影视学会秘书处）

2.2.2.2　中国高等教育学会新闻学与传播学专业委员会 2023 年工作综述

中国高等教育学会新闻学与传播学专业委员会于 1984 年 11 月 2 日在北京成立，是我国新闻与传播学科领域现在活跃的历史最悠久、规模最大的学术团体，历经 40 年的成长与发展，专委会的理事单位从最初的 30 个已增至 220 多个。新一届的专委会理事会将继续秉持在高教学会的指导下积极开展工作，团结全国新闻传播教育界、共同促进中国新闻传播教育事业的发展。通过召开学术会议、组织经验交流、举办师资培训、开展内外协作等灵活多样、注重实效的活动，把理事会打造成一个激荡思想、团结协作的活跃平台。以下汇报 2023 年专委会的主要工作情况和工作亮点。

中国高等教育学会新闻学与传播学专业委员会为了发挥在全国高校新闻院所中的引领作用，协同本学科有影响力的几家学术机构共同组织召开当代马克思主义新闻观学术研讨会。在研讨会上，专家学者们围绕马克思主义新闻观的时代价值、新闻舆论工作的创新发展等议题展开深入探讨。通过学术交流和思想碰撞，进一步推动了马克思主义新闻观的研究和实践，为新闻舆论工作提供了有力的理论支撑。

专委会还注重发挥组织的作用，加强组织建设和制度建设，完善各项管理制度和流程，提高理事会的执行力和效率。

（1）学术创新

2023 年度召开第九届换届大会暨"习近平文化思想与中国新闻传播学自主知识体系构建"学术年会，紧密围绕当前本领域内党和国家的最新顶层设计，来自中国人民大学、复旦大学、北京大学、清华大学等近百所高校的 150 余位新闻传播领域的专家学者，共同参与此次大会，对新闻传播学领域的前沿热点问题进行了交流。专委会理事长周勇围绕"传承中华优秀传统文化，加强国际传播基础理论建设"进行了主旨发言。他指出，习近平文化思想对国际传播工作指明了前进方向，指出了重要任务，核心是结合中国实践以及中华优秀传统文化，建构中国自主的国际传播基础理论体系。而从历史逻辑、理论逻辑和实践逻辑来看，在新的阶段，构建一个更加平等多元、包容开放的新型国际传播秩序，也是中国自主国际传播理论体系建设的着力点之一。

此外，专委会在 2023 年度还多次召开主题性的深度研讨会，如"乡村传播与基层公共治理"（2023 年 5 月 14 日），"多模态数据分析与传播研究"（2023 年 10 月 11 日），"中国广告教育深研会"（2023 年 11 月 4 日），"中国新闻传播伦理与法规教育教学深研会"（2023 年 11 月 11 日），以及"论证、新闻与传播跨学科学术研讨会"（2023 年 11 月12 日），以研讨会为平台，专委会汇聚了国内外、跨专业领域的专家学者共同就上述前沿的学术议题进行深入交流研讨，充分展现了专委会在教育部和高教学会指导下，对新文科建设等重要战略上的迅速响应。

（2）社会公信和综合影响

社会公信力和综合影响力的提升是专委会 2023 年度的重要目标之一。为了实现这一目标，专委会在以下几个方面作出了努力：

首先，积极贯彻落实习近平总书记的指示精神，推动中国新闻传播学自主知识体系联盟的建立。专委会联合各兄弟院校共同发起成立"中国新闻传播学自主知识体系联盟"，推进中国新闻传播学自主知识体系的建设。

其次，在社会公信力的建设上，2023 年 11 月 16 日下午，专委会承办了"守护理想之光——好记者高校行"活动的首站工作，这场活动以载人航天工程为主题，邀请到中国载人航天工程总设计师周建平院士，中国新闻奖获奖者、中国航天报社总编辑赵屴，中国新闻奖获奖者、新华社记者张扬作为讲述人，从航天人和新闻人的角度共同展现30 年载人航天发展历程中科技、新闻与社会相互交织融合、互促互进的画卷。中国记协党组成员殷陆君作活动致辞，中国人民大学新闻学院院长、中国高等教育学会新闻学与传播学专业委员会理事长周勇主持此次活动。

最后，专委会积极搭建中外高校新闻传播院所的教育管理者的交流合作，举办2023 年"中外新闻传播学院院长论坛"暨第九届新闻传播学科高峰论坛，论坛围绕"实践与理论：中国新闻传播学自主知识体系构建的路径与目标"的主题，设置主论坛与多个平行分论坛，邀请国内外新闻传播学院院长与学术期刊主编在学术交流与理论对话中，探索以传播为纽带的文化交流与文明共建，助力中国故事与中国声音更好地走向世界。

（3）特色亮点情况

在2023年度的工作中，新闻学与传播学专委会的特色亮点工作较多，以下重点介绍两项富有特色的工作举措：

第一，适应新闻传播事业和新闻传播教育的发展需要，2023年度大力扩充专委会会员，提升代表性和影响力，集聚学术声誉良好的一批中青年拔尖人才，通过2023年度在北京大学召开的第九届理事会换届工作，常务理事单位扩增为43家，不仅涵盖了本学科五轮评估中全部的B+以上院校，且增补了具有地域代表性的多家单位。专委会副理事长从4位扩增到10位，新增清华大学、北京大学等6家副理事长单位，并新增个人会员40位，理事单位规模扩增至203家，会员总人数达到300人，会员规模较上一届增幅30%，且常务理事会、理事会及会员规模均创历史新高。

第二，"中国新闻传播学自主知识体系联盟"由专委会主导发起成立。2022年，习近平总书记在中国人民大学考察时强调要建构中国自主的知识体系。这些重要讲话，对新闻传播学科的学科建设、知识生产、人才培养提出了新的要求。联盟的成立是对习近平总书记在全国宣传思想文化工作会议期间作出一系列重要指示和强调的回应——"宣传思想文化工作事关党的前途命运，事关国家长治久安，事关民族凝聚力和向心力，是一项极端重要的工作"。

2023年，中国高等教育学会新闻学与传播学专业委员会深度参与学会"两会一刊一库一中心"的建设工作，为学会事业高质量发展作出了积极贡献。

首先，专委会积极参与"两会"，副秘书长宫贺代表理事会参加高博会；理事长周勇代表理事会参加分支机构高质量发展研讨会；秘书处全体人员参加了吴英策副秘书长一行的专项调研和座谈会议。在换届大会和学术年会方面，专委会精心组织了多个分会场，涵盖了新闻传播学的多个领域，吸引了150多位专家学者参与研讨，促进了学术交流与合作。

其次，专委会积极发挥智库作用，在"一刊一库"方面也有着显著的贡献。2023年5月，专委会应高教学会学术部邀请，组织专家对当前中国教育的国际形象进行舆情数据抓取和分析，剖析国外媒体如何塑造中国的教育形象，舆情数据显示，国际媒体对中国教育的呈现主要体现在三个方面："顺从听话和贫困弱势"的学生形象，"举家教育"的中国家庭和家长形象，以及拥有政治隐喻的校方形象。专委会组织专家探析上述舆情"刻板印象"形成的可能原因，并依此提炼存在的问题及对策建议，提供给学会助力决策参考。

围绕学会中心工作，新一届理事会要在建设一流分支机构的目标指引下加强如下方面的锤炼：

其一，继续发挥至关重要的党建引领与联系纽带作用。理事会要主动加强与兄弟院校的沟通联络，建立长期良性的合作互动机制，共享教育资源、交流教学经验、探讨教育改革和创新等问题，共同推动新闻传播教育事业的发展。

其二，始终坚持以"立德树人"为基本点，提升学术引领力。紧密围绕这一目标，不断探索教育的新方法和新模式。随着媒介环境的新变化、新动向，我们需要与时俱进，积极进行教学理念革新、课程体系建设、教学方法创新等方面的工作。

其三，进一步推动新闻传播学界与业界的沟通与合作，强化组织凝聚力。通过人才培养、项目研究、业务研讨、学术会议等多种形式向新闻传播实践界输出影响力，为新时代中国传媒业的转型发展贡献智慧。

其四，加强理论创新，构建中国特色新闻传播学学科体系，提升社会公信力。党的二十大以来，习近平总书记在多个场合强调了文化自信的重要性，提出了许多新思想、新论断、新要求。这些重要论述为构建中国新闻传播学自主知识体系指明了方向。我们还要积极开展对外交流活动，增进相互理解和信任，提高我国在国际舆论场中的话语权和影响力。

构建中国特色新闻传播学自主知识体系是我们当前的重要任务之一。专委会坚持以习近平文化思想为指导，加强理论创新、强化实践探索、推动国际交流与合作，不断提升中国新闻传播学的学科水平和国际影响力。

（中国高等教育学会新闻学与传播学专业委员会秘书处，中国高等教育学会广告教育专业委员会刘英华）

2.2.2.3　中国高等教育学会广告教育专业委员会 2023 年度工作综述

2023 年专委会对照《中国高等教育学会发展战略构想》和《中国高等教育学会分支机构建设规范（2023）》积极组织开展工作，重点聚焦党建引领力、组织凝聚力、学术创新力、社会公信力和综合影响力等几个方面的内涵式提升，具体工作内容如下：

（1）持续强化党建引领

中国高等教育学会广告教育专委会（以下简称"专委会"）会认真学习贯彻党中央精神、教育部党组和学会工作部署，并将党建工作落到实处。

2023 年 3 月 19 日，专委会秘书长赵新利参加 2023 年中国高教学会工作会议，领会学会办会精神、学习办会制度与要求，并与其他分支机构围绕加强政治建设、提高课题研究质量、提升学术会议水平、多渠道服务发展会员等方面进行交流。

2023 年 4 月 8—10 日，专委会秘书长赵新利应邀出席了第 58·59 届在重庆国际博览中心举办的中国高等教育博览会。参会期间，赵新利秘书长汇报了专委会在第二届理事会换届之后的最新工作进展，学会领导们对专委会近期的工作表示了肯定，同时指出希望专委会充分发挥专业优势，为高博会的宣传和推广工作贡献力量。

2023 年 6 月 11 日，专委会在举行 2023 年学术年会之际，组织参会代表开展了两场参观。一场是参观钟山宾馆集团"江苏省会议中心侵华日军战犯南京审判地旧址"。作为江苏省爱国主义教育基地之一，钟山宾馆收集整理了大量珍贵的史料，让与会代表们通过一段段文字、一张张图片、一件件实物，重温党的历史，感悟革命精神。另一场是参观汇通达产业互联网展示体验中心，与会代表们了解到该公司积极响应乡村振兴战略，专注农村市场，以信息技术和互联网手段赋能乡村振兴，构建农村新经济流通生态圈，开拓农民致富的"新商路"。

2023 年 7 月 30 日专委会副理事长张树庭和秘书长赵新利参会受邀参加纪念中国高等教育学会成立 40 周年大会，更加坚定正确办会方向，认真贯彻落实意识形态工作，推进党建和业务工作深度融合。

2023 年广告教育专业委员会副秘书长罗萍教授响应教育部党组工作部署，参加"高校银龄教师支援西部计划"赴喀什大学支教，助力教育部提出的"整合资源优势、助力边疆、教育强国的国家大计。"

2023 年 10 月 12—13 日，广告教育专业委员会副秘书长孔清溪、吕艳丹参加学会系统秘书长沙龙，接受"高质量做好新闻宣传工作，筑牢意识形态主阵地"专题培训。

（2）稳步提升组织凝聚力

第二届理事会换届后，理事会工作平稳过渡、凝心聚力，整体组织凝聚力持续向好。专委会建立健全各项工作制度，发布全新的形象标识，开通官方公众号，完善了工作队伍，各项工作走上正轨。陆续制定完善了《中国高等教育学会广告教育专业委员会介绍》《中国高等教育学会广告教育专业委员会工作规则》《中国高等教育学会广告教育专业委员会组织架构》《中国高等教育学会广告教育专业委员会入会申请指南》《中国高等教育学会广告教育专业委员会会费缴纳指南》《中国高等教育学会广告教育专业委员会会员名单》《中国高等教育学会广告教育专业委员会微信公众平台工作细则》等各项工作制度。

专委会会员发展和管理工作规范有序，并取得了一定成效，至今已拥有 130 家单位会员、15 名个人会员，还有 5 家高校和 45 名个人会员即将加入。尤其是个人会员发展成效显著，较上年同期新增个人会员 150%。同时 2023 年会员单位会费缴纳比例达 70%

以上。

专委会创新会员服务举措，通过指导/组织一系列高质量、高水平的学术研究、理论探索和教学实践活动，增强了会员的归属感和凝聚力，并培养了一批中青年拔尖人才。

为了进一步加强组织凝聚力和向心力，专委会多次组织召开理事长会议和秘书处工作会议，就年度专委会的工作重点和战略布局以及具体举措做了详细的研讨和论证，保障专委会工作的有效开展和全面提升。

（3）多元路径提升学术引领力

专委会一直致力于繁荣广告领域相关学术成果，从学术论坛、学科建设、学科竞赛、师资培训、课题研究等不同维度开展了一系列高质量、高水平的学术研究、理论探索和教学实践活动，探寻专委会学术引领力提升的多元路径。

2023年6月10—11日，专委会在南京主办"中国高等教育学会广告教育专业委员会2023年学术年会暨第十二届中国广告教育论坛"，围绕"中国广告产业现代化体系建设"这一主题进行充分探讨。中国高等教育学会副会长张大良，南京信息工程大学副校长朱大梅，广告专委会第二届理事会理事长丁俊杰等出席会议；教育部长江学者特聘教授、北京师范大学新闻传播学院执行院长喻国明，中国传媒大学资深教授、中国广告博物馆馆长黄升民，汇源集团副总裁李生延，阿里巴巴集团华东公司总经理李嘉平，南京兄游信息科技有限公司总经理张永军，高教学会广告教育专委会副理事长、厦门大学新闻传播学院副院长陈素白，高教学会广告教育专委会秘书长、中国传媒大学广告学院院长赵新利等专家做了主旨演讲；来自全国多所高校和单位的专家学者、业内精英等150余人展开对话交流，为学术创新、行业发展、专业教育凝聚经验和智慧。

2023年7月19—21日，专委指导开展"擘雅·品牌与计算广告"暑期工作坊，有效推动广告学专业转型升级和高质量发展，推动计算广告和品牌学两个新兴专业方向快速发展。工作坊邀请了品牌及计算广告领域学界、业界的众多杰出嘉宾，活动安排充实详尽，旨在为学员们进行生动且沉浸的分享。来自全国各高校、企业的80余名学员在现场参与了此次活动。工作坊期间，还组织参会的广告专业负责人召开了以"广告专业建设与课程思政"为主题的研讨会，合力推动广告专业建设与课程思政在传承与创新中取得新成果与新突破。

2023年7月，专委会作为教育部指定的参赛组织积极开展"全球大学生体育文化公益广告作品征集与展示活动"，并组织承办"全球大学生体育文化公益广告作品评审会"。教育部、中宣部、北京市委宣传部、北京市广播电视局、北京市委教育工委、四川省广电局等机构相关领导，中央广播电视总台、中国教育电视台等国家级媒体的业界专家，清华大学、中国人民大学、中央美术学院、鲁迅美术学院、北京工业大学、北京联合大学等高校的专家学者20余人参加了评审会。教育部宣传教育中心副主任夏越、中国传媒大学党委常委、副校长杨懿出席并致辞。

2023年7月17日，专委会指导"爱尔康眼健康创意视频大赛"公益传播活动。活动旨在践行习近平总书记在党的二十大报告中提出的"健康中国"战略和"面向人民生命健康"新命题，进一步拓展校地产学研合作链条，激发创新活力。

2023年10月14日，专委会联合主办第二届计算广告专业建设研讨会暨信息计算实验室揭牌仪式，并宣布"中国传媒大学计算广告专业两周年展"开展。来自国内各高校的专家、广告业界机构代表相聚中国传媒大学广告博物馆，对如何认识数字技术带来的广告产业结构及运作模式变化、人才培养的新要求、广告专业如何推进新型人才培养模式等关键问题进行了深入研讨，为产学协同、文理交叉的新文科建设搭建新平台。

2023年10月28日，专委会指导举办"江苏师范大学广告学专业30周年庆典暨创意创新型人才培养论坛"。演讲嘉宾围绕广告学专业和广告产业在数字化浪潮中遇到的新境遇、新问题、新挑战，探索新时代拔尖创新人才培养、广告学专业改革创新、产学研创融合、学科融合等话题。

2023年11月25日，专委会指导举办第15届全国大学生广告艺术大赛学科竞赛(大广赛)，中国高等教育学会副会长、秘书长姜恩来和中国传媒大学校长、专委会副理事长张树庭出席并致辞。来自教育部门、举办单位、支持单位、命题品牌、行业嘉宾，以及全国29个赛区参赛高校的获奖师生代表共1000余人参加活动。专委会和大广赛在人才培养、社会服务、产学研平台建设等方面持续开展合作并取得丰硕成果。

2023年，专委会依托国家广告研究院和擘雅品牌研究院，优先面向会员高校，开展"中国品牌国际传播""推进中国自主品牌高质量建设和品牌学自主知识体系建设""中国品牌通史(多卷本)研究项目子课题"等一系列响应国家发展战略需求的课题研究。

(4)有序强化提升社会公信力

专委会进一步规范办会制度，加强专委会宣传阵地建设，完善专委会办公和人员保障，有序强化专委会的社会公信力。

广告专委会理事会、监事(会)架构合理，定期召开理事长会议、常务理事会，就重大事项进行民主决议，进一步完善工作机制。秘书处强化落实与服务，按程序申请用章、报批活动，依法依章规范办会。积极参加学会财务部组织的分支机构财务报销培训，规范财务报销流程。

专委会进一步加强宣传阵地建设，建立专委会会员微信群，发布了全新的广告专委会标识，建立了官方公众号，并制定了《中国高等教育学会广告教育专业委员会微信公众平台工作细则》，开展多层次多角度的宣传工作。

专委会秘书处配备3名专兼职工作人员，有固定办公场所和办公设备及充足的经费保障。同时，专委会积极主动发挥引领和协调作用，整合资源为广告会员提供成长空间和学习机会。专委会关注广告教师队伍成长，通过组织学术研讨会以及"大广赛"的推广，搭建交流和学习平台，解决各地区发展不均衡问题。

对于广告专业教育普遍关注的专业转型升级问题，2023年11月，专委会发挥指导作用，以计算广告实验室的建设成果和开放平台为基础，由秘书处所在单位中国传媒大学广告学院发起了"计算广告高校行"系列活动。活动旨在通过计算广告虚拟仿真实训系统的共建共享，与全国广告学界、业界携手，共同推进数字时代广告的转型升级，提升广告专业人才培养效能。积极主动推进试点高校的计算广告新专业从课程地图到专业建设到专业谱系的全方位探索。2023年7月19—21日，专委会指导组织了"全域智能营销决策仿真系统体验"的专场活动，2023年11月13日起，活动先后走进北京工商大学、首都经济贸易大学、中国人民大学、北京服装学院、北京印刷学院等多所高校，开展10余次实验，服务师生千余人。

（5）稳步提升综合影响力

专委会坚持贯彻大服务理念，积极参与教育部相关司局或地方教育行政部门的重点工作，开展专业培训工作。发挥桥梁纽带作用，推动政产学研用相融合。

专委会在中国高等教育学会的指导之下，持续深耕和探索"大广赛"在协同育人方面的创新之路，这一竞赛在高校影响力越来越大，至今已走过19个年头，举办了15届16次赛事。第15届大赛吸引全国1857所高校踊跃参赛，近187万大学生提交93万余组作品。专委会作为其指导单位，营造了集"开放性、开拓性、灵活性、独特性"一体化的创造力环境，有效阐释了多元、跨界、融合的创新协同育人机制。

为了更好地回应各广告教育专业对现实问题的困惑和挑战，广告专业委员会启动了一项广告专业转型、升级、改造工程，助力整体广告专业的转型和升级。专委会指导开展针对会员单位的"擘雅·品牌与计算广告"暑期工作坊，80余名会员参与学习和研讨；指导组织"计算广告高校行"培训活动，该活动已经走进4家会员高校。这一系列活动有效推动了广告学专业转型升级和高质量发展，推动计算广告和品牌学两个新兴专业方向的快速发展。

专委会由副理事长张树庭教授牵头，组织多家会员单位共同完成2023年"品牌强国工程"案例升级研究项目（共计完成47个案例研究报告并被总台总经理室采纳），助力我国自主品牌建设工作，推动政产学研用相融合。

（中国高等教育学会广告教育专业委员会秘书处）

2.2.3　各省及其他新闻传播教育或教学指导委员会

2.2.3.1　河南省普通高等学校新闻传播学类专业教学指导委员会 2023 年工作综述

河南省普通高等学校新闻传播学类专业教学指导委员会是河南省教育厅聘任并领导的专家组织，具有非常设学术机构的性质，受教育厅委托开展高等学校新闻传播学类本科教育教学的研究、咨询、指导、评估、服务等工作。

为贯彻落实河南省教育厅《关于深化新时代河南省本科专业结构调整优化的实施意见》，积极推进"十四五"期间本科专业结构调整优化工作，在河南省教育评估中心的指导下，2023 年 4 月新闻传播学类专业教学指导委员会开展了广泛调研，并召开专题会议研讨专业结构调整工作。在参考教育部《普通高等学校本科专业类教学质量国家标准》的基础上，教学指导委员会制定《新闻传播学类本科专业对标国际、国内一流专业及课程方案》，并向河南省教育评估中心推荐本学科评估专家。

2023 年 5 月上旬，新闻传播学类专业教学指导委员会指导本学科评估专家，坚持公开、公平、公正的原则，对本省新闻学、广播电视学、广告学、编辑出版学、网络与新媒体共 47 个专业点进行了 A、B、C、D 四个等级的科学评价。5 月中旬，委员会听取评估专家关于评价等级依据和评价结果的汇报，对确有异常或异议的数据进行讨论。

2023 年 5 月下旬，新闻传播学类专业教学指导委员会召开专题会议，总结本科专业评价工作，提出构建以评价为牵引、以课程为核心、以机制为保障的专业建设质量体系，强调要加大高层次师资的培育和引进力度，重视一流课程建设，进一步提高就业质量与考研率，提升民办院校的办学水平和办学质量。

（河南省普通高等学校新闻传播学类专业教学指导委员会秘书处）

2.2.3.2　湖北省高等教育学会新闻与传播教育专业委员会 2023 年工作综述

湖北省高等教育学会新闻与传播教育专业委员会成立于 2013 年，十年来始终坚持正确政治方向、坚持正确舆论导向、坚持正确新闻志向、坚持正确工作取向，始终不忘初心、牢记使命，将党性原则和马克思主义新闻观作为专委会开展活动的重要方针，不断整合湖北新闻传播教育的优势力量，推动教学改革与研究创新，引领全省新闻传播学科发展，不断提升全省理事单位新闻传播教育的学术水平。

2023年，湖北省高等教育学会新闻与传播教育专业委员会学习贯彻习近平新时代中国特色社会主义思想，贯彻落实党的二十大精神，扎实推进学会工作，积极召开学术年会、加强竞赛组织管理、搭建高水平交流平台，举办形式多样的学术研讨活动，实现学会内涵式发展，主要完成如下工作：第一，以线上或线下形式召开3次专委会常务理事会，讨论2023年学会实际问题，强化学会常态化管理；第二，顺利完成2023年湖北大学生新闻传播教育创新实践技能竞赛组织和管理工作；第三，完成新闻传播教育专委会换届工作；第四，成功召开2023湖北新闻与传播教育学会年会暨"变革中的新闻传播教育与传媒业未来"论坛；第五，举办2023县级融媒体建设与全媒体人才培养研讨会。

（1）召开2023年湖北省高等教育学会新闻与传播教育专业委员常务理事会会议

2023年，湖北省高等教育学会新闻与传播教育专业委员会分别于4月、8月及10月召开了3次常务理事会，其中4月召开的2023年第一次常务理事会以线上形式进行；8月进行的第二次常务理事会及10月召开第三次常务理事会则以线下方式举办。

4月27日，2023年湖北省高等教育学会新闻与传播教育专业委员会第一次常务理事会以线上形式在腾讯会议室召开。会上，全体理事听取并审议通过了《湖北省高等教育学会新闻与传播教育专业委员会2022年工作总结及2023年工作计划》，商议了2023湖北大学生新闻传播教育创新实践技能竞赛实施方案及组织安排，讨论了2023湖北新闻与传播教育学会年会议程，集体学习了湖北省高等教育学会2023年学术年会暨第八届理事会第三次会议的会议精神。

8月13日，2023年湖北省高等教育学会新闻与传播教育专业委员会第二次常务理事会在鹤峰源龙大酒店召开。会上，专委会秘书长、武汉大学新闻与传播学院教授洪杰文介绍了2023湖北省大学生新闻传播教育创新实践技能竞赛评审会会议安排，专委会副会长、中南民族大学文学与新闻传播学院教授陈峻俊汇报了年会筹备进展情况，专委会会长、新闻与传播学院教授强月新则预告了湖北省高等教育学会新闻与传播教育专业委员会换届计划。

10月13日，2023年湖北省高等教育学会新闻与传播教育专业委员会第三次常务理事会在中南民族大学召开。会上，专委会秘书长洪杰文教授总结了湖北省高等教育学会新闻与传播教育专业委员会第二届委员会五年来的工作开展情况并报告了湖北省高等教育学会新闻与传播教育专业委员会第三届委员会常务委员、委员的选举情况。

（2）完成2023年湖北省大学生新闻传播教育创新实践技能竞赛组织和管理工作

湖北大学生新闻传播教育创新实践技能竞赛是湖北省高等教育学会新闻与传播教育专业委员会组织实施的，面向全省高等院校在校学生进行的高级别新闻传播创新实践技能竞赛。竞赛服从湖北省教育厅高教处的领导，接受湖北省高等教育学会的指导、监督和管理。

竞赛以提升互联网时代新闻传播专业大学生的新闻实践技能，增强大学生的艺术鉴赏能力和创新活力为目的，以"红色湖北""人文湖北""青春湖北""创新湖北"为主题，始终坚持推动传统媒体和新兴媒体融合发展，遵循新闻传播规律和新兴媒体发展规律，强化大学生互联网思维，鼓励大学生使用先进技术、做好作品内容，着力培养能够快速融入新时代下立体多样、融合发展的多元传播工作体系的优秀新闻传播人才。

自 2016 年创赛以来，专委会始终坚持以学生为本，不断丰富比赛形式、持续完善竞赛规则，竞赛影响力不断提升，参赛学校及作品逐年增加。

2023 年，湖北大学生新闻传播教育创新实践技能竞赛由湖北民族大学负责承办，共收到 43 所本专科高校递交的 571 项大学生新闻传播教育创新实践技能竞赛作品，作品数量创历史新高。竞赛组委会严格审查参赛作品，本着公平、公正、公开的原则，邀请新闻传播专业领域的国内外知名教授、专家担任评审专家，以盲评的形式对参赛作品进行认真评议，经过初评、复评两轮评审，评审出一等奖 50 项，二等奖 96 项，三等奖 100 项，合计 246 项。结合学校申报及获奖情况，经竞赛组委会审议决定，中国地质大学、武汉工程科技学院、武昌首义学院、湖北文理学院、黄冈师范学院、湖北民族大学、湖北第二师范学院、三峡大学荣获优秀组织奖。

（3）完成湖北省高等教育学会新闻与传播教育专业委员会换届工作

湖北省高等教育学会新闻与传播教育专业委员会第二届委员会成立于 2017 年 11 月，到 2023 年 10 月五年任期已满，需进行换届改选。专委会高度重视此次换届工作，在湖北省高等教育学会指导下，遵照《湖北省高等教育学会新闻与传播教育专业委员会工作规程》中关于分支机构换届流程的要求制定《湖北省高等教育学会新闻与传播教育专业委员会换届工作实施方案》，委托专委会秘书处具体组织换届事宜。

8—9 月，专委会秘书处面向各专委会会员单位发布《湖北省高等教育学会新闻与传播教育专业委员会换届工作实施方案》，明确委员选聘条件、各单位申报限额及委员申请表提交时间。各会员单位报名踊跃，秘书处共收到湖北省内 35 所高校的 74 份委员申请。

10 月 13 日，湖北省高等教育学会新闻与传播教育专业委员会召开第二届委员会常务委员会议，经常务理事提名及到会人员充分讨论，会议酝酿并拟定出第三届委员会主任、副主任、秘书长、副秘书长、常务委员及委员建议名单。

10 月 14 日，在 2023 湖北新闻与传播教育学会年会暨"变革中的新闻传播教育与传媒业未来"论坛的专委会换届大会环节，参会人员表决通过了湖北省高等教育学会新闻与传播教育专业委员会第三届委员会主任、副主任、秘书长、副秘书长、常务委员及委员名单。

（4）举办 2023 湖北新闻与传播教育学会年会暨"变革中的新闻传播教育与传媒业未来"论坛

2023 年 10 月 14 日，由湖北省高等教育学会新闻与传播教育专业委员会、中南民族大学主办，中南民族大学文学与新闻传播学院承办的 2023 湖北新闻与传播教育学会年会暨"变革中的新闻传播教育与传媒业未来"论坛在中南民族大学举行。来自省内外新闻传播学科知名专家学者、教育骨干、优秀学生代表 200 余人到会，共话新闻传播教育变革发展与未来。

会议由开幕式、学会换届大会、大会主题报告、分论坛研讨会和闭幕式五大板块构成。开幕式环节，中南民族大学校党委书记边境、湖北省教育厅湖北省高等教育学会秘书处邓辉主任、湖北省新闻与传播教育学会会长、武汉大学新闻与传播学院院长强月新、中南民族大学文学与新闻传播学院院长陶喜红分别致辞。

学会换届大会环节，湖北新闻与传播教育学会会长、武汉大学新闻与传播学院院长强月新教授发布了第二届湖北省新闻与传播教育学会工作报告，报告总结提炼了学会十年来的工作内容。"10 年来，湖北高等教育学会新闻与传播教育专业委员会立足湖北新闻传播的教育教学一线，展现了应有的担当和作为。一是搭建平台，加强各新闻教育平台建设；二是建立沟通，提升专业理事会、高等教育学会之间的协同度；三是扩大联系，促进省内外，学界与业界间的交流，打通专业教育路径。"会议按程序产生了新闻与传播教育专业委员会第三届委员会。

大会主题报告环节，中国社会科学院新闻与传播研究所所长、教授胡正荣以新文科建设和全媒体传播人才培养为主题，从新文科建设与全媒体人才、全媒体人才类别与层次、全媒体人才培养条件与路径三方面展开阐述。暨南大学新闻与传播学院院长、教授刘涛则以"新文科背景下的教学创新：主题实践与专创融合"为题，从个人教学实践出发，分享在教学模式探索、教学科研融合、课程思政建设、资源体系建设、专创融合实践等七大课程教学设计环节的有效经验。

主题分论坛设置了院长论坛、教师论坛和研究生论坛等 5 个会场。院长论坛上，来自华中科技大学、武汉大学等院校的院长及系主任等学科负责人结合自身院校的教学实际及优势特色，围绕新闻传播教育与人才培养主题进行分享交流；教师论坛以新闻传播教育与学科发展和新闻传播理论与实务研究为主题，来自国内各大高校的老师针对教学和科研实际进行汇报，集思广益、各抒己见。

（5）交流共赢，校企共促新闻传播人才培养质量提升

2023 年，湖北省高等教育学会新闻与传播教育专业委员会积极搭建高水平研讨交流平

台，不断推动全省新闻传播院校在学科专业建设、人才培养、科学研究等方面的深度交流，不断加强学界与业界的产学研合作，努力让科学研究为国家服务、为社会服务。

8月14—17日，在习近平总书记作出"加快传统媒体和新兴媒体融合发展"重要指示10周年之际，由专委会主办，湖北民族大学文学与传媒学院与鹤峰县融媒体中心承办的2023县级融媒体建设与全媒体人才培养研讨会暨湖北省大学生新闻传播教育创新实践技能竞赛评审会在鹤峰县成功举办。湖北省新闻传播教育学会名誉会长、华中科技大学石长顺教授，湖北省新闻传播教育学会会长、武汉大学新闻与传播学院院长强月新教授，以及来自湖北省内21所高等院校的新闻传播教育骨干齐聚一堂，研讨校地协同培养卓越全媒体新闻人才工作。

在主题论坛环节，湖北省新闻传播教育学会会长、武汉大学新闻与传播学院院长强月新教授向大会作了"新闻传播学科协同育人及思考"主题报告；湖北省新闻传播教育学学会名誉会长、华中科技大学广播电视与新媒体研究院院长石长顺作了"县级融媒体的前世今生与未来"主题报告；学会副会长、华中科技大学新闻与信息传播学院副院长郭小平教授作了"从'悬浮'到'下沉'：关于县级融媒体参与风险治理的几点反思"主题报告；湖北民族大学文学与传媒学院宋艳丽教授作了"多元协同背景下地方高校卓越新闻传播人才培养探索"主题报告；鹤峰县融媒体中心主任、总编辑郑刚作了"守正创新，推进县级媒体深度融合"主题报告；北京中科大洋科技发展股份有限公司教育事业部总经理魏哲作了"融媒体时代下媒体实践教学案例分享"主题报告。

在分论坛环节，与会学者与媒体从业人员围绕媒体融合背景下县级融媒体建设与地方高校校地协同育人、媒体传播体系建设暨全媒体人才培养等方面进行了热烈的交流与探讨。

此次会议对于推动校媒深度合作，完善新闻传播人才培养体系和协同育人机制，培养全媒体创新型人才具有重要意义，对于县级媒体融合发展具有积极作用。

2023年，湖北省高等教育学会新闻与传播教育专业委员会将党的新闻舆论工作方针政策贯穿学会活动全过程，在延续优良传统、强化学术交流、加强组织管理、创新工作内容方面取得了显著进步。2024年，专委会将继续高举旗帜、引领导向，围绕中心、服务大局，服务国家战略，加强湖北省内高校新闻传播人才培养模式转型研讨、强化高校马克思主义新闻观教育，围绕新文科建设、课程思政建设开展教育教学研究，不断探索学界与业界的产学研合作新模式，集中优势资源壮大湖北区域化新闻传播学科力量。专委会还将进一步提升专委会、高等教育学会之间的协同度，促进省内外、学界与业界间的交流，打通专业教育路径，各方携手共进，为下一个辉煌的十年砥砺奋进。

（湖北省高等教育学会新闻与传播教育专业委员会秘书处）

2.2.3.3　陕西省新闻传播教学指导委员会 2023 年工作综述

陕西省高等学校教学指导委员会（专业共同体建设委员会）人文与新闻传播类工作委员会（以下简称"教学工作委员会"）成立于 2020 年 9 月 5 日，是在陕西省委、省政府的关怀下，由陕西省教工委、省教育厅具体领导，并在省教指委秘书处的统一协调下成立的专家组织，具有非常设学术机构的性质，接受省教育厅的委托，旨在充分发挥专家组织对陕西高等教育教学改革的研究、咨询、指导、评估和服务作用，推动陕西高校专业共同体建设，实现高等教育内涵式发展，切实提高陕西省本科高校人才培养能力，委员聘期自 2020 年 8 月 1 日起至 2024 年 12 月 31 日止。

自成立以来，教学工作委员会积极遵照 2020—2024 年的工作计划，2023 年积极组织委员开展相关议题的讨论，现总结如下：

（1）召开第九届国家级教学成果奖（本科）推广交流会

2023 年 11 月 22 日，陕西省高等学校教学指导委员会工作会议暨第九届国家级教学成果奖（本科）推广交流会召开。根据省教育厅《关于召开 2023 年陕西省高等学校教学指导委员会（专业共同体建设委员会）工作会议暨第九届国家级教学成果奖（本科）推广交流会的通知》要求，人文与新闻传播类工作委员会主任、副主任以及各位委员通过线上线下相结合的方式进行了此次会议。在会议上，西安交通大学的王树国教授、管晓宏教授、西安电子科技大学的段宝岩，以及西安建筑科技大学的国家级教学名师白国良教授，紧密围绕中、西部高等教育振兴，分别从承接国家战略部署加快探索陕西高教强省之路、聚焦科技前沿需求破解学科交叉与通专融合难题、强化精神引领奠定中、西部高等教育振兴坚实根基、以课堂创新牵引带动教育教学综合改革等方面进行了交流发言。此外，西北农林科技大学康振生院士、西安交通大学王小华教授和西北大学豆海锋教授也分享了各自对于国家本科教学成果奖获奖成果的培育经验。

（2）召开人文与新闻传播类工作委员会工作会议

在国家级教学成果奖推广交流会结束之后，人文与新闻传播类工作委员会随即通过线上会议的方式，召开了 2023 年度工作委员会全体工作会议。各位委员一致认为此次会议不仅全面总结了陕西省 2023 年在新闻传播高等教育方面所取得的突出成效，而且为全省高校提供了国家级教学成果奖成功的申报经验，将进一步推动陕西省新闻传播类高等教育的高质量发展，为教育强国的建设提供了可靠助力，会议具体从以下几方面进行了总结。

西北大学陈洪海主任对工作委员会 2023 年的工作进行了总结，指出工作委员会在陕西省教工委、教育厅以及省教指委的领导下，人文与新闻传播类工作委员会充分发挥主任委员以及各位委员的主观能动性，对所属高校的相关学院及专业的工作进行了具体的指导，取得了颇有成效的工作。

相关成效主要体现在加强政治理论学习、国家教学成果奖获得新突破、国家级一流本科课程建设成效、积极服务国家战略等方面。特别是陈洪海主任作为核心团队成员参与的教学改革成果"从填补空白到领域翘楚，我国文物保护人才培养体系的创建与实践"荣获高等教育(本科)国家级教学成果一等奖，实现了人文与新闻传播类专业的重大突破。此外，工作委员会秘书长李军推动申报并获批的中央四部委"铸牢中华民族共同体意识研究基地"，为陕西省目前唯一的国家级"铸牢中华民族共同体意识研究基地"，对陕西省铸牢高校中华民族共同体意识的培养工作而言意义重大。

经全体委员一致同意，2024 年，工作委员会在举办学术年会以及完成省委高教工委、省教育厅交办任务的基础上，将努力把工作的重心下移，预计将全面深入省内设置新闻学、网络与新媒体、广告学、哲学、历史学等专业的各个高校进行调研。针对陕西省人文与新闻传播类专业的建设水平，对各个专业建设单位提出针对性的改进意见，全面促进陕西省人文与新闻传播类专业的建设水平。此外，工作委员会还将继续探索人文与新闻传播类交叉学科群的建设途径。以国务院学位委员会、教育部相关文件为指导，探索在新时期建设人文与传播类交叉学科群的路径和方式。

总体而言，陕西省高等学校人文与新闻传播类专业教学指导委员会精准把握高等教育发展形势，深入推进人才培养变革的指导性方针下，依托各委员所在高校的专家委员会、工作委员会对全省人文与新闻传播类专业进行专业研究、咨询、指导与服务工作，在教育改革、设立研究基地等方面均取得了卓越成效。以马克思主义新闻观为指导，稳步推进陕西高校新闻专业共同体建设，探索新时期人文与传播类交叉学科群的路径和方式，力求实现其内涵式发展，提升人才培养能力，争取创造新的业绩，收获新的光荣。

（陕西省高等学校教学指导委员会秘书处）

2.2.3.4 江苏省新闻传播学学会 2023 年度工作综述

2023 年是江苏省新闻传播学学会成立以后正式开展活动的第一年。一年来，学会在会长和秘书处的高效推动下，开展了大量的活动。主要体现在以下两个方面：

（1）2023 年学会主要学术活动

2023 年，学会先后召开了一次常务理事会，一次学术年会和一次青年教师暑期学校，具体情况如下：

4月3日，由扬州大学新闻与传媒学院承办的江苏省新闻传播学学会第一届常务理事会在扬州花园国际大酒店召开。开幕式上，扬州大学校党委常委、副校长韩杰致欢迎辞。他指出，此次会议的成功举办，对于进一步促进江苏省新文科与中国特色新闻传播学科的高质量建设，促进江苏省新闻传播学会的特色发展，推动中国式现代化背景下新闻传播的理论创新与实践创新具有十分重要的意义。江苏省哲学社会科学界联合会学会部调研员陈朝斌指出，江苏省新闻传播学学会优势突出，特色鲜明。学会整合了全省高校新闻传播领域的专家学者、媒体平台等优质资源，促进学界、业界的沟通与联动，在推动江苏省新闻传播学研究方面发挥了积极的作用。江苏省新闻传播学学会会长、南京大学新闻传播学院执行院长张红军向会议承办方表示衷心的感谢。他指出，江苏省新闻传播学会由学界和业界共同组成，起点高，有特色。学会未来发展的关键问题是要更好地开展中国式现代化背景下江苏新闻传播的新理论与新实践研究。随后，江苏省新闻传播学学会副会长兼秘书长、南京大学人文社会科学高级研究院副院长胡翼青代表学会作了2022年度工作报告。他介绍了学会成立情况和2023年学会工作重点及未来发展计划。江苏省新闻与传播学会副会长、苏州大学传媒学院执行院长陈龙介绍了2023年年会的准备工作。大会审议通过了2022年工作报告和2023年工作计划，计划在南京大学举办首届青年教师暑期学校。与会代表围绕学会发展规划、特色活动等议题作了交流发言。

2023年8月28日，江苏省新闻传播学学会首届青年教师暑期学校在南京大学新闻传播学院举行开班仪式。来自新闻传播专业的青年教师、国内知名学者、C刊主编等40余人参加了此次暑期学校的各项活动。在开幕式上，江苏省哲学社会科学界联合会学会部调研员陈朝斌、江苏省新闻传播学学会副会长、《传媒观察》主编赵允芳，江苏省新闻传播学学会会长，南京大学新闻传播学院执行院长张红军教授分别致辞。

在为期5天的暑期班上，南京大学新闻传播学院丁柏铨教授，南京大学新闻传播学院徐慨教授，江苏省新闻传播学学会副会长、苏州大学传媒学院院长陈龙教授，《新闻记者》刘鹏主编，北京大学国家战略传播研究院院长、北大新闻与传播学院程曼丽教授分别从师德师风、人才培养、学术研究、学术发表和教学实践的角度为学员们做了报告。诸位教授和主编还对学员提交的教学计划和研究计划进行点评。活动于9月1日闭幕，学员纷纷表示为期5天的暑期班收获满满。

11月25日，2023年江苏省新闻传播学学会年度大会在苏州举办。来自省内外新闻传播学界、业界的百余位专家学者齐聚独墅湖畔，聚焦"中国式现代化背景下江苏新闻传播的新理论与新实践"这一主题开展学术交流，共同探讨新闻传播领域的发展趋势、面临问题以及最新的研究和思考。

年会开幕式上，苏州大学党委副书记邓敏介绍了苏州大学及苏州大学传媒学院的改革发展情况，并指出此次年会是江苏省新闻传播学学会坚定文化自信、加强新闻传播学科建设的生动实践，也是面向新一轮科技革命和产业变革、深入推进理论创新与实践转向的积极探索，将为推进中国新闻传播学科高质量发展留下注脚。南京大学新闻传播学院执行院长、江苏省新闻传播学学会会长张红军说，江苏新闻传播界应主动承担起责任，从江苏传媒改革发展的实践中挖掘新材料、发现新问题，提炼出有学理性的新理论，概括出有规律性的新实践，从而揭示出中国新闻传播事业的自主逻辑，并从"面向江苏新闻传播实践开展理论研究""大力推动传媒技术创新""着力培养新闻传播后备人才"三方面提出具体建议。

新华日报社党委书记、社长，新华报业传媒集团董事长双传学，上海交通大学特聘教授张国良，中国社会科学院新闻与传播研究所所长、中国社会科学院大学新闻传播学院院长胡正荣教授，北京师范大学新闻传播学院教授喻国明，清华大学新闻与传播学院教授陈昌凤，暨南大学新闻与传播学院党委书记支庭荣，江苏省新闻传播学学会副会长兼秘书长、南京大学新闻传播学院教授胡翼青和苏州大学传媒学院教授贾鹤鹏等奉献了精彩的大会主题发言。当天还举办了以"媒体融合十年·业界学界对话"为主题的圆桌论坛和六场平行论坛。

（2）2023年学会平台建设活动

2023年，学会的平台建设也取得了可喜的发展。学会的会刊《传媒观察》有史以来第一次入选CSSCI来源期刊。《传媒观察》是新华报业传媒集团主管、主办的新闻传播类学术期刊，初名《新闻通讯》，创刊于1984年。在近40年发展历程中，《传媒观察》云集了众多一流学者、业界专家的名篇佳作，也见证了老中青几代学人、媒体人的成长成熟。近年来，该刊更是充分发挥主流媒体的资源、平台优势，创新建成集"刊、网、端、微"于一体的全媒体传播矩阵，在9大新媒体平台同步推送《传媒观察》学术论文的内容精选。目前，平均每篇总阅读数4.4万，单篇最高总阅读数超40万，让优秀学术思想成果"飞入寻常百姓家"。该刊入选C刊，对江苏新闻传播学的学术发展具有里程碑式的重要意义。而这一切都离不开江苏省新闻传播学学会对刊物的大力支持。

2023年7月11日，学会的微信公众号"江苏省新闻传播学学会"正式上线，有力地报道了学会的暑期班和年会的各项新闻。目前，该公众号的粉丝已经覆盖到几乎所有的会员单位。

（江苏省新闻传播学学会秘书处）

2.2.3.5 华夏传播研究会 2023 年度工作综述

2023 年是华夏传播研究会成立的第五个年头，五年来，在第一届理事会全体成员的共同努力之下，从零到一，有组织有计划的华夏传播研究稳步进行，华夏传播学术版图不断廓清，学术志业蓬勃发展。根据《华夏传播研究会章程》，2023 年度第一届理事会任期届满，换届大会顺利召开，组成了华夏传播研究会第二届理事会，是华夏传播研究会迈入新阶段的一年。

(1)学术活动和课程建设

2023 年度，全国各高校研究机构举办的会议与华夏传播研究相关的共有 13 场。这些会议共同促进了华夏传播领域的深入探讨与发展。其中，由华夏传播研究会主办或参与协办的会议包括四场重要活动：第三届华夏文明与传播学中国化高峰论坛(2023.5)；第三届华夏丝路符号传播研讨会(2023.10)；2023 中华文化传播论坛会议(2023.10)；第二届华夏文明传播与企业家精神培育研讨会(2023.12)。这些会议围绕"中国式现代化与中国传播学自主知识体系建构""中华民族精神标识""文明互鉴与文化融合""全球化语境下中华文化传播的理论与实践""传播华夏文明，弘扬中华文化，培育新时代企业家精神"等主题，展开了激烈探讨，与会者从不同角度，纷纷提出了自己独到的见解，为中华优秀传统文化的传承，以及华夏文明的复兴贡献智慧和力量。

在 2023 年的学术交流盛会中，华夏传播研究团队的成员积极参与，展现出强烈的学术热情和深厚的专业素养。他们在中国新闻史学会 2023 年学术年会，"智能媒体时代新闻传播理论与实践创新"学术研讨会暨福建省传播学会 2023 年学术年会、第七届中华文化海外传播大连论坛暨东北亚文明对话论坛、中国社会科学院大学政治传播研究中心成立十周年庆祝活动暨第十届"政治传播与社会发展"论坛、第七届"政治与传播"研究生论坛、第九届中国跨文化传播论坛、首届非物质文化遗产数字传播与创新发展论坛暨《中国非物质文化遗产数字传播研究报告(2018—2022 年)》新书发行会等会议、活动中，踊跃发言，与其他学者专家展开深入探讨与交流，共同推动华夏传播持续深入发展。通过参与这些高水平的学术会议，华夏传播研究团队不仅扩大了学术影响力，还为传播学领域的发展贡献了丰富的学术资源和创新思维。

在传道授业方面，华夏传播研究相关课程在全国高校中广泛开设，彰显了该研究领域的学术影响力和发展潜力。厦门大学新闻传播学院谢清果教授在本科阶段开设了"华夏传播概论"和"华夏文明传播"等课程，在研究生阶段则开设了"中国传播理论研究""研究前沿——华夏传播研究""史论精解——华夏传播史论""媒介学与文明研究"等高阶课程，为培养华夏传播研究领域的专业人才作出了重要贡献。与此同时，南京大学新闻与传播学院潘祥辉教授为研究生开设了"华夏传播研究"课程，进一步拓展了该领域的研究视野和深度。此外，莆田学院文化与传播学院吉峰教授在本科教学中开设了"历史的温度：中华传统文化人物趣说"和"文化通识：吉峰谈妈祖信俗"等课程，从人物和信仰的角度切入，为学生提供了独特的文化视角和学习体验。安徽大学新闻传播学院张丹在本科教学中开设了"中国传统交往思想研读"课程，引导学生深入探究中国传统交往思想的精髓和现代价值。广西师范大学赵晟则在本科教学中开设了"传播史论"课程，旨在帮助学生了解华夏传播的历史发展，掌握华夏传播学的基本理论和研究方法，提高学生的华夏传播素养和批判性思维能力。

（2）文章著作和特色课题

2023年度，华夏传播研究领域硕果累累，著作和论文佳作频频问世。在著作方面，具有代表性的有：谢清果教授的《华夏传播研究学术史》（中国国际广播出版社）和《当媒介学遇上老学》（九州出版社）。前者系统梳理了华夏传播研究的学术脉络与发展轨迹，后者则将传播理论和研究方法引入老学研究，彰显了老学思想生命力。潘祥辉教授主编的《返本开新：华夏文明传播的历史视野》（南京大学出版社）从历史维度，审视华夏文明传播的源流与变迁，为当代传播研究提供了宝贵的历史借鉴。这些著作的出版，标志着华夏传播研究在学术深度、广度、创新性方面达到了新高度。

学者们在新闻传播学的重要期刊上发表了数量可观的高质量论文，总计超过百篇。这些研究成果从不同角度深入探讨了华夏传播的历史渊源、发展脉络及其当代价值，展现了这一领域的勃勃生机和广阔前景。一方面，研究者以严谨的学术态度和创新的研究视角，通过梳理不同时期的传播实践和理论成果，揭示了华夏传播的发展轨迹和基本特征，探寻了这一传播形态的文化根基和思想精华，为全面认识和把握华夏传播的历史图景提供了宝贵的学术参考。另一方面，面对当今时代的机遇和挑战，研究者积极关注华夏传播的创新性转化和创造性发展。在继承优秀传统的基础上，学者立足现实，着眼未来，探索如何在新的传播环境下推动华夏传播的与时俱进和转型升级。无论是传播理念、传播方式，还是自主知识体系的建构，研究者都提出了许多具有前瞻性和针对性的思路和对策，为华夏传播的繁荣发展贡献了智慧和力量。代表性研究成果主要包括：谢清果教授的《彼得斯媒介哲学视角下"道"的基础设施型媒介意义解析》（《江西社会科学》）、《"天父地母"：华夏文化中人与自然草木的间性传播研究》（《传媒观察》）、《知行合一：礼乐符号的交往行为论》（《符号与传媒》）；张兵娟教授的《文化记忆重构下中国典籍的跨媒介传播——以央视大型文化节目<典籍里的中国>为例》（《郑州大学学报》）、《作为空间媒介的元代文庙：民族交融与文化共同体构建》（《传媒观察》）；潘祥辉教授的《"揖让而天下治"：中华传统揖礼的创造性转化与创新性发展》（《湖南师范大学社会科学学报》）、《谏诤与演说：轴心时代东西方政治说服模式的比较研究》[《江西师范大学学报（哲学社会科学版）》]；白文刚教授的《逆向舆论与左宗棠收复新疆》（《中国政治传播研究》）、《文明史视域下的"增强中华文明传播力影响力"》（《前线》）；李红教授的《作为媒介的汉字：媒介环境学派的汉字观及其反思》（《湖南师范大学社会科学学报》）；张恒军教授的《中华文明国际传播城市力量及其计算呈现》（《新媒体与社会》）；褚金勇副教授的《雅俗之变：晚清媒介转型与文人书写体式选择研究》（《出版发行研究》）；王婷副教授的《论媒介的"意义邀约"：从经典阅读探讨"界面"问题》（《教育传媒研究》）；赵晟副教授的《"身齐万物"：身体交往观视域下的庄子思想》（《教育传媒研究》）；张丹的《中华礼乐传播模式再思考》（《教育传媒研究》）；张宏锋的《以"师"传"道"：孟子师道传播主体论发微》（《教育传媒研究》）；刘佳静的《当代青年的媒介使用与国家认同：群体差异与影响机制》（《当代传播》）；杜恺健的《"绝地天通"与作为政治媒介的陶器："政治—传统—主体"的维度》（《新闻春秋》）等。

致力于华夏传播研究的学者们在 2023 年度的国家级、省级课题申报中取得了瞩目的成绩。国家社会科学基金重大项目、重点项目、一般项目、后期资助项目、青年项目等均有斩获。其中，刘涛教授担任首席专家，潘祥辉教授负责子课题的国家社会科学基金重大项目"中华文化经典符号谱系整理与数字人文传播研究"（23&ZD211），为华夏传播研究提供了新的视角和方法。张恒军教授主持的国家社会科学基金重点项目"人类文明新形态的对外传播策略研究"（23AXW004），为华夏传播研究领域的重大突破。在国家社会科学基金一般项目方面，共有 9 项课题获批。其中，张兵娟教授主持的"数字时代中华优秀传统文化记忆的融合传播策略研究"（23BXW002），力求提出具有创新性、实践性的传播策略，为数字时代中华优秀传统文化的传承与发展提供实际指导；于德山教授主持的国家社会科学基金后期资助项目"中国视觉传播研究"，对华夏传播研究的深化发展具有重要推动作用。张丹主持的国家社会科学基金青年项目"中华礼乐文明的精神标识、传播理念与当代创新研究"（23CXW001），试图揭示礼乐文化在华夏传播领域中的独特价值和意义，并提出前瞻性的传播方案，为推动中华优秀传统文化的传承与创新提供借鉴参考。

在省部级项目方面，华夏传播研究学者同样表现出色，获批 11 项课题。具有代表性的是谢清果教授主持的福建省社科基金项目"中华文明的突出特性研究"、福建省科协科技创新智库课题研究项目"'两创'视域下中华元典增进文化传承发展的策略研究"；王莹副教授主持的辽宁省社会科学规划基金项目"融媒体时代辽宁长城文创的发展研究"；刘佳静老师主持的天津市哲学社会科学规划青年项目"中华优秀传统文化在天津的记忆建构与传播创新研究"等，都体现了华夏传播研究在区域文化传播中的应用价值和创新潜力。

（3）换届选举和学术影响

2023年对于华夏传播研究会是具有里程碑式意义的一年，华夏传播研究会第一届理事会5年任期届满，经过选举，于2023年12月8日在河北保定产生第二届理事会。

《传媒观察》开设"华夏传播研究"专栏，成为学术期刊关注和支持华夏传播研究的标志性事件。华夏传播研究会作为主要推动力量，牵头主办了3本学术辑刊，致力于为华夏传播研究"耕作"学术争鸣的园地。2013年创办《中华文化与传播研究》，至2016年，共出版5卷。2017年改版为辑刊，由厦门大学传播研究所、中盐金坛盐化有限责任公司、福建人文社会科学研究基地中华文化传播研究中心联合主办，出版周期为半年。根据中国知网（CNKI）的数据统计，截至2023年12月，该辑刊共发表文献588篇，总下载次数达63278次，总被引次数361次，展现了其在学术界的影响力。2018年创办的《华夏传播研究》目前已出版11辑，第1~3辑由中国传播大学出版社出版，第4~11辑由九州出版社出版。前6辑由谢清果教授担任主编，第7~11辑由谢清果教授和韩立新教授联合主编。同年创办的《中华文化海外传播研究》现已出版11辑，由大连外国语大学中华文化海外传播研究中心主办，社科文献出版社出版，刘宏教授、张恒军教授和唐润华教授联合主编。该辑刊已入选AMI（2022），并被中国知网（CNKI）、集刊全文数据库等多种学术期刊数据库收录，凸显了其在中华文化海外传播研究领域的学术地位。2019年创办的《中华老学》迄今已出版8辑，由华夏老学研究会、四川大学老子研究院、厦门大学道学传播与研究中心、道德经文化国际交流促进会、宜春市崇道宫联合主办，出版周期为半年。据中国知网（CNKI）数据统计，截至2023年12月，该辑刊共发表文献146篇，总下载次数达8090次，总被引次数7次，反映了其在老学研究领域的学术贡献。这些学术期刊的创办和发展，体现了华夏传播研究会在推动华夏传播研究、中华文化海外传播研究以及中华老学研究等领域的不懈努力，为相关研究提供了重要学术平台，促进了学术交流与创新。

华夏传播研究会主办了四个公众号，分别是华传公学、华传学派、传播学本土化和老子道学传播。这些公众号的内容不仅见证了华夏传播研究会的发展历程，也记录了多年来华夏传播研究领域的点滴成就，同时向外界宣传和推广华夏传播研究的最新动态和学术成果。"华传学派公众号创办于2016年11月18日，截至2023年12月，关注人数达到2221。"华传学派"是"传播学中华学派"的别称，致力于创作与分享中国传播学的重要成果与学术资讯，为中国传播学研究者提供一个共学共建、交流探讨的平台。"老子道学传播"公众号创办于 2017 年 3 月 16 日，主要对与《道德经》相关的著作、期刊和最新资讯进行分享，为老学传播研究提供重要的学术资源。"传播学本土化"公众号创办于 2018 年 12 月 20 日，主要提供中华传统文化与传播研究的跨学科成果以及其他相关学术资讯，试图推动传播学本土化研究的发展。"华传公学"公众号创办于 2020 年 4 月 19 日，截至 2023 年 12 月，关注人数达到 1083。该公众号主要分享有关华夏传播的课程以及优秀传统文化的学习资源，为传播和弘扬中华优秀传统文化作出贡献。这些公众号的影响力和关注度的持续增长，反映了华夏传播研究在学界的关注度和认可度不断提升。

2023 年是华夏传播研究的丰收之年，通过学者们深入而丰富的研究成果，不仅加深了对华夏文化传播现象的理解，更为未来的传播实践提供有益的指导和启示。随着科技的不断进步和全球化的持续推进，华夏传播研究正面临前所未有的机遇与挑战。展望未来，华夏传播研究会将继续与各位同仁携手并进，致力于传播学自主知识体系的建构，推动中华优秀传统文化的传承与弘扬。2023 年 10 月 7—8 日，全国宣传思想文化工作会议在北京召开，正式提出了习近平文化思想。在这一思想的引领下，华夏传播理论的建构受到了学界广泛关注和大力支持。同时，习近平文化思想作为华夏传播研究的指导思想，其丰富的理论内涵为研究指明了前进的方向和目标。借助现代科技手段和创新思维，华夏传播研究将进一步拓展文化传播的渠道与形式，使更多的人了解、认同并热爱中华优秀传统文化。我们期待更多学者的加入，共同推动华夏传播研究的进一步发展，也期待华夏传播研究会在未来的日子里，继续引领传播研究的潮流，为华夏文化的传承与发展作出更大的贡献。

（华夏传播研究会秘书处）

2.2.3.6 中国认知传播学会 2023 年工作综述

认知传播学是认知科学与传播学跨越边界、思想互浸、有机结合后滋生出来的一个交叉复合型研究领域。作为一门融合了传播学、语言学、修辞学、心理学、社会学等诸多学科的新兴学科，认知传播学通过对传播过程中人类感知以及思维信息处理过程的研究，将人脑的认知机制放置在了重要位置，推动了我国社会人文学科建设以及学科的跨界融合。当前，认知传播学已经成为中国传播学将来的重要学术增长点，它统合了宏观叙事和微观叙事两种研究范式，为中国特色社会主义新闻传播学体系的构建提供了突破传统窠臼的思想空间。

学会第四届理事会于 2022 年年底换届，理事会成员：会长欧阳宏生(四川大学)、副会长李本乾(上海交通大学)、钟布(香港浸会大学)、李明德(西安交通大学)、李彪(中国人民大学)、漆亚林(中国社会科学院大学)、顾亚奇(中国人民大学)、卜彦芳(中国传媒大学)、操慧(四川大学)、晏青(暨南大学)，晏青兼任秘书长。

2023 年 7 月 1—3 日，学会和暨南大学新闻与传播学会共同主办"第一期认知传播研究技术与方法"工作坊。旨在致力于认知传播理论、研究方法领域的前沿研究，旨在对认知传播感兴趣的青年学者提供免费的、开放的、高质量的研究方法培训，以促进该领域的发展。工作坊涉及认知传播学的基础理论和基本操作方法的讲授，设置课程涵盖：认知传播理论、心理生理测量技术、眼动追踪技术、EEG 脑电技术等。工作坊吸引了全国各地 18 所高校 26 位正式学员、13 位旁听学员前来学习。理论与方法结合，讲授与讨论并举。

11 月 24—26 日，第十届中国认知传播学术年会暨认知传播高端论坛于中国石油大学(华东)举办，年会主题为"认知传播学自主知识思想体系与建设"，有来自北京大学、香港浸会大学、四川大学、中国传媒大学、暨南大学等多所高校的 100 余位学者参加论坛。论坛上，会长欧阳宏生教授致开幕词。他表示在知识体系创新的背景下，认知传播学经过初步探索、中期发展再到学术理论建构，经过 10 年的发展，该学科基本形成，认知传播研究已经成为必然趋势。这主要体现在四个方面：第一，认知传播研究前期成果丰硕；第二，认知传播学有了明确的研究目的、意义和研究对象；第三，宏观与微观层面均已建成认知传播知识体系；第四，认知传播学人才队伍形成。欧阳宏生教授指出，认知传播作为一种新兴的研究范式，其知识谱系处于动态的演化中并逐步走向系统、规范和成熟，期待与会专家学者进行深入探讨交流。

(中国认知传播学会秘书处)

2.3 学科评议组、教指委

2.3.1 国务院学位委员会第八届学科评议组新闻传播学科组

国务院学位委员会第八届学科评议组新闻传播学科组(以下简称"评议组")，以习近平新时代中国特色社会主义思想为指引，全面贯彻党的教育方针，落实立德树人根本任务，进一步深化学位授权审核改革。

2023 年度，评议组完成了"博士硕士学位授权点申请基本条件"修订/编写工作以及"研究生教育学科专业简介及其学位基本要求"编写/修订工作。根据《国务院学位委员会教育部关于开展 2023 年学位授权点专项核验工作的通知》（学位〔2023〕22 号）要求，评议组在召集人带领下积极作为、认真实施，顺利完成了此次专项核验工作，核验结果得到了被核验单位的认可，达到了"以评促建"的核验工作目标。

在核验工作组织过程中，评议组集体商定编制《新闻传播学一级学科 2023 年学位授权点专项核验工作方案》，方案明确了核验方式、核验内容、核验程序、核验材料及时间节点要求、反馈核验意见和接受异议的时限、方式等。为更加全面、客观、公正地开展此次专项核验工作，评议组邀请了本学科具有较高威信的同行专家参与通讯评审，并于 12 月在上海举行专项核验工作会议。经过无记名投票表决，评议组秘书处对此次参评的 37 家学位点分别反馈了具体核验意见。此次核验工作推动了学位授予单位的学科建设，有助于更好地落实立德树人根本任务，促进新闻传播学科的高质量发展。

根据国务院学位委员会的有关文件精神，评议组在 2023 年度还同步开展了质量监督、学位授权审核、研究生培养指导、咨询研究等工作，对学位类别、学位授予条件进行补充完善，进一步推进新闻传播学学科整体建设迈上新台阶。

（国务院学位委员会第八届学科评议组新闻传播学科组秘书处）

2.3.2　教育部高等学校新闻传播学类专业教学指导委员会

2023 年以来，新闻传播学类专业教学指导委员会在教育部高教司的领导下，深入贯彻落实党的二十大精神和习近平总书记关于教育的重要论述和重要指示批示精神，全面落实立德树人根本任务，全方位加强课程思政建设，全力推进新文科教育改革，着力打造新闻传播高等教育共建共享平台，持续推进中国新闻传播大讲堂建设，取得了较为丰硕的成果。

2.3.2.1　召开新闻传播学类专业教指委第五次全体会议

2023 年 5 月 12 日，新闻传播学类专业教学指导委员会第八次全体会议在广州召开。教育部高等教育司二级巡视员、人文社科教育处处长张庆国，教指委委员参加会议。会议由新闻传播学教指委秘书长、中国传媒大学本科生院院长王晓红主持。教指委副主任委员、暨南大学党委书记林如鹏代表暨南大学致辞，教育部高等教育司二级巡视员、人文社科教育处处长张庆国发表"充分发挥教指委作用 全面提高新闻传播人才自主培养质量"主旨讲话。

教指委主任委员、中国传媒大学新闻传播学部学部长高晓虹首先向全体与会委员汇报教指委在 2022—2023 年度完成的工作，并就下一阶段工作进行部署。高晓虹教授指出，教指委在未来一年的工作重点将主要围绕聚焦高等教育新的使命任务、持续开展高校新闻传播院系骨干教师马克思主义新闻观主题培训、夯实国际新闻人才培养基础、着力建设中国新闻传播大讲堂等工作开展，实现高质量发展，构建新闻传播教育领域的自主知识体系，开创中国特色新闻传播教育的新局面。

教指委副主任委员、中国人民大学副校长胡百精，教指委副主任委员、武汉大学新闻与传播学院院长强月新，教指委委员、浙江大学传媒与国际文化学院院长韦路，教指委委员、西安交通大学新闻与新媒体学院教授杨琳，教指委委员、新疆大学党委宣传部部长张允在会上作主题发言。教指委委员、上海外国语大学新闻传播学院院长郭可介绍世界新闻教育大会相关情况。会议最后，教指委委员们就教指委工作进行热烈讨论，进一步明确了教指委未来的工作目标与工作思路。

2.3.2.2　举办 2023 年新闻传播学院长论坛

2023 年 5 月 13 日，2023 年新闻传播学院长论坛在广州隆重举行。论坛由教育部高等学校新闻传播学类专业教学指导委员会主办，暨南大学新闻与传播学院承办，高等教育出版社、暨南大学教育发展基金会和暨南大学出版社协办。

论坛聚焦"新时代、新文科、新动能：中国特色新闻传播学高质量发展"的主题，来自全国近 200 所高等学校新闻院系的院长、专家学者共聚一堂，共谋中国特色新闻传播学科实现高质量发展的新战略新方向新路径。新闻传播学教指委秘书长、中国传媒大学本科生院院长王晓红主持此次论坛。

教育部高等教育司二级巡视员、人文社科教育处处长张庆国致开幕词，提出新闻传播人才的培养要做到"三守正、三创新"。新闻传播学教指委主任委员、中国传媒大学新闻传播学部学部长高晓虹，教指委副主任委员、暨南大学党委书记林如鹏先后发言。

与会专家学者作主题发言，教指委副主任委员、副校长胡百精，教指委副主任委员、复旦大学新闻学院院长张涛甫，中国传媒大学电视学院党委书记曾祥敏，清华大学新闻与传播学院院长周庆安，北京大学新闻与传播学院院长陈刚，教指委副主任委员、武汉大学新闻与传播学院院长强月新，教指委委员、上海交通大学媒体与设计学院院长李本乾，暨南大学新闻与传播学院院长支庭荣，高等教育出版社副社长王卫权分别发言。此次论坛还设置了"专业课程思政与'马新观'教育""国际传播话语提升与人才培养""新文科建设与特色化人才培养""数字变革背景下的新闻传播""中国特色新闻传播学科建设与发展""新闻传播教育创新与技术赋能"六个平行分论坛。与会嘉宾围绕主题进行了充分交流,为推动新时代新闻传播学科高质量发展提出真知灼见。

2.3.2.3 举办"前沿探索:数字时代新闻和大众传播教育的发展与变革"国际学术论坛

2023 年 6 月 29 日,由教育部高等学校新闻传播学类教学指导委员会秘书处支持、中国传媒大学主办的"前沿探索:数字时代新闻和大众传播教育的发展与变革"(Shaping the Future: The Evolving Landscape of Journalism and Mass Communication Education in the Digital Age)国际学术论坛在中国传媒大学国际交流中心举行。此次会议注重研讨话题的前沿性、专业性及创新性。会议凝聚海内外学者智慧成果,积极探索新时代中国新闻传播自主知识体系的建设。当日,中国传媒大学校长张树庭出席大会开幕式并致辞。NCA前主席 Stephen John Harnett 教授莅临大会并致辞,会议同时收到联合国教科文组织东亚跨部门办事处主任 Shahbaz Khan 教授和 NCA 副主席 Marnel Niles Goins 教授以视频形式发来的祝福。大会主论坛上,来自北京大学、清华大学、中国传媒大学等高校的学者围绕"数字时代背景下媒体融合与视听传播""新闻传播教育的发展与变迁""中国国际传播的困境与机遇"等相关话题展开探讨,为新闻教育和数字化人才培养等议题提供了多种新视角与新思路。

研讨会围绕"前沿探索:数字时代新闻和大众传播教育的发展与变革"主题,开设了四组学者分论坛、九组教师线上分论坛和四组学生圆桌会议分论坛。6 月 29 日下午,学者们围绕"新闻教育""国际传播""数字化时代的通识教育与新闻传播人才培养"等议题展开了主旨演讲与讨论。

2.3.2.4 圆满完成 2023 年"中国新闻传播大讲堂"建设工作

2023 年,新闻传播学类专业教学指导委员会继续高质量推进"中国新闻传播大讲堂"建设。2023 年"大讲堂"以"中国式现代化:记者的行与思"为主题,邀请了来自全国 22 家媒体单位的 32 名优秀新闻工作者担任主讲人,录制了 32 集课程视频。

11 月 7 日,2023"中国新闻传播大讲堂"在中国传媒大学正式启动。教育部高等教育司司长周天华,中宣部新闻局副局长张庆华,中国记协党组成员、书记处书记吴兢,中国传媒大学校长张树庭出席启动仪式,中央广播电视总台新闻新媒体中心央视新闻《相对论》制片人、记者庄胜春作为 2023 年"大讲堂"授课代表发言,中国传媒大学硕士研究生曲伸作为"大讲堂"学生代表发言。启动仪式由教指委秘书长、中国传媒大学本科生院院长王晓红主持。

教育部、中宣部相关司局负责同志，中国记协主要负责同志，中国传媒大学主要负责同志，人民日报社、新华社、中央广播电视总台等 13 家主流媒体相关部门负责同志，教育部高等学校新闻传播学类专业教学指导委员会有关专家，中国人民大学、中国传媒大学、复旦大学等 17 所高校的新闻传播院系负责同志在主会场参加了此次启动仪式，浙江大学、山东大学、厦门大学、兰州大学、深圳大学、新疆大学等 13 所高校开设分会场，全国近万名新闻传播学类专业师生于线上观看启动仪式。

人民日报社、新华社、央视新闻、光明日报社、经济日报社、中新社、法治日报社、"学习强国"学习平台等 20 余家主流媒体、新闻客户端对此次活动进行了报道。

2023 年是部校共建新闻学院开展十周年，"大讲堂"作为深入推进部校共建工作的重要抓手，再次邀请一批优秀的新闻工作者，聚焦中国式现代化建设中的新闻传播实践，讲述新时代新征程的中国故事，提升主流媒体新闻舆论"四力"。

此外，大讲堂创作团队积极探索"中国新闻传播大讲堂"课程资源的多元形态，将 2021 年、2022 年"中国新闻传播大讲堂"在原有 45 分钟的视频课程基础上，每集课程剪成了 3 条知识点形式的短视频，突出小标题，便于更好地传播与使用。2023 年 8 月 11 日起，"人民网+"客户端和 B 站"人民网+"官方账号正式上线"中国新闻传播大讲堂"及"大讲堂短视频"，长视频专题推荐至"人民网+"客户端首页焦点图；"中国新闻传播大讲堂"专题在"今日头条"传媒频道置顶推广以推动大讲堂中的精华内容传播范围更广、影响力更为深远。

2.3.2.5 举办"无障碍信息传播与人权保障"国际研讨会

2023 年 12 月 1 日，在第 32 个"国际残疾人日"来临之际，新闻传播学类教学指导委员会秘书处支持、中国传媒大学与联合国教科文组织联合主办的"无障碍信息传播与人权保障"研讨会在北京召开。研讨会以"无障碍赋能残障人士：全球视角和国际经验"为主题，邀请来自中国、法国、蒙古国、马来西亚等十余个国家的代表，以现场或视频的形式参会，共同探讨提升社会的残障包容性、推进信息无障碍传播赋能残障人士的路径方法。

联合国教科文组织东亚地区办事处代表夏泽瀚，中国人权发展基金会副理事长兼秘书长左锋，中国残联党组成员、副理事长尤亮，中国传媒大学党委书记、无障碍信息传播研究院名誉院长廖祥忠出席活动并致辞。来自联合国教科文组织、中国科学技术信息研究所、中国人民大学、宁波诺丁汉大学等国内外相关机构的十位专家学者参与研讨并进行主题发言。

基于研讨会上提出的一系列无障碍意识培养及技术应用实践的具体情况，会议旨在进一步提升社会对于新闻传播事业包容性的认识，促进无障碍报道的发展，在新闻传播教学中，通过引导学生关注社会弱势群体、报道社会公正问题等方式，培养学生的同情心和正义感，使他们成为具有社会责任感的新闻传播人才。研讨会通过搭建国际交流合作平台，凝聚国际智慧，展示无障碍信息传播领域的中国之治，为建设"平等、融合、共享"的数字包容社会贡献力量。

2.3.2.6　推动优质教学资源共享，助力高等教育普及化

为促进各全国新闻传播院系交流，共享优质教学资源，教指委大力建设面向各高校新闻传播院系建立的微信群，维护全国 719 所设有新闻传播学类专业的院校和 1392 个专业教学点的负责教师联络平台，不断完善电子邮箱和电话通讯录，通过数字化、网络化方式，在全国范围内推广各类教育教学资源，有效辐射到西部地区高校和民族院校。

2023 年 3 月，为深入贯彻落实党中央关于新时代振兴中西部高等教育的决策部署，促进优质教学资源共享，教指委发起"春日信笺"赠书活动，赠送《第 32 届中国新闻奖获奖作品新媒体展示手册》，共收录了 376 件彰显"四力"的优秀新闻作品。

2023 年 4 月，由中宣部《党建》杂志社和中国传媒大学联合出品的"鲜花献英烈"融媒体交互产品上线党建网微平台，运用融媒体技术，以云上献花的形式缅怀英雄先烈，通过微信群、电子邮件和短信形式，邀请各所院校师生网络云献花，创新课程思政教育和爱国主义教育。

此外，借助数字化方式，教指委通过多元渠道、多维路径广泛传播"中国新闻传播大讲堂"启动仪式、视频课程等资源，知识资源覆盖全国新闻传播专业学生、新闻从业人员和高校其他专业学生。

（教育部高等学校新闻传播学类专业教学指导委员会秘书处）

2.3.3　全国新闻与传播专业学位研究生教育指导委员会

2023 年，新闻与传播专业学位研究生教育指导委员会在中宣部、国务院学位办、教育部等有关部门的有力指导下，在复旦大学和各学位授予单位的支持下，在教指委主任委员领导下、副主任委员指导下以及各位委员通力合作下，认真开展工作，同时结合新闻与传播专业学位研究生教育实际，召开线下全体会议，高质量推进学位授权点专项

核验工作、在线示范课程建设、学位论文基本要求及评价指标体系研制、学位及学位论文基本要求编制、优秀教学案例建设、精品课程建设等重点任务。

第一，2023年6月29日，全国新闻与传播专业学位研究生教育指导委员会在复旦大学召开全体会议。会议认真落实党中央关于新闻舆论工作、研究生教育工作的决策部署，研究谋划全国新闻与传播专业学位研究生教育指导委员会2023年及今后一个时期的重点任务。

第二，根据《国务院学位委员会 教育部关于开展2023年学位授权点专项核验工作的通知》（学位〔2023〕22号）文件精神和要求，新闻与传播专业学位教指委组织实施了学位授权点专项核验工作。此次专项核验工作主要核验学位授权点是否达到并持续满足正在执行的学位授权点申请基本条件。专项核验工作经过方案设计、资料提交、通讯评议、召开工作会议并表决、反馈核验意见、异议处理、工作报告等工作程序与环节，已圆满完成工作目标。

第三，根据国务院学位办于2022年《关于开展专业学位研究生在线示范课程建设工作的通知》的工作要求，2023年度教指委持续开展专业学位类别的研究生在线示范课程建设工作。经过教指委会议研讨、课程推荐、课程委托、课程建设与课程提交等工作程序，教指委拟采取"6+4"的模式开展新闻与传播专业学位研究生在线示范课程建设。

第四，国务院学位办于2022年2月下发了《关于研究制定〈博士、硕士专业学位论文基本要求〉》的工作通知。本教指委于2022年4月启动此项工作，2023年继续推进这一工作。

第五，按照国务院学位办2022年12月下发的《关于开展研究生教育学科专业简介及其学位基本要求编写/修订工作的通知》要求，教指委第一时间启动了研制编写工作，召集相关教指委委员召开线上会议，学习国务院学位办通知要求，全面、准确把握文件精神，研讨编写框架，确定分工，布置编写工作。编写组在展开充分调研的基础上，形成《新闻与传播专业学位硕士简介及学位基本要求》初稿，并将初稿邮件发给各位教指委委员征求修改意见。下一步，教指委将继续按照上级部门要求高质量推进这项工作。

第六，2021年12月31日，全国新闻与传播专业学位研究生教育指导委员会发布了"关于第二届全国新闻与传播专业学位优秀教学案例评选活动的通知"，因疫情原因，此次评选工作自2023年3月正式启动，6月完成评选。此次案例共征集到40个新闻与传播专业学位授权点的95个案例，报送案例中涵盖多个新闻传播专业领域，类型丰富且主题广泛。

第七，2023 年新闻与传播专业学位研究生教指委开展了联系人工作制度建设，以教指委委员会议文件印发、专项核验工作等具体的工作为依托，教指委秘书处牵头开展全国新闻与传播专业学位研究生教育学位授权点联络工作，目前已有超过半数的学位授权点加入。

（全国新闻与传播专业学位研究生教育指导委员会秘书处）

3. 教育者篇

3.1 院长论衡

3.1.1 王仕勇：致敬历史 筑梦未来

我到广西大学工作的第一天，就找老朋友王辉副院长要了一本《广西大学新闻与传播学院院志》。翻阅院志，我感受到广西大学新闻与传播学院的厚重历史，也感受到肩上沉甸甸的责任。

历史，是一串串坚实的足迹。意味着过去，意味着财富，也意味着基因。致敬历史，是为了致敬所有为现在奠定基础、努力开拓奉献的先行者，为了学习传承，也为了寻求启迪与激励以更好前行。

3.1.1.1 致敬历史，传承西大新传"守正出新，求真传美"精神

在院志里，我看到了"广西大学新闻专业首届工农兵学院毕业留影"（1972）、全国恢复高考后广西大学首届新闻本科生毕业合影、1984 年虞达文老师参加中国新闻教育学会成立大会合影、1984 年虞达文老师获全国优秀新闻工作者称号在全国优秀新闻工作者表彰大会上受中央领导接见合影、1988 年广西大学新闻系承办全国高等学校新闻教改座谈会留影……

从 1972 年广西大学开设新闻专业至今，广西大学新闻教育已经走过了 52 个春秋。这 52 年，是中国新闻传播事业迅猛发展的时期。1972 年在中文系设立新闻写作教研室，是当时全国招收新闻学本科生的 4 所院校之一；1986 年获新闻学硕士学位授予权，当时全国只有 5 个新闻学硕士点；2008 年单独成立新闻传播学院；2018 年更名为新闻与传播学院。从专业、系再到学院，西大新闻人忠诚于党的教育事业，顺应时代发展对人才的需要，扎根八桂大地，为社会培养本科生和研究生 1.1 万余人。

学院不断发展，不断创新，虽有遭遇挫折的苦涩，但更有获得成功的喜悦。学院现设有新闻学、广播电视新闻学、广告学、播音与主持艺术4个本科专业，其中新闻学、播音与主持艺术是国家一流专业，广播电视新闻学、广告学是自治区一流专业；有新闻传播学一级学科硕士学位授予权、新闻与传播硕士专业学位硕士点，在马克思主义新闻观方向招收博士研究生。学院是教育部第二批"三全育人"综合改革试点院（系），是自治区党委宣传部与广西大学部校共建的学院，也是新闻出版署西南地区人才培养基地、广西新闻出版与文化产业发展研究基地、中国东盟文化产业（传媒）人才培养基地、广西马克思主义新闻观研究与实践基地等，在马克思主义新闻观研究、东盟国际传播、民族文化融合与传播、气候与健康传播等领域形成鲜明特色。

52年来，西大新闻人励精图治，艰苦创业，按照"守正出新，求真传美"的院训精神，教师做到"志高、心静、学深、业精"，学生做到"铸魂、励志、厚学、重习"，坚持立足广西、服务全国、辐射东盟、面向世界，培养了一大批具有社会责任感、创新精神、实践能力、法治意识和国际视野的"五有领军型"卓越新闻传播人才，为中国新闻教育事业和中国新闻事业发展作出了积极贡献。

3.1.1.2　筑梦未来，把学院建设成具有南疆地域特色的新闻传播人才培养重要阵地

致敬历史是为了更好地担负责任和开拓创新。这是一个飞速发展的时代，也是一个特别容易落后甚至丢失自己的时代；这是一个充满各种机遇的时代，也是一个面临更多风险和挑战的时代；这是一个世界互联走向共享的时代，也是一个需要沉心静气面对喧嚣与浮躁的时代。新闻传播学科用了很多术语来指称这个时代，比如后新闻传播时代、大数据时代、智媒时代、算法时代、媒体融合时代、全媒体时代、后真相时代……从专业机构媒体主导到"新媒体生态系统"，从聚焦生产到关注分发与传播，媒介技术革命正在深刻影响我们的生活。作为新闻与传播学院，我们必须回答：新闻传播学科在这个时代的使命和价值是什么？新闻学科的支撑作用如何发挥？我们应该培养什么样的人才？

专心致志培育人才。新闻传播教育，首先是人文社科教育。新闻传播学聚焦社会系统中人的新闻传播活动与社会之间的关系，兼具人文学科与社会学科属性，有着特定的"人文价值因素"。新闻传播学院的学生应该有远大理想，有坚定信念，有责任担当精神和人文价值情怀。能保持对真实、客观的追求，勇于发现真相和探究真理，用人文、社会、历史等知识，在工作中实现"监视环境、守望社会"的功能。学新闻，应讲骨气和良知，应讲知行合一。广西大学校内有一片试验田，农学院的老师和学生在那里种植水稻和玉米等各种作物，这样的校园很接地气。我们需要教育学生铭记自己的初心与追

求，始终铭记一句话，"万丈高楼平地起"，远大的理想需要脚踏实地。新闻学具有极强的应用属性与实践属性，脱离了实践性既无法触及新闻学科的知识前沿，也无法发现问题发展新闻学理论和推动新闻实践。近年来，学院组织学生到延安、百色等地开展"红色新闻溯源"活动，建起了全国高校第一个"马克思主义新闻观书屋"，举办了全区新闻院校马克思主义新闻观知识竞赛，学生社会实践连续五年获国家、自治区实践育人表彰。在"互联网+"大赛、挑战杯等赛事中，获国家级金奖 2 项、银奖 4 项、铜奖 5 项、省部级金奖 18 项。我们必须重视面向世界格局调整、中国特色社会主义进入新时代和传媒技术变革的新闻学实践体系，切实反对轻实践的"书斋"教育和纸上谈兵的新闻教育。

沉心静气建好学科。"哲学社会科学是人们认识世界、改造世界的重要工具，是推动历史发展和社会进步的重要力量。"中国式现代化的五大特征，要求新闻学学科建设必须以中国道路、制度、文化等政治经济体制为基础，在新闻史、新闻理论、新闻业务等新闻学知识体系上，凸显社会主义新闻学的特色。学院发挥广西地处边疆、南向大海、毗邻东盟，以及有 11 个世居少数民族的地缘优势及其民族特色，构建起"一院四中心"的学科专业布局。学院组织召开了马克思诞辰 200 周年新闻学术研讨会、列宁诞辰 150 周年新闻思想网上笔会、恩格斯诞辰 200 周年新闻学术研讨会、中国共产党百年新闻思想与新闻实践学术研讨会、中国—东盟传媒与新闻传播教育国际研讨会暨中国—东盟新闻与传播学院院长（系主任）论坛、民族新闻与文化传播创新研讨会暨民族地区新闻与传播学院院长会议、中国气候传播研究十年暨气候与健康传播研讨会等重要学术活动。我们要明确学科发展目标和重点方向，建好学科团队，自觉服务东盟国际传播、祖国南疆意识形态安全、教育强国和文化强国等重大战略，立足广西、辐射西部、服务全国、面向东盟，把学院建设成为具有南疆地域特色的马克思主义新闻观、东盟传播、民族文化融合与传播人才培养的重要阵地。

行稳致远勇担重任。新闻学的本质特征在于其及时提供事实，建构社会发展改革的坚实信息基石。这是新闻学科对其他社会学科的基础性支撑作用。新闻学是致力于研究发现、选择和传播事实建构社会的理论，如果理论发展不能对其他学科提供坚实基础，不能指导社会实践，其支撑作用则难以发挥。要行稳致远，必须紧跟时代步伐，必须推陈出新，自觉服务社会。随着物联网、大数据、云计算等科学技术的进步，新闻传播形态、环境和方式等都在发生深刻变化，我们必须主动关注新技术对人的社会生活的影响，关注现在和未来的新技术发展及其带来的新的社会景观和社会需求，把握信息、知识、媒介的融合趋势。中国式现代化，要求为世界各国发展提供的中国智慧与中国方案，极具中国特色，又有世界意义。中国特色新闻学，要求我们有文化自信，更好传播中国声音，同时也要求我们坚持个性与共性、特殊与一般的结合，遵循新闻本身的特点和规律，以世界视角反观自身，打造能被国际社会理解和接受的新概念和新表述。广西属于民族、边疆地区，在强国战略中地位特殊，急需卓越新闻传播领域人才；广西作为我国少数民族人口最多的自治区、革命老区、边疆地区，建设铸牢中华民族共同体意识示范区和筑牢祖国南疆意识形态安全屏障，急需高层次马新观和民族文化融合与传播研究人才；广西是中国—东盟开放合作的前沿和窗口，在深化中国与东盟国家（重点是越南）交流合作方面具有不可替代的地位和作用，提升面向东盟的传播效能，急需专业国际传播人才。这些，需要我们自觉承担责任和使命。

广西大学的校训是"勤恳朴诚、厚学致新"，"勤"是勤奋、认真，"恳"是真挚、恳切。"朴诚"，要求有实事求是的精神，严谨勤奋的治学态度。"厚学"既指有广博的知识和学问，又指崇尚知识，博采众长，且有兼容并蓄，融贯古今与中西的要求。"致新"就是努力创新，与时俱进。广西大学是广西新闻高等教育最早的学校，在办学历史、办学层次、办学质量、学术水平及社会影响力等方面，都积淀了很好的基础。我们要好好把握"中华民族发展的最好时代"和"实现中华民族伟大复兴的最关键时代"的际遇和机缘，做新闻传播教育的奋斗者和实干家，致敬历史，筑梦未来，有效服务面向东盟国际传播、铸牢中华民族共同体意识、维护边疆民族地区意识形态安全等国家重大战略需求，自觉担当新时代的新使命。

（广西大学新闻与传播学院　王仕勇）

3.1.2　殷俊：做特色新闻教育的探路者

重庆工商大学文学与新闻学院有 46 年办学历史，现有 5 个本科专业、2 个一级学科和 2 个新闻传播学硕士授权点（学专各 1），正在建设传媒经济二级博士点，形成了全媒体传播与主流媒体影响力、网络社会治理与舆论引导、文化传播与国家形象塑造等特色方向。新闻传播学是"十二五""十三五""十四五"重庆市重点学科，在重庆市"十二五""十三五"重点学科终期评估中获"优秀"等级。作为市级校媒共建学院，拥有全国马克思主义新闻观教育实践基地、中国新闻史学会传媒教育实践基地、重庆市人文社会科学普及基地、重庆市网络舆情中心、重庆市网络文学传播研究院、重庆市戏剧文化传播研究院、重庆市社会科学大数据中心等国家级、省部级基地平台，从 2024 年起成为中国记协教研机构和中国新闻奖直推直报单位。

3.1.2.1　连接时代：一生挚爱新闻传播事业

18 年来，作为教育部马工程重点教材主要编委和核心成员、教育部本科教育教学评估专家、教育部新闻传播学科评估专家、重庆市新闻传播学术技术带头人和校新闻学科实际负责人，一直参与或支持新闻传播学科发展：2006 年任文学与新闻学院院长助理、党委书记助理；2007 年起，联合重庆广播电视集团、重庆日报报业集团创建集融合教学、实训于一体的长江传媒学院并任首位执行院长；2012 年起，任艺术学院、现代国际设计学院两院院长；2023 年 1 月 5 日起回归文学与新闻学院任院长。可以说，我与新闻传播学科始终紧密联结在一起。

与新闻结缘的一生，学新闻、管新闻、做新闻、教新闻，形成一个循环开放的结构。学新闻，在四川大学完成新闻本硕博学习是一位"川三甲"；管新闻，从地方媒体到中央媒体，从中宣部新闻局到地方宣传部门任职，还作为重庆市新闻传播学术技术带头人入选教育部、中宣部"双千计划"，在央视总台、华龙网、报业集团、广电集团等多部门多岗位挂职工作；做新闻，从采写编评到节目制片，从传播运营到营销管理，与媒体共建 10 多家重庆市研究生联培基地，2024 年联合腾讯、重庆广电创建 AIGC 人才联培基地，深入推进全国马克思主义新闻观教育基地"范长江展览馆"建设；教新闻，多个专业获批重庆市"三特行动计划"特色专业和一流本科专业，高度重视国家级教材体系建设，担任教育部马工程教材和中国自主知识体系新闻学系列教材《新闻评论》专家组成员，参与主体编撰工作。获得十几个教学大奖，如重庆市教学成果奖一等奖、2024 年新获重庆市高校教师教学创新大赛正高组二等奖等。始终秉持着大传播、全媒体的办学理念，以产教融合、媒体一体化为办学重点，坚持产教学研一体化的思路，探索建立传媒理论与传媒实战融为一体的教学科研体系。从学新闻到管新闻，再到做新闻、教新闻，承四川大学邱沛篁、蒋晓丽、吴建和浙江大学李杰等几位大先生恩泽，始终将其谆谆教诲践行在新闻传播教育这条大道上。

3.1.2.2 立足时代：全面推进全媒体传播学院

不断革新教育教学形式与人才培养模式，构建与行业双向互动、立体多维的全媒化复合型专家型新闻传播人才培养体系。

以携手重庆广电集团重庆日报报业集团 17 年风雨同舟校媒共建为契机，全面建设全媒体传播现代产业学院。自 2007 年重庆工商大学与重庆广播电视集团重庆日报报业集团共建长江传媒学院以来，以现代化产业学院为契机共建演播室及配套设施，打造了传媒发展中心：拥有 500 平方米高清标准演播室、1000 平方米专业级编辑机房、影片制作室、录音室、审片室等，是中国新闻史学会传媒教育实践基地。作为产业示范平台和产业集聚平台，实现了产业环境在校内的聚集和生产，践行"以用带学、以用促学、学用结合"的教育办学理念。通过"3+38+N"模式把校内外教育教学和行业资源融合起来，以学界业界融通为导向进行跨界共建，建立更加常态化的人才教育教学机制。把课堂建在实践中，实现课堂和移动课堂向实践的延伸，让业务学习、实习实践和产业深度融合，推动实践平台的构建，积极加强产学研互动，进一步推动全媒体传播体系建设，打造全媒体传播现代产业学院，把行业企业的用人需求与学校教育人才培养目标融合起来，将整个教育教学体系和环节放到现代产业体系发展当中去，培养一批适应国家、社会、行业需要的高素质新闻传播人才。通过全媒体传播现代产业学院实现知识、资源的共享、整合、创造与转化，以此来解决产教共同育人、产教融合发展的协同难题。以产业学院新模式新场景新格局推动学科升级、产业升级，形成遵循新闻传播规律和人才成长规律的全媒化复合型新闻传播人才培养体系。

3.1.2.3　着眼未来：构建特色化新闻育人体系

着力发展中国记协教研机构，推动与范长江展览馆建设走深走实，打造大中小学思政教育一体化平台。作为中国记协教研机构和中国新闻奖直推直报单位，已拥有 7 名中国新闻奖评委和 19 名国家顶级赛事评委。在全媒体传播体系中，图文、音视频主宰的版式渐成过往，UI 网页设计、XR、H5 等可供互动的新形式不断迭代。着力发展中国记协教研机构，从根源上打破在学界与业界的鸿沟，携手业界、沟通学界，以国家最高质量新闻作品为标杆，革新人才培养模式，为师生提供全链条、全环节的纵深化实践方式，以高质量建设联动业界发展，激活内外资源，形成中国新闻传播事业发展合力，推动我国新闻传播学科自主知识体系建设。重视历史、研究历史、借鉴历史，在新时代建设中国特色社会主义人文学科。建构具有中国特色的学术理论体系，认清并立足于中国国情，探寻理论文化根源非常重要。范长江文化闪耀着马克思主义新闻观，是新时代讲好"大思政课"的重大载体。"范长江展览馆"以具象化载体生动展现了马克思主义新闻观蕴藏在红色新闻中"活"的灵魂。作为全国新闻战线党史教育实践基地、马克思主义新闻观教育培训基地、全国新闻战线"走转改"活动基地、全国新闻战线"三项学习教育"活动基地、重庆新闻战线党史教育基地，以数字化深化场馆建设，实现新时代媒介与新闻传播教育的结合与勾连，切实推动范长江展览馆发展，打造全国思政教育一体化教学平台，通过马克思主义新闻观智能体验式教育，以范长江文化引导新一代新闻传播人才主动传承红色基因，赓续红色血脉，形成红色资源赋能新传学科、大中小学思政一体化发展的崭新格局。

强化特色化建设，建设新闻传播学一级博士授权点。好的大学没有围墙，好的人才培养模式也存在共通之处。在我们秉持着谦逊态度，坚持目标导向，积极对标国内一流学科建设点，深入理解学科评价指标体系的内涵和国内重点建设高校的育人精髓，发挥该院学科建设与人才培养的优势，补齐该院建设存在的不足之处。秉承着开放格局，持续深耕学术研究，建设具有标志性的重大教学成果，有针对性地重点打造提升全国特色传媒教育品牌；打造代表性科研成果、文化传承成果，以网络舆情引导和社会科学普及为载体，凝练更多服务国家和区域经济社会文化发展的重大资政成果建设，全力建设新闻传播学一级博士学位授权点。始终坚持问题导向，虚心学习兄弟院校在人才培养、学科建设、师资队伍、教学科研等多项重点工作的经验做法；不断汲取兄弟院校的先进建设经验，进一步结合西部大开发、成渝双城经济圈国家战略发展，结合重庆市委市政府重大部署，强化科研导向、教育导向、实践导向，紧扣经济社会文化发展之需；作为特色新闻教育的探路者，进一步凝练特色化办学方向，全力建设全媒化复合型专家型新闻传播人才培养体系，为推动新闻传播学科迈上新征程、开启新篇章贡献绵薄之力。

（重庆工商大学文学与新闻学院　殷俊）

3.1.3　万忆：建设具有"实践导向、师范特色"的新闻传播学科

久有凌云志，重上桂子山。1992 年，为了武汉高校间一个美丽的传说，我曾有一次行色匆匆的桂子山之旅，结局自然是徒增"少年维特之烦恼"。没曾想，我与桂子山的这一别，转瞬便是整整 30 年！2022 年 11 月，我有幸再次登上美丽的桂子山。这一次，我是肩负学科建设重任，来到华中师范大学担任新闻传播学院院长。

在此之前，我虽然有 16 年的新闻传播业界和 12 年的新闻传播学界工作经历，但是，对于学科建设，我除了领衔申报过新闻与传播专业硕士点和广播电视国家一流本科专业，就再无过多经验了。面对一个 4 年没有院长、学科建设问题较多的陌生学院，我在广泛听取领导、专家和同事们意见的基础上，确定了"尊重现实、凝炼方向、纵深推进"的三步走发展战略，力图建设具有"实践导向、师范特色"的华中师范大学新闻传播学科。

3.1.3.1　巩固和发扬"实践导向"的教学特色

华中师范大学的新闻传播教育历史底蕴深厚。在这里，著名校友、无产阶级革命家恽代英 1920 年创办了利群书社传播新思想；"中共第一报人"潘梓年曾任学校前身中原大学校长；原中原局宣传部副部长陈克寒曾任中原大学新闻系主任；原新华总社社长熊复、副社长李普等先后在学校任教……1950 年，华中大学新闻组成立，在华中地区首次有系统、成建制地开展了马克思主义新闻观教育。1994 年，华中师范大学恢复新闻传播教育，1995 年，设新闻传播系于文学院，开始本科层次的新闻传播教育。2013 年 6

月，学校决定以原新闻传播系为基础，成立新闻传播学院。华中师范大学新闻传播学科现为湖北省一级重点学科。

华中师范大学新闻传播学院现有新闻学、广播电视学（视听传播）、传播学（网络与新媒体方向）、播音主持艺术四个本科专业，新闻学专业是国家一流本科专业。"新闻采访理论与实践"课程入选国家级一流本科课程建设名单、"媒介伦理与法规"课程入选国家级精品在线课程建设名单。学院拥有新闻传播学一级硕士学位授权点和新闻与传播硕士专业学位授予点，依托文学院自建"文化传播学"二级博士点，与人工智能教学部共建科学传播硕士点。学院院训"昭德明理，立言树人"，由人民日报社原社长邵华泽先生亲笔题写。2017年学院获批"湖北省新闻传播卓越人才培养基地"。2019年，学院获选湖北省"省部共建新闻传播学院"单位。

重视实践教学是桂子山新闻教育的传统，但原来的特色仅限于培养学生"采写编评播"新闻技能的战术层面。我到任以后，首先从战略思路上厘清了人才培养的"实践特色"，即：我们究竟要培养什么样的新闻人？按照习近平总书记对新时代新闻传播工作"讲好中国故事，传播中国声音"的总要求，我们明确提出：要以讲好中国故事为立足点，注重训练学生新闻专业技能，培养具有卓越新闻生产能力的创新型全媒体人才；要以有效引导舆论为落脚点，注重训练学生传播技术与学术能力，培养具有敏锐观察力的网络舆论引导人才；要以传播中国声音为出发点，注重同步训练学生外语能力，培养具有国际视野的复合型对外传播人才。

为了完成人才培养目标，我们引育结合，精心打造了结构合理、特色鲜明、实践经验丰富的师资队伍。学院现有专任教师42人，高级职称人数占比超过70%，拥有全国文化名家暨宣传文化系统"四个一批"人才、全国新闻出版行业领军人才、享受国务院特殊津贴专家、全国广播影视系统先进工作者等国家级业界精英。实践性强，理论与实践相结合，是该院师资队伍的鲜明特点——专任教师中曾经拥有媒体一线工作经验的高达35%，学院现职教师曾三次获得中国新闻奖一等奖，多次获得中国新闻奖二、三等奖，中国广播电视新闻奖一等奖、中国广播影视大奖和省级新闻奖一、二、三等奖，这在全国高校中都是名列前茅的。我们还引进了外籍副教授、海归博士，以保障对学生国际传播和文明交流互鉴能力的培养。

坚持以实践为导向的教学特色取得了人才培养的显著成效。近3年，学院在校本科生以第二署名获"中国新闻奖"一等奖1项；研究生以第二署名（导师第一署名）在新闻传播学权威期刊发表论文4篇，其中《新闻与传播研究》2篇；学生科研团队获大学生"挑战杯"、计算机设计大赛全国一等奖2项，"大广赛"全国二等奖3项。特别是大四学生赵心瑜以第二作者身份采制的通讯作品《痛心！协和专家：在兴趣班学的这个动作已致 1000 多名中国孩子瘫痪》荣获第 33 届中国新闻奖一等奖，充分展示了该院在校生专业实践取得的重大突破，这也是学院长期以来坚持实践育人取得的标志性成果。2023年，《人民日报》和《中国教育报》分别对人才培养工作进行了专题报道，赵心瑜同学也作为 100 名全国优秀本科生代表之一登上了《人民日报》的版面。

3.1.3.2 突出"全媒体舆论引导"的研究特色

科研方面，华中师范大学新闻传播学科承续学校深厚的人文底蕴，依托学校强大的新文科建设实力，原有科研能力在武汉地区有较大影响，科研团队总体来看比较年轻、充满活力。但是，长期以来，由于学院层面的科研组织工作有所缺失，也存在科研人员单兵作战，科研方向不够凝炼，科研成果较为零散的问题。我到任后，在承认并接受现实的基础上，结合自身研究专长，组建了"全球传播与舆情治理研究中心"，坚持聚焦"全媒体新闻生产"和"网络舆论引导"两个研究领域，形成了新闻传播学与人文艺术学、社会心理学、国际政治学、计算机科学的多学科交叉研究特色，近 3 年承担国家社科重大转重点、国家社科重点、国家自科等 20 多项重要科研项目。

"全媒体新闻生产"研究领域，研究团队在"中国新闻史""新媒体理论与实务""影视传播""中国边疆省区国际传播能力建设"，以及"大众及数字出版""版权贸易与跨文化传播"等方面颇有建树。团队拥有国家"万人计划"领军人才、中宣部"四个一批"人才、国务院特殊津贴专家、中宣部瞭望工作室首席专家和新闻出版领军人才；近 3 年主持国家社科基金项目 6 项，其中重大转重点项目 1 项；新闻业务与研究成果曾获中国新闻奖一等奖、国家科技进步二等奖、教育部和省级社科成果奖，研究报告曾获总书记批示。

"网络舆论引导"研究领域，研究团队积极吸纳多学科人才加盟，共同推进国内外舆论引导理论的体系化建设，提高深度挖掘和智能处理网络舆情信息的效率，定期向上级主管单位通报涉华舆情要点，尽力拓展服务社会能力。团队首创"传媒预警"理论，重点关注重大突发性事件舆论的生成机制及引导策略。团队形成了传播学与社会学、政治学、管理学、计算机科学等多学科交叉的研究特色，建设完成国内首个"突发事件与传媒预警"数据库；近 3 年主持国家社科基金项目 7 项；研究报告曾获总书记及多位副总理批示，研究成果获国家级、省市级社科成果奖。

有组织的科研产出了高质量的科研成果。仅 2023 年 1 月至 2024 年 4 月，学院科研团队一项成果获教育部社科成果三等奖；在新闻传播学权威期刊《新闻与传播研究》发表论文 3 篇，在权威报纸《光明日报》发表 2000 字以上调研报告 1 篇，在 SSCI（Q1）、SCI（Q2）期刊发表论文 3 篇，其中一篇为 TOP 期刊，在国家社科基金资助类期刊发表论文 3 篇，在 CSSCI 来源期刊发表论文多篇；新增国家社科基金项目 2 项，省部级项目 3

项，新增科研经费超过 350 万元。2023 年，在最新的软科"中国最好学科——新闻传播学"排名前 30%，位列尚无一级学科博士点高校的第一方阵。

3.1.3.3 纵深推进"青少年引领"的师范特色

华中师范大学是国家重点建设的教育部直属师范类大学，立志于打造"教师教育领先的世界一流大学"。华中师范大学也是中国共产党青年宣传工作的发源地之一。今后，我们将在新闻传播教学科研中突出师范类高校的"教育"特色和桂子山的"青年"特征，纵深推进以"青少年政治引领"为内容和目标的华中师范大学新闻传播教学科研工作再上新台阶。

教学方面，我们将围绕各学历层次人才的培养任务打造国家和省级一流课程，培养造就适应媒体深度融合和行业创新发展，能够讲好中国故事、传播中国声音的各层次新闻传播研究与实务人才。我们还将进一步加强思政教育，努力落实习近平总书记"培养有家国情怀、有全球视野、有专业本领的复合型人才"的指示精神，支持学生充分利用院内外资源，开展政治学习和社会实践，引导学生树立正确的政治方向、价值取向和学术导向，在研究与实务工作中强化学生"熟悉党和国家方针政策、了解中国国情、精通新闻业务"的知识储备与能力训练，为党和国家培养多层次的新闻传播人才。

科研方面，我们将围绕国家战略提升科研工作水平，围绕社会需求提升科研服务能力，充分利用科研平台发挥决策咨询作用。具体来说，我们将整合现有科研资源，依托华中师范大学青少年网络心理与行为教育部重点实验室、国家数字化学习工程技术中心、大数据应用国家工程实验室和国家语委网络媒体中心，打造"青年政治引领"创新研究团队，在深入研究阐释习近平总书记有关"宣传思想文化工作"和"青少年思想政治工作"重要论述的基础上，从"舆论引导""文化浸润""生活养成"三个层面展开对"新时代青年政治引领"的深入研究，为党的事业后继有人，为实现中华民族伟大复兴的中国梦，作出新闻传播学人应有的贡献。

（华中师范大学新闻传播学院　万忆）

3.1.4 彭焕萍：奋力谱写新闻传播学院新篇章

河北大学新闻学专业始建于 1981 年，1982 年招收了第一届本科生。十年后的 1991 年，我考入河北大学中文系新闻学专业。1995 年，恰逢我们这一届学生迎来毕业之际，新闻传播学系正式成立，我们的大学毕业证也正式印上了"新闻传播学系新闻学专业"的字样。

大学毕业当年，我作为河北大学新闻传播学系第一个推免研究生进入四川大学攻读硕士学位，并在 1998 年学成之后回母校任教，从此一路见证和参与了新闻传播学院专业和学科的稳步发展。1998 年，获批新闻学二级学科硕士学位授予权；2000 年，成立了新闻传播学院；2006 年，获批新闻传播学一级学科硕士学位授予权；2007 年，新闻学专业成为首批国家级特色专业；2010 年，获批新闻传播学一级学科博士学位授予权以及新闻与传播、出版两个专业硕士学位授予权；2019—2022 年，新闻学、广告学、编辑出版学、播音与主持艺术四个本科专业先后入选国家级一流本科专业建设点，广播电视学专业入选河北省一流本科专业建设点，实现了一流专业全覆盖；2023 年，我们又成功获批了新闻传播学博士后科研流动站，同时还被教育部发展规划司确定为河北省的优先发展学科。

作为学院和学科建设的积极参与者，我自己也在新闻传播学院的突飞猛进中得到了快速成长：2007 年获得博士学位，2010 年晋升教授职称，2013 年担任主管本科教学工作的副院长。2023 年 11 月 16 日下午，河北大学党委常委、副校长徐建民、组织部副处级组织员赵莲到学院宣布了对我的院长任命。作为河北大学新闻传播学院成立以来的第三任院长，怎样推动学院的可持续发展？怎样引领学院迈向新的辉煌？如何围绕人才培养、科学研究、社会服务、文化传承创新以及国际交流合作等高校基本职能创造性地开展工作？一系列问题萦绕在我的心头。对这些问题的深入思考，使我深感前两任院长白贵教授、韩立新教授的殚精竭虑，深感学院前身——新闻传播学系主任吴庚振教授的筚路蓝缕，也深感自己肩上责任和使命的重大。

3.1.4.1　立德树人是根本：强化思想引领和价值塑造，加强师资队伍建设

高校的首要任务是立德树人，而立德树人的关键一环是师资队伍建设和师德师风建设。师德兴则教育兴，一个风清气正、自尊自强的教师团队是实现立德树人使命的根本。学院教师多年来坚守初心，立德树人，先后有 20 余位教师获得教学名师、师德先进个人、"三育人"先进教职工等称号。其中，田建平教授荣获"方汉奇奖"；白贵、韩立新获得宝钢教育奖优秀教师奖；新闻学教学团队获评河北省优秀教学团队；杜浩教授的文化创意产业研究团队被评为"李保国式科技服务团队"；韩立新、彭焕萍、李亚虹入选河北大学毓秀名师。

但另外一组数据和多年来学院人才引进的实际情况，也显示了目前师资队伍建设存在的新问题：河北大学新闻传播学院现有专任教师 71 人，其中教授 15 人，副教授 35 人，讲师 20 人，助理研究员 1 人，具有博士学位教师 48 人，硕士学位教师 23 人，学院教师平均年龄 45 岁。毗邻京津所形成的虹吸效应，使我们的人才引进计划常常难以

如愿，"情感留人"在现实面前显得苍白无力。现有的师资队伍明显年龄偏大，存在知识结构老化、职称结构断层等问题，加强师资队伍建设是实现学院发展规划首先要解决的问题。完善师资结构，提升教研队伍的新媒体教学能力，尤其是帮助现有教师队伍完成知识结构改造，将是未来师资队伍建设的重点工作。

第一，要根据完善学院师资结构、推动学科发展规划和科研团队建设的需要，锚定智能传播、版权保护等重点方向，有针对性地引进 15 名左右人才。同时我们还需要学会借用"外脑"弥补人才短板，通过加强与该领域顶尖高校及中央部委的协作，带动教师完成知识体系更新和科研能力的提升。

第二，采取系列措施优化现有师资队伍的数字化教学能力。要顺应时代发展变革的新要求，开展技术性课程师资的培养，在学院创建媒介技术教研室的基础上，支持专业教师参加新媒体传播技术与内容生产方面的培训，同时努力争取引入计算机、通信工程技术等不同学科背景的教师，为新时代卓越专业人才培养提供具有多学科背景的师资力量。学院在这方面已经进行了一些探索，聘请人民网舆情频道团队为学院教师进行舆情分析培训，从中国人民大学引入新媒体研究方法类课程。

第三，提升教师队伍国际化水平。学院现有师资队伍中，有过出国留学或访学经历的不到 10 人。随着中国日益走近世界舞台中央，加强国际传播能力建设、形成同我国综合国力和国际地位相匹配的国际话语权，已经成为中国社会各界的"必修课"。未来，学院要继续探索通过攻读学位、访学访问等方式推进师资队伍国际化建设。

第四，建立有效的激励机制。根据教师在新媒体教学和科研方面的成果，设立相应的奖励制度。对于在新媒体教学和科研方面取得突出成果的教师，给予适当的奖励和支持，比如，对于首开新媒体方向课程的教师予以开课奖励，拿出专项经费支持他们参与新媒体学术会议等。对于在新媒体科研方面取得重要成果的教师，可以给予科研成果奖。在职称晋升方面，同等条件下，向新媒体教学和科研方面表现优秀的教师适当倾斜，激励教师更加努力地提升自己的新媒体教学能力。

3.1.4.2 强科研以成其高：扎实推进学科建设，开展有组织的科研

学科建设水平和排名是衡量一个学院办学实力的关键。通过学科建设，一个学院可以形成自己的特色和优势方向，提高学院的知名度和影响力。在第四轮和第五轮学科评估中，河北大学新闻传播学科评级均为 B。看似稳定排名，却让人感到不进则退的压力。对于一个"双非"院校的新闻传播学科，想要保持和提升排名，面临着显而易见的困难。上一轮学科评估指标显示，本学科的"人才培养"和"社会服务"分别是 A- 和 A+，而"师资队伍和资源""科学研究"这两项均处于 B- 的水平，拉低了学科的整体水平。因

此整合教师团队力量，开展有组织的科研已成为提升学科实力的必然选择。

第一，做好学科建设规划，明确学科发展目标、重点方向和具体措施。制定科学的规划和实施方案，有助于引导教师们围绕学院的整体发展目标开展研究工作。经过反复论证，目前学院已经确定了中国共产党新闻史研究、太行山红色新闻文献研究、智能传播、数字治理等学科方向，也根据学科发展定位组建了中国共产党新闻史研究团队、数字传播与社会治理创新团队、战略传播与中国智慧创新团队、数字出版版权研究创新团队。如何在现有基础上推进科研发展和创新团队建设，是学院下一步工作的重点。

第二，激发学术团队内部和学术团队之间主动合作的意愿和积极性，在新文科建设背景下，鼓励教师们组建跨学科团队，进行交叉融合研究。通过团队合作，可以有效整合资源、共享知识，提高研究效率和创新能力，还可以促进学院学术氛围的形成，提升学院的学术水平和核心竞争力。鼓励各团队在艺术、教育、后期资助、思政、外译项目及交叉领域寻找新的科研增长点，力争在国家社科基金重大和重点项目上实现零的突破，国家社科基金一般项目和青年项目稳定在每年 3 项左右。

第三，为了保证学科建设的有序推进，学院还会加强对学科建设的过程管理，确保各项措施的有效实施。学院要逐步建立和制定科学合理的科研评价体系，鼓励教师积极参与科研工作，形成有组织的科研力量。评价体系在注重研究成果的质量和创新性的同时，也要关注团队的合作与贡献。通过评价体系的引导，可以促使教师们更加注重团队合作和科研的整合。通过组织重大和重点科研项目的申报，鼓励教师们联手进行科研攻关，形成具有创新性和实际应用价值的研究成果。

第四，引导科研成果转化成教学资源，反哺教学。这不仅有利于提高教学质量，促进学科建设，还能提升教师水平，服务社会发展。未来要引导学术团队成员将科研成果向教学进行转化和移植，通过编入教材、形成案例等方式将科研成果带入课堂。

3.1.4.3　模式探索与创新：探索"政产学研"协同育人，创新新闻传播人才培养模式

新闻传播学院自设立新闻学专业开始就一直关注人才培养模式的改革和探索。围绕人才培养模式改革，学院教师在近 5 年先后完成了相关省级教改课题 15 项，获得省级以上教学成果奖 3 项。2023 年，学院获批教育部产学合作协同育人项目 3 项。学院在"政产学研"四位一体的人才培养模式改革创新方面进行了积极探索，做到了学校人才培养、国家战略和地方经济发展、企业人才需求的有机配合，也奠定了继续推动人才培养模式改革的基础。

首先，知识的流通是国家创新系统所关注的重要主题。在国家创新体系中，政、学、研代表着创新过程中的各行为主体，而创新绩效在很大程度上取决于这些角色如何

联系起来成为一个知识创造和使用的集合体。新闻传播学院目前拥有 2 个国家级智库、2 个省级智库、3 个省级人文社科研究基地。这些智库和研究基地作为学、研方代表，从设立之初就把咨政建言作为重要任务，在服务"一带一路"倡议、雄安新区建设、脱贫攻坚等重要国家战略方面发挥了非常重要的作用，体现了政、学、研三大主体的有机协作。未来，我们将继续发挥智库和人文社科基地作用，理顺政、学、研三个主体之间的关系。

其次，服务地方经济和社会发展，做好产、学、研之间的沟通与协作。通过合作育人、合作创新平台的建设，各方可以更加紧密地联系在一起，共同开展科研项目、实践教学等活动。这种合作方式可以促进知识共享和资源整合，推动新闻传播行业的创新和发展。同时，这种合作方式还可以为学生提供更多的实践机会和就业资源，帮助他们更好地适应行业需求和发展趋势。

再次，通过"政产学研"协同搭建合作育人、合作创新平台，提升学生的创新思维和创新能力，创新和探索"课内+课外、课堂+田野、作业+工作坊、作品+产品、本专业+跨专业、学校+产业"的"多学科交叉、多层次培养、多形态实训、多边化能力融合、多节点产学研合作"的特色化新闻传播人才培养"+体系"。过去几年，我们积极推进实验和实习的项目化，通过实践学习和项目合作，学生可以接触到真实的新闻传播场景和问题，激发他们的创新思维和实践能力。同时，这种模式还可以为学生提供更多的实践指导和专业指导，帮助他们更好地掌握行业前沿技术和实践经验。

廓清学院未来发展思路，明确学院未来发展方向之后，接下来就是逐步落实，在摸索中实现创新发展。作为参与和见证河北大学新闻传播学院诞生和发展的一员，我愿意尽心竭力，克己奉公，为河北大学新闻学院的建设、为全国新闻传播学科的发展贡献绵薄之力。

（河北大学新闻传播学院　彭焕萍）

3.1.5　金玉萍：地方高校新闻传播学科建设的三对关系刍议

新疆大学新闻传播教育和研究肇始于改革开放后。1983 年，新疆大学创办新闻学专业并于同年开始招生，填补了新疆新闻教育的空白。2003 年 12 月，新疆大学新闻与传播学院成立，同年获批新疆第一个新闻学硕士点，办学实力实现质的突破。40 多年来，新疆大学先后创办新闻学、广播电视学、广告学、播音与主持艺术等本科专业，拥有新闻传播学一级学科硕士学位授予权及新闻与传播专业硕士学位授予权，新闻学专业和广告学专业获批国家级一流本科专业，成为新疆高层次新闻传播人才最重要的培养基地。

新闻传播学科具有很强的时代性和应用性。当前，随着媒介技术的不断发展，媒体融合的持续推进，传媒格局发生剧烈变化，再加上对媒介等元概念的反思与突破，对中国特色新闻传播学自主知识体系建构的强烈呼唤等，新闻传播学科既面临着大发展大革新的契机，也面临着人才培养、科学研究等方面的诸多挑战。作为地处西北边疆的一所高校，如何在大变局中明确学科发展方向和定位，如何克服人才引进困难、地理位置偏远等不利因素，发挥好独特的区位优势、师资结构优势等有利条件，从而凸显学科特色，是我们思考的重要问题。新闻传播学科的发展要把人才培养作为根本，强化科学研究特色，提高社会服务能力，从而体现发展优势，形成自己的学科特色。对于地方性院系，我认为需要注意处理好三对关系。

3.1.5.1 在人才培养上，处理好立足地方和服务全国面向国际的关系

人才培养是一个系统工程，涵盖教育理念、主客体、培养模式、途径、目标、机制等多种要素。培养什么样的人、如何培养人以及为谁培养人是高等教育首先要回答的问题。作为地处边疆的双一流建设高校和部区合建高校，在讨论人才培养这一问题时，需要从人才就业面向的区域出发，重塑教育理念，审视培养方案、课程体系等的制定与实施。以立足新疆，面向全国，辐射中亚国家确立人才培养定位，依据新疆大学努力建成丝绸之路经济带上特色鲜明的综合性研究型一流大学的发展战略，培养有爱国爱疆情怀，具有国际视野，拥护新时代党的治疆方略的高层次人才。

立足地方，体现在人才培养上要强化家国情怀教育，用胡杨精神育人，教育引导学生为兴疆固边服务。在教育教学中强化全员育人、全程育人、全方位育人，健全大思政育人格局，将铸牢中华民族共同体意识、国情教育等融入育人全过程，坚持践行"胡杨精神"；在实习实践中依托地方性媒体和企事业单位，深化学生对区情的认识；在创新项目和科学研究中引导学生关注前沿和现实问题；鼓励学生扎根边疆、服务基层，到祖国最需要的地方去，为兴疆固边服务。

服务全国，体现在人才培养上要坚持立德树人，守正创新。立德树人就要将马克思主义新闻观教育、课程思政、社会实践贯穿育人全过程，把价值塑造和思想引领融入教育教学，筑牢学生的思想之基。守正创新，要将新文科建设理念、全媒体人才培养理念等融入人才培养各环节，保证培养方案的前沿性，积极回应社会需求。新文科建设的理念精髓是面向时代、价值重塑、跨界融通与技术赋能。我们将这些理念有机融入新闻传播学专业建设，以新文科建设的"三大抓手"——专业优化、课程提质、模式创新为重点展开培养方案的修订。同时，根据社会需求和传媒行业发展趋势，提出全媒体人才培

养应坚持价值塑造、能力培养和思维革新三位一体的教育理念。"价值塑造"着重加强学生的马克思主义新闻观教育和新闻职业情怀教育,培养合格的社会主义建设者和接班人;"能力培养"着重培养学生遵循新闻规律、具备全媒体表达能力,"思维革新"着重培养学生的互联网思维,从而使其适应传媒行业发展和媒体深度融合,传播好主流价值观。

面向国际,在人才培养上要从课程设置、专业优化和国际交流上下功夫。新疆与八个国家接壤,是丝绸之路经济带核心区,新疆大学具有独特的区位优势,其发展战略是建成丝绸之路经济带上特色鲜明的综合性研究型一流大学。新闻与传播学院通过设置英语新闻写作、跨文化传播、国际关系、国际传播等课程增强学生的国际视野。近年来引进多位毕业于俄罗斯、英国、韩国等国家且精通俄语、英语、韩语的博士,极大拓宽了师资队伍的国际化视野,为开展外语教学奠定了坚实基础。同时,积极推进师生去俄罗斯、中亚各国以及英国的访学交流项目,增进教学科研的国际交流。紧密围绕国际传播的国家战略,积极筹备国际传播专业硕士方向,把面向国际作为人才培养的重要一环,把服从、服务于经济社会发展的大逻辑和自身发展的小逻辑相结合,打造优势特色专业。

3.1.5.2 在科学研究上,把握好聚焦前沿和彰显特色的关系

地域边疆不等于学术边疆。在边疆地区从事科学研究同样需要前沿理论和科学方法的支撑。正如格尔茨所说,"研究的地点并不是研究对象。人类学家并非研究村落(部落、小镇、邻里……),他们只是在村落里研究"。① 新闻传播学的研究也是如此。有人误以为在边疆地区进行研究就如同研究所处的地方一样也是"边疆",甚至含有落后、不入流的意味。然而,"边疆"亦有可能成为"中心",地域的边疆不应成为科学研究创新的羁绊和桎梏。身居边疆的新闻院校应树立科学研究的自信和自觉意识,既要有前沿的视野、科学的方法,又要有服务国家、扎根大地的情怀,把握好前沿与特色的关系,形成自己的学科优势。

新疆多民族聚居、跨境民族分布广泛,地处丝绸之路经济带核心区,拥有独特的区位优势和研究资源,新疆大学新闻与传播学院在生源、师资等方面具有多语言、多民族、跨文化特征。在科学研究中,我们紧紧围绕"两条线"展开。一条是以铸牢中华民族共同体意识为主线,服务于党中央治疆方略,针对重大现实问题开展科学研究,在新疆形象传播研究、边疆传播与社会治理、新疆媒体融合与现代传播体系、文化旅游产业

---

① [美]克利福德·格尔茨. 文化的解释[M]. 韩莉,译. 南京:译林出版社,1999:29.

等方面取得较显著成果。另一条是服务于"一带一路"倡议、国际传播战略，着力推进民心相通，讲好新时代新疆故事，探讨丝绸之路经济带核心区的媒体深度融合、国际跨文化传播等问题，在新闻传播领域加强与中亚国家的合作，提升中国媒体在中亚的传播力和影响力。由于新疆是挫败美西方"以疆制华"企图的主战场，我们立足国家安全的战略需求，研究国际涉疆舆情中的重大传播问题，主动应对美西方的涉疆舆论战，开展外宣传播效果评估及对外话语体系研究。通过以上"对内"和"对外"两条线的研究，我们尝试构建"边疆传播"研究领域，希望能为中国特色新闻传播学自主知识体系建构贡献新疆大学的力量。

科学研究是学科建设的基础，科学研究特色也是形成学科特色的关键。以上述"两条线"为基础，学院在媒体深度融合、技术赋能环境下探索相关传播理论和实践问题，关注融合传播、智能传播、视觉传播等前沿问题，探索媒体融合发展的新机制、新技术、新模式，助推新疆主流媒体融合转型与数字文化建设；开展新疆新闻史、出版史等基础研究，建构区域性新闻传播知识体系，促进边疆媒介发展；立足新疆面向中亚，从跨文化、跨语言、跨国界等视角探索边疆发展稳定中的传播理论创新，在兼顾"前沿"和"特色"中探索实践，逐步形成对内开展文化润疆、铸牢中华民族共同体意识、媒体与边疆社会发展研究，对外开展涉疆国际舆情、中亚传播研究的学科特色。

3.1.5.3 在社会服务上，兼顾发挥智库功能和参与社会实践

社会服务是高校五大职能之一，涵盖了技术服务、科普活动、文化交流以及人才技术支持等多个方面，以此回应社会需求，促进社会的和谐与进步。由于特殊的区位，社会服务在新疆大学新闻与传播学院学科建设中占据重要地位。根据党中央治疆方略、国际传播战略等重大需求，学院将社会服务的重点放在两个方面：依托智库提供咨政服务、通过各种社会实践助力地方经济社会发展和国际交流。

学院致力于加强智库建设，提升咨政服务能力。针对美西方"以疆制华"图谋，充分发挥新闻传播学科优势，通过政策研究、实地调研、数据分析等方式，在反恐去极端化、涉疆舆情、新疆形象传播等方面开展高层次战略咨询和应用对策研究，为政府决策提供科学支持。近年来，十余篇咨政报告获得省部级及以上领导批示。同时，服务大局，紧紧围绕国家和地方的发展需求，积极拓宽横向课题合作范围，开展有针对性的科学研究，为政府和企业解决实际问题，推动经济社会的繁荣发展。

新疆大学是一所有着浓厚红色基因的高校，学院师生秉承红色基因，既坚持把论文写在祖国大地上，又积极投身社会实践工作，加强新闻传播理论与实践的结合，推动理论研究成果向实践转化。依托部校共建，组织知名专家为全疆新闻和新闻教育单位开展

送培训下基层活动，提升基层从业人员新闻素养，并获批自治区级专家服务基地。学院多位教师到中亚和俄罗斯孔子学院长期任教或担任中方院长传播中华文化，增进国际社会对中国的了解和认同，增强文化自信和民族自豪感。

作为地方性高校和具有独特区位特征的高校，新疆大学新闻与传播学院在全国新闻院系中承担着独特的、无法替代的责任与使命。以上三对关系是我们对学科发展的思考和总结，也将指导今后的发展思路。今后，我们的人才培养要进一步夯实基础，拓宽视野，融合创新；科学研究要继续聚焦前沿，服务大局，突出特色；社会服务要持续强化智库建设，横向合作和文化传承；进一步发挥区位优势，加强与国内外高校和相关机构的合作与交流，致力于构建具有中国特色的边疆传播理论体系，为中国特色新闻传播学自主知识体系建构贡献一己之力。

（新疆大学新闻与传播学院院长　金玉萍）

3.1.6　马梅：融合联动，培根铸魂，为培养卓越新闻传播人才而奋斗

安徽师范大学新闻学专业开始于 1992 年，1993 年招收了第一届本科生，1996 年成立了新闻系，这是安徽省成立的第一个新闻系，当时的《安徽日报》对此做了报道。2010年 5 月，在媒介融合形势显现的情况下，学校整合校内几个学院的新闻传播类专业、传媒艺术类专业成立了传媒学院；2013 年，学院与中国人民大学、南京大学等高校新闻学院一起，入选中宣部、教育部部校共建新闻学院首批 10 所试点单位，之后于 2015 年1 月改名为新闻与传播学院。

经过 30 多年的发展，安徽师范大学新闻与传播学院形成了本硕博贯通的人才培养体系，安徽师范大学新闻传播学学科于 2022 年成为安徽省应用型高峰培育学科。

现在，学院共有 6 个本科专业：新闻学、广告学、网络与新媒体、影视摄影与制作、动画、播音与主持艺术。另外，目前还有一个校企合作专业——航空服务艺术与管理专业。学院这几个专业的办学力量在安徽省内都名列前茅。新闻学专业，2010 年成为安徽省特色专业，2018 年入选省级一流专业建设项目，2019 年成为首批国家级一流本科专业建设点。广告学专业 2001 年创办，是安徽省最早的文学类广告学专业，2019年入选省级一流本科专业建设点，2021 年成为国家级一流本科专业建设点。影视摄影与制作专业由学院的摄影专业发展而来，摄影专业 1999 年创办，安徽省最早的此类本科专业，2016 年成为安徽省特色(品牌)专业。动画专业 2003 年创办，是安徽省最早招生的动画专业之一，2014 年成为安徽省特色专业，2019 年入选省级一流本科专业建设点。播音与主持艺术专业 2009 年创办，2013 年成为省综合改革试点专业。网络与新媒

体专业 2014 年创办，是顺应数字媒体发展趋势而创设的新闻传播类新兴专业，是安徽省该专业联盟牵头专业。

在硕士点方面，我们的发展轨迹是：2006 年获得传播学硕士点，2010 年获得新闻传播学一级硕士授权点，2011 年获得戏剧影视学一级硕士授权点，2014 年获得新闻与传播专业硕士授权点，2016 年获得广播电视专业硕士授权点。

在博士点方面，我们不断努力，2017 年获得文艺学（文化传播）博士授权点，2019 年获得"马克思主义新闻学与意识形态建设"目录外二级博士点，2022 年获得"文化传播学"交叉学科博士点。

作为学院和学科建设的积极参与者，我于 2000 年作为引进人才，由中国新闻学院国内新闻专业第二学士学位班毕业进入安徽师范大学新闻系。2016 年担任新闻与传播学院分管本科教学工作的副院长，2021 年担任分管部校共建和实践教学的副院长，2023 年 1 月担任执行院长。作为学院成立以来的第二任执行院长，如何推动学院各项事业高质量发展，如何围绕高校基本职能创造性开展工作，如何培养卓越新闻传播人才为强国建设民族复兴作出新闻传播学院的贡献，一直萦绕在我的心头。在此将我们的一些做法呈现出来以求教同好。

3.1.6.1 聚焦立德树人，夯实"部校共建、校媒协同、实践育人"的人才培养机制

2013 年 8 月，中央召开全国宣传思想工作会议。会议强调，要建设一支高素质的宣传思想文化队伍，着力加强卓越新闻传播人才队伍培养。根据中央领导同志指示精神，中宣部、教育部联合发出《关于地方党委宣传部门与高等学校共建新闻学院的意见》，决定开展地方党委宣传部门与高等学校共建新闻学院工作，要求每个省（区、市）党委宣传部门和高等学校重点共建 1 个新闻学院，力争通过几年的努力，建立健全具有中国特色的部校共建新闻学院机制。

2013 年 12 月，中共安徽省委宣传部和安徽师范大学在复旦大学部校共建现场会上签署共建安徽师范大学新闻与传播学院（原传媒学院）框架协议，成为全国 10 个首批启动的共建试点单位之一。随后，教育部、中宣部发布《关于提高高校新闻传播人才培养能力实施卓越新闻传播人才教育培养计划 2.0 的意见》，要求全面落实立德树人根本任务，坚持马克思主义新闻观，用中国特色社会主义新闻理论教书育人，培养造就一大批具有家国情怀、国际视野的高素质全媒化复合型专家型新闻传播后备人才。

（1）坚持协同发力，擦亮部校共建安徽模式品牌

安徽师范大学新闻与传播学院是全国部校共建新闻学院的首批试点单位中唯一一家位于非省会中心城市的学院，在中共安徽省委宣传部的强力推动下，创造性建构了省委

宣传部、省社科院、省教育厅、芜湖市和安徽师范大学通力合作的"4+1"部校共建工作机制，坚持以培养马克思主义新闻传播人才为目标，着力实施马克思主义新闻观教育与研究"十个一工程"，凝练出"创、采、写、摄、编、播、评、管"八位一体的应用型复合型传媒人才能力培养规格，探索出"部校共建、院媒协同、实践育人"新闻人才培养新机制。

"十个一工程"是指构建"部校共建院媒协同实践育人"新闻人才培养机制、举办"中国特色社会主义新闻传播理论与实践"系列讲座(2016版人才培养方案改为《国情教育与马克思主义新闻观系列讲座》)、组织"名记名编名主持进校园"系列活动、建设马克思主义新闻观精品课程群、开展马克思主义新闻观主题采风实践、打造马克思主义新闻观教育名师团队、建设马克思主义新闻观研究机构、成立马克思主义新闻观学习社学生社团、创建马克思主义新闻观教育与研究资料信息中心、建设安徽新闻宣传人才培训基地等。

2023年以来，我们继续全面推进马克思主义新闻观教育与研究"十个一工程"，并开始了活动的品牌化建设和质量提升行动。我们将马克思主义新闻观主题采风实践定名为"新传铁军行"，安徽是抗日战争时期新四军战斗的主要地方，是解放战争时期淮海战役、渡江战役的重要现场和指挥地。新四军被称作"铁军"，我国新闻战线要打造"新闻铁军"，我们安徽师范大学新闻与传播学院就要在安徽这块"铁军"战斗过的地方为新闻战线培养新闻传播的"铁军"，就要通过"行走"在中国大地的实践教学将理论和实践融通，夯实师生的专业技能，涵养家国情怀、人文关怀、理想信念和道德情操，从而让社会认为我们的师生"行"。

我们将"十个一工程"纳入"5项事业发展提升行动"，即人才培养提质行动、师资力量提升行动、学科实力跃升行动、社会服务增效行动、条件保障夯实行动，全面发力，努力实现学院各项事业的高质量发展。

(2)坚持教育创新，建好马新观教学课程体系

这一课程体系从大一至大三贯穿6个学期，专业教师、思政教师、业界专家共同指导，通过不同课程形式、不同教学方法反复涵化，实现课堂联动、梯度推进、理实交融、培根铸魂，把马克思主义新闻观教育融入新闻传播人才培养全过程。

一是专业必修课程。将"马克思主义新闻理论与实践"作为专业核心课程，与专业基础课程"广播电视新闻基础"以及"电视摄像与剪辑""全媒体作品创作""融合新闻理论与实践"等实训实践课程联动实施。

二是专题讲座课程。开设"国情教育与马克思主义新闻观系列讲座"课程，邀请国内马克思主义新闻观教学和研究的顶尖专家学者、业界精英来校授课、讲座，组织青年

教师整理讲座内容，组织学生开展专题讨论，畅谈学习收获和感悟，撰写学习马克思主义新闻观心得体会，让学生从不了解马克思主义新闻观，到逐渐知晓、明白并自觉接受马克思主义新闻观教育，真正实现马克思主义新闻观入脑、入心。

三是社会实践课程。开展马克思主义新闻观主题的专业采风和寒暑期社会实践（即"新传铁军行"），教师带队指导，学生跨专业跨年级跨学院组队，奔赴城乡调研社情民意，采制新闻传播作品。

四是素质拓展课程。依托学生社团马克思主义新闻观学习社、全媒体工作室等平台开展第二课堂活动。

五是网络开放课程。利用学院网站和微信号等刊发学生优秀新闻传播作品。

3.1.6.2　坚持内培外引，文理工艺融通，全面加强师资队伍建设

学院专业数量多，分属新闻传播学、传媒艺术等不同学科，而当前融合传播和数智传播的背景之下，新闻传播生产需要文科（新闻传播学及周边人文社科学科）、理工科（数学、统计学、计算科学、媒介技术、信息通信技术、人工智能等）、艺术学科（传媒艺术及周边艺术学科）的分工协作才能高质量完成。如今，办好新闻与传播学院，培养高质量新闻传播人才，必须有多元的师资和融通的理念。

（1）坚持融合互补，激发优势

学院尊重各专业的发展规律，找准各专业的共同点，围绕新闻传播、艺术传播、文化传播等，构建以新闻传播学、戏剧与影视为主导的专业群，发挥播音与主持艺术、动画、影视摄影与制作等专业艺术传播的功能优势，强化上述专业对新闻传播学的支撑作用；同时打破专业、学科界限，以项目化、团队化、专题化开展教学、教研、科研、实践活动。

（2）坚持学科引领，团队发展

坚持学科领院战略与人才强院战略的协同推进，紧紧围绕高水平大学建设的目标和任务，主动对接学科专业建设的布局和思路，重点聚焦新闻传播学科教学科研创新团队建设，科学制订人才培养和引进计划，充分发挥学科集聚效应和团队协同优势，切实增强人才工作的科学性、针对性、实效性。

（3）坚持引育并举，以用为本

围绕一流学科建设的需要，根据目标、岗位、业绩相匹配的要求，遵循高端引领、整体提升的思路，坚持引进与稳定并重，培育和使用并举，积极引进高层次人才，加大各类人才的培育力度，保证各类人才用当适任、用当其时、用当尽才，使人才更好地为学院事业发展服务，成为一流学院的重要骨干力量。

为改善学缘结构，鼓励教职工攻读校外博士学位、进修访学；为提升教研、科研水平，鼓励教职工积极组织、参加校内外业务培训和各类教研科研活动。而对引进来的教师通过开展听课观摩、实施青年教师导师制、选派参加教学教研科研活动、组织学术沙龙等活动，全面提升其教学教研科研能力。

3.1.6.3 强化学科引领，服务国家和地方发展战略，做"顶天立地"的研究

新闻传播场域是社会系统中的中介场域，新闻传播对于社会发展有着重要推动作用，其影响社会思想、引导舆论、助力生产生活、推动产业进步和发展转型等作用或隐或显，持续不断。高校的新闻传播学院必须深刻认识到新闻传播对于社会的重要意义，勇于担当，用自己的学科专业优势为国家和社会发展贡献力量。

（1）发挥部校共建平台优势，打造理论研究特色品牌

2023 年以来，学院充分发挥部校共建新闻学院的平台和资源优势，打造中国特色社会主义新闻传播理论研究品牌，重点建设马克思主义新闻观、文化传播、乡村传播等研究领域，开拓以国家品牌传播等为主要特色的研究方向，促进高显示度标志性成果产生，形成相对明确的学术格局，全面提升学科建设水平。学院教师出版和发表一系列具有代表性和影响力成果，发表在《人民日报》《光明日报》《新闻与传播研究》《现代传播》等报刊，被《新华文摘》等转载。习近平总书记关于新闻舆论工作重要论述的研究成果，在学界同行中引起较大的关注与好评。

在部校共建机制的推动下，学院教师不仅在课堂上积极主动宣讲马克思主义新闻观和国家战略，在课题申报和学术研究上把马克思主义新闻观和国家发展战略、地方发展战略置于重要位置进行设计和论证，在思想和认识上发生了很大的变化，积极用研究为国家和地方发展助力。例如，将新闻传播和乡村振兴、中华优秀传统文化、红色文化结合起来进行的研究课题大量申报和获批。同时，注重对学生毕业论文选题进行引导，激发和培养他们对马克思主义新闻观学习和研究的浓厚兴趣，鼓励本科生和研究生从事马克思主义新闻观的学习和研究，大量本科生和硕士生的毕业论文和毕业创作选择将乡村振兴、国家形象、中华优秀传统文化、红色文化与新闻传播结合起来。

（2）将学科专业和现实结合，全面服务社会发展

学院连续举办 4 届"国家品牌传播论坛"，2023 年即将举行第 5 届，这几年来每年的会议主题都紧扣乡村振兴战略、地方发展。连续举办"马克思主义新闻学建设论坛"，2023 年承办安徽省红色档案资源收藏和传承研讨会，2024 年举办国际传播论坛。加强"文化传播学"交叉学科博士点建设和文化传播方面的课题研究。加强国际交流合作，承接"看中国·安徽行"外国青年影像计划，将国际传播、文化传播、国家形象传播的

理论研究和新闻传播专业实践相结合。

建好安徽省青少年网络素养教育基地，赴安徽各地开展青少年网络素养教育活动，助力安徽基础教育振兴。加强安徽师范大学创意产业发展研究中心、安徽省广告创新发展研究院、中宣部舆情信息安徽师范大学直报点建设，承接横向课题，2023 年以来每年被省级部门以上采用的资政报告 30 多篇。参与安徽省广告产业"十四五"规划的制定，为芜湖市制定《房地产广告监督管理规范》《食品广告监督管理规范》。参与安徽省公益广告大赛举办活动，参与阜阳市供销社和阜阳市广告协会开展的广告助农活动等，为安徽多地地方政府制定乡村文创和品牌传播活动方案等。

今天，高等教育对于社会发展的重要作用愈加凸显，新闻传播教育更是既要培养人为未来发展贡献力量，又要直接为现实发展助力，此时，我唯有毫不懈怠，奋力前行，为安徽师范大学新闻与传播学院的发展，为全国新闻传播学科的发展贡献力量，并借此为强国建设民族复兴贡献力量。

（安徽师范大学新闻与传播学院　马梅）

3.1.7　景义新：院长要为学院找准生态位、把稳方向盘

我是谁？我身在何处？我能做什么和应该做什么？我做成了什么？我还可以做什么？这是我经常回顾、反省、常常萦绕于脑海的几个不大不小的问题。作为新闻传播教育界的后生晚辈，我总是时时提醒自己怀抱一颗感恩之心和敬畏之心对待新闻传播教育。回首从前，人生路漫，2006 年我从河北经贸大学广播电视新闻学本科毕业，进入武汉大学攻读新闻学硕士，到 2010 年进入华中科技大学攻读新闻传播学博士，2013 年取得博士学位回到本科母校任教，再到 2016 年进入中国人民大学新闻学院从事在职博士后工作，2019 年 5 月顺利出站，同年 7 月被任命为学院副院长，2022 年 9 月被任命为学院院长。如今的自己已过不惑之年，迅速迈入人生的后半场，深感人生苦短，唯有怀抱理想、勇敢前行，方能担负起新闻传播教育的使命。

新闻与文化传播学院作为河北经贸大学的特色优势学院，是中共河北省委宣传部与河北经贸大学"部校共建"学院。学院立足河北、依托京津，与中国人民大学新闻学院签订协同共建合作协议，遵循新闻与文化传播规律，按照全媒化、复合型、应用型人才需求，培养造就具有家国情怀、国际视野，适应媒体深度融合、行业创新发展，能讲好中国故事、传播中华文化的卓越新闻与文化传播人才。学院办学源远流长。从 1994 年开设公共关系、文秘等专业，1995 年 5 月成立公关文秘系，到 2000 年 9 月更名为新闻传播系，2002 年 6 月组建人文学院，再到 2017 年 9 月更名为文化与传播学院，学院顺

应时代发展不断锐意进取、守正创新。乘着京津冀协同发展的东风，2023 年 12 月学院更名为新闻与文化传播学院，进入部校共建新闻学院序列，实现了新的跨越式发展。

3.1.7.1 在地化：努力深耕和盘活本地资源

河北经贸大学新闻与文化传播学院作为一所省属骨干大学的新传学院，占据得天独厚的省会优势和京津冀协同发展的区位优势，正需要学院努力深耕和盘活本地资源，实现在地化发展。

2023 年 12 月，中共河北省委宣传部与河北经贸大学正式签署部校共建新闻与文化传播学院协议。这是学院领导班子励精图治、全体师生坚持十年如一日努力奋进取得的成绩。当然必须深知，进入部校共建新闻学院序列仅是一个新的开始。如何持续性发挥学院优势，嵌入当下、当地，为本地社会经济文化事业发展贡献自己的更大力量，是我们矢志不渝的奋斗目标。

我院一直秉持新闻与文化传播的使命，牢牢在省内扎下根基。目前已连续 12 年开展"文化寻根 走遍河北"暑期社会实践品牌活动，师生集体奔走在燕赵大地上，挖掘、弘扬河北各地特色文化并进行可视化传播，积极参与建构河北文化形象。每年的寻根活动受到新华网、人民网、央广网、长城网、河北新闻网等媒体网站的宣传报道，产出的实践视频作品屡获各级各类专业竞赛奖项。

近年来，我院教师代表数次参与省委宣传部组织的媒体调研座谈活动，并先后承担河北新闻界"好记者讲好故事"高校行巡讲活动第一站、中国网络文学论坛"网络作家进校园"活动等，深度参与河北广播电视台节目听评、长城新媒体集团《百姓看联播》新媒体栏目策划创建、《河北日报》受众调查项目、盛世修典——"中国历代绘画大系"河北特展宣传报道活动、河北省新闻奖评审及新闻奖自荐作品推荐等，扎根省会，深度参与，实现专业价值。

办好地方性大学的新传学院，必须与业界保持密切联系。我院高度重视校媒协同发展，不断密切与省市县各级媒体的合作。2023 年，我院依托长城新媒体集团，建立河北经贸大学数智媒体产业学院，联合建立新闻传播学研究生工作站。县级融媒体中心建设作为我院关注的一个重要领域，目前已与省内数十家县级融媒体中心建立协同合作关系，2023 年暑期专门派出 60 位实习生奔赴 10 多家县级融媒体中心展开暑期实习和调研活动，自 2022 年起连续组织发动返乡学生利用暑期时间展开全国范围的县级融媒体中心用户问卷调查。2024 年以来，我院聚焦正定文化，与正定融媒体中心深入合作，展开正定文化主题视听精品创作。

一个人的精力有限，一个学院也是如此。为了更好地聚焦和深入，同时也打造出新的特色方向，2022 年成立河北经贸大学县域媒介与文化传播研究中心，同时将本中心的骨干力量整体融入学校省级研究平台"河北省城乡融合发展协同创新中心"，承担大平台的城乡文化融合发展领域的研究任务。与此同时，我院将 2024 年"部校共建"新闻学院资助项目定为"县级融媒体建设与新闻传播人才培养创新"。

3.1.7.2 轻量化：学科专业精简与一体化建设

学院在历任领导班子和全体师生的不懈努力下，学科专业体系不断完善。目前我院拥有新闻传播学一级学科硕士学位授权点、新闻与传播专业学位硕士授权点。本科教育方面，目前有在读学生的 5 个本科专业是新闻学、广播电视学、广告学、汉语言文学和汉语国际教育专业，2024 年 3 月获批"网络与新媒体"本科专业。新闻学专业为首批国家级一流本科专业建设点、首批河北省应用转型示范专业，汉语言文学、汉语国际教育专业为省级一流本科专业建设点。

新闻传播学院的发展必须有龙头，学科一定是学院发展的龙头。作为地方性院校的新传学院，学科建设必须充分聚焦且打造自己的特色，才有可能办好。怎样聚焦并打造特色？这个问题就成为我院近年来全力以赴要解决的一个核心问题。我院的新闻传播学学科建设起步于 2006 年获批新闻学二级硕士点，后于 2011 年获批新闻传播学一级学科硕士点，并先后在新闻学、传播学 2 个二级硕士点基础上，自主申办了跨文化传播、影视文化传播、视听新媒体传播 3 个自设二级硕士点。一级学科硕士点下涵盖 5 个二级硕士点的布局，在全国新传学院中恐怕也并不多见。然而学科建设有自己的规律，并非二级点越多越好，第五轮学科评估已经尝到了苦头，本来学院的师资队伍就比较分散，再揉捏打散到 5 个二级硕士点去，自然是每个二级硕士点的队伍都不够强、成果都不够多。

2024 年春，学院作出的一个重大决策就是精简学科点。将现有的 5 个二级硕士点整合为 3 个，影视文化传播、视听新媒体传播 2 个硕士点的全体导师转入其他 3 个硕士点，集中精力办好新闻学、传播学 2 个基础硕士点和 1 个跨文化传播自设硕士点。经过多年的磨合，我院拥有的强大的文学方面的骨干教师均已担任新闻传播学的研究生导师，集中朝向文化传播、跨文化传播开拓了新的研究方向，不断产出一批高质量研究成果，为新闻传播学一级学科的建设作出了巨大的贡献。2023 年年底我院新申报了国际中文教育专硕点，目前已出省推荐到了教育部等待评审结果，我们的思路非常明确：这个专硕点必须和跨文化传播硕士点协同建设，聚焦、协同才能做强，而分散、单打独斗只能是萎靡不振乃至死路一条。

在本科专业建设方面，如何实现新时代背景下的高质量发展，也是摆在我们学院面前十分沉重的任务。目前学院的专业相对较多，师资相对不足。学院一方面是大力引进人才，近年来学校不断优化引进人才待遇，青年博士陆续增多，但是另一方面也必须从战略发展层面考量，时代发展太快，如何跟上节奏不落伍，对于一个地方院校的新传学院而言必须坚持守正创新。近年来，学院连续采取大动作，前有编辑出版学专业暂停招生和整体师资融入新闻学专业，后有整合广播电视学、广告学专业师资队伍集体转型升级打造网络与新媒体专业。"轻量化"转型，这是我院专业建设和高质量发展的一个必经之路。

从这个学院个体学科发展的历程中，令我感慨和深深体悟到的一点就是：全国新传学院那么多，不会有一种统一的、现成的、可供复制的、一劳永逸的办学模式，每个学院不管大小强弱，都有它自己的特殊性，都有它自己的特色，也都有可能挖掘出属于它自己的优势和潜力，找准自己学院的生态位和发展方向是关键中的关键。

3.1.7.3 协同化：将校内协同和校外协同全面推进

在河北经贸大学积极推进新财经教育改革背景下，我院亦充分依托经管法学科优势资源，围绕"家国情怀+专业知识+信息技术+职业素养+国际视野"五维度培养复合型、应用型新闻与文化传播人才。为了达成这个宏伟目标，必须在学院内外借助其他各方优势力量，实现强强联合。

一是河北经贸大学新闻传播学实验教学中心与河北经贸大学新闻中心协同建设。通过这两个中心协同共建，就为学院搭建了一个非常便利的校内实训平台，提供给全院师生展开校内的专业实践活动，既盘活了校内现有的实践资源和平台，也充分调动了学院各个专业学生的实践积极性和创造性。2022—2023年学校利用国家贴息贷款项目为我院一次性投入1028万元提升改造新闻传播学实验中心，建成高标准配置的"4k+5G"智慧融媒体平台，有效支撑了整个新闻传播学本科和研究生的复合型、应用型人才培养体系。

二是打破学院封闭局面，实现院际之间的协同合作。院际合作体现在科研、教学、社会服务等方方面面，比如新闻学（财经新闻）作为国家首批一流专业建设点，如何将财经新闻人才培养目标贯彻落实到位，人才培养方案就需要充分体现跨学院的统筹制定，财经新闻相关系列课程的确定和运行开展，都离不开经济类和管理类学院的大力支持。再比如，围绕社会治理的大方向，我院组建"传播与社会治理"优势团队，融入学校大管理学科群，为学校管理学科冲刺博士点添砖加瓦。如此，我院既借助了学校的管理雄厚资源，也更充分发挥了学院自身的传播学科优势，在交叉研究方面进行开拓创新，一批相关高质量研究成果正在陆续产出，在校内也找到了自己的生态位，使得我院在学校的学科地位、实际作用和战略价值得到前所未有的凸显。

三是以赛促学，借助全国性专业大赛平台联合兄弟院校协同发展。以赛促学是我院多年以来的优良传统，历年来都有诸多优秀学生实习实践作品推向省级和国家级的专业赛事并获大奖。对于专业竞赛而言，历来都是参赛容易获奖难，如何拿出过硬的优秀参赛作品是关键，通过创作专业优质作品来推动专业人才培养，也不失为一种高质量、高效率的人才培养手段。为此，我院每年举办河北经贸大学新闻传播技能大赛，全面匹配和对标新闻传播学科的几个重要赛事，作为省赛、国赛的前奏。2024 年 4 月，中国编辑学会关于同意河北经贸大学新闻与文化传播学院作为第七届全国大学生网络编辑创新大赛河北赛区暨华北赛区承办单位的函正式下发，该赛事作为国内高标准学科级专业赛事，分为视听新媒体大类、数据多媒体大类、数字创意策划大类、数字系统设计大类、算法模型研发大类、数字创业大类 6 个赛道，为广大新闻传播学子提供了展示专业技能的大好平台。既然你承办就要办好！为此，我院联合省内河北大学新闻传播学院、河北师范大学新闻与传播学院、邯郸学院夏青传媒学院、衡水学院文学与传播学院、石家庄学院新闻与传媒学院等组建河北赛区组委会，联合中国传媒大学信息与通信工程学院、中国农业大学人文与发展学院媒体传播系、山西大学新闻学院、天津工业大学人文学院、内蒙古师范大学新闻传播学院等组建华北赛区组委会。

四是面向京津冀，与中国人民大学新闻学院签订协同共建协议。合作目标是：以国家重大需求为牵引，围绕卓越新闻传播人才培养和传媒发展研究等领域开展深层次合作交流，加强科学研究与交流合作，加强教师队伍互访和交流，联合开展社会服务，联合开展党建活动和马克思主义新闻观教育。着力解决新时代新闻传播人才培养、媒体融合与社会治理现代化等问题。协议的关键在于落实。2023 年 12 月签订协议以来，目前已联合中国人民大学新闻学院开展河北经贸大学新闻与文化传播学院新闻传播理论前沿论坛系列讲座 3 场、马克思主义新闻观大讲堂系列讲座 3 场等多场讲座，以及邀请中国人民大学新闻学院专家指导我院国家社科基金项目申报工作，全面促进师生理论素养提升和成果产出。2022 年 10 月我院联合中国人民大学新闻学院、河北省社会科学院新闻与传播学研究所联合举办"县级融媒体建设与基层治理现代化"全国学术研讨会的情景仍然历历在目，2024 年我们将继续举办第二届"县级融媒体建设与基层治理现代化"全国学术研讨会。聚焦县级融媒体开展学术交流和研究，产出代表性成果，这是学院现在和未来一段时间锚定的一个重要方向，因为它是时代所需、国家所需、人民所需。我们也期待在这个领域不断取得越来越多的成果和收获。河北经贸大学新闻与文化传播学院历届毕业生也越来越多地奔赴到京津的国家级和省级主流媒体、其他文化传媒机构以及各类企事业单位工作，通过传帮带，已经打开了我院面向京津冀全面发展的大好局面。

作为一院之长，就是要为学院找准生态位、把稳方向盘。河北经贸大学新闻与文化传播学院"在地化、轻量化、协同化"的办学路径正在如火如荼地稳步推进，因为没有现成的路可走，必须摸着石头过河，探索式地完成前进之路。

每个院长运营一个或大或小的新传学院都是很不容易的，都会面临各种各样的人、情、事等各种难题。如果要给一个能够说服自己的理由的话，那就是希望以自身所学做点更多的有意义的事。无论是武汉大学、华中科技大学，还是中国人民大学，都是培养过我的母校，按照我从这几个母院学习到的，我个人的理解就是"承新传之业"，未来就是要思考并践行如何将"新传之业"更好的传下去。作为一个不起眼的学院的院长，在其位、谋其政。我始终坚信：再小的舞台也能发挥独特的不可替代的作用。任何一个学院都有它自己的历史过往、当下境遇和未来所向，正视历史、顺应时代、面向未来，就能赢得更好的生存和发展。

（河北经贸大学新闻与文化传播学院　景义新）

3.1.8　李乐：社会化媒体时代新闻传播人才培养体系应实现更新

3.1.8.1　社会化媒体时代的传播格局

从媒介化的角度来看，社会化媒体的媒介逻辑或媒介场，对传统媒体乃至整个传播格局造成了决定性影响，并进而影响到新闻传播教育。传统媒体时代，报纸、广播和电视等主导传-受关系，生产在社会流通的绝大多数公共性新闻，吸引政府机关、社会组织和个人成为其新闻源，不仅如此，其模式还为一些政府机构和社会组织所效仿、在内部建立起小型新闻宣传系统，在这种情势下，新闻传播人才培养体系自然为传统媒体的生产模式所引领。社会化媒体崛起，传统媒体日渐式微，为因应挑战，传统媒体开始创设网络新媒体，进入了自身的"社会化"阶段。在智能技术不断迭代、"机器"深度介入新闻信息传播的当下，关于新闻传播学科的价值危机和身份认同危机业已传导至高校以及学生个体，新闻传播教育界明显出现了一种忧虑：如何在社会化媒体时代赓续新闻传播人才培养。传统的人才培养体系已显得滞后，新闻传播人才培养体系应按照社会化媒体的生产、运营等模式实现更新，这也是对新闻传播学科进行的一种反思与调适。

3.1.8.2　社会化媒体时代新闻传播学教育的几个面向

（1）面向理解社会的一般需求培养通用人才

新闻学教育源自报业的兴起，技能培养一直是新闻学科的重要目标。历史学、社会学、经济学等学科并不以培养学生的技能为主要目标，但是这并不影响它们生存发展的合法性，为什么新闻传播学就一定要培养学生的技能？当然，这不是说我们不要培养技能，而是说我们不能以是否有实际技能为判断学科专业存在合法性的标准。历史学、社会学、经济学等学科以发现、掌握规律为目标，力求让学生能通透地理解人类社会，这样培养的人才能胜任社会上的许多岗位，这就是所谓的"无用之用即是大用"。新闻传播学也应有这种志向，既要面向社会上具体的职业，也要面向理解社会的一般需求。这就要求中国新闻传播学尽快完善自己的学科体系、学术体系和话语体系。宁波大学新办了传播学专业，其中一个想法就是培养通用人才。我们感觉到传播学具有更深厚的理论基础、更宽广的视野、更宽广的涵盖面，其生命力更旺盛。

（2）面向商机培养新闻传播创新创业人才

网络新媒体领域是创新创业的"热土"，在这一领域蕴含着许多商机。发掘这些商机，要求我们加强传媒创意教育、创业教育。同时，要强调学校与当地主流媒体之间、传媒企业之间的合作，推进产教融合，建立更为广泛、实用的协同机制，为学生打造教学实践基地，尽量弥合专业知识学习和新闻传播实践的现实鸿沟，在实践中培育传媒创新创业人才。

（3）面向"社会化"的专业新闻传播机构培养新闻传播人才

社会化媒体时代专业新闻传播机构将持续存在，但不再享有大众传播时代的风光，只是作为网络化关系中的一个节点。专业新闻传播机构不得不适应社会化媒体的媒介逻辑，与之相应，面向专业新闻传播机构的既有新闻传播人才培养体系也要适应社会化媒体的媒介逻辑。参与主体多元化、媒体运营社会化、信息传播平台化就是这一逻辑的具体体现，在教育教学过程中应注重培养学生在相对开放的媒介场域进行对话和融合表达的能力。在平台型媒体占据主流的时代，新闻传播人才培养既要服务于平台，也要服务于专业新闻传播机构。

（4）面向机关事业单位、企业培养新闻传播人才

新闻传播教育界应该乐观。新闻传播类专业的热度与之前相比有所下降，但这只是复归常态而已。之前新闻传播类专业之所以热度非凡，主要是因为学了这个专业有较多机会可以进入主流媒体工作。这种状况虽有所变化，但工作机会并没有减少。社会化媒体时代，机关事业单位、企业所创设运营的媒体并没有减少。在新闻传播人才的培养过程中，可以通过对机关事业单位、企业中的媒体岗位进行倒推，将职业要求引入育人环节，制定一套与岗位需求相匹配的人才培养方案，也就是在人才培养过程中建立"产出导向"的意识与理念。

（5）面向社会对于传播研究的需要培养新闻传播研究人才

新闻传播研究本身就是一种职业，对部分学习新闻传播学的学子来说，以学术为业，也是一条出路。不仅教育机构、研究机构需要新闻传播研究人才，大型传媒公司也

需要专门从事新闻传播理论研究、战略规划等工作的研究人才。这类人才属于学术精英，从理论上讲社会需求量不大，但从现实情况来看，这类人才仍是供小于求，许多地方高校新闻传播学优秀博士缺口较大即是证明。新闻传播教育既要面向理解社会的一般需求培养通用人才，也要注重培养方向性的专业人才，以满足社会对传播研究人才的需要。

3.1.8.3 社会化媒体时代新闻传播人才培养的几个具体问题

在乱花迷眼的传播生态中，政治理念教育、职业规范教育显得格外重要。在按照时代进展更新政治理念、职业规范的同时，还应以社会化媒体的实践案例丰富政治理念和职业规范教育的内容，为新闻传播人才建立一套完整的价值体系。

厚实的新闻传播基础理论教育和学术研究能力培养是拓展学生社会适应能力的关键。原先我们也强调这一点，但现在这一点更显重要。在技术深度融合的社会化媒体时代，基础理论素质和学术研究能力始终彰显着新闻传播学的专业地位和社会价值，这也是目前新闻传播学类专业所要面对的核心问题，关系到人才培养的有效性和专业发展的可持续性。

在课程体系建构方面，在坚守文字叙事能力培养的同时，应特别注重数字技能和数字叙事能力的培养。当下，对新闻传播人才培养的要求是立体的，在教学中增加大数据、人工智能等内容，将技术规律融入知识框架，这是学科知识体系在社会化媒体时代完成结构性变革的必经之路。

新闻传播专业教育以及人才培养模式需要因势而变、顺时而动。在上述社会化媒体时代新闻传播学教育的几个面向中，我们可以发现，新闻传播学是一门格外强调"学以致用"的学科，教育从业者需要积极寻求专业教育与社会化媒体时代之间的契合点，弥合专业教育与社会需求之间的鸿沟，以此明确新闻传播人才培养体系的新目标，培养更多时代所需的新型新闻传播人才。

（宁波大学新闻传播学院　李乐）

3.2　名师风采

3.2.1　杨保军：板凳甘坐廿年冷　文章不写一句空

杨保军，中国人民大学二级教授、博士生导师。教育部"长江学者奖励计划"特聘教授(2017)，教育部第二支持期长江学者奖励计划特聘教授(2022)，享受政府特殊津贴突出贡献专家，曾入选教育部"新世纪优秀人才支持计划"。中国人民大学"杰出学者支持计划"特聘教授(吴玉章讲席教授)。曾获中国人民大学大华杰出教学贡献奖，中国人民大学师德标兵。中国人民大学学术委员会委员，法政部学术委员会委员，新闻学院学术委员会主任。曾担任马克思主义理论研究和建设工程重大课题、国家社科基金重大课题首席专家、《国际新闻界》杂志副主编(见图3-1)。

图 3-1　杨保军教授

出版学术专著"新闻十论"——《新闻事实论》《新闻价值论》《新闻观念论》《新闻规律论》等十余部。2024年出版"10+1"("新闻十论"新修+当代中国新闻理论研究总论)。出版本科教材有《新闻理论教程》、研究生教材《新闻理论研究引论》。发表学术论文300多篇。曾获"全国百篇优秀博士学位论文奖"，中国高校人文社会科学研究优秀成果奖一等奖、二等奖、三等奖，"北京市第十六届哲学社会科学优秀成果奖"二等奖，第七届吴玉章人文社会科学奖优秀奖，首届全国教材建设奖二等奖，中国大学出版社图书奖首届优秀教材奖一等奖等。

10本书，超400万字，这是杨保军花费20多年完成的学术工作。自1999年撰写博士论文《新闻事实论》至今，杨保军始终将新闻学重大基础性理论问题作为自己的研究方向，为建设当代中国新闻理论研究大厦培土奠基。

他曾在撰写博士论文后立志写下"新闻三部曲"，却在研究和写作过程中发现新闻理论世界更为广阔的天地。从"三论"到"十论"，不变的是对新闻学基础理论研究的一片丹心，他始终以不说一句空话的学术品质投身于新闻基础理论研究工作。

"新闻学不是没有学问，而是一门巨大的学问。"杨保军认为，这是他在默默且愉快的学术耕耘中发现的事实，"我们不可能在肉体生命中获得永恒，我们至少可以在精神世界中获得久远"。

3.2.1.1　二十年著书立说新闻"十论"

2024 年，"新闻十论"由中国人民大学出版社结集出版。新修版的"十论"被纳入"中国新闻传播学自主知识体系建设工程"丛书，成为中国人民大学重大规划项目。这反映出它们对于当代中国新闻理论研究的贡献与价值。

"'新闻十论'整整用了 20 年时间。回头望去，我由青年、中年开始步入老年，黑发变成了'二毛'、再到近乎全白，但当年的愿望也由想象一步步变成了摆在面前的文本，思想变成了可触可摸的文字，说实话，自己是相当欣慰的。"当"新闻十论"正式出版时，杨保军如此感慨。

《新闻事实论》是杨保军的博士毕业论文，也是他"十论"的第一部。在书中，他围绕"新闻事实"这一核心概念，系统地对其进行剖析，并提出很多原创性的看法。例如，他在将新闻事实放置于新闻生产动态视野下考察时提出，新闻事实仿佛就是流水线上不断变化存在形态和样式的事物，最初具有客观形态的事实被传播者以观念化和符号化方式转变成信息形态，而当它被受众接收和解读时又形成新的形态。时至今日，尽管传播媒介不断更迭，但这些判断却依然经得起时间和实践的检验。

在杨保军正式攻读博士时，他就已将"新闻事实"作为研究的主要问题。谈及将此作为研究对象的原因，他说，除了事实在新闻传播理论体系和新闻传播实践中的核心地位外，也囊括了他的学术"野心"，"我想通过选择这样一个基础性问题的办法，为自己今后的学习研究工作打下坚实的基础"。

这样的想法在博士论文出版后得到了具象化的延续。2001 年 10 月，在杨保军留校任教后不久，新华出版社出版了《新闻事实论》，他有了再写《新闻价值论》和《新闻自由论》两论的想法。他的导师童兵先生在《新闻事实论》出版序言中写道，"'三部曲'搞成了，是对中国新闻传播学基础研究的一个贡献"。

备受激励的他在 2001 年年底开始着手《新闻价值论》。在写作过程中，他有了个大胆的想法：能否在全国范围内找一些年富力强的学者就新闻基础理论问题做系列研究；彼时资历尚浅的他将这个想法告诉了童兵先生，经过半年筹备组建，很多人"面露难色"，表示"此事不好做"。面对如此情况，童兵先生鼓励他，"你若情愿，就一个人慢慢做吧"。

2003 年，《新闻价值论》正式出版，《新闻自由论》两三万字的写作大纲基本完成。"我想着再用两三年时间，写完《新闻自由论》，'三部曲'就结束了，然后再做其他问题的研究。"但也在这时，一个令人兴奋的消息传来，改变了他的学术轨迹，也进一步推动"十论"的诞生。

2003 年 11 月的一个夜里，接近 11 点时，一位老先生给杨保军家打来电话。"他不紧不慢、'笑眯眯'地告知我：'祝贺你，保军，你这个小老鼠掉到大米缸里啦，你的论文《新闻事实论》入围全国百篇优秀博士论文啦！'"这位老先生，正是中国人民大学荣誉一级教授方汉奇。

"方先生电话里又鼓励了我几句，我表示了感谢，还表达了继续努力的决心"，杨保军回忆说，"获得全国百篇优秀博士论文不仅名声听起来还不错，同时也是件比较实惠的事情，因为可以申报特别资助基金。我申报了'新闻理论基础系列专论'研究的课题，承诺写三部专著——《新闻本体论》《新闻真实论》《新闻道德论》。这一下子等于把自己'逼上梁山'，但也因此我正式规划起'新闻十论'的写作"。

于是，20 年间，一个个原创性极强的理论观点得到输出和阐释。他在《新闻精神论》中指出，新闻精神的核心是求实为本的科学精神、公正至上的人文精神、和谐为美的自由精神；他在《新闻道德论》中将新闻道德原理、新闻道德规范论、新闻道德品质论等综合起来，建立综合立体的新闻道德理论体系；他在《新闻主体论》中提出"三元传播主体类型结构"，将职业主体、民众个体和非职业新闻传播主体等共同纳入研究视野，从理论层面回应了媒介变革所带来的传播关系调整……

这些内容得到了新闻学界的普遍肯定——一些学者撰写了评价文章；有些专著被一些新闻传播学院列为研究生、博士生必读书目或参考书目。

此外，"十论"中的多半著作获得了不同类型、层级的奖项。除《新闻事实论》获得全国百篇优秀博士学位论文奖外，《新闻价值论》《新闻活动论》《新闻道德论》《新闻观念论》《新闻规律论》分别获得了第四届、第五届、第六届、第八届、第九届中国高校人文社会科学研究优秀成果奖三等奖、二等奖、三等奖、一等奖、二等奖，《新闻观念论》还获得了第七届吴玉章人文社会科学优秀奖，《新闻规律论》获得了北京市第十六届哲学社会科学优秀成果奖二等奖，《新闻精神论》《新闻规律论》等也曾获得中国人民大学优秀科研成果奖。

"这些著作到底分值几何，获奖并不能完全说明问题，还是要交给未来的时间去说话。"在杨保军看来，总字数超 400 万字的专著集是对他过去 20 多年来新闻学研究的主要总结，他也在等待另外的机会总结并出版他对其他领域一些问题的思考与研究。

3.2.1.2　中学教师、记者、学者的独特成长之路

36 岁入学的"大龄"博士，专科物理、硕士哲学、博士新闻学的跨专业背景，以及中学老师、报社编辑等过往多重身份都让杨保军的经历多了一层"传奇"色彩。或许，正是这样一条独特且难以复制的成长之路，造就了如今的他。"在这些不同地方、不同的岗位上，我能以不同的视野、不同的方式，并在不同层次上经历中国社会、了解中国社会、理解中国社会"。

杨保军形容自己从事新闻理论研究是"半路出家"。"曾做过 5 年多中学教师，7 年多《陕西日报》记者、编辑。"这是在《新闻事实论》的作者简介上的一段话，短短一行字凝结了 12 年的光阴。

渭南师范学院物理专业毕业后，杨保军曾经在陕西省耀县柳林中学工作。这座背靠大山、面临小河的学校如今已经变成一座宾馆。到西安市第六十六中学工作后，他考进西北政法大学哲学专业，开始以学术的方式"思考一些有意义、有价值的问题"。

硕士毕业后，他进入陕西日报社工作，在那里，每一通接听过的热线，每一篇撰写过的评论，每一盏照亮夜班版面的灯光，都在刺激着他、推动着他走上新闻研究的征程。

"我看到的事实、我亲历的实践、我遇到的问题与困惑，促使我从一个新闻一线的工作者转变成了一个新闻理论研究者。"正因如此，尽管他所研究的都是理论问题，他的许多研究中没有大量的案例，但他所提出的命题、得出的结论却不是悬浮的，而是能正中新闻实践靶心的，是能回应中国新闻业困惑和问题的。正是那 12 年的时光为他后续的研究注入了丰富的实践阅历和生活经验，那是独属于他的学术田野。

"高校教师，除了教学是首位的事情，下来最重要的就是科研，何况这两者相辅相成，并不矛盾。没有好的科研，本质上很难有好的教学。教学是前台，科研是幕后。"留校中国人民大学后，杨保军再一次开始教书育人，和此前的中学教育相比，他认为对大学教学科研是一体两面的事情。在他的课堂，没有插科打诨的段子。他只是朴素地，将自己缜密的思维和逻辑思考，将自己的最新成果原原本本地向学生传递。"科研就是为教学准备教案，但却是一件细水长流、老牛慢车的事情，需要观察实际、阅读文献、适当交流、独立思考、不断写作"。

在很多人看来，杨保军是一位高产的学者，而高产的背后，源于他的写作兴趣，也源于他独到的写作方法。"写作过程，要说不辛苦，那是假话，但要说多么辛苦，也不完全是那么回事。作为研究者，能把自己的思想表达出来，与更多的人分享，也是很美的事情。"

谈及他的写作方法，杨保军说："很多人以为我写作速度快，其实不是，我写得比较慢，但有一个可能不错的习惯：一旦一本著作比较成熟的写作大纲形成，正式写作开始，我就进入比较'死板的程序'或写作模式了。只要没有课，没有其他特殊的事情，每天写 1500 字，不多写，多写基本是灌水。这样一年只要写 200 余天，一本 30 多万字的著作就基本写成了，再拿出一年半载的修改，也就基本成形了。"

杨保军还有一种特殊的著书方式，他称之为"遍地开花"："我自己感觉效果还不错。一本书，不管篇幅多大、章节多少，我采取的不是从前到后一章一节地写，而是哪一章、哪一节想好了、资料比较充实了，就先写，不管前后顺序。这种方法的一个好处是写作始终是整体推进，另一个更大的好处是，进入写作状态后，不管从哪个渠道获得的材料，只要有用，一下子就知道该用到哪里，不仅不浪费材料，也提高了写作效率。"

对于像杨保军这样的文科学者而言，写作和研究的道路注定是孤独的。一盏灯、一张桌、一台电脑、一摞书就能构筑起一方研究的天地，剩下的便是自己独自苦思冥想。他说，"做学问，不是搞比赛，看谁跑得快，而是看谁耐得住性子，耐得住寂寞"。所以，面对外界的纷扰与诱惑，尽管没有选择超然的生活态度，但他却尽可能让自己远离过多喧嚣，通过掌握生活节奏的方式保证自己的学术清醒与冷静。

或许，这样的处世方式和学术道路在外人看来，让本就枯燥的基础理论研究之路更显孤独。但他却表示从不孤单，因为他将人生路上经历的每一个难忘瞬间都默默铭记在心，对来自家人、导师、同学、同事、学生的关心、交往和帮助，都难以忘怀。

"读书、思考、研究、写作需要时间，需要安宁、清净，但自己有了时间，有了安宁、清净，有些人就得为你忙起来、跑起来。人们容易看到台前的人，很难看见幕后的人，但没有幕后人的辛劳，台前的人是表演不好的。"他说，"新闻十论"的出版，让我再次深切感受到一个学者的成长，一个研究者和思想者的学术成果的传播，绝不仅仅是一个学者、研究者、思想者自己可以单打独斗的事情，而是需要各种组织、机构的支持，需要个人的努力和别人的帮助。

他将每一份感激之情都看在眼里、记在心上，不善言辞表达的他，却能在文字间流淌出最真挚的情谊。他会在"新闻十论"的每一篇后记中，将这些人一一记录。

而在每一次的后记中，爱人是每次都要着重感谢的。他在《新闻事实论》致谢中感谢她含辛茹苦，勤俭持家，默默关心他的学习，处处关心他的生活；他在《新闻规律论》的致谢中写道"她总是不允许我在各种文字中提及她"，但他认为他的背后"确实有一位平凡而伟大的女性"；在"新闻十论"的总致谢里，他写到这份"感谢"已经难以表达，尽管她是一个平凡得不能再平凡、朴素得不能再朴素的人，却是所有的其他人都不能替代的，"因为所有的其他人，都不是她"。

每年九月，新生入学，他总会在第一次和研究生的见面时讲讲他的箴言，"爱学术，爱生活"。他也在如此践行着，"新闻十论"是他的学术，他与爱人在一起，便是生活。

3.2.1.3　当代中国新闻理论研究始终要关注中国现实

不断向上的成长经历、扎根大地的实践经验、苦心钻研的学术精神造就了今天的"新闻十论"，也成就了今天的杨保军。在这其中，我们不能忽略的一个因素是，他的研究问题，始终关注的是中国新闻学和中国新闻业。

他曾写下这样一段话："这些年来，我一再宣称的、也是努力践行的基本学术态度是：以中国经验为根基，以世界眼光为境界，以原创精神为动力，提升自己的科研能力与水平。"

以此为目标，他认为，自己的研究通常是在观察事实、大量阅读、深入思考的基础上，形成自己相对独立的想法，然后运用既有概念，再创设一些必要的概念、塑造一条主线、建立一个结构，把自己的思考结果叙述出来。"新闻十论"是如此学术生产的结晶。而它们之所以能被列进"中国新闻传播学自主知识体系建设工程"书系，恰好说明了这些成果的"中国特色"所在。

在"新闻十论"写作完成后，杨保军并没有停滞，依然有很多事情要做，很多内容要写。"我想做的研究很多，想写的东西也很多，实际上，已经有大量的思想随笔、读书眉批等着我整理，但时间精力有限，我得量力而行。第一位的还是教学，这对教师来说是职责，是天职"。从2019年以来，他还花了两三年时间和学生们一起完成"新闻十论"的整理和修订。

2023年起，杨保军承接了高校人文社会科学重点研究基地中国人民大学新闻与社会发展研究中心的重大项目，开启"当代中国新闻学自主知识体系构建研究"，致力于回答当代中国新闻学研究的诸多基础问题，思考中国新闻学自主知识体系的主体构成、概念体系等具体问题。此外，伴随媒介技术、人工智能等不断发展，新闻领域的新问题开始涌现，他也继续从新闻理论的角度针对新现象、新事物发出他的呼吁，提出他的见解与看法。

对于现在的他来讲，要做的事情或许还有很多。"但在我心中更加重要的事情，其实已经念叨很多年了，也写了好几篇文章表达了自己的心愿：就是要在既有研究成果的基础上，给本科生写一本原理性的新闻理论教材，为我国的新闻理论教材建设做一点新贡献。"

杨保军一直记得方汉奇先生说过的话："一般说来，新闻教育质量的高低，起决定作用的主要是两个因素：一个是师资，一个是教材。两者之间，教材的作用更大，因为师资的多少和良窳，往往受办学主客观条件的限制，而教材一旦完成，就可以直接嘉惠于学子，风行四海，无远弗届。进一步说，一部好的教材，不仅可以满足教学的需要，培养出一大批人才，而且还可以同时拥有一定的学术含量，推动新闻传播学研究的发展。"

除了教材，培养更多具有中国立场、关注中国现实的学生也是他的重要任务。"要建构比较完整的新闻基础理论研究大厦是一个长期的过程，也不是某一个人或几个人可以完成的任务。"于是，更多学生跟随他，走上探寻新闻理论基础研究和中国特色新闻学发展的道路。

他对待学生，就像他写论文、搞研究一样，做得多、说得少，总是把关心和担忧放在心里，把言传身教体现在修改论文的一字一句中。他将博士研究生毕业论文的学术训练看得格外重要，严格要求他们按照规划时间完成论文写作，然后他再一字一句，甚至连一个标点都不放过地做眉批、做修改。

在他的学术指导下，有的学生研究了现代中国新闻观念的起源，有的侧重研究了新闻与新兴技术的关系，有的关注新闻哲学、新闻媒介体制，有的关注了新闻实践……无论学生们具体的研究题目为何，他们很多沿袭着导师的步伐，从基础理论视角对中国新闻业、新闻实践、新闻理论的过去、当下和未来展开深入研究。学生们最终成为他研究道路上的同路人。

如今，一批批学生已经踏出或即将踏出校门，开启属于他们的人生新篇章。当看到学生们以各自的方式为社会服务，展开自己的生活、成就自己的人生时，是杨保军最感欣慰的时候。他说，他很期待常常与学生们联系、交谈，"这使我获得了另一种特别美好的感受"。

（中国人民大学新闻学院　樊攀）

3.2.2　唐润华：国际传播研究和教学的"躬行者"

唐润华，1957 年 8 月出生于广西桂林，1982 年毕业于广西大学中文系新闻专业，1986 年毕业于中国社会科学院研究生院新闻系，获法学硕士学位。后到新华社新闻研究所工作，曾任国际传播研究中心主任、中外媒体发展战略研究中心主任。1992 年 1 至 10 月在英国牛津大学国际问题研究中心做高级访问学者。1998 年被评为高级编辑。2017 年 8 月，唐润华从新华社新闻研究所退休。同年 9 月，受聘为大连外国语大学特聘教授、中华文化海外传播研究中心首席研究员，2022 年 11 月，受聘为大连外国语大学国际传播研究院名誉院长。

从工作至今的 30 多年，唐润华一直深耕在国际传播研究领域，我们可以从他的一个个成果中，领悟他对学术研究的高标准、严要求；从一届届学生口中，感受师者如父般的关爱与耐心引领（见图 3-2）。

图 3-2　唐润华教授

3.2.2.1　深耕国际传播研究

唐润华因热爱而与国际传播研究结缘。1986 年，他从中国社会科学院研究生院新闻系毕业，进入新华社新闻研究所外国新闻研究室工作。由于当时国内的业界与学界对国外新闻业的研究较少，再加上导师的影响，在读研期间他就一直对外国新闻业感兴趣，在选择研究方向时也遵循自己的喜好，选择了国际新闻方向，毕业后进入新华社也一直从事国际新闻方面的研究，从那时至今的 30 多年来，从未更换过研究方向。他认为，研究外国新闻可以帮助我们更好地了解外界信息，可以将国外传媒业的情况引进，为国内传媒机构提供可供借鉴的经验与案例。

1992 年，唐润华在英国牛津大学做高级访问学者期间，对路透社做了深入调研。他表示，在这个过程中，不仅感受到世界高等学府的研究氛围、学到很多知识，掌握很多技能与方法；更重要的是，这一段国外访学经历对于研究国际传播的学者来说是十分必要的，大大扩展了自己的视野，使自己的研究思维更加活跃与开放。回国后发表了一系列相关研究成果，在此基础上，带领团队对世界性通讯社进行了系统研究，创新性地提出了世界性通讯社的评估标准及发展战略，不但为新华社的事业发展提供了决策参考，也拓展了对外国媒体和传媒业的研究视野。

社会需要以及自身的热爱是支持唐润华专注于国际新闻研究的动力，30 多年来他取得了一系列具有开创性的研究成果，著有《台湾新闻事业概观》（1990，合著）、《新闻媒介的融合与管理》（2010，合著）、《传播能力再造：新媒体时代的世界性通讯社》（2012）、《中国媒体国际传播能力建设战略》（2015）等，先后主编《傲视财富——世界顶尖财经媒体透析》（2003）、《解密国际传媒集团》（2004）以及《新华新媒体研究系列丛书》（2012）和《中外媒体国际传播能力建设战略研究丛书》（2012—2015），发表论文近百篇，三次获得中国新闻奖论文奖，多篇论文被《新华文摘》《中国社会科学文摘》全文转载。

与此同时，唐润华长期致力于从战略层面进行国际传播研究，为提升我国国际传播能力献计献策。他主持过多个中央部委委托项目，参与起草了一些与国际传播相关的重要文件。他先后主持了两个国家社科基金重大项目——2009 年的"中国媒体国际传播能力建设战略研究"，是传媒业界首个国家社科基金重大项目；2017 年的"'一带一路'背景下中国价值观的国际传播研究"，是辽宁首个新闻传播学科国家社科基金重大项目。唐润华被评为国务院特殊津贴专家、全国新闻出版行业领军人才（学术类），曾任中国新闻奖审核委员会委员、国家应急中心舆情监测委员会专家委员、北京大学战略传播研究院专家委员会咨询专家、中国传媒大学国家传播能力协同创新中心研究员、浙江大学公共外交与战略传播研究中心专家委员会委员、中国舆情调查与研究联盟专业委员会特聘专家。

3.2.2.2 推动特色学科发展

2017 年 9 月，唐润华受聘为大连外国语大学中华文化海外传播研究中心首席研究员。唐润华带领课题组成员围绕主题进行"有组织科研"，取得了丰硕的研究成果：在国内各种学术期刊上共发表论文约 140 篇，其中中文核心期刊 70 余篇；出版专著 10 部。

以重大项目为抓手，以中华文化海外传播研究中心为平台，2018 年，大连外国语大学增设了全国首个中华文化国际传播硕士二级学科。目前，在读硕士生总数居全国首位。

在高质量完成现有国家社科基金重大项目的同时，唐润华作为学术带头人率领的中华文化国际传播二级学科研究、教学团队逐渐成熟，不断取得新突破。迄今这一团队共获批国家社科重点课题一项、重大课题子课题三项、一般课题和青年课题各一项，获得中央部委及有关部门课题近 10 项，每年都在核心期刊发表论文 5 篇以上。他帮助年轻老师不断提升科研能力，充分发挥科研领军人物作用，提升大外在相关研究领域的整体科研能力和地位。

同时，唐润华也助力办好"中华文化海外传播大连论坛"，使之成为在国内学界有一定影响的学术品牌。中华文化海外传播大连论坛于 2017 年开始举办第一届，至今已连续举办七届，海内外专家、学者等近千人出席，国内外上百家媒体进行了报道。大外这一学术品牌的成功打造，离不开每一位老师的付出，特别是唐润华教授，他从繁忙的工作中抽出时间，参与论坛举办的全过程，从主题策划、嘉宾邀请到主题发言、获奖论文评选、分论坛评议，每一环节都尽心尽力。

此外，唐润华利用自己拥有的资源，积极协助大外与中央媒体建立各类合作关系。在继续推进与中国日报网合建的中华文化海外新媒体传播研究基地建设的同时，利用自身独特优势，加强与人民日报社、新华社、中央广播电视总台、中国日报社、新华网、人民网等中央级媒体的联系，努力促成他们与大外在学生实习、教师实践、科学研究、技术协作等方面建立起长效合作机制。在加强与中央媒体单位的日常合作的基础上，积极推动了中华文化海外传播中心与中国日报网每年评选中华文化国际传播十大案例评选，在业界和学界产生了广泛影响，提高了大外的知名度；拓展了与中国外文局的联系，双方合办学术活动；加强了与中央广播电视总台、人民日报海外网的联系，合作进行有关学术研究；加强了与《中国日报》、中国文化网的联系，为大外学生成果海外传播开辟了新渠道。

3.2.2.3　提携后辈，甘为人梯

唐润华在新华社新闻研究所工作期间，就对年轻人言传身教，为他们创造良好科研氛围，培养科研兴趣和良好的科研作风。他鼓励年轻人积极上进，在做好繁忙的本职工作之余，尽可能多做一些理论研究的课题，当年所在的研究室绝大多数年轻人获批国家社科基金课题，还有 2 位成为清华大学和中国传媒大学的在职博士。在临近退休之际，唐润华参加了第一届中华文化海外传播大连论坛，答应了大外新闻与传播学院院长的邀请，这一偶然的缘分促使他退休之后来到大外工作。到高校工作后，他以平易近人的姿态与年轻老师平等交流，深入探讨各种学术话题，耐心回答各种问题。曾经指导新闻与传播学院的多位老师成功申报国家社科基金课题、教育部课题等。

2019 年唐润华开始招收硕士研究生，至今已有两位硕士毕业，还有五位硕士在读，其且也总结出来间也辅导多名本科生和辅修生的毕业论文写作。与学生相处，唐润华很乐意让同学们跟他分享学业、生活上的进步与困扰。2020 级硕士生李小男始

终记得并感激唐老师为她的学术研究提供指导与帮助。"研一暑假，唐老师照例发给我推荐阅读的书单，鼓励我提高专业知识水平，争取能形成一些高质量的科研成果。在唐老师的带领下，我开始一步步做起，不断积累学术写作经验。唐老师对学术研究的严谨态度让我由衷敬佩。"到毕业时，李小男已在导师唐润华的指导下发表了两篇CSSCI。

2022 年年底，国家发布"新十条"，放开新冠疫情防控，许多人接连感染新冠病毒，那段时间唐润华十分关心学生及其家人们的身体状况。2021 级硕士生叶元琪回忆说："唐老师在得知我和父母都中招之后，基本一天会询问两三次我们的状况，还会给我发一些降温方法，时刻提醒我要多喝水、多吃水果之类的，告诉我不用慌张。我痊愈之后，唐老师说在师门里的学生里，他最担心我，因为我的状况有点严重，但他也一直相信一定能扛过去。唐老师对我来说其实不仅仅是师父，更像是家中的一位长辈，关心晚辈的学习、生活。"

针对跨专业学习新闻与传播专业的硕士生，唐润华针对每个学生的学科背景，结合学生的喜好与研究方向，采取因材施教的方式。2022 级硕士生安佳睿本科为英语专业，在入学之初十分苦恼自己的学科背景以及未来的研究方向。唐润华结合安佳睿的本科学习，建议她选择翻译传播方向，还给她"量身定制"了书单与专业培养计划。"唐老师真的很贴心，从那以后我一下就明确了自己要做什么，也没那么焦虑了。"

对于学生的读博意愿，他始终坚持"兴趣导向"，判断自己是否适合读博的一个重要标准，就是自己是否喜欢当下每天沉浸于学术研究的硕士生活，如果觉得"喜欢""有很多想做的课题"的话就可以考虑读博了。因为读了博士在一定程度上也决定了未来的职业道路，就是从事学术科研，如果没有兴趣、觉得痛苦的话就很难坚持下去。

作为一个横跨业界与学界、拥有丰富的人生经验与阅历的著名学者，唐润华从来都是以平易近人的态度和其他学者、学生交流，必要时还会给他们提供帮助与建议。他始终把时代赋予知识分子的使命担在肩上，时至今日还在不停地学习、探索、创新、进取，在学术科研、教书育人等方面都获得了优异的成绩。

（大连外国语大学新闻与传播学院　张恒军、叶元琪）

3.2.3　关世杰：毕生躬耕于跨文化与国际传播研究

关世杰，北京人，祖籍辽宁沈阳，老三届北京 101 中学 1968 届高中生，北京大学新闻与传播学院荣休教授、博士生导师。中国传播学会终身荣誉理事，曾任哈佛北京校友会副会长、中国跨文化交际学会副会长，现任国家社会科学基金专家组评审人员、教

图 3-3　关世杰教授

育部评审专家。主要研究方向有跨文化交流、国际传播和中华文化国际影响力研究。著有《跨文化交流学》(1996 年获北京市第四届哲学社会科学优秀成果二等奖)、《国际传播学》(2006 年获北京大学第十届人文社会科学研究优秀成果二等奖)、《中华文化国际影响力调查研究》(2020 年获第八届教育部人文社会科学研究优秀成果一等奖)。承担过国家社科基金的"九五"重点项目、二项重大项目(作为首席专家)、一项后期资助项目。2008 年获得北京大学学生会和研究生会授予的北京大学第十三届"我爱我师——最受学生爱戴的老师"暨"十佳教师"荣誉称号，2012 年获得北京大学优秀共产党员标兵(见图 3-3)。

3.2.3.1　学科发展，鼎力担当

关世杰入行跨文化交流和国际传播领域与国家发展的需求密切相关。1978 年中国改革开放后，中外文化交流日益频繁，然而我国从事对外文化交流的人才奇缺，为此 1982 年党中央下发文件：责成北京大学、北京外国语大学创办国际文化交流专业，主要给文化部外联局培养文化交流干部；在上海复旦大学、上海外国语大学创办国际新闻专业，为新华社培养国际新闻干部。文件要求各校将这项工作作为国家急需的战略任务来完成，为国家培养对外文化交流人才。1983 年北京大学在国际政治系(现在的国际关系学院)创办了国际文化交流专业(第二学士学位专业)，成立了国际文化交流教研室，由宁骚老师任主任。当年在京津两地招收了第一届学生。国际文化交流专业对考生的外语水平要求高，生源主要来自外语院系，学制三年。北大成为改革开放以来最早从事跨文化交流与国际传播教学和科研的高校。关世杰 1977 年考入北京大学历史系，1984 年在北京大学历史系获得硕士学位后，来到北京大学国际政治系国际文化交流教研室任教，讲授的第一门课是中外文化交流史。

在教研室初创过程中，关世杰配合宁骚老师，积极担当作为，发挥了建设性作用。在此背景下，教研室着力建设和发展跨文化交流与国际传播两个专业方向。关世杰在 1991—1996 年间担任该教研室主任。当时，国际文化交流教研室具体负责国际文化交流专业班的教学组织和管理工作，教研室在国内率先开设了跨文化交流学和国际传播学的课程。

1996 年，由于教学和科研发展的需要，国际政治系扩建为国际关系学院，国际文化交流教研室扩建为国际传播与文化交流系。1998 年"国际传播"成为硕士研究生的专

业必修课。在 1996—2001 年，关世杰担任该系的副主任。当时，国际传播与文化交流系负责第二学士学位教育的教学和管理，并继续招收国际传播和文化交流方面的硕士生。

2001 年，北京大学复建新闻与传播学院，原国际关系学院国际传播与文化交流系所属全部师生一同调入新闻与传播学院。关世杰由此转入新闻与传播学院，成为学院元老级教师，此后一直在该院讲授跨文化交流学和国际传播学，推动两个学科稳步发展。

3.2.3.2 学术新田，孜孜以耕

跨文化交流和国际传播两个学科发展之初，北京大学面临着教员不足、教材缺乏等问题，尤其急需针对中国实际需要推进理论体系建设。在跨文化交流学和国际传播学这两片学术新天地中，关世杰躬耕前行，在教学和科研方面都富有建树。

1988 年夏到 1990 年春，他在美国哈佛燕京学社的资助下到哈佛大学访学，开始系统性搜集有关跨文化交流学的资料。此后，他用了 6 年时间深入研究，在 1995 年出版了专著《跨文化交流学》。该书是中国内地第一本系统介绍跨文化交流(intercultural communication)的著作，特点是从国际传播的宏观视角看待跨文化交流，突出了中西思维方式差异对交流的影响，持续受到国内学界关注，支持了国内跨文化传播学的学科发展。此后，他笔耕不辍，通过学术论文发表新的研究成果。1996 年，他在《新闻与传播研究》发表了《谈传播学的分支——跨文化交流学》；1997 年，在《现代传播》发表了《跨文化交流学研究中的若干问题》；1998 年，在《北京大学学报(哲学社会科学版)》发表《试论二十一世纪的中西文化交流》；2000 年，在《国际政治研究》发表《浅谈中日间的跨文化交流问题》。作为跨文化交流领域研究的先行者，他的这些文章在当时都引起广泛关注。2006 年，他在《对外大传播》发表《中国跨文化传播研究 十年回顾与反思》，为中国跨文化传播研究和理论发展进行了阶段性总结，尤其是指出了专业发展和理论建设中的不足，这为推动跨文化学科和理论建设的稳健发展起到了促进作用。另外，他还翻译出版了《跨文化传播学：东方视角》(1999)、《文化的冲突与共融》(2002)、《跨文化管理教程》(2002)、《跨文化交流的建构与实践》(2012)等海外跨文化传播研究领域的代表性学术著作。

在国际传播方面，国际政治系于 1986 年请外文出版局退休专家段连城局长为学生开设"对外传播"课程，其讲稿后来出版为《对外传播学初探》一书。1995 年段连成生病住院，该课暂停。经教研室集体研究，由新留校的陈开和老师另开新课"国际传播"。1998 年，陈开和到香港大学攻读博士，关世杰就接过这门课，由此开始专注于国际传播理论研究。当时，国内关于国际传播研究的中文文献寥寥无几，他几乎是拓荒前行。

1996年，他承担了国家社会科学基金"九五"重点项目"国际文化传播与国际关系"。在研究这一课题时，开始撰写有关国际传播（international communication）的学术专著。2004年，《国际传播学》由北京大学出版社出版，是国内最早全面论述国际传播学的专著之一。为了方便国人了解世界文化交流最新形势，他与联合国教科文组织联系，组织翻译出版了联合国教科文组织编写的《世界文化报告1998：文化、创新与市场》（2002）、《世界文化报告2000：文化的多样性、冲突与多元共存》（2002）。

3.2.3.3　学者人生，晚就终善

关世杰在学术研究上成果丰硕，建树卓然，2008年，他在花甲之年带领团队申报成功国家社科基金重大项目"我国对外传播文化软实力研究"，并以优秀成绩结项；随后，2014年该课题第二期项目"增强中国对外传播文化软实力深度研究"又成功获批国家社科基金重大项目，以丰硕成果免审结项。此后，他积极推动跨文化与国际传播理论的有机融合，在学术研究和理论建设方面进入了新阶段。

从2008年开始，他在学术研究成果方面迎来又一个高产期。2009年，他带领何明智、陈征和巩向飞翻译出版了美国学者丹·兰迪斯、珍妮特·M.贝内特和米尔顿·J.贝内特所著的《跨文化培训指南》。同一年，他主编的《人类文明中的秩序、公平公正与社会发展》由北京大学出版社出版，该书也是中国哈佛-燕京学者2007年北京年会暨国际学术研讨会论文集。2011年，他主编了《思维方式差异与中美新闻实务》（2011），该书也是国际社科基金重大项目"我国对外传播文化软实力研究"的成果之一。2016年，他任首席专家的第二期国家社科基金重大项目的成果——《中华文化国际影响力调查研究》由北京大学出版社出版，该书展示了两方面的内容：一是格局与理论，内容包括冷战结束以来的世界文化格局以及进行中华文化影响力调查的相关理论、评估体系和调查实施总体情况；二是依照中华文化影响力评估体系，从中华文化的物化形式、精神内核、传播渠道、国家发展状况4个一级指标下的13个二级指标，在美国、德国、俄罗斯、印度、日本、韩国、越南、印度尼西亚8国的影响力进行比照，进行定量的对比分析。在以往的文献中，关于国外专家学者或海外媒体如何看待中华文化有过论述，但是通过大样本问卷调查方法，用数据全面呈现一国民众对待中华文化看法的研究尚未见到，把上述八国民众对中华文化的看法同时呈现的是创新。该书在他68岁时入选国家哲学社会科学成果文库，可谓"晚就"，正如《资治通鉴》所言："晚就则善终。朝华之草，夕而零落；松柏之茂，隆寒不衰。是以大雅君子恶速成。"

关世杰积极参与和热心推动国际学术交流活动。他曾多次参与组织中国哈佛-燕京学者年会，2009年还带领团队在北京大学举办了第四届北京年会。同期，他组织了"多

元视角下的公民身份与共同体"国际学术研讨会，并编印了论文集。2008 年，北京大学高等人文研究院开始筹建，院长由哈佛大学教授、哈佛-燕京学社前社长杜维明担任。关世杰和杜维明是老朋友，也为学院筹建倾注了心血。2010 年 9 月，高等人文研究院正式成立，是北京大学跨学科人文研究机构，旨在促进人文学内部、人文学与社会科学与自然科学之间的跨学科交流，致力于具有国际性和创造性的跨文化学术研究，实现对传统文化的发展与转化。高等人文研究院步入正轨后，他辞去副院长一职，专心回归自己的研究领域。

近年来，他的学术探讨集中在两个方向。一是在价值观方面进行多维度研究，成绩斐然。2012 年，《人民论坛·学术前沿》转发了他撰写的《对外传播中的共享性中华核心价值观》一文，文中他提出了共享价值观（shared values）和共享性中华核心价值观（shared Chinese core values）的概念，论述了共享价值观在跨文化交流中的重要性，以及共享性中华核心价值观在海外弘扬中华文化中的关键性。年过古稀之后，他仍笔耕不停：2019 年，在《中国文化研究》发表了《中华价值观在沙特民众中的共享性》，在《国际传播》发表了《中国核心价值观的世界共享性初探》；2021 年，在《国际传播》发表了《中外民众对中医的认知、态度、行为比较研究》。

二是在海外受众研究方法方向的探索。他就诸中华文化因素与海外的中华文化形象、中国形象、双边关系之间的因果关系进行了分析研究。2019 年他申请的"中国文化在沙特影响力调查研究"入选国家社科基金后期资助项目，2024 年该项目的研究成果《沙特人眼中的文化中国》由社科文献出版社出版。该书首次用问卷调查的实证方法探讨了沙特人对中华文化的认知、态度和行为，研究结果不仅有益于中沙民众对彼此双方文化的理解，而且该书探讨了在沙特的语境中，中华文化诸因素与沙特人心目中的中华文化形象、中国形象、中沙关系之间的相关或因果关系，试图对国际传播学学术同仁提供一点参考。

目前，他虽退休多年，仍关注跨文化交流学术研究的新进展，正在着手《跨文化交流学》教科书的修订工作。

3.3.3.4 尽心尽力，教书育人

在学术研究之外，关世杰在教学工作方面也尽心尽力，获得学生广泛好评，2008 年获得北京大学学生会和研究生会授予的北京大学第十三届"我爱我师——最受学生爱戴的老师"暨"十佳教师"荣誉称号。费正清在 60 岁生日时曾写道："作为一名名牌高校教师，部分职责就在于为学生树立良好的榜样，与其说尽善尽美，倒不如说尽心尽力……"关世杰正是这样做的。他把给学生上课看得非常重要。只要有课，他就会提前

来到教室，把课件拷到电脑里仔细检查，他说这样看上一遍，心里会踏实些。2009 年，他从瑞典交流回国，坐了十多个小时的飞机，早上十点到达北京。下午两点半有研究生的课，他马不停蹄地赶到教室，都没来得及倒时差。他从不会让学生等着，更不会草率地上完一节课。

在教学生涯中，最常和学生讲的一句话是"吾爱吾师，吾更爱真理"，以鼓励学生自主研究和追求真理。在为硕士研究生和博士生单独开设的"学术沙龙"里，学生们常会提出不同的想法来反驳他，但是他一点也不会生气，总是认真听完，然后说："有道理"，他再回去仔细思考、查阅书籍，弄出个所以然来。有时候在通选课上遇到言辞不逊的学生，他也认真听完其观点，既不恼怒也不责备，而是耐心地解释说明。在他的课堂上，学生可以自由发表观点，和他展开辩论。他也从不强加自己的观点，刻意避免在学生面前树立或显示"学术权威"。每次讲完一个理论或观点，他都会问一声："我说清楚了吗"，而不是"你们听明白了吗?"

他对待教学始终有一种深厚的情怀，也有着崇高的使命感和责任感。他是一个非常严肃的人，不苟言笑，这让很多与他初识的学生都有些怵。但实际上，他是"望之俨然，即之也温"的谦谦君子。他对待学生，严格中透着温柔，学生们在学习中出现问题找到他，他都会尽力帮助解决。在指导硕士论文或博士论文时，他更是严格。在他看来，对学生严格就是对学生负责，对学术负责。正因为如此，他的学生在论文写作时特别认真，论文整体质量也都较高。

他对学生的"严格"也体现在生活中。毕业后，"关门"学子常在节假日组织聚会，探望恩师。每一次，他都反复叮嘱，要求学生们不要带任何礼物，"大家能聚一聚就很好了。"但他自己却并不遵守这一"规则"，每次都给学生们带来各地特产。于是每次聚会前，"关门"学子"轻装上阵"，聚会结束，再带着恩师准备的"礼物"回家。学生们常自嘲，这是极具"关门特色"的"啃老"。言语间，充满了对恩师的敬意、感恩，也有一份身为"关门"学子的自豪。

(中央广播电视总台国际传播规划局　李宇)

3.2.4　周树华：追风赶月莫停留，海阔山高任凭跃

周树华，现为香港城市大学讲席教授，ICA 会士、亚太传播联盟（ACPC）副主席（2018—2025）。*Journal of Broadcasting & Electronic Media* 主编，*Computers in Human Behavior* 和《传媒与社会》编辑，多种 SSCI 期刊编委。曾任广东电视台新闻部播音，英语新闻组组长(1988—1993)；阿拉巴马大学教授、副院长，国际中华传播学会(CCA)

图 3-4　周树华教授

前会长(2017—2019)，美国密苏里大学新闻学院 Leonard H. Goldenson 讲席教授，新加坡南洋理工大学和香港中文大学访问教授。主要研究方向为媒介信息认知、媒介心理、媒介内容和形式、媒介效果、国际传播和视觉传播。出版《传媒镜鉴：国外权威解读新闻传播教育》、*Research Methods in Communication*、《媒介效果与社会变迁》等学术专著和教材，并在国内外核心期刊上发表 100 多篇匿名评审论文，多篇被 SSCI、CSSCI 收录引用。在各大国际传播会议、研讨会发表论文近 200 篇，多次获奖。获阿拉巴马大学传播与信息学院监事会杰出教学奖，国际中华传播协会终身成就奖，广东省文学艺术界联合会/广东省电视艺术家协会时代卓越贡献奖等荣誉(见图 3-4)。

3. 2. 4. 1　从农科到文科的跨专业求学路

1979 年，"文革"后恢复高考的第二年，因为周树华所在的高中是一所普通高中，所以在 800 人参加了高考的情况下，其中只有四个人考上了本科。所以在周树华看来，当时考上大学其实是很幸运的一件事情。他被华南热带作物学院(后改名为海南大学)的农学专业录取。

华南热带作物学院位于海南岛，当时是农垦部直属的一所院校，在当时它其实是挺重要的一个学校。由于成绩优异，周树华成功地进入这个重点院校。进入农学院后的前两年，周树华进行了较为系统的农学学科热带作物专业的学习。先后系统修读了有机化学、无机化学、气象学、土壤学、植物学等课程。

由于特殊的时代原因，加之地处偏远，当时学校的一些公共课或基础课的老师比较缺乏，尤其是特别缺教英文的老师。热带作物学院需要急需培养自己的英语老师，于是就从自己的学生里挑选优秀的学生自行培养师资。于是从大三开始，周树华作为被选定代培英语师资的优秀学生，送到暨南大学开始了英语专业的学习。

尽管从农学到文学的跨度很大，但是在暨南大学读书期间，周树华发现自己很有语言天赋、适合做语言传播工作。他回忆，1979 年高考的时候，英文不受重视，不是一个必考的科目。那次他的英文考了就 30 多分。即使是这 30 多分，在当时的环境下已经实属不易了，因为不是高考必考，所以入学后发现有一些同学是连 26 个英文字母都认不全。从薄弱基础到流利的应用，在学期间，周树华的英语水平得到了极大提升。这为他后来进入广东电视台记者担任英语栏目记者打下了坚实的基础。

1983 年，他暂时结束了两年在暨南大学的英语专业学习，重新回到华南热带作物学院担任英语教师，回去教了一年的书再回暨大完成学业。那时候他还很年轻，还未满21 岁。第一次上讲台碰到其中一个班刚好是工农兵的回炉班。那些学生基本上是 30 到40 多岁。对于没有一点的教学经验的他就也算是一种独特的经历。这种教学经历也从某种意义上锻炼了周树华面对公众表达传播的能力。

尽管有了在暨南大学英语专业的学习经历，周树华在工作中仍然没有放松对自己的专业素质要求。当时热作学院英语教研室有两位周老师，一位是周叔余老师，另一位年轻的周树华被称为小周老师。在老周老师的带领下，二人共同坚持"高速口头操练法"来训练学生英语口语实践能力。高速口头操练法中，周树华用大量的词来替换诸多成熟的句式，并进行反复的诵读练习。在这套方法的持续反复训练下，周树华不仅自身的口语水平快速提升，而且还总结出来一套适合当时的学生的英语教学方法，获得学生的广泛欢迎，掀起了整个学院的英语热。当时在热带作物学院，老周老师和小周老师还成为大家的谈资。

3.2.4.2 从高校到传媒的跨行业转型

1988 年，正值改革开放的春风吹遍中华大地，中央台和上海台先后兴办了英语电视栏目。位于改革开放前沿的广东电视台也非常重视英语节目的开办，并为此到当地高校外语系精心寻访、选拔英语新闻栏目的主持。在暨南大学外语系，由于周树华在读书时各方面表现都非常优异，尽管是代培生，仍然给老师们留下了深刻的印象。于是面对广东电视台的寻访，教授们第一个推荐了周树华，尽管从农垦部下属的高校向广东省的媒体调动人员面临很多实际的困难，即便如此，广东电视台排除了诸多困难将周树华调了过去。自此周树华开启了他的记者生涯，正式踏入新闻界。

从 1988 年 2 月到 1993 年的 8 月这五年半的时间里，周树华又经历了一次转型：从大学英语教师到电视英语主播的转型。周树华回忆说，当时广东台的英语新闻组是一个来自五湖四海的高水平团队，手下的组员来自上海外国语学院（现在的上海外国语大学）、北京广播学院（现在的中国传媒）和广州外国语学院等知名专业院校，自己被调动过来就是为广东台做开荒牛的。周树华不仅担任了英语新闻组的组长，而且因为出色的口语水平，他被选为英语男主播。因为没有任何电视新闻的经验，刚开始心里面非常忐忑的。因为几乎所有的电视知识和主持艺术都需要从"123"开始学起，比如镜头的剪辑、直播的技巧、电视画面等。但是很快周树华就在电视新闻行业里得心应手了，并获得了同行的认可，先后荣获广东省文学艺术界联合会/广东省电视艺术家协会百佳主持人，时代卓越贡献奖等多项荣誉。

但是做了几年的英语新闻之后，周树华自己觉得，在一个中文台里面做英语新闻发展的空间不够大。而且由于他总觉得自己是半路出家的新闻人，总觉得在基础上有那么一点欠缺，非常希望能够深入自己所在的大众传播行业、深入对新闻业的了解，于是就动了深造的念头，打算去学一点新闻理论，擅长英语的他第一选择就是去美国留学。于是几经努力之下，周树华成功申请到印第安纳大学新闻学硕士，并在那里完成了硕士和博士的学业。跨学科的背景使周树华经常能够超越单一学科的边界与藩篱，为自己的学术研究带来更宽阔的视野和更多样的路径。

3.2.4.3 从中国到美国再到香港的跨国职业生涯

博士毕业后，周树华选择前往阿拉巴马大学任教，并在那里度过了整整 20 年的时光。周树华说，从印第安纳大学博士毕业刚到阿拉巴马大学工作的时候，当时美国南方学校里的华人特别少，尤其是人文社科领域的华人更少。但是周树华说，阿拉巴马大学传播与信息学院没有把他当外国人而是把他当成其中的一员，热情地鼓励他，教他这个"青椒"怎么适应环境，并提供了很好的条件。他尤其提及 Jennings Bryant 教授。在研究的路上，从论文构思到职业生涯设计，Bryant 也给予他一些很好的指导。比如说从助教到副教授怎么去做，从副教授到教授又需要做哪些规划和努力等，提供了非常实在的指导。传播与信息学院 college of communication building 的四楼有十几个实验室，有可以收集生理数据的，有可以做各种环境模拟的，这为周树华在职场上很快打开局面、继续深入自己的效果研究领域提供了很好的工作环境。

周树华说，在阿拉巴马大学的 20 年里，他大部分研究与硕博期间所学习的认知心理、生理心理和媒介效果方面的研究有关。Jennings Bryant 和 Dolf Zillmann 两位受人尊重的前辈和同事创办了各种完善的实验室和博士生项目，为他的研究提供了优越的外部条件，也为他的职业提升提供了很好的空间。Zillmann 是阿拉巴马第一任研究生副院长，Bryant 是第二任，周树华则是第三任，也是华人在美国传播界第一人。

2018 年，周树华加入密苏里大学新闻学院，出任这所世界最古老的新闻学院的 Leonard H. Goldenson 讲席教授。在此期间，他作为密苏里大学的代表获得了美国 2022 年 SEC 杰出教授奖（Faculty Achievement Award）。2023 年 5 月周树华获评国际传播学会会士（ICA Fellow）。国际传播学会会士的评选是一个面向全球新闻传播学术界的评选，标准极为严格。据悉，ICA 每年的评选 FELLOW 的人数不能够超过整个协会会员的 0.5%。无论国籍与肤色，每年全球 ICA Fellow 大概获评 20 人。而曾获此殊荣的来自中国内地的华人学者仅有个位数。

2023 年，周树华加入香港城市大学。有着丰富的跨国就职工作经验的他，很快就发现香港的大学和美国的大学各有所长。他认为后者更重视基础性和前沿性研究，强调学科的全面性和基础性；前者则因为普遍年轻，所以更注重研究的短期影响力与学科/学校排名。香港高校的这种氛围对周树华提出了新的要求，即香港的学术环境需要将他的研究专长与学术基金和高影响研究相结合。

回首自己的求学和求职路，周树华感慨道："其实我觉得我是很幸运的，在很多人生的关键时刻都有良人相助。高考成绩出错时，是高中的英语李文发老师帮我找回了丢失的十分，让我最终被录取；选择留学美国时，是暨南大学读书期间结识的美国教授Duck Wadsworth 热心地帮我择校；在阿拉巴马大学工作时，Jennings Bryant 和 Loy Singleton 和同事也都无私地给予我帮助。但是我始终相信一句话：机会固然重要，但为抓住机会所做的准备更为关键。不要总是埋怨机会太少，而是要多问自己：机会来临时，我准备好了吗?"

3.2.4.4 维持学术生命力的秘诀

作为新闻传播领域科研活跃度全球顶尖学者，周树华在保持自身的学术生命力方面有着独特的方法。在他看来，制订严密翔实的计划至关重要。这个计划的时间跨度可以长达一年，甚至是五到十年。详尽的计划有助于研究者更好地管理和利用时间，也能让他们更加专注于研究工作。一旦有明确的规划，研究者对自己的研究方向和职业晋升方向就会更加清晰，也会更有动力。此外，周树华建议研究者们要从事系统性的研究，可以在一个话题的基础上多方面展开研究。比如多年前，他深入研究过煽情新闻，当时他先从探索煽情新闻的源头和历史做起，逐步厘清煽情新闻的概念，接着又进行了内容分析，研究煽情新闻的呈现手法及表现特点，最后做了对煽情新闻效果的控制实验。通过一系列研究，他完成了对煽情新闻的系统考察。周树华说，系统性的研究不仅有助于研究者从宏观和微观层面把握研究主题，也能很快培养他们成长为某个领域内的专家。同时，周树华也强调了团队协作的重要性。他说，当擅长不同方面的人集中在一个团队中时，不仅可以提高团队的产出效率，还更容易激发新的思想灵感。当然，他也提醒大家，要永远保持一颗好奇的心，不要满足于已知的领域和取得的成就，要勇于探索，去拥抱未知，从探索中获得启发。

然而，保持旺盛的学术生命力并不意味要始终追逐最新、最前沿的技术。当前，新技术的发展确实带来了许多新的研究方法，那么研究者应该如何应对这些层出不穷的新方法？在周树华看来，不能为了方法而学习方法，研究方法的学习应该以研究问题为主，否则就会本末倒置。如果当前的研究方法已经能够解决你的研究问题，那么就不必再去追求掌握更多、更新的研究方法。研究者们应该将有限的精力集中在解决研究问题上，而不是追求新方法上。

另外，周树华的跨专业、跨行业、跨国（地区）的多样化丰富职业经历也给他带来了丰富的学术视野和独特的思维视角。在个频繁跨越的过程，他不仅不认为是挑战，反而非常享受这个过程。周树华认为，从阿拉巴马大学到密苏里大学再到香港城市大学工作这个过程中，他结识了更多的人，也获得了与世界各地的杰出学者合作的机会。而与来自不同文化、工作背景和人生经历的合作者们交流得越多，他感兴趣的事就越多。他说，他是通过学术获得更多了解世界、体验生命、感受文化的机会。

可能是基于自己多元的学科背景及丰富的人生阅历，周树华一直笃信多元视角的重要性。而且这种多元的理念还贯穿于他的时间管理过程中。他认为，生活不只有科研，还有各种各样的行政工作和社会服务工作，还有家庭和社区的日常生活。面对这些林林总总的主线任务和支线任务，他的处理方式是，每天保证一段时间，或者每周保证一两天是专门属于学术的。在这个专门的时间里，待在一个安静的、专门的工作空间里，不受干扰地专注于研究。

周树华认为，要想学术研究保持持续的活力，就必须永远不要失去好奇心。一个人需要不断更新自己的知识储备，通过阅读、会议乃至日常生活中的偶遇和交谈，不断获得新的知识和灵感。他说，他从来不将行政工作或社会服务工作视为对学术精力的"挤占"。相反，他会努力在这些工作中找到与学术研究、知识积累或学术灵感的交集。

3. 2. 4. 5 学高为师、谦逊为范

周树华指导的博士已有 21 位成功毕业，大部分在美国和世界各地高校任职。周树华在美国的新闻传播学界尽管已经声名鹊起，成为名家，但是他仍然时时不忘奖掖后学尤其是扶持中国学子。在他的开拓和带领下，阿拉巴马大学不仅有越来越多的华人学者到来，也有更多的来自中国的学生获得了深造的机会。他热情地帮助每一位慕名来求学的学生，但又不失严格地指导学生的学业，与人交往的谦逊给所有人都留下了深刻的印象。

在中国人民大学新闻学院的闫岩教授看来，她的博士生导师周树华教授是一个待学生如慈父般的人。据闫岩回忆，在跟随周树华读博的三年里，她无数次跟着周老师走过阿拉巴马大学信息与传播学院 Reese Phifer Hall 宽阔的走廊和浩大的门廊，穿过图书馆前四季常青的广场，与他讨论课堂作业、研究选题和学业论文。在她博士毕业至今的12 年里，周老师依旧给予了她持续的、巨大的支持和鼓励。

闫岩在接受采访时提及，在求学期间，给她印象最深的是周树华老师的两次否

定。一次是博士一年级下学期，她想慕名去选一个和自己研究方向关系不大但十分有名的教授的课，周老师建议她先去试听再做决定，不要追逐虚荣或听凭感觉而做决定。她没有听从建议而偷偷去选了课，结果发现果然收益不大，反而偏离了自己的研究主线。另一次是博士二年级上学期，闫岩与学院的其他教授就某篇论文的写法起了争执，她希望寻求周老师的支持。尽管当时她尚未选周树华老师做她的导师，他本可以置之不理，不料他却给了她很直接的批评：应该用学术的逻辑处理学术争论，用美国社会的逻辑处理与美国人的冲突，而不应该试图将东亚社会的人际法则混淆到学术争论中。这个建议振聋发聩、直中要害，因此闫岩听从了他的建议，用一种很直接和坦诚的方式解决了问题。闫岩感慨：所谓"父母之爱子，则为之计深远"。在与周树华老师的相处中，他总是宽严相济的，而且他对待亲疏远近的人都同样如此，充满智慧又饱含真诚。

在访问学者、兰州大学新闻与传播学院王君玲教授看来，合作导师周树华老师的真诚帮助和低调谦逊令人感动、赞叹和敬佩。王君玲提及，去阿拉巴马大学访学时，她和家人抵达伯明翰机场已是夜晚。周树华不仅亲自开车到机场接回几乎一无所知、一脸懵的她们一家人，还热情地收留、安顿她及家人住在自己家里。由于行程仓促、信息不足，在到达阿拉巴马大学访学之前，王君玲不仅没能在行前联系好租住的房子，而且在孩子上学等一些重要问题上也缺乏准备。到了美国后她发现衣食住行各方面的了解几乎为零、手足无措。最大的问题就是临时租房不容易、联系孩子入学更麻烦。所以初到美国，她和随行的丈夫、孩子一直都居住在周树华老师家里，直至20多天后租到房子。王君玲回忆，在访学这一年时间里，周树华老师及师母江晓燕女士不仅帮她安顿好衣食住行的方方面面，而且耐心地解答她各种问题，帮她克服跨文化生活体验中面临的各种困难，这种热情的、无私的帮助令她感受到了家庭般的温暖。在王君玲看来，她完全没有想到这样一位知名的、令人尊敬的学界"大咖"，竟然待人如此真诚、耐心、热情。

如今，周树华已经桃李满天下、誉满国际新传学界。但是，他旺盛的精力、持续学习的能力令人叹为观止。很多人看来，他有两点令人敬佩，别人难以企及。一是已过花甲之年的他仍然活跃在马拉松的赛道上；二是已是功成名就、本可"躺平"的他不仅持续关注活跃于专业前沿领域的研究，而且还基于自己的兴趣坚持学习"三外"法语。或许这就是他独特的秘笈吧！

（兰州大学新闻与传播学院　王君玲）

3.3 教授名录

陈红梅

陈红梅，女，1975 年 3 月生。河南驻马店人，新闻学博士。现任江苏师范大学传媒与影视学院教授，新闻传播学学科带头人。主要研究方向为新闻传播与社会发展、影视文化传播、新闻传播实务。主持并完成国家社会科学基金后期资助项目 1 项、徐州市社科项目 3 项。完成"广播电视学"校级第一批思政专业建设，参与的教改课题"全媒体新闻人才融合创新、服务社会能力培养体系的建构与探索"获江苏师范大学教学成果一等奖。长期承担本科生"新闻编辑""现场报道""公共关系"，研究生"新闻传播理论""马克思经典新闻原著选读""中外电视史"等课程的教学工作。

陈建云

陈建云，1967 年 8 月生，河南省南召县人。现任复旦大学新闻学院副院长、教授、博士生导师，兼任中国新闻史学会副会长、中国新闻史学会新闻传播教育专业委员会副会长。曾就读于河南大学中文系、文学院，先后获得文学学士、硕士学位。2003 年 7 月毕业于复旦大学新闻学院，获得文学(新闻学专业)博士学位，留校工作至今。曾获 2023 年度复旦大学十佳教师、"钟扬式"好老师称号。主要从事新闻传播法规与职业伦理、新闻史论的教学与研究工作。出版有《中国当代新闻传播法制史论》《大变局中的民间报人与报刊》《向左走 向右走——1949 年前后民间报人的出路抉择》《舆论监督与司法公正》《论史衡法》等著作，其中《舆论监督与司法公正》获得上海市第十四届哲学社会科学优秀成果奖(2016—2017)学科学术奖著作类二等奖。

陈沛芹

陈沛芹，女，上海外国语大学新闻传播学院教授、博士生导师、副院长。主要从事新闻传播理论、新闻社会学、全球传播史等课程教学，研究方向为国际新闻与国际媒体。出版的著作有《美国新闻业务导论》(独著，2010)、《上海文化活动国际影响力报告》(主编，2017)、《国际新闻与驻外记者》(译著，2011)，为《当代英美新闻传播高级实务译丛》(9 本)的执行副总译审，在国内外期刊发表中英文论文 30 余篇。承担并完成多个省部级以上的科研项目，包括国家社科基金项目"十九大后国际舆论新走势与新格局研究"。

陈笑春

陈笑春，女，1977 年生，中共党员，博士，西南政法大学教授，新闻传播学博士生导师。研究方向为媒介版权、法治传播。代表性科研项目有国家社科基金项目"数据化语境下自媒体版权侵权治理研究"、国家社科基金项目"互联网视听产业的版权纠纷及其法律规制研究"、国家高端智库重点课题"新发展阶段扶持信息网络行业自主创新和发展的政策体制研究"、教育部留学回国人员科研启动金项目"我国普法传播中的'信息沟'现状及其对策研究"等。代表性著作有《网络视听版权规制论》(2021)、《讲好中国法治故事：法治报道的理论、历史与实践》(2023)。在 CSSCI 期刊发表视听版权、新闻版权等相关论文 40 余篇。先后获重庆市第十次社科优秀成果二等奖、重庆市第八次社科优秀成果三等奖、首届重庆市研究生教学改革优秀成果奖等。

陈秀云

陈秀云，女，1973 年 8 月生，教授，沈阳师范大学新闻与传播学院副院长，中国人民大学新闻学院传播学博士毕业。研究方向包括：危机传播和舆论学研究，以专著《大众传媒与地方公共危机传播研究》(中国社会科学出版社)为代表；新闻传播基础理论研究，以博士论文《论新闻文本间距》(被纳入"新闻出版专业优秀博士论文文库"，由中国书籍出版社以《新闻误解——论新闻文本间距》为名出版，获辽宁省哲学社会科学成果奖)、教材《写给中学生的新闻学》(与导师陈力丹合著，北京大学出版社)及论文《智能媒介的控制理路思考》(《中国报业》，被《中国新闻年鉴 2020》全文收录)为代表；文学与传媒关系研究，以论文《大众传播对文学传播的影响》(《社会科学辑刊》)及《论当代大众传媒与纯文学的生长空间》(原载《盐城师范学院学报》，被人大复印资料转载)为代表；鲁迅比较研究，体现在编著的《鲁迅作品内部比较研究》、参著的《鲁迅作品新论》《鲁迅作品与中国文学比较研究》《鲁迅与外国文学关系研究》《西方影响与中国文学观念的新变》等著作中。

程 前

程前，男，1974 年 9 月生，湖南省南县人，中共党员，博士、教授、硕士研究生导师。现任江西师范大学新闻与传播学院党委副书记、副院长。主要研究领域为广播电视、视听新媒体。2014 年首批入选教育部、中宣部高等学校与新闻单位从业人员互聘"千人计划"，在江西广播电视台新闻中心挂职副主任一年。主持国家广电总局部级研究项目、江西省社会科学规划项目、江西省文化艺术科学规划项目、江西省高校人文社科项目等各类省部级课题 12 项，江西省教改课题、江西省学位与研究生教育教学改革项目 3 项。在中国社会科学出版社出版专著《中国电视媒体灾害报道的话语转型》，在《现代传播》《中国电视》《电视研究》《中国广播电视学刊》等各类学术刊物发表论文 60 多篇。1 篇论文被《新华文摘》电子版全文转载，成果曾获中国高等院校影视学会"学会奖"二等奖。获江西省教学成果奖 3 次。

邓年生

邓年生，1973 年生，江西遂川人，现为南昌大学新闻与传播学院教授，中国新闻史学会党报党刊分会会员，教育部学位与研究生教育发展中心评审专家。主持完成国家社会科学基金项目、江西省社会科学基金、省文化艺术科学基金、省高校人文社科项目等 10 余项，主编与出版专著 4 部，发表学术论文 30 余篇。博士学位论文《权力视域下我国短视频场域多元协同治理》2024 年 4 月被江西省人民政府学位委员会办公室评选为优秀博士学位论文；出版学术专著《新媒体视频监管体制创新》《短视频场域的传播风险与协同治理》，主编《中外新闻事业史》（第二版）入选"十二五"职业教育国家规划教材和江西省普通高校优秀教材一等奖。

范明献

范明献，1976 年 10 月出生，河南南阳人，中共党员，新闻传播学博士。中南大学人文学院教授、院长、博士研究生导师。研究方向为视听传播、网络新媒体、媒介伦理。1998 年 6 月本科毕业于中国人民大学，2004 年 6 月硕士研究生毕业于北京广播学院，2011 年 6 月博士毕业于中国传媒大学。2004 年 7 月进入中南大学执教。兼任中国新闻文化促进会理事、湖南省新闻传播学会副会长，湖南广播电视学会理事、湖南电视艺术家协会常务理事。曾在长沙电视台、中央电视台等媒体从事过记者、编导、执行制片人等岗位工作。主持国家社科基金、教育部人文社科基金、湖南省级项目十余项。获湖南省广播电视奖一等奖、湖南省教学成果奖三等奖，在《新闻与传播研究》《新闻大学》《电视研究》等学术杂志发表论文 40 余篇。

甘莅豪

甘莅豪，1977 年 10 月生，江西高安人，语言学及应用语言学博士。华东师范大学传播学院教授、博士生导师。研究方向主要在家庭、国家和全球三个层面展开：基于共情修辞的家庭教育话语研究；基于言语行为的国家治理话语研究；基于数字社群的全球知识话语研究。主持国家社会科学基金项目 2 项，教育部课题 2 项，中宣部委托项目 2 项，并获上海高校智库内涵建设计划项目支持 2 项。在《新闻与传播研究》《国际新闻界》《新闻大学》《现代传播》等期刊发表论文数十篇，曾荣获上海市社会科学界联合会优秀论文奖 2 次，ICA 教师优秀论文奖 1 次。主要著作有《空间动因作用下的对举结构》《传播修辞学：理论、方法与案例》《中国国家形象重塑与维基百科全书知识话语研究》《维基百科政治学》（在编）《老子思想域外传播研究》《生命修辞学：生与死的温柔告别》。其还致力于通过增强开源知识社区，实现人人自由分享知识的愿景，70 余项智库成果被政府部门采纳，多次获得国家级领导人批示。

谷　鹏

谷鹏，1977 年 1 月生，教授，博士生导师，中国新闻史学会媒介法规与伦理研究委员会常务理事、中国新闻史学会舆论学研究委员会理事、江苏省写作学会理事。苏州大学传媒学院副院长，曾先后从事体育传播学博士后、台湾世新大学访问学者等工作，主持国家社科、江苏省社科等各类科研项目 13 项，发表论文 30 余篇。研究方向为体育传播学、媒介伦理学。获 2022 年第二届江苏省高校教师教学创新大赛特等奖，2021 年江苏省教学成果奖二等奖，2019 年江苏省好新闻二等奖。

杭　敏

杭敏，女，1971 年生，江苏南通人，博士，清华大学新闻与传播学院长聘教授，博士生导师，副院长，经济传播研究中心主任，清华大学全球共同发展研究院副院长，清华大学侨联副主席，北京市第十四届政协委员。2007 年获瑞典延雪平大学国际商学院传媒经济博士学位。获得中国传媒经济与管理学会著作奖、论文奖，清华大学教学成果一等奖，清华大学教学优秀奖，中华优秀出版物（出版科研论文）奖，美国新闻与传播教育学会传媒经济学著作奖，国际传播学学会年会组织传播最佳论文奖等。主持国家社科基金项目"区域特色文化产业发展研究"、北京社科基金重点项目"首都经济圈文化产业协同创新研究"、中央财经委员会重点项目"重大经济政策传播研究"、美国哥伦比亚大学合作项目"Media Ownership and Concentration"等。出版《清华财经新闻大讲堂》《国际财经媒体发展研究》《全球网播：新媒介商业运营模式》、*Media Corporate Entrepreneurship：Theories and Cases*（Springer）等中英文专著、译著和学刊论文。

何明星

何明星，1964 年生，北京外国语大学国际新闻与传播学院教授、博士生导师。具有 20 多年一线实践经验，主要从事国际出版、中国书刊对外发行史、中国文化走出去效果评估研究。先后主持省部级项目 10 多项，发表 C 刊论文 100 多篇。何明星教授最早提出了海外图书馆系统收藏的中外文书目数据中华文化世界影响力评估的第三方数据，客观、中立、可稽核，以图书馆书目数据为基础，形成了海外传播范围（馆藏数据）、主流媒体展露（书评）、受众接受（读者态度、评价）等完整的效果评估数据收集、分析框架。相关研究文章分别发表在《中国出版》《出版发行研究》《中国翻译》《科技与出版》《中共党史研究》等新闻传播学术期刊上。

黄晓军

黄晓军，湖北孝感人，武汉大学新闻学博士，南昌大学新闻与传播学院教授。2017—2018 年，访学于美国西伊利诺伊大学艺术与传播学院广播电视系。主要致力于新闻传播实务的研究。主持国家社科基金项目"百年来中国共产党新闻文风的历史演进与新时代重建"研究，主持完成省级项目 4 项。曾获第九届湖北省社会科学优秀成果奖二等奖，武汉大学第三届人文社会科学研究优秀成果二等奖。在《国际新闻界》《中国出版》《青年记者》等刊物发表论文 50 篇。出版专著 2 部：《中国大众传媒合作竞争论》（2011）、《禅的传播》（2018）。主编教材 2 部：《新闻采写基础》（2021）、《新闻作品赏析》（2017）。讲授"新闻采写基础""先秦传播思想""新闻作品评析"（本科）、"媒介经营管理"（研究生）等课程。

蒋忠波

蒋忠波，1977 年生，四川渠县人，四川大学文学与新闻学院教授，博士生导师。长期从事新闻传播的教育和研究工作，给本、硕、博学生分别开设"传播学概论""新闻与传播研究方法""传播与劝服""新媒体与社会文化前沿"等课程；近年来专注于传播效果、传播与社会心理、智能传播等相关研究。在《新闻与传播研究》《国际新闻界》《现代传播》等刊物上发表 20 余篇学术论文，已出版《网络议程设置的实证研究》《两会舆论引导的效果及提升策略研究》等 2 部专著，以及编著《媒介素养与传媒批评——媒体人电影解析》1 部。主持国家社科基金项目 2 项，教育部人文社科项目 2 项，四川省社科项目 1 项，作为主研参与国家社科基金重大招标项目 1 项。曾荣获四川省高等教育优秀教学成果三等奖（2014）、四川大学优秀硕士论文指导教师（2023）等。

来向武

来向武，1973 年生，陕西富平人，教授，博士生导师。曾在《今早报》《三秦都市报》从事新闻实践工作 6 年，先后任记者、编辑、新闻部主任、编辑中心主任等职。获得陕西新闻奖二等奖，《陕西日报》好新闻奖一等奖、二等奖等。2009 年进入西北大学新闻传播学院任教，2017 年 7 月至今任西北大学新闻传播学院副院长。主要研究领域为新闻实务、危机传播、国际社交媒体传播。出版著作《数字环境下编辑机制的变革研究》、《梁衡新闻 200 句》等著作四部。在《新闻与传播研究》《国际新闻界》《人民日报》（理论版）《光明日报》（理论版）等刊物发表论文 50 余篇，多篇论文被《新华文摘》和人大报刊复印资料转载。主持国家社科基金项目"社会资本对互联网群组的约束作用研究"等各类研究项目 10 余项。获得陕西省哲学社会科学优秀成果奖二等奖、三等奖、陕西高校人文社科优秀成果奖二等奖、西安市哲学社会科学优秀成果奖一等奖等多项奖项。

李　欣

李欣，女，1973 年 12 月生，湖北襄阳人，复旦大学传播学博士。现任浙江传媒学院新闻与传播学院院长。曾就职于广州日报报业集团总编室，2011 年、2013 年分别赴台湾世新大学、美国密苏里新闻学院从事访问学者工作，2017 年至今被聘为浙江省网信办智库专家，浙江省新闻奖、中国新闻奖评审专家。获国家广电"百优"理论人才奖，入选浙江传媒学院"领鹰"人才计划。国家一流专业传播学专业负责人，省级一流课程"数据新闻报道"负责人。主持国家社科基金重点项目"中国网络流行语三十年研究"、国家社科基金重大项目子项目、浙江省哲学社会科学重点项目、浙江省教育厅重大攻关项目等 10 项。主持省级教改、省级实践基地项目 3 项，作为重要参与者获省级教学成果奖 1 项。在国内重要学术期刊发表论文 30 余篇，出版学术专著 3 部、译著 1 部。专著《西方传媒新秩序》获浙江省哲学社会科学优秀成果奖。

李华君

李华君，1982 年 8 月生，安徽阜阳人。现为华中科技大学新闻与信息传播学院副院长，教授、博士生导师，国家级人才青年项目入选者，湖北省优秀青年社科人才入选者，中国新闻史学会公共关系专业委员会副理事长，中国故事创意传播研究院副院长（华中科技大学与中国外文局共建）。主要研究领域为品牌公关、传媒经济、智能传播。先后主持多项国家社科基金、教育部及省级社科基金项目。荣获"国家级教学成果二等奖""国家级一流课程""湖北省教学成果一等奖""湖北省社会科学成果一等奖""宝钢优秀教师奖""华中科技大学教学名师"等奖项。在《新闻与传播研究》《现代传播》《新闻大学》、*Journal of Retailing and Consumer Service* 等权威期刊发表论文 30 余篇，研究成果多次被《新华文摘》、中国社会科学网、人民网、科学网等转载。

李庆勇

李庆勇，1967年10月生，教授。吉林大学博士，新闻与传播专业学位研究生、中国现当代文学硕士研究生导师，沈阳师范大学新闻与传播学院党委书记兼副院长。主要从事新闻传播、中国现当代文学研究，在《文艺争鸣》《光明日报》《传媒》《中文自学指导》《沈阳师范大学学报》《芒种》《辽宁教育行政学院学报》等刊物发表文章20余篇；主持国家社科基金项目1项，省级重点项目2项，省级一般项目、参与项目多项；出版专著4部，主编1部，副主编2部，参编10余部。

李晓云

李晓云，1979年7月生，河北涉县人，博士，教授，现任河南工业大学新闻与传播学院院长。主要从事媒介生态、新媒体传播等方面的研究。获评河南省优秀青年社科专家，河南省教学标兵，河南省青年骨干教师，河南省教育厅学术技术带头人，入选河南省百名优秀青年社科理论人才培养工程、河南省青年文化英才。发表学术论文30余篇，主持国家社科基金项目"网络群体性事件中公众意见的表达与实现研究""县级融媒体赋能乡村治理共同体建设的机制与路径研究"，主持完成省部级项目11项，出版专著1部，获河南省社科成果二等奖1项、河南省教学成果二等奖1项。

林仲轩

林仲轩，1986年7月生。广东普宁人，传播学哲学博士。暨南大学新闻与传播学院副院长、教授、博士生导师，暨南大学大数据中心常务副主任，广东省哲学社会科学重点实验室"计算传播与港澳台侨研究重点实验室"主任，入选中宣部"文化名家暨'四个一批'人才工程"宣传思想文化青年英才。长期从事媒介文化、数码残障、港澳传播、国际传播等领域的研究工作。主持国家级重大项目2项（国家社科基金重大项目"增强香港、澳门同胞的国家意识和爱国精神研究"和教育部哲学社会科学研究重大课题攻关项目"粤港澳大湾区国际传播话语体系建构研究"），国家社科基金2项，国家社科基金重大项目子课题2项，教育部等省部级课题项目12项。以第一署名作者身份在SSCI及A&HCI期刊发表论文51篇；在CSSCI及TSSCI期刊发表论文16篇，出版学术著作5部，教材2部。获得省部级科研奖项2项，获得国际传播学年会（ICA）最佳论文奖等国际国内重要学会奖3项。第二批全国高校黄大年式教师团队"融合新闻教师团队"成员，主讲全英慕课"Intercultural Communication"（广东省一流本科课程），主持2项广东省高等教育教学研究和改革项目。

刘　磊

刘磊，1981年生，陕西西安人，教授。2003年进入西安工业大学人文学院任教，2007年任文学与传播系副主任，2014年任西安工业大学文科综合实验中心主任，2016年任新闻传播系主任。主要研究方向为新媒体传播、非遗传播、视觉人类学研究等。出版教材《品牌广告案例赏析——新媒体时代的市场行动方式与竞争之道》《广告原理与实战》、合著《文化·技术·市场——"互联网+"视阈下的文化品牌塑造与传播》等；发表学术论文30余篇，主持国家级科研项目4项，省部级课题和社科成果获奖多项。作为负责人的"中国节日影像志·甘肃省环县红星村"成果，视觉人类学纪录片《家节》2017年全年随国家艺术基金项目赴美巡展，2018年7月获巴西佛罗瑞安努波利市举办的国际人类学民族学联合会大会入围奖。

刘永昶

刘永昶，南京师范大学新闻与传播学院教授、博士生导师、广播电视系主任。主要从事媒介文化、影视艺术传播等方向的研究。主持国家社科基金项目"抗日战争的影像记忆史研究"，主持完成国家社科基金艺术学项目"我国电视剧的网络传播现状及管控研究"、国家新闻出版广电总局重点项目"主旋律影视剧的有效传播研究"，主持其他省部级项目6项，获第五届"星光"电视文艺奖、飞天电视剧文艺评论奖、江苏文艺大奖等。出版专著《20世纪30年代视觉媒介研究》；主编《新媒体概论》《中国百年女性人物辞典（新闻出版卷）》《中国战地记者的口述新闻史》《军队应对媒体指南》《融合新闻传播实务》《广播电视栏目案例精选》《视听节目形态解析》《影视艺术概论》（《中国文学史纲要》等编著或教材。在《现代传播》《新闻大学》《人民论坛》《中国电视》《电影艺术》《光明日报》等权威报刊或CSSCI期刊发表学术论文40多篇。参加《古田会议》《强军》《战狼》《我的特一营》《中国影像方志》《兔子镇的火狐狸》《电影往事》等影视剧、纪录片、电视节目的创作工作。在《文艺报》《解放军报》《光明日报》《文汇报》《新华日报》《北京青年报》《新京报》《南方都市报》《东方文化周刊》等报刊发表文艺作品或新闻作品100余万字。

刘中望

刘中望，1980年5月出生，湘潭大学党委委员、副校长，教授，博士生导师，文学与新闻学院传播学硕士点负责人、广告学国家一流本科专业建设点负责人，主要从事媒介文化、左翼文论研究，曾任湘潭大学文学与新闻学院广告学系主任、院长助理、副院长，社科处处长，教务处处长等职，现承担"广告文案写作""广告经营管理""传播学理论"3 门课程教学工作，主持湖南省本科生精品课程"传播学概论"、湖南省研究生优质课程"传播学理论基础"，主持完成国家社科基金项目 2 项、省部级项目 11 项，目前主持国家文化英才项目 1 项，出版《理论范式与意义实践：当代传媒文化前沿问题研究》等学术专著 2 部，参与《广告客户管理》等专著 5 部，发表《沃尔特·翁的修辞传播观》《伊尼斯和麦克卢汉媒介历史分期观比较研究》《西方记者延安叙事研究》《数字档案的物质性思考》《大型实景演出的文化社会学分析》《微博议程设置路径与用户认知模式的实证研究》《互联网与当代生活方式》等学术论文 70 多篇，其中，CSSCI 源刊论文 37 篇，被人大复印资料全文转载 10 篇，获国家级教学成果二等奖 1 项，省部级优秀成果一等奖 1 项、二等奖 5 项，省文学艺术成果奖 1 项，曾获全国宣传思想文化青年英才、宝钢优秀教师、湖南省优秀青年社科专家、湖南省 121 人才工程入选者、湖南省普通高校优秀青年骨干教师、湖南省优秀研究生导师等称号，兼任湖南省大学生广告艺术大赛组委会副主任等职。

刘忠波

刘忠波，男，1979 年 11 月生，文学博士，南开大学新闻与传播学院教授，硕士生导师。研究领域为纪录片理论与创作、影视艺术传播研究。在《人民日报》《中国电视》《出版科学》《北京电影学院学报》等报刊发表文章 90 余篇，其中 CSSCI 来源期刊论文 35 篇，3 篇被人大复印资料全文转载。主持完成有国家社科基金项目、教育部人文社科项目、天津社科重点项目、中国博士后科学基金特别资助项目等十余项。获天津市社会科学优秀成果奖、"星光奖"电视文艺优秀评论奖、全国优秀博士后学术成果奖等奖项。主要著作有《多重话语空间下中国形象的权力场域》《纪录片创作：理论、观念与方法》等，主编"十四五"职业教育国家规划教材《电视节目制作技术》。出版长篇小说《润身》《灰鱼》，拍摄有《微光漫游》《一席之地》《疯狂爱国者》《暮色四围》等纪录片，于中国电影家协会华语青年影像论坛、北京独立影像展、足荣村方言电影节、"光影纪年"中国纪录片学院奖、中国高校影视学会"学院奖"等国内外影展节入围、获奖，联合翻译有韩国小说《敬爱的心》，影响广泛。

陆 地

陆地，安徽人，现任北京大学新闻与传播学院教授、北京大学视听传播研究中心主任。曾任《中国青年报》、北京电视台等新闻媒体的记者、主任编辑和清华大学新闻与传播学院教授。2004 年被中国广播电视协会(现中广联)评选为全国"十佳"广播电视理论工作者。承担包括国家社科基金重大项目"周边传播理论与应用研究"在内的国家级和省部级项目以及横向课题 30 多项，发表学术论文 400 余篇，著作 22 部。《中国电视产业发展战略研究》(新华出版社 1999 年版)是国内首部电视产业理论专著；《世界电视产业市场概论》(中国人民大学出版社 2002 年版)是国内首部世界电视产业研究专著；《世界文化产业》丛书(5 卷本)(外语教学研究出版社 2007 年版)是国内首套世界文化产业研究专著；《中国网络文化产业发展报告》(新华出版社 2010 年版)是国内首部网络文化产业专著；《中国网络视频史》(中国广电出版社 2017 年版)是国内首部网络视频史研究专著；2023 年年底，所创建的周边传播理论被中国社科院评为中国原创新闻传播学三大理论之一。

马　嘉

马嘉，女，1971 年 1 月生。河北大城人，文学博士。浙江万里学院文化与传播学院教授，硕士生导师。长期致力于新闻理论、新闻教育、网络社群研究。曾作为日本龙谷大学受托研究员，研究日本新闻教育；日本兵库县立大学访问学者，研究日本华侨报纸。出版国内第一本系统研究日本新闻教育的专著《学术与职业：日本高等新闻教育研究》，主持完成"东北日系报纸与另类殖民叙事的媒介建构"省部级以上社科项目多项，在核心期刊发表学术论文 20 余篇。主讲"新闻学概论"等课程，是省一流专业负责人。

秦红雨

秦红雨，1979 年 2 月生，教授、硕士生导师，西南大学新闻传媒学院副院长，主管本科教学。主讲的"马克思主义新闻思想"先后获批重庆市一流课程、重庆市课程思政示范课程。先后获得重庆市教学成果一、二等奖各 1 项，同时，同《重庆日报》合作理论视频栏目"理响青年"，指导学生发表作品 60 余期，点击量破 2000 万。个人获颁重庆市宣传工作先进个人、西南大学"金牌讲习者"、美国密苏里州立大学"促进两校合作特殊贡献奖"、西南大学优秀研究生导师。主持国家社科基金项目 1 项，国家重大文化出版工程项目"中华大典·农业典"子项目 1 项，参与国家社科基金重大委托课题子课题 1 项；省部级课题 4 项；围绕"鸟瞰"文化(核心以上 4 篇)、乡村文化传播等在《现代传播》《编辑之友》等期刊发表学术论文 30 余篇，获得第 26 届重庆新闻奖三等奖 1 项；相关资政建议被《人民日报》内参部等采用并发表。

邱 凌

邱凌，山东临沂人，山东大学新闻传播学院党委委员、副院长、教授、博士生导师，山东大学对外话语创新及国际传播研究中心主任。主要从事国际传播、跨文化传播方面的研究，主持与国际传播相关的国家社科基金重大项目子课题和年度项目及中宣部、中国外文局、省委宣传部的多项课题。任教 20 年来扎根教学一线，多年担任本科教学院长，创新人才培养模式，探索出以红色新闻文化为基因建构卓越新闻传播人才的培养模式，以新技术技能提升为竞争力的新文科人才培养路径，发表多篇教学研究论文，获得多项省部级教改项目。

饶广祥

饶广祥，1982 年 2 月生，福建武平人，传播学与符号学方向博士。现任四川大学文学与新闻学院（新闻学院）广告学与符号学教授、博士生导师。主要从事中国品牌、产业与广告符号学、品牌符号美学研究。主持国家社科重大课题子课题、国家社科项目"中国品牌的意义生成机制与路径"等课题，获四川省社科一等奖。致力于传播学与符号学理论、产业（商品、品牌与广告）符号学理论与运营研究，出版《品牌与广告：符号叙述学研究》《商品符号学文集》等著作，发表《传播学与符号学：融合与发展》《品牌神话：符号意义的否定性生成》《作为商品的旅游——一个符号学的观点》《广告符号学研究现状与发展》《论广告的定调媒介》等多篇论文。长期从事品牌战略、广告传播咨询工作，曾参与眉山东坡文化规划、泸州老窖品牌发展研究、Burberry 中国品牌形象调研、墨西哥国家形象建设、宝洁轻奢研究、江小白符号学研究等项目。

施 斌

施斌，1972 年生，文学博士，吉林大学新闻与传播学院广播电视艺术系主任、教授，吉林省传媒学会常务理事、吉林省传播学会常务理事。在省级广电媒体及央视近 20 年，获"全国优秀广播电视主持作品二等奖""吉林电视台'十佳'播音员主持人""中国新闻奖""吉林新闻奖"等广电专业奖项 30 余项。入选中宣部、教育部双聘"千人"计划。出版学术专著《文化复制与电视节目模式的全球流通》《融媒时代广播创新与实践》，参编及主编教材《广播节目主持艺术》《电视节目主持教程》。主持参与各类科研教学项目 20 余项，教学及科研方向为：口语传播、视听艺术创作、媒介文化传播。

涂凌波

涂凌波，重庆南川人，中国人民大学新闻学院博士，中国传媒大学教授、博士生导师、广播电视学系主任。美国南加州大学、香港城市大学访问学者。入选国家高层次青年人才计划、第九批北京市优秀青年人才、北京市国家治理青年人才、中国传媒大学"金核桃"人才等。研究领域为：新闻学理论、媒介与社会理论、马克思主义新闻观、互联网与国家治理等。主持和参与多项国家级、省部级项目，出版《现代中国新闻观念的兴起》等著作和教材多部，在 SSCI、CSSCI 等学术期刊发表论文 60 余篇。马工程配套案例教材《实践中的马克思主义新闻观(第二辑)》编写组主要成员。多篇文章被《新华文摘》纸质版和网络版、《中国社会科学文摘》、人大复印报刊资料《新闻与传播》全文转载。获得教育部霍英东教育基金会第十七届高等院校青年教师奖、国家级教学成果一等奖、北京市高等教育教学成果一等奖、中国新闻史学会"第三届新闻传播学会奖二等奖"、北京高校第十一届青年教师教学基本功比赛人文类一等奖；是北京高等学校优质本科重点课程、优质本科教案、优秀专业课主讲教师，所讲课程入选国家一流本科课程、教育部课程思政示范课等。

王 斌

王斌，中国人民大学新闻学院教授、博士生导师，中国人民大学舆论研究所副所长、马克思主义新闻观研究中心副主任、《国际新闻界》副主编，教育部人文社会科学重点研究基地中国人民大学新闻与社会发展研究中心研究员。兼任中国新闻史学会网络传播史专业委员会理事长、中国新闻史学会中国特色新闻学专业委员会副理事长、中国高等教育学会新闻学与传播学专业委员会秘书长。入选首批"北京高等学校青年英才""中国人民大学杰出学者"。曾任新加坡南洋理工大学、瑞典延雪平大学、香港城市大学访问学者。研究方向为新闻传播理论、媒介社会学、新媒体传播、传媒业转型与创新等。主持国家社科基金项目、教育部人文社科项目、北京社科基金项目等多项纵向课题，承担过人民日报社、中央电视台、新浪网等单位委托的多项咨询项目。出版《互联网新闻学：基本范畴与中国情境》《社区传播论：新媒体赋权下的居民社区沟通机制》《传媒业空间形态演化研究》等学术专著，在《新闻与传播研究》等期刊发表论文 80 余篇，被《新华文摘》《中国社会科学文摘》、"中国人民大学复印报刊资料"全文转载十多篇。荣获宝钢优秀教师奖、教育部高等学校科学研究优秀成果奖、全国新闻学青年学者优秀学术成果奖、中国新闻史学会杰出青年奖等。

王　蕾

王蕾，女，1971 年 9 月生，南京大学新闻传播学院教授。曾赴美国哈佛大学（2008—2009）、香港中文大学、香港城市大学进行研究访学。研究领域为传播社会学；传播史论；媒介文化；媒介与社会性别研究。主持国家、省部级课题多项。在《新闻与传播研究》《新闻大学》《新闻记者》《中国图书馆学报》等学术刊物发表学术论文 130 余篇；在中国台湾学术期刊《台湾研究》《书目季刊》、香港学术期刊《传播与社会学刊》《传媒透视》发表论文数篇。获南京大学首届"青年骨干教师"荣誉称号（2006—2009），成果曾获中国新闻史学会第五届新闻传播学学会奖"优秀学术奖"二等奖、江苏省第十六届哲学社会科学优秀成果三等奖、江苏省高校第五届哲学社会科学研究优秀成果三等奖、南京大学第五届"南京大学人文社会科学研究优秀成果"二等奖。

王　爽

王爽，女，1969 年 6 月生，教授，高级编辑，国家二级心理咨询师，沈阳师范大学新闻与传播学院双师型教师。（辽宁省文联）辽宁电视艺术家协会理事，辽宁省作协会员。曾任辽宁大学中文系教师，沈报集团《大众生活》《青年科学》杂志任编辑、总编兼社长，《沈阳晚报》健康部主任，创建健康融媒体。研究方向为新闻实务，健康传播。

王君玲

王君玲，山东省莱州市人，武汉大学文学（传播学）博士，暨南大学出站博士后。现任兰州大学新闻与传播学院教授，副院长，曾赴美国阿拉巴马大学做访问学者。研究领域为网络与新媒体、传播与社会发展。国家一流本科社会实践课程"小实习（新春采风、重走中国西北角或其他）"的负责人，主讲"新媒体专题""网络社会学""舆论学"等课程。曾出版《网络社会的民间表达——样态、思潮及动因》等多部学术专著和教材，发表学术论文数十篇。曾获兰州大学隆基教学骨干奖、教学成果奖等奖励。主持省部级及以上科研、教研项目 7 项。兼任甘肃省新闻传播学教学指导、认证、教材建设委员会秘书长、中国新闻史学会新闻传播教育委员会副理事长、中国新闻史学会网络传播研究委员会常务理事、丝绸之路新闻传播教育联盟秘书长；兼任中华新闻工作者协会第九、十届理事会特邀专家理事，中华新闻工作者协会新媒体委员会专家委员；甘肃省广播电视协会常务理事；曾任第二十八届中国新闻奖、第十五届长江韬奋奖评委。

王勇安

王勇安，1962 年 10 月生，教授，博士生导师。从事出版实务工作 20 年，数字出版及编辑教学科研 15 年。2005 年 6 月调入陕西师范大学新闻与传播学院，任编辑出版学系主任，出版专业硕士学位导师组组长，2016 年起任学院学术委员会主任、校学术委员会委员。研究领域为数字出版与出版管理，成果主要集中于数字出版管理、数字出版模式设计、数字出版产品形态设计研究等方面。完成陕西省社科基金"陕西跨媒体出版发展战略研究"、陕西省新闻出版局"陕西出版产业发展报告"等课题研究，主持教育部人文社科项目、陕西省社科基金重大项目等。在核心以上期刊发表论文 50 余篇，主编教材 2 部，撰写专著 3 部。

吴予敏

吴予敏，1954 年 10 月生。祖籍湖北武汉。文学博士、教授。1989 年赴深圳大学任教，历任文学院院长和传播学院创院院长、广东省高校重点文科基地传媒与文化发展研究中心主任。在任期间，创建广东省重点学科（文艺学和新闻传播学）、新闻传播学一级学科博士点和国家级教学实验示范中心。长期从事新闻传播教育事业，致力于中国传播思想史、美学、文化研究和广告研究。主持国家社会科学基金、广东省社会科学规划课题多项，是国家社会科学基金重大课题"农民工文化需求与城市公共文化服务体系建设研究"的首席专家。20 世纪 80 年代出版学术专著《无形的网络：从传播学角度看中国传统文化》，开创了以传播为方法和以中国文化为本位的中国传播史和传播思想史的研究。还出版学术专著《美学与现代性》《多维视界》《传播与文化研究》《深圳大百科（文化卷）》《深圳传媒 30 年》《深圳广告 26 年》《城市公共文化研究》等多部，出版《现代广告营销》《广告学研究导引》等教材。研究成果曾经获得广东省及深圳市社会科学成果奖等，主持的教学改革项目获得广东省高校教学成果奖一等奖；作为教师获得南粤优秀教师奖。

武汇岳

武汇岳，1979 年 8 月生。山东莱州人，计算机博士。现任中山大学新闻传播学院副院长、教授、博士生导师。长期从事智能传播、人机交互、虚拟现实等方面的研究。近年来，主持国家自然科学基金 3 项以及广东省自然科学基金面上项目 1 项。以第一兼通讯作者身份在国内外著名学术刊物上发表论文 50 多篇，其中多篇论文发表于本领域国际英文顶刊和国内中文顶刊。作为独立作者出版教材 2 部以及学术专著 3 部，取得专利 2 项，软件著作权 10 项。长期主讲"数字媒体前沿""人机交互与用户行为研究"和"媒介、技术与社会变迁"等课程，主持智慧树平台在线慕课"智能媒体应用实践"。

谢 梅

谢梅，女，1963 年生，重庆市人。电子科技大学公共管理学院三级教授，博士生导师。主要从事文化产业发展战略及规划研究、文博资源转化利用研究、传播学理论研究、文化遗产与文化创意策划。主持、参与国家社科项目"文博资源转化利用的模式研究"(2014)、"珞巴族(阿巴达尼)"(2020)；获四川省第十四次哲学社会科学优秀成果一等奖(2010)、四川省哲学社会科学三等奖(2014)、四川省第十六次社会科学优秀成果三等奖(2018)、四川省第二十届哲学社会科学优秀成果三等奖(2023)。致力于传播学与文化创意产业策划研究，出版《文化创意与策划》《公共文化管理与社会治理》《大众传播学理论及方法教程》等著作，发表《基于工具分析的文化产业政策优化：技术驱动、效力评估与双向适配》等论文。长期从事文化产业战略和政企咨询工作，曾主持成都市新时代文明实践中心规划咨询、国家音乐产业(成都)基地发展规划、中国数字音乐版权认证与交易平台建设实施方案、四川省天府新区音乐产业规划、成都博物馆文博资源转化利用规划研究服务项目、重大疫情背景下的舆论特点及应对研究等项目研究。

徐莉莉

徐莉莉，女，1964 年 12 月生。杭州人，文学博士。中国计量大学艺术与传播学院教授、硕士导师。曾任中国计量大学人文社科学院文化传播系主任、中国计量大学艺术与传播学院广告学专业主任曾是加拿大卡普顿大学访问学者。致力于新闻传播史、品牌传播、新媒体传播的研究。主持教育部人文社会科学基金、浙江省哲学社会科学规划课题、浙江省后期资助成果课题、浙江省教改课题"品牌传播人才培养模式的建构"和浙江省社会科学界联合会研究课题"新媒体与赋权：在浙新生代农民工社会适应性研究"等多项厅级课题。出版《〈澳门宪报〉中文公告与近代澳门社会(1850—1911)》等 2 部学术专著；在国内外学术期刊上发表学术论文、教改论文、报告 50 余篇。

晏 青

晏青，1984 年 12 月生。江西峡江人，文学博士。暨南大学新闻与传播学院教授、博士生导师。长期从事新媒体文化、娱乐传播、认知传播研究，主持国家社会科学基金、国家社会科学基金重大课题子课题、广东省哲学社会科学基金、人事部博士后特别资助基金等省部级以上项目 12 项。出版《神话：理解中国传统文化的媒介化生存》《连接：社交媒体批评史》《娱乐心理学》等学术专著、译著 10 部，主编"娱乐研究译丛"。在《新闻与传播研究》《文艺研究》、*New Media & Society* 等国内外期刊发表论文百余篇。20 多个研究报告获中央领导批示、中央部委采纳。多项成果被人大复印资料《文化研究》《新华文摘》《中国社会科学文摘》等转载、获广东省哲学社会科学优秀成果奖、中国新闻史学会学会奖、中国高等院校影视学会学会奖等多项。暨南双百英才计划"杰出青年学者""杰出人才"。入选教育部办公厅、中央宣传部高校与新闻单位互聘交流"双千计划"。

杨　嫚

杨嫚，武汉大学新闻与传播学院教授，博士生导师，主要从事新媒介、媒介发展史、传播政治经济学研究。美国杜克大学访问学者、美国印第安纳大学布鲁明顿分校访问学者，以及中国香港城市大学访问学者、台湾政治大学访问学者。主持国家社科基金及其他省部级科研项目多项。

代表性成果包括：《内战时期瓦兰迪加姆案与煽动性言论的"恶劣倾向"推断》（《新闻与传播研究》，2019）、《论新媒介产消者"自由劳动"的本质及其历史意义》（《社会主义研究》，2018）、《 字幕组与日本动画跨国传播：受众主动性的悖论》（《新闻与传播研究》，2012）、《字幕组在日本动画跨国传播中的功能分析》（《国际新闻界》，2012）、《消费与身份构建：一项关于武汉新生代农民工手机使用的研究》（《新闻与传播研究》，2011）、《数字鸿沟界定及其政策选择——以美国为例》（《新闻与传播研究》，2008）等。

杨中举

杨中举，文学博士，临沂大学传媒学院教授，沂蒙学者，硕士研究生导师；主要从事新媒体研究、跨文化传播研究。主持的国家社科基金"流散诗学研究"、教育部人文社科基金"帕慕克小说研究"等课题。《微传播研究》等成果研究微传播时代各类微传播现象及其规律，2016 年首次提出微视频传播是未来信息发布的主流方式，揭示了微传播分裂与聚合并存的二律背反规律。

于春生

于春生，河南大学新闻与传播学院教授、硕士生导师、副院长。主要研究方向为数字出版、新媒体传播、乡村传播，在《现代传播》《中国出版》《出版发行研究》《中国电视》《中国广播电视学刊》等刊物发表相关学术文章 40 余篇，其中多篇论文被《中国人民大学复印报刊资料·出版业》《新华文摘》全文转载或论点摘编，并获得河南省哲学社会科学优秀成果奖；出版相关学术专著 1 部，主持完成 4 项省级科研项目；主讲"新媒体运营""新媒体研究""新闻传播理论前沿"等课程。

余 玉

余玉，江西湖口人，中国人民大学新闻学博士，现为南昌大学新闻与传播学院教授，研究生导师，博士后合作导师。研究方向为中外新闻传播史论、马克思主义新闻观、红色新闻事业、传播伦理与法规。出版专著《上海〈时报〉新闻业务变革研究》《中国新闻职业共同体的肇始与演进（1815—1949）》；合著教材《中国新闻传播史新编》；主编《互联网时代的健康传播》；参与编写方汉奇教授主编的《中国新闻事业编年史》、陈力丹教授主编的《马克思主义新闻观百科全书》、柳斌杰教授主编的《中国名记者》系列丛书等。先后在《新闻与传播研究》《国际新闻界》《现代传播》《新闻大学》等核心刊物发表论文 80 余篇。主持、参与各级课题 25 项，其中主持国家社科基金项目、江西省教育科学规划重点项目、省社会科学规划项目、省高校人文社科项目等 14 项；参与国家社科基金重大、重点、一般项目等 11 项。先后获中国新闻史学会"新闻传播学学术精品"奖、"第五届新闻传播学国家级学会奖"优秀学术二等奖、江西省教学成果二等奖（主持）、南昌大学"教学名师"荣誉称号、南昌大学教学成果一等奖（主持）、南昌大学"授课质量优秀奖"等。

张 帆

张帆，1985 年 11 月生，湖北大学新闻传播学院副院长，教授、博士生导师。"多语种国际传播教育联盟"理事会常务理事，英国威斯敏斯特大学传播与媒介研究院访问学者，曾在湖北广播电视台长江云新媒体集团挂职工作。

研究方向为媒体融合、智能传播。主持教育部人文社科青年项目"大数据技术使用对新闻从业者角色认知的影响机制及优化路径研究""人机属性对智能新闻生产模式的影响机制及优化路径研究"、中国博士后科学基金面上项目"社会角色视角下智媒时代新闻记者的职业困境与对策研究"等省部级以上课题 5 项，其他课题 6 项。在《国际新闻界》等核心期刊及国内外学术会议上发表论文 20 余篇，其中多篇被《新华文摘》论点摘编，出版专著《媒体融合背景下我国报业转型的发展策略研究》《短视频生产实践与社会资本研究》。论文《权威与角色：智媒时代的新闻职业话语研究》曾获湖北省高等学校人文社会科学研究优秀奖。

主讲"马克思主义新闻论著选读""媒介文化"等本科课程，以及"新媒体研究"等研究生课程。参编教材《新编新媒体概论》《新闻传播学院思政案例教程》2 部，主持省部级教改项目 1 项、省级一流课程 1 门。

张 杰

张杰，1975 年 10 月生。江苏扬州人，广州大学新闻与传播学院副院长、教授，百人计划（学科带头人）。致力于传播社会学、网络人际传播的研究。主持国家社会科学基金、教育部人文社会科学基金课题多项，获省部级奖项三项。在《新闻与传播研究》《国际新闻界》《新闻大学》《现代传播》等新闻传播学重要刊物发表论文近 20 篇，出版专著《熟悉的陌生人：明清江南社会才女群体现象的社会学研究》，并通过中国社会学会专家评审委员会的严格评审，最终入选中国社会学会 2016 年度好书（共 10 本），获得陆学艺社会学发展基金会奖金。作为传播社会学领域最重要的学术组织者和重要研究者，牵头持续举办了中国社会学会学术年会第一届、第二届、第三届、第四届、第五届"传播社会学论坛"，引起了传播学界和社会学界的广泛关注，成为该领域的品牌活动。

张 垒

张垒，1977 年生，河南开封人，中央民族大学新闻与传播学院副院长、教授、博士生导师，马克思主义新闻观与新闻实践研究中心主任。曾长期在新华社工作，担任《中国记者》杂志副总编辑。主要从事中国特色新闻学、马克思主义新闻观，以及新闻传播与社会发展等方面研究工作。著有《中国新闻业的源起——从嵌入到融入的实践考察》等专著，是中央"马工程"重点教材《新闻学概论（第二版）》编写组专家、"马工程"配套案例教材《实践中的马克思主义新闻观（第二辑）》编写组主要成员，中央"马工程"教材审读专家，参与编写《学习习近平关于新闻舆论的重要论述》等。主持国家社科基金重点项目"新时代中国特色新闻学理论建构的实践取向研究"等各级各类科研项目多项，在《新闻与传播研究》等学科权威期刊及《人民日报》《光明日报》等报刊发表数十篇高质量论文，讲授的课程获得北京市课程思政示范课程，同时获得北京市课程思政教学名师称号，策划编辑的作品曾五次获得中国新闻奖。

张 瑞

张瑞，出生于 1975 年 7 月，内蒙古呼和浩特人。内蒙古师范大学新闻传播学院教授、高级编辑、硕士生导师、实践教学部主任。

曾在内蒙古广播电视台从事电视新闻采编和新媒体管理工作 20 年，并担任内蒙古广播电视台新媒体中心负责人。新闻作品曾荣获中国新闻奖特别奖、一等奖；中国广播影视大奖；内蒙古新闻奖一等奖、内蒙古广播影视奖一等奖等十余项。从事教学科研工作后，主持教育部及自治区教学科研项目多项；发表相关学术论文多篇。

张传香

张传香，女，1978 年 5 月生，中共党员，天津师范大学新闻传播学院教授，博士生导师。2007 年作为引进人才进入天津师范大学新闻传播学院后主要从事网络传播、媒体融合方面的研究和教学工作。2014 年获批国家留学基金委全额资助国家公派赴美国佛罗里达大学访学。2017 年入选天津市高校中青年骨干创新人才计划。2018 年入选天津市特聘教授青年学者项目。主持完成国家级、省部级、委局级科研项目多项。已在国家级核心期刊和权威媒体上发表论文及文章 30 多篇。已出版专著《媒介融合下影视作品的宣传推广策略》《党报经营模式研究初探》。

张玉荣

张玉荣，又名泽玉，1973 年 3 月生，西藏民族大学新闻传播学院教授，硕士生导师。曾在西藏电视台新闻一线工作 17 年，创办了西藏电视台《今晚九点》《综艺互动》等电视节目，《乡里来了医疗队》《古荣糌粑兄弟》等多部影视作品获省部级奖。曾获西藏自治区师德标兵（2018）、西藏自治区高校教学名师（2023）等荣誉称号，为西藏少数民族专业技术人才特殊培养对象。出版《电视与西藏乡村社会变迁》（获西藏哲社优秀成果奖）、《西藏社会发展与舆论引导》（获西藏民族大学哲社优秀成果奖）等专著，主讲的中国大学慕课"西藏传播史略"入选新华社新华思政课平台。主持参与国家社科基金项目"西藏社会舆论与媒介引导力"等 20 余项课题，多篇调研报告、新闻阅评获省部级领导批示及优秀调研报告奖，擅长田野考察式研究，曾以田野的方式主导完成了对西藏牧区社会的研究观察的纪录片《牧人》。

周鸥鹏

周鸥鹏，郑州大学新闻传播学院教授，博士生导师。河南省文化产业发展研究基地中心主任。河南省"百名优秀青年社科理论人才"，河南省教学标兵，河南省青年骨干教师。主持省部级以上课题 8 项，其中国家社科基金后期重点项目 1 项，河南哲学社会科学规划项目 4 项，河南省广播电视编导综合试点改革项目 1 项，河南省政府决策招标课题 1 项，河南省软科学项目 2 项，获批国家一流课程 1 门，河南省一流课程 1 门、河南省精品在线课程 1 门、河南"十四五"重点规划教材 1 部，河南发表学术论文 20 多篇，著作3部，主编教材4部。主要研究方向：传媒经济、传媒经营管理。

朱秀凌

朱秀凌，女，1977年8月生。广东外语外贸大学新闻与信息传播学院教授、硕士生导师、专硕中心主任。长期从事新闻传播教育，致力于媒介与青少年、家庭传播的研究。主持国家社会科学基金一般项目2项、教育部人文社科研究青年基金项目1项、省社科基金项目2项、省教育厅社会科学研究项目2项、省教育科学"十三五"规划重点项目1项。出版学术专著《青少年的手机使用与家庭代际传播研究》《家庭传播学视域下的青少年网络风险防范与引导研究》，在《国际新闻界》《新闻大学》等国内学术期刊上发表论文50余篇；获中国新闻史学会优秀学术论文奖、福建省漳州市第三届社科优秀成果奖；"新闻传播专业硕士协同培养模式研究"获2023年"广东省学位与研究生教育学会"优秀教学成果奖二等奖。

庄金玉

庄金玉，西北师范大学传媒学院(新闻学院)教授，硕士生导师，网络与新媒体系主任。复旦大学新闻学博士。甘肃省优秀青年文化人才；甘肃省高等学校青年人才；甘肃省直属机关青年联合会委员，新闻出版界别委员会副主任；甘肃省委网信办舆情中心智库专家。国家级普通话测试员。中国应用新闻传播学研究委员会理事。主要研究方向：应用新闻传播学、少数民族文化传播、舆论引导与舆情研判。主持国家社会科学基金项目、国家哲学社会科学创新基地重要研究项目子课题、教育部人文社会科学规划项目、国家民委委托项目、甘肃省委宣传部、甘肃省高等学校战略研究项目、甘肃省卫生健康宣传中心委托科研项目等。在《现代传播》《新闻大学》等权威学术期刊发表学术论文20余篇。若干资政文章获得省部级领导批示并采纳。

3.4　人才流动——2023年新闻传播学科人才流动报告

在我国，新闻传播是隶属于文学门类的一级学科。随着新闻传播教育的迅猛发展，新闻传播学以学科建制机构的形式迅速扩张。学科的迅速发展推动了对师资规模和质量的需求，同时在学科建设和排名等推动下，新闻传播学科的人才流动也成为流行现象，甚至引起了媒体和社会关注。本来人才流动是实现人才资源配置优化的重要路径，高校之间人才的合理流动应是正常现象。然而，由于人才流动也存在市场失灵、政策失范，人才的无序流动和过度的区域和组织集聚等问题，这无论对于创新绩效，还是科研生产力都不会产生积极的"增量"。

为了反映 2023 年新闻传播学科人才流动情况，我们选取了 63 个有代表性的高校（涉及全国第五轮学科 A+、A、B+、B-、C+、C-和其他新闻与传播学院院校），统计了各校新闻学院（系）人才流动（人才的流入流出，新毕业博士除外）的相关数据，发现 38 所高校（占比 60.3%）发生了人才流动状况，25 所高校的新闻学院（系）在 2023 年并无人才流动（占比 39.7%）。

3.4.1 性别和年龄：男性约占近六成，"70 后""80 后"成为人才流动的主力

2023 年产生人才流动的 70 名新闻传播学者中，女性学者 31 名，占比 44.3%。男性学者 39 名，占比 55.7%。男性学者居多。就流动学者的年龄分布而言，"60 后"学者共 3 人，占比 4.29%。"70 后"学者共 23 人，占比 32.9%；"80 后"学者共 30 人，占比 42.9%；"90 后"学者 14 人，占比 20%。"70 后"和"80 后"学者共占所有样本的近八成（75.8%），为人才流动的主力，且男性学者居多，流动时年龄显著高于女性学者。

西方学界基本达成一个共识，即年龄与流动性之间存在负相关。弗里曼（Richard B. Freeman）研究发现，随着年龄增长，学术人才的流动性逐渐降低。这与中国高校的人才流动不同，中国高校在招聘人才时虽有年龄设置，但重点吸纳拥有高级职称、年富力强的高层次人才（"70 后""80 后"）；年轻学者则以招聘应届博士为主，而非调入。

女性学者因顾虑因素较多（尤其是家庭），人才流动明显少于男性学者，这与西方学界普遍认为的男性教师流动性强于女性的发现一致，可用家庭牺牲论来解释，即斯普赛（Wayne Simpson）和格伍曼（Shelley Goverman）等发现，结婚女性常因家庭责任而限制了自身流动性。

3.4.2 学缘背景与研究方向：复旦大学、清华大学、华中科技大学居前三甲

在 70 名流动学者的博士学位的来源院校中，复旦大学最多，有 5 人，占比 7.1%。其次是清华大学和华中科技大学，各有 4 人，占比均为 5.7%。中国人民大学、中国传媒大学、香港浸会大学、浙江大学也各有 3 人，占比均为 4.3%。这些院校均是新闻传播学科实力强劲的院校，新闻传播学办学历史悠久，培养了大量博士生。

3.4.3　学历与职称：九成以上流动学者为博士，五成以上为教授

我们对 70 名流动学者的学历和职称情况进行了统计，除了 5 名学者，其余都是博士学位；从流动时职称来看，36 名学者是正高职称，占比 51.4%；12 名学者是副高职称，占比 17.1%；22 名学者是中级职称或初级职称，占比 31.4%。正高级学者构成了新闻传播学人才流动的主力军，这说明近年来各校新闻传播学科倾向于高层次人才的引进。

从流动后职称看，除了 1 位特别优秀的学者职称实现了向上流动，其余学者职称没有变化。这说明各高校新闻传播学院在引进人才时，倾向于吸纳具有高学历、高职称的高层次人才；也说明各高校（尤其是清华、北大、人大、复旦等老牌院校）职称评审制度日趋严格，很难通过人才流动实现职称的向上流动，职称平行流动成为主流。

3.4.4　院系变动：同校跨院系的人才流动成为新趋势

2023 年新闻传播学者流动出现了一个新趋势，即同校跨院系的人才流动，这与近年来学科之间的融合交叉进一步加深的趋势有关。学者们一般在与新闻传播学科相近的人文社会科学的各学院之间流动，如艺术学院、哲学学院、马克思主义学院、管理学院等。如深圳大学传播学院的战迪副教授调任该校社会科学部副主任；刘辉教授调任该校艺术学部的戏剧影视学院院长。浙江大学传媒与国际文化学院林玮教授调任该校休闲学与艺术哲学研究院常务副院长、广播影视研究所副所长。西南政法大学吴喜教授则从政治与公共管理学院调入该校新闻传播学院等。极个别流动学者则从理工学科向新闻传播学科流动，如大连民族大学信息与通信工程学院的许小可教授加盟北京师范大学新闻传播学院的计算传播学研究中心。

还有一些流动学者则是因为职称和编制问题，进行了同校跨院系流动，这大大降低了因人才跨区域流动而产生的成本代价问题。

3.4.5　院校流动：复旦大学、中国人民大学、南京大学吸聚知名学者的能力持续突出

从人才流动的流入院校分布情况来看，华侨大学 2023 年流入最多，一共引进了 4位学者（2 位为编辑出版业界人士，2 位为台湾学者）；其次为复旦大学、中国人民大学、南京大学、海南师范大学，均吸纳 3 位学者加盟（3 名学者均为业界人才）。从流出院校来看，浙江大学传媒与国际文化学院陆续流失了李红涛（加盟复旦大学）；刘于思

和李东晓(均加盟南京大学)、林健(加盟香港中文大学)、林玮(转至该校哲学学院)四位学者。中山大学和深圳大学等广东高校则呈现"大进大出"的人才环流现象。

复旦大学、中国人民大学和南京大学由于优异的学术声望和优越的地理位置,近几年来吸聚人才的表现相当抢眼,吸纳了不少国内顶尖学者的加盟,进一步强化它们在本学科的强势地位,形成"马太效应"。仅2023年一年,中国人民大学就吸纳了3位知名学者宫贺、卢家银、苗伟山老师的加盟;南京大学、暨南大学由于灵活的职称向上流动机制,吸引了不少优秀学者的加盟,如浙江大学的刘于思副教授直接被南京大学聘为教授等。

这说明在诸多影响学术人才流动的因素中,虽然经济收入、引进费用是人才流动的重要因素,但对于高层级人才来说,机构声望更为重要,学术发展空间和前景是他们选择流动的最重要因素。西方学者开普勒(Theodore Caplow)和麦吉(Reece McGee)对文科教师流动情况的调查发现,追求较高的机构声望是文科教师流动行为发生的首因。大量研究持有类似观点,并证实机构声望与流动动机、流动行为之间强相关。

第二,学术环境已成为影响人才流动的关键。高效的科研环境、更好的学术平台、成熟的制度、更多与顶级研究团队的合作机会……这些因素对于流动学者而言,具有强烈的吸引力。通过流动,学者的科研水平与学术能力都能得到一定增长。

第三是学术绩效,西方学者朱克(Lynne G. Zucker)等证实学术绩效可有效预测流动行为;科尔夫妇(Jonathan H. Cole & Stephen Cole)进而指出科研产出的质量而非数量,对人才流动的影响更大;肯(Diana Crane)发现学术绩效与机构声望的交互作用,即高学术成就者往往来自高声誉大学,两者共同影响流动行为。

第四是学缘背景,不少流动学者流入自己博士毕业学校或城市。如广西艺术学院罗奕教授(毕业于厦门大学)加盟厦门理工学院;《中国青年报》的编委、社评部主任、首席评论员曹林调入母校华中科技大学信息与传播学院任教等;中山大学新闻传播学院陶建杰教授调入母校复旦大学执教。这说明拥有熟悉的人脉资源也是影响新闻传播学者流动的重要因素。

最后,配偶工作安置和子女教育发展也是高层次人才群体十分关心的内容。如流入复旦大学、中国人民大学的学者子女可就读其高质量的附属中小学,这对于高层次人才来说,也是极具吸引力。这说明如何妥善合理地安置高层次人才配偶的工作和子女入学,应成为各高校吸引高层次人才的重点。

收入水平、地域也成为人才流动的重要推力。西方学者韦勒(William C. Weiler)和穆斯(William J. Moore)对高校间人才流动的研究,以及朱斯特(Sheila Schuster)等研究都证实了此观点。"双非"学校广州大学近年来因其丰厚的薪酬待遇和优越的地理位置，继引进知名学者邹军、李春雷、张杰教授之外，2023年又引进了国内民族志传播研究领域最具影响力的学者郭建斌教授，实现了人才的逆向流动。这说明薪酬待遇和福利水平构成了新闻传播学者，尤其是知名学者流动至新单位的重要原因。

3.4.6 机构流动：从业界到高校的流动相当有限

由于新闻传播学科的强实践特色，在机构流动维度，新闻传播学者的机构流动主要是从业界（媒体）流向高校，特别是有丰富实践经验、高级职称的媒体负责人，如《中国青年报》的编委、社评部主任、首席评论员曹林调入华中科技大学信息与传播学院；中央电视台农业频道高级编辑高广元调入海南师范大学；河北教育出版社副主编辑王书华调入华侨大学新闻与传播学院等。而从高校流向业界（媒体或企业）机构的则非常少见，个别学者如刘宏鹏高级记者，从高校（安徽大学）流向业界（新华社）；厦门理工学院陈俊杰高级编辑重返漳州电视台担任台长，也都只是回流业界，即原先就是从业界流向高校，如今重返业界而已。而且这种业界人才的引进相当有限，主要集中在地方高校，双一流高校由于对引进业界人才的高标准（一般要求具有博士学位或高质量的学术论文），很难实现业界向学界的流动，主要是各高校之间的跨校流动。

国外研究进一步指出，研究型大学的学术人才倾向于留在学术领域发展，而从事应用型研究的学术人才则倾向于流向企业部门或政府研究中心。从学术界流向企业界，一直被认为是学术精英最重要的职业流动经历，这一过程促进了先进技术的转化与创新等。而新闻传播学科由于学界与业界存在一定的区隔；再加上这几年媒体行业的不景气，全职进入业界发展的新闻传播学术精英凤毛麟角，学者们都倾向于继续留在高校发展。

3.4.7 空间流动：广州、北京和江浙最吸引人才流入

"推拉理论"（push and pull theory）是研究人口迁移和人才流动的重要理论。该理论认为，在市场经济和人口自由流动的条件下，人口流动主要是为了改善生活条件。流入地具有更好的工资、福利和职业前景，那些有利于改善生活条件的因素形成拉力；流出地那些在经济发展、劳动力市场等方面的不利社会经济条件就形成推力，人才流动就是在两种力量的作用下形成。

新闻传播学科的人才流动也不例外。从2023年的数据统计结果来看，"东北部困境""中西部危机""孔雀东南飞"等现象依然很突出。就新闻传播学者的城市流动而言，广州流入最多，深圳、上海、南京、北京也有数名跨城流入的学者。这说明我国新闻传

播学者的空间流动呈现区域不均衡状态，新闻传播学者从中西部地区和东北地区流向沿海和东南部地区，而从东部往中西部地区产生流动的频率很低。

东北地区和中西部地区在人才吸引力上明显落后于广州、北京和江浙。东北地区双非学校的不少具有博士学位的教师都流向江浙地区，学院领导对人才流失表示很痛心，但也无可奈何；中西部高校即使是"双一流"高校，也有学者逆向流动经济更发达的高校，如知名学者云南大学郭建斌教授加盟广州大学，河南大学张锦华副教授加盟天津体育学院，山东大学展宁副教授加盟上海外国语大学等。这说明区域因素仍在人才流动中居主导地位，区域经济发展不平衡所导致的物质待遇差距、公共服务水平、高等教育资源、自然环境等均对人才流动有显著影响；流入高校的区位优势，无疑是中西部人才外流的重要拉力，而这些区域的制度、环境、思想对人才流出高校的"推力"作用亦不容小觑。

近年来，经济发达省市纷纷加大对本省高校的财政投入，进一步拉大了东西部高等教育发展的差距，甚至出现中西部高校人才涌向经济发达地区的"孔雀东南飞"现象，进一步加剧了高校人才流动的"马太效应"。高校人才过度向发达地区聚集，不仅导致欠发达地区高校学科团队的崩塌和学科链的断裂，大大地削弱了中西部高校的办学实力；而且进一步加剧了区域间高校办学水平的"马太效应"，呈现出强者愈强、弱者愈弱的两极分化状态。

在"人才争夺战"背景下，深度剖析新闻传播学科人才流动的特征和影响因素，可以为引导合理、公正、畅通、有序的人才社会性流动、提升区域人才配置效率提供理论依据和政策建议。2023年新闻传播学科的人才流动研究发现，男性学者，"70后""80后"成为新闻传播学科人才流动的主力；学者的学缘背景为复旦大学、清华大学、华中科技大学毕业的博士；吸纳高级人才(具有博士学位的教授)成为各高校大势所趋；同校跨院系的人才流动成为新趋势；复旦大学、中国人民大学、南京大学吸聚高级人才的能力持续突出；广州、北京和江浙最吸引人才流入。

上述研究结果也为各新闻传播学院人才引进提供了重要的启示：学术平台(机构声望)、科研环境、学术绩效是留住人才的最重要筹码；薪酬待遇、地区经济发展水平、家庭因素(配偶安置和子女教育)等都是促使人才流动的关键动因。在特定的制度框架下，人力资本只有与必要的物质资本相结合，方能实现保值增值的效果。

(广东外语外贸大学新闻与传播学院　朱秀凌)

3.5　工作坊——2023 年新闻传播学学术工作坊回顾

据不完全统计，2022 年全国各学会、院校、期刊等新闻传播学机构团体举办 34 场工作坊活动，活动开展时间主要集中于 2023 年下半年，其举办简况参见表 3-1。

表 3-1　　　　　　　　　　　　　　2023 年新闻传播学学术工作坊情况

序号	时间	工作坊名称	主办单位	主题活动	方式
1	2023.3.1—2023.6.14	国际传播工作坊	中国外文局文化传播中心、四川观察	国际传播纪录片创作技法、新媒体艺术创新传播等课程	线下
2	2023.3.31—4.31	数据新闻工作坊	东北师范大学传媒科学学院(新闻学院)	专业硕士实践能力提升计划系列活动	线下
3	2023.4.8—2023.5.20	国际传播课程工作坊	重庆大学新闻学院	内容涉及广播电视节目策划、节目生产、节目评析以及记者能力提升等问题	线下
4	2023.4.15	传播政治经济学青年学者工作坊(第二期)	复旦大学新闻学院	"重思与更新：平台社会语境下的中国传播政治经济学"	线下
5	2023.4.15—2023.4.16	四校联合新闻传播研究方法创新工作坊	中国人民大学新闻学院、中国社会科学院大学新闻传播学院、河北大学新闻传播学院、北京印刷学院新闻传播学院和出版学院	基于跨学科、多元化的视角，分享新闻传播学的经典、前沿研究方法，聚焦热点话题，为青年学子建构清晰的研究路径和系统的研究方法体系	线上+线下
6	2023.6.25—2023.6.29	2023 京师新传暑期国际工作坊(第六期)	北京师范大学新闻传播学院	AGI 时代的传播新生态与学术新范式	线下
7	2023.7.1—2023.7.3	第一期认知传播研究技术与方法	中国认知传播学会、暨南大学新闻与传播学院	专注于认知传播学的基础理论和基础操作方法的讲授	线下

序号	时间	工作坊名称	主办单位	主题活动	方式
8	2023.7.2—2023.7.8	文传学部2023"印象·香港"传媒工作坊	厦门大学嘉庚学院、北京城市学院	了解香港的传媒生态和业界发展,感受多元的香港传媒文化	线下
9	2023.7.3—2023.7.5	首届大模型的媒体应用创新工作坊	北京师范大学新闻传播学院、中文信息学会SMP(社会媒体处理专委会)、第二届人工智能与未来媒体创新创意大赛组委会、智谱AI	采取"实战学习+项目开发"相结合的学习模式,旨在面向新闻传媒领域从业人员和青年学者,将大模型应用从"好莱坞式"想象引入现实社会场景之中,帮助学员建立起大模型媒体应用的技术思维和场景理念	线下
10	2023.7.9—2023.7.21	亚德里亚之夏工作坊	中国传媒大学电视学院	水下摄影	线下
11	2023.7.18—2023.7.20	"中国健康传播理论的本土化构建"主题学术工作坊	北京交通大学语言与传播学院	结合中国文化语境对健康传播进行不同视角的学理性思考,围绕在具体文化语境中的本土化健康传播理论构建这一核心议题,聚焦中国文化和中国社会语境,推动健康传播本土化理论创新发展	线上+线下
12	2023.7.18—2023.8.3	短视频创作与数字文化传播暑期工作坊	中国传媒大学电视学院和教育发展中心联合举办	以视频展现人生百态,用数字丈量人文图景	线下
13	2023.7.19—2023.7.21	擎雅·品牌与计算广告暑期工作坊	中国传媒大学广告学院	面向高质量发展的战略品牌管理新理论、中国计算广告的发展趋势等	线下

续表

序号	时间	工作坊名称	主办单位	主题活动	方式
14	2023.8.23—2023.8.31	第十七期知识产权保护与创新媒体工作坊	财新传媒、啄木鸟公益基金会	知识产权保护基本原理与制度变迁、商标经典案例分析，专利制度与创新驱动型经济等	线下
15	2023.8.26	首届京沪两地青年新闻传播学者学术工作坊	复旦大学新闻学院	致力于每年分享两地青年新闻传播学者年轻、新鲜、前沿、有趣的学术研究，建构开放对话的青年学术共同体	线上+线下
16	2023.8.26—2023.8.28	贺兰山学者暑期工作坊	宁夏大学新闻传播学院	青年教师沙龙+传播学系列讲座	线上+线下
17	2023.9.10—2023.9.14	云南大学新闻学院2021级新闻与传播专业硕士工作坊第二期	云南大学新闻学院	口岸·我们的"一带一路"	线下
18	2023.9.15	媒介基础设施青年学者工作坊(第二期)	上海大学新闻传播学院、中国传媒大学国家传播创新研究中心、华中科技大学新闻与信息传播学院、清华大学新闻与传播学院	围绕数字中国语境下媒介与传播研究的基础设施议题展开	线下
19	2023.9.15—2023.9.17	"互联网历史研究"工作坊	武汉大学新闻与传播学院、武汉大学媒体发展研究中心(教育部人文社会科学重点研究基地)、宾夕法尼亚大学安纳伯格传播学院数字文化与社会中心	聚焦推动互联网历史研究	线上+线下

序号	时间	工作坊名称	主办单位	主题活动	方式
20	2023.9.23—2023.9.24	第八届数据新闻大赛数据新闻工作坊	西安交通大学新闻与新媒体学院联合国内多家新闻学院主办	新一代人工智能信息传播与社会治理	线上
21	2023.10.14—2023.10.15	近代史研究所第二届新闻史工作坊	中国社会科学院近代史研究所新闻史研究群	新民主主义革命时期的舆论与宣传	线下
22	2023.10.20	新媒体入门工作坊	香港中文大学道扬书院和经管学院	新媒体如何入门	线下
23	2023.10.20	数字媒体时代国际传播研究工作坊	福建师范大学传播学院	中国社交媒体平台国际化发展的历史语境与路径抉择、数字游民：传媒政治经济学研究的新议题等	线下
24	2023.10.25—2023.10.27	第二期低碳传播计划媒体工作坊	财新传媒、啄木鸟公益基金会	关注气候变化、绿色经济、能源转型及可持续发展	线下
25	2023.11.16	新媒体工作坊第一期	中国人民大学研团工委、研究生会	创意推送的生成与落地	线下
26	2023.11.18—2023.11.19	叩问不确定第四届媒介社会学工作坊	深圳大学传播学院、复旦大学新闻学院	从媒介社会学的视角出发，叩问不确定	线下
27	2023.11.24—2023.11.27	危机沟通与传播叙事：口语传播工作坊	上海市学艺术学院表演艺术学院	危机沟通与发言人和新媒体叙事两个板块	线下
28	2023.11.25—2023.11.26	第三届新闻创新研究工作坊	南京大学新闻传播学院、《新闻记者》杂志、《传媒观察》杂志	新闻事实的未来	线上+线下
29	2023.11.29	游戏与动画工作坊	江苏第二师范学院传媒学院	海上丝路的数字再生	线下
30	2023.12.10	新媒体工作坊第二期	中国人民大学研团工委、研究生会	新闻摄影的基础知识与技巧运用	线下

序号	时间	工作坊名称	主办单位	主题活动	方式
31	2023. 12. 10—2023. 12. 11	第一届媒介地理学工作坊	中国地理学会文化地理专业委员会、中国地理学会旅游专业委员会、中山大学旅游学院	媒介化时代的人地关系重估与重构	线下
32	2023. 12. 1—2023. 12. 2	第六届中国传播创新研究工作坊	武汉大学媒体发展研究中心、武汉大学新闻与传播学院	在传播创新的田野上寻找普遍交往的路径、为传播创新托底、数字传播体系变革等	线下
33	2023. 12. 16	新媒体工作坊第三期	中国人民大学研团工委、研究生会	新闻报道如何讲好故事	线下
34	2023. 12. 3	第一期新媒体宣传工作坊	清华大学新闻与传播学院和电机工程与应用电子技术系	就摄影技巧和新媒体推送编辑技能展开讲解与分享	线上

根据会议组织形式的不同，表 3-1 中所列举的学术会议大致可以分为学院实践、学术报告和讲座分享三类：学员实践工作坊主要以学员的自主实践为主，鼓励学员从实践中积攒经验。如文传学部 2023"印象·香港"传媒工作坊、亚德里亚之夏工作坊、短视频创作与数字文化传播暑期工作坊、第一期新媒体宣传工作坊等。此类学术工作坊的学员大多是一些年轻学者或在读学生，在实践中收获知识，积累经验，更符合学术工作坊实践性、专业性的特点。学术报告类工作坊则主要进行学术报告的分享与讨论，形式多以研讨会为主。包括第二期媒介基础设施青年学者工作坊、第八届数据新闻大赛数据新闻工作坊、近代史研究所第二届新闻史工作坊、第三届新闻创新研究工作坊、"叩问不确定"第四届媒介社会学工作坊等。这类学术工作坊主要面对青年学者展开，为其提供学术探讨的平台，往往规模较大，形式更加灵活多元，议题也较为宽泛，通常包括学员汇报、专家评议以及学术研讨等环节。讲座分享类工作坊以专题讲座与专业课程分享为主，如国际传播课程工作坊、危机沟通与传播叙事：口语传播工作坊、数字媒体时代国际传播研究工作坊、第二期低碳传播计划媒体工作坊、新媒体入门工作坊等。此类工作坊多由数位专家参与的多场次系列讲座与专业课程组成，旨在为青年学者和在读学生提供学术思路和理论拓展，主要面向本硕博学生群体。

从上述三类工作坊的比较与分析中，可以看出，学术工作坊的举办形式和活动主题较为多样化，为众多青年学者和硕博学生提供了更多学习交流的平台；工作坊的学习活动主题清晰明了，关注时代发展的新形势、新方向、新动态，为新闻传播学推陈出新，遴选优秀人才，培养青年学者，促进学术交流提供了更多的机会。2023 年的新闻传播学类工作坊更加关注现实问题，如"叩问不确定"第四届媒介社会学工作坊从现实的角度出发，探讨媒介环境的双重性。深圳大学传播学院的征稿词中写道："无论是'过渡时期'还是'危机时期'，都带来了不确定：不确定的想象、不确定的社会关系、不确定的身份、不确定的实践……以及不确定的未来，我们所接触、运用的媒介，栖身期间的媒介环境，既是不确定的一部分，也为应对多种不确定提供可能的定向和资源。"因此，"叩问不确定"第四届媒介社会学工作坊站在媒介社会学的视角，直面社会文化生活和学术实践中的种种不确定进行叩问。除了关注现实问题，2023 年的学术工作坊还更加注重实践，为青年学者与本硕博学生提供更多实践机会。无论是"亚得里亚海之夏工作坊"还是云南大学新闻学院 2021 级新闻与传播专业硕士工作坊第二期推出的"口岸·我们的一带一路"活动，都追求学员的亲身实践与共同参与，力求学员能够在实践活动中积累经验，并重新认识新闻传播学专业的魅力。

此外，从主办单位上看，2023 年的新闻传播学工作坊延续了以往单个院校主办和多个学术团体联办的形式。如由南京大学新闻传播学院、《新闻记者》杂志和《传媒观察》杂志联合举办的第三届新闻创新研究工作坊就是由专业院校与期刊共同主办，此次工作坊设置了丰富的会议议程，对学术进行充分的讨论与评议。从会议时间上看，学术工作坊的时间大多为 1 至 3 天，工作坊的时间设定使学者们可以对学术进行充分的沟通与交流，同时创造出大量的优秀学术成果。

整体而言，2023 年的新闻传播学学术工作坊已经成为专业会议之外，新闻学术交流与学术生产的重要渠道。笔者预测未来中国新闻传播学学术工作坊这形式必将朝着更加多元化和专业化的方向发展。伴随着工作坊议题的现实关照与实践操作的强化，2023 年这 34 场新闻传媒工作坊也将昭示着，这种学术交流形式将愈加充满生机与活力，甚至已开始呈现出取代专业学术会议的趋向。

（重庆大学新闻学院　齐辉）

3.6　博士后流动站

2023 年是全面贯彻落实党的二十大精神开局之年，博士后作为中国青年创新型人才的主力军，是国家战略科技力量之源，更是全面推进中国式现代化建设进程中的关键一环。

在过去一年里，国家有关部委、各省市相关部门深入贯彻落实习近平总书记关于人才工作的重要指示精神，围绕培养机制、创新创业、经费投入、服务保障等方面持续改革创新，博士后人才成长迎来加速度，博士后制度成为具有中国特色的培养高层次创新型青年人才的重要制度，博士后群体成为服务高质量发展和高水平科技自立自强的生力军。

2023 年 6 月 26 日，《人民日报》在头版刊文《我国累计招收博士后约 34 万人》，从三个方面介绍了中国博士后培养制度取得的成果。截至 2023 年 6 月，我国累计招收博士后约 34 万人，已设立博士后科研流动站 3352 个，博士后科研工作站 4338 个，设站单位涵盖国家经济社会发展各主要领域。在培养机制方面，博士后工作从重点高校和科研院所扩展至企业、园区；研究领域发展到 13 个学科门类的 110 多个一级学科；同时，适应企业对高层次创新型青年人才需要，启动实施博士后科研工作站备案制改革，设站更加灵活高效，自 2022 年实施备案制改革以来，新设博士后科研工作站 698 家。在经费保障方面，截至当年 6 月中旬，博士后创新人才支持计划累计投入资助经费约 15 亿元，遴选资助 2500 名优秀博士后，逐渐形成品牌；中国博士后科学基金累计资助 83 亿元，资助博士后近 12 万人。在成果转化方面，2012 年起开展的"博士后科技服务团"活动，通过人员培训、技术服务、项目对接、成果转化等形式，为中西部等省份需求单位开展实地科技服务，至今已举办 110 余批次，对接服务项目近 2000 项。此外，人力资源和社会保障部在《中国组织人事报》刊发的《党的十八大以来博士后事业发展综述》一文指出，在党和国家的坚强领导下，具有中国特色、贯通产学研链条、符合高层次创新型青年人才成长规律的博士后制度初步形成，我国博士后事业迎来快速发展的战略机遇期。

迈上新征程，开创新伟业。2023 年新闻传播学科博士后培养紧紧把握时代脉搏，服务国家战略布局，在平台建设、培养探索、基金资助三个方面持续发力，取得了不俗成绩。

3.6.1 科研流动站与科研工作站数量创新高，平台建设取得成效

2021 年新闻传播学科研流动站单位扩充至 26 所，较上一年度新增 8 所高校。具体单位名称和联系方式如表 3-2 所示。

表 3-2 　　　　　　　　　　**新闻传播学科研流动站单位**

序号	单位名称	主管单位	电话	传真
1	复旦大学	人事处	021-65643992	021-65642129
2	四川大学	人事处	028-85403799	028-85405915

续表

序号	单位名称	主管单位	电话	传真
3	厦门大学	人事处	0592-2187039	0592-2186177
4	中国社会科学院	人事教育局	010-85195788	010-85196130
5	郑州大学	人事处	0371-67781731	0371-67781080
6	上海交通大学	人力资源处	021-34206725	021-34202717
7	北京师范大学	人才人事处	010-58805375	010-58806820
8	重庆大学	人事处	023-65105260	023-65102382
9	华中科技大学	人事处	027-87557406	027-87542527
10	山东大学	人事部	0531-88369918	0531-88365388
11	南昌大学	人事处	0791-83968560	0791-83968717
12	南京师范大学	人力资源处	025-85891645	025-85891252
13	上海大学	组织人事部人事处	021-66132935	021-66132935
14	浙江大学	人力资源处	0571-88981453	0571-88981976
15	华南理工大学	人事处	020-87114038	020-87113802
16	北京大学	人事部	010-62751229	010-62751229
17	深圳大学	人力资源部	0755-26717347	0755-26534449
18	河北大学	人事处	0312-5079468	0312-5016114
19	湖南大学	人力资源处	0731-88822855	0731-88821373
20	暨南大学	人事处	020-85223361	020-85220048
21	清华大学	人事处	010-62797551	010-62782857
22	湖南师范大学	人事处	0731-88872308	0731-88872456
23	南京大学	人力资源处	025-89683253	025-89683253
24	中国传媒大学	人事处	010-65779185	010-00000000
25	武汉大学	人事部	027-67811556	027-67811556
26	中国人民大学	人才工作领导小组办公室	010-62513718	010-62513718

（资料来源：中国博士后网站）

注：华东政法大学、电子科技大学、陕西师范大学、苏州大学、天津大学、浙江传媒学院、中国政法大学等高校也通过校企合作、设置交叉学科等形式开展新闻传播学相关领域的博士后培养。

值得注意的是，2023 年新闻传播学科博士后科研流动站建设迎来新一轮高潮。2023 年 11 月，人力资源社会保障部、全国博士后管理委员会下达了《关于批准新设东北师范大学哲学等 510 个博士后科研流动站的通知》（人社部函〔2023〕108 号），决定新设立 8 个新闻传播学科博士后科研流动站，分别为北京师范大学、河北大学、湖南大学、华南理工大学、南昌大学、南京大学、南京师范大学和重庆大学。其中，多个流动站为本省（市）首批设立的新闻传播学科博士后科研流动站，一方面有助于推动高水平科研团队建设、产出标志性科研成果；另一方面，对于学院培养高层次专业研究人才和后备师资队伍也将发挥重要推动作用。

例如，河北大学新闻传播学院提出博士后流动站未来拟开展三个方面的研究项目：一是中国共产党新闻史研究，研究内容为中国共产党新闻事业发展的历史特点及中国共产党新闻理论的建设与发展；二是数字传播与国际话语权研究，重点开展数字传播与社会治理的政策研究、基础研究、应用研究、学科交叉与协同创新研究；三是数字出版与出版史研究，重点开展数字技术出版应用产生的新问题研究。

2023 年，通过中国博士后科学基金会官网的"设站单位"进行查询，以"报业""出版""广播""电视""传媒""互联网"等作为关键词，查到与新闻传播学相关的博士后工作站共有 38 个，平台数量得到进一步扩充，具体设站单位、联系方式见表 3-3。

表 3-3 新闻传播学相关科研工作站及设站单位

序号	工作站设站单位	主管单位	电话	传真
1	南方报业传媒集团	人力资源部	020-83002918	020-87387517
2	宁波日报报业集团	编委办公室	0574-87685038	0574-87682923
3	深圳报业集团	集团人力资源部＼集团舆情与传播研究院	0755-83517636	0755-83904156
4	广州日报报业集团	人力资源部	020-81163210	020-81885729
5	江西省出版传媒集团有限公司	人力资源部	0791-86895385	0791-86894939
6	江苏凤凰出版传媒集团有限公司	集团党委组织部（人力资源部）	025-83672870	025-83658921
7	电子工业出版社	人力资源部	010-88254635	010-88254000
8	中国社会科学出版社	人事处	010-64073834	010-64073834
9	北京师范大学出版社（集团）有限公司	出版科学研究院	010-58800037	010-58800018

续表

序号	工作站设站单位	主管单位	电话	传真
10	湖南出版投资控股集团有限公司	产业研究院	0731-84405041	0731-84405057
11	中信出版集团股份有限公司	人力资源部	010-84849006	010-84849088
12	时代出版传媒股份有限公司	人力资源部	0551-3533151	0551-3533013
13	南方出版传媒股份有限公司	人力资源部	020-37606072	020-37606721
14	中国科学技术出版社有限公司	规划发展部	010-56057633	010-56057693
15	新华文轩出版传媒股份有限公司	管理研究院	028-86361223	028-86361223
16	人民教育出版社有限公司	人力资源部	010-58758055	010-58758877
17	社会科学文献出版社	皮书研究院	010-59366421	010-53967224
18	高等教育出版社有限公司	教研中心	010-58581031	010-82080802
19	中国外文出版发行事业局	人才开发处	010-68995857	010-68995764
20	未来电视有限公司	天津港保税区人社局	022-88957000	022-88957001
21	深圳广播电影电视集团	集团总编办	0755-88318352	0755-88310333
22	河南广播电视大学	人事处	0371-58525358	0371-58525358
23	山东省广播电视总台	总台博士后科研工作站	0531-51761538	0531-51761535
24	江西省出版传媒集团有限公司	人力资源部	0791-86895385	0791-86894939
25	江苏凤凰出版传媒集团有限公司	集团党委组织部（人力资源部）	025-83672870	025-83658921
26	南方报业传媒集团	人力资源部	020-83002918	020-87387517
27	时代出版传媒股份有限公司	人力资源部	0551-3533151	0551-3533013
28	南方出版传媒股份有限公司	人力资源部	020-37606072	020-37606721
29	新华文轩出版传媒股份有限公司	管理研究院	028-86361223	028-86361223
30	华夏文广传媒集团股份有限公司	人力资源部	010-65818806	010-65818801
31	中国互联网络信息中心	人力资源部、科技管理部	010-58813514	010-58813075
32	中国工业互联网研究院	—	—	—

续表

序号	工作站设站单位	主管单位	电话	传真
33	精英集团有限公司	精英集团有限公司博士后科研工作站（河北传媒学院研究生院代管）	0311-68017548	0311-68017548
34	人民网股份有限公司	科研管理部	010-65367690	010-65367690
35	新华通讯社	技术局	010-88054205	010-88054141
36	天津七一二通信广播股份有限公司	人力资源部	022-65388636	022-65388636
37	上海文化广播影视集团有限公司	人力资源部	021-22000566	021-62154974
38	中国国际广播电台	创新发展研究中心	010-85026330	010-85057231

资料来源：中国博士后网站

3.6.2 完善博士后培养机制，促进产学融合育人新模式

在博士后创新人才培养机制方面，全国博士后管委会颁布了修订后的《全国博士后管委会办公室关于开展 2023 年度博士后创新人才支持计划申报工作的通知》（博管办〔2023〕38 号），自 2023 年度起，国家资助博士后研究人员计划不再按照向博士后科研流动站设站单位分配指标的方式进行资助，实行分类分档资助，共分为 A、B、C 三档，其中 A 档为"博新计划"。2023 年国家资助博士后研究人员计划 A 档"博新计划"资助标准为每人每年 28 万元（即通过博士后日常经费拨付的生活补助经费），资助期为 2 年。另外，由中国博士后科学基金配套 8 万元科研启动经费。全国博士后管委会办公室将在获选人员资助期满前对其开展科研业绩评估考核，择优予以奖励性资助。

此外，全国博士后管委会办公室进一步明确了获选人员须在博士后设站单位全职从事博士后研究工作，并须将人事关系（含人事、工资关系及人事档案）转入博士后设站单位。拟进站的获选人员须在本通知下发之日起三个月内，在所申报的拟进站单位办理博士后进站手续，在已选定的合作导师指导下开展博士后研究工作，逾期视为自动放弃获选资格。获选人员在站期间公开发表的有关论文、科研成果、专利等，需注明"本研究（成果、论文）由'博士后创新人才支持计划'资助"及资助编号。入选过中国科协青年人才托举工程、博士后国（境）外交流项目及其他国家级人才计划的，原则上不得重复资助。

在与地方政府合作培育方面，2023 年 12 月 1 日，人力资源社会保障部举行中国博士后科学基金会和天津市人民政府合作设立"中国博士后科学基金会与天津市联合资助（特别资助）"（以下简称"博士后基金天津联合资助"）协议签约仪式。该项目的正式启动，标志着博士后基金多元化投入改革迈出历史性一步。

博士后基金天津联合资助定位为中国博士后科学基金特别资助的一个子项目。主要是瞄准国家及天津市重大战略、战略性高新技术和基础科学前沿领域，由中国博士后科学基金会每年遴选一定数量应届或新近毕业的海内外优秀博士，进入天津市高水平博士后设站单位，在自然科学领域从事博士后研究工作，为国家及天津市高质量发展培养更多高层次创新型青年人才。资助经费由天津市承担，在设站单位给予的博士后正常工资外对博士后人员进行特别资助，资助标准为每人 18 万元人民币。

该项目首批计划资助 30 人，资助领域涵盖人工智能、生物医学工程、数学、海洋等 14 类产业应用和科学研究方向，申请人可依托天津市内 12 个高校科研机构的 97 个博士后科研流动站，以及 13 个区、5 家全国重点实验室、3 家海河实验室和 2 家驻津单位的 136 个博士后科研工作站在自然科学领域的研究岗位进行申报，中国博士后科学基金会、天津市人力资源社会保障局将于 2024 年年初完成第一批次遴选工作。

3.6.3 新闻传播学博士后论坛逐渐成为学术品牌

2023 年 6 月，由复旦大学新闻传播学博士后流动站主办的"第三届复旦大学新闻传播学博士后论坛"在复旦大学新闻学院成功举办。此次论坛以"新闻传播学研究方法的嬗变与创新"为主题，来自多所高校以及科研机构的数十位优秀博士后及青年教师就这一主题进行了深入的学术研讨。复旦大学新闻传播学博士后流动站站长孟建教授在论坛的致辞中指出，此次论坛在三年新冠疫情之后首次恢复线下举办，这既是为加强这一学术研究群体的情感联结，更是对过往研讨传统的尊重，以保持并进一步激发"博士后流动站"这一学术共同体的思想活力与知识生产能力。孟建教授同时介绍了此次论坛主题是以"学术生产方式的革命"为指导思想而设定的。

在论坛研讨环节，博士后们及青年教师们围绕论坛主题纷纷从各自的角度进行思考、阐述与讨论。其中几位博士后主要就新闻传播学研究方法的创新进行了发言。博士后牛童以"量化分析方法的简单应用与复杂适应系统在传播理论领域的使用可能"为题，结合其跨学科学习背景，与大家分享了他运用这一方法在国际传播影响力测评体系研究中的成功案例。博士后施颖婕则重点介绍了混合研究方法在新闻传播学，尤其是网络传播研究领域中的最新发展与使用。她认为，混合研究方法能够将定量研究和定性研究两者的优势相结合，有助于得到更严谨的、丰富的、全面的研究结论。她进一步就如何将混合研究方法更有效地运用于网络文本数据分析等问题发表了学术己见。另外多位博士后与青年教师从思辨的角度，对新闻传播学研究方法与研究者及其他各研究要素间的关系等"元问题"进行了阐发。上海交通大学新闻传播学院的皇甫晓涛老师以"新闻传播教学与研究的误区"为题，对存在于当下新闻传播学研究与教学中的一些诸如过度追求定量研究方法，而忽视传统思辨方法等现象进行了剖析与反思。他认为，新闻传播教学与研究中的三大误区是"舍本逐末""盲目跟风"和"西用中体"，他急切呼吁新闻传播学界教学和研究精神的复归。博士后卢秋竹则从媒介本体论研究背景出发，对新闻传播研究方法若干"元问题"，尤其是研究方法与研究各要素之间的关系进行了反思。她认为，各研究要素之间是统一的、系统的、生成的、非二元对立的关系，研究方法其实指涉由此关联的整个研究系统与体系。其中，研究问题是整个系统的统摄要素。她强调，研究者应当坚持跨学科与超学科的思维，灵活运用多元研究方法来提升新闻传播学的研究水准。更多的博士后及青年教师则基于各自具体的研究方向对新闻传播学研究方法的嬗变与创新进行了思考。上海市社科院新闻传播所的徐生权助理研究员从媒介技术哲学的角度以"走向人机共构的新修辞学：物的修辞能动性之辨及其启示"为题进行了发言。他认为，人类修辞自始便是一种象征活动，但数字时代中程序修辞作为一种新修辞术出现，打破了修辞的象征性。随着人工智能的发展，一种后人类的修辞也在发轫。由此产生了对新闻传播研究方法的启示，即研究者一方面应当重视对于物的研究，即物在现实生成中的作用；另一方面应当重视对于物的运用，即物在学术生产中的作用。上海师范大学影视传媒学院陶赋雯副教授基于她近年来的研究取向，以"记忆、遗产、情感——当代媒介记忆与影像史学发展研究"为题，介绍了其在影像史学研究中所采用的包括文史档案查阅、田野调查、口述史研究、数媒影像研究等在内的跨学科式的新文科方法论。通过综合运用这些方法，她对影像历史中记忆主体，记忆被制造和利用的方式，记忆突出与遮蔽的内容，记忆被传播和改写及其被评价与认同的过程进行了颇有特色的研究。博士后杨启飞则从元新闻话语分析的角度讨论了理论方法如何融合的问题。她指出，元新闻话语涵盖新闻职业话语所涉及的所有话语，是"社会导向"的。元新闻话语既是方法，又是理论，它提供了一种话语分析的框架和视角，帮助我们去审视新闻业的话语建构，对其进行分析则能够凸显数字技术背景下阐释新闻业元问题的主体的多元性。博士后吴俊则着重讨论了文化政策研究中研究者与研究的关系，对研究者究竟是"当局者或是旁观者"展开思考。她从前期文献中认识到由于研究者普遍采用质性研究方法，且难以客观地从当局者的身份中抽离，从而导致他们与文化决策者及机构间的沟通障碍，研究结果很难由此转化为具体政策。因此，文化政策研究者应当作为一个冷静的观察者，理性处理阻碍知识交流的结构性因素。这便要求用超学科理念来获得对整体现实世界的认识。还有一些博士后从国际传播的视角对论坛主题进行了思考。博士后阿希塔长期关注环境与气候议题，他以"讲好中蒙联合治沙故事、打造国与国关系典范"为题，探讨了"中蒙两国联合治沙"的问题。他认为，研究者"讲好中蒙联合治沙"的要旨在于，树立人类命运共同体的大局思想，将宏大叙事与微观深描相结合。博士后曹娱以俄乌冲突背景下中俄记者的新闻价值观比较研究为例，运用比较分析的研究方法对精准传播的现实问题进行了探讨。博士后周琼的思考亦与俄罗斯相关，她采用框架理论，以俄罗斯卫星通讯社的微博号为研究对象，通过数据挖掘的形式，抓取 2022 年 1 月 1日—12 月 31 日俄罗斯卫星通讯社的微博内容和用户反馈，对俄罗斯官方媒体在中国社交平台报道策略和对中国国家形象的建构进行探析。

在论坛的总结环节，复旦大学新闻传播学博士后流动站站长孟建教授发表了讲话。他说，复旦大学新闻传播学博士后流动站发起举办的"新闻传播学博士后论坛"在全国尚属创新之举。他对各位博士后与老师们在此次论坛上的高质量发言表示了充分的肯定。他认为大家从宏观、中观、微观不同层面、不同角度进行发言，取得了丰富的学术成果。他同时鼓励博士后们再接再厉，不断继承创新，在重点领域倾力深耕，产出更多标志性学术成果。孟建教授还说，复旦大学新闻学院博士后流动站成立于 1999 年，是全国首个新闻传播学博士后流动站。20 多年来，培养出了近 250 多名博士后，为我国的新闻传播事业输送了一大批高端人才。与此同时，复旦大学新闻传播学博士后流动站还与上海文广、山东广电、深圳报业、浙江报业等多家新闻传播业界重要单位展开紧密合作，联合培养博士后人才。由于复旦大学新闻传播学博士后流动站的突出成绩，该站连续两度被评为"全国优秀博士后科研流动站"，也成为全国新闻传播学科唯一被评为"全国优秀博士后科研流动站"的机构。在此次论坛上，还举行了复旦大学新闻学院博士后流动站与《新闻爱好者》杂志结为"学术研究共同体"的简短仪式。《新闻爱好者》杂志副主编施宇作为嘉宾在线参加了此次论坛。施宇副主编表示很荣幸与复旦大学新闻传播学博士后流动站展开紧密的学术合作，期待此学术共同体在未来相互赋能，使学术生产能力实现双向跃升。

3.6.4 新闻传播学科博士后获得中国博士后科学基金资助数量增加

2023 年，新闻传播学科共获得中国博士后科学基金资助 32 项。其中站中特别资助 2 项，面上资助 30 项。

6 月 30 日，中国博士后科学基金会发布《关于公布中国博士后科学基金第 73 批面上资助获资助人员名单的通知》(中博基字〔2023〕9 号)。公布了 4003 人的中国博士后科学基金第 73 批面上资助名单。新闻传播学科共有 13 人获得资助，其中二等面上资助 13

人(见表 3-4)。

表 3-4　　中国博士后科学基金第 73 批面上资助获资助人员名单(新闻传播学)

序号	姓名	博士后编号	设站单位	一级学科	资助金额(万元)	资助编号
1	马爱芳	329903	北京大学	新闻传播学	5	2023M730104
2	李俊欣	319373	重庆大学	新闻传播学	5	2023M730424
3	杨启飞	329289	复旦大学	新闻传播学	5	2023M730708
4	黄从严	342610	广州大学	新闻传播学	5	2023M730771
5	赖楚谣	319064	华东政法大学	新闻传播学	5	2023M731123
6	李杜若	302108	华中科技大学	新闻传播学	5	2023M731210
7	徐　诚	327670	清华大学	新闻传播学	5	2023M732002
8	华鲁辉	336920	山东大学	新闻传播学	5	2023M732089
9	郑久良	338044	上海大学	新闻传播学	5	2023M732181
10	郭旭东	330471	四川大学	新闻传播学	5	2023M732481
11	朱利平	342352	西安交通大学	新闻传播学	5	2023M732819
12	肖　迪	320185	中南财经政法大学	新闻传播学	5	2023M733929
13	孔钰钦	343194	中央民族大学	新闻传播学	5	2023M734080

11 月 27 日,中国博士后科学基金会发布《关于公布中国博士后科学基金第 74 批面上资助获资助人员名单的通知》(中博基字〔2023〕20 号)。公布了 4061 人的中国博士后科学基金第 74 批面上资助名单。新闻传播学科共有 17 人获得资助,其中二等面上资助17 人(见表 3-5)。

表 3-5　　中国博士后科学基金第 74 批面上资助获资助人员名单(新闻传播学)

序号	姓名	博士后编号	设站单位	一级学科	资助金额(万元)	资助编号
1	辛西诺	336446	北京大学	新闻传播学	5	2023M740123
2	张楠兰	329847	重庆大学	新闻传播学	5	2023M740413
3	陈　波	316358	复旦大学	新闻传播学	5	2023M740725
4	郭　冲	331028	复旦大学	新闻传播学	5	2023M740726
5	赵　静	344978	复旦大学	新闻传播学	5	2023M740727

续表

序号	姓名	博士后编号	设站单位	一级学科	资助金额(万元)	资助编号
6	霍凤	349293	华东政法大学	新闻传播学	5	2023M741200
7	樊溥	346139	清华大学	新闻传播学	5	2023M742007
8	魏心妮	327451	清华大学	新闻传播学	5	2023M742008
9	宋甜甜	354073	上海大学	新闻传播学	5	2023M742206
10	刘芹良	341962	苏州大学	新闻传播学	5	2023M742548
11	李巨星	350435	西安交通大学	新闻传播学	5	2023M742807
12	任围	353525	西安交通大学	新闻传播学	5	2023M742808
13	郭晨	311728	郑州大学	新闻传播学	5	2023M743228
14	任天知	333498	中国传媒大学	新闻传播学	5	2023M743278
15	刘冉冉	324509	中国人民大学	新闻传播学	5	2023M743859
16	黄欣欣	359560	中南财经政法大学	新闻传播学	5	2023M743935
17	谢精忠	321815	中南财经政法大学	新闻传播学	5	2023M743936

2023 年 7 月 28 日，中国博士后科学基金会发布《关于公布 2023 年度中国博士后科学基金特别资助获资助人员名单的通知》，决定对 400 人给予中国博士后科学基金第 5 批特别资助(站前)，792 人给予中国博士后科学基金第 16 批特别资助(站中)。其中，新闻传播学科有 2 人获得第 16 批特别资助(见表3-6)。

表 3-6　中国博士后科学基金第 16 批特别资助(站中)获资助人员名单(新闻传播学)

序号	姓名	博士后编号	设站单位	一级学科	资助金额(万元)	资助编号
1	牛耀红	212026	西安交通大学	新闻传播学	15	2023T160522
2	孙梦如	320874	浙江大学	新闻传播学	15	2023T160578

3. 6. 5　首次开展"国家资助博士后研究人员计划"

2023 年 9 月 28 日，全国博士后管委会办公室 中国博士后科学基金会发布《关于开展 2023 年度国家资助博士后研究人员计划申报工作的通知》(博管办〔2023〕121 号)。根据人力资源社会保障部、财政部有关要求和博士后日常经费管理相关规定，自 2023 年起，国家资助博士后研究人员计划不再按照向博士后科研流动站设站单位分配指标的方式进行资助，按照"个人申报、单位推荐、专家评审、择优资助"的原则实施分档分类资助。此外，我们将在获选人员资助期满前对其开展科研业绩评估考核，择优再予以奖励性资助。国家博士后研究人员资助计划是为促进科学研究、培养高层次科研人才而实施的一项重要计划，自2023年起实行分类分档资助，共分为A、B、C三档。资助期为两年。其中，A档为博士后创新人才支持计划(以下简称"博新计划")，资助标准为每人每年28万元人民币(另外配套博士后科学基金资助每人8万元)，2023年拟资助500人；B档资助标准为每人每年18万元人民币，2023年拟资助1000人；C档资助标准为每人每年12万元人民币，资助人数根据年度经费预算情况确定。申请人须为博士后科研流动站2023年新近进站全职从事博士后研究的人员，同时符合以下条件：

具有中华人民共和国国籍(含中国港澳台地区居民)，拥护《中华人民共和国宪法》，遵守国家法律法规，具备良好思想品德；

具有较高的学术水平、较突出的科研潜力和工作业绩，无科研失信情况；

年龄不超过35周岁[1987年10月31日(含)以后出生]；

需为2023年1月1日至申报截止日期前进站的人员；

入选博新计划、香江学者计划、澳门青年学者计划、中德博士后交流项目以及其他各类国家博士后引进、派出项目(博士后国际交流计划学术交流项目除外)的人员不得申报；

申请人开展每站博士后研究期间仅可申报一次。

国家资助博士后研究人员计划B档、C档获选人员不得再申报博新计划。2023年博新计划通过函评进入会评但未获得资助的人员(有关名单将在2023年博新计划公示结束发布获选通知时公布)，且符合相应条件(博士后科研流动站招收的全职博士后，不含与博士后科研工作站联合招收人员)，可自动获得国家资助博士后研究人员计划B档资助，无需再次申报。

申报遴选程序为：(一)申请人申报(2023年10月16—31日)。

申请人参照《国家资助博士后研究人员计划申报书模板》(附件1)，提前准备相关申报信息和证明材料，在申报期间登录中国博士后网上办公系统 https://www.chinapostdoctor.org.cn/auth/login.html 的"国家资助博士后研究人员计划"板块，按要求认真填写申报信息、上传相关证明材料。

(二)设站单位审核推荐(2023年10月16日—11月2日)。

设站单位要加强审核把关，重点审核申请人的申报资格和科研诚信，对学术水平高、科研潜力大、工作业绩突出的人员予以推荐。按照"个人申报、设站单位择优推荐"的流程，依托中国博士后网上办公系统组织开展申报和推荐，无须报送纸质材料。设站单位推荐名额将以 2023 年 1 月 1 日—10 月 10 日(含)期间符合申报条件的进站总人数为基数测算，并于 10 月 16 日前在系统审核界面公布。

(三)科研诚信复核(2023 年 11 月 3 日—11 月 10 日)。

中国博士后科学基金会将通过科技部科研诚信管理信息系统对各设站单位推荐人员的科研诚信情况予以复核。

(四)专家评审和择优遴选(2023 年 11 月 11 日—12 月 31 日)。

通过专家评审的方式择优确定获选人员(评分标准见附件 2)。对博士后工作评估优秀的设站单位以及国家政策支持的地区和单位予以适当倾斜。

对相关单位要求：(一)请设站单位(含流动站)管理人员及时登录中国博士后网上办公系统，按照系统管理层级逐级审核申报人资格和申报信息的真实性、完整性，及时完成推荐并提交，在审核推荐截止日期前可逐级驳回修改再提交。

(二)获选人员须将人事关系(含人事、工资关系及人事档案)转入博士后设站单位，全职从事博士后研究。

(三)申请人应科学合理制定研究计划，认真努力完成科研任务。我们将适时对国家资助博士后研究人员计划的获选人员组织开展博士后科研业绩评估考核资助，届时获选人员申报国家资助博士后研究人员计划时填报的相关信息将作为科研业绩评估考核的依据。

(四)军队系统流动站设站单位申报和评审工作请按照本通知有关要求，同步自行组织，评审结果请于 11 月 24 日前报送到中国博士后科学基金会。

(五)请各地方、有关部门和设站单位按照通知要求，及时传达部署，认真组织申报，加强管理服务。

12 月 18 日，全国博士后管委会办公室、中国博士后科学基金会发布了《全国博士后管委会办公室 中国博士后科学基金会关于印发 2023 年度国家资助博士后研究人员计划(B 档、C 档)获选结果的通知》(博管办〔2023〕135 号)。全国博士后管委会办公室、中国博士后科学基金会组织开展了 2023 年度国家资助博士后研究人员计划(B 档、C 档)的申报和评审工作，确定了 4617 名获选人员。要求获选人员须将人事关系(含人事、工资关系及人事档案)转入博士后设站单位，全职从事博士后研究。拟进站的获选人员须在本通知下发之日起三个月内，在所申报的拟进站单位办理博士后进站手续，在已选定的合作导师指导下开展博士后研究工作，逾期视为自动放弃获选资格。获选人员在站期间公开发表论文等研究成果的，需注明"本研究成果由'国家资助博士后研究人员计划'资助"及资助编号。同时，获选人员须在资助期满时申报博士后科研业绩评估考核资助，全国博士后管委会办公室将择优予以奖励性资助。请有关设站单位及时通知获选人员，严格按照博士后日常经费管理有关规定，做好获选人员考核及资助经费的拨付、管理和使用工作。入选博新计划、香江学者计划、澳门青年学者计划、中德博士后交流项目以及其他各类国家博士后引进、派出项目（博士后国际交流计划学术交流项目除外）的人员不得重复获得资助。如涉及此类情形或出现其他按规定须退回资助经费情形的，设站单位应及时出具书面说明，并将资助经费及时退回中国博士后科学基金会。请有关地区和部门加大对博士后工作的支持力度，加强对本地区、本部门设站单位经费使用情况的监督和检查，促进博士后事业健康发展。通知公布了4617名获选人员。新闻传播学科共16人入选资助计划，其中3人入选B档，13人入选C档（见表3-7、表3-8）。

表 3-7　　　　　　　　**国家资助博士后研究人员计划（新闻传播学）**

档位	序号	学校	姓名
B 档	1	清华大学	张家铖
	2	四川大学	马　烨
	3	苏州大学	林　瀚
C 档	1	北京师范大学	郭婧一
	2	复旦大学	常　峥
	3		舒瑾涵
	4		王雅妮
	5		闫志成
	6	华东政法大学	蔡丰喆
	7		李　拓
	8	清华大学	车少鹏
	9	山东大学	吕晓峰
	10	上海交通大学	钱烨夫
	11	武汉大学	赵　斓
	12	西安交通大学	邝　岩
	13		刘　丹
	14		沈　霄
	15	中国传媒大学	张　驰
	16	中国人民大学	王　达

表 3-8　　　　　**国家资助博士后研究人员计划(B 档、C 档)评分标准**

序号	指标项	评价内容	分值
1	学术水平(30 分)	博士学位论文学术水平	10
		已取得的代表性科研成果水平	20
2	科研潜力(50 分)	研究计划内容可行性	10
		研究计划内容创新性	25
		对所属领域研究或技术发展的推动作用	15
3	科研条件(20 分)	合作导师学术水平	10
		科研平台领先程度	10

(中国人民大学新闻学院　曾林浩、邓绍根)

3.7　中外学术交流——2023 年新闻传播学科教师国际交流情况调查

3.7.1　调研概况

此次调研采用材料收集和问卷的形式，调研范围为全国高校的新闻传播类院系。截至 2024 年 5 月 20 日，共收到来自 42 所高校的调查问卷，其中填写了国际交流相关内容的有效问卷为 31 份，显示出 73.8% 的学校参与了国际交流活动；其中"985"高校 5 所、有效问卷 5 份，"211"高校 6 所、有效问卷 6 份，普通高校 20 所、有效问卷 20 份。

本年鉴定义的国际交流共有六种形式：一是赴境外访学，二是参加国际会议，三是举办国际会议，四是邀请海外学者举办讲座，五是邀请海外学者授课、开设海外师资课程，六是中外交流合作项目；调研对象学校填写其中任意一项即视为有效问卷。

3.7.2　调研数据分析

3.7.2.1　海外访学情况

(1)参访学校分布

根据统计数据结果，2023 年度有 12 所高校派出 42 名教师在海外访学。其中 1 所

"985"高校派出 1 名教师, 2 所"211"高校派出 2 名教师, 9 所普通高校派出 39 名教师。占比情况如图 3-5 所示。

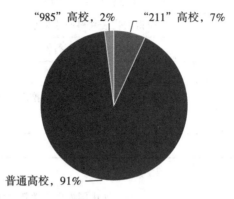

图 3-5　参访学校和教师分布情况

(2)出访时长统计

在出国时长的统计方面, 2023 年度新闻传播学科教师外出访学以长期交流为主, 有 20 名教师的出访时长为 12 个月, 占比 50%; 有 13 名教师的出访时长为 6~12 个月, 占比 29.5%; 有 9 名教师的出访时长小于 6 个月, 占比 20.5%(见图 3-6)。

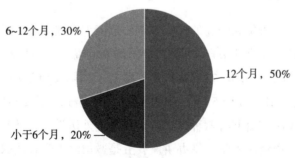

图 3-6　出国时长分布

(3)出访国家及地区分布

根据调查结果, 12 所高校的 42 名教师分别前往英国、美国、澳大利亚、新加坡、德国、法国、荷兰、马来西亚、日本等多个国家访学。其中, 英国是 2023 年度新闻传播学科教师访学最多的国家, 有 4 所普通高校赴英访学, 共有 23 人, 占比 54.8%; 5 所普通高校的老师赴美访学, 共有 9 人, 占比 21.4%; 此外, 还有 2 所普通高校的老师赴马来西亚访学，共2人；1所"211"高校和1所普通高校的教师赴澳大利亚访学，共2人；其他教师赴新加坡、德国、法国、日本等地访学。其中，复旦大学新闻学院的教师前往日本访学，华中农业大学广告与传播学系的教师前往美国密苏里大学访学，苏州大学传媒学院的教师前往澳大利亚访学，西安外国语大学新闻与传播学院的教师分别前往美国密苏里州立大学、美国南卡罗来纳大学、荷兰阿姆斯特丹大学访学，河北经贸大学文化与传播学院的教师前往马来西亚国立大学访学，河南大学新闻与传播学院的教师前往澳大利亚墨尔本大学访学，河南工业大学新闻与传播学院的教师前往英国伦敦大学皇家霍洛威学院访学，江西师范大学新闻与传播学院的教师前往英国格拉斯哥大学访学，汕头大学新闻学院的教师前往美国加州大学伯克利分校访学，成都锦阳学院文学与传媒学院的教师分别前往马来西亚玛拉工艺大学、英国威尔士三一圣大卫大学访学，成都体育学院新闻与传播学院的教师分别前往美国北卡罗来纳大学教堂山分校、美国密苏里大学、美国伊萨卡大学、美国阿拉巴马大学访学，广东外语外贸大学新闻与传播学院的教师分别前往英国中央兰开夏大学、英国卡迪夫大学、英国伦敦拉夫堡大学研究院、英国曼彻斯特大学、英国利兹大学、英国威斯敏斯特大学、英国剑桥大学、英国牛津大学、英国伦敦大学学院、英国兰卡斯特大学、西敏斯特大学、法国蒙彼利埃美术学院、美国阿拉巴马大学访学(见图3-7)。

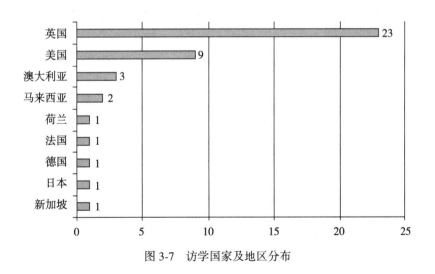

图 3-7　访学国家及地区分布

(4)访学任务分布

海外访学的42名教师中，有37人以访问学者身份进行交流，占总人数的88.1%；以短期交流为目的教师有2人，占比4.8%；出国攻读学位的有3人，占比7.2%(见图

3-8）。

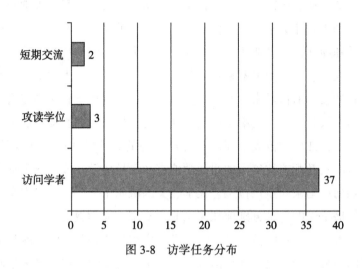

图 3-8　访学任务分布

（5）访学交流领域

调查结果显示，2023 年度教师参与国际交流的学术领域主要是新闻传播类（83.3%），共 35 人。主要包括新闻学、传播学、新闻史、战略传播等方向。还有部分教师的学术交流领域是艺术学、文化研究、工商管理、营销学等领域（见图 3-9）。

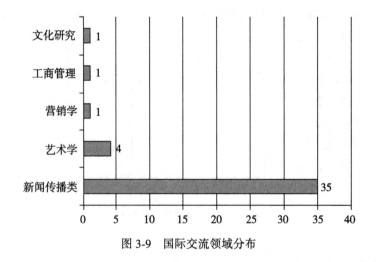

图 3-9　国际交流领域分布

（6）访学经费来源

2023 年度国内高校新闻传播学科教师出国交流的主要经费来源是国家资助，共 17

人，占比为 40.5%。其次是学校资助，共 16 人，占比为 38.1%。自费 8 人，占比为 19%。还有一位教师未注明经费来源。其中，12 位教师参与的是兰开夏大学交流项目，13 位教师参与的是国家留学基金委相关项目（见图 3-10）。

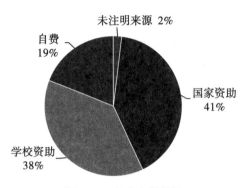

图 3-10　经费来源情况

（7）访学成果调查

在访学成果方面，新闻传播学科教师发表 SSCI 论文为 8 篇，普刊 5 篇，完成成果课题 2 项，参与国际学术会议 5 次、编著 2 篇、报告 4 篇。有 2 位教师的 3 篇论文标注为"拟发表"状态，还有一部分教师没有填写访学成果。

3.7.2.2　国际会议参加情况

（1）参会高校分布

2023 年，调研的高校中有 23 所的新闻传播院系共计 76 人参加了国际会议。其中"985"高校 5 所 17 人，"211"高校 5 所 19 人，普通高校 13 所 40 人（见图 3-11）。

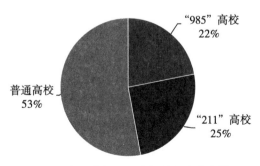

图 3-11　高校参加国际会议的人次分布情况

（2）参会地区分布

根据调查结果，23 所高校中只有 10 人选择采用线上会议的方式参加国际会议，66 人在线下参加国际会议。在线下参加的国际会议中，有 37 人在国内参加国际会议，其余 29 人则在国外参会。在国内参会的城市之中，北京和西安是集中的参会地点，分别是 8 人和 18 人。在国外参会的地区和国家中，前往加拿大和法国参加国际会议的学者较多，分别为 7 人和 8 人。其中，法国里昂是学者们线下参加国际会议最多的城市，这与国际媒介与传播研究学会（IAMCR）2023 年会在法国里昂举办有关（见图 3-12）。

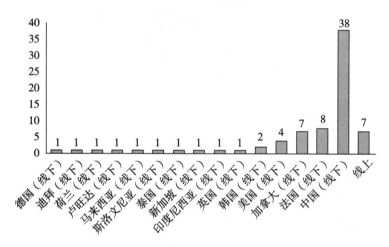

图 3-12　参会形式及地区分布

（3）参会议题情况

高校的专家学者参与国际会议的主题分为五个方面。一是新闻传播学前沿研究。如来自复旦大学、华南理工大学、中央民族大学、大连理工大学等新闻传播院系的学者参加了第 73 届国际传播学会（ICA）年会，复旦大学、山东大学、中央民族大学新闻传播院系的学者们还参加了新闻与大众传播协会（AEJMC）、国际媒介与传播研究学会（IAMCR）举办的一系列会议，其中国际媒介与传播研究年会会议集中关注社会数字化和自然的技术转型，以及相应的社会政治争论与治理问题，包括人性与进步、民主、媒介、信息与传播、城市与地区、环境责任等几个相互关联的子议题，华南理工大学的学者参加了美国全国传播学会（NCA）主办的第 109 届美国全国传播学会年会。二是全球视野下的交流与传播，立足全球化深入理解国际传播和跨文化传播的新发展。如南京师范大学新闻与传播学院的学者们参加了南亚东南亚大学联盟和云南大学主办的"第三届南亚东南亚大学校长论坛暨中国式现代化与南亚东南亚国际传播论坛"、卢布尔雅那大学主办的"第 30 届国际公共关系研究研讨会""智媒时代的国际传播创新论坛",湖南师范大学新闻与传播学院的学者参加了西安外国语大学主办的"第五届国际新闻与传播教育论坛暨首届中南西亚国际传播学术研讨会"。三是新闻传播教育与学科发展。如山东大学新闻传播学院、西安外国语大学新闻与传播学院的学者参加了"多语种国际传播教育联盟"和西安外国语大学联合举办的"第五届国际新闻与传播教育论坛暨首届中南西亚国际传播学术研讨会";江西师范大学的学者参加了"中外一流高校拔尖创新人才联合培养国际研讨会",山东师范大学的学者参加了中国传媒大学主办的世界新闻教育大会"前沿探索:数字时代新闻和大众传播教育的发展与变革"国际学术论坛,河北经贸大学文化与传播学院的学者参加了国际中文中高等教学研讨会。四是与媒介研究相关的会议。北京大学新闻与传播学院和广东外语外贸大学的学者参加了由北京大学举办的"第六届医疗、人本与媒介国际学术研讨会"和"中国互联网研究学术年会(CIRC)",北京外国语大学国际新闻与传播学院的学者参加了"第七届媒介中的非洲女性"(African Women in Media 2023)国际学术研讨会。五是艺术传播与创意。教授们参加此类国际会议,对艺术符号、艺术传播以及创意产业等深入对话,北京大学新闻与传播学院的学者参加了由北京大学举办的"面向未来的全球广告发展国际研讨会",湖南理工学院的学者参加了韩国文化体育观光部主办的"Broad Cast World Wide(BCWW)会议"以及韩中美术协会和东亚文化艺术产业协会主办的"第七届中韩艺术交流展",江西师范大学的学者参加了"华莱坞与中国影视国际传播高端论坛",成都体育学院新闻与传播学院的学者参加了 2023 符号学国际会议等。

3.7.2.3　国际会议举办情况

2023 年,调研高校中共有 7 所新闻传播类院校主办国际会议。据调查结果,"985"高校 2 所,"211"高校 2 所,普通院校 3 所,共主办国际会议 9 场次,其中独立主办 2 场,联合主办 7 场。复旦大学和北京大学各主办国际会议 2 场次,是主办场次最多的高校。其次是华中农业大学、南京师范大学、宁波工程学院、西安外国语大学、北京印刷学院,分别主办国际会议 1 场次。根据会议主题可以将这些国际会议归为 5 类:一是广告与传播类,二是医疗与健康传播类,三是教育与出版类,四是城市传播与区域发展类,五是文化传播类。在广告与传播一类中,北京大学主办了"面向未来的全球广告发展国际研讨会"、南京师范大学协办了"智媒时代的国际传播创新论坛"、西安外国语大学协办了"第五届国际新闻与传播教育论坛暨首届中南西亚国际传播学术研讨会"。二是医疗与健康传播类。如北京大学协办的"第六届医疗、人本与媒介国际学术研讨会"。三是教育与出版类。如北京印刷学院协办的"首届出版教育国际高峰论坛"、宁波工程学院协办的"浙江-中东欧国家教育合作论坛暨浙江-中东欧国家教育智库联盟首届年会"。四是城市传播与区域发展类。如复旦大学协办的"上海论坛:高端圆桌暨'亚太可沟通城市研究联盟'首届论坛"和"智能沟通:城市共通体的前世、今生、未来"。五是文化传播类。如华中农业大学主办的"中华文化传播论坛",聚焦中华文化的传播与国际交流,探讨如何更好地向世界传播中华文化,提升中华文化的国际影响力。总的来说,这些会议涵盖广告、医疗、教育、城市、文化等多个领域,反映了当前国际学术交流的多元化趋势。通过这些会议,学者们相互启发,共同推动相关领域的发展与进步。

当前全球面临诸多健康挑战,如应对老龄化、传染病、非传染性疾病等健康问题。在这样的背景下,医疗领域的学术交流尤为重要。随着数字媒介的普及,医疗信息的传播方式发生了巨大变化。北京大学新闻与传播学院与新加坡国立大学传播及新媒体系联合举办"第六届医疗、人本与媒介国际学术研讨会",会议主题是"数字化进程下的健康传播",数字化进程影响了人类社会发展的诸多进程,也为健康传播研究带来新的机遇与挑战。

随着全球化的深入发展,城市之间的竞争日益激烈。数字时代为城市提供了展示自身特色和优势的平台,有助于提升城市在全球范围内的知名度和竞争力。复旦大学新闻学院联合浙江大学数字沟通研究中心、IP SHANGHAI 上海城市形象资源共享平台、文汇智库举办了"上海论坛:高端圆桌暨'亚太可沟通城市研究联盟'首届论坛",旨在从新闻传播学视角回应习近平"人类命运共同体"理念,邀请亚太地区顶尖高校的城市传播领域著名专家,立足数字媒介技术建构亚太地区城市传播新型网络以及城市形象传播方式变革的新经验,聚焦"数字生活与城市形象",探索数字时代城市形象塑造的新路径。

在当前的数字化时代,媒体环境正在经历前所未有的变革。智能媒体(智媒)的出现,不仅改变了信息的传播方式,也为国际传播带来了新的机遇与挑战。随着人工智能、大数据、云计算等技术的快速发展,媒体行业正在经历结构性转型,传播手段和方法也在不断升级和创新。在这样的背景下,深入探讨智媒时代国际传播的新趋势、新问题,对于推动学术研究、促进国际交流合作、提高传播效果具有重要意义。南京师范大学联合雪城大学纽豪斯公共传播学院、斯特灵大学艺术与人文学院、斯里兰卡科伦坡大学大众传媒系举办了"智媒时代的国际传播创新论坛",论坛聚焦国际传播过程中的结构转型、技术升级、方法和范式创新等问题,从不同角度深入剖析智媒时代下国际传播面临的机遇与挑战,进而探索创新性路径。

国际传播教育和学术研讨在促进不同文明间的交流与理解、推动文化多样性和全球合作中扮演着至关重要的角色。随着中国在世界舞台上的影响力日益增强，中国式现代化的路径和中华文化的国际传播成为国际社会关注的焦点。为了深入探讨这些问题，促进国际传播教育的发展，加强国际学术交流与合作，西安外国语大学联合多语种国际传播教育联盟共同举办了"第五届国际新闻与传播教育论坛"，与会学者共同探讨了国际新闻传播人才的培养问题。

在数字化和全球化的浪潮中，出版行业正经历着前所未有的变革。融媒体环境的出现，为出版教育和人才培养带来了新的机遇和挑战。随着技术的发展和市场需求的变化，传统出版与新兴媒体的融合已成为不可逆转的趋势。为了适应这一趋势，探索融媒体环境下出版教育的新理念、新模式，培养适应时代要求的高素质出版人才，北京印刷学院等单位举办了首届出版教育国际高峰论坛。论坛围绕"融媒体环境下的出版教育与人才培养"和"跨国出版公司的融媒体发展"两大主题，聚集中外出版学界、业界专家，集中交流研讨，凝聚创新出版教育共识，共谋出版产业高质量发展。大会还倡议成立"国际出版教育联盟"，欢迎国内外出版教育界高校、出版业机构积极参与联盟，通过合作办学、联合培养、交流交换、研究生留学等方式，履行服务全球出版教育的使命。

举办这些国际会议具有深远的意义。首先，这些会议为新闻传播学界的各领域如国际传播、健康传播、城市传播与区域发展以及文化传播等的专家学者提供了交流与合作的平台，推动了相关领域的学术发展和实践创新。其次，通过这些国际会议，促进国际文化、教育和经济交流，增进各国之间的相互了解与合作，为全球化时代的社会发展注入新的活力。最后，这些会议的举办还有助于提升举办城市及高校的国际影响力和知名度，为地方的经济发展和文化繁荣带来积极影响。

3.7.2.4 邀请海外学者讲座情况

(1)海外学者讲座的频次和国别分析

根据调查结果，参加调研的高校中有 15 所新闻传播院校邀请海外学者举办了 56 场讲座，其中线上和线上线下结合方式举办的各有 11 场、线下举办的 34 场。调查显示，3 所"985"高校举办 21 场，2 所"211"高校举办 5 场，10 所普通高校举办 30 场。其中，有 3 所高校邀请海外学者开展讲座的次数较多，分别是复旦大学、山东大学及广东外语外贸大学(见图 3-13)。

在海外学者的来源方面，海外学者主要来自北美、东亚、东南亚和欧洲地区，如美国、加拿大、韩国、新加坡、中国香港、英国、瑞典、意大利、新西兰、朝鲜、泰国、印度尼西亚、澳大利亚。参与调查的高校中邀请最多是来自美国的学者，共举办 19 场讲座；其次是邀请来自中国香港和英国的学者，分别举办 13 次和 6 次讲座。

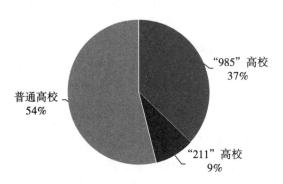

图 3-13　高校邀请海外学者讲座频次分布

（2）海外学者讲座的主题分析

2023 年是国际局势震荡的一年，海外学者们的讲座重点关注大国关系、跨文化传播等议题。随着全球化的不断深入，不同文化之间的交流和互动变得更加频繁，这要求人们更加了解不同文化的特点和交流方式。复旦大学新闻学院邀请多位海外学者举办了主题为"作为'英语抖音'的 Tik Tok：跨平台策展、跨文化代理人和跨知识渠道"，山东大学新闻传播学院主办了"国际学术交流月"活动，邀请了美国波士顿学院教授举办了"中美关系视野下的国际传播"讲座，云南师范大学邀请了新西兰梅西大学传播、新闻与市场营销学院的教授举办主题为"跨文化传播：方法论的发展与局限"讲座，此外华南理工大学邀请韩国教授举办的"跨文化调查研究的策略技巧"讲座。广东外语外贸大学新闻与传播学院邀请来自瑞典高校的教授举办了国际传播研究前沿系列讲座。

在过去的 2023 年，随着多元素传播技术的紧密结合，数字化转型已成为全球各行各业的共同趋势，尤其在健康、教育、媒体和出版等行业中表现明显，数字技术成为海外学者讲座的热词。北京大学新闻与传播学院邀请新加坡南洋理工大学黄金辉传播与信息学院教授，举办主题为"Opportunities and Risks of Digital Technology in Future Population Health Strategies"的讲座，复旦大学新闻学院邀请多位海外学者举办了主题为"数字敌意和仇恨言论""人工智能"的讲座，山东大学新闻传播学院邀请美国加州大学戴维斯分校教授开展了主题讲座"新媒体新技术下的人际传播"，北京印刷学院邀请香港城市大学人文社会科学院教授举办"Digital Marketing：The role of internet and social media"主题讲座、邀请英国斯特灵大学高级讲师举办"数字研究方法"（Digital Research Method）和"数字出版"（Digital Publishing）主题讲座、邀请英国剑桥大学出版社的全球销售总监举办主题为"数字技术如何赋能出版融合"的讲座。北京外国语大学国际新闻与传播学院邀请意大利卡利亚里大学副教授举办"人工智能与人类感知：欧洲媒体对中国人工智能的呈现"讲座，大连理工大学邀请美国长岛大学的学者举办"人工智能时代新闻业的机遇和挑战""计算新闻传播学的主题模型、情感分析和网络可视化"主题讲座。人工智能技术的快速发展带来了广泛的应用，同时也引发了伦理和安全问题，如何确保人工智能技术应用风险可控，成为国际社会共同关注的议题。

部分讲座的主题则是围绕媒体人才培养开展的，主要包括专业技能培养和学术能力提升两大方面。在专业技能培养方面，山东大学新闻传播学院邀请美国雪城大学教授举办主题讲座"跨学科研究领域人才培养及对新闻传播学的启示"，北京印刷学院邀请英国斯特灵大学高级讲师举办主题为"媒体学术技能"（Academic Skills Session for Media）、"出版学术技能"（Academic Skills Session for Publishing）的讲座。西安外国语大学新闻与传播学院邀请来自美国的教授举办主题为"新时代大学生必备素养与能力"的讲座。在学术能力提升方面，复旦大学新闻学院邀请海外学者举办了主题为"新闻研究中的话语方法"的讲座。南京师范大学新闻与传播学院邀请了来自英国的教授举办了"如何在知名国际期刊上发表学术文章"为主题的讲座。山西大学新闻学院还邀请来自加拿大的教授举办主题为"听进去：试论新闻与传播研究方法前沿"的讲座。此外，安徽师范大学新闻与传播学院邀请了美国俄亥俄州大学学者举办了"美国新闻教育"主题讲座。这些讲座有助于师生了解国外新闻业的发展现状和人才培养机制，进一步开拓海外视野。

随着信息化进程的加快，城市形象传播成为国家非权力性影响力的重要组成部分，对促进文化交流、实现文化沟通具有重要意义。复旦大学新闻学院邀请海外学者举办了主题为"社交媒体与城市传播"的讲座。在健康传播研究领域，学者们更加关注媒介对人的影响。北京大学新闻与传播学院邀请加拿大皇家大学传播与文化系的博士生导师举办"从《行为改变轮》看中西文化差异：以健康传播为例"为主题的讲座。社交媒体与个人关系成为研究的一大重点，复旦大学新闻学院邀请多位海外学者举办了主题为"青年智能护理基础设施开发和应用中的道德规范""视频滤镜自我呈现对自我概念、社会互动和信任的影响""将生命投射于机器""为何粉丝文化是非常重要的"讲座。广东外语外贸大学新闻与传播学院邀请来自香港的教授举办了主题为"默默学习与制造存在感：职场社交技术平台的发展与可见性悖论"讲座。

在视觉艺术方面，北京印刷学院和南京师范大学邀请了来自英国的教授举办"视觉叙事"（Visual Story Telling）主题讲座。江西师范大学邀请美国的教授举办主题为"摄影与叙事在新闻报道与社交媒体中的应用"的讲座。汕头大学新闻学院邀请了来自韩国东西大学的教授举办了主题为"人工智能在影视内容制作中的应用与创新"讲座。在广告方面，包括数字技术对广告行业创造与监管的影响。北京大学新闻与传播学院邀请伊利诺伊大学传媒学院教授举办了"广告的未来：拥抱 AI 与数据科学时代的改变"的讲座。

复旦大学新闻学院邀请多位海外学者举办了主题为"全球层面的广告自我规制监管和政府介入资助媒体"的讲座。

3.7.2.5 邀请海外学者授课情况

在邀请海外学者授课方面，共有 6 所新闻传播类院校开设了课程，授课方式线上与线下相结合，所邀请进行授课的海外学者来自美国、澳大利亚、新西兰，共有 7 位，来自美国的海外学者最多，有 4 位。

从开设课程看，海外学者授课内容可以分为三类：一是学科理论类课程，二是跨文化传播类课程，三是媒体实践能力类课程。北京外国语大学国际新闻与传播学院的"发展传播学"、山东大学新闻传播学院开设的"计算机媒介传播""传播学研究方法"、大连理工大学的"新闻学理论"、广东外语外贸大学新闻与传播学院的"媒体融合新闻报道"，这些课程涉及新闻传播学的基础理论，探讨信息传播的规律，这些课程的开设有利于帮助学生建立扎实的传播学和新闻学理论基础、提升学生的新闻采编、报道、评论等专业技能。此外，云南师范大学开设了"跨文化传播"、山东大学新闻传播学院开设了"全球文化与传播"，有利于帮助学生理解不同文化之间的差异，认识到文化多样性的价值和重要性、教授学生如何在不同文化背景下进行有效沟通，提升跨文化沟通技巧。随着全球化的不断深入，英语作为国际通用语言，在国际新闻传播中扮演着重要角色，因此，复旦大学新闻学院开设了"英语新闻报道与写作"，开设此类课程有助于学生适应全球化背景下的新闻传播需求，培养具有国际视野的新闻传播人才，能够用英语进行新闻报道和写作，增强中国在国际舞台上的传播力和影响力。华东政法大学开设了"美国大众传播法""东亚文化研究与创意写作"，进行更加具有地域性特色的专业知识学习。

3.7.2.6 中外交流合作项目情况

在此次调研中，有 5 个院校拥有中外交流合作教育部项目，分别是北京外国语大学与英国博尔顿大学合作举办全媒体国际新闻专业硕士学位教育项目、湖北第二师范学院的教育部中外人文交流媒体产教融合基地"数字媒体产业学院"项目、华中农业大学的国家留学基金委员会"农村发展领域乡村治理国际应用型人才"乡村振兴人才培养专项项目、西安外国语大学的全媒体产教融合项目、中央民族大学的教育部中国政府来华留学"卓越奖学金"招生项目。

北京外国语大学与英国博尔顿大学合作举办的全媒体国际新闻专业硕士学位教育项目于 2012 年 10 月经教育部批准开始招生，该项目的办学层次和类别属于外国硕士学位教育，学制一年，学生毕业获得英国博尔顿大学全媒体国际新闻专业文学硕士学位证书，目前已有 8 届毕业生。

湖北第二师范学院的教育部"中外人文交流全媒体产教融合"项目通过搭建独具特色的产教融合人才培养平台，以"数字文创"为核心内容，为高校引入海量短视频制作、直播、融媒体分发等项目，在国内培养实战型影视和文创人才方面有着广泛的社会影响力。

华中农业大学的国家留学基金委员会"农村发展领域乡村治理国际应用型人才"乡村振兴人才培养专项项目是为培养农村、农业领域急需的具有扎实的社会学、法学、公共管理学、传播学等学科交叉知识及综合应用技能、国际视野、前瞻性和引领性的复合应用型人才，国家留学基金管理委员会特设立了乡村振兴人才培养专项选派教师和研究生出国学习。本项目对口特拉华大学。

西安外国语大学的全媒体产教融合项目是通过搭建独具特色的产教融合人才培养平台，"引产入校""引产入教"，为高校引入海量短视频制作、直播、融媒体分发等数字文创项目，旨在推动校企双方在数字文创领域专业建设、人才培养、专创融合、国际交流、品牌传播等方面开展深度合作，培养具有中国情怀和国际视野、高水平专业技能和良好人文素养、人文交流能力的新时代复合型数字文创人才。

中央民族大学"一带一路"国际传播英文硕士项目招生对象是来自"一带一路"共建国家和地区传媒领域的管理人员和业务骨干，旨在培养具有多元文化理解力与沟通力，危机应对与管理能力强，具有领导力，知中国，懂世界的复合型、专家型、全媒型的全球传播人才，作为中国国家传播能力提升的多元主体力量之一服务于全球文明交流互鉴，服务于"一带一路"倡议，服务于提升中国国际传播战略。项目培养的具体能力包括：掌握传媒领域坚实的理论基础、系统的专业知识和熟练的全媒专业技能；具有全球视野，熟知"一带一路"共建国家和地区文化，具备多元文化沟通与理解的跨文化传播能力；熟知"一带一路"共建国家和地区的传媒政策与伦理法规，具有传媒领域危机应对和创新管理的领导力。

3.7.3 现状对比与不足

相较于 2022 年，2023 年的新闻传播学科教师的国际交流情况有所下降，原因是 2023 年度回收的高校问卷数量有所减少。2022 年度回收问卷 50 份，2023 年度回收问卷 42 份，有效问卷仅 31 份，且 985 高校数量明显下降，导致多项数据较上年有所变化。以下分析基于来自 42 所高校的 31 份有效问卷数量。

在境外访学方面，派教师外出交流的高校数量由 24 所下降到 12 所，但外出交流的教师数量增长有所增长。教师外出交流的时长减少，由 12~18 个月下降到以 12 个月为主，前往交流的国家和地区范围基本维持不变，以英、美为主；在参加国际会议方面，线下参会的人次有所明显增长。在邀请海外学者讲座方面，邀请的海外学者举办讲座的高校数量有所增加，讲座主题相较于 2022 年更加多元，更多地涉及数字技术的新发展和国际传播的新变化。在邀请海外学者授课方面，授课内容聚焦于新闻传播学前沿理论和交叉领域。

结合以上数据对比分析，2023 年度新闻传播学科教师国际交流的新特点呈现为：

国际交流的资助比重逐渐均衡。外出交流的资助中，国家资助和学校资助各占四成，其次是自费，占比 19%。同 2022 年相比，国家资助的比重下降，学校学院的资助比重进一步上升。从国家角度看，对于高校新闻传播学科教师外出交流访学的认可度较高，给予高度支持和肯定。从学校角度看，资助金额和能力有限，相较于对理科、工科和医学类的资助，对于新闻传播学科的资助有所提高但仍需要加强。

线下国际交流的频次不断上升。过去一年中，高校教师的线下国际交流的意愿不断增强。采取线下参会方式的人次和实地访学人数相较于 2022 年均有所增加。通过实地面对面参与国际会议，进一步开拓高校教师的学术资源、促进学术交流。

国际课程的师资力量持续拓展。2023 年度高校邀请海外学者开展讲座和课程的数量和质量均有所提升，海外学者讲座与授课的内容涵盖更广泛、议题更多元。除了国际传播和跨文化传播的议题之外，海外学者的讲座关注智媒技术和新闻传播理论前沿。国际课程切合新闻传播实践，着重培养学科人才，要充分利用海外院校的师资力量，不断拓展国内师生的国际视野和全球化思维。

国际交流的议题聚焦扎根现实。国际交流的议题对健康传播和城市传播仍有关注。无论是俄乌冲突带来的国际局势突变，还是智媒技术得到突破，国际交流的议题始终紧紧扎根现实，以应对全球性的风险和危机。深刻体现了我国高校教师作为新闻传播学国际化人才的学术关照和人文关怀。

普通高校在国际交流中的主动性增强。相较于 2022 年，2023 年普通高校对外访学的教师占比从 46% 上升到 91%，参与国际会议的普通高校教师数量从 23% 上升到 53%。在举办国际学术会议以及开展国际课程方面，普通高校仍有巨大的提升空间。

尽管高校教师国际交流的层次更加丰富多元，但是在以下方面依然有提升空间。

出境访学的学术成果较少。过去一年中出境交流的高校教师人数和时长都有所减少，不少教师以访问学者的身份出国访学。虽然访学成果以论文、智库报告、作品集等形式呈现，但是总体来看数量依然较少，部分学者并未注明访学成果。

参与国际交流的主动性有待提升。2023 年度各大高校的出国交流人数、国际会议的参与人次、国际会议的举办场次、邀请海外学者讲座次数相对于其他社科类、理工类学科仍需要提升。

中外合作交流项目的进展需要推进。相较于 2022 年，我国高校的中外合作交流项目有了新发展，开展中外合作交流项目的高校和项目数量总数依然较少，项目进展和成果仍处于在研状态。

3.7.4　发展启示及建议

为了在国际舞台上赢得更多的话语权和主动权，我国高等教育国际化的步伐必须加快。在这一过程中，新闻传播学科的教师肩负着重要的使命。作为学科的引路人，应积极拥抱全球化和时代的变迁，推动我国新闻传播学不断迈向国际化。要实现新闻传播学科的国际化，首要任务便是促进高校新闻传播学科教师的国际化。这需要教师们走出国门，与世界各地的学者进行深入的交流与对话，了解国际学界的前沿动态和发展趋势。通过这一过程，不仅可以增强教师们的国际学术交流能力，还能为我国的新闻传播学科注入新的活力和创新力。

第一，提升国际交流的主动性，在国际学术界发出中国学者的声音。新闻传播学科的教师们应当持续激发自身的积极性，主动出击，寻求更多的国际交流与合作机会。积极参与或主动发起国际学术会议，通过在国际学术会议上提交高质量的会议论文、进行开场演讲或参与讨论，我国的新闻传播学科教师们可以进一步展现我国在该领域的学术实力和研究成果，从而逐步扩大我国新闻传播学科的国际影响力。

第二，对于新闻传播学科而言，持续挖掘和引进海外高校的师资力量显得尤为重要。为了加强与国际接轨，必须深化与海外高校的合作，积极探索和挖掘海外课程中具备丰富经验和先进理念的师资力量。在引进这些教师的同时，我们需要结合国内新闻传播学科的实际情况和发展需求，精心设置课程体系，确保课程内容既符合国际前沿趋势，又能满足国内师生的实际需求。通过引进海外优质师资，为国内师生提供一个了解国际学界和业界前沿发展的窗口，帮助他们拓宽视野，增强国际竞争力。同时，这些海外教师还能带来先进的教学方法和实践经验，帮助国内师生锻炼媒体实务与专业技能，提升他们的实际操作能力。鼓励国内教师积极寻求与国外学者的合作授课机会这样的合作模式将有助于提高我国新闻传播学科的国际化水平，为培养具有全球视野和国际竞争力的人才奠定坚实基础。

第三，在国际学术领域展现中国自主知识体系的建构，增加中国学术的国际话语权。高校应与国际期刊共同设立访学成果产出的鼓励机制。通过设立专门的奖项、提供资金支持或学术荣誉等方式，对发表优质论文的教师给予嘉奖和肯定，从而激发他们的积极性和创造力。高校应积极寻求与国外机构共同研究和发表论文的机会。这不仅可以为教师们提供与国际同行深入合作、共同探索学术前沿的平台，还能帮助他们积累更多的国际学术经验和资源。通过合作研究，教师们可以接触更广泛的学术领域和前沿技术，进一步提升自身的学术水平和国际竞争力。此外，高校还可以加强与国际期刊的沟通与合作，了解国际期刊的审稿标准和发表要求，提高论文的发表率和影响力，为中国新闻传播学科的学者的国际发声提供机会和平台。

第四，为了确保中外合作交流项目的持续性和实效性，高校应当坚定不移地推进这些合作项目。鉴于当前一些中外合作项目在推进过程中存在的磨合难题和成果显现的滞后性，高校需要采取更加主动和透明的措施来管理这些项目。高校应当定期公布和分享阶段性的项目进展和成果。这可以通过举办专题讲座、发布项目报告、撰写学术论文等多种形式来实现，以便让外界更加清晰地了解项目的最新动态和取得的成果。另外，高校应充分挖掘和利用本地的特色文化资源和学术资源，以推动更多具有本院校发展特色的中外合作交流项目。这些特色资源不仅可以为合作项目提供独特的视角和思路，还能增强项目的吸引力和创新性。因此，高校应当积极与当地的文化机构、学术组织等建立联系，共同开发和推进符合本院校特色的合作项目。

（山东大学新闻传播学院　邱凌、范紫璇）

4. 学生事务篇

4.1 2023 年全国新闻传播类院系本科专业招生与就业情况

4.1.1 招生情况

4.1.1.1 本科专业增减情况

在现有 2023 年 42 所高校的数据中，有 4 所高校的新闻传播院系进行了专业调整，如表 4-1 所示。

表 4-1　　　　　　　　**2023 年部分高校新闻传播院系专业增减情况**

学校	新增专业	停办专业
汕头大学	国际新闻与传播	
广西财经学院	环境设计	
厦门大学	动画	
安徽师范大学	播音与主持艺术	

根据《2018 年度普通高等学校本科专业备案和审批结果》，教育部新增了国际新闻与传播专业。党的十八大以来，习近平总书记就加强国际传播能力建设多次进行重要论述，强调要构建具有鲜明中国特色的战略传播体系，着力提高国际传播影响力、中华文化感召力、中国形象亲和力、中国话语说服力、国际舆论引导力。近年来，为响应加强我国国际传播能力建设的现实需求，培养具有家国情怀和国际视野的人才，许多高校开设国际传播专业。比如，根据 2024 年年初教育部发布的《关于公布 2023 年度普通高等

学校本科专业备案和审批结果的通知》，北京外国语大学获批增设"国际新闻与传播"本科专业。

4.1.1.2 本科专业招生情况

新闻传播学本科招生主要分为新闻传播学大类、新闻学、广告学、广播电视学、网络与新媒体、传播学等专业，同时部分高校还设置了公共关系、戏剧影视文学等专业。

在采集到的42所学校中，新闻传播学大类招生人数最多，为2494人，占当年新闻传播学类招生总人数的30%。大类招生符合"宽口径、厚基础、多元化"的人才培养理念，能够进一步增强学生学习积极性和主动性，促进学生全面发展与个性成长，更好地适应国家人才需求(见图4-1)。

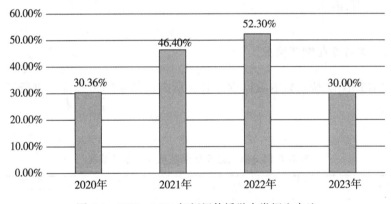

图4-1 2020—2024年新闻传播学大类招生占比

除新闻传播学大类外，新闻学招生人数最多，占当年招生总人数的19%。其次是网络与新媒体专业人数占17%，广告学占16%，如图4-2所示。

4.1.1.3 学校招生情况

从2023年新闻传播学类招生情况来看，重庆外语外事学院(含专升本)招生人数远超其他院校。重庆外语外事学院在本科教育方面共招生1322人，其中专升本招生专业分别是新闻学、传播学、广告学和网络与新媒体，共招生773人；全日制本科以新闻传播学大类招生，共招生549人，占总招生人数的41.53%。据重庆外语外事学院官网公布的信息，该校的新闻传播学大类又下设新闻学(深度报道)、新闻学(短视频制作)、

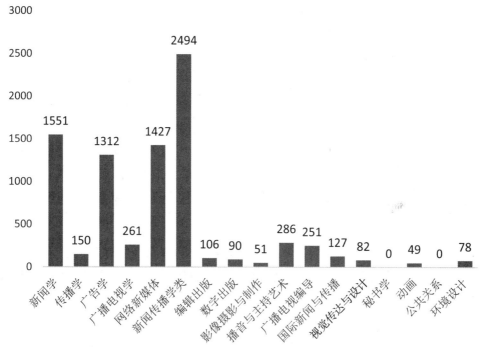

图 4-2　2023 年各专业招生人数

广告学、传播学(传媒策划)、网络与新媒体(华龙网融媒体校企合作班)、播音与主持艺术 6 个细分专业方向,结合学生兴趣,紧贴社会热潮,联系就业形势,培养市场所需人才(见表 4-2)。

表 4-2　　　　　**2023 年招生数量排名前 15 学校**

序号	学校	招生人数
1	重庆外语外事学院	1322
2	广西财经学院	490
3	北京印刷学院	435
4	云南师范大学	395
5	安徽师范大学	388
6	河南工业大学	345
7	西安外国语大学	324

续表

序号	学校	招生人数
8	成都锦城学院	306
9	湖北第二师范学院	305
10	山东青年政治学院	280
11	江西师范大学	262
12	河北大学	257
13	华东政法大学	257
14	苏州大学	214
15	汕头大学	212

在统计的42所高校的招生数量中，招生人数在300人以上的院校有9所，较2022年增加4所。招生数量在100~200人的院校较多，总体分布态势与2022年相较无明显变化(见图4-3)。

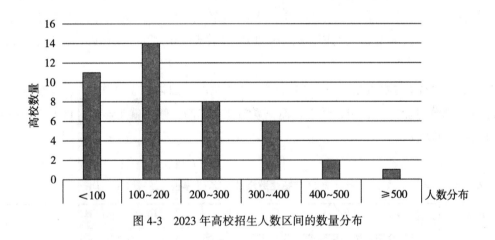

图4-3　2023年高校招生人数区间的数量分布

在这42高校中，北京印刷学院开设专业最多，共有广告学、新闻学、传播学、网络与新媒体、编辑出版学、数字出版学、传播学(国际出版)7个专业。13所高校在本科专业招生时按照新闻传播学大类招生，而后再进行专业分流。这样的做法尽可能减少了学生在填报志愿时的盲目性，通过入学后的基础学习，根据自己的特长选择专业，有助于实现学生多样化发展，优化人才培养模式(见图4-4)。

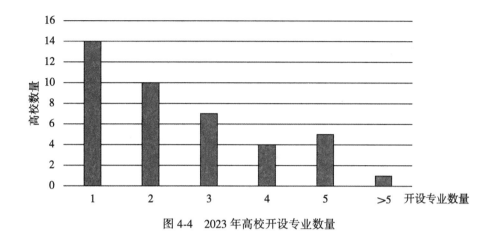

图 4-4　2023 年高校开设专业数量

4.1.2　毕业情况

4.1.2.1　国内学生情况

据《中国日报》发布的教育部统计数据显示，2023 届全国普通高校毕业生规模达 1158 万。随着中国经济的快速发展和教育的普及，越来越多的学生有机会接受高等教育并成功毕业，导致大学毕业生人数不断增长。据教育部统计，2018 年中国大学毕业生人数超过 800 万人，2021 年超过 900 万人，达到 903.8 万人，较 2020 年增加 33.7 万人。而具体到新闻传播学专业，毕业生人数也出现了新的变化。在此次统计的 42 所院校内，2023 年毕业生总人数为 7495 人（见图 4-5）。

从总体数据上来看，新闻学专业本科毕业生数量最多，高达 2191 人；其次为广告学专业，人数达 1490 人；网络与新媒体专业位居第三，人数达到 1158 人。毕业生人数最少的是影像摄影与制作专业，为 38 人。

受疫情影响，近年来就业形势更加严峻，新闻传播学专业呈现出与大环境相对应的毕业情况。可是目前国家对新闻传播学以及相关领域的人才需求量仍然不断增加，因此，尽管毕业生就业形势严峻，这一专业仍然拥有无限的潜力和广阔的就业前景。

4.1.2.2　毕业留学生情况

根据《中国留学发展报告蓝皮书（2023—2024）》显示，硕士申请仍为中国学生留学选择的主流，占比 81.2%，本科占比 16.6%，博士占比 0.5%。从我国吸纳外国留学生人数统计数据来看，在我们统计的 42 所学校新闻传播专业中，2023 年共吸纳外国留学

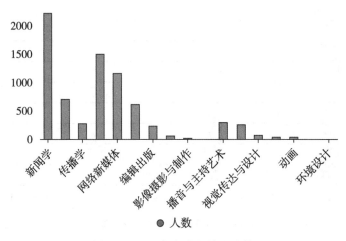

图 4-5　2023 年各专业毕业人数

生人数 13 人，多为新闻学与传播学专业学生，人数达 9 人，其余四人为国际传播方向，主要研究跨文化交流领域。外国学生在我国高校学习新闻与传播专业，特别是选修国际传播方向，促进了我国与境外国家的文化交流，也顺应了目前的国际形势，我国对这一方向的国外留学生培养计划将进一步完善。

根据 2023 年新闻传播学专业本科毕业生情况统计，毕业留学生人数为 3 人，较上一年同比减少 28 人，分析主要是由于全球疫情以及国外环境局势不稳定原因导致。

4.1.2.3　毕业生升学情况

一路上涨的毕业人数给我国的高校毕业生就业问题带来了很大的考验，进而影响到了毕业生升学问题。智联招聘于 2023 年 5 月发布的《2023 大学生就业力调研报告》显示，2023 届毕业生选择单位就业的比例从 2022 年的 50.4% 上升到 57.6%，慢就业的比例也从 2022 年的 15.9% 上升到 18.9%（"慢就业"是指一些大学生在毕业后既不立即就业，也不选择继续深造，而是暂时选择游学、支教、在家陪父母或者创业考察等，慢慢考虑人生道路的现象）。与此同时，选择自由职业的比例从 2022 年的 18.6% 下降到 13.2%，选择国内继续学习的比例从 2022 年的 9.3% 下降到 4.9%。

2023 年 7 月 14 日，猎聘大数据研究院发布的《2023 上半年人才流动与薪酬趋势报告》调查显示，超七成的职场人偏爱求职国企与央企，政府机关及事业单位位居第二。而选择继续升学的人数涨幅则有下降趋势。比起进入企业做打工人，年轻人更青睐考公考编、事业单位等稳定性更高的工作。

就业市场的不景气让考研成为众多毕业生的选择。教育部公布的数据显示，2023

年研究生报考人数达到史上最高的 474 万人，2024 年研究生报考人数为 438 万人，在连涨 8 年后稍有下降趋势，降幅约 7.6%，但弃考人数与往年相比有所减少，且高分选手扎堆。2021 年网易数读对新闻与传播专业开展了一项调查，其统计了上榜"全国新闻传播学第四轮学科评估结果"的 20 所高校的数据情况，结果显示新闻与传播专业平均报录比拉升到了 16.32∶1，最难考的一些热门院校的报录比曾经高达 54∶1。连年上涨的考研分数线让"内卷"现象越发严重，新闻与传播类专业毕业生升学压力只增不减。

根据《国务院学位委员会修订印发〈博士硕士学位授权审核办法〉的通知》《关于开展新增博士硕士学位授权审核工作的通知》等，从 2024 年 3 月到 4 月，全国 30 多个省级行政区先后公布了最新的 2024 年拟新增硕士学位点授权审核情况。据统计，全国一共有 23 个省级行政单位的 43 所高校，拟新增新传硕士学位授权点，而这一变化也影响着新闻传播学类毕业生的升学选择。

随着疫情管控的放开，人才流动加速，出国留学"镀金"成为部分新闻传播专业毕业生提高自己求职竞争力的选择，海外的高薪工作和就业环境吸引了部分毕业生。

2023 年高校新闻传播学类各专业毕业生升学人数占到了毕业总人数的 18.64%，升学人数为 1397 人。这里要注明的是，2023 年所统计的学校数量为 42 所，而 2022 年所统计的学校数量为 68 所，因此不能简单地将升学人数进行对比。但结合升学率的数据来看，2022 年的升学率为 22.72%，2023 年的升学率为 18.64%，升学率稍显下降趋势(见图 4-6)。

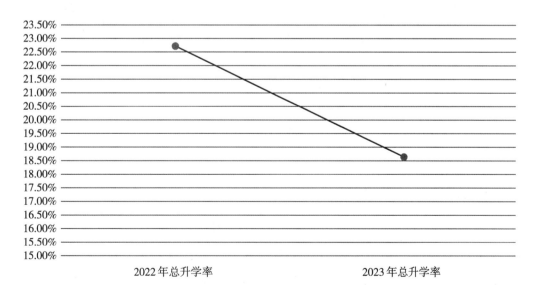

图 4-6　2022 年与 2023 年升学率对比

注：2022 年统计院校为 68 所，2023 年统计院校为 42 所

具体来看，在收集到的有限数据中，2023 年各专业的升学率相差较大，其中新闻传播学大类升学率为 42.39%，其次是播音主持与艺术，新闻学、广告学、影像摄影与制作和网络与新媒体专业，升学率集中在 18% 左右，而传播学、视觉传达与设计和编辑出版等专业升学率较低(见图 4-7)。

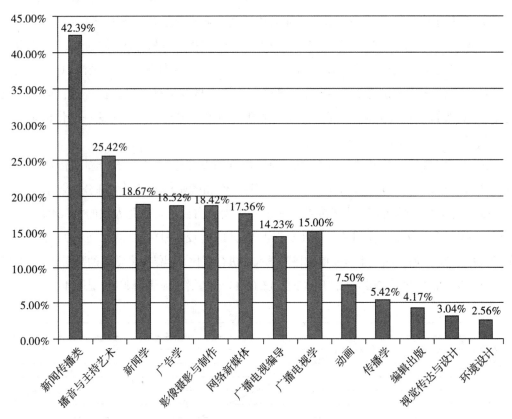

图 4-7　2023 年各专业升学率

4.1.2.4　本科生就业情况

2023 年度各高校新闻传播类毕业生的就业信息统计包括四项：协议就业、灵活就业、自主创业与其他。由图 4-8 可知，协议就业去向占比 59.85%，仍然占据主流，灵活就业占比 23.78%，自主创业占比最低，占比 1.78%，其他去向占比 14.59%。以下将对四项就业情况分别展开分析。

（1）协议就业

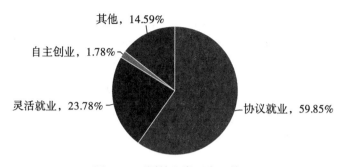

图 4-8　不同就业类型占比情况

协议就业在整体就业情况中占比 59.85%，排名第一，有 2489 名新闻传播学类的本科毕业生选择了协议就业，涵盖的专业最多，共 14 个专业。其中新闻学、广告学、广播电视学、网络新媒体位、播音主持与艺术居前五名。在当前就业去向中，协议就业仍是主流去向。据《中国新闻传播教育年鉴（2022）》统计数据，协议就业在就业中占比为 65%，与上年相比，2023 年整体下降了 5.15%。据教育部 8 月下发的 2023 届高校毕业生就业数据核查工作通知，召开各省教育部门核查部署会议。教育部要求，各地各高校要严格执行就业工作"四不准""三不得"规定中第一项就是不准以任何方式强迫毕业生签订就业协议和劳动合同，这项工作从 2022 年开始推进，严查毕业生就业数据弄虚作假，这可能是协议就业占比下降的影响因素之一（见图 4-9）。

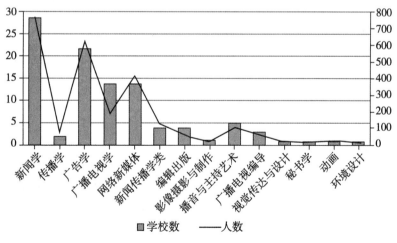

图 4-9　各专业协议就业情况

毕业生协议就业时需签订协议就业书，即由学校参与见证的，与用人单位协商签订的协议，是编制毕业生就业计划方案和毕业生派遣的依据，在实际保障毕业生权利中发挥重要作用。据 2023 年 11 月发布的《教育部关于做好 2024 届全国普通高校毕业生就业创业工作的通知》中强调，全面推广使用国家大学生就业服务平台，要优化升级国家大学生就业服务平台功能，深入开展"24365 携手促就业精准服务"，持续加强就业岗位的互联共享和精准推送；在满足本地高校招聘需求的基础上，积极与平台共享更多岗位信息，确保就业政策、资讯、岗位信息等实现精准有效推送，为用人单位与应届毕业生提供就业平台与就业资源，也为线上平台协议就业的签约提供了便利条件。

（2）灵活就业

灵活就业在四种就业中占比 24%，也就是说有约 1/4 的毕业生选择灵活就业，涵盖 989 人，涉及 13 个相关专业。从各专业来看，新闻学、网络新媒体、广告学、广播电视学、与播音与主持艺术专业涵盖的学校与人数较多，其中新闻学专业中有 21 所学校，共 333 人选择了灵活就业。灵活就业是指在劳动时间、收入报酬、工作场所、保险福利、劳动关系等方面不同于建立在工业化和现代工厂制度基础上的传统主流就业方式的各种就业形式的总称。其形式主要有以下两种类型：一是非正规部门就业，即劳动标准、生产组织管理及劳动关系运作等均达不到一般企业标准的用工和就业形式，主要是指小型企业、微型企业和家庭作坊式的就业。二是独立于单位之外的就业形势，包括：自由职业者，律师、自由撰稿人、歌手、模特、中介服务工作者、家庭小时工、街头小贩、其他类型的打零工者等(见图 4-10)。

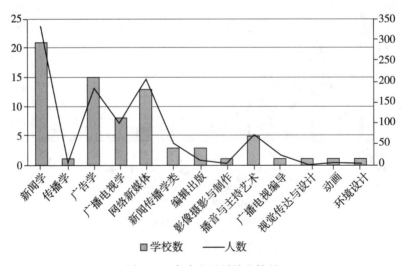

图 4-10　各专业灵活就业情况

中国共产党第二十次全国代表大会的报告强调要"健全劳动法律法规，完善劳动关系协商协调机制，完善劳动者权益保障制度，加强灵活就业和新就业形态劳动者权益保障"。加强灵活就业和新就业形态劳动者权益保障是构建和谐劳动关系、促进高质量充分就业的重要内容。报告从六个方面论述加强灵活就业和新就业形态劳动者权益保障的具体措施，为大学生灵活就业保驾护航。

正如 2024 年 1 月 20 日陈姚、周文霞、李佳琦在《中国大学生就业》中发表论文《中国大学生灵活就业：从"是什么"到"怎么办"》中指出，高校在促进和保障大学生更高质量就业的过程中发挥着无法替代的作用。校管理者和就业指导教师需要及时升级对就业形态的认识，形成对大学生灵活就业的系统认知，认清并适应灵活就业发展壮大的趋势背景；高校就业主管部门需要充分学习灵活就业的相关知识，更好地应对学生灵活就业需求，开展毕业生灵活就业的科学有效指导。在此基础上，进一步帮助学生在职业选择前就充分认识到灵活就业的优势与风险，了解灵活就业对从业者能力、技能等的需求；积极引导学生发掘自身职业兴趣，在不影响课业的前提下，鼓励学生在校期间多参与不同形式的就业实习，通过比较来尽可能充分地认识灵活就业，引导学生形成"个人职业兴趣—灵活就业市场需求—专业知识技能"的良性匹配意识。

（3）自主创业

自主创业在整体就业中占比为 2%，共 74 人。涉及新闻传播学类 9 个专业，其中新闻学、网络新媒体、广告学专业位居前三。

总体来看，当前选择自主创业的新闻传播类毕业生仍在少数。大学生选择自主创业动机的强弱直接影响着创业行动能否顺利展开。一般而言，影响大学生自我创业动机的因素分为内在因素和外在因素。内在因素是指大学生自身的素养能力，如个人执行能力、抗压能力等。外在因素则包括家庭因素、社会因素等。从家庭因素角度来看，现阶段大部分大学生的父母仍秉持着传统的就业观念，希望大学生在毕业后能有一份长期稳定的工作。而自主创业是一种有风险的活动，需要大量人力、物力的支持，所以家庭是否支持自主创业活动对大学生自主创业动机的形成起着决定性作用（见图 4-11）。

（4）其他就业

我国高校毕业生的"其他"就业，通常指的是那些不涉及传统雇佣关系的就业形式，除了传统的找工作外，这些就业形式包括但不限于创业、自由职业、公益志愿者、参军入伍等。这些就业形式可能更加自主、灵活，毕业生可以根据个人的兴趣、能力和目标选择适合自己的就业方式。相较于 2022 年我国高校新闻传播类毕业生的"其他"就业率为 6%，调研的高校新闻学院共有 435 名毕业生选择"其他"就业，而 2023 年高校新闻传播类毕业生其他就业形势呈现极大上涨趋势，达到了 14.59%，共有 607 名毕业生选择

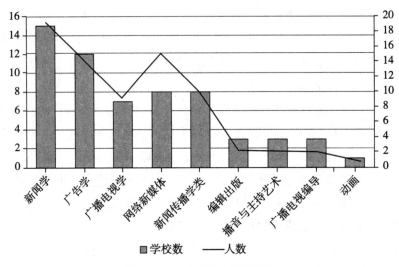

图 4-11　各专业自主就业情况

"其他"就业。涉及的新闻传播学类专业有 10 个,其中广播电视学、网络新媒体、广告学专业位居前三(见图 4-12)。因为大部分学校未明确统计"其他"就业学生具体去向,从部分学校给出的信息中可以得到大体去向(共涉及 287 人),如表 4-3 所示。

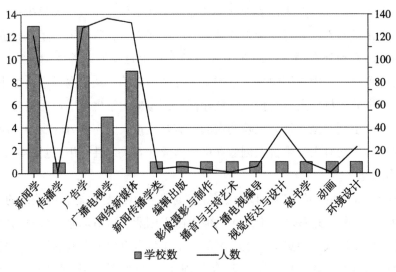

图 4-12　各专业其他就业情况

表 4-3   2023 年高校新闻传播类毕业生其他就业去向

去向	劳动合同就业	基层服务	自由职业	出国出境	网签就业	应征入伍	获得第二学位	西部计划	其他录用形式
人数	143	10	8	50	6	10	3	2	55

数据中可以看出，2023 年新闻传播类毕业生青睐于稳定性较高的工作。在毕业去向的选择上，受社会舆论、世俗眼光的影响，当代大学生往往对薪酬水平、从业环境、经济发达区域等方面更加关注，对工作稳定、待遇优厚、社会地位高的职业情有独钟，如政府公务员、国企员工等职业。2023 年 4 月，国务院办公厅印发《关于优化调整稳就业政策措施全力促发展惠民生的通知》，要求稳定"三支一扶""西部计划"等基层服务项目招募规模，实施"大学生乡村医生"专项计划，做好 2023 年高校毕业生到城乡社区就业创业工作等，引导鼓励更多 2023 届高校毕业生赴基层就业。《中国青年报》报道 20 余省份举行的 2023 年公务员招录的笔试。在 2023 年的招录中，多地公务员岗位面向应届毕业生进一步扩招，并多举措鼓励、引导各类人才投身基层建设。这些举措在很大程度上促进 2023 年高校毕业生的就业，有效缓解了社会就业压力，起到稳固民生之基的作用。

2023 年我国高校毕业生达到 1158 万人，同时通过资料搜集，我们可以了解到，2023 年度我国高校新闻传播学院为促进应届毕业生就业所付出的努力，如中国人民大学为优化毕业生就业工作，建立"人大就业"网站与微信公众号，发布定期招聘会信息，学生就业创业指导中心建立了 2023 届毕业生群，及时转发最新招聘信息，同时通过中国人大学生就业创业指导中心与新闻传播学院微信公众号定期发布招聘会议及具体岗位信息，为学生提供有效的就业信息渠道，提供更多的就业机会。东北师范大学传媒科学学院(新闻学院)开展 2023 年春招就业形势分析及就业选择指导会，为毕业学生讲解了国考与事业单位省考和选调生以及 IT 行业一些大厂的招聘现状并向应届生进一步阐明了就业选择。

同时，还有众多高校的新闻传播学院积极与政府新闻宣传单位与社会企业建立合作伙伴关系。

如 2023 年 5 月 18 日，青海师范大学新闻学院与海晏融媒体中心战略合作框架协议签约暨"实习基地"揭牌仪式在海晏融媒体中心举行，拉开了双方合作共建的序幕，双方将以此为契机，开展校地产学研合作，进一步推进海晏融媒体中心建设，同时助推青海师范大学新传学子的就业，学习更多新闻实践知识，增强自身专业素养。同时 2023

年 4 月 27 日，人民网河北频道与河北大学新闻传播学院共同建立的"新闻创新实践工作坊"实习实践基地正式挂牌，该举措不仅为河大学子搭建了学习、实践平台，也为人民网发展提供了专业对口人才资源，实现了资源共享、优势互补，促进了双方的共同发展。

（黑龙江大学新闻传播学院　姜德锋）

4.2　2023 年全国新闻传播类院系硕士研究生教育发展综述

2024 年 3 月 1 日，教育部举行新闻发布会，介绍 2023 年全国教育事业发展基本情况。数据显示 2023 年全国共有研究生培养机构 233 所。全国共招收研究生 130.17 万人，比上年增长 4.76%。其中，招收硕士生 114.84 万人，比上年增长 4.07%。在学研究生 388.29 万人，比上年增长 6.28%。在学硕士生 327.05 万人，比上年增长 5.59%。硕士研究生招生人数、在校生数量等数据指标继续保持增长态势。

随着数字化社会的到来，中国的硕士研究生教育面向未来、服务大局，在体制完善、政策制定、项目推进等方面需要适应数字变革，谋求教育发展的新局面。2023 年 2 月 13 日，教育部部长怀进鹏在世界数字教育大会上做主旨演讲。他提出，数字化转型是世界范围内教育转型的重要载体和方向。中国政府将深化实施教育数字化战略行动，一体推进资源数字化、管理智能化、成长个性化、学习社会化，让优质资源可复制、可传播、可分享，让大规模个性化教育成为可能，以教育数字化带动学习型社会、学习型大国建设迈出新步伐。

与此同时，坚持研究生教育的高质量培养成为核心一环。教育部高等教育司在 2023 年工作要点中就提出：以习近平新时代中国特色社会主义思想为指导，全面贯彻、落实党的二十大精神，把握高等教育发展的新定位、新部署、新要求、新任务，加快新工科、新医科、新农科、新文科建设，以高等教育强国建设为目标，以全面提高人才自主培养质量为主线，以深入推进高等教育综合改革试点为抓手，探索构建中国式高等教育发展模式，更好服务国家区域经济社会发展。整体上看，2023 年中国的硕士培养体系进一步完善，通过提高研究生教育的规模和质量，服务于国家重大战略目标，为社会各项事业的发展培养出更多具有创新能力和国际竞争力的高端人才。

4.2.1 深入探索高等教育体制改革新方向

4.2.1.1 推动学术学位与专业学位研究生教育分类发展

为深入贯彻落实党的二十大精神，落实习近平总书记关于教育的重要论述和研究生教育工作的重要指示精神，深入推进学术学位与专业学位研究生教育分类发展、融通创新，着力提升拔尖创新人才自主培养质量，建设高质量研究生教育体系，教育部于2023 年 11 月 24 日印发《关于深入推进学术学位与专业学位研究生教育分类发展的意见》(以下简称《意见》)。

《意见》提出要始终坚持学术学位与专业学位研究生教育两种类型同等地位，分类规划两类学位发展。一级学科设置主要依据知识体系划分，宜宽不宜窄，应相对稳定。专业学位类别设置主要依据行业产业人才需求，突出精准，应相对灵活。在研究生教育学科专业目录中实行"并表"，统筹一级学科、专业学位类别设置并归入相应学科门类下，新设学科专业以专业学位类别为主。

《意见》指出了专业学位研究生教育培养之于社会发展的重要性，要以国家重大战略、关键领域和社会重大需求为重点，进一步提升专业学位研究生比例，到"十四五"末将硕士专业学位研究生招生规模扩大到硕士研究生招生总规模的三分之二左右。

在人才选拔机制方面，《意见》提出优化人才选拔标准，学术学位重点考核考生对学科知识的掌握与运用情况以及考生的学术创新潜力；专业学位重点考核考生的综合实践素质、运用专业知识分析解决实际问题能力以及职业发展潜力。在保证质量前提下充分发挥非全日制专业学位在继续教育中的作用。支持有条件的培养单位进一步扩大推荐免试(初试)招收专业学位研究生的规模，选拔具备较高创新创业潜质的应届本科毕业生。在专业学位招生中，鼓励增加一定比例具有行业产业实践经验的专家参加复试(面试)专家组。探索完善学生在学术学位与专业学位间互通学习的"立交桥"。

在分类培养方案设计方面，《意见》提出专业学位应突出教育教学的职业实践性，强调基础课程和行业实践课程的有机结合，注重实务实操类课程建设，提倡采用案例教学、专业实习、真实情境实践等多种形式，提升解决行业产业实际问题的能力，并在实践中提炼科学问题。培养单位应参照全国专业学位研究生教育指导委员会(以下简称专业学位教指委)发布的指导性培养方案制定本单位的专业学位培养方案，支持与行业产业部门共同制定体现专业特色的培养方案，增加实践环节学分，明确实践课程比例，设置专业学位专属课程，加强专业学位研究生教育核心课程建设，推进课程设置与专业技术能力考核的有机衔接。

4.2.1.2 教育部公布学位授予单位自设二级学科和交叉学科名单

2023 年，教育部公布了截至 2023 年 6 月 30 日完成备案的学位授予单位自设二级学科和交叉学科名单。根据《研究生教育学科专业目录(2022 年)》，本名单对原风景园林学、医学技术、工商管理、公共管理、图书情报与档案管理、艺术学理论、音乐与舞蹈学、戏剧与影视学、美术学等一级学科及其下设二级学科和依托上述一级学科设置的交叉学科进行了相应调整。之前已按原二级学科或交叉学科入学学生的培养仍按原学科执行。

4.2.2 新闻传播学科建设走向国际化

4.2.2.1 中央广播电视总台与中国人民大学合作共建"新时代国际传播研究院"

2023 年 5 月 30 日，在习近平总书记关于加强国际传播能力建设重要讲话发表两周年之际，中央广播电视总台与中国人民大学合作共建的"新时代国际传播研究院"正式成立。

在成立仪式上，中央广播电视总台编务会议成员、CGTN 主任范昀与中国人民大学党委副书记、副校长胡百精代表双方签署《中央广播电视总台与中国人民大学共建"新时代国际传播研究院"战略合作协议》。活动现场，正式发布了"新时代国际传播研究院"首项研究成果——全球民意与舆情追踪调研蓝皮书《世界眼中的中国：理念、成就与未来》。

据相关媒体介绍，"新时代国际传播研究院"致力于加强多元国际传播主体之间的协作，通过将中央广播电视总台的实战实践经验与中国人民大学的理论研究能力紧密结合，加快构建中国话语和中国叙事体系，为全面提升我国国际传播效能探索新路径。

4.2.2.2 首届国际传播研究生白杨论坛顺利举办

2023 年 10 月 28—29 日，首届国际传播研究生白杨论坛在中国传媒大学顺利举办。此次论坛由中国传媒大学研究生院、媒体融合与传播国家重点实验室、国家传播创新研究中心主办，中国传媒大学国际传播白杨班承办，首届论坛的主题为"中华民族现代文明建设与国际传播能力提升"。该论坛是由中国传媒大学国际传播白杨班研究生自主创设、管理的学术实践活动，旨在为全国优秀研究生搭建学术交流平台，促进青年学者围绕国际传播相关议题进行学术交流与思想碰撞。

10 月 29 日上午，白杨论坛开幕式在图书馆圆形报告厅举行。中国传媒大学研究生院院长、国际传播白杨班副班主任任孟山教授，国家传播创新研究中心主任龙耘教授，媒体融合与传播国家重点实验室副主任郭晓科教授为论坛致辞。中央广播电视总台国际传播规划局高级编辑李宇处长，北京大学新闻与传播学院副院长王维佳教授，中国传媒大学传媒艺术与文化研究中心执行主任张国涛研究员作主旨发言。当天下午，五场平行分论坛同时开启。来自中国人民大学、中央民族大学、西北大学、北京外国语大学、上海外国语大学、暨南大学、陕西师范大学、河北大学、南宁师范大学、澳门城市大学、中国传媒大学11所高校的博硕士生参加。

五场平行分论坛结束后，白杨论坛举行了闭幕式。张磊研究员宣读了获奖名单，林凌编辑、马伊顾副编审、张磊研究员、黄典林教授、马宁副教授和陈文沁副教授6位嘉宾为获奖同学颁奖。据了解，此届白杨论坛共收到来自全国48所高校的稿件101篇，其中博士生占比31.6%，硕士生占比68.4%；34篇稿件作者受邀参会。经专家评议，11篇参会论文入选此届白杨论坛"优秀论文"。

4.2.3 多所新闻院校围绕硕士研究生人才培养、体系建设、学术交流等内容开展活动

2023年6月1日，天津师范大学新闻传播学院举行了新闻与传播专业硕士专业培养情况调研座谈会，此次座谈会由新闻传播学院科研办公室主任陈丽娜老师主持，学院科研副院长、新闻与传播专业硕士负责人林靖，新闻与传播专业硕士研究生代表参与座谈。此次座谈会是在全党进行学习贯彻习近平新时代中国特色社会主义思想主题教育的背景下开展的，旨在以调查研究推进主题教育深化，促进工作改进。座谈中，学生就最初选择新闻传播专业硕士的原因、目前的就读感受、毕业后的职业规划、对该专业培养方案的意见和建议等方面进行了深入交流。其中一些学生表示，他们选择新闻与传播专业源于浓厚的兴趣，目前学习的过程与期待基本吻合，现阶段专业课程设计较为合理，但在实践环节的设置上有所欠缺，学制较短一定程度上也影响了学习的深入，希望教学能更偏重于实践操作，给予更充分的时间与锻炼机会。

2023年7月19日，首届安徽省新闻与传播专业学位研究生培养论坛在安徽大学磬苑校区举行。安徽大学党委书记蔡敬民出席开幕式并致辞。中国人民大学新闻学院院长周勇、安徽大学研究生院常务副院长屈磊分别致辞，安徽大学新闻传播学院党委书记王丁凡主持开幕式，来自政府、学界、业界的专家学者参加论坛。论坛上成立了安徽省新闻与传播专业学位研究生培养联盟并举行授牌仪式，安徽省委宣传部省记协秘书处处长方黎奇、安徽省委网信办网络传播处处长张家杰以及校党委常委、宣传部部长赵晓明为联盟单位授牌。联盟首批共有九家单位，分别是中国科学技术大学人文与社会科学学

院、合肥工业大学文法学院、安徽大学新闻传播学院、安徽师范大学新闻与传播学院、安徽财经大学文学院、淮北师范大学文学院、安庆师范大学传媒学院、阜阳师范大学文学院、合肥学院语言文化与传媒学院。联盟的成立旨在进一步加强校际协作交流，提升安徽省新闻与传播专业学位研究生培养质量，着力培养更多讲好安徽故事、传播好安徽形象的新闻人才，为全面建设现代化美好安徽提供强劲生力军。

2023 年 9 月 28 日，上海师范大学举办了"上海师大-东华大学新闻与传播人才研讨会"，来自两校新闻与传播（MJC）硕士学位点的部分导师进行了交流，会议紧密围绕人才培养、学生工作、学科建设等方面深入开展探讨。

2023 年 4 月 22 日，第四届新闻传播学研究生"青梅论坛"在浙江大学传媒与国际文化学院举办。该论坛由安徽大学新闻传播学院、南京大学新闻传播学院、浙江大学传媒与国际文化学院、中国人民大学新闻学院和中山大学新闻传播学院五家单位联合发起。此届青梅论坛共分为开幕式、院长沙龙、研究生论坛、青梅工作坊和闭幕式五个环节。论坛主题为"中介化与去中介化——重思传播的'远'和'近'"，共收到海内外作者投稿329 篇，经过两轮遴选，最终有 25 篇论文入选，根据主题被分为 6 个分论坛进行报告和评议。此外，此届"青梅论坛"特设 2 个工作坊，邀请 10 位学者分享自己的学术经验。主题为"跨界求学经验谈：本土/海外及跨专业求学/求职的得与失"的工作坊由浙江大学传媒与国际文化学院"百人计划"研究员周睿鸣主持，浙江大学传媒与国际文化学院"百人计划"研究员陈宏亮、黄广生、林健，安徽大学新闻传播学院副教授张朋和中山大学新闻传播学院副教授周如南进行对谈。浙江大学传媒与国际文化学院副教授刘于思主持主题为"评审标准面对面：会议论文、期刊论文和学位论文的规范与创新"的工作坊，浙江大学传媒与国际文化学院特聘副研究员程萧潇、安徽大学新闻传播学院副教授葛明驷、清华大学新闻与传播学院教授卢嘉、南京大学新闻传播学院副教授王佳鹏与北京师范大学新闻传播学院教授闫文捷参与对谈。

4.2.4　全国新闻与传播专业学位研究生教育指导委员会全体会议召开

2023 年 6 月 29 日，全国新闻与传播专业学位研究生教育指导委员会在上海复旦大学召开全体会议，会议深入学习宣传贯彻习近平新时代中国特色社会主义思想和党的二十大精神，认真落实党中央关于新闻舆论工作、研究生教育工作的决策部署，总结工作、交流经验，分析形势、明确方向，研究谋划全国新闻与传播专业学位研究生教育指导委员会 2023 年和今后一个时期的重点任务。

会议指出，要以习近平新时代中国特色社会主义思想为指导，全面贯彻落实党的二十大精神，深刻领悟"两个确立"的决定性意义，增强"四个意识"、坚定"四个自信"、做到"两个维护"，坚持为党育人、为国育才，坚持政治引领、德才兼备，坚持深化改革、守正创新，坚持贴近实际、服务实践，按照中宣部、教育部有关要求，以抓好2023年工作为基础，以推进今后3~5年重点任务为目标，认真做好教育指导委员会各项工作，积极推进全国新闻与传播专业学位研究生教育，为巩固壮大奋进新时代的主流思想舆论、建设社会主义文化强国提供有力人才支撑。要坚持运用马克思主义立场观点方法，深刻把握党和国家事业发展是新闻与传播专业学位研究生教育的第一动力，马克思主义新闻观是新闻与传播专业学位研究生教育的思想指引，信息技术变革是新闻与传播专业学位研究生教育的重要杠杆，高质量发展是新闻与传播专业学位研究生教育的必然要求，始终坚持以政治引领为根本，以教育教学为中心，以产学研融合为基础，以改革创新为动力，持续提升全国新闻与传播专业学位研究生教育质量，着力培养创新型、应用型、复合型、高层次新闻传播人才，为强国建设、民族复兴作出新的更大贡献。

4.2.5　新闻传播学相关自设二级学科和交叉学科规模扩大

2023年教育部公布了截至2023年6月30日完成备案的学位授予单位自设二级学科和交叉学科。共有79所学校自设了新闻传播学相关二级学科，涉及新闻传播学、中国语言文学、外国语言文学、艺术学理论、政治学、应用经济学、体育学、法学、管理科学与工程、马克思主义理论、管理科学与工程等十余个一级学科。自主设置交叉学科的学校共计15所（见表4-4、表4-5）。

表4-4　　　学位授予单位（不含军队单位）自主设置二级学科名单（含新闻传播学）

序号	学校	一级学科	自设二级学科
1	北京大学	新闻传播学	新媒体学
2	中国人民大学	新闻传播学	传媒经济学
			广播电视学
			国际传播
3	北京印刷学院	新闻传播学	出版学
			传媒经济与管理
4	北京外国语大学	外国语言文学	国际传播学
5	中国农业大学	新闻传播学	广播电视学与数字传播
			发展传播学

续表

序号	学校	一级学科	自设二级学科
6	中国传媒大学	新闻传播学	广播电视学
			广告学
			传媒经济学
			编辑出版学
			国际新闻学
			舆论学
			传媒教育
			语言传播
			国家治理与政治传播
		艺术学理论	传媒艺术学
			艺术传播学
7	国际关系学院	政治学	公共外交与文化传播
8	中国政法大学	政治学	政治传播学
9	中央财经大学	新闻传播学	广告学与传媒经济学
10	天津师范大学	新闻传播学	广告学
11	天津外国语大学	新闻传播学	广告学
12	河北财经大学	新闻传播学	跨文化传播
			影视文化传播
			视听新媒体传播
13	辽宁大学	中国语言文学	文学传播与媒介文化
14	沈阳工业大学	法学	传播法学
15	大连外国语大学	中国语言文学	中华文化国际传播
16	内蒙古民族大学	中国语言文学	文化与传媒
17	吉林大学	中国语言文学	文学传播与媒介文化
		新闻传播学	网络与新媒体
18	吉林师范大学	中国语言文学	媒介文化
19	黑龙江大学	外国语言文学	跨文化沟通与国际传播
		新闻传播学	艺术传播

续表

序号	学校	一级学科	自设二级学科
20	复旦大学	新闻传播学	广告学
			广播电视学
			媒介管理学
21	上海理工大学	新闻传播学	数字出版与传播
			艺术传播
		管理科学与工程	传媒管理
22	上海外国语大学	外国语言文学	全球传播
		新闻传播学	广告学
		法学	传媒法制
23	华东师范大学	政治学	政治传播与政府公关
24	华东政法大学	新闻传播学	数字传媒与文化产业
25	上海社会科学院	新闻传播学	舆论学
26	浙江大学	新闻传播学	文化产业学
			电视电影与视听传播学
27	安徽师范大学	马克思主义理论	马克思主义新闻学与意识形态建设
28	浙江师范大学	中国语言文学	汉语国际传播
29	厦门大学	新闻传播学	广告学
			汉语国际推广
30	南昌航空大学	马克思主义理论	马克思主义新闻传播学
31	南京财经大学	工商管理	传媒经营管理
32	江西师范大学	新闻传播学	传播社会学
33	河南大学	新闻传播学	编辑出版学
			广告与媒介经济
		外国语言文学	跨文化传播
34	武汉大学	新闻传播学	广告与媒介经济
			跨文化传播
35	武汉理工大学	新闻传播学	数字出版

续表

序号	学校	一级学科	自设二级学科
36	华中科技大学	新闻传播学	公共关系学
			广播电视与数字媒体
			广告与媒介经济
37	桂林电子科技大学	管理科学与工程	跨文化传播管理
38	广西师范大学	中国语言文学	文学传播学
39	云南大学	中国语言文学	文化传播
40	中南大学	中国语言文学	文化传播与文化产业学
41	安庆师范大学	中国语言文学	文学与现代传媒
42	武汉理工大学	新闻传播学	数字出版
43	武汉体育学院	体育学	体育新闻传播学
44	湘潭大学	哲学	新闻哲学与媒介文化
45	暨南大学	新闻传播学	广告学
			国际传播
			广播电视学
46	广州体育学院	体育学	体育新闻传播学
47	广州大学	新闻传播学	区域传播
48	深圳大学	新闻传播学	政治传播学
49	广西大学	新闻传播学	传媒经济学
			广告学
50	四川大学	新闻传播学	广播电视学
			广告与媒介经济
			编辑出版学
			网络与新媒体
			符号学
		中国语言文学	文艺与传媒
51	西南民族大学	中国语言文学	民族文学与新闻传播学

续表

序号	学校	一级学科	自设二级学科
52	西安外国语大学	外国语言文学	国际传播
		新闻传播学	新媒体与国际传播
53	西北政法大学	新闻传播学	法制新闻与传媒法
			网络政治传播学
54	青海民族大学	民族学	民族文化传播
55	广州大学	新闻传播学	区域传播
56	三峡大学	中国语言文学	媒介文化
57	重庆工商大学	新闻传播学	广告学
			传媒经济学
58	重庆师范大学	中国语言文学	文艺与传媒
59	河北经贸大学	新闻传播学	跨文化传播
			影视文化传播
			视听新媒体传播
60	广东外语外贸大学	新闻传播学	跨文化传播与国际传播
		中国语言文学	文化传播与媒介
61	四川省社会科学院	新闻传播学	数字出版与文化产业
62	中原工学院	设计学	传媒创意与设计学
63	河南财经政法大学	应用经济学	传媒经济学
64	湖南工商大学	工商管理	传媒产业管理
65	西华师范大学	中国语言文学	文艺与传媒
66	四川外国语大学	中国语言文学	文艺与传媒
67	贵州民族大学	法学	传媒法学
		社会学	传媒社会学
68	西安工程大学	设计学	传媒艺术设计
			数字媒体设计
69	宁波大学	中国语言文学	文艺与新传媒

续表

序号	学校	一级学科	自设二级学科
70	南京大学	公共管理	大众传播与媒介管理
		信息资源管理	出版学
71	浙江工业大学	工商管理学	文化传播与媒介管理
72	安徽大学	中国语言文学	媒介与文化传播
73	华侨大学	中国语言文学	媒介文化与传播
74	辽宁大学	中国语言文学	文学传播与媒介文化
75	苏州大学	中国语言文学	汉语言文化国际传播
76	郑州大学	公共管理	公共传播
77	西北大学	中国语言文学	文艺与文化传播
78	西北师范大学	中国语言文学	语言与跨文化传播
		中国史	文化与传播
79	北京信息科技大学	计算机科学与技术	数字文化传播

表4-5　学位授予单位(不含军队单位)自主设置交叉学科名单(含新闻传播学)

序号	学校	交叉学科	所涉及一级学科
1	清华大学	信息艺术设计	新闻传播学、计算机科学与技术、设计学
2	北京外国语大学	区域学	法学、政治学、外国语言文学、新闻传播学、管理科学与工程
		亚非地区研究	法学、政治学、外国语言文学、新闻传播学
3	北京印刷学院	文化产业管理	马克思主义理论、工商管理学、新闻传播学
4	中国传媒大学	互联网信息	新闻传播学、信息与通信工程、戏剧与影视学、设计学
		文化产业	新闻传播学、艺术学理论、音乐与舞蹈学、戏剧与影视学、设计学
		新媒体	新闻传播学、信息与通信工程
		艺术与科学	信息与通信工程、艺术学、设计学
		信息传播学	新闻传播学、信息与通信工程、中国语言文学

序号	学校	交叉学科	所涉及一级学科
5	中央民族大学	人权保障	法学、民族学、哲学、新闻传播学
6	河北大学	语言文化与世界文明	中国语言文学、新闻传播学、中国史
7	黑龙江大学	黑龙江大学	外国语言文学、新闻传播学、政治学
8	华东政法大学	传播法学	法学、新闻传播学、公共管理学
		法治文化	法学、外国语言文学、新闻传播学
		法律与语言	外国语言文学、法学、新闻传播学
9	上海大学	语言文化与世界文明	中国语言文学、新闻传播学、世界史
		数字媒体创意工程	新闻传播学、信息与通信工程、戏剧与影视学
10	安徽师范大学	文献资源保护与利用	中国语言文学、新闻传播学、中国史、计算机科学与技术
11	武汉大学	数字传媒	新闻传播学、软件工程、图书情报与档案管理
		戏剧影视文学	哲学、中国语言文学、新闻传播学
		广播电视艺术理论	中国语言文学、新闻传播学、艺术学理论
12	华中师范大学	科学传播与科学教育	教育学、新闻传播学、中国史、物理学、管理科学与工程
		文化传播学	中国语言文学、中国史
13	湘潭大学	文化旅游	新闻传播学、中国史、工商管理
14	暨南大学	中华文化传承传播	中国语言文学、中国史、新闻传播学、政治学、世界史
15	四川大学	边疆学(边疆政治学,边疆经济学,边疆社会学,边疆史地)	理论经济学、法学、新闻传播学、中国史、公共管理
		中华文化国际传播	中国语言文学、外国语言文学、新闻传播学

注：交叉学科均按照二级学科管理。

4.2.6　2023 年新闻传播学科硕士点招生与毕业学生统计

此处仅列出部分 2023 年全国高校新闻传播学科硕士点招生与毕业生人数，非完全统计，具体如表 4-6 所示。

表 4-6　　　　　　**2023 年新闻传播学科硕士点招生与毕业生人数统计**

序号	单位名称	招生人数	毕业人数
1	安徽师范大学	110	103
2	北京大学	68	64
3	北京工商大学	74	66
4	北京印刷学院	212	150
5	北京外国语大学	122	68
6	成都体育学院	49	37
7	大连理工大学	17	57
8	复旦大学	234	180
9	广西艺术学院	31	34
10	广东外语外贸大学	172	149
11	贵州大学	26	33
12	河北大学	191	152
13	河北经贸大学	59	24
14	河南大学	94	86
15	河南财经政法大学	29	21
16	河南工业大学	40	34
17	湖南理工学院	50	48
18	湖南师范大学	123	119
19	华东政法大学	92	71
20	华南理工大学	83	91
21	华中农业大学	18	8
22	江西师范大学	87	21
23	南京财经大学	35	40
24	南京师范大学	216	168
25	山东师范大学	43	48
26	山西大学	77	71
27	汕头大学	49	65
28	石河子大学	10	0

续表

序号	单位名称	招生人数	毕业人数
29	苏州大学	134	131
30	天津师范大学	78	71
31	武汉理工大学	51	62
32	西安外国语大学	109	71
33	云南师范大学	—	68
34	兰州财经大学	42	50
35	中央民族大学	236	177

（中国人民大学新闻学院　曾林浩、邓绍根）

4.3　2023 年全国新闻传播类院系博士研究生教育发展综述

　　2023 年是全面贯彻党的二十大精神开局之年，是实施"十四五"规划承上启下的关键一年。根据《2023 年全国教育事业发展统计公报》，2023 年中国博士研究生招生人数达到 15.33 万人，较上一年增长 10.29%；其中，在学博士生 61.25 万人，比上年增长 10.14%。同年 12 月 19 日，教育部召开新闻发布会，时任学位管理与研究生教育司司长任友群表示，2023 年度全国应届博士毕业生达到 7.52 万人。应届博士毕业生到企业就业的已经超过毕业总人数的 1/5，近三年来，这一比例持续上升。从整体上看，博士研究生成为国家创新体系中重要的生力军，"产学结合"的特点得到进一步体现。

　　近年来，在本科生、硕士研究生扩招的大趋势下，立于高等教育顶端的博士研究生教育，亦同频跟进、不断扩招。截至 2023 年年底，具有新闻传播学一级博士授权点的院校达到 34 所，具有新闻传播学博士学位授权二级学科的院校共 26 所，新闻传播学博士生培养规模显著提升。

4.3.1　探索博士生培养新举措

　　中国人民大学新闻学院自 2023 年起，对"申请-考核"制博士生招生工作方案进一步优化。博士生按一级学科新闻传播学专业开展大类招生，报名时无须填报导师；录取时均按照新闻传播学专业录取，录取后根据双向选择匹配导师组情况分流进入相应二级学科专业

（含新闻学、传播学、传媒经济学、广播电视学、国际传播），具体如表 4-7 所示。

表 4-7　　　中国人民大学新闻学院 2023 年招收博士研究生的导师组名单

招生专业	研究方向	方向导师组成员	所属二级学科
新闻传播学	01 中国特色新闻学	杨保军	新闻学
		蔡雯	
		王润泽	
		许向东	
		邓绍根	
		赵云泽	
		唐铮	
	02 新媒体社会	刘海龙	传播学
		匡文波	
		彭兰	
		栾轶玫	
		黄河	
		王斌	
		陈阳	
新闻传播学	03 中国舆论学与公共传播	李彪	传播学
		赵曙光	
		林升栋	
		闫岩	
		王树良	
	04 传媒产业与平台经营	周蔚华	传媒经济学
		张辉锋	
		韩晓宁	
	05 视听传播与社会文化	高贵武	广播电视学
		周勇	
		雷蔚真	

续表

招生专业	研究方向	方向导师组成员	所属二级学科
新闻传播学	06 国际传播	张迪	国际传播
		钟新	
		Lars Willnat	
		赵永华	
		李沁	
		王莉丽	

注：1. 中国人民大学新闻学院 2023 年按照一级学科招生，报名时无须填报导师或研究方向，录取后根据双向选择匹配导师组情况分流进入相应二级学科专业（含新闻学、传播学、传媒经济学、广播电视学、国际传播）。该名单仅供录取后双向选择导师组时参考，届时根据导师备案情况或有微调。

2. 各方向导师组可匹配学生数与导师数大致相当，各导师组已接收直博或硕博连读生人数：中国特色新闻学 1 人、新媒体与社会 4 人、中国舆论学与公共传播 2 人、传媒产业与平台运营 1 人、视听传播与社会文化 1 人、国际传播 2 人。

综合各高校新闻传播学博士研究生招生信息，以导师组形式招收博士，并对博士进行分组培养成为博士培养新举措。例如，复旦大学新闻学院实施导师组联合招生机制，详见表 4-8。

表 4-8　　　　**复旦大学新闻学院 2023 年招收博士研究生的导师组名单**

招生方向	指导老师	招生人数
01（全日制）新闻学	童兵、白红义、曹晋、陈建云、窦锋昌、黄瑚、蒋建国、刘勇、廖圣清、陆晔、马凌、孙玮、谢静、张大伟、张涛甫、张志安、朱春阳	35 人
02（全日制）传播学	白红义、曹晋、蒋建国、马凌、顾铮、陆晔、潘霁、廖圣清、沈国麟、孙少晶、孙玮、汤景泰、谢静、张殿元、Lifen ZHANG（张力奋）、张涛甫、张志安、周葆华、朱春阳	
03（全日制）广播电视学	周笑	
04（全日制）广告与公关	顾铮、张殿元	
05（全日制）媒介经营管理	窦锋昌、裘新、周笑、朱春阳	
06（全日制）新媒体研究	曹晋、廖圣清、潘霁、孙少晶、孙玮、张大伟、周葆华、周笑	

注：其中 01 方向（马克思主义新闻学）包括马克思主义研究院依托招生 2 人，导师为张涛甫。02 方向（国际传播）包括国家发展与智能治理综合实验室、一带一路与全球治理研究院依托招生各 1 人，导师为沈国麟。

2023 年恰逢华中科技大学新闻与信息传播学院 40 周年院庆，院长张明新在媒体刊文，详细梳理了学院 40 年坚持的"文工交叉，应用见长"育人模式。他强调，学院致力于培养具有家国情怀、国际视野和新技术思维，适应媒体深度融合和行业创新发展，能胜任中外文化传播与文明互鉴的卓越新闻传播人才。在人才培养过程中，学院强调学生综合素质与专业水平、理论功底与业务技能、实践精神与创新思维的均衡发展。学院切实贯彻新文科理念，强调专业底色和新闻理想，强化实践教学和协同育人。

4.3.2　举办博士生论坛促交流

2023 年，中国传媒大学、中国人民大学、清华大学、重庆大学、南京大学、武汉大学等多所高校举办新闻传播学博士生论坛。丰富的讨论形式，多元的学术议题，为国内高校新闻传播学博士生提供了学术交流平台，开阔了学术视野，活动成果丰硕。新闻传播学类博士研究生论坛举办情况总结如下。

4.3.2.1　南京大学新闻传播学院"418 博士之家"学术午餐会

南京大学新闻传播学院"418 博士之家"学术午餐会，经过多年发展，逐渐形成以博士生群体为核心志愿者，定期邀请全球华人新闻传播学术圈青年博士访问的学术交流平台。该午餐会在 2023 年度共举办 20 期，交流嘉宾来自清华大学、复旦大学、中国人民大学、中国科学技术大学、兰州大学、香港中文大学、新加坡国立大学等海内外高校的青年新闻传播学者。2023 年度学术午餐会的具体讲座情况如表 4-9 所示。

表 4-9　　　　　**2023 年度"418 博士之家"学术午餐会信息统计表**

期数	主讲人	分享主题
第 201 期	李彪(中国人民大学)	新闻传播学博士毕业论文写作的"变通"之道
第 202 期	郭小安(重庆大学)	学术论文写作的问题意识与创新思维的培养
第 203 期	周慎(中国科学技术大学)	ChatGPT 与未来传播——传播学研究的前沿认知与思维跃迁
第 204 期	许德娅(华东师范大学)	作为一名"城市研究者"
第 205 期	陈志聪(香港城市大学、南京大学)	发现因特网的隐秘角落：洋葱路由匿名网络的习得、使用与社会影响
第 206 期	辛晏毓(西南财经大学)	裁判文书看世界
第 207 期	胡岑岑(北京体育大学)	从兴趣到学术：一个媒介文化研究者的自我民族志式反思
第 208 期	王昀(华中科技大学)	新媒介与公共性日常生活批判视野下的网络视频研究

期数	主讲人	分享主题
第 209 期	柴向南(南京大学)	从博士研究到入行工作：杂感几谈
第 210 期	王君玲(兰州大学)	学术源自生活：博士论文的视野、选题与写作
第 211 期	张玮玉(新加坡国立大学)	出发即抵达：从我的世界到我的学术旅程
第 212 期	罗琼鹏(南京大学)	狐狸还是刺猬："飞升疾走"和"破五唯"背景下不同研究策略的抉择
第 213 期	李爱红(南京大学)	非典型博士学习的经验总结：潦草的博士学习及挽救
第 214 期	宋逸炜(南京大学)	《马赛曲》和《国际歌》法国革命的双元符号
第 215 期	刘泱育(南京师范大学)	从模仿到永无止境的自我超越：博士论文、研究选题与经济学思维
第 216 期	陈曼婷(西南财经大学)	探索一种后现代的学术生活：当研究不是生活的全部
第 217 期	凤仙(安徽大学)	"时间的秘密"：节日在城市转型中的嬗变
第 218 期	于成(青岛大学)	走向媒介哲学：从博士论文的写作谈起
第 219 期	禹卫华(上海交通大学)	重返理论基本模式：从大众传播到社交传播再到智能传播
第 220 期	虞鑫(清华大学)	从公共性到人民性：从理论的镶嵌到理论的自觉

4.3.2.2 清华大学新闻传播学博士生学术论坛暨清华大学第 707 期博士生学术论坛

2023 年 5 月 21 日，清华大学新闻传播学博士生学术论坛暨清华大学第 707 期博士生学术论坛在清华大学三堡学术基地顺利举办。此次论坛共收到来自 62 所海内外高校研究生的 169 篇投稿。与会者在两天内进行的 6 个分论坛会议中总共进行了 31 场论文演讲报告，并围绕 26 篇张贴论文进行了深入讨论。论坛广泛邀请多元学科背景的 20 余名专家学者参与审稿、分论坛点评以及开闭幕式报告。其中，清华大学新闻与传播学院陈昌凤教授、清华大学社会科学学院政治学系张开平副教授、清华大学新闻与传播学院气候传播与风险治理研究中心副主任匡恺副教授、中国新闻社记者、全国抗击新冠肺炎疫情先进个人杨程晨受邀在闭幕式作报告，主题围绕科研工作、学业规划、业界发展等方面展开。

原国家新闻出版总署署长、第十二届全国人大教科文卫委员会主任委员柳斌杰教授为此次论坛作主题报告。柳斌杰充分肯定了此次论坛主题的重要意义，他指出，变革与坚守是新闻传播学发展的时代之问，新闻传播工作是"为国家立心，为民族立魂"的工作；新闻传播学是认识世界改造世界的前沿学科，必须要与时俱进；从事新闻工作的人是时代的弄潮儿，要有战斗的情怀。以下为柳斌杰教授报告原文：

尊敬的各位老师，亲爱的同学们：

大家上午好！很高兴能够同各位相聚于中华文明重要历史文化遗产——古长城上，共同参加清华大学新闻与传播学院举办的一年一度的全球性学术盛会。在这里，我首先要向到场的各位嘉宾，关心和支持此次论坛的各位专家同仁，为筹备此次论坛辛勤付出的老师和同学们，致以崇高的敬意和衷心的感谢！向来自全国兄弟院校和国外大学的新闻学子们表示热烈欢迎和良好祝愿：你们代表着新闻传播学的发展和未来力量！

此次论坛的主题是"变革与坚守：新时代中国新闻传播学发展的时代之问"，我觉得这个题目有高度、有内涵，很好地概括了我们新闻传播学科在新时代所肩负的历史使命，以及学科未来发展的前进方向。所以今天，我想就此次论坛主题的三个核心关键词，谈一点自己的看法，强化青年学子的专业意识。

第一个关键词是"时代之问"。新时代中国新闻传播学的构建和发展问题，不只是一个"学科之问""学术之问"，归根结底，它是"时代之问"。从学问上讲，马克思曾言，任何真正的哲学都是自己时代精神的精华。从专业上讲，马克思认为从事新闻报刊工作是能为大多数服务职业。所以，一代之学问，有一代之特色，更有一代之使命，新闻学是帮助人们认识世界和改造世界的大学问，必须与时俱进，走在前列。加快构建中国特色哲学社会科学，是习近平总书记在哲学社会科学工作座谈会上和致中国社会科学院建院 40 周年贺信中提出的重大战略任务。新时代构建中国特色的哲学社会科学及其支柱学科，一方面是要解决中国的问题，重视特殊性；另一方面也是在为人类学术思想贡献中国智慧，重视真理性。这两点便是当今中国哲学社会科学及其支柱学科建设所面临的"时代之问"。我们做学术研究，需要的从来都是理论与实际相统一、相结合，不是纸上谈兵，而是要服务于现实问题的解决，服务于社会历史的发展，服务于人类认识的深化。新闻传播工作是"为国家立心，为民族立魂"的工作，也是为人类探索真相、真谛、真理的工作，新闻传播学的发展，不只是要做出多少课题研究，形成多少理论文章，更重要的是为国家民族固根固本、立心立魂，回应"时代之问"。党的二十大报告提出"开拓马克思主义中国化的新境界""巩固壮大奋进新时代的主流思想舆论""加强国际传播能力建设""增强中华文明传播力影响力"，这些都是新闻传播学的时代问题。我想，对内如何巩固壮大新时代主流思想舆论，对外如何提高国际传播效能，学科自身如何推进马克思主义中国化，如何构建中国特色新闻学，便是当前中国新闻传播学所面临的"时代之问"。建院 20 年来，清华大学新闻与传播学院始终以马克思主义新闻观统领教学科研，致力于构建具有中国特色的新闻传播学，培养德才兼备的新闻传播高素质人才，探索回答"时代之问"。学院成立之初，在首任院长范敬宜先生的推动下，学院在全国范围内率先开设了马克思主义新闻教育课程，带动了马新观进课堂。后来在我接任院长 10 年间，学院推动成立了中国特色新闻学研究委员会，与复旦、中信研究院共建中国特色新闻学研究基地，并开设了中国特色新闻学高级研讨班，拿出了一批学术成果。如今，在学院各位领导、老师和同学们的共同努力下，中国特色新闻传播学在清华大学这片沃土上进一步苗壮成长，学院获得了全球公认的好评。我们今天举办这样一场学术盛会，也正是要鼓励和提倡我们的同学们立足中国实践，洞察世界前沿，开拓具有中国精神、中国学理、中国风格、中国气派的新闻传播学学术阵地，回应新时代中国新闻传播学的"时代之问"。

第二个关键词是"变革"。为什么要强调"变革"，把变革放在前面？这是客观现实决定的。因为世界在变化，社会在前进，技术在革命，认识在深化，形成促使学科学术自身变革的内外动力、这也是每一门学科发展都必经的辩证否定过程。当今世界面临百年未有之大变局，新闻传播成为创新求变的竞争力，我们的学科发展也当以现实为镜，适时适当更新理论范式，调整研究内容，以求历史主动。建院二十年来，学院也始终坚持紧跟时代，面向主流，积极响应党和国家的号召，适应社会历史进步的需要和现实舆论斗争的挑战，不断调整优化学科建设和培养体系。如今，除中国特色新闻学外，在国际传播、影视传播、智能传播、健康传播和国家形象、文化创意等研究领域也都取得了卓著的学术成果，此次论坛也将这几大研究方向作为分论坛的主题，期待同学们能够在分论坛中分享自己的优秀研究成果，碰撞出新的学术火花。学科本身的发展需要变革，学科内的研究工作也应当在实践中不断调整和加强。特别是如何进一步加强中国特色新闻学学术理论、学术体系、学科体系的研究工作呢？在这里，我向在座的同学们提出以下几点建议：第一，要以真理的精神追求真理，深入挖掘科学理论精神，将马克思主义基本原理和马克思主义中国化的重要理论成果融会贯通，作为我们理论研究的"定盘星"和"灵魂"；第二，要坚持实践第一的思想，要善于总结当代新闻实践特色，从实践中找经验、找理论、找问题、找方法，在实践中发现解决问题的方案和思路；第三，要以科学的态度追求科学，构建中国特色新闻学是学科学术的大变革，要秉持科学的态度，要采用科学的研究方法，严肃严谨，实事求是做学问；第四，要推动学科体系和学术范式的革新发展，要敢于创新、敢于突破、敢于攻坚打硬仗，创立学派本身就是艰苦的斗争过程。

第三个关键词是"坚守"。新闻学科的发展需要在社会历史的进程中有所变革，同样也需要在科学规律和成功经验方向有所坚守。"必须坚持守正创新"是党的二十大报告提出的"六个必须坚持"之一，习近平总书记指出："守正才能不迷失方向、不犯颠覆性错误。"改革初期对于中国新闻出版变与不变，我曾经写过《坚守什么、变革什么》的文章专门讲过。那么，对于中国的新闻传播学研究来说，需要坚守什么呢？我认为，也是要先保护孩子，再倒掉洗澡水。简要说，首先就是坚持马克思主义的立场观点和方法不动摇，这是我们学科建设和理论研究的根基所在。其次，要坚守属于我们新闻人"铁肩担道义，妙手著文章"的使命和情怀。使命简要说是四项：科学真理的传播者，时代风云的记录者，社会进步的推动者，公平正义的捍卫者。大情怀简要说是五点：真理情怀（科学态度）、职业情怀（责任道德）、家国情怀（国家民族）、人文情怀（关怀民生）、人类情怀（人类命运）。这是我们新闻人特有的风骨。再者，要坚守科学严谨、实事求是的治学态度，研究"真问题"，解决"真问题"，拿出真学问、取得真成果。讲特色更要讲真理，讲中国更要关照世界，要经得起历史、人类的检验。我希望在座的清华各位同学们，要传承清华的学术精神，坚守"清新"底色，不忘纯净初心，永葆青春活力。

我相信在各位同仁、各位同学的共同支持与努力下，中国的新闻传播学定能守正创新，以实际行动回答好"时代之问"，为国家立心，为民族立魂，为人类立文明。

祝愿同学们在此次论坛中都能够有所收获，有所成长，拿出更好的学术成果。也祝愿此次论坛圆满成功！

谢谢大家！

4.3.2.3　中国人民大学新闻与社会发展研究中心博士生秋季论坛

2023年9月27日，由中国人民大学新闻与社会发展研究中心主办的新闻传播学博士生秋季论坛在中国人民大学明德新闻楼303会议室成功举行，来自中国人民大学新闻学院的八位博士研究生围绕国际传播、新闻与平台、媒体的党性原则等话题进行报告，并就研究方法、历史思维和研究意义等问题进行了讨论。

新闻与社会发展研究中心副主任、新闻学院副院长李彪教授出席论坛并致辞。李彪教授介绍了基地对于学术活动的支持机制，强调在博士期间拓宽学术视野、增进学术交流的必要性，鼓励大家注重问题意识的培养，研究真问题，希望各位博士生同学能在此次学术论坛中展现自我、有所收获。

4.3.2.4 "武汉大学全国广播电视与视听文化传播博士生论坛"暨"第十四届华中地区研究生新闻传播学术论坛"

2023 年 10 月 28 日，由武汉大学党委研究生工作部、武汉大学研究生院主办，武汉大学新闻与传播学院承办的 2023 年"武汉大学全国广播电视与视听文化传播博士生论坛"暨"第十四届华中地区研究生新闻传播学术论坛"在武汉大学新闻与传播学院成功举办。作为 40 周年院庆的重要学术活动，此次论坛共收到 150 余篇投稿，邀请了 30 余名不同高校的师生齐聚珞珈。在嘉宾论坛中，中国传媒大学传播研究院黄典林教授从学科自主性、本土化、理论自觉等方面深刻剖析了何为新闻传播学的自主知识体系，以及如何建设发展好自主知识体系。华中师范大学新闻传播学院黄月琴教授强调了实践与实践思维对智能传播研究及其知识生成的意义，鼓励展开更多实践指向的研究。中国人民大学新闻学院何天平副教授则重点聚焦数字视听文化，强调从"观看"这一视角出发，来分析媒介上发生的各种文化现象，给大家带来了新的启发。最后武汉大学新闻与传播学院纪莉教授从跨文化传播研究视角，系统介绍了情感共同体这一概念的发展及其对跨文化传播研究的启发，以及存在的学术不适用性等问题。

4.3.2.5 第十二届新闻学与传播学博士生国际学术研讨会

2023 年 10 月 28 日，由中国传媒大学联合苏州大学共同举办的第十二届新闻学与传播学博士生国际学术研讨会在苏州成功举行，来自 34 所高校的近百名研究生参会，近 60 名青年学子作会议专场发言。此届研讨会共设 6 个分论坛，主题分别为："中国共产党新闻传播理论与文化强国""政治传播与社会治理""乡村传播与乡村振兴""跨文化传播与文明互鉴""信息素养与数字生态""数字传播与智能社会"。中国传媒大学王京山教授、龚伟亮副教授和康秋洁副教授，苏州大学的杜志红教授、张健教授、张梦涵副教授受邀担任分论坛的点评嘉宾。此次研讨会评选出 15 篇优秀论文(包括 2 篇英文)，这些获奖论文为我们描画了学术与实践相结合的知识创新之路，展现了青年学子深入思考、试图解决现实问题的博学笃思。

4.3.2.6 第二十三届中国新闻传播学科研究生学术年会暨复旦大学博士生学术论坛新闻传播学篇

2023 年 11 月 5 日，第二十三届中国新闻传播学科研究生学术年会暨复旦大学博士生学术论坛之新闻传播学篇以线下线上结合的方式在屠海鸣图书楼一楼顺利召开，并在微信视频号和 b 站同步直播，累计观看人数超 3000。此届年会以"切问近思：新时代中国特色新闻传播学的理论与实践"为主题，下设"智能社会与媒介哲学""对外交流与国际传播""社会治理与城市传播"和"数字时代与新闻创新"四个分论坛。会务组共收到来自复旦大学、中国人民大学、清华大学、北京大学、中国传媒大学、上海交通大学、暨南大学、厦门大学、武汉大学、南京大学、西安交通大学、澳门科技大学、新加坡南洋理工大学等海内外 60 余所高校学子投稿共计 116 篇。经专家盲审后，共有 12 篇论文入围此次学术年会。

经过四个分论坛的分组交流后，第二十三届年会闭幕式于当日 16 时许举行。复旦大学新闻学院陶建杰教授就研讨情况进行总结发言。他指出，作为硕士生或博士生，首先一定要注重方法论的学习，方法论好比学者的童子功，是必不可少的学习环节。其次，学生在找研究选题时，一定要注意寻找"真问题"，要将理论与实践相结合，切忌提出"伪问题"。再次，同学们要逐渐确定感兴趣的研究方向，深耕自己感兴趣的领域，找到"让自己激动"的选题。最后，陶建杰老师指出坚持学习的重要性，强调精读高品质论文对学者能力提升的重要性，希望同学们在形成自己的研究兴趣后，要精读好论文，学习前辈的经验，提升自己的水平。此次论坛共评选出四篇"优秀论文奖"，名单详见表 4-10。

表 4-10　　第二十三届中国新闻传播学科研究生学术年会"优秀论文奖"获奖名单

获奖人	论文题目
王天柱(安徽大学)	情感的装置：弹幕媒介性的现象学考察
李若溪(武汉大学)	免疫学视野下身体的交往实践——以中国留学生群体为考察对象
饶金涛(西安交通大学)	虚拟社区信息交互与数字乡村治理参与意愿——信息需求满足与社区认同的链式中介作用
何小豪(北京大学)	重思回音室效应："新闻找到我"感知的中介作用与新闻效能的调节作用

论坛征稿启事如下：

复旦大学新闻学院拟于 2023 年 11 月上旬举办第二十三届中国新闻传播学科研究生学术年会暨 2023 年复旦大学博士生学术论坛。

2023 年是中国新闻传播学科研究生学术年会创办的第二十三周年。当下，很多新的经验现象给新闻传播学带来了巨大的机遇和挑战：新冠疫情退场，社会治理形式面临调整，数字媒介将会在其中扮演怎样的角色？隔离解除，线下聚集反弹式激增，从网络为媒回归身体为媒，交往媒介的变化又将对社会带来怎样的改变？国际形势持续微妙变化，国际话语权的争夺愈演愈烈，迫切需要新闻传播学人思考如何加强国际传播能力建设，全面提升国际传播效能。ChatGPT 的火爆，使新闻传播学重思人与技术的边界，技术成为独立的传播主体，会对传播生态带来怎样的改变？ChatGPT 是否会进一步加剧新闻业危机？步入新时代的新征程，面对这些新的经验现象，中国新闻传播学应当如何发展、进行理论创新？

党的二十大报告为新闻传播学在新时代新征程的使命担当与理论创新工作指明了方向：新时代新闻传播学理论创新的核心目标是继续探索构建一套兼具中国特色和世界意义的新闻传播理论体系。基于此，此届年会以"切问近思：新时代中国特色新闻传播学的理论与实践"为主题，下设四个分论坛子议题：

分论坛一　智能社会与媒介哲学
分论坛二　对外交流与国际传播
分论坛三　社会治理与城市传播
分论坛四　数字时代与新闻创新

作为国内新闻传播学界首个完全由研究生自主倡议、组织、筹办的学术会议，中国新闻传播学科研究生学术年会已成为全国范围内具有长历史、高学术水平的研究生学术会议之一。此届学术年会将继续聚集高校优秀资源和力量，为海内外关注新闻传播学科发展的研究生提供交流展示学术成果的平台。希望能够通过此次年会，引发青年学者对于新时代中国特色新闻传播学的重新思考，同时也希望能够进一步加强新闻传播学对社会现实的关注与回应。

4.3.2.7　中国新闻史学会 2023 年学术年会博士生分论坛

此届学术年会定于 2023 年 11 月 10—13 日在广州召开。会议期间，将举办大会主题论坛和近 30 场学术分论坛，其中包括新闻传播史专题论坛、主编论坛、博士生论坛等。届时，国际国内新闻传播学界的教学科研工作者将济济一堂，就新闻传播发展成就、新闻传播理论创新、传播话语体系创新、融媒体体制创新、对外话语创新、马克思主义新闻观、中华优秀文化海外传播、中国国家形象传播、互联网与新闻传播、铸牢中华民族共同体意识等话题领域展开深入的讨论，着重审视中国特色新闻传播学的自主知识体系建设，形成学术共识，推动中国特色新闻传播学的创新发展。其中，博士生分论坛征稿启事如下：

> 分论坛主题：面向未来的新闻传播
> 1. 在数字时代重思新闻传播的基本观念
> 2. 技术演进视野下的新闻传播理论与实践
> 3. 信息失序与网络媒介生态的价值反思
> 4. 媒介文化变迁与新闻传播的重新语境化
> 5. 比较视野下的新闻传播制度、规范与治理

4.3.2.8　中国传媒大学第四届"金蔷薇"学术季博士生创新论坛

2023 年 12 月 22 日，为促进学科融通，加强学术交流，培养研究生科研创新能力，中国传媒大学研究生院和共青团中国传媒大学委员会联合主办中国传媒大学第四届"金蔷薇"学术季博士生创新论坛。此届论坛共设新闻传播学类分论坛两个，分别为"新闻传播分论坛""国际传播分论坛"。在专家主旨演讲部分，北京外国语大学国际关系学院院长、教授谢韬作"中美关系中的国际传播"主旨演讲；国家一级导演、高级编辑郝蕴作"纪录片创作中的故事与表达"主旨演讲；中国社会科学院哲学研究所研究员、中国社会科学院大学哲学学院博士生导师卢春红作"艺术何以成为媒介"主旨演讲；北京师范大学马克思主义学院教授、博士生导师张海荣作"民间文献抢救性挖掘与乡土文化传播"主旨演讲；中国人民公安大学信息技术与网络安全学院教授、博士生导师陈鹏作"公安大数据创新人才培养思考"主旨演讲；首都师范大学教授、博士生导师史红作"美商：概念、特点与方法"主旨演讲；浙江大学博士、数字栩生算法顾问温翔作"AI 加持的数字人生产与驱动"主旨演讲。

4.3.2.9　首届新闻传播学优秀博士生"弘毅学术论坛"

2023 年 12 月 3 日，首届新闻传播学优秀博士生"弘毅学术论坛"在重庆大学虎溪校区顺利召开，来自海内外 30 余所高校的 80 余位博士生齐聚新闻学院。此次论坛由重庆大学新闻学院、重庆大学数字媒体与传播研究院主办，以"拓展学术视野，激发创新思维，增进学术共识，激励学术创新，提高创新能力和学术交流能力"为目的，旨在为博士生群体搭建学术交流平台，构建青年学人的学术共同体。论坛设置了开幕式、专家主题演讲、主编（编辑）圆桌论坛、博士生分论坛及闭幕式等丰富的活动议程。此次论坛包含五个分论坛，分为上下半场，采取线上线下结合的方式开展，论坛主题分别是：媒

介学与媒介化实践研究、媒介文化研究、媒介技术与社会发展研究、社交媒体使用及其影响研究、新闻传播史论与媒体认同研究。经过论坛评审委员会的盲审和遴选，最终共有 68 篇优秀论文进入现场宣读环节。

4.3.3　新闻传播学博士点招生与毕业情况

在对《中国新闻传播教育年鉴 2024》数据采集表进行整理后，2023 年部分高校新闻传播学类博士招生与毕业人数统计如下。北京大学新闻与传播学院（招收 10 人，毕业 6 人，结业 2 人）、河北大学新闻传播学院（招收 2 人，毕业 3 人）、南京师范大学新闻与传播学院（招收 10 人，毕业 5 人）、天津师范大学新闻传播学院（招收 6 人，毕业 4 人）、湖南师范大学新闻与传播学院（招收 10 人，毕业 3 人）、华南理工大学新闻与传播学院（招收 11 人，毕业 0 人）。

此外，北京外国语大学国际新闻与传播学院（招收 26 人，毕业 15 人）、苏州大学传媒学院（招收 7 人，毕业 4 人）、西安外国语大学新闻与传播学院（招收 1 人）、成都体育学院新闻与传播学院（招收 2 人，毕业 1 人）等院系进行了新闻传播学及相关研究领域的博士生培养。

4.3.4　全国部分高校新闻传播学毕业博士及博士论文题目

此处仅列出 2023 年全国部分高校新闻传播学毕业博士及博士论文题目，具体如表 4-11 所示。

表 4-11　　　　全国部分高校新闻传播学毕业博士及博士论文题目统计

学校名称	姓名	博士论文题目
复旦大学新闻学院（20）	李　楠	中国电视综艺节目娱乐化及其边界研究
	胡　玥	跨界：丁悚的艺术实践和都市生活（1903—1949）
	耿绍宁	新时代社会主义核心价值观传播模式研究
	何　煜	绘事后素：纪录片的中国实践
	薛蓓君	上海主流报纸关于"上海人"大讨论研究（1990—2000）
	蔡丰喆	董显光主编时期《大陆报》的国际宣传研究
	余晓敏	生活日志作为数码媒介：城市界面的数字化与数码批判
	张　田	技术图像的谱系学书写："西洋镜"在中国
	曹　钺	展演美好生活：短视频平台的道德经济研究

续表

学校名称	姓名	博士论文题目
复旦大学新闻学院 (20)	姬拓	提升中华文化影响力——中国"世界文化遗产"国际传播的叙事研究
	符艺娜	跨文化视域下国际 A 类电影节获奖中国影片研究(1978~2020)
	陈媛媛	集体记忆视角下邹韬奋声誉的建构与传承
	屠沂星	看电影：上海电影院研究(1896—1937)
	徐子婧	新技术时代的知识经纪人与科普实践研究
	赵敏	移动媒介下的远距离家庭沟通与关系维护——以来沪流动女性为例
	郑艳	理解短视频：作为制度的媒介与日常实践
	魏文秀	扫街：游戏视野中的城市媒介实践
	王宇	论新媒体语境下艺术传播的主体、客体与机制
	罗敬达	重返数字生存中的不平等——基于中国数字鸿沟的实证研究
	新闻学	坚守与创新：全媒体时代深度报道转型发展研究
北京大学新闻与传 播学院(6)	李堃	作为媒介的 ASMR：多元声音中的生命一体化
	刘时雨	全球健康传播视域下的中国烟草控制运动
	温志宏	"身体""情感"和"势力"——日本人工智能动画中的生命叙事
	陈秋云	中国健康扶贫政策面向农民的人际传播机制研究(2012—2020)——以茶陵县为例
	邹漫云	中国当代医患冲突媒介话语研究(2010—)
	白军	"一带一路"视域下中国文化在土耳其的传播研究
暨南大学新闻与传 播学院(12)	李静	基于社会责任视角的企业公益传播研究
	王灿	听觉文化视域下民国广播娱乐节目研究
	陈亦新	智能时代的信息伦理与信息秩序建设
	赵家烨	全面抗日战争时期中国对华侨华人的宣传动员研究
	陈郑予	奇幻文学与电子游戏跨媒介研究的符号学观照
	时静	制造流行：媒介景观视域下的网红文化研究
	黄世威	重大灾难叙事中的共同体想象研究——以新世纪以来的主流媒体新闻图片为例
	冯梦瑶	图像研究的视觉隐喻理论与机制
	郭洁	主体·身份·空间：二十世纪中国女性摄影视觉现代性研究

续表

学校名称	姓名	博士论文题目
暨南大学新闻与传播学院（12）	汤志豪	数字资本主义语境下的媒介生命政治研究
	侯涵博	"数字暮年"：小城镇老人的短视频生产实践
	凡婷婷	数字媒介实践与人地情感变迁：以网红西安为中心
苏州大学传媒学院（4）	胡良益	中国内娱粉丝文化实践的物质性研究
	王　宁	大陆影视海外传播对中国形象构建研究（2000—2022）
	张　晶	电商村社会空间生产研究——以江北下朱村为例
	陆小玲	社交媒体文化奇观研究
北京外国语大学国际新闻与传播学院（15）	李　楠	后冷战时代《华尔街日报》社论意识形态研究（1992—2020）
	薄立伟	党和国家主要领导人对外传播思想变迁研究（1949—2022）
	张佳琛	后"9·11"时期美国政府战略传播研究（2001—2021）
	欧阳骞	中华文化走出去战略研究
	李青青	第二次世界大战时期英国的战略传播
	韩青玉	西方世界中的西藏形象解构
	王　璇	《字林西报》中国民性话语研究（1864—1912）
	李思乐	以霍尔为镜：美国跨文化传播思想史研究
	张　义	清宫朝贡题材剧目研究
	严立君	日本戏剧中的关羽形象研究
	申金鑫	从对外宣传到国际传播：中国外文局对外传播史（1978—2022）
	郑雨茜	二战时期美国国家战略传播研究
	常昌盛	《中国丛报》中西冲突报道与舆论研究（1832—1842）
	后宗瑶	印度殖民时期英语文学图书出版研究
	张　帅	数字跨国：中国留英学生网络社会支持获取研究
河北大学新闻传播学院（3）	杨新明	批判与论战：马克思新闻评论实践研究
	康依笛	抗战时期（1931—1945）中国共产党新闻宣传政策研究
	刘　冲	智能媒体视域下数据新闻生产研究

续表

学校名称	姓名	博士论文题目
天津师范大学新闻传播学院(4)	韩洪影	新记《大公报》新闻图像研究(1926—1937)
	李世强	广州农运宣讲政治动员研究
	王 轩	传播仪式观视角下的《新疆新闻联播》节目研究
	刘 敬	微信空间中的自我呈现研究
湖南师范大学新闻与传播学院(3)	刘子瑜	"他者"的景观：法国《巴黎竞赛画报》(1949—1966)的新中国形象建构
	闫志成	媒介、叙事与文化记忆 ——中国现代博物馆空间的传播研究
	刘 翔	我国青少年网络主流意识形态认同研究
成都体育学院新闻与传播学院(1)	杨 茜	劳伦斯·文内尔的体育传播研究

注：本表数据来源为《中国新闻传播教育年鉴 2024》数据采集表、暨南大学新闻与传播学院 2023 年夏季博士学位论文答辩会议程表。

(中国人民大学新闻学院　曾林浩、邓绍根)

4.4　2023 年全国新闻传播类院系高职高专学生教育发展综述

4.4.1　专业设置

2023 年，高职新闻传播大类延续《职业教育专业目录(2021 年)》的专业设置。本节通过教育部全国职业院校专业设置管理与公共信息服务平台公布的《2023 年高等职业学校拟招生专业设置备案结果》，检索高职新闻传播大类专业设置数据。统计显示：2023 年，全国共设置新闻传播大类专科专业点 1113 个，其中新闻出版类专科专业点 99 个(占比 8.89%)，广播影视类专科专业点 1014 个(占比 91.11%)。说明广播影视类专业依然占据 2023 年新闻传播大类专业点的绝大部分。相比 2022 年，新闻出版类专科专业点增加 1 个，广播影视类专科专业点增加 74 个。

4.4.1.1　新闻传播大类专科专业点设置情况

(1)新闻出版类专科专业点设置增减

在新闻出版类(代码 5601)专科专业中，仅网络新闻与传播专业的专业点数减少了 2

个，其他 5 个专业的专业点数增加较少或保持不变（见表 4-12）。

表 4-12　　　　**2023 年高职新闻出版类专科专业点设置增减情况**

序号	专业代码	专业名称	2023 年专业点设置数（个）	2022 年专业点设置数（个）	2023 年增加
1	560101	数字图文信息处理技术	12	11	+1 个
2	560102	网络新闻与传播	67	69	-2 个
3	560103	出版策划与编辑	3	3	0 个
4	560104	出版商务	5	4	+1 个
5	560105	数字出版	11	10	+1 个
6	560106	数字媒体设备应用与管理	1	1	0 个
		合计	99	98	+1 个

（2）广播影视类专科专业点设置增减

在广播影视类（代码 5602）专科专业中，影视制片管理、音像技术、录音技术与艺术 3 个专业的专业点数未变化，数字广播电视技术、影视编导、影视照明技术与艺术 3 个专业的专业点数稍有减少，播音与主持、广播影视节目制作、影视动画、影视多媒体技术、摄影摄像技术、融媒体技术与运营、网络直播与运营、传播与策划、全媒体广告策划与营销 9 个专业的专业点数有增加（见表 4-13）。

表 4-13　　　　**2023 年高职广播影视类专科专业点设置增减情况**

序号	专业代码	专业名称	2023 年专业点设置数（个）	2022 年专业点设置数（个）	2023 年增减
1	560201	播音与主持	144	133	+11
2	560202	广播影视节目制作	76	73	+3
3	560203	数字广播电视技术	11	12	−1
4	560204	影视编导	74	75	−1
5	560205	新闻采编与制作	114	121	−7
6	560206	影视动画	132	127	+5
7	560207	影视制片管理	5	5	0

续表

序号	专业代码	专业名称	2023年专业点设置数（个）	2022年专业点设置数（个）	2023年增减
8	560208	影视多媒体技术	73	72	+1
9	560209	影视照明技术与艺术	9	10	−1
10	560210	音像技术	10	10	0
11	560211	录音技术与艺术	18	18	0
12	560212	摄影摄像技术	79	75	+4
13	560213	融媒体技术与运营	97	66	+31
14	560214	网络直播与运营	61	39	+22
15	560215	传播与策划	56	53	+3
16	560216	全媒体广告策划与营销	55	51	+4
		合计	1014	940	共+74个

2023年在新闻传播大类中专业设置数量增长位居前列的是网络直播与运营专业、融媒体技术与运营专业。网络直播与运营专业由2022年39个设置点，增加到2023年61个，涨幅为56%。融媒体技术与运营则专业由2022年66个设置点，增加到2023年的97个，涨幅为47%。但也有数字广播技术、影视编导、录音技术与艺术等存在较小数量的缩减。这说明部分高职院校聚焦产业需求和区域经济规划持续优化专业结构。

4.4.1.2 新闻传播大类职业本科专业点设置情况

截至2023年12月，教育部共正式批准设置33所本科层次职业学校。尽管这些职教本科院校较少具有传媒行业背景，但新闻传播大类本科专业设置点呈增长趋势，5所职业本科大学增开网络与新媒体专业（见表4-14）。2023年新增公办职业本科大学深圳职业技术大学首批设置新闻传播大类职业本科专业数字动画。

表4-14   **2023年职业本科新闻传播大类专业点设置情况**

序号	开设学校	专业代码	专业名称	开设专业数量
1	南昌职业大学	360201	播音与主持	+1

续表

序号	开设学校	专业代码	专业名称	开设专业数量
2	成都艺术职业大学	360101	网络与新媒体	4
		360201	播音与主持	
		360204	影视编导	
		360205	全媒体新闻采编与制作	
		360202	影视摄影与制作	
3	湖南软件职业技术大学	360206	数字动画	1
4	深圳职业技术大学	360206	数字动画	+1
5	江西软件职业技术大学	360101	网络与新媒体	+1
6	西安汽车职业大学	360101	网络与新媒体	+1
7	广东工商职业技术大学	360101	网络与新媒体	+1
8	景德镇艺术职业大学	360101	网络与新媒体	+1
9	广西农业职业技术大学	360101	网络与新媒体	+1
		360205	全媒体新闻采编与制作	+1
10	新疆天山职业技术大学	360205	全媒体新闻采编与制作	+1

4.4.1.3 小结与讨论

（1）专科专业点设置缓慢增长，新专业因"势"而起

从高职专业的设置及分布点统计可知，新闻传播大类专业在全国范围内分布相对广泛，高职专业点设置呈缓慢增长趋势。专业设置点覆盖面较多的地域主要集中在经济较为发达或文化传媒行业特色明显的地区，如北京、上海、广东、湖南、安徽、四川、山东等。这些地区通常拥有较为发达的媒体产业，对相关专业人才的需求较大。特别是北京艺术传媒职业学院、上海出版印刷高等专科学校、湖南大众传媒职业技术学院、安徽广播影视职业技术学院、四川传媒学院、山东传媒职业学院等。这说明新闻传播专业的布点与区域经济和媒体产业联动紧密。

当下融媒体和网络直播作为新兴的信息传播方式，已经成为媒体行业的重要发展方向。与之相关的网络直播与运营专业、融媒体技术与运营专业因"势"而起，专业布点迅速增长。但过快的布点速度也引发了公众对于师资力量、课程资源、实习实训资源等教育资源是否充沛的担忧。

（2）职业本科大学数量激增，新闻传播职业本科专业发展较弱

根据《关于推动现代职业教育高质量发展的意见》，到 2025 年职业本科教育招生规模将不低于高等职业教育招生规模的 10%。2023 年，北京、甘肃、安徽、广西、河南、云南、广东、河北等 23 个省（自治区、直辖市）相关学校积极申报职业本科，为新闻传播专业在职业本科教育中的发展提供了新契机。从 33 所职业本科大学开设新闻传播大类职教本科专业的数据来看，新闻传播专业在职业本科专业中的发展相对势弱，截至 2023 年，仅有 10 所学校开设了相关专业，且各专业设置点数也存在落差。

（3）数字职业和绿色职业打开新赛道，急需优化人才培养结构

人才是文化产业赋能各行业的引领性因素。2022 年版《中华人民共和国职业分类大典》首次标注了 97 个数字职业，反映出经济发展、科技创新、技术进步、产业升级推动社会职业的新变化。其中与新闻传播相关的数字职业有：数字媒体艺术专业人员、数字出版编辑、网络编辑、电子商务师、互联网营销师、全媒体运营师等。不断涌现的新职业，不仅为职业院校进行专业布局和结构调整提供了方向，同时也为新闻传播类毕业生提供了就业新选择和发展新机遇。

作为与产业发展最为密切的教育类型，职业院校应对数字职业的相关人才培养需求做出积极回应。目前，由于专业设置及人才培养的相对滞后，职业院校尚不能完全满足这些新兴职业的人才需求。因此，为更好地适应数字化的传播环境，高职新闻传播类专业需要加强对各种数字工具和平台的运用，系统化推进传统专业升级改造，优化人才培养的知识和技能结构。

4.4.2　专业建设

4.4.2.1　职业院校技能竞赛

全国职业院校技能大赛是教育部牵头发起、联合 34 家部委和组织举办的一项公益性、国际性职业院校师生综合技能竞赛活动，是我国职业教育领域一项重大制度设计和创新。根据教育部《全国职业院校技能大赛执行规划（2023—2027 年）》，《全国职业院校技能大赛设赛指南（2023—2027 年）》在 2023 年首次面向新闻传播大类专业设置两个赛项，即融媒体内容策划与制作（赛项编号 GZ085，单数年开赛）和短视频创作与运营（赛项编号 GZ057，每年开赛）。

2023 年全国职业院校技能竞赛"融媒体内容策划与制作"赛项由北京电子科技职业学院承办，来自全国 30 个省（自治区、直辖市）的 58 支参赛队伍、174 名参赛选手参赛。山东传媒职业学院等 6 所院校荣获赛项一等奖，湖南大众传媒职业技术学院等 12

支团队荣获赛项二等奖, 兰州现代职业学院等 17 支团队荣获三等奖。

2023 年, "短视频创作与运营"赛项由陕西职业技术学院承办, 来自全国 59 支代表队的 236 名选手参加, 黎明职业大学等 6 所院校荣获一等奖, 苏州工艺美术职业技术学院等 12 所院校荣获二等奖, 上海电影艺术职业学院等 18 所院校荣获三等奖。

4.4.2.2　教材建设

作为职业教育高质量发展的重要内容, 职业院校教材建设向来受到党和国家的高度重视。2023 年 6 月教育部正式公布 7251 种教材入选首批"十四五"职业教育国家规划教材。其中新闻传播大类专业入选教材共 27 部(见表 4-15), 含 13 部"十三五"复核教材和 14 部新申报教材。入选新闻传播大类教材数量最多的院校是上海出版印刷高等专科学校(5 部), 深圳职业技术大学、山东传媒职业学院、广东工贸职业技术学院和北京信息职业技术学院 4 所院校分别有 2 部入选。

表 4-15　　　　入选首批"十四五"职业教育国家规划教材的新闻传播类教材

序号	教材名称	第一主编	第一主编单位	复核/新申报
1	动画分镜头设计(第二版)	姚桂萍	山西传媒学院	复核
2	CINEMA 4D 基础与实例	侯文雄	浙江横店影视职业学院	
3	动画剧本写作基础(第二版)	陈　龙	苏州大学	
4	动画运动规律与技法实例(第三版)	吴云初	上海美术电影制片厂	
5	广告实务(第四版)	李政敏	广东工贸职业技术学院	
6	市场调查与预测实训(第五版)	彭　娟	广东工贸职业技术学院	
7	市场营销策划——理论、实务、案例、实训(第三版)	王丽丽	河南经贸职业学院	
8	数字传媒设计与制作(第四版)	王正友	上海出版印刷高等专科学校	
9	推销与商务谈判(第三版)	张幸花	广东邮电职业技术学院	
10	消费心理学(第二版)	崔　平	无锡职业技术学院	
11	消费者行为分析(第四版)	薛长青	广东农工商职业技术学院	
12	新编市场营销(第三版)	许春燕	威海职业学院	
13	影视动画视听语言	宿子顺	上海商学院	

续表

序号	教材名称	第一主编	第一主编单位	复核/ 新申报
14	二维动画创作	张　静	上海出版印刷高等专科学校	
15	广告动画创作	朱　伟	上海出版印刷高等专科学校	
16	视听语言与影视拍摄(活页式微课版)	姜巧玲	天津电子信息职业技术学院	
17	网络直播运营初级	王　伟	芜湖职业技术学院	
18	影视广告创意与制作	张正学	山东传媒职业学院	
19	3D 游戏美术设计与制作	付洪萍	江西陶瓷工艺美术职业技术学院	
20	片头设计与制作	孙茜芸	山东传媒职业学院	
21	沟通艺术	崔景茂	安徽工业经济职业技术学院	新申报
22	自媒体运营(初级)	李大千	深圳职业技术学院	
23	H5 页面设计与制作(全彩慕课版)	周建国	北京信息职业技术学院	
24	短视频制作实战 策划 拍摄 制作 运营(全彩慕课版)	郭　韬	北京信息职业技术学院	
25	商业广告摄影	曹　博	泉州华光职业学院	
26	影视后期特效合成(第二版)	毛　颖	深圳职业技术学院	
27	印刷概论	顾　萍	上海出版印刷高等专科学校	

4.4.2.3 职业教育国家在线精品课程

职业教育精品在线开放课程建设是职业教育数字化发展的重要组成部分。根据《教育部办公厅关于开展 2022 年职业教育国家在线精品课程遴选工作的通知》，2022、2023 年分两批遴选不少于 2000 门职业教育国家在线精品课程。根据 2023 年 1 月 12 日教育部办公厅公告，1160 门课程被认定为 2022 年职业教育国家在线精品课程，其中新闻传播大类相关专业课共 6 门(见表 4-16)。这些课程汇聚了优质的教学资源，发挥了有力的示范引领作用。被认定为职业教育国家在线精品课程的院校主要为"双高计划"承建院校和公办艺术类院校，可见职业教育国家在线精品课程建设与专业建设内涵间存在双向促进关系。但相较高占比的财经商贸(154 门)、电子与信息(134 门)、装备制造(125 门)等专业大类，新闻与传播大类被认定的专业课课程数量较少。

表 4-16　　入选 2023 年职业教育国家在线精品课程的新闻传播类专业课

序号	课程名称	课程负责人	主要建设单位	备注
1	影视拍摄及后期制作	杨　会	常州信息职业技术学院	双高计划院校
2	电视新闻播音	杨　忠	安徽广播影视职业技术学院	公办艺术类院校
3	实用摄影技能	吴云轩	黎明职业大学	双高计划院校
4	商业广告摄影	曹　博	泉州华光职业学院	民办院校
5	影视画面编辑	孟晓辉	开封大学	综合类院校
6	微电影创作	马千里	湖南艺术职业学院	公办艺术类院校

4.4.3　招生情况

4.4.3.1　数据来源

为获取 2023 年招生数据，本节向国内开设有新闻传播大类专业的职业院校发放书面数据调查表，共收回 30 份。除去 1 份无效样本①，有效数据表 29 份。样本所涉院校覆盖河南、福建、湖南、湖北、重庆、河北、广东、安徽、广西 9 个省份（自治区和直辖市）。其中公办院校 23 所，民办院校 6 所；国家"双高计划"承建院校 6 所，非"双高计划"承建院校 23 所；综合类院校 11 所，传媒类或艺术类院校 7 所，其他如理工类、语言类院校 11 所；专科院校 28 所，职业本科院校 1 所。

4.4.3.2　数据分析

在 29 所样本院校中，新闻传播大类共招生 5711 人，覆盖 17 个专业和 63 个专业点。其中广播影视类专业招生 4760 人，占比 83%；新闻出版类专业招生 951 人，占比 17%。每所院校平均招收新闻传播类学生数为 197 人，每个专业平均招收新闻传播类学生数为 335 人，每个专业点平均招收新闻传播类学生数为 90 人。与 2022 年相比，三个指标数均稳中略降。

数据显示，招生规模排名前五的专业分为广播影视节目制作专业、影视动画专业、摄影摄像技术专业、新闻采编与制作专业，网络新闻与传播专业（见图 4-13）。可以发现，2023 年延续往年的招生特点，传统专业在招生规模上依然占据绝对优势。

---

① 1 份数据调查表误填入非新闻传播大类专业。

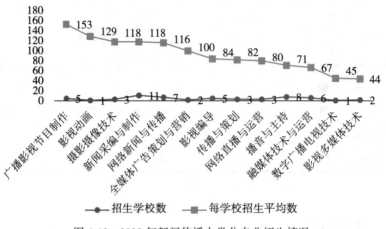

图 4-13　2023 年新闻传播大类分专业招生情况

2021 年《职业教育专业目录》增设新专业融媒体技术与运营、网络直播与运营。在 29 个样本院校中，两个新专业分别有 6 所院校和 4 所院校开设，每所院校招生平均数分别为 67 人和 63 人，低于新闻传播大类专业点的招生平均数（见表 4-17）。

值得关注的是，2023 年教育部批准设置职业本科院校深圳职业技术大学。该校首批职业本科专业数字动画实现首届招生 30 人。

表 4-17　　　　　　　**2023 年新闻传播大类新专业招生情况一览表**

专业	开设院校	招生总数	样本院校招生数小计	每院校招生平均数
融媒体技术与运营	武汉城市职业学院	81	403	67
	武汉软件工程职业学院	37		
	河南轻工职业学院	62		
	武汉信息传播职业技术学院	51		
	河北对外经贸职业学院	112		
	武汉外语外事职业学院	60		
网络直播与运营	湖南艺术职业学院	50	190	63
	重庆文化艺术职业学院	66		
	江汉艺术职业学院	124		

就院校招生规模看，招生规模的大比重依然集中于传媒类、艺术类或综合类高职院校，分别是湖南大众传媒职业技术学院、湖南艺术职业学院、武汉信息传播职业技术学院、泉州华光职业学院、武汉职业技术学院(见图 4-14)。

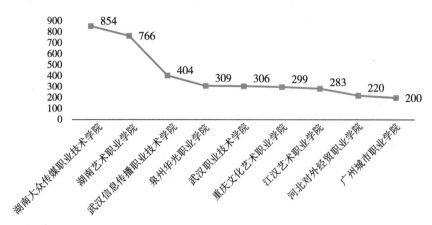

图 4-14   2023 年新闻传播大类分院校招生情况

4.4.4   就业情况

4.4.4.1   数据来源

本节选取对外公开发布《2023 届毕业生就业质量年度报告》(以下简称"年报")的 38 所职业院校作为样本，对 2023 届新闻传播大类毕业生的就业情况进行分析。样本院校名单如表 4-18 所示。

表 4-18   **研究样本关联的院校名单**

重庆商务职业学院、河南经贸职业学院、安徽广播影视职业技术学院、安徽警官职业学院、安徽艺术职业学院、广西体育高等专科学校、广西职业技术学院、广州城建职业学院、广州东华职业学院、贵州职业技术学院、哈尔滨职业技术学院、哈尔滨科技职业学院、河北艺术职业学院、河北政法职业学院、陕西青年职业学院、陕西艺术职业学院、上海工艺美术职业学院、上海旅游高等专科学校、四川文化传媒学院、天津职业大学、天津现代职业技术学院、温州职业技术学院、锡林郭勒职业学院、浙江工商职业技术学院、浙江艺术职业学院、浙江长征职业学院、重庆机电职业技术大学、重庆传媒职业学院、重庆电子工程职业学院、重庆商务职业学院、重庆信息技术职业学院、南宁职业技术学院、广州城市职业学院、武汉职业技术学院、武汉信息传播职业技术学院、黄冈科技职业学院、牡丹江大学、广州文艺职业学院从地域分布看，样本院校涵盖安徽省、广东省、浙江省、贵州省、河北省、陕西省、河南省、黑龙江省、湖北省、内蒙古自治区、广西壮族自治区、上海市、重庆市、天津市共 14 个省(自治区、直辖市)。其中占比 79%为公办高职高专，21%为民办高职院校；71%的样本依托第三方数据调查公司完成对毕业生就业质量数据的收集，29%的样本依靠自身力量完成①；87%的样本采用初次毕业去向落实率统计口径，13%的样本数据统计截止时间为 12 月份(见图 4-15)。

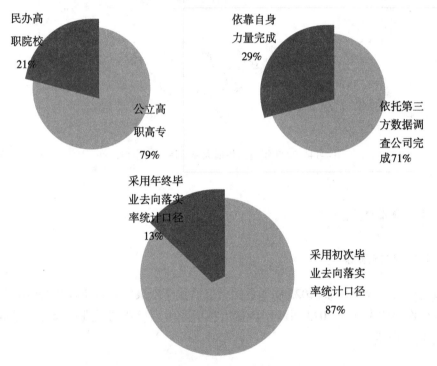

图 4-15 2023 届新闻传播大类毕业生就业情况调研样本结构

4.4.4.2 数据分析

(1)毕业去向落实率

根据统计，38 所院校 92 个专业点共有新闻传播类毕业生 7633 人，毕业人数 7152 人，总体毕业去向落实率为 93.7%。其中毕业去向落实率排名前十的专业分别是数字图

---

① 少量样本未在报告中明示是否依靠第三方数据调查公司完成就业质量数据收集，本研究将该部分样本一并归为依靠自身力量完成。

文信息处理技术、传播与策划、网络新闻与传播、影视动画、影视编导、广播影视节目制作、影视多媒体技术、播音与主持、摄影摄像技术和新闻采编与制作专业(表4-19)。说明相关产业的稳定发展为毕业生带来了相对更多的就业机会,就业优势凸显。这与2022届毕业生分专业毕业去向落实率数据基本一致。① 尽管如此,毕业生的就业质量和就业稳定性依然是一个不容忽视的问题。

表 4-19　　　　　**2023届新闻传播大类毕业生毕业去向落实率分专业统计表**

序号	专业	2023届毕业人数	2023届就业人数	毕业去向落实率
1	数字图文信息处理技术	332	329	99%
2	传播与策划	1051	1005	95.62%
3	网络新闻与传播	1156	1105	95.59%
4	影视动画	709	669	94.36%
5	影视编导	468	437	93.38%
6	广播影视节目制作	778	725	93.19%
7	影视多媒体技术	252	234	92.86%
8	播音与主持	930	863	92.80%
9	摄影摄像技术	437	402	91.99%
10	新闻采编与制作	1233	1116	90.51%

　　不同院校之间毕业去向落实率也存在较大差异。新闻传播大类专业学生毕业去向落实率为100%的学校有河北艺术职业学院、上海工艺美术职业学院、上海旅游高等专科学校、温州职业技术学院、锡林郭勒职业学院和重庆机电职业技术大学六所,也有四所院校的毕业去向落实率低于85%。

　　(2)升学情况

　　根据统计数据,2023年,21所院校53个专业点共有升学人数1095人②,占毕业

---

　　① 根据《中国新闻传播教育年鉴》(2023),平均毕业去向落实率前五的专业分别是:传播与策划(93.85%)、网络新闻与传播(93.22%)、新闻采编与制作(92.94%)、影视编导(92.14%)和广播影视节目制作(92.01%)。

　　② 由于不同院校的年报在体系、内容上均存在一定的差异性,部分年报在升学指标上信息缺失,因此在"升学情况"这部分内容中所依托的样本数实为21份。

生总数的 25%，高于 2022 年其他专业大类高职毕业生的升本比例①。但与往年数据相比，2023 年升学率呈现稳中有降态势（见图 4-16）。原因可能在于，一方面高职高专学生继续深造的意愿持续较强；另一方面，专升本扩招幅度自 2020 年后逐步放缓，本科院校尤其是公办本科院校对于高职毕业生的吸纳趋于饱和。两方面原因使得专升本录取难度进一步加大。

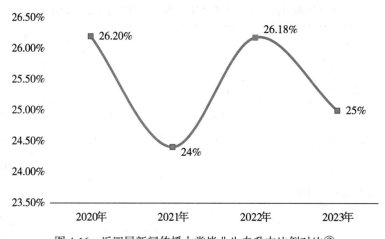

图 4-16　近四届新闻传播大类毕业生专升本比例对比②

从专业来看，影视编导、新闻采编与制作、播音与主持、广播影视节目制作、影视多媒体技术等专业的升学率持续较高（见图 4-17）。从院校看，升学率居于前列的主要为国家（省）"双高计划"建设单位，其中前五院校分别是河南经贸职业学院、武汉职业技术学院、陕西青年职业学院、安徽警官职业学院、广西体育高等专科学校（见图 4-18）。

通过对比区域差异可发现，中部、西部和东部地区高职毕业生升本比例明显高于北部地区，同时在教育资源较为发达城市，其高职毕业生升本比例明显高于教育资源欠发达城市。

值得一提的是，关于专升本入学考试，除了统一招生考试外，越来越多的省份开始

---

① 根据麦可思研究院《2023 年中国高职生就业报告》，2022 届毕业生中，教育与体育大类、财经商贸大类和电子信息大类高职毕业生的升本比例持续较高，分别为 23.7%、22.8% 和 22.1%。

② 前三年数据来源于已经出版的《中国新闻传播教育年鉴》。

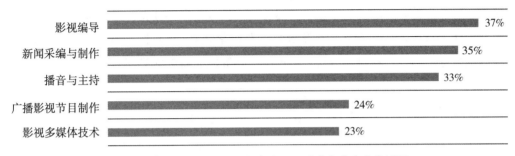

图 4-17　2023 届新闻传播大类毕业生升学率分专业统计图

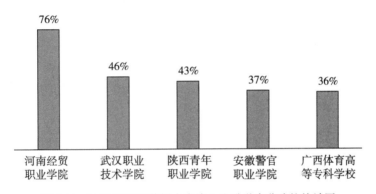

图 4-18　2023 届新闻传播大类毕业生升学率分院校统计图

探索"免试入学"制度。① "免试入学"制度具有入学条件严苛、以过程性审核为主、录取标准多元化等特点，主要有优秀退役军人免试入学、技能大赛获奖免试入学、基层优秀人员免试入学等实践探索。②

（3）对口就业和月起薪

数据显示，42 个专业点的就业与专业对口度为 65%③，略高于麦可思研究院《2023年中国高职生就业报告》发布的数据"新闻传播大类专业 2022 届毕业生的就业与专业对口度为 61%"。

<hr />

① 相对于"统一招生考试"，"免试入学"毕业生属于小众化群体，本研究未能在年报中获得此类数据。

② 董照星，等. 我国"专升本"考试招生制度改革的模式、问题和对策［J］. 职业技术教育，2023（19）.

③ 就业与专业对口度指的是专业培养与外部岗位工作需求的衔接程度，计算公式为受雇全职工作并且与专业相关的毕业生人数/受雇全职工作的毕业生人数。

数据还显示，29 个专业点的平均月起薪为 4739 元①，相较 2022 年的 4021 元有明显增长。毕业生月起薪前五的专业中，播音与主持专业保持领先，摄影摄像技术、网络新闻与传播、影视多媒体技术、影视编导等专业紧随其后(见图 4-19)。伴随数字技术发展而生的直播销售、新媒体运营、短视频编导等职业薪资优势较为明显。

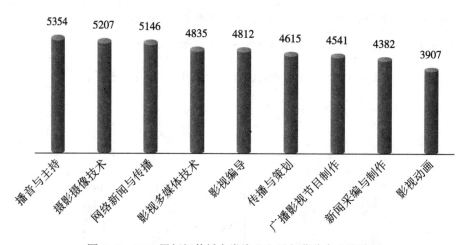

图 4-19　2023 届新闻传播大类毕业生月起薪分专业统计图

(武汉职业技术学院文化与传媒学院　张晓莲、冯芳)

4.5　2023 年民办高校学生事务综述

随着国家对民办教育支持政策的陆续出台，以及社会对高等教育需求的不断增长，民办高校的市场规模持续扩大。据统计，截至 2022 年，中国共有 764 所民办大学，而到 2023 年，这一数字增至 789 所。

为进一步规范民办教育管理，促进民办教育健康发展，近年来政府陆续发布了一系列政策，如《普通高等教育学科专业设置调整优化改革方案》和《关于开展中国特色高水平高职学校和专业建设计划(2019—2023 年)绩效评价工作的通知》等，这些政策为民办高校的健康发展提供了有力支持。民办高校乘政策东风，规范办学，提高教学质量，创新人才培养模式，在学生事务方面做了许多工作。

①　在 38 份年报中，29 个专业点发布了毕业生月起薪数据。

4.5.1 深化学科专业建设

全国民办高校加强专业学科建设，组建骨干教师团队、优化学科专业结构、搭建"产学研"为一体的学科建设平台，成效显著，2019—2023年，多所民办高校新闻学相关专业获批国家一流专业。

四川传媒学院在新闻传播专业学科建设上成果颇丰，共有国家一流本科专业建设点2个，分别为数字传媒艺术专业、广播电视编导专业；省级一流本科专业建设点2个，分别为数字传媒技术专业、广播电视学。

江苏省民办本科高校开设新闻传播类专业的只有三江学院和南京传媒学院。两所学院的专业建设都排名前列，其中三江学院的新闻学专业入选国家级一流本科专业建设点。南京传媒学院的网络与新媒体专业获评国家一流本科专业建设点。

河北传媒学院播音与主持艺术专业为国家一流本科专业建设点，广播电视学为河北省一流本科专业建设点，网络与新媒体专业在2023年顺利通过验收，获批省级一流本科专业。

湖北省民办高校数量众多，较为突出的有武汉东湖学院、武汉工商学院，武汉东湖学院法学与新闻传播学院新闻学专业入选国家一流本科专业建设点。武汉工商学院文法学院广告学专业为国家级一流本科专业建设点。

山东齐鲁理工学院新闻学专业为国家一流本科专业。

北京较为突出的有北京城市学院，该校国际文化与传播学部以外语类专业和传媒类专业为支撑学科，拥有本、硕和七年贯通教育三个学历层次，研究生专业为广播电视编导，本科包括传播学、广播电视编导、英语、法语、西班牙语、德语、翻译以及国际课程班类相关专业，贯通制专业为小学教育（法语、西班牙语、德语），秉承"适合教育、全人教育、有效教育、实用教育"的育人理念，学部改革和创新人才培养模式，通过优化学科专业结构、调整优质资源配置、搭建学科专业平台等方式，积极探索一条"外语+传播"和"传播+外语"复合型人才培养的新道路。北京城市学院国际文化与传播学部于2020年被评为北京市一流本科专业。

此外，2023年上海杉达学院艺术设计与传媒学院共有3门核心课程成功入选上海市级一流本科课程名单；上海建桥学院新闻学专业获批上海市一流本科专业；浙江越秀外国语学院编辑出版学专业被立项为浙江省级一流本科专业建设点；长春人文学院广播电视编导专业于2020年获批吉林省一流本科专业建设点；仰恩大学广告学专业为省级一流本科专业；广州南方学院的新闻学是广东省综合改革试点专业，2021年获批硕士点建设培育专业；广州华商学院"新闻学""广告学"专业为广东省"一流专业"建设点，

"网络与新媒体"专业为广东省特色专业建设点。哈尔滨华德学院艺术与传媒学院视觉传达设计系的"设计概论"课程被确定第二批黑龙江省级课程思政示范课，同时该授课团队被确定为课程思政教学团队。

4.5.2 优化教学条件

民办高校通过打造专业实验室和实训中心，引进先进教学设备和软件，深化产学研合作来加强实践教学平台建设。

辽宁传媒学院新闻学院现拥有融媒体中心和三个产学研实训工作站；与相关专业共享全媒体互动式演播厅、录播厅、非线性编辑工作室、雅马哈数字调音工作室等；与网易辽宁签署共建"现代产业学院"，在校内建立产学研项目工作室，主要用于影视剧编辑、视频制作与剪辑、网络主播的塑造与培养等；与沈阳久合盈文化传媒有限公司签约成立产学研项目工作室，主要用于组织与开展各类校园文化活动与大赛等。

天津传媒学院学校建成了"广播影视艺术综合实验区""舞台艺术综合实验区""视觉艺术综合实验区""数字艺术综合实验区"四大实践教学平台，包括广播直播室、影视配音室，电视虚拟演播厅、电视导播室和导播车系统、电影电视审看厅等多个数字化广播影视传媒实验室，以及艺术语言实验室、综艺排练厅、新闻演播室、纪录片工作室、Apple 工作站、室内剧摄影棚、音乐录音棚、影视节目后期编辑室；大型舞台合成剧场、中小型音乐剧场、黑匣子实验剧场、280 间标准琴房、MIDI 工作室、电钢琴工作室；三维动画工作室、二维手绘实验室、定格动画实验室、数字媒体工作室、漫画制作实验室、插画工作室等实践教学设施，为学生提供了一流的专业实践空间与设备，充分满足了传媒与艺术类各专业的实践教学需求。

为激发学生学习热情，完善激励机制，内蒙古大学创业学院设立优秀学生奖学金，30%的在校生每年可获得该项奖励，最高奖 4000 元/年；除国家奖学、国家励志奖学金、自治区级奖学金、自治区级励志奖学金，根据相关政策，生源地助学贷款可申请金额最高为 12000 元/年。

4.5.3 创新教学手段，开展特色办学

一些民办学校开展特色办学，依托校地合作与产教融合，实施创新人才定制培养，通过个性化教学项目和深度实践，满足社会对专业人才的需求。

辽宁传媒学院依托校地合作，产教深度融合，开展创新人才定制培养。通过"创意写作工坊""大师班""订单班""俊才班"等卓越人才培养项目的实施，点对点选拔，面对面传授。个性化的提升培养，满足了社会各行业领域对专业人才需求，戏传学院"订单

班""俊才班"卓越人才培养成效显著。

三江学院文学与新闻传播学院创新人才培养模式，将三江讲堂、经典阅读等有机融入人才培养方案，为学生未来的深造和职业发展打下坚实基础。在就业升学方面，学院依照"个性发展、能力提升、社会融入"要求，从"全员化、全程化、全面化"入手，不断增强对学生创业就业的精准化指导。近年来，学生考研率均超过 5%。主要就业方向为机关、各级政府部门、事业单位及国有、民营大中型企业。在课外活动方面，学院组织光影新世界"一院一品"等丰富的第二课堂活动，以学生为主体，助力学生成长。近年来，共获 100 多个各类校内外奖项。社会合作与实习基地方面，为适应"应用型"转型的需要，近年来建立了"《现代快报》班""校媒联盟""'360'新媒体传播与营销班""扬子石化企业新闻班""江苏省网络文学院"等与业界对接并联合培养人才的教学模式。

南京传媒学院新闻传播学院新生入学第一学年按学科分班，学习新闻传播学科基础理论，强化人文社科知识素养教育；第二学年开始分专业学习，注重"三个结合"，即理论与实践结合、课内与课外结合、专业能力与综合品质提升结合，实施"写作不断线、读书不断线、实践不断线"的培养模式，着力培养适应媒体融合发展的新型新闻传播人才。

安徽新华学院新闻学专业不断创新人才培养模式，坚持理论教育+实践教育+学科竞赛相结合，为学生提供多样化的课内+校内+课外+校外的实践学习平台，完善实践教学内容，形成了成熟的人才培养体系。

福建省阳光学院开展"项目式教学"，通过"项目式""场景化""进阶式"的人才培养模式，让学生在"学中做、做中学"中打造专业硬实力，提升就业竞争力。学院与行业龙头企业建立产学深度合作关系，与福建(福州)自贸区、腾讯、福建广播影视集团、字节跳动、京东等十多家企事业单位形成共建关系，搭建多元化实践平台，助力学生高质量就业。

文学院是西安思源学院 2008 年首批设置的二级本科学院，具有教育部备案的中外合作办学资质。学院秉持"融会贯通经世致用"的办学理念，围绕着本科人才培养质量，打造以职业需求为导向，以国际合作、校企合作、校校合作、校地合作项目为依托，以专业能力培养为重心的人才培养体系，施行了按学科大类进行人才培养的"学院平台课+学科平台课+专业核心课+方向模块课"的课程体系，形成了"1 年素质教育+2 年专业能力培养+1 年职业技能训练"的文科应用型人才培养模式，以及"课堂教学+企业实训"的本科人才培养特色。通过与境外高水平大学的本硕联合培养项目，为学生的学历提升和国际化培养开拓了渠道；通过海内外教学实训暨就业基地，彰显了文科专业应用型人才的国际化、职业化培养特色；通过校企合办行业(企业)人才定向培养实验班，促进了毕业生的有效就业。

广西壮族自治区共 12 所民办本科高校，开设新闻传播学类专业的高校一共 5 所。其中开设新闻学专业的民办高校有 3 所，分别是广西外国语学院、桂林学院和南宁师范大学师园学院；开设广告学专业的民办高校有 2 所，分别是南宁师范大学师园学院和南宁理工学院；开设网络与新媒体专业的民办高校有 2 所，分别是广西民族大学相思湖学院和南宁理工学院；开设编辑出版学专业的民办高校只有 1 所即桂林学院。从就业方面来看，这 5 所高校都组建了就业信息网专网，为学生提供统一的就业指导，此外，学院也积极开展相应的求职技巧分享会，毕业就业动员会，考研分享会等形式，帮助学生了解职业市场，明确自己未来的职业方向。在其他方面，这 5 所高校也非常重视学生的实践能力，鼓励学生参加各种类型的专业竞赛，学院老师给予学生充分的指导，学院学生所获奖项颇多。

4.5.4　鼓励学生实践，参加技能大赛

新闻传播是一门实践性较强的学科，对学生创作能力有一定要求，民办高校重视对学生实践能力的培养，鼓励学生参加职业技能大赛。2023 年，一些学校组织学生积极参赛，收获颇丰。

哈尔滨华德学院艺术与传媒学院学生荣获全国大学生广告艺术大赛全国一等奖 4 项、二等奖 5 项、三等奖 12 项；米兰国际设计周全国（学生组）一等奖 1 项、二等奖 1 项，全国（教师组）二等奖 1 项、三等奖 1 项；中国好创意全国（学生组）一等奖 4 项、二等奖 10 项、三等奖 17 项，全国（教师组）一等奖 1 项、二等奖 1 项、三等奖 3 项。

广州华商学院传播与传媒学院荣获全国大学生广告艺术大赛"优秀院校"奖，一等奖 2 项、二等奖 1 项、三等奖 2 项、优秀奖 4 项的佳绩，其中一等奖获奖数量在广东省所有高校中位居第二（仅次于获得 3 项一等奖的深圳大学）。

武汉东湖学院法新学院为了培养学生的创新精神和实践能力，积极组织学生参加各类学科竞赛。学院为学生提供了充足的资源和指导，鼓励他们在竞赛中展示自己的才华，2023 年共荣获大奖百余项。诸如，中国"互联网+大学生创新创业大赛""挑战杯"、全国大学生广告艺术大赛、NCDA 未来设计师大赛、米兰设计周——中国高校设计大赛、湖北省新闻传播专业技能大赛、首届大学生职业规划大赛等。

广西民族大学相思湖学院十分注重培养学生的创新精神和实践能力，积极组织学生走进各实践单位，参加各类学科竞赛，并成功指导学生在相关专业比赛中荣获佳绩。例如 2023 年 21 级网络与新媒体 1 班苑书文等 8 人荣获第九届中国国际"互联网+"大学生创新创业大赛广西赛区选拔赛银奖。

南宁师范大学师园学院学子在第十届未来设计师·全国高校数字艺术设计大赛中荣获佳绩，荣获全国总决赛一等奖 1 项、三等奖 2 项，广西赛区省级决赛一等奖 4 项、二等奖 13 项，三等奖 15 项。

南宁理工学院艺术与传媒学院大数据与人工智能学院网络与新媒体专业学生在2023 年第二届全国大学生反走私创作大赛优秀组织奖共获得视频类优秀奖 6 项。

郑州商学院文学与新闻传播学院文传学院坚持"以赛促练、以赛促学、以赛促教、以赛促改、以赛促研、以赛立德"的教学理念，学院积极鼓励学生参加各类比赛，在实践中收获知识。2023 年 12 月，文传学子在河南省大学生营销创意大赛暨河南王屋山大学生文旅文创营销创意大赛中荣获策划案类 1 银 9 优秀、slogan 类 2 铜 18 优秀的好成绩。在 2023 年(第 15 届)全国大学生广告艺术大赛比赛中结果揭晓，学院共有 15 件作品斩获等级奖，包括河南省一等奖 1 项、二等奖 5 项、三等奖 9 项，省赛推送作品经全国评比后，斩获全国优秀奖 1 项。该院学子在此次大赛中取得突破性成绩，首次斩获省级微电影类一等奖，并首次冲进国家级奖项。

宁夏回族自治区民办本科院校共 4 所，开设新闻传播学类专业的高校仅 2 所。其中开设新闻学专业的民办高校只有 1 所——宁夏大学新华学院文法外语系，开设网络与新媒体专业的民办本科院校也只有 1 所——银川科技学院。这 2 所高校重视学生的实践能力，鼓励学生参加各种类型的专业竞赛，学院老师给予学生充分的指导，学院学生所获奖项颇多。

4.5.5　招生及学生就业创业情况

4.5.1.1　招生情况

受社会因素的影响，2023 年新闻传播专业招生遇到寒潮，但部分高校依然红火。

温州商学院 2023 年招生报考指南显示，该院在浙江省内本科新闻传播学类招生计划 240 人，其中普通类/艺术类 190 人，三位一体 50 人；浙江省内专科，网络新闻与传播拟招 80 人；浙江省外新闻传播学类拟招本科 70 人，专科 8 人。招生亮点有二：一是本科录取，双向选择"4+1"本硕直通名校保研菁英计划，二是"3+1(2)+1"双轨制保本菁英计划。

广州南方学院文学与传媒学院 2023 年共计招生 271 人，其中汉语言文学招生 90人，新闻学招生 85 人，网络与新媒体招生 96 人。电子科技大学中山学院人文社会科学学院 2023 年新闻与传播系招生 160 人。

武汉东湖学院 2023 年招生计划显示，该校本科专业计划招生共计 241 人，其中，网络与新媒体专业计划招生 101 人，新闻学专业计划招生 105 人，广告学专业计划招生 35 人。两个专科专业计划招生 405 人：新闻采编与制作 215 人，全媒体广告策划营销 190 人。

汉口学院 2023 年招生计划显示，该校本科专业计划招生共计 380 人，其中网络与新媒体专业计划招生 60 人，广播电视编导计划招生 80 人，播音与主持艺术和影视摄影与制作分别计划招生 120 人。专科专业摄影摄像技术计划招生 40 人。

文华学院 2023 年招生计划显示，该校本科专业计划招生人数超过 550 人，其中，新闻学计划招生 80 人，广告学计划招生 80 人，网络与新媒体计划招生 100 人。

武昌首义学院新闻与文法学院 2023 年招生计划显示，该学院本科专业计划招生 790 人，其中新闻学 70 人，网络与新媒体 145 人，广播电视学 35 人，广播电视编导 100 人。武汉传媒学院新闻传播学院，2023 年招生计划显示，该校本科专业计划招生人数超过 500 人。其中，广告学 47 人，传播学 47 人，广播电视学 100 人，网络与新媒体 126 人，新闻采编与制作 160 人，

2023 年，河南开封科技传媒学院本科专业计划招生 430 人，其中新闻学 120 人，广告学 130 人，网络与新媒体 100 人，传播学 80 人。郑州西亚斯学院新闻与传播学院 2023 年计划招生超过 300 人，其中，新闻学计划招生 120 人，广告学计划招生 110 人。郑州商学院文学与新闻传播学院计划招生约 500 人。其中，新闻学计划招生 41 人，广告学计划招生 42 人。

安徽新华学院文化与传媒学院计划招生广播电视编导专业 40 人，广告学 80 人，新闻学(校企合作)110 人。安徽外国语学院文学与艺术传媒学院招生网络与新媒体专业 140 人，广告学 50 人。

宁夏回族自治区民办本科院校共 4 所，开设新闻传播学类专业的高校仅 2 所。其中开设新闻学专业的民办高校只有 1 所即宁夏大学新华学院文法外语系，开设网络与新媒体专业的民办本科院校也只有 1 所即银川科技学院。从这 2 所高校 2023 年的招生计划显示来看，宁夏大学新华学院文法外语系招收新闻学专业共计 100 人，银川科技学院招生网络与新媒体专业共计 130 人。

4.5.1.2　就业创业情况

各地民办高校广开就业渠道，为学生就业创业创造条件。湖北省民办本科高校总数超过 30 所。2023 年 3 月 24 日，汉口学院传媒学院老师走访湖北阿尔诺影业公司，考察大学生实习基地。汉口学院组织了多场招聘会，挑选了行业内优质企业走进校园开展招聘活动，帮助毕业生解决就业问题。此外汉口学院定期举办职业规划报告会和就业指导

活动，帮助学生了解职业市场，明确自己的职业方向。如举办实习动员大会，进行校企合作等活动。

文华学院人文社会科学学部组织了多场招聘会，挑选了行业内优质企业走进校园开展招聘活动，帮助毕业生解决就业问题。此外，学院定期举办职业规划报告会和就业指导活动，帮助学生了解职业市场，明确自己的职业方向。诸如，举办促就业之简历指导活动，通过小班化教学，一对一指导毕业生进行简历制作，以及进行职业规划等。举办新闻传播类专场招聘会，让同学们通过"实战演习"去亲身体验求职的实况和气氛。

武汉首义学院为持续搭建企业与学生的双选平台，助力学生今后好实习、好就业，学院与多家企业合作，组织了多场招聘会，挑选了行业内优质企业走进校园开展招聘活动，帮助毕业生解决就业问题。每年新闻与文法学院为学生开展职业规划专题讲座，引导和鼓励大学生们提前做好规划。为挖掘更多就业信息和资源、开拓更多就业岗位和机会，助推毕业生更高质量就业，学院领导和专任教师们主动到企业拓岗。2023年9月，学院领导带队前往北京清博智能科技有限公司(武汉分公司)开展访企拓岗活动，瞄准学院就业核心问题，深化企业多元合作。

武汉传媒学院新传学院组织了多场招聘会，挑选了行业内优质企业走进校园开展招聘活动，帮助毕业生解决就业问题。学院定期举办职业规划报告会和就业指导活动，帮助学生了解职业市场，明确自己的职业方向。诸如，每年邀请优秀毕业生进行分享实习就业经验，与湖北长江云新媒体集团展开校企合作。邀请业内人士进学校、进课堂宣讲、指导。在春招秋招中，积极动员，采取线上线下的模式向同学们宣传就业信息，扩大就业范围。

武汉东湖学院法学与新闻传播学院组织了多场招聘会，挑选了行业内优质企业走进校园开展招聘活动，帮助毕业生解决就业问题。此外，学院定期举办职业规划报告会和就业指导活动，帮助学生了解职业市场，明确自己的职业方向。诸如，学院优秀学子报告会、"面"面俱到 求职无忧——模拟求职活动等。2023年4月14日，学院组织开展了毕业生模拟面试求职活动。活动分别从个人简历、职业生涯规划书、求职者自我介绍与求职问答四个部分模拟面试过程。通过还原真实的面试场景，重点检验同学们的面试技巧、简历制作水平、岗位了解情况等。为挖掘更多就业信息和资源、开拓更多就业岗位和机会，助推毕业生更高质量就业，法新学院教师们主动到企业访企拓岗，开拓了文案编辑、广告策划、新闻编辑、文案策划等多种工作岗。

河南省民办本科高校数量超过所20所。河南开封科技传媒学院组织了多场招聘会，挑选了行业内优质企业走进校园开展招聘活动，帮助毕业生解决就业问题。学院定期举办职业规划报告会和就业指导活动，帮助学生了解职业市场，明确自己的职业方向。为挖掘更多就业信息和资源、开拓更多就业岗位和机会，助推毕业生更高质量就业，河南开封科技传媒学院传播学院主动到企业拓岗。开拓了河南省火树银花文化传媒有限公司、兰考融媒体中心、凡闻资讯内容大数据云服务平台、杭州遥望网络科技有限公司等公司。

山东省民办高校中，齐鲁理工学院新闻传播学院的就业实习工作开展得扎实、生动。2023年12月27日，学院领导相关人员前往济南市朱家峪闯关东旅游发展有限公司、明宗浩（山东）影视有限公司、视坤文化传媒（山东）有限公司开展访企拓岗促就业专项工作。12月13日，新闻与传播学院专业教师团队赴明宗浩影视基地召开访企拓岗会议暨授牌仪式。2023年12月，齐鲁理工学院新闻与传播学院2023级新闻学专业49名学生，在新闻学教研室教师的带领下，前往山东百脉泉酒业股份有限公司和山东省济南市章丘区融媒体中心开展了专业认识实习活动。

青岛电影学院学校倡导一专多能综合发展，重视实践教学和学生动手能力培养，学校依托举办方海发集团体系下的影视产业基地，联合青岛影视局以及优秀影视企业，建立了青岛电影学院东方影都影视产教融合基地，通过"产业链-创新链-教育链-人才链"的"四链贯通"，实现人才培养和产业发展的"全要素、全方位、全流程"的产教深度融合。

烟台理工学院文法学院就业方面，学院定期举办职业规划报告会和就业指导活动，帮助学生了解职业市场，明确自己的职业方向。如：2023年11月10日，文法学院MCN孵化基地举办创新创业讲堂，邀请抖音电商易动文化的资深讲师对直播带货切片短视频制作和推广进行授课。烟台理工学院文法学院在专业建设中，重视实践过程，鼓励广大学生在实践过程中提升个人能力。如：2023年3月15日，烟台理工学院文法学院网络与新媒体系全体教师及学生代表赴齐鲁融媒烟台基地，开展基层教学实践调研活动。3月30日，网络与新媒体系师生一行再次踏上实践之旅，前往仙坛食品与张裕葡萄酒庄开展调研活动。这些活动让学生深入了解了企业需求。

浙江省民办本科高校中，开设有新闻传播类专业的有三所：浙江越秀外国语学院、浙江树人学院、温州商学院。浙江树人学院人文与外国语学院高度重视对外交流和国际化办学，与国内外多所高层次大学有合作交流，每年邀请30余位国内外著名专家学者来校交流合作，该校就业方面，据2023届毕业生就业质量年度报告，网络与新媒体专业毕业去向落实率94.84%，新闻学为90.91%。温州商学院2023届毕业生就业质量年度报告毕业去向落实率，传播学为90.41%，网络与新媒体为88.89%，广告学为83.95%。

4.5.6 思政建设

加强对大学生思政建设不仅关系到学生个人的全面发展，也直接影响到国家发展和民族未来。一些民办学校重视对大学生思想政治教育，引导学生树立正确思想观念，提高他们的综合素质。

武汉东湖学院法学与新闻传播学院学生第一党支部是"全国党建工作样板支部"，学院党总支是"全国高校党建工作标杆院系"，学院定期组织思政活动，带领学生去基层社区、希望小学做志愿者，并多次开展三下乡活动，如：2023 年 7 月 10 日，该学院青年追梦实践队在鄂州市梁子湖区东沟镇大桥村开展了志愿服务活动，访问特殊人群，帮助行动不便的老年人干农活，进行暑期防溺水宣传等。同时，学院还重视爱国思想教育，2023 年清明节开展"缅怀革命先烈，汲取奋进力量"主题活动，组织参观辛亥革命纪念馆等。该院"新闻采访"课程教学团队获评省级课程思政教学团队。"坚持四创四育，以高质量党建引领事业高质量发展"的学院党建双创工作经验在全省高校院系党组织书记培训班推广。

武汉传媒学院组织"爱老敬老，新暖夕阳"活动，2023 年 10 月 26 日，新闻传播学院团委书记和辅导员老师带领 30 余名志愿者前往武汉市武昌区水果湖街道徐东社区居家养老服务中心开展活动，帮助打扫卫生，为老年人做义务反诈宣传等。

辽宁传媒学院"辽传三下乡社会实践"实践育人品牌先后入选教育部、共青团中央等 13 个国家级重点、示范、专项团队。

长春光华学院党支部被教育部评为"全国党建工作样板支部"。哈尔滨华德学院艺术与传媒学院视觉传达设计系的"设计概论"课程为第二批黑龙江省级课程思政示范课，同时确定为课程思政教学团队。

仰恩大学人文学院现有省级课程思政教学名师及团队 1 个，建设省级课程思政示范课程 1 门。

4.5.7 心理健康教育

民办高校在实践中逐步构建"两种体制，三种体系，四支队伍"的心理健康教育模式，包括领导体制、业务指导机制、课程体系、网络教育咨询体系、机构体系和专业的心理教育队伍。将学生心理健康教育纳入教学计划，通过加强宣传和引导、设立心理咨询室、定期开展心理健康活动等方式帮助学生解决心理健康问题。

为迎接大学生心理健康日，武汉东湖学院法学与新闻传播学院于 2023 年 5 月组织一系列心理健康活动，关注学生心理健康和心灵成长，为学生心理健康保驾护航，引导学生关注自己，关爱他人，学会爱自我，了解自我，接纳自我。如开展特色沙龙，由校心管会学术部部长周颖主讲，分析引出了"什么是讨好型人格"，指出长期处于讨好模式会压抑自我意愿，造成自我损耗的问题，点明了爱自己的重要性；她列出了大众对"爱自己"的误解，提醒同学们爱自己不要误入自私、放纵欲望、不再努力的极端；倡导大家应按照"觉察、接纳、担当"的方式来正确爱自己。

上海建桥学院新闻传播学院每年举办心理情景剧大赛，由学生自导自演心理情景短剧，帮助学生排解情绪，缓解心理压力。上海师范大学天华学院以亚运会为契机，向学生普及运动心理学知识，鼓励学生积极运动，树立健康心态。

（武汉东湖学院　胡蕾、丁艺璇、刘卫东、徐丽花、邓利武、乔思阳、王佳琦、刘毓琳、甘小芳、周丽薇、司玲玲、李曼、孙娟、李柯剑）

4.6　2023 年中外合作办学

2023 年是国内新冠疫情形势趋于平稳的第一年，伴随经济和社会发展的回升向好，我国①新闻传播教育领域中外合作办学的整体情况也有所好转，新增 1 个中外合作办学项目和 1 个中外合作办学机构，参与招生的中外合作办学项目和新闻传播教育机构的数量均比 2022 年有了不同程度的增加，招生专业覆盖面显著扩大，虽然总体招生规模和毕业生规模略有缩小，但毕业生整体就业率高于 2022 年，展示了较好的就业态势。

4.6.1　新增项目和机构情况

2023 年，全国新增 41 个中外合作办学项目和 19 个中外合作办学机构，新增中外合作办学项目和办学机构的招生专业涉及产品设计、朝鲜语等 34 个，总招生规模超过4000 人。其中，新闻传播教育领域新增中外合作办学项目 1 项（见表 4-20），新增中外合作办学机构 1 个（见表 4-21），新增项目和机构的数量分别占全国数量的 2.4% 和5.3%。

---

①　本部分中的"我国"，暂未收录中国港澳台地区数据。

表 4-20　　　　　**2023 年我国新闻传播教育领域新增的中外合作办学项目**

项目名称	合作办学的中外方机构	办学层次	开设专业	招生规模
中国传媒大学与英国阿伯泰大学合作举办数字媒体技术专业本科教育项目	中方：中国传媒大学 外方：英国阿伯泰大学	本科	数字媒体技术	120 人

表 4-21　　　　　**2023 年我国新闻传播教育领域新增的中外合作办学机构**

机构名称	合作办学的中外方机构	办学层次	开设专业	招生规模
浙江万里学院德国品牌应用科学大学联合学院	中方：浙江万里学 外方：德国品牌应用科学大学	本科	广告学、视觉传达	180 人

数据来源：教育部中外合作办学监管工作信息平台。

2023 年，我国新闻传播教育领域新增的中外合作办学项目是中国传媒大学与英国阿伯泰大学合作举办的数字媒体技术专业本科教育项目。该项目办学地址在海南省陵水黎族自治县黎安国际教育创新试验区，开设的专业是数字媒体技术，学制 4 年，每年计划招生 120 人，纳入国家普通高等学校招生计划，参加全国普通高等学校统一入学考试，严格执行国家统一招生政策，与中国传媒大学招收中国籍学生执行相同招生政策和标准，招收学生毕业后由中方和外方共同颁发证书。新增的中外合作办学机构为浙江万里学院德国品牌应用科学大学联合学院。该机构是浙江万里学院继与英国诺丁汉大学联合创办宁波诺丁汉大学后的又一中外合作办学机构，由浙江万里学院和德国品牌应用科学大学合作办学，仅招收本科生，招生专业为广告学和视觉传达设计，两个专业每年均计划招生 90 人。

4.6.2　现有项目情况

《中国新闻传播教育年鉴》编辑部发放并回收的数据采集表显示，2023 年，我国运行中外合作办学项目的新闻传播教育机构共有 10 家，分别是复旦大学新闻学院、中国传媒大学国际传媒教育学院、深圳大学传播学院、清华大学新闻与传播学院、海南师范大学新闻传播与影视学院、山东大学新闻传播学院、辽宁大学新闻与传播学院、北京印刷学院出版学院、北京外国语大学国际新闻与传播学院和河北经贸大学文化与传播学院，比 2022 年的 8 家多了 2 家。这 10 家新闻传播教育机构的中外合作办学项目共 15

个，比 2022 年的 12 个多了 3 个；涉及 7 个国家的 14 所高校。其中，复旦大学新闻学院的中外合作办学项目数量最多，为 4 个；中国传媒大学国际传媒教育学院和深圳大学传播学院的中外合作办学项目数量均为 2 个，并列第二位；其余 7 家新闻传播教育机构的中外合作办学项目数量均为 1 个；复旦大学新闻学院的 4 个中外合作办学项目，涉及 4 个国家的 4 所高校，其合作国家和高校的数量最多(见表 4-22)。

表 4-22　**2023 年我国新闻传播教育领域中外合作办学项目数量及合作国家与高校的数量**

序号	新闻传播教育机构名称	中外合作办学项目数量(个)	合作国家数量(个)	合作高校数量(所)
1	复旦大学新闻学院	4	4	4
2	中国传媒大学国际传媒教育学院	2	2	2
3	深圳大学传播学院	2	2	2
4	清华大学新闻与传播学院	1	1	1
5	海南师范大学新闻传播与影视学院	1	1	1
6	山东大学新闻传播学院	1	1	1
7	辽宁大学新闻与传播学院	1	1	1
8	北京印刷学院出版学院	1	1	1
9	北京外国语大学国际新闻与传播学院	1	1	1
10	河北经贸大学文化与传播学院	1	1	1

2023 年，参与我国 10 家新闻传播教育机构 15 个中外合作办学项目的 7 个国家分别是美国、英国、法国、日本、俄罗斯、瑞士和尼泊尔，参与国家的数量与 2022 年持平。其中，美国和英国参与项目的数量最多，均为 5 个；其他 5 国参与项目的数量均为 1 个。就各国参与高校的数量而言，2023 年总数量为 14 所，比 2022 年多了 4 所。其中，英国参与高校的数量最多，为 5 所；美国参与高校的数量为 4 所，列第二位；其他 5 国参与高校的数量均为 1 所(见表 4-23)。在参与中外合作办学项目的国外新闻传播教育机构中，美国密苏里大学参与的项目数量最多，该校与我国 2 家新闻传播教育机构开办了 2 个中外合作办学项目。

表 4-23　　7 个国家参与我国新闻传播教育领域中外合作办学项目的数量和参与高校数量

序号	国家名称	参与的中外合作办学项目的数量(个)	参与高校的数量(所)
1	英国	5	5
2	美国	5	4
3	法国	1	1
4	日本	1	1
5	瑞士	1	1
6	俄罗斯	1	1
7	尼泊尔	1	1

在办学类别上，2023 年我国 10 家新闻传播教育机构的 15 个中外合作办学项目，全部属于学历教育项目。这 15 个学历教育项目中，硕士办学层次项目的数量最多，为 9 个；本科办学层次项目的数量为 7 个，博士办学层次项目的数量为 1 个(见表 4-24)。

表 4-24　　2023 年我国新闻传播教育领域中外合作办学项目的办学类别和办学层次

非学历教育项目的数量(个)		0	
学历教育项目的数量(个)	17	本科办学层次项目的数量(个)	9
		硕士办学层次项目的数量(个)	7
		博士办学层次项目的数量(个)	1

从招生专业的分布来看，2023 年，我国 10 家新闻传播教育机构的 15 个中外合作办学项目中，有招生计划的专业共 12 类，比 2022 年的 6 类多了一倍，招生专业的覆盖面显著扩大。其中，新闻传播学类所属专业被覆盖的频次最多，为 22 次；非新闻传播学类专业被覆盖的频次较少，为 2 次。新闻传播学(专硕)专业被覆盖的频次最多，为 7 次；传播学专业被覆盖的频次为 6 次，列第二位。在本科办学层次项目中，传播学专业和新闻学专业被覆盖的频次最多，均为 2 次。在硕士办学层次项目中，新闻与传播(专硕)专业被覆盖的频次最多，为 7 次；传播学专业和新闻学专业被覆盖的频次分别为 6 次和 2 次。在博士办学层次项目中，广播电视与新媒体专业被覆盖的频次为 1 次(见表 4-25)。

表 4-25　　**2023 年我国新闻传播教育领域中外合作办学项目的招生专业分布**

专业名称	各招生专业被 15 个中外合作项目覆盖的频次（次）			
	本科	硕士	博士	合计
新闻与传播（专硕）	0	7	0	7
传播学	2	4	0	6
新闻学	2	0	0	2
新闻传播学	0	1	0	1
广告学	1	0	0	1
传媒经济学	0	1	0	1
广播电视与新媒体	0	0	1	1
媒体管理	0	1	0	1
出版	0	1	0	1
全媒体国际新闻	0	1	0	1
新闻传播学类专业合计	5	16	1	22
广播电视编导	1	0	0	1
汉语国际教育	1	0	0	1
非新闻传播学类专业合计	2	0	0	2

就招生和毕业生情况而言，2023 年，我国 10 家新闻传播教育机构 15 个中外合作办学项目的招生总人数为 300 人，比 2022 年的 318 人少了 18 人；毕业生总人数为 214 人，比 2022 年的 228 人少了 14 人。10 家新闻传播教育机构中，2023 年招生人数比 2022 年招生人数多的有 3 家，比 2022 年招生人数少的有 4 家；2023 年招生人数最多的是中国传媒大学国际传媒学院，共招生 194 人，海南师范大学新闻传播与影视学院和复旦大学新闻学院招生人数分别为 48 人和 22 人，分列二、三位；2 家新闻传播教育机构 2023 年的招生人数为 0。2023 年毕业生人数比 2022 年毕业生人数多的有 4 家，比 2022 年毕业生人数少的有 4 家；2023 年毕业生人数最多的是中国传媒大学国际传媒学院，共毕业 122 人，海南师范大学新闻传播与影视学院和北京印刷学院出版学院毕业生人数分别为 44 人和 19 人，分列二、三位；3 家新闻传播教育机构 2023 无毕业生。在有毕业生的 7 家新闻传播教育机构中，毕业生的整体就业率为 95.3%，比 2022 年的 90.4% 高了近 5%；海南师范大学新闻传播与影视学院、复旦大学新闻学院、清华大学新闻与传播学院、北京印刷学院出版学院、深圳大学传播学院和河北经贸大学文化与传播学院共 6 家

新闻传播教育机构的所有毕业生都实现了就业或深造，就业率均为 100%（见表 4-26）。就业率高于 2022 年，显示出 2023 年我国新闻传播教育领域中外合作办学项目呈较好的就业态势。

表 4-26　　**2023 年我国新闻传播教育领域中外合作办学项目招生和毕业生情况**

序号	新闻传播教育机构名称	2023 年招生人数（人）	2022 年招生人数（人）	2023 年毕业生人数（人）	2022 年毕业生人数（人）	2023 年毕业生就业率（%）	2022 年毕业生就业率（%）
1	中国传媒大学国际传媒学院	194	201	122	118	91.8	92.3
2	海南师范大学新闻传播与影视学院	48	43	44	48	100	77.1
3	复旦大学新闻学院	16	22	8	13	100	92.3
4	清华大学新闻与传播学院	15	15	10	0	100	无毕业生
5	辽宁大学新闻与传播学院	13	18	0	0	无毕业生	无毕业生
6	北京印刷学院出版学院	12	19	19	14	100	100
7	深圳大学传播学院	1	0	1	0	100	无毕业生
8	河北经贸大学文化与传播学院	1	0	10	34	100	100
9	山东大学新闻传播学院	0	0	0	1	无毕业生	无毕业生
10	北京外国语大学国际新闻与传播学院	0	0	0	0	无毕业生	无毕业生
	合计	300	318	214	228	90.4	95.3

在学制上，2023 年，我国 10 家新闻传播教育机构 7 个本科办学层次的中外合作办学项目，绝大多数的学制为 4 年，包含"4+0""2+2""3+1""2+1+1"和"1+2+1"等多种学习模式；复旦大学新闻学院的"复旦—早稻田双学位"本科项目，对中国学生采用"3+1+1"的 5 年制学习模式。9 个硕士办学层次项目的学制更为多样，其中，学制为 1 年的有 1 个，学制为两年的有 3 个，学制为 3 年的有 4 个，学制为 4 年的有 1 个，包含"1+0""1+1""2+0""1+1+1""1.5+1.5""1+1.5+0.5"和"3+1"等多种学习模式。1 个博士办学层次项目，招生对象为外国学生，学制为 3 年，采用的学习模式是"3+0"。

4.6.3　总结与思考

仅就统计数据而言，2023 年我国新闻传播教育领域的中外合作办学，在参与招生的项目和国内外新闻传播教育机构的数量、招生专业覆盖面和毕业生就业率等方面呈现了一些亮点，展示出向好的态势。然而，总体招生规模和毕业生规模不扩反缩，一些项目的招生人数和毕业生人数寥寥无几甚至连续几年为零，合作办学的外方机构鲜有世界知名高校，博士办学层次的项目只有 1 个且未招到学生……凡此种种，折射出 2023 年我国新闻传播领域的中外合作办学依旧有不少急需解决的问题。

国内部分新闻传播院校的反馈表明，目前，新闻传播教育领域的许多中外合作项目在国内外的知名度都相对较低，加之高额的学费，导致国内外学生对之的认可度和参与度不高，生源质量因而很不理想；不少项目吸纳的外方优质资源极其有限，缺乏必要的国际学术交流和科研平台的有力支撑；一些项目的具体运行机制如多部门协作机制和学生退出机制等，尚有待完善。这些问题不同程度地制约着我国新闻传播教育领域中外合作办学的良性运行，理应引起各方的普遍重视，并尽快得到有效的解决。

（青岛大学文学与新闻传播学院　赵星耀）

5. 人才培养篇

5.1 广告学本科培养方案

5.1.1 部分高校广告学本科培养方案概况

人才培养方案是人才培养的设计蓝图，集中体现了高校的教学思想、教学理念和办学特色。它是学校组织和管理教学的基本依据，也是保证教学质量和人才培养规格的指导性文件。培养方案的实施关系到高校专业教育的各个层面，为保证人才质量且适应社会发展，培养方案须在实践中不断改进和完善。

2018 年 1 月，教育部发布《普通高等学校本科专业类教学质量国家标准》。由教育部新闻传播学类专业教学指导委员会制定的《新闻传播学类教学质量国家标准》（后简称"国家标准"）对新闻传播学类专业的培养目标、培养规格、课程体系、师资队伍、教学条件、质量管理与保障等方面都作出了明确规定。"国家标准"指出了全国本科新闻传播学类专业教学质量的基本标准，各高校可结合自身的定位和办学特色，对标准中的条目进行细化规定，但不得低于标准相关要求；鼓励有条件的高校高于本标准办学。

"国家标准"要求，各高校应根据自身特点以及师资情况，结合专业教学目标和任务，开设 8~10 门专业类必修课程。广告学专业应开设广告史、广告创意与策划、广告心理学、市场营销学、统计与数据分析、消费者行为与营销策略、电脑图文设计、广告效果评估等专业必修课。在专业实训课方面，广告学专业应包括市场调研与统计分析、电脑图文设计、影视广告创作、广告创意、广告文案写作等专业实训内容。

整体来看，中国传媒大学、武汉大学、厦门大学这三所高校的广告学本科专业不仅达到了"国家标准"提出的上述基本要求，各自还结合各校的传统与实际，形成了广告学本科人才培养的特色。这里，我们对这三所高校广告学本科培养方案进行梳理和展示，以为其他新闻传播院校对广告学本科培养方案的设计与制订提供启示。

5.1.1.1　广告学本科培养方案的整体设计

中国传媒大学广告学专业在教学、科研、人才培养、对外交流等方面处于国内领先地位。在国家"新文科"建设的指导思想下，面对数字化传播环境的变革，广告学专业在新课程建设、原有课程升级改造中突出"交叉"和"融合"，即广告基础理论与数字技术的交叉，广告运作流程与数字营销潮流的融合，切实体现"新文科"精神。广告学专业内设品牌传播与数字营销两个方向：其中"品牌传播"方向以国家品牌战略为指导思想，侧重品牌建设、战略传播、国际传播；"数字营销"方向对标广告行业的数字化转型，侧重广告传播资源整合、数据分析、营销实战。学生在大一年级学习人文社会科学通识基础课与广告学专业基础理论课程。大二年级之后根据自身特点和兴趣选择"品牌传播"或"数字营销"作为主修方向，并学习所选方向的理论与实务课程。

中国传媒大学广告学专业毕业总学分要求为 154 学分。其中通识基础课 51 学分；通识选修课程 15 学分(包括通识核心课程 5 学分、通识拓展课程 6 学分、通识特色课程 4 学分)；专业课程 79 学分(包括专业基础课程 16 学分、专业核心课程 20 学分、专业选修课程 33 学分、毕业实习与毕业论文 10 学分)；校级实践与创新创业课程 9 学分(包括实践与创新创业必修课程 7 学分、实践与创新创业选修课程 2 学分)。

武汉大学新闻传播学专业实行大类培养，毕业总学分要求为 150 学分。其中，通识教育课程要求 12 学分，公共基础课程要求 47 学分；专业教育课程要求 91 学分；实践教学要求 26.5 学分，占总学分的 17.6%；选修课程要求 37 学分，占总学分的 24.6%。

厦门大学新闻传播学专业同样实行大类培养，毕业总学分要求为 140 学分。其中，公共基础课最低必修为 31 学分，最低选修为 0 学分；通识教育课程最低必修为 5 学分，最低选修为 20 学分；学科通修课程最低必修为 10 学分，最低选修为 16 学分；学科或专业方向性课程最低必修为 20 学分，最低选修为 24 学分；其他教学环节(毕业论文、创新实践、军事技能、毕业实习)最低必修为 14 学分，最低选修为 16 学分。

5.1.1.2　广告学本科培养方案的核心课程

中国传媒大学广告学专业核心课包括：广告史与品牌发展史、公共关系与社会、经济学、Python 编程基础、统计及数据分析基础、影视广告与短视频创作、广告英语沟通与写作、广告法规、研究方法与论文指导。品牌传播方向限选课程有：消费行为学、整合影响传播概论、广告创意、广告文案、品牌国际传播、品牌营销。数字营销方向限选课程有：计算广告原理与应用、智能媒体传播、Python 数据分析与智能处理、多元统计及数据分析、互动营销设计、数字媒体营销传播业务。

武汉大学新闻传播学专业大类平台课程有 23 学分，包括新闻学概论、视听传播导论、现代广告学、新媒体基础、马克思主义新闻观、传播理论、传播伦理与法规、数字媒体技术、传播统计学、传播学研究方法等课程。广告学专业课程有 37 学分，包括广告设计基础(上)、广告设计基础(下)、市场营销学、广告策划、广告创意与表现、营销传播文案创作、广告经营与管理、广告调查与数据分析、广告调查与数据分析实践、广告与媒体战略营销、数字营销传播、数字营销传播综合实践、专业实习、毕业论文或设计等课程。

厦门大学新闻传播学专业大类要求最低必修 10 学分、最低选修 16 学分。必修课程(每门课均为 2 学分)包括：马克思主义新闻论著选读、新闻学概论、传播学概论、广告学概论、新闻传播学研究方法。选修课程(每门课均为 2 学分)包括：新闻传播法规与伦理、中国文学经典作品选读、广播电视概论、网络与新媒体概论、数字媒体技术、公共关系概论、传播与美学原理、传播心理学、媒介批评、口语传播基础、社会与文化概论、出版与数字出版概论。广告学专业课程为 20 学分(每门课均为 2 学分)，包括电脑图文设计、广告文案写作、广告创意、广告策划、广告史、广告心理学、消费者行为与营销策略、市场营销学、广告效果评估、统计与数据分析等课程。

5.1.2 中国传媒大学广告学本科培养方案

5.1.2.1 培养目标

在数字化背景下，广告学专业的人才培养目标突出"继承"与"创新"。"继承"就是要求广告学专业学生仍然要深刻理解品牌传播的基本要素和基本原则，深刻理解消费者洞察的本质。"创新"就是要求广告学专业学生能够熟悉数字时代新的媒体形式，掌握数字化媒体营销手段，具备广告传播整合能力，进行适应数字时代潮流的内容生产与信息传播。

广告学专业注重学生四种能力的培养：一是思考力，要求学生具有广阔的社会科学研究视角；二是行动力，要求学生在掌握广告运作流程、数字化营销手段的基础上，可以进行品牌传播与数字营销实战；三是表现力，要求学生可以利用多媒体进行内容生产与创作；四是数字力，要求学生具备编程能力与数据分析能力。

广告学专业要着力培养党和国家所需、能够应对未来挑战、驰骋于国际舞台的优秀广告人才和营销人才。面向传媒及营销业界,广告学专业具体人才输送方向主要有三个方面:其一是能够胜任品牌传播国际化传播、品牌战略传播的专业型人才;其二是掌握数字技术手段、了解数字营销运作流程,能够对各类数字化传播方式进行资源整合的专业型人才;其三是面向广告及相关领域的研究机构,培养从事品牌传播或广告研究方面的学术型人才。

5.1.2.2 培养要求

为了达到广告学专业的培养目标,要求学生在校学习期间认真学习思想政治理论,坚持正确的政治立场和方向,树立正确的人生观、世界观并养成良好的职业道德。同时,具有一定的军事基本知识,掌握科学锻炼身体的基本技能,通过《国家学生体质健康标准》测试,具备健全的心理和健康的体魄。

广告学专业学生需要学习传播学、经济学、社会学、文学、艺术、数理统计等基础课程,品牌传播类、营销类、创意表现类课程,以及统计分析软件、多媒体制作软件、视频编辑软件等课程。通过这些课程的学习,广告学专业学生掌握本专业必需的专业知识,了解国内外广告理论与实践的最新发展,以具备一定的理论研究能力、科研能力,具备独立解决本专业领域实际问题的能力,以及较强的社会活动能力、创新能力和组织管理能力。

①价值引领方面:掌握马克思主义世界观和方法论,从历史与现实、理论与实践等维度深刻理解习近平新时代中国特色社会主义思想;能够结合广告学专业知识深刻理解社会主义核心价值观,自觉弘扬中华优秀传统文化、革命文化、社会主义先进文化。

②学科知识方面:掌握社会学、经济学、心理学、美学等基础知识;掌握传播学、广告学、市场营销学等学科基础知识;掌握广告运营、品牌传播、数字营销等专业知识;具有国际视野,了解广告学专业学科发展前沿,并能将所学知识用于解释本专业领域现象。

③能力培养方面:掌握系统的广告操作与理论知识、基本的市场调查与统计知识、基本的媒介运营与管理知识,具备广告运营、品牌传播的实操能力;具备广告策划、广告创意、品牌传播等实践技能,了解并掌握主流数字化媒体营销手段,拥有较强的广告行业适应能力;掌握数字营销的原则与方法,了解数字化传播手段,具备广告传播整合能力;能够应用广告学、品牌传播、数字营销等基本原理与方法对广告专业领域问题进行判断、分析和研究,提出相应对策和建议,并形成解决方案。

④方法与技能方面:能够恰当使用社会研究方法和数据统计分析方法,对本专业领

域数据信息进行收集和分析处理；熟练运用 SPSS 数据分析软件，可以利用 SPSS 进行基础数据分析、多元统计分析，并撰写报告和研究论文；熟练运用 python 编程软件，可以利用 python 进行大数据抓取和分析。理解程序化购买、用户画像的原理和算法，能够独立进行程序设计。

⑤国际交流方面：熟练掌握一门外语，能够使用书面和口头表达方式对外交流；能够与国外同行就广告专业领域现象和问题进行有效沟通和交流。

⑥协作与创新方面：具有团队协作意识，能够在本学科及多学科团队中发挥个人作用，并能与其他团队成员合作共事；具有自主学习和终身学习意识，具备创新思维与一定的创业素质与能力。

⑦法律法规方面：具有人文素养、科学精神和社会责任感，熟悉广告专业领域相关法律、法规及政策，在广告专业领域实践活动中能够理解并遵守职业道德和职业规范。

⑧身心健康方面：达到国家规定的大学生体质健康标准，具有健康的体魄和良好的心理素质。

5.1.2.3 实践教学环节

本节学分由通识基础课程、专业课程、校级实践与创新创业课程中所含实践学分构成，共计 32 学分，占专业总学分的 20.78%（见表 5-1）。

表 5-1 基础课程、专业课程、校级实践与创新创业课程中所含实践学分构成情况

课程类别	含实践教学学时	含实践教学学分	占总学分百分比
通识基础课程	352	11	
专业课程	672	16	20.78%
校级实践与创新创业课程	208	5	
合计	1168	32	

（该广告学专业培养方案由中国传媒大学广告学院广告学系广告学专业提供）

5.1.3 武汉大学广告学本科培养方案

5.1.3.1 培养目标

在经济全球化和媒介融合背景下，为了适应中国现代化建设和当代广告事业发展的

需要，该专业要求学生理论基础扎实，知识面宽，适应能力和实际工作能力强，成为富有创新精神的高素质的广告学理论研究、广告实际运作和广告设计的高级专门人才。

5.1.3.2 专业特色和培养要求

该专业具有学科涉及面广、实践性强的特点，要求学生较系统地学习马克思主义传播学与市场营销学、心理学、媒介经营与管理的基本原理，掌握广告学基本理论和基础知识；受到广告经营与管理、策划与创意、设计与表现的系统训练，使学生具有较强的研究能力和广告实务的运作能力。

毕业生应获得以下几个方面的知识和能力：广告传播与广告营销的基本理论与基本知识；广告策划、创意、设计、文案写作、经营、管理等实务知识和技能；市场调查研究和社会活动能力；广告行业的相关政策和法规；国内外广告业发展的现状与趋势；媒介经营与管理的基本理论与实践；良好的职业道德、崇高的专业理想，创新意识和持续学习的能力。

5.1.3.3 主要实验和实践性教学要求

主要实验课程包括：广告调查与统计分析、广告调查与数据分析实践、数字营销传播综合实践等。

专业实行课程实习、假期实习、专业实习的三级实践性教学体系。平时根据有关课程安排，就与课程相关内容在校内进行实习，假期要求学生在媒体、企业及广告公司实习。第六学期到媒体、企业和广告公司进行为期 3～4 个月的专业实习。实践教学学分26.5，占总学分的 17.6%（实践教学学时 636，占总学时的 24.3%）。

5.1.4 厦门大学广告学本科培养方案

5.1.4.1 培养目标

学生应具备良好的人文素养与思想品德修养，掌握马克思主义新闻观及广告学的基本理论与基础知识，具有较强的广告实践能力和研究能力。具体熟悉广告史、广告策划、市场调查、广告创意、广告文案写作、广告设计制作、公共关系、品牌计划、广告经营与管理、现代媒体技术、市场营销学等专业实务；了解广告公关行业的有关方针政策、法律法规；关心行业发展趋势和动态；具有良好的沟通能力和组织协调能力、创新思维能力；基础扎实，适应力强，能为国家和广告事业发展服务的德才兼备、高素质的应用型、复合型和创新型人才。

5.1.4.2 毕业要求

该专业学生应系统学习和掌握广告学基本知识和基本理论，具备广告学的相关实务技能，能从事广告运作的基本工作。广告学毕业生应获得以下几个方面的知识和能力：有较全面的学科素养、良好的沟通能力；熟悉广告的伦理、法规；具有广告调研、广告策划、整合营销传播与公共关系策划、品牌传播、广告创意、广告设计；了解境内外广告公关行业发展现状与趋势；具有逻辑思维能力、科学研究和分析解决问题的能力；具备计算机基本操作技能，了解前沿计算广告的基本知识和技能，能够运用多媒体技术进行内容生产与创意叙事传播；掌握一门外语，具备较高的应用水平；具备一定的创业素质与能力。

5.1.4.3 修读要求

学生根据自己的个性、兴趣爱好，在学院指导下选择不同的课程模块修习，并根据不同模块要求选修专业选修课或跨学科选修课程。一年级按专业大类培养，不分方向；二年级实行分专业培养，按学生意愿选择不同模块的专业方向。广告史、广告创意等课程为广告学专业主修课程，这些课程同时为其他专业的选修课程。短学期是本科培养的重要环节。在短学期将安排与专业方向相关的前沿性的讲座，邀请校内外学者开设专题性的选修课等。学生的实践也是教学的重要内容，具体包括专题调查、社会实践、科研训练和创新实践等。

[中国地质大学(武汉)　刘义昆、李问问]

5.2　2023年教材建设情况

5.2.1　新闻传播类教材出版情况——基于对"十五"至"十二五"期间普通高等教育国家级规划教材(新闻传播学)出版情况的统计分析

2001年3月，第九届全国人民代表大会第四次会议审议通过了中共中央十五届五中全会通过的《关于国民经济和社会发展第十个五年计划的报告》(后简称"报告")。针对国民教育方面，报告指出力争高等教育毛入学率约为15%。为深入贯彻中国共产党的教育精神，响应党和国家关于高等教育发展的指示，加快推进自主知识体系、学科专业体系、教材教学体系建设，全面加强教材和管理，系统构建中国特色、世界水平的高等教育本科规划教材体系，支撑服务高等教育走好高质量人才自主培养之路，结合"高等学校本科教学质量与教学改革工程"万种新教材建设项目的全面实施，教育部相继于2006年、2008年和2014年印发关于"十五""十一五""十二五"普通高等教育本科国家级规划教材书目的名单。以国家、省(区、市)、高等学校三级教材建设为基础，全面推进与提升教材整体质量，重点建设主干基础课程教材、专业核心课程教材，加强实验实践类教材建设，推进数字化教材建设，我国高等教育本科教材建设逐步形成反映时代特点、与时俱进的教材体系，为提高高等教育本科教学质量和人才培养质量提供有力的保障。

普通高等教育本科国家级规划教材是由中华人民共和国教育部决定制定的，经出版社申报、专家评审、网上公示，最后确定选入。据统计，共有1427种教材选题被选入"十五"普通高等教育本科国家级规划材料书目，其中新闻传播学类教材总计26种；共有11741种教材选题被选入"十一五"普通高等教育本科国家级规划材料书目，其中新闻传播学类教材总计97种；共有2790种教材选题被选入"十二五"普通高等教育本科国家级规划材料书目，其中新闻传播学类教材总计37种。为贯彻落实国家对于教育改革和发展规划的纲要，全面提升新闻传播类本科教材的质量，充分发挥教材在提高人才培养质量中的基础性作用，现就"十五""十一五""十二五"普通高等教育本科国家级规划教材的出版情况进行统计与分析，并针对当前新闻传播类教材的出版现状提出建设性的意见。

5.2.1.1　普通高等教育本科国家级规划教材(新闻传播学类)的出版情况分析

据统计，"十五"普通高等教育本科国家级规划教材(新闻传播学)共计26种。其中，新闻学类教材共3本，广告学类教材共14本，广播电影电视类教材共3本，编辑出版类教材共5本，网络与新媒体类教材共1本。"十一五"普通高等教育本科国家级规划教材(新闻传播学)共计97种。其中，新闻学类教材共36本，传播学类教材共15本，广告学类教材共16本，广播电影电视类教材共19本，编辑出版类教材共9本，网络与新媒体类教材共2本。"十二五"普通高等教育本科国家级规划教材(新闻传播学)共计37种。其中，新闻学类教材共9本，传播学类教材共2本，广告学类教材共9本，广播电影电视类教材共12本，编辑出版类教材共2本，网络与新媒体类教材共3本。统计结果显示，"十五"至"十二五"期间新闻传播学类国家规划教材主要集中新闻学、传播学、广告学和广播电影电视类，说明早年的新闻传播学教育侧重于基础理论普及，努力建造学科基础。同时，为迎合网络时代的发展，各高校新闻传播学学科正努力打造全能型的新闻专业学生，在教材建设方面更注重实践导向、应用导向，以满足国家对于新闻人才的需求(见图5-1)。

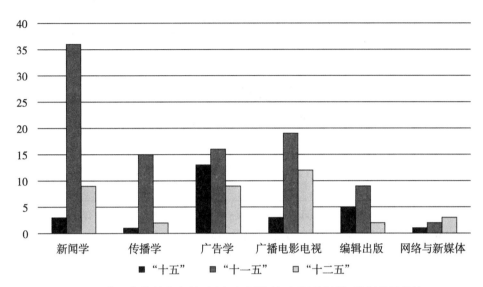

图 5-1　普通高等教育本科国家级规划教材(新闻传播学)类别数量统计

通过对国家级规划教材出版时间(教材的首次出版时间)的统计可见,各类新闻传播学类教材的出版时间与教育部印发关于高等教育本科国家级规划教材建设实施方案通知的时间相统一。"十五"期间国家级规划的出版时间集中在2006年,"十一五"期间的集中在2007年和2009年,而"十二五"期间的主要在2014年及其以前,说明各大高校新闻传播学专业在教材建设方面紧跟教育部门的政策,响应国家教育政策的调整,在教材出版上有较为集中的时间段(见图5-2、图5-3、图5-4)。

在出版社情况方面,普通高等教育国家级规划教材(新闻传播学)的出版社主要集中在北京大学出版社、复旦大学出版社、高等教育出版社、中国传媒大学出版社和中国人民大学出版社。"十五"期间的规划教材主要以高等教育出版社为主,而后新闻传播学学科力量强劲的复旦大学出版社、中国传媒大学出版社和中国人民大学出版社在"十一五"和"十二五"期间异军突起,成为诸多经典新闻传播学教材的出版方。同时,新闻传播学教材的编者来源与出版社具有统一性(见图5-5)。

5.2.1.2　普通高等教育本科国家级规划教材(新闻传播学类)的建设情况分析

(1)教材出版规模的扩大

从教育部公布的"十五"至"十二五"普通高等教育本科国家级规划教材书目名单可

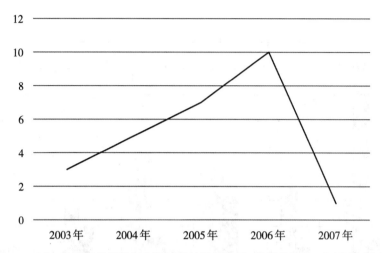

图 5-2 "十五"普通高等教育本科国家级规划教材（新闻传播学）出版时间统计

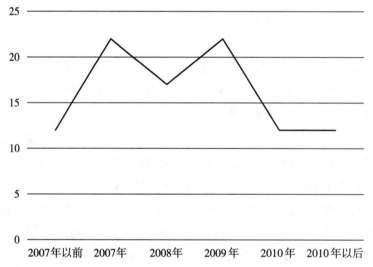

图 5-3 "十一五"普通高等教育本科国家级规划教材（新闻传播学）出版时间统计

知，新闻传播学类教材的整体占比稳步增加，教材数量因受规划教材书目总量的缩减而受到一定的减少，但规划教材中覆盖的专业面向更加广阔，新闻学、传播学、广告学、广播电影电视、编辑出版和网络与新媒体类教材均包括其中，说明更加注重专业细分，以保证能够满足基本的教学需求。

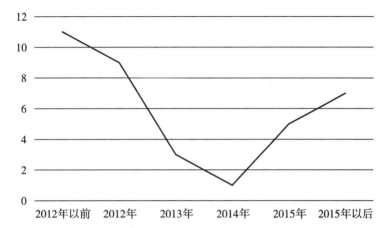

图5-4 "十二五"普通高等教育本科国家级规划教材(新闻传播学)出版时间统计

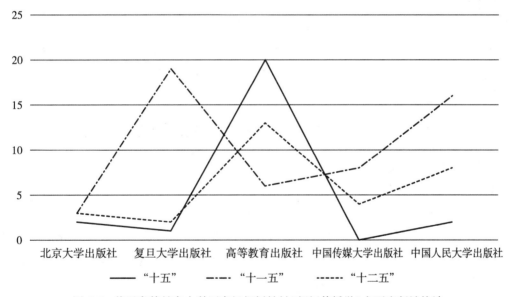

图5-5 普通高等教育本科国家级规划教材(新闻传播学)主要出版社统计

(2)教材建设质量的提高

教材建设事关国民教育,体现国家意志。新时期的教材建设要着力把握习近平新时代中国特色社会主义思想的科学体系和精髓要义,落实立德树人的根本任务,为办好人民满意的教育提供重要保障。通过"十五"至"十二五"普通高等教育国家级规划教材的建设工作可见,教材建设密切关注经济社会发展和科技进步,紧密结合学科专业发展和教育教学改革。原经典教材通过改版不断地更新教学内容，丰富教学形式，以适应社会的发展，从而保证教材建设的质量。

（3）教材建设积极性的增强

为保证教材编写和出版质量，"十五""十一五""十二五"普通高等教育国家级规划教材的编写者须在教学和科研方面有所成就，或在行业中具有较高技能水平并有一定的教学经验。为充分调动地方院校和出版社编写出版教材的积极性，在国家级规划教材的建设过程中，充分发挥专家与行业组织在教材建设中的作用。

（4）教材管理方式的优化

在"十五"至"十二五"普通高等教育国家级规划教材的建设工作中，教育行政部门逐步完善了教材评价的体系，拓展了教材建设管理、服务的信息化平台，开展了各级精品教材、优秀教材的评审推荐工作，推进了优质教育资源进课堂。

不过，"十五"至"十二五"普通高等教育本科国家级规划教材（新闻传播学类）在建设的过程中也存在着一些问题：首先，教材编写激励机制不完善，部分高水平教师编写教材精力投入不足；其次，学科专业教材建设不均衡，基础课、热门专业教材众多，布点少且招生量少的专业、战略性新兴产业专业教材不完备；再次，实践教学教材缺乏；最后，教材质量监管制度不够健全，教材评价选用机制有待进一步完善，少数学校选用低水平教材的现象仍然存在。

5.2.1.3　普通高等教育本科国家级规划教材（新闻传播学类）的发展走向分析

推动新闻传播类教材立体化发展。现阶段，各高校新闻传播学专业在教学内容的设计过程中，要逐步优化传统教学过程中基本的教学目标，呈现立体化的教学设计效果，通过改变过度教材的传统教学理念，为学生营造动态化的教学环境，从而在根本意义上实现教学理念的革新。在设计全新教学内容的过程中，如果要想实现立体化的教学效果，各高校新闻传播学专业应当注重以科学性指导教学内容，通过对学习培训实现理论内容的强化，提高核心知识的教育意义，将枯燥的教学内容进行优化与改进，进而激发学生们的学习兴趣，引导学生形成自主的学习行为，为实现学生们的全面发展营造良好的空间。因此，在教材编写的过程中，编写者应该划分好教学的重点内容，方便教师在教学中使用，并完善教材的辅导资料和网络学习网站。

推动新闻传播类教材平台化发展。面对快速发展的互联网时代，内容落后、案例陈旧等滞后于技术革新步伐的新闻传播学教材已然亟待更新，在发展的过程中既要正视技术"创造性破坏"所带来的挑战，也要快速推进新闻传播学教材建设的智能化、平台化。具体而言，教材建设不再局限于教科书的编写，还应包括提供参考书、试题库、文献库、多媒体案例库、数据库等丰富的课程内容和知识空间。同时，精品教材的建设还需提供全媒体、多场景的教育教学资源，通过打造动态的教学环境，发挥数字赋能的倍增效应。在编写核心教材的基础之上，进一步拓展虚拟仿真实践平台，既可支持课堂教学，又可观照现实传媒环境，进而提升学生的新闻采写、节目策划、新媒体技术应用等能力，以满足国家对于新闻传播学应用人才的要求。此外，在处理教材内容的前沿性与稳定性方面，亦可打造平台化的动态案例库，通过改革图文静态输出，以声音、动画和视频等多媒体形式，提供鲜活而又形象的新闻传播实例，保证案例内容和形态的可供性的同时确保案例时间的可供性。

推动新闻传播类教材全球化发展。关于加强我国国际传播能力建设，习近平总书记曾指出需要加强顶层设计和研究布局，构建具有鲜明中国特色的战略传播体系。当前，我国在新闻传播学科的建设上要基于马克思主义新闻观，以在地全球化为核心路径，以自身独立为主，融进世界为辅，打造具有中国特色的新闻传播学。因此，在新闻传播学类的教材建设上，既要拓展对于新闻传播学元概念的解释，亦要学会辨析中西方在新闻传播理论方面的内涵差异，在把握话语权的同时，推进中国新闻传播学学科与西方的勾连。中国新闻传播学类的教材建设必须基于中国独特的新闻实践场景，以国家立场、民族意识创新理论体系，参与国际对话，提供中国智慧方案。从中国经验中抽取共性规律，通过概念整合机制，重构全球通用的元概念，回答新闻实践是什么、为什么，达到普泛的理论解释力。在此基础之上，透析中西新闻传播学的实质性差异（见表5-2、表5-3、表5-4）。

表5-2　　　　　"十五"普通高等教育本科国家级规划教材书目（新闻传播学）

教材名称	编者姓名	出版社	出版时间
电子出版技术	谢新洲	北京大学出版社	2006 年
现代出版学	师曾志	北京大学出版社	2006 年
新闻学概论(第二版)	李良荣	复旦大学出版社	2005 年
电视技术	张新芝	高等教育出版社	2003 年
新闻采访与写作	丁柏铨	高等教育出版社	2004 年
广告摄影与摄像	邵大浪	高等教育出版社	2005 年
广告设计与制作	李景彬	高等教育出版社	2006 年
外国新闻事业史教程	张允若	高等教育出版社	2003 年
网络新闻编辑学	蒋晓丽	高等教育出版社	2004 年/2012 年

续表

教材名称	编者姓名	出版社	出版时间
广告经营与管理	张金海、程明	高等教育出版社	2006 年
广告心理学	黄合水	高等教育出版社	2005 年
世界广告经典案例	胡晓云	高等教育出版社	2004 年/2012 年
广告文案写作	初广志	高等教育出版社	2005 年/2011 年/2020 年
广告学概论	陈培爱	高等教育出版社	2004 年/2010 年/2014 年
广告策划	纪华强、刘国华	高等教育出版社	2006 年/2013 年
广播电视广告原理	姚力	高等教育出版社	2006 年
广告经营与管理	张金海	高等教育出版社	2006 年
简明世界广告史	姚曦、蒋亦冰	高等教育出版社	2006 年
影视鉴赏（第二版）	彭吉象	高等教育出版社	2007 年
中国广告史	赵琛	高等教育出版社	2005 年/2008 年
电视节目制作技术	孟群	高等教育出版社	2006 年
现代市场研究	刘德寰	高等教育出版社	2005 年
网络传播技术	匡文波	高等教育出版社	2003 年
出版学基础	罗紫初、吴赟等	山西人民出版社	2005 年
新闻编辑学	蔡雯	中国人民大学出版社	2006 年
广告学教程（第二版）	倪宁	中国人民大学出版社	2004 年

表 5-3　　　"十一五"普通高等教育本科国家级规划教材书目（新闻传播学）

教材名称	编者姓名	出版社	出版时间
现代期刊编辑学	龚维忠	北京大学出版社	2007 年
电视摄影	陈刚、孙振虎	北京大学出版社	2010 年
媒介批评	雷跃捷	北京大学出版社	2007 年
数码色彩基础	肖永亮、廖宏勇	北京师范大学出版社	2007 年
影视语言教程	李稚田	北京师范大学出版社	2004 年/2022 年
广告学概论	吕巍	北京师范大学出版社	2006 年/2017 年
信息传播学	司有和	重庆大学出版社	2007 年

续表

教材名称	编者姓名	出版社	出版时间
外国新闻传播史导论（第二版）	程曼丽	复旦大学出版社	2007 年
新闻学概论	李良荣	复旦大学出版社	2009 年/2011 年/2013 年/2018 年/2021 年
中国新闻采访写作教程	刘海贵	复旦大学出版社	2008 年
中国新闻采访写作学	刘海贵	复旦大学出版社	2011 年/2022 年
当代广播电视概论（第二版）	陆晔、赵民	复旦大学出版社	2010 年
网络传播概论新编	张海鹰	复旦大学出版社	2008 年
中国新闻事业发展史	黄瑚	复旦大学出版社	2009 年/2022 年
中外广播电视史	郭镇之	复旦大学出版社	2008 年/2016 年
传播学研究理论与方法（第二版）	戴元光	复旦大学出版社	2008 年
广告策划创意学（第三版）	余明阳、陈先红	复旦大学出版社	2007 年
新闻评论教程（第四版）	丁法章	复旦大学出版社	2008 年
当代新闻评论教程（第五版）	丁法章	复旦大学出版社	2012 年
广告学原理（第二版）	陈培爱	复旦大学出版社	2008 年
电视节目策划学	胡智锋	复旦大学出版社	2006 年/2012 年/2020 年
财经报道概论（第二版）	贺宛男	复旦大学出版社	2009 年
电视专题与专栏——当代电视实务教程	石长顺	复旦大学出版社	2009 年/2019 年
当代广播电视播音主持（第二版）	吴郁	复旦大学出版社	2008 年
新编广播电视新闻学（第二版）	吴信训	复旦大学出版社	2018 年
新闻传播法规与职业道德教程（第二版）	黄瑚	复旦大学出版社	2011 年

续表

教材名称	编者姓名	出版社	出版时间
公共关系的基本原理与实务	纪华强	高等教育出版社	2006 年
公共关系学（修订版）	张克非	高等教育出版社	2007 年/2014 年/2022 年
广告设计与制作	牟跃	高等教育出版社	2007 年
媒介管理学概论	邵培仁、陈兵	高等教育出版社	2010 年
媒体策划与营销	黄升民等	高等教育出版社	2009 年
新闻理论教程（修订版）	何梓华	高等教育出版社	2008 年
电视新闻学	黎炯宗	广东高等教育出版社	2008 年
简明中外新闻事业史（第二版）	蒋含平、谢鼎新	合肥工业大学出版社	2012 年
编辑出版学导论	罗紫初	湖南大学出版社	2008 年
出版法教程	黄先蓉	湖南大学出版社	2008 年
中国出版史	吴永贵	湖南大学出版社	2008 年
文化产业概论	欧阳友权	湖南人民出版社	2006 年
广播电视学概论	黄匡宇	暨南大学出版社	2009 年/2014 年/2017 年/2022 年
媒介管理（第三版）	支庭荣	暨南大学出版社	2009 年
新编中外广告通史（第三版）	刘家林	暨南大学出版社	2011 年
广告学概论	张建华	机械工业出版社	2011 年/2017 年
新闻摄影学	韩丛耀、刘源	江苏教育出版社	2007 年
电视新闻采编教程	张红军、邹举	江苏教育出版社	2009 年
视听语言教程	王丽娟	江苏教育出版社	2009 年
公共关系原理与应用	王维平	兰州大学出版社	2007 年
中国新闻史	方晓红	南京师范大学出版社	2009 年/2013 年
传播学总论（第二版）	胡正荣、段鹏等	清华大学出版社	2008 年
全球新闻传播史（第二版）	李彬	清华大学出版社	2009 年
传播与文化概论	庄晓东	人民出版社	2008 年

续表

教材名称	编者姓名	出版社	出版时间
新闻编辑	许正林	上海大学出版社	2009 年
传播学通论（第二版）	戴元光	上海交通大学出版社	2006 年
整合营销传播理论与实务	卫军英	首都经济贸易大学出版社	2009 年
纪录片概论	欧阳宏生	四川大学出版社	2010 年
新闻摄影教程	吴健	四川美术出版社	2007 年
新闻报道策划	赵振宇	武汉大学出版社	2008 年/2015 年
新编广告学概论	张金海、程明	武汉大学出版社	2009 年
编辑学原理	吴平、芦珊珊	武汉大学出版社	2011 年
现代新闻评论	赵振宇	武汉大学出版社	2009 年/2017 年
媒介管理学概论	严三九、黄飞珏	西南师范大学出版社	2007 年
新闻编辑学（第四版）	吴飞、周勇等	浙江大学出版社	2008 年
文化产业概论	李思屈、李涛	浙江大学出版社	2007 年/2010 年/2019 年
广告文案	胡晓云	浙江大学出版社	2009 年/2022 年
大学摄影基础教程	张宗寿、彭国平	浙江摄影出版社	2005 年/2009 年
新闻编辑学教程	焦国章	郑州大学出版社	2008 年
新闻写作学教程	董广安	郑州大学出版社	2007 年
现代新闻写作教程（第二版）	董广安	郑州大学出版社	2007 年/2010 年
普通公共关系学	白巍	中国财经经济出版社	2007 年
媒体管理学概论	高福安	中国传媒大学出版社	2010 年
传播学研究方法	柯惠新、王锡苓等	中国传媒大学出版社	2010 年/2022 年
中国电视剧历史教程	仲呈祥、陈友军	中国传媒大学出版社	2010 年
广播新闻业务（第2版）	曹璐、罗哲宇	中国传媒大学出版社	2010 年
现代广告(学)通论	丁俊杰、康瑾	中国传媒大学出版社	2007 年/2013 年/2019 年
实用播音教程：广播播音与主持（第3册）	付程等	中国传媒大学出版社	2002 年
广告策划与整合传播	高萍	中国传媒大学出版社	2007 年
广播剧编导教程	朱宝贺、董旸	中国传媒大学出版社	2009 年
网络广告	魏超	中国轻工业出版社	2007 年

续表

教材名称	编者姓名	出版社	出版时间
广告设计与制作	王彦勋	中国轻工业出版社	2007 年
新闻传播法教程	魏永征	中国人民大学出版社	2006 年/2010 年/2013 年/ 2016 年/2019 年/2022 年
大众传播通论	展江	中国人民大学出版社	2011 年
马克思主义新闻观教程	陈力丹	中国人民大学出版社	2011 年
传播学教程（第二版）	郭庆光	中国人民大学出版社	1999 年/2011 年
新闻理论新编	郑保卫	中国人民大学出版社	2007 年/2015 年
传媒经济学教程	喻国明、丁汉青等	中国人民大学出版社	2009 年
网络传播概论（第二版）	彭兰	中国人民大学出版社	2009 年
电视新闻编辑教程（第二版）	周勇	中国人民大学出版社	2007 年
广播电视概论	周小普	中国人民大学出版社	2014 年/2023 年
广告学教程	倪宁	中国人民大学出版社	2009 年/2014 年
新媒体节目策划论	许鹏	中国人民大学出版社	2009 年
广告传播道德与法律规范教程（第二版）	陈绚	中国人民大学出版社	2010 年
新闻编辑学	蔡雯	中国人民大学出版社	2010 年/2014 年/2019 年
新闻采访学（第三版）	蓝鸿文	中国人民大学出版社	2011 年
新闻传播学专业英语教程（第二版）	展江	中国人民大学出版社	2010 年
中国新闻传播史	方汉奇	中国人民大学出版社	2002/2009 年/2014 年
文化市场学	赵玉忠	中国时代经济出版社	2010 年
广告创意（第二版）	程宇宁、丁邦清	中南大学出版社	2003 年
新闻作品评析概论（第 2 版）	陈龙	中南大学出版社	2005 年

表 5-4　　"十二五"普通高等教育本科国家级规划教材书目（新闻传播学）

教材名称	作者姓名	出版社	出版时间
影视美学（第三版）	彭吉象	北京大学出版社	2019 年

续表

教材名称	作者姓名	出版社	出版时间
现代期刊编辑学(第二版)	龚维忠	北京大学出版社	2014 年
媒介批评	雷跃捷	北京大学出版社	2007 年
新闻传播法规与职业道德教程(第三版)	黄瑚	复旦大学出版社	2017 年
当代电视编辑教程(第三版)	张晓锋	复旦大学出版社	2020 年
网络传播概论(第四版)	杜骏飞	福建人民出版社	2010 年
广告创意学	金定海、郑欢	高等教育出版社	2013 年
广告经营与管理	张金海、程明	高等教育出版社	2013 年/2023 年
广告理论与实务(第三版)	娄炳林	高等教育出版社	2018 年
中外广告史新编	陈培爱	高等教育出版社	2009 年
网络广告	陈刚	高等教育出版社	2010 年
大学摄影	徐希景	高等教育出版社	2015 年/2023 年
中外广播电视史	袁军、庞亮	高等教育出版社	2012 年
影视艺术导论	胡智锋	高等教育出版社	2012 年
中国广告经典案例评析	金定海、吴冰冰	高等教育出版社	2012 年
影视写作教程(第二版)	沈国芳、颜纯钧	高等教育出版社	2010 年
广告心理学(第三版)	黄合水、曾秀芹	高等教育出版社	2020 年
新闻事业经营管理(修订版)	吴文虎、林如鹏等	高等教育出版社	2010 年
广告效果	王晓华	高等教育出版社	2012 年
文化产业概论	欧阳友权	湖南人民出版社	
摄影基础教程	王传东	辽宁科学技术出版社	2012 年/2018 年
电影特技教程	屠明非	世界图书出版公司	2013 年
影视剪辑教程(第二版)	姚争	浙江大学出版社	2015 年
电视采访(第二版)	曾祥敏	中国传媒大学出版社	2012 年
电视制作技术(第二版)	孟群	中国传媒大学出版社	2012 年
电视新闻学	曾祥敏	中国传媒大学出版社	2018 年
新闻采访学	苏立	中国传媒大学出版社	2015 年
影视剪辑实训教材	李琳	中国广播电视出版社	2009 年
电视栏目与频道策划研究	项仲平	中国广播电视出版社	2007 年

续表

教材名称	作者姓名	出版社	出版时间
外国新闻传播史纲要	陈力丹、王辰瑶	中国人民大学出版社	2008 年/2014 年/2022 年
网络传播概论	彭兰	中国人民大学出版社	2012 年/2017 年/2023 年
传播学总论(第二版)	胡正荣、段鹏等	中国人民大学出版社	2008 年
传媒经济学教程(第二版)	喻国明、丁汉青等	中国人民大学出版社	2019 年
新闻摄影教程	盛希贵	中国人民大学出版社	2009 年/2013 年/2020 年
马克思主义新闻观教程(第二版)	陈力丹	中国人民大学出版社	2015 年
广告文案写作教程	郭有献	中国人民大学出版社	2015 年/2019 年
网络传播导论	钟瑛	中国人民大学出版社	2012 年

(南京师范大学新闻与传播学院　孟宪震、胡正强)

5.2.2　全国主要高校新闻传播类教材使用情况

教材是一门课程的知识和技能体系的重要载体,也是教学内容和教学方法的知识载体。作为高等教育的重要支柱,各高校专业课程所使用的教材,一定程度上能够体现出专业课程教学的核心内容与方法,是提高高等教育发展与改革的基础性工具。为促进高等教育改革的积极发展,各高校在课程教材征订与使用上始终坚持质量为先的原则,在落实相关教学的计划的同时,保证教学质量的稳步提升。

当前,教育部正如火如荼地在全国各高校内开展教学改革的行动。2020 年 11 月,教育部新文科建设工作组正式发布《新文科建设宣言》,提出新时代发展新文科的共识、遵循和任务。作为国家高等教育发展战略中的重要组成部分,新文科理念为新闻传播学教育的人才培养指明前进的方向,即贯彻新文科的理念的同时进行交叉与融合,以实现新闻传播教育改革的突破。面对新文科建设的专业改革环境,全国各高校的新闻传播学专业在课程教材的征订与使用等方面面临着诸多的挑战。首先,互联网时代的发展要求新闻传播学类教材的更新速度需要与时俱进,但如今各高校所使用的新闻传播学类教材仍存在版本陈旧的问题,专业课程的理论学习无法进行及时的更新。其次,随着当前高校应届毕业生就业形势的日益严峻,各高校在专业划分上呈现出精细化、多样化的特点,这使得在教学教材的征订与使用上出现跨学科、跨领域的现象,这无疑加大了高校教学机构在教材选用上的困难程度。

通过对于全国主要高校新闻传播学专业所用教材的情况进行分析，本部分重在总结当前各高校对于新闻传播类教材使用的现状，由此提出关于各高校新闻传播类教材使用的建议或举措。最后，对于全国主要高校新闻传播学专业常使用的教材进行推介，以加强对于核心课程教材的认识与理解。

5.2.2.1 全国主要高校新闻传播学类教材使用的情况分析

（1）当前各高校新闻传播类教材使用的现状

①遵循课程思政的教学原则。新文科建设是新时代历史使命赋予的新要求。作为新文科建设的重要组成部分，在新文科视域下、在课程思政理念指引下、在新媒体技术冲击下，新闻传播学专业在教学教材的选用上亟待革新。2020年，教育部印发的《高等学校课程思政建设指导纲要》指出，"全面推进高校课程思政建设是深入贯彻习近平总书记关于教育的重要论述和全国教育大会精神、落实立德树人根本任务的战略举措，高校要深化教育教学改革，充分挖掘各类课程思想政治资源，发挥好每门课程的育人作用，全面提高人才培养质量"。所以，各高校在《普通本科教材选用管理办法》中对于教材选用范围规定中必须选用中宣部、教育部已出版的"马克思主义理论研究和建设工程"（即"马工程"）重点教材，而无"马工程"教材的课程优先选用国家和省级规划教材、精品教材及获得省部级以上奖励的优秀教材，以保证新闻传播学学科培养出具有扎实的业务能力、坚定的政治立场、宽广的国际情怀的复合型传播人才。

②践行实践应用的学科特色。在互联网当行的社会环境下，新闻传播学原有实践与应用的学科特色更加彰显。作为具有较强实践性的学科，各高校新闻传播学专业在课程建设过程中特别强调对于学生实践能力的培养，进而提高学生的专业应用能力和理论创新能力。随着网络新媒体的发展和勃兴，高等教育中对于新闻传播学专业培养出的人才提出更加全面、具体的要求。为顺应当前学科特色的变化和学科建设重心的偏向，全国主要高校新闻传播学专业在教材选用和征订上亦会倾向选择体现学科特色的材料，力求立体化地培养学生的采、写、编和评的专业能力。

③陷入学科导向的窠臼。进入21世纪，在后工业时代、互联网革命所造就的时代环境下，新闻传播学学科的结构内部逐步发生演化，学科的边界进一步消融，这导致身份焦虑和认同危机等问题的产生。同时，重塑新型主流媒体的时代呼唤和国家"新文科"建设的战略需求，均要求中国新闻传播学教育担负起专业教育和社会教育的双重功能。所以，新闻传播学教育既要夯实有关本学科理论知识的核心课程，亦需要通过文学、社会学、心理学和哲学等人文学科加强学生思想文化素质的提高。同时，为顺应时代发展的潮流，在建设中国新闻传播学教育的过程中还应将关于数据素养、技术思维、

跨媒体叙事能力等技术学科纳入教学体系。教材作为培养专业人才的核心工具，上述国家政策层面的制度性安排、学界与业界的供需错配焦虑，也必然反映至教材使用情况上。总结分析现在主要高校内新闻传播学专业所用教材的情况可知，教育变革的意识并未实际性融入其中。本学科教材仍占据使用量的"半壁江山"，这再次反映出新闻传播学的学科边界和视野仍处于相对封闭的状态。无论是从教材建设的学科体量上还是教材类别的细分上，各高校在使用新闻传播学教材上尚未建立多学科共融的良好生态，学科知识体系相对狭窄，无法很好地保证跨学科的多样性和协同增进的学术场景。

（2）优化各高校新闻传播类教材使用的建议

①配合经典教材使用，发挥"马工程"教材思政育人的价值。为推动高校在课程建设过程中深入贯彻思政育人的理念，提升高校教师的教学质量，现已针对使用"马工程"教材的教学单位建构起中央、地方和高校三级联动的教材培训体系，涉及范围较广。然而，当前各大高校新闻传播学专业在使用"马工程"教材时面临着难以吃准吃透教材所传达的主要精神和基本内容的问题，一定程度上影响了教学内容的传授和教学质量的提升。"马工程"系列教材符合由国家和政府统一组织编写和审定、全国统一出版和使用的统编教材特征，这使得其具有极高的权威性。不过，部分新闻传播学教师在使用该教材进行授课时担心自己缺乏对教材基本精神的领会，往往保守地选择"教教材"的方式以规避风险，即照本宣科地讲授新闻传播知识，这无法发挥教师自身的能动性，降低实际教学过程中质量，教材价值亦无法得到充分的彰显。因此，高校内部应当根据自身教育情况建立健全教材有效的选用机制，建议各高校以新闻传播学经典教材为基础，配合着"马工程"教材进行使用，并将此教材选用模式逐步进行推广，以满足不同层次、类型的新闻传播院校人才的差异化培养目标，解决学科"知识共识"和人才差异化培养的问题。

②立足学科建设，选用精品教材，保证教学质量。课程建设是高等教育建设的核心环节，是推进高等教育创新，深化本科教学改革和提高课程教学质量的重要途径。教材建设与学科建设是互为依存、互惠互利和相互支撑的关系，若教材建设尚未完备，学科体系亦无法搭建完整。推动教材体系向教学体系的转化是将教材优势转化为教学优势的核心与关键。因此，各高校新闻传播学专业在教材选用时要结合专业优势与精品课程，整合教材资源，遵循"优选、选新、选精"的原则，推动教材的合理开发与建设。选用精品课程教材有利于通过学术研究的最新成果促进专业建设和课程教学科学化、规范化，保障教学质量的稳步提升，提高专业人才的培养质量，进一步推动各高校对于新闻传播学专业的全面建设。

③主动"打破"学科壁垒，实现新闻传播学教育的多元化发展。在准确把握国家意

识形态的前提下，新闻传播学专业对于教材的选用应在自我"深掘"固本的同时，积极借鉴文学、哲学、社会学和心理学等学科之长，打造权威与创新的学术生态共同体。在数据主义流行的网络媒体时代，数字传播、视觉表达、数据挖掘和技术整合等跨学科的数据信息化、技术素养类知识亟待从其他相关学科的教材中汲取。同时，在互联网媒体时代，实际的新闻传播活动面临着更为复杂的传播伦理问题和价值取向的偏差，新闻传播学教育应当以培养新闻传播学子独立思考、社会关怀、批判精神等隐形职业素养为使命。此外，在后真相时代，公共传播系统在应对突发公共事件、引导舆论、治理谣言和畅通沟通渠道等方面扮演着重要角色。因此，各高校新闻传播学专业在教材选用还应补添与舆论学和管理学等相关的。

5.2.2.2　推介各高校使用率较高的新闻传播学类教材

（1）《新闻学概论》（本书编写组编，高等教育出版社）

作为首批"马工程"重点教材，该教材自 2004 年启动编撰，数易其稿，直到 2009 年才得以出版。该教材以马克思主义为指导思想，重点围绕新闻概念、新闻工作、新闻事业、新闻队伍等，反映新中国成立以来特别是改革开放以来我国新闻战线的丰富实践成果，初步形成了比较系统的具有中国特色的新闻理论表述。教材出版之后，作为高校"新闻学概论"课程的首选教材，随即在各大高校推行。

2020 年 8 月，该教材进行二次修订出版，这是推动习近平新时代中国特色社会主义思想进教材、进课堂、进头脑的重要举措。改版后的教材基本保持着初版的结构框架，但基于新闻理论模块化阐述的原则有新增、拆分和合并。通过删繁就简、弃旧增新，优化马克思主义新闻理论的知识体系，有效规避章节内容的重复或歧见，核心观点更为凝练，便于教师开展引导式教学，学生把握课程知识体系的整体逻辑。

（2）《新闻学概论》（李良荣著，复旦大学出版社）

由李良荣著、复旦大学出版社出版的《新闻学概论》于 2001 年首次出版，并于 2003 年、2009 年、2011 年、2013 年、2018 年、2021 年和 2023 年先后进行过 7 次改版。当前，各大院校在以新闻学为核心的理论课程中多征订这本书并作为课程教材使用。

作为新闻传播学科基础必修课的教材，一本优秀的新闻学概论不仅需要对新闻事业的理论、历史、业务进行系统、科学、准确的解释，而且能够根据新闻活动、新闻事业的发展持续更新，补充新观点、新思想、新经验。这需要作者具备广阔的视野、丰富的经验及与时俱进的精神。而作为教材的著者，李良荣教授从事新闻教育事业 40 余年，先后编写过五部"新闻学概论"书籍，对于新闻理论研究有着相当丰富的经验。

该教材着重总结和阐述了人类新闻活动主要是新闻事业的基本规律及新闻学中的基

本概念和知识,为进一步掌握新闻业务、探索新闻理论、研究新闻史提供了必不可少的系统基础知识。

(3)《传播学教程》(郭庆光著,中国人民大学出版社)

由郭庆光著、中国人民大学出版社出版的《传播学教程》于 1999 年首次出版,并于 2011 年进行第 2 次出版。当前,各大院校在以传播学为核心的理论课程中多征订这本书并作为课程教材使用。

该教材立足于基础的传播学理论,向新闻传播学专业学生系统性地展示了传播学学科的基本知识与体系,具有长效而深远的价值。该教材体系完整,系统简洁,章节安排合理,以适中的篇幅为学生带来有效的指导。同时,教材的内容丰富全面,对传播学理论的主要问题进行概括。

作为传播学理论研究领域的"大师",该教材的著者郭庆光有着相当丰富的高校新闻传播学教学与传播学理论研究的经验。著者在教材中对传播学的对象与基本问题进行详细的分析,通俗易懂地向学生讲解较为晦涩、难以理解的概念和定义,并为学生阐述基础性的精神交往理论与马克思主义传播观。同时,作者还讲解了象征性社会互动,阐述了象征性文化的传播与互动,分析了象征性文化与现代社会的联系。此外,该教材讲解了人类社会的信息传播现象,结合国内外传播学研究的最新结果和新媒介技术,分析传播过程中的传播者、传播内容、传播渠道、受众和传播效果等要素,深入探讨了现代信息社会中的人内传播、人际传播、大众传播人、国际传播和网络传播等多个领域的现实课题与理论知识,全面地解析了传播学的整体框架与基本理论体系,体现了传播学理论的系统性与前沿性。

(4)《网络传播概论》(彭兰著,中国人民大学出版社)

由彭兰著、中国人民大学出版社出版的《网络传播概论》于 2001 年首次出版,并于 2009 年、2012 年、2017 年和 2023 年先后进行过四次改版。当前,各大院校在以网络与新媒体为核心的理论课程中多征订这本书并作为课程教材使用。

该教材是国内出版较早且影响力较大的网络传播方面的教材之一,推动着国内新闻传播学专业网络传播教学的与时俱进。随着网络传播的不断发展变化,该教材的理论内容正不断地进行更新与补充,从 Web1.0 时代的"网站"到 Web2.0 时代的"社会化媒体",再到 Web3.0 时代的"智能媒体",紧密围绕着传播媒体的发展趋势,对出现的新现象、新手段和新思维进行介绍与探讨。

于 2023 年出版的第 5 版立足于当下智能化媒体时代,密切关注智能时代、算法社会等网络传播方式,分析网络传播的内在规律,研究网络传播的各种潜在影响。最新版的教材在内容上重点补充了"网络传播与网络空间中的人""网络时代的传媒生态""网重塑的文化"以及"网络时代新的社会特征"等新内容。与前四版相比，最新版在结构上有较大的调整，将理论与实务问题相互融合，在结构上去除之前教材中所设的明显界限，同时不再以传统的传播理论为基本框架，而是沿着"媒介—传播—人—关系—社会"的线索构架该教材的编写逻辑，亦是编者认为网络技术对现实产生作用的基本线索之一。

（5）《中国新闻传播史》（方汉奇著，中国人民大学出版社）

由方汉奇著、中国人民大学出版社出版的《中国新闻传播史》于 2009 年首次出版，并于 2009 年和 2014 年先后进行过两次改版。当前，各大院校在以中国新闻史为核心的理论课程中多征订这本书并作为课程教材使用。

身为新中国资历最深、教龄最长的新闻史学家，从 27 岁到 97 岁，方汉奇用专注的目光一以贯之地投向中国新闻史的求证与书写。探秘、考证，追溯历史定格的切片，方汉奇如同历史的记者，和众多学人一步步拼织起中国新闻事业史全景。作为中国新闻传播史教材领域的"扛鼎之作"，《中国新闻传播史》叙述内容广泛，覆盖中国自先秦两汉至改革开放以来的新闻传播活动的历史，涉及报刊、广播、电视、网络等新闻媒体，同时囊括台湾、香港、澳门的新闻传播事业。教材中对于中国新闻传播史的论述尤为详尽，史料丰富翔实。

（6）《当代广播电视概论》（陆晔、赵民著，复旦大学出版社）

由陆晔和赵民合著、复旦大学出版社出版的《当代广播电视概论》于 2002 年首次出版，并于 2010 年和 2021 年先后进行过两次改版。当前，各大院校在以广播电视学为核心的理论课程中多征订这本书并作为课程教材使用。

作为广播电视学专业基础课程的专业教材，该教材将广播电视最基本的理念、制度、历史沿革、现状和运作策略等结合起来进行深入浅出的阐述，勾勒出广播电视行业尤其是中国广播电视业现状的相对完整的样貌。因此，该教材既能满足专业基础课教学的系统性，又能结合当今中国广播电视业的现状和发展，与新闻传播学专业其他主干课程进行有效的衔接。

在第二版推出 10 年后，当传统广播电视面临挑战、视听新技术快速发展时，该教材于 2021 年完成第三次改版。基于信息时代获取知识的便利性，压缩便于获取的知识细节，改版之后的教材留有更多篇幅来提供有关移动互联网时代视听文化的现状描摹、案例分析、未来前瞻。

（华中师范大学新闻传播学院　张继木）

5.3 2023年新闻传播学实验室与实践基地建设概览

5.3.1 教育部及其他部委实验室建设相关文件

5.3.1.1 教育部印发《教育部哲学社会科学实验室建设与管理办法(试行)》

2023年12月28日,教育部下发关于印发《教育部哲学社会科学实验室建设与管理办法(试行)》的通知(教社科〔2023〕2号),通知强调实验室是构建中国特色哲学社会科学学科体系、学术体系、话语体系的重要平台,是培养高等学校(以下简称高校)哲学社会科学拔尖创新人才的重要基地,是服务党和国家决策的重要载体,是完善科研体制机制、提升治理能力、释放科研活力、开展重大科研攻关的试验田。实验室应着眼解决经济社会发展中的前瞻性、综合性、复杂性问题,充分利用信息技术手段,推动哲学社会科学各学科之间深度合作及与理工农医学科的交叉融合,培育和催生新的学科和学术增长点,引领哲学社会科学研究范式转型,产出重大成果,提高拔尖创新人才自主培养能力和水平,建成学科交叉融合发展、教学科研咨政并重的高质量创新平台。实验室建设坚持"战略引导、需求牵引、系统布局、创新方法、共建共享"原则,坚持目标导向、问题导向、效果导向相统一,自觉服务于中国自主知识体系建构和创新型国家建设。同时,通知中强调了实验室建设条件,如实验室需具有多学科交叉融合发展基础,至少涵盖2个(含)以上一级学科,其中主要依托学科须为哲学社会科学学科,且优先考虑教育部"双一流"建设公布的哲学社会科学一流学科等。

5.3.1.2 教育部开展全国国家级实验教学示范中心阶段性总结工作

2023年4月28日,教育部高等教育司下发《关于开展国家级实验教学示范中心阶段性总结工作的通知》(教高司函〔2023〕3号)。该工作是为进一步规范和加强国家级实验教学示范中心(以下简称示范中心)建设与管理,提升实验教学水平和实践育人能力,发挥示范引领作用,根据中共中央办公厅、国务院办公厅印发的《创建示范活动管理办法(试行)》以及教育部办公厅印发的《国家级实验教学示范中心管理办法》有关要求,开展国家级实验教学示范中心阶段性总结工作。

此次总结的参与范围面向全国高等学校国家级实验教学示范中心。要求全面梳理总结2018年以来的建设成果,填写提交《国家级实验教学示范中心阶段性总结报告

(2018—2022 年)》。同时，通知要求此次总结工作原则上实行属地化管理。各省级教育行政部门结合实际情况，遴选相关领域专家组建示范中心阶段性总结工作组（来自外省市单位的专家不少于 1/3），参考《国家级实验教学示范中心阶段性总结项目观测表》，采取资料查阅、实地调研等方式对属地内高校（含中央部门所属高校、部省合建高校和地方高校）示范中心建设与运行情况进行考察。

5.3.1.3　教育部公布第二批国家级一流本科课程认定结果

2023 年 5 月 30 日教育部下发《关于公布第二批国家级一流本科课程认定结果的通知》（教高函〔2023〕7 号），经省级教育行政部门、有关部门（单位）教育司（局）、中央军委训练管理部军事教育局、部属高等学校申报推荐，并经专家评议与公示，认定 5750 门课程为第二批国家级一流本科课程。其中，线上课程 1095 门，虚拟仿真实验教学课程 472 门，线上线下混合式课程 1800 门，线下课程 2076 门，社会实践课程 307 门。

通知要求，各省级教育行政部门、有关部门（单位）、高等学校要认真做好党的二十大精神及时、全面、准确进课程和进课堂工作，将党中央的决策部署落实到本科课程建设中，紧密结合基础学科拔尖创新人才培养和"四新"建设，推动教育数字化深度融入人才培养、教育教学、教育管理，深化本科课程体系、课程内容与教学模式改革与创新，注重一流本科课程建设与应用优秀案例的推广，推进一流本科课程示范引领作用取得更大成效。积极推动更多优质在线开放课程和虚拟仿真实验课程上线开放共享，与有关课程平台单位共同做好在线课程教学服务，切实推进课程内容与时俱进、更新完善，提升课程资源和共享服务质量，为国家高等教育智慧教育平台提供支持。

第二批国家一流课程申报类别范围包括经济类、法学类、马克思主义理论类、文学类、管理类、艺术学类等，其中文学类中此次申报不含新闻传播学类，但获批的虚拟仿真实验教学项目中，部分与新闻传播学当前的教学内容高度相关，该类课程可用表 5-5 来呈现（按文件公布序号）：

表 5-5　　　　　　　　　　第二批国家一流课程申报统计

序号	课程名称	主要建设单位
4	特殊类型纪录片摄制虚拟仿真实验	中国人民大学
5	国际会议口译虚拟仿真实验	中国人民大学
6	视听叙事虚拟仿真实验	中国人民大学
32	全景叙事虚拟仿真实验教学	北京师范大学

续表

序号	课程名称	主要建设单位
36	模拟联合国会议口译虚拟仿真实验教学	北京语言大学
37	基于 XR 技术的影视与演播空间设计虚拟仿真实验	中国传媒大学
54	博物馆文化创意产品设计与开发虚拟仿真实验	南开大学
56	无人机编队协同智能任务规划虚拟仿真实验	南开大学
87	"一带一路"国家商务谈判中文化情境识别与影响虚拟仿真实验	辽宁大学
112	地形景观艺术设计与评价虚拟仿真实验	哈尔滨工业大学
127	数字皮影动画虚拟实验	同济大学
148	社交大数据分析方法与应用虚拟仿真实验教学课程	上海财经大学
155	艺术展览预演与评测虚拟仿真实验	南京大学
159	基于大数据的智能推荐虚拟仿真实验	苏州大学
185	车载信息系统交互设计可用性虚拟仿真实验	江南大学
228	艺术 IP 创意设计应用虚拟仿真教学实验教学项目	中国美术学院
274	影视照明光影造型综合实训系统	江西师范大学
276	基于场景体验的网红服装产品开发管理虚拟仿真实验	山东大学
292	汉语国际教育非语言交际虚拟仿真实验	山东师范大学
354	红色旅游景区促销运营虚拟仿真实验	湖南师范大学
355	新文科背景下应急语言服务虚拟仿真实验	湖南师范大学
362	国际展会场景下留学生商贸汉语应用虚拟仿真实验	暨南大学
378	多语种语境下中国传统文化虚拟仿真实验	深圳大学
393	空间与光的艺术——展示性空间光景感知与创作虚拟仿真实验	重庆大学
424	中国文化与跨文化交际能力培养多语种虚拟仿真实验项目	云南师范大学
433	总体国家安全观虚拟仿真实验教学	西北工业大学
456	"重大公共卫生事件应急处置"的仿真教学(以环境重金属污染为例)	兰州大学

5.3.1.4 四家高校牵头的出版业科技与标准重点实验室获评优秀

2023 年 3 月 8 日,国家新闻出版署下发《关于公布 2022 年度出版业优秀科技与标准重点实验室名单的通知》(国新出发函〔2023〕4 号),经对 42 家出版业科技与标准重点实验室 2022 年度工作情况进行综合考核评价,现确定数字教育出版技术与标准重点实验室等 8 家实验室为 2022 年度出版业优秀科技与标准重点实验室。

8 家实验室中高校牵头的有 4 家，如表 5-6 所示：

表 5-6　　　　　　　　　　**高校牵头新闻传播类实验室**

实验室名称	牵头单位
新闻出版智能媒体技术重点实验室	北京大学
教育领域融合出版知识挖掘与服务重点实验室	清华大学出版社有限公司
智能与绿色柔版印刷重点实验室	上海出版印刷高等专科学校
出版产业通用数据交换技术重点实验室	北京理工大学出版社有限责任公司

5.3.1.5　文化和旅游部公布首批文化和旅游部技术创新中心

2023 年 8 月 26 日，文化和旅游部下发《关于公布首批文化和旅游部技术创新中心建设名单的通知》，通知指出为加快实施创新驱动发展战略，健全产学研用深度融合的科技创新体系，强化文化和旅游行业高水平科技支撑作用，文化和旅游部批准首批 12 个文化和旅游部技术创新中心启动建设。建设期不超过 1 年，建设期内以"文化和旅游部技术创新中心（筹）"名义运行，建设完成后将按程序组织验收。

首批文化和旅游部技术创新中心建设名单中，有 7 家有高校参与，名单如表 5-7 所示（排名不分先后）。

表 5-7　　　　　　　　**首批文化和旅游部技术创新中心建设名单**

序号	技术创新中心名称	依托单位	共建单位
1	智慧光影应用技术文化和旅游部技术创新中心	良业科技集团股份有限公司	北京交通大学物理科学与工程学院
2	游客行为监测与决策服务文化和旅游部技术创新中心	联通数字科技有限公司	北京第二外国语学院、品橙（上海）商务咨询有限公司
3	大型仿生演艺装备文化和旅游部技术创新中心	大连博涛文化科技股份有限公司	大连理工大学、东北大学
4	书画数字化生成应用服务文化和旅游部技术创新中心	复旦大学	恺英网络股份有限公司、上海美术馆（中华艺术宫）、上海八爱信息技术有限公司

续表

序号	技术创新中心名称	依托单位	共建单位
5	智能舞台系统集成文化和旅游部技术创新中心	浙江大丰实业股份有限公司	中国传媒大学、浙江工业大学
6	沉浸声文化和旅游部技术创新中心	音王电声股份有限公司	浙江音乐学院
7	景区交易数据要素化文化和旅游部技术创新中心	福建票付通信息科技有限公司	福建理工大学
8	虚拟现实共性技术文化和旅游部技术创新中心	歌尔股份有限公司	青岛虚拟现实研究院有限公司、歌尔创客（威海）数字创意科技有限公司
9	数字艺术显示文化和旅游部技术创新中心	京东方艺云科技有限公司	华邮数字文化技术研究院（厦门）有限公司、中国美术学院媒体城市研发中心、北京沸铜科技有限公司
10	主题乐园设施集成与智能管理文化和旅游部技术创新中心	深圳华侨城文化旅游科技集团有限公司	中国联合网络通信有限公司深圳市分公司、深圳技术大学
11	视觉融合场景体验文化和旅游部技术创新中心	四川川大智胜系统集成有限公司	四川大学、力方数字科技集团有限公司
12	音像资源数字化服务文化和旅游部技术创新中心	中国数字文化集团有限公司	中国传媒大学

5.3.2 重点实验室巡礼

2023 年华中科技大学在学校要闻栏目连续刊登"聚焦文科高质量发展"的系列报道，11 月 16 日的报道全面介绍了"大数据与国家传播战略"教育部哲学社会科学实验室（培育）的建设成就，标题为"大数据与国家传播战略实验室以'文工交叉'前沿研究提升国际传播效能"。

华中科技大学是以理工科见长的综合院校，新闻与信息传播学院一直秉持"文工交叉，应用见长"的特色人才培养理念。为响应国家重大需求，华中科技大学于 2018 年设立大数据与国家传播战略实验室。2021 年，实验室入选首批教育部哲学社会科学实验室。一直以来，实验室致力于在百年变局中把握时代脉搏，在众声涌动中体察世事民意，在构建中国特色哲学社会科学学科体系、学术体系、话语体系上争做领军者。

5.3.2.1 学科融合 推动研究范式升级

进入智能传播时代，大数据、云计算等前沿技术的广泛运用，给实证主义研究方法和经验主义范式造成冲击。传统量化研究方法无法有效处理智能媒体源源不断产生的巨量数据，对当下的社会结构和媒介现象也难以做出有力解释。华中科技大学大数据与国家传播战略实验室优化学科专业布局，推进"文工交叉"融合，打造一流学科专业群。实验室立足学校交叉学科资源，发扬交叉学科优势，以新闻与信息传播学院为基础，汇聚学校新闻传播学、计算机科学、网络空间安全、公共卫生与预防医学等优势学科，创新研究方法手段。实验室专家打破传统专业壁垒和学科障碍，在进行课题研究前开展多轮论证，并在海量数据基础上展开量化研究。以数据洞悉民意，用事实说话。充分发挥交叉学科特长以及学校各大实验平台的优势，探索利用大数据、人工智能等新技术革新传播学研究方法，解决国家传播战略问题，支撑人文社科研究范式的转型升级，力求产出对国家发展、民生幸福有益的成果。

5.3.2.2 开放共享 加强创新平台建设

实验室致力于建设成为有关领域的科研人员提供良好的研究条件和学术环境，向国内学界和业界开放和共享的实验平台。实验室建设民意大数据资源开放平台，为国际传播的研究和实践提供数据支撑。实验室研究发布"寰球网络民意大数据开放平台"，对外提供寰球网络民意指数原始大数据的查询和获取服务，为人类命运共同体建设提供坚实的数据基础。在民意大数据开放的基础上，逐步探索建设和推进更多领域大数据资源的开放和在线交易，创新性地分析社会复杂问题及其规律，研发新一代实验平台与工具。

5.3.2.3 立足前沿 产出高质量研究成果

近年来，实验室围绕国家传播战略问题不断产出优秀成果。围绕"寰球民意大数据与国家形象""云传播与万物互联网管理""智能健康传播与公共卫生""智能新媒体与战略传播"等前沿问题开展跨学科研究，实验室取得国家社科基金重大项目 8 项、国家社科基金重点项目 3 项、国家自科基金重点项目 1 项，其他项目 24 项，数十篇论文发表在《新闻大学》、《国际新闻界》、*Nature*、*Global Media and China* 等一流期刊。实验室执行主任李卫东教授团队在 *Nature* 子刊 *Humanities & Social Sciences Communications* 发表论文"Identifying personal physiological data risks to the Internet of everything：the case of facial data breach risks"，介绍云传播与万物互联网治理领域的最新研究成果。实验室学术委员会主任委员丁烈云院士团队，在《柳叶刀-公共健康》上发表基于近百万中国人口的多个横断面健康数据研究论文"Universal health coverage in China：a serial national cross-sectional study of surveys from 2003 to 2018"。实验室研究员、管理学院邓朝华教授主持的国家自然科学基金面上项目"智能互联环境下全流程诊疗服务价值 创造模型与优化研究"正在有序开展研究。实验室研究员、人工智能与自动化学院陈曦教授在《复杂系统与复杂性科学》上发表《后真相时代基于敌意媒体效应的观点演化建模与仿真》等多篇重要论文。

5.3.2.4 体系创新 强化中国话语国际传播

面对世界百年未有之大变局，实验室聚焦国际传播领域持续发力。发布国内首部"国家形象蓝皮书"——《中国国家形象传播报告》。报告开展了全球性大型民意调研"寰球民意调查项目"，以"人类命运共同体"理念为指引，扎根中国推进理论创新，从寰球公众的世界图景、国家观念、国际事务观念和中国认知，以及中国公众的大国观、美国观、邻国观、国际事务观和国家认同等方面呈现全球民意的立体图景，还原国际社会对人类命运共同体的前瞻意识及大国博弈、中国崛起的基本认知。实验室构建寰球民意数据库，运用大数据，实现精准化的国际传播模式，汇聚 2015 年至今的寰球民意调查数据，持续动态呈现民心趋势和舆论动向，为政府决策提供依据。实验室针对当下国际传播的实际需求和不同国家的国情开展差异化研究，出版国别报告、发表学术研究论文，服务国家当下外交布局的实际需求，满足各国多元主体的个性化偏好，有效增强国际传播的现实针对性。

汇聚强大精神力量，实验室国际传播硕果累累。张昆教授主持的《中美两国公众的世界观念与国家印象研究报告》获得第十三届湖北省社会科学成果奖一等奖；实验室副主任、新闻与信息传播学院陈薇教授出版著作《国家形象建构与传媒话语的权力场》，是实验室在国家形象和国际传播领域的重要成果。实验室研究员、新闻与信息传播学院徐明华教授的"基于人工智能的精准国际传播研究"获批国家社科基金重大项目立项。

——加强哲学社会科学人才队伍建设。实验室以培养高端创新人才为自身功能定位，重视在学科建设和科学研究过程中对以博士后和青年学术访问学者为主的高端创新人才学术能力的培养，深化提出高标准的目标要求，采取严格的过程管理，产出优秀的研究成果。重视开展跨地域、跨高校和跨学科的人才交流和培养计划。

——深化人才发展体制机制改革。实验室为国家培养大数据与国家传播战略领域的跨界高端创新人才。截至目前，实验室培养硕博学生近百人，承担本科课程 1000 学时、研究生课程 300 学时。

——推动组织方式变革。实行管理委员会领导下的主任负责制，组织机构包括管理委员会、学术委员会、行政办公室、技术服务部和科研管理部及若干研究中心。管理委员会是决策机构，学术委员会是学术指导机构，主任办公室是行政执行机构，技术服务部是运行保障机构，科研管理部是科研项目管理部门，研究中心是学术研究机构。

——涵养良好学术生态。实验室重视跨地域、跨高校的合作交流，积极开展大数据与国家传播战略领域人才交流和培养计划。与北京大学、兰州大学、中央民族大学、四川外国语大学、新疆大学、河北大学等先后达成战略合作协议，有组织开展重大课题攻关研究；主办"国家传播战略高峰论坛"，围绕智能新媒体时代的国际传播能力建设、国际传播的中国理念与实践、寰球民意大数据与国家形象塑造等议题，共同探讨国际传播的新格局、新战略与新路径。

5.3.3　各高校实验室与实践基地建设

5.3.3.1　实验室（中心）建设

（1）中国传媒大学与英特尔联合成立人工智能生成艺术创作实践中心

2023 年 12 月 15 日，中国传媒大学"英特尔人工智能生成艺术创作实践中心"（CUC-Intel Generative AI Creativity Center）宣布成立。该中心是动画与数字艺术学院 DigiLab 实验室与英特尔公司联合打造的生成式人工智能艺术创作基地，也是国内首家基于新型 AI 芯片技术、生成式人工智能软件技术的产学研一体化创新平台。

未来，英特尔人工智能实践中心将深入探索 AIGC 在模拟、学习和定制化需求方面的技术优势，推动超越传统媒介形式的数字艺术作品的创作。同时，实践中心还将积极推动动画与数字艺术教育的智能化变革，与英特尔共同打造系列实践课、专题讲座和工作坊，培养理解 AIGC 技术原理、掌握 AIGC 创作方法的高水平智能媒体创作人才，推动专业人才培养与行业实践有效对接。

（2）四川大学中华文化传承与全球传播数字融合实验室成为首批"四川省哲学社会科学重点实验室"

中华文化传承与全球传播数字融合实验室获批成为四川省首批 20 家哲学社会科学重点实验室之一。2023 年 6 月 2 日，"四川省哲学社会科学重点实验室"授牌仪式暨"数字赋能社会科学研究高质量发展"论坛在成都举行。四川省社科联党组书记、副主席姜怡，电子科技大学党委书记王亚非出席会议并致辞。四川省社科联党组副书记、副主席、一级巡视员罗仲平，以及各重点实验室负责人、实验室建设单位代表等参加会议。四川大学文科杰出教授、文学与新闻学院学术院长、中华文化传承与全球传播数字融合实验室主任曹顺庆教授出席授牌仪式并作专题报告。

（3）山东大学新闻传播学院获批山东省普通高等学校实验教学示范中心

山东省教育厅公布了2023年山东省普通高等学校实验教学示范中心名单，新闻传播学院申报的新闻传播综合实验教学中心经校内初评、学校推荐、形式审查、专家评审等环节成功入选。实验中心建有大数据与智能媒体、无人机与移动媒体、融媒体与全息传播、媒介政策与公共传播、媒介技术与文化传播、媒体创意与视觉传播6个实体实验室，包含12个实验分室和1个全媒体开放共享云平台（含数字资源库和虚拟仿真实验教学项目），在建国际新闻与传播实验室。开设数智技术类、数据分析类、融合创制类等30余门实验课程，形成文理工艺交叉的实验教学体系。同时，示范中心支撑主流舆论建设、传播认知等科研实验室，以及国际传播战略资源库和舆情分析系统的工作。

（4）浙江师范大学成立"浙师大—维塔士数字生态联合实验室"

2023年12月1日，浙师大—维塔士数字生态联合实验室在信息传播国家级实验教学示范中心举行揭牌仪式。

浙师大—维塔士数字生态联合实验室是浙江师范大学与上海维塔士电脑软件有限公司以联合培养高端应用型人才为主的一种全新校企合作模式，由设计与创意学院骨干教师与维塔士的资深开发人员共同开发课程并执教，依托维塔士公司良好的平台资源，为学生提供国际尖端、前沿的数字设计技术保障和项目化实操机会，旨在培养快速适应社会需求的应用型设计人才。

（5）浙江传媒学院与北京米穗科技有限公司共建"米穗数智实验室"

2023年11月1日，浙江传媒学院电视编辑与导播国家级实验教学示范中心与北京米穗科技有限公司共建的"米穗数智实验室"合作协议签约仪式举行。

北京米穗科技有限公司是生成式人工智能在泛媒体行业应用的率先实践者，致力于成为客户数智赋能创新转型的合作伙伴。公司围绕"多模态资产管理系统、AIGC创意平台、融媒体系统、运营移动端App、多模态教育资源云平台"等多条产品线，在教育创新、政企宣传、媒体行业、自媒体等领域中探索创新，落地项目广受好评。米穗科技在"信息化技术促进产业变革"当中将不断赋能大视听领域，助力AIGC传媒教学实践创新。

校企双方将以浙江传媒学院电视编辑与导播国家级实验教学示范中心为基地，在智媒技术和业务领域开展教学、科研、创作、创新创业等方面深度合作，主要聚焦于AIGC教学场景研究与建设、人才培养与实践创新课程共建两个方面。

(6)浙江传媒学院与北京杰讯零科技有限公司共建"杰讯智能集控创新实验室"

2023 年 12 月 25 日,浙江传媒学院电视编辑与导播国家级实验教学示范中心与共建的"杰讯智能集控创新实验室"合作协议签约仪式举行。

北京杰讯零科技有限公司是一家专注于设计、研发广播电影电视摄像机承托设备的高新技术企业。校企双方将以浙江传媒学院电视编辑与导播国家级实验教学示范中心为基地,充分发挥双方在行业、学界知名度和影响力,在演播室智能集控技术和业务领域开展教学、科研、创作、创新创业等方面深度合作,共同研讨演播室智能集控实践教学创新和影视传媒教育智能化发展,开发相关教学应用场景和课程。

(7)华东师范大学与澎湃新闻共建智能传播实验室

2023 年 11 月 23 日,华东师范大学与澎湃新闻携手建立的"华东师范大学—澎湃新闻"智能传播实验室签约仪式举行。

双方将立足"未来领军型的卓越新闻传播人才"培养需求,通过联合组建学界-业界导师组、打造精品融合课程资源、开展常态化学术交流等手段,在推动双学位人才培养、增强学科交叉与产学研一体化等方面开展深度合作。此次智能传播实验室的签约,是"产教融合、协同育人"的重要探索,将进一步创新校企合作路径,推动校企优势互补,从而增强学科交叉建设成效,为高质量人才的培养与发展赋能。

(8)北京师范大学新闻传播学院和智谱 AI 共建大模型传播创新实验室

2023 年 10 月 8 日,北京师范大学新闻传播学院和智谱 AI 宣布共同建立大模型传播创新实验室,共同探索大模型在传播生态中的创新应用。同时,"大模型传播生态创新论坛暨第二期大模型媒体应用工作坊"在北京师范大学新闻传播学院虚拟演播厅举行,专家学者、青年师生齐聚一堂,深入探讨大模型的传播应用发展。此次活动由北京师范大学新闻传播学院、智谱 AI、中文信息学会 SMP 专委会、北师大新媒体传播研究中心、国家新闻出版署"出版业用户行为大数据分析与应用重点实验室"共同主办。

5.3.3.2 实验教学活动

(1)南京大学示范中心与数可视合作举办首届 AIGC 工作坊

2023 年 3 月 30—31 日,传媒国家级实验教学示范中心(南京大学)和深圳慈善会数可视教育公益基金主办,北京数可视科技有限公司承办首届 AIGC 工作坊。参加此次培训近 50 名学员,分别是来自全国各地的高校教师和媒体人,大家共同探讨 AIGC 在传媒教育中的应用与发展。

(2)北京师范大学传媒与艺术国家级实验教学示范中心举办虚拟现实智慧实验室及体验中心开放日活动

2023 年 12 月 12—15 日，传媒与艺术国家级实验教学示范中心举办虚拟现实智慧实验室及体验中心开放日活动。为推动"教研融合"的课程体验模式，提高学生的研究积极性，传媒与艺术国家级实验教学示范中心虚拟现实智慧实验室及体验中心建好配好满足教育教学和实践活动需求的设施设备，为跨高校、跨专业的教学资源共享提供了便捷的途径，并通过课程设置的完整性、连贯性、系统性，从而推进高校美育高质量发展。

（3）北京师范大学新闻传播学院举办全国首个大模型媒体应用创新工作坊

2023 年 7 月 3—5 日，首届大模型媒体应用创新工作坊在北京师范大学新闻传播学院"新五维"未来空间成功举办。此次工作坊由北京师范大学新闻传播学院、中文信息学会 SMP（社会媒体处理专委会）、第二届人工智能与未来媒体创新创意大赛组委会、智谱 AI 联合主办，采取"实战学习+项目开发"相结合的学习模式，旨在面向新闻传媒领域从业人员和青年学者，将大模型应用从"好莱坞式"想象引入现实社会场景，帮助学员建立起大模型媒体应用的技术思维和场景理念。

此次工作坊共吸纳 60 多名学员，汇聚了来自人民日报社、新华通讯社、光明网、中国记协、四川日报社等新闻传媒业界人士，北京大学、中国科学技术大学、中国社会科学院大学、中国传媒大学、哈尔滨工业大学、深圳大学、南京师范大学等高校青年学者，以及来自北京大学、中国人民大学、浙江大学、北京师范大学、威斯康星大学麦迪逊校区、谢菲尔德大学等国内外高校学子，共同开展为期三天的大模型媒体应用研讨学习。

（4）华南理工大学新闻与传播学院举办 AI 数字人应用场景创新开发与智能实验活动

2023 年 11 月 28 日，华南理工大学新闻与传播学院携手电通创意（DENTSU CREATIVE）团队开展"AI 数字人应用场景创新开发与智能实验"，活动就 AI 数字人应用创新与高校教育、职业指导等领域进行用户体验测试的探索与实践。

未来，华南理工大学新闻与传播学院将继续与电通保持密切的交流与广泛的合作。预计在 2023 年年底，电通创意 Dentsu Next 团队将带来 AI Lucie 的 LIVE 线上实时版本，供大学使用。

5.3.3.3 实践基地建设

（1）天津师范大学新闻传播学院与清控文创、宝坻区融媒体中心签约设立"水木三乡"融媒体中心实践基地

为进一步深化对习近平新时代中国特色社会主义思想的学思践悟，带动全体学生深刻把握新时代伟大成就、增强践行"两个维护"自觉，深入落实"时代新人铸魂工程"，2023 年 8 月 21 日天津师范大学新闻传播学院、清控文创（北京）品牌管理有限公司、宝

坻区融媒体中心三方战略合作签约暨"水木三乡融媒体中心实践基地"并在宝坻区"水木三乡·牛家牌"生态小镇举行揭牌仪式。

（2）暨南大学与黄埔区融媒体中心、东莞报业传媒集团实习实践基地

2023年2月16日，暨南大学融媒体研究与实践黄埔基地揭牌仪式举行。暨南大学新闻与传播学院和黄埔区融媒体中心携手并进，双方共建融媒体研究与实践黄埔基地，为粤港澳大湾区青年提供优质的机会条件和实践平台，提升了大湾区融媒体建设水平，促进了青年学子融入国家发展大局。

2023年3月30日，新闻与传播学院与东莞报业传媒集团实习基地签约。新闻与传播学院院长支庭荣表示，学院高度重视和媒体的合作，此次实习基地的建设有助于培养新传学子的职业素养、专业技能与实践能力，希望双方深入开展合作，充分利用平台优势，做好舆论宣传报道，促进资源优势互补，共同推动高校教育和传媒事业高质量发展。

（3）上海外国语大学建立"Z世代"国际新闻传播人才培养基地

2023年3月31日，上海外国语大学"Z世代"国际新闻传播人才培养基地成立仪式举办。上海外国语大学副校长衣永刚、松江区委宣传部副部长林华、上外新闻传播学院院长郭可、松江区融媒体中心主任周样波以及学院师生出席了此次活动。

基地成立初衷立足国家战略，探索推进中国声音的全球化、区域化、分众化表达，融合校内外政产学研资源和媒体矩阵，力图构建"人人都是宣传员"的立体式国际传播格局。学院在大类人才培养改革的基础上，探索项目制融合性实践课，开拓特色型实战项目，致力于建设"Z世代"国际新闻传播人才培养基地，旨在形成一个集教学、实践、研究、智库服务和就业创业联动的融合性平台。

（4）兰州大学与中国科学报社建立新闻与传播专业实践基地、与中国日报社共建学生实训基地。

2023年3月8日，兰州大学与中国科学报社签订新闻与传播专业实践基地协议。此次签约是双方开展校媒合作、构建协同培养机制的开端。未来，双方还将发挥各自优势，从资源共享、人才培养、技术互通、宣传报道等方面进一步加强深度合作。

2023年12月7日兰州大学与中国日报社战略合作框架协议签约。兰州大学校长严纯华、中国日报社副总编辑刘伟玲代表双方签署战略合作框架协议。

（5）华南理工大学新闻与传播学院与羊城晚报报业集团共建教学实习基地、与广州日报报业集团共建实习实践基地

2023年4月23日，华南理工大学新闻与传播学院与羊城晚报报业集团，共建教学实习基地举行了合作签约仪式。此次战略携手旨在建立长期的合作关系，为学生创设提

升实践能力的平台，切实深化产教融合，推进高等教育高质量发展。

2023年11月9日，华南理工大学新闻与传播学院与广州日报报业集团签订共建实习实践基地协议。实习实践基地除了安排相关专业学生在认知实习、专业实习和毕业实习之外，双方还将深入开展产学研等多方面的合作。

(6)上海大学新闻传播学院"看看新闻Knews融媒创新机构工作室"合作签约挂牌

2023年3月28日，上海大学新闻传播学院与上海广播电视台融媒体中心联合主办、腾讯华东总部协办的"看看新闻Knews融媒创新机构工作室"合作签约挂牌仪式举行。

上海广播电视台副台长、上海文化广播影视集团有限公司副总裁、上海广播电视台融媒体中心党委书记袁雷表示，融媒创新机构工作室的成立开启了结对共建、优势互补的新篇章，在媒体融合创新过程中，他希望三方能共同努力，释放青年创新潜能，共建完善一个面向年轻群体、面向未来的传播平台。

上海大学党委副书记、纪委书记段勇在讲话中高度肯定了校媒共建融媒创新(机构)工作室这一"高校+媒体"的合作新模式，他希望能以此次党建共建活动为契机，强强联合、优势互补，坚持将价值引领与传播实效相融合，将红色传承与"四力"实践相融合，将人才培养与服务社会相融合，双方共同为传扬红色学府的革命精神、见证百年上大的接续发展、弘扬伟大建党精神、讲好上海城市故事贡献智慧与力量。

(山东大学新闻传播学院　倪万)

5.4　创新创业教育

党的二十大报告指出，"创新是第一动力"。创新创业教育是以培养具有创新创业基本素质和开创型个性的人才为目标，以培养学生的创新意识、创业能力和创造精神为基本价值取向的一种教育理念和教育模式，具有创新性、创造性和实践性的特征。2023年，国内众多高校新闻传播学院不断加强对创新创业教育的实践探索，旨在为学生提供更加有力的支持，助力学生实现更高水准、更具影响力的创新创业目标。

5.4.1　创新创业特色做法

国内多所高校新闻传播学院正积极响应国家创新创业的号召，致力于为社会培育出更多具备前瞻视野和创新精神的杰出人才。不少学院通过不断探索与实践，正努力构建完善的创新创业教育体系，全面激发学生的创新潜能和创业热情。

5.4.1.1　开展创新创业指导

（1）设立创新创业教育课程

开设专门的创新创业教育课程，能够传授学生创业基础知识，帮助学生了解创业的基本流程和操作，培养他们的创新能力和创业精神。天津师范大学新闻与传播学院历来重视培养学生的创新创业精神与实践能力。学院精心开设了校级创新创业教育通识课，通过这门课程，学生得以深入了解创新创业的基本理念、方法和流程。华东师范大学传播学院努力营造创新创业氛围，指导传院学子积极投身创新创业实践活动中，经院系自主申请、答辩评审，学校遴选等环节评选，传播学院最终被确定为二级创业指导站建设单位。传播学院积极响应"大众创业、万众创新"的号召，聚焦"五育"融合创新创业教育实践，积极组织学院创新创业活动和赛事，打造"赛创融合"的学科竞赛体系，提高育人效果，助推学院高质量发展。湖南理工学院新闻传播学院教授强调，构建全媒体传播体系是大势所趋，应当形成我们的信息传播体系，摆脱制约，适应就业的多样化，抓住变革时代给创新创业带来的机遇。

（2）举办创新创业讲座

创业讲座为学生和参与者介绍创新创业的基本概念、重要性和成功案例，从而激发他们的创新创业意识和热情。通过了解创业者的心路历程和创业故事，学生可以更加深入地理解创业的艰辛与乐趣，进而产生尝试创新创业的勇气和决心。暨南大学新闻与传播学院一直重视为学生搭建优质的创新创业平台，在对高素质创新人才培养模式的探索中，逐步形成独特的创新创业教育体系。创业学院教师希望同学们树立创新创业意识，提升创业技能多参加创新创业项目，在实践中明确创新方向。首都体育学院管理与传播学院为提升学生创新精神、创业意识和创新创业能力，营造学院积极参与创新创业氛围，特邀教授带来创新创业讲座，讲述了党中央高度重视大学生创新创业工作，列举出目前最主要的几个创新创业大赛，包括"挑战杯""创青春""互联网+大赛"，鼓励大家上好"大学生创新创业基础"课；积极参加形式多样的社会实践。桂林学院传媒与新闻学院为了引导同学们更好地了解和掌握创新创业的核心，召开大学生创新创业讲座。向大家介绍了大学生在大学期间可能会接触到的五项比赛项目，分别是"互联网+""挑战杯""大创""中华职教"和"三创"。老师提醒同学们在参加比赛时注意选题，结合课题项目进行立项书撰写，并提前做好实践调研等。

（3）举办创新创业经验分享会

创新创业的道路充满挑战，经验分享会为创业者、学生或感兴趣的人士提供了一个平台，可以从中汲取他人的实战经验、教训和智慧。这些真实的案例和故事往往比理论更具说服力，更能指导实践。暨南大学新闻与传播学院邀请首届粤港澳大湾区杰出青年企业家、学院 2013 级陈嘉瑞校友给新生们带来"在创新创业中成长"专题分享。他告诉同学们在创业中有一个好的想法、一个好的团队的重要性。天津师范大学新闻传播学院为进一步提升学院"部校共建、院媒协同、实践育人"办学特色，推动学生以实践创新之为积极投入学业规划与就业规划，召开了创新创业大讲堂实验中心专场活动，优秀本科学生代表依次分享了各自在创新创业、实践竞赛等方面的经验、成绩和心得。南京晓庄学院新闻传播学院举办创新创业交流会，活动围绕大学生创新创业等话题进行主题分享与交流，旨在进一步激励有志青年就业创业激情，开拓创新创业视野和思路，激发和释放人才创新创业活力，助推南京高质量发展。

5.4.1.2　提供创新创业空间

（1）创办校内专业实践基地

校内专业实践基地是推动产学研结合的重要平台，学校可以利用基地的资源，与企业共同开展科研项目，推动技术创新和成果转化。为进一步贯彻落实习近平新时代中国特色社会主义思想，培养高素质、实用型新闻传播专业人才，北京第二外国语学院文化与传播学院与北京青年报社共建融媒体新闻实习实践基地，双方充分利用各自的资源和优势，共同打造了一系列具有实践性和创新性的课程和项目，为学生提供了一个真实的、富有挑战性的学习平台。兰州文理学院新闻传播学院在会宁县"进士故里·苏家堡"建设卓越新闻传播人才教育实习基地、马克思主义新闻观教育实践基地。兰州文理学院新闻传播学院聚焦地区文化创意产业高质量发展，积极凝练科学研究问题，不断增强合作创新能力，校内助力教学、助推科研，校外服务地方经济社会发展。西北政法大学新闻传播学院与北京健康产业协会达成深度合作，成立专业硕士联合培养基地。双方联合成立基地管委会，引进市场化项目，嵌入市场化运营机制，这也是新文科教育思路下产学研融合的成功案例。

（2）与企业共建校外新媒体人才培养基地

通过建立实践基地，为学生提供一个真实的创新创业环境，让学生更加接近市场需求，在实践中体验创业的过程和挑战，以提高他们的实践能力。例如，中央民族大学新闻与传播学院和智能科技有限公司正式举办了战略合作协议签约仪式；根据业务方向和需求，安排学生参加相关项目等实习实践活动。此外，还依托双方优势资源，对相关研究和数据展开共建和共享，合作进行网络舆论、新媒体、元宇宙、国际传播、互联网科技行业等主题报告撰写和发布。哈尔滨师范大学传媒学院与上海森迹网络科技有限公司签署了实习实践基地合作协议，此次合作给学生的职业发展和就业带来了良好的机遇，推动双方在人才培养、技术应用方面实现双赢的发展。数字角色建模作为现代技术与艺术的完美融合，正在结合 AI 行业的快速发展，展现出无比广阔的应用前景。重庆外语外事学院国际传媒学院与重庆广电数字传媒股份有限公司共建"数字新媒体人才培养基地"，进一步推进产教融合，搭建应用型人才培养平台。此次合作主动对接区域产业发展需求，服务国家和地方数字传播战略，培养应用型数字传播人才。

（3）与县级融媒体中心共建实训基地

高校与县级融媒体中心共建实训基地，有助于理论与实践的结合，能提升人才培养质量，推动地方媒体创新发展，实现资源共享和优化，为学生拓宽就业渠道，是一种促进双方共赢、推动媒体行业进步的有效合作模式。云南大学新闻学院与西盟县融媒体中心教学实习基地拉开了双方校地联结、共建实践型人才培养基地的序幕。教学实习基地的建立是新闻传播宣传阵地新的探索，进一步加强了校地合作，搭建了新闻传播教育和实践的互动平台，也为西盟县融媒体中心和高校架起了优势互补、协作创新、共同发展的桥梁。西北民族大学新闻传播学院"实习基地"在沙雅县融媒体中心挂牌成立。此次与沙雅县及融媒体中心的合作交流是学院在学习贯彻习近平新时代中国特色社会主义思想主题教育的一项重要工作；是围绕铸牢中华民族共同体意识主线任务的具体实践；是与新疆沙雅县开展校地合作的新起点。闽江学院新闻传播学院与仙游县融媒体中心签约共建实践教学基地，校地双方就校地协同之下的专业建设、人才培养、教学管理、社会实践和就业创业等方面进行了深入探讨。致力在乡村开展专业实践训练、劳动教育实践，以创新实施传媒赋能乡村振兴行动。

5.4.1.3 举办创新创业大赛

通过参与比赛，学生们需要发挥创意，提出新的商业模式或产品创新点，这不仅能培养他们的创新思维，也有助于形成积极向上的创业氛围，让他们能够将在课堂上学到的理论知识应用到实际项目中。与来自不同背景的同学交流合作，学生们的团队协作能力会得到提升，这种跨学科的交流还有助于产生更多创新的火花，促进不同思想之间的碰撞与融合。北京语言大学新闻传播学院举办了职场精英挑战赛新闻传播学院选拔赛，10 位成长赛道的选手及 3 位就业赛道的选手参与了比赛。成长赛道的选手们以自己的性格和兴趣为切入点，以职业规划相关理论支撑个人发展计划的合理性，表达了通过学习实践持续提升职业目标达成度的坚定决心。就业赛道的选手们阐释了自己对目标职业的理解，结合自身经历展示了所具备的就业能力与职业目标和岗位要求的契合。通过情景模拟，选手们表现出对职场人际关系和团队合作等方面的理解。

5.4.2 创新创业案例介绍

5.4.2.1 结合学校的特色专业案例

创新创业结合学校特色可以充分发挥学校的资源、人才和市场优势。上海大学新闻传播学院王晴川教授十年如一日,联合上海市新四军历史研究会,依托研究生课程"电视新闻与纪实作品研究",创作完成了百集系列纪录片《红色传承》,抢救性记录和发掘在世的老红军、老八路军和老新四军的故事,产生了很大的社会反响,近年来已被主流媒体报道90多篇(次)。淮阴师范学院新闻与传播学院对照高素质、复合型、应用型人才的培养目标要求,以着力培养学生基础实践能力、专业实践能力、创新实践能力和社会适应能力为基本思路。近几年来,学生实践作品在"中国大学生广告艺术节""中国大学生计算机设计大赛"等学科竞赛中获奖近两百项,其中国家级20项,省级45项。获批国家级大学生创新创业训练计划项目8项,省级项目27项。南京传媒学院新闻传播学院的"盛开于云锦之上的曲艺之花——南京白局创意工作坊体验馆"企划书项目将虚拟现实技术与传统文化相结合,从南京白局的历史讲起,从多个方面清晰地讲述了项目内容及发展前景。

5.4.2.2 结合地区文化案例

通过与地区文化的结合,高校创新创业能够更好地融入当地的文化元素,这不仅有助于保护和传承地区文化,还能使项目更具地方特色和文化底蕴。山东青年政治学院文化传播学院共有33个项目获准省级立项。其中文化传播学院"新媒体技术视域下山东济宁非遗文创产品设计研究——以民间文学'梁祝传说'为例""古街新生:非遗活态传承赋能所城里创新发展调查研究""行走的声音党课——'一融双高'背景下播音专业思政育人创新路径研究报告"三个项目获准省级立项。山东大学新闻传播学院"指间泉城"团队的"基于5W模式的文旅短视频呈现影响城市形象认知评价的机制与效果研究——以济南为例"获国家级立项。"指间泉城"团队创新性地引入"可沟通城市"评价概念,质化、量化相结合,通过SEM结构方程模型提出城市文旅传播模型,并分析总结当前城市文旅传播面临的问题,进而对同类型城市的形象建设、文旅发展以及城市软实力的提升提供借鉴意义。闽江学院新闻传播学院教师通过福州闽越水镇引入主题,结合文化产业领域的创新创业理论和实操知识,为同学们详细介绍了闽越水镇作为福州首个"一站式"旅游集散地,开展包括吃、住、行、游、购、娱、文等12个方面的运营实践,使同学们直观感受了新时代的文旅风采。

5.4.2.3 结合时代要求案例

创新创业结合时代要求更容易获得社会的广泛认可和赞誉，从而树立品牌形象，吸引更多支持。直播助农作为乡村振兴和网络扶贫深度融合发展的新兴产物，正在引领农村电商模式不断创新。西北民族大学新闻传播学院不断加强创新创业教育，推动毕业生创业就业，服务经济社会发展。学院组织学生深入乡村，做农人、开直播、搞创新，助力乡村振兴，更好激发学生的创新精神和创业意识，实现农村振兴发展与青年人才成长成才的"双向奔赴"。赣南师范大学新闻与传播学院依托江西省本科质量工程卓越新闻传播人才培养基地项目"应用型、复合型新闻传播人才培养"等省部级教学改革项目，探索构建基层"一技之长、一专多能"应用型传媒人才培养模式，打造"三元融合、四化一体、三维协同、二翼支撑"的多层次、良性互动的"全培养链"，为有效破解基层传媒"一人多岗、一岗多责、人岗不匹配"等问题提供了有力保障。华东师范大学传播学院开展 AIGC（人工智能内容生成）双创训练营。在实践学习的过程中，学生们能够学习到各类前沿 AIGC 技术，包括 Stable Diffusion、Gen-2 等，并学习如何将其应用于影视内容创作生产，为后续的学术研究与参赛打下了坚实的基础。

5.4.3 对未来创新创业教育的思考

5.4.3.1 注重培育创新创业文化与企业家精神

创新创业精神与文化，无疑是创新创业生态系统中至关重要的构成元素，更是推动创新创业教育向前迈进的核心动力。为了构建一个真正充满活力的创新创业氛围，高校应当肩负起重要使命，积极在校内推广创新创业的理念。这不仅仅是通过简单的口号宣传，更是要通过一系列精心策划的活动和课程，让师生们能够深入其中，亲身体验创新创业的每一个环节。举办创新大赛、创业沙龙，甚至组织创业实训课程，都可以使学生们真实感受到创业的艰辛与乐趣，培养他们的创新精神和实践能力。同时，高校还应大力弘扬尊重劳动、尊重知识、尊重人才、尊重创造的理念。这意味着要创造一个包容多元、鼓励探索的学术环境，让每一位师生都能够在这样的氛围中自由思考、大胆创新。当每个人都敢于挑战传统、敢于尝试新事物时，整个校园的创新创业活力便会得到极大的激发。在推动创新创业精神与文化的过程中，高校还需要倡导一种敢为人先、敢冒风险、宽容失败的新风尚。这种风尚不仅仅是对创新创业者的鼓励，更是对整个校园文化的重塑。它告诉我们，创新并不总是成功的，但失败并不意味着终结。只有敢于面对失败，敢于从失败中吸取教训，才能不断进步，不断向前。

5.4.3.2　注重开发创新型跨学科课程

为了有效推进跨学科教育，高校确实需要在多个方面进行深入思考与精心规划。首先，课时分配是至关重要的一环。高校需要对课时分配进行调整，特别是针对创新创业教育，从而确保学生能够有足够的时间去深入了解和探索创新创业的各个方面。从新生入学开始，就可以为他们安排相关的创新创业课程，让他们尽早接触创新创业的理念，并逐步培养起创新思维和创业能力。这样学生在整个学习期间都能不断地接受创新创业的熏陶，从而为他们未来的职业发展奠定坚实的基础。其次，在课程类型方面，高校也需要进行相应的调整。当前，实践类课程与跨学科课程的比例相对较低，这在一定程度上限制了学生的全面发展。因此，高校应加大这两类课程的比例，特别是跨学科课程。实践类课程能够帮助学生将理论知识与实际应用相结合，通过实际操作和亲身体验，更好地理解和掌握所学知识。而跨学科课程则能够打破学科壁垒，促进不同学科知识的融合。通过这样的课程学习，学生可以更全面地了解各个学科领域的知识，培养出既具有深厚专业知识，又具备广阔视野的应用型人才和综合型人才。最后，课程内容也是跨学科课程设置中不容忽视的一环。创新创业课程所涉及的领域应当广泛而深入。除了企业管理、市场营销、知识产权保护、技术转让等与创新创业紧密相关的领域外，还应涵盖各交叉学科所涉及领域。这样的课程设置既能够为学生提供丰富的知识背景，又能够激发他们的创新思维。学生在学习过程中，不仅能够了解到创新创业的基本理论和实践方法，还能够拓展自己的知识视野，为未来的创新创业之路打下坚实的基础。

5.4.3.3　注重完善校外支持保障体系

大学作为知识创新的摇篮，应当积极作为，主动与企业携手，构建稳固的合作关系。通过深度的资源共享和联合研发，大学将自身的尖端技术和杰出人才优势转化为支持企业发展的强大动力。这样的合作不仅仅是技术的传递和人才的输送，更是大学和企业双方在知识、资源、市场等多个层面的深度融合。在合作过程中，大学应该始终秉持开放和务实的态度，倾听企业的需求和期待，通过为企业量身打造解决方案，帮助企业解决实际问题，提升竞争力。企业也可以将大学的创新创业活动视为自身发展的重要组成部分，提供资金、技术和市场等多方面的支持，与大学共同推动产学研用的深度融合。校友资源作为大学宝贵的财富，其开发利用同样不容忽视。校友们不仅有着丰富的行业经验和技术背景，他们的社会网络和人脉资源更是为大学创新创业教育提供了无限的可能。因此，大学应当建立起一个全面、系统的校友网络，将不同行业、不同领域的校友紧密地联系起来。校友网络不仅是一个信息交流的平台，更是一个情感共鸣的社区。通过定期组织校友返校交流、举办职业发展讲座等活动，大学可以让校友们感受到母校的关怀和温暖，增强他们对母校的认同感和归属感。同时，校友们也可以通过这些活动分享自己的经验和资源，为学弟学妹们提供宝贵的指导和帮助。

（西南政法大学新闻传播学院　辜浩桓、蔡斐）

5.5　教育教学改革前沿

5.5.1　中央民族大学少数民族文字报刊史研究团队建设

中国少数民族文字报刊史是中国新闻史的一个重要组成部分，兼有历史学、民族学、新闻学、文化学的特质，是一门典型的"冷门"学科。它对语言文字的特殊要求具有较高门槛，又一定程度体现了"绝学"的特征。基于此，中央民族大学少数民族文字报刊史研究团队（以下简称"研究团队"）由老中青三代学人组成，在老一代学者长期扎根于相关研究过程中积累了丰富一手资料，由中青代学人传承坐冷板凳的学术坚守和治学精神，也培养着具有多语言能力、跨学科思维的新生力军。同时，冷门研究从不是单兵作战，其价值意义也不仅在此时凸显，团队希冀以研究旨趣和人文关怀凝聚国内外学术共同体，以研究成果为后续学者和公共社会服务，持续为中国自主知识池注水。

5.5.1.1　"冷门绝学"的研究背景与价值

（1）何为知识：板凳要坐十年冷，守得云开见月明

为何中央民族大学少数民族文字报刊史研究团队所做研究凸显"冷门绝学"特征？首先是研究对象的少数化、边缘化。少数民族本为大众注意力资源之外的边缘群体，中国少数民族文字报刊史则为"雪上加霜"，语言门槛、学科淡漠、文化疏离使其成为主流研究的附属物；再者是对研究能力的特殊要求。在"勾连古今、联贯中西"的"井"字形脉络中，相关研究既是新闻研究，也是历史故事、文化知识。资料的获取与翻译对团队的语言能力和文化背景提出要求，同时更进一步地研究与数字化需要技术与人文思维的结合；最后则是研究目的"拨云见日"。对关注少数民族报刊、历史和文化的坚守是研究团队、当代知识分子的应有之义。同时，"为有源头活水来"是对"渠中清如许"的支撑和保障，传承"坐冷凳、凿深井"治学精神则是对中国自主知识池源源不断地注水。

（2）何谈民族：聚沙补阙显价值，以史鉴今解难题

荆山抱玉，沧海遗珠。作为新闻传播领域的"冷门绝学"，研究团队目前以"20世纪上半叶喜马拉雅地区境外藏文报刊整理、研究与数字化"为主要课题。当时中国正处于政权交替、民族国家观念传播与发展的重要时期；且喜马拉雅地区自古以来就是跨民族、跨地域、跨文化交流的地理空间；加之报刊作为近代社会表达政治意向、传播思想文化的重要工具——质言之，时空的双重加持、报刊的媒介属性凸显研究独特价值。以小见大，拾级而上。解决个体的切实、具体问题是社会正常运转的基础，而多元、独特民族共存的肌理又是共同的来处与去向。由此，"冷门绝学"的独特价值并不限于20世纪上半叶、藏族或新闻传播学科，而是对了解区域文化交流交往交融、处理当前涉藏和中印问题都具有当代价值和政治战略意义。

（3）何以中国：明共同体之要义，传五千载之文明

中国少数民族文字报刊史是关乎少数民族的知识，但"冷门绝学"并不以量的少数淡化其价值——团队成果意在回应中国之问、世界之问。聚焦学理层面，研究团队力求以强烈问题中意识和学术抱负成为这一领域的重要学术平台和人才培养基地。通过建设喜马拉雅地区藏文报刊研究基地、举办这一领域的国际性学术会议、建设双语对照的藏文报刊资料数据库，凝聚具有共同研究方向和旨趣的学术共同体；立足现实层，研究团队力求建设一个服务于喜马拉雅研究、少数民族新闻史研究、藏族历史研究、中华民族历史研究的"藏用并举"数字化平台。以报刊记录区域文化融合、洞悉历史文明故事，以数据库实现国外各研究主体与机构的资源共享、互源互连互通。

5.5.1.2 自观：老中青的学术传承与创新

研究团队包括5位教授、2位副教授、1位讲师和4位研究生，形成的梯队结构相对稳定。少数民族新闻史研究必须借助于多学科多语种的学科方法，而研究团队目前的学科背景包括中国史、新闻传播学、藏学和藏语言文学、图书馆学，语言能力涉及汉语、藏语、英语、俄语和梵文；并且在长期扎根于相关研究的过程中，团队从国内外搜集大量文本资料和研究文献，为后续研究的有效开展奠定坚实的资料基础；更重要的是老中青三代学人具有甘于坐冷板凳、打深井的学术态度，从20世纪80年代开始投入少数民族新闻史研究和人才培养，既为专业领域做奠基性贡献，也为自主知识做持续性保障。

（1）开创之基，定研究之锚

5位教授以"4+1"的形式组成学术梯队的领头羊与压舱石，4位是以赵丽芳教授为首席的校内专家，1位是西藏民族大学的周德仓教授。其中赵丽芳教授为中央民族大学民族新闻传播史研究领域的学科带头人，曾任中国新闻史学会少数民族新闻传播史研究委员会首任会长，在学科权威期刊和重点刊物发表该领域论文10多篇，出版、主编相

关著作多部，主持该领域教育部和北京社科重大项目，研究成果获北京市哲学社会科学优秀成果奖；

作为研究团队的首席专家，赵丽芳教授具有很强的学术组织、学科规划与人才培养能力，个人在民族新闻传播史论研究、跨文化传播研究等领域形成具有鲜明特色等研究方向的基础上，以筹办多项大型学术会议、成立中国民族新闻传播研究中心、受邀至政府部门等提供咨询意见等打造学力深厚、影响力足的学术共同体。近2年研究重点聚焦于《各地新闻明镜》研究，带领学生搜集了大量报纸文本与国外研究文献，并完成了多期报纸的摘要编译工作。

白润生教授自20世纪80年代末开始少数民族报刊整体研究，1989年在《新闻研究资料》《西藏研究》《中国记者》连续发表3篇论文探究最早的藏文报纸《西藏白话报》，1994年出版了编著的《中国少数民族文字报刊史纲》，陆续又发表了多篇、多部该领域的论文、著作与教材，主持过2项该领域国家社科基金项目，成果多次获教育部和国家民委优秀科研成果奖。白教授无疑是中国少数民族新闻史研究领域的奠基者与开创者，在研究团队中主要承担研究指导与咨询任务。

喜饶尼玛教授是国内著名的藏学家和边疆史学家，长期从事藏学教学和研究，合著《西藏历史地位辨》获北京市哲学社会科学特等奖、中国图书奖、教育部社科优秀成果奖，专著《近代藏事研究》获北京市社科优秀成果一等奖；近些年对藏文报刊多有研究，发表多篇藏文报刊研究的论文。喜饶尼玛教授主要承担研究工作和指导硕博学生开展研究，体现出在藏文报刊研究上的语言优势和历史学、藏学的学科优势。

徐丽华研究馆员系云南藏族，具有语言优势；曾任中央民族大学民族图书信息研究所所长、图书馆副馆长、北京大学基本古籍库项目顾问等，长期从事图书馆学、民族古典文献学的教学和研究工作。其《藏文白话报述要》《藏学报刊汇志》《中国少数民族旧报刊集成》等论文和专著是藏文报刊研究的拓荒之作，以中央民族大学图书馆珍贵馆藏古籍报刊文献为基础的考述研究极具文献价值。

（2）中流砥柱，策新兴之力

在国内中国少数民族文字报刊史，尤其是藏文报刊研究领域，上述5位教授具有"开创性"。这种开创性一定程度上归因于"前无古人"，无论是20世纪80年代末对于最早藏文报纸《西藏白话报》的关注，还是当下对于20世纪早期喜马拉雅地区境外报刊的研究，置于时空条件下的研究对象和领域都是冷门边缘的；同时，"开创性"的背后是"长期性"，否则投掷于学术长河的小石子也难以激起涟漪。中国少数民族文字报刊的搜集经年累月，5位教授对该领域的关注和研究长此以往，研究团队里中青代学人学子的存在表征着"后有来者"。

年长学者"承上启下"，既很好地接续了学术传统与治学态度，也以自身为典范吸引和培养着青年学者。增宝当周副教授系藏族，专业背景为藏语言文学，对早期藏文报刊叙事多有研究；完代克副教授系藏族，英语、藏语和汉语水平俱佳，对藏语电影、藏文报刊叙事等多有关注与研究；毛湛文教授系新闻传播学背景，在媒介社会学、数据库建设等方面具有特长。三人为教学、科研与指导学生工作中突出的年轻教师代表，在团队中各尽所长，承担不同任务。

另外，4 名研究生是目前"后有来者"的代表。2 名藏族硕士研究生的英语、藏语和汉语水平俱佳，均具有新闻学、藏语言文学和藏学的跨学科背景，是团队中着力培养的藏文报刊研究生力军；2 名在读博士生具有新闻传播学和少数民族文学的学科背景，拥有在民族地区调研、工作的经历，是团队中着力培养的少数民族文学与文化传播研究方向的博士研究生。

质言之，研究团队的学术创新与传承是纵向与横向双重路径的。"纵向"既在于少数民族报刊史研究将往昔少数民族文字报刊置于当下学术背景中，重唤其悉古今中外、解时代之困的研究和文化价值，也在于老中青三代学人研究取向、治学态度的传承。老一代的锚定、积累与传道授业，中青代的传承、坚守与持续前行都终将冷凳捂热、坐实。"横向"则在于少数民族文字报刊跨地域、跨文化的研究价值，从中外交流互动的历史故事中探寻经验。同时，研究团队并不是中央民族大学的单兵凸显，其成员构成体现中央民族大学与西藏民族大学、延边大学、西南民族大学等其他高校间的合作，研究成果服务于国内外具有共同研究取向的学者和团队。

5.5.1.3 连接：学术共同体的打造与对话

新闻生产走向专业化生产与社会化生产的协同，人才需求渐趋新闻传播和公共传播的双重标准，新闻研究和教育由为单纯行业、单一学科服务转向为社会、新文科服务。基于此，做研究、做学问既要有向孤独而行、担冷门之责的精神和态度，也需要在整体的社会评判体系中，以研究取向凝聚更具交流感和生命力的学术共同体，将研究成果同样置于"井"字形脉络中拓展其价值——在时间先后进展中，将积累的一手史料转化为数据库，以报刊资料吸引更多学者加入冷门绝学的研究队伍中，持续服务于跨学科、跨视角的相关研究；在空间横向拓展中，以研究团队的合作助力高校间的交流，以研究议题的跨学科、跨文化实现与主流理论、国际学术的对话。

（1）从一手史料到报刊数据库

国内对藏学报刊史的研究始于 20 世纪 80 年代，学者们主要从民族新闻传播史视角对国内创办的藏文报刊进行了探索性研究；由于史实材料的缺失，对其他域外藏文报刊的了解和研究阙如。其中，喜马拉雅地区的大部分藏文报刊散见于德国赫恩哈特摩拉维亚教会档案馆、德国柏林图书馆东方部、英国摩拉维亚教会伦敦资料室、美国哥伦比亚大学图书馆等。这些报纸对新闻学、藏学、历史学甚至是藏语文学研究而言都是极为重要的新材料和新史实，亟待国内学者对其进行多维度的研究和阐发。然而迄今为止，除《各地新闻明镜报》的部分内容可被线上查阅以外，其余报刊均未进行数字化处理，再加上语言文字之隔膜，致使许多国内学者难窥其堂奥，阻碍了相关研究的推进。

有鉴于此，研究团队的首要任务便是搜集、整理上述散布于国外的藏文报刊一手史料并将文本材料进行数字化处理，从而构建并呈现其整体样貌。这些藏文报刊是研究的基础，得益于老一代学者长期扎根于少数民族文字报刊研究的学术实践，团队已积累较为丰富的第一手历史资料；随后，需要将藏文报刊报纸内容翻译成国家通用语，建立相应的藏文报刊数据库。对这些早期的报刊文献进行翻译和数字化整理，不仅有利于文献的管理和存护，对国内读者的查阅、学者的相关研究也能提供相当便利。

（2）从研究团队到国际交流与对话

国外学者较早将境外藏文报刊置于"藏学"学科语境中展开研究，并陆续产生了一系列成果，相较而言，国内相关研究仍处于起步阶段。作为一门世界"显学"，"藏学"一直是东西方学者话语交锋、交流的研究领域，中国本土的藏学研究范式和话语体系也在为国际藏学界的交流、互鉴提供着重要参照。在此语境下，对国外学界关注已久的境外藏文报刊进行中国本土化的学术研究和话语阐释更是理有固然、势所必至。

新闻报纸不仅是信息传递者，更是社会观察者和记录者。同样，境外藏文报刊的研究也不仅涉及新闻学本身，也是和历史学、藏学、藏语言文学等众多学科密切相关的跨学科交叉领域。因此，研究团队由许多不同学科背景的资深学者和学术新人组成，也希望能够借此与跨学科、跨地域、跨文化的国际学人展开对话。团队在少数民族报刊史研究领域、藏文报刊史研究领域本就具有学术传统与学术优势，其中徐丽华研究馆员编著了《藏学报刊汇志》和《中国少数民族旧报刊集成》；白润生先生编著了《民国时期的少数民族新闻业》并担任主编出版了中国第一部少数民族新闻传播通史类著作；喜饶尼玛教授在藏学和藏族新闻传播史领域都颇有建树。首席专家赵丽芳教授为中央民族大学民族新闻传播史研究领域的学科带头人，近两年来，研究重点主要聚焦于《各地新闻明镜》研究，已带领学生搜集了大量报纸文本与国外研究文献，并完成了多期报纸的摘要编译工作。以上成果表明学术团队成员在该领域具有较好的前期学术积累，未来也必然能在境外藏文报刊研究中取得创新性的研究成果。未来计划在北京组织召开"喜马拉雅地区境外藏文报刊研究国际学术会议"。届时将邀请国内外专家学者，对宗教主义和民族主义取向的早期境外藏文报刊展开交流与互鉴。

（3）从短期研究到长期的人才培养

无论是少数民族报刊史研究，还是藏族报刊史研究在中国新闻史研究、民族历史研究中都是非常边缘的冷门领域，"掌握大量一手材料，坐住学术的冷板凳。"这是民大前辈学人的学术坚守，也是研究团队需要身体力行的实践指引。喜马拉雅地区境外藏文报刊文献体量巨大、内容丰富，研究团队制定了长期的研究目标和方向，计划高质量地完成 20 世纪早期喜马拉雅地区境外和境内报刊的搜集、整理、翻译、研究与数字化工作，争取获得滚动资助，为中华民族新闻史、早期境内外藏文报刊的互动与影响、境外藏文报刊与"西藏问题"相关性问题提供系统深入的研究资料。要想实现这一目的，唯有传承践行"甘坐冷板凳"的学术精神，才能扎实基础研究、实现新的学术创见，将"冷门"变成"热门"。

此外，通过三代学人长期交流和科研攻关，实现前辈学人的学术传承、青年学子的人才培养也是研究任务的重要一环。以白润生和徐丽华教授为代表，团队中的多位成员不仅是各自领域的学术大家，更是传道授业的师者模范。他们不仅能为研究提供宏观的方向引领，更能在细微之处指导学术新人的具体研究，这对于提升研究生的人才培养质量，延续前辈学人的学术传统无疑具有重要意义。

5.5.1.4 "冷门绝学"的学术与现实意义

研究团队始终秉持中国新闻史是中华民族新闻史的民族观、文化观、历史观，从中华民族多元一体格局、铸牢中华民族共同体意识的高度从事少数民族报刊史的发生学研究、社会动员和信息传播研究。计划通过对中国少数民族文字报刊的整理、翻译、研究和数字化，最终形成团队成果对建构中国自主知识体系的支撑性，对外增强涉少数民族问题的国际传播话语权、对内提供铸牢中华民族共同体意识的智库咨询。

（1）从国情中来、到实践中去的报刊历史研究

习近平总书记强调科研工作者要"从国情出发，从中国实践中来、到中国实践中去，把论文写在祖国大地上"①。这对学术科研的实践意义提出了要求，新闻史研究也据此倡导史学的"实践视野"与"实践转向"——研究团队的旨趣无疑与此呼应。白润生教授曾指出，少数民族文字报刊史是新闻学与民族学的交叉学科，因此相关研究不仅要关注全部的新闻现象，还应该考虑到该民族的政治、经济、文化以及共同文化的心理素质对新闻事业的特殊作用与影响。基于此，境外藏文传媒的研究不仅是报刊史的研究，更是一项涉及政治、经济和文化史的研究，具有重要的学术与现实意义。

---

① 习近平著作选读(第二卷)[M].北京：人民出版社，2023：334.

学术团队中的徐丽华研究馆员、喜饶尼玛教授、周德仓教授对早期藏文报刊进行的研究也发现，早期藏文报刊对构建中国具有现代意义的民族国家具有积极贡献，在开启西藏地方官智民智，维护祖国统一，促进西藏社会发展方面也具有特殊意义。早期藏文报刊的内容生产、传播规律、宣传方式对当前中华民族共同体语境下的民族新闻传播也提供了有益的借鉴和参照。如是观之，廓清环喜马拉雅地区境外藏语传媒的发展状况，不仅能够弥补既往对于民族新闻史研究的不足，增进对于藏族新闻传播史的理解，在某种程度上还能为当今新闻传播实践提供理论支持和实践指导，推动科研攻关和社会进步。进而从政治、文化角度观之，上述境外藏文报刊不仅记录了当时喜马拉雅地区的人文风貌与社会变迁，也记载了20世纪上半叶涉藏地区的政治事件、经济来往。厘清这些报刊内容和历史原貌，不仅丰富对于喜马拉雅地区社会文化变迁的认识，也提供对于近代历史遗留的涉藏政治、经济、文化问题的解答参照系。

（2）学界与业界、主流与边缘互动的正向循环

在铸牢中华民族共同体意识的时代语境下，研究团队以"实现学界与业界、主流与边缘互动的正向循环"为建设目标。学术团队成员早期的研究成果便体现了这一研究取向，例如从20世纪80年代开始以白润生先生为主的多位研究者就投入少数民族新闻史研究和人才培养，出版了中国第一部少数民族新闻传播通史类著作，丰富了中国新闻史的书写，既为专业领域作出了奠基性的贡献，更具有构建"多元一体"中华民族共同体的意义；同样，徐丽华、喜饶尼玛、周德仓对藏文报刊的搜集与整理不仅填补了藏文报刊史的空白，也为近代中国民族国家叙事和中华民族共同体话语提供了理论支撑，这些研究无疑促进了学界与业界，主流与边缘的良性互动。因此，本研究团队也意在秉承这一研究取向和学术旨趣。喜马拉雅地区是一个民族众多、文化杂糅、阶层多样的地理空间，而上述境外藏文报刊的创办者，以怎样的传播方式在这种文化冲突地带进行信息共享、舆论引导和社会整合？并如何通过文字报刊促进冲突消弭、文化交融和经济交往？这些问题的规范性、经验性回答能对当下新闻传播实践提供借鉴和参照。视野进而拓展至当今世界舆论场，目前国外对于境外藏文报刊的研究也存在着一定程度的意识形态偏见。部分学者以这些境外藏文报刊为论据，重提帝国主义炮制的"西藏问题"，在某种程度上对我国形成新一轮的舆论攻势。因此，以专业化学术团队对上述报刊进行中国本土的学术阐释与话语纠偏无疑具有重要现实意义。

再者，少数民族新闻史是中国新闻传播史的重要组成部分，但在诸多因素的影响下，其一直处于相关研究实践的"边缘"，单一少数民族的报业发展史研究更属冷门。但主流与边缘的区分总是相对而言的，并不能以此轻视边缘的创造力，甚至许多新的科

研攻关正是从冷门研究中产生，从主流与边缘的互动中产生。此互动并不意在强调二元对立结构，而是体现研究团队、相关学者的人文关怀——关注少数民族、边缘文化和普通个体，不对主流与边缘之间的空间作化约式解读，也不对切实和具体的困惑给出唯一统一的正解。

（中央民族大学少数民族语言文学学院　张宝誉、当增尖措）

5.5.2　高校学者短视频内容生产研究——基于体育类抖音账号"德胜说"的实践探索

在当今数字化时代，短视频平台如抖音凭借其庞大的用户规模和广泛的影响力，已成为人们获取信息、休闲娱乐的重要渠道。特别是在体育传播领域，抖音以其丰富的数字化内容形式，如短视频、中长视频和直播等，为体育爱好者提供了及时、全面、有深度的内容。随着后疫情时代的到来，体育内容的线上化传播呈现出繁荣增长的态势，逐步取代部分传统的内容获取模式。

在这一背景下，体育学者及传播学者纷纷入驻抖音，借助其强大的社交属性和广泛的受众基础，传播体育知识和文化，引导舆论向正面发展。其中，高校学者作为代表性群体，凭借其丰富的专业知识和学术背景，在抖音平台上分享自己的见解和经验，吸引了大量对该领域感兴趣的用户。

研究学者进入抖音，不仅为学术研究提供了新的研究范式和数据来源，还加强了学术界与大众之间的互动和交流。然而，学者在注册抖音时也需要面临一些挑战，如如何在短视频形式上找到平衡，以适应平台的语言风格和用户喜好，同时保持学术的严谨性。本研究通过深入研究"德胜说"抖音账号的微观实践，探讨了体育学者作为意见领袖在短视频传播中的角色和作用。通过对该账号的体育短视频内容、信息来源、信息表达方式以及价值形塑等方面的分析，旨在探索体育学者在短视频平台上的传播策略和发展路径，为体育传播学者及实践者提供有益的参考和启示。

在知识传播与体育短视频的繁荣背景下，综述近年来国内关于社交媒体中"学者主播知识传播"与"体育短视频"的研究现状与发展趋势。随着知识传播平台的涌现，社会公众能更加便捷地分享科学信息，其中"双螺旋"知识传播模式体现了知识生产者与受众间的线上互动。① 高校学者、专家等权威个体纷纷入驻短视频平台，利用自身专业知

---

① 连小童. 知识传播的"双螺旋"模式探析——以自媒体节目《军武次位面》为例[J]. 青年记者，2018(15)：76-77.

识和权威性进行知识传播，并逐渐成为自媒体平台上的新型"把关人"①。学者主播在社交媒体上的表现备受关注。他们利用专业知识和权威性发挥着舆论引导的作用，同时也面临着身份焦虑和内容协商的挑战。特别是大学教师在担任主播的过程中，需要协调学术职业身份与网络文化之间的矛盾，处理学术知识与商业流量逻辑之间的不兼容性。②

在体育短视频领域，国内研究同样丰富。随着 5G 技术的发展，体育短视频面临新机遇与挑战。观众角色的转变、互动需求的增长以及社交元素的融入，使得体育短视频的核心价值愈发凸显。同时，体育短视频在塑造体育生活方式、传递知识技能、提供个性化装备、加强社交联系等方面展现出显著价值。③ 然而，体育短视频也面临着内容创新不足、技术应用滞后以及商业模式单一等挑战。国内研究主要聚焦于体育短视频的传播策略和效果，分析了其在大型赛事中的作用，并提出了体育短视频未来发展的建议，如构建健全的 IP 管理体系、鼓励跨领域协作创新等。④ 而国外研究则更多地关注新技术对知识传播的影响、网络平台的交互性问题及新媒体用户理论的创新。

体育短视频作为一种新兴媒介，已成为体育传播和全民健身意识提升的重要工具。随着技术革新和商业模式创新，体育短视频正朝着内容多样化、全球化和多元化的方向发展。未来，体育短视频将面临更多机遇与挑战，需要不断探索新的内容形式和商业模式，以满足观众日益增长的需求。

5.5.2.1 研究方法

本研究方法旨在全面深入地探讨体育高校学者在抖音平台上的短视频内容生产与传播实践，特别是针对"德胜说"抖音账号的微观实践分析。

（1）个案研究法

个案研究法作为定性研究方法的一种，在本研究中扮演着关键角色。通过选择"德胜说"抖音账号作为个案研究对象，本研究得以深入挖掘体育学者在短视频平台上的内容生产与传播逻辑。个案的选择基于账号主体张德胜教授的专业背景及其在武汉体育学院新闻传播学院的学术地位，同时考虑到该账号在体育类抖音账号中的独特性及其在体

① 顾天钦. 学者主播：自媒体的新型把关人[J]. 新闻论坛，2021，35(5)：84-86.
② 董晨宇，陈芊卉，许莹琪. 做 UP 主：大学教师在社交媒体中的知识传播与边界调适[J]. 新闻与写作，2023，(10)：23-33.
③ 杨永立. 5G 时代体育短视频对体育生活方式培育的价值及优化策略[J]. 体育科技，2020，41(5)：59-61.
④ 王福秋. 5G 时代体育短视频生产传播的媒介趋向与引导机制研究[J]. 体育与科学，2020，41(6)：55-59，87.

育传播领域的影响力。个案研究法的应用使得研究能够集中关注特定现象，通过深入剖析个案的内部结构和外部联系，揭示其在更广泛领域中的普遍性和特殊性。

（2）内容分析法

内容分析法是本研究中另一重要研究方法。通过对"德胜说"抖音账号发布的短视频内容进行系统、客观和定量的描述，研究得以揭示其短视频内容的主题、风格、传播效果等关键特征。在内容分析过程中，研究团队运用文本分析、图像分析和视频分析等多种技术手段，对短视频内容的文本、画面、声音等要素进行全面考察。

（3）对比研究法

为了更加全面地理解"德胜说"抖音账号在体育短视频领域中的位置和作用，本研究采用了对比研究法。通过将"德胜说"账号与其他体育类抖音账号进行横向对比，研究团队能够发现不同账号在内容生产、传播策略和用户互动等方面的异同点。对比研究法的应用不仅有助于揭示"德胜说"账号的独特性和优势，还能够为其他体育学者在抖音平台上的内容生产与传播提供借鉴和参考。

5.5.2.2 "德胜说"的诞生及发展历程

（1）"德胜说"的成立初衷：搭建体育全媒体传播矩阵

"德胜说"的诞生源于张德胜教授对于体育全媒体传播的国家课题研究的深入思考。面对数字化和网络化日益发达的时代背景，张教授意识到，信息的传播不再受限于单一的平台或媒体。因此，他带领学生团队积极准备，与知名的二次元文化平台哔哩哔哩展开合作，共同筹备《德胜说球》特别栏目，旨在为足球迷们带来独特的视角和丰富的知识。

在《德胜说球》项目的策划过程中，张德胜教授并未局限于哔哩哔哩平台，而是放眼整个数字媒体生态，思考如何最大化地提升信息的传播效果。他们利用哔哩哔哩平台的内容作为原始素材，通过抖音、今日头条、视频号、蜻蜓 FM 等多个平台发布内容，实现了信息的多渠道传播。这一创新模式不仅让《德胜说球》在世界杯期间取得了显著的传播效果，更为后续"德胜说"抖音号诞生奠定了坚实的基础。

（2）"德胜说"的初期试水：搬运 B 站视频为主

在"德胜说"的初期阶段，团队以搬运哔哩哔哩平台的视频内容为主，在抖音平台发布。然而，由于两大平台在用户、内容形式和推荐算法等方面的差异，初期的传播效果并不理想。经过一段时间的摸索和调整，团队逐渐意识到，要真正适应抖音平台的特性，就需要创作出更符合该平台用户喜好的内容。在确定"德胜说"抖音账号主创团队后，该账号于 2022 年 11 月 20 日发布了首条短视频，虽然取得了不错的流量和反馈，但在随后的 25 天内发布的 43 条视频中，由于抖音与哔哩哔哩平台的用户、内容及推荐算法差异，以哔哩哔哩视频为素材的二次创作在抖音上表现不佳，总播放量不足 12 万，点赞少于 2000。统计账号初期阶段的视频数据如表 5-8 所示：

表 5-8　　　　　　　　　　　　　初期短视频互动数据表

序号	视 频 标 题	总浏览量(万)	点赞量	互动量	收藏量
1	无	0.15	59	10	1
2	无	0.2	47	11	2
3	无	0.15	45	5	0
4	无	0.11	40	9	0
5	年轻的我曾为看球而"跳楼"	0.16	17	1	1
6	现场球迷的插科打诨有没有"度"	0.07	36	5	0
7	新闻学院为什么要办一张院报	0.07	20	3	1
8	门柱为何专跟乌拉圭过不去？世界杯"邪门"之研究	0.16	30	5	0
9	日本喊出 2050 年世界杯夺冠，中国足球路在何方？	0.11	28	1	0
10	什么，足球还有美学?!	0.07	29	3	0
11	最惨东道主——卡塔尔	0.11	46	12	0
12	1997 央视体育频道为何南下专访我	0.08	30	3	0
13	这届世界杯是"四大天王"的舞台	0.08	32	1	0
14	李娜为何误读了媒体？	0.08	38	3	0
15	媒介与球员是个啥关系	0.07	22	2	0
16	记者该如何报道一个城市？	0.08	31	2	1
17	多哈是一座怎样的城市？	0.1	30	2	1
18	为何说贝克汉姆是"万人迷"	0.06	25	2	0
19	球场上有哪些好听的声音？	0.07	24	1	0
20	烤肉对于阿根廷有多重要？	0.13	24	5	0
21	为何我们总喜欢说裁判是"黑哨"？	0.14	39	9	0
22	如果五个梅西同时上场会怎样？	0.11	29	3	0
23	听说足球有"三美"？	0.07	19	1	0

续表

序号	视 频 标 题	总浏览量(万)	点赞量	互动量	收藏量
24	现代足球有哪些流派和潮流?	0.07	22	1	0
25	如何洞察教练的临场指挥的艺术?	0.12	35	3	4
26	你知道什么是作为 play 的足球吗?	0.08	34	2	0
27	你知道什么是作为 game 的足球吗?	0.09	20	0	0
28	你知道什么是作为 sports 的足球吗?	0.07	28	2	0
29	你知道什么是作为 sport 的足球吗?	0.06	26	1	0
30	踢球,你就不怕杀头吗?	0.07	32	5	0
31	国际足联主席与联合国主席哪个狠	0.13	36	1	0
32	是谁背着足球走向世界的?	0.3	75	13	2
33	"水一方"的名称怎么来的?	0.24	67	7	1
34	"水一方"变成了洗浴中心?	0.26	53	5	0
35	中国队主教练应该如何选?	0.34	80	17	1
36	选帅"三步走"战略到底是哪三步?	0.19	47	8	0
37	央视真的请不起嘉宾吗?	0.15	48	9	3
38	解说员不就是服务员吗	0.19	48	8	2
39	人世间还有这样的成人童话吗?	0.33	45	9	2
40	新闻重背景	0.39	55	6	7
41	盖紧厚口瓶	0.41	49	5	5
42	一代名记引发的江湖海啸	0.43	53	5	3
43	点球决胜负中的心理战	0.5	52	2	3

(3)"德胜说"的中期探索：打造"学者+足球"人设

在 2023 年中超新赛季的开幕战中，武汉三镇对阵上海海港的比赛无疑成为焦点。作为上赛季的冠军以及湖北地区唯一的顶级职业联赛球队，武汉三镇自然承载了湖北球迷的厚望。资深足球迷和专家张德胜教授也亲临现场，为球迷们带来了精彩的赛后点评。张德胜教授以其深厚的足球知识和独到的见解，对比赛进行了深入剖析。他认为，尽管球迷们对武汉三镇的期望值很高，但球队在外援的准备上略显不足，这可能是导致比赛失利的一个原因。同时，他也指出了国内球员韦世豪的出色表现，并认为球队其他成员还需要进一步磨合。这段赛后即评的出镜视频，虽然时长仅有短短的 18 秒，却因其独到的观点和亲和力十足的表达方式，迅速在抖音平台上走红。

该视频的传播数据令人瞩目，获得了超过 20 万的播放量，点赞数高达 2101 个，互动评论 263 条，分享数达到 308 次，甚至涨粉 220 人。这一期视频无疑成为"德胜说"账号发展的重要转折点，为账号后续的发展奠定了坚实的基础（见图 5-6）。

图 5-6 "德胜说"第一条爆款视频封面

随着"德胜说"账号的重新振作，以学生为主的运营团队再次成立，并且账号在时隔 130 天后再次恢复定期更新。在中期发展阶段，视频内容更加丰富多样，包括赛后瞬采、赛前预测、赛事评论等，多数内容紧跟武汉队的比赛热点，展现了极强的新闻性与时新性。同时，话题性的提高也带来了更大的讨论空间，吸引了更多的观众参与互动。

在视频制作方面，"德胜说"也进行了显著的改进。通过增加动画、特效以及多级标题等元素，使得视频更加生动有趣。此外，采用 9∶16 比例的竖屏形式制作播放，更加符合抖音平台的特点和用户的观看习惯。这些改进措施成功解决了曾经流量差的问题，使得"德胜说"账号的关注度和影响力不断提升。

然而，在账号发展的中期阶段，定位仍然存在一定的模糊性。虽然以武汉三镇的中超赛事为主要内容，但仍然穿插了许多其他与足球无直接关联的内容，如张德胜打乒乓球的视频等。这些内容显然与之前因关注武汉三镇而积累的粉丝定位不符，导致视频反响平平。因此，"德胜说"在内容选题上还需要进一步优化，以更加精准地满足目标受众的需求，实现账号的持续健康发展。

(4)"德胜说"的发展现状：流量稳定但缺乏爆点

截至2023年11月17日，"德胜说"抖音账号已运营近1年，发布作品129个，获赞4.8万，"涨粉"4000+，互动转发破万，浏览量近千万，传播影响力显著。此处聚焦常态化运营数据分析，近90天内发布作品26条，平均每3.46日发布一条。其中，《恳求市长，救救三镇，保卫足球大武汉》视频获得最高点赞和评论。然而，因武汉三镇中超赛季结束，视频传播效果在数据、互动、流量三个维度均有所下降。"德胜说"账号与武汉三镇俱乐部紧密相关，因此武汉三镇的关注度、影响力及流量大小极大影响账号传播效果。创作者和运营团队需思考如何拓展账号内容生态建设，以寻求进一步发展（见图5-7）。

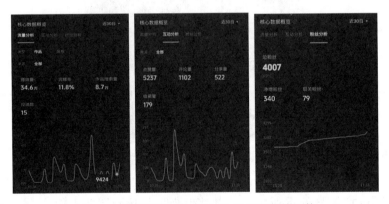

图5-7 "德胜说"账号2023年10月视频核心数

5.5.2.3 "德胜说"抖音账号内容呈现

(1)"德胜说"账号短视频生产

在全媒体时代，体育赛事的传播已不仅依赖传统媒体，而是更多地通过新媒体如抖音等社交平台进行。这些新媒体平台以其即时性和互动性吸引了大量用户，尤其是年轻用户。抖音作为一个短视频平台，拥有庞大的用户基础，因此，体育赛事的传播者也开始重视在这一平台上的推广。

"德胜说"作为一个专注于体育赛事评论的抖音账号，成功地将学者资源与体育赛事结合，通过短视频的形式，为球迷提供了独特的视角和深度解读。该账号由武汉体育学院新闻传播学院院长张德胜教授运营，他利用身边的资源，包括独家采访、赛事评论等，为武汉球迷和账号粉丝提供了高质量的内容。为了吸引和留住观众，"德胜说"在视频制作上下了大功夫。首先，在选题策划上，他们明确视频主题、目标受众和核心价值，确保内容既有新闻价值又兼具吸引力和流量。运营团队通过前期策划，尝试不同的方式和方法来呈现内容，如使用特效、动画或视觉元素来丰富视频。

其次，在视频剪辑方面，"德胜说"也做得非常出色。他们通过内容编辑使视频更加紧凑连贯，通过音频处理优化观看体验，利用视觉效果和特效动画提升视频的趣味性和吸引力。特别值得一提的是，他们在字幕注解上也下了不少功夫，不仅提供了明确的信息帮助观众理解视频内容，还考虑了用户在无声环境下的观看需求。此外，"德胜说"还巧妙地运用了双标题模式来提升视频的吸引力和传播效果。这种模式的优势在于能够更精准地推送平台流量、使信息层次更加清晰、设置悬念吸引用户注意力以及优化搜索引擎。这些努力共同为"德胜说"账号的成功打下了坚实的基础。

"德胜说"账号通过精心策划和制作高质量的视频内容，成功地将体育赛事与学者资源相结合，在抖音平台上实现了有效的传播和推广。他们的经验对于其他希望在社交媒体上推广体育赛事的账号来说，具有一定的借鉴意义。

（2）"德胜说"账号短视频内容框架分析

臧国仁学者提出的框架理论划分为高、中、低三个级别。高级框架通过标题和引语构建，强调核心主题和报道立场；中级框架侧重于事件主题、评价和影响；低级框架关注语言风格和微观内容选择，如词汇和隐喻。这些级别共同构成了新闻报道的框架结构。① 本节基于框架理论对"德胜说"账号视频进行分析，我们可以更深入地了解其内容构建和传播策略。

从低层次框架特点来看，"德胜说"在文本、声音和图片三个方面均展现出了独特的风格和策略。在文本内容上，账号发布的视频标题和简介围绕武汉三镇俱乐部展开，逻辑性强，语言简洁明了，较少使用网络词汇，体现了账号的专业性和严谨性。同时，通过提问的方式引导互动，增强了视频的互动性和用户参与度。在声音方面，账号主要采用了现场音和同期声，配合纯音乐作为背景音乐，烘托视频氛围，同时保证视频内容的清晰度和专业性。在视频拍摄视角上，账号以第二人称视角为主，直接与用户进行交流和互动，增强了用户的参与感和观看体验。

从中层次内容框架来看，"德胜说"在切入角度和叙事框架上同样展现出了独特的特点。在切入角度上，账号以意见表达为主，通过对赛事的主观前瞻和评论，展现了张德胜教授的专业视角和独到见解。同时，宣传科普、热门事件和采访等切入角度也为账号带来了丰富多样的内容。在叙事框架上，账号以事实框架为主，通过对客观事实的陈述和描述，传递了准确、可靠的信息。同时，人情味框架、责任框架和冲突框架也为账

---

① 臧国仁. 新闻媒体与消息来源——媒介框架与真实建构之论述［M］. 台北：三民书局，2003.

号内容增添了更多的情感色彩和深度。在意见表达类视频中，账号通过对比赛过程的分析和评论，展现了张德胜教授的专业素养和独到见解。这类视频往往能够引发球迷和观众的共鸣和思考，成为账号的流量担当。在宣传科普类视频中，账号通过记录张德胜教授的调研活动和会议参与经历，向观众传递了体育人文知识和体育媒体传播的发展动态。这类视频不仅丰富了账号的内容类型，也提升了账号的教育价值和影响力。在热门事件类视频中，账号及时跟进武汉三镇球迷群体中的突发事件，通过客观报道和深入分析，满足了球迷的信息需求。在采访类视频中，账号通过独家采访获取了宝贵的一手信息，为球迷和观众提供了独特的观赛视角和体验。

从高层次内容框架来看，"德胜说"在议题分类和内容基调上同样展现出了独特的特点。在议题分类上，账号以武汉三镇俱乐部为核心议题，同时涵盖了中国运动队、体育人文调研、个人生活等多个方面。这种多元化的议题设置不仅丰富了账号的内容类型，也满足了不同受众群体的需求。在内容基调上，账号以客观中立和积极肯定为主，通过对体育事件的客观报道和正面评价，传递了正能量和积极态度。同时，账号也不回避对体育领域存在问题的批评和反思，通过提出建设性的意见和建议，促进了体育产业的健康发展。

具体而言，在武汉三镇俱乐部议题上，"德胜说"通过深入剖析俱乐部的发展历程、比赛表现和未来展望等方面内容，为球迷和观众提供了全面、深入的了解。在中国运动队议题上，账号关注了中国足球、篮球等运动队在重大比赛中的表现和发展动态，通过专业的分析和评论为观众提供了有价值的参考。在体育人文调研议题上，"德胜说"通过记录张德胜教授的调研活动和会议参与经历，向观众传递了体育人文知识和体育媒体传播的发展动态，提升了账号的教育价值和影响力。在个人生活议题上，"德胜说"通过分享张德胜教授的日常生活和感悟拉近了与观众的距离，增强了账号的亲和力和粉丝黏性。

（3）"德胜说"账号内容呈现的对比研究

在当今数字化媒体时代，抖音作为短视频平台在体育传播领域发挥着重要作用。"德胜说"账号作为体育类内容提供者，展现了体育传播在新媒体环境下的新特征。本章通过分析"德胜说"账号内容，探讨其在体育传播领域的创新做法，并与其他同类型体育抖音号进行对比。体育类抖音账号垂直细分为新闻资讯、技能教学、娱乐趣味、评论分析、个人日常和传记励志等类型。"德胜说"作为学者个人注册的非官方运营账号，以评论分析类体育短视频为主，具有独特性。

与"武汉三镇专栏组"相比，"德胜说"在内容原创性上有优势，但后者作为球迷领袖账号，更强调趣味性、互动性和球迷情绪调动。通过对比发现，"德胜说"可借鉴其社群运营技巧，增强本地球迷黏度。与"骆明"账号对比，两者均以体育评论为主，但"骆明"作为专业体育媒体人，内容涵盖更广泛，专业性和客观性更强。而"德胜说"则侧重体育传播和教育，内容中批判与肯定并存。未来，"德胜说"可考虑拓展话题范围，提升内容的专业性和深度。

通过对比研究，"德胜说"账号在体育传播领域的独特性和优势得以凸显。其作为学者个人注册的账号，不仅提供了专业、有深度的体育评论，还通过原创内容吸引了大量关注。同时，与其他同类型账号的对比也为其未来发展提供了借鉴和启示。未来，"德胜说"可继续发挥学者身份的优势，结合抖音平台的特点，不断创新内容形式，提升传播效果，为体育传播领域注入更多活力。

5.5.2.4 "德胜说"抖音账号实践总结：现实身份与网络环境的矛盾冲突

在短视频盛行的背景下，流量成为账号成功的标志。内容创作者常调整策略以吸睛，其中不乏一些学者团队。笔者采访了"德胜说"抖音号主创张德胜，了解了他对抖音博主体验与短视频平台的看法。本节将结合访谈和笔者对学者抖音及体育传播的思考，总结"德胜说"运营一周年的经验，探讨学者在追求流行与坚持学术间的平衡。

(1) "德胜说"追求大流量与正能量

在当前的自媒体环境下，大流量已成为衡量账号成功的关键。博主们竞相追求流量，因为高流量不仅意味着更高的广告收入和品牌合作机会，还代表着更大的社会影响力。然而，这种追求有时会导致内容质量的下降，出现低俗、夸张或误导性信息，对个人、品牌及社会都可能产生负面影响。

对于高校学者来说，运营抖音账号并追求流量，既是对这一现象的参与，也是其科普教育、学术交流的新途径。流量能帮助他们的研究成果和学术观点触达更广泛的受众，促进科学素养的提升。但学者在追求流量的过程中，需权衡学术严谨性和内容吸引力，这是他们在运营账号时面临的主要挑战。在社交媒体兴起的背景下，越来越多的学者进入这一领域。为了融入年轻网民，一些学者运用网络梗、网络词汇，甚至"抽象艺术"进行创作，迅速吸引粉丝。然而，过度娱乐化可能损害学术严谨性，降低学术价值，误导公众对学术研究的认知。

学者张德胜强调，视频内容应传播正能量，这是学者的道德操守。在移动互联网时代，学者进入社交媒体不仅是跨界行为，更是承担社会责任。他们的言行应尊重知识，对公众负责。与普通自媒体博主不同，学者的首要职责是进行学术探究和作出知识贡献，而非追求经济利益。因此，学者在社交媒体上应更注重所承担的社会责任和学术使命。

（2）"德胜说"探寻流量与能量的平衡点

在移动互联网时代，学者涌入社交媒体已成为新趋势，这不仅改变了学术传播的传统模式，还为教育内容的推广带来了新契机。通过短视频，学者们将复杂知识简化，以更接地气的方式传递给公众，从而实现了学术与大众的桥梁作用。这种趋势也催生了线上教育和空中课堂等新型教育模式，使得教育内容更加动态和互动。

在制作教育类短视频时，必须精准把握目标受众，融合学术严谨性和内容趣味性，以打造有深度且易于传播的教学内容。学者们在社交媒体上的知识分享，可视为一种在学术规范、技术架构与受众反馈间寻找平衡的边界调适过程。这形成了一种"试探性折中"的知识形态，即旨在保持学术严谨性的同时，也追求在社交媒体上的广泛传播和受众接受。

此外，社交媒体作为传播渠道，在知识建构中突出了可见性与公共性的辩证关系。学者们在传播知识时，需在这两者之间找到平衡点，确保研究成果既专业又有吸引力。这种知识传播不仅是学术界的产物，也是社会传播中的活跃元素，打破了知识与商品之间的传统对立，展现了知识在流通中的动态性和可塑性。特别在体育领域，体育类短视频在体育全媒体传播中的作用日益凸显。凭借便捷、即时和高度可视化的特点，体育类短视频迅速吸引了体育爱好者的关注，并提升了他们的观赛体验。这类短视频不仅促进了体育资讯和文化的传播，还推动了"四全媒体"理念的实现。通过提供实时赛事片段、鼓励用户参与内容创作，以及高效广泛的信息传播，体育类短视频正推动着体育全媒体的发展。

体育短视频随着短视频的兴起而在我国蓬勃发展，受到了体育学者和传播学者的广泛关注。越来越多的高校学者也通过短视频平台进行内容创作。本年鉴以抖音上的"德胜说"账号为研究对象，结合传播学理论，深入探讨了体育高校学者在短视频领域的实践。研究聚焦于短视频内容的呈现与传播效果，揭示了学者如何利用短视频进行知识传播，开展"空中课堂"。这种新兴的传播方式不仅反映了用户信息接受场域与偏好的变化，也拓展了我国体育全媒体的传播格局。

短视频的兴起为体育传播和教育带来了新的机遇，但同时也伴随着挑战。高校学者在短视频创作中需要调适自己的主体边界，这体现在选择传播内容、构建内容呈现框架、理解社交媒体平台的算法逻辑，以及应对身份错位和身份焦虑等方面。体育学者通过产出优质、专业的短视频内容，不仅可以维护健康的网络环境，还能改善互联网体育传播中的舆论环境。他们及时向用户提供全面、易懂的体育赛事信息，增加球迷对有效信息的获取量，丰富球迷的信息源，并维护球迷与俱乐部之间的良性互动。这些努力将有助于推进中国体育的职业化和现代化发展进程。体育短视频的兴起为高校学者提供了新的传播平台，也提出了新的挑战，他们的积极应对将有助于体育传播的进一步发展。

（武汉体育学院　曾智、张德胜）

5.6　网络与新媒体专业人才培养的现状、特征与趋势

网络与新媒体专业从 2012 年正式作为本科专业列入教育部高等学校本科专业目录，至今已经走过 12 年。据教育部历年公布的本科专业备案和审批结果数据统计，截至 2024 年 3 月，全国有 389 所高等学校获批开设了网络与新媒体专业。本节选取 16 个获批"国家级一流网络与新媒体本科专业建设点"的培养方案作为分析样本，尝试勾勒网络与新媒体专业人才培养的现状、特征与趋势。

5.6.1　网络与新媒体专业概况

5.6.1.1　历史沿革

目前，研究者倾向将网络与新媒体专业的发展历程大致划分为三个阶段（谷虹，2021）。

第一阶段，20 世纪 90 年代末至 2010 年，新浪、网易等新闻门户网站在 90 年代末快速崛起，网站新闻的生产带动了网络新闻编辑人才需求的增长。以华中科技大学、中国传媒大学为代表的国内高校开始设立网络传播专业，培养网络新闻编辑人才。进入 21 世纪，互联网技术和产业生态迈入 Web2.0 时代，网络新闻传播的重心也逐渐从门户网站转向移动媒体，之前网络新闻编辑的人才培养定位逐渐不能满足业界对新媒体人才的迫切需要，部分学校转而将网络传播纳入新开设的传播学专业人才培养定位中，这种专业界限相对交叉的情况持续到 2010 年左右。

第二阶段，2010—2012 年，教育部全面实施普通高等学校本科专业目录修订工作，为适应移动互联网发展对新媒体人才的需求，这一阶段网络与新媒体相关专业得以独立招生。2010 年教育部首次组织新媒体与信息网络、媒体创意、网络经济三个专业申报本科专业目录。2011 年，南京传媒学院新媒体与信息网络专业开始招生。2012 年，教育部印发《普通高等学校本科专业目录（2012 年）》，其中将新媒体与信息网络（050307S）及媒体创意（050306W）合并为网络与新媒体专业（050306T），正式增设网络与新媒体专业。同年，暨南大学、上海外国语大学等 28 所高校正式开设网络与新媒体

专业。

第三阶段,以 2013 年为标志性节点,该专业进入快速发展阶段,这一年网络与新媒体专业在全国范围内开始招生。随着微博、微信等社交媒体快速崛起,传统媒体与新兴媒体融合发展上升成为国家战略,2015 年,传统媒体开设微博、微信等新媒体账号已成潮流,2017 年"短视频"元年,抖音、快手等短视频形式再一次冲击了传媒产业格局,新媒体彻底改变了传媒产业的结构和比重。在时代和行业深刻变革背景下,大量网络与新媒体专业得以增设,新闻传播教育进一步推进移动互联时代的人才培养模式探索。

5.6.1.2 专业设置基本情况

根据教育部历年公布的本科专业备案与审批结果数据统计,截至 2024 年 3 月,全国获批开设网络与新媒体专业的高等院校已达 389 所,布点总数超过广告学(351 所)、新闻学(270 所),成为新闻传播学专业布点数排名第一的专业。从 2010 年"新媒体与信息网络"专业出现,到 2012 年更名为"网络与新媒体",再到 2024 年完成布点数第一的突破,网络与新媒体专业布点数快速增长的背后折射出的是社会对该专业人才的迫切需求(见图 5-8)。

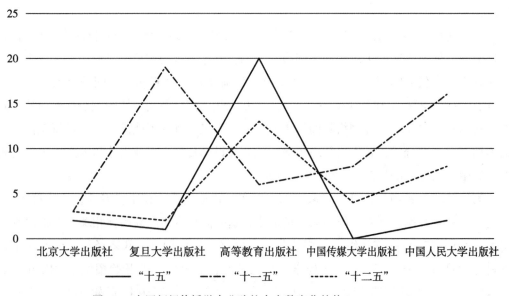

图 5-8　全国新闻传播学专业院校布点数变化趋势(2019—2023)

网络与新媒体专业近 5 年呈现出强劲的增长趋势，每年增长的布点数在 20 所院校以上。其中，"985 计划""211 计划"院校开设网络与新媒体专业共有 34 所，占比 8.8%，普通一本院校有 53 所，占比 13.6%，普通二本及以下院校有 302 所，占比 77.6%，如图 5-9 所示。

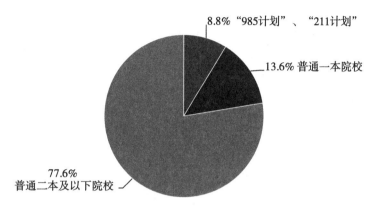

图 5-9　全国开设网络与新媒体专业的院校统计

5.6.2　网络与新媒体一流专业建设点培养方案分析

本节借助 NVivo12 对培养方案的"培养目标"和"毕业要求"进行了词频分析、词云图和树状结构图呈现，以分析网络与新媒体一流专业建设点的人才培养目标和定位。同时，从具体课程出发，对专业课程进行内容分析，以期观照当前网络与新媒体专业的课程建设及人才培养特征。

5.6.2.1　培养目标

"专业培养方案是专业人才培养的基本依据，是新时代高校对'培养什么人、怎样培养人、为谁培养人'问题最直接的应答，是人才培养目标、培养理念、培养全过程最具体的体现。人才培养方案更是专业教学的基本遵循，直接反映着本科专业人才培养的思路，也反映出高等教育的办学理念"（杨琳，2022）。作为对专业毕业生在学业完成后能够达到的职业和专业预期的总体描述，培养目标是专业教育根据专业发展与社会需求及学校定位对人才培养的总体设计。

在网络与新媒体一流专业培养方案分析中可以看到，"互联网""复合型""应用型"是网络与新媒体专业培养目标最为凸显的关键词，揭示了该专业面向互联网及其数字技术环境，培养拥有复合型技能的实践应用型人才的人才培养基本定位。具体到培养目标的内容看，"马克思主义新闻观""责任感""批判性""创造性""一专多能"的词频高，依此可将培养目标分为三个主要指向。第一，世界观、人生观和价值观培养。网络与新媒体专业始终以马克思主义新闻观为指导，坚持党的教育方针和社会主义办学方向，培养具有社会责任感和职业道德的优秀人才。第二，高素质综合性人才培养。该专业着力于创造性和批判性素质教育，培养能够适应互联网快速变革以及信息化、智能化的社会发展趋势，满足行业前沿需求的德智体美劳全面发展的高素质人才。第三，跨专业全媒体人才培养。该专业凸显跨专业特征，结合社会科学、人文科学和自然科学的课程内容，注重拓展学生知识面，开展产学研媒一体化育人，培养业务精、一专多能的全媒体人才（见图 5-10、图 5-11）。

图 5-10　培养目标词云图

5.6.2.2　人才培养要求与定位

"培养要求"与"毕业要求"是对人才培养目标的操作化与具体化，体现了专业人才的培养定位。整体上而言，主要体现为知识、素质和能力三方面内容。知识要求方面，该专业要求学生掌握人文社会科学理论和计算机技术的基础性知识，了解新媒体的前沿发展趋势并掌握新媒体业务的内容生产和产品运营等专业性知识等；素质要求方面，强调坚决拥护党的领导，坚持马克思主义新闻观的政治素质，具备解决网络与新媒体传播现实问题的专业素养、具有清晰的职业道德和角色认知的道德素养以及健康良好的身心素养等；能力要求方面，具体表现为具备能适应网络与新媒体实践发展变化的业务动手

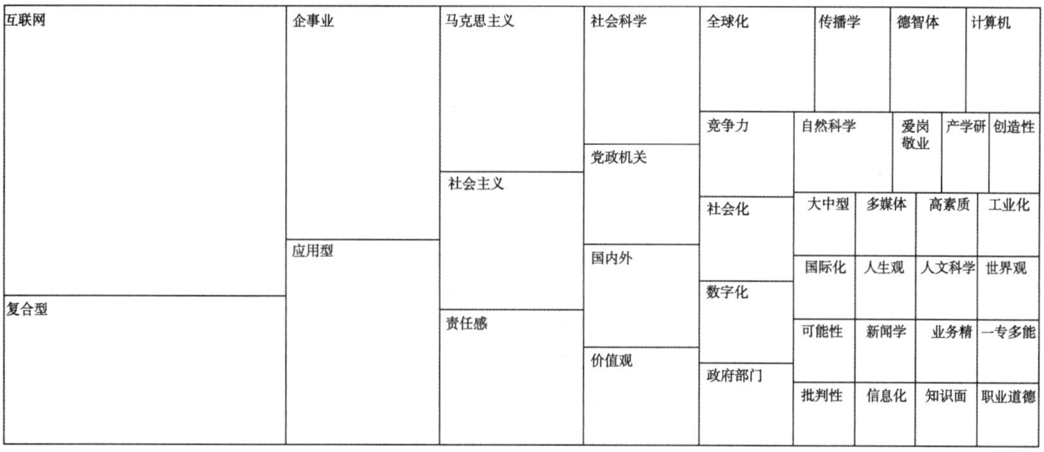

互联网	企事业	马克思主义	社会科学	全球化	传播学	德智体	计算机	
				竞争力	自然科学	爱岗敬业	产研	创造性
			党政机关					
	应用型	社会主义		社会化	大中型	多媒体	高素质	工业化
			国内外		国际化	人生观	人文科学	世界观
				数字化	可能性	新闻学	业务精	一专多能
复合型		责任感	价值观	政府部门	批判性	信息化	知识面	职业道德

图 5-11　培养目标矩阵式树状结构图

能力和实践创新能力、计算机和现代新媒体技术的应用能力、新闻采写编评的基本业务能力和新媒体产品制作运营等进阶业务能力、社会科学调查与研究能力、良好的语言文字表达能力、沟通能力以及创新和终身学习能力等。

具体而言，"能力"作为网络与新媒体专业人才培养的核心要求，凸显为"技术技能"与"实践能力"的培养。在技术技能方面，强调学生具备计算机和现代新媒体技术的应用能力、掌握新媒体前沿的技术技能。如，西安交通大学突出技术类课程的交叉融合，开设个案导向的制作型、分析型课程，以及数据导向的制作型、分析型课程等四种类型的新媒体课程，打造"以数据技术为基础、新媒体理论与应用为核心、交叉学科知识为延伸、系列报告为补充"的精品教学体系。在实践能力方面，要求学生关注网络与新媒体实践的发展变化，掌握相关知识并提升与此相适应的实践创新能力。如，暨南大学以"融合新闻工作坊""数字产品工作坊""公共传播工作坊""学术研究工作坊""暑期社会实践""创新学分（开放实验室）"等系列实践课程设计为依托，开展教学实验、专业实习和社会实践，延伸课程教学的实践效果，同时整合校内外资源，构建多层次创新创业实践平台，以增强学生的实践意识，提高学生的实践能力。可见，对技术与实践能力的看重，是网络与新媒体专业区别于其他专业的鲜明特征（见图 5-12、图 5-13）。

5.6.2.3　课程的分类及特征

课程设置是培养方案内容的核心支撑部分，是专业教育的基础单元和主要形式，它不仅关乎专业教育理念，折射专业培养目标，凸显专业特色，也直接决定专业人才

图 5-12　培养要求词云图

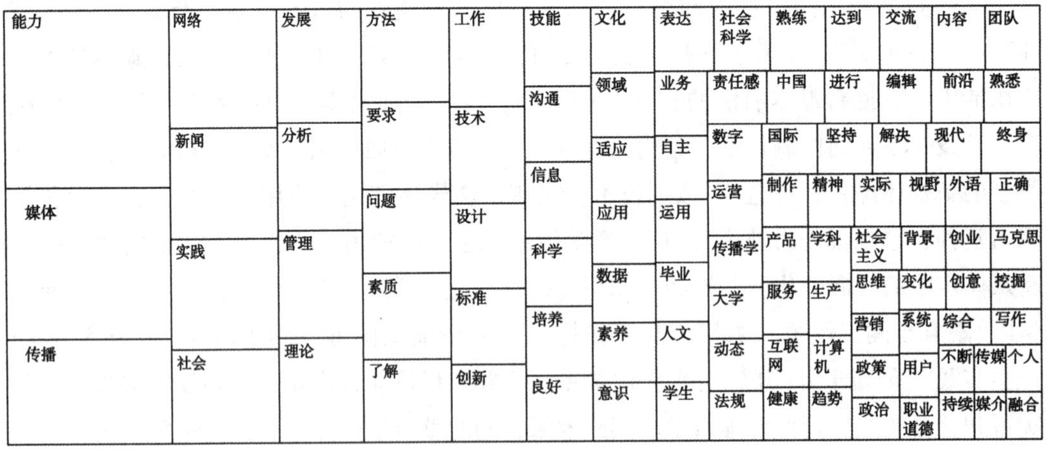

能力	网络	发展	方法	工作	技能	文化	表达	社会科学	熟练	达到	交流	内容	团队
			要求	技术	沟通	领域	业务	责任感	中国	进行	编辑	前沿	熟悉
	新闻	分析				适应	自主	数字	国际	坚持	解决	现代	终身
			问题	信息		运营		制作	精神	实际	视野	外语	正确
媒体				设计	应用	运用	传播学	产品	学科	社会	背景	创业	马克思
	实践	管理		科学	数据	毕业	大学	服务	生产	思维	变化	创意	挖掘
			素质	标准	培养	素养	人文		营销	系统	综合		写作
传播	社会	理论	了解	创新	良好	意识	学生	动态	互联网	计算机	政策	用户	不断 传媒 个人
								法规	健康	趋势	政治	职业道德	持续 媒介 融合

图 5-13　培养要求矩阵式树状结构图

的知识、能力、素质结构的基本元素和重要特征(慕明春,2009)。参考培养方案中的目标定位、能力要求以及实践要求,现将网络与新媒体专业课程划分为以下 8 个类别(见表 5-8)。

表 5-9   课程分类及代表性课程

课程类别	课程性质	代表性课程
人文社会科学基础课程	人文社会科学基础、经典型课程	马克思主义基本原理、毛泽东思想和中国特色社会主义理论体系概论、习近平新时代中国特色社会主义思想概论、中国近现代史纲要、现代汉语、中国古代文学、西方文化理论、中外文学鉴赏、艺术概论、美学、经济学、管理学基础、社会学概论、社会心理学、逻辑学等
新闻传播学专业基础课程	新闻传播学专业基础、经典型课程	马克思主义新闻观、新闻学概论、传播学概论、中外新闻事业史、媒介伦理与法规、媒介经营管理、国际传播、新闻传播学研究方法、新闻传播发展前沿等
新闻传播学实务课程	新闻传播学专业技能型课程	新闻采访与写作、新闻评论、深度报道、新媒体编辑、创意文案写作、摄影与图片处理、电视编辑与节目制作、电视节目策划、音视频编辑与制作、视频编辑艺术与技术、短视频微电影创作实务、新媒体视听节目策划与制作等
网络与新媒体专业基础课程	网络与新媒体专业基础、导论型课程	网络与新媒体概论、网络传播概论、新媒体导论、网络传播学、融合新闻学、融合新闻报道与制作、网络与新媒体研究方法、网络传播法制与伦理等
数字媒体技术	互联网技术、新媒体技术的基础和应用型课程	人工智能导论、Web 软件开发技术、高级语言程序设计基础、数据库原理与技术、网页设计与制作、网络爬虫与信息提取、数据挖掘与数据分析、数据可视化、数据可视化与数据新闻、动态视觉设计、平面设计与制作、数据处理与 SPSS 应用、数字传播技术前沿、大数据与舆情分析、网络媒介数据分析与应用、数字媒体技术与应用等
全媒体运营	互联网营销、全媒体运营型课程	互联网运营、新媒体运营与管理、文创产品 IP 运营、政务新媒体运营与维护、新媒体运营案例分析、数字化营销、网络与新媒体经营、自媒体广告创意与传播、消费者行为学、新媒体用户研究、自媒体与社群运营管理、用户策略与设计研究、品牌管理、影视全媒体实务、融合新闻工作坊、文化项目策划与管理、全媒体创意与策划、全媒体整合传播、全媒体资源管理等
新媒体产品	新媒体产品的开发、设计型课程	新媒体产品功能设计、新媒体产品原型设计、新媒体产品设计及运营、新媒体产品设计与项目管理、新媒体营销移动产品终端设计等

续表

课程类别	课程性质	代表性课程
实践与实训	专业实践、实训型课程	专业实习、创新创业教育、社会实践、毕业论文（设计）、专业观摩与写作训练、多媒体作品创作指导等

综合来看，网络与新媒体专业的课程特征鲜明。首先，课程设置注重将课程思政与人文社会科学基础理论知识培养相结合，坚持社会主义办学方向，扎牢人文社科知识素养根基。其次，课程设置既涵盖了新闻传播学的基础理论与专业技能教育，同时也紧密结合网络与新媒体的经典理论与核心技能培养，既保留新闻传播学科的基础性知识技能，又凸显网络与新媒体专业的特色培养要求。再次，在专业技能培养上，课程设置注重传统技能的打磨，也致力于数字媒体技术等创新性技能的训练。此外，课程内容既涵盖了专业核心知识，又延伸至全媒体运营与新媒体产品开发等全媒体人才培养向度。最后，课程不仅强调课堂知识的系统传授，更注重实践操作与实训体验，培养将理论研究和实践创新相结合的综合素质与能力。

技术迭代和行业发展不断对网络与新媒体专业人才培养提出新的命题和要求。从发展的视角看，如今网络与新媒体专业的课程体系设置，仍然存在可待提升的空间。

具体而言，第一，传统课程占据主导，课程的创新性特征有待提升。一方面是凸显网络与新媒体专业前沿性、创新性的课程如数字媒体技术、全媒体运营、新媒体产品类课程的数量有所欠缺，另一方面是网络与新媒体技术和产品的设计、开发、综合运营等核心能力培养仍不够凸显。实际上，部分高校课程设置的创新性特征较为明显，可供参考。例如，深圳大学设有10门专业核心课，其中技术和产品类课程就占6门，包括"新媒体设计基础""Html+css网页设计""数据抓取与清洗""数据可视化""新媒体用户研究"等，突出培养学生的新媒体技术运用、用户体验设计能力以及在公共平台传播的能力。同样，北京交通大学的6门专业核心必修课程中"新媒体数据挖掘及应用""数据可视化与数据新闻""新媒体产品设计及运营"等3门课程也突出了数字媒体技术类和新媒体产品类课程的比重，注重培养学生的新媒体技术与产品运营等创新性技能。

第二，课程重在核心技能培养，而全媒体、复合型人才培养要求尚需进一步落实至课程体系设置之中。当前课程体系内设有较多的新媒体专业基础课和数字媒体技术类课程，但基础知识和技术技能培养与网络与新媒体实际应用场景的融合程度还有待加强，对全媒体营销传播、新媒体产品设计与运营等方向的培养力度相较于全媒体和复合型等人才培养要求还存在距离。

当然，部分高校在提升课程复合性上也有许多创新做法值得借鉴。如，南京师范大学设置了"全媒体传播与运营"课程包,将"文化产业概论""用户研究与信息服务""整合营销传播""文化项目策划与管理"4门课程进行整合打包,重在培养学生在内容营销方向的复合技能,充分发挥课程集群效应,集中增强学生的全媒体内容营销能力。又比如上海外国语大学将"数字化营销""数字媒体与社交网络""社交媒体与大数据营销""数据库原理与应用""新媒体数据分析与应用""新媒体产品设计与开发"6门课程整合为"新媒体产品运营课程"课程包,培养学生的新媒体产品开发运营方向的复合技能,着力提高学生的数字产品开发运营方面的综合能力。

5.6.3　网络与新媒体专业的发展趋势

5.6.3.1　新文科背景下专业的跨学科、产教研深度融合

2020年11月,教育部发布《新文科建设宣言》,作为新文科建设的关键词,"交叉融合"要求突破"小文科"思维,积极与人文社会科学以及理工农医等学科交叉融合,构建"大文科"视野。具体地说,就是要积极推动人工智能、大数据等现代信息技术与文科专业的深度融合,鼓励支持高校开设跨学科、跨专业的新兴交叉课程、实践教学课程,培养学生的跨领域知识融通能力和实践能力。

当前,网络与新媒体专业推行的跨学科融合主要集中在文理学科的交叉融合,即引入计算机、大数据和人工智能技术,开设跨专业的新兴交叉课程。由前文分析可以发现,当前技术类课程大部分是计算机和软件专业课程,且各高校的技术类课程重合度偏高。技术类课程虽然进入网络与新媒体专业的课程名录,但是与新媒体本身的交叉融合程度还有待加强。因此,应要避免盲目追逐新技术,而忽略了对综合能力的培养。在跨学科融合部分,网络与新媒体的专业课程设置一方面要继续深入推进技术类课程、互联网大数据等课程的数量增长,另一方面也不能仅仅停留在引入技术类课程层面,而应重视技术与新媒体的融合,立足网络与新媒体专业本身的传媒属性,将技术交叉融入传媒场景、传媒产品和传媒实践的培养中,打造具有优秀技术素养和综合素养的复合型全媒体人才。

另外,"产教研融合"对于培养应用型人才具有重要价值。产教研融合是将产业发展的需求侧和人才培养的供给侧与学术研究进行全面有机融合,重点突出专业课程的实践性。具体而言,第一,在课程教学上,应该注重采取项目教学法、工作室模式,以具体项目为依托开展多层次、多向度的实践活动,强化课程实践性。第二,在实践平台上,校内外应双循环协同破局,以市场需求为导向,加强学界与业界的协同整合,立足现实诉求构建校企合作育人机制。第三,应扩展业界合作领域,除传统的新闻媒体单位外,继续与咨询公司、大数据技术公司、互联网企业等展开跨界合作。第四,加深业界

合作和育人训练深度，以项目为导向，从项目和产品的开发、设计、运营和管理全流程深入育人，培养全媒体生产、传播、运营、管理人才。

5.6.3.2　新媒体技术发展与现实社会需求回应下的持续创新

紧跟媒体数字技术的发展步伐，不断创新是网络与新媒体专业天然的内在要求。"新媒体"本身并非一个固定概念，必然随着时代发展和技术进步而表现出新的形态。因此，网络与新媒体的课程内容也要与时俱进，紧跟互联网技术的前沿趋势，关注大数据、人工智能、虚拟现实等新技术、新手段，让课程锻炼的技能、素养能适应新媒体形态的变化。例如，部分学校已经率先引入"VR 新闻""交互新闻学""场景传播""算法新闻传播"等新兴课程，培养学生掌握新媒体前沿技术以适应新媒体实践的能力。

此外，网络与新媒体的专业创新还需以社会需求为导向，及时更新教学内容和课程设置。其一，建设具有中国特色、世界一流的专业，就要将中国特色社会主义建设的最新理论成果和实践经验引入课堂、写入教材，转化为优质教学资源。其二，"数字中国"国家战略的提出，使得数字化、产业化等内容愈发重要，应适时打造数智网络与新媒体的课程、模式以及实践平台。其三，面对如今国际传播新要求，网络与新媒体专业也应注重拓宽学生的全球化视野，将新媒体的产品置于国际平台和情景之上，训练和检验新媒体人才培养的国际竞争力，着力培养服务国家传播重大战略的创新型、复合型新闻传播人才。

5.6.3.3　他山之石：国外相关专业设置与发展思路

（1）跨学科的教学模式

阿姆斯特丹大学数字媒体专业（Media and Information）的跨学科教学模式是其课程设置的一大显著特色。课程涵盖计算机科学、艺术、社会学、人类学等多个学科，培养学生从多学科角度理解最新的传播现象。例如，专业不仅设置有编程、数据分析、用户体验设计等课程，而且由媒体实验室提供与数字媒体相关的实验性研究体验，采用先进的数字研究方法，构建和使用数字信息系统、环境和软件工具，专门用于媒体心理学、数字传播和社交媒体研究。

再有，新加坡国立大学的传播与新媒体专业（Communications and New Media）注重在跨学科的基础上，以多媒体产品设计为主导进行课程设置。其课程设计主要依靠 2019年推出的"多媒体制作创客空间"（CNM Studio）进行，该空间旨在促进学生围绕多媒体产品制作和深度研究，支持物理和数字原型设计、视频制作和后期制作工作、用户体验设计、游戏设计、移动交互设计、数字叙事和危机沟通模拟等课程活动。

（2）注重理论结合实践，以实践为导向的培养模式南加州大学安纳伯格传播与新闻学院的数字社交媒体专业（Digital Social Media），注重理论与实践结合，培养学生在数字社交媒体领域的深厚知识和实际操作能力。课程设置包括数字媒体理论、社交媒体网站和应用的设计与管理、游戏开发和理论、数据分析等核心课程，学生不仅需要掌握理论知识，还需要通过实践项目验证所学内容并获得实践技能。例如，课程理论方面，要求学生分析社交媒体平台上的用户行为，提出优化策略并实施验证；实践层面，通过产学研一体化建设与知名企业和机构达成合作，学生将直接参与企业的社交媒体营销活动中，负责制定和执行社交媒体策略，培养其媒体产品的运营能力。

新加坡国立大学的传播与新媒体专业也非常注重理论与实践结合，在其课程中引入强制性实习计划（CIP），这是一个为期20周、12个单元的课程，由专业学生在第三年参加，旨在将体验式工作学习融入学生的本科生涯。

此外，阿姆斯特丹大学的数字媒体专业采用了以实践为导向的教学方法，强调学生的动手能力和创新意识，注重培养学生在数字媒体领域的实际操作能力。通过"项目驱动"的课程设计和与企业合作的实践安排，学生可以参与实际运营项目，获得实践经验。例如，学生可以参与到数字媒体产品实际的开发项目中，从需求分析、设计、开发到测试，全面了解产品开发的全过程，涉及如何撰写节目计划、节目制作、拍摄剪辑技巧，live脱口秀讲述媒体产品，在YouTube上直播、建立Instagram账户运营产品等新媒体产品制作的全过程。此外，项目还鼓励学生与国际机构和行业伙伴开展合作研究项目，增强实际操作能力与合作精神。

总之，网络与新媒体专业目前已经成为新闻传播学科布点数第一的专业，其专业地位及其影响力也在不断扩大，但是在这迅猛增长的背后，也要冷静思考网络与新媒体专业的系统性建设、综合性发展，切实增强该专业人才培养的核心竞争力，以适应媒体技术的变革和时代社会的需求，从而更好地保障网络与新媒体专业的可持续发展。

（西安交通大学新闻与新媒体学院　杨琳、卢春花、李唐波）

5.7　民办高校新闻传播教育概述

5.7.1　新中国民办高校历史沿革与发展态势

我国民办高等教育历史悠久。据史料记载，中华人民共和国成立之初，全国共有高校176所，其中69所为私立高校，占当时高校总数的39%。有些地区的民办高校比例

甚至高出公立高校。① 1952 年，国家教育行政部门实行院系调整，将全部民办高校调整
为公立院校。自此全国民办高校办学出现中断。直至 1984 年全国第一所民办公助性质
的高校——今天"北京城市学院"的前身"北京海淀走读大学"成立。此后，民办高校如
火如荼地快速发展起来。

根据教育部《2023 年全国教育事业基本发展情况》②和教育部《2021 年全国教育事业
发展统计公报》与《2022 年全国教育事业发展统计公报》③资料，全国民办高校的数量从
2021 年的 764 所发展到 2023 年的 789 所，占全国高校总数的 25.67%。呈现增加趋势；
同时，民办高校在校生人数也呈逐年增加的趋势，2021 年是 845.74 万人，2022 年是
924.89 万人，2023 年达到 994.38 万人，比上年增加 69.49 万人。

总之，根据调查显示④，从 2005 年到 2020 年，中国民办高校的数量呈现持续增长
的态势。2005 年，民办高校的数量为 547 所，而到了 2020 年，这一数字增加到了 773
所，2021 年民办高校下降到 764 所，截至 2024 年 3 月 1 日，民办高校为 789 所。无论
从民办高校的数量而言，还是从招生规模来看，民办高校⑤已经成为我国高等教育的重
要组成部分。

5.7.2　民办高校新闻传播教育区域分布与结构特点

据教育部发布的《普通高等学校本科专业目录(2024 年版)》，新闻传播学类一共拥
有新闻学(050301)、广播电视学(050302)、广告学(050303)、传播学(050304)、编辑
出版学(050305)、网络与新媒体(050306T)、数字出版(050307T)、时尚传播
(050308T)(2017)、国际新闻与传播(050309T)(2018)、会展(050310T)(2019)十个专

---

① 程冰心.我国主流媒体对民办高校的报道分析——以《人民日报》《光明日报》《工人日报》《中
国青年报》为例[D].南宁：广西大学，2011.
② 2023 年全国教育事业基本发展情况[EB/OL].[2024-03-01].http：//www.moe.gov.cn/fbh/
live/2024/55831/sfcl/202403/t20240301_1117517.html.
③ 数据来源于教育部网站.
④ 季平，李维民，洪艺敏，邹平，王世伦，徐绪卿，马杰，杨保成.中国民办本科教育发展报
告(2012~2020)[M].北京：社会科学文献出版社，2022；华经产业研究院.2022—2027 年中国民办
高校行业市场全景评估及发展战略规划报告[R/OL].[2024-03-26].https：//www.huaon.com/
channel/trend/842999.html；教育部：2023 年全国民办学校共 16.72 万所　占比 33.54%[EB/OL].
[2024-03-26].http：//www.chinaidr.com/news/2024-03/236052.html.
⑤ 本年鉴民办高校指的是民办院校和转设为民办的独立学院。根据 2020 年 5 月教育部发布的
《关于加快推进独立学院转设工作的实施方案》，主要转设路径有三种，即转为民办、转为公办、'终止
办学。截至 2021 年 9 月，经教育部官方公示的已转设的独立学院有 188 所，还有 141 所尚未完成转
设。原本的民办院校和转设为民办的独立学院，共同构成我国民办高等教育体系。

业。2024 年版的专业目录是在《普通高等学校本科专业目录（2012 年版）》基础上，增补了近年批准增设的目录外新专业：2017 年增设时尚传播专业，2018 年增设国际新闻与传播专业，会展专业则是 2019 年增设的。

从历史发展的角度看，除了少数几家民办高校如浙江越秀外国语学院（1981），北京城市学院（1984 年）创办历史较早外，其他开设新闻传播类专业的民办高校，大部分成立于 1991—2005 年。如辽宁传媒学院成立于 1991 年；三江学院成立于 1992 年，2019 年其新闻学专业入选江苏省一流本科专业、2021 年入选国家级一流本科专业建设点；西安欧亚学院、吉林外国语大学、安徽师范大学皖江学院等都成立于 1995 年；2019 年上海建桥学院获批上海市一流本科专业建设点（广告学）；2000 年武昌首义学院、汉口学院成立，并于 2019 年和 2020 年分别获批湖北省一流本科专业建设点（广播电视学、网络与新媒体）；2005 年，齐鲁理工学院、四川大学锦城学院、三亚学院先后设立，2019 年齐鲁理工学院获批山东省一流本科专业建设点（新闻学）；2006 年，天津大学仁爱学院成立，2019 年创办传播学专业，2021 年更名为天津仁爱学院；2008 年，河北传媒学院成立。而创办于 1981 年的浙江越秀外国语学院，于 2019 年获得浙江省一流专业建设点和专业硕士培育点（编辑出版学）；创建于 1984 年的北京城市学院也于 2020 年获批北京市级一流本科专业建设点（传播学）。

从总体上看，我国民办高校新闻传播教育经过近 20 年的快速发展，已经呈现迅速壮大之势。就培养目标和办学特色而言，不同于公办高校的研究型定位，民办高校新闻传播教育更加注重专业应用，重视本科学历教育；聚焦新媒体语境下新闻传播事业发展及其人才需求，着重培养适应媒体深度融合及人工智能技术的复合型传媒应用型人才。

5.7.2.1 区域分布情况

截至 2022 年 5 月 31 日[①]，从我国民办高校的省域分布来看，四川省和广东省民办高校数量最多，为 50 所左右；江苏省、河南省、湖北省和山东省民办高校数量较为接近，都在 43 所左右；海南、新疆、甘肃、宁夏和青海民办高校数量低于 10 所；西藏无民办高校。

从我国民办本科的省域分布来看，湖北省民办本科高校数量最多，超过 30 所；其次是江苏省、广东省和山东省，都在 25 所左右；陕西、辽宁、河北、湖南、浙江民办本科数量较为接近，在 22 所左右（见图 5-14）。

---

① 全国高等院校名单［EB/OL］．［2022-05-31］．http：//www.moe.gov.cn/jyb_xxgk/s5743/s5744/A03/202206/t20220617_638352.html.

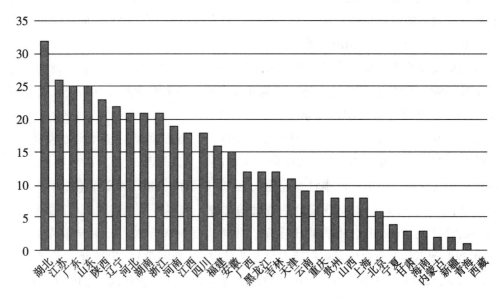

图 5-14　2022 年我国民办本科高校省域分布情况

湖北省开设新闻学专业的民办高校有 8 所：如武汉学院、武汉工商学院、文华学院、武昌首义学院、武汉晴川学院等；其中开设广播电视学专业的民办高校有 4 所，即武昌首义学院、武汉传媒学院、三峡大学科技学院、武汉工程科技学院；开设广告学专业的民办高校有 10 所，即武汉传媒学院、武汉华夏理工学院、武汉东湖学院、武汉设计工程学院、文华学院等；开设网络与新媒体专业的民办高校有 16 所，即武昌首义学院、汉口学院、武汉学院、武汉工商学院、武汉华夏理工学院、文华学院等；武汉传媒学院、武汉文理学院开设传播学专业。其中，武汉工商学院文法学院、文华学院人文社会科学学部的新闻学都是湖北省一流本科专业；前者拥有省级一流本科课程"视频拍摄与编辑"；后者是湖北省首家设立智能媒体传播方向的新闻学专业，也是湖北省首家全面实施融媒体新闻教育的特色专业。2019 年，武昌首义学院新闻与文法学院的广播电视学成为湖北省一流本科专业建设点，融合新闻学系列课程教学团队被批准为湖北高校省级教学团队。2020 年，武昌首义学院网络与新媒体获得湖北省级一流本科专业建设点。2021 年，武汉东湖学院文法学院新闻学专业获批国家级一流本科专业建设点；该校"新闻采写实训""传播学概论"获批 2023 级省级一流本科课程。2023 年，武汉学院"数据新闻可视化"获批国家级一流本科课程。①

———————————

①　相关资料均来源于各高校官网信息及数据。

从我国民办高校的城市分布来看，武汉市高校数量最多，超过 30 所。广州、重庆和西安民办高校数量在 27~30 所。

整体来看，民办高校本科数量多于 10 所的城市有 8 个。从民办高校本科专业的城市分布来看，仍然是武汉市最高，有 23 所，如开办网络与新媒体专业的武昌首义学院、汉口学院、武汉学院、武汉工商学院、武汉华夏理工学院、文华学院等全部都在武汉市办学。其次是西安市，有 20 所，如开办新闻学专业的西安欧亚学院、西京学院、西安外事学院、西安培华学院、西北大学现代学院都在西安办学。广州市民办本科高校为 15 所，南昌市为 14 所；其中开办广告学的广州华商学院、广东培正学院以及南昌理工学院、江西服装学院、江西科技师范大学理工学院、江西师范大学科学技术学院，分别在广州市和南昌市办学。成都市、哈尔滨市、天津市和长春市民办本科高校都为 11 所（见图 5-15）。

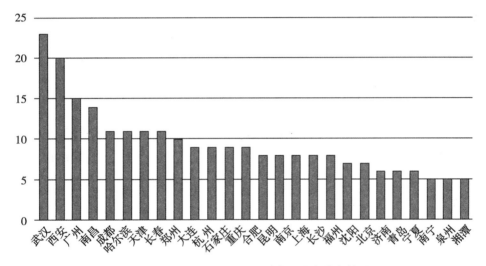

图 5-15　2022 年我国民办本科高校城市分布情况

5.7.2.2　专业设置状况

就专业设置状况而言，由于新闻学、广播电视学、广告学、传播学、网络与新媒体、编辑出版学、数字出版 7 个专业在 2012 年就进入教育部专业目录名单，因而时下开设以上专业的民办高校较多。根据"掌上高考"的相关数据①，开设广告学的民办高校

---

①　https：//www.gaokao.cn/special? subjectCategory =% E6% 96% 87% E5% AD% A6&subjectName
=%E6%96%B0%E9%97%BB%E4%BC%A0%E6%92%AD%E5%AD%A6%E7%B1%BB.

共有 89 所，开设新闻学的民办高校共有 79 所，开设网络与新媒体专业的民办高校有 132 所，开设广播电视学的民办高校共有 24 所，开设传播学的民办高校共有 21 所，开设编辑出版学的民办高校共有 4 所。

而时尚传播、国际新闻与传播、会展三个专业都是 2017 年后新增专业，是教育部根据市场需求和专业趋势而增设的，所以目前开设以上三个专业的民办高校数量较少。

目前开设时尚传播专业的民办高校有上海建桥学院、上海杉达学院、南京传媒学院、浙江越秀外国语学院、沈阳工学院等 8 所。虽然开设该专业的民办高校不多，但是由于其紧跟社会需求和大众消费趋势，因此无论是招生数量还是新生报到率都比较高。南京传媒学院的国际新闻与传播专业在国内首批招生，该专业要求学生不仅能掌握新闻业务能力，还需要拥有国际视野和外语能力。虽然该专业是考研的热门专业，但民办高校开设该专业的数量屈指可数。旅游管理学门类的会展经济与管理专业，以"会展策划与经营"为人才定位，以"人际交往沟通"为特色定位，以"具备国际化视野、跨文化沟通能力的会展策划、市场调研、展演创意、营销推广、运营管理的复合型人才"为重点培养目标。目前，开设会展经济与管理专业的民办高校有 34 所，但是开设名曰"会展专业"的民办高校寥寥无几，青岛电影学院是全国唯一一所设有"会展专业"的民办高校，实现了民办院校会展专业零的突破。

就专业归属的二级学院而言，新闻传播学类专业大部分隶属于新闻传播学院或者文化传媒学院、传媒与人文学院等，如河北传媒学院、上海建桥学院、沈阳城市学院、西安欧亚学院、天津仁爱学院等；仅有小部分归属于人文学院或人文社会学科学部，如云南大学滇池学院、文华学院等。

5.7.2.3 教育教学综合改革

（1）硕士研究生教育

2011 年 10 月，经国务院学位委员会批准，河北传媒学院、黑龙江东方学院、北京城市学院、西京学院、吉林外国语大学成为全国首批获得招收培养研究生资格的 5 所民办高校。截至 2022 年 6 月，经各级教育部门批准，全国共有 11 所民办高校具有硕士研究生授权资格，另有多所民办高校与公办高水平大学联合培养硕士。河北传媒学院 2015 年开始招收新闻与传播学专业硕士，主要有三个研究方向：媒介融合与媒体转型、舆情分析与危机公关、智能媒介与区域形象传播；招生人数在 2023 年达到峰值：2021 年计划招生 90 人，2022 年计划招生 120 人，2023 年计划招生 131 人，2024 年计划招生 100 人。民办高校硕士生教育，不仅是其教学综合改革的成效，也是其在激烈市场竞争下的必然之路。一方面，申报硕士点，是培养应用型人才的重要举措，能进一步优化人才结构和培养模式；另一方面，也标志着民办高校学术科研能力的增强，办学层次的不断提升。

（2）一流本科专业建设

2019年4月，教育部启动实施一流本科专业建设"双万计划"，围绕全面振兴本科教育，做强一流本科、建设一流专业、培养一流人才，面向各类高校全部92个本科专业类，分为国家和地方两类，鼓励支持高校在服务国家和区域经济社会发展中建设一流本科专业。五年来，共认定国家级一流本科专业建设点11761个。根据一流本科专业分类建设规划，新闻传播学类拟在三年内建设一流本科专业236个。以巩固人才培养中心地位和本科教学基础地位，提升高校服务经济社会高质量发展能力。①

在一流本科专业建设过程中，新闻学、广告学、网络与新媒体三个专业获批较多，相关民办高校分别获批国家级以及省级一流本科专业建设点。拥有新闻学国家级一流本科专业建设点的民办高校有2所(三江学院、武汉东湖学院文法学院)；拥有新闻学省级一流本科专业建设点的民办高校有4所(武汉工商学院、文华学院、齐鲁理工学院、广州华商学院)，拥有广告学省级一流本科专业建设点的民办高校有6所(上海建桥学院、浙大城市学院、福建师范大学协和学院、吉林动画学院、武汉工商学院、广州华商学院)，拥有网络与新媒体省级一流本科专业建设点的民办高校有4所(浙大宁波理工学院、河北传媒学院、武昌首义学院、南京传媒学院)，而拥有广播电视学省级一流本科专业建设点的民办高校有1所(武昌首义学院)，拥有传播学省级一流本科专业建设点的民办高校有1所(北京城市学院)，拥有编辑出版学省级一流本科专业建设点的民办高校有1所(浙江越秀外国语学院)。② 此外，一流本科课程建设和重点课程建设，也在各大民办高校有序开展。

（3）人才培养模式

追求应用型、复合型、创新型人才是我国民办高校新闻传播人才培养模式的显著特点，在此方面，特别注重应用性，聚焦动手能力。在倡导产教融合的大背景下，民办高校的人才培养更具有服务社会区域经济和地方经济的特点，培养目标的对标性比较强。

为此，民办高校普遍搭建"校企一体化"育人平台，采用产教融合基地、创办产业学院、与新闻媒体共建融媒发展中心等形式。在2020—2021年，上海建桥学院广告专业，不仅与上海市广告协会、相关校企合作公司，打造"学校、企业、行业、政府"四

---

① 教育部办公厅关于实施一流本科专业建设"双万计划"的通知[EB/OL].[2024-06-10]. http://www.moe.gov.cn/srcsite/A08/s7056/201904/t20190409_377216.html.

② 相关资料均来源于各高校官网信息及数据。

位一体的建设平台，而且在上海市市场监督管理局指导下成立了首家全国省级公益广告机构——上海市公益广告创新研究发展中心。与上海报业集团、东方卫视、喜马拉雅等主流媒体和新媒体开展多元合作，共建"融媒体综合实践人才培养基地"，建设各类校企实践平台，双向引智，实施"融媒体、重实践、强素质"的创新人才培养模式。

在办学理念和特色上，民办高校特别重视毕业生与社会需求的匹配度，重视订单式培养和自主学习相结合的办学理念。如北京城市学院在人才培养上，坚持德育、智育两手抓。教学管理实行"课内严格管理、课外放手搞活"的方式，使学生在自我教育中不断成长。该校始终以教学质量作为全校工作的重心，加强专业训练，全面推进素质教育。在教育教学工作上，发挥专业优势，采取一系列措施提高教学质量；实行教学制度改革，设立小学期，培养学生自主学习及创新意识，提高解决实际问题的能力；以信息化为载体，不断规范教学管理；以课堂教学为重点，狠抓教育改革，成为教育部、北京市教学改革试点单位，多项教学成果获教育部、北京市嘉奖。经过多年的努力，教学水平日益提高，受到社会各界的肯定和好评。

天津仁爱学院数智传媒与设计艺术学院，作为以媒体艺术为核心、多学科交叉融合发展的新型教育平台，设有产品设计、动画、传播学、智能交互设计、数字媒体艺术5个专业，该学院积极探索"媒体+艺术+科技"的交叉融合发展模式，开拓"精专业-创品牌-扬文化"发展新理念，紧密结合国家和区域经济社会发展的需求，推进人才培养、科学研究与社会服务的协调发展，全面提升学院的办学水平和综合实力，建设发展以数智媒体与设计艺术融合发展为核心，特色鲜明、具有专业影响力的学院。学院努力提升办学条件，为培养艺术-媒介-科技相交融的复合型应用型人才提供坚实保证。

重庆工商大学派斯学院的网络与新媒体专业，设有两个专业方向，即新媒体制作与运营、产品交互设计。该专业培养具有坚定正确的政治方向，熟悉媒体融合理论及信息传播规律，具备跨媒体传播意识和创新精神，具有较强的市场 调查研究和活动策划能力，能利用新媒体实施产品设计、品牌传播、整合营销以及新媒体写作及舆情数据分析能力，在人机交互、用户体验、媒体界面设计方面，高层次艺术、技术知识交叉复合型应用型专业人才。

上海杉达学院数字媒体艺术专业，以"传媒+艺术+科技"为基本特征，运用数字智能技术参与艺术设计，具有学科交叉、跨界的专业特点。该专业面向上海及长三角地区文化、经济建设的需要，适应国家新文科建设、智能科技与互联网发展的需求，培养德、智、体、美、劳全面发展，具有良好人文素质、艺术修养和审美能力，具有开阔视野和良好传播能力，掌握网络视频制作、数字影像创作、影视特效和包装制作、交互媒体设计及相关技术应用的知识、理论和方法，能够在传媒及文化产业相关领域从事影视动画、网络媒体的策划、创作、制作、传播及运营、管理的高素质复合应用型人才。

北京城市学院在2023年重新修订的培养方案呈现四个新特点。一是以学生成长意愿为主线，实现人才培养方案的动态构建。新版培养方案优化了课程体系，体现以"学"为中心的理念，学生可以根据自己的发展意向选择构建专属的学习路线图，实现各专业间的课程开放。在全校范围选择自己感兴趣的课程，满足了学生跨专业选课和转专业的个性化需求。二是坚持立德树人，推动课程思政融入人才培养全过程。课程教学大纲中，课程目标除了知识目标和能力目标，还要求设置价值观目标，即每门课程提出通过学习本门课程，培养学生对爱国情怀、法治意识、社会责任、文化自信、人文精神、职业素质等方面体会、理解、认同和内化的需求。三是以能力培养为核心，达成培养匠心专能的总目标。在实践环节提高了学时比例要求，理工医类专业实践教学学时比例不低于总学时的40%，其他类专业实践教学学时比例不低于总学时的30%。四是推进产教深度融合，方案更贴合社会需求。在培养方案制定过程中，要求各专业深入企事业单位开展深度需求调研，鼓励校企共同参与课程体系研讨、课程体系设置、课程开发、课程讲授等，推进产业技术与成果及时转为知识体系、教学内容，强化产教深度融合。

此外，一些民办高校秉持立足自我、面向世界的发展战略，高度重视国际交流工作，积极拓展国际交流的新领域，先后同美国、英国、法国、德国、西班牙、匈牙利、日本、韩国等20几个国家和我国香港、台湾地区的高校建立了学术交流和各类合作关系，加强了与世界知名高校的联系，推动了校际合作与交流，确保民办高校的校际合作办学、教师学术交流、学生交流等方面的工作迈上新台阶。

（4）招生与就业

招生与就业是民办高校办学除教学以外的两大"命脉"。招生人数以及新生报到率都决定着民办高校各专业的未来走向，而历年就业情况的好坏则直接影响该校当年以及未来的招生计划以及招生人数。不同于公办学校小班化教学，民办高校新闻传播类的招生计划一般是一百人乃至几百人；各专业一般是50人为一个班级，同一年级比较理想的招生状态一般是开设两至三个班级。就业方面，各高校均在学院官网开辟就业信息模块，为学生提供求职信息；从就业趋势来看，广告学、新闻学、网络与新媒体三个专业的招聘岗位较多，相对而言比较好就业。从就业领域而言，互联网/电子商务、广告业、影视媒体/艺术文化传播、文字媒体/出版、公关/市场推广/会展、咨询/人力资源等是新闻传播学类各专业毕业生最为集中的就业领域。

在办学理念和特色上，民办高校特别重视毕业生与社会需求的匹配度，重视订单式培养和自主学习相结合的办学理念。如北京城市学院该校毕业生以"用人单位留得住、用得上、干得好"受到社会各界的广泛好评，毕业生初次就业率连续12年保持95%以上，始终位于首都高校前列，在保证"好就业"的同时，实现了"出路好"，通过提高就业质量，提供专升本、本升研、留学深造途径，为毕业生职业生涯打下了良好的基础。

(5)师资队伍建设

民办高校教师由于在社会保障、培训进修等福利待遇方面，与公办高校存在较大的差异，因而人才引进存在一定难度，师资队伍稳定性较弱，流动性较大。虽然大多数民办高校都实施适合自身发展、形式各样的"人才强校"战略，重视培育集教学、科研和社会实践三位一体的复合型"双师"人才师资队伍；但由于待遇保障等问题，与公办高校相比，民办高校师资不足，特别是缺乏高学历高职称的教师。

但另一方面，民办高校具有特殊的体制机制的灵活性，在师资队伍建设、人才引进方面，可以发挥体制机制优势，配备高层次人才，充实教师队伍。目前民办高校师资的基本构成是：来自高校的专任教师、来自媒体或企业的实践型教师、来自公办高校的退休教师、来自学界业界的特聘与兼职教师等。这样形成的师资队伍既能满足专业理论教育又能够满足专业实训实践要求，在实行 OBE 教育理念的应用型高校中，成为人才培养的师资特色。民办高校在努力打造建立专兼结合、素质优良并适应应用型本科人才培养需要的高素质教师队伍。

2021 年 4 月，国务院修订民办教育促进法，完善了民办院校的教育发展与师资建设相关的法律保障体系。① 2024 年 1 月，为深入贯彻落实习近平新时代中国特色社会主义思想和党的二十大精神，充分发挥退休教师优势，加强民办学校教师队伍建设，助力民办教育高质量发展，教育部办公厅开展关于做好银龄教师支持民办教育行动实施工作，组织遴选一批优秀退休教师，面向各级各类民办学校，特别是民办高校开展支教、支研，每年计划选派约 2 万名。鼓励银龄教师投身西部地区、民族地区民办学校，投身行业、产业、企业急需的紧缺专业，帮助民办学校补短板、强弱项、提质量。② 这将很大程度弥补民办高校师资力量上的不足。

5.7.3 民办高校新闻传播教育改革探索与创新实践

5.7.3.1 民办高校新闻传播教育面临的机遇与挑战

在当今信息化、数字化时代，民办高校面临着前所未有的机遇与挑战。随着教育部

---

① 中华人民共和国民办教育促进法实施条例［EB/OL］.［2024-06-20］. http：//www.moe.gov.cn/jyb_sjzl/sjzl_zcfg/zcfg_jyxzfg/202110/t20211029_575965.html.

② 教育部办公厅关于做好银龄教师支持民办教育行动实施工作的通知［EB/OL］.［2024-02-02］. http：//www.moe.gov.cn/srcsite/A10/s7151/202402/t20240202_1114090.html.

对教育数字化战略行动的深入推进，民办高校需顺应时代变革，加快教育数字转型和智能升级，以应对日益激烈的教育竞争。智能化教育的崛起为学生提供了更加个性化的学习体验，同时也为民办高校带来了新的发展契机。

武汉理工大学原副校长张安福认为，智能教育是民办高校未来变革寻求突破的一个方向。当前实施教育数字化战略行动已经是教育部的一项重要工作部署，民办高校也要顺应时代变革，加快教育数字转型和智能升级。①

在深耕数智教育方面，天津仁爱学院校长杭建民教授指出，"近年来，天津仁爱学院大力推动办学模式创新，尤其是在数智化教育、产教融合等方面取得了显著进展。"该校在创新教学模式过程中，深耕数字化教育，致力于优化学生学习体验，比如智算工程学院与华为、中软国际合作，建设富有互动性和创新性的在线学习资源，为学科内涵建设提供有力支撑。②

智能化教育能够更好地满足学生的个性化需求，通过大数据可以对学生的兴趣、能力和学习效果进行精准分析；人工智能化下，学生自主学习将是常态，打破了地域和时间的限制，使得优质的教育资源得以共享，让更多的学生享受到高质量的教育，还能提升教学质量；智能化技术辅助教学在提高教学效率的同时，也能提升学生的理解和掌握能力；民办高校通过智能化教育这种创新的模式，增强自身竞争力的同时还能吸引更多的学生和资源，提高学校的知名度和影响力。

5. 7. 3. 2 民办高校新闻传播教育的改革探索

2023 年，是人工智能技术全面爆发的一年。为构建新发展格局，有效应对人工智能的快速发展，推动民办高校教育事业高质量发展，我国民办高校在 2023 年继续深入实施人才强校战略。

强国必先强教，强教必先强师。师资力量相对薄弱，是民办高校较为普遍存在的问题，这主要表现在：一是高层次人才的缺失，二是专任教师数量不足，三是多学科师资队伍结构亟待优化，面向"新文科"跨领域跨学科的人才培养体系改革力度尚显不足有待更大的突破。同时，高层次人才缺失、高水平科研梯队尚未形成，对学院科研发展、学科建设、硕士点建设 等方面的持续推进形成阻滞。为此，大力推进人才强校战略成为

---

① 民办高校应优化师资结构 持续提升办学质量和影响［EB/OL］.［2023-10-25］. https：//www. peihua. cn/info/1063/8422. htm.

② 天津仁爱学院校长杭建民：打造优势专业集群 助力解决"卡脖子"难题［EB/OL］.［2024-07-04］. https：//www. cnr. cn/tj/rdzht/2023tjjiaoyu/buju/fmt/20230704/t20230704_526315105. shtml.

各民办高校的普遍共识，特别是在人工智能与新媒体技能方面的跨专业师资队伍建设，已经列入一些民办高校的发展战略。

如武汉传媒学院、南京传媒学院、天津仁爱学院、天津传媒学院、辽宁传媒学院等民办高校，深化学科专业建设，以新文科建设为指引，积极探索"文理工艺"交叉融合学科建设新范式，推进专业优化和人才培养模式创新。

特别是天津仁爱学院，该校数智传媒与设计艺术学院有传播学、动画、数字媒体艺术、智能交互及产品设计5个专业，为适应人工智能技术赋权带来的挑战，加强师资队伍建设中新媒体综合实践能力，成为未来人才引进的重要指标。

该院积极发挥高校与行业专家团队作用，形成以天津市动画学会、天津市科教影视协会等为依托的行业性资源聚集与产科教融合平台，组织策划学会/协会相关的重要学术交流、产学研合作工作，促进合作交流，扩大区域及行业影响力。

5.7.3.3　民办高校新闻传播教育的创新实践

为有效应对媒体深度融合和人工智能的快速发展，一些民办高校采取多种方式，全面实施传媒教育教学的创新实践。如河北传媒学院通过交叉学科和专业集群的融合发展，创新智能时代"三跨三融四结合、学练干创一条线"人才培养模式和实现路径，全面扎实有效推进新文科内涵建设。"三跨三融四结合"是指：通过跨专业实现课程融合，形成德育课与专业课、新闻传播类各专业课、理论课与实践课之间相加相融的课程体系；通过跨学科实现资源融合，建构"新闻+技术""传媒+艺术"的师资队伍和以人工智能、生物传感、大数据等前沿技术为支撑的融媒体实验平台，整合校内外相关教育教学资源；通过跨领域实现标准融合，以"作品变产品"的理念引领，建立"教学标准+行业标准"的学生学习效果融合评价标准体系，努力实现理论与实践结合、学习与实训结合、课堂与基地结合、学界与业界结合的良性互动模式。①

西安欧亚学院的创新做法是，引入国际一流课程体系和教学资源，搭建国内前沿的在地国际化传媒教育平台。该校文化传媒学院首次联合蜚声国际新闻界的美国密苏里大学新闻学院推出"密苏里教学周"，开创了国内民办高校与世界知名新闻院校联合培养学生的先河。文化传媒学院还与旧金山艺术大学、伯恩茅斯大学开展了双语班国际项目的新尝试。

河南开封科技传媒学院，注重应用型人才创新能力培养，根据学生个人需求、知识

---

① 依托"舞台"创新人才培养模式——河北传媒学院转型发展纪实[N].中国教育报，2020-04-09.

储备和专业特长进行应用型人才分类培养。构建以系部为培养学生就业竞争力的责任主体、全员参与的高质量就业体系。推出了"教师上课达标考核""教师一人一招"等促进教学质量提高和学生应用能力提升的有力措施。

青岛电影学院传媒类专业主要包括：广播电视编导、播音与主持艺术、戏剧影视导演、影视摄影与制作、虚拟现实技术、录音艺术、艺术与科技、戏剧影视美术设计、数字媒体艺术、动画、新媒体艺术、电影学、网络与新媒体等专业。

该校探索新时代影视人才培养新路径，形成了一套完整的改革体系，主要包括：内生驱动产教融合续航领跑态势，产教一体打造影视人才输出新高地，毕业联合作业夯实产教融合根基，双师带动保障产教融合，国企背书产城融合加速崛起等创新举措。

从最初的"为考大学而来"到如今的"为电影梦想而来"，青岛电影学院的生源内生力，在梦想领衔下悄悄发生着变化。从梦想出发，奔着广阔的就业前景而来，奔着新兴行业需求而来，已经成为该校改革创新的重要标识。

（刘卫东、王梅芳、廖声武、司玲玲、李曼、孙娟、李柯剑、胡蕾、丁艺璇、徐丽花、邓利武）

6. 评估、评奖与排行榜篇

6.1 基于国内 4 种重要期刊的 2023 年新闻传播学研究态势分析

本节利用信息计量学、引文分析相关原理与方法，借助可视化文献分析软件 CiteSpaceIII，对 2023 年新闻传播学 4 种重要期刊国内文献从研究机构、研究队伍、研究内容、关键论文等方面进行分析，以期揭示新闻传播学学科研究现状，探测发展趋势，从而较为全面地认识和把握 2023 年国内新闻传播学研究发展脉络。

6.1.1 数据来源与处理

本数据来源主要为"CNKI 学术期刊库"及"CNKI 中国引文数据库"。具体来说，选取 4 种国内新闻传播学重要期刊作为数据来源，分别为《国际新闻界》(2023 版复合影响因子 6.414)、《新闻与传播研究》(2023 版复合影响因子 4.575)、《现代传播》(2023 版复合影响因子 3.301)和《新闻大学》(2023 版复合影响因子 3.804)。此处检索并统计了这 4 种期刊于 2023 年 CNKI 所刊载的论文(未统计卷首语、主持人语、专稿、访谈、美术书法雕塑与摄影等艺术作品)及引文数据，共获得 513 篇文献与 1274 条引文数据。"CNKI 中国引文数据库"中检索表达式为：被引文献来源＝"2023—2024 新闻传播学 A 类期刊"；引证文献来源＝"2023—2024 新闻传播学来源期刊"，论文发表时间＝"2023—2024"，论文被引年份＝"2023—2024"。检索时间为 2023 年 6 月 12 日。图 6-1 反映了 4 本期刊 2023 年发文量占比情况：《现代传播》共发文 230 篇，发文量占 2023 年 4 本期刊全部发文总量近一半，但相比 2021 年减少了 111 篇；《新闻与传播研究》发文 84 篇，《国际新闻界》发文 98 篇，《新闻大学》发文 101 篇，与往年相比基本持平。

6.1.2 2023 年新闻传播学核心研究机构分析

经统计，在 2023 年，共有 186 家教学科研机构为新闻传播学研究的发展添砖加瓦，

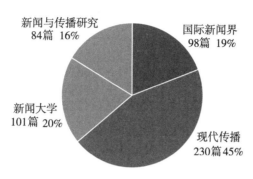

图 6-1　各刊载文量占比分布

其中以论文第一作者所署第一机构出现的机构为 136 家。根据论文署名，对研究机构进行了归并，即不区分一级机构下设的不同二级机构。如中国传媒大学新闻传播学部、中国传媒大学艺术学部均作为统一的一个机构；中国社会科学院研究生院已整合中国青年政治学院部分教育资源成立中国社会科学院大学，因此中国社会科学院研究所与中国社会科学院大学成果分开统计。2023 年，以论文第一作者所署机构名称统计，全年的机构发文名单(部分)如表 6-1 所示。

表 6-1　　　　　　　　　　　　**2023 机构全年发文量**

发文机构	发文数量	排名
中国传媒大学	36	1
中国人民大学	35	2
复旦大学	22	3
南京大学	17	4
厦门大学	17	
浙江大学	16	5
四川大学	13	6
北京师范大学	12	7
华中科技大学	11	8
上海交通大学	11	

续表

发文机构	发文数量	排名
暨南大学	10	9
清华大学	10	
武汉大学	10	
深圳大学	9	10
华东师范大学	8	11
山东大学	8	
西安交通大学	8	
中国社会科学院大学	8	
广州大学	7	12
上海大学	7	
福建师范大学	6	13
湖南师范大学	6	
华东政法大学	6	
苏州大学	6	
北京大学	5	14
北京外国语大学	5	
华中师范大学	5	
陕西师范大学	5	
浙江传媒学院	5	
中国社会科学院	5	
中山大学	5	
重庆大学	5	
北京交通大学	4	15
河北大学	4	
华南理工大学	4	
江西师范大学	4	
南昌大学	4	
南京师范大学	4	
首都经济贸易大学	4	

续表

发文机构	发文数量	排名
安徽大学	3	
安徽师范大学	3	
澳门科技大学	3	
北京电影学院	3	
北京工商大学	3	
北京邮电大学	3	
广东外语外贸大学	3	16
河南大学	3	
湖北大学	3	
山东师范大学	3	
上海外国语大学	3	
同济大学	3	
西北大学	3	
西北政法大学	3	
《国际新闻界》编辑部	2	
广西大学	2	
湖南大学	2	
江苏师范大学	2	
南京林业大学	2	
南开大学	2	
宁波大学	2	
青岛大学	2	17
上海社会科学院	2	
上海政法学院	2	
首都师范大学	2	
四川外国语大学	2	
西安外国语大学	2	
西南大学	2	

续表

发文机构	发文数量	排名
浙江工业大学	2	
郑州大学	2	
中国艺术研究院	2	
中国政法大学	2	17
中南大学	2	
中央民族大学	2	
重庆师范大学	2	
北京第二外国语学院	1	
北京航空航天大学	1	
北京联合大学	1	
大连理工大学	1	
大连外国语大学	1	
东北大学	1	
对外经济贸易大学	1	
广东财经大学	1	
广东工业大学	1	
广东金融学院	1	
广州华商学院	1	18
国防科技大学	1	
国际关系学院	1	
哈尔滨师范大学	1	
海南大学	1	
黑龙江大学	1	
湖南理工学院	1	
华南师范大学	1	
华侨大学	1	
吉林大学	1	
昆明理工大学	1	

续表

发文机构	发文数量	排名
兰州大学	1	
辽宁大学	1	
闽江学院	1	
南方医科大学	1	
南京财经大学	1	
南京传媒学院	1	
南京艺术学院	1	
宁波工程学院	1	
宁夏大学	1	
厦门理工学院	1	
山东省艺术研究院	1	
山西大学	1	
汕头大学	1	
上海工程技术大学	1	18
上海理工大学	1	
沈阳体育学院	1	
四川美术学院	1	
四川省社会科学院	1	
天津大学	1	
天津师范大学	1	
文华学院	1	
西藏民族大学	1	
西南交通大学	1	
西南民族大学	1	
西南政法大学	1	
香港城市大学	1	
新疆财经大学	1	
扬州大学	1	

续表

发文机构	发文数量	排名
云南民族大学	1	
长春师范大学	1	
浙江工商大学	1	
浙江万里学院	1	
中共湖南省委党校	1	
中共浙江省委党校	1	
中国出版集团公司	1	18
中国科学技术大学	1	
中国外文出版发行事业局	1	
中国印刷博物馆	1	
中南财经政法大学	1	
中南民族大学	1	
中央财经大学	1	

通过表 6-1 可知，2023 年我国新闻传播学主要研究机构有中国传媒大学、中国人民大学、复旦大学、南京大学、厦门大学、浙江大学等。其中，中国传媒大学作为我国规模最大的新闻传播专门院校，共刊发 36 篇论文。通过统计数据还可以得知，中国社会科学院（5 篇）（不含中国社会科学院大学）、上海社会科学院（2 篇）、中国艺术研究院（2篇）国际新闻界编辑部（2 篇）、山东省艺术研究院（1 篇）、四川省社会科学院（1 篇）、中共湖南省委党校（1 篇）、中共浙江省委党校（1 篇）等非高校研究机构也都参与新闻传播学研究，从各自行业出发为新闻传播学发展作出了贡献。2023 年，民办高校跻身 4大重要期刊，它们是广州华商学院（1 篇）、文华学院（1 篇）；来自业界的研究论文明显增多，以第一作者单位发文的有中国出版集团公司（1 篇）、中国外文出版发行事业局（1篇）、中国印刷博物馆（1 篇）。

6.1.3 2023 年新闻传播学核心研究队伍分析

经过对所收集数据的统计，在 2023 年，共有 841 位作者（其中 136 家教学科研机构的 474 位作者作为第一作者发文）共同构成了新闻传播学重要学术共同体，共同推动了新闻传播学研究的发展。

在科学研究中，通过对研究论文的统计分析，基本上可以找出某一时期内某一学科的领军人物。高产作者，表明某一学者在某一时期内一直勤于思考、敏于学习、笔耕不辍，研究成果丰硕；高被引作者，表明某一学者在某一时期内的学术理论、学术观点、研究方法等得到学术同仁的肯定与借鉴，研究成果社会影响力大；学术团队的核心，表明某一学者在某一时期内注重学术团队的建设与交流，并在学术团队中成为中坚力量。如果一个作者既是高产作者，又是高被引作者，同时又是学术团队的核心，可以认为是新闻传播学研究队伍中的领军人物。

高产作者可以直接以在 2023 年发表的论文数来衡量，论文总数排在前列的为高产作者。学术团队的核心，以作者在合作网络与共被引网络中是否处于核心节点来衡量。根据所收集的数据，在 2023 年国内新闻传播学的高产作者如表 6-2 所示（以论文所署第一作者计算）。

表 6-2 **2023 年新闻传播学研究高产作者（2 篇及以上）**

作者	所属机构	作者发文量
黄阳坤	清华大学	3
吴 飞	浙江大学	3
宣长春	厦门大学	3
朱至刚	四川大学	3
常 江	深圳大学	2
高金萍	北京外国语大学	2
胡 泳	北京大学	2
黄顺铭	四川大学	2
姬德强	中国传媒大学	2
柯小俊	华中科技大学	2
李 彪	中国人民大学	2
李 斌	中国社会科学院大学	2
李 沁	中国人民大学	2
梁君健	清华大学	2
廖圣清	复旦大学	2
马得勇	中国人民大学	2

续表

作者	所属机构	作者发文量
牛耀红	西安交通大学	2
塔 娜	中国人民大学	2
汤景泰	复旦大学	2
涂凌波	中国传媒大学	2
王积龙	上海交通大学	2
王雪驹	北京工商大学	2
王炎龙	四川大学	2
熊澄宇	中国传媒大学	2
闫 岩	中国人民大学	2
晏齐宏	北京交通大学	2
杨保军	中国人民大学	2
殷 琦	厦门大学	2
喻国明	北京师范大学	2
詹佳如	华东政法大学	2
张 放	四川大学	2
赵 瑜	浙江大学	2
钟智锦	中山大学	2
周仁清	厦门大学	2
朱江丽	南京大学	2

6.1.4　2023 年新闻传播学主要研究内容分析

2023 年，从检索统计结果来看，论文研究内容呈现出社会化、技术化、人文化、交叉化、国际化的分布态势。虽然不同学者从不同角度在新闻传播学领域进行研究，并产生了众多的细分研究领域，但在研究方向上还是有一定的聚焦性，研究重点具有一致性；同时，基于对外部环境及技术进步的即时反应，研究前沿具有时效性。

关键词是作者对文章核心研究内容的精练，学科领域里高频次出现的关键词和从数据样本中，对每一篇文献进行提取后分析出的名词短语可被视为该领域的研究热点。高频关键词一定程度上反映学科研究重点，本节根据高频关键词来确定 2023 年新闻传播学的研究重点。对 CNKI 期刊论文关键词进行整理排序，将学科内专指性不强的"传播""传播学""新闻""新闻学""媒体""媒介"等词汇排除后，列出排在前 18 位（词频≥5）的高频关键词如图 6-2 所示。与 2022 年高频关键词对比可见，"国际传播""社交媒体"和"短视频"依然位列前三，"人工智能""智能传播""数字平台"等关键词热度持续上升。这种状况所反映的景观是，人工智能在内容创作方面持续发力，ChatGPT 类应用持续进化，并在文生图、文生视频方面取得突破性进展。AIGC 类应用对新闻传播学科的研究提出了现实的要求。

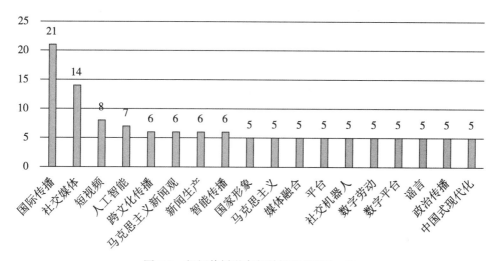

图 6-2　新闻传播学高频关键词（词频≥5）

为更直观地展示高频词，探测学科领域研究重点，在 CiteSpaceIII 导入数据，其他设置参数不变，节点类型选为关键词（Keyword），运行程序，生成图 6-3 所示的关键词共现知识图谱。

从图 6-2 和图 6-3 并结合往年相关知识图谱研究可以看出，国内众多新闻传播学研究人员在持续将研究重心扩展到社交媒体、人工智能、AIGC 等研究领域后，近年开拓了智能传播、人机传播、泛在媒介等传播新领域的研究。这表明 2023 年我国新闻传播学学科与时俱进、立足实践，形成了瞄准前沿、学以致用的研究特色。

根据高频关键词网络共现做聚类分析，生成如图 6-4 所示知识图谱。从图 6-4 可以发现，2023 年我国新闻传播学研究主要关注点在：社交媒体、数字劳动、意识形态、谣言、智能传播、人际传播、媒介化这 7 个领域。

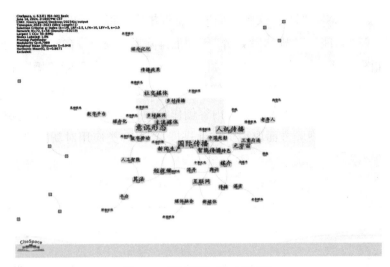

图 6-3　关键词共现知识图谱

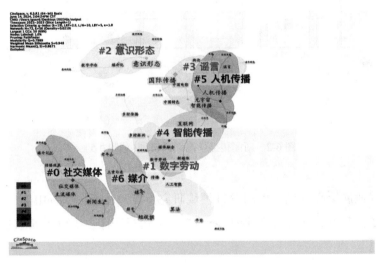

图 6-4　关键词聚类知识图谱

6.1.5　2023 年新闻传播学关键研究论文分析

在 2023 年，新闻传播学 4 种重要期刊共发表 513 篇学术论文。在这些论文中，有些论文一经发表，就得到了学术同仁的广泛认可，通过引证关系，慢慢成长为高影响力的论文，成为这一时期内反映新闻传播学研究动态与发展趋势的关键论文。

6.1.5.1 高被引论文

基本科学指标数据库（Essential Science Indicators，ESI）设计了"高被引论文"这一指标，即指发表于 10 年、最多 11 年内各领域中被引用次数前 1% 的文章。高被引论文具有学科导航作用，对相关学科和领域也有一定的辐射功能，高被引论文揭示着学科研究方向，一定程度体现了学科研究热点。借鉴这一思路，本节依照共时百分比的计算方法来确定 2023 年新闻传播学顶尖论文，即把 2023 年至今被引频次前 1% 的论文作为顶尖论文。具体来说，根据 CNKI 引文数据库检索所得引文数据，对 2023 年新闻传播学 4 种重要期刊论文进行统计分析，将被引频次排在前 1% 的论文视为 2023 年的高被引论文。普莱斯认为在科学论文集合中，只有有限的论文被引用，而新发表而又被较多引用的论文更是极少数。引文网络中，这些被引频次高的小部分论文可视为学科的新的生长点，成为热门的科学前沿。

截至 2024 年 6 月 12 日，全部 513 篇文章中有 379 篇论文被引用，总引用次数为 1274 次。经过计算，论文被引频次前 1% 阈值为 12，生成如表 6-3 所示的 2023 年新闻传播学研究高被引论文列表。

表 6-3　　　　　　　　**2023 年新闻传播学研究的高被引论文**

序号	题名	作者	来源	发表时间	被引量
1	从 ChatGPT 透视智能传播与人机关系的全景及前景	彭　兰	新闻大学	2023.4.15	41
2	审美茧房：数字时代的大众品位与社会区隔	常　江 王雅韵	现代传播	2023.1.15	23
3	拟人化趋势下的虚拟主播实践与人机情感交互	赵　瑜 李孟倩	现代传播	2023.1.15	19
4	"数字共通"：理解数字时代社会交往的新假设	吴　飞 傅正科	新闻与传播研究	2023.6.25	18
5	中国媒体融合 30 年研究	方兴东 顾烨烨 钟祥铭	新闻大学	2023.1.15	17
6	中国特色国际传播战略体系建构框架	陈　虹 秦　静	现代传播	2023.1.15	15

序号	题名	作者	来源	发表时间	被引量
7	智能内容生成的实质、影响力逻辑与运行范式——ChatGPT 等智能内容生成现象透视与解析	陆小华	新闻大学	2023.4.15	14
8	依附与重构：试论中国自主新闻传播学知识体系建设	张涛甫 姜 华	新闻与传播研究	2023.9.25	13
9	新闻推荐必然导致"茧房"效应吗？——基于模拟新闻平台的实验研究	刘 茜 汤清扬 闵 勇 傅晨波 赵芸伟	新闻大学	2023.2.15	12

根据表 6-3 分析可知，2023 年新闻传播学研究的 9 篇顶尖论文中，作者分布较为分散，即未出现高被引文章显著集中于少数作者的情况。

6.1.5.2 "热点"论文

热点论文能够反映学科最新的科学发现和研究动向，表明该研究取得了突破性进展，其成果引发了相关领域的研究热点，从而有利于进一步跟踪学科发展趋势。本节借鉴 ESI 高被引论文的做法，用下载量来确定热点论文，具体来说，从 CNKI 中国引文数据库检索所得下载数据，对 2023 年新闻传播学 4 种重要期刊论文进行统计分析，将被下载总量在前 10 位的论文视为热点论文，生成表 6-4。

表 6-4　　　　　　　新闻传播学研究热点论文（截至 2024 年 6 月 12 日）

题名	作者	下载量	来源	发表时间	被引量
2022 年中国的传播学研究	《国际新闻界》传播学年度课题组	9553	国际新闻界	2023.1.15	11
从 ChatGPT 透视智能传播与人机关系的全景及前景	彭 兰	8971	新闻大学	2023.4.15	41

题名	作者	下载量	来源	发表时间	被引量
人的价值与自主性：智能传播时代的人类关切——2022 年新媒体研究述评	苏 涛 彭 兰	8138	国际新闻界	2023. 1. 15	6
空间漫游与想象生产：在线影像中"网红城市"的媒介化建构	金圣钧 李江梅 李宇皓 金楚浩	6838	新闻与传播研究	2023. 5. 25	10
消费主义逆行：基于豆瓣反消费主义小组的网络民族志观察	董天策 何 璇	6568	国际新闻界	2023. 5. 15	3
2022 年中国的新闻学研究	《国际新闻界》新闻学年度课题组	6003	国际新闻界	2023. 1. 15	5
立场、情感、注意力与选择性接触：舆论极化的影响要素分析	汤景泰 徐铭亮 星 辰	5715	国际新闻界	2023. 1. 15	7
国际社交媒体上的中国食物旅程叙事策略及效果研究——基于 YouTube 平台的大数据分析	戴 鑫 马永超 金子越 刘 莉 张 毅	5300	新闻与传播研究	2023. 2. 25	7
"拖更的鸽子"：平台内容生产劳动中的弹性关系——一项基于哔哩哔哩的探索性研究	殷 琦 林 毅	4991	新闻与传播研究	2023. 12. 25	/
社会临场感和情绪响应：青少年移动短视频依恋的影响因素——基于混合方法	金恒江 刘圆圆	4772	新闻与传播研究	2023. 8. 25	2

2023 年，随着线下生产生活的全面恢复，传播媒介生态环境也随之调整。我国新闻传播学界继续以马克思主义新闻观为指导，在对学科范式与经典新闻观念的持续反思下，推进新闻理论研究。研究者们通过梳理中国新闻理论发展方向与创新可能的元问题，力图构建中国新闻理论创新的自主知识体系。研究涵盖多方面的议题，从历

史社会的报刊实践到现代公共卫生事件中的谣言治理，再到新兴电竞产业的情感实践。这些研究不仅反映了新闻传播领域的多样性，也展示了其在社会动员、情感文化和风险管理等方面的重要性。总的来看，2023年的新闻传播研究在多方面取得了丰富的成果。研究者们不仅关注新现象和日常性议题，努力在新的研究领域中发现和解决问题，还拓展了研究对象的范围，关注空间、物等方面，以全面认识新闻传播的本质和影响。

（湖北大学新闻传播学院　曹鹏、廖声武）

6.2　国家社会科学基金2023年度项目立项数据分析

本节以国家社科基金网站公布的2023年各类国家社科基金项目数据为依据，梳理了2023年度新闻传播类国家社科基金项目立项情况。主要研究对象为国家社科基金重大项目、研究阐释党的二十大精神国家社科基金重大项目、年度项目、青年项目、西部项目、后期资助项目、优秀博士论文出版项目、中华学术外译项目等，研究样本为2023年上述项目中所立项的新闻学与传播学项目，不包含重大项目的子课题。

需要说明的是：一是由于国家社科基金重大项目所占比重较大，较多学者建议对其进行重点分析，因此此次报告在统计过程中将其单独列出，第二部分中相关数据不包括重大项目，但在分析主题的过程中，将重大项目与其他项目统计在一起，以便更好地体现2023年新闻学与传播学学科研究的总体状况。二是除研究阐释党的十九届六中全会重大项目更换为研究阐释党的二十大精神国家社科基金重大项目外，其他项目类别均与上一年保持不变。三是研究样本仅以国家社科基金网站公布的"新闻学与传播学"学科类别为统计对象，未标明学科类别的由人工甄别加以确认。其他教育学项目和艺术学重大项目等单列学科及专项工程不计入此次统计范畴，公告中涉及需进一步核实的项目也不纳入分析。

6.2.1　立项课题的描述性分析

2023年国家社科基金新闻传播类项目申报坚持以习近平新时代中国特色社会主义思想为指导，全面贯彻落实党的二十大精神，推动中国特色哲学社会科学学科体系、学术体系、话语体系建设，更好服务党和国家工作大局。2023年，国家社科基金项目共批准立项6917项（包括重大项目、研究阐释党的二十大精神国家社科基金重大项目、年度项目、青年项目、西部项目、后期资助项目、优秀博士论文出版项目、中华学术外译项目等 8 个类别），其中新闻学与传播学学科共立项 229 项，占 2023 年全国总立项数 3.31%（见表 6-5）。从总体占比来看，2023 年，新闻学与传播学立项课题数占全国总立项数相较上一年有所提升，并保持在较为稳定的数量区间，暂未回到 2020 年的高位。

表 6-5 　　　　　　　**2023 年新闻传播学学科与全国总立项数对比**

项目类别	新闻传播学立项数(项)	全国立项总数(项)	新闻传播学立项占比
重大项目	12	333	3.60%
研究阐释党的二十大精神	2	135	1.48%
年度项目	131	3578	3.66%
青年项目	34	1212	2.81%
西部项目	12	427	2.81%
后期资助项目	32	924	3.46%
优秀博士论文出版项目	4	74	5.41%
中华学术外译项目	2	234	0.85%
总计	229	6917	3.31%

从 2023 年各类项目分布来看，项目数量结构与往年基本保持一致。年度项目最多，为 131 项，占全部新闻传播类国家社科基金项目总数的 57.21%，其次为青年项目，共 34 项，占立项总数的 14.85%；再者为后期资助项目，占立项总数的 13.97%（见表 6-6）。另外，重大项目总数较 2022 年立项数有所减少，为 14 项，占 6.11%（见图 6-5）。这四类项目共计 211 项，占总立项数的 92.14%。其余依次包括西部项目、优秀博士论文出版项目及中华学术外译项目，共计 18 项，占总立项数的 7.86%。

表 6-6 　　　　　　**2023 年新闻与传播类国家社科基金项目各项目所占比重**

项目类别	数量(项)	占比
重大项目(含研究阐释党的二十大精神项目)	14	6.11%

续表

项目类别	数量(项)	占比
年度项目	131	57.21%
青年项目	34	14.85%
西部项目	12	5.24%
后期资助项目	32	13.97%
优秀博士论文出版项目	4	1.75%
中华学术外译项目	2	0.87%
总计	229	100.00%

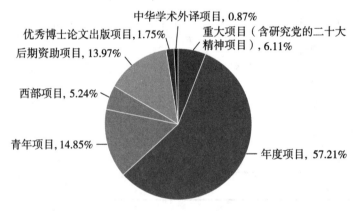

图 6-5　2023 年新闻与传播学国家社科项目类别分布图

　　结合近三年(2021—2023)的新闻传播学学科立项课题数量变化，可以发现，立项数量总体保持稳定，但一些项目类别有较明显的变化趋势(见表 6-7)。重大项目立项数量呈现递减趋势，由 2021 年的 17 项减少至 2023 年的 14 项。在这一趋势下，接下来的项目申报工作需要在重大项目中集中发力，通过新闻传播学科的科学研究回应国家重大战略需求，特别是围绕建构中国新闻传播学知识体系，更好地为全面建设社会主义现代化国家服务等重大命题开展学术研究；与此同时，西部项目、后期资助项目两类呈现先升后降的趋势，但总体变化幅度不大；此外，青年项目呈现递增趋势；年度项目、优秀博士论文出版项目、中华学术外译项目数量保持稳定。

表 6-7 　　　　　　**2021—2023 年新闻传播学学科立项课题数量统计表**

项目类别		项目数量(项)		
年份		2021 年	2022 年	2023 年
重大项目		17	16	12
研究阐释党的十九届五、六中全会精神和党的二十大精神重大项目		1	6	2
年度项目	重点项目	10	10	12
	一般项目	120	118	119
青年项目		30	30	34
西部项目		9	13	12
后期资助项目		29	33	32
优秀博士论文出版项目		3	2	4
中华学术外译项目		3	1	2
总计		222	229	229

注：为了方便说明，将 2023 年的年度项目按照重点项目和一般项目与 2021 年和 2022 年进行数据比较。

在中华民族伟大复兴战略全局和世界百年未有之大变局的时代背景下，2023 年新闻传播类国家社科基金项目坚持以习近平新时代中国特色社会主义思想为指导，深入贯彻党的二十大精神，聚焦重大学术问题和现实问题，积极开展理论探讨和应用研究。通过对立项项目分析能够发现，项目主题主要回应了三个时代主题：①以中国式现代化为引领，加强学科体系、学术体系和话语体系建设的自主性，打造以马克思主义新闻观为引领的具有中国特色、中国风格、中国气派的新闻传播学知识体系，服务党和国家事业发展大局。②坚守中华文化立场，兼具国际开放视野，加快构建中国话语和中国叙事体系，讲好中国故事、传播好中国声音，创新增强中华文明国内外传播力、影响力。③坚持以人民为中心，遵循传播规律，探讨网络社会、法治社会、风险社会等新闻信息传播场景以及大数据、人工智能和元宇宙等新技术与少数民族、乡村、老年、青年、女性等群体的现实关系及实际影响，保障互联网成为我国社会稳定与经济健康发展的重要"压舱石"。下面通过对项目所属区域、所属机构、项目负责人、项目关键词等逐一梳理，详细分析 2023 年新闻传播学国家社科基金项目特点。

6.2.2 项目所属区域、机构

6.2.2.1 立项区域分布

本部分所分析的数据为2023年新闻传播学学科除重大项目立项外的其他课题,共计215项,重大项目(包括阐释党的二十大精神国家社科基金重大项目)将于文章第三部分单独分析。从区域分布上看,2023年立项数大于10项的有北京、江苏、广东、上海、浙江、湖北6地,共立项118项,合计占总立项数目的54.89%,位居第一梯队。立项数大于等于5项的有福建、四川、湖南、陕西、河南、重庆、山东、广西、安徽等9地,共立项66项,占总数的30.70%,位居第二梯队。此外,江西、辽宁、天津、云南、吉林、新疆、甘肃、贵州、海南共立项28项,占比13.02%,位居第三梯队;河北、黑龙江、宁夏分别有1项立项,占比1.40%,位列第四梯队。对比近三年数据发现,北京、广东两地稳居三甲行列,江苏立项数连续两年增加,势头较为强劲;同时,第一梯队的项目集中度进一步下降,第二梯队立项数量有所减少,但第三梯队立项数量大幅增加(见表6-8)。这一趋势促使新闻传播学科课题资源分布更加均衡,为第三梯队的区域配置了更多的学术资源,推动了学科区域间协同发展。

表 6-8 近三年国家社科基金新闻传播学立项课题区域分布统计表(重大项目除外)

2023 年			2022 年			2021 年		
地区	项目数	占比	地区	项目数	占比	地区	项目数	占比
北京	38	17.67%	北京	26	12.56%	北京	34	16.75%
江苏	21	9.77%	上海	19	9.18%	上海	21	10.34%
广东	18	8.37%	广东	16	7.73%	广东	20	9.85%
上海	17	7.91%	江苏	15	7.25%	浙江	17	8.37%
浙江	13	6.05%	湖北	14	6.76%	湖北	13	6.40%
湖北	11	5.12%	重庆	11	5.31%	江苏	13	6.40%
福建	10	4.65%	四川	9	4.35%	陕西	10	4.93%
四川	9	4.19%	浙江	9	4.35%	四川	8	3.94%
湖南	9	4.19%	福建	8	3.86%	重庆	8	3.94%
陕西	8	3.72%	河南	8	3.86%	福建	7	3.45%

续表

2023 年			2022 年			2021 年		
河南	7	3.26%	湖南	8	3.86%	河南	7	3.45%
重庆	6	2.79%	江西	7	3.38%	山东	5	2.46%
山东	6	2.79%	云南	7	3.38%	安徽	4	1.97%
广西	6	2.79%	广西	7	3.38%	湖南	4	1.97%
安徽	5	2.33%	山东	6	2.90%	江西	4	1.97%
江西	4	1.86%	陕西	6	2.90%	辽宁	4	1.97%
辽宁	4	1.86%	河北	5	2.42%	云南	4	1.97%
天津	4	1.86%	内蒙古	5	2.42%	广西	3	1.48%
云南	4	1.86%	辽宁	4	1.93%	吉林	3	1.48%
吉林	3	1.40%	新疆	4	1.93%	甘肃	2	0.99%
新疆	3	1.40%	黑龙江	2	0.97%	河北	2	0.99%
甘肃	2	0.93%	吉林	2	0.97%	黑龙江	2	0.99%
贵州	2	0.93%	宁夏	2	0.97%	青海	2	0.99%
海南	2	0.93%	西藏	2	0.97%	新疆	2	0.99%
河北	1	0.47%	安徽	1	0.48%	海南	1	0.49%
黑龙江	1	0.47%	甘肃	1	0.48%	内蒙古	1	0.49%
宁夏	1	0.47%	贵州	1	0.48%	宁夏	1	0.49%
			海南	1	0.48%	西藏	1	0.49%
总计	215	100%	总计	207	100%	总计	204	100%

6.2.2.2 立项单位及其隶属系统

从立项单位来看，除重大项目外，2023 年新闻传播类国家社科项目承担单位共有 143 家，其中高校承担项目数量为 207 项，占总立项项目数（215 项）的 96.28%；社科院承担 5 个项目，中科院承担 1 个项目，中央国家机关承担 1 个项目，军队系统承担 1 个项目（见表 6-9）。在高校立项课题中，"985"（含 985 平台）和"211"工程高校共立项 110 项，占比 51.16%，一般高校承担项目 97 项，占立项总数 45.12%。

表 6-9　　　**2023 年新闻与传播学国家社科各单位立项比重表（重大项目除外）**

单位类别		数量（项）	占　比
高校	"985""211"高校	110	51.16%
	一般高校	97	45.12%
社科院		5	2.33%
中科院		1	0.47%
中央国家机关		1	0.47%
军队系统		1	0.47%
总计		215	100.00%

　　从各单位承担项目数量（除重大项目外）来看，暨南大学位列第一，立项项目数为 7 项；中国传媒大学紧随其后，立项项目数为 6 项；苏州大学位居第三，立项项目数为 5 项；此外，复旦大学、华中科技大学、南京大学、南京师范大学、四川大学、中国人民大学等 6 所高校获得 4 个项目，并列第四位。另外有 6 个单位主持 3 项，27 个单位主持 2 项，101 个单位主持 1 项（见表 6-10）。

表 6-10　　　**2023 年新闻与传播学类国家社科基金项目立项单位排序表**

排名	工作单位	数量（项）
1	暨南大学	7
2	中国传媒大学	6
3	苏州大学	5
4	复旦大学	4
4	华中科技大学	4
4	南京大学	4
4	南京师范大学	4
4	四川大学	4
4	中国人民大学	4
10	福建师范大学	3
10	上海交通大学	3

续表

排名	工作单位	数量（项）
10	西安交通大学	3
10	浙江传媒学院	3
10	中国社会科学院新闻与传播研究所	3
10	中央民族大学	3
16	安徽大学	2
16	北京大学	2
16	北京印刷学院	2
16	广西财经学院	2
16	广西师范大学	2
16	广州大学	2
16	湖北大学	2
16	湖南工业大学	2
16	华南理工大学	2
16	华侨大学	2
16	吉林大学	2
16	江西师范大学	2
16	南京林业大学	2
16	厦门大学	2
16	山东大学	2
16	陕西师范大学	2
16	四川外国语大学	2
16	天津师范大学	2
16	同济大学	2
16	武汉大学	2
16	西安外国语大学	2
16	新疆财经大学	2
16	浙江大学	2

续表

排名	工作单位	数量（项）
16	郑州大学	2
16	中国政法大学	2
16	中山大学	2
16	重庆大学	2
43	安庆师范大学	1
43	北京第二外国语学院	1
43	北京工商大学	1
43	北京工业大学	1
43	北京航空航天大学	1
43	北京交通大学	1
43	北京师范大学	1
43	北京外国语大学	1
43	北京邮电大学	1
43	北京语言大学	1
43	成都体育学院	1
43	大理大学	1
43	大连理工大学	1
43	大连外国语大学	1
43	东北师范大学	1
43	东华大学	1
43	福州大学	1
43	广东金融学院	1
43	广东外语外贸大学	1
43	广西大学	1
43	贵州大学	1
43	贵州师范大学	1
43	国家计算机网络与信息安全管理中心	1

续表

排名	工作单位	数量(项)
43	海南大学	1
43	杭州电子科技大学	1
43	合肥学院	1
43	河北大学	1
43	河南大学	1
43	河南工业大学	1
43	黑龙江大学	1
43	湖南大学	1
43	湖南第一师范学院	1
43	湖南科技大学	1
43	湖南中医药大学	1
43	华东师范大学	1
43	华东政法大学	1
43	华南师范大学	1
43	华中师范大学	1
43	黄淮学院	1
43	吉首大学	1
43	井冈山大学	1
43	景德镇陶瓷大学	1
43	辽宁大学	1
43	辽宁师范大学	1
43	鲁东大学	1
43	南京财经大学	1
43	南京航空航天大学	1
43	南京邮电大学	1
43	南开大学	1
43	南宁师范大学	1

排名	工作单位	数量（项）
43	宁波大学	1
43	宁波工程学院	1
43	宁夏大学新华学院	1
43	莆田学院	1
43	青岛大学	1
43	清华大学	1
43	三亚学院	1
43	厦门理工学院	1
43	山东工商学院	1
43	汕头大学	1
43	上海大学	1
43	上海理工大学	1
43	上海社会科学院	1
43	上海师范大学	1
43	上海政法学院	1
43	深圳大学	1
43	首都经济贸易大学	1
43	四川师范大学	1
43	宿迁学院	1
43	天津大学	1
43	武汉理工大学	1
43	西北大学	1
43	西北民族大学	1
43	西北师范大学	1
43	西南大学	1
43	西南林业大学	1
43	西南民族大学	1

排名	工作单位	数量（项）
43	西南政法大学	1
43	新疆大学	1
43	徐州工程学院	1
43	扬州大学	1
43	云南大学	1
43	云南师范大学	1
43	战略支援部队信息工程大学	1
43	长沙理工大学	1
43	长沙学院	1
43	浙江工商大学	1
43	浙江工业大学	1
43	浙江科技学院	1
43	浙江理工大学	1
43	浙江外国语学院	1
43	中国海洋大学	1
43	中国科学技术大学	1
43	中国科学院文献情报中心	1
43	中国劳动关系学院	1
43	中国社科院科研局	1
43	中南民族大学	1
43	中央财经大学	1
43	中原工学院	1
43	重庆理工大学	1
43	重庆师范大学	1

通过近三年（2021—2023）前10家立项单位立项数（见表6-11）对比能够发现，暨南大学表现稳定并以7项立项数保持第一位，表现亮眼；中国传媒大学立项数较前年有所

增加，位居第二；苏州大学势头强劲，以 5 项立项数位居第三。从数据上看，2023 年共前 10 家单位立项数 45 项，占比为 20.93%；2022 年共前 10 家单位立项数 43 项，占比为 20.87%；2021 年前 10 家单位立项数 41 项，占比为 20.10%。近三年排名前 10 的立项单位的立项数总体保持稳定，占全部立项数量的 1/5 左右。从具体立项单位能够看出国家社科基金项目新闻传播类立项存在单位集中的现象，新增项目较多的高校常年保持稳定；其他单位应向稳定排名靠前的单位学习申报经验，由此促进新闻传播学术共同体健康成长。

表 6-11　　　　近三年前 10 家立项单位立项数集中度对比（重大项目除外）

2023 年		2022 年		2021 年	
立项单位	立项数	立项单位	立项数	立项单位	立项数
暨南大学	7	暨南大学	6	中国传媒大学	8
中国传媒大学	6	复旦大学	5	暨南大学	5
苏州大学	5	河北大学	4	南京大学	5
复旦大学	4	上海大学	4	西安交通大学	4
华中科技大学	4	四川外国语大学	4	浙江大学	4
南京大学	4	武汉大学	4	北京师范大学	3
南京师范大学	4	新疆大学	4	复旦大学	3
四川大学	4	郑州大学	4	广东外语外贸大学	3
中国人民大学	4	中国传媒大学	4	河南工业大学	3
福建师范大学	3	中国人民大学	4	华南理工大学	3
合计	45	合计	43	合计	41
总立项数	215	总立项数	207	总立项数	204
占比	20.93%	占比	20.87%	占比	20.10%

注：单位排序以首字母排序，因此存在数量一致没有上榜的情况，排序仅供参考。

6.2.3　重大项目立项情况

2023 年新闻学与传播学学科重大项目共立项 14 项（包括重大项目 12 项、研究阐释党的二十大精神国家社科基金重大项目 2 项），相较 2022 年出现下降情况。从地域分布来看，广东最多，获批 3 项重大项目；北京、上海、山东 3 地分获批 2 项重大项目，陕西、四川、江苏、浙江、重庆等 5 地各获批 1 项重大项目。可以发现，重大项目较多分布于沿海地区，并且重大项目向新闻传播教育资源优势地区集中的趋势进一步显现。从所属单位上看，14 个重大项目分属 12 个单位，延续了较为分散单位立项的特点，为更多单位提供了中标重大项目的机会；暨南大学和山东大学各立项 2 项，其他单位分别有 1 个立项（见表 6-12）。14 个重大立项项目全部来自高校系统，其中"985"（含"985"平台）工程高校共获立项数 7 项，"211"工程高校获立项数 5 项，一般高校获立项数 2 项（见图 6-6）。从负责人职称情况来看，获得立项的 22 位学者专业职称正高级占比 100%，说明专家学者在关切国家重大命题的能力和专业研究的使命感进一步增强。

表 6-12　　　　　**2023—2021 年新闻与传播学重大项目立项数对比表**

2022 年		2021 年		2020 年	
立项单位	立项数（项）	立项单位	立项数（项）	立项单位	立项数（项）
暨南大学	2	中国人民大学	2	北京外国语大学	1
山东大学	2	中国传媒大学	2	中国传媒大学	1
中国传媒大学	1	华中科技大学	2	中国人民大学	1
陕西师范大学	1	复旦大学	1	广州大学	1
四川大学	1	厦门大学	1	郑州大学	1
上海交通大学	1	北京外国语大学	1	华中科技大学	1
苏州大学	1	山西大学	1	武汉大学	1
华南理工大学	1	广东外语外贸大学	1	武汉体育学院	1
上海理工大学	1	北京大学	1	南京大学	1
浙江大学	1	上海大学	1	南京师范大学	1
西南政法大学	1	西安外国语大学	1	山东大学	1
北京师范大学	1	武汉大学	1	西安交通大学	1
		四川大学	1	上海交通大学	1
		山东大学	1	上海体育学院	1
		四川外国语大学	1	南开大学	1
		浙江清华长三角研究院	1	浙江传媒学院	1
		清华大学	1	浙江大学	1
		华东师范大学	1	华东师范大学	1
总计	14		22		18

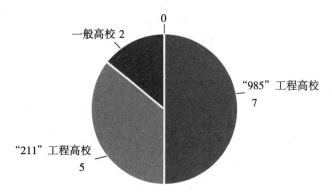

图 6-6　2023 年新闻与传播学国家社科基金重大项目各单位立项比重

针对立项项目题目文本进行分析，能够发现 2023 年国家社科基金新闻传播类重大项目非常重视"近现代中国新闻史"方向的研究，涉及近现代中国共产党宣传工作史、新闻通讯社史料、古籍出版事业史的资料整理与资料库建设，共出现 4 个项目，占比 28.57%；其次，新闻传播类重大项目还关注"国际传播"方面的研究，共出现 3 个相关项目(包括中国人权观、中华文明影响力、海外网络传播力等)，占比为 21.43%；此外，新闻传播类重大项目还涉及数字人文传播研究、算法传播本土理论体系建构、出版业深度融合发展、新闻真实性在新兴媒体形态智能媒体下所面临的挑战和治理情况等相关课题。这些项目具有大局观和时代性，均很好地体现了新闻传播学科对国家重大发展方向的学术回应，是深入贯彻学习党的二十大精神的生动体现。

6.2.4　项目的主题内容

6.2.4.1　关键词分析

为分析 2023 年新闻传播学类国家社科基金项目所关注的热点话题，通过人工切词的方法将 229 个项目(含重大项目)中有一定含义及反映倾向的词归类，然后对这些关键词进行筛选，剔除一些不具有明确指向性词语，最终保留了出现频次 4 次以上的 64 个有效关键词(见表6-13)；并结合相应软件，生成出 2023 年新闻与传播学国家社科基金项目关键词云图(见图6-7)。

表 6-13　　　　　　**2023 年新闻传播类国家社科基金项目关键词**

序号	关键词	词频
1	数字	30
2	治理	29
3	媒介	23
4	国际传播	19
5	网络	15
6	体系	14
7	乡村	13
8	社会	12
9	舆论	11
10	形象	11
11	融合	10
12	社交	10
13	视频	10
14	主流媒体	9
15	话语	9
16	中国共产党	9
17	创新	9
18	县级媒体	9
19	平台	9
20	现代化	8
21	出版	8
22	史料	8
23	宣传	8
24	人工智能	8
25	地区	8

续表

序号	关键词	词频
26	效能	7
27	智能媒体	7
28	生态	7
29	情绪	6
30	风险	6
31	共同体	6
32	叙事	6
33	算法	6
34	数字化	5
35	中华文明	5
36	舆情	5
37	青少年	5
38	少数民族	5
39	中华民族	5
40	技术	5
41	价值	4
42	知识	4
43	劳动	4
44	跨文化	4
45	海外	4
46	伦理	4
47	西南	4
48	一带一路	4
49	品牌	4
50	故事	4
51	城市	4

序号	关键词	词频
52	版权	4
53	中华文化	4
54	符号	4
55	中国式	3
56	社区	3
57	西方	3
58	记忆	3
59	报刊	3
60	红色	3
61	动画	3
62	情感	3
63	综合治理	3
64	健康	3

从表 6-13 和图 6-7 可以看出，2023 年新闻传播类国家社科基金项目关键词词频呈现出如下特征：一是"数字"话题成为全年新闻传播类项目关注的焦点，"数字"这一关键词出现 30 次，较上一年继续增加，相关项目主要聚焦在数字时代背景下不同年龄群体、不同地域社会、不同媒体平台的媒介实践；二是"治理"词频仍处高位，较为关注基层地区、公共事件以及伦理规范问题的舆情风险治理；三是"媒介"词频与上年基本保持一致，重点讨论中国式现代化下媒介形态的社会变迁和交往革命；四是"国际传播"，关注"中国电影""中国医药""中国品牌""中国女性""中国故事"等中国名片海外认同的历史过程、叙事方式和制约因素，并提出相应的优化策略；五是围绕"体系"建设开展研究，探索新闻传播学自主知识体系、全媒体传播体系、算法传播本土理论体系、地区宣传体系等体系建构的具体方向与时代价值；六是从"乡村振兴""乡村治理""政策反馈"等不同视域出发，探讨数字乡村共同体建设所处困境、效能评估和应对策略；七是以"主流媒体"为关键词，探究新技术和新形势下主流媒体形象建构、叙事框架、情感传播的影响因素与创新路径；八是聚焦"中国共产党"，一方面搜集整理中国共产党近现代报刊史和宣传工作史，并建设相应的数据库，另一方面深入分析新时代中

图 6-7　2023 年新闻与传播学国家社科基金项目关键词云图

国共产党海外形象国际认同的现状；九是围绕"平台"这一关键词，探讨网络空间中新媒体平台的生产方式、生态系统和影响机制以及治理方向；十是以"出版"为切入点，重点关注"儿童出版产业""人工智能出版物"与"人文社科类学术著作"等不同出版产业和出版刊物，并注重不同历史时期出版史料的整理与研究。

6.2.4.2　项目的研究主题

2023 年新闻传播学国家社科基金项目以习近平新时代中国特色社会主义思想为理论指导，深入学习贯彻落实党的二十大精神，聚焦现实问题，谱写时代篇章。《国家社科基金项目 2023 年度课题指南》（以下简称《课题指南》）对学者们的立项课题有较强的指导作用。针对新闻学与传播学学科，《课程指南》提供了 57 个学科选题，其中"数字"一词出现最多，达 8 项，能够发现 2023 年对"数字"相关话题具有较高的关注度；其次是"国际"，词频出现了 7 次。综合来看，最终立项项目中涉及的关键词与《课题指南》提供的选题具有较高的吻合度，重要研究主题保持一致。分析发现，2023 年新闻传播类项目可以从数字聚合、国际传播、体系建设、综合治理、历史分析这 5 个关键主题进行分析。

（1）数字生活：智媒时代的生存融入与转型变革

党的二十大报告指出，要加快建设"网络强国"，"数字中国"，实施"国家文化数字化战略"，新闻传播行业学术研究和实践探索与此高度相关。截至2023年6月，我国网民规模达10.79亿，互联网普及率已达76.4%，我国网民规模、国家顶级域名注册量均为全球第一，数字生活成为人民群众重要的生活方式。在2022年"数字"相关研究和实践的基础上，新闻传播学学科项目不仅对一些既有问题进行深层次分析，也有对新问题的前沿性探索，主要聚焦于群体、地域、平台三个方面。一是持续关注数字传播分众化、精准化趋势，总结老年和青少年等不同年龄群体在智能媒体时代的数字融入困境、鸿沟特征以及价值观影响因素，同时也探讨数字时代下粉丝、用户、创作者等不同身份群体的网络生存形态；二是围绕城市社区、乡村社区等不同区域开展数字化转型融合过程和效能评估研究，并针对地方特色探讨集体记忆建构等深层次命题；三是结合近期主流媒体、县级融媒体、抖音平台的数字变革与重构过程，探析数字时代下不同媒体的情感传播影响机制以及平台规范实践路径。另外，部分选题也涉及了"数字"与"文化""艺术""出版""商业"等不同领域的融合与创新，塑造数字文明时代下新闻传播学的新样态。

（2）国际传播：效能提升的制约因素与方法路径

在党的二十大报告中，习近平总书记特别对"增强中华文明传播力影响力"工作作出重要部署，要求"加强国际传播能力建设，全面提升国际传播效能，深化文明交流互鉴，形成同我国综合国力和国际地位相匹配的国际话语权"①。当前信息革命引发传播环境和意识形态领域剧烈变化，国际传播工作面临诸多新挑战，相较于往年的研究，2023年"国际传播"相关项目更加注重传播效果分析，主要从以下几个方面开展研究，首先从对象上看，厘清"中国女性""中国科技""中国故事""中国医药""中国电影"等不同中国名片国际形象的认同现况，进一步明确优化形象建构的方法路径，聚焦海外传播能力提升；其次是从方法上看，通过历史演变过程新视角、社交机器人新技术、海外用户行为新数据，归纳总结中国共产党、中资企业国际传播的现实困境，提出精准化、区域化、分众化应对策略；再者是从时代背景上看，探讨国际大变局中出现重大问题背后蕴涵的传媒因素和传播规律，同时分析国际舆论战中涉华误导信息产生扩散的具体缘由，并提出针对性的干预对策，树立可信、可爱、可敬的中国形象。

---

① 习近平著作选读(第一卷)[M].北京：人民出版社，2023：38.

（3）体系建设：百年变局的媒体特征与学科前景

当前，世界进入新的动荡变革期，百年未有之大变局加速演进，不同体系建设不仅是打造新型主流媒体集群，增强新闻宣传传播力、引导力、影响力和公信力的必由之路，也是学科发展经验凝练总结、破解中国乃至世界问题的必然要求。学者们主要围绕全媒体传播体系和新闻传播学自主知识体系展开研究。一是面向未来传播新趋势，探讨全媒体传播体系下出版业、新闻业等不同业态网络化、深度化发展情况，体现丰富和发展马克思主义新闻观、推动深度融合、促进社会转型等时代价值；二是根据《国家"十四五"时期哲学社会科学发展规划》中提出的"构建中国特色哲学社会科学的主题，就是要以加强学科体系、学术体系、话语体系建设为支撑"指导方针，[①] 围绕新媒体传播自主知识体系，算法传播的本土理论体系，出版人群体知识体系，中国式现代化话语体系等领域重点论述，确立逻辑起点，明晰脉络谱系的形成过程和科学内涵，加快构建具有中国思想、中国气派和中国品格的以马克思主义新闻观为灵魂的中国新闻传播学自主知识体系。

（4）综合治理：线上线下的实际场域与应对策略

完善社会治理体系，加快推进社会治理现代化，是再创"中国之治"新辉煌的必然要求。在推进国家治理体系和治理能力现代化的时代背景下，新闻传播学涉及社会治理的研究愈加广泛和深入，主要围绕线上和线下两个场域进行分析。线上场域一方面聚焦舆情危机，通过圈群生态、风险传播、情绪极化等不同视域探索舆论场的生态变迁和创新治理路径，另一方面梳理网络空间中不同群体社会心态、组织模态、文化形态的形成过程，并提出相应的治理策略；线下场域一方面结合共同富裕和营商环境的时代背景，探索城乡信息分化和乡村治理共同体建设的机制和路径，另一方面透过深度媒介化视域评估新疆、四川涉藏等沿边沿疆地区县级融媒体建设的风险系数与保障机制，并结合现实困境提出具有可操作性的治理对策。

（5）历史分析：珍藏资料的搜集整理与价值重现

历史研究是新闻学与传播学研究内容的重要组成部分，史料为新闻传播学发展史提供了翔实佐证。总体上看，2023 年项目有关历史方面的研究主要围绕中国共产党新闻舆论工作史、全球传播史、出版史三个方向进行分析。从研究历史时期来看，主要分析清代以来的新闻传播活动，并且聚焦于百年来中国共产党领导下的重要历史时期的新闻传播实践活动，例如新民主主义革命时期（1919—1949）、延安时期（1935—1948）等；从研究内容上看，2023 年新闻传播学国社科基金项目视野广阔，主要包

---

① 中办印发《国家"十四五"时期哲学社会科学发展规划》[N]. 人民日报，2022-04-28（1）.

括：报刊阅读史、党报党刊广告史、新闻学期刊史、对台广播史、中亚区域新闻史、动画史、出版史、报刊邮政发行史、宣传工作史等；从研究方式上看，不少学者主要进行史料的搜集与整理工作，部分学者还建立了资料库，系统归纳梳理新闻传播历史资料。

综上所述，2023 年国家社科基金新闻传播学类项目响应时代主题、研究社会关切，具有时代感和应用性。近年来，新闻传播学国家社科基金项目取得了长足进步和一定的发展，但仍存在一些问题值得反思。一是需要提升服务国家重大需求的能力，2023 年新闻传播类国社科基金重大项目数量相较往年呈现下降态势，要深入贯彻落实党的二十大精神，坚持以现实问题和时代命题为主攻方向，加大有关习近平总书记对新闻传播学科重要论述的研究，坚持基础研究和应用研究并重，体现较强的主体性、原创性和学术思想性。二是提升学科体系建设意识，2023 年《课题指南》在学科选题的基础上首次设立综合性选题，鼓励申请人围绕重要基础理论问题和前沿学术问题开展跨学科综合性研究，学者要加快构建新时代本土新闻传播学学科体系、学术体系和话语体系，持续增强多学科交流互鉴。

三是提升适应数字化全面变革的本领，在以元宇宙、人工智能为代表的数字文明时代背景下，学者们要具备系统性思维，运用新技术、新理念、新方法探究现实中的热点性、前瞻性社会话题，持续关注媒介在经济社会领域的重要作用。

（中南民族大学文学与新闻传播学院　陶喜红、蒋智涛）

6.3　学科竞赛

6.3.1　2023 年第十届"创青春"中国青年创新创业大赛

第十届"创青春"中国青年创新创业大赛由共青团中央、人力资源社会保障部、农业农村部、商务部、国家卫生健康委员会、国家税务总局、浙江省人民政府、山东省人民政府、湖北省人民政府共同主办。

2023 年"创青春"大赛的主题是"青创报国新时代 青春逐梦新征程"，主要围绕科技创新、乡村振兴、数字经济、社会企业举办专项赛，分别在湖北武汉、山东潍坊、浙江杭州和宁波举办了系列活动，为创业青年提供技能培训、展示交流、咨询辅导、资本对接等服务。

第十届"创青春"中国青年创新创业大赛共有来自全国各地的 5000 余个项目，约 3 万名创新创业青年参与，共产生奖项 200 个。"智卫安邦——多方安全态势感知系统"等 20 个项目获金奖。共有 40 家投资机构参与活动，38 个决赛项目与投资机构达成投资意向。

大赛分为四个专业组：第一，社会企业专项组。一是项目普遍关注社会问题，如厨余垃圾处理、手障人士辅助、视障残疾人就业、居家养老等，体现出强烈的社会责任感。二是多个项目应用先进技术解决实际问题，如 AI、物联网、再生技术等。三是项目中还包括文化保护与创新，如"艺织独绣——非遗鲁绣活态化传承与创新设计应用的先行者"，强调了文化遗产的现代应用。

未来获奖可以在以下几个方面着力：一是加大技术与社会需求结合；二是重视绿色环保与可持续发展；三是关注弱势群体，特别是在残疾人、老年人等领域的服务创新。

第二，数字经济专项组。一是注重工业领域的高科技应用，强调提高工业效率和智能化水平。二是着力于数字化转型和智能制造方面的创新，如"生成式 AI 驱动的工业级内容生产引擎"和"高性能工业级数字化实时回弹补偿激光智造产线研发及产业化"。三是新兴技术研发与产业化、商业化应用，如光子 AI 计算、显示芯片缺陷检测等，显示出前沿技术的产业化趋势。

未来获奖可以在以下几个方面着力：一是工业智能化，预计会有更多智能制造、预测性维护、实时监控等项目；二是新技术的商业化应用可能增多；三是 AI 与大数据深度应用将在多个领域得到扩展，带来更多创新项目。

第三，科技创新专项组。一是项目涵盖前沿科技与医疗健康，高度关注健康领域的科技创新，如锂电用复合箔材、拟人变刚度三自由度轻质假肢腕等。二是先进材料与能源技术的研发，绿色能源技术和高性能材料技术的应用，如高能量密度锂金属电池研发和产业化。三是展示了智能制造与机器人技术的发展，如基于并联机器人控制技术的多自由度运动平台产业化项目。

未来获奖可以在以下几个方面着力：一是医疗健康领域的科技创新将继续受到重视，尤其是智能康复、精准检测等领域；二是绿色能源和新材料技术的研发和应用将进一步扩展，如高比能电池、新材料制备等；三是机器人和智能系统在制造、医疗等领域的应用将更加广泛，带来更多创新项目。

第四，乡村振兴专项组。一是集中在提高农业生产效率和技术创新；二是现代农业技术和全产业链优化；三是注重乡村经济和特色产业的振兴。

未来获奖可以在以下几个方面着力：一是智慧农业和现代农业技术将成为重点，利用大数据、物联网提高农业效率和产量的项目会更多；二是全产业链服务和优化将是趋势，涵盖从生产到销售的各个环节，如预制菜产业、农业数字化服务；三是特色农产品和乡村特色产业的开发将继续受到重视，推动乡村经济发展和振兴。

具体专项组金奖获得情况如表 6-14 所示：

表 6-14　　　　　**中国青年创新创业大赛分组项目统计**

组别	项目编号	项目名称
社会企业专项金奖项目		
创新组	P23092686196	厨废为宝——热解厨余领航循环经济
	P23101587301	禾沐春风共富新"稻"路
	P23062473785	艺织独绣——非遗鲁绣活态化传承与创新设计应用的先行者
	P23092886469	"未癌先知，知癌不畏"开创食管癌预测新时代
	P23093086805	面面俱控——AI 赋能手障人士新时代的开拓者
初创组	P23092686177	"逆光而行"——视障残疾的就业赋能者
	P23061573419	HAPPY 设备系统一体化助推行业数字化升级
	P23101487167	同梦艺术——最后一公里音乐梦想守护者
成长组	P23101387075	智慧银巢·一站式数字居家养老服务引领者
	P23091985468	节能降碳绿色再生新材料静脉产业项目
	P23062874201	"塑"战速决——基于传感的光电再生塑料分选技术
数字经济专项金奖项目		
创新组		工业设备智能预测性维护平台
		灵智科技
		面向大容量高速率光通信芯片研发及产业化
		一键成影
初创组		光本位科技——光子 AI 计算研发平台
		生成式 AI 驱动的工业级内容生产引擎
		高性能工业级数字化实时回弹补偿激光智造产线研发及产业化
成长组		梯检家©——基于 MAS 传输协议的电梯安监预警系统的研发与产业化
		蔚车-基于新能源汽车营销模式创新的数字零售平台
		显示芯片全生产工艺外观缺陷检测解决方案提供商

续表

组别	项目编号	项目名称
	科技创新专项金奖项目	
创新组	P23062273695	智卫安邦——多方安全态势感知系统
	P23062874371	痉挛天使——痉挛精准检测与智能康复机器人
	P23063074998	柏质科技——拟人变刚度三自由度轻质假肢腕
	P23070576516	智能化创面牵张闭合系统的开发
	P23070978675	"脊"中生智　慧眼识"柱"——全可视化脊柱内镜及智能仿生模型系统
	P23071079800	高安全高比能锂电用复合箔材
	P23071681546	星地超高速自适应激光微波协同传输技术
	P23071681606	物联智检
初创组	P23061073268	九天揽月——应急通讯网快速组建一体化解决方案
	P23061973562	零能耗辐射制冷光学涂层技术
	P23062874400	先进功能镀膜技术的开发及产业化应用
	P23070676764	基于 AI 与高通量的靶向 RNA 药物设计
	P23070978831	增强现实系统
	P23070979093	半导体设备中先进结构陶瓷国产化的引领者
	P23071079384	瀚为科技——水系锌离子电池
	P23071581148	基于并联机器人控制技术的多自由度运动平台产业化和相关模拟器整机的产业化项目
成长组	P23062173645	高能量密度锂金属电池研发和产业化
	P23062874318	微纳光芯——数字化 3D 世界缔造者
	P23071280618	分布式智慧光电关键技术研发及产业化
	P23071380783	高性能谐波减速器正向研发与产业化
	乡村振兴专项金奖项目	
创新组	P23080983382	一站式大数据猪育种服务商
	P23081183769	秸衣锁肥——秸秆基聚氨酯包膜控释肥开拓者
	P23070375654	渝氮科技——直流辉光放电等离子体固氨技术开拓者
	P23081284015	金种罩——种子包衣技术助力乡村振兴
	P23080983296	福戈咖啡——国内定制化精品咖啡的引领者
	P23081183899	突破"苹"颈——克服苹果重茬障碍，助力兴村振兴
	P23080883261	耒粗科技-耕整地机械关键部件国产化开拓者
	P23061573455	植保小卫士

续表

组别	项目编号	项目名称
初创组	P23080582876	速百食——中国预制菜产业引领者
	P23080482798	羊肚菌全产业链综合服务商
	P23070979319	植物口袋医生-现代农业数字化践行者
成长组	P23072982511	番然喜悦——口感番茄助力乡村振兴新发展
	P23060873247	虾蚕恋——高品质对虾养殖的引领者

（武汉体育学院　王创业）

6.3.2　2023 中国国际大学生创新大赛

2023 年中国国际大学生创新大赛是由中华人民共和国教育部、中国共产党中央委员会统一战线工作部、中央网信办等 12 个部门同天津市人民政府主办，天津大学承办。

2023 年中国国际大学生创新大赛的主体赛事包括高教主赛道、"青年红色筑梦之旅"赛道、职教赛道、产业命题赛道和萌芽赛道。同时还将举办"青年红色筑梦之旅"活动，以及大赛优秀项目资源对接会、大学生创新成果展、世界大学生创新论坛、世界大学生创新指数框架体系发布会等系列活动。比赛过程采取校级初赛、省级复赛、总决赛三级赛制。

此次大赛共有来自国内外 151 个国家和地区 5296 所学校的 421 万个项目、1709 万人次报名参赛，1260 个优秀项目脱颖而出，最终 423 个项目获得金奖。其中，高教主赛道产生冠军 1 名、亚军 1 名、季军 4 名，金奖项目 248 个、银奖项目 488 个、铜奖项目 1641 个，入围总决赛项目 80 个；"青年红色筑梦之旅"赛道产生金奖项目 64 个、银奖项目 127 个、铜奖项目 415 个，入围总决赛项目 36 个；职教赛道产生金奖项目 62 个、银奖项目 126 个、铜奖项目 422 个，入围总决赛项目 42 个；产业命题赛道产生金奖项目 40 个、银奖项目 79 个、铜奖项目 278 个；萌芽赛道产生创新潜力奖项目 20 个，入围总决赛项目 206 个(见表 6-15)。

针对新闻传播类获奖作品分析可以发现如下特点：

第一，高教主赛道。一是主题多样，涉及声音文化传播、文创内容、民族音乐传播、AR 技术、助听技术、短视频音乐、乡村电商及新媒体应用等多个领域。二是技术创新类获奖作品更强调其应用性，如增强现实(AR)、数字音乐内容创作平台等项目，显示出高科技应用的趋势。三是文化传播类获奖作品等比较重视中国传统文化的创造性转化。四是突出社会影响力，如译语科技和醒梦助农 MCN，展示了利用技术和平台赋能特殊群体和乡村振兴的潜力。

第二，红旅赛道。一是重视社会公益，如薪传时光项目，通过数字公益传播赋能社会治理创新。二是具有体育特色，如燃梦少年项目，旨在推广乡村体育赛事，关注草根球星，具有较强的社会影响力。

第三，职教赛道。健康与文化产业比较具有吸引力。如艾米特科技项目，关注的是AI在中医健康中的应用，承璞文创项目则聚焦玉雕文创产业的传播。

第四，产业命题赛道。新媒体技术的应用更加突出。如新媒体智能产编播一体化创新解决方案，展示了对新媒体产业的技术支持和创新解决方案。

由此，中国国际大学生创新大赛将呈现如下发展趋势：

第一，突出跨学科融合。未来获奖作品可能会更多地融合不同学科，如技术与文化、技术与健康等，推动多元化创新。

第二，突出技术驱动。随着科技的发展，人工智能、增强现实、虚拟现实等技术将继续在获奖项目中占据重要地位，特别是在文化传播、健康管理等领域。

第三，注重社会影响。项目的社会价值将成为评判的重要标准，特别是那些能解决实际社会问题、具有广泛应用前景的项目，如乡村振兴、特殊群体支持等。

第四，传统文化传承与创新。注重中国传统文化的创新和传播的项目将继续受到青睐，特别是能通过新媒体、新技术赋能的文化项目。

第五，强调可持续性。符合可持续发展理念的项目，如环保、绿色技术、资源节约等，将在未来的评选中占据重要位置。

表6-15 中国国际大学生创新大赛新闻传播类获奖情况

原序号	参赛项目	省份	学校	负责人	参赛队员	指导教师
高教主赛道						
10	冠声文化——让声音赋能中国文化乘风出海	北京市	中国传媒大学	杜远智	刘欢、吕翔、柳伟、张秉炜、曹骞珑、郭阮晗晴、谢宗旭、舒欣、张乔童、孙琳、高远欣、蒲成、郭清皓	周亭、王亚囡
19	独角鲸，中国新文创内容的破题者	天津市	天津师范大学	张延鹏	杨广祺、雷佳欣、袁昊玥、王红钰、王艺璇、陈韬宇、胡家耀、郭高云、李楚晴、刘子琦、郭转兰、王曦、侯宇桐、胡亦菲	胡东宁、宋晓悦、李玉、李明、贾潍、张丙乐、周琳、刘洋、王秉鼎、刘琳

续表

原序号	参赛项目	省份	学校	负责人	参赛队员	指导教师
24	马背神韵——跨民族·跨地域的马头琴艺术现代传播者	内蒙古自治区	呼和浩特民族学院	郝愿	韩熙、孙家宁、赵庆朋、张子晗、姚佳露、王羿轩、王燕华、张翎艳、苏怡璇	包为为、韩伟新、纳丽娜、韩木兰、佟繁荣、辛巴雅尔、多荣娜、都荣、张坤
37	视网么AR：增强现实元宇宙内容创作平台	江苏省	南京大学	张帅	石师、杜嘉欣、曾智伟、黄元正、林欣、张俊豪、张志枟、郝佳琦	陈振杰、金晓斌、李岩、汤扬
71	译语科技——数字赋能助力听障人士走出无声世界	江苏省	苏州大学应用技术学院	杨阳	陈露、徐林昊、卓佳林果、杨昕怡、朱宇琪、胡颖涛、卢秀凤、万子彦、岳慧玲、许馨文、高大硕、袁雪莲、钟予鑫、郎新万	曹晋、陈雅、田宏伟、朱珊珊、任勇
97	深声文化——短视频时代优质爆款数字音乐内容引领者	浙江省	浙江音乐学院	徐磊	何泽镔、茹今、叶炫清、庹亦凡、耿露宇、洪宇阳、肖楠婷、潘韵淇、许馨一凡、陈熙、袁凡力、李俐萱	周熠、王滔、冯梦洁、朱慧琴、刘杨、孙锐、赵亮
110	醒梦助农MCN——乡村电商助推者，引领乡村振兴	江西省	东华理工大学	褚遂良	许世延、王郅鑫、刘禹含、李慧琳、万羽昕、文奕婷、李彤、景颜	熊国保、张福庆、张启尧、陈兰
126	知书达浪——最懂小红书的新媒体领航者	山东省	山东工商学院	刘金虎	刘敬宇、毛崴、付罗瑶、金雨薇、刘青华、姜禹含、张金慧、张烨、刘珊珊、徐文东、宋雨萱	魏振波、夏梓栋、葛涛
				红旅赛道		
50	薪传时光：数字公益传播赋能社会治理创新	广东省	暨南大学	陈嘉瑞	刘芸丽、邓莉珍、陈纯、黄玟骆、谭梓莜、郑麗婷	刘涛、蔡心仪

续表

原序号	参赛项目	省份	学校	负责人	参赛队员	指导教师
57	燃梦少年——三百万粉丝草根球星 中国乡村体育赛事开拓者	贵州省	贵州师范学院	石学念	向艳萍、李亚平、张永霞、蒋艳林、徐梦柔、田佳惠、罗豪、李焜、李芳芳、胡文、李杏、张天浩、肖思佳、杨若昕	冯颖、杜宏博、谭韬、朱继伟、邹晓青、裴星星
职教赛道						
39	艾米特科技——AI中医健康	湖南省	长沙民政职业技术学院	来东俊	李敏、李鑫、莫雄杰、肖科、刘晶晶、刘湘平、SOW SEAN DEE、曹敬宇、颜婷、吴思丹、曾好、寇诗雨、谭彬、张思云	刘凯
60	承璞文创——引领玉雕文创产业新风向	云南省	云南经济管理学院	王辰城	张溶珂、陈鹏宇、胡宇晨、郭顺成、李晨溪、李冠憬、段春琼	焦艳军、赵睿、滕人超、何雨珊、刘鑫、陈敏、张家鑫、李承恩、王铁军、舒磊、金灵、杨金兰
产业命题赛道						
29	新媒体智能产编播一体化创新解决方案	湖北省	华中科技大学	李志龙	聂思谦、杨主伦、黄如钰、潘诗琦、鲁婉铃、杨浩斌、吴科君、安培、贺昕、李贝、熊若非、石翔、MuhammadRizwanKhan、张军	杨铀、刘琼、卫平、王祖君、彭媛、陈世英、王双全、赵广超

(武汉体育学院新闻传播学院　王创业)

6.3.3　第十六届(2023)中国大学生计算机设计大赛

中国大学生计算机设计大赛是全国普通高校学科竞赛排行榜的榜单赛事和我国计算机类影响力最大、参与面最广的创新类竞赛之一。

2023年8月11日,第16届中国大学生计算机设计大赛在扬州大学落幕。此次比赛吸引全国 403 所高校的 526 件作品参赛。此次大赛分为实践赛和挑战赛。实践赛是由同学们自己选题立项，挑战赛更注重产学研结合，由企业命题，突出实践性、应用性。很多企业把自己的项目作为竞赛题目，让同学们聚焦生产一线解决问题(见表 6-16)。

表 6-16 **第十六届中国大学生计算机设计大赛一等奖名单**

序号	作品名称	参赛学校	参赛作者	指导教师
1	鹰医生——骨肉瘤病灶智能检测与分割系统	杭州电子科技大学	陈一飞、邹槟峰、黄一凡	秦飞巍、黄彬彬
2	基于大数据与深度学习的海洋综合监测可视化平台	江苏海洋大学	王晨曦、周宇琛、李鑫	李慧、周伟
3	智电未来——区域电力负荷预测深度学习平台	南京大学	史浩男、史浩宇、陈硕	詹德川、金莹
4	"遥"观"植"变——基于多源遥感数据和图像分类的中国植被动态时空变异性分析平台	中国地质大学（北京）	许天驰、阮昊、李庚滔	闫凯
5	基于 Hadoop 生态集群的海南自贸港智慧城市管理平台应用	海南科技职业大学	乔好鑫、韦思妍	文欣远、佘为
6	基于多维度的智能巡防路径规划设计	南京森林警察学院	郭德明、周桤、李昊	邱明月
7	见闻——时空新闻数字创作与分析平台	武汉大学	马月娇·坎杰古丽、徐雅婷、阿依佐合热·买买提	苏世亮、翁敏
8	智易字坊：基于大数据优化的 AI 字体创作工具	武汉大学	余昭昕、张文慧、涂艾莎	汪润、王丽娜
9	数据解读气候变化与全球应对	华东师范大学	任佳渝	刘垚
10	"气候危机下的生命之舞"：气候变化对生物多样性的影响与应对	东华大学	王文正、唐李渊、钟齐俊	尹枫、吴敏
11	基于 YOLOv8 的智能驾驶道路障碍物数据识别系统	同济大学	王蔚达、申雨田、张尧	肖杨
12	寻青记	黄山学院	郑福蝶、张明月	赵明明、路善全
13	樵苏	南京工业大学	赵誉	陈东

续表

序号	作品名称	参赛学校	参赛作者	指导教师
14	医道	沈阳音乐学院	李嘉成	关惠予、佟尧
15	臻萃	江苏科技大学	田睿文、安杰、钱书楠	陆鑫、吴健康
16	行·生克	中国传媒大学	赵云衡	王铉
17	六诀邈思	中国传媒大学	耿楚萱	王铉
18	沁韵遗风	浙江音乐学院	王虹权、毕宣哲、徐凡	万方、王新宇
19	舞风 · 羌山采药	四川师范大学	李忠尧	黄梦蝶
20	"悟空视界"：多领域通用的综合人机交互系统及应用	深圳大学	石珺予、吕劲、尹晗	王可、何志权
21	基于计算机视觉的有机作物除草机器人	苏州大学应用技术学院	江志豪、韩玉菲、占璐璐	任艳、田宏伟
22	巡航卫士——多功能安驾监测系统	江苏科技大学	邓权耀、郑文文、周灵杰	左欣、周扬
23	基于生成对抗网络的通用超表面设计系统	暨南大学	黄祖艺、欧阳雅捷	刘晓翔
24	知手语	南京审计大学	赵仁裕、吴欣然、李家欣	郭红建、徐超
25	基于边缘智能的工业安全监管系统	南京工业大学浦江学院	沈露、孙雨晨、高诚诚、吴文斌、吴昊	姜丽莉、徐平平
26	急性缺血性脑卒中智能诊断系统	南京医科大学	熊诚博、旷欣汝、陈宇铭	张久楼、胡晓雯
27	基于目标检测算法的自动化垃圾捡拾分类无人车	宿迁学院	郭宇轩、陈星月、汪圣武	张兵、袁进
28	面向智慧物流的快递运载智能平台	东南大学	王昱然、王梓豪、杨承烨、诸欣扬	王激尧
29	鹰视速决——无人机辅助的跨江大桥巡检系统	江苏科技大学	汤海彤、王钰嫣、梁灿盛	王琦、于化龙
30	基于人工智能的演讲评分系统	北京信息科技大学	龚子俊、孔源博、丁咚咚	林强

序号	作品名称	参赛学校	参赛作者	指导教师
31	磐石安防——新一代油田安全生产预警平台	中国石油大学（华东）	蔡子健、李佳萍、吉英莲	张千
32	聚焦概念的在线学习平台	扬州大学	陈天与、李坤、姜超	李斌、李云
33	SkyEye：支持语音交互的无人机视角的目标检测和跟踪系统	中国地质大学（武汉）	战翔宇、何永鑫、章珊、许子豪	程卓、王勇
34	智慧工厂——面向生产环境的工业视觉	南京工业大学	耿天羽、王正阳、沈辰	蔡源、吕俊
35	双层仓储智能分拣系统	扬州大学	张宏远、严清兰、饶博森、王悦豪、吴浩茂	徐明、张福安
36	基于 SLAM 地图规划与超宽带定位技术的智能陪伴式机器狗	华中师范大学	赵潇帆、吕行、张华锐	彭熙
37	基于 TensorRT 加速的高性能车道线检测	石家庄铁道大学	张海发、李小龙、陈子祺、张恬恬、张雅婷	杨兴雨、刘玉红
38	智慧医护机器狗-小平头	中北大学	韩泽斌、杨舒溶、李子康、杨雨欣、黎姝君	靳雁霞、秦品乐
39	趣学——基于声纹驱动图像合成技术的智慧教育平台	重庆财经学院	李天都、谌囿名、夏峰	肖悦、田荣阳
40	基于改进 Swin-Unet 的气胸病灶分割与辅助诊断系统	上海理工大学	张锦阳、樊洁、白楚霖	张艳
41	人人音乐家	重庆师范大学	胡凯、赵一蔚、高梓竣	罗凌、王慧
42	基于计算机视觉的身心健康辅助调节 App	华北理工大学	王大为、刘耀轩、王海天	于复兴、吴亚峰
43	TeamNote ——一款支持多人协作的 Markdown 文本编辑器	重庆师范大学	唐琴凤、胡露、杨东	冯骥
44	PrePay 预付卡 —— 基于区块链架构的安全预付平台	深圳大学	刘志涛、叶紫桐、梁可凡	祁涵、NINA

序号	作品名称	参赛学校	参赛作者	指导教师
45	无人机载生命体征检测与伤情评估系统	合肥工业大学	季宏鑫、路文志、李钰钦	杨学志、戴燕
46	盟书智藏：基于优化卷积神经网络的侯马盟书古文字识别与传承平台	南京工程学院	袁筱钰、张植博、孙亚博	黄晓华
47	文曲心——心脑血管疾病专题文献智能分析平台	南京中医药大学	傅康、周思、刘浩	杨涛、顾铮
48	基于优化协同过滤算法的高考志愿填报个性化推荐系统	广西科技大学	罗道杰、黄艺森、莫兴鹏	邓钧忆
49	基于知识图谱的软件漏洞实践与实训系统	江苏大学	沈祥臣、张嘉炜、王姝慧	陈锦富
50	基于 WebGIS 的丝绸之路经济带分析展示平台	中南林业科技大学	薛枫、刘宇威、刘莎莎	吴鑫、杨志高
51	Envelope 低代码整合平台	江南大学	范竞元、周夕、刘陆豪	马萍、范超
52	天基"全球通"——低轨卫星星座可视化平台	东南大学	马千里、曹文菁、潘宇航	王征、王闻今
53	基于多端融合的化工安全生产监管可视化系统	江苏海洋大学	邢立豹、顾勇、李纪元	李慧、姜琴
54	多端联动型化工智慧应急管理系统	江苏海洋大学	侯鹏飞、左宇航、杨凯杰	柏桂枝、李慧
55	基于深度学习的多感知模态情绪检测系统	广州大学	杨藉森、黄昱勋、李芷瑶	刘葵、伍冯洁
56	3D 隐写系统	南京航空航天大学	季馨婷、赵锦萱、冯天晨	张玉书、张焱
	云上社家	燕山大学	石志峰	石中盘
57	易图 SHOW——基于微信小程序的图像处理系统	淮阴师范学院	黄勇斌、陈芯蕊、陈金凤	杨海东、文静
58	智慧水务系统	吉林大学	沈士超、刘家祥、吴林阳	车浩源、王秋爽

续表

序号	作品名称	参赛学校	参赛作者	指导教师
59	工业哨兵——IIoT 智能护航	武昌首义学院	黄金钰、庞玮辛、李星	刘智珺
60	易签存一站式合同服务系统	中国政法大学	姚玢玥、韩林睿、宋士骥	周蔚、郑宝昆
61	基于兴趣特征知识图谱的智慧高校迎新服务平台与管理系统	中南财经政法大学	金艳、程荣鑫、钟昳琪	沈计、陈子鹏
62	深蓝 3D 医疗数据智能解析平台	浙江科技学院	许嘉程、蔡国栋、龚佳怡	程志刚
63	MediAI-基于深度学习的骨科影像分析辅助系统	北京邮电大学	张宏伟、史率琦	尉志青
64	面向救灾减灾的卫星协同规划平台	武汉大学	王帆、王家楳、赵慧仪	孟庆祥、汪润
65	万众聚量——下沉式广告信息智能投放系统	北京邮电大学	刘巴特、单国栋、徐佳薇	尉志青、韩康榕
66	MicroARC——基于图神经网络的微服务系统智能运维平台	武汉大学	罗阳、唐子剑、唐明妮	王健、方颖
67	基于深度学习和滑动窗口算法的可疑船只预警软件	海军大连舰艇学院	刘天一、陈文锦、乔玺桢	王婧文、祁薇
68	骨影智能——基于增量学习的股骨颈骨折手术辅助系统	海南大学	赵鑫隆、祁嘉琪、成涵吟	谢夏、王政霞
69	基于 Optaplanner 的智能排产平台	厦门大学嘉庚学院	冯泽祥、徐梦真、王继民	陈俊仁、郭一晶
70	聆析郁测：基于多模态情感分析的青少年抑郁症智能干预平台	华中师范大学	吴宇贤、吕云志、熊锦玟	蒋兴鹏
71	TransMaxx——智能客运调度系统	武昌理工学院	马晓天、李修天一、朱超	高翠芬、丁津
72	河湖采砂全过程智能化监管平台	南昌工程学院	李艳、吴玉菲、何海清	包学才、谭西群
73	弹无虚发——智能领弹管理及数据分析系统	陆军军事交通学院	窦梦杰、张宇康、张玉宁	刘旭、阚媛

续表

序号	作品名称	参赛学校	参赛作者	指导教师
74	智慧文物	中北大学	师念、李光栋、宋凯则	于一、段雪倩
75	启智链学历认证平台	南京大学	杨海波	聂长海、黄达明
76	见契如晤——甲骨文多功能智能检测与学习平台	上海大学	刘沛根、朱心仪、唐铭锋	高洪皓、方昱春
77	"前车之鉴"——基于知识图谱的行车运维知识管理系统	东华大学	邵伟、陈泳铭、宋美羲	刘晓强、李心雨
78	碎片凝墨，青花拼影	西北大学	郭鹏、杨波涛	张海波
79	人工智能辅助蛋白质和酶的定向进化	华东理工大学	徐壮壮、高心雨、秦阳	范贵生、虞慧群
80	基于改进自适应遗传算法的多无人机协同搜索航路规划系统	空军工程大学	周康康、邓灏、王浩宇	蔡忠义、唐希浪
81	云游长安——利用 VR 和 AI 为文旅赋能	西安电子科技大学	曹骏恺、蓝睿柠、王子璇	黄丽娟
82	灸世济人的针功夫	南京中医药大学	祖玥、谢中尧	陈晓征、陶飞
83	食疗本草——吃出来的养生	南京信息工程大学	王乐乐、王亦灏、唐子浩、施小冉	邸平、郑友奇
84	书旅	华中师范大学	涂振兴、李林杰、杨珈、马嘉慧、王西祺	王逊
85	基于《难经》中医 IP 科普漫画设计	南京工业大学	陈嘉钰、刘怡杉	吴捷
86	话说华医	江西科技师范大学	刘芷依、李婧莹、车恒威、万语辰、程锦林	吴巧伪、汪安
87	本草寻踪	安徽师范大学	温思佳、张洁、王嘉	袁晓斌、高宇
88	药圣医学巨典	内蒙古民族大学	苏友鹏、郭润泽、徐昊德、卜雪、周泽百	崔燕
89	归汉·麻沸散绘卷	安徽大学	赵代超、孙玮雪、顾苗绚	沈玲、周杨

续表

序号	作品名称	参赛学校	参赛作者	指导教师
90	一杯屠苏名千秋，精妙中医传万世——药王孙思邈与屠苏酒的故事	湖州师范学院	周雨婷、王奕凡、应秦涵、陈思宇	俞睿玮、王继东
91	本草药圣 苍生大医	黑龙江大学	左洪图、陈慧桐、张芮嘉、都书博、鹿学京	韩净
92	明代医圣万密斋	哈尔滨体育学院	赵一楠、曹诗悦	王艾莎、解沃特
93	童心	黄山学院	任晓悦、张汪远、李骏、陈梦洁、张富豪	陈庆泓
94	药圣	吉林动画学院	王仡舟	孙齐震太、王雪
95	三味人间	中央民族大学	王泽、沈喆新、蔡湘儿、杨桢艺	吴占勇
96	看我望闻问切	宁波大学	许晨露、赵诣、梁欣城、张彬	邢方
97	仁医 张仲景	景德镇陶瓷大学	汤正章、孔倩	余熠薇、于超
98	前时珍宝	井冈山大学	万思远、曹姣姣、孟宇晴、孙盼娣、杨小童	张莹
99	华佗五禽戏	昭通学院	杨彬、安娜、郑朝忠、张建辉、张孟雄	万璞、单嵛琼
100	针灸鼻祖皇甫谧	西安建筑科技大学	尹国通、介朋博、张迪、张慧锋、王乔乔	毛力
101	春生：望闻问切的传承	成都理工大学	刘芮、夏菁、殷浩杰、李梓杰、胡渝徽	周祥
102	根深“本”固	电子科技大学	曾可语、胡进龙、舒钰晴、王姿豫、莫凡	姚远哲
103	碗筷之间	西南交通大学	尹烨馨、胡齐松、胡育粼、邢国文、张啸	邱忠才、唐敏

续表

序号	作品名称	参赛学校	参赛作者	指导教师
104	折瓦·回曲——亳州中医药文化馆设计	滁州学院	张自由、马秋月、崔玉荣	董国娟、荆琦
105	中国"四大名医"之传奇故事绘	河南财经政法大学	远彩霞、刘梦晨	杨纯
106	四时本草	南京医科大学	韦子乔、宋家旭、李亚轩	俞婷婷
107	栉风沐雨——基于李时珍形象的组合场景白噪音计时器	南京农业大学	杨艺泉、蒋情、陈天旭	于安记、钱筱琳
108	律音断疾	南京医科大学	梁大珩、夏千惠、王杜葳	胡晓雯、管园园
109	中药炮制技艺系列插画设计	南京工业大学	许靓、张耀	吴捷
110	本草源——濒危中草药的公益养成APP 及衍生产品	南京邮电大学	王静云、黄舒淇、谭美琪	余洋、白琼
111	杏林济世	江西师范大学	李芝瑶、马宇峥、袁之雨	段亚鹏、贺海芳
112	本草相生	青岛大学	王子璇、宋佳璐	任雪玲
113	医脉箱传	闽南师范大学	戴依婷、邓怡卿、杨宗权	蔡雯雯
114	器韵药语 坤载域物	东北大学	齐思远、孙艺菲、王以琳	霍楷、樊丁宜
115	寻本草，觅清源	东北大学	官钇霖、刘书豪、刘畅	樊丁宜、霍楷
116	跨越数千年时空的"中医大咖"——中医药代表人物系列插画	湖南师范大学	龙珊、杨涛、陈逸杨	鲁雯
117	五行本草	黑龙江大学	付佩雯、黄雪玲、王校育	荀瑶
118	溯源铜川·大医精诚·人贵千金——"药王孙思邈"传奇故事汇	中央民族大学	陈晨、周煜坤、孙艺菲	赵洪帅、王斌
119	本草舞动之五禽戏	湖北工程学院新技术学院	邹先缘、李昱臻、李帆	张蕊、周巍

续表

序号	作品名称	参赛学校	参赛作者	指导教师
120	习见本草	北京林业大学	魏思淼、唐雪瑞、张佳敏	韩静华
121	寻根问药	浙江师范大学	陈羽露、胡逸阳	邵利炳
122	续·长青——中草药高架种植社区环境设计	福州外语外贸学院	陈雅萱、阮珍珠	高云
123	化"腐朽"为神"棋"	台州学院	王婷、徐则婷、黄奕雯	马金金
124	本草赐福——本草纲目十六部插画设计	太原理工大学	肖宇峰、张可欣、刘钰萱	赵娟
125	"邈"思百眼柜—智能圆形中药柜	西北农林科技大学	韦聪、陈川粤、黄日成	段海燕
126	明医博济——医者的一天	西北大学	王甜、张瑶、罗钟艺	张思望
127	药圣李时珍，药王孙思邈——中国传统中医医药集大成者	西南交通大学	黄炯涛、谢子谦、刘佳	邱忠才、吕彪
120	本草药铺	深圳大学	冯滨麟、邹誉德、方瑞杰、谭佳宇、李佶朋	储颖
129	杏林春暖	江苏科技大学	张阿伦、顾今杰、毛曼灵、赵艺萌、杨永泰	左欣、张苏婷
130	有师焉	武汉理工大学	严春月、国新月、张兢月	周艳
131	百草仙缘	广东药科大学	侯骏、谭振权、胡泽锐	黄展鹏
132	顺安旧梦	华中师范大学	李梓鸥、杨已慧、徐佳怡、周芷伊、王茜	周莉、胡珀
133	四时·五行——草木生克之道	哈尔滨工业大学	左伊芮、朱若岩、龚胤、贾玎、陆俊杰	盖龙涛、王妍

续表

序号	作品名称	参赛学校	参赛作者	指导教师
134	诊和堂	东北大学	张隽华、潘安宇、阙宁锋、李明哲、蒋星宇	代茵
135	建安神医录	武汉大学	张文昊、王小骞、杨宗	黄敏、彭红梅
136	本草·辑书志	浙江传媒学院	李婷、汤玥、王子权、褚康、范嘉欣	荆丽茜、高福星
137	万全之策	杭州师范大学	江晨雨、王迪、马亦琛、付俊	袁庆曙
138	药房小谭	浙江传媒学院	钟雪儿、葛赢泽、王紫茹、黎娜、吴昊	荆丽茜、李铉鑫
139	一针见"穴"——基于 AR/MR 的针灸穴位自动标定及教学软件	西南大学	刘佳城、宋伟超、李婷婷	黄兵姚
140	我的师父是华佗	杭州师范大学	支心雨、戴雨滋、周颖	姚争为
141	济世录	华东师范大学	丁嘉悦、陈露瑶、章子惠、张一鸣、王艺蓓	王肃
142	草木蕴真	西北民族大学	石桠丽、姚多艺、陈丹、王晓雪、李淳	陈心蕊
143	寻迹·本草——多感官交互中医药知识普及应用	电子科技大学	黄展屹、王森、杨径骁、杨镇豪	朱相印
144	"典"论英雄泪——《永遇乐·京口北固亭怀古》赏析	江西师范大学	陈楠、张天伊、曹博	龚岚
145	叶绿微踪	深圳大学	马乃珍、许葆莹、孙文婷	廖红
146	山水诗——赏山水之美，品山水之情	武汉理工大学	滕紫藤、罗水明、陈铭雨	刘艳、彭强
147	李白的长江之旅——河流地貌的发育	南京师范大学	虞雯婧、周无忧、陈子颖	赵丽、陆丽云

续表

序号	作品名称	参赛学校	参赛作者	指导教师
148	鄉愁——九月九日憶山東兄弟	南京中医药大学	黄彦宁、肖雨欣、付瑞琴	王天舒、张幸华
149	呼吸的奥秘	南京医科大学	卜宇翔、周雯妍、肖哲铭	胡晓雯、陈欢欢
150	唐诗宋词中的大运河	江苏大学	赵雯馨、朱琪敏、占圆梦	戴文静、王华
151	趣味游戏中的尼姆博弈	扬州大学	嵇昕晨、张然、孙周洲	赵耀
152	认识倍的含义	南京特殊教育师范学院	于娜、李雨阳、刘烨	李明扬
153	中药炮制虚拟仿真实验平台	广东药科大学	宋梓熙、胡钰嫣	张琦
154	在狱咏蝉——幽幽蝉鸣，切切悲情	浙江师范大学	张铭姿、孟柯颖、骆开燕	王小明
155	《行路难·其一》——悲愤不失豪迈 失意仍怀希望	中央民族大学	李郁娟、赵丽敏、刘芷杉	邹慧兰
156	卷来卷去——学会 CNN	河北工业大学	汪子茵、宿辰彬、安康宁	薛桂香、袁玉倩
157	元日	运城学院	冀俊鑫、陈一铭、于思宇	廉侃超、王宝丽
158	春水向东泽古今	吉林大学	冯一茹、孙奕帆、赵天源	张晓龙
159	量子叠加态	沈阳工业大学	潘佳庚、钟雨森、李可馨	薛瑾、国安邦
160	铁的冶炼	牡丹江师范学院	王艺铭、张鑫	王慧
161	《韵》古诗互动教辅课件	大连东软信息学院	赵佳琦、邓兴美、顾家茗	仲于姗、刘歆宁
162	从物种进化到路径优化——探索遗传算法原理	大连工业大学	路一桐、黄栩伦、汤斯越	姚春龙、吕桓林
163	解密 DFS——与深度优先搜索算法的"不解之缘"	中央民族大学	刘佳宁、成义凡、刘梦园	邰新凯、胥桂仙

续表

序号	作品名称	参赛学校	参赛作者	指导教师
164	"勾股"为界，天地自成	重庆大学	向永鑫、贾若曼、唐文茜	张程
165	听见地球的心跳，探索地震的奥秘	中南大学	董博、罗滨、苏彦慈	刘泽星、曹岳辉
166	虚实融合情境式地理实验教学平台	杭州师范大学	何健、胡思嫒、杨琦浩	袁庆曙、丁丹丹
167	"看见"声音	台州学院	陈逸轩、陈施君、黄欣宇	卢尚建、金旭球
168	赏山水之美，品渔歌之乐——走进《渔歌子》	华东师范大学	许思嘉、王文婷、高溢丛	钱冬明、陈志云
169	生物微课堂——腐乳知多少？	华东师范大学	赵文婕、高原绮霏、李蕊萍	陈志云
170	火熄上方谷之探秘热力环流	东华大学	徐雪、付安琪、汪睿西	吴志刚
171	《永遇乐——辛弃疾的伏枥之志》微课	东华大学	张熠帆	张红军
172	探索虚数：从抽象到实际的转变	上海大学	钟浩文、黄浩、刘亦凡	沈文枫
173	"反重力"之水	西南交通大学	王琳庭、任培阳、钟雯雯	吕彪、王恪铭
174	基于智能装置的红火蚁常态化监测系统	仲恺农业工程学院	谢达、庞晓琳、李思聪	张全、张世龙
175	基于北斗+UWB 室内外双定位智能轮椅	常州工学院	金子涵、沈岩、是晨健	戚建宇、王鹏
176	公园智慧路杆	桂林理工大学	蒋佳龙、袁其速、卢星桦	吴东
177	基于四足机器人平台的环境感知与智能导盲系统	南京师范大学	陈希康、赵家琦、郁仁杰	钱伟行、马刚
178	基于蓝牙 mesh 的脑超频有氧卒中康复训练装置	南京理工大学	成于思、冀欢、曹敏君	马勇、杨龙飞

续表

序号	作品名称	参赛学校	参赛作者	指导教师
179	基于康复治疗和运动健康的肌肉疲劳监测系统	南京医科大学	喻梦琳、葛玉礼、陆方舟	胡本慧、潘国华
180	面向视障人士的类触觉环境感知穿戴系统	南京师范大学	王可、吕宇、贾睿妍	钱伟行、刘国宝
181	基于 rasa 的语音控制智能实验室	扬州大学广陵学院	余学文、王钲皓、杨洋	史汶泽
182	基于振动信号的 PHM 轴承健康监测平台	南京工业大学	李如梦、吕延奇、周珺妍	武晓光、郭天文
183	瑕探——基于嵌入式机器学习的工业设备状态检测系统	南京邮电大学	李飞达、苏耿冰、祁楚贤	张雷
184	安居护航-智能楼道门禁电动车管理一体化系统	厦门大学	孙敬萱、林益涵、徐立岳	
185	双碳背景下基于物联网的城市管理监测系统	安徽师范大学	王许平、戴晨阳、孟雅丽	甘露、祝玉军
186	基于物联网的远程智能水上清洁系统	武汉理工大学	赵骏鹏、谢博楷、肖孜茹	袁景凌、李娟
187	鹰翼——开创机器人协同工作新纪元	昆明理工大学	赵飞宇、王正旭、张国强	李大焱、朱海龙
188	智联表计——基于 CRNN 算法的高精度智能水表及其远程智能管理平台	天津工业大学	张博楠、陈奕、李佳骥	孙宝山、魏艳辉
189	云中青隼——"天地一体"的智能农林无人机系统	云南大学	吴梓榕、赵文乾、王创新	何鸣皋
190	智能电动自行车充电桩系统	中北大学	温博阳、王旭彤、张亮	翟双姣、杨晓东
191	iRehab——基于生理参数与姿态估计的康复训练系统	江苏科技大学	徐永乐、邵帅、郭海东	张明、王逊
192	慧农——基于 AIoT 的农业监测预警及辅助决策平台	上海理工大学	袁嘉豪、杨子涵、夏嘉璟	杨桂松、黄松

续表

序号	作品名称	参赛学校	参赛作者	指导教师
193	悟道通——基于车地协同的智能网联道口控制系统	西南交通大学	王波、杨双瑞、夏晞宸	吕彪、王恪铭
194	英歌舞	惠州学院	吴丽雯、谢怡莉、王蓓	张菁秋
195	灵境锡博——基于混合现实的信息可视化设计	江南大学	章境哲、陈天格、陈昕伊	章立
196	知雅颂——宋代四雅信息图形设计	江苏大学	薛晗玥、鲁璇琪、吕沁书	朱喆、戴虹
197	QuakeScope 地震数据交互可视化和评估系统	安徽农业大学	何思凡、王浩宇、刘恋	乐毅、吴云志
198	"粮食视界"——全球粮食体系可视化系统	东南大学	周楚翘、李昊玥、师俊璞	沈军
199	承古药方	安徽建筑大学	卢一诺、张琦越、孙悦	鲁榕、徐慧
200	"活灵活线"沅水流域苗绣信息可视化设计	怀化学院	李丞、李玥禛、林枫	向颖晰、刘毅文
201	灿若繁星——古代自然科学成就	东北大学	常新怡、崔雯萱、朱虹霖	王晗、霍楷
202	基于 Echarts 和 Flask 的中国新基建数据可视化平台	哈尔滨工业大学	钱思怡、毛雨舟、李沛霖	王晨、陈童
203	源物——To B 物流共享平台	安徽信息工程学院	应嘉鑫、黄炜城、李新荣	姜玮、丁芊
204	中华运动，薪火相传	青岛农业大学	胡博轩、耿文杰、陈延潇	杜建伟
205	后疫情时代——旅游经济发展分析平台	德州学院	王汝旭、武高旭、王士帅	王荣燕
206	智慧课堂数据可视化平台	华中师范大学	李淑芳、缪秉辰、王徐衍	戴志诚
207	诗风集——可视化设计对信息时代文化语境的表达	陕西师范大学	赵一遥	王进华

序号	作品名称	参赛学校	参赛作者	指导教师
208	弹幕下的学习分析系统	上海开放大学	曹禄丰	吴兵、张永忠
209	觉醒狮代	电子科技大学成都学院	赵佳欣、罗职杭	宋歌、张露文
210	乡画——乡村非遗与农特产数据可视化平台	电子科技大学	叶珂铭、安嘉祺、石成金	戴瑞婷

6.3.3.1 获奖作品特点分析

第一，人工智能与大数据应用类作品利用人工智能和大数据技术解决实际问题，展示了技术在医疗、环境监测等领域的应用潜力。例如"鹰医生——骨肉瘤病灶智能检测与分割系统"利用 AI 技术提高医疗诊断的准确性和效率。

第二，智慧城市与智能系统类作品主要集中在智慧城市管理和智能系统的开发上，强调数据的集成与应用。例如，"基于 Hadoop 生态集群的海南自贸港智慧城市管理平台应用"通过大数据平台提升城市管理能力。

第三，医疗与健康类获奖作品通常侧重于利用新技术改进医疗服务和健康监测。例如，"急性缺血性脑卒中智能诊断系统"展示了 AI 在疾病诊断中的重要作用。

第四，文化与教育类获奖作品主要利用新媒体技术，结合文化和教育领域，利用 VR、AI 等技术提升学习体验和文化传播效果。例如，"云游长安——利用 VR 和 AI 为文旅赋能"通过虚拟现实技术提供沉浸式文化体验。

第五，新闻传播类作品结合时空数据、智能分析等技术，提升新闻创作和传播的效率和效果。例如，"见闻——时空新闻数字创作与分析平台"利用时空数据进行新闻的数字化创作和分析。

6.3.3.2 获奖作品特点与趋势

第一，技术融合与应用多元化。各类获奖作品展示了技术在多个领域的深度融合与应用，包括医疗健康、智慧城市、文化教育等。这种趋势表明未来的计算机设计将更加注重跨学科的技术融合。

第二，人工智能和大数据的主导地位。人工智能与大数据应用占据了较大的比例，显示出这些技术在解决实际问题中的重要性和广泛应用。未来，人工智能和大数据将在更多领域中发挥更大的作用。

第三，智能系统和智慧城市发展迅速。智慧城市与智能系统的发展显示了城市管理和生活方式的智能化趋势。随着物联网、5G 等技术的发展，智慧城市和智能系统将迎来更多创新应用。

第四，医疗与健康技术更强调创新。尽管医疗与健康类作品数量较少，但技术创新在该领域的应用前景广阔。未来，更多的智能医疗设备和系统将被开发出来，以提高医疗服务质量。

第五，文化与教育的数字化转型比较突出。数字化和智能化技术在提升学习体验和文化传播方面具有巨大潜力。未来，这一趋势将持续，并可能推动教育和文化产业的变革。

第六，新闻传播与智能化融合是趋势。反映了在数字化时代，新闻传播领域对技术创新的需求不断增加。未来，智能化、数据化将成为新闻传播的重要发展方向。

综上所述，未来的获奖趋势将更加注重技术的融合与应用多元化，人工智能、大数据、智慧城市、医疗健康、文化教育和新闻传播等领域将持续成为创新热点。这些趋势反映了当前社会对智能化、数字化技术的广泛需求和期望。

（武汉体育学院新闻传播学院　王创业）

6.3.4　2023 年宝钢教师奖新闻传播奖教师获奖情况

宝钢教育奖是由国有企业宝钢独家出资设立，中央政府支持指导，专家咨询策划，高校积极参与的全国最具知名度的教育奖项之一。宝钢教育奖以"奖掖优秀人才，力行尊师重教，推动产学合作，支持教育发展"为宗旨，每年评选一次，优秀教师奖奖励从事教育教学工作五年及以上，坚持在教学第一线，积极参与教育教学改革和教学基本建设，并在教学内容、教材、方法、手段改革方面取得显著成果，注意因材施教与学生"五种能力"的培养，有与职称相应的学术水平和科研成果，并能够将学科前沿知识和科研成果融入教学实践中的在编教师。宝钢优秀教师奖奖金为 1 万元/人，每年资助名额 200~300 名；宝钢优秀教师特等奖奖金为 10 万元/人，名额 10 名；宝钢优秀教师特等奖提名奖奖金为 3 万元/人。2023 年宝钢优秀教师奖于 11 月 18 日揭晓，全国共有 271 名教师获得 2019 年度宝钢优秀教师奖，7 名教师获得 2023 年度宝钢优秀教师特等奖。2023 年度新闻传播学专业方面，复旦大学新闻学院副院长周葆华教授，华中科技大学新闻与信息传播学院副院长李华君教授，郑州大学新闻与传播学院副院长张淑华教授荣获"宝钢优秀教师奖"。

（重庆大学新闻学院　齐辉）

6.3.5　第十八届"挑战杯"全国大学生课外学术科技作品竞赛

"挑战杯"全国大学生课外学术科技作品竞赛，是国内高等教育领域一项极具影响力的赛事。

2023年第十八届"挑战杯"全国大学生课外学术科技作品竞赛（简称"挑战杯"竞赛）由贵州大学承办，前后共历时8个月，包括主体赛、"揭榜挂帅"专项赛、红色专项活动、"黑科技"展示活动，共吸引到全国2000多所高校、40余万件作品、250多万名学生参赛。共评出主体赛各类奖项1671个（含港澳地区作品），红色专项活动各类奖项138个，"黑科技"展示活动"星系级"作品99个。同时，21家"揭榜挂帅"专项赛发榜单位与评选出的21个团队现场集中签约，持续助力学生科技创新成果向现实生产力转化。其中特等奖共115项。

6.3.5.1　整体统计分析

将115条特等奖作品按照其所属的学科领域进行分类统计。大致分类如下：自然科学，20项；工程技术，50项；医学，15项；农学，8项；社会学，18项；新闻传播学，4项。

第一，工程技术类奖项数量最多。工程技术类项目数量显著多于其他类别，共有50项，占据了所有奖项的最大份额。这反映了"挑战杯"对工程技术创新和应用的重视，特别是在当前科技快速发展的背景下，工程技术的应用场景广泛，覆盖了从智能制造到信息技术等多个领域。

第二，自然科学和社会科学奖项较为均衡。自然科学和社会科学类奖项分别为20项和18项，数量相对均衡。这显示了对基础科学研究和人文社会科学研究的双重重视。自然科学类奖项的研究主题多涉及基础理论和实验研究，而社会科学类项目则偏重于对社会现象和问题的分析及解决方案的提出。

第三，医学和农业类奖项呈上升态势。医学类奖项有15项，表明在当前公共卫生安全和医疗技术发展的背景下，医学研究的重要性不断提升。农业类奖项则有8项，尽管数量较少，但其涵盖了农业科技创新和农业生产实践改进的相关研究，显示出对农业现代化和可持续发展的关注。

第四，新闻传播学类奖项数量最少。新闻传播学类奖项仅有4项。中国传媒大学，在新闻传播学类奖项中表现亮眼。

6.3.5.2 新闻传播学类奖项分析

在 2023 年度的"挑战杯"竞赛中,新闻传播学类作品数量相对较少,仅占全部特等奖作品的 3.48%(4/115)。尽管数量最少,但其研究主题具有重要现实意义和学术价值。这些项目主要涉及新媒体技术的应用、新闻传播理论的创新、社会舆论的研究等。具体分析如下:

第一,项目主题涵盖人工智能、数字化、媒体融合、社交媒体等。

第二,研究方法多采用定量和定性相结合的研究方法,通过大数据分析、社会调查、实验研究等手段,探讨新闻传播领域的前沿问题。

第三,应用价值突出。这不仅有助于提升新闻传播学科的理论水平,还能为实际新闻传播实践提供指导,为媒体行业的发展提供新的思路。

第十八届"挑战杯"竞赛展示了中国高校学生在各个学科领域的创新能力和科研水平。从总体上看,工程技术类和自然科学类作品占据了较大的比例,显示出科技创新在高校学生中的重要地位。医学和农业类作品也有不俗的表现,体现出高校在应用研究方面的优势。

新闻传播学类奖项虽然数量较少,但其研究内容紧扣时代热点,具有较高的应用价值。这些作品不仅展示了学生在新媒体技术、媒体素养教育、文化传播等方面的研究能力,也反映了当前新闻传播学科的发展趋势和前沿问题(见表 6-17)。

未来,随着新技术的不断发展和社会需求的变化,新闻传播学类研究将会面临更多的挑战和机遇。高校学生在这一领域的创新和探索,必将为新闻传播学科的发展注入新的活力。

表 6-17　　　　　　　第十八届"挑战杯"特等奖一览表

序号	作品名称	学校
1	复杂环境下多智能体编队建模及控制理论研究	湖北工业大学
2	助燃航天梦——基于电点火方式的新概念绿色无毒 ADN 基空间发动机	北京交通大学
3	丘陵山区复杂场景下稻麦智能低损联合收获关键技术与装备	江苏大学
4	微纳观视界——高性能透明电子智造技术革新者	青岛理工大学
5	一层不染——基于 SLAM 技术的三段式爬楼智能清洁消毒一体机器人	浙江机电职业技术学院

续表

序号	作品名称	学校
6	高压线特种兵——配网不停电剥皮接线搭火自动化作业平台	湖北职业技术学院
7	柴达木桥涵混凝土耐久性设计研究	青海交通职业技术学院
8	精细入微，稳如磐石——面向超精超稳成像卫星的附着式角振动主动抑制系统	北京工商大学
9	面向核电领域高性能智能检测轮腿机器人	哈尔滨工程大学
10	基于水中脉冲放电的退役锂离子电池正极活性物质分离设备	重庆大学
11	力感智能月面轻巧型采样装置	东南大学
12	能脉之眼——多维度管道内检测机器人	东北大学
13	生命脐迹——无针式智能超声波压盘脐带血采集器	温州医科大学
14	基于分布式无缝柔性舵面的智能变体飞行器	北京航空航天大学
15	装甲之翼——装甲车载无人机精准降落控制系统	北京理工大学
16	基于刻蚀坑可控生长的极紫外反射元件原子级抛光系统	上海交通大学
17	新型集成双转子分时耦合永磁同步电机驱动系统——及其电动摩托车应用	中北大学
18	智脑科技——基于复合连续体的颅底肿瘤切除手术机器人	山东大学
19	薄壁高筋构件高性能高效率多自由度成形制造装备	武汉理工大学
20	基于微流控技术的循环肿瘤细胞非标记精准检测仪器	东南大学
21	氢动科技——氢能航空器数字化试飞与全生命周期管控平台	西北工业大学
22	基于超高分辨率显示的高效新型黑矩阵研究	福州大学
23	城市湿热病预诊医生——基于城市多维形态的热岛—雨岛效应模拟及调控对策研究	杭州师范大学
24	基于多信息特征的电力变压器绕组变形智能在线监测设备	重庆电子工程职业学院
25	5G 通信系统的光子晶体隔离器	深圳信息职业技术学院
26	微纳光学组织切片成像系统	厦门大学
27	羽量化跨域无人组网终端	北京理工大学
28	不忘初芯，新信向融——基于存算一体芯片的无线通信系统	南京大学
29	见微知著：维纳斯精灵赋能宫颈病变即视即诊	华中师范大学
30	面向高速光通信的光电频率响应综合分析仪	南京航空航天大学
31	面向 6G 的感知辅助智能超表面覆盖增强系统	东南大学

续表

序号	作品名称	学校
32	全息波束赋形 5G 信号智能增强系统	华中科技大学
33	烛远——互联网犯罪资产侦查雷达	复旦大学
34	星视眸——高精度全天时轻量化遥感相机	武汉大学
35	求是鹰眼——多模融合智能反无人机系统	浙江大学
36	助力人类抗癌研究——基于人工智能算法的生物学位点预测工具	安徽农业大学
37	二维半导体材料光电催化水分解基础探究	北京航空航天大学
38	基于相变材料的动态多功能太赫兹超构表面	厦门大学
39	动态共价界面的大面积实现机制与技术研究	扬州大学
40	便携式海洋维权保障系统	海军大连舰艇学院
41	雷达智视——为城市交通生命线保驾护航	西南交通大学
42	雷氏黄萤水生适应机制的研究	昆明理工大学
43	精诚智药，AI 赋能——深度学习驱动的药物设计与发现方法研究及其应用	华南理工大学
44	基于苦味信号挖掘中药苦能燥湿药性理论内涵——以香连丸治疗溃疡性结肠炎为例	南京中医药大学
45	功能化蚕丝支架在运动系统组织修复中的效应研究	东南大学
46	盐碱地改良的新希望：野生二粒小麦优异耐盐基因挖掘及其育种利用	西北农林科技大学
47	基于碳基量子点的比率荧光探针检测食品中有害色素的研究	宁波大学
48	难成药靶标可干预位点智能挖掘及在药物设计中的应用	上海交通大学
49	数字细菌	深圳大学
50	青藏高原小琵甲物种多样性形成、演化及扩散	河北大学
51	基于水为分散介质的新型绿色悬浮剂，助力农药减施增效	贵州大学
52	可视可感智能手术导航技术与系统	南京航空航天大学
53	光声多模态淋巴结智能定位系统	清华大学
54	拉曼透视眼：活体深层病灶无创实时定位系统	上海交通大学
55	离心微流控芯片抗生素精准用药快检系统	华中科技大学
56	性犯罪中高效富集精子细胞的多阶偶联 FeBP 磁珠的制备及应用	中国医科大学

序号	作品名称	学校
57	基于双靶点甲基化高精准联合检测技术的肠癌早筛试剂研发与应用	浙江工业大学
58	基于脂肪酶选择性水解技术的高纯度 DHA、EPA 甘油酯的研制	江南大学
59	可聚可降解催化界面加速驱动的新型碳回收——水处理技术	武汉纺织大学
60	全球领先的耐海洋微生物腐蚀金属材料的创新研究	东北大学
61	后摩尔新型半导体原子级精确构筑与高性能器件应用	清华大学
62	仿生界面流体输运机制与应用研究	北京航空航天大学
63	金属空气电池高效氧还原催化剂晶体场——磁场协同构筑及机理研究	上海交通大学
64	塑造未来——首创生物质纤维素全降解新型复合材料	湖南化工职业技术学院
65	面向柔性印刷电子的低熔点合金墨水	华东理工大学
66	御磁坚盾——国内首创超轻高强韧镁锂基电磁屏蔽材料	哈尔滨工程大学
67	基于超高温好氧发酵的社区湿垃圾原位资源化技术装备	同济大学
68	可水洗抗静电皮革技术开发与应用	嘉兴学院
69	一种高效过滤核电站安全壳放射性物质的氢气取样装置	哈尔滨工程大学
70	中国芯散热——歧管式一体化环路热管芯片散热器	山东大学(威海)
71	临近空间飞行器用宽温域长寿命锂硫电池开发及应用研究	大连理工大学
72	基于免疫传感技术的纺织品文物微痕鉴定产品开发与应用	浙江理工大学
73	满面红光——全球领先的下一代近红外 Pe(钙钛矿)LED 缔造者	中国科学技术大学
74	面向第四代半导体的以取向调控与终端修饰的高纯度金刚石芯片材料可控制备与应用	北京科技大学
75	发展共赢：营商环境优化和战略转型视阈下民营企业参与乡村振兴的模式探讨和效应检验	浙江工商大学
76	规范与赋能：乡村自产商品电商经营法治保障问题研究——基于数商兴农实施以来 3 省 11 市电商产业调研	江苏师范大学
77	国民养老第三支柱何以靠得住？——基于个人养老金参与意愿的调查研究	华东师范大学
78	以文塑旅、以旅彰文：文旅产业供给侧转型升级之路——基于 2020—2023 年对山西省文旅发展的调研	南开大学

续表

序号	作品名称	学校
79	从高智量到高质量：江苏省一百家装备制造企业数字化转型的调研	南京航空航天大学
80	星星之火，照亮黔程：夜校何以赋能乡村旅游高质量发展——基于贵州省 26 县区 35 所夜校四年深入调研	天津大学
81	轴承何以成为大国心病：我国高端轴承发展瓶颈与攻关方向——基于 12 省龙头企业的调查研究	清华大学
82	群众体育助推乡村文化振兴路径探析——基于村 BA 发源地贵州台盘及周边 61 个村落的调查	贵州大学
83	寻窟拾遗：中小型石窟创造性新生——基于陕北 613 座中小石窟和 106 位修复师的实地走访调研	陕西科技大学
84	多语荟遗，声贯中西：文化数字化战略背景下中国非物质文化遗产的跨文化传播研究——以山东省 39 个非遗为例	青岛农业大学
85	民族音乐数未来：AI 智能作曲助力少数民族音乐保护与民族融合——基于云南少数民族音乐数据集的调研	天津工业大学
86	文脉遗线牵，产城织华颜——集体记忆视角下国家工业遗产的网络构建及活化调查研究	烟台大学
87	让中国文字活起来——数字赋能甲骨文保护传承研究	安阳师范学院
88	文化融入与民心相通：面向东南亚的中华文化国际传播研究——基于菲律宾、缅甸、马来西亚的实证调查	华侨大学
89	乡村少年文化自信培育现状特征、制约瓶颈与提升模式构建研究——基于山东省 107 所乡村小学的实证分析	潍坊职业学院
90	了不起的中国字：数字形韵共振汉字文明新丝路——基于 24 国汉字教育与文化传播实证	四川大学
91	千村寻文化兴——西南山区传统村落文化空间保护传承困境调查与复兴策略	贵州大学
92	唤醒沉睡的宝藏——消费者参与废旧手机回收的三维双链式动员机制研究	南通大学
93	老农盼新生——老龄化背景下中国小农经济的破局之路	浙江大学
94	双碳背景下村镇分布式光伏推广：困境、成因及对策——基于 4 省 17 市国家级光伏发电试点地区的实证研究	聊城大学

序号	作品名称	学校
95	生物降解塑料在餐饮行业中应用推广的影响因素与作用机制研究——以 18 个塑料污染治理典型城市为例	北京工商大学
96	特大城市生活必需品供应网络韧性研究——基于脆弱性诊断的仿真模拟与应急治理	华南理工大学
97	山呼海应聚合力，共画协作同心圆：山海协作何以带动山区县共同富裕——基于浙江山区 26 县典型县的调查研究	浙江工商大学
98	韧心点亮生命：中小学生心理韧性的现状与提升路径研究——基于江浙地区 10.6 万样本的实证调查	南京师范大学
99	用绣花功夫，传史韵乡愁：西部地区 4 省 15 市 19 历史地段传统院落的现状调查及保护更新策略研究	西安建筑科技大学
100	老有所适：老旧小区公共空间适老化评价与优化路径研究——基于武汉市 136 个老旧小区调研	武汉科技大学
101	回答总书记之问：民族地区乡村旅游何以推动共同富裕？——来自甘阿凉地区 3 州 48 县的调研	电子科技大学
102	防微杜渐：儿童塑料喂养器具的微塑料摄入风险及对策——基于 12168 户育儿家庭及关键群体的调查	陕西师范大学
103	婴地制宜：城市公共母婴室建设管理困境与优化路径研究——基于上海市 108 处公共场所的调研	上海外国语大学
104	破病行动，为爱发声——基于太原市高校学生对 HPV 认知现状及 HPV 疫苗接种情况的调查研究	山西财经大学
105	桂有善育，后顾无忧：从养育看生育的广西家庭婴幼儿照护服务调查研究	广西幼儿师范高等专科学校
106	来自星河，走向幸福——基于庇护性就业模式的孤独症就业需求分析与支持方法研究	华东师范大学
107	易地重生：跨县搬迁移民返贫风险防范研究——基于全国最大跨县搬迁安置区的调查	河海大学
108	数智课后——中西部欠发达地区数字赋能中小学课后延时服务的策略构建与实证研究	西安电子科技大学
109	直面尖峰时刻：如何解决我国区域短时电荒问题？—基于百县万户的居民用电行为调研及策略优化	北京理工大学

续表

序号	作品名称	学校
110	调与不调？土地二轮承包到期后延包的各方认识与地方调整实践	南京财经大学
111	寻找脱贫攻坚的集体记忆——来自256位扶贫干部的考察	广州大学
112	多快好省：小额诉讼十年观察（2013—2022）——基于长三角10家基层法院的深度调查	安徽师范大学
113	艺呼百应，旧里焕新：艺术融入城市社区治理的实践探索与分析	上海大学
114	重生OR沉寂：收缩型城市发展困境的涅槃路径——基于城市化发展新阶段的典型调研	山东师范大学
115	芯安筑牢大粮仓：我国粮种外浸之困及其破解路径研究——基于河南省13个产粮大县粮农（企）的调查	河南科技大学

（武汉体育学院新闻传播学院　王创业）

6.3.6　中国大学生广告艺术节学院奖

中国大学生广告艺术节学院奖（简称"大广节学院奖""学院奖"）是经中央批准，国务院评比达标表彰工作小组同意设立的赛事，是中国广告业三项大奖之一（下设中国广告长城奖、中国广告黄河奖、中国大学生广告艺术节学院奖），是国内唯一由原国家工商总局批准、中国广告协会主办的全国性大学生广告艺术大型活动。

大广节学院奖始创于1999年，历经24年21届，已经覆盖海内外1830所高校的5309个院系，每年有超过180万高校师生参与。每年分为春、秋两个赛季，号召海内外5000余所高校院系的在校大学生为国内外知名企业进行命题式创意，为广告、市场营销、新闻传播、新媒体、设计、动画、艺术等相关专业学生打造专业的大学生创意赛事，助力高校实践教学与产教融合，在新闻传播及相关专业学生中间具有广泛的影响力，并深受业内各大广告、营销、数字营销、传媒、互联网相关企业和单位的广泛认可与关注，成为行业遴选人才、企业获取新鲜创意、品牌探索年轻化的重要途径。

大广节学院奖全年活动内容丰富、形式多样，涵盖学科竞赛、专业评选、师生表彰、创意培训、师资培训等各种交流活动，使高校师生与行业、企业达成近距离接触、高频次互动，搭建真正联结高校、企业、行业三方的交流沟通平台。

6.3.6.1　2023数读"大广节学院奖"

2023年，有超过40个知名企业品牌通过大广节学院奖发布创意需求，并携手百名行业资深讲师，为全国各区域参赛师生开设了 60 余场线下创意公开课和 10 余场线上创意直播课。与来自数百所院校的超过 60 万名高校师生，在线下课堂和线上直播中零距离互动、面对面交流，并通过各大社交平台、网络媒体影响触达近千万大学生。并在春秋两个赛季中收获了来自海内外各高校参赛学生的创意作品 80 余万件，突破以往纪录，再创参赛作品数量新高。

并通过青年传播大赛开设"抖音直播"赛道，通过学院奖传播赛开设"小红书"传播赛道，另外发布创意星球 AI 创意大赛，通过不断突破与创新，让赛事与当下传播环境中的头部社交媒体传播平台、前沿传播形式和手段、最新 AIGC 传播技术深度结合，为新闻传播相关专业开拓最接近行业前沿、最符合当下传播趋势的新赛道，为教学实践拓展新渠道、新思路。

2023 年，中国大学生广告艺术节学院奖连续入选中国高等教育学会《全国普通高校大学生竞赛目录》，并入选《中国广告教育 40 年发展光荣榜》，荣获"中国广告教育 40 年特别贡献活动"称号。并于泰国诗纳卡宁威洛大学进行交流研讨，为赛事走向国际化、多样化，迈出了重要的一步。

6.3.6.2 大广节学院奖的核心价值

（1）以产教融合为路径，实现校企协同育人

学院奖贯彻教育部"四新"建设，从教育思想、发展理念、质量标准、技术方法、培养范式等方面进行全方位改革的精神，以赛事作为切入点，以产教融合作为路径，实现校企协同育人的目标。

作为联结高校、企业、行业三方的平台，学院奖为高校提供行业、企业资源和人脉，沟通校企合作，助推企业走进高校，设立产教融合基地，为企业引荐定向专业院校，加强校企沟通和人才引进；举办产教融合论坛，邀请高校和行业代表参与会议，共同探讨广告教育和产教融合的更多可能性，实现校企协同育人的目标。

（2）有系统性的理论，指导赛事具体过程

学院奖经过多年的研究和实践，认为通过赛事促进实现三教改革，实现校企协同育人的目标，必须要做到先对接再融合。要实现对接行业、对接产业、对接企业、对接课程、对接专业、对接岗位这 6 个方面的对接。

对接行业：学院奖将 20 多年积累的资源整合成为品牌年轻化的资源联合基地，将媒体、广告公司、学校、企业高度整合，形成相互助力、共同成长的资源闭环。

对接产业：学院奖主要对接文化与创意产业，参赛的学生毕业后也主要在文化与创意产业类企业中工作。

对接企业：参与学院奖的品牌中有 50 多家上市企业，累计总市值超过 6 万亿元。

对接专业：学院奖根据整个产业需要，重点在新闻传播类、数媒类、艺术设计类、管理和营销类专业中与高校师生展开以赛带学、项目输入相关活动。

对接课程：学院奖将前沿案例输入进课堂，使课堂教学紧密契合市场需要，培养应用型人才。

对接岗位：根据企业需求，选择了文化与创意产业中的八大核心岗位，并为学生提供很多相关培训和指导。

（3）有媒企资源平台，实现赛事与产业接轨

广告人文化集团专注广告行业 20 余年，多年承办中国国际广告节媒企交易展示会、广告主盛典、中国传媒趋势论坛、品牌创新论坛、网络/移动互联/电视媒体资源交流会、Admen 国际大奖、Y2Y 品牌年轻节等广告行业大型活动及奖项。

依托广告人文化集团聚合的强大媒体资源、行业资源、业界资源，为参加学院奖的百万高校师生提供了全面的产教融合资源库。

（4）有系列实施举措，保证协同育人目标实现

大广节学院奖提出建设院系实验平台打造学科提升工程、建设教学创新平台打造师资培训工程、建设协同育人平台打造创意优才工程三大工程，实施上战场——以赛带学、增智慧——培训教辅、开眼界——实践采风、获荣誉——奖项证书、扬品牌——传播推广、促就业——实习入职 6 大举措，在院校端、教师端、学生端推出不同层次的内容，有力保证了校企合作协同育人目标的实现。

（5）多元化的活动和课程，使师生了解行业发展

围绕学院奖赛事，广告人文化集团为师生量身打造丰富的活动，给师生提供更多接触行业和企业的机会，学习课堂和书本外的行业知识和内容，开阔眼界，丰富教学课堂。

为高校专业教师提供更多交流和实践机会：助推教师工作室建设、定向组织小规模实践活动、组织线上线下教师参赛培训活动、邀请优秀指导教师参与行业论坛和大型行业活动、邀请师生访问企业进行深度交流。组织教师走进行业领先的广告公司蓝标、中央电视台华风气象、网易传媒、鲁南制药集团等进行交流学习。

为参赛学生提供丰富的实践交流活动：邀请学生参与品牌传播活动担任品牌校园大使，企业奖项评委，组建专业培训班指导学生创作，组织企业研学，多方面促使师生了解行业发展。

（6）发起就业帮扶，助力学生就业

学院奖承办方创意星球与中国青年创业就业基金会开展战略合作，并成立"中国青

年成长基金"。该基金将为当代青年在校期间的创业与就业提供指导与帮助。同时，学院奖组委会联合广告人商盟、中国广告协会等行业资源，共同发起百企千岗就业帮扶行动，深挖行业优质企业和垂直职位资源，帮助相关专业学子定向求职就业。为专业学子和行业企业搭建了双向匹配的求职沟通平台。

附：2023 年度大广节征集活动获奖名单，详见表 6-18。

表 6-18 **大广节学院奖 2023 征集活动获奖名单(金奖及全场大奖部分)**

大广节学院奖 2023 年春季征集大赛部分获奖名单

作者学校	作者	指导老师	作品类别	作品名称	命题企业
全 场 大 奖					
福建师范大学协和学院	许艺欣	陈丽	广告文案	你来了，我就想开了	凯迪仕
营销策划全场大奖					
福建师范大学协和学院、厦门华厦学院	张萱、张滢、杨宇涵、鄢志平、丁琼文	陈丽	营销策划	一计免煎熬	鲁南制药—启达力
金 奖					
湖南文理学院	曾佳彬、杨心怡、李雪婷、邹岚、李炎、刘晴	苏杰、蔡佳穗、熊跃珍	平面广告	一罐到位	锐澳酒业
重庆城市科技学院	邱圆茹、罗佳、王歆越	文一	营销策划	8 酒言欢，强爽翻番	锐澳酒业
重庆邮电大学	邓玉莲	陈秋漪	文创产品设计	微醺 遇见更好的你	锐澳酒业
宁波大学	吴辰、李孟凡、孙嘉祺	董苏	漫画设计	也许 rio 强爽会告诉你前进的道路	锐澳酒业
兰州大学，浙江财经大学东方学院	徐璐莹、胡丹曦、魏畅	朱霞	摄影作品	红草莓	锐澳酒业
重庆城市科技学院	戚琪	卜如飞	平面广告	快克超人来帮你	快克药业

续表

作者学校	作者	指导老师	作品类别	作品名称	命题企业
宁波大学	周佳瑶、刘亦宁、蒋恒兴、曾晴雯、王佳梦	邵慧	营销策划	不脱轨人生	快克药业
成都锦城学院	官睿欣、胡佳宇、梅书茂、王子骏、钟霞、马静雨	谷枫、靳丹	微电影	天下武功 唯快不克	快克药业
湖南文理学院	冯文杰、范李昊、刘晴、张爽、金熙媛	苏杰	周边产品设计	未来之旅	快克药业
天津财经大学珠江学院	姚昕頔	丁太岩	平面广告	碧家小妹"纤纤"	碧生源
山东农业工程学院	吕蓓、李睿卓凡、李慧雨、刘梦宇	刘海杨	营销策划	草本星球守护计划	碧生源
西安美术学院	朱淇		漫画设计	碧家小妹·对你说	碧生源
南京林业大学	马文、葛芷悦	唐丽雯	短视频	健康享瘦 毫不费劲	碧生源
南京林业大学	彭粹青	周潇斐、唐丽雯	平面广告	太阳雨，予你画境	太阳雨太阳能
湖北师范大学	曾文悦	蒋达	短视频	去有温度的地方	太阳雨太阳能
东华理工大学	蒋珺文	王宾旗	平面广告	人生不受限 我有我的 young	华润紫竹—毓婷
辽宁大学	袁镜	魏宝涛	广告文案	"两颗心脏"	华润紫竹—毓婷
北京电影学院	王一冰	刘笑微	微电影	爱情生命值	华润紫竹—毓婷
鲁迅美术学院	何雨轩	刘哲	衍生品设计	毓婷让你青春不"婷"	华润紫竹—毓婷
福建师范大学协和学院	吴俊杰	高媛媛	平面广告	放心地滑	杰士邦
四川美术学院	周琪瑶		广告文案	"玻"动心弦的告白	杰士邦

续表

作者学校	作者	指导老师	作品类别	作品名称	命题企业
昆明城市学院	曾馨贤、刘信琳、肖燕玲、郑婷婷、赵蕊、董世双		影视广告	"玻"动心弦	杰士邦
成都艺术职业大学	王俊杰、彭豪、杨玉旗、郑富为	彭缔、吴世丽	平面广告	离别	榄菊
温州理工学院	王泯蓉	李叶子	广告文案	服不服	榄菊
西安工业大学，太原师范学院	王佳、王志伟、郑鑫琪		产品设计	榄菊默默无"蚊"悬浮驱蚊器	榄菊
鲁东大学	秦梓菡、黄杰、陈羲、范鸣芮、李松蓓、赵子豪	王杰飞	短视频	榄菊 带你杀出虫围！	榄菊
湖南文理学院	胡俊、李佳慧、林智炫、王璐杰、王悦、戚子怡	苏杰	平面广告	可比克 20 年，快乐每一刻	可比克
天津师范大学	高鑫、杨睿、孙伯然、杨兰兰、张家瑜、张耀文	胡振宇	营销策划	快乐银行	可比克
西南大学	肖可馨、杨雯珺、李润洋	王命洪	微电影	生日快乐！	可比克
湖南文理学院	张爽、范李昊、刘晴、冯文杰、李密、金熙媛	苏杰	综合设计类	无时无刻，快乐可比克	可比克
北京印刷学院	魏金尧	李文琦	平面广告	充能	乐虎
福建师范大学协和学院	罗静、郭嘉、郭凯莉、陈芯蓓、何雯琳	陈丽	营销策划	临时抱虎脚	乐虎
吉林动画学院	刘礼军、谌楷、王怡雯	吕鑫、刘旭	影视广告	"超能饮·乐虎"——乐虎氨基酸维生素功能饮料广告	乐虎

作者学校	作者	指导老师	作品类别	作品名称	命题企业
吉林动画学院	林琳、王熙霆、李梓源	张磊	综合设计类	乐乐虎 IP 形象设计	乐虎
文华学院	钟婷婷	李静	平面广告	别担心，有我在	鲁南制药—启达力
江西财经大学现代经济管理学院	郭澜浩、丁小娜、罗佳、杨佳、李志	彭美娥、方莉	文创产品设计	启达力荆防颗粒文创产品设计	鲁南制药—启达力
广州城建职业学院	张咏妍、钟壂琪、李莹平、覃思宇、陈希蓝、巫迪	吴洁薇	短视频	生·活	鲁南制药—启达力
苏州科技大学	陈美华	梁建飞	平面广告	伢牙乐草莓星球牙齿保卫行动	纳爱斯伢牙乐
南昌大学	田明敏、肖乐琪、翁晓盈、梁晟、徐思璠	曾光	营销策划	伢牙的虫洞之旅	纳爱斯伢牙乐
江西科技师范大学	江辉辉、江兰芳、周新慧、黄楠、华文雅、余胜阳	余倩、余可丽	视频类	伢牙守护战	纳爱斯伢牙乐
河南大学	管怿娴、赵锦莹、刘卓尔、李灿		综合设计类	伢牙乐童趣系列包装	纳爱斯伢牙乐
清华大学	牟懿宁	马泉	平面广告	"我"只认你	凯迪仕
宁波大学	江宛妮、张雁	刘淑娟	IP 设计	K20 Pro Max 3D 安全卫士—Kaadas 凯迪仕 IP 设计	凯迪仕
南京传媒学院	崔梦鑫、陈嘉怡、赵博雅、莫艳婷、徐玲华	陈程福	短视频	一眼"锁"定你	凯迪仕
复旦大学	苏佳怡、潘雅明、欧阳文慧、高嘉仪	李华强	平面广告	不好意思，我们不欢迎奶牛	银鹭食品
福建师范大学协和学院	王雪冰、林佳蓥、张智杨、陈煜骄、陈弈诺、塔吉措姆	陈丽	营销策划	大吉大"粒"	银鹭食品

续表

作者学校	作者	指导老师	作品类别	作品名称	命题企业
重庆外语外事学院	杨何建桥、王韵婷、杨新、谭景予	姚远	影视广告	银鹭—带你去乐园	银鹭食品
焦作工贸职业学院	陈薇、刘春子、姚东玲	张晓华	产品包装设计	花生吉祥	银鹭食品
莆田学院	石嘉溢、辛剑辉	黄颖、韦锦城	平面广告	重力星球——重力空间站	重力星球
深圳大学	李懿、王碧豪	吴汶萱	涂装设计	MissileGum	重力星球
江西科技学院	王萱	鲍艳	平面广告	雅客的力量	雅客
福建师范大学协和学院	刘晓彤、卢亚婷、周小燕、林铭嫣	沈惠娜	营销策划	今天你"v"了吗？	雅客
海口经济学院	林文才、曾子荣、董涵、姜池、姚亚宁	南韩旦	短视频	少爷的下午茶	雅客
江西应用科技学院	徐泽成、黄嘉豪、周航	徐江烨、傅灵、黄娅莉	平面广告	享受不止于人	超能 SupNice
辽宁大学	周维、赵桦杰、董丽雪、王姝凝、马金鹏	魏宝涛	营销策划	讲究人，不将就	超能 SupNice
浙大城市学院	方楚翔、屈海纳	骆小欢	视频类	超能，为爱助能	超能 SupNice
广西艺术学院	孙明华、曾惠清、李双、岑东泽、路申鹏、朱文逮	郭丽	综合设计类	超能帮你	超能 SupNice
湖南文理学院	林智炫、李佳慧、胡俊、王璐杰、戚子怡、王悦	苏杰、蔡佳穗	平面广告	嘘 这是秘密	大耳牛
商丘师范学院	王铭嘉、李浩然、刘妍君、熊诗琴	朱长征、张双力	营销策划	@你身边的牛马青年	大耳牛
山东科技大学	杨润清	孙德波	平面广告	发量王者的烦恼	蜂花
河北大学，中南财经政法大学	庞诗琦、梅子童、刘若涵	薄立伟、宋伟龙、张艳	广告文案	如何写蜂花	蜂花

续表

作者学校	作者	指导老师	作品类别	作品名称	命题企业
南京林业大学	杨乐怡	彭俊	IP 设计	蜂花 IP 形象设计	蜂花
宁波大学科学技术学院	潘思贝、蒋奇奇、董方鸿、赵欣逸	孟佳文、吴必优	短视频	蜂花，你的发质修复师	蜂花
南京林业大学	牛博宇	于淼	平面广告	师傅肿么办？用连花清瘟！	以岭药业——连花清瘟
郑州航空工业管理学院	赵茜、王克宁、李萌、杜斌	李楠	营销策划	无感，无不敢	以岭药业——连花清瘟

大广节学院奖 2023 年秋季征集大赛部分获奖名单

作者学校	作者	指导老师	作品类别	作品名称	命题企业
全场大奖					
重庆外语外事学院	段凯钰、金校通、张恒瑜、廖泽辉	唐婉璐	影视广告	匠心"手"护	京万红
营销策划全场大奖					
福建师范大学协和学院	尹慧	高媛媛	营销策划	我在人间打补丁	华润紫竹——蜂胶口腔膜
金奖					
江西服装学院，马来西亚理科大学（USM）	梁慧珊、冯娅萍、周鸿飞	黎达、高珮洋、陈思辰	文创产品设计	连花清瘟胶囊系列盲盒	以岭药业——连花清瘟
河西学院	王冰、张晶晶	刘晓霞	平面广告	"创剪"24 节气	创意星球网
东华理工大学	贾博敏、徐斌华、朱丹萍	王宾旗	平面广告	精准分隔小快克，消灭病菌没烦恼	快克药业
深圳职业技术大学	卢继明、王朵朵、逄博、张晓冰、陈希、杨蕊	王雪、吴伟伟	营销策划	爱的度量衡	快克药业
暨南大学	吕思蕙、柳江渝、周书瑶、熊长霆		微电影	精准守护，千家万户	快克药业

作者学校	作者	指导老师	作品类别	作品名称	命题企业
湖南文理学院	冯文杰、范李昊、张爽、刘晴、金熙媛、杨紫雯	苏杰	周边产品设计	极光探险中秋礼盒	快克药业
江西服装学院	熊韬、程瑶、彭孔德、陈义浩	陈思辰	平面广告	碧生源二十四节气	碧生源
郑州师范学院	赵欣宇	王琛	广告文案	碧生源之碧家小妹穿越奇遇	碧生源
云南大学滇池学院	姜珊、陈延立、杨娇、王旭霏、金钰红、梁皓	张珏、李颖	短视频	碧生源，你和我的毕生缘	碧生源
山东工艺美术学院	袁航、戴立业	赵志云	平面广告	青春要爱不要艾	杰士邦
华中农业大学	谢卓彤、叶豪杨、谭鑫、金湘玉	聂祎、韩淑芳	营销策划	穿越火线，守住底线	杰士邦
黑龙江外国语学院	甘钰枝	宋晓钰	影视广告	我们的习惯	杰士邦
韩山师范学院	侯浩源	曾凡宁、周昆乔	平面广告	父亲仍青年	利郎 LESS IS MORE
重庆外语外事学院	蒲胜男	余鸿康	广告文案	有一套	利郎 LESS IS MORE
浙江工业大学	郑懿宸、王艺桦、刘家欣、王艺诺、梁羽畅、汪泽睿	杜艳艳	短视频	LESS IS MORE	利郎 LESS IS MORE
厦门兴才职业技术学院	陈声烨	苏国伟	花型设计	老花设计	利郎 LESS IS MORE
中央财经大学	梁子琦、吴丽莎、陈卓乐、雷翊君、钱泓宇、魏欣伟	欧阳昌海	平面广告	助力每一刻，乐在可比克	可比克
福建师范大学	陈晶晶、陈佳慧、陈欣怡、林晴、谢以彤、钟莹	叶凤琴	营销策划	咔嚓咔嚓 快乐再出发	可比克

续表

作者学校	作者	指导老师	作品类别	作品名称	命题企业
湖南文理学院	李佳慧、戚子怡、王悦、王璐杰、胡俊、林智炫	苏杰	产品包装设计	兔年专薯	可比克
天津职业技术师范大学	孙程锦、李思融	刘芳	短视频	客中薯片行	可比克
吉林动画学院	周雨涵、杨柳、张婉玉、祝百艺	张继斌	平面广告	百福具臻"豆"是相聚	豆本豆
暨南大学	牛小曼、郑泳思、梁曼欣、黄玟骆、许语芹	林升梁、朱磊	营销策划	多选妈妈图鉴	豆本豆
汕头大学	丘钰莹		漫画设计	营养双重奏	豆本豆
重庆邮电大学	弓兆贤、蒋佳	周琴	短视频	爱,无需选择	豆本豆
重庆交通大学	李秋月、韩至秋、刘孙悦、万豪、赖斯琪	宋珊、罗显怡	小红书数据	"桃蕊嫣茸,粉面腮红"桃花姬品牌 IP 形象设计	小红书——学院奖传播赛
南京林业大学	杨乐怡	纪园园	平面广告	"三星男团"用三金	三金西瓜霜
广东工业大学	阳蓝、鄢慧婷、黄嘉燕、陈洁欣、徐玄成、林洋洋	周文娟	营销策划	巴适滴很,一起耍过年	三金西瓜霜
江西服装学院	胡文轩、黄子皓	黎达、高珮洋	产品设计	三金西瓜霜 x 三星堆衍生产品设计	三金西瓜霜
江西服装学院,马来西亚理科大学(USM)	陈嘉译、张丹丹、陈冬怡、叶恺祯、周鸿飞、章鑫	陈思辰	短视频	三星堆家族的秘密	三金西瓜霜
吉林大学	韩昕桐、陈宇、孔令超		平面广告	晓平祛痘,还原天然好肌肤	鲁南制药——晓平
扬州大学	张颖慧、张明子		营销策划	"晓"内情"平"外患,绝不"痘"留!	鲁南制药——晓平

续表

作者学校	作者	指导老师	作品类别	作品名称	命题企业
南宁师范大学师园学院	周文彬、陈思宇、张丽莎、施永康、黄贻欢	胡安迪	微电影	知晓心意，抹平距离	鲁南制药——晓平
佛山科学技术学院	梁钰荧、吴依蓝、梁蕴枫	龚紫	平面广告	生活随处都可椰	银鹭食品
桂林理工大学	熊紫琦、蔡雨虹、廖姗姗、宋素茵、温泉钟	张希蕾、褚晶	营销策划	你好，我的"YE"生活	银鹭食品
苏州高博软件技术职业学院	朱凌、张子静、成楚琦、王智扬	张昕、葛康	影视广告	10%的热爱	银鹭食品
广西艺术学院	陈佳和、刘鑫宇、覃方龙	李寒林	产品包装设计	海浪椰子	银鹭食品
内蒙古师范大学	乔栋宇	李媛	平面广告	天敌出击！溃疡退散！	华润紫竹——蜂胶口腔膜
江西科技师范大学	翁子慧、杨青、张传岚、王佳瑶、徐佳云、刘占文	余倩	影视广告	你的美味通行证！	华润紫竹——蜂胶口腔膜
青岛滨海学院	秦汉、宋向礼、盛振家、王振、刘梦茹、王静	孙钦科	衍生品设计	蜜儿-华润紫竹IP改良设计	华润紫竹——蜂胶口腔膜
内蒙古农业大学	郭佳斌	郝田	平面广告	双鹿70周年庆海报	双鹿碱性电池
上海大学	章诗茜		广告文案	爷爷的灯	双鹿碱性电池
云南大学	曹艳清、张凡、杨新朝、张倩、付丽莎	林进桃、陈宇	微电影	照亮人生的必经之鹿	双鹿碱性电池
安徽大学	兰梦	王猛	IP设计	双鹿小子新征程	双鹿碱性电池
苏州科技大学	赵逸之		平面广告	只为你"星"动	梦金园
重庆三峡学院	冯丹丹、孙玉婷、张宇、陈晨露、秦超锐	张春蕾	营销策划	星动邀约请查收	梦金园
北京服装学院	于竞翔	高伟、韩欣然	产品设计	猫美如花	梦金园

续表

作者学校	作者	指导老师	作品类别	作品名称	命题企业
山东外事职业大学	高世凯、陈兴志、周忠亭、谈金泽、丁昱瑄、费柯皓	陈超、袁泰然、王志成	短视频	我们正青春	梦金园
湖南应用技术学院	周洋、吴泽宇、朱焰华	张洁瑜	平面广告	乱世之中也要健胃小助手	华润江中
吉林大学	陈宇、孔令超		广告文案	别一个人消化	华润江中
临沂大学	高其瑀、李欣昊、何献、葛圳杰、黄锦诚捷、冯子豪	初航	微电影	江中健胃消食片创意微电影	华润江中
四川艺术职业学院	黄晶晶		产品包装设计	江中健胃消食片	华润江中
闽江学院	杨鑫琪、叶若莎	陈若凡	摄影作品	三角形的"秘密"	华润江中
湖北美术学院	蔡语诗、黄诗尧、陈思茹、周子涵、肖濡蔚	涂志初、李俊、刘家辉	平面广告	焦虑时刻，给你雅客	雅客
福州外语外贸学院	余洁、黄涵琪、郑梓涵、伊文杰	王晨	营销策划	奔向 Bang 星球	雅客
浙江传媒学院	王乐泉、于天阳、陆佳瑶、温之夏	王寒冰	短视频	雅客工厂，守护你的甜蜜宇宙	雅客
上海商学院	程思瑶、邱天依、鲍斯雯	陈眉	平面广告	悦康药业，安康而至	悦康药业
河南开封科技传媒学院	王小洋	程沛	广告文案	声声慢	悦康药业
厦门兴才职业技术学院	江军虹	张铭昊、叶温清	综合设计类	小物	悦康药业
北方工业大学	王思扬、陈慕晶、李静伊、刘欣	李明合	短视频	"月"来"悦"好	悦康药业
郑州大学	倪婧、薄文悦、张静怡、万静	徐键、史历峰	平面广告	敢于摆出我的态度！	亿家馨

续表

作者学校	作者	指导老师	作品类别	作品名称	命题企业
四川音乐学院	龚君棋、周玲、马骏豪、王建琦、李祥龙	马靖东	微电影	酸辣爽脆·霸道出山	亿家馨
山西传媒学院	郭晓乐	宁杰	产品包装设计	亿家馨包装设计	亿家馨
浙江宇翔职业技术学院	苏孙晴	陈晨	平面广告	有喜就够	喜多多
中国传媒大学	邹若嘉、王芊玥、亓妙薇、潘一琳	朱祎楠	营销策划	给生活另辟"喜"径	喜多多
江南大学	袁如锦	胡起云	短视频	纵享清凉嚼一下	喜多多
江苏建筑职业技术学院	黄敏睿	韩梦如	平面广告	活力景田 MOVE ON	景田
中国传媒大学	冯芯蕊、茅若萱、马皖湘、丁芸、计鹏斐	冯丙奇	营销策划	Move On! 彩虹湾	景田
广州商学院	郑嘉倪	孔荣荣	IP 设计	与景田一同前行	景田
云南大学	刘浩林、张雯迪、庞梦雪、王童瑶、吴宏都、尹晓涛	王丹彦、盛春宇、陈思辰	短视频	无限热爱	景田
盐城工学院	陈家铭		平面广告	"京红"一抹，创面无忧！	京万红
江西科技师范大学	廖佳丽、周慧、杨玉琳、李晓燕	余倩、余可丽	营销策划	躁动青春一抹红	京万红
鲁迅美术学院	孙艳华	刘哲、邵新然	文创周边设计	药理学堂	京万红
江西服装学院	黄淑晴	陈凡	平面广告	你我皆"哪吒"	哪吒 IP
福州大学至诚学院	刘晶晶、毛本青、林宇欣、冯树博、周开泰	王永菁	营销策划	与吒同游	哪吒 IP
南昌大学	汪泽、张紫月、李欣妍	徐塑	IP 设计	哪小吒 IP 形象设计	哪吒 IP

续表

作者学校	作者	指导老师	作品类别	作品名称	命题企业
天津工业大学	陈雯婷、任雅宁、郑爽、王菲、杨雨婷		短视频	追寻	哪吒 IP
福建农林大学金山学院	唐媛媛	佘菁琦	平面广告	若三春之桃	桃花姬
重庆外语外事学院	彭文静	李欧伦	广告文案	你来，恰似桃花开	桃花姬
云南大学	张凡、曹艳清、杨新朝、张倩、付丽莎	陈宇	微电影	暖暖桃花姬 漂亮做自己	桃花姬
山东科技大学	李雨欣、聂嘉欣	李丽、刘佳、宋美音	IP 设计	桃花家族 IP 形象设计	桃花姬
福州大学厦门工艺美术学院	周庆玲	李双	平面广告	这股辣，我想要	双汇
文华学院	张小杰	胡晨星	营销策划	我辣么辣	双汇
重庆工商大学	陈雨欣		产品包装设计	饕餮盛宴	双汇
广东东软学院	陈军浩、林晓锋、曾镜铭、刘俊豪、郑立腾	崔鋆	短视频	辣"引"	双汇
重庆城市科技学院	章梦澜	韩佩妘	平面广告	"老古董"也能轻松刷牙	云南白药金口健
青岛大学	常雪平、孙静静	刘艳秋	营销策划	九十度的呵护	云南白药金口健
江西科技师范大学	朱芯仪、彭露、梁亦星、张晓杰、彭朵	余情	短视频	遇事则通	云南白药金口健
华南师范大学	安玥瑶	莫丹丹、金春姬	UI 设计	云南白药小程序界面设计——云羽宇宙 App	云南白药金口健
广东技术师范大学	关楚瑶		平面广告	玩趣经典	卫龙

续表

作者学校	作者	指导老师	作品类别	作品名称	命题企业
天津师范大学	刘奇、方言、李子祎、胡嘉禾、路雨睿、张含月		微电影	两代玩味	卫龙
湖南科技大学潇湘学院	李梅林、李金丽、朱韩英、杨凯丽、肖轩萱、杨婷	胡慧	产品包装设计	"摸鱼"盲盒	卫龙
湖南工商大学	赵杨、张怡菲	徐守宝	平面广告	如家	零跑汽车
信阳农林学院，郑州升达经贸管理学院	鲍露露、徐址豪、李沙沙、李博、张柏鑫、潘春玲	尚存、龚静阳	短视频	零跑——领先科技，运动骄子	零跑汽车
太原师范学院	王心语、王凌霄		平面广告	治愈	以岭药业——连花清瘟
四川工商学院	王柳、吴清清、梁艳	黄琳	营销策划	躺平通缉令	以岭药业——连花清瘟
哈尔滨师范大学	胡子依	张松波	短视频	连花都会帮你	以岭药业——连花清瘟

（中国传媒大学广告学院 刘英华）

6.4 中国新闻传播教育年鉴奖

6.4.1 第一届中国新闻传播教育年鉴奖

2022 年 7 月 9 日，首届中国新闻传播教育年鉴奖颁奖典礼在湖南吉首隆重举行。中国传媒大学广告学院原院长黄昇民教授获得首届杰出院长奖，华中科技大学新闻与信息传播学院获得首届创新发展奖。中国新闻传播教育年鉴奖由《中国新闻传播教育年鉴》编撰委员会组织发起，传媒茶话会全额赞助，评选委员会由《中国新闻传播教育年鉴》

编撰委员会、中国高等教育学会新闻与传播专业委员会、中国高等教育学会广告专业委员会专家组成。

颁奖典礼由《中国新闻传播教育年鉴》编撰委员会副主任薛可教授主持。《中国新闻传播教育年鉴》编撰委员会主任张昆教授为黄昇民教授颁发杰出院长奖，吉首大学党委书记廖志坤教授向华中科技大学新闻与信息传播学院党委书记金凌志颁发发展创新奖（见图6-8、图6-9）。

图6-8　《中国新闻传播教育年鉴》编撰委员会主任张昆教授为黄昇民教授颁发杰出院长奖

中国新闻传播教育年鉴奖杰出院长奖旨在评选新闻传播学界公认的已卸任杰出院长。《中国新闻传播教育年鉴》编撰委员会介绍，杰出院长奖的评选条件是：担任新闻传播学院院长一个以上完整的任期；执政期间学科建设取得了学界公认的成就；具有明确的办学理念；在教学改革、管理模式创新上成果显著。杰出院长奖无须候选人申请，候选人名单和最终当选，由中国新闻传播教育年鉴奖评选委员会遴选。

中国新闻传播教育年鉴奖评选委员会给黄昇民教授颁奖词是：他从事广告学教育30多年，创办了中国唯一的广告学院，为中国广告等相关行业培养了大量优秀人才。他担任院长14年，创建了涵盖本科教育、硕士和博士教育，完整而科学的广告学教育与人才培养体系。他创立中国广告博物馆，创刊《媒介》杂志并担任总编辑20多年，为中国新闻传播教育作出了卓越贡献。

中国新闻传播教育年鉴奖创新发展长奖旨在评选新闻传播学界公认的创新学院。《中国新闻传播教育年鉴》编撰委员会介绍，杰出院长奖的评选条件是：新闻传播学院

图 6-9　吉首大学党委书记廖志坤教授向华中科技大学新闻与信息传播学院
党委书记金凌志颁发发展创新奖

在教学、科研、人才培养、学科建设和服务社会等方面实施了系统的创新性改革举措，产生了明显效果，取得了广泛认可，对其他学院具有示范效应。

中国新闻传播教育年鉴奖评选委员会给华中科技大学新闻与信息传播学院的颁奖词是：这是全国第一个在理工科大学开办新闻传播教育的学院，创立之初，就确立了"文工交叉，应用见长"发展思路。它的新闻评论教育独具特色，形成了完整的新闻评论人才培养创新体系，获得了国家级教学成果奖。40 年来，这所新闻传播学院在学科建设与人才培养中一步一个台阶，形成了中国新闻传播教育的独特模式。

中国新闻传播教育年鉴奖编撰贡献奖同时颁发。王文锋、姜德锋、彭爱萍、刘卫东、周茂君、王一鸣六位新闻传播学教师获奖。张昆、何志武、程丽红、赵建国、刘英华、韩立新等为获奖者颁奖（见图 6-10）。编撰贡献奖旨在表彰为《中国新闻传播教育年鉴》编撰工作作出卓越贡献的作者和编者。中国新闻传播教育年鉴奖编撰贡献奖的颁奖词是：这是一本百万字的年鉴。没有稳定的资金来源，只有学界同仁的长期资助；没有固定的编撰场所，只有每年一部的定期发布。这是一个两百人的团队。他们来自五湖四海，却又组织绵密；他们需要自备干粮，却又无悔付出；他们运作高效，却又不失情怀与理想。他们是这本年鉴和这个团队的代表，他们记录历史、开拓未来，为中国新闻传播教育作出了自己的贡献。

图 6-10　第一届中国新闻传播教育年鉴奖编撰贡献奖获奖嘉宾

据悉，《中国新闻传播教育年鉴》自 2016 年首发以来，已经连续出版了 8 部。每部年鉴一百多万字，吸引了全国两百多位新闻传播学院师生的参与，为中国新闻传播教育作出了重要贡献。有学者认为，作为中国新闻传播学界集体智慧的结晶，"年鉴"是一次"为时代画像、为时代立传、为时代明德"的学术实践，体现出中国新闻传播学界"秉持史家精神打造教育信史"的学术追求。

除了编撰《中国新闻传播教育年鉴》之外，《中国新闻传播教育年鉴》编撰委员会同时组织全国新闻传播学院院长研修班、开展中国新闻传播教育年鉴奖评论评选等工作，以进一步促进中国新闻传播教育的转型升级与创新发展。

（《中国新闻传播教育年鉴》编撰委员会　文字：刘义昆　摄影：甘世勇）

6.4.2　第二届中国新闻传播教育年鉴奖

中国新闻传播教育年鉴奖由《中国新闻传播教育年鉴》编撰委员会组织发起，下设三个类别的奖项：杰出院长奖、创新发展奖和编撰贡献奖。每年评审一次，颁奖典礼在当年 11 月第 2 个双休日与中国新闻传播教育年鉴首发式同时举行。上述奖项都不用申报，不用填表。编撰贡献奖由编委会提名、评定。杰出院长奖、创新发展奖由编委会提名、评选委员会评定。

因疫情原因，前两次的颁奖典礼举行时间有所调整。2022 年 7 月 9 日，首届中国新闻传播教育年鉴奖颁奖典礼在湖南吉首举行。中国传媒大学广告学院原院长黄昇民教授获得首个杰出院长奖，华中科技大学新闻与信息传播学院获得首个创新发展奖。

2022 年 10 月 15 日，2022 年度中国新闻传播教育年鉴奖定评会暨湖南理工学院新闻传播建设规划论证会在线上进行，确定了第二届中国新闻传播教育年鉴奖的获奖名单。评选委员会由《中国新闻传播教育年鉴》编撰委员会、中国高等教育学会新闻与传播专业委员会、中国高等教育学会广告专业委员会、国务院新闻传播学科评议组、教育部新闻传播学教指委的专家组成（见图 6-11）。评选委员会主任由《中国新闻传播教育年鉴》编撰委员会主任张昆担任，组成人员包括张昆、何志武、彭祝斌、刘灿国、周勇、丁俊杰、隋岩、张明新、陈昌凤、陈建云和徐小立。刘义昆担任评审团秘书。

图 6-11　2022 年 10 月 15 日，2022 年度中国新闻传播教育年鉴奖定评会在线上进行

2023 年 5 月 13 日，第二届中国新闻传播教育年鉴奖颁奖典礼在南京大学举行。武汉大学新闻与传播学院、湖南大学新闻与传播学院原院长吴高福教授，暨南大学新闻与传播学院原院长范以锦教授获得杰出院长奖，深圳大学传播学院获得创新发展奖（见图6-12、图 6-13、图 6-14）。

中国新闻传播教育年鉴奖评选委员会给吴高福教授的颁奖词是：他从改革开放初开始，26 年栉风沐雨，先后在两所"985"大学创建新闻传播学院，成功构建了新闻传播人才培养的珞珈山模式和岳麓山模式，为探索新闻传播专业建设与学科建设的跨越式发展

图 6-12 《中国新闻传播教育年鉴》编撰委员会主任张昆为吴高福教授颁奖

图 6-13 中国经济传媒协会副会长、传媒茶话会创始人刘灿国为范以锦教授颁奖

路径、推动新时期新闻传播教育事业的发展作出了卓越贡献;同时,为推进中国特色新闻学理论的发展贡献了智慧。

中国新闻传播教育年鉴奖评选委员会给范以锦教授的颁奖词是:他首次将品牌理念引进中国报业,提出"龙生龙,凤生凤"多品牌滚动发展模式,树立报业发展新的标杆。

图 6-14　中国传媒大学黄昇民教授为深圳大学传播学院颁奖

他转身新闻教育，受聘暨南大学新闻与传播学院院长，聚焦"研究型与应用型"兼容发展道路，尊重教育规律。他将主流媒体与商业平台资源引入校园，创新突破校园与业界存在的脱节问题，为新闻与传播"产学研用"一体化深度融合开辟新的道路。中国经济传媒协会副会长、传媒茶话会创始人刘灿国为范以锦教授颁奖。

中国新闻传播教育年鉴奖评选委员会给深圳大学传播学院的颁奖词是：深圳大学传播学院以深圳特区"敢为天下先""先行先试"的精神，在不同历史阶段积极应对新闻传播教育如何适应国家需要、社会需求以及传媒产业变革的问题，自 1997 年开始，以新闻传播创新型人才培养为目标进行了 26 年的持续改革和系列探索。这一长期性的教改从毕业设计改革取得突破，倒逼实战化教学体系的全流程再造，引入产业资源推动实战化教学平台的建设，并构建了递进式实战教学机制，探索出了一条切实可行的新闻传播创新型人才实战化培养的路径。中国传媒大学黄昇民教授为深圳大学传播学院颁奖，深圳大学传播学院院长巢乃鹏作为获奖单位代表上台领奖。

中国新闻传播教育年鉴奖编撰贡献奖同时颁发。倪万、严励、胡沈明、薛可、程丽红、陈世华、张丽萍、蔡斐、单晓红、刘义昆十位新闻传播学教师获奖。张昆、刘卫东、倪延年、方晓红、黄昇民等为获奖者颁奖。获奖代表严励发表获奖感言（见图6-15）。

图6-15　第二届中国新闻传播教育年鉴奖编撰贡献奖获奖嘉宾

（文字：《中国新闻传播教育年鉴》编撰委员会 刘义昆 摄影：南京大学新闻传播学院）

◎ **附:**

范以锦教授在中国新闻传播教育年鉴颁奖典礼上的发言

尊敬的各位领导、各位老师：

大家好！

非常感谢《中国新闻传播教育年鉴》组委会授予我"杰出院长奖"。

《中国新闻传播教育年鉴》是具有很强指导性、学术性、权威性的大型辞书类年刊，体现了我们新闻人秉持史家精神打造教育年鉴的学术追求。能获得年鉴授予的殊荣，我感到十分荣幸。

"盛名之下，其实难副"，暨南大学新闻与传播学院发展势头不错并不是我的功劳，给我沉甸甸的荣誉应归属于我们学院的整个团队。我是年逾花甲之后才加盟传媒教育的，深知自己的短板在哪里。如果说我对学院发展起到什么作用的话，归纳起来做了两件事：一是发挥自己的优势做"加法"，在贯通与业界联系方面下功夫；二是尊重教育规律，放手让内行的人施展才华。

正是凝聚了团队的智慧，以及在校领导的支持下，使老一辈沉淀下来的优良传统得以继承和发扬，并有一批新生力量成长起来，成 为学院开拓进取的顶梁柱。

新老两股力量合流，使暨南大学新闻与传播学院走上了融合发展、协同育人的教育革新之路。学科建设方面，学院新闻学、广告学、广播电视学、播音与主持艺术和网络与新媒体5个专业入选国家级"一流本科"专业建设点。在师资队伍建设方面，融合新闻教师团队今年入选第二批全国高校黄大年式教师团队，树立了一支致力于探索媒体融合时代全媒体教学与研究的高水平教师队伍；学生培养方面，注重学生思政教育与专业实践相结合，学院在延安、井冈山等地成立4个"马克思主义新闻人才培养基地"，在广东省挂牌成立21个"县级融媒体研究与实践基地"和4个"红色文化传播实践基地"，学生在各类专业竞赛中获得省级以上奖项500多项，一批优秀毕业生被南方报业传媒集团、腾讯、华为等用人单位录取，收到英国伦敦大学、瑞典隆德大学等世界名校offer。报考我们学院的学生越来越多，目前在校生已突破4000人大关。

我的职业生涯有两个刻度，南方日报社的社长和新闻学院的院长，这两种看似不同的职业，于我看来，却有着相同的努力向度。

16年前，我从业界转型到陌生的学界，我深感责任重大，必须定准自己的位置，专注自己熟悉的事，干自己能干成的事。从本学院的实际出发，我提出我们学院主要培养应用型人才，但这种人才应该具有一定的学术思维和研究能力的较高层次的人才，我们学院应定位于"研究型与应用型"兼容。学科建设、学术提升，让比我内行的团队成员去做，而我个人则多在"应用型"方面下力气，将自己浸淫多年的媒体等行业资源引进学院。连续15年创办"暨大准记者南方训练营"和大力支持团队成员创办"传媒讲习班"，组织策划出版《准记者培训教材》《南方报业采编精英演讲录》。如今，我们学院各种实战训练营、创新基地已全面普开，改变了以往教学与业界脱节的状况。

我乐意与师生交流，我曾与师生等在微博上就学生就业、见习、学习、伦理道德交流了几个月，出版了全国首部新闻传播类全微博体书《新闻"微"茶座》，出版了"老范看传媒"三部曲等著作，发表论文300余篇。招收指导的120多名研究生，我都尽力指导他们在刊物上发表论文。将行业前沿、学界思考、社会变革、学生成长紧密联系在一起，使我的"新闻激情"在晚年又燃烧起来了。

今年是暨南大学开办新闻教育76年，非常巧合的是，今年我也是76岁。76，对于我来说，是一个老人了，但是对于一个学院来说，却是积淀深厚，踔厉奋发的大好时光。未来，我们学院将继续朝着应用型与研究型兼备的方向奋进，非常期待在座的各位一如既往对我们学院的大力支持。我们期待与各位同仁之间深入交流，共同探讨当代新闻传播教育，剖析新闻传播教育面临的问题和需求，分享改革探索的经验，为中国新闻传播教育作出新的贡献。

谢谢各位！

严励教授在中国新闻传播教育年鉴颁奖典礼上的发言

尊敬的张昆主任、尊敬的各位老师：

大家上午好！

很荣幸代表中国新闻传播教育年鉴奖编撰贡献奖获奖老师们发言。作为一名老教师，在从教生涯中获得过一些奖励和荣誉，但是，我特别看重这份荣誉，这是对我近十年来参加年鉴编撰工作的认可，也是对我们参加年鉴编撰老师们的鼓励。

回想 2015 年年底在广州中山大学参加第一届《中国教育年鉴》编撰委员会，那时参会人员没有这么多，大家领任务时也没有现在这么积极，相互观望，对如何很好地完成任务没有底气。我们向一些学校征集数据时，很多学校不了解《中国新闻传播教育年鉴》，以为是收费的，很不配合。第一本年鉴的写作虽然很困难，但还是如期出版。现在《中国新闻传播教育年鉴》已出版 7 部，编撰队伍越来越壮大，年鉴的内容越来越丰富，质量越来越高，这得益于年鉴编委会主任张昆教授高尚的人格魅力及高超的组织能力，得益于年鉴编委会成员的辛勤努力，得益于各位撰写者的积极参与。

《中国新闻传播教育年鉴》是一座记录新闻传播教育发展历史和现状的丰碑，不仅记录了当代中国新闻传播教育的发展历程，更是聚焦于教育机构、行业组织、学科建设、教师队伍、学生群体等新闻传播教育的各项要素，将新闻传播教育的发展动态全面纳入。尤其是知名专家的口述史，更是属于抢救性的工作，非常有意义。近些年也不断扩展新栏目，为新闻传播教育事业留下更多有价值的资料。《中国新闻传播教育年鉴》内容丰富，资料翔实，权威性强，为我们的教学科研提供了很多便利，更是进行教育教学研究无法忽视的资源。

新闻传播是与时代发展同频共振的学科，年鉴的编撰也与时俱进，不仅有纸质的年鉴，也有我们学会的公众号"镜鉴工作室"，公众号更是体现了新媒体时代即时性的特点，快速准确传递信息。比如第二批国家一流课程公示的第二天，镜鉴工作室就推出了独家分析文章，使我们全面了解了新闻传播学科一流课程的情况。再比如每个月的大事记，使我们了解兄弟院校的重要活动，以利于开阔视野，学习交流。

《中国新闻传播教育年鉴》的出版虽然已经取得了很大成绩，但任重道远，我们依然要保持热情，认真完成任务，为年鉴高质量出版贡献力量。

祝《中国新闻传播教育年鉴》越办越好！祝各位老师身体健康！

谢谢！

6.4.3　第三届中国新闻传播教育年鉴奖

2023 年 5 月 12 日，在南京大学举行的《中国新闻传播教育年鉴》编撰委员会上，与会编委自由发言对杰出院长奖、创新发展奖进行了提名。获得杰出院长奖提名的有南京师范大学新闻与传播学院原院长方晓红教授、西藏民族大学新闻传播学院原院长周德仓教授、河北大学新闻传播学院原院长白贵教授。获得创新发展奖提名的有西南政法大学新闻传播学院、复旦大学新闻学院。

2023 年度中国新闻传播教育年鉴奖定评会暨深圳大学新闻传播学科发展研讨会在深圳大学举行，确定了第三届中国新闻传播教育年鉴奖的获奖名单。评选委员会由《中国新闻传播教育年鉴》编撰委员会、中国高等教育学会新闻与传播专业委员会、中国高等教育学会广告专业委员会、国务院新闻传播学科评议组、教育部新闻传播学教指委的专家组成。评选委员会主任由《中国新闻传播教育年鉴》编撰委员会主任张昆担任，组成人员包括张昆、倪宁、唐绪军、蒋晓丽、李建伟、严三九、程丽红、韩立新、何志武、刘灿国和巢乃鹏。刘义昆担任评审团秘书(见图 6-16)。

图 6-16　2023 年度中国新闻传播教育年鉴奖定评会在深圳大学举行

2023 年 11 月 18 日，第三届中国新闻传播教育年鉴奖颁奖典礼在安徽大学举行。复旦大学新闻学院获得第三届中国新闻传播教育年鉴奖创新发展奖(见图 6-17)，南京师范大学新闻与传播学院方晓红教授获得第三届中国新闻传播教育年鉴奖杰出院长奖(见

图 6-18)。颁奖典礼由安徽大学新闻传播学院副院长葛明驷主持。

图 6-17 安徽大学党委书记蔡敬民教授为复旦大学新闻学院颁奖

图 6-18 《中国新闻传播教育年鉴》编撰委员会主任张昆为方晓红教授颁奖

中国新闻传播教育年鉴奖评选委员会给复旦大学新闻学院的颁奖词是："复旦新闻馆，天下记者家"。复旦大学新闻学院作为中国新闻传播学界赓续历史最悠久的新闻教育机构，近百年来，秉承陈望道先生倡导的"好学力行"系铭，得天下英才，育行业精英。复旦新闻学院站在时代和传媒业的前沿，锐意进取，砥砺前行，在人才培育、学术研究、资政服务以及国际化等方面，取得了卓越的成就。尤为可贵可敬的是，复旦新闻学院与时俱进，以主流化、数字化、国际化为办学理念，主动呼应时代召唤，勇于自我革命，以变应变，全线出击，有力回应行业变革，迅速找准战略方位，以卓有成效的改革，加固专业底座，垫高学术海拔，提升深海远航能力，努力成为新时代新闻传播教育改革的先行者和排头兵。安徽大学党委书记蔡敬民教授为复旦大学新闻学院颁奖，复旦大学新闻学院院长张涛甫作为获奖单位代表上台领奖。

中国新闻传播教育年鉴奖评选委员会给方晓红教授的颁奖词是：探索新闻教育，她以"求真善学"为出发点，推动南京师范大学新闻与传播学院成功申报新闻学博士点，成为江苏省首个，也是国内师范院校第一个新闻学博士点。躬耕学术研究，她以农村传播学为突破口，确立了南京师范大学新闻传播学科特色化的发展路径。创新学院发展，她以教师团队的多元化配置为基点，以科研梯队的协同性攻关为长效机制，培养了大批中青年教学科研骨干，推进学院不断开拓创新谋发展。久久为功，善作善成。她为学院开创的优良教学环境和良性发展模式，激励着一批批新闻学子不断进步，追求卓越。

中国新闻传播教育年鉴奖编撰贡献奖同时颁发。陈志强、史安斌、齐辉、韩隽、刘英华、徐琼、赵建国、殷琦、廖声武、崔明伍十位新闻传播学教师获奖。张昆、陈刚、郭小安、巢乃鹏、程丽红、韩立新、李秀云、周茂君、彭祝斌、郑素侠、杨琳等为获奖者颁奖(见图6-19)。获奖代表赵建国发表获奖感言。

图6-19　第三届中国新闻传播教育年鉴奖编撰贡献奖获奖嘉宾

(文字：《中国新闻传播教育年鉴》编撰委员会 刘义昆 摄影：安徽大学新闻传播学院)

[中国地质大学(武汉)艺术与传媒学院　刘义昆]

7. 新闻传播教育研究篇

7.1 口 述 史

7.1.1 顾理平：法眼看新闻，从学科拓荒到问题深耕

图 7-1　顾理平教授

顾理平，江苏江阴人，南京师范大学新闻与传播学院二级教授、博士生导师。南京师范大学新闻与传播学院教授委员会主任、江苏省重点学科新闻传播学学科带头人、中国新闻史学会常务理事、中国新闻史学会媒介法规与伦理专业委员会理事长。此外还兼任教育部新闻传播卓越人才培养专家指导委员会委员、南京师范大学舆情与社会治理研究中心主任等职务。作为班子成员参与筹建南京师范大学新闻与传播学院，1995 年 5 月新闻与传播学院成立时任党委副书记。1996—2003 年任南京师范大学宣传部、组织部副部长。2003—2011 年任新闻与传播学院党委书记，2011—2016 年任新闻与传播学院院长。迄今为止已先后出版《新闻法学》《新闻侵权与法律责任》《隐性采访论》《新闻权利与新闻义务》《新闻传播与法治理性》《新媒体传播中的法规与伦理》等个人独著 12 部，在《新闻与传播研究》《现代传播》《新闻大学》等刊物上发表论文 200 余篇，成为中国大陆（内地）地区媒介法规与伦理研究领域学术成果最为丰硕、最有影响的学者之一（见图 7-1）。

专注学术与静享生活，这是顾理平的生活常态。他曾在一本专著的后记中描绘他心目中的人生至境："捧一本心爱的书籍，端坐在阳台上。茶几上有一杯刚泡好的翠绿的碧螺春。轻品香茗，喜读爱书，我心悠然。而季节一定是初秋的午后，最好有细雨敲窗……人生至境，不过如此了。"一杯清茶，若干好书，内心充实，人生通达。学术拓荒

者、诗意生活家，顾理平就是这样一位纯粹、真挚、赤诚的学者。

7.1.1.1　保持韧性，成为新闻实践与行政管理的多面手

顾理平的履历十分丰富，是在行政工作、教学科研、文艺创作上都颇有建树的"斜杠青年"。他 1985 年从南京师范大学毕业后留校在党委宣传部工作，负责对外宣传报道，这一段的新闻实践经历对顾理平来说既艰辛又充实。学校发生的有价值的新闻事件，需要采写成稿后分送相关的报社和电台。为了抢新闻时效，他常常早上忙活动布置和新闻采访，中午就开始撰写、誊写新闻稿（当时办公室还不配备打字机，更没有电脑），下午便骑着自行车穿梭于南京的新闻单位间送稿。作为一名"编外"记者，顾理平醉心于新闻采写，在当时媒体较少、电视台也鲜有的年代（当时南京仅有两家报纸和两家电视台可刊播通讯员稿件），他的稿件经常被媒体报道，据粗略统计，多的时候一年发表量达 100 余篇（次），大致与专业新闻记者相当。这段新闻实践经历也给他后来的新闻教学与研究提供了很好的行业背景。1994 年，顾理平被学校任命为南师大电教系党总支副书记。当时学校正在计划成立新闻与传播学院，32 岁的顾理平作为主要筹建者之一，与郁炳隆教授等组成的筹备小组，进行了细致繁杂的筹建工作，并在学院成立时担任党委副书记一职。

由于学校工作需要，1996—2003 年，顾理平又转任校党委宣传部、党委组织部副部长。任党委宣传部副部长时，兼任《南京师大报》主编并负责对内对外宣传报道工作。校报在那个年代有着特殊的意义：当时媒体相对单一，校报是学校内部信息传播的重要窗口，是校园文化的主阵地，更是师生表达见解、探索争鸣的重要场所，因此深受师生们的关注与喜爱。顾理平曾通过《南京师大报》策划了一场影响深远的"校园大讨论"，该讨论主要围绕信仰、理想、青年人的人生困惑等问题展开，邀请同学们自由投稿，畅所欲言。这次大讨论一时间在校园内外引起热烈反响，相关讨论的新闻先后被《光明日报》《中国教育报》等国家重要媒体报道。其中，《扬子晚报》曾在 18 天内连续发表了 17 篇"校园大讨论"的报道。省教育主管部门随后还召开特别现场会，要求全省高校都积极参与"校园大讨论"。这在当年，可以说是思政教育成功"出圈"的样本。岁月不居，但过往的足迹并未因时光的流逝而被冲淡，20 余载后的 2018 年记者节前夕，顾理平被江苏省高校校报研究会授予"江苏省高校校报工作突出贡献奖"。在党委组织部担任副部长期间，他除了协调和组织学校干部教育和考察等日常工作外，撰写的一系列党建论文和经验材料也频频获奖，并在全国、全省重要的党建会议上交流，产生了良好的社会影响。

2003 年，顾理平调任新闻与传播学院党委书记，并于 2004 年获评教授，成为当时

新闻与传播学院最年轻的教授和学校二级学院中最年轻的党委书记。任党委书记期间，顾理平和时任院长的方晓红老师一起，为申报全国师范院校和江苏省第一个新闻学博士点、江苏省重点学科等工作四处奔波，倾尽全力，取得了预期成绩，为学院事业发展作出了重要贡献。2012 年接棒担任院长期间，他孜孜不倦致力于学院的事业发展工作，带领老师们埋头苦干，苦练内功，和同城的南京大学新闻传播学院齐头并进。具体而言，强调"将读书思考成为习惯，将科研写作成为生活方式"的理念，引导老师们将精力倾注于高效的课堂教学和安静的科研生活，而不搞形式主义的花架子。他说："一个优秀的高校教师要完成高质量的教学工作，除了讲授经典、成熟的科学知识外，必须向学生介绍国内外最新的科研成果，只有这样，大学教育才能更好地体现时代性，而做到这点的前提，是老师们自己经年累月持续的学习和思考。"他的这种理念落实在具体的行动中，则是南师大新闻与传播学院在各级各类项目申报、高水平论文发表和著作出版等方面持续的优异成绩。在学科建设中扬长避短，对"特色发展"目标锲而不舍地追求。在担任学院党委书记期间，他和前任院长方晓红老师一起，确定了学院在学科建设中注重"特色发展"的目标，并在媒介与农村、媒介法规与伦理等方向的研究中形成了一定的品牌优势。担任院长期间，倪延年老师的民国新闻史研究成果丰硕，产生了良好的特色示范效应。与此同时，他还顶住压力，缩减了师资力量相对不足的本科专业，完善了艺术专业的招生流程，集中力量确保"特色发展"目标的持续推进。推进社会服务，扩大社会影响。顾老师常说，新闻传播学是一门实践性很强的学科，老师们不仅要能安于校园、潜心教学科研，也应走进社会生活，关注传媒业日新月异的发展。基于这种认识，他担任院长的第二年，就推动了省政府办公厅和省委宣传部将全省唯一的"江苏省委政府新闻发言人培训基地"设立在南京师范大学。随后，他又在常熟日报社和常熟电视台开办研究生课程班，一方面通过教学相长的方式，密切学界与业界的关系，扩大学院在基层媒体的影响力，同时也可以通过办学收入，进一步改善老师们的生活。他原计划将这种办学模式在苏南地区的多个区县复制，后限于政策变化后未能实行。

在担任院长期间，顾理平组织推进的三项重要工作，对学院后续的事业发展产生了积极、重要的影响。第一，推进部校共建新闻学院。早在 2014 年 9 月 2 日，在时任江苏省委书记罗志军召集的一次调研会间隙，顾理平就向时任省委宣传部部长的王燕文口头提出了省委宣传部和南京师范大学共建新闻传播学院的建议，获得了积极的回应。随后，学院班子成员就省部共建的具体方案进行了认真细致的研讨，最后由时任学院副院长的骆正林执笔完成共建方案和申请书，正式递交省委宣传部。第二，精心组织筹划第4 轮学科评估工作。从 2016 年年初开始，组织全院师生认真学习文件，收集资料，确定框架，明确重点特色，高质量完成了第 4 学科评估的申报材料。在 2017 年公布的评估结果中，位次比第三轮前移 4 位，取得了令人满意的等级。第三，积极准备、认真完善新闻传播学一级学科博士点的申报工作，为学院随后顺利获批一级学科博士点打下了良好基础。

7.1.1.2　教书育人，坚守初心永葆师者本色

2004 年前后，江苏省推出公共招聘到厅级领导干部的干部制度改革措施。学校组织部门的主要领导两次约请已经是正处职、正高职称的顾理平参与竞聘，但都被他婉言谢绝。事后，南师大选送的三位老师都升任了副厅级干部，但顾理平依然觉得自己作出的是正确的选择，他认为党政管理工作作用重大，对学校事业发展也十分有意义，但自己内心深处似乎有着某些中国传统文化人的情结，觉得做一名教师更符合自己内心的追求。老师会直接面对鲜活的学生个体，可以教书育人，同时通过自己深入思考所形成的著作、文章等学术思想也可以留存下来，并被他人或后辈借鉴研读，提供启发，成为一种精神财富，这才是自己更有兴趣的事情。他此前的一个选择也说明了这一点。顾理平留校后一直是行政编制，1997 年学校有一个转岗机会，他的学术成果和教学工作量符合转岗要求，他毫不犹豫地就从行政岗位转到了教师岗位，成了南师大历史上第一个从行政岗位转到教师岗位的人。"我觉得当老师是一件非常有意义的事情，也是非常美好的事情。老师的生命价值可以通过自己的学生得以延续，老师的精神财富可以通过他们的作品传承下去。这也是我想把自己的身份从行政岗位转到教师岗位的最为重要的动力。"

作为一名教师，顾理平有自己执着坚守的教育初心：一是竭尽所能培养学生的能力，帮助他们健康快乐地成长，成为对社会有贡献的人；二是全神贯注于学术研究和理论创新，为新闻传播学的理论发展作出积极贡献。事实上，他也始终把培养学生放在学术研究前面。顾理平坦言，"当院长期间行政事务繁忙，跟学生讨论交流相对较少，因而当时内心实际上对学生是很愧疚的。"2016 年年底卸任院长职务后，他决心将更多的时间和精力放在对学生的培养上。选择自己的硕博士生时，他有自己多年坚持的独特标准："我选学生的要求就是身心阳光，身心阳光健康是读好书、做好学问的前提。"顾理平平时在学校时，经常会带着自己的学生走街串巷打卡他"官方认证"的美食，过程中与学生谈笑风生，谈论的话题或严肃或轻松，既有学术研究中的心得和困惑，也有生活、爱情、择业等方面的趣事和烦恼，潜移默化中拉近了和学生们的距离。曾有学生这样描绘他眼中的导师："和老师相处最大的感受就是他会站在你的角度去考虑问题，时常会被相处中的一些小细节和小瞬间温暖到，所以老师除了带我做学术之外，更教会我用'同理心'去和他人相处，这令我获益匪浅。"顾理平笑称自己是一个"听话"的老师。

事实上，只要学生有问题需要与他讨论，有困惑需要跟他倾诉，他总是有求必应。因此，学生只要遇到问题都愿意主动与他交流。这就是顾老师的人格魅力所在。

无论是博士生还是硕士生，顾理平都会倾注心血培养。在每个月定期举行的读书会上，他会要求大家汇报近期的学习情况，详细介绍精读的学术专著和论文，并鼓励学生们针对自己感兴趣的选题多动笔、多尝试，还会及时跟进每位同学的研究进度。"亦师亦友"是他与学生们相处的模式，也是学生们对顾老师的评价。他的一位博士在其博士毕业论文后记中写道："不会忘记论文写作期间，导师一次次毫不厌烦地与我商讨论文题目、框架、逻辑……清晰地记得他早上六点给我短信商讨论文修改的事宜；不会忘记他放弃休息时间，帮我字斟句酌、一个标点符号都不曾放过地修改论文。"由此可见他对学生们的爱护和用心。值得一提的是，顾理平对博士生的培养十分注重团队并进、敢为人先，门下毕业的博士生全部持续深耕媒介法规与伦理研究领域，在《新闻与传播研究》等国内权威期刊上频频有论文发表，成功申报国家社科基金、教育部人文社科基金等各级别项目。2019 起，接连有三位博士生在博士就读期间完成并出版了个人学术专著，打破了学院此前没有全日制博士生在读期间出版专著的先例。这为他们日后的职业生涯奠定了良好的学术基础。

顾理平于 1999 年开始指导硕士研究生，2010 年开始招收博士研究生，至今已经指导了 13 位博士研究生、160 余位硕士研究生，其中很多人已经成长为所在单位的重要骨干人才，如人民网总编辑兼副总裁赵强、新华社安徽分社副总编辑杨玉华、南京师范大学新闻与传播学院副院长邹举等。

7.1.1.3　奋力拓荒，描绘以"三个一"为标志的学术蓝图

（1）一门学科：对新闻传播法学学科拓荒性的创建

在学校需要顾理平担任部门和学院党政领导、从事相应的管理工作时，他全心投入，积极带领大家为学校和学院事业发展开疆拓土、努力工作。2016 年任期届满，卸任所有的党政职务后，他则一心一意地投入学术研究。"法眼看新闻"是顾理平长期坚守的研究理念。当笔者问到当初是如何将学术领域的关注点放在新闻与法学的交叉学科上时，他说："源于我大学求学时的兴趣。我读书期间，著名法学家公丕祥教授是我们法理学的任课老师，作为课代表，我自此开始对法学产生了浓厚的兴趣。"工作后，顾理平开设了法律基础课的课程，其间，又系统研读了很多法学文献著作，这些经历都为他拓荒新闻传播法学这个学科领域奠定了良好的法学基础。

1995 年成立新闻与传播学院后，老院长郁炳隆、鄢光让两位前辈鼓励他发挥自身专业优势、开拓交叉学科研究。受此启发，顾理平开始涉足新闻学研究，并选择了新闻

法学作为主要的研究领域。他首先尝试在学院开设新闻法学课程，这使得南师大成为当时全国最早开设新闻法学课程的高校之一。所谓"人养课、课养人"，在随后的几年，顾理平在《当代传播》杂志开设专栏探讨新闻法学领域的基本问题，随着《新闻法学论纲》《试论我国新闻法律关系的主体和客体》等系列论文的发表，他对新闻法学的思考也日渐深入与系统。1999年，出版了新闻传播法学领域两本拓荒性的专著：一本是魏永征教授的《中国新闻传播法纲要》，另一本就是顾理平教授的《新闻法学》。两本专著互为补充，前者注重法律法规和司法实践探讨，后者则致力于学科理论框架的建构，从交叉学科建设的整体出发，初步框定了这个学科的基本概念、框架结构和主要研究范畴。兼具拓荒性和理论性的《新闻法学》一经出版，即受到新闻传播学界的普遍认可，很多学校把这该书列为本科教材或研究生参考书目使用，其体系、框架、概念等一直被该领域的研究者沿用至今。随后，在框定的研究范畴内，他确定了三个细分领域进行重点研究，并先后出版了与之对应的三本专著：《新闻侵权与法律责任》（2001）、《隐性采访论》（2004）、《新闻权利与新闻义务》（2010）。"我将自己的研究计划戏称为'圈地运动'和'精耕细作'。"他以《新闻法学》确定学科范围，随后在不同维度逐一深入研究，从而使研究既有整体性，也有专深性。正是在同一个领域中四本不同专题专著的出版，顾理平逐渐形成了自己的研究特色和权威。《新闻法学》《新闻侵权与法律责任》等专著被国内471个图书馆和美国哈佛大学法学院、德国柏林国家图书馆，以及中国台湾政治大学、香港大学等国家和地区的40余个图书馆收藏。该书的修订版《新闻传播法学》（第四版）也将于2024年正式出版。

（2）一个问题：十年如一日地深耕数字化社会隐私保护问题

学术的道路并不总是一帆风顺。"在上述四本专著陆续出版后，我开始进入迷茫期和瓶颈期，好像新闻传播法学领域该讨论的重要问题都已经被我研究过了，不知道接下来再研究什么了。幸运的是，当时恰好是传媒技术迅速发展的时期，移动手机的普及让垃圾电话、垃圾短信一时间成为社会关注的热点问题。我觉得这实际上是媒介变革对公民隐私侵犯的问题，于是开始尝试研究传播中的隐私议题。"从这个时候开始，顾理平的研究方向开始逐渐向新闻传播法学中更为具体、落地的公民隐私议题聚焦。2015年成功申报国家社会科学基金重点项目"大数据时代的隐私权保护问题研究"并于2019年顺利结项，同年又成功申报国家社会科学基金重点项目"人工智能时代公民隐私保护研究"，2021年开始担任国家社科基金重大项目"智媒时代的公民隐私保护问题研究"首席专家。"随着大数据、人工智能、5G等传播技术的发展，个人隐私被窃取与被侵犯将变得格外容易，所有的人都面临着变成'赤裸裸的人'的危机。我计划花十年，或是更长时间去重点研究新闻传播中的隐私议题。"9年间三个主题相近、时间连贯的国家社科基金重要项目的先后获批，为数字化社会公民隐私保护议题的研究提供了有利的基础条件保障。自 2015 年至今将近 10 年里，顾理平及其团队成员持续深耕这一议题，高水平、影响大的学科成果也频频面世，团队的隐私议题研究成为一种学术符号和学术现象。10 年来，共发表 CSSCI 论文 50 余篇，获《新华文摘》转载 4 篇；在读博士出版相关专著 3 部；获江苏省优秀博士毕业论文 1 篇；出版专著 2 部。

（3）一个学会：媒介法规与伦理二级分会的初创与进展

鉴于媒介法规与伦理在新闻传播业发展中的重要作用，21 世纪以来，我国高校涌现出一大批有扎实学术基础和良好研究能力的专业教师。在 21 世纪初中国传媒大学召开的一次全国媒介法规与伦理教学研究会上，一批学者也曾商议过成立一个全国性的学术组织，以更好地协调研究力量扩大学术影响力，推动本研究方向在新闻传播学学术领域的发展，但始终没有取得明显的进展。2016 年的谷雨时节，顾理平联合复旦大学、中国人民大学、中国传媒大学、南京大学等全国 12 所著名高校的专家教授发起成立中国新闻史学会媒介法规与伦理研究委员会（后名称调整为"中国新闻史学会媒介法规与伦理专业委员会"），并得到中国新闻史学会常务理事会的同意。同年 11 月顾理平在成立大会上被选为首任会长（后名称调整为理事长），这对整合全国的研究力量、开展相关学科领域重大问题的研究产生着重要影响作用，也对扩大南师大新传院的学科影响力起到了重要作用，同时成为学院学术研究的主要特色之一。专委会成立近 8 年来，秉承"构建一个学术共同体""搭建一个学术交流平台""产生一批有价值的研究成果"的目标，以及"对内凝聚、对外开放"的学术共同体理念，分别与山东大学、南京大学、中山大学、南京师范大学、中国政法大学、西南政法大学、广州大学、南宁师范大学等高校联合举办了多场年会和专题学术研讨会，有效地组织、协调、动员了全国相关领域学者的智慧和力量，有力地推动了我国媒介法规与伦理研究成果创新及学科领域向纵深处发展。2019 年，分会被评选为中国新闻史学会优秀二级分会，2021 年专委会荣获中国新闻史学会 2021 年学术年会优秀组织奖。同年，他连任专委会理事长。

7.1.1.4　诗心文胆，执笔含情书写人生景致

对顾理平来说，艰辛的学术研究之余，通过散文、随笔、微文等分享读书的感悟，描绘自然与生活的美好，是人生一大乐事，也是调节身心的独特方法。正是多年来对文学艺术的热爱，他醉心于散文、影评等多种文体的写作并发表了大量作品。现在从他的微信朋友圈中时常还可以读到他诗情画意的小短文，他说："无论是学术论文还是文学作品，尽管写作时比较辛苦，但完稿后的幸福感完全可以消解所有的辛苦。所以我一直爱好写作，也成了一种生活方式。"他坦言，过些年想要出一本微信书，将旅行中的照片

与游记分享给大家；学术研究之余，他还想出一本散文集，小小地圆一下自己的文学梦。

顾理平迄今已发表新闻、评论、散文等作品 1000 余篇，获各类奖项 100 余次。较有代表性的获奖作品是影评《变异与融合》，获中宣部、广电总局等部门联合组织的新中国成立五十周年影评征文一等奖，与当年的华表奖一同颁奖。科普著作《追踪白鳍豚》一书获中宣部、科技部、中国作协等部门举办的科普作品二等奖。

除此之外，他文学写作的兴趣还十分广泛，曾负责江苏省运动会、江苏省中外大学联欢晚会、江苏省大学生艺术节等大型活动的总撰稿和主持词的撰写工作，创作过江苏省大学生艺术节的主题歌歌词，所撰写的演讲稿多次获得省市各类演讲比赛一等奖。他特别提到一个有趣的小插曲："年轻时与一位南艺导演合作，撰写过大大小小十余场晚会的主持词，给教育厅和团省委等留下了良好的印象。直到 2016 年教育厅的一场晚会还找到我写主题诗，当时在南艺演出后广受好评，一度被别人误认为我是'文学院'的老师。"

7.1.1.5 品茗赏景，诗意享受生活中的美好

他常说的一句话是："大学老师不能只有学术，也要有生活。"在他看来，在焦虑感日趋严重的社会，走进自然，悠游山水之间，是这个世界上最好的解压方式。学术之外的顾理平有三大爱好：一是细品香茗，特别是秋天冷雨敲窗时喝的那杯茶最是韵味悠长。品茶也是他给学生开读书会的必备环节，他常将学术比作喝茶：当茶叶未冲泡开、浮在上端时，茶的本味难以释出，只有当茶叶完全沉底，茶汤的滋味才会逐渐洋溢开来。学术亦如此，只有潜心笃行，才能做出有价值、高水平的研究。

二是悠游山水，他经常在朋友圈分享山水照片与出游随笔。双休日只要有空，就会与夫人来一场说走就走的旅行，感受山林的自然野趣，呼吸清新空气，静听翠鸟鸣叫，让工作日疲惫的身心重新舒展开来。谈及近年来印象深刻的旅行，他回忆起了 2019 年 7 月的一次远行。那时，他应邀去山东大学威海校区开设讲座，于是和夫人提前一周从南京出发，沿着山东沿海的美景边走边玩，刚好在讲座前一天达到了目的地，可算是学术、休闲两不误。他们的旅行没有特别的游览攻略，不设任何打卡计划，走一路、停一路、玩一路，看不一样的风景，只为不经意间美的遇见。"我觉得努力工作也是为了更好地生活，如果抛弃了生活，舍本逐末地成为工作机器，最后任何工作你都会感到了无意趣。我每次写作时只要思绪开始短路，都会主动停下来，走进自然，让身心放松，有很多次思路的清晰都是在山水中接续完成的。"

三是品鉴美食，他经常带领学生们走街串巷品尝地道美食，"在地美食是一种文化，

它之所以能够在某个地域成为特色，一定潜藏了当地的风俗习惯、地理样貌等多种多样的文化意涵。因此，品鉴美食实际上也是感受文化。"这就是顾理平平衡繁忙工作与悠闲生活的秘诀：品香茗体悟人生，游山水放松身心，尝美食感受文化。

从新闻实践到新闻理论，从行政管理到教学研究，从学术拓荒到精耕细作，从学科交叉到学术组织……对顾理平来说，生命从来不是上坡或下坡，而是主流支流持续流动的河水，在蜿蜒的时间里，为者常成，行者常至。

（南京师范大学新闻与传播学院　范海潮）

7.1.2　黄煜：扎根时代，实践铸才

图 7-2　黄煜教授

黄煜教授，香港浸会大学校长资深顾问、浸会大学传理学院前院长，现任北京师范大学—香港浸会大学联合国际学院研究生院院长。本科及硕士就读于北京中国人民大学新闻系，1993 年于英国威斯敏斯特大学获传播学博士学位。1994 年加入香港浸会大学传理学院新闻系担任讲师，之后擢升至讲座教授（见图 7-2）。

黄煜教授在香港浸会大学任教期间展示出卓越的领导能力，曾担任多个领导职务，2011—2013 年担任研究生院常务副院长，2013—2022 年担任传理学院院长，2014—2022 年担任协理副校长，分管大学内地事务发展，2023 年获任香港浸会大学校长资深顾问，就浸大的发展及战略措施提供专业意见。黄煜教授在新闻、媒体与传播学等领域的学术研究领域有丰硕的科研成果，在国际学刊发表英、中文学术论文逾百篇，著述编辑中英文学术书 10 余部。为表彰其在专业领域的杰出贡献，国际中华传播学会于 2023 年 5 月授予黄煜教授终身成就奖。

7.1.2.1　变中求进，进则长存——时代浪潮下的新闻传播教育革新

在科技浪潮的汹涌澎湃中，新的网络、通信、人工智能等技术发展迅猛，席卷全球，给各行各业带来了前所未有的挑战与机遇。新闻传播教育亦不例外，正面临着前所未有的革新压力。黄煜教授作为新闻传播领域的资深学者与教育者，对这一趋势有着深刻的把握和判断。"我们都需要以开放的心态和创新的思维，去迎接这一变革带来的新机遇和挑战。"他认为在新的起跑线上，需要打破原有的一些认知，关注新技术的走向并努力将其融入新闻传播的教育实践中。

Q：大数据与人工智能技术在新闻生产与社交媒体上的广泛应用，给新闻传播教育带来了巨大的影响，您怎么看待这样的影响呢？

A：随着技术变革的持续推进，我们学习知识的方式和方法正在或将要经历巨大的变革，很多本源性的东西需要不断被重新认定。ChatGPT 等内容生成式的人工智能技术能够根据个人的阅读、思考和表达习惯，再造一个具有相对自主性的"第二自我"，这将对新闻传播产生深远的影响。一方面，对于 ChatGPT 等工具的广度和深度依赖会产生潜在的风险，有可能使我们陷入技术的逻辑陷阱，失去自主思考和判断的能力，这是比较消极甚至危险的影响。但另一方面，与其无谓地担心，我们不如去拥抱、研究、掌握并且驾驭它。ChatGPT 提供了更多机会，让人更加聪明、更具创造力和反思能力。

作为一名传媒教育工作者，我始终保持对外界信息的关注，因为这些信息会直接影响我们的判断。与历史、哲学等传统文科相比，传媒、公关、广告、新闻、大数据等领域对外界变化更为敏感，因而与技术变迁、社会变迁、行业变迁以及思潮变迁有很大的关联。当我们敏锐地意识到新闻传播日益被技术所驱动时，就应该大胆地投身于技术之中，并思考如何在教育中融入这些新技术，培养出能够应对未来挑战的新闻传播人才。

同时，在这样的大环境下，传媒工作求真的本质始终未变，求真求善、唯真为善仍是新闻的基石，也是我们在当下面对新科技挑战时，需要坚守的最重要原则。新闻行业与其他新闻专业和学科一样，正处于新"长征"的起跑线上，要不断进行探索和尝试。我们都需要以开放的心态和创新的思维，去迎接这一变革带来的新挑战和新机遇。

Q：在这样的"长征"中，新闻传播学科面临着怎样的机遇呢？

A：新闻传播学科面临的机遇源于知识领域和实践领域的深刻变革。在当今社会，不仅仅是新闻传播教育，大学以学科为划分的教育体系都面临着巨大的挑战和新的机遇。换句话说，现有的社会科学、人文学科以及大部分理工科等传统学科，都面临着颠覆、重组和再造的过程，例如，法学、社会学、政治学等学科也面临着知识疆域的重新划分和知识的融合重构，这是整个大学教育共同面临的挑战。这种变革不再是简单地基于工业时代的社会分工，而是更加注重知识的重组和创新。我们需要不断探索新的学习路径和方法，以适应这种新的知识结构和学科融合。

随着人工智能技术的深度介入和日益普及，传统的新闻传播理论、方法和实践技能可能会变得没有那么必要，学生不再完全依赖于传统的课堂讲解，而可以通过新技术获取知识和信息。从这个意义来说，尽管技术革命带来了新的机遇，大学的新闻传播教育仍然应该存在，也必须继续存在。在新的时代背景下，教育者、学生和业界的前沿开拓者会形成一个"教学共同体"，共同在课堂里对话、交流、批判、反思，以项目为主导地进行知识的创新和实践。教育者不再只是讲台上讲授课件的人，而更多地扮演起引导者的角色，引导学生通过阅读、实践和反思来深化对知识的理解。学生也将更加自主，通过知识实践来验证和推动思想的革新。

Q： 近来网络上流传着诸如"慎报新闻专业""新闻传播就业难"等言论，您对此有何看法？您如何看待新闻传播学科在当下的意义和使命？

A： "新闻传播就业难"和"慎报新闻专业"这一类的论调其实带有悲观主义色彩，这样的说法也已经流传了差不多十几年。随着传媒新技术的发展，社交媒体的广泛覆盖以及智能媒体的兴起，这些新兴力量对传统的报纸、广播、电视而言带来了巨大的冲击，也给整个行业生态带来了深刻的变革。从这个意义来说，新闻工作者需要重新定位，寻找新的方向，才能在更广泛的领域中作出更大的贡献。

如果以传统的思维和轨道去理解新闻业，这些说法有一定道理。但如果我们把视野放开，放到技术变革和时代发展这样一个宏大语境下，我认为，无论是新闻传媒、信息传媒，还是其他所有以信息流通为核心业务的学科专业，不仅没有衰退，而且研究口径更为宽广，现实价值更为凸显，在社会文化、思想潮流、资讯娱乐各个方面发挥着更加重要的作用。从这个角度而言，我对新闻传播专业以及传媒行业的未来持较为乐观的态度。

Q： 您对当前新闻传播教育的未来有怎样的期望？

A： 我希望新闻传播教育的改革能在整个大学的教育改革中走在最前沿，这是重要且必要的。我们需要在教学、研究、实践等环节进行实质性改革，敢于从交叉学科的内容更新、动手能力的培养等方面进行大幅度的改变。

当下，这个改革仍处于摸索阶段。三年后，我希望我们能驾驭人工智能对信息生产的冲击。唯有以变应变，我们未来的新闻传播学科的师生才能成为大学教育改革的先锋力量，并在人与人工智能的角力中占据主导、驾驭和领先的地位。如果新闻传播人才被人工智能所驾驭，那么我们这个行业和大学教育就可能失去存在的必要性。

同时，现在新闻传播行业需要掌握更多技能的人才，以适应不同岗位的多样化需求。过去，新闻传播人才只需要在知识面上成为学识广博的"杂家"，而现在，他们还需要成为技能方面的"杂家"。这两种"杂家"的结合，使得新闻传播人才不再受传统观念的束缚，能够更灵活地适应业界的需求，这也是新闻传播教育在不断发展中需要关注的重要方向。

7.1.2.2　与时俱进，唯真为善——香港浸会大学传理学院的探索与经验

香港浸会大学传理系成立于 1968 年，彼时香港正值"经济起飞"，传媒教育初步发

展。不同于其他院校沿用"新闻传媒"之说法，浸会以"传理"之名开辟了新闻传播教育的道路，并于1991年升格成独立学院，是香港传播教育的先驱之一。黄煜教授在担任浸大传理学院院长期间，带动学院诸多改革，不论专业设置、课程设置以及硬件设施等方面都与时俱进。在教育理念方面，黄教授强调"唯真为善"的新闻初心，认为学生应做"多面手"，以应对不同的变化。在2020年，他推动成立了香港浸会大学事实查核中心（HKBU Fact Check），该中心在2022年获得国际事实查核联盟（IFCN）的认证。

多年来，学院不断发展，在2015—2023年QS世界大学学科排名中，浸会大学的传媒专业一直位列全球第50~59名，亚洲前10名之内。新闻网站Asian Correspondent将浸会大学的传理学院评选为亚洲学生首选的"全球十大新闻学院"，这进一步证明了其在传媒领域的卓越地位。

Q：请您为我们介绍浸大传理学院的发展历程和教育理念？

A：传理学院自1968年创办新闻传播教育以来，经历了三个发展阶段。第一个阶段（1968—1990）强调唯真为善，以术为先，以教学培训为主，授业为先，重视实践教学，培养了一大批杰出的记者、导演和主持人。第二个阶段（1991—2014）"以道统领"，追求"道""术"平衡，逐渐转向教学与研究并重的教育模式。第三个阶段从2015年至今，面对科技浪潮的汹涌而来，探索整合实践与理论的范式转移。在这个阶段，以数据与计算机为主导的跨学科新型知识（如大数据、网络交互、算法与编码、健康环境、内容自动生成等）系统性地进入课堂，"道""术"并重，二者相结为舟。简单来说，我们前30年以教学为主，近25年形成教学与研究并重的模式。特别是近七八年来，我们的研究水平得到了显著提升，取得了名列前茅的研究成果。这一成果是我们全体师生共同努力的结晶，也是浸会大学不断发展壮大的重要标志。

传理学院的院训是"Truth is Virtue"（唯真为善），强调传媒工作者对道义和真理真相的追求。新闻系的系训是"Inspiring Future Journalist"（培育未来记者），致力于培养具备现代科技武装、充满人文情怀的一流记者。记者这个职业具有非常浓厚的人文色彩和深度的社会关怀，他们既要通过给大众提供信息来干预社会，还要在一定程度上引导舆论。由是，我们在人才培养中强调唯真为善，即报道真相、传递善意。这一理念从新闻系贯穿到公共关系、广告、影视等专业的人才培养，强调真善美的价值，鼓励创作鼓舞人心、反映社会各方面的优秀作品。

香港独特的教育体制也给予了我们很大的自由度。以教授治校为模式，我们可以根据社会需求随时调整课程和研究方向。同时，我们鼓励学生通过自主创办媒体、拍摄影片等形式积累实习经历，更好地培养他们的实践能力。这种自下而上的发展路径，使得我们能够更加灵活自由地应对社会的变化和挑战。

Q：您在担任传理学院院长期间推动了一系列改革，能为我们具体讲讲吗？

A：在课程建设上，以培养适应科技发展、灵活运用大数据与人工智能技术来实现传媒梦想的人才为目标，我们进行了一系列课程改革。新闻、传媒、公关、广告这些专业具有很强的实践性，在课程上必须与时俱进。我们于2015年推出与计算机科学系合办的大数据与传媒传播专业课程（Data and media communication），为亚太地区首个同类课程；在2017年开办人工智能与数码媒体理学硕士课程（Master of Science in AI and Digital Media）。随着互动媒体、元宇宙、3D等虚拟技术的快速发展，我们也相应进行了专业调整。一方面创立了游戏设计、动漫、互动媒体等新专业，另一方面改造或替换了原有的一些专业。这些专业可能在一定程度上已经与现代学科和社会发展脱节，或是需要在更高一级的学科上进行学习。

在学术研究方面，我们全方面涉足媒介和传播科研领域，包含理论和应用的研究，探索横跨计算机/大数据、健康环境、传播学科、社会科学与人文学科等学术领域。过去十几年里，我们积极招聘世界一流的研究者，显著提升了学院的研究水平。我们与香港中文大学新闻与传播学院合办中文学术期刊《传播与社会学刊》是国际传播学会ICA全球首份中文附属学刊。学院联同校内其他院系、本地大学与海外院校的学者进行各类合作研究计划及项目，教师会为不同企业和公共部门开展不同的应用研究及调查。

相比内地学校来说，香港学校更注重国际发表，强调与世界对话。在研究成果评估上，香港也有区别于内地的评估体系。值得一提的是，在2020年的评估中，浸会大学传理学院的研究水平和论文质量首次超越香港中文大学和香港城市大学，取得了香港地区传媒领域研究的领先地位。这一成就让我感到很欣慰。我们拥有一支包括讲座教授和教授在内的优秀研究团队，在健康传播、科技传播、人工智能、传统媒介以及公共关系广告等领域都取得了显著的成就。随着互动媒体的兴起，我们也在这一领域取得了一系列尖端成果。

同时，我们也致力于基础设施的改造和建设。我们建立了香港首个声音实验室、第一个270°的影院，以及拥有元宇宙虚拟影视教室和数据库等多功能合一的教室。为了应对香港土地资源有限的问题，我们还创新性地建设了新型全天候教室，既可以用于教学，也可以作为工作坊使用，这些是不得已而为之的"巧夺天工"式的创建。传理学院还拥有天坛花园、电影院、摄影棚、虚拟演播厅等多种设施。对于当前业界正在兴起的新技术、新趋势，我们都积极投入资金进行建设和完善。因此，可以说我们是一个小而全的传播学院。

Q：在改革的过程中，您有遇到什么困难吗？您是如何解决的？

A：我们也曾面临过一些判断失误。例如，在机器人主播兴起的时期，我们也投入一定的资金和资源，尝试打造用普通话和广东话播报新闻的机器人主播。然而，我们很快发现，比起大型媒体机构的巨额投入，学校教育并不适用这条路径。好在我们及时意识到了这一点，并进行了调整。

再如，在互动媒体刚兴起的时候，我们购买并尝试使用相应的软件或技术，却发现用于实际应用的机会其实很少。也许当时这一做法过于超前了，但我们作为教学单位应该多尝试，同时确保这些技术能够与人文环节和社会环境相适应。这一过程既有成功的经验，也有失败的教训。从教育变革的角度来看，这些尝试和探索都是值得的。

Q：您之前也提到过，做新闻需要成为"多面手"，而不能仅局限于单一方向的训练。那么在您看来，新传学子应该具备哪些基本能力和素养呢？传理学院如何培养学生的这些能力？

A：在当前的社交媒体和自媒体环境下，新传学子需要兼具全面的技术能力和深厚的人文素养。前者包括写作、拍摄、剪辑、直播等多种技能，后者则有助于他们深入理解和准确判断社会现象和问题，二者结合才能够将对于问题的洞察和价值的判断以有效的方式呈现出来因此，我们强调培养具备"多面手"能力的专业传媒工作者。学生通过长期的基础能力和素养的积累，为成为一个优秀的专业传媒工作者打好基础。实际上，不仅仅局限于新闻行业，各个行业都需要具备传媒技能和素养的专业人才。

传理学院在培养学生的能力方面采取了多种方法。首先，课程设置是关键。在第一年和第二年，我们通过通识教育的必修课、学院必修课和选修课为学生打下坚实的理论基础。到了第三年，学生开始涉猎交叉学科的知识并且投入专业实践。我认为，大学以培养"人"而非培养专业为主，应让学生全方位地成熟起来。心定而后发。当学生学会如何思考，如何自我改进、自我提升成为一个全面发展的个体，便能够很好地解决问题。可以说，大学教授的应该是学生成为自主体的能力。

Q：传理学院在2020年成立了香港浸会大学事实查核中心，这也是香港首个由独立学术机构运作的事实核查平台并获得了国际事实查核联盟（IFCN）的认证。您能谈谈中心成立的背景和目标是什么吗？具体内容有哪些？

A：当时假新闻泛滥成灾，引起了社会的广泛关注。虽然已有一些媒体开始进行事实核查，但大多缺乏学术层面的专业剖析，难以深入。出于新闻人的职业理想和学者的责任感，我们团队的同事们深感应该为此做些事情。在2020年，我收到了几位同事撰写的计划书，便着力推动他们来成立事实查核中心。

我们最初的计划是应对人工事实核查的局限性，因为人工核查往往难以跟上假新闻的传播速度。我们通过讨论，把目标定在利用人工智能进行自动核查，这是我们团队在学术和现实领域的贡献。为了实现这一目标，我邀请了三四位计算机领域的专家加入我们的团队，共同研发人工智能自动核查系统。

我们从简单的核查任务开始，逐步挑战更复杂的案例，制定了一系列详细计划并执行落实。在新冠疫情期间，我们的事实核查团队发挥了极为重要的作用，针对新冠、新冠疫苗相关的谣言撰写了大量相关刊物和研究报告，澄清了疫苗误解等不实信息，在香港社会产生了相当大的影响力。最近，我们举办了一个关于事实核查的展览，吸引了香港律师协会、隐私公署专员、中小学教育部门以及众多中学生前来参观。我们还出版了一本关于事实核查的书籍，来分享我们的经验和成果。

Q：中心如何运转呢？成效如何？

A：目前，我们的核查中心在正常运作中，由几个学生、三五个老师和一些计算机专家组成。由于技术上尚未取得重大突破，我们的核查工作主要还是依靠人工完成。当刚刚完成一条假新闻的核查工作，又会有七八条新的假新闻出现，这让我们不得不陷入一场永无止境的战斗。依照我的判断，如果事实核查不在人工智能方面取得突破，最终也只能裹足不前。类似的挑战也出现在其他媒体工作中，这也恰恰说明我们的落后不是人为原因造成的，而是技术尚未达到成熟阶段。

除了技术挑战外，中心运转顺利且相对成熟。为了应对假新闻的挑战，我们采取了多种策略。其中，中学教育是我们当前的一个重点。我们将假新闻核查融入媒体素养教育中，帮助学生识别假新闻和虚假信息，避免受到其负面影响。在大众媒介素养培养或者教育方面，中心也发挥了重要作用。我们设计了一系列识别假新闻的游戏和工具，吸引了大量中学生参与和互动。对学生而言，识别真假信息的技能在他们日常生活和未来成长都具有重要意义，因为人生也是需要不断去识别信息的一个过程。

7.1.2.3 桥通四海，薪传万代——跨文化视野下的新闻传播教育发展

从北京到伦敦，黄煜教授的在新闻传播专业的求学经历充满着"跨文化"的意味。回到香港从事新闻传播教育事业后，他不遗余力地推动着浸大与内地大学的交流。在这个过程中，他创造了许多引人注目的"第一次"经历。例如，浸大传理学院成为全香港首个学生前往内地媒体参观访问（1996），首个参与全国两会采访报道的院校（2006），此外，还组团学生前往卢旺达、以色列、朝鲜，以及欧美等地，积极推动学生进入国际新闻舞台，充分利用香港地区独特的优势，为新闻传播教育的蓬勃发展贡献着力量。

Q：在担任传理学院院长期间，您积极鼓励浸大学子到世界各地交流学习。您认为跨文化交流对于学生的职业发展和人生成长有何重要意义？您在推动学生国际视野拓展方面有何经验？

A：这确实非常重要。作为一个专业的传媒工作者，眼界是不可或缺的。只有通过

跨文化交流或异地交流，了解别人的生活经验，才能不断拓宽眼界。

得益于"一国两制""港人治港"和高度自治的制度优势，香港高校在跨文化交流方面拥有得天独厚的条件。就浸大而言，一方面与内地高校保持密切联系，共同合作推动教研工作，北京师范大学-香港浸会大学联合国际学院（UIC）就是一个很好的合作成果。另一方面与积极开展国际合作，不仅所有课程都用英文授课，而且在教育管理制度、教育模式和课程设计思维等方面积极向英美学习。

传理学院把国际化作为核心策略，为学生提供广阔的平台以及多元的学习环境，相应举措包括增加具有国际背景的教师及学生数量、举办海外交流团、与海外高等学府建立合作关系、提供海外实习机会、支持跨地域研究合作、支持全球性研究项目等。我们每年有两次机会带领学生前往世界各地进行采访，比如美国、英国、印度、以色列、伊朗、朝鲜、卢旺达等不同国家地区，早年我们与南京大学、浙江大学、中国人民大学、清华大学、复旦大学等高校进行记者联合采访报道，还举办了很多暑期工作坊，让学生能够在新的环境里接触世界，开阔眼界。

我们带领学生采访过两会、北京奥运会、上海世博会。我们学院是香港第一个采访两会的新闻院校。在 2006 年全国人大举办的中外记者招待会上，我们的学生意外获得了提问的机会，这些经历让学生们在面对新环境、新困难的过程中，逐渐掌握了解决问题的能力，也更加成熟独立。多年后，学生们可能忘记了学到的知识，但仍然清楚地记得那些采访经历，这些都是美好的回忆。

Q：您在担任浸大协理副校长时，协助大学与内地及海外高等院校建立伙伴关系，目前在北京师范大学-香港浸会大学联合国际学院研究生院担任院长，积极致力于香港与内地合作交流。您认为中国内地和香港地区的新闻传播教育，有哪些共性和差异？

A：就共性而言，内地和香港确实存在很多相似之处，特别是在技能传授和知识传授方面。例如，都设置有采访技巧、使用技术和拍摄技术相关的技术课程，也开设历史、文学等文化课程。

而差异更多地体现在两地的教育理念和教学方式上。首先，在教学自由度上，浸大的老师在教学方法或教学内容上较少受到干预，也不会给予固定或权威性的答案，而是根据知识的演进不断调整授课内容。在我们的课堂上，可以看到"五花八门"的教学方法和观点，无关正确或错误。其次，香港高校可以就有争议的话题在课堂上让各方面表达意见或形成讨论，因为人文社会科学的特征之一就是存在争议和分歧。另外，在学生思维培养方面，我们更希望学生能够自由地思考，不受特定立场或包袱的束缚。我们鼓励学生自己去比较和明辨是非，通过公开辩论寻求解决方案，这或许是受到西方理性主义传统的影响。

Q：香港的人文基础课程在新闻传播教育中是如何设置和讲授的呢?

A：在香港，人文基础课程虽有讲授，但并不如内地一般受重视。我记得在中国人民大学上学时，学生需要大量学习外国文学史、中国文学史、中国历史、世界史等课程。而在香港，这些课程大部分是选修课，由学生根据自己的兴趣选择是否学习。同时，香港的新闻传播教育更侧重于技术方面的培养，如采访技巧、使用技术和拍摄技术等。因此，香港的学生在技术和人文方面的发展可能会呈现出不同的特点，他们的成绩也主要取决于个人努力和兴趣所在，这也反映了香港传媒教育对个体发展的引导。

Q：从您的求学以及从教的经验上来看，您认为新闻传播教育在这40多年的发展中体现着怎样的变和不变呢?

A：新闻传播教育自20世纪80年代以来，已经历了显著的生长与发展高峰，目前正在逐步向转型阶段迈进。其中重要的转变在于，以人工智能和大数据知识为主导的传媒教育新范式正在打破原有的新闻专业主义为内核的"道"（理论学养为主）、"术"（实务专业为主）平衡旧范式。

针对这种变化，包括香港浸会大学传理学院在内的院校，都在探索新闻传播教育的跨学科整合模式。在课程设置方面，从交叉学科的角度切入，通过人工智能和大数据等新型知识及跨学科领域知识的融合，重构传媒教育的课程配量。例如，浸大自2016年起就逐步缩减可选传理学课程，保留"视觉传播""大数据与非语言传播"和"人工智能的数码传播"三门可选核心课程，以培养数码传媒行业需要的传媒人才。在教职人员方面，坚持教学和科研人员相互配合，引进计算机、数码媒体、网络分析、数据和人工智能等专长及跨学科教员，并与全球主要的媒介内容供货商彭博社及腾讯建立策略性合作关系，发展传播教育科技。此外，我们也在教学研究设备、学生校内实践等方面，根据新媒体和新技术需要进行提升和调整。

这种变革正在进行而难以明辨发展方向，但各院校均在此方面积极努力。以理工科大学为主导的院校，如华中科技大学，在科技方面投入较多；而老牌文科院校如复旦大学、中国人民大学，则更侧重于人文及人文素养的培养。尽管各院校在交叉学科及大数据方面都有所涉猎，但它们各有侧重。

在瞬息万变之中亦有不变之本，那就是对新闻传播人才的伦理道德要求。新范式教育所处时代的特殊，更需要传媒人在泥淖中高举人文主义的明灯，坚守"唯真为善"的专业精神。对于新闻传播教育而言，引导学生价值观，维系传媒专业精神，保持良知和社会责任，既是挑战也是任务。

Q：您觉得您这一代的新闻传播学者肩负着怎样的文化使命呢?

A：我们碰上一个比较好的年代。我上大学时恰逢中国改革开放的早期，那时思想解放的浪潮席卷全国，我们可以探讨各种问题并付诸实践。后来，我有幸获得中英友好奖学金，去英国留学深造，学习西方的传播理论，接受批判性的学术训练。机缘巧合之下，我来到了香港浸会大学工作，至今已经30年。

香港与内地的环境有着显著的差异，这正是"一国两制"的独特之处。香港的新闻传播教育体系主要受到主流精英教育制度的影响，同时也融入香港本地的特色。我可以自豪地说，浸会大学传理学院的新闻传播、公共关系、广告、电视影视等领域发展得欣欣向荣，取得了显著的成绩。从某种意义上说，我们的学院在整个香港乃至亚太地区都具备一定的实力。我为能在这样的环境中工作，并见证学院的发展壮大而感到欣慰。香港"一国两制"的制度安排，为我们在高等教育领域取得成就提供了有力的支持。

（文字整理：华中科技大学新闻与信息传播学院　彭美西、孔佑樨、施瑞鑫、陈薇、黄煜作答）

7.1.3　刘幼琍："尽其在我，永不放弃"的全栖传媒者

图7-3　刘幼琍教授

在华人传播学界，既有专注于某一领域不断深耕的研究者，也有经历丰富、不断尝试的学术从业者。而刘幼琍，作为一位不断跨界的全栖学者，无论是从英语专业背景跨越到传播学，从业界转向学界，还是从台湾走遍全国各地，她不仅展现了学者对于特定领域的深入探究，尤其是在新科技与传播领域的探索，为学术界提供了宝贵的见解与贡献，也拥有传媒业务、科研及管理多方面的丰富实践（见图7-3）。

刘幼琍出身于台湾马公的一个普通家庭，她在淡江大学英文系读书期间，曾获得美国华盛顿州立大学的交换机会，在那里她的求知欲和对与人沟通的热爱，使她决定走向更广阔的传播领域。回顾自己在传媒界的上下求索，她认为"尽其在我，永不放弃"的精神，成为充满转折和挑战的人生旅程的底色。

7.1.3.1　志趣如一的传播研究

在中国台湾完成英文专业本科学习后，刘幼琍赴美攻读硕士（华盛顿州立大学）并在那里大胆转系，开启对传播学专业的探索。20世纪80年代初硕士学成回到台湾，她先在广播台担任英语播音员，后来在中华电视台（简称"华视"）成为执行制作人、主编和记者。刘幼琍现在的样子让人难以想象，她过去曾是一个相当害羞的人。"当播音员

工作对我来说已经是一件大事，但当时的主管觉得我有做记者的潜力。后来发现我的第一次采访对象竟然是两位美国国会议员，可以想象我当时有多紧张。"①在广播电视业的六年半时间里，她克服了自己的羞怯和其他职业障碍，积累了丰富的业界经验。

在广电行业的历练，让她越来越意识到传播业务与学术研究之间的紧密联系，并在求知欲的驱动下，迈向了学术之门。"那时，我常常在中午休息的时候，去电视台的小图书馆，一边查新的资料，一边改写当年的硕士论文。"就这样，在这个过程中，她明确了将传播法规作为自己的研究方向。因为"我发现即便是必修课，但那时传播界放眼望去研究传播法规的人可说是凤毛麟角"。

到20世纪80年代末，刘幼琍未雨绸缪，最终选择了在传播法规领域师资雄厚的美国印第安纳大学(IU)攻读博士学位。她谈及当初选择IU的一个插曲，1989年她拿到三所英美学校的入学许可，由于很难取舍，她决定亲自跑一趟再做决定。她先去IU，当时从芝加哥转机的航班因暴风雨取消，让她滞留在机场，而约好要会面的老师们第二天要飞走参加一个会议，所以她鼓起勇气在机场寻找愿意一起拼车前往布鲁明顿的同行者，连夜开车，并最终赶上了会面。她认为也是这种"不轻易放弃"的精神，在人生各个阶段帮助她扭转命运。博士学位的获得仅仅花了两年零八个月的时间，在此过程中，她还修读了IU法学院的辅修课程，以填补在法律方面的知识空白。学成后，她进入台湾政治大学传播学院执教，在当时，也是台湾第一位电视记者取得博士学位并进入学术圈的人。

此后的27年，刘幼琍的教学与研究生涯都是在政治大学度过的。她的研究兴趣与方向从传播法规这一领域延伸开来，主要聚焦在传播科技对该领域的影响，"作为传播学者，对技术有基本的了解是非常重要的，特别是在应用技术与传播的关系方面。所以传播新科技是我研究的出发点，也是一直追逐研究的对象。"基于此，她的目光一直追随着传播技术变迁，包括有线电视、IPTV、OTT电视、宽带等领域的发展。20世纪90年代，她主要关注有线电视，从经营管理、频道规划及收视行为等多个方面进行研究，先后出版《有线电视经营管理与频道规划策略》(1994)、《多频道电视与观众：90年代的电视媒体与阅听人收视行为研究》(1997)、《有线电视》②(1998)。

进入21世纪后，刘幼琍开始关注数字化时代的媒体发展趋势，并在数字电视、新媒体政策与发展策略等方面展开深入探究。2004年，她主编的《电讯传播》出版，展示

---

① Perseverance and passion never fail—CityU's new Head of the Department of Media and Communication, Professor LIU Yu-li, has got ahead by consistently going beyond expectations [EB/OL]. [2020-06-24]. https：//sc. mp/z7egd？utm_source＝copy-link&utm_campaign＝3090362&utm_medium ＝share_widget.

② 《有线电视》是由刘幼琍与陈清河教授合著，首次出版是在1998年。

了她在电信传播方面的研究成果和专业见解，而后还邀请电信传播行业的领导一起撰写并出版《电讯传播 CEO 的经营策略》(2013)。在数字媒体技术愈渐发展的背景下，她依旧保持对新技术政策法规的敏锐观察，又分别出版了《数位电视与新媒体之政策与发展策略》(2014)与《OTT TV 的创新服务、经营模式与政策法规》(2017)。

从晚近的发表可看出，她的研究兴趣和方向在不断拓展，开始关注新兴技术如大数据和人工智能对传播行业的影响，致力于探索未来传播发展的新路径。近些年，她的研究涵盖人脸识别、智能音箱、5G 等前沿技术，她不仅关注技术本身，更关心其对社会和个人的影响。比如她十分关注技术对用户隐私的影响①，基于通信隐私管理理论，考察中美两国用户在使用聊天机器人时的隐私管理机制差异，从而更好地理解在人机交互背景下的个体隐私边界的管理问题。

遍观她的学术研究，志趣始终如一且清晰明了，传播法规、电信和媒体管理、传播技术和用户行为等方面的议题贯穿整个研究过程。循着这几个方面延伸出的种种议题，都成为刘幼琍的关注焦点，比如新平台下使用者的适应情况，生活方式随之而来的变化，或者政府如何全面规划国家的传播法规等。

她认为："我们现在讲跨领域，但应先把自己的领域站稳再跨领域。要把我们的本业、我们的品牌做好，然后跟人家交流才能够有意义。"当然，这并不是固步自封，而是确认传播学这一学科身份的根本，她指出："参加国际传播学会议是确立自己研究领域的一种方式，比如国际传播学会(International Communication Association，ICA)、新闻与大众传播教育学会年会(Association for Education in Journalism and Mass Communication，AEJMC)、美国传播学会(National Communication Association，NCA)或国际媒介与传播研究学会(International Association for Media and Communication Research，IAMCR)这样的会议中，总会有场次，让我们有机会发表。如果在这些大型国际会议中找不到发表的场次，那就意味着我们的传播研究方向走偏了。"因此，首先要找到自己的位置(研究领域)，然后将专业做到精通，并运用这些专业知识与其他学科领域进行交流或跨领域合作。

7.1.3.2 多元跨界的媒介实践

(1) 学者立身，兼顾管理之责

"可以说，学校的行政经验由下而上，由上而下的经验，我都有过了。"谈及学术之

---

① Liu Y, Yan W, Hu B, et al. Chatbots or humans? Effects of Agent Identity and Information Sensitivity on Users' privacy Management and Behavioral Intentions：A Comparative Experimental Study Between China and the United States[J]. International Journal of Human-Computer Interaction, 2023：1-16.

外的行政工作，刘幼琍回忆道。在政大的岁月里，她先后担任过广播电视系的系主任和国际传播英语硕士学位学程主任，在这些历练中，她协调系所内外部的各项资源，确保学系各个项目的教学和运营正常进行，并做到在任期内稳步推进不同规模国际学术会议或工作坊的举办。

2006 年，刘幼琍迎来了人生的又一个转折点。她被借调至台湾的通讯传播委员会，之前有关传播法规的专业积累在这个岗位上得到了充分发挥。尽管这段经历只有两年时间，但对她而言却是宝贵的。作为独立委员的身份，她除了还在政大教课外，全心地投入通信传播政策的制定和执行过程。"相较于法律学者的思维，传播学者比较重视'传播'的特性与生态，在制定传播政策法规上，更能够考虑到多方利益关系人的角度，制定符合实际情况的规范。"刘幼琍认为，"比如在制定节目分级政策时，需要考虑到青少年在不同时间段观看电视和收听广播的习惯不同。因此，不能简单地将电视节目分级的规范直接套用到广播媒体上"。在委员会任职让她有机会将自己所学应用于实践，而这段学术工作与政府工作相联系的经历，也为她未来发挥管理职责奠定了基础。

这段经历后，刘幼琍还担任过政大研发长及政大顶尖大学执行长一职。在这个职位上，她的职责是协调全校所有学院及各个研究中心，跨院跨校跨领域合作，并争取公共部门的重要项目及资源。这种学术研究工作与管理工作的并行，渐渐成为刘幼琍的工作常态，而这也为她带来了新的机遇。

2019 年，香港城市大学媒体与传播系在全球招募系主任。该系成立于 2008 年，虽然在香港地区高校的传媒系中建立时间最短，但近些年迅速崭露头角。刘幼琍深知香港的教育体系与其所熟悉的台湾体系有所差异，但她乐于接受挑战。

在任期内，她很快适应新的文化和语言环境，并与同事们自如地交流及开展合作。作为系主任，她不仅要关注教学和研究，还要承担起对学校发展的责任。她是"带着一颗谦卑与服务的心来扮演角色。一方面理解学校在国际竞争中的决策，但同时也会适度地表达同仁的心声，扮演好一个桥梁的角色"。

这一时期，她也推动了一些具体的举措，包括推动国际交流与利用新媒体平台积极宣传和塑造媒体传播系的形象。她着力确保任何活动都有网站及社群媒体的支持，并且新闻能够迅速发布。这种及时的宣传不仅提高了系内活动的可见度，也增强了系所的影响力。除了新媒体宣传，刘幼琍还重视系友会的作用。在建系 15 周年之际，她积极推进系友会的成立，希望通过这些行动，进一步提升媒体与传播系在香港地区及国际范围的学术地位和社会影响。那时，在严峻的疫情形势下，她要尽可能确保学生安全的同时，保障教学的质量。为安抚学生，她承诺在疫情稳定后，会另外邀请实践界人士开设媒体实务方面的工作坊，以弥补在线课程的不足。

（2）立足台湾，放眼全国

刘幼琍与中国大陆学界的接触与交往可追溯到20世纪90年代，其时，她刚刚在印第安纳大学完成博士资格考试，想到两岸已经开放，便迫不及待地决定前往大陆考察。在那段时间里，她拜访了许多大陆的媒体和学校，通过这些访问，刘幼琍与大陆的学术界开始建立起深厚的联系。

这对她之后的研究也产生了直接的影响，1992年，她开启了对大陆有线电视领域的研究。当时，她前往中国大陆两个最早的有线电视试点项目：一个在广东的佛山，另一个在湖北的沙市。至今，她仍感慨自己"因为因缘际会，而成为这段传播史和历史发展的见证者和参与者"。在美国的求学经历，使她较早地开始接触和研究有线电视，而这些对于当时大陆的广电从业人员来说，是新鲜而有价值的。那时，刘幼琍分享自己的见解和经验，双方开展了有益的互动交流。尤其是在上海有线电视台，当时台长胡运筹的领导力和见识都令她印象深刻，二人此后一直保持着联络直到他过世。

基于这些调研，刘幼琍前后发表了多篇文章讨论大陆的有线广播电视发展状况，包括《大陆有线电视法规之研究》（1993）、《传播科技对两岸新闻传播之影响》（1995）、《两岸有线电视发展之比较研究》（1995），以及发表在《电信政策》（Telecommunication Policy）上的《中国有线电视的发展：地方政府与中央政府之间的关系》（*The Growth of Cable Television in China：Tensions Between Local and Central Government*）（1994）。

到了2005年，刘幼琍已是政大的教师，她获得基金会资助，前往复旦大学和中国人民大学进行为期一个月的讲学。在这两所学校，她以英文授课，并第一次正式接触大陆学生。在两岸师生短暂的相处和交流中，她更加深刻地感受到了大陆学生对学习充满渴望，也加深了对大陆学界的好感。

自打那时起，即便后来有繁忙的行政工作，刘幼琍都保持着每年到大陆参加研讨会或演讲的习惯。这种持续的参与让她与大陆许多同行和学生建立了深厚的联系，这种交流与互动不仅加深了彼此的了解，也促进了两岸学术界的交流与发展。"有些学生在年轻时，我们就已相识，今天他们在大陆的学术圈已经非常出色亮眼。"刘幼琍对于他们的成功感到高兴，并感受到华人传播学圈形成了一种不同世代的交替。

7.1.3.3 不忘初心，尽其在我

刘幼琍在完成港城大的任期后，接受了来自大陆高校的邀请，成为上海大学的特聘教授。这是她全栖实践新的延续，不仅将长期聚焦的研究关切持续下去，还要继续深入将工作重新扎根在大陆这片新的田野中。

她仍像过去那样乐于接受挑战，因为"我的基本原则是尽其在我，永不放弃，只要

相信自己的行动是正确的，即使面临困难也会继续向前"。以往接受的广泛知识训练和丰富的从业经历，让她以享受的姿态迎接挑战，这种努力与自我期许的精神态度也感染着她的学生，学生们也常听到刘老师以身作则的那句话："永远要求自己做的比别人要求的高一点"。

如今，刘幼琍依旧活跃在新媒介技术和传播法规的领域，保持着研究的敏锐和专注力，对新兴的传播技术保持始终如一的好奇心和兴奋感。同时，像30年前刚踏上大陆的土地那样，她游历、了解各地的文化风情，并在众多高校分享自己新的研究与见解。"学习传播学，源于我的兴趣，我喜欢与人沟通、和人分享知识，"对于刘幼琍来说，沟通与交流的"初心"已带她走得很远。

（中央民族大学新闻与传播学院　张岩松）

7.1.4　陈清河：台湾广电事业的领军者

图 7-4　陈清河教授

陈清河教授，1955 年出生于中国台湾屏东，美国美利坚大学传播学院电影录像研究所硕士，台湾世新大学传播研究所博士。曾任台湾政治大学教授，台湾电视公司董事长兼总经理。现任台湾世新大学校长、教授、博士生导师。兼任公共关系企管咨询基金会董事长、中华科学传播协会理事长、新闻媒体自律协会理事长、新北市公用频道活化运用委员会召集人、台北市报业公会新闻评议委员会主任委员等职务（见图 7-4）。

陈清河曾参与台湾数字电视发展蓝图规划，主持"台湾数字无线电视概念倡导规划""台湾地区电视产业口述历史及社会变迁调查研究""世界各国宽带政策研析"等多个项目。出版《中国传媒国际竞争力研究报告》《传媒竞争力蓝皮书》《卫星电视新论——科技、法规与媒介应用之探讨》《电视电影技术研究》《ENG 摄录像实务》《后电子媒介时代》等著述。曾获台湾联合报杰出新闻著作奖、优良教材奖、青年研究著作奖等重要奖项。

方红峰（以下简称"方"）：您是如何投入媒体学术与实务工作的？

陈清河（以下简称"陈"）：1984 年，应该是本人一生的转折点，该年完成第一本专著书名为《ENG 摄录像实务》，内容主要探讨新闻录像与产制流程。1985 年，由世新创办人成舍我先生同意以留职留薪方式的到日本大学艺术学院进修专攻影视制作；也同时给了自己更多的时间可全力投入学习的生涯，为能加强学业水平，夜晚进入东京工学院专攻广播电视工程。值得一提的是，经由八木及广泽两位指导教授的引介，参与高清电视的研究。在日本两年期间，再以毕业论文完成了一本《电视电影技术研究》一书，并编译了《电影制作》专著。1987 年回到台湾，《ENG 摄录像实务》及《电视电影技术研究》先后获得台湾教育部给予青年著作与教材奖的殊荣。为了兴趣与充实自我，利用寒、暑假期间投入剧情电影长片与录像节目的制作，曾担任电视编导与电影策划等职，陆续完成一些电视的纪实片以及商业电影"牡丹鸟"。

1991 年 6 月为了攻读硕士学位，毅然向学校申请留职停薪，再赴美国进修，进入美利坚大学传播学院就读，在 1992 年 6 月完成学业返台。返台之后，转至空中大学人文学系担任教职，并同时在空大教学节目处服务。此一机缘使自己对远程教育体系有更深一层的参与，虽为期仅有两年，却在此期间认识运用远程媒体教学的运作机制。1994 年 8 月，本人由空大转到政治大学广电系任职，接下来的 16 年期间，除了担任政大之声电台台长一职，另于 2003 年担任政治大学广播电视学系的系主任，于 2007 年借调到台视服务，2009 年从政治大学退休。

由于 2000 年前后，正是台湾广电事业变化最大的时期，也因为如此，能有机会不断参与政策法规以及市场的研究。在此阶段，陆续与多位老师共同完成《电影艺术》《广播电视原理》以及《有线电视》三本教科书。值得一提的是，自 1994 年起，陆续汇整的卫星相关数据，终于在 1997 年 8 月完成《卫星电视新论—科技、法规与媒介应用之探讨》一书，该书于当年获得联合报文化基金会王惕吾先生杰出新闻制作奖，并升职为专任副教授。

为求相关理论与实务的钻研，亦不断参与多项广电与新闻产业政策相关的研究案，此点点滴滴的积累，仅希望在日新月异的传媒环境中与时俱进。或许也就是这种心态的支持，不断鞭策自己继续投入传播信息数字化与网络化的研究，让自己在电子媒体不断变化的传播环境中，对深入钻研新闻传播理论与政策法规等相关领域有更完整的了解。1999 年决定进入世新大学新闻传播博士班就读，于 2004 年取得新闻传播专业博士学位，并继续在媒介科技演变以及经营管理的方向上教学与研究。

2007 年由于台湾电视公司必须民营化的政策需求，本人从政大被借调担任台视董事长并兼任总经理一职。虽然期程不长，却得以让自己有机会完全融入经营一家无线电视台的宝贵经验，更实际体验无线电视台于数字汇流后，如何面对电信与网络平台以及所衍生的社群平台共同竞争的实际困境，此一历程对于本人的新闻传播教学研究与实践能力有具体的提升。随之，于 2008—2009 年接续担任财团法人广播电视基金的执行长，此一经历更让本人对于广电与新闻产业的实务资历能更完整接轨。

方：能否简述您返世新大学担任院长、副校长以及校长的历程与期待？

陈：为感谢世新大学的栽培，2009 年 7 月底提早从政大申请退休，于当年 8 月起担任世新大学新闻传播学院院长职务，2014 年接任副校长职务，乃至 2022 年接任世新大学校长一职。

在担任新闻传播学院院长 5 年的期间，将过往累积多年的学术与产业历练，完全融入新闻与传播学科的行政工作。打从内心不断自我期许，如何带进大量外部产业与公部门的有形与无形资源，让世新大学新闻传播学院的品牌能在短期间之内，并借力使力让世新的新闻传播专业得以成为台湾传播领域的领导品牌。

首先积极规划"传播研究与实践"新闻传播专业的学术刊物，并于四年之内取得科技部 TSSCI 期刊的认证外；能在导入各类新兴汇流平台并促成各类产学合作的机会，提供新闻传播学院师生有一引以为傲的教学环境，就在全校主管与教师的努力运营之下，世新大学的传播领域逐步奠定了在台湾新闻传媒学术圈明确的领先地位。本人深深感受，如何改造既有组织的盲点；如何营造整体学校的竞争力；以及如何稳定学校的财务优势，都须仰赖教职同仁齐心合力才可达成。

就新闻与传媒产业环境，反观业界对传播学生的期许，世新大学传播的教学已深深自我期许，新闻传播院校普遍被视为新闻传播产业人才的培育场所，毕业生极大可能直接投身新闻传播机构服务。业界作为新闻传播院校毕业生的接收者，对于这群未来员工自有期许的专业培养，其中含括解答能力，必须让传播学生应有自行解答问题，进而化解问题的能力，而非诸事皆等待前辈指示与说明。其次则是，表达能力的提升，身为讯息的传递者，传播学生必备优秀的表达能力，包括文字表达、语言表达，以及借由视频内容表达观点的能力。新闻传播道德与伦理当然不能忽视，数字化与互联网普及虽然造成一些传统新闻伦理与价值观逐渐瓦解，但新闻传媒学生应有专业自觉，顾及新闻传媒产业的社会影响力，把持专业伦理与信念，维持新闻传播媒介作为社会公器务必坚守的底线。

方：您为何会在 15 年的时间，投入广电媒体产业口述历史的工作？

陈：鉴于传播科技一日千里，加上全球政治与经济情势快速变迁，过去记载台湾民众文化记忆的传播文物或历史资料，若未善加搜罗并规划典藏，在全面数位汇流时代来临之冲击下，恐致逐年递减。过去已有台湾电影产业数据库、电影数据库之建置计划，另与民众生活与集体期待最为相关的电视产业，持续进行资深广电从业人员的口述历史影像记录，保存电视产业 50 年文物与历史数据，在南台湾建立电视文物馆（开放典藏库）的初步规模，结合高雄市电影馆形成南北传播文化教育资源分立对峙之势，促成传播产业板块，人才与资源，合性发展。在各处竞相推动文化创意产业之际，思考继续投入相关资源，进一步借由搜集资深广播、电视、电影与新闻人才口述历史，整合广播、电视、电影、新闻资深人员口述历史数据、影像/音像记录，以及借由编辑与设计传播经典人物志，开放为公共财以深化文化、教育与研究功能。

文化需要时间淬炼，更要慢慢酝酿、积淀而成；然而，本人带领的研究团队亦跟时间赛跑，认为资深且经典人物必须实时做口述历史是最重要的事，才能记录产业变化的轨迹。研究团队经由广播、电视、电影经典人物口述历史，将广播、电视、电影领域中所反映的台湾人文现象和科技与设备技术发展面向，提供一个深化其内涵的历史诠释观点，将有助民众对传播人文史料的理解。因此，研究团队针对现有传播产业经典人物口述历史及相关文献资料予以搜集汇编，进一步规划进行传播经典人物志的出版，俾利为文化创意产业扎根，深化台湾民众对广电与电影文化的记忆。

本人所带领的研究团队，属跨校同时跨传播、人文、文创设计领域，以深化台湾民众的记忆与促进文化传播发展为主旨，提出"广播电视电影经典人物口述历史建置计划"为主题的研究计划，其将延伸出传播产业链中绵密专业的分工、传播科技设备的演化迭进、广播、新闻和影视发展史、视觉文化传播等命题的讨论，透过年度发展期程，祈于未来发展出一套完整的揭示民众记忆的"文化传播学"。台湾近年来因为过度竞争，媒体结构变小，理应掌握两岸合拍剧的先机，提供资金补贴，让影视产业有充裕经费可以拍出高质量的电视剧，一方面提升影视产业竞争力，另一方面带动两代演员交流与传承。

翻开新闻传播科技史，可以发现传播环境不断处于快速变动当中，有人曾经形容传播生态是"十年一小变，三十年一大变"，此种说法随着近年传播科技的衍化速度，其加速变化更迭的现象须再重新被检视。然而不可否认的是，历史的演进皆有其一定脉络可循，人类追求科技的变化常基于不同世代的需求而有不同自我期许的规划，诸如20世纪80年代的数字化与千禧年的网络化，皆不是无中生有，其交织出来的科技网络世界，也是从事新闻传播研究者所不容忽视的。

数字化助力新闻传播科技的发展将会与社会民众的期待值与使用需求有关。当前已进入多媒体传输平台的科技整合时代。电视数字化、电信宽带化、网络无线化成为主要的技术发展趋势，形成所谓的"数字宽带产业"。科技汇流的事实，使得传播、电信及互联网的界线逐渐模糊。以电视发展为例，未来的数字电视随着宽带科技的进展，除了无线电视、有线电视、卫星电视之外，还包括网络电视、移动电视的加入竞争；以电影产业发展为例，近年产生微电影创作在互联网风行的现象，可再与虚拟动作捕捉特效或人工智能软件科技结合，奠立后续强大的发展基础。

方：您长期关心新闻传播产业的研究，可否谈谈对传统与新媒体运作的差异之处？

陈：延续上述的论述，媒体在社会场域中所扮演的角色有其变与不变，新闻信息的流通亦是如此。新闻内容产制的改变甚多来自科技因素及其所导致供需结构的冲击和产业生态模式变动的调整；但其不变之处，在于各类新闻需运用其对信息传达的影响力，营造传输平台与消费形态相互依赖的惯性。无论是居于变与不变的角色，传统电视新闻频道如何运用媒体"科技共生与合作共伴"的做法，应可视为重点经营方针。本人曾经在一篇《媒体机器人与新闻产制》的专栏中指出，包括新闻产制平台着重多元化与分众化服务、融媒体新闻与消费工具影响新闻的供需、粉丝团的经营、多元新闻信息让篇幅增加并非新闻讯息量的增加、新闻呈现视频大于图片更多于文字的现象、新闻标题博眼球和内容更新或反转速度的改变、全球政经结构与新媒体的关系改变等情境。

近几年在新闻产制体系出现许多新名词的原因。例如在采访端的网络爬虫，借由爬虫软件更新自有网站内容并提供其他网站的索引；在写作端的算法新闻学，以及自动化内容产出的系统。针对大量数据进行分析进而写出简单的新闻；在编辑端引用网络数字化处理程序，让用户储存、编辑并分享；在结构化数据端，引用人工智能可实时比对新闻核查程序，以及在视觉产制端的视觉模拟与特效；在新闻播报端的新闻阅读机器人合成主播；在新闻消费端的数据驱动新闻与关键词；在新闻消费服务端，运用 AI 驱动的聊天机器人等皆属之。

从网络新媒体科技共生观点而言，数字化与汇流化趋势所带来多网聚合的电视新闻信息流通模式，不但改变新闻媒体相关产业的营运模式，进而带动各类消费概念的兴起。不难推论，新闻信息台应如何借由新科技的日趋成熟与扩散，提供新的网络平台内容供需与新的主动与互动消费服务，必然成为营造新闻内容共伴效应的思维。在传播科技与社会需求的引领下，数字化宽带传输时代的来临，传统媒体产业应如何因应外在环境变化及结合有线宽带、行动宽带，乃至运用各类新媒体社群平台完成多平台内容转换，经常透过官网、社交媒体或粉丝团留言推荐的模式，已成为刻不容缓的议题。

网络新闻平台的经营模式与现行主流电视新闻专业频道最大的差异，传统媒体系以一对多却常面对不知名的对象、以单向思维借由主流市场营造影响力、以单一文字或影音媒体模式处理信息。但自从新媒体出现之后，新闻信息流通的模式，除了内容的吸引力之外，常需仰赖文字、图表、影音等多元媒材融合呈现，尤其是采实时、互动、社交以及云计算等软件的优势流通新闻信息。毋庸置疑，网络平台的骤增确实给传统的平面与电子媒体，带来可能被袭夺或替代的威胁，此一现象可从网络信息流量与消费者积极参与的热度完全呈现。

方：您对新闻专业媒体面对 AI 科技的改变，应该如何因应？

陈：近几年网络带宽的大幅提升，以及相关产业的竞相需求之下，AI 人工智能逐渐被各类影音平台商品化与产品化的广泛应用，甚至成为如今新科技产业的蓝海。许多专家曾针对人工智能加以定义："AI 系以人工编写的计算机程序，去模拟人类的智慧行为，其中包含模拟人类感官的听音辨读、视觉辨识，甚至让大脑的推理决策、理解学习、动作类的移动、动作控制等行为。"

仍需强调的是，当下应用程序或接口，可透过自然语言理解或自然语言处理与机器学习技术进行类似真人互动对话的人工智能，仍需要顾及的不仅要能辨识语音的表情、声音、语言、动作外，还要进一步考虑内外在环境的情绪与心理脉络的干扰因素。就如当今企业所使用聊天机器人的自动问答功能，很难像虚拟主播只需单向播报新闻即可，由于聊天机器人需考虑客户的实时对话，机器人通常对已知的问题与答案，在回答时自然会比较流畅，一旦面对于较不熟悉的问题时，机器人为了避免误判指令，则会采取揣摩语意、转移话题或者回答不知道的方式加以响应。

人工智能的功能就是借由计算机与人类所整理的思绪进行对接，让机器学习具备人类的初阶智慧；更高一层的人工智能，还被赋予能模仿人类思考、判断、操作等类神经网络的学习能力。不难理解，早期的人工智能只可替代传统产业中重复性的动作，以提高生产效率并降低产出成本，协助传统产业向智慧化转型。如今，人工智能借由深度学习的搜索引擎、语音识别、语意感知、影像辨识，以及自然语言处理等技术，后续如何让计算机程序语言运用于生活中的情形日渐普及，其发展历程有诸多雷同之处。

网络新闻平台的经营模式与现行主流电视新闻专业频道最大的差异，传统媒体系以一对多却常面对不知名的对象、以单向思维借由主流市场营造影响力、以单一文字或影音媒体模式处理信息。如前面曾经提及，新媒体出现之后新闻信息流通的模式，除了内容的吸引力之外，常需仰赖文字、图表、影音，乃至动画等多元媒材融合呈现，尤其是采取实时、互动、社群以及云计算等软件优势流通的新闻信息。不难理解，网络新闻平台的商业模式基于竞争将会日渐多元，现有市场中网络原生或传统转换的新闻平台类型颇多，包含入口网站、网络原生新闻网等、主流媒体衍生新闻网站例如广播、电视或纸本刊物附属新闻网站、社群媒体新闻网站、新闻推播以及自媒体型网站等。

从商业经营的角度，新闻网站的信息来源包括原生或搜寻两大类，也因此投入的资源可大可小。随着网络的使用人口节节攀升，传统新闻网站的经营确实有其正向的市场潜力，但是网站的多元化设置，碍于市场的存活与趋势，促使每家新闻网站所需投入的资源自然须相对增加；依此推论，市场中较新型式的新闻网站，对于绩效与质量能否成正比发展，是值得深思的议题。媒体的产业特质是讲究影响力，尤其是网络新闻平台如何借由高时效性讯息、具瞩目性信息、强替换率讯息以及长黏着度信息，将广度用户导进深度用户的商业模式，是需要经过长时间调适，才可让商业模式的落实。诚如上述的分析，正当数字、行动、网络、社群媒体，结合 AI 技术快速成长的情境中，如何结合各类媒体通路的操作模式，确实需要纳入适度规划。

由现有新闻网站的内容不难发现，经常会有讯息重复性太高、新闻来源不易查证、信息过于碎片化、影音制作质量良莠不齐，以及新闻信息替换率甚低等情形。一些资源投入较高 AI 技术的新闻网站，开始考虑是否需要采取会员制的经营模式，但事实证明也因此无法巩固用户而影响流量的结果。尤其在便利的宽带环境，新闻网站设置较传统媒体更为容易；以及基于言论自由的保障与法律差别管制，导致新闻网站如雨后春笋，经营者必然要面对竞争对手不断扩张却难以兼顾质量的两难。

迎接 AI 科技的来临，人际关系可能转变为"人机关系"。显然沟通的方式与管道会造成信任对象移转以及新闻媒体信息管道变化的双重挑战。然而，毋庸讳言，运用 AI 仍需要以人为本，在这样子从平台到内容产制，完全可以自动化，它可以透过平台接触到终端用户，决定新闻媒体平台接收内容的时代，更需要在地的、能够有代表性的媒体业者，让在地的群体得到他应该得到的媒体信息。基于技术的日新月异，AIGC 的潜能正持续解锁，为人类开辟全新的创意领域，也逐渐改变我们的日常生活和工作方式，而新闻媒体产业界热烈需求的核心人工智能人才，正需透学术界扎实的相关课程加以培养。基本的理念是面对 AI 的时代，AI 不会完全替代人类，但是不懂 AI 工具的人，很容易会被懂得善用 AI 科技的人所替代。

毋庸讳言，各类媒体的经营纵使面对 AI 客观环境的挑战，永续经营之道仍应坚持投入各类的 AI 软硬件建设，确实让新闻媒体仍保有极高的竞争力。但是，相关基础建设只是形式的需求，其实最终仍要不断检视品牌特色与质量，才是新闻媒体的永续生存之道。各种智能内容创新应用，结合虚拟制作、AI 生成、数字影像应用、内容应用等创新科技，并借助生成式 AI 可大规模地生成各种虚拟内容，以求突破既有的创意思维限制；透过虚拟技术则能为内容增添丰富度与互动性，研发各领域的创新数字应用解决方案，然而，后续 AI 进程可能面临的机遇与挑战，宜重视如何迅速去调整经营与管理人才的配置，才能持续刺激进步，其实 AI 发展与进步是领导者不能不触碰的重要课题，新闻媒体需如何在保持核心理念下应有的新闻理念仍须受到重视。

当新闻媒体行业门槛降低造成经营者趋向普及化之后，其商业模式与经营规模的调整，必然成为市场竞争的策略考虑。当下各类网络新闻平台的大量出现，逐渐出现新闻信息市场走向两极化发展的主因；恶性竞争与恶性循环所带来的不是恶性倒闭，而是充斥着劣质的新闻与社群关系，让这个具有公信力的新闻行业，必须不断面对社会价值的检验。从新闻媒体永远是一个公共信托的高度，建构一个能兼顾持平新闻信息互通的生态环境，必然是新闻专业的共识与底线，进而可在新媒体的环境中，期待与多元信息的流通画上等号。

方：您能否简要陈述，您对新闻专业面对科技的期许？

陈：若说新闻媒体产业是传播事业的前线，则新闻传媒教育应可谓传播事业之后方。后方的重要任务是支持前线作战，当前线形势骤变，后方务必审时度势，进行相应的调整以应万变。易言之，当新闻传媒领域的变迁成为时下产、官、学界热衷于讨论的话题时，揭示了新闻传媒教育也正在或将要迎接新的挑战且应洞悉趋势发展。

在数字多媒体世代，由于新闻传媒模式、渠道、使用习惯等起了大变化，传播知识与技术也都跟着转变。例如，关于数字多媒体世代的新闻媒体效果与阅听人特质的知识，肯定与传统新闻媒体的世代时大相径庭，要使信息触达阅听人所需掌握的技术也大不相同。数字多媒体世代的另一特色，是过去不被界定为大众传播范围内的相关领域，如今与传播学门发生了密不可分的关系。最显著的例子是手机，过去其属于电信领域与新闻传媒领域泾渭分明，如今却连接在一起；然而如今从事传媒研究的学者不仅需掌握更新的传播学知识，还得理解诸如手机与互联网的连接以及手机的使用习惯等知识。

值此信息科技瞬息万变之际，新闻传媒领域至少面对的挑战就是媒介数字化与汇流思维，此一情境，不外乎有以下几项思维：

第一，新的产制科技。当下的新闻传媒信息与传播技术让利用不同技术产制而各据一方的传统媒介日益趋近，原来不同类型的媒介，如今能借"异路同归"一词形容之。无论报纸、无线电广播、电视、电影、图文或是新闻，皆经过数字化的洗礼而走向"融合"，能同时栖息于互联网的信息高速公路中，而且能让受众使用。然而，汇流后的媒介并不只限于经由计算机与笔电取用，过去被定位为移动通信工具的手机，其技术之进步也令它能够承载各类媒介内容的平台。

第二，新的传播环境。新闻传媒环境随前述产制技术的沿革而变化，也是毋庸置疑之现象，大众媒介既大又小，大的是媒介企业规模因媒介汇流与渗透力更广而变大，个别媒介却又因技术之便利而日益小众化。不仅如此，拜简易使用的互联网与社交媒介所赐，媒介内容的产制者亦如繁星密布，虽然财雄势大的新闻传媒企业可能还是最主要的内容产制者，但以个人为单位的独立产制者却也可能在个别社群里发挥极大的影响力。

第三，新的运营模式。在前述的新的新闻传媒环境底下，媒体的运营模式同样也不得不创新求变。其运营模式的调整主要得因应以下需要：一是维持鹤立鸡群之态势，确保在众多竞争者中继续得到阅听人垂青；二是在广告开销与消费分散分薄的现实中，确保继续分得一杯羹；三是新闻传媒管理与培养在新的传播环境中游刃有余的媒介专业人才，既能掌握数字时代的全方位工作技能，也能在分秒必争的激烈竞争中不断提高效率。

第四，新的研究理论。就知识系谱的发展而言，新闻传媒学科仍是一门相对年轻的

"学门"（学科——编者注），但历经全球各地新闻传媒学者数十年来的辛勤耕耘，毕竟也为各类传播活动、行为、结构建立了扎实的理论根基。然而，多媒体时代的来临启动了新闻传媒理论的翻新甚至于重建的庞大工程，因为新形式的媒体不仅改变阅听人的媒体使用方式与习惯，也改变了媒介产制方法、产权结构乃至媒介经济形态，因而新闻传媒学界必然得建构新的研究工具与理论，方能充分理解新媒体现象。

第五，新的教育模式。就新闻传媒结构的变动与发展而言，各类学系是否需予以汇流，以及如何求取技术通才与科技通才的训练体系，将是未来新闻传媒学科所面临的挑战。无论是教师的相关研究或学生的学习方式，皆应加以归零思考，重新理出另一跨平台与跨领域的交流。基于跨界与跨域研究已经成为必然的时代中，新闻传媒学院的教育体系，将会面临更迫切的挑战。

（方红峰整理　陈清河作答）

7.1.5　董天策：致力于新闻传播教育的区域性发展

齐辉（以下简称"齐"）：董院长，我受《中国新闻传播教育年鉴》编委会和张昆主编的委托，跟您做个专访，请谈谈做院长的心路历程、办学甘苦、办学经验等。

董天策（以下简称"董"）：谢谢张昆主编，谢谢齐辉教授。您作为新闻史研究者，写了不少探讨新闻教育历史的文章。专访太高大上了，我们不妨来个"对谈"或"对话"吧。

齐：您2012年12月调入重庆大学任新闻学院院长，能否谈谈当年选择重庆大学的原因？

董：原因很简单，我被重庆大学校领导的诚意感动了。2012年7月中旬，有天接到郑保卫教授电话，说重大正在物色新闻学院院长，对我有意，校领导希望尽快跟我面谈。在这之前，我从来没想过到重大任教。过两天，时任重庆大学文理学部主任吴云东院士一行到了广东，见面详叙，我对重大的想法才有比较细致的了解，结果约定：9月开学就到重大见校长。当时，我已近知天命之年，主要是想抓紧时间从事学术研究，争取学术上有所作为。对重大抛出的橄榄枝，相当犹豫。9月开学第二周的一天，我如约飞赴重大跟校长见面。见面会十分隆重，在场的时任领导有：党委书记欧可平，校长林建华，分管文科的副校长杨丹，文理学部主任吴云东，还有学校党办、校办、组织部、人事处的负责同志。原计划一小时左右的见面会也持续了两个小时。林建华校长等校领导同我共进午餐。通过这样的深度交流——后来才了解，见面会其实是对我的全面考察——我完全被重大时任校领导的诚意所打动，被学校发展应用性文科的战略与举措所折服，决定从广州回到重庆，为家乡最好的大学服务。

齐：学界和业界都认为，这些年重大新闻学院进步很快，可谓异军突起、生机盎然。请谈谈您担任院长以来学院发展的具体情况。

董：接任院长三年后，工作成效有所显现。2015 年，学院获批教育部、财政部高等学校"专业综合改革试点"项目"新闻学—卓越计划"，启动卓越新闻传播人才培养；新闻学专业获批重庆市特色专业。2016 年，学院成为中国记协确定的中国新闻奖试点报送 18 家新闻院所之一。2017 年，新闻传播学入选重庆市重点学科，新闻传播与影视艺术专业群(与电影学院联合申报)获批重庆市特色学科专业群；新闻传播与区域发展研究院更名为新闻传播与社会发展研究院，获批校级研究平台，后再更名为数字媒体与传播研究院。学院的发展受到关注，被誉为国内高校十所"最具成长力的新闻学院"之一。

2019 年，新闻传播学成为重庆大学自主审核通过的首个一级学科博士点，国务院学位委员会 2020 年正式公布。按软科学科排名，2020 年重大新闻传播学进入全国第 19 位，百分位前 18%。两三年后，新闻传播学博士后科研流动站获准设立，智能传播与城市国际推广实验室获批重庆市哲学社会科学重点实验室，学科平台建设又有新突破。第五轮学科评估，重大新闻传播学从第四轮 C+跃升到 B。2019 年、2021 年，新闻学、广播电视学先后获批教育部国家级一流本科专业建设点。2021 年，软科首次发布专业排名，新闻学、广播电视学分列全国相同专业第 18、第 17 位，到 2023 年，两个本科专业分别进步到全国相同专业第 12、第 9 位。队伍建设也卓有成效，2019、2021 年先后产生了两位国家级青年拔尖人才。从学科建设、专业建设、队伍建设这几个方面看，重大新闻学院确实进步较快。

当然，这一较快的进步也经历了一段时间的积累。重大新闻教育起步于 20 世纪末。1998 年，重庆大学成立人文艺术学院，开设广播电视新闻学专业。1999 年，成立广播电视新闻系，招收广播电视新闻学本科生。2004 年获批新闻学、传播学、广播电视艺术学三个二级学科硕士学位授权点，开始研究生教育。到 2019 年设立新闻传播学一级学科博士点，再到 2023 年获批新闻传播学博士后科研流动站，已历经四分之一世纪的办学历程。

齐：您担任院长期间，重大新闻学院为什么能有如此快的成长速度？

董：并非个人之功，是学院同仁多年奋斗的结果。到我卸任之际，重大新闻教育大体上经历了三个阶段：一是人文艺术学院之下的学系建制；二是 2007 年成立了文学与新闻传媒学院，聘请新华社原副社长、常务副总编辑马胜荣为院长；三是 2012 年将中文系划出，更名为新闻学院。2012 年年底接任院长时，学院已拥有新闻学、广播电视学两个本科专业，新闻传播学一级学科硕士点，新闻与传播硕士专业学位点。从马胜荣院长手中接棒，我的使命就是要让新闻学院获得较大的发展，要让学科专业水平与重庆大学"985"工程高校、"双一流"高校的地位相匹配。因此，强调目标导向，抓队伍建设，抓学科建设，抓专业建设，抓管理机制，经过几年的努力，建设成效就显现出来。

齐：您2012年年初掌重大新闻学院时，面临着怎样的挑战和困难？您是如何应对挑战、从何处入手破解困难的？

董：上任之际，重大新闻学院学科专业已初具规模，但问题是明显的。起步晚，底子薄，师资奇缺，仅有十六七位专业教师，科研太弱，学院专业教师一年发表的C刊论文才三五篇，学生对教学与管理也颇有意见。何以如此？根据我对国内新闻传播教育的观察，有个问题相当普遍：在新闻传播教育大发展过程中，国内新闻传播类专业的开办门槛比较低，在实现从无到有的过程中，不少院校草草从事，随便安排或聘请几名教师就把专业办起来了。像重庆大学这样的"985"工程高校，也未能免俗。

怎么办？经过一段时间的调研与观察，我大体摸清了情况，弄清了症结，从三个方面开展工作，寻求困难的破解之道。学院要发展，首先得有个目标，有个愿景，有个思路。2013年，我明确提出了"入主流，有特色，成品牌"的愿景与思路，也可以说是确立了发展目标，既是目标定位，也是目标导向，以此来引领学院工作。如果说确立愿景与思路是务虚，那么，利用学校政策引进学院发展所需要的优秀师资，从实际出发制定学院的考核激励机制，就是两项十分重要的务实工作。这三个方面的工作，可以说是我最初应对挑战并着手解决困难的"三板斧"。

齐："三板斧"之后，您着重开展了哪些工作？

董：一个学院要发展，工作千头万绪。在全局的意义上，"三板斧"之后，我开始推进专业建设与人才培养的改革与创新。与科研院所不同，大学始终以人才培养为中心。人才培养方案是人才培养目标和规格的具体化、实践化，集中体现了大学的育人思想和办学理念，是人才培养的总体实施蓝图和根本性指导文件。就任院长不久，我先后组织学院全面修订本科人才培养方案与研究生培养方案，力求体现重庆大学"研究学术，造就人才，佑启乡邦，振导社会"的办学宗旨，体现新闻学院"入主流，有特色，成品牌"的办学思路，为人才培养确定一个具有科学性、适切性、特色化的教学指南。

落实人才培养方案的一个重要环节是抓好课程教学。课程教学，又牵涉到师资问题。担任院长早期，针对师资严重缺乏的现状，先后邀请了一些国内著名高校的专家学者前来集中授课。中国人民大学新闻学院涂光晋教授，清华大学新闻与传播学院金兼斌教授，复旦大学新闻学院朱春阳教授、孙少晶教授，华中科技大学新闻与信息传播学院赵振宇教授、陈先红教授，四川大学文学与新闻学院黄顺铭教授，国家行政学院社会和文化教研部郭全中教授，等等，曾先后前来为重大新闻学子授课。非常感谢老大哥院校教授对我和学院工作的大力支持。

再者，要抓好专业整体建设。2013 年 6 月，教育部、中宣部联合发布《关于加强高校新闻传播院系师资队伍建设实施卓越新闻传播人才教育培养计划的意见》，提出"选择 30 所高校建设应用型、复合型新闻传播人才教育培养基地，培养具有全媒体业务技能的应用型、复合型新闻传播人才。选择 10 所高校建设国际新闻传播人才教育培养基地，培养具有国际视野和跨文化传播能力的国际新闻传播人才"。我抓住这个机会组织学院积极申报应用型、复合型新闻传播人才教育培养基地。后来，这个基地建设并未落实，但通过申报，全院上下对本科专业的实际情况与努力方向形成了清楚的认识。

齐：您提到了早期师资缺乏的问题，请具体谈谈您对师资队伍建设的认识或经验。

董：大学教育是个复杂的系统，成功与否，取决于诸多因素，但最根本最关键的还是师资队伍。1931 年，梅贻琦就任国立清华大学校长的演讲提出了著名的"大师"论："大学者，非谓有大楼之谓也，有大师之谓也。""一个大学之所以为大学，全在于有没有好教授"。在新闻教育界工作多年，我深知师资队伍的重要性，始终把引进优秀教师作为最重要最紧迫的工作，常抓不懈。然而，重庆大学地处西南，1952 年全国院系调整后长期以工科见长，改革开放以来逐渐向综合性大学发展，当时的新闻学院没有知名度，要引进优秀师资，难度不小。好在当年重大有个"百人计划"人才项目，着力引进那些学术崭露头角而又具发展潜力的青年才俊，学校提供的薪酬待遇与专业支持都不错。我尝试做了一些工作，几乎没有新闻传播学的青年才俊动心。没办法，只好剑走偏锋，从学科交叉出发，着力发掘那些非新闻传播学专业毕业却从事新闻传播学相关研究且有志于新闻传播学教学与研究的青年教师。先后引进的五位"百人计划"青年学者，或学政治学，或学公共管理，或学社会学，或学历史。其中一位工作几年后调离，其余四位都迅速成长为学术骨干，两位成为国家级青年人才，一位成为重庆市青年人才。最初引进优秀博士，也是两条腿走路，既引进国内外名牌大学新闻传播学优秀博士，也引进相关学科的优秀博士。这样，终于撬动师资队伍建设的突破口。加上注重对现有年轻教师的专业提升，鼓励他们在职攻读博士学位，学院逐步走上人才引进和师资队伍建设的正轨。

齐：那您在主持院务期间，是如何有效调动教师的教学科研积极性的？具体设置了怎样的考核与激励方案？

董：有没有优秀的师资队伍是一个重要问题，如何调动师资队伍的教学科研积极性又是另一个重要问题。在我看来，调动专业教师的工作积极性，让他们把个人的发展与学院的发展有机结合起来，还是要靠制度与机制。邓小平说过："制度好可以使坏人无法任意横行，制度不好可以使好人无法充分做好事，甚至会走向反面。"（《邓小平文选》第2卷，人民出版社，1993，第333页）学院的制度与机制涉及方方面面，最重要的无疑是教职工的绩效考核与薪酬激励制度。

对学院来说，绩效考核与薪酬激励存在两难：一是如何处理好专任教师与行政教辅人员的关系，一是如何处理好科研与教学的关系。当时，学院能够掌控的绩效奖金十分有限，仅占员工薪酬的百分之十左右。经过深入调研，我还是决定拿这百分之十动手术，经学院党政班子和全院上下不少于十次大小会议的反复研讨，制定了科研与教学业绩并重而适当突出科研、行政教辅与专任教师业绩整体挂钩的绩效奖金分配方案。简单说，绩效奖金的分配，就是把科研、教学的绩效进行量化计分，科研项目、论文发表、著作出版、获奖情况等，根据不同层级确定各自的分值，教学工作量也按课程的学时数计分，且将科研与教学的工作量打通，比如两门或两个教学班32学时的工作量相当于1篇C刊论文的工作量。这样对教师来说，教学与科研的工作量都是明晰的，可计算的，也是可自行掌控的。这样的绩效奖金分配方式实施了六、七年，直到学校出台全新的业绩导向薪酬体系，才停止实施。这一招，有效改变了原先专业教师只顾上课不做科研的局面，对学科专业建设意义重大。

齐：您担任院长时，对于重大新闻学院的学科专业建设规划有哪些设想和目标？

董：重庆大学以工科见长，正在向综合性大学发展。工科性大学的管理相当规范，做事有板有眼，目标是什么？技术路径怎样？要求清晰明确。就任院长不久，重大文理学部负责人就要我做一个比较完善的学科专业规划，我未能圆满完成任务，因为当时的师资队伍根本无法支撑一个理想的学科专业规划。我只好说，不急，"草鞋没样，边打边像"。当然，对学科专业建设的总体目标是明确的：那就是在十年八年内建成新闻传播学一级学科博士点，全面建成本科—硕士—博士的人才培养体系，学科水平进入全国新闻传播院系第二梯队。后来，先后做过多种规划，比如"十三五""十四五"学院发展规划，"十三五""十四五"重庆市重点学科新闻传播学规划，具体内容根据实际情况在不断调整，但与我对学科专业发展的总体设想是一致的。庆幸的是，经过全院师生的努力，学科专业建设的设想与目标已圆满达成。

齐：您在主持院务期间，重大新闻学院举办、承办了不少高水平学术会议。您能否谈谈这些学术会议对于学科专业建设、学院发展的作用？

董：人才培养、科学研究、社会服务，是现代大学的三大职能。科学研究是研究型大学的重要使命。19世纪初，德国柏林大学的创始人、著名教育家洪堡开创了研究型大学模式，高度重视科学研究在大学中的核心地位，提出"教研合一"的主张。一个在科研方面卓有成效的优秀学者，才会是最好的教师；教师只有实行"教研合一"的教学方式，才能培养学生为科学献身的精神。重庆大学是"985"高校，是研究型大学，科学研究是义不容辞的使命。新闻学院虽然起步晚，底子薄，但必须努力从事科学研究，才符合学校的定位与使命。如何营造浓厚的学术氛围？举办、承办高水平学术会议是一个重要抓手。高水平学术会议能够汇聚高水平学者，他们的演讲或发言带来最新的研究成果，能让师生开阔眼界，见贤思齐。会议期间的相互交流，观点碰撞，有利于增进彼此了解，激发学术创新。这也是带领学院师生进入学术主流的有效方式。从2013年举办中国新闻学年会开始，重大新闻学院每年都举办1~4次全国性会议以及一些国际性会议。各种高水平学术会议的举办，还有特别邀请的专家学者及业界精英的近百场学术讲座，对重大新闻传播学科专业建设、对新闻学院发展都产生了不可忽视的推动作用。

齐：您刚才提到，推进专业建设与人才培养的改革与创新是您上任院长后的重点工作。在您担任院长期间，重大新闻学院建成了本科—硕士—博士的完整人才培养体系，您能否就新闻传播的学科专业建设和人才培养分享一些经验与心得？

董：现代大学教育分学科分专业，就学科专业建设而言，专业学院是实实在在的办学主体。每个专业学院办好了，整个大学也就办好了。学院如何才能建设好学科专业？我认为，在千头万绪的工作中，五个工作重心至关重要，这就是目标定位—师资队伍—学科建设—专业建设—制度与机制。这五个工作重心彼此促进，决定着学院学科专业的成长与发展（可用图7-5表示）。

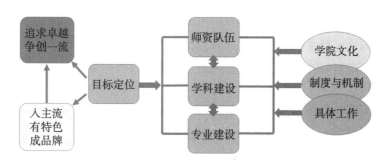

图7-5　大学教育学科专业建设五个工作重心

学院的学科专业建设，首先要明确目标定位，由此出发建设师资队伍。师资选择不是优先满足本科教学的需要，而是优先满足学科建设的需要，因此严把进人关，引进具备科研能力的高水平师资。优秀的师资队伍在学院有效的制度与机制安排下，自然会从事高水平的科研，产出高水平的成果，建设高水平的学科。有了高水平的学科做支撑，高水平的专业建设才可能水到渠成，从而促进学科专业的整体进步。

学科专业建设的五个工作重心，本身是靠各种具体工作来推动的。院长除了完成学校布置的各种任务和学院的日常管理，最重要的具体工作就是要围绕学科专业建设与人才培养自主谋划、自主实施各种创造性工作。譬如，我在重大新闻学院积极主办、承办国际性或全国性学术会议数十场，为促进学术繁荣与学科发展贡献了一分力量；连续八九年举办"网络与新媒体讲习班"，为全国新闻传播学子搭建了一个学习交流的平台；争取到学院成为中国记协中国新闻奖的新闻院所试点报送单位，积极为新闻界服务；自告奋勇让学院承办"讲好中国故事"创意传播大赛重庆分站赛，积极推进重庆的国际传播。当学院弱小的时候，一定要尽可能集中有限的资源把这些创造性的工作做好做足，做出影响力，从而一点一滴、一次一次地使队伍建设、学科建设、专业建设不断优化，不断向目标定位迈进，并且逐步积淀学院文化，建设师生共同的精神家园。

齐：这些建设工作非常有开创性。您是如何获得这些独特的认识与经验的？

董：围绕上述五个工作重心，创造性地开展各项具体工作，在各项具体工作推进中建设学院文化，"五个工作重心"就成为"七大工作面向"。这个工作模式是我在重大新闻学院院长任上明确归纳出来的。但其操作经验，来源于我在暨南大学担任新闻与传播学院常务副院长(主持日常工作)的经历。2002年春我从川大调入暨大，过了三年平静的教授生活，2005年5月被任命为新闻与传播学院副院长，2006年9月转任常务副院长(主持日常工作)。2006年，正值暨南大学建校100周年、暨大新闻传播教育60周年。如何借这个好时机推进学院工作，成为我紧急思索的重要问题。当年10月，我把学院全体教职工拉出学校，找了一个安静的地方召开学院工作内部研讨会，主题是如何从教学型学院向研究型学院转变。大家各抒己见，有赞同，有异议。异议者认为，以暨大新闻与传播学院当时的水平，距离研究型学院还有很长的路要走，不可贸然提研究型学院。

当时，暨大新闻与传播学院刚获批新闻学二级学科博士点。我强调要从教学型学院向研究型学院转变，就是要把建设研究型学院作为发展目标。为了实现这个目标，我四管齐下，抓学科建设，抓专业建设，抓队伍建设，抓人才培养。学科建设，主要是优化学科方向，推动课题申报，策划论著出版，举办学术会议。专业建设，主要是优化专业布局，创办播音与主持艺术本科专业，持续改进已有本科专业，提升学生专业实践能力。队伍建设，一方面鼓励青年教师在职攻读博士学位，一方面积极引进优秀师资，强调教师要术业有专攻，尽快形成自己的主攻方向。人才培养，主要是全面优化本科与研究生的人才培养方案，大力改善研究生生源质量。研究生生源质量的改善，一般的招生宣讲很难奏效。为此，2008年我策划组织了暨南大学传媒领袖讲班，邀请国内外著名学者、媒体精英前来集中讲学。讲习班面向全国新闻传播院系研究生、青年教师免费开放。一年一度，每年都有来自全国各地的三四百名学员齐聚暨南大学曾宪梓科学馆，聆听为期一周的系列学术讲座。因为是国内首创，一时盛况空前。

我主持暨大新闻与传播学院院务期间(2006—2011)，学科专业蓬勃发展。2006年，领衔暨南大学新闻学获批广东省重点学科。2007年，领衔申报成功暨南大学新闻传播学博士后流动站。同年，领衔暨南大学新闻学获批教育部首批特色专业，是暨大首个教育部首批特色专业建设点。2008年，领衔暨南大学媒体实验教学中心获批国家级实验教学示范中心，实现暨大国家级实验教学示范中心零的突破。同年，领衔暨南大学华南新闻传媒研究生创新培养基地获批广东省第一个文科研究生创新培养基地。2010年，领衔暨南大学新闻传播学获批一级学科博士点，实现暨大新闻传播学科建设的历史性突破。在2012年第三轮全国学科评估中，暨大新闻传播学与北大新闻传播学并列全国第八位。

齐：原来您在暨南大学主持新闻与传播学院工作期间已取得了辉煌成绩，不愧是两校好院长。请问您在暨大和重大两校担任院长的感受是否一样？办法和举措是否有相同或相通之处？

董：准确地说，我在暨大是新闻与传播学院常务副院长，学校聘请了著名报人范以锦担任新闻与传播学院院长。我主持学院日常工作，负责学科专业建设等学院日常事务。暨大新闻与传播学院的发展，范以锦院长功不可没。他不仅把握大方向，加强学界与业界的互动，而且亲自操刀，与南方报业传媒集团联合创办了"准记者南方训练营"，对学生媒体业务能力的提升发挥了重要作用。我心怀感激的是，范以锦院长在工作中给了我最大程度的支持。

在暨大当院长和在重大当院长，很不一样。两校新闻传播学科专业的起点、历史、水平、环境不可同日而语，各自的条件与使命也完全不同。在暨大，当时刚获批新闻学二级学科博士点，院长的使命是如何让学科专业更上一层楼，建成一级学科博士点，建成充分的本科—硕士—博士人才培养体系，同时使学科专业水平更上新台阶，把教学型学院发展为研究型学院。要做的工作，是如何锦上添花。由于基础条件已具备，加上新闻传播学是暨大优势学科，工作起来可以说顺风顺水，只要举措得当，比较容易见成效。在重大，刚就任之际，新闻学院是全校最弱最差的学院之一，在校内外都没有话语权，工作的难度与艰辛，非亲历者难以领会。当然，从工作方法上讲，又有相同或相通之处。比如，我在重大举办网络与新媒体讲习班，可以说是照搬了在暨大举办传媒领袖讲习班的经验。又如，我在重大建立以业绩为导向的学院绩效奖金分配制度，是借鉴了暨大的业绩量化考核经验，只不过暨大业绩量化考核是全校实施，由学校人事处执行，学院完全没有压力。再者，像寻找突破口，不断积累相对优势，争取从量变到质变，诸如此类的工作方法论，又是完全一致的。

齐：您在暨大、重大两校的新传院长任上都卓有建树。请问您如何评价自己的工作？您在中国新闻传播教育中发挥了怎样的作用？

董：无论在暨大还是在重大，我其实是一枚铺路石子，如果说发挥了一点作用，那就是筑牢两校新闻传播学科专业迈向一流学科一流专业的根基。由于历史等各种各样的原因，中国新闻传播教育的一个大问题是区域发展不平衡。当年在暨大曾对同仁说，大家要努力追赶，争取让广州成为中国新闻传播教育的第四极。以城市为中心来看，那时在我眼中，北京、上海、武汉已是引领中国新闻传播教育的第一、第二、第三极，期望不久的将来，广州能够成为第四极。从一级学科博士点布局和第四、第五轮学科评估结果来看，广州(或准确说广深)成为第四极已变成现实。2021年，我在成都召开的"2021成渝论坛：新文科建设背景下的文化传承与传播创新"研讨会上放言，成渝地区的新闻传播教育要联手打造中国新闻传播教育的第五极，等这个第五极形成，中国新闻传播教育就会形成东西南北中全面发展的新格局。在此意义上，我在暨大、重大两校的院长任上，为推动中国新闻传播教育的区域性均衡发展，可以说尽了最大心力。如果要举出一项标志性的工作，那就是我先后领衔建成暨大、重大两校的新闻传播学一级学科博士点、新闻传播学博士后科研流动站。

齐：是什么原因使得您在暨大、重大两校担任院长都能取得成功？

董：成功与否，有待后人评说。在两校院长任上，的确做了一些工作，取得一些成绩。一方面，这与我在川大的教学与行政经历有关。1998年，川大院系调整，将原文学院中文系与原新闻学院合并，组建成文学与新闻学院，我受命担任文新学院新闻系副主任，1999年又受命担任文新学院院长助理。作为院长助理，列席学院党政联席会，参与学院管理事务，让我有机会在学院的工作研讨与决策过程中学习和领悟学院管理、学院发展的一些道道。譬如，教学、科研、社会服务、文化传承之间的关系，学科建设与专业建设的关系，师资队伍与学科带头人的重要性，调动全院教职工积极性的奖励与激励机制，学科专业发展的战略与策略，诸如此类，都是我后来从事行政工作的宝贵经验。另外，还是不断学习，不断探索，认真研究教育规律，尽可能按教育规律办事。有一年在广州外语外贸大学新闻与传播学院举办的一个研讨会上，我就卓越新闻传播人才培养的问题作了个发言，武汉大学单波教授说，"你这是新闻教育家办学"。新闻教育家，愧不敢当，但我一直在努力成为新闻教育专家，承担了若干教改项目，发表了20多篇教研论文，不断研究新闻教育的规律与改革创新。再有一点，就是责任，使命，担当。我做人做事的基本原则，任何工作，不应承就算了，一旦应承，就全力以赴，尽心尽力，争取把工作做得最好。当然，结果是否最好，取决于天时、地利、人和，不是个人能够左右的。

齐： 行政工作耗时费力，但您个人的学术也很出色。请问您如何处理个人学术与行政工作之间的矛盾？

董： 现在回头看，一个学者在身强力壮的年龄介入行政事务，很可能让自己的学术理想与学术追求难以实现，至少是大打折扣。人的时间与精力是有限的，而行政管理工作费时费力费心。担任行政工作，其实意味着个人学术的牺牲。说句心里话，担任院长这些年，个人学术多有耽搁。为了保持学术生命力，我一直比较勤奋，每天工作到晚上十一二点，周末、节假日也很少休息，但时间都是零碎的，无法集中精力深入研究重大问题、重要问题，产出重大成果。已发表的论文，出版的论著，虽然也获得一些奖励，包括教育部人文社科成果奖 3 项，广东省社科成果奖 2 项，重庆市社科成果奖 3 项，但学术价值是很有限的。我牺牲了休闲娱乐、陪伴家人的时间，这是个人深感遗憾的。

齐： 您过谦了。您是教育部新世纪优秀人才、新闻出版总署全国新闻出版行业领军人才、广东省南粤优秀教师、重庆市学术技术带头人，已经很不容易了。您培养的硕士生、博士生应该已有百多位，能否谈谈您培养学生的经验与心得，以及对学生的要求和期望？

董： 硕士生招了 156 个，博士生招了 10 多个，还指导了几位博士后。其中，不少已成长为学界英才和业界骨干。得英才而教之，是人生幸事。研究生培养，早期较多承袭老一辈学者的做法，在严格要求的同时，倡导师生一起探讨交流，但不人为划定条条框框，鼓励学生自由成长。随着国内高等教育的快速普及化，近年来发现学生的专业能力与研究能力越来越弱，很多学生要手把手教才能做出合格的学位论文，因此要花更多的时间和精力来和研究生一道探讨问题，撰写论文，在师生合写论文的过程中去培养和提升他们的研究能力。事实上，优秀的学生总是自我成长的，导师不过是指方向，明路径，授方法，立标准，塑理想。面对当前现实，如何激发学生的学术理想或专业理想，如何激发学生好学深思、持之以恒的探索精神，如何培养学生独立思考、自主探索的研究能力，如何训练学生的创新能力与学术规范，还是导师必须面对的育人课题。

齐： 最后，还是回到重大新闻学院的话题，您对学院工作有没有什么遗憾？有什么期待？

董： 对重庆大学这样的"985"工程高校、"双一流"大学来说，新闻学院在我任期内的发展不过是真正的起步。发展时间短暂，问题还不少。比如高水平师资有待加强，师资结构有待优化，人才培养有待改革创新，新文科建设有待切实推进，学生管理与学院管理有待完善，诸如此类，都是亟待解决的问题。

2019 年春，我和重大新闻学院名誉院长马胜荣先生反复讨论，提出了"好学求真，力行至善"的院训。人民日报社老社长邵华泽将军亲笔题写了院训。这个院训不仅是对学生说的，也是对教师说的。我期待重大新闻学院师生热爱学习，探求真相，追求真理，怀抱真情，练就硬本领，并且身体力行，止于至善，为社会、为国家、为人类奉献自己的光和热。2020 年，我适时提出了学院"追求卓越，争创一流"的发展目标。要达成这样的目标，任重而道远，期待学院在新的党政班子带领下踔厉奋发，勇毅前行，创造更加辉煌的明天。

（重庆大学新闻学院　董天策、齐辉）

7.2　史 海 钩 沉

7.2.1　董广安：难忘那个春天

每年的 4 月初，都是一年中最美的季节。万物复苏，万象更新，春暖花开，繁花似锦。玉兰、杏花、桃花，你不让我，我不让你，争奇斗艳。20 年前的 4 月，正是桃李花开时节，收到中宣部干部局的报到通知，受邀参加在中央党校举办的"全国重要出版单位和高校新闻传播院系负责人'三项学习教育专题培训班'"，时间是 4 月 6—13 日。5 号报到，晚上就召开了预备会(见图 7-6)。班主任是中央党校的老师兼任，他明确提出了培训班学习、生活、纪律要求。班主任老师说，这个班很不一般，是中共中央组织部、中宣部、教育部、中央党校四个部委联合举办的，规格很高，要求很严，责任很大。无论你在原单位是什么，当多大官，在这里，你就是学员，就必须服从这里的规定。还举例说了不少其他各类班级出现的问题，有的听起来很搞笑，有点冷幽默。事后想想，这也是老师吸引学员的噱头，包括什么"远看……近看……""学点词儿，认点人儿……"感觉负面效应大于正面意义。第一印象，党校老师真敢讲！

分班后得知，出版单位 60 位学员，两个班；院系 30 位学员，一个班。中国人民大学的郑保卫老师是我们 30 人中的老大哥，也是班长。每天上午、下午课程安排得满满的。时任中宣部部长刘云山、常务副部长吉炳轩，时任教育部副部长袁贵仁，时任广电总局局长徐光春，出版署原署长于友先、时任署长石宗源等围绕培训班的宗旨从不同角度授课。印象比较深的是吉炳轩部长谈到 2003 年去日本考察，看到地铁里、候机室、公交上，人们都在低头看手机，他们当时还纳闷，小小手机里有什么让他们一直低头专

图 7-6　在中央党校校门口偶遇厦门大学陈培爱老师

注？往常行人手持报纸、杂志的现象少了许多。那个时候咱们手机还只能发几十个字的短信，而国外已经可以浏览长篇文章、小说等，内存越来越大，存储功能越来越强。他谈到了国内外的差异，谈到了媒体的改革、存在的问题，以及互联网出现后对传统媒体的影响，学界、业界都要清醒地认识到未来网络对传统媒体的冲击、挑战。

刘云山部长讲话带着浓重的山西口音，他强调新闻出版工作者要切实加强学习，不断加强修养，树立崇高职业精神，恪守良好职业道德，以对读者、对社会、对历史负责的态度，履行好党和人民赋予的神圣职责，以新闻出版工作者的良好社会形象，自觉维护党的新闻出版事业的崇高声誉。他针对新闻院系，着重强调了人才培养、教育为本。他说，高校新闻传播院系是培养新闻出版后备人才的重要阵地。要以高度的历史责任感，把"三个代表"重要思想、马克思主义新闻观、职业精神、职业道德的教育，体现在新闻学科教材建设之中，贯穿到新闻院系各相关专业教学的全过程，为党的新闻出版事业培养合格的后备力量。

20 年来，马克思主义新闻观教育始终是新闻传播院系学生的重要一课，无论是开专题课、系列讲座还是现在成为本科生、研究生的必修课，马克思主义新闻观进课堂、进教材，入脑入心，一直是新闻传播教育追求的目标。学习期间，还专门安排了一场座谈会和一次媒体考察。由于座谈会有中宣部、教育部的主要领导参加，大家抓住时机，畅所欲言。复旦大学新闻学院书记萧思健首先提出，现在媒体改革，记者实行工分制，新闻学院学生实习出现困难。以前中央媒体主动要实习生，现在联系到媒体特别是央媒实习很困难，即使勉强接受，学生进了媒体，老记者带实习生的积极性也不高，直接影响学生培养的质量，学生动手能力明显下降。我当时很震惊：连复旦大学这样的名校，学生实习都有困难，那其他院校就更不用说了。好几个学校老师还提到学生毕业后的就业，媒体已经不是必选、首选，新闻理想受到挑战，进媒体做新闻的毕业生已经越来越少。还有提到男女生比例严重失调，就业单位更多偏向要男生，录取时能不能限制一下男女比例？这个问题显然无解，直到现在，新闻传播专业学生仍然是女生大大多于男生。关于课程体系、教材建设、新闻传播教学的特殊性，在引进业界教师时，能否网开一面，不要用学历限制？公共课与专业课比例、办学规模、招生名额等，涉及哪一块，哪方面领导就予以回应，态度诚恳，气氛不错。大家感觉中央开始重视新闻传播教育了。困难和问题都是暂时的，有上级领导重视，就没有克服不了困难！袁贵仁在回应大家的问题、意见和建议时，给我们留下了谦和、务实的好印象。

插播一则小插曲。在央视参观过程中，偶遇在那里录制节目的刘欢，刘欢那时非常火，我示意身边拿着相机的四川大学摄影大师吴建老师给我拍张与刘欢的合影，满足一下对偶像的崇拜之情。事后向他要照片时，他说，对不起，照片实在太多，没找到！我有点怀疑他当时没打开镜头盖——开个玩笑！要是当时手机有拍照功能，我岂不是就多了一个炫耀的筹码！

学习间隙，饭后寝前，我们三三两两漫步在中央党校美丽的校园，或欣赏校园风光，或绿树花丛中拍照留念。合影最多的地点自然是校训"实事求是"的巨石旁边。这则校训也是我们新闻传播教育工作者应一贯遵循的原则（见图7-7）。

这年11月，时任中宣部部长刘云山到河南调研并指导工作，郑州大学新闻与传播学院是他调研考察的一个点。我作为学院院长，学校安排我全程接待，介绍学院情况。当我与部长握手时，我说，部长好！我半年前在中央党校听过你的报告。部长严肃的表情一下子切换成亲和状：哦，是吗？怎么样啊！我说我从北京回郑，来不及回家放行李就直接进了教室（北京至郑州有一趟列车是晚上发车，早上到。因为有课，赶时间，就直接拎着行李箱进了教室）。那天是研究生的课，课堂上及时传达了部长的报告内容。效果非常好！学期末有几个同学的小论文都是以三项学习教育、马克思主义新闻观现实意义为题，有的文章还在报刊上发表了。部长了解到我们学院的发展、学生的培养、教学科研的情况后，再三嘱咐我们可利用自身的优势，成立穆青研究基地，对学生的教育及青年记者的培养，都是非常难得的榜样力量。一眨眼，穆青研究中心2023年也走过了20个春秋。

图 7-7　开学第一天，春风拂面，碧波荡漾，留下永恒纪念
由左及右分别为萧思健、董广安、郑保卫、张昆

　　中央党校的这次学习，可谓终身受益。我们这个班后来被称为新闻传播学界的"黄埔一期"。有一年，已是复旦大学党委宣传部长的萧思健通电话时还提到，找个机会"黄埔一期"同学要重新聚在一起，交流畅谈。还建议第一次聚会就定在复旦。我表示严重赞同，热烈响应。谁知世事难料，天忌英才，没多久萧同学突发疾病，永远定格在48岁！前几年又有人提议，应该找个机会聚在一起，回顾过往，畅想未来。郑保卫老师还说把联络的任务委托于我。这些年退休后，有了惰性，这事那情，加上那不平凡的三年，我这个联络员失职了，辜负了大家。

　　又是一年春四月，当年的同学，你们好吗？选个桃李花开时节，我们约起来纪念二十年前那个不一般的春天吧！

　　恕我啰唆，把30位同学名单列于后，为历史存档。

1. 中国人民大学新闻与社会发展研究中心主任、新闻学院教授　郑保卫
2. 中央财经大学中文系副主任　莫林虎
3. 北京工商大学传播与艺术学院院长　沈毅
4. 中央民族大学文学与新闻传播学院院长　白薇
5. 北京联合大学新闻系副主任　张娅娅
6. 吉林大学文学院新闻系主任、教授　刘坚

7. 辽宁大学文化传播学院副院长兼新闻系主任　文然

8. 上海外国语大学新闻系副系主任　赵韬

9. 南京大学新闻传播学院院长、教授　方延明

10. 武汉大学新闻与传播学院教授、博士生导师、副院长　张昆

11. 华中科技大学新闻与信息传播学院新闻系副教授、副主任　刘洁

12. 安徽大学新闻传播学院院长　芮必峰

13. 四川大学文学与新闻学院副院长、教授　吴建

14. 贵州大学中文系主任　王晓卫

15. 云南大学文学与新闻学院副院长　张宇丹

16. 北京大学新闻与传播学院党委副书记　孙华

17. 清华大学新闻与传播学院党总支副书记、教授　崔保国

18. 北京广播学院院长助理兼新闻学院院长　丁俊杰

19. 中国青年政治学院新闻与传播系主任、教授　展江

20. 北京体育大学体育新闻教研室主任　易剑东

21. 复旦大学新闻学院党总支书记　萧思健

22. 浙江大学新闻与传播学院副院长　吴飞

23. 厦门大学人文学院副院长　陈培爱

24. 南昌大学新闻系主任、传媒与社会研究所所长　陈信凌

25. 山东大学文学与新闻传播学院党委书记　郑春

26. 郑州大学新闻系主任　董广安

27. 中山大学传播与设计学院副院长　邓启耀

28. 广西大学文化与传播学院副院长、新闻系主任　岳晓华

29. 兰州大学新闻与传播学系主任　李文

30. 新疆大学党委宣传部部长、副教授、硕士研究生导师　张家飞

（郑州大学新闻与传播学院　董广安）

7.2.2　高蔚华：中南民族大学新闻学专业办学点滴

1995 年，中南民族大学文学院(中文系)新闻学专业开始招生。

这一年，也是中国新闻事业发展的一个重要节点。当时，由《南方都市报》《楚天都市报》创办成功而引发的全国都市报遍地开花，拉开了国内媒体大革新大裂变大扩张的序幕，促发了中国新闻事业在新的历史时期的一次爆发性腾飞。随后，各省市报业集团

纷纷建立，而关注社会关注民生的各类重大新闻及时报道赢得了广大受众群体的高度认同。与此同时，新闻传播学的专业学术研究也进入崭新的阶段，学科发展愈加成熟、科学、完善。这一切，激发了新闻人的社会责任意识和昂扬的新闻职业意识，产生了广泛深刻的社会影响。而这一趋势对于求学于高校的学生而言，则呈现为对新闻学专业的极大的热情和期待。

新闻媒体的快速发展与新闻传播学专业研究的步步深入，急需充实各类新闻传播人才。

正是在这样的时代背景下，中南民族大学新闻学专业开始筹建。当时由程克夷教授主持，进行了紧张有序的专业教学大纲设置及教学计划的具体实施。新闻学专业招生从第一届就呈现出令人振奋的局面。首先是学校录取新闻学专业学生的分数线为全校最高，而且连续多年保持这一水平；其次是第一志愿报考新闻学专业的考生远远超过学校的招生名额，专业招生尽可优中选优。这为新闻学专业的创办和发展奠定了良好生源基础。第一届新闻学专业的学生优选了46人。入校后这一届学生不仅呈现出良好的整体素质，而且在四年的大学学习过程中，学生们以积极主动的创造性学习方式与老师的教学形成良性互动，很大程度上弥补了当时专业办学条件的诸多不足。毫不夸张地说，第一届新闻学专业的学生个个优秀！

但同时，我们也不可避免地遇到了一个棘手的问题：师资极为短缺。

面对我国新闻事业的发展趋势和专业招生的可喜局面，我校新闻学专业第一届学生招生后的最大压力就是窘迫的教学现状：初期的专业教学任务只有程克夷、王朝彦教授主要担纲，教学大纲所要求开设的其他大部分专业课程，也只能由学院领导和程克夷、王朝彦教授协商，聘请中文专业的部分老师来分担。

作为一个独立的学科，新闻学有其自身特定的学科体系。因此，新闻学专业课程对于跨专业的老师而言，无疑也是一道教学难关。那时还有一个突出的问题就是：这些接受了新课任务的老师，几乎没有更充分的备课时间，只能将自己所有的课余时间都投入进来。好在这些老师们没有怨言，大家相互探讨，同心协力，借助于多种学习和进修方式来提升自己的新闻学专业教学水平，共同努力突破这一教学困局。

1999年，程克夷教授退休，我接手主持新闻学教研室的工作，董伟建、杨小玲老师也由中文专业正式转入新闻学教研室。加之后来持续几年不断引进新闻学专业硕士、博士毕业生，大幅度充实了师资队伍，专业课程建设有了逐渐完善的人才基础，专业发展也开始步入一个新的时期。

说起来，这一时期我们还遇到了一件十分尴尬的事情。那就是随着新闻学专业人才的不断增补，专业教学课程出现了一个僵局——很多课程一开始已经聘请了中文专业的老师任教，所以后来引进的老师一时没有专业课可上。因此，从常规的专业发展的角度考虑，我们不得不逐渐将中文专业老师下功夫备课讲课的课程，一一收回。当初为完成教学大纲而把一些专业课程排给中文专业的老师，他们为了讲好这些课程，有的趁着课程的空档专程到外省高校进修，有的利用暑假参加全国性的专业进修班，更多的老师则选择就近到武汉的重点高校学习专业课程……为了搞好教学这些老师均付出了大量的时间和精力。有些教师还出版了新闻传播学的相关著作和教材，而今，他们几年的努力却要付之东流——刚刚上手的课程却要交给新的老师。这一过程我们现在回想起来仍觉得十分尴尬也非常抱歉。

但是，这些老师毫无怨言，他们为自己曾经参与创办新专业感到骄傲。在我校新闻传播学的学科建设有了突破性发展的今天，谨借此文对这些中文专业的老师致以诚挚的敬意和感谢！感谢这些可敬的中文专业老师为我院新闻学专业的起步和发展所作出的贡献。

1995 年新闻学专业招生以来，无论是对于老师个人还是对于整个专业而言，专业建设过程的就是一个不断学习、不断创新的过程。

前面提到，一个初建的新专业，起步时期各种办学条件都是非常不完备的。且不说各类实验室的建设尚未列入计划，学生的实习基地也尚未建立，就连学生们每天想看新闻联播的电视机都是几经周折才到位。而学生的实习安排则基本上全靠各位老师的人际关系，真可谓八仙过海各显神通。

一次，董伟建、杨小玲和我三人去位于汉口的湖北电台联系学生实习事宜。当时的武汉公交车，车少人多线路长，是出了名的难等难挤难坐，而从我们学校到汉口需要中转三次公交车。如果从学校打出租车到汉口则要花费一笔不少的钱，我们手上又没有任何经费。关键是无论如何，联系学生的实习一刻都不能耽搁，我们只能挤公交车往返。6 月的武汉，天气闷热难耐，那时公交车都没有空调，这一趟光是往返路上就花费了近四个小时。我们三人回到学校均是汗流浃背，疲惫不堪。

正因为这样的条件，学生们格外珍惜每一个机会。他们有志向有追求，学风纯正，勤奋努力，相互协作，无论是课堂学习、课外实践还是校外实习，这一届学生均取得了优异的成绩。这些学生至今仍有一大批作为中坚而坚守在全国各大媒体，并屡屡获得全国好新闻的奖项。

一直以来，在学科建设方面，武汉大学新闻传播学院与华中科技大学的新闻与信息传播学院都给予了我们无私的帮助。尤其是在专业实验室的建设过程中，我们曾多次往返于两校观摩学习，探讨借鉴，并由董伟建教授主持，成功建成了我校的"新闻传播实验教学中心"，后来在此基础上申报的"民族文化影像传播实验教学中心"获批为湖北省重点实验教学示范中心。

  湖北日报报业集团、湖北电视台、湖北电台和长江日报报业集团等，则为我们的学生提供了各种最为直接便捷的实习机会，帮助学生在毕业后从事新闻职业迈出了可贵的第一步。

  在新闻学专业建设过程中，各位老师良好的团队精神是无价之宝。长期以来，无论是在专业团队、精品课程、在线课程、一流本科课程、教学研究项目和学术研究等方面，老师们始终保持着对专业对学生高度负责的职业精神，遇到难关，大家一起共同面对，献计献策，相互支持。老师们在课程建设、实习实践、教学成果奖申报中，一直能够齐心协力，不懈奋斗。我们每年组织大批学生到北京、广州、武汉的各大媒体实习，学生受益匪浅。近年来，共获得省部级以上教学成果一、二、三等奖 6 项。

  在新闻传播学学术硕士点、新闻与传播学硕士专业学位点的建设中，各位老师更是尽职尽责，力求严谨，老师们的敬业成为专业建设不断提升的重要保证。近年来，新闻传播学专业教师呈现年轻化的趋势，他们的科研能力不断提升，新闻传播学学科建设不断取得新的成绩。目前，学院在中国语言文学一级学科博士点目录外增设了"文化传播学"二级学科博士点，且已经招收了 4 届博士研究生。因此，尽管我们在专业发展的前行中不断出现新的挑战，但我们仍完成了一个个跨越，且屡获佳绩，得到了专业同行、新闻界和社会的好评。目前，新闻传播学专业在陶喜红院长的带领下更是生机勃发：人才规模不断壮大，教学思路不断创新，研究项目不断深化。近年来，学院的新闻学、广告学获评国家级一流本科专业建设点，广播电视学获评省级一流本科专业建设点，专业建设走上新的台阶。

  回顾我校新闻学专业不断成长、发展的艰辛历程，作为过来人，我非常欣慰也心存感激。这一路不仅仅是专业发展的历程，对我个人而言也是一个不断学习的过程。

  党的二十大之后，新闻传播学专业面临新形势新挑战，任重而道远。我相信，我校新闻学专业在陶喜红院长的带领下，一定会再接再厉，更上层楼，在向新的目标前行的过程中取得更大的成绩！

（中南民族大学文学与新闻传播学院 高卫华）

7.2.3 肖燕雄：初创时期的湖南师范大学新闻系

  2023 年，是湖南师范大学新闻学教育 30 周年，也是湖南省新闻传播学本科教育开展 30 周年。

  湖南师范大学新闻与传播学院成立之前的初创期有 8 年，即 1993 年至 2001 年上半年，其中，中文系新闻学专业有 3 年，即 1993 年至 1996 年上半年。

7.2.3.1 湖南师大新闻学教学是湖南省内最早的新闻传播学本科教育

20世纪50年代中期，湖南省内高校曾经尝试过开设新闻学课程。据最早报道汪精卫叛逃投敌真相的民国著名记者严怪愚的后人回忆，1956年前后，严怪愚在湖南师范学院中文专业讲授过新闻业务课程。

改革开放前后，湖南省内高校最早办新闻学教育的是湘潭大学。因为1976年该校招过25名新闻学专科生，即工农兵学员。如此说的依据是：复旦大学新闻系的张骏德老师在新世纪初接受采访时说过，1977—1978年，他支援湘大的新闻学教学两年，他是唯一的业务老师，总共开过5门课，在这批学员毕业前半年，他离开了湖南返回上海。由此可以推断，张老师来湖南以前，湘大已经有新闻学专业的学生了，是大一学生，这些学生在1979年上半年毕业，他们只在校学习过3年。又据湘潭大学曾经的招生宣传文字所言，80年代后，它的新闻学专业就不存在了，只在汉语言文学专业里开设过新闻学方向。总之，在20世纪90年代以前，湘大只招过一届新闻学专业的专科生。

为满足媒体从业人员学历提升的迫切需求和新闻业界对新闻人才的紧迫需要，1992年下半年，湖南师范大学中文系以写作教研室和中国古代文学教研室部分教师为主体成立新闻学教研室，负责成人自学考试新闻学专业的教学工作，并申报全日制新闻学本科专业。新闻学专业申报成功后，于1993年9月正式招收普教学生，是湖南省内高校开办最早的新闻传播学类本科（而非专科）专业（而非方向）。早于湘潭大学的广告学专业、湖南大学的新闻学专业3~5年。到1996年8月，湖南师范大学文学院设立新闻系。1993—1998年，新闻学专业每年招收1个班的全日制本科生；1999—2000年，每年招收4个班的学生。2001年5月，在新闻系新闻学专业和中文系编辑出版学专业、播音与主持艺术专业（两专业皆于2000年9月开始招生）的基础上，成立了新闻与传播学院，下辖新闻系和编辑出版系。

初创期间，师大新闻学经历了3位专业/系负责人。1993年下半年至1996年上半年，中文系副主任彭菊华老师兼管新闻学专业；1996年下半年至1998年上半年，田中阳老师担任首任系主任；1998年下半年至2001年上半年，退休返聘的原出版社总编辑颜雄老师，被任命为新闻系主任。彭菊华老师对新闻学专业的教学颇多谋划，特别是对湖南省的新闻短线自考卓有贡献，在他的任期内，校本部的1993、1994级新闻自考班、株洲、湘潭、益阳的3个自考班，共有几百名学员参加学习，并最终获得本科文凭，其中不乏媒体中坚力量甚至单位高管。田中阳老师积极内拓外联，主办了省内第一个新闻媒体业务骨干培训班，同时不错过任何机会，向省内外宣传湖南省第一个新闻学专业和第一个新闻系。颜雄老师临危受命，协调关系，厘清机制，稳定队伍，吸引人才，潜心开展学科建设，带领新闻系同仁成功申报了湖南省第一个新闻学硕士点。后来新闻系的负责人依次还有：肖燕雄教授、禹雄华副教授、吴果中教授、陈艳辉副教授，那是新闻与传播学院成立以后的事了，暂且不说吧。

7.2.3.2　初创时期新闻系的当务之急是本科课程建设

初创期的新闻学专业，有 4 个需要递次解决的关键问题：师资、教学、硬件和科研，其中，前两个问题都要落实到课程建设上来。

1993 年招收了 18 名新闻学专业的全日制本科生时，新闻学教研室只有 3 位教师：彭菊华、郭光华、龚德才，前 2 位是本科学历，后者是河南大学古代文学硕士；1994 级 32 名学生进来前，肖燕雄从北京大学硕士毕业来到了新闻学专业；1995 年，高金萍从西北大学文学硕士毕业后加入进来；1996 年，前一年毕业于湘潭大学古代文学专业的周俊敏从中文系转入新闻学专业，谭云明、郑远分别从东北师范大学、西北民族学院来到师大，其中郑远有过广播媒体的从业经历；1997 年，肖建宗从华中师范大学中国现代文学专业新闻学方向毕业来校任教，导师是跨越中文与新闻学科的刘九洲教授；1998 年，徐新平副教授离开师大出版社副总编辑岗位来教新闻史论课程，历史学博士张金岭从四川大学毕业来到新闻系，文学硕士李琦、刘果毕业留校；1999 年，第一个新闻学硕士王文利从武汉大学毕业来系任教；2000 年，刘彬彬从北京广播学院电视艺术方向硕士毕业分配来新闻系工作，魏剑美从现代文学硕士毕业留校，这一年，湖南教育学院并入湖南师大，教育学院中文系的樊凌云来到新闻系，但是半年后她选择离开，去了中文系。

1997 年是新闻系发展的一个关键年份，这一年，新闻系共有 9 位老师，拿下新闻学全部专业课程应该没有问题。但是，因为教师中有新闻学背景者奇缺，系里便觉得底气不足。当时，本校汉语言文学专业的 2 位毕业生考入中国人民大学新闻学院研究生后，曾经答应毕业后返校工作，但终究未能敌过深圳报业和人民日报社的诱惑而未果，于是，院里、系里非常期待郑远、肖建宗这两位有一定新闻学背景的老师多为专业教学作贡献。后来，几经周折发现，在当时状况下，新闻学的几门重要课程仍然难以被顺利拿下，文学院便分别于 1996 年、1997 年上半年，派肖燕雄、高金萍去复旦大学、中国人民大学新闻系进行课程进修。肖燕雄在复旦大学新闻系主要进修新闻事业经营管理、新闻采访学、电视编辑三门课程，同时从头至尾旁听了丁淦林先生的中国当代新闻理论与实务、叶春华先生的新闻分析原理与应用等课程，复旦新闻系还为肖燕雄安排了一对一的指导老师，那就是广播电视教研室主任张骏德教授。从复旦进修回来后，系里就将

1994 级短线自考班的新闻事业经营管理课交给了肖燕雄。1997 年上半年，他一路讲下来，居然圆满地完成了任务，为学院、为系里解了燃眉之急。

1998 年下学期以后，新闻系逐渐"人丁兴旺"了。颜雄老师出任系主任后，新闻系召开了第一次全体教师会议，主要内容是："明历史而启未来。"参加会议的人员有 15 人：凌宇（院长）、颜雄（系主任）、刘胜贤（院教办主任）、彭菊华、郭光华、肖燕雄、高金萍、周俊敏、谭云明、郑远、肖建宗、徐新平、张金岭、李琦、刘果（其中普通教师以到系先后排序），龚德才缺席。会议主要讨论了一课两人一人两课、必开而未开课程、选修课程、教学质量、科研特色等问题，初步达成了如下共识：第一，加强集体备课制度；第二，教学质量须有学术水平提高作保障；第三，学术研究要从研究湖南媒体做起；第四，学术研究不能急功近利，要扎实读书；第五，年轻教师要有学术目标，要找到立足点。这些共识，至今看来仍有价值。会上，领导表扬了肖燕雄的科研做得好。4 年来，他发表了 4 篇学术论文，包括首篇冲出湖南而发在新闻传播学名刊《现代传播》上的论文，发表在香港著名文化刊物《二十一世纪》上的论文，还有 1 篇被人大报刊复印资料复印，同时获得湖南师大青年社会科学联合会论文征文奖。

到 1998 年年底，系里老师编写的首套新闻学教材全部出齐，包括《新闻学原理》（彭菊华）、《新闻写作学》（郭光华）、《新闻评论学基础》（肖燕雄）、《中国新闻事业史》（龚德才）、《外国新闻事业史》（高金萍）、《广播电视概论》（郑远）共 6 本。它们都汲取了当时最新的研究成果，并且尽可能做到了体例创新，如肖燕雄编著的《新闻评论学基础》吸纳了伦理与法制的内容，也重视评论史的梳理与分析，有别开生面之感。这套教材，为两年多后申报新闻学硕士点打下了一定的基础。2000 年，颜老师又带领全系教师选编、赏析了 100 年来中外新闻作品，形成了上、下两册的《百年新闻经典》，并交给湖南大学出版社公开出版，成为新闻学专业学生的辅助参考书。该"新闻经典"在全国范围里颇有影响，此后的类似书籍都对它有所参考，其中部分赏析篇目还被选入中学语文阅读课文中。

在新闻系初创时期，新闻系的老师们在省内率先开出了不少新闻学的专业限选课和任选课，如，新闻发现学、舆论引导艺术、中外名记者研究、马列新闻论著选读、新闻事业经营管理、新闻伦理学、报纸副刊研究等，其中多数课程延续 20 多年。

7.2.3.3　新闻学硕士点的成功申报为新闻系发展奠定了学科平台

湖南师范大学新闻学二级学科硕士点申报是在 2000 年上半年。当时新闻系在文学院，文学院将报点工作布置给新闻系之后就没有什么下文了，一切由其自生自灭，因为多数人认为，这个湖南省内第一个新闻学硕士点的申报只是重在参与而已。

当年，新闻系共有在编教师 12 人，按进入院系任职先后顺序大致是：颜雄教授、彭菊华教授、郭光华副教授、龚德才讲师、肖燕雄副教授、郑远讲师、肖建宗讲师、徐新平副教授、李琦讲师、王文利副教授、刘彬彬老师、魏剑美老师。在此之前，一些教师或考博或调走，离开了新闻系，如，田中阳老师回了中文系，张金岭回四川大学做博士后，周俊敏在本校读伦理学博士，谭云明去南京大学读现代文学博士，高金萍到中国人民大学读新闻学博士，刘果调到了岳麓书社工作。我们的师资力量不算太弱，但绝对算不上很强。

申报工作的第一步是明确方向、组织团队。按照惯例，新闻学专业分为新闻史、新闻理论和新闻业务三个方向。系主任颜雄教授召集老师们开会讨论时，大家一致认为，未来的硕士学位点应该设两个方向为宜，即，将新闻史与新闻理论合为一个方向，否则骨干教师不够分配。即使是分两个方向，能够上表的副教授以上的人员仍然不够。按照填表要求，每个方向的上表人数要有 4 位，而当时的教授、副教授总共只有 6 人，还差2 人。颜老师发动大家在院内其他两系的教师中去搜寻，看看有副教授以上职称、有相关科研成果、最好是博士的老师有哪些。最后找到了历史系的蔡骐老师。颜老师打电话请求蔡老师支持，蔡老师满口答应，说他的材料尽管用，只要历史系同意并且不影响历史系的相关工作就行。这样，只少一位上表的高级职称教师了。虽然，以前新闻系也请中文系写作教研室和大学语文教研室的教授上过课，如范湘其教授、陈果安教授等，但是他们都没有与新闻传播学搭界的研究成果。大家商讨的结果是，必须请求原来的系友高金萍老师相助。高老师离开师大去人大读博士时，学校曾诚心诚意要求她三年后回来工作，高老师也口头答应过这一热情挽留。因此，高老师最终以唯一的在读博士、讲师身份成为新闻业务方向的骨干，出现在硕士点的申报书上。

申报工作的第二步是确定专业和方向的学术带头人。师大新闻系主要发迹于中文系的写作教研室，基于其学术强项和服务现实的学科定位，新闻业务方向理应是师大新闻学专业的头牌，而且老新闻学专业的"三驾马车"都在新闻实务上用力最勤。但是，申报硕士学位点，不只看需要和人缘，更要看带头人的身份和成果。颜雄老师提出，他年龄大了，已经超过 60 岁，也没有多少与新闻学直接相关的成果，他就不做新闻史论方向的带头人了，他提议，由蔡骐老师领衔这一个方向，且将史论方向排在由彭菊华教授领头的新闻业务方向之前。他说，蔡老师既是教授，又是博士，填写在表上好看一些。听完颜老师的布置，大家不由自主地对他的高风亮节式建议鼓掌称许。

申报工作的第三步就是广泛搜罗、汇总资料，撰写申报书文本。颜老师将这一任务交给了郭光华老师，郭老师则邀请肖燕雄与他共同完成这一任务。因为，郭光华和肖燕雄对于新闻系的相关情况比较了解，而且也有用心做事、期待事情成功的一腔热情。曾记，肖燕雄和郭老师在历史系大楼东头的文印室里经常碰头，厘清思路、碰撞火化、校对材料和文字，其逼仄的空间里，满是汗水味和油墨的难闻气味。他们搜集老师们的课题和出版的教材、专著、论文，然后根据这些，特别是根据学术论文的研究内容(如，最近5年时间里，郭光华、蔡骐、肖燕雄各发表了4篇及以上学术论文；彭菊华、徐新平各发表了3篇论文)，拟出两个方向的研究特色，初步确定史论方向的特色领域是：大众传播文化、新闻伦理学、湖南新闻史、中国现代期刊、中国共产党新闻思想史；业务方向的特色领域是：新闻文本分析、舆论引导艺术、报刊高级新闻业务、电视实务与湖南电视现象、新闻法制管理。然后，他俩再根据全国已有新闻学硕士点的开课情况，拟出一个研究生课程计划，并与前面的方向设想一起，交给系学术骨干会议讨论定夺。

第四步工作是适当地向全国同行宣传、汇报师大新闻系的做法和设想。但是，这方面的工作，多数老师是心有余而力不足。他们知道，全国新闻传播学的重镇在北京、上海、武汉等地，中国人民大学、复旦大学、武汉大学、中国社会科学院新闻学研究所、北京广播学院等单位的专家是他们应该寻求支持的对象，但他们与之的联系基本上处于摸索状态。所以，他们与外界的沟通，只是尽可能的、有限的书信交流。当然，这也不排除个别老师借助自己的人脉访问过一些学界前辈。如，彭菊华老师就利用到京参加学术研讨会之便，拜访过方汉奇先生、赵玉明先生和童兵教授，向他们介绍了师大新闻学专业近况。

现在回过头去检视，当年师大新闻系强力构想的几个特色性研究方向并没有得到很好地延续和展开，如湖南新闻史、湖南电视现象研究等；而构想的研究生课程中也有欠科学之处，如"新闻文本学"不如定为"新闻作品研究"更好。检视之中，它也有成功经验可堪吸取。一是破除畛域之限和名利之争，在国务院学位办允许的范围内组织力量，同心协力谋发展；二是默默奉献，不计得失。如颜雄老师是中国现代文学名师，早就是硕士生导师了，但他从出版社总编辑位置上退下来，屈尊做了一个科级职位的系主任，并且全心全力地为新闻学硕士点稳阵脚、出点子、做谋划；三是扎实积累成果，梳理成果，厘清思路，写出一个经得起检验的申报文本。

正是因为这些因素，2000年，湖南省第一个新闻学硕士点居然申报成功了，奠定了湖南师范大学新闻传播学学科发展的基础。该硕士点于2002年首次招生时，硕士生导师有：田中阳、蔡骐、郭光华、徐新平、肖燕雄、王文利6人。颜雄老师没有随新闻系转入新闻与传播学院；而这届研究生招生时，彭菊华离开师大去了湖南大学。

30年一晃眼就过去了，湖南师范大学新闻传播学这个在全国范围内，特别是在全国师范院校里占有一定地位的学科的成长经历，离不开一代又一代师大新闻人的开疆拓土工作，回顾过去，既是致敬，又是总结，图谋的则是更辉煌的未来。

（湖南师范大学新闻传播学院　肖燕雄）

7.2.4　朱月昌：陈扬明和厦门大学新闻传播学院

2023 年 6 月 8 日，陈扬明先生走完了 84 年（厦门习俗称虚岁）人生，在几乎毫无知觉的植物人的第五个年头告别了这个世界（见图 7-8）。

1979 年末，香港《大公报》主笔刘季伯先生回厦门大学探亲，刘先生深感内地新闻人才的匮乏，向母校提出了"复办新闻系，最好办成传播系"的建议。学校领导高度重视刘季伯老校友的建议。刘老先生的湖南老乡、1965 年就从中国人民大学新闻系毕业的陈扬明老师大感兴趣，二人越说越投机，感到办成传播系可以把广播电视和广告等都纳入进来。于是在 1980 年的 4 月由刘老先生起草建系"计划纲要"，陈扬明起草可行性报告。

图 7-8　陈扬明教授

1980 年 5 月，在兰州召开的全国新闻学术研讨会上，陈扬明老师介绍了厦门大学准备办传播系的情况，与会代表很是惊讶，赞许者有之，疑虑者有之，担忧者有之，甚至有人听成了厦门大学要办船舶系。

1982 年 5 月下旬，由刘季伯先生鼎力邀请加盟厦门大学筹建传播系的徐铸成先生再次莅临厦门大学，两位老先生在听取陈扬明老师汇报时，对外界大多对传播系存有疑虑，建议采取香港中文大学的做法，前面加上新闻两字，叫新闻传播系，均认为这是一个好主意。

1982 年 6 月 5 日，厦门大学正式成立新闻传播筹备委员会，由徐铸成任主任，副校长未力功、刘季伯任副主任，余也鲁任顾问，陈扬明任秘书（见图 7-9）。

同年 11 月，陈扬明在中国社科院新闻研究所召开的中国第一届西方传播学研讨会上（见图 7-10），汇报了厦门大学新闻传播系的筹建情况，大会执行主席张隆栋先生一锤定音：就叫新闻传播系！

同时，厦门大学在中文系成立了新闻教研室，一面开设新闻传播史，新闻写作，新闻编辑等课程，另一面作为筹建新闻系的工作班子。教研室除了陈扬明这个主任外，还有许清茂和两位女老师（先后都走了）。好在年末从北京广播学院硕士毕业的研究生朱

图 7-9　厦门大学新闻传播筹备委员会部分成员

右起依次为：陈扬明、余也鲁、刘季伯、徐铸成、未力功

1982年第一届西方传播学研讨会

图 7-10　中国第一届西方传播学研讨会后排左起第四人为陈扬明

月昌经福建省人才招聘组引进到厦门大学。他们既要教课又要承担很多具体的工作，成为陈扬明老师的哼哈二将。

　　陈扬明老师经常忙得脚不沾地，上有老下有小的家他根本顾不上，许清茂老师和我的家都住在陈扬明老师回家的必经之处，不知什么时候，他风风火火地跑来，要我们赶紧把什么什么事情做好。一天，陈老师的岳母突然发病，而陈老师正在开会，住得较近的许老师闻讯赶来，身高体壮的他从四楼背起老人家直奔医院。

厦门大学新闻传播系准备办三个专业：国际新闻、广告学和广播电视新闻。广播电视新闻硬件要求高，等条件具备时再开办，先招收国际新闻专业和广告学专业。而这两个专业都不在教育部的专业目录上。为了使这两个新专业顺利通过教育部这一关，陈扬明建议请中宣部新闻教育处处长洪一龙来校考察。洪处长燕京大学新闻系毕业，在中国人民大学任总支书记，和陈扬明有师生之谊。1982年10月27日—11月2日，洪处长和新闻研究所副所长钱辛波通过将近一个星期的考察，认为厦门大学办新闻传播系是完全可行的。在给部里的报告中，洪先生明确指出：厦门大学创办新闻传播系是适应新时期快速发展的新闻传播事业的人才需求的，广告学专业的创办填补了我国高等教育的空白，也是社会主义市场经济所必需的。中宣部把这个报告批转给了教育部。

几乎就在同一时间福建省委书记项南在北京对教育部主要负责人表示，省委全力支持厦门大学创办新闻传播系，教育部主要负责人明确答复：我们一定尊重福建省委的意见。

厦门大学成竹在胸，加快了筹建工作的步伐。一是立即启动1983年度研究生招生工作，为新闻传播系培养师资，二是从中文系外语系选留应届毕业生，三是请国内广告专家参与广告课程的设计和教学，四是请人大教授给新招的研究生上课，等等。同时，陈扬明老师积极参与全国第一个广告协会——厦门市广告协会的筹建工作，在五月的成立大会上当为顾问。陈扬明得知北京正在筹备建立中国广告协会时立即把成立厦门市广告协会的全套资料寄到国家工商总局广告协会筹委会，使得厦门大学广告专业成为中广协第一批成员单位。

我则遵照陈扬明老师的安排拟好研究生新闻业务考题后（报经导师徐铸成同意），就被派往北京执行三、四两大任务。先到国家工商总局找到唐忠朴先生，他1981年就主编出版了国内第一本广告学专著《实用广告学》，是我国新时期广告事业的奠基人。唐先生被厦门大学的创举和我的执着感动，答应到厦门和余也鲁等讨论制订教学计划、课程设置，并在新生入学后进行短期教学。接着我又马不停蹄到中国人民大学，在秦珪老师支持下请到了三大教授张隆栋、甘惜分和方汉奇，十月先后到厦门大学为研究生和青年教师上课（每人一周）。1984年，国新专业和广告专业的新生入学了，陈扬明老师像迎接自己的孩子一样开心。他事事操心，处处留意，决心把第一届学生带好。

这年的11月的全系教工大会上，陈扬明老师布置完期中教学检查工作后，分管校领导突然走了进来，宣布陈扬明"一心搞教学，不再担任系负责人，任命×××同志（从外语系调来不久）为副系主任"，言毕扬长而去，丢下惊诧不已的全体教师和陈扬明本人。事后方知，陈老师没有处理好复杂的人事关系。

陈老师真的是任劳任怨，埋头教学。过了几个月，1985年年初中国广告协会向陈扬明老师发来邀请，请他参加理事会会议，陈老师拿着公函找两位系领导请假（另一位是支部书记），两人嘀咕一番后答复陈扬明：系里没有经费。陈扬明据实答复，"中广协"立即表示，你的费用全部由我们出，我们再向你发邀请。陈扬明老师拿着新的邀请函向两位头头请假，两人到隔壁资料室商量片刻，回到办公室对陈老师说，你还是留在学校专心搞教学吧。我拍案而起，叱责两位：岂有此理，欺人太甚！两位待在那里，一句话都说不出来。他们就是这样，把威信高、业务强的陈老师视作对他们威胁，非欲除之而后快。好在学校很快发现了问题，1987年年初就派来了许栋梁担任行政一把手（代主任、主任）。

许栋梁何许人也？参加过抗美援朝，回国后作为调干生到中国人民大学新闻系学习深造。来新闻传播系前是中文系总支书记（也是新闻传播系筹备委员会委员）。许栋梁作风正派，办事公道，不谋私利。陈扬明从此苦日子到头了。1988年，陈扬明获厦门大学"新专业创建和新学科教学"优秀教学成果奖，1996年获全国首届新闻教育"韬奋园丁奖"。

陈扬明去世后，由于他的白丁身份，厦门市的媒体集体失声，厦门大学官媒也无动静，新闻传播学院发了一则简短的讣告，虽只寥寥几字，却精准到位：德高望重的院系元老陈扬明教授，于2023年6月8日上午驾鹤西行，享年83岁。

（厦门大学新闻传播学院　朱月昌）

7.3　新闻教育家

7.3.1　汪英宾：中国新闻史研究先驱，民国新闻教育界"闻人"

汪英宾（1897—1971），字省斋，安徽婺源（今江西省婺源县）人，生于上海。1920年毕业于圣约翰大学政治系，入申报馆担任协理。1922—1924年留学美国密苏里大学新闻学院、哥伦比亚大学新闻学院，先后获得新闻学学士、硕士学位。学成回国后继续任申报馆协理，开始负责该馆广告业务，并积极投身新闻教育事业，先后担任南方大学报学系主任、光华大学报学科教授、沪江大学新闻科主任。1930 年脱离申报馆，协助张竹平经办《时事新报》，担任该报总经理和总编辑。后从政 10 余年，1947 年重回新闻界，担任上海《大公报》设计委员。新中国成立后专职从事新闻教育，先后任教于圣约翰大学新闻系、复旦大学新闻系。1959 年调至新疆八一农学院，1971 年春病逝。著有英文《中国本土报刊的兴起》一书（硕士学位论文），为第一部全面系统论述中国新闻事业发生发展历史的著作（见图 7-11）。

Y. P. WONG 汪英宾
哥伦比亚大学硕士
M. A. (Columbia)
Journalism 学报

图 7-11　汪英宾

7.3.1.1　"红极一时"的报人

1914—1917 年，汪英宾在上海青年会中学等校读书，并主编《晨光杂志》。1917 年考入圣约翰大学，1920 年毕业于该校政治系。当年出版的圣约翰大学学生刊物《约翰年刊》，其中《中文毕业生小像题名录》有一则汪英宾的配像简介："汪英宾　字省斋安徽婺源人：君貌俊秀，性亢爽。工书善画，四体八法，靡不精习。而于金石一门，造诣尤深，所作有《省斋印存》八册，尚未付印。君视名利为土芥，尝谓愿得一水一石以供优游，可见君之怀抱，非仅以书画金石鸣也。历任《约翰年刊》图画部总编辑，读者可于中，窥见其作之一斑。"[1]

汪英宾大学毕业即进入申报馆工作，颇受申报馆主史量才器重，担任经理协理，并负责编辑《申报汽车增刊》。《申报汽车增刊》为周刊附张，创办于 1921 年 11 月 27 日。设置这种栏目的初衷是"倡导修建好公路和较为畅通的交通途径"，并服务于"中国日益增多的汽车主和上海以及其他地区的外国公司"。《申报汽车增刊》是当时中国本土报纸中唯一开设的汽车特稿栏目，"这对于中国新闻业而言是一种创新"。[2]

1921 年 12 月，美国密苏里大学新闻学院院长、世界新闻会会长沃尔特·威廉博士（Walter Williams）来上海，作为沪上大报的《申报》自然是其造访之地。汪英宾中学、大学均求学于教会学校，英语自然不差，史量才安排他参与接待工作。他聆听了威廉博士的多次讲话，"敬聆伟论，心向往之"[3]，遂心生赴美跟随威廉博士学习新闻学的念头。

---

① 转引自李洁. 民国报人汪英宾探微：兼及相关文献资料勘误[J]. 新闻春秋，2014（3）.

② 汪英宾. 中国本土报刊的兴起[M]. 王海，王明亮，译. 广州：暨南大学出版社，2013：30.

③ 宁树藩. 怀念汪英宾教授——兼论他的《中国报刊的兴起》[J]. 新闻大学，1997，春季号.

这一愿望，得到了威廉博士的嘉许和史量才的支持。1922 年 4 月，汪英宾与安徽同乡朱馥秋结婚；同年 8 月，他乘船赴美，开始留学生活。

汪英宾在美国共度过了两年留学时光。第一年在密苏里大学师从威廉博士学习新闻学知识，主修了报学原理、报学史、广告原理等课程。威廉博士曾告诉汪英宾，新闻事业乃"专门科学"，像他这样已经毕业于圣约翰大学政治系的学生，再学习新闻学"极少须有二年之训练"。① 但汪英宾勤奋聪慧，提前一年即完成学业。为此，已经升任密苏里大学校长的威廉博士专门致函汪英宾的父亲汪禹丞，盛赞汪英宾"学行优美"："令郎英宾君，在本大学新闻专科肄业，曾作最优等之事实，鄙人感佩之至。况令郎之诚实、勤劳向学，引起同学及全体教职人员之赞美。是以屡次考试，成绩均出于寻常之上。其于新闻学前途，日有极大之进步。"②汪英宾对密苏里大学新闻学院、对恩师威廉博士铭感至深。1928 年密苏里大学新闻学院迎来 20 周年院庆，远在上海的汪英宾特撰长联祝贺。横匾为"威廉博士我师道鉴：舆论师资。受业汪英宾敬题"，联语为"是千秋报学枢机信誓八条自矢为众服劳殚精竭虑；立万国舆情轨范从游一载深愿与民论道宣教承流"。这副中文木刻鎏金楹联，至今仍悬挂于密苏里大学新闻学院。

1923 年秋，汪英宾从密西西比河西岸的哥伦比亚市，来到美国东海岸的纽约，入哥伦比亚大学继续研究新闻学。其间，他担任中国留美学生会副会长及《中国学生月刊》编辑，课余还积极向当地各大报纸投稿，进一步锻炼了新闻业务能力。次年夏，汪英宾在哥伦比亚大学新闻学院毕业，以英文论文 The Rise of the Native Press in China（《中国本土报刊的兴起》）获得新闻学硕士学位，为该校获得新闻学硕士学位的第一个中国人。

1924 年 8 月，汪英宾回国返回申报馆，继续担任经理协理，并开始执掌《申报》广告部。他积极改进广告业务，使其与《新闻报》并驾齐驱甚至有超越之势。时人评价说："最足使同人膺服心折者，则《申报》之广告，由汪主持后，信见蒸蒸日上，以视《新闻报》，不特可以并驾，抑且有时超过之。"③出版人张静庐也评价说："自从汪英宾从美国回来担任《申报》的广告部主任以后，对于广告方面的确是日有起色，且并为拉拢商店广告的便利起见，特另出一张'本埠增刊'专登广告式的文字。"④这一创举逼使《新闻报》也增出"本埠附刊"，与《申报》展开竞争。年纪轻轻、"玲珑活泼"的汪英宾，已被同

① 昨日各方面欢迎威廉博士之盛况·博士与本馆记者之谈话[N].申报，1921-12-13(14).
② 威廉博士嘉奖汪英宾[N].申报，1923-11-19(14).
③ 华胥.史量才先生轶闻(上) 优遇汪英宾给资留美[N].上海报，1934-11-27(6).
④ 张静庐.中国的新闻记者与新闻纸[M].西安：西北大学出版社，2019：84.

行誉为与总经理史量才、总主笔陈景韩、副总主笔张蕴和、营业部经理张竹平并列的《申报》"五虎将"①，成为申报馆的高级管理人员。

1930年，张竹平、汪英宾因在外另营《时事新报》，引起史量才的严重不满。二人遂辞职离开申报馆，自主创业。《时事新报》组成股份有限公司，张竹平担任董事长，汪英宾担任《时事新报》总经理和总编辑。《时事新报》在汪英宾等人的经营下，成为继《申报》《新闻报》之后的上海第三大报。该报"经汪英宾、潘公弼分别在业务编辑方面力求改进，朝气蓬勃，几与申报、新闻报并驾齐驱"②。在1932年"一·二八"淞沪抗战期间，《时事新报》的日发行量一度达到24万份，为全国报纸之冠。1932年4月，《时事新报》因代印《大晚报》发生工潮，汪英宾与张竹平随后也因社务等问题发生矛盾。1933年2月，汪英宾赴南京处理该报记者王慰三被暗杀案，"意识到当局严厉包办舆论的危机，遂决意脱离报业"③。该年年底，他受留美同学、浙江省建设厅厅长曾养甫之邀，赴杭州工作，担任浙江省建设厅秘书兼棉业管理处主任，后来又转任西南运输处重庆分处处长、交通部公路总局秘书室主任秘书、行政院物资供应局主任秘书等职。公务所需，汪英宾写过《从全国棉业现状说到本省棉业的推广》《从棉业推广联想到几个农村问题》等事务性文章，但始终没有忘怀新闻工作。1934年7月初他自杭返沪，5日早餐后早报已到，照例先看与自己有关系的《时事新报》，看到第二版登载的宋哲元不搭乘平沈通车小盒子(BOX)新闻，认为其标题拟编水准"仍不减当年'一二八'编辑精神"，为"我道不孤"而感到欣慰。7月4日居里夫人逝世，汪英宾浏览其一生"数十年专攻一事，视名利如敝屣，孜孜向学"之事迹，为自己逃离报界勉强入仕而羞愧自责："若予于役报界者，已十有余年矣，卒因环境所迫，不能不改途易辙，致暂离报界而勉强走入仕途，观乎居礼夫人不屈不挠之毅力，能毋愧死。"④

1947年，汪英宾回归新闻界，担任上海《大公报》设计委员。同年，因战争而停办的圣约翰大学新闻系复建，他应邀担任该系教授。1952年9月，全国高校院系调整，圣约翰大学新闻系并入复旦大学新闻系，他调入复旦大学新闻系，在新闻史教研组工作。1957年汪英宾被划为"右"派，1959年调到新疆八一农学院任教，1971年春病逝于新疆。

---

① 瘦鹃. 申报二万号纪念拾零[J]. 上海画报，1928(415).
② 曾虚白. 中国新闻史[M]. 台北：三民书局1984：369.
③ 胡锐颖. 多歧互渗：汪英宾新闻职业观的演变与实践[J]. 新闻与传播研究，2023(8)：125.
④ 汪英宾. 七日日记[J]. 人言，1934(1).

7.3.1.2　新闻史研究先驱

汪英宾不但具有丰富的新闻从业经验，是民国新闻界"红极一时"的报人，同时也是一位颇有成就的新闻学者。他将对新闻业的观察与思考形成文字，在报刊上发表，筚路蓝缕，涓滴成流，为新闻知识化学术化作出了积极贡献。例如他发表在《报学月刊》上的论文《释报》，对报业、报学、报人三者关系的解释简明扼要，一语中的："以报为业谓之报业，报业之学术谓之报学，凡属于报业之人谓之报人。"①他在《新闻学季刊》上发表论文指出：报业要成为事业，一方面需商业化，另一方面要遵循"不要钱""不要名""不要权"这三项原则。② 更重要的是，汪英宾在青年时代就撰写、出版过系统论述中国报业发展历史的专著，可谓研究中国新闻事业史的先驱。

1924 年 6 月，汪英宾在纽约出版了英文专著 *The Rise of the Native Press in China*(《中国本土报刊的兴起》，又译作《中国报刊的兴起》)。该书实际上是他在哥伦比亚大学的硕士毕业论文。哥伦比亚大学新闻学院院长坎利夫(J. W. Cunliffe)为《中国本土报刊的兴起》的出版专门写了前言，指出出版这篇得到本院教师"高度认可"的学位论文的价值所在："该论文仅仅作为学术论著发表还远远不够，它还具有极高的出版价值，因为它包含了西方读者不易获悉的感兴趣的事实材料。"③

《中国本土报刊的兴起》共有五章。第一章《中国本土报刊的开端》分两个部分：第一，作者首先将中国本土报刊的发端追溯至上古的尧帝时期，称当时由"智者"创作的反映社会舆论、孩童们沿街咏唱的歌谣为"口头报刊"，那些不知名的创作歌谣的"智者"是中国古代最优秀的编辑；中国的"有形报刊"则始于汉朝，在汉朝有《月旦评》《月令》《月表》等三种月刊；接着作者叙述了唐代"邸报"和"朝廷官方喉舌出版物"《京报》的传布情况，以及造纸术、印刷术的发明对报刊媒介发展的促进作用。第二，比较详细地介绍了早期外文报纸，例如广州的《广州纪录报》，香港的《德臣报》《孖剌报》，上海的《北华捷报》(《字林西报》)、《大陆报》，澳门的《中国蜜蜂报》，天津的《京津泰晤士报》等报纸的经办情况。汪英宾在该书开篇就断言："中国本土报刊的出现代表着世界报刊的发端"。不过，在最早发明纸张、印刷术和官方报纸的中国大地，由于种种固有的困难，没有较早出现近代意义上的大众化报刊；而外国人在中国境内出版的外语报

---

① 汪英宾. 释报[J]. 报学月刊，1929(4).
② 汪英宾. 报业管理要义[J]. 新闻学季刊，1941(1).
③ 汪英宾. 中国本土报刊的兴起[M]. 王海，王明亮，译. 广州：暨南大学出版社，2013：前言.

刊，对中国本土报刊产生了巨大影响："对外妥协让步，使中国这个有着悠久历史和广阔疆域的国度好像陷于外国势力的影响下，而这些却有助于外报的创办和发展。这些早期外语周报和月刊以这样或那样的形式影响或催生了一大批具有现代新闻意义的中国本土报纸。"①

第二章《中国现代本土报纸的兴起》，叙述了中国本土现代报纸自19世纪70年代出现至20世纪20年代这50年间的发展情况，并简要论述了它们与维新运动、辛亥革命、新文化运动的互相促进作用。作者在本章中，还重点介绍了近代中国三大中文商业报纸——上海的《申报》《新闻报》《时报》的历史、办报理念与现状。第三章《中国本土报刊的法规》是汪英宾尤为感兴趣的部分，他梳理了中国自古以来言论自由的思想价值及政府管控言论的举措，重点列举、评析了袁世凯政府1914年颁行的《报纸条例》的条款规定，并且介绍了1919年上海民众和新闻出版业界争取新闻自由的斗争。作者在本章总结说："总而言之，就合法性层面来看，中国本土报刊可能享有像其他民族国家的新闻业同样的新闻自由。因为从中国历史开端以来的口头新闻（歌谣）就一直追求新闻自由，而且中华民国的成文宪法清晰地界定了保障新闻自由的条款。然而，自中华民国建立以来，中国本土报刊从未享有新闻自由，因此报业的发展受到影响。问题的症结似乎在于军阀们从未接受过按照法律行事的教育，而新闻界从未形成联合组织或同盟来促进中国本土报业争取言论自由。"②第四章《中国本土报纸的广告和发行量》简要考察了中国本土报纸的广告与发行问题。作者指出，"中国人对于印刷文字即书面语的尊重使得报纸广告具有与生俱来的优势"；过去50年随着国内贸易的不断发展，报纸广告也迅速赢得了社会的认可。但是，中国报纸的广告主要是药品和香烟广告，而药品广告中的虚假内容又比较多；中国报纸以药品广告为主要的广告收入来源，为了弥补发行量不足而造成的亏空，不得不刊登大量的虚假广告。中国报纸的发行量普遍偏低，一是因交通不便捷，二是报纸出版商太保守，没有努力设法提高发行量。同时，中国报纸的定价、发行受制于派报工会，派报公会极大地阻碍了报纸发行量的提高。

第五章是该书的结论。汪英宾考察了中国报刊的发展历程后说："在过去的二十年里，中国本土报纸的发展和影响是显著的，它也成为促进中国进步的最重要力量。通过客观公正的新闻传播和强势舆论的形成，中国本土报纸使得民主的概念在中国深入人心。"他对中国本土报纸的发展前景充满信心，同时也指出面临两个主要难题：政治不稳定和公众对于新闻业的偏见。有鉴于此，汪英宾提出了四点改进建议：①改善传播方

---

① 汪英宾. 中国本土报刊的兴起[M]. 王海，王明亮，译. 广州：暨南大学出版社，2013：16.
② 汪英宾. 中国本土报刊的兴起[M]. 王海，王明亮，译. 广州：暨南大学出版社，2013：53.

式，尽力降低电报电话费率；②中国整个报纸行业应加强组织联合，成立报纸协会甚至辛迪加，奠定言论自由及维护言论自由的基础；③改善新闻采集政策，培养记者的新闻敏感，加强采写新闻的准确性；④创办富有效率和值得信赖的国际新闻通讯社。在全书最后汪英宾写道："中国正值从独裁君主制向共和制、从古代文明向现代民主转变的转型期。这个历史时期为本土新闻业提供了一个建立公共服务和公正理念的前所未有的机遇。中国的新闻事业亟须稳定和有策略的引导，以帮助中国实现从混乱、无序和保守的国度向繁荣、和平和民主共和国的伟大转变。"①

《中国本土报刊的兴起》因用英文写成，在美国出版，没有公开发行，汪英宾回国后曾向同事和友人赠送过该书，然而传播范围有限，所以长期以来知之甚少，影响不大。直到 20 世纪 90 年代，复旦大学新闻学院宁树藩教授在《新闻大学》上发文怀念昔日的同事汪英宾教授，并着重推介了这部书，该书的价值及其作者汪英宾的情况才逐渐被世人重视与关注。概括而言，《中国本土报刊的兴起》一书的学术价值主要有以下三个方面：

第一，该书是第一部全面系统论述中国新闻事业（主要是报刊）发生发展历史的著作。鸦片战争前，在《中国丛报》（Chinese Repository）等在外文报刊上就出现了讨论中国新闻传播历史的文章；从 19 世纪 70 年代开始，国人研讨我国新闻业历史与现状的文章也逐渐增多。但是这些文章多为零章碎篇，简略而不成体系。《中国本土报刊的兴起》的出版，"标志中国新闻史的学科发展，跃入一个新的阶段"②，即全面系统梳理、考察中国新闻事业发生发展历史的阶段。过去时常将这一首创之功归于戈公振的《中国报学史》。其实，戈公振《中国报学史》首版于 1927 年 11 月，由上海商务印书馆出版，比汪英宾《中国本土报刊的兴起》的出版晚了 3 年多。当然，《中国报学史》在资料翔实、体制完备等方面，远超《中国本土报刊的兴起》。踵事增华，后出转精，这也是自然而然的事情。

第二，该书对中国报刊的发展历史做出了明确的科学分期。汪英宾在该书中，把中国报刊的发展历史划分为四个时期："第一个时期称为官报时期，始于汉朝，止于 1850年。从 1850 年开始，中国经历了在华外国报刊繁荣发展的 40 年——这个时期用本土和外国语言出版的报刊由外国利益集团创办和经营，即中国报刊史的第二个时期，我们所谓的外国报刊影响下的中国报刊时期。第三个时期是本土报刊兴起的时期，大约从

---

① 汪英宾．中国本土报刊的兴起［M］．王海，王明亮，译．广州：暨南大学出版社，2013：61-63.

② 宁树藩．怀念汪英宾教授——兼论他的《中国报刊的兴起》［J］．新闻大学，1997，春季号.

1870年开始，持续到1911年辛亥革命。从1911年开始到现在，是我们所谓的中国报刊发展的第四个时期——现代报刊时期。"①把中国报刊史划分为四个时期，并不始于汪英宾。1923年2月申报馆出版的纪念《申报》发行50周年的著作——《最近之五十年》，其中有《中国报纸进化小史》一文，作者为《申报》早期主笔秦理斋。在该文中，秦理斋首次对我国报刊进行了历史分期："统观我国新闻事业，自唐迄今千一百余年间，略可区为四期：嘉道以前为官报时期，甲午以前为西人办报时期，光复以前为华报开创时期，民国以后为华报勃兴时期。"②汪英宾的中国报刊"四期说"，显然受到了秦理斋的启发，在此基础上予以明确并对每个时期的状况进行详细论述。同时，汪英宾对中国报刊史的分期，甚至《中国本土报刊的兴起》一书的撰写，也应该受到美国学者柏德逊（Don D. Patterson）的英文著作《中国新闻业》（*The Journalism of China*）的影响。柏德逊毕业于密苏里大学新闻学院，1919年来到上海，担任《密勒氏评论报》广告部经理，并负责筹办圣约翰大学报学系。1922年返美担任密苏里大学新闻学院助理教授，并于该年12月出版了《中国新闻业》（密苏里大学新闻丛书第26本）。该书简要叙述了中国古代报刊的发展历史，重点介绍了中国新闻业的现状。桂中枢在《中国本土报刊的兴起》所写的《序言》中说，"这是中国的新闻事业第一次被介绍到英语国家。"此话其实不确，中国的新闻事业第一次被介绍到英语国家，应该是柏德逊的《中国新闻业》。柏德逊在上海时就是汪英宾的好友，返美后又成为汪英宾在密苏里大学新闻学院的老师，关于中国报刊发展历史的分期乃至毕业论文的撰写，他向柏德逊请教也在情理之中。"汪英宾在著作《中国报刊的兴起》中明确地提出中国新闻史四期说，这就是他在中国新闻学术史上的贡献。"③应该说，汪英宾关于中国报刊发展历史的划分，还是相当科学的，显示了他对我国新闻业发展规律的准确认识与把握，"四期说"被后来的《中国报学史》等著作所继承就是明证。

第三，该书保存了不少有价值的新闻史料，成为后继者的知识源泉。《中国本土报刊的兴起》翻译成中文不足10万字，文献资料并不富赡。不过，汪英宾还是搜集到不少有价值的资料，录于书中。例如第一章关于早期在华外报的介绍，就比较详细。这些史料，成为此后同类著作重要的知识来源。燕京大学新闻系首任系主任、美国人白瑞华（Roswell Sessoms Britton）1935年出版《中国报刊》（*The Chinese Periodical Press*，1800—

---

① 汪英宾. 中国本土报刊的兴起［M］. 王海，王明亮，译. 广州：暨南大学出版社，2013：18.

② 秦理斋. 中国报纸进化小史［M］//申报馆. 最近之五十年·第三编·五十年年来之新闻业. 上海：上海书店1987年影印版：24.

③ 邓绍根. 民国新闻教育先行者柏德逊和《中国新闻业》探析［J］. 国际新闻界，2011（11）：94.

1912），在参考书目中明确标出《中国本土报刊的兴起》；戈公振的《中国报学史》虽然没有注明，但直接采用《中国本土报刊的兴起》一书的内容是十分明显的，特别在《外国文报纸》一目中，英文报纸、法文报纸、德文报纸部分尤为明显，戈氏著作的这部分内容几乎可以说是汪氏著作的中文译稿。关于五四运动期间上海公共租界发生的"印刷附律案"，戈公振《中国报学史》、胡道静《上海新闻事业之史的发展》(1935 年出版)等著作有详细介绍，对公共租界当局企图通过法律来扼杀中国人民的言论自由颇多揭露。《中国本土报刊的兴起》除了记述"印刷附律案"中"上海争取新闻自由的斗争"，"还以较大篇幅，介绍了其他新闻史著作所不曾涉及的美国官方的不同态度，叙述了从在华美国商会到美国驻华公使芮恩施(Paul Samuel Reinsch)反对通过印刷附律活动，不管人们对美国的表现如何认识，但是这些资料，对全面理解环绕印刷附律所出现的各类矛盾与斗争，是很有价值的"①。

7.3.1.3　新闻教育界"闻人"

在民国新闻界，赴欧美高校接受系统的新闻学教育并获得硕士学位者寥寥可数，汪英宾便是其中之一。具有丰富业界经验和深厚理论素养的汪英宾，在新闻从业之余，把热情和精力大都投入新闻教育事业，通过演讲传播新闻学知识，经办新闻系科作育专门人才，最终进入高校专职从事新闻教育，为我国新闻学的学科化和新闻人才培养，作出了积极贡献。

(1)演讲"布道"

1924 年 8 月汪英宾从美国学成归国后，有时和新闻界同行讨论如何发展新闻事业，竟然发现"十有九犹未解新闻为何物者"。② 他就利用各种机会到大中学校、新闻机构演讲，向学生、报界同仁讲解报刊史论，普及新闻学知识，并分享自己对我国报业现状的思考和改进意见。当时，汪英宾受邀做演讲相当频繁，仅 1924 年 11 月有据可查者就有三次：第一次，11 月 7 日，汪英宾在上海澄衷中学演讲。他讲到，新闻业本是正当职业，但是中国的新闻记者"泰半皆系政客之变相"，他们把做新闻视同外务，"一日得志或失志，即抛弃而不问。"正当职业竟然成为"变相政客之外务"，受人津贴而不能自振，

---

① 宁树藩. 怀念汪英宾教授——兼论他的《中国报刊的兴起》[J]. 新闻大学，1997，春季号.

② 汪英宾. 新闻——职业(十一月十五日)[C]//寰球中国学生会廿周年纪念册，寰球中国学生会，1925：13.

这是时下中国新闻业不能发达的主要原因。① 第二次，11 月 15 日，汪英宾应邀在寰球中国学生会演讲，题目为"新闻——职业"。在演讲中他强调，新闻事业既不是手艺技能，也不是商业性营业项目，而是一种职业——"新闻解释之职业"，关乎国家社会之前途命运。因为公众对新闻职业的意义尚少彻底之了解，整个社会依然轻视新闻职业，所以此次演讲他重点跟听众讲解了新闻职业的意义或者说责任：政治方面"新闻职业当负保障民权、监视政府之责"；教育方面"新闻职业当负宣传智识教育平民之责任"；外交方面"务以发扬国光、增进邦交为责任"；风俗方面"宜以清洁纯正之新闻涵养阅报者之天真"，不可以险恶秽亵之事以张人民之恶习；社会方面"宜以维持治安、助推公益为责任"。汪英宾指出，新闻在我国还没有成为一项职业，原因在于新闻与评论没有分开、经济不独立、职员多为兼职且薪水过低、新闻范围狭窄、缺少行业组织、新闻教育落后。他呼吁实行"新闻职业之革命运动"，"与各国新闻职业界携手，共谋世界之和平。"②寰球中国学生会的这次演讲，集中体现了汪英宾的新闻职业观。随后他对《新闻——职业》演讲稿进行了修改完善，以《中国报业应有之觉悟》为题，发表于 1925 年 10 月 10 日《申报·国庆纪念增刊》。黄天鹏编辑《新闻学论文集》（1930 年 1 月上海光华书局出版），也将《中国报业应有之觉悟》收录其中，可见汪英宾的新闻职业观在当时的影响。第三次，11 月 27 日，汪英宾在上海青年会中学演讲《日报之制造》，听众 200 余人。他向大家介绍了报馆内部的组织架构，指出当下中国的报纸基本存在两大弊端：其一，所登新闻每有重复，非但不经济，而且使读者生厌；其二，广告非常恶劣，很难动人观听。欲改革此弊，"最好在发行部设一推广经理"③。其实在一个月前，汪英宾已经在上海青年会中学演讲过美国新闻事业的缘起、发达之因和新闻教育、新闻行业组织的情况，并从新闻自由、广告收入、记者生存状况等方面分析了中国报业难以发达的原因。这次演讲内容，后以"美国新闻事业"为题，发表于《国闻周报》1924 年第 14 期。

1925 年 11 月 29 日上海报学社举行成立大会，汪英宾出席并发表演讲。他再次强调报业乃一种职业，与普通营业不同：普通营业的目的在于营利，并且所营之利归于个人或少数人；"报业用意，在谋社会公众利益"④。汪英宾频繁在文化教育机构、新闻社团宣讲他在美国所学的新闻理论，其高调的姿态与西化做派引起了一些同行的嫉妒。《小

---

① 汪英宾. 讲坛：中等教育与新闻学之关系（在澄衷中学演说稿）[J]. 教育与人生周刊，1924(56).

② 汪英宾. 新闻——职业（十一月十五日）[C]//寰球中国学生会廿周年纪念册，寰球中国学生会，1925：13-16.

③ 汪英宾演讲新闻技术[N]. 民国日报，1924-11-28(6).

④ 上海报学社成立会纪[N]. 申报，1925-11-30(15).

上海》等小报对他进行冷嘲热讽，称他为"三必主义""俨然以美国派自命"："每会必到，到会必演说，演说必先走，这就是汪英宾从美国回来后交际术上的一种新发明，也就是目下应酬场中最时髦的一种功架。"①上海小报嘲笑汪英宾"到会必演说"，其实从一个侧面反映了他对传播新闻学知识的热衷与担当。

（2）经办新闻系科

1920 年汪英宾从圣约翰大学毕业进入报界，英国《泰晤士报》负责人北岩爵士（Lord Northcliffe）、密苏里大学新闻学院院长威廉博士、美国新闻出版协会原会长格拉士（Frank P. Glass）等西方报界巨擘、新闻学名家相继造访上海，汪英宾作为申报馆的接待与翻译，聆听他们关于新闻业乃神圣职业的宏论，关照中国业新闻者乃"文人末流"、新闻记者"泰半为政客之变相"的历史与现状，感触良深。他专门写了一篇总结性文章《一九二一年来华之英美新闻家》，发表于 1922 年《申报》的元旦增刊。在该文中，汪英宾称赞欧美的这些新闻大家来华交流堪称"为中国新闻界开一新纪元"，"神圣公正之新闻业"从此将在中国大放光明。他期待中国的新闻界："往日为政党附生物之新闻事业，今后将为经济独立指导民意之明星。往日为骚人墨客卖弄笔头之新闻事业，今后将为宣传民意促进大同之使者。往日为坐守斗室能知天下事之新闻事业，今后将为遍游各地身历其境之证人。往日无聊敲诈之新闻事业，今后将为代表舆论之利器。往日为武人政客作家谱之新闻事业，今后将为发展工商实业之先声。凡拘泥不改之新闻、私利作弊之新闻，皆将依天演之公例而受淘汰矣。"②

汪英宾随后游学美国，目睹见证了新闻业乃正当职业甚至高尚职业的现实。受恩师威廉博士影响，他也认为新闻走向职业化，需要通过正规的大学教育以养成专门人才。他在自己的硕士学位论文中提到，中国已经有几所大学创办了新闻系，上海浸礼会创办的上海学院、上海复旦大学、国立北京大学、南京国立东南大学附设上海商科大学、燕京大学等高校也相继制订了创办新闻系的计划，"这是令人鼓舞的事情"。③ 回国当年他在上海寰球中国学生会的那次演讲中就指出："新闻既是一种职业，自当有新闻教育以养成专门资格。报馆何尝不能培植新闻人才，惟中国报馆之办有成效者有数几家，仗少数报馆以培养人才以备全国新闻事业之用，吾恐杯水难救车薪。况大报馆培植之人才，往往不愿低就内地小报馆之职。而我中国将来新闻事业之希望不限于此区区租界之内。

---

① 起码记者. 汪英宾温故知新［N］. 小上海，1926-10-15（3）.

② 汪英宾. 一九二一年来华之英美新闻家［N］. 申报·元旦增刊，1922-01-01（6）.

③ 汪英宾. 中国本土报刊的兴起［M］. 王海，王明亮，译. 广州：暨南大学出版社，2013：61-62.

故对于培植人才一层，不能不赖教育。虽然，新闻学包含甚广，若设专校则非特经济难于措置，即年限学科方面，恐于设立专校事，有种种不经济之困难。故鄙见以为救济之法，莫妙于中国各大学多设新闻专科，所有课本讲义由当今报界已有经验之人会订签定之。如是庶几于将来养成新闻为职业有一线希望。"①

当时上海圣约翰大学已办有报学系，这是中国第一家新闻专业院系。不过圣约翰大学报学系规模很小，并且是教会学校课程多用英文授课，无法满足中国本土报业发展的需要。1924 年 12 月 28 日，上海新闻记者联欢会推举汪英宾代为筹划商科大学、大夏大学和南方大学新闻学系。② 12 月 31 日，他还应邀在上海南方大学演讲"大学建设报学科问题"，阐述了大学应设置报学科的理由。

1925 年 1 月，南方大学报学系成立，聘请汪英宾担任系主任。《南方大学报学系规程》开宗明义说，报业乃"高尚之职业"，具有感化人民思想及道德的重大作用，"故亟宜训练较善之新闻记者，以编较善之报章，而供公众以较善之服务。报业之为职业也，举凡记者、主笔、经理、图解者、通信员、发行人、广告员，凡用报章或定期刊以采集、预备、发行新闻于公众者皆属之。本科之唯一目的，为养成男女之有品学者，以此职业去服务公众。"③该规程很有可能出自系主任汪英宾之手；即使不是汪英宾所写，也体现了他或者说他恩师威廉博士的新闻教育理念。在办学实践中，汪英宾继承了密苏里大学新闻学院"做中学"（Learning by doing）的传统，重视学生通过实训掌握业务技能，让报学系及报学专科的学生接手承办学校附属的南大通信社。汪英宾还亲自为报学系和报学专科的学生讲授"广告原理""报学历史与原理"课程，请戈公振讲授"编辑法"。南方大学报学系学生修完必修选修各门课程，学分达到要求并且毕业试验及格，授予报学士学位，是中国新闻教育史中最早有"报学士"学位的学府。

上海南方大学本是一所国立大学，始创于 1920 年。就在设立报学系的当年，因校长江亢虎上书溥仪请求觐见而引发学潮，教师学生停课罢课，学校从此一蹶不振，报学系也受到沉重打击。1927 年 9 月，学校终因大量拖欠房租和教师薪水，"续办无望"而终止。南方大学停办后，汪英宾转至私立大学光华大学报学科任教，他指导学生编辑出版英文周刊 *Kwang Hua Progress*（《光华进步》），将其作为训练学生新闻业务能力的实践园地，学生学习兴趣浓厚，进步甚速。1931 年，沪江大学与《时事新报》合办"新闻学训

① 汪英宾. 新闻——职业（十一月十五日）[C]//寰球中国学生会廿周年纪念册，寰球中国学生会，1925：15.

② 新闻记者联欢会纪[N]. 申报，1924-12-29（15）.

③ 南方大学报学系规程[N]. 时报，1925-02-08（4）.

练班"，在张竹平、汪英宾主持下成绩斐然，后在此基础上成立了隶属于商学院的新闻科，由汪英宾担任新闻科主任。另外，汪英宾在圣约翰大学、复旦大学讲授过新闻学相关课程。在民国新闻教育界，汪英宾跻身早并且非常活跃，称得上是新闻教育界的"闻人和前辈"。①

（3）专职从事新闻教育

1947年因战争而停办的圣约翰大学新闻系恢复办学，复员上海的汪英宾回归新闻界担任上海《大公报》设计委员，同时兼任圣约翰大学新闻系教授。1949年5月上海解放，民营报纸《大公报》宣布"新生"，汪英宾自然就离开了《大公报》，专任圣约翰大学新闻系教授。1952年9月圣约翰大学新闻系并入复旦大学新闻系，他随部分师生调入复旦大学新闻系。当时就读复旦新闻系、后任南京市新闻出版局局长兼南京出版社社长的张增泰回忆说，汪英宾当时已届中年，"身体极好，精力充沛"；在新中国成立前，他虽然长期与商界打交道，"却保持着知识分子的自爱心，洁身自好，待人彬彬有礼。"张增泰有一次向汪英宾请教书法问题，不意汪英宾主动提出为他刻一方姓名印章。张增泰毕业后去北京工作，汪英宾用挂号信给他寄去了一方精心刻制的青田石白文姓名印。张增泰记得汪英宾是复旦新闻系采访与写作教研组的成员，参与教学计划的制订、采访实习的安排等，同时还兼系图书馆工作，新闻系里出的通知、布告，大多由他书写后贴出。"他写通知布告，全用毛笔楷书，一丝不苟，工工整整，显出深厚根柢。"张增泰还记得，讲授新闻史的曹亨闻教授常常向汪英宾请教，"把他当作了解解放前报纸广告的活词典。"②

1955年秋调入复旦新闻系的宁树藩教授，与汪英宾同在新闻史教研组工作——此前汪英宾已从采访与写作教研组，调整到与时政关系不大的新闻史教研组。宁树藩与汪英宾时相过从，两人成了忘年交。宁树藩回忆说，汪英宾很健谈，其中很多是关于往事的回忆："我们是从事中国新闻史教研工作的，而他本人就是当年上海很多新闻事件的见证人，与上海新闻界的头面人物有着广泛的联系。照例可以从他那里挖掘到大量珍贵史料，可是那时受'左'的思想禁锢十分严重，着力研究的是共产党的进步报刊，对于所谓资产阶级报刊，即使丰富的史料资源近在身边，也视而不见。"③他为错过很多向汪英宾请教的机会而懊悔不已。

总之，从1950年起，汪英宾就完全离开新闻业界，并且摒弃社会活动，先后在圣

① 宁树藩. 怀念汪英宾教授——兼论他的《中国报刊的兴起》[J]. 新闻大学，1997，春季号.
② 拙子（张增泰）. 三闻二话集[M]. 南京：南京大学出版社，1993：55-56.
③ 宁树藩. 怀念汪英宾教授——兼论他的《中国报刊的兴起》[J]. 新闻大学，1997，春季号.

约翰大学、复旦大学新闻系安心专职从事新闻教育工作了。然而好景不长,1957年他被划为右派,两年后调到新疆八一农学院教授英语,"文化大革命"期间竟病逝于此。这是汪英宾个人的不幸,也是中国新闻教育界的损失。

(复旦大学新闻学院　陈建云)

7.3.2　丁淦林:新闻学名师、新闻史大家

丁淦林(1932—2011),复旦大学新闻学院原首席教授、博士生导师,新闻史学家。毕生从事新闻教育工作,在新闻学的治学之路上耕耘数十年,桃李满门、德高望重。曾任复旦大学新闻学院新闻研究所所长、新闻学院院长兼新闻系主任、复旦大学文化与传播研究中心主任、教育部社会科学委员会委员、国务院学位委员会学科评议组成员、中国新闻史学会副会长等职。撰写、主编或参编的专著、大型辞书或教材有《邹韬奋年谱》《中国新闻图史》《中国新闻事业史》《中国新闻事业通史》等10多部,论文数十篇(见图7-12)。

图 7-12　丁淦林
风雨求学路　复旦笃行志

丁淦林出生于江西吉安县城,出生时双目紧闭,因治疗不当而导致右眼视力丧失,仅存有光感,留下终身残疾。

丁淦林的童年,被战争的阴影所笼罩。1939年3月日军占领南昌后,常有飞机轰炸吉安,他与祖父经常一起躲避空袭,其间他曾两次幸免于难。

1940年,丁淦林进入基督教徒办的庐陵小学就读,接触到基督教文化和教育方式。中学时期,受到至善中学校长陈启昌的关怀和教育,丁淦林在英语和写作方面得到了显著提升。1948年,丁淦林进入阳明中学读高中,得以广泛阅读各类进步刊物,如《群众》杂志和艾思奇的《大众哲学》,以及范文澜、翦伯赞等人的著作。可以说,丁淦林的个人阅读史形成的家国情怀和公共意识,在这个时期开始萌生、滋长,乃至在后来长期的熏染下形成了一种关切国事、心忧天下的知识分子性格。

1951年,丁淦林高中毕业后考入复旦大学新闻系。离开阳明中学时,校长王秋立考虑到丁淦林的家庭或无法负担读大学期间的花销,亲自为其写了一张证明。入学后不久,复旦大学宣布所有学生的学杂费全免、伙食费也由国家供给。这一政策一直延续到他毕业这一年。1955年秋季学期开始,复旦大学取消了"全公费",学生伙食费自理。

在复旦大学的 4 年时间里，丁淦林接受了多方面的教育和锻炼，这不仅包括系统的新闻学理论学习，还有丰富的社会实践和实习经历。这段时期对他后续的职业生涯和学术研究产生了深远的影响。复旦大学新闻系的课程安排，兼顾理论与实践。1954 年，丁淦林前往安徽日报社进行为期 3 个月的报纸工作实习。在《安徽日报》实习中，他不仅在指导老师的帮助下磨炼了自己的新闻写作技巧，还深入淮南煤矿进行采访，亲身体验了一线工人的劳动生活。这次实习经历，让他更加深刻地理解了新闻报道的社会责任和职业道德，也使他认识到了作为一名新闻工作者必须具备的敏感性和责任感。此外，郭绍虞的"语言修辞"、周谷城和周予同的"中国通史"、王造时的"世界通史"课程等学习经历极大地拓宽了他的视野，令他印象深刻。

7.3.2.1　上讲台、编教材

1955 年 7 月，丁淦林以优异的成绩在复旦大学新闻学系毕业并留系任教，从此与教学结下了终生之缘。热爱讲台贯穿了丁淦林的整个教学生涯。丁淦林在他的回忆录中写道："如果有人问我'你一生中最依恋的是什么？'我会立即回答：'讲台。'只要往讲台上一站，心中别无他物，而我真正有'讲台感'是在我由助教升了讲师（1960）之后。"

1955 年丁淦林留校任教后，先是被借调到上海市高教局政治学习班组织科工作了10 个月，至 1956 年 6 月初回到学校。此时，正值中国第一次新闻工作改革之时，复旦大学新闻学系在系主任王中教授的带领下进行了一系列改革，摆脱了对苏联新闻教学模式的依赖，促进了学科建设、提高了教学质量。在这一时期，丁淦林作为新闻学系助教，开始参与系里的各项教学活动，包括讲授专业课程、指导学生的实习等，其间还曾多次被派出学习与工作。

自 1960 年成为讲师后，丁淦林开始承担重要的教学任务，其中包括"中国新闻事业史""经典著作选读"等课程。在 1960—1962 年的"困难时期"，尽管面临物资匮乏，但学校的教学秩序相对稳定，丁淦林在此期间接替李龙牧主讲《中国新闻事业史》课程，并参与其他教学与研究工作。同时，他还参与了"中华人民共和国新闻事业史"这门新课程的建设工作，并前往山西太原进行资料收集。

在教学上，丁淦林认为，成为一名优秀的教师，不仅需要深入学习和吸收前人的教学方法，更要在此基础上创造出自己的教学风格。新闻学系教授李龙牧善于引入丰富的历史背景、哲学系教授陈珪如讲授列宁论著时细致透彻等教学方法，给了他深刻的影响。他提倡教师在学习他人的长处时，要全身心地投入，更重要的是要能够将所学知识内化，形成自己独特的教学特色。在具体的教学实践中，丁淦林强调教学内容既要新颖，又要紧密贴合教材。他认为教材是教学的根基，教师应该对教材了如指掌。但在讲授时，他又主张不应机械重复教材，要活化教学内容，通过引入生动的例子、历史的背景和相关的理论，使学生能够在更广阔的视角中理解知识，特别是要抓住学生的注意力。他的这种既系统又生动的教学方法，不仅能够激发学生的学习兴趣，还能帮助学生建立起更为系统和全面的知识体系，培养学生的批判性思维和独立分析能力。

年近古稀，丁淦林仍未走下讲台，被同学们亲切地称之为"丁爷爷"。有网友在微博上追忆 1999 年丁淦林上"中国新闻事业史"这门课的情景：在复旦大学第四教学楼的底层教室，一大片草地和几棵丁香树透过窗户映入眼帘。丁淦林像往常一样，提前 10 分钟来到教室，由于听课人多，每次上课都会使用扩音器。每次上三节课，他须在讲台上从下午 1 点半站到 4 点。讲课时，丁老师兴致很高，不时给学生展示一些珍贵史料，感慨于历史事件，动情于历史人物。学期末，他在讲台上拱手致意时，教室里顿时响起一片掌声。在教学方法上，丁淦林采取启发式和讨论式教学。他认为，了解学生的学习需求与学习基础，是讲课的必要前提。除了开座谈会、个别交谈之外，他还要求学生在听课时有问题随时递纸条上来。每堂课，丁淦林都能收到一些纸条，有的提问，有的则表示喜欢听什么或不喜欢听什么。

同讲课一样，丁淦林对于"编写教材也极有兴趣"。他把编写教材视作扎实的学习和有效的研究。他说："我从事新闻学教学与研究，就是从编写教材开始的。"（《丁淦林回忆录》）

早在 1958 年，当时还是助教的丁淦林已经参加丁树奇、李龙牧等主持的中国新闻史教材编写工作，主要工作是为丁树奇撰写的第二次国内革命战争新闻史部分查找、收集资料。1959 年，这部名为《中国新民主主义革命时期新闻事业史（1919—1949）》的教材完成了初稿。1961 年出版铅印本，作为校内使用教材。此时，复旦大学新闻学系还开始着手编写《中华人民共和国新闻事业史》，丁淦林起草了国民经济恢复时期部分的编写大纲。该教材的编写工作后因各种原因而中止。

1977 年恢复高考招生后，丁淦林与新闻学系的其他几位教师立即在 20 世纪 50 年代末丁树奇、李龙牧编写的《中国新民主主义革命时期新闻事业史（1919—1949）》的基础上，修订为《中国新闻事业史讲义（新民主主义革命时期）》，于 1978 年当年问世，作为内部铅印的教材供刚入学的本科生使用。80 年代初，丁淦林开始主持新闻史教研室工作，起草了中国新闻史教学大纲，在此基础上又主持编写《简明中国新闻事业史》，1986 年由福建人民出版社正式出版。1987 年，丁淦林主持编辑的《中国新闻史文集》由上海人民出版社出版，所收入的都是具有代表性和研究价值的第一手材料，为资料稀缺的当时提供了一份珍贵的教学参考书。1993 年，丁淦林应国家教委高教司之聘，主持编写《中国新闻事业史教学大纲》，1995 年由高等教育出版社出版，为新闻学教育的规范化和系统化作出了重要贡献。之后，丁淦林又应全国高等教育自学考试指导委员会之聘，组织了多所高校教师编写《中国新闻事业史自学考试大纲》、自学考试指定教材《中国新闻事业史》，并于1999年、2000年先后出版，有助于推进新闻学社会化教育的发展。

新闻学是一门具有强烈的实践品格的学科，学生的教学实习与社会实践是新闻教育教学工作中的一个重要环节。丁淦林作为杰出的新闻教育家，在其教学工作生涯中始终注重学生的教学实习与社会实践。他认为，要求学生理论与实践的结合，加强教学实习与社会实践工作，鼓励学生深入社会，进行实地采访和报道，参加各类社会实践活动，不仅有助于培养学生的新闻敏感性与专业素养，更重要的是有助于增强学生的社会责任感与家国情怀。

在丁淦林还是青年教师的年代，他曾多次与学生一起离开学校、深入社会，担任学生参加教学实习与社会实践的带队人。1958年年末，应复旦大学党委书记杨西光的建议，丁淦林带领新闻学系学生来到上海第五钢铁厂（简称"上钢五厂"）。在那里，丁淦林带领学生不仅仅是参加火热的生产劳动，还改造原有的《五钢报》，将其升级为铅印的《合金钢》报。这份报纸与工人通讯员共同合作，产出了许多优质报道，提升了工厂的精神面貌，并在厂外也有较大影响。

7.3.2.2　潜心科研，攻关克坚

在学术上，丁淦林潜心科研，几十年如一日，并富有攻关克坚的精神。

早在20世纪50年代，丁淦林已经在李龙牧等教授的引领下开始参与新闻学特别是中国新闻史的科研工作。1958—1960年，丁淦林与宁树藩一起曾对陈望道进行过多次有计划的访谈，以深入了解他在20世纪20年代和30年代的报刊活动及其对马克思主义研究的贡献，后因"文革"爆发而中断。但他们保存的访谈记录，已成为新闻史研究的珍贵史料。

改革开放后，中国科研工作的春天到来，丁淦林自身的科研工作也开始进入开花、结果之时。

重新评价王中在1957年提出的新闻理论与新闻教育思想，是丁淦林与其同事对新闻学研究的一大贡献，对于当时中国新闻学与新闻教育的拨乱反正、回归正轨至关重要。1979年5月，在复旦大学校庆学术报告会期间，新闻学系举办的学术报告会以重新评价王中的新闻理论为主要内容，丁淦林等5位新闻系教师在会上发表了重新评价王中及其新闻理论与新闻教育思想的论文，引起了新闻教育界的关注与反响。6月27日—7月4日，复旦大学新闻学系发起召开了一次新闻理论教学座谈会，与会者有全国各高校新闻理论课程教师20多人，使这次"民间"自发举行的座谈会具有全国性的意义，

成为新中国成立后第一次专门讨论新闻理论教学与研究的全国性会议。座谈会讨论了一些在当时非常敏感、对我国新闻理论发展与新闻教育具有创新意义的重要问题，如关于新闻事业的性质与任务问题、关于党性与人民性一致的问题、关于新闻事业与发扬社会主义民主健全社会主义法制的关系问题、关于真实性问题等。但是，由于当时"左"的思潮尚未肃清，研讨会原拟由丁淦林介绍王中主要新闻观点及有关历史背景的报告，因个别与会者坚决反对而取消。9月，复旦大学新闻学系主办的油印刊物《新闻学研究》创刊，由于深感对于王中新闻理论有重新评价与进一步说明的必要，丁淦林在《新闻学研究》上发表他撰写的《有益的尝试——关于王中同志新闻观点的提出及其意义》。

1982年，丁淦林在《新闻大学》上发表学术论文《一九五六年我国新闻工作改革概述》。1956年新闻工作改革是一次"流产"的改革，因而一直没人去研究，但丁淦林勇于攻坚克难，率先对1956年我国新闻界开展的各项改革活动进行系统梳理、认真总结其经验，高度肯定了这次新闻改革的重要意义，认为这次新闻改革为办好社会主义时期党和人民的新闻事业开辟了道路、创造了经验。

至2011年，丁淦林先后撰写、主编或参编了《邹韬奋年谱》《中国新闻图史》《中国新闻事业通史》《中国大百科全书·新闻出版卷》《辞海》《简明中国新闻史》《中国新闻史文集》《中国新闻事业史新编》《中国新闻事业史》等专著、大型辞书或教材，还发表过《一九四七年的"反客里空"运动》等论文数十篇。

7.3.2.3 一心为公，双肩负重

丁淦林在其教学生涯中，一肩挑起教学、科研之重担，另一肩还同时担当教学管理以及社会服务等要务，一心为公、双肩负重。

1958—1960年，丁淦林被借调至上海市高等学校招生委员会办公室担任宣传组副组长，负责处理来信、接待来访以及进行招生宣传等工作。在此期间，他利用其所学知识与素养，创办了国内第一份公开出版的招生报纸——《招生通讯》。该报铅印四开小报，四到八个版，不定期出版，上面有专业介绍、如何准备考试等相关内容，旨在提供招生院校与专业目录、报名与考试相关事项以及考生文章等信息，因其针对性强和实用性高而广受欢迎。当时的高教部学生司司长充分肯定了这份报纸的积极作用，后来在全国各地都办起了这种招生报纸。1964年年初，丁淦林在复旦大学社会科学处担任兼职工作，负责管理文科各系所的研究工作，并参与编辑《复旦学报》。

自1977年12月起，丁淦林出任复旦大学新闻系副主任(时称系革委会副主任)直至1983年4月卸任。在担任副系主任期间，丁淦林积极参与为王中改正的各项工作，并撰文重新评价王中的新闻学与新闻教育理论。1988年复旦大学新闻学院成立后，下设

新闻学系、新闻研究所以及国际新闻、广播电视专业，丁淦林出任新建的新闻研究所所长。1990 年 6 月，丁淦林出任新闻学院院长，至 1993 年 12 月卸任。

丁淦林是新闻学院历史上唯一一位民选院长。当时，复旦大学校方作出由新闻学院全体教职员工民主选举院长的决定，后经民主考察与多方协调，确定了两名院长候选人，最后经无记名投票，丁淦林以多数票当选，成为新闻学院历史上第二位院长。

丁淦林担任院长后，妥善处理 1989 年"政治风波"后出现的诸多问题，始终坚持正确的政治导向，尽力维护学院的稳定与发展，确保学院的教学与科研工作正常、有序地开展，对教学质量和学术质量严格把关。当时，一位硕士研究生收集了《世界经济导报》的大量资料并以此为学位论文选题。在这篇论文即将完成时，该报已停刊整顿、总编辑停职检查。对于这一具有敏感性的研究选题，丁淦林没有接受有些人提出的"叫停"的简单粗暴办法，而是提出以"新闻改革必须坚持社会主义方向"为原则继续研究这一选题，强调所有论点均须建立在真实、可靠的论据之上。最后论文经专家答辩顺利通过，之后的校方检查亦得出"无问题"的结论。

丁淦林致力于学院的学术建设和人才培养，提出要在新闻理论、中国新闻史和新闻业务三方面形成"复旦特色"，在短短的 3 年任期内努力为学院后续发展奠定坚实基础。他积极推进新闻教育改革，特别注重新闻教育与新闻实践相结合，重建起复旦大学新闻学院与上海乃至中央的新闻媒体的紧密联系。特别是新闻学院院长获得了参加中共上海市委宣传部召开的新闻工作通气会的"特权"，使新闻学院的教学研究工作与上海新闻工作实践实现了零距离对接。丁淦林还亲上北京，面邀新闻界前辈穆青担任新闻学院兼职教授，新华社总社还向全国播发了穆青应聘担任复旦大学新闻学院兼职教授的消息。

20 世纪 90 年代，高等教育面临经济困难问题，办学经费严重不足。当时，由于学生招生数量的减少，学院的经济收入大幅下降，给教学和科研工作带来了不小的困难。为了解决这一问题，丁淦林积极寻求外部支持，努力争取社会资源，借助社会力量加快发展新闻教育事业。1992 年，新闻学院在系友帮助下，由台湾著名学者、香港盈亚发展有限公司董事长、国际文教基金会理事长南怀瑾资助，设立培养跨世纪新闻人才奖教助学金。同年 12 月，设立陈望道新闻教育奖。这些资金的注入，在一定程度上缓解了学院的经济压力，激励了师生的士气。

1993 年，丁淦林因年龄原因卸任院长职务，但继续担任学院学术委员会主任、学位分委员会主席等职，仍作为新闻学院学科带头人而继续发挥重要作用。

20 世纪 90 年代后，丁淦林还参与了教育部以及国内外高校举办的学术活动及社会服务工作，他的学术热情和对教育事业的贡献，不仅当时赢得了同行和学生的广泛尊重与赞誉，至今仍为人铭记。丁淦林十分关心兄弟院校的新闻传播教育单位，在祖国各地传道授业，担任过数十所高校的兼职教授或客座教授。他热情支持与参与少数民族新闻学的研究和学科人才的培养工作，多次为少数民族新闻学著作撰写序文，其主编的普通高等教育"九五"国家级重点教材《中国新闻事业史》还列有专章介绍中国少数民族新闻传播事业的兴起与发展。1997 年 5 月，丁淦林被聘任为国务院学位委员会第四届学科评议组成员，为国家新闻教育事业发展出谋划策，贡献诸多。其中最大的贡献是参与1997 年新闻学从二级学科升格并定名"新闻传播学"一级学科的筹建工作。

7.3.2.4 清正、宽厚、勤俭

作为一名人民的教师，丁淦林始终葆有着一种"清正"的品质。在担任研究生导师期间，丁淦林始终坚持"唯才是举"的原则，在研究生的选拔中严格遵循公正、公平的原则，坚决反对任何形式的私情干扰和不正之风。在他看来，学术的纯洁性和严谨性是不容侵犯的，这一点在他任职期间的许多决策中都得到了体现。

在学术和教育理念上，丁淦林对学生不设立任何门槛，鼓励他们自由地在学术领域内外探索。这种开放的态度使得他的学生能够接触到更广阔的知识领域，从而促进了他们全面的成长。丁淦林本人也通过积极引介其他优秀教师给学生，让他们从不同的角度和方法中学习，进一步开阔学生的学术视野。

丁淦林指导过的硕士生、博士生已有数十人，可谓桃李满天下。但是，他从不把自己的学生召集在一起聚餐或从事其他非教学或科研活动，并一概谢绝学生们请他吃饭、为他祝寿等礼节性活动。在丁淦林七十大寿、八十大寿时，学生曾提出要为他做寿，并把他的科研成果整理结集出版，都被他一一婉拒："你们把工作做好，就是我最大的安慰，不必拘于礼节形式。"而"丁门"学生的第一次聚餐，是在参加丁淦林遗体告别仪式后的那天晚上。

丁淦林性格随和，宽厚慈爱，喜欢与学生交流。他常说："与学生的关系使我的心态非常舒畅、年轻化，这是其他任何职业都不可能有的。"曾任复旦大学新闻学院副院长的张国良回忆，在日常交往中，丁淦林处处以人为本。他作为领导和资深教师，对青年教师尤为亲切，涉及最多的话题，一是问暖嘘寒——了解生活情况，家境如何？子女如何？若有困难或问题，则尽力给予帮助；二是鞭策激励——指点努力方向，根据各自特点和长处，中肯建言。曾任复旦大学新闻学院资料室主任的周伟明回忆，丁淦林做事特别细心，考虑问题很全面，平易近人。安排任务时，总是以商量的口气来征得对方的同意。比如："你今天忙吗？能否抽空帮个忙"，"有一件事需请你帮忙完成一下"等。

值得一提的是，丁淦林始终保持着勤俭节约的习惯。在公务外出时，他尽量不乘坐

出租车，以减少不必要的开支。有一位他的学生回忆道：在 1979 年秋天的一天上午，丁淦林与学生前往上海市委宣传部报刊处开会，结束时已近中午 12 点了。学生询问他可否乘出租车回校，丁淦林回答："时间还来得及，还是乘公交车吧！"明知回学校后食堂已经不供饭了，于是他与学生就在路边的面条店里每人吃了一碗 1 角 2 分钱的阳春面，然后转换了三辆公交车回到学校。丁淦林笑着对学生说："我估计得不错吧！"他是在为少花了十多元出租车费而感到高兴。

丁淦林的这些原则和做法，不仅塑造了复旦新闻学院的学术环境和教育风气，也为他赢得了广泛的尊重和爱戴。他的学问充满了对知识的探索和对真理的追求，他的人品更是激励人心、引领后学的楷模。

（复旦大学新闻学院　陈浚武、黄瑚）

7.3.3　刘豁轩："办了九年报，教了九年书"的新闻教育家

刘豁轩（1903—1974），学名刘明泉，号豁轩，河北蓟县人。1919 年刘豁轩考入天津南开中学，主修政治学。他深受梁启超、张伯苓、胡适的影响，参加"五四"运动，阅读新刊物，对时事产生浓厚的兴趣，萌生朴素的爱国热忱。他认为，唯一要救国的方法就是普及教育，提倡科学（见图 7-13）。24 岁南开毕业后，他担任《益世报》总编辑，这张报纸在他的带领下销量一度超越新记《大公报》；曾执教燕京大学新闻系、天津工商学院新闻系，关于回应美国教育模式的论文在国际新闻界引起轰动。

图 7-13　刘豁轩教授
图片来源：河北大学档案馆

1946 年，刘豁轩在他的著作《报学论丛》序言中概括自己"办了 9 年报，教了 9 年书"。实际上，刘豁轩于 1928—1936 年、1945—1948 年任天津《益世报》总编辑，1936—1945 年在燕京大学任新闻系主任，1944—1948 年于天津工商学院任新闻学、广告学教授。他在《益世报》任职期间，提出了众多报业经营理念，至今仍有适用性，如率先创办报纸"社会服务版"，强调"报纸的政治自由与社会自由"，在推断明日的中国政治、经济、社会、文化等各方面可能的情势后提出"明日报纸"的概念等。在中国新闻教育史研究中，燕京大学始终占有重要的地位。刘豁轩任燕京大学新闻系教授（后为系主任）时期，恰逢抗日战争，时局动荡，其新闻教育中国化思想与燕京大学此前新闻教育相比，一脉相承，却也更强调与实际结合，更关注民族的生死存亡。刘豁轩在燕京

大学新闻教育探索过程中有较为突出的作用，燕京大学新闻系同时也是抗日战争背景下全国新闻教育中国化的典型代表之一。

1928 年，刘豁轩大学毕业，自此迈入人生新阶段。天津《益世报》是 1915 年创办的一份教会报纸，实际负责人是刘守荣，是刘豁轩同村同族的兄长，后因与曹锟勾结进了监牢，《益世报》成为奉系喉舌，名声与经营状况都急转直下。1928 年夏，刘守荣出狱后邀请刘豁轩主持编辑部。在《益世报》生死存亡的关头，刘豁轩接下了这份责任。1932 年任代理社长，1934 年 1 月刘守荣病逝，董监会选任刘豁轩为代理社长兼总编辑。由于长期昼夜颠倒的办报生活，刘豁轩身体羸弱，加之董监事与教会对刘的质疑与不信任，1935 年雷鸣远召集董监事声讨刘豁轩时，早已积怨在心的刘豁轩当即提出辞职，第二天登报离馆。1937 年"七七事变"后，因原新闻系主任梁士纯交通遇阻未能返校，加之学校学生人数较少，便由刘豁轩暂代新闻系主任。1941 年 12 月，日军包围燕大，将刘豁轩在内的 16 位教师逮捕，关押半年之久。1944—1948 年，他在天津工商学院（河北大学天津时期）担任广告学新闻学教授。1945 年抗战胜利后，刘守荣之子刘益之在天主教南京教区主教于斌的支持下，在天津复刊《益世报》，刘豁轩任社长兼总编辑。最初刘仍在燕大任教，每周去津一次，日常业务由副总编负责。报社恢复不久后，经天津报界推举，刘豁轩被国民党中央宣传部遴选为代表团参加联合国在日内瓦举行的"世界新闻工作者会议"，他参观欧美报馆，并赴哈佛、普林斯顿和哥伦比亚大学考察。复刊后的《益世报》，刘豁轩除了依靠几位老报人，还大量起用新人，其中多为燕大毕业生。1948 年全国形势发生根本性变化，刘豁轩离开天津到了上海。1956 年成立中国科学技术情报研究所，刘豁轩调入该所任新闻所所长，从事外国科技情报的翻译工作。"文革"期间，曾因其被国民党选派出国而受到批判，还因在燕大与司徒雷登的交往被诬陷为美国特务，受到迫害，1974 年逝世。在八宝山召开追悼会，政治上定性为"一生清白"，悼词为"忠诚的革命战士"。①

7.3.3.1　"办了九年报"：刘豁轩的新闻实践活动

在《益世报》期间，他曾先后主持过报社编务，担任过代理社长、总经理、总编辑等职务，在抗战期间发表众多奋起抗日的报道。关于他的新闻活动、新闻思想多有记述。如马艺教授的《天津新闻史》在述及《益世报》时，对刘豁轩的报业经历和新闻

---

① 此部分参考借鉴武慧芳：《呕心沥血一张报 颠沛京津两地师——天津〈益世报〉社长刘豁轩》（程曼丽，乔云霞. 中国新闻传媒人物志（第五辑）[M]. 北京：长城出版社，2014：243-266）。

思想进行了较为详细的阐述，并评价他"为新闻史上少数的兼具实践与理论的报人之一"①。

事实证明，这张后来跻身民国四大报的报纸，正是因为刘豁轩的带领，获得了前所未有的生命力。刘豁轩首先召集南开大学的同学如汪佛生、赵英林等，将编辑部组织起来，凭一腔青年热血希冀将《益世报》办成一个独立经营、代表舆情、为人民服务的报纸。据《申报年鉴》记载，1938 年 8 月国民党中央宣传部调查登记：《大公报》每日发行 35000 份，《益世报》35000 份。这时《益世报》已经在发行量上与《大公报》持平了。②

其次，他重视报纸评论。在多事之秋的 20 世纪 30 年代，刘豁轩聘请过近 10 位评论主笔却未见报纸起色后，他以极大的魄力聘请罗隆基担任主笔，报纸销量直线上升。罗的文章奠定了《益世报》北方舆论重镇的地位，他本人也因《益世报》名动天下。刘豁轩一直崇尚中国能够成为一个"内部和平统一，对外独立自主；而政治制度则是民主的"③国家，他的办报方针和风格体现了其浓郁的家国情怀。

第三，刘豁轩重视报纸的社会服务功能。1933 年 11 月 15 日，《益世报》创办社会服务版面，一直到"七七事变"报纸被迫停刊，该版面每日更新，共 1309 期。1936 年，刘豁轩在《益世报》发表《报纸与社会服务》一文，提出"报学同社会科学一样，先有事实然后有理论，理论是由事实生出来的"，在他的办报经验加持下，他认为报纸的重要职能是"服务社会"，"报学教育是为造就报人的"。刘对报纸的定位与报人的责任提出明确论断："报纸是公共组织，其性质如社会的公共事业，其功用视为社会谋福利；报人的责任是以报纸为工具，实现他为社会服务的使命……总而言之，统而言之，是四个字：社会服务。"除了报纸"社会服务"理论，刘还根据该理论提出了具体的实践措施并予以实施。由此，《益世报》的社会服务版面，被称为"中国报界一大创举"④。

此外，刘豁轩除了用"笔杆子"著抗日文章，更在报纸的实体业务——新闻纸方面作出了卓越贡献，打破了美商对新闻纸的高价垄断情况，并逐步将"报纸企业化"以求更为长远的发展。

---

① 马艺. 天津新闻史［M］. 天津：天津人民出版社，2015：267.
② 全国报纸及通讯社分省统计表［M］//申报年鉴. 上海：申报年鉴社，1933：1057.
③ 刘豁轩. 报学论丛［M］. 天津：益世报馆，1946：1.
④ 徐景星. 重振《益世报》的刘豁轩［M］//天津政协文史资料委员会. 近代天津十二大报人. 天津：天津出版社，2000：168.

7.3.3.2 "教了九年书"：刘豁轩的新闻教育中国化思想

我国新闻教育发轫于 20 世纪初。一方面，列强入侵，西方国家占据报纸阵地大肆宣传，一定程度上促进了新闻教育萌芽；另一方面，该时期先进的仁人志士发觉，报纸是救亡图存的重要手段。因此，我国报业发展与报学教育这二者在 20 世纪初的中国，几乎是同时进行的。报学救亡图存实践及其人才进入教育领域是新闻教育中国化的体现之一，即结合本国"内忧外患"的国情和外国报学教育的经验，同步发展报业和报学教育。

在该时期，中国先进报人往往是报业的领军人物和报学教育家双重身份，他们在业界与学界间转换。刘豁轩便是该时期这一特点代表人物之一。1944—1948 年，他在天津工商学院（河北大学天津时期）担任广告学新闻学教授。查阅河北大学天津工商学院时期的档案发现，河北大学新闻传播学院学科建设的起点是 1944 年，时任燕京大学新闻系主任的刘豁轩先生，同时兼任天津工商学院广告学教授。1945 年，天津工商学院校刊对刘豁轩介绍改称为"广告学新闻学教授"。1946 年，天津工商学院董事研究会决定设立新闻学系。河北大学档案馆存有相关档案。前后算来，除去 1948 年离开天津到上海的时间，他实际上教了 11 年半的书。

结合任教与业界任职的经验，刘豁轩提出过一系列关于新闻教育思想的理论与观点，并有过新闻教育中国化的探索。1939 年，在刘豁轩任燕京大学系主任的第 4 年，哥伦比亚大学的聂士芬教授给他邮寄了一本名为《报学教育》的博士论文，他受到启发，邀请张景明等人一同探索，由此开始了系统记录与阐述新闻教育中国化的历程。

（1）新闻教育思想

第一，从"师生交换"到"结合中国实际"。

新闻教育是美国的发明，从头开始即明确揭橥以培养职业技能为取向[1]，我国早期报学教育借鉴了许多美国及日本报学教育发展的经验与教训。燕京大学新闻系创立于1924 年，由美国人司徒雷登创办，受到过美国报学教育家、企业家等赞助与支持，刘豁轩也曾去美国学习与访问，燕京大学新闻系在早期和中期一直"移植密苏里模式"[2]。

---

[1] 张泳，李金．密苏里新闻教育模式在现代中国的移植——兼论帝国使命、美国实践主义与中国现代化[M]//李金铨．传播纵横：历史脉络去全球视野．北京：社会科学文献出版社，2019：341.

[2] 林牧茵．移植与流变 密苏里大学新闻教育模式在中国[M]．上海：复旦大学出版社，2013：131.

刘豁轩在《燕（京）大（学）的报学教育》中对美国报学教育进行系统梳理。他认为，学习外国经验，这是"中国化"的第一步。燕京大学 1929 年 9 月恢复办学之后，与密苏里大学进行了密切的交流。两校互换教授：1932 年，密苏里大学报学教授弗兰克·马丁来燕京大学报学系讲学，聂士芬授课。此外，两校交换研究生。① 1929 年，报学系派助理虞其新赴密苏里深造，密苏里派塞缪尔·高弗特来校研究。第二次交换是在 1932 年。这期间，两校多次从报学课程、实习等角度进行学习交流。刘豁轩任系主任后，依旧承袭燕京大学的一贯特点，交流、交换教授与留学生。这些数据在刘豁轩对报学教育的反思与总结中用大量篇幅呈现，足以见得其对中美新闻教育高校交流的重视。

与此同时，据河北大学校史馆资料记载，1944 年刘豁轩转至天津工商学院任新闻系教授时，也在不断推动教职员、学生与外国新闻教育学者学生的交流。时至今日，在跨文化传播背景下，我国仍然与美国等国家在新闻教育上保持良好交流，河北大学仍与密苏里大学等美国新闻教育高校输送与交换人才，如近年来，河北大学新闻传播学院与密苏里新闻学院搭建"本科 2+2 双学士学位项目"②等。

20 世纪三四十年代，刘豁轩等教育家开始提倡与新闻教育中国实际相结合。抗战时期，刘豁轩作为燕京大学系主任，非常明确地提出，新闻教育既要汲取外国经验，又要结合本国国情。他提出燕京大学的办学目的是"造就中国的报人"，以中国办报事业为出发点。

在报学教育的影响下，无论是国内以刘豁轩为代表的中国报学教育者，还是与美国大学交流的学生，都在无形、有形中吸收美国报学教育的经验与教训。留学、交换也成为该时期乃至如今新闻教育的途径之一。

第二，教材与课程的中国化。

1911 年辛亥革命成功，第二次国内新闻事业发展的高峰来临。据统计，当时全国报社增至 500 家，总销量高达 500 万份。③ 报业的发展，也为报学教育带来曙光。1912 年，"全国报界俱进会"改名为"中华民国报馆俱进会"，议决设立新

闻学校案等，首次提出创办新闻教育机构的倡议；1920 年"全国报界联合会"也曾

---

① 刘豁轩. 报学论丛[M]. 天津：益世报馆，1946：90.

② 河北大学新闻传播学院与密苏里新闻学院"本科 2+2 双学士学位项目"正式启动[EB/OL]. [2019-04-24]. http://jc.hbu.edu.cn/xyxw/3006.jhtml.

③ 刘方仪. 中国化新闻教育的滥觞——从 20 世纪 20 年代燕大新闻系谈起[J]. 北京社会科学，2004（2）：153-159.

提出设立报学科，虽都未实现，但推动几所学校与众多学生"觉醒"（见表7-1）。

表 7-1   **报学教育中国化概况**

时间	学校	机构设立情况
1918	国立北京大学	在徐宝璜先生带领下，成立报学研究会，开设报学课程
1920	上海圣约翰大学	开设报学系（后称新闻系），邀请密苏里大学毕业生来主持开设课程
1921	厦门大学	孙贵定为报学科主任，列报学科为八科之一
1923	北平平民大学	创办报学系，聘请徐宝璜、邵飘萍等人为教授
1924	燕京大学	成立报学系，与密苏里大学来往甚密
1925	上海南方大学	设立报学系及报学专修科，聘请汪英宾、戈公振为教授
1926	上海复旦大学	开设报学课程，1926年秋正式设立报学系
1929	上海沪江大学	增设报学课程，聘请谢六逸为系主任
1932	国立上海商学院	设立报学组
1935	南京中央政府政治学校	设立报学系，程天放、马星野先后为系主任

注：以上史料来源于刘豁轩《报学论丛》及其他资料。

报学系（后称新闻学系）设立促进了教材与课程的中国化。刘豁轩等教授在聂士芬的建议下将燕京大学课程设置为四大类（见表7-2），并形成学分制。同时，其认为新闻是各个学科的"十字路口"，倡导通识教育与专业教育并行。对比美国20所美国新闻院系协会会员学校新闻教育课程，燕京大学课程设置类别与美国新闻教育高校有些许差别，可以观察到新闻教育思想课程中国化的痕迹。

表 7-2   **美国新闻教育高校与燕京大学新闻系主修课程对比**

类别	美国20所新闻高校主修课程	燕京大学新闻系主修课程
第一类	新闻写作与编辑	新闻与编辑
第二类	特载（特殊）文字与写作	报业经营
第三类	社论文字与当代思想	特殊报学课程
第四类	报业经营	报学理论

续表

类别	美国 20 所新闻高校主修课程	燕京大学新闻系主修课程
第五类	广告	
第六类	发行的方法(印刷、广告等)	
第七类	特种报纸	
第八类	报学理论	

刘豁轩新闻思想中国化过程,除了实务操作层面的学习,也包含了新闻学史的中国化。我国新闻学研究开展较早,最早见诸报端的论述有 1833 年广州《东西洋考每月统计传》上发表的《新闻纸略论》、1876 年 6 月上海《万国公报》上发表的《论新闻纸有十益说》等。① 这些论文多是理论层面的总结,对新闻教育而言,影响相对较小,但也可看作是早期的新闻教育中国化"教材"。

早期新闻教育先驱大多希望我国新闻教育从教育方法、教育思想等方面全方位向美国日本学习,影响较大的教材也是两本新闻学译著,一本是日本学者松本君平的著作《新闻学》,另一本是美国记者埃德温休曼所著《实用新闻学:最好的办报方法手册》。但刘豁轩所在的燕京大学新闻系认定要结合我国国情,他认为有关教材,"多是照抄日本译著的'经验谈',而戈公振的《中国报学史》过于'古色古香',缺乏实用价值"。② 新闻教育中国化离不开教材的中国化,教科书既要学习译著,又要熟悉我国新闻史、适合我国报学教育国情。刘豁轩撰写的《报学论丛》,也曾尝试这样做。

(2)新闻教育实践

一般认为,美国新闻教育存在两种模式,一种是以密苏里大学新闻教育学院为代表的实用主义模式,以培养具有实践经验的新闻从业者为目标;另一种则是以新闻学理论武装学生头脑的哥伦比亚大学新闻教育模式。③ 新闻教育中国化的过程是二者融合的过程,是理论教学与报馆实践相结合的过程。

燕京大学新闻系从课程设置始就关注实习,到刘豁轩任期,他依旧认为报学教育要向报馆输送人才,这与当时国家急需救亡图存的社会背景不无关系,这反映着"密苏里模式"的影响;但燕京大学新闻系的教学也非常重视新闻理论的教授,这又是"哥伦比亚模式"的影响。从《北平私立燕京大学文学院新闻系课程一览》(1935)中可以看出,新

---

① 光仁. 上海最早出版的实用新闻学专著[J]. 新闻记者,1990(1):39.
② 刘豁轩报学论丛[M]. 天津:益世报馆,1946:117.
③ 杨玉洁. 近代中国教会大学新闻教育研究(1921—1952)[D]. 济南:山东大学,2018.

闻系的具体课程含有主修副修和选修两类，其中主修课共 44 学分，包含新闻专业课程、实习及论文。燕京大学新闻系为学生提供三种实践途径——参与本系自办刊物、报纸杂志投稿、在报馆实习。这种教育方法与密苏里"做中学"十分相似，但又有中国化痕迹：一是做报技术的实习，二是思想训练，三是通过实习对报业相关问题得到更加清楚的认识，① 对中国问题、中国现象的考察和探索得到强化。

1944—1948 年，校外实习困难，刘豁轩等人便带领天津工商学院的同学们尝试校内实践，在校刊刊登广告，发布学生文章、实习要求等。在众多的学生课外活动中，燕京大学的新闻学讨论周以其浓厚的学术氛围独树一帜。1931 年，黄宪昭担任新闻系主任，"为研究新闻学科便利起见"，决定"仿美国米苏利（密苏里）大学例，每届四月，举行新闻学讨论周一次"。② 自 1936 年第五届新闻学讨论会开始，刘豁轩多次主持研讨会。其中，第六届新闻学讨论会三个总题之首便是"新闻教育机关对报界的使命"。但战乱纷扰中，"新闻系师生到校外搞更多的实践已不可能，这在客观上促使师生的课业及学术研究活动，转移到报业专题研究和史料整理上来"③，中国新闻学教育中重史重论的特点开始出现。

（3）新闻教育中国化探索的意义

我国的新闻教育，在 20 世纪初期得到初步发展。1918 年 10 月，在时任北京大学校长蔡元培的倡议下，北京大学新闻学研究会成立，这是我国第一个新闻学研究团体。④ 这一时期，燕京大学、上海圣约翰大学等十几所具有教会性质的学校最早开设了新闻系或以各种方式讲授新闻学。此阶段出现了邵飘萍、戈公振、徐宝璜、成舍我、马星野等先进报人与报学教育家。与刘豁轩一样，这些学者大部分是报界精英，同时是新闻教育中国化的早期倡导者。

新闻教育中国化开端，多是有过留学经历的报人期望在我国开展报学教育，进而著书撰文、演讲奔走。邵飘萍认为我国新闻事业的普及需要新闻教育中国化；戈公振先后两次出国考察国外新闻学教育状况，系统地比较研究西方新闻学教学模式，提出适合中国新闻学教育的本土化主张；徐宝璜在《新闻学》中介绍了美国新闻传播教育现状，"美

---

① 刘豁轩. 报学论丛[M]. 天津：益世报馆，1946：111.
② 李秀云. 中国新闻学术史 1834—1949[M]. 北京：新华出版社，2004：263.
③ 肖珊. 燕京大学"新闻学讨论周"考述[J]. 新闻知识，2013（12）：53.
④ 赵玉明，冯帆. 新中国第一代新闻教育家及其办学思想探析[J]. 现代传播（中国传媒大学学报），2018（1）：158-163.

国各著名大学，近均设立新闻学专科，即因有见于斯学之非常重要也"①。

在中国新闻教育史研究中，燕京大学始终占有重要的地位。刘豁轩任燕京大学新闻系教授(后为系主任)时期，恰逢抗日战争，时局动荡，其新闻教育中国化思想与燕京大学此前新闻教育相比，一脉相承，却也更强调与实际结合，更关注民族的生死存亡。刘豁轩在燕京大学新闻教育探索过程中有较为突出的作用，燕京大学新闻系同时也是抗日战争背景下全国新闻教育中国化的典型代表之一。

新闻教育在中国经过近百年的发展，沿着中国化的路子不断前行，刘豁轩等人的探索是新闻教育中国化的一个起点。今天，中国学者提出建设中国特色社会主义新闻学的课题并进行了探索，这将新闻学教育中国化推进到一个新的高度。新闻教育从以培养职业技能为取向②，到以中国新闻学理论体系建设为新目标，显示着中国新闻学教育发展到一个新阶段。

(河北大学新闻传播学院　杨一帆、商建辉)

7.4　第三届全国新闻传播学院院长研修班侧记

2023年7月21—28日，第三届全国新闻传播学院院长研修班在湖北武汉举办，由中国新闻传播教育年鉴编委会主办、华中科技大学新闻与信息传播学院承办。

7.4.1　理念：服务新闻教育的公共产品

作为新闻传播学院的最高决策者或执行者，院长、书记的视野和能力决定着学院的高度和水平。新闻传播学院管理者的整体素质与质量，关系到中国新闻传播教育的未来。社会转型、国家治理、媒体融合的新形势对新闻传播学院院长、书记提出了更高的要求，学院发展、学科建设、教学改革、人才培养和科学研究等成为新闻教育界共同面临的难题。面对这样的形势，新闻传播学院管理者不仅需要自我修炼与提升，也需要与先进的兄弟学院院长、书记交流、切磋。

---

① 陈亚杰，张启萌，郭映雪，杨丽珊，曹晓彤，刘颖．民国新闻教育家的新闻教育贡献研究[J]．东南传播，2019(10)：146.

② 张咏，李金铨．密苏里新闻教育模式在现代中国的移植——兼论帝国使命、美国实践主义与中国现代化[M]//李金铨．传播纵横：历史脉络与全球视野[M]．北京：社会科学文献出版社，2019：341.

年鉴编委会主任张昆教授认为全国新闻传播学院院长研修班是中国新闻传播教育年鉴编委会为新闻教育界量身定制的一个公共产品。举办院长研修班是一项公益事业，不以营利为目的。

一所大学的新闻教育如果由教育家型新闻学院院长来把舵，这艘新闻教育之船就能够行进在正确的航线上，任凭风云变幻，暗礁明堡，都不会偏离航向。因为有教育家的高度，新闻学院的人才培养和科学研究，在立足现实的前提下才具有前瞻性；因为有教育家的情怀，其培养的新闻传播人才不仅具有深度、高度、广度和强度，更有温度，更加富有人性；因为有教育家的学养，新闻学院的知识生产才能够占据前沿，引领风骚；因为有教育家的人格魅力，新闻学院才能师生团结，内外协同，上下一心，才能全方位发掘办学资源，群策群力，稳健地提升新闻学院的办学水平。

从中外教育史来看，院长的养成，需要有一个交流的平台、学习的平台。院长的修炼首先是自学，还需要跟同行交流、切磋。通过自己在工作中的摸索和总结当然是自我提升的一个重要途径，但是如果有与同行交流、学习的机会，无疑能够节省自我探索的时间。通过学习同行先进的经验、吸收同行的智慧，还能够突破自己智力的局限和思维的屏障。全国新闻传播学院院长研修班就是供全国的院长、同行们交流、学习的平台，在某种意义上可以说这个平台就是"院长之家"，是院长们的学术共同体，也是院长们的精神家园。

7.4.2　筹备：延续办学方针

作为新闻传播学院的最高决策者或执行者，院长(书记，主任，下同)的视野和能力决定着学院的高度和水平。新闻传播学院管理者的整体素质与质量，关系到中国新闻传播教育的未来。社会转型、国家治理、媒体融合的新形势对新闻传播学院院长提出了更高的要求，学院发展、学科建设、教学改革、人才培养和科学研究等成为新闻教育界共同面临的难题。面对这样的形势，新闻传播学院管理者不仅需要自我修炼与提升，也需要与教育界同行先进的交流、切磋。

中国新闻传播教育年鉴编撰委员会本着服务教育、助推教育教学改革和学术研究的宗旨，推出"第三届全国新闻传播学院院长研修班"，一方面为新闻传播学院管理者提供交流的机会，研讨新闻传播学院发展面临的共同问题；另一方面推动新闻传播教育共同体的成长，促进中国新闻传播学科的长远发展。

"全国新闻传播学院院长研修班"主要包括专家授课、院长论坛、实践教学等内容。邀请国务院学科评议组、教育部新闻传播学科教指委、高等教育学会新闻学与传播学专业委员会资深专家和双一流高校的院校负责人担任主讲教授。与《中国新闻传播教育年鉴》的编撰一样，"全国新闻传播学院院长研修班"的举办为纯公益性质。研修班的大部分活动经费，将由承办院校资助。

"第三届全国新闻传播学院院长研修班"由华中科技大学新闻与信息传播学院承办。此届研修班将延续前两届研修班的办学方针和基本理念，但在主讲教授、授课内容等方面进行局部调整，以回应当前的国家需求和学科发展需要。同时，还将借助湖北武汉的文化历史资源开展现场教学。

7.4.3 规划：专家授课和现场教学融合

在培训内容和主讲嘉宾邀请方面，张昆教授与国内外知名院长、专家频繁联系，敲定授课专家名单。

研修班拟邀请的专家学者和计划的培训内容包括：美国密苏里大学新闻学院讲席教授周树华讲授的"美国新闻传播教育发展的新趋势"，复旦大学新闻学院原院长、人民日报社原副总编辑米博华讲授的"高校院系管理体制改革刍议"，复旦大学新闻学院院长张涛甫讲授的"学术硕士与专业硕士教育的共性与个性差异"，暨南大学党委书记林如鹏讲授的"高校治理体系变革与院长面临的挑战和机遇"，南京大学新闻传播学院院长张红军讲授的"新时期新闻学院'部校共建'的难题与对策"，浙江大学传媒与国际文化学院院长韦路讲授的"新闻教育国际化战略与策略"，陕西师范大学新闻与传播学院院长许加彪讲授的"通往博士点之路"，武汉大学党委副书记沈壮海讲授的"新文科建设路径探析"，江西师范大学副校长项国雄讲授的"省属院校新闻教育定位的原则与策略"，中国新闻史学会会长王润泽讲授的"学术社团与学界共同体建设"，中国人民大学新闻学院原副院长彭兰讲授的"媒介生态变迁与新闻传播教育改革面临的挑战"，中央民族大学新闻学院特聘院长张昆讲授的"学科评估与学科建设"，华中科技大学新闻与信息传播学院院长张明新分享的"四十不惑——华中科技大学新闻传播教育的历史与前瞻"，同时还将对华中科技大学的新闻传播教育进行案例讨论。至此，由中国新闻传播教育年鉴编撰委员会主办、华中科技大学新闻与信息传播学院承办的第三届全国新闻传播学院院长研修班课程安排基本定型。

在教学方式方面，筹备组确定了专家授课和现场教学融合进行的方案。承办单位华中科技大学新闻与信息传播学院将组织学员们前往辛亥革命武昌起义纪念馆、盘龙城遗址博物院、湖北日报传媒集团等地进行现场考察学习。这一模式将充分发挥专家学者深厚理论功底和丰富实践经验的优势，结合辛亥革命武昌起义纪念馆、盘龙城遗址博物院、湖北日报传媒集团等现场教学点的独特资源，为学员们提供沉浸式学习体验。专家授课将为学员们构建系统的知识框架，而现场教学则能将理论知识与实际案例相结合，加深学员理解，激发学习兴趣，从而达到理论与实践相得益彰的教学目标。

7.4.4　授课：直面新形势、聚焦新问题

7月22日上午，由中国新闻传播教育年鉴编撰委员会主办、华中科技大学新闻与信息传播学院承办的第三届全国新闻传播学院院长研修班在武汉开班。来自全国80余所高校的新闻传播学院院长、书记和系主任120余人将参加为期7天的研修。华中科技大学副校长高亮、美国密苏里大学新闻学院讲席教授周树华、中国新闻传播教育年鉴编委会主任张昆、华中科技大学新闻与信息传播学院党委书记金凌志和院长张明新，出席开班仪式。华中科技大学副校长高亮与中国新闻传播教育年鉴编委会主任张昆致辞，金凌志主持仪式。

在致辞中，华中科技大学副校长高亮向参加第三届全国新闻传播学院院长研修班的专家学者表示欢迎。他指出，70余年以来，华中科技大学始终以服务国家发展为己任，不断推动哲学社会科学体系创新体系构建，充分发挥人文社科资政建言作用。新闻与信息传播学院作为学校人文社会科学领域的排头兵，在人才培养、科学研究、教学改革、社会服务诸方面取得卓越成绩，离不开国内外同仁的关心与帮助。高亮希望通过此次研修班的举办，学员们在学院管理、学科建设、人才培养、社会服务、科学研究方面深入互动，推动新闻传播教育繁荣发展，促进新闻传播学院治理现代化，为推进国家治理体系和治理能力现代化培养出更多兼具政治素养、家国情怀、专业技能和全球视野的卓越新闻传播人才。

中国新闻传播教育年鉴编委会主任张昆代表主办单位向参加研修班的学员们表示热烈欢迎，对应邀前来授课的国内外专家和承办单位华中科技大学新闻与信息传播学院表示衷心感谢。他指出，信息传播技术发展、社会结构和传媒生态转型，促使新闻传播教育面临空前的机遇和挑战，诸多的不确定性正在考验院长的智慧；作为学院学科建设的领军者与高校的中层管理者，院长应具备开放胸襟、民主意识、平等精神、大爱情怀及创新协调、规划执行能力。张昆表示，创立全国新闻传播学院院长研修班，正是出于现实需要与时代感召；研修班不仅是全国新闻教育界院长继续教育与提升管理水平的主平台，也是深度交流与集思广益的公共空间，还是相辅相成的精神家园。他引用老子名言"道生一，一生二，二生三，三生万物"，表达了对未来研修班越办越好的充分信心与坚定决心。

开班仪式结束后，美国密苏里大学新闻学院讲席教授、国际中华传播学会会长、亚太传播联盟（ACPC）副主席周树华以"美国新闻传播教育发展的新趋势"为题，为研修班学员讲授第一课。基于30年来对美国新闻传播教育的观察、分析和思考，周树华教授

围绕新闻学之用、美国新闻业现状、当下新闻教育问题、高等教育发展趋势以及新闻教育未来机会五个方面进行分享。首先，他从美国新闻传播教育的历史沿革出发，探讨了学科发展过程中出现的理论数量较少、学科身份模糊等问题，紧接着阐述了美国媒体行业的变化与现状，指出当下传媒生态的"数字化""移动化""平台化""参与性""个性化"等显著特征，同时也分析了媒体机构裁员与缩减、公众媒介信任下降等新闻业困境。在分析高等教育发展趋势时，他提出新闻学院应成为人文社科的引领者，培养适应媒介化时代、具备信息素养的学生，为外交、政府、法律、商业、医学等多个领域输送人才。最后，周树华教授从媒体融合、数据新闻、产业合作、多元包容理念、创新创业精神、用户参与度研究等方面，总结了新闻传播学发展的新趋势。

中国新闻传播教育年鉴编委会主任张昆以"新闻传播学科的评估与建设路径"为题进行了第二场讲座。张昆主任首先阐述了"学科"一词的定义，并从目标、重点、路径、基础和中心五大板块对学科和专业的关系进行梳理。随后张昆主任对2002—2021年新闻传播学五轮学科评估进行回顾，总结了参与院校增多、评估方式多样、头部院校稳定等特征，辩证分析了学科评估的利与弊，一方面为学生家长的院校选择、教学资源配置提供依据，另一方面也带来了上榜院校少、提升幅度小等负面作用。他重点总结了第五轮评估的指标体系、核心内容以及重要特点，并基于五轮学科评估，提出回归教育本身，提倡高校做到人才培养、创新知识和社会服务三大职能的平衡，学院做到师资结构、专业结构和课程结构合力，老师做到红专结合、全面发展的教育理念。最后，张昆主任指出新闻传播学科建设的五条路径，包括做好顶层设计、调整目标导向、优化资源配置、加强能力提升以及注重节奏和可持续性。

第一天的活动在树木葱茏、碧草如茵的华中科技大学校园内圆满结束，学员们纷纷表示受益匪浅，并期待后续的课程讲授。

7月23日，第三届全国新闻传播学院院长研修班开启第二天学习。武汉大学党委副书记沈壮海、复旦大学新闻学院原院长、人民日报社原副总编辑米博华、复旦大学新闻学院院长兼党委书记张涛甫进行了研修班第二日课程授课。

上午8:30，复旦大学新闻学院原院长、人民日报社原副总编辑米博华以"朝着一流目标，推进学院创新发展的观察与思索"为题，为研修班学员进行授课。结合学界与业界的一线工作经历，米博华从院长的视角分享了推进学院创新发展的心得体会。首先，他阐明了审时审势审己的重要性，院长需做到从变化趋势中校准工作方位，从势能发展中找准工作方向，从自身审视中规划工作安排。其次，他认为院长要起始于规划、着力于执行，为此给出了几点建议：确立目标要明晰、可及；针对问题要精准、具体；主攻方向要聚焦、坚决；落实工作要有时间表、路线图。最后，他强调院长需承担起责任和使命，保持高昂士气，依靠集体智慧，凝聚师生力量，共同团结奋斗。此外，面对新的时代背景，米博华抛出了八个关于新闻传播教育的问题供学员们思考：第一，教育培养目标要不要再确认？第二，学科体系、教育体系、话语体系的构建应从哪里获取？第三，根据媒体融合与国际传播能力建设两大重点，如何做出我们务实性的安排？第四，新闻传播学的基础课程与前沿课程如何实现均衡发展而又有重点突破？第五，如何把立德树人与全面提升学生的业务水平结合起来？第六，怎样在办学实践中体现以学生为中心、以教学为中心的原则？第七，教育改革怎样实现更合理的结构与更有效的供给？第八，学界与业界怎样紧密结合？

上午10：30，复旦大学新闻学院院长兼党委书记张涛甫以"数字时代新闻传播研究生教育"为题进行讲授。张涛甫强调，新闻传播研究生教育培养问题必须放在宏观教育结构中考虑。为此，他首先指出了数字时代下研究生教育面临的挑战：包括新知识圈地运动、知识液态化、不确定加剧、大学的矮化与功利化、知识茧房，紧接着阐述了新闻传播教育面临的时代挑战。张涛甫进一步总结了当前新闻传播教育存在的问题：一是知识流量化，二是能力液态化，三是价值空心化。面对数字时代下的社会巨变，他指出新闻传播教育需要破釜沉舟、重新出发，根据时代变化推进改革。基于自身的探索经验，他分享了一系列具有参考价值的改革思路与措施，进一步探究数字时代下新闻传播研究生教育如何守正创新。最后，他强调需根据专业型硕士与学术型硕士的特点，设计出更具针对性的培养方案，紧接着分享了复旦大学新闻学院在人才培养方案上的设计经验。此外，张涛甫强调院长的定位就是为学生和老师做好服务，所谓服务就是有组织地带好学院的教学与科研。为了更好地服务师生，他认为院长应重视五个方面的提升：一是"德性"修养，二是见识与眼光，三是对形势的判断，四是专业能力，五是计划的执行力与变现力。

晚上7：30，武汉大学党委副书记沈壮海以"浅话新文科"为题进行授课。沈壮海围绕为何呼唤新文科、新文科新在何处、如何建设新文科三个方面进行分享。首先，他梳理了"新文科"的概念，并在新时代、中国式现代化、教育强国、人才强国、文化强国五个背景下思考新文科建设的意义。沈壮海进一步概括了新时代背景对新文科建设提出的要求：包括铸魂魄、育新人、拓新智、塑文明、展形象。其次，他从四个方面总结了新文科"新"在何处。最后，他从五个方面详细论述了如何建设新文科。

7月24日，第三届全国新闻传播学院院长研修班课程在武汉继续开讲。暨南大学党委书记林如鹏、南京大学新闻传播学院院长张红军、浙江大学传媒与国际文化学院院长韦路、陕西师范大学新闻与传播学院院长许加彪依次进行了课程授课。

上午8：30，暨南大学党委书记林如鹏"高校治理体系变革与新闻学院院长面临的机遇和挑战"为题开展授课。他从高校治理体系变革及特点、新闻学院院长面临的环境变化、新闻学院院长如何应对三个方面出发，探讨了新形势下高校新闻传播学科发展的挑战与机遇。林如鹏书记认为，当下新闻学院院长面临的环境变化，突出表现为"三位一体"日益凸显、高等教育国际化日趋明显、协同育人日益重要以及媒体科技蓬勃发展。在新形势下，新闻学科教育应注重服务国家战略、适应新媒体形势和培养复合型人才，以实现高校新闻教育的良性发展。最后，林如鹏书记介绍了暨南大学新闻传播学服务于大统战格局、对外传播中国声音等方面的相关举措及成果。

南京大学新闻传播学院院长张红军以"'部校共建'新闻学院发展的九个难题与对策探索"为题开展第二场授课。张红军院长介绍，首先从人才培养、师资队伍、科学研究、社会服务、总体定位、基础建设六个角度总结了新闻学院发展的九个难题，包括如何平衡科研成果数量和质量、如何平衡师资考核刚性与弹性以及如何提升共建单位积极性等内容。围绕"高标准建设全国一流新闻传播学院"的目标，张红军院长也分享了南京大学新闻传播学院的一系列探索实践，深刻剖析了部校共建概况、"一体两翼"特色方向格局、"三元协同"人才培养模式、"多类型、小而精"队伍建设理念、"政产学研"深度合作机制以及团结奋进的学院文化氛围六个方面。

浙江大学传媒与国际文化学院院长韦路以"新闻传播教育国际化战略"为题，讲述了新闻传播学国际化的形势挑战、浙大实践和未来路径。他首先提出问题：为什么要国际化？随后从全球变局、中国式现代化、双一流建设和国际传播四个方面的需要进行讲解。以浙江大学传媒与国际文化学院"五位一体"新闻传播学教育国际化战略为例，他介绍了国际化育人、国际化科研、国际化师资、国际化服务、国际化交流五方面的实践成果和经验。他还对提升中国新闻传播学科的国际话语权和影响力的路径进行构想：建构中国新闻传播学国际话语传播体系，优化中国新闻传播学国际话语传播政策，建构中国新闻传播学自主知识体系，建构国际知识生产新秩序，重塑国际学术出版体系。

陕西师范大学新闻与传播学院院长许加彪以"通往博士点之路——以陕西师范大学为例"为题进行授课。许加彪院长分析了新时代研究生教育发展的政策导向，并介绍了博士点申报的重要注意事项，如申报博士点时的学科名称要点、学位增列授权的工作流程、申报审核流程等内容。回顾总结陕西师范大学博士点申报过程，许加彪院长分享了四点切身体会，他认为学院团队需要团结一心，组合所有力量，规范申报材料并保持谨慎乐观的心态。学术出版体系。

四位领导从高校治理、部校共建、国际化发展、博士点申报等不同角度，结合自身学院的学科建设、管理经验和教学实践带来了四场干货满满的讲座。研修班学员们纷纷表示，专家授课内容翔实、覆盖面广且特色鲜明，对于日后切实提升教学管理、培养教育、科研教研工作质量具有极强的指导性。

7月26日，第三届全国新闻传播学院院长研修班第六天课程在武汉继续开讲。江西师范大学副校长项国雄、中国人民大学新闻学院副院长王润泽、中国人民大学新闻学院教授彭兰依次进行了课程授课。

上午10：30，江西师范大学副校长项国雄以"地方师范院校新闻传播学院的思考与实践"为题开展授课。他首先讲述了地方师范院校办新闻传播学院面临的诸多难题，为了应对这些挑战，他结合江西师范大学的教学管理实践提出了九项战略。

下午2：30，中国新闻史学会会长、中国人民大学新闻学院副院长、教育部人文社会科学重点基地新闻与社会发展研究中心执行主任王润泽以"学术社团与学界共同体建设"为题开展讲座。以中国新闻史学会为例，她介绍了学术团体建设的五个重要原则，即建立有效的组织结构、制定明确的章程和规则、招募并培养优秀的会员单位和成员、组织有益的学术交流活动以及与其他学术组织和机构建立合作关系。此外，王润泽教授以中国新闻史学会健康传播专业委员会为例，介绍了提升二级分会申请审核的相关规范。

中国人民大学新闻学院教授彭兰以"媒介生态变迁与新闻传播教育改革面临的挑战"为题展开授课。她指出，近20年来媒介生态变化经历了社交化、移动化、视频化、数据化、智能化等不同阶段。彭兰教授列举了四个新闻传播领域关算法研究的主要方向：算法与个体间的互动、算法对内容生态的影响、算法对关系的建构以及算法权力、伦理与责任。她指出，新闻传播学教育者不仅自己要认识到技术是生产力，是对话合作的资本，是一种新思维，也要把这种观念传递给学生。但即使技术的地位不断上升，新闻传播学科的立足之本仍是人文精神的培养。也即，新闻传播教育既要让学生更懂机器，也要让他们更懂"人"。

三位教授从地方师范院校学科建设、学术共同体建设与管理、媒介生态变革及应对等不同角度，将自身在管理和教学实践上的心得体会娓娓道来，完成了三场精彩纷呈的讲座。研修班学员们纷纷表示，专家授课内容翔实，对于学科和学会建设、应对外部挑战等方面具有极强的指导性。

7月27日，学员们迎来第三届全国新闻传播学院院长研修班的最后一日课程。华中科技大学新闻与信息传播学院院长张明新以"四十不惑——华中科技大学新闻传播学科的历史与前瞻"为题开展了当日首场讲座。张明新院长从学科历史与现状、学科建设思路做法、未来发展思考三个方面，介绍华中科技大学新闻传播学科的发展沿革，并从特色化、规模化、高质量、制度化、市场化、国际化六个角度对未来华中科技大学新闻传播学科的建设进行展望。

7.4.5　实践：深度学习马克思主义新闻观

7月22日下午，院长研修班的学员们前往华中科技大学，先后参观了师生服务中心、校史馆以及新闻与信息传播学院。

校长办公室副主任朱鲁斌带领学员们走进了以"工业风、科技范、书香味、温馨感"为设计理念的华中科技大学师生服务中心，介绍了中心的基本情况，包含28个服务窗口、16个入驻单位、自助服务区、7大类社会服务等，展现了师生服务中心为广大师生提供"方便、高效、舒心"的优质服务的工作目标。

随后，学员们在讲解员的介绍下了解了在华中科技大学建设过程中对攻克科学、技术、医学难关，领导学校建设、发展与改革等方面有突出贡献的代表性人物与集体。值得一提的是，作为华中科技大学的前身，华中工学院于1983年创办新闻系，标志着我校首个文科专业、理工科大学中首个新闻专业的诞生，被彼时的教育学界称为"新闻界的新闻"。

最后，在华中科技大学新闻与信息传播学院院长张明新的带领下，研修班一行来到新闻与信息传播学院，参访了"全媒体与智能传播实验中心"暨"华中科技大学融媒体中心"，包括4K视音频摄制中心（演播大厅）、融媒体实训中心和全景演播室等。

此次校园参观活动让学员们了解了华中科技大学以及新闻与信息传播学院的发展史，学员们表示对自身所在学院的建设有所启迪，并期待后续的课程讲授。

7月24日下午，院长研修班在辛亥革命纪念馆和鄂军都督府旧址开展了首次现场教学活动。此次现场考察活动是研修班马克思主义新闻观教育活动之一。学员们参观的第一站是辛亥革命博物馆，当听到"世间无物抵春愁，合向苍冥一哭休。四万万人齐下泪，天涯何处是神州？"时，学员们纷纷感叹谭嗣同面对腐朽堕落的清王朝时的悲痛与无助。

第二站则是鄂军都督府旧址。在都督府门前，不少学员感触良多，相互分享此处旧址的前世今生。进入旧址内，学员们详细考察了鄂军都督府会议厅、外交部、军事会议室、参谋部、各部稽查长室、总监察长室、黎都督起居室等办公及休息机构陈设，了解了中国历史上第一个共和政权诞生地的历史风貌。

现场教学为研修班的学员们带来了丰富的学习体验。学员们纷纷表示，现场考察的实地实景，则能进一步加深学员们对马克思主义新闻观的理解。

7月25日上午为第二场现场教学活动，研修班百余名学员先后参观了盘龙城遗址博物馆和湖北日报传媒集团。上午8：30，研修班学员怀着对中国文明脉络的好奇，踏上了盘龙城遗址博物馆的学习之旅。通过对"浪淘千古""故邑风物""角立南土"三个展厅的参观，学员们从生活、生产、建筑等方面全方位感受到盘龙城先民们的物质与精神文化。在参观过程中，研修班学员们在领略夏商时期人文风貌的同时，也学习到了优秀考古学家的钻研精神。参观结束后，一些学员表示要将这种研究精神带到日后的科研工作中。

下午2:30，研修班学员们赴湖北日报传媒集团考察学习。学员们首先来到社史馆，深度了解《湖北日报》创刊、转型和迅速发展的74年历史。接着学员们来到集团智能管控平台、楚天都市报·极目新闻编辑部以及全媒体指挥中心，深度考察媒体融合态势、学习湖北日报在全媒体产品生产领域的成果以及在媒体融合和新媒体发展层面的经验。最后，湖北日报传媒集团领导赵洪松、胡汉昌、周芳以及集团相关部门负责人与学员们开展座谈交流。

华中科技大学新闻与信息传播学院院长张明新表示："《湖北日报》跟我们有非常深厚的感情。湖北的新闻业为新闻传播教育提供了强有力支撑，特别是湖北日报传媒集团。"学员们认为，此次湖北日报传媒集团学习之旅考察了该报在推进媒体融合、构建全媒体传播体系等方面的各项举措和宝贵经验，对新闻传播学科的人才培养有了更为深入的思考。至此，所有的现场教学已全部结束。

7.4.6 交流：分享经验，探讨问题、搭建桥梁

7月27日下午，在华中科技大学新闻与信息传播学院院长张明新教授进行主题讲座之后，第三届全国新闻传播学院院长研修班231、232、233班学员，结合自身校情和院情，围绕新闻传播学科发展和专业建设进行讨论。

231班主题研讨由渤海大学新闻与传播学院院长安平主持。来自浙江大学、陕西师范大学、西北政法大学、贵州大学、东华大学等高校新闻学院的近20位书记、院长、主任等参与研讨活动。首先，与会老师介绍了各自所在学院学科点、硕士点、博士后流动站、实验室等的建设情况，并讲述了各自学院下一阶段的建设方向与计划，呼吁各兄弟院校之间加大合作交流力度。接下来，部分班级学员进一步介绍其学院与学科发展特色。黑龙江大学新闻传播学院田雷教授以"马克思主义新闻观与当代新闻传播高等教育"为题，介绍了该校新闻传播学科领域建设思路、课程教学情况和教育创新路径。贺州学院网络与新媒体专业负责人董少伟以"广西部校共建新闻学院的'贺州模式'"为题，向研讨班学员分享了应用融媒体人才培养的独特方式。陕西师范大学新闻与传播学副院长周宏刚以"智能传播时代课程体系改革的思考与展望"为题，介绍了其院系办学的三重逻辑：理论逻辑，即以智能传播为中心再造课程体系，构筑理论体系，坚守价值追

求；技术逻辑，即学院资源有限，无法适应广泛的传播需求，目前尝试依托学校选择三到四个技术专精；实践逻辑，即搭建特色平台，培养新闻生产核心技能；积极利用社会化媒体资源，保持实验教学的开放性与前沿性。浙江大学出版社负责人黄静芬介绍了浙江大学出版社的大致情况。浙江工商大学人文与传播学院副院长李蓉以"四业融通的新闻传播人才培养模式构建与实践"为题，介绍了该院办学理念：立足长三角"互联网+"经济生态，依托学校"大商科"优势，注重实践，强化应用。随后，研讨班学员围绕第三轮部校共建项目的合作形式、发展模式等展开讨论。学员们表示，今后将对新闻传播学科建设展开更深入的交流，期待齐聚明年举办的第四届全国新闻传播学院院长研修班。

232班研讨会由兰州大学新闻与传播学院党委书记曹国林担任主持人，中国新闻传播教育年鉴编委会主任张昆、浙江传媒学院新闻与传播学院院长李欣担任评议人。近20位来自不同高校的学员为大家介绍自身院校情况，并围绕新闻传播学的学科方向议题展开研讨。海南师范大学新闻传播与影视学院副院长李杉介绍了学院学科建设近况。东华大学人文学院副院长叶长海通过特色方向、学科情况、人才培养、实践探索等方面介绍了学院的特色方向——时尚传播。天津大学新媒体与传播学院副院长李晋馥介绍了学院概况。天津大学新媒体与传播学院是一个重视文工交叉的新闻传播院校。不过，对于融合发展考核如何在学科评估中体现还存在困惑。针对李院长的疑问，张昆主任认为，目前国内的学科生态是多样化的，学院一方面需要把特色研究做扎实，另一方面也要讲好学科故事，未来可以通过学术会议等方式扩大特色学科的社会影响力。莆田学院文化与传播学院常务副院长帅志强分享了学院如何将"妈祖文化"融入新闻传播的日常教学与科研管理。同时，他也强调学院在发展"妈祖文化"的过程中遇到了瓶颈，即如何平衡新闻传播学主流化与特色化之间的关系。为此，曹国林书记指出，"妈祖文化"是一种民俗文化，未来还是需考虑将妈祖文化融入主流学科。李欣院长认为，"妈祖文化"是贵校重要的地缘资源与文化资源，未来可以将"妈祖文化"与国家战略相结合，将"妈祖文化"融入中国传统文化和国际传播研究，借此形成自己的特色学科方向。河南开封科技传媒学院传播学院副院长魏瑞指出，学院并没有特色的学科方向，目前学院在学科方向议题方面存在困惑。为此，李欣院长分享了浙传新闻与传播学院的经验，认为学科方向需要有明确的措施贯彻落实。与会学员表示，参与此次全国新闻传播学院院长研修班，与其他兄弟院校建立了联系，收获了友谊。通过与其他学员的交流讨论，获得了很大的启发，希望今后能有更多机会继续就学科方向问题进行探讨。

233班研讨会由河南工业大学新闻与传播学院院长李晓云任班长兼评议人。20余位学员参与讨论。云南师范大学传媒学院副院长杜忠锋聚焦师范类院校新闻传播学科建设的诸多挑战进行分享，追溯了学院依托地域和区位优势建设学科和平台的历程。西北政法大学新闻传播学院编辑出版系主任钱思洁对学院编辑出版专业建设情况进行介绍。北京工商大学传媒与设计学院新闻系主任罗昶以学院特色学科"经济新闻"为案例，从加强组织保障、强化顶层设计、深挖思政要素三个方面，讲述了人才培养和思政课程建设方面的心得。广西财经学院新闻与文化传播学院院长谢卓华介绍了学院在学科与专业建设上的特色化举措和成果。长江师范学院传媒学院副院长冉明仙以"打造'厚植大学生乡土情怀的四阶模式'"为题，介绍了学院以人才培养助力乡村振兴的特色"四阶模式"。黄淮学院文化传媒学院讲师刘文琦分享了疫情期间线上教学的传播学实践与思考。商洛学院人文学院新闻传播系课程组长刘玉婷讲述了自身在"四全媒体"框架下对于"大众传播学"课程思政建设的创新探索。上海建桥学院新闻传播学院新闻系主任曹茶香聚焦应用型人才培养开展介绍，她针对民办学校新闻传播专业建设进行分享。讨论尾声，李晓云院长谈到，233班学员关于学科建设、专业改革、课程思政等方面的实践探索与经验分享精彩纷呈，彰显了新闻传播学教育者的责任心与行动力。她简要介绍了河南工业大学新闻传播学院的基本情况，并表示期待在研修班后能有机会进行更为深入的交流。

7.4.7 闭幕：勇担学科建设重任

7月27日为第三届全国新闻传播学院院长研修班的最后一日课程。上午的课程围绕新闻传播学科建设，以华中科技大学新闻与信息传播学院的发展建设经验为锚点，展开案例教学与案例讨论。百余名学员与华中科技大学新闻学院院长张明新、副院长李华君进行了热烈的交流与探讨。来自全国80余所高校的新闻传播学院院长、书记、系主任提出了自身院校在新闻传播学科建设上的困惑，提问主要围绕教学管理、科研体制、部校共建、院系架构、人才引进、虚拟教研室等方面展开，华中科技大学新闻与信息传播学院院长张明新与副院长李华君负责答疑。学员们对此次案例分享和交流感触颇深，同时为新闻传播学科建设总结经验与智慧，提出新的发展目标与展望。

7月27日下午5时许，第三届全国新闻传播学院院长研修班圆满结束，结业仪式由中国新闻传播教育年鉴编委会副主任何志武教授主持，第三届全国新闻传播学院院长研修班主办单位代表张昆教授、承办单位代表张明新教授分别致辞，第四届全国新闻传播学院院长研修班的承办单位代表许加彪教授，研修班学员代表、渤海大学新闻与传播学院院长安平教授先后发言。

张昆教授表示，这届全国新闻传播学院院长研修班是疫情之后首次举办的线下研修班，授课内容丰富，不仅涵盖专题讲座、文化考察、案例研讨等环节；还涉及专业硕士教育、高校治理体系、高校部校共建、新闻传播学科国际化等议题。张昆教授指出，现阶段研修班的目标定位、课程体系、师资建设等渐趋成熟，形成了较完善的制度，逐渐成为体量适中、效果显著、广受欢迎的教育公共产品。他表示，随着中国综合国力的持续崛起与科教兴国战略的实施，未来新闻传播教育必将获得更多资源。院长研修班提供了一个公共交流平台，新闻传播教育同仁可以"学习他人，借鉴他人"；但要保持差异化定位，"做好自己，走自己的路"，共同促进中国新闻传播教育发展。

张明新教授作为第四届研修班承办方代表致辞。他表示，新闻传播教育需要更多的专业自信和更大的社会价值，这需要教育界和学术界的共同努力。特别是在媒介技术和传播环境加速变革的当前，新闻传播教育面临重重挑战，但也拥有时代的独特契机。中国新闻传播教育年鉴编委会以高度的学科和专业使命担当，将新闻传播教育管理者和精英群体组织动员起来，就新闻传播教育的教育理念、专业发展、教学方法、行业前沿、政策解读等方面开展深度探索和交流互动，为新闻传播教育的未来转型和体系改革提供新思路、新方法、新路径，令人钦佩。张明新教授向中国新闻传播教育年鉴编委会、授课专家与参会学员、武昌首义纪念馆、盘龙城遗址博物院、湖北日报传媒集团、人民日报社等单位，以及会务组全体工作人员和学生志愿者表达了衷心感谢。他期待全国新闻传播学院院长研修班在建构新闻传播学科和专业自信、增强学科和专业的社会价值方面取得更大更多的成果。

作为第四届全国新闻传播学院院长研修班的承办单位，陕西师范大学新闻与传播学院院长许加彪教授发表致辞。他回顾了过去三年自己在院长研修班的学习经历，并结合西安独特的风土人情和文化资源，阐释了在西安举办第四届研修班的意义和价值。许加彪教授回应了张昆教授和张明新教授提出的新闻传播教育面临的挑战与机遇，希望研修班在诸位教育界同仁的共同努力下取得突破性进展。他表示，将学习往届院长研修班的办班经验，在2024年陕西师范大学新闻传播教育迎来30周年之际，努力为同仁们做好会务统筹服务工作，确保研修班顺利进行和圆满成功。

安平教授作为研修班学员代表发表感言，他用三个"感"字总结了此次研修班的学习经历：一是感谢。感谢张昆教授敏锐地意识到当前新闻传播教育面临的机遇与挑战，提供了院长研修班这一深度交流与集思广益的公共空间。二是感恩。感恩各位专家学者的倾囊相授，为诸多新闻传播教育工作者提供高层视野与专业指导。三是感动。感动陪伴一路走来的2023届研修班同学，在短暂的学习时光中彼此相识、互相支持，形成了更为紧密的学术共同体。他期待此次研修班结束后，诸位学界同仁多加联系、互相扶持、聚焦主业主责，努力推进中国新闻传播教育，服务中国式现代化建设。

结业仪式上，《中国新闻传播教育年鉴》编撰委员会主任张昆教授为学员代表兰州大学新闻与传播学院党委书记曹国林、浙江传媒学院新闻传播学院院长李欣教授、河南工业大学新闻与传播学院院长李晓云教授、渤海大学新闻传播学院院长安平教授、江西师范大学新闻与传播学院副院长胡沈明教授，颁发结业证书。

（华中科技大学新闻与信息传播学院　段琳杉、任真、周馨）

附：　　　　　　　**第三届全国新闻传播学院院长研修班学员名单**

学号	姓名	单　位	备注
全国新闻传播学院院长研修班 231 班			
202307001	安　平	渤海大学新闻与传播学院院长	班长
202307002	胡沈明	江西师范大学新闻与传播学院副院长	班长
202307003	王海迪	桂林旅游学院文化与传播学院网络与新媒体教研室主任	
202307004	肖荣春	宁波工程学院人文与艺术学院副院长	
202307005	常凌翀	湖州师范学院人文学院新闻系主任	
202307006	田　雷	黑龙江大学新闻传播学院副院长	
202307007	杨桃莲	东华大学人文学院传播系系主任	
202307008	任占文	中北大学人文社会科学学院新闻传播系主任	
202307009	彭　柳	华南师范大学教育信息技术学院新闻传播系主任	
202307010	董少伟	贺州学院网络与新媒体专业负责人	
202307011	郭　栋	湖北理工学院师范学院党总支书记	
202307012	褚建勋	中国科学技术大学人文与社会科学学院党委书记	
202307013	娄艳阁	平顶山学院新闻与传播学院副院长	
202307014	陈　洁	浙江大学文学院教授、出版学科负责人、浙江大学数字出版研究中心执行主任	
202307015	张　波	贵州大学传媒学院新闻系主任	
202307016	田钰佳	山东青年政治学院文化传播学院广播电视学专业负责人	
202307017	杨　莉	重庆外语外事学院国际传媒学院院长	
202307018	靳　舍	集宁师范学院文学与新闻传播学院新闻系主任	
202307019	张多朋	贵州黔南科技学院新闻传播学院院长	

续表

学号	姓名	单　　位	备注
202307020	王文锋	湖南理工学院新闻传播学院院长	
202307021	张　帆	湖北大学新闻传播学院副院长	
202307022	周宏刚	陕西师范大学新闻与传播学院副院长	
202307023	吴　锋	西安交通大学新闻与新媒体学院党总支副书记	
202307024	李　琦	湖南师范大学新闻与传播学院教学副院长	
202307025	黄春平	广西民族大学传媒学院播音与主持艺术专业负责人	
202307026	符万年	西北政法大学新闻系主任	
202307027	陈峻俊	中南民族大学文学与新闻传播学院副院长	
202307028	蔡爱芳	中原工学院新闻与传播学院副院长	
202307029	史庆华	辽宁工程技术大学传媒与艺术学院（新闻学院）执行院长	
202307030	王长武	重庆文理学院文化与传媒学院副院长	
202307031	李　蓉	浙江工商大学人文与传播学院副院长	
202307032	苏　常	肇庆学院文学院新闻传播系主任	
202307033	李峻岭	广东外语外贸大学新闻与传播学院院长助理	
202307034	丁智擘	汕头大学新闻学院副院长	

全国新闻传播学院院长研修班 232 班

学号	姓名	单　　位	备注
202307035	曹国林	兰州大学新闻与传播学院党委书记	班长
202307036	李　欣	浙江传媒学院新闻与传播学院院长	班长
202307037	叶长海	东华大学人文学院副院长	
202307038	郝晓宏	集宁师范学院文学与新闻传播学院教学科科长	
202307039	陆　妍	贵州黔南科技学院新闻传播学院网络与新媒体系主任	
202307040	黎　明	湖北大学新闻传播学院副院长	
202307041	郝永华	中南民族大学文学与新闻传播学院教授	
202307042	李建波	中原工学院新闻与传播学院副院长	
202307043	李　杉	海南师范大学新闻传播与影视学院副院长	
202307044	何　婧	广西财经学院新闻与文化传播学院副院长	

学号	姓名	单　位	备注
202307045	罗　锋	安徽大学新闻传播学院副院长	
202307046	刘　琼	湖南女子学院文学院院长	
202307047	张雯雯	河南工业大学新闻与传播学院院长助理	
202307048	廖慧平	广州体育学院体育传媒学院副院长	
202307049	尚媛媛	中国地质大学(武汉)艺术与传媒学院新闻传播系副教授	
202307050	何　江	大连民族大学文法学院新闻系主任	
202307051	帅志强	莆田学院文化与传播学院常务副院长(主持工作)	
202307052	李　乐	南阳师范学院新闻与传播学院副院长	
202307053	汪曙华	闽南师范大学新闻传播学院副院长	
202307054	谷　征	北京印刷学院新闻传播学院副院长	
202307055	赵　寰	东北财经大学人文与传播学院副院长	
202307056	李晋馥	天津大学新媒体与传播学院副院长	
202307057	王　洋	西北政法大学新闻传播学院院长助理	
202307058	刘　林	武汉理工大学新闻传播系副主任	
202307059	魏　瑞	河南开封科技传媒学院传播学院副院长	
202307060	罗　兵	衡阳师范学院新闻与传播学院副院长	
202307061	宋存杰	广西大学新闻与传播学院播音与主持艺术系主任	
202307062	孙彦波	湖北经济学院新闻与传播学院党委副书记	
202307063	李芹燕	重庆文理学院文化与传媒学院院长	
202307064	周　浒	淮阴师范学院新闻与传播学院院长助理	

全国新闻传播学院院长研修班 233 班

学号	姓名	单　位	备注
202307065	万　忆	华中师范大学新闻传播学院院长	班长
202307066	李晓云	河南工业大学新闻与传播学院院长	班长
202307067	王　旸	集宁师范学院文学与新闻传播学院办公室主任	
202307068	彭兰燕	贵州黔南科技学院新闻传播学院新闻系主任	
202307069	谢卓华	广西财经学院新闻与文化传播学院院长	

续表

学号	姓名	单 位	备注
202307070	陈百川	安徽大学新闻传播学院副书记	
202307071	肖 灵	广州体育学院体育传媒学院院长	
202307072	冉明仙	长江师范学院传媒学院主持工作副院长	
202307073	姚小烈	铜陵学院文学与艺术传媒学院副院长	
202307074	曹茶香	上海建桥学院新闻传播学院新闻系主任	
202307075	万益杰	广西民族大学传媒学院广播电视编导教研室主任	
202307076	姚 远	岭南师范学院文学与传媒学院新闻系主任	
202307077	李娟红	南阳师范学院新闻与传播学院院长	
202307078	胡鸿影	闽南师范大学新闻传播学院副院长	
202307079	钱思洁	西北政法大学新闻传播学院编辑出版系主任	
202307080	王芳芳	河南开封科技传媒学院传播学院新闻系系主任	
202307081	周 煜	华南理工大学新闻与传播学院院长助理、视听传播系主任	
202307082	秦 枫	安徽师范大学新闻与传播学院副院长	
202307083	康丽雯	甘肃政法大学文学与新闻传播学院网络与新媒体教研室主任	
202307084	杜忠锋	云南师范大学传媒学院副院长	
202307085	罗坤瑾	广东外语外贸大学新闻与传播学院副院长	
202307086	胡亚岚	商洛学院人文学院新闻传播系主任	
202307087	刘玉婷	商洛学院人文学院新闻传播系课程组组长	
202307088	王彦龙	西安财经大学文学院新闻与传播专硕点负责人	
202307089	陈洪波	南宁师范大学新闻与传播学院党委书记、院长	
202307090	罗 昶	北京工商大学传媒与设计学院新闻系主任	
202307091	郭学军	河北师范大学新闻传播学院院长	
202307092	王春彦	兰州大学新闻与传播学院党委副书记副院长	
202307093	万益杰	广西民族大学传媒学院广播电视编导教研室主任	
202307094	刘文琦	黄淮学院文化传媒学院青年骨干教师	
202307095	何国军	湖北第二师范学院新闻与传播学院副院长	
202307096	刘 枫	黄淮学院教授	

7.5 新闻教育论坛综述

2023 年是疫情之后恢复常态化的第一年，新闻教育界以极大的热情，召开了 70 余场全国性规模较大的会议。与 2022 年的 24 场相比，增长了近三倍。这些会议大多围绕"中国式现代化"与"人工智能"两大主题召开，涉及中国新闻传播学自主知识体系构建、马克思主义新闻观、国际传播等议题。从学科建设来看，这些会议大多以一流本科建设为依托，主要涉及教材建设、实践教学、课程思政等教育教学环节。从专业分布来看，广告、出版等专业的教育研讨较多。随着疫情的消散，新闻传播教育的国际交流也开始恢复，我国与美国、俄罗斯以及丝绸之路共建国家新闻传播院校展开交流与合作。此外，地方新闻教育较为活跃，山东、安徽、湖北等省份的新闻传播学界召开年度学科建设会议。2023 年最具时代特征的是华中科技大学、武汉大学、中央民族大学、新疆大学等高校迎来了新闻传播教育 40 周年，举办了一系列庆祝活动。

表 7-3 为 2023 年新闻教育会议统计情况(不完全统计)。

表 7-3　　　　　　　　**2023 年新闻教育会议统计情况**

序号	会议日期	会议名称	主办、承办单位	会议形式	规模
1	2 月 11 日	第十一届韬奋出版人才发展论坛	国家新闻出版署指导，韬奋基金会主办，中国新闻出版研究院、中国新闻出版广电报社联办，贵州出版集团有限公司承办，百道网协办	线下	全国各地出版企业和高校的 300 余位专家和业者
2	2 月 16 日	中央民族大学新闻与传播学院、大数据与国家传播战略教育部哲学社会科学实验室共建座谈会	中央民族大学	线下	
3	3 月 18 日	山东省新闻传播学本科教学指导委员会2023 年度会议		线下	

续表

序号	会议日期	会议名称	主办、承办单位	会议形式	规模
4	3月22日	"教与学的革命"珞珈论坛新闻与传播学院分论坛"双一流"建设背景下新闻传播学教材建设研讨会	武汉大学新闻与传播学院	线下	
5	3月30日	"教与学的革命"珞珈论坛新闻与传播学院分论坛"双一流"建设背景下广告学拔尖创新人才培养研讨会	武汉大学新闻与传播学院	线下	
6	4月2日	厦门大学中国式现代化视域下新闻传播学科创新论坛	厦门大学中国式现代化研究院、厦门大学新闻传播学院联合主办	线下	全国 27 所高校、科研院所学科带头人和业界专家出席论坛
7	4月8日	新闻与传播学科双一流建设创新发展交流会	北京大学新闻与传播学院承办	线下	北京大学、清华大学、复旦大学、中国人民大学、中国传媒大学五所高校的新闻传播学院党政班子成员
8	4月15日	第三届新闻传播史论课程群教学改革研讨会	华中科技大学新闻与信息传播学院、湖北省新闻传播史论名师工作室、湖北省新闻传播史论教学团队、中国新闻传播教育年鉴编委会联合主办	线上	55 所高校和研究机构的 117 位专家学者以及 800 余名参会者
9	5月7日	第三届当代马克思主义新闻观学术研讨会主题论坛之"马克思主义新闻观与红色新闻教育论坛"	中国人民大学	线下	国内各高校专家学者

序号	会议日期	会议名称	主办、承办单位	会议形式	规模
10	5 月 13 日	2023 新闻传播学院长论坛	教育部高等学校新闻传播学类专业教学指导委员会主办，暨南大学新闻与传播学院承办，高等教育出版社、暨南大学教育发展基金会和暨南大学出版社协办	线上	全国近 200 所高等学校新闻院系的院长、专家学者
11	5 月 14 日	智媒时代新闻传播教育变革与创新论坛	南京师范大学新闻与传播学院、新闻传播新文科教学研究改革虚拟教研室主办	线下	复旦大学等国内多所高校的专家学者以及校内学院教授代表
12	5 月 15 日	全媒体新闻传播人才培养产教融合发展论坛	南京师范大学新闻与传播学院、新闻传播新文科科学研究改革虚拟教研室主办	线下	国内多所高校的专家学者、省内外媒体的行业专家，以及校内学院教授代表
13	5 月 16 日	新文科背景下新闻传播高层次人才培养创新论坛	南京师范大学新闻与传播学院、新闻传播新文科教学研究改革虚拟教研室主办	线下	省内外多家高校与媒体的学界、业界专家代表
14	5 月 26 日	"新闻学专业国家级一流本科专业建设"研讨会	上海外国语大学新闻传播学院	线下	
15	5 月 26 日	第 17 届中国好创意暨全国数字艺术设计大赛（重庆赛区）启动大会及重庆市高校数字化艺术与媒体设计人才创新培养研讨会召开	中国好创意暨全国数字艺术设计大赛组织委员会、重庆工商大学、重庆交通大学联合主办，重庆工商大学文学与新闻学院、重庆交通大学艺术设计学院联合承办	线下	

续表

序号	会议日期	会议名称	主办、承办单位	会议形式	规模
16	5月31日	国际传播后备人才培养与智库建设研讨会	教育部社会科学司、中宣部国际传播局指导，中国传媒大学主办，政府与公共事务学院承办	线下	中国传媒大学及首批14所联合高校相关学院负责人和专家学者
17	6月8日	数字化时代的俄罗斯和中国新闻教育国际研讨会	"中俄新闻教育高校联盟"主办、莫斯科大学新闻系承办	线上+线下	中国人民大学新闻学院和中方秘书处所在单位与联盟其他成员莫斯科大学、复旦大学、华中科技大学和相关中俄新闻业界组织等
18	6月10日	中国国际新闻传播教育四十年论坛	上海外国语大学新闻传播学院	线下	
19	6月17日	首届出版教育国际高峰论坛	北京印刷学院、民进中央出版和传媒委员会、中国出版协会主办，北京印刷学院出版学院、北京大学出版研究院、高等学校出版专业教学指导委员会、全国出版专业学位研究生教育指导委员会、中国图书进出口（集团）有限公司承办	线下	
20	6月18日	智能时代的卓越广告人才培养论坛暨中央民族大学广告学专业创办20周年庆祝活动	中央民族大学新闻与传播学院	线上+线下	全国多所高校广告学专业的知名学者，广告系教师和京内外百名校友
21	6月19日	智能传播时代新闻与传播硕士（MJC）人才培养研讨会	上海师范大学影视传媒学院	线下	

续表

序号	会议日期	会议名称	主办、承办单位	会议形式	规模
22	6月29日	全国新闻与传播专业学位研究生教育指导委员会全体会议	复旦大学	线下	
23	6月30日	国家教材委委员会高校哲学社会科学学科专家组新闻传播学专家组工作会议	复旦大学		
24	7月5日	2023年传媒年会院长论坛	传媒杂志社、中国传媒大学研究生院主办，河南大学新闻与传播学院承办	线下	全国多所高校新闻与传播学院院长及相关专家学者
25	7月16—19日	第二期骨干教师马克思主义新闻观研修班	红色文化传承与马克思主义新闻观教育联席会议、复旦大学新闻学院、延安大学文学与新闻传播学院联合主办	线下	全国23所新闻院校的近50名教师
26	7月19日	首届安徽省新闻与传播专业学位研究生培养论坛	安徽大学新闻传播学院主办	线下	政府、业界、学界关于新闻与传播领域的领导、学者、媒体人和高校师生
27	8月1日	上海外国语大学新闻传播学院网络与新媒体"一流专业建设"专家研讨会	上海外国语大学新闻传播学院	线下	
28	8月5—7日	构建中国话语叙事体系暨新疆新闻传播教育40周年学术研讨会	新疆大学新闻与传播学院、中国新闻史学会新闻传播教育史专业委员会、新疆大学中亚研究院、新疆直播产业研究院、中国新闻传播教育年鉴编委会、新疆大学新疆形象传播研究中心联合举办	线下	

序号	会议日期	会议名称	主办、承办单位	会议形式	规模
29	8月10日	上海国际广告节院长高峰论坛暨沪滇广告与品牌联合研究与协同促进中心揭牌仪式	上海市广告协会和上海大学主办，由上海大学新闻传播学院、上海国际广告节组委会、上海广告研究院、中国新闻史学会广告与传媒发展史专业委员会、上海市广告协会学术与法律专业委员会等多家单位承办	线下	全国40余所高校、企事业单位和研究机构的60余位院长及专家学者
30	8月28日	"马克思主义新闻观实践教学：对话与反思"学术论坛	中央民族大学、高等教育出版社共同主办	线下	学界和业界的40余位专家学者
31	8月30—31日	四川大学出版学院协办全国出版学科专业共建暨出版专业学位研究生教指委工作会议	四川大学出版学院协办	线下	
32	9月9日	国家级一流广告学专业建设论坛暨第八届数字营销传播研究与应用研讨会	广东省本科高校新闻传播学类教学指导委员会主办、暨南大学新闻与传播学院承办	线下	来自全国各地的94位与会嘉宾
33	9月14日	山东大学新闻传播学院国际传播实验室（筹）实验项目建设研讨	山东大学新闻传播学院	线下	
34	9月16日	2023中国新闻史学会传媒经济与管理专业委员会学术年会暨第六届中国智能媒体传播高峰论坛	中国新闻史学会传媒经济与管理专业委员会和上海大学联合主办，上海大学新闻传播学院、上海大学全球人工智能媒体传播研究院、上海大学传媒经济研究中心承办	线下	国内著名高校、科研院所、主流媒体等70多家单位的200多位专家学者

序号	会议日期	会议名称	主办、承办单位	会议形式	规模
35	9 月 23 日	数智时代的挑战与应对：2023 新闻传播学国家级一流本科专业建设研讨会	四川大学新闻学院主办	线下	国内各高校的 100 余名学者
36	9 月 23 日	"中国式现代化赋能新闻传播业态、学术与教育"学术论坛	郑州大学新闻与传播学院主办、中原传媒研究院承办	线上	国内各高校的多名专家学者
37	10 月 13 日	区域国别学与国际传播高端论坛暨第五届高校区域国别学人才培养与学科建设联盟年会前会	中国传媒大学外国语言文化学院和高校区域国别学人才培养与学科建设联盟联合主办	线下	
38	10 月 14 日	第二届"中国—东盟传媒与新闻传播教育"国际学术研讨会	广西大学主办，广西大学新闻与传播学院、广西大学东盟传媒与中国—东盟区域传播研究中心承办，华南理工大学新闻与传播学院、华南理工大学粤港澳大湾区国际传播研究院协办	线下	近 500 名国内外专家学者
39	10 月 14 日	2023 年湖北新闻与传播教育学会年会暨"变革中的新闻传播教育与传媒业未来"论坛	湖北省高等教育学会新闻与传播教育专业委员会、中南民族大学主办，中南民族大学文学与新闻传播学院承办	线下	
40	10 月 15 日	河北经贸大学校友论坛暨新闻与文化传播"产学研"融合发展研讨会	河北经贸大学文化与传播学院	线下	校友代表、系主任、教师代表等 40 余人
41	10 月 22 日	新疆大学新闻传播教育 40 周年暨新闻与传播学院建院 20 周年庆祝活动	新疆大学新闻与传播学院	线下	

续表

序号	会议日期	会议名称	主办、承办单位	会议形式	规模
42	10月27日	中国传媒大学隆重召开"中国特色新闻传播学研究"学术研讨会	教育部社会科学司指导，中国传媒大学主办，中国传媒大学新闻传播学部、中国人民大学新闻学院与复旦大学新闻学院联合承办	线下	
43	10月28日	马克思主义新闻观教育与新闻传播学学科体系建设院长论坛	上海交通大学媒体与传播学院	线下	10所高校的新闻传播学院院长
44	10月29日	华中科技大学新闻传播专业成立40周年活动	华中科技大学新闻与信息传播学院	线下	湖北省委宣传部、湖北省记协的相关领导，百余家院校的专家，《人民日报》等10余家主流媒体，数百名新闻学院院友
45	10月29日	中国电子学会青年科学家论坛暨媒体融合与智能通信领域青年科技人才培养会议	中国电子学会主办、中国传媒大学信息与通信工程学院、媒体融合与传播国家重点实验室、中国传媒大学人事处、中国电子学会青年工作委员会、中国电子学会青年科学家俱乐部、中国传媒大学科学技术协会共同承办	线下	国内高校、科研院所的近100位科技工作者、专家学者
46	11月2日	探索高等教育前沿，深化中美教育交流——中美教育界代表举行友好会谈	上海外国语大学新闻传播学院	线下	

续表

序号	会议日期	会议名称	主办、承办单位	会议形式	规模
47	11月4日	2023年"中外新闻学院院长论坛"暨第九届新闻传播学科高峰论坛举办	中国人民大学新闻学院、清华大学新闻与传播学院和中国高等教育学会新闻学与传播学专业委员会联合举办	线下	
48	11月4日	安徽师范大学新闻学专业建设暨安师大新闻教育30周年座谈会	安徽师范大学主办	线下	
49	11月4日	第十一届范敬宜新闻教育奖暨第九届新闻传播学科高峰论坛会议综述	清华大学新闻与传播学院	线下	国内近50所高校新闻学院的院长、负责人,新闻传播学界学会的会长、国务院学科组和教育部教指委的重要专家
50	11月4日	中国广告教育深研会	中国人民大学新闻学院、中国人民大学新闻与社会发展研究中心、中国高等教育学会新闻学与传播学专业委员会共同举办	线下	
51	11月10日	中国新闻传播学自主知识体系建构与教材建设院长论坛	复旦大学新闻学院和高校新闻学国家教材建设重点研究基地共同主办	线下	全国数十所知名新闻传播院校院长和资深专家
52	11月11日	第十二届韬奋出版人才发展论坛	国家新闻出版署指导,韬奋基金会主办,中国新闻出版研究院、中国新闻出版报社联办,广西出版传媒集团有限公司承办	线下	全国出版界的专家学者、从业人员及高校师生

续表

序号	会议日期	会议名称	主办、承办单位	会议形式	规模
53	11月11日	中国新闻传播伦理与法规教育教学深研会	中国政法大学光明新闻传播学院与中国人民大学新闻与社会发展研究中心、中国人民大学新闻学院联合举办	线下	十多位从事新闻传播伦理与法规教学的专家学者
54	11月12日	华南理工大学成功举办第三届计算广告与数字品牌创新论坛暨国家级一流广告学专业建设研讨	华南理工大学新闻与传播学院和未来技术学院共同主办，广东省新媒体与品牌传播创新应用重点实验室、广东省大数据与计算广告工程技术研究中心、广东省数字孪生人重点实验室共同承办	线下	
55	11月14日	湖南师范大学召开"中国式现代化视域下新闻传播高等教育发展路径"研讨会	湖南师范大学新闻与传播学院承办	线下	十余所高校的新闻与传播学院院长和资深专家
56	11月14日	2023年国际新闻传播教育联盟理事会会议	国际新闻传播教育联盟主办、上海大学新闻传播学院承办	线上+线下	海内外高校的新闻传播学专家
57	11月18日	2023全国广告学术研讨会暨厦门大学广告学专业创办40周年庆	中国广告协会学术与教育工作委员会联合厦门大学新闻传播学院共同主办	线下	近600人
58	11月18—19日	中国新闻史学会新闻传播教育史专业委员会2023学术年会	中国新闻史学会新闻传播教育史专业委员会、中国新闻传播教育年鉴编撰委员会、安徽大学新闻传播学院主办，安徽大学新闻传播学院、安庆师范大学传媒学院承办	线下	各大高校的200余名专家学者

续表

序号	会议日期	会议名称	主办、承办单位	会议形式	规模
59	11 月 20 日	教育部高等学校动画、数字媒体教指委 2023 年度全体工作会议	教育部高等学校动画、数字媒体专业教学指导委员会主办，中国传媒大学承办	线下	
60	11 月 24 日	数字时代的卓越新闻传播人才培养一流本科专业建设研讨会	复旦大学新闻学院	线下	复旦大学、南京大学、上海财经大学、厦门大学、华东师范大学、上海师范大学、华东政法大学、广州大学、上海大学的专业负责人
61	11 月 25 日	"中国特色出版学科新构想与新探索"出版学科发展论坛	北京印刷学院、中国出版协会联合主办	线下	
62	11 月 25 日	武汉大学新闻传播学科教育四十周年发展大会	武汉大学新闻与传播学院	线下	来自学界和业界的专家学者、国内百余所新闻与传播学院代表、院友代表、相关职能部门和院系负责人、离退休教职工和在职教职工代表、师生代表等 600 余人
63	11 月 30 日	2023 首届未来媒体教育发展论坛	中国传媒大学、中国电影电视技术学会指导，高等学校国家级实验教学示范中心联席会传媒学科组、中国电影电视技术学会数字视觉设计与呈现专委会主办，中国传媒大学计算机与网络空间安全学院、海南国际学院联合承办	线下	全国数十所传媒高等院校的百余名专家学者和师生

续表

序号	会议日期	会议名称	主办、承办单位	会议形式	规模
64	12月2日	数字人文智能传播系列论坛——生成式AI与中国传媒及教育创新发展会议	华东师范大学传播学院、数字人文学会主办，华东师范大学传播学院广播电视学系、华东师范大学影视创编中心、华东师范大学视觉文化研究中心承办	线下	
65	12月2日	第一届新时代新闻传播实践教学研讨会暨丝绸之路新闻传播教育联盟年会	兰州大学新闻与传播学院	线下	新闻宣传学界、业界的专家学者
66	12月9日	中央民族大学新闻传播专业教育四十周年发展大会	中央民族大学新闻与传播学院	线下	全国各地近150位校友和师生
67	12月22日	首届湖南省高校大学生"做马克思主义新闻观的践行者"征文颁奖典礼暨马克思主义新闻观教育创新论坛	湖南省新闻工作者协会指导，湖南大学承办	线下	全省17所高校的1000多名学子
68	12月23日	河北师范大学新闻传播学院举办高质量传媒高等教育助推京津冀协同发展研讨会	河北师范大学主办，新闻传播学院、新闻与传播国家级实验教学示范中心、河北省大数据传播与网络舆情研究基地承办	线下	京津冀地区十几所高校的20余名专家、学者，以及河北师范大学新闻传播学院师生近百人
69	12月24日	上海大学广告一流专业建设暨全国第八届广告教育学术论坛	中国新闻史学会广告与传媒发展专业委员会主办	线下	国内外的高校、媒体、企业的50余位嘉宾
70	12月30日	践行四力——新闻实践教学研讨会	厦门大学新闻传播学院	线下	福建省9所高校、3家新闻机构的17位专家学者

7.5.1 聚焦的主题

7.5.1.1 中国新闻传播学自主知识体系

（1）2023 新闻传播学院长论坛

2023 年 5 月 13 日，由教育部高等学校新闻传播学类专业教学指导委员会（下简称"教指委"）主办，暨南大学新闻与传播学院承办的 2023 年新闻传播学院长论坛在广州举行。论坛以"新时代、新文科、新动能：中国特色新闻传播学高质量发展"为主题。来自全国近 200 所高等学校新闻院系的院长、专家学者共聚一堂，共谋中国特色新闻传播学科实现高质量发展的新战略新方向新路径。

教指委副主任委员、中国人民大学党委副书记、副校长胡百精认为，探讨面向 2035 年的卓越新闻传播人才培养模式改革创新，要面向交往革命、面向中国式现代化、面向人类文明新形态与人类命运共同体构建，在以新闻传播学视角响应中国之问、世界之问、人民之问、时代之问中持续拓展学科纵深。

清华大学新闻与传播学院院长周庆安表示，新闻传播教育的首要之责是建立新闻人才的中国式现代化身份认同，应当持续培养叙事、实践、交叉和全球认知四种能力。当代中国新闻传播人才的培养，必须坚持在中国式现代化的历史进程中在场，努力走向中国式现代化历史进程的前沿。

暨南大学新闻与传播学院院长支庭荣分享了近年来卓越新闻人才培养的经验和模式。经过多年探索发展，暨大新闻传播人才培养方针是摘取"五颗星"，即通过塑造核心价值观、强化专业能力、开展主题实践、激励创新创业和树立国际视野五个环节，培养高质量新闻传播人才。

北京大学新闻与传播学院院长陈刚阐述了 ChatGPT 技术对人类传播活动和新闻传播教育带来的挑战与冲击，他呼吁新闻传播学界应当积极应对挑战，坚持创新，唯有创新，才有未来。

复旦大学新闻学院院长张涛甫说，随着中国式现代化程度的不断提高，国家和社会对新传学科的要求也逐步提高。重建确定性是新闻传播教育的新方位，通过价值液态化和知识流量化，实现价值、知识和能力的三重确定性。

（2）"中国特色新闻传播学研究"学术研讨会

2023 年 10 月 27 日，由教育部社会科学司指导，中国传媒大学主办，中国传媒大学新闻传播学部、中国人民大学新闻学院与复旦大学新闻学院联合承办的"中国特色新闻传播学研究"学术研讨会在北京举行。来自学界、业界以及知名学术期刊的近百名专家学者汇聚一堂，携手推动中国新闻传播学自主知识体系建构。

教育部社会科学司司长徐青森表示，加快构建中国新闻传播学自主知识体系，要深化研究阐释，将党的创新理论引领贯穿重大专项研究的全要素、全过程。要创新组织形式，建强学术组织，建好期刊矩阵，建优品牌论坛，形成一个有效集成的学术共同体。要聚焦新闻传播领域的基础性前沿性问题，同时加强和其他学科重大专项的共同合作。要加强成果转化，提升人才自主培养能力，发掘具有创新潜力的青年人才，造就一批社会科学家，培养出一批心怀"国之大者"的时代新人。要结合学科智库建设，推动重大专项团队和智库机构加强合作，协同传媒业界力量，用学界高水平的研究成果反哺业内高质量实践创新，为全球新闻传播实践、重大议题贡献中国智慧和中国理论。

中国传媒大学党委副书记、校长张树庭就中国特色新闻传播学研究重大专项的建设情况作了报告。他表示，重大专项课题组根据"自主知识体系建构"的基本逻辑与研究重点，设计了"1+N"的研究矩阵。"1"为新闻传播学自主知识体系建构的本体问题、核心问题、关键问题，共设计 5 个重大课题；"N"为对中国新闻传播学自主知识体系建构具有重要参考价值的垂类课题，共设计 8 个一般课题。

新华社研究院院长刘刚认为，中国新闻传播学自主知识体系的主干是中国共产党的新闻宣传理论与实践。习近平文化思想，尤其是关于新闻舆论工作重要论述，是构建中国新闻传播学自主知识体系的核心要义。要树立文化自信，为自主知识体系构建奠定基础，凝心聚力更好担负起新时代新的文化使命。要明确政治站位，准确把握时代定位，着眼于强国建设，推出更多富有时代精神的优秀新闻作品。要敢于直面世界百年变局，完善学科体系，培养人才，指导实践，不断实现理论创新，完成学科自身建设现代化进程，激发强大生命力。

中国传媒大学新闻传播学部学部长高晓虹提到，新闻传播学自主知识体系构建，是党和国家对新闻传播学界业界更好服务国家战略提出的要求，也是教育部党组、社会科学司交给新闻传播学科的重要任务。要胸怀"国之大者"，在中国式现代化的新征程中把握好自主知识体系建设的时代坐标。要扎根中国大地，在服务党和国家重大战略中汲取自主知识建设的鲜活养分。要践行新文科理念，在中国新闻传播学科的创新实践中推动自主知识体系建构走深走实。

复旦大学新闻学院院长张涛甫认为，当下是中国哲学社会科学发展的最佳时期，中国的新闻传播研究要回归中国问题现场，调动能动性知识，发掘中国每一个精彩领域背后的"小逻辑"，建构我们自己的"自主性知识"，最终构建一套逻辑自洽的知识体系，这套话语体系内生于中国情景，可以有效回答中国实践的重大命题。

中国人民大学新闻学院院长周勇认为，中国新闻传播学自主知识体系建构要以中国为根本，以世界为面向，在广泛吸收人类文明优秀成果的基础上，回到中国的历史和优秀文化传统，以中国问题、中国现实为关照，从问题出发，在一些焦点领域形成突破，产生有解释力的创新型成果，为构建人类命运共同体作出贡献。

（3）中国新闻传播学自主知识体系建构与教材建设院长论坛

11月10日，由复旦大学新闻学院和高校新闻学国家教材建设重点研究基地共同主办的"中国新闻传播学自主知识体系建构与教材建设院长论坛"在复旦大学召开。论坛将构建自主知识体系与推进教材建设两项重要任务紧密结合，将新闻传播学的理论研究与人才培养紧密结合，来自全国数十所知名新闻传播院校院长和资深专家参与会议并围绕主题进行了深入交流。

教育部教材局副局长、国家教材委办公室副主任陈矛指出，中国新闻传播学教材体系的建设应该充分体现自主性、专业性、体系性。对于高校新闻学国家教材建设重点研究基地下一步工作，应在加强现有研究基础上，把握国家二字，拿出更多国家级的高水平成果；紧扣教材主业，深入分析教材建设的需求、规律，统筹学科、课程、教学、教材、资源建设等各方面；汇聚一流队伍，在高校新闻传播学教材建设研究方面发挥示范、引领作用。

中国人民大学新闻学院院长周勇提出，应该做到知识、课程、教材的三位一体建设。一是需在处理好发展与稳定、中国与世界的关系的前提下，重点挖掘新闻传播学的核心概念，通过构建学科知识图谱，完善自主知识体系建设。二是重视课程建设，课程作为教材的主要应用场域，新闻传播学课程需要把握拓展与边界、发展与质量等关系，注重核心基础课程与前沿特色课程的建设，打造精品课程。三是教材体系的建设需要注重个性与共性、创新与规范的辩证统一，构建高质量教材建设的标准与规范体系。

中国传媒大学教务长王晓红表示，在中国式现代化推进道路上，新闻传播学科对于思想文化的建设意义十分重要，习近平总书记在全国宣传思想文化工作会议上的讲话为中国新闻传播学自主知识体系建构注入思想的动力。同时，作为一门实践性色彩浓烈的学科，新闻传播学需要面对实践，要想建设出高质量的教材，编者需要亲自下场去理解新闻实践，以问题为导向，在实践中凝练凸显中国实践、中国经验的理论体系、学科体系、知识体系，并集中体现在教材体系。

华中科技大学新闻与信息传播学院教授张昆分析了教材建设中的两对矛盾关系。第一，学术话语与政治表达的关系，教材编著要与现实政治同向同行，也要体现规范性、学术性、严谨性等。第二，经典知识与前沿探索的关系，教材是经典知识的合法化传播的载体，需要基于知识逻辑、认知规律展开编写工作，教材也应该适当地探索关注科学前沿，做到经典知识为主、前沿探索为辅。

武汉大学新闻与传播学院院长强月新教授从概念的维度提出了建构中国新闻传播学自主知识体系的路径。他认为，知识体系是由众多概念相互联结形成。一个学科的一系列基本概念，把语言和思想连接起来，陈述本学科基本理论内容，构成了本学科学术体系的话语和知识体系。新闻传播学应该在处理好历史与当下、外来与本土、理论与田野等关系的前提下，以中国特色实践为依托，以关键概念为枢纽，发掘新闻传播学自主概念，建构具有中国特色的自主知识体系。

复旦大学新闻学院院长张涛甫认为，中国新闻传播学应该告别以依附性知识生产为主的"学徒期"，回归中国问题现场，回应时代的召唤，从大的理论逻辑层面着眼，重构新闻传播学自主知识体系。新闻传播学知识创新不能满足于在微观层面的修修补补，同时做好"加法"与"减法"，应以结构性、系统性的知识创新，为中国新闻传播学自主知识体系建构开启知识大格局，做到知识、价值、规则三维联动，建构中国新闻传播学自主知识体系。

7.5.1.2　马克思主义新闻观

（1）第三届当代马克思主义新闻观学术研讨会主题论坛之"马克思主义新闻观与红色新闻教育论坛"

5月7日下午，第三届当代马克思主义新闻观学术研讨会主题论坛之"马克思主义新闻观与红色新闻教育论坛"在中国人民大学举行。来自全国的百余位专家学者们立足马克思主义新闻观与红色文化基因传承，围绕马克思主义新闻观教育中的理论创新和实践成果进行了深度研讨。

北京大学新闻与传播学院副院长陈开和教授从邵飘萍的新闻思想出发，结合北京大学在陕西等地开展的暑期调研，探讨了挖掘红色历史资源、拓展红色新闻教育的有效路径。他以邵飘萍对列宁思想的研究和传播为主题，梳理了邵飘萍在"五四"前夕对俄国革命的报道、在流亡日本期间对列宁思想的系统研究，以及《京报》复刊后邵飘萍对列宁思想的传播。

复旦大学马克思主义新闻观研究与教学基地主任马凌教授以"连接"为关键词，从记忆之场、情感链接、身体在场三种路径分析了如何充分发挥红色文化的育人功能。她结合了当下传播学的学术热点和复旦大学鲜活的教育实践案例，在媒介与空间、媒介与认同、媒介与感官的碰撞中，凸显"现场"对于提升马克思主义新闻观与红色新闻教育的重要性。

华东师范大学传播学院院长王峰教授从上海先锋作家孙甘露所著当代红色题材小说

《千里江山图》切入，结合文本细节，分析了《申报》作为进步报刊，所登载的广告是如何发挥信息传播作用并形成广泛影响力的。他指出，对红色文学中的进步报纸进行"由虚入实"的文学考古，是一种具有趣味性的尝试，也是一种值得探索的红色新闻教育的新形式。

厦门大学新闻传播学院党委书记曾铮指出，马克思主义新闻观是新闻舆论工作的灵魂，也是新闻传播高等教育的灵魂。他介绍了厦门大学马克思主义新闻观教育"一体两翼"模式的探索实践，以课程建设为"一体"，以读书会和马克思主义新闻观理论研修班为"两翼"，实现第一课堂和第二课堂的结合、专业教育和通识教育的结合、党建工作与业务工作的多元结合。

河北大学新闻传播学院院长韩立新教授提出"旧闻不死"核心概念，"旧闻"作为兼具历史性和经验性的材料，对新时代新问题仍然具有强大的解释力。他建议开展"旧闻试验"，即对旧闻进行新的报道与可视化创作，由此提出理论问题，并设计相应试验。他强调，红色新闻教育应始终建立在历史的坚实基础之上，在追本溯源的同时回应现实、洞察未来。

陕西师范大学新闻与传播学院院长许加彪教授从延安独特的红色历史底蕴出发，分享了陕西师大新闻与传播学院以延安时期党报发展的丰富红色新闻资源为基础，开设陕甘宁边区新闻传播专题研究必修课的经验。同时，他提出了陕甘宁地区高校联合编写具有地方特色的马克思主义新闻观教材的设想，以期为陕西省新闻传播人才的培养作出基础性贡献。

湖南师范大学新闻与传播学院副院长李琦教授分享了湖师大马克思主义新闻观教育教学活动多维度开展情况。她谈到，湖师大坚持以本为本，通过马克思主义新闻观及原著选读精品课程、习近平新闻舆论工作重要论述解读等课程推进本科精品课程建设；同时重视师资队伍建设和精品教材建设，鼓励教师积极参加课程竞赛。

南昌大学新闻与传播学院副院长郑智斌教授分享了南昌大学马克思主义新闻观教育建设的六种成熟路径：资源建设上，对赣南苏区红色新闻史料资源进行专题整理；课程建设上，增设中央苏区新闻事业概论特色理论课程；部校共建上，邀请江西省委宣传部、主流媒体机构合作授课；教学改革上，提倡通过情景课堂、实景表演等形式进行沉浸式教学；专题活动上，参与全国寻根活动等；培养制度上，与校委宣传部合办融媒体实验班。

延安大学文学与新闻传播学院党委书记党子奇教授以"红色文献数字化保护与开发利用"为题，介绍了延安大学历时五年建设成的延安时期中共中央机关报全文数据库。该项目收录了《红色中华》《新中华报》和《解放日报》三种报纸，具备图文对照、检索、主题分类导航、非文字资料展示等功能。作为集党报保护、传承、传播于一体的红色文献数字平台，该数据库为中国共产党党史研究作出了重要贡献。

（2）"马克思主义新闻观实践教学：对话与反思"学术论坛

2023 年 8 月 28 日，由中央民族大学、高等教育出版社共同主办的"马克思主义新闻观实践教学：对话与反思"学术论坛在中央民族大学召开，来自学界和业界的 40 余位专家学者与会。

中国报业协会常务副理事长、中宣部原副秘书长兼新闻局局长、马工程首席专家明立志指出面对媒体传播新格局和国际传播新形势，如何用马克思主义新闻观解释、研究新闻传播的新实践和新现象，回答媒体发展提出的新要求，是在新形势下坚持和发展马新观的一个重大课题。

新华社研究院院长刘刚表示，马克思主义新闻观教育是"开篇导语"，又是贯穿始终的根魂脉络。新华社强化马克思主义新闻理论研究，持续揭批西方所谓自由新闻观的虚伪性，把新华社社史作为开展马新观教育的基础，并将马新观体现在采编流程和规范之中。

四川大学讲席教授、中国人民大学荣誉一级教授陈力丹指出，马新观的教学需要经典论著的支撑，马恩列编辑的报纸也应视为马新观经典论著。中国共产党经典新闻作品的授课，要让学生看到原版照片，回到"现场"，选择作品要因地制宜，调动学生的积极性。

中央民族大学特聘教授、北京大学国际传播研究院院长程曼丽指出，马新观实践教学需要建立清晰的思路框架，防止实践教学的偏离和分散化。马新观实践教学应以马克思主义中国化的三次历史飞跃为主线，同时开展对苏联模式的反思，让学生们了解，中国共产党如何在坚持马克思主义思想路线的同时，根据中国国情不断修订目标、明确方向。

复旦大学新闻学院院长张涛甫教授认为，当前新闻传播教育中存在"价值空心化、知识流量化、能力液态化"的问题，马新观教育要通过价值驱动，提供专业认知框架，以此指导实践。课程建设要让理论有魅力、让新闻有意义、让学生有期待。

武汉大学新闻学院院长强月新教授指出，马新观教育的实践转向是在理论学习的同时，强调马新观实践教学，包括鼓励青年学子走出课堂，为学生引入业界资源与前沿技术教学，重视师资队伍的建设实践。转向原因在于，马克思主义理论的核心是实践，应用型学科的人才培养需求，以及时代变化与新闻生产变革等。

华中科技大学新闻与信息传播学院院长张明新教授认为，新闻传播学的课程思政建设要以马新观为引领，遵循新文科建设理念，坚持"三全"（全员、全过程、全方位）、

"四融"（融入国家战略、融入经典文献、融入行业前沿、融入中西比较）、"四用"（用好案例教学、用好先进技术、用好情景场景、用好教学互动）。

清华大学新闻与传播学院党委书记胡钰教授介绍了清华的全校通选课"全球胜任力海外实践"，课程以移动课堂、实地体验与从游模式为特征，赴埃及、伊朗、匈牙利等地开展课程教学。当代马新观教育的成效，就是让学生更多地去传播中国与世界、贡献中国与世界。

中国人民大学马克思主义新闻观研究中心主任邓绍根教授指出马新观教育应本着"大思政"协同育人的思路，将思政工作和专业教育融合，教学、科研、党建、团学、社会服务全链条打通，与本学科在全国教研共同体、业界、全国红色新闻资源、国家重大社会实践联动起来，实现全流程、全要素、全场景。

中央网信办中国网络空间研究院传播所所长、华中科技大学新闻与信息传播学院兼职教授程义峰指出，马新观作为科学的思想体系已成为当下中国新闻传播场域和互联网的主流话语，为网络传播提供了坚定有效的指导，网络传播也为马新观创新发展提供了舞台和动力。主流媒体应将传统传播和网络传播融会贯通，加快推进传统媒体和网络媒体的融合。

中国传媒大学电视学院副院长叶明睿教授认为马新观教育是课程思政的具体体现，也给新闻传播专业的课程思政提供了有效抓手。中国传媒大学通过课程建设、作品创作、实践引领、活动打造、项目支撑的"五位一体"，实现了思政育人体系下马新观实践教学的创新探索。

中央民族大学新闻与传播学院副院长、马克思主义新闻观与新闻实践研究中心主任张垒教授对马新观的发展历史、案例教学的当前进展、马新观与国情调研的结合进行回顾，指出马新观实践教学的未来发展趋势：一是面向数字化，实现马新观与信息技术的融合；二是面向多学科，将跨学科交流合作融入马新观实践教育；三是面向行业，创新政学产研的联合模式。

（3）马克思主义新闻观教育与新闻传播学学科体系建设院长论坛

2023 年 10 月 28 日下午，"马克思主义新闻观教育与新闻传播学学科体系建设"院长论坛在上海交通大学媒体与传播学院召开。上海市委宣传部部校共建新闻学院领导小组办公室主任孙卫星、上海交通大学媒体与传播学院党委书记彭大银、副院长（主持工作）徐剑教授出席论坛。来自西安交通大学、华东师范大学、郑州大学等 10 所高校的新闻传播学院院长参与研讨。论坛由上海交通大学媒体与传播学院副院长李晓静教授主持。

上海交通大学媒体与传播学院副院长徐剑教授以"中外生成式人工智能的马新观测

量与比较"为题,探讨如何测量一个主体是否具备马新观,选取国内外主流的生成式人工智能进行测试,得出结论国内外生成式人工智能模型在马新观认知中表现出显著差异,国内模型整体上更符合马新观的各大核心观点。

辽宁大学新闻与传播学院院长程丽红教授围绕"马新观课程体系的实践探索"进行发言,从辽宁大学马新观课程建设的探索实践出发,认为应当将马新观作为课程体系来设计,进一步加强马新观课程系统性、全面性和深入性的建设;同时,以新闻学、传播学等理论课程为基础完善马克思主义新闻观教育培养体系。

河北大学新闻传播学院院长韩立新教授以"主体、逻辑与方法——马克思主义新闻学知识体系建设的三点思考"为发言主题,针对新闻学独特的研究对象、完整的理论体系、专门的研究方法提出思考,建议可从人才培养的知识体系视角探讨马克思主义新闻知识体系的建构。

上海大学新闻传播学院院长严三九教授在"做好马克思主义新闻观价值引领,培养卓越新闻传播人才"的发言中,讲述意识形态工作的重要性、全媒体传播建设的必要性和践行重点,提出以主流核心价值观观念化、具象化来探索出一条新时代意识形态全媒体传播的科学之路。

重庆师范大学新闻与传媒学院(新媒体学院)院长颜春龙教授的发言主题是"全媒体传播格局建设与新时代马新观教育的互嵌"。颜春龙从历史演进的视角分析、反思全媒体传播体系的发展与变化,针对媒体融合进入深水区后的高校学科体系建设提出思考。

郑州大学新闻与传播学院副院长张淑华教授以"'勿忘人民'与'脚带泥土':马克思主义新闻观的郑大实践"为题,讲述郑州大学新闻与传播学院以专业知识教育、新闻理想教育和家国情怀教育三位一体为理念,开展"五个一"工程建设,积极推进马新观实践。

7.5.1.3 国际传播

(1)国际传播后备人才培养与智库建设研讨会

2023年5月31日下午,在习近平总书记关于加强国际传播能力建设重要讲话发表两周年之际,国际传播后备人才培养与智库建设研讨会在中国传媒大学中传学术中心成功举办。此次学术研讨会由教育部社会科学司与中宣部国际传播局指导,中国传媒大学主办。中国传媒大学及首批14所联合高校相关学院负责人和专家学者围绕"准确把握'两个大局'、培养国际传播高层次人才"和"充分发挥高校智库作用、服务国际传播重大战略"两个议题展开深入研讨。

北京大学新闻与传播学院院长陈刚表示,我们作为首批联合高校,要以国际传播联合研究院这个平台为依托，协同作战推动国际传播人才培养不断发展。国际传播人才培养，要重视政治素养、语言能力、学习能力的培养，不断加强特色教育和个性化培养。

复旦大学新闻学院院长张涛甫提到，国际传播人才培养最重要的是具体的培养方法和实践操作，培养有更长续航能力、知行合一的人才，要传授结构化而非流沙式的知识。各大高校要了解自身的痛点、难点，结合自身禀赋，在国家战略的框架下实现有自身特色的发展。

武汉大学新闻与传播学院院长强月新认为，要尊重传播规律和人才成长规律，在重视实践的同时不断增强理论支撑，同时依托国际传播联合研究院这一平台，规范国际传播人才的个性化和特色化培养，守正创新。

北京师范大学新闻传播学院党委书记方增泉表示，要认识到国际传播的主体和客体是相统一的。同时，要寻找理论与实践的平衡点，处理好理论与实践之间的张力、矛盾与冲突，并坚持以学术研究为导向。

中山大学新闻传播学院院长钟智锦谈到，国际传播不仅要讲中国故事，还要讲国际故事，除了在常态化的工作当中讲好故事，还要关注在一些非常态时期的重要任务，可以增加关于风险沟通和危机应对方面的课程知识。最后，她表示国际传播人才要有实证思维、要"一专多会"。

华中科技大学学术委员会副主任张昆认为，国家形象以往更多的是关注媒体对国家形象的呈现，而较少关注到公众对于国家形象的综合认知，民意调查就显得尤为重要。教育部大数据与国家传播战略实验室的"公众对于国家形象的认知和判断"课题在这一领域作了积极探索。

暨南大学新闻与传播学院党委书记刘涛分享了在数字媒介时代背景下，话语体系和叙事体系建构是两个核心，暨南大学在持续探索数字叙事这一命题，研究最基础的文本形态和深层叙事是提出智库型、对策型建议的关键。只有在实践的场域中才能真正推动国际传播，人才培养才能真正落到实处。

云南大学新闻学院、南亚东南亚国际传播学院院长廖圣清表示，提升国际传播效能，最重要的是要以受众为中心，以效果为导向，才有可能基于相应的理论作为依据，对现有的国际传播效果进行评估，从而推动国际传播走深走实。云南大学利用了云南面向南亚东南亚区域的优势，着力以国别作为重要对象，希望实现一国一策精准传播。

宁夏大学阿拉伯国家研究省部共建协同创新中心执行主任张前进介绍道，宁夏大学的阿拉伯国家研究紧紧围绕国家向西开放战略，服务于中阿博览会以及阿拉伯决策咨询工作。研究工作包括：面向阿拉伯地区安全开展智库、对阿拉伯国家的文化传播以及对中阿经贸合作研究等。

（2）中国国际新闻传播教育四十年论坛

为落实总书记提出的"在新的起点上继续推动文化繁荣、建设文化强国、建设中华民族现代文明，是我们在新时代新的文化使命"的重要论述，6月10日上午，中国国际新闻传播教育四十年论坛暨上海外国语大学新闻传播学院建院四十周年活动在上海外国语大学松江校区国际教育中心举行。论坛上，专家学者以及各界校友代表围绕"国际传播与创新人才培养"进行了交流分享。

上海市委外宣办、市政府新闻办主任尹欣指出，今天的世界对中国还有不少的误解，对上海还有很多的不了解，国际传播的任务就是让更多人了解中国。青年学子是国际传播的重要参与者，是塑造未来国际舆论格局的重要力量。尹欣对青年学子做好国际传播工作提出了新的期望，希望青年学子能更加主动地拿起话筒，更加热情地拥抱新技术、闯荡新赛道，为国际传播插上翅膀、破圈出海。

CGTN创办人之一、总台北美总站前负责人江和平结合自己在工作中的创举，指出新时代做好国际传播工作必须进一步解放思想、与时俱进，在没有标准答案的情况下，不能固守旧的模式，而要大胆尝试。

四川数字资产交易中心股份有限公司董事长张林超回顾了在上海外国语大学新闻传播学院求学时的点点滴滴，分享了央企新闻发言人视角下的传播与媒体，并就如何做好一名新闻发言人以及如何应对舆论危机阐述了自己的经验。

上海市委外宣办事业处二级调研员钱斐校友认为，在自己的职业生涯中，上外赋予的立足上海、全球发声的底色一直没有改变，是上外培养了自己开放的胸怀、创新的思维、包容的姿态，希望上外新传人在未来能做新赛道的弄潮儿和引领全球风气的先锋派。

上海广播电视台纪录片中心党总支书记、主任王立俊校友给出了自己在人才培养方面的建议，他认为讲好中国故事要注重"五个度"，要向世界展现中国的广度、深度、热度、温度和态度。此外，还要注重"四种能力"的培养，要保真实、敢发声、强专业、求创新。

（3）2023年国际新闻传播教育联盟理事会会议

由国际新闻传播教育联盟主办、上海大学新闻传播学院承办的"2023年国际新闻传播教育联盟理事会会议"于2023年11月14日在黄山学院文化与传播学院以及线上同时举行。来自美国印第安纳大学、美国纽约州立大学、英国拉夫堡大学、新加坡南洋理工大学、香港城市大学、香港浸会大学和上海大学、黄山学院等海内外高校的新闻传播学专家开启线上线下同步会议，共同探讨"全球连接时代的新闻传播教育与研究"这一重要问题。

上海大学新闻传播学院特聘教授刘幼琍就人工智能驱动下的数据素养问题进行了深入探讨。她表示，人工智能技术的进一步发展将扩大技术鸿沟，而提升数据素养和算法素养是缩小鸿沟的重要手段。

香港浸会大学传理学院黄煜教授指出，媒体环境的变革不仅是技术进步，更需要转变思维，注重培养学生的跨学科能力。在智能媒体时代下，新闻传播与技术、数据科学等紧密交融，需要继续推进元宇宙、大数据等智能技术在教育、教学中的实践与应用。

美国印第安纳大学传媒学院副院长 Radhika Parameswaran 教授介绍了印第安纳大学传媒学院的基本情况。她指出，在当前的智能媒体时代，教育的任务之一在于引导学生更好地理解和运用新技术和新媒体工具，培养学生对信息真实性和伦理责任的敏感性，联盟成员间需要就如何创新教学方法开展深入交流与合作。

美国纽约州立大学布法罗分校洪浚浩教授探讨了国际传播新的研究方向。他认为，国际传播研究不仅需要更为明晰地了解受众，更急需基于实证数据的国际传播研究。这些重要话题给联盟成员间的国际学术交流与研究提供了广阔的合作领域。

新加坡南洋理工大学黄金辉传播与信息学院副院长 Lee Chu Keong 教授，探讨了新闻传播研究领域关注的重点研究方向。面对元宇宙、AI 等新技术在新闻传播领域的进一步应用，有关计算机、大数据、算法等学习内容需整合进课程内容，联盟成员需要在这个方向下，继续深化合作。

香港城市大学媒体与传播系副主任沈菲副教授介绍了其院系的基本情况，为应媒介发展，香港城市大学媒体与传播系设置了数码电视与广播、媒体与传播两个本科生项目，传播与新媒体和整合营销传播两个硕士生项目，全方位提升学生对媒体数据和数码媒体的实务能力。

7.5.2　关注的学科专业

7.5.2.1　一流学科建设相关会议

（1）新闻与传播学科双一流建设创新发展交流会

4 月 8 日上午，"新闻与传播学科双一流建设创新发展交流会"在北京大学新闻与传播学院报告厅成功举行。北京大学、清华大学、复旦大学、中国人民大学、中国传媒大学五所高校的新闻传播学院党政班子成员齐聚燕园，围绕新闻传播学科发展的重大问题进行研讨交流。

中国传媒大学新闻传播学部学部长高晓虹在致辞中表示，新闻传播学科要关注、研究大数据、互联网、人工智能等新技术对新闻传播业态产生的影响，教育部会同四部委发布的《普通高等教育学科专业设置调整优化改革方案》对优化学科布局提出了新要求，要牢牢抓住"自主"和"融合"两个关键点，构建中国新闻传播学科的自主知识体系。

复旦大学新闻学院院长张涛甫围绕教学改革、科研合作、国家和社会服务三个方面提出了对新闻与传播学科发展的看法。他指出，如何根据当下时代发展进行有效的人才培养，是大家共同面临的一个问题。现有的课程设置和教学模式已经逐渐无法适应学生的需要，应在现有课程上做减法，更加注重中长期的知识能力和思维能力的训练。

中国人民大学新闻学院院长周勇强调，推进学科整合，应同时进行对内重构和对外拓展，并从中梳理出学科体系构建的元问题。他认为应在各高校自主探索的基础上，基于共同体的再认知，基于学科使命的再认知，向内对新闻与传播学科进行系统性的重构；同时，对外拓展也是另一个很重要的方面。他指出，应重新审视学科与社会的关系，重新审视学科的使命，以需求为导向衡量学科建设的好坏。

清华大学新闻与传播学院院长周庆安指出，新闻与传播学科在当前的话语复制时代、技术内向型环境以及历史冲突性情境下，面临着许多挑战和焦虑。他强调，尽管人工智能和大数据等技术的发展对新闻传播领域产生了一定冲击，但仍需要以叙事能力为核心来培养精英人才，进行不同领域、不同学科、不同技术的交叉交互。他认为，高层次的人才培养尤为重要，需要注重田野实践和社会实践，培养有政治意识、有理想道德情怀、有专业能力的人才，尤其需要加强国际传播人才体系建设。

北京大学新闻与传播学院院长陈刚表示，"双一流"建设的核心是推动立足前沿的高质量人才培养与学术研究。当今时代，技术的迅猛发展给新闻传播领域带来了巨大的冲击；此外，全球格局的变化也让信息战成为常态，这些变化都对新闻传播学科提出了前所未有的重大问题，这是新闻传播学科发展的大时代。但是，新闻传播学科现有的理论、方法、专业设置、教学模式，都应进行创新与重构，应该加强适应数字时代和新的全球格局的传播学自主知识体系建构，基于新的理念和模式培养适应未来的拔尖创新人才。

（2）2023 年"中外新闻学院院长论坛"暨第九届新闻传播学科高峰论坛

为积极落实习近平总书记的关于建构中国自主知识体系的重要指示精神，全面回答中国之问、世界之问、人民之问、时代之问，推动我国新闻传播学研究、教育与实践深入发展，2023 年 11 月 4 日下午，由中国人民大学新闻学院、清华大学新闻与传播学院和中国高等教育学会新闻学与传播学专业委员会联合举办的 2023 年"中外新闻学院院长论坛"暨第九届新闻传播学科高峰论坛在中国人民大学召开。

中国传媒大学新闻学院院长隋岩从传播的影响出发，阐述自主知识体系建设的合理性与使命感。在强调自主知识体系合理性的基础上，他指出要关照自主知识体系中的两个"他者"，即我们和世界的关系、我们和其他学科的关系。就新闻传播学科本身而言，他认为教育工作者要尊重教育的规律和新闻传播学学科的规律，正确处理与技术的关系，依托于技术的同时不迷失于技术。

中国人民大学新闻学院院长周勇围绕"建设世界一流的学科"的使命，从知识创新和实践赋能两方面进行了详细阐述。他强调，自主知识体系建设要通过知识创新来彰显中国贡献，使中国新闻传播学屹立于世界学术之林。以此为目标，在战术层面上大体分为：能与世界同仁开展实质有效的深度对话、开展实质有效的交流合作和能为世界同仁作出实质有效的独特贡献三个方面。周勇强调，要以实践赋能彰显学科力量来增强国际学术话语权，并分享了中国人民大学成立新时代国际传播研究院和全球民意调查中心等积极组织开展全球交流对话的经验做法。

莫斯科国立大学新闻学院院长 Elena Vartanova 从俄罗斯新闻学的建构出发，就文明、职业和技术三个角度进行了详细阐述。从文明的维度，她强调了知识生产的文化适应性；从职业的维度，她指出新闻已经不仅仅是一个职业，而是服务于个人使用需求的公共传播领域；从技术的维度，她认为对于历史悠久的国家和文明强国来说，实现数字化是一种义务。

(3)数字时代的卓越新闻传播人才培养一流本科专业建设研讨会

2023 年 11 月 24 日，"数字时代的卓越新闻传播人才培养：一流本科专业建设研讨会"在复旦大学新闻学院举行。来自复旦大学、南京大学、上海财经大学、厦门大学、华东师范大学、上海师范大学、华东政法大学、广州大学、上海大学的专业负责人就数字时代新闻学科的人才培养转型展开交流。

南京大学新闻传播学院新闻系主任袁光锋分享了学校自 2015 年以来对本科生学术能力的培养经验。他表示，从"学术基地班"到"明经学堂"项目建设，"读书班"模式持续激发学生的学术兴趣，学术成果不断涌现。

上海财经大学人文学院经济新闻系主任王学成介绍，经济新闻专业依托优秀学科资源，通过邀请业界专业人士走进课堂、对接一流实习资源等方式培养本科生的学术能力与专业实践能力，为其他院校的相关专业建设提供了可供借鉴的路径。

复旦大学新闻学院新闻学系主任白红义立足当前本科生的学术能力培养境况，从课程、讲座、科研项目工作坊或训练营等方面，为解决本科生的学术训练短板问题提供了具体方案。复旦大学新闻学院新闻学系副主任陶建杰探讨了融媒时代新闻实践教学的创新道路，认为人才培养需要以优质内容生产为抓手，推动包括培养目标、学期设置、专业课程设计等方面在内的一系列改革。

华东师范大学传播学院副院长于晶介绍了学院鼓励学生进行创新创作、根据不同层级的文化建设目标积极引进专业人才等有效经验，认为这些实践为新文科建设背景下新闻传播学人才的培养提供了借鉴。

复旦大学新闻学院传播学系主任姚建华探讨了传播技术变革背景下国家级一流本科专业的建设要求，提出随着传播学科的专业课程渐趋细化，院校需要改革课程设置，分层次培养学生。

7.5.2.2 广告专业建设研讨会

（1）中国广告教育深研会

为了深入贯彻落实习近平总书记在中国人民大学考察调研时的重要讲话精神，共同应对大学教育与教材建设所面临的前所未有的机遇与挑战，形成具有高度思想性、民族性和时代性的中国特色高质量广告教材建设体系，11 月 4 日，中国人民大学新闻学院、中国人民大学新闻与社会发展研究中心、中国高等教育学会新闻学与传播学专业委员会共同举办了以"中国广告教育"为主题的第 56 期新闻传播学术话语体系创新深研会。此次深研会围绕目前广告教育的培养目标、教研分离、内容重叠、实践单调等问题展开深度研讨。

中国人民大学新闻学院党委书记张辉锋表示，技术等因素带来的巨大而快速的变革重塑了广告业的核心逻辑，这直接影响了具体机构和从业者的发展与命运。于广告教育领域而言，需要加强专业建设，提高人才培养质量，提高人才的从业素养和能力，使其能适应形势变化。具体来说，他提出了广告教育自身应对外部形势的三方面建议：首先要加强专业建设的意识；其次需要加强学科内广告学专业的联动；最后要高度重视与业界的联动，彼此深度融入，让一线的知识及时融入课堂教材和教辅材料。

美国伊利诺伊大学香槟分校教授姚正宇提出了广告教育使命和研究议程面临的三个主要威胁：新兴媒体科技平台的吞噬、业界内部转型及跨界市场竞争和公众对广告的负面情绪。针对这些挑战，他表示，作为一个世界顶尖的教育学术机构，伊利诺伊大学香槟分校正在采取三个关键步骤以塑造广告教育和研究的未来——主动参与科技创新；放宽对广告教育及研究的定义；注重体验式学习。他认为，广告不应只是面对和接受，而应该主动参与技术建设；此外，广告教育的新使命不再是"教"，也并不只是"育"，而是提供一个能容忍甚至鼓励学生不断尝试、摸爬滚打，从一次次失败去寻找自我的试验场。

厦门大学教授陈培爱追溯了广告教育 40 年的发展，解释了 40 年来中国广告教育从无到有、从弱到强的巨大转变，凸显了广告学专业在国家改革开放和社会变革中的重要贡献。事实证明，中国广告教育的发展方向"量的扩展—质的提升—融入社会主流"是一条正确的发展之路。因此，对于未来广告学的发展，他认为更要守正创新，找到学科自信，建立广告学自主学科体系。各所学校需要夯实学科基础知识，以各自特色定位发展目标，建立数字化转型平台和培养数字化转型的教师队伍。

中国人民大学教授倪宁提出，国家正处于重要的战略发展期，二十大报告又更加明确了"构建高水平社会主义市场经济体制""充分发挥市场在资源配置中的决定性作用"等要求，在这一背景下，广告学专业面临着转型，广告人才培养相应地也要作出调整。对此，他认为首先要建立培养新型广告人才的信心，在此基础上发挥广告学所具有的兼容并收、包容性融合性强的特点，最后各教学点要充分发挥各自的优势，把各自的资源充分配置。

中国人民大学出版社人文分社总编辑翟江虹认为，相较于以往教材编写不受重视、教材质量良莠不齐的倾向，目前教材工作已上升到国家事权，所处的环境发生了格局性变化，处在新的历史阶段。因此，广告学教材应该符合国家战略层面的需要，符合人才培养的需要，满足市场的需求。

中国人民大学教授林升栋基于对多家国家级一流广告学专业的调研和近年普通高等学校本科专业新增和撤销的变化，解释了整个人文学科正在面临的危机，提出了值得深思的话题："文理交叉究竟是理科'侵入'文科，还是文科借助新的科学技术手段研究新的现象，并挖掘出更新的、更具人文深度的理论与知识"。最后，他抛出了广告教育所面临的转型升级、教研分离、培养目标、课程内容重叠、实践内容单调等六个问题来引发大家的思考。

（2）2023 全国广告学术研讨会暨厦门大学广告学专业创办 40 周年庆

2023 年 11 月 18 日，由中国广告协会学术与教育工作委员会联合厦门大学新闻传播学院共同主办的"2023 全国广告学术研讨会暨厦门大学广告学专业创办 40 周年庆"，在厦门大学科学艺术中心三楼报告厅举行。来自全国各高校、企业的近 600 名专家学者参加会议并深入讨论。

北京大学新闻与传播学院院长、中国广告协会学术与教育工作委员会主任陈刚教授指出，厦门大学广告教育 40 年的发展，也是中国广告教育 40 年的发展。在新的历史起点，应共同努力推动广告学科的数字化转型创新，加速广告教育的高质量发展，为中国广告教育的发展作出更大贡献，在中国式现代化的进程中发挥广告专业的力量。

厦门大学党委常委、副校长邓朝晖表示，党的十八大以来，以习近平同志为核心的党中央高度重视新闻舆论工作和新时代宣传思想文化事业，作出一系列重要论述，其中提出"广告宣传也要讲导向"，这为做好广告教育工作指明了前进方向、提供了根本遵循。她进一步对广告教育工作提出建议：一是更加精准地把牢广告教育的工作导向；二是要积极服务宣传思想文化事业和国际传播能力建设；三是要把握数智时代广告迭代升级的新趋势；四是要通过产学研协同发力促进广告产业高质量发展。

国际广告协会全球副主席、中国广告协会会长张国华表示，厦门大学广告开风气之先，开设新闻传播学系与广告学科，经40年风风雨雨，已然成长为参天大树。他进一步结合元宇宙、二次元、AIGC等业界新兴技术指出，广告教学应与时俱进，提升学生的工具使用能力，以适应社会的发展和广告快速迭代的需求。

中国传媒大学广告学院院长赵新利教授谈到，全国各院校的广告学专业都从厦门大学这所中国广告学教育的"黄埔军校"汲取了重要力量。他结合广告学专业40年来的重要发展节点，指出广告人一直胸怀"国之大者"，一直保有敏锐的战略判断，一直注重联系实践，一直坚持放眼看世界，一直保持团结一致，并倡议广告教育界将广告人的优良品质发扬光大。

7.5.2.3 出版专业建设研讨会

（1）第十一届韬奋出版人才发展论坛

2023年2月11日，第十一届韬奋出版人才发展论坛在贵州贵阳举行。此次论坛共设主论坛和两个平行论坛，近300位出版业界、学界代表汇聚一堂，共同聚焦文化强国建设与出版英才培养。此次论坛由国家新闻出版署指导，韬奋基金会主办，中国新闻出版研究院、中国新闻出版广电报社联办，贵州出版集团有限公司承办，百道网协办。

中国出版协会理事长邬书林以近百年来中国出版业发展史上的出版大家为范例，强调人才在出版强国建设中的重要作用。他认为，新时代的出版人应该具有较高的政治素养、文化素养和运作能力，是既懂出版又精专业、既懂经营又善管理的复合型人才。出版单位要学习贯彻党的二十大提出的深入实施人才强国战略的要求，努力培养造就行业需要的各类出版人才，为出版强国建设提供人才支撑。

"推动出版融合发展，人才是第一要务。"中国音像与数字出版协会理事长孙寿山表示，目前，"数字出版编辑"已列入新修订的《中华人民共和国职业分类大典》，接下来，将继续推进相关职称序列的改革工作。为此，大家要认识到推动出版深度融合的突破口在于建强出版人才队伍，在此过程中出版企业应发挥主体作用，积极开展试点创新，同时还要发挥各级协会和行业组织的支撑作用。

"人才强则文化强，人才兴则出版兴。"中国期刊协会会长吴尚之表示，期刊出版人才建设需要立足长远，突出三个重点方向：面向全面建成社会主义现代化国家总体目标和战略安排；面向建设社会主义文化强国的目标和要求；面向推动期刊业高质量发展的目标和要求。加强期刊人才培养教育需要制定和完善人才发展规划，创新人才体制机制，优化人才结构布局，加强人才教育培训。

中国编辑学会会长郝振省认为，出版本质上是内容为王、思想为王的行业，因此应该特别强调对学生的学术教育和理论教学。"只有学术教育和理论教学的根扎得深，将来实践和就业的大树才可能立得稳，编辑人才的成长和发展才会有后劲、有底蕴。"他表示，这就要求出版高等教育要以理论学习为主，实践环节为辅，这其中，特别要注重形成中国化时代化马克思主义出版观指导下的出版学教材体系与教学体系。

（2）第十二届韬奋出版人才发展论坛

2023 年 11 月 11 日，第十二届韬奋出版人才发展论坛在广西南宁举办。在宣传思想文化战线、深入学习贯彻习近平文化思想之际，来自全国出版界的专家学者、从业人员及高校师生相聚一堂，围绕"在新的历史起点上建设出版人才队伍"主题，共话新时代出版人才培养的新路径、新思路、新方法。

中国编辑学会会长郝振省认为，出版单位在编辑人才培养方面应发挥基础性作用。20 世纪二三十年代，一批出版名家的出现是和生活书店、商务印书馆等出版机构高度重视出版人才的培养分不开的。他以人民教育出版社、北京师范大学出版集团和石油工业出版社的人才培养做法为例，说明一些品牌出版企业能够成功地承担党和国家的重大出版工程，能够在国家大的出版评奖中收获多多，能够一直有较好的双效益，就在于其在促进人才健康成长方面有一些成功的经验及理念，甚至初步形成了一套卓有成效的编辑出版人才培养的工作体系、制度体系。

中国出版协会副理事长兼秘书长王利明认为，在中华文明发展史上，出版在传承文明、积累文化等方面发挥了不可替代的作用。从雕版印刷到铅字印刷再到激光照排，一直到今天的人工智能，每一次技术创新都会给出版业带来变革。但是，无论技术如何更新迭代，出版的本质不会变，出版的核心始终是内容。因此，面对汹涌而来的生成式人工智能，我们要有新的人才观，既要坚定文化自信，也要对自己有更高要求，这样才能把人工智能变成我们得力的助手。

北京印刷学院党委书记曹文军表示，办学 65 年来，该校已逐步发展成国内唯一以出版为学科专业特色、为出版全产业链培养人才的特色型高校。她阐述了北印培养中国特色出版人才的三个目标：培养具有家国情怀与文化使命的出版人才，具有出版素养与融合能力的出版人才，具有服务能力与国际视野的出版人才。未来，北印将加快建设中国特色世界知名出版大学，全力培养一批"弘扬韬奋精神，勇担强国使命，矢志文化报国"的新时代出版人才。

人民教育出版社党委书记、社长黄强介绍了人教社打造基础教育教材编研出版国家队的经验。在战略层面，人教社坚持"编研一体"为编辑出版人才赋能，实施以科研创新为动力的人才兴社战略；在战术层面，坚持多实践锻炼、多途径培养、多维度激励。他认为，打造一流编辑出版人才队伍，应该在政治性上坚持对人才的思想淬炼、政治历练，专业性上坚持科研赋能、专业发展，开放性上坚持开放态度、开阔视野，创新性上坚持理念和实践与时俱进。

中国人民大学出版社社长李永强认为，"创新之道，唯在得人。"在新的历史起点上，出版工作要强化人才引领支撑作用，努力打造一支高素质的出版"铁军"。这需要从三个方面着力：第一，强化政治引领，提高政治站位，不断提升出版队伍的政治修养和业务能力；第二，加强出版学科建设，提升高校专业人才培养能力，打造产学研出版人才培养基地；第三，建立健全人才激励机制，优化完善出版人才评价体系，营造人才发展的良好环境。

（3）"中国特色出版学科新构想与新探索"出版学科发展论坛

为深入学习贯彻习近平文化思想，自觉把习近平文化思想贯彻落实到出版学科建设的各方面和全过程，推动建设一流出版学科，2023 年 11 月 25 日，"中国特色出版学科新构想与新探索"出版学科发展论坛在北京印刷学院举行。论坛由北京印刷学院、中国出版协会联合主办。

中国出版协会理事长、原国家新闻出版广电总局副局长、第十二届全国政协委员邬书林指出，深入学习贯彻习近平文化思想和全国宣传思想文化工作会议精神，是出版界当前和今后一个时期的重要政治任务，是我们积极构建中国特色出版学科体系的根本遵循。我们要坚定自信自立，努力构建中国特色的出版学科体系；秉持开放包容，着力建设世界一流出版学科；坚持守正创新，探索出版学科高质量发展的新路径。通过坚持思想引领、深化出版理论研究、专注高素质人才培养、强化学科交叉融合等，推动中国特色出版学科体系建设再上新台阶。

中国新闻出版研究院院长魏玉山强调，作为一门应用性实践性很强的新兴学科，出版学的研究工作要随着实践的深入而发展。未来出版学的研究应当特别关注中国特色的出版学科体系构建、出版与科技的融合发展、出版业中长期发展战略、出版高质量发展、建设出版强国、出版产业发展、出版物销售渠道与市场建设、出版管理、国际出版市场与中国出版国际化、出版人才队伍建设、阅读、中国特色出版法制体系建设等方面的内容。

北京大学教授、全国出版学科专业共建工作联络处负责人张久珍表示，在人工智能高速发展的时代，出版学科的建设与发展要关注数字出版、智能出版、融合出版等新业态与新模式。要加大学科共建，强化高校之间的资源共享、教学科研与人才培养的同步推进，实现学科资源的最大化效用。着力解决薄弱的知识基础设施与强大的网络基础设施不匹配的问题，尽快推动关于知识基础设施的顶层设计，为连接人与知识方面贡献中国智慧、中国方案。

人民教育出版社党委书记、社长黄强对高校出版学科建设提出三点建议：一要明确学科建设目标，培养满足出版单位发展需要、推动行业高质量发展的中国特色出版人才；二要高度重视专业教材建设，推动习近平新时代中国特色社会主义思想进教材，紧跟行业融合发展趋势，积极探索教材的先进样态；三要推动学科建设与行业实践深度融通，构建业界与学界的长效合作机制，共同开展编辑出版学理论和实际结合的系统探索。

《新闻春秋》杂志主编周蔚华从时间逻辑、空间逻辑、理论逻辑，以及实践逻辑与出版使命四个方面，深入论述了建设中华民族现代文明的内在逻辑，以及出版在其中的定位与任务。他指出，出版工作在文化工作中具有特殊重要地位。中国出版在中华民族现代文明建设实践中应该发挥更大作用，深入学习贯彻习近平文化思想，围绕"七个着力"不断推进出版强国建设，为建设中华民族现代文明贡献力量。

北京印刷学院党委副书记、院长田忠利表示，北京印刷学院坚守"认真做好出版工作"的初心使命，根据出版行业在不同发展阶段的核心需求，持续推进新时代中华文化传承发展背景下的出版学科建设，持续完善与中国出版协会共建出版学院的模式路径，坚持政治引领、文化育人，坚持共建推动、产教协同，坚持开拓创新、质量为本，培养出版学科专业共建机制下的新型出版人才。

2023年新闻教育论坛关注的是中国新闻教育界面临的紧迫问题。与2022年相比，2023年新闻教育论坛更加关注中国新闻传播学自主知识体系建设、马克思主义新闻观教育与国际传播。可见，在推进中国式现代化的进程中，构建中国新闻传播学自主知识体系成为时代发展的必然要求。新闻传播教育要在处理好历史和当下、外来与本土、理论与实践等关系的前提下，以新时代中国特色社会主义实践为依托，以关键概念为枢纽，发掘新闻传播学自主概念，建构具有中国特色的自主知识体系。

（陕西师范大学新闻与传播学院　周宏刚、段臣宇；西安交通大学新闻与新媒体学院　李聿哲）

7.6　新闻传播教育研究成果概览

7.6.1　2023 年新闻传播教育论文目录(按姓氏拼音排序)

1. 艾思危,周美慧. 融媒语境下新闻人才培养刍议[J]. 今传媒,2023,31(6):47-50.

2. 安平. 应对传播之变——智能传播时代的中国新闻教育改革[J]. 教育传媒研究,2023(6):27-30.

3. 白净. 融媒时代高校如何培养职业化的传媒人才[J]. 全媒体探索,2023(10):18-20.

4. 白雪. 新媒体背景下高校新闻传播教育的革新探索[J]. 新闻传播,2023(13):66-68.

5. 包萨楚拉. 涵化理论视角下 ChatGPT 对新闻教育的影响[J]. 视听,2023(5):10-13.

6. 蔡馥谣. 创新能力培养下的融合新闻传播人才教育改革策略探讨[J]. 新闻传播,2023(15):85-87.

7. 曾梦源,刘现鹏,罗会彪. 融媒体时代广告人才创新创业教育改革研究[J]. 科学咨询(教育科研),2023(4):51-53.

8. 曾润喜,郭思婷. 基于新媒体平台提升学生综合素养的探索[J]. 青年记者,2023(16):110-112.

9. 曾薇,焦俊波,曾真. 新闻写作"叙事能力进阶"教改实践[J]. 青年记者,2023(2):106-108.

10. 曾祥敏,杨丽萍. 国际传播人才培养模式探究——基于我国高校的观察分析[J]. 中国编辑,2023(9):72-78.

11. 柴如瑾,卢晓东. 部校共建的生成及制度化:历史与机理[J]. 青年记者,2023(8):113-115.

12. 常佳瑶,郭松. 新媒介时代的新闻传播发展趋势——评《媒介与社会:新闻传播的视角》[J]. 中国教育学刊,2023(1):131.

13. 常银龙,李兆伟,解晓峰,李娟娟,佘燕. 高校融媒体中心建设的实践与探索[J]. 新闻研究导刊,2023,14(18):62-65.

14. 陈蓓．"分层探究+项目实践"：应用型新闻学人才培养模式改革实践[J]．西部广播电视，2023，44(21)：92-95.

15. 陈成．"一播三色"播音与主持艺术专业人才培养的"浙传模式"[J]．中国广播电视学刊，2023(3)：79-83.

16. 陈凤至，王康．广播电视艺术硕士实践教学创新策略研究[J]．今传媒，2023，31(12)：66-69.

17. 陈刚，唐金楠．北京大学新闻学研究会：马克思主义在中国早期传播的重要力量[J]．党建，2023(7)：57-58，72.

18. 陈海波．混合式学习环境下建构马克思主义新闻观的对话性实践[J]．新闻传播，2023(20)：48-50.

19. 陈海军，费德馨．融媒体时代复合型传媒人才跨界培养研究[J]．传媒论坛，2023，6(3)：64-66.

20. 陈丽丹，姚艺．人工智能赋能新闻传播教育：实践转向、未来愿景与赋能路径[J]．重庆邮电大学学报(社会科学版)，2023，35(1)：140-147.

21. 陈琳．融媒体时代高校新闻传播学专业教学体系的重构[J]．菏泽学院学报，2023，45(1)：78-81.

22. 陈暖，廖小刚．编辑数据思维的内涵、构成及其培养路径[J]．中国编辑，2023(3)：55-59.

23. 陈琦，丁嗣胤．全媒体时代广播电视学创新实践教学体系与复合型人才培养研究[J]．传媒，2023(17)：82-84，86.

24. 陈秋雷．新媒体语境下新闻传播理论教学体系的构建[J]．黑龙江教育(理论与实践)，2023(2)：21-23.

25. 陈文静，王嘉钰．参与式传播视角下新闻传播学课程思政教育路径创新研究[J]．传播与版权，2023(13)：109-111.

26. 陈晓坚，袁佳琦．新文科视域下传媒专业结构优化路径研究——以影视传媒类专业为例[J]．传媒论坛，2023，6(24)：64-66.

27. 陈欣．新文科背景下"新闻采访与写作"课程教学改革的新突破[J]．新闻传播，2023(17)：93-95.

28. 陈雪，贺政委．地方高校新闻传播专业"1+N"产教融合实践实训教学体系创新研究[J]．三峡大学学报(人文社会科学版)，2023，45(5)：25-28.

29. 陈奕．基于模块化教学的"马工程"新闻传播理论课程改革探析[J]．现代商贸工业，2023，44(14)：235-237.

30. 陈媛媛. 校媒校企协同培养新闻传播人才的实践创新[J]. 新闻前哨, 2023 (3): 23-24.

31. 陈媛媛. 新闻学者何以不亲近传媒——新闻学界与业界良性互动关系建构[J]. 青年记者, 2023(1): 81-83.

32. 陈月. 董广安: 中国新闻传播教育的坚守者[J]. 海河传媒, 2023(3): 2-3.

33. 陈云萍. 课程思政引领下高校新闻专业实践育人模式改革与探索[J]. 新闻研究导刊, 2023, 14(16): 70-72.

34. 陈振华. 传媒类专业毕业设计(论文)指南课程思政元素的挖掘研究[J]. 传媒论坛, 2023, 6(23): 63-65.

35. 程海燕, 谢紫云. 美、英、德现代出版实践教育溯源、现状及对我国的启示[J]. 出版发行研究, 2023(5): 74-79.

36. 程军, 杨锦. 新文科建设背景下网络与新媒体专业多学科交叉融合课程体系的构建[J]. 天津中德应用技术大学学报, 2023(5): 65-71.

37. 程丽红, 张成良. 面向中国式现代化的新闻传播教育与人才培养[J]. 中国编辑, 2023(4): 23-27, 40.

38. 程歆盈, 余豪骥. 应用人才培养背景下高校传媒类专业实验室建设中存在的问题及路径研究[J]. 教育传媒研究, 2023(5): 44-47.

39. 丛挺, 李锦田. 数字出版自主知识体系建设与数字出版人才培养策略优化研究[J]. 出版广角, 2023(4): 27-34.

40. 崔海教. 新时代传媒人才培养的六大任务[J]. 传媒, 2023(20): 1.

41. 崔瑜. 建构主义视域下地方高校新闻类课程教学改革实践研究[J]. 安康学院学报, 2023, 35(3): 56-61.

42. 代晓利, 刘敏. 元宇宙赋能未来新闻传播教育及其带来的挑战[J]. 西昌学院学报(社会科学版), 2023, 35(1): 116-122.

43. 代晓利, 孙燕. 媒体融合背景下地方院校新闻传播人才培养的困境及路径探索[J]. 新闻世界, 2023(8): 108-110.

44. 戴小楠. 融媒体时代下播音主持人的培养思路[J]. 中国报业, 2023(18): 196-197.

45. 戴竹君. 应用型高校新闻传播专业实践教育路径的优化探究[J]. 今传媒, 2023, 31(6): 143-145.

46. 邓大情. UGC模式下新媒体人才培养途径探究[J]. 新闻传播, 2023(23): 18-20.

47. 邓若蕾. 价值共创：新时代部校共建新闻学院举措探讨[J]. 今传媒，2023，31（5）：154-156.

48. 邓若蕾. 新闻专业混合式教学中课程思政实施路径研究[J]. 今传媒，2023，31（9）：154-156.

49. 邓绍根，戴少凡. 学以致用：建党前后毛泽东与中国新闻教育的兴起[J]. 新闻春秋，2023（6）：3-12.

50. 邓绍根. 山东大学新闻教育历史考论[J]. 青年记者，2023（11）：102-108.

51. 邓绍根. 溯源中国新闻教育：清华大学早期新闻教育的历史考察[J]. 全球传媒学刊，2023，10（4）：148-166.

52. 邓筱小. 课程思政视域下新闻传播类专业课程教学模式与评价体系改革研究[J]. 新闻研究导刊，2023，14（5）：74-77.

53. 邓祯. 地方高校融合新闻人才的培养创新探析[J]. 新闻潮，2023（2）：38-41.

54. 邓祯. 基于波特五力模型的地方高校新闻传播专业硕士教育发展战略探究[J]. 媒体融合新观察，2023（2）：60-63.

55. 翟琨，于苏亚. 基于课程思政建设的新闻采访与写作课程教学改革研究[J]. 传播与版权，2023（21）：4-8.

56. 丁道勇.《思想新闻》与民众教育：杜威的方案可行吗[J]. 复旦教育论坛，2023，21（1）：5-12.

57. 丁国军，殷敬淇，尚宇辉. 新文科背景下构建卓越新闻传播人才培养体系的探索——以河北民族师范学院"融媒体创新能力实验班"为例[J]. 中国地市报人，2023（2）：66-68.

58. 丁敏. 新文科背景下"三位一体"课程思政建设模式探索——以网络与新媒体概论为例[J]. 贵州工程应用技术学院学报，2023，41（6）：151-156.

59. 丁时照，刘军锋. 媒体融合背景下的人才再造[J]. 全媒体探索，2023（10）：4-7.

60. 丁伟，马楠，高洪宣. 民治新闻专科学校初创时期若干办学信息史实考证[J]. 内蒙古师范大学学报（教育科学版），2023，36（4）：1-16.

61. 董涵琪. 红色育人：高校新闻传播学科课程思政的探索[J]. 北京教育（德育），2023（6）：44-47.

62. 董泽. OMO 教学模式下高校新闻学课程教学设计建构研究[J]. 新闻研究导刊，2023，14（24）：60-62.

63. 杜可琦. 融媒体时代"范长江式"新闻人才培养模式研究[J]. 今传媒，2023，

31(1)：42-45.

64. 杜晓杰．"四史"教育融入新闻传播类课程教学探析[J]．高教论坛，2023(8)：28-31.

65. 杜洋．新文科建设背景下播音主持人才培养模式探究——以"南京传媒学院"为例[J]．中国广播电视学刊，2023(3)：84-86，98.

66. 段佳宇，郑汝可，李倩．人机协作背景下AI对新闻业人才培养带来的改变与挑战[J]．中国传媒科技，2023(8)：14-19.

67. 段卫东，梁青艳．新文科下美国健康传播学学科建制的启发与思考[J]．文山学院学报，2023，36(3)：116-120.

68. 樊丁．视频号在高校传媒人才培养中的实践研究——以厦门工学院为例[J]．传媒，2023(13)：79-81.

69. 费再丽，陈锦宣．新时代马克思主义新闻观教育教学方法优化分析[J]．传媒，2023(15)：82-84，86.

70. 冯帆，赵若瑾．数据新闻大赛以赛促学路径探析[J]．视听理论与实践，2023(2)：65-70.

71. 冯军．传媒专业中华优秀传统文化教育教学研究[J]．河南教育(高等教育)，2023(7)：84-85.

72. 冯林．移动互联时代地方高校广告学专业人才培养模式的转型路径[J]．创新创业理论研究与实践，2023，6(7)：158-160.

73. 冯婷，陈兵．新闻传播学科创新创业人才培养改革研究[J]．洛阳理工学院学报(社会科学版)，2023，38(5)：88-91.

74. 付茜茜．"设计"思维：移动智媒时代传媒人才教育思考[J]．美与时代(上)，2023(9)：143-147.

75. 高焕静．思政元素融入传播学课程内容初探[J]．传播与版权，2023(21)：96-99.

76. 高坚．思政与技艺的互融：影视剪辑课程思政建设实践与探索[J]．常州信息职业技术学院学报，2023，22(2)：43-46，52.

77. 高俊聪，王瑞丽．新闻采写课程思政育人体系研究[J]．新闻研究导刊，2023，14(10)：90-93.

78. 高琳淄．论我国新闻学教育模式的历史选择与现实思考——以"密苏里模式"为思考依托[J]．大众文艺，2023(8)：193-195.

79. 高明峰，刘笑男．数字时代广告学专业产教融合的创新实践研究——以辽宁师范大学广告学专业教学改革为例[J]. 中国广告, 2023(5)：58-61.

80. 高铭, 李成, 程京亚. 媒介融合背景下职业本科院校新闻写作课程教学改革初探[J]. 传播与版权, 2023(6)：1-3.

81. 高晓虹. 自主与融合：中国式现代化背景下的卓越新闻人才培养[J]. 媒体融合新观察, 2023(3)：1.

82. 葛孟玲."传播学概论"课程教学改革探索[J]. 科教导刊, 2023(31)：145-147.

83. 谷虹, 黄升民. 面向"新文科"的中国新闻传播高等教育之破与立——以网络与新媒体专业建设为突破口的改革探索[J]. 现代传播（中国传媒大学学报）, 2023, 45(10)：161-168.

84. 关颖. 互联网时代期刊全媒体人才培养[J]. 科技创新与生产力, 2023, 44(12)：36-38, 42.

85. 郭惠玲, 李子扬, 刘福利. 基于校媒合作导向的传媒类专业实践教学研究——以报道包装设计课程实践作品为例[J]. 上海包装, 2023(8)：197-199.

86. 郭建鹏, 王美慧. 中国新闻传播大讲堂纳入网络与新媒体专业课程体系的改革探索——以湖南人文科技学院为例[J]. 中国多媒体与网络教学学报（上旬刊）, 2023(7)：73-76.

87. 郭锦鹏, 鲍美偲. 课程思政视域下新闻与传播专业硕士实践与创新能力培养路径探究[J]. 大学, 2023(33)：101-104.

88. 郭静, 肖辉馨. 场景构建与价值塑造：新闻专业教育的田野教学模式探析[J]. 青年记者, 2023(24)：116-118.

89. 郭静, 杨庆国. 新文科背景下网络新媒体人才需求及培养路径[J]. 今传媒, 2023, 31(1)：132-135.

90. 韩李, 薛媛. AI视域下应用型高校广告学专业学生未来就业的挑战与机遇[J]. 中阿科技论坛（中英文）, 2023(8)：133-137.

91. 韩奕皇, 王康. 智媒时代新闻传播人才高质量培养的现实困境与实践路径[J]. 淮阴师范学院学报（自然科学版）, 2023, 22(3)：250-254.

92. 韩钰洁. 新媒体背景下新闻传播与广告的创意实践探索——评《新闻传播与广告创意》[J]. 传媒, 2023(14)：98.

93. 杭丽滨. 试述新闻与传播专业硕士学位点实践性课程体系建设——以东华大学新闻与传播专硕为例[J]. 西部广播电视, 2023, 44(22)：115-118.

94. 杭敏, 张亦晨. 新征程中传媒教育的跨学科与国际化发展[J]. 传媒, 2023(20)：18-20.

95. 何灏，陈彦道，路毅．地方工科院校新闻传播专业课程思政建设的问题与对策[J]．长春教育学院学报，2023，39(6)：57-61.

96. 何慧敏．智媒时代传统媒体人才结构转型研究[J]．青年记者，2023(15)：70-72.

97. 何倩，陈臻．媒体融合视域下混合式课程"融合新闻学"建设探索——以四川传媒学院融合媒体学院教学改革实践为例[J]．传媒，2023(18)：81-83.

98. 何爽．新文科建设背景下新闻传播学专业教学改革路径研究[J]．中国多媒体与网络教学学报(上旬刊)，2023(11)：42-45.

99. 何志武，董红兵．新文科理念下新闻传播教育改革的关键——兼评《新闻传播教育导论》[J]．新闻与传播评论，2023，76(6)：117-124.

100. 贺明华，曹陈彬．网络与新媒体专业数字技术教育现状、问题与对策研究——基于A省普通本科高校新闻传播院系的调查[J]．新闻研究导刊，2023，14(11)：21-24.

101. 贺明华．新闻传播数字教育评估指标体系探究[J]．安庆师范大学学报(社会科学版)，2023，42(5)：110-116.

102. 侯杨杨．融媒体环境下出版人才的培养创新研究[J]．新闻研究导刊，2023，14(16)：228-230.

103. 胡宝胤，史鸿鹄，杨梦迪．"三全育人"理念下新闻传播类课程思政实践研究——以广播电视节目选讲为例[J]．西部广播电视，2023，44(12)：89-91.

104. 胡轶慧，陈思源．"四力"学习是新闻记者终身教育的必由之路[J]．北京印刷学院学报，2023，31(5)：39-43.

105. 胡钰．高质量新闻传播教育之着力点[J]．教育传媒研究，2023(4)：1.

106. 胡正强，于淑娟．顾执中与成舍我新闻教育思想和实践比较研究[J]．淮北师范大学学报(哲学社会科学版)，2023，44(4)：37-42.

107. 黄璀．成果导向理念下新闻采写课程思政的教学策略探析[J]．传播与版权，2023(11)：4-6，11.

108. 黄萃．智慧教育理念下的新闻理论课程教学改革探析[J]．传播与版权，2023(18)：7-9，13.

109. 黄洪焕．新闻院校与地方媒体共建实习平台的实践意义[J]．中国地市报人，2023(6)：87-88.

110. 黄洁，张邦卫，陈晓凤．基于教育共同体的新闻与传播专业学位硕士培养模式与路径创新[J]．未来传播，2023，30(6)：125-134.

111. 黄俊，王辉．"一带一路"倡议背景下国际化传媒人才培养的创新机制研究[J]．产业与科技论坛，2023，22(4)：201-202.

112. 黄龙，徐桢虎．高校新闻传播智能化实验平台的构建[J]．青年记者，2023(2)：103-105.

113. 黄绍菠，侯亚丽．新文科视域下网络与新媒体专业人才培养创新模式探析[J]．新闻研究导刊，2023，14(21)：145-147.

114. 黄薇，宫立明．数字化时代广告学专业课教学创新研究——以东北林业大学公益广告课程为例[J]．传媒，2023(12)：83-85.

115. 黄义伟．智媒时代视听传播新闻采写教学模式创新的探索[J]．新闻采编，2023(1)：37-42.

116. 霍睿．思政教育融入传媒人才培养的方法与实践总结——评《全媒体报道实践：思政教育导向下的卓越新闻传播人才培养》[J]．传媒，2023(22)：97.

117. 吉喆．OBE 理念下新闻采写课程实践教学改革研究[J]．长春师范大学学报，2023，42(11)：144-147.

118. 记录历史，启迪未来——首届《中国新闻传播教育年鉴》编撰理论与实践研讨会集萃[J]．教育传媒研究，2023(3)：108-112.

119. 贾雪帆．中国新闻传播史课程教学地方性元素融合研究[J]．传播与版权，2023(20)：4-6，10.

120. 贾月．大视听背景下传媒类一流本科专业群建设探索[J]．传媒，2023(23)：81-84.

121. 姜飞．中国国际传播高质量发展基础与未来[J]．编辑之友，2023(3)：6-14，57.

122. 姜华，卞烁钧，陈旭．具身性——人媒介视角下新闻传播学科课程思政探索[J]．新闻传播，2023(16)：36-38.

123. 姜巍．打造对外传播新格局下的新闻学教育双语课建设的实践探索——以"国际新闻"为例[J]．新闻传播，2023(21)：81-83.

124. 蒋睿萍，张静．新文科背景下新闻传播类课程思政育人路径探索[J]．西部广播电视，2023，44(9)：19-21.

125. 蒋卓然．"融合新闻学"课程教学创新与实践研究[J]．吉林广播电视大学学报，2023(5)：43-45，73.

126. 焦文静．论高校实践课程和学生团队的融合发展——以电视新闻节目制作课程为例[J]．新闻研究导刊，2023，14(12)：63-65.

127. 金佳林，任丹丹，胡珍平. 新文科建设下民办本科高校新闻传播学专业课程改革研究[J]. 传播与版权，2023(18)：95-98.

128. 金晓春，龙艺鑫. 探析当下中国媒介素养教育的实现途径[J]. 中国报业，2023(22)：242-243.

129. 靳娜. 新文科背景下传播学研究方法课程本科教学创新思考[J]. 传播与版权，2023(21)：103-105.

130. 康国卿，梁民达. 地方院校新闻学专业"校媒平台"实训教学模式探索——以江西师范大学"CBR传播人"为例[J]. 传媒论坛，2023，6(17)：71-75.

131. 康丽雯，林子涵. 高校新闻传播专业课程思政教学改革的守正与创新——以舆论学课程为例[J]. 传播与版权，2023(22)：1-5.

132. 康梦煜. 新媒体视角下地方本科院校数据新闻课程教学新尝试[J]. 传媒论坛，2023，6(24)：76-78.

133. 柯晓军. 数字化就业需求下高校传媒专业人才培养模式探析[J]. 新闻潮，2023(10)：47-49.

134. 赖昕. 基于场景协同的新闻评论课程思政教育的构建与应用研究[J]. 新闻研究导刊，2023，14(4)：164-166.

135. 兰馨. 融媒场景下新闻学实践教学改革的探索——基于首都体育学院的个案分析[J]. 西部广播电视，2023，44(9)：53-55.

136. 雷昊霖，郝香. "融合新闻学"中思政元素的融入与创新研究[J]. 甘肃开放大学学报，2023，33(6)：35-39.

137. 雷哲超，周佳睿. 创新创业视角下新闻传播专业人才培养模式研究——以浙江省部分高校为例[J]. 传播与版权，2023(6)：102-106.

138. 黎帅. 新文科背景下特色项目课程体系构建研究——基于网络与新媒体专业课程改革的讨论[J]. 铜仁学院学报，2023，25(2)：87-92.

139. 李春霞. 广告课程教学中的工作坊与广告实战项目融合[J]. 山西财经大学学报，2023，45(S1)：229-231.

140. 李钢. 高校新闻传播专业混合学习改革探析[J]. 青年记者，2023(8)：110-112.

141. 李公文. 浅论5G时代全媒体人才培养的网络与新媒体专业课程群建设[J]. 传媒论坛，2023，6(15)：71-73.

142. 李华君，吴诗晨. 新闻传播教育智能化转型的发展进路与理性审思[J]. 教育传媒研究，2023(6)：18-21.

143. 李建森，常益敏．课程思政视阈下高校媒介素养类教材开发路径［J］．中国出版，2023（21）：50-55.

144. 李娇．"新文科"背景下新建本科院校新闻传播学专业课程教学改革与实践研究［J］．采写编，2023（4）：160-162.

145. 李京兰．融媒体时代教育新闻改革对策［J］．中国报业，2023（10）：193-195.

146. 李晶晶．AIGC 产业环境下数字传媒人才职业素养提升路径［J］．传媒，2023（23）：78-80.

147. 李丽．新文科背景下新闻传播人才协同培养模式的建构［J］．传媒，2023（3）：80-82.

148. 李明德．智能技术驱动新闻传播学科发展的机遇［J］．青年记者，2023（22）：5.

149. 李娜，付鹏．高校新闻传播学课程思政的价值意蕴、内生逻辑及优化路径［J］．教育传媒研究，2023（1）：53-56.

150. 李萍．"OBE+对分课堂"在新闻采访与写作课程中的应用与创新［J］．传媒论坛，2023，6（21）：59-61.

151. 李绮岚．新时代视域下马克思主义新闻观教育的创新思路研究［J］．传媒论坛，2023，6（11）：78-80.

152. 李杉．关系视角下的"新闻传播学研究方法"课程改革思考［J］．青年记者，2023（23）：99-101.

153. 李淑娴．新闻传播类课程与课程思政融合设计与探索［J］．传播与版权，2023（12）：106-108.

154. 李铁锤．基于媒介环境学派视域对智媒时代新闻教学应变思忖［J］．传媒论坛，2023，6（13）：75-77，117.

155. 李婷婷．新文科背景下传播学概论课程思政教学改革策略探索［J］．周口师范学院学报，2023，40（5）：138-142.

156. 李微．传播学概论课程建设中思政理念的融入与贯通［J］．传播与版权，2023（11）：109-111.

157. 李微．红色文化融入高校新闻传播教育的路径探索［J］．传播与版权，2023（10）：1-3.

158. 李薇，夏海清，潘宇星．全媒体人才培养视域下广播电视学课程体系问题与优化路径研究［J］．传媒论坛，2023，6（1）：73-76，80.

159. 李伟．浅谈全媒体人才的融合与发展［J］．新闻传播，2023（1）：109-111.

160. 李文健，韩诚，郑天. 新文科建设与马克思主义新闻观教学改革[J]. 青年记者，2023(6)：107-109.

161. 李文学. 融媒时代新闻评论教学模式的反思与重构[J]. 传播与版权，2023(23)：1-3.

162. 李雯，周红丰，于晓红. 基于OBE的广告学专业教育创新探索——以《影视广告创作》课程为例[J]. 中国报业，2023(14)：226-227.

163. 李潇涵. 吴高福：四十年砥砺前行，四十年桃李芬芳[J]. 海河传媒，2023(4)：2-3.

164. 李欣，柳欣怡. 生成式人工智能背景下新闻传播实践教育改革研究[J]. 教育传媒研究，2023(6)：22-26.

165. 李星儒. 课程思政视域下新闻专业实践育人体系建设研究——基于北京第二外国语学院新闻专业的教育实践[J]. 新闻研究导刊，2023，14(10)：86-89.

166. 李兴博，刘欣欣. 砥砺深耕：2022年中国的新闻传播史研究[J]. 新闻春秋，2023(2)：29-40.

167. 李秀华. 边疆地区新闻传播课程的思想教育价值及其实现进路[J]. 传播与版权，2023(2)：115-117.

168. 李旭庆，李怀亮. 中国式现代化进程中国际传播人才核心竞争力培养体系构建[J]. 湘潭大学学报(哲学社会科学版)，2023，47(6)：178-181.

169. 李亚萍. 新文科理念下卓越新闻传播人才培养的路径研究[J]. 巢湖学院学报，2023，25(1)：151-157.

170. 李琰，张佳琳，饶星，周玉宇，李霆. 基于数字化的高校虚拟仿真实验教学平台建设与实践[J]. 实验室研究与探索，2023，42(10)：233-238.

171. 李艳平. 研讨式案例教学在新闻传播学课程中的应用研究[J]. 新闻研究导刊，2023，14(12)：26-29.

172. 李媛霞. 新文科背景下国际传播人才培养路径探析[J]. 海河传媒，2023(4)：51-54.

173. 李悦悦. 新文科视野下新闻专业人才培养的路径与对策[J]. 记者摇篮，2023(2)：51-53.

174. 李芷萱. 新闻传播学类专业学生就业困境分析及对策建议[J]. 吕梁学院学报，2023，13(4)：83-85.

175. 李忠昌，赵楠. 媒介融合背景下新闻专业学生"融创"能力提升的路径[J]. 西部广播电视，2023，44(13)：103-106.

176. 梁保建．原典探究 理论辨析 联系实践——马克思主义新闻观课堂教学改革初探［J］．新闻传播，2023（11）：25-27.

177. 梁广成．智媒时代广告学专业品牌创意类课程教学体系创新研究［J］．高教学刊，2023，9（14）：47-51.

178. 梁骥．以职业能力为导向的新媒体人才培养模式改革［J］．宁波教育学院学报，2023，25（1）：64-70.

179. 梁静．地方应用型高校新闻专业实践教学体系之建构［J］．宿州教育学院学报，2023，26（3）：16-19，82.

180. 梁荣骁，黄菲．"三加一变"：建设性新闻理念融入新闻生产课程的教学模式研究［J］．视听，2023（7）：158-160.

181. 梁妍婕．网络与新媒体学科"项目驱动式"实践教学模式的探索与实践［J］．互联网周刊，2023（3）：72-74.

182. 梁妍婕．新媒体课程群建设下项目驱动式教学模式的探索与实践——以网络视听课程为例［J］．西部广播电视，2023，44（12）：70-72.

183. 梁云，邱璐璐．发展的进路：融媒时代中美新闻师资队伍比较与启示［J］．传媒论坛，2023，6（24）：67-71，82.

184. 廖圣清，舒瑾涵．数字社会卓越新闻传播人才培养模式的创新［J］．中国编辑，2023（3）：74-79.

185. 廖圣清，舒瑾涵．加强面向南亚东南亚的国际传播人才培养［J］．传媒，2023（20）：21-23.

186. 林磊．新媒体新闻采编实务教学的学习场景构建方法初探［J］．新闻世界，2023（3）：89-93.

187. 林嵩，胡艾婧，李光辉．网络与新媒体专业产教融合的现状问题与深度发展思路［J］．福建技术师范学院学报，2023，41（6）：847-852.

188. 林嵩．中华文化在新闻传播学科教育中的缺位与补位［J］．林区教学，2023（9）：27-30.

189. 刘邦高．供需耦合视角下网络与新媒体人才培养中的思维理念迭代［J］．传播与版权，2023（22）：86-90.

190. 刘冰，樊丽．新闻人才培养"思""术"并举的逻辑理路［J］．中国出版，2024（2）：42-47.

191. 刘福利，王中伟．马新观指导下新闻实务教学中国情教育的意义与实践路径［J］．传媒论坛，2023，6（21）：62-64.

192. 刘韩鑫. 我国智能传播高等教育的现状与发展[J]. 青年记者, 2023(16): 113-115.

193. 刘宏波. 系统思维下的高校全媒体生态实验室优化构建[J]. 实验室研究与探索, 2023, 42(8): 276-280.

194. 刘环宇. 新媒体时代高校新闻教育人才培养路径研究[J]. 新闻研究导刊, 2023, 14(9): 128-130.

195. 刘洁, 展威震, 严佳敏. 基于成果导向的新闻学研究生人才培养核心能力框架构建[J]. 中国出版, 2023(24): 40-44.

196. 刘娟. 全媒体时代外国新闻传播史课程教学模式改革探究[J]. 新闻研究导刊, 2023, 14(22): 163-165.

197. 刘兰, 何子豪. 后冬奥时代体育新闻专业课程思政实践创新模式探析[J]. 新闻传播, 2023(3): 23-25.

198. 刘利刚, 方晓田. "后喻文化"时代传媒教育伴随式教学实践模式探究[J]. 教育传媒研究, 2023(4): 57-62.

199. 刘鸣筝, 梅凯, 齐秀明. 融合改革与实践进路: 新闻传播学教育改革的新面向[J]. 白城师范学院学报, 2023, 37(6): 67-71.

200. 刘卫东, 司玲玲. "后喻时代"的媒介技术及新闻教育——读张昆教授《新闻传播教育导论》的启示[J]. 海河传媒, 2023(5): 1-5.

201. 刘晓慧, 陆艳婷. 广西高校新闻史课程思政"在地化"教学探究[J]. 新闻潮, 2023(6): 44-46.

202. 刘晓慧, 钱文瑾. 广西大学新闻与传播专业硕士毕业作品选题实践与反思[J]. 全媒体探索, 2023(10): 129-132.

203. 刘晓慧, 张荣菁. 新闻传播专业"纪录片作品+毕业论文"考核模式的实践探索[J]. 青年记者, 2023(24): 110-112.

204. 刘新. 主流媒体新闻实践与高等教育深度融合——以《中国新闻传播大讲堂》为例[J]. 传媒, 2023(15): 85-87.

205. 刘新利, 温正浩. 外国新闻传播史课程教学创新成果探析[J]. 新闻论坛, 2023, 37(3): 119-120.

206. 刘艳. 以"TBL+PBL"教学法改进《传播学概论》课程教学效果[J]. 传媒论坛, 2023, 6(19): 71-73.

207. 刘洋, 魏超. 从实战赋能到产教融通: 应用型传媒人才"专职协同"培养路径的探究与实践[J]. 产业创新研究, 2023(24): 174-176.

208. 刘怡艺. 浅析自媒体时代财经新闻人才的职业素养[J]. 新闻传播，2023(8)：42-44.

209. 刘义昆，王一鸣. 知识共同体：《中国新闻传播教育年鉴》的编辑出版实践[J]. 出版广角，2023(6)：47-51.

210. 刘义昆. 打造新闻传播学的"史记"：《中国新闻传播教育年鉴》编撰的理论与实践[J]. 新闻知识，2023(5)：74-78，95.

211. 刘毅阳，帅英. 高校网络与新媒体育人的实证研究——基于安徽建筑大学的个案调查与实证分析[J]. 传播与版权，2023(19)：104-107.

212. 刘英杰，周婧. 基于产业需求广西新闻传播人才培养的创新路径探索[J]. 中国有线电视，2023(8)：52-56.

213. 刘玉婷. "四全媒体"框架下网络与新媒体专业课程思政建设的创新探索[J]. 传媒，2023(16)：87-89.

214. 刘钰. 以产品思维优化新闻评论生产——中国教育报融媒体评论中心的探索与总结[J]. 传媒观察，2023(S1)：111-114.

215. 刘子瑜. 新文科视野下高校新闻传播学科教学改革路径分析[J]. 中国多媒体与网络教学学报（上旬刊），2023(9)：209-212.

216. 陆洪磊. 时代与命运的交响：范敬宜新闻思想的形成与发展——写在"范敬宜新闻教育奖"创立10周年[J]. 新闻春秋，2023(2)：57-67.

217. 路金辉. 新媒体编辑课程思政的探索与实践——以山西大同大学为例[J]. 传播与版权，2023(10)：101-103.

218. 罗见闻. 基于OBE理念的地方院校新闻实践教学改革探析——以短视频新闻制作课程为例[J]. 新闻研究导刊，2023，14(23)：25-27.

219. 罗见闻. 媒介融合背景下新闻实践课程教学改革探析[J]. 传播与版权，2023(23)：4-6，10.

220. 罗金妮. 国际传播专业人才培养的体系构建[J]. 全媒体探索，2023(7)：114-116.

221. 罗雪蕾，周其林，孙月莉. 新闻传播类虚拟仿真实验教学：现状、问题与趋势[J]. 新闻春秋，2023(2)：68-74.

222. 吕正兵. "传媒技能融合"顶点课程实践教学研究——以H学院传媒专业群为例[J]. 长春大学学报，2023，33(12)：84-88.

223. 马琨，张丹阳. 全媒体实践下高职院校与思政教育的有机结合探索——评《全媒体报道实践：思政教育导向下的卓越新闻传播人才培养》[J]. 科技管理研究，2023，

43（13）：259.

224. 马立明，苗玉薪. 新闻专业省思：学术逻辑、业务逻辑与流量逻辑［J］. 青年记者，2023（17）：42-45.

225. 马莉英. 从电视新闻到视频新闻：数字时代电视编导人才培养的变与不变［J］. 传播与版权，2023（10）：4-6.

226. 马笑楠，王璐. 基于 OBE 理念的传媒实务课程"工作坊"模式研究［J］. 保定学院学报，2023，36（2）：120-124.

227. 马智宇. 基于 OBE 理念的《融媒体新闻采编》思政教学研究［J］. 今传媒，2023，31（8）：143-146.

228. 毛莎莎. 基于"1233"教学模式的传播学概论课程教学创新与实践［J］. 中国多媒体与网络教学学报（上旬刊），2023（11）：217-220.

229. 孟晓辉. 以"课程思政"实现价值引领培养卓越新闻人才［J］. 湖北开放职业学院学报，2023，36（14）：92-94.

230. 孟艳芳，赵竞鹤. 新文科建设背景下新媒体人才培养模式创新与实践［J］. 中国出版，2023（7）：50-53.

231. 苗津伟. 新闻传播专业核心能力培养路径——基于融媒体视角［J］. 中国报业，2023（15）：146-147.

232. 牛海坤. 替代性阅读的内容生成——新闻史教学与新媒体技能实践的链接［J］. 中国传媒科技，2023（10）：110-113.

233. 欧阳思璇. 融媒体时代广播电视编导专业"3+1"人才培养模式探索［J］. 西部广播电视，2023，44（10）：126-128.

234. 潘黎. 高校马克思主义新闻观课程教学实践探索［J］. 今传媒，2023，31（12）：131-135.

235. 潘力，郑涛，陶然，等. 新文科建设背景下广告学专业人才培养的创新模式［J］. 传媒，2023（18）：78-80.

236. 潘亚楠，张淑华. 新闻与传播专业硕士学位"双导师制"构建的困境与创新路径［J］. 青年记者，2023（14）：116-118.

237. 彭柳. 传媒人才视频传播能力项目式教学探析［J］. 青年记者，2023（12）：122-124.

238. 戚庆燕. 媒体变局视域下地方院校新闻实践教学的创新［J］. 黑河学院学报，2023，14（1）：104-107.

239. 漆亚林，孙鸿菲. 中国式现代化视域下新闻传播人才卓越培养体系建构［J］.

中国编辑，2024(4)：77-83.

240. 齐莹．融媒体多维新闻人才的能力培养策略[J]．西部广播电视，2023，44(20)：188-191.

241. 祁晨，杨龙飞．疫情背景下《深度报道》课程思政建设的价值意蕴、现实观照与实践进路[J]．黄冈师范学院学报，2023，43(3)：69-73.

242. 祁晨．基于课程思政的新闻传播史论课程教学创新实践——以中国新闻传播史课程为例[J]．新闻研究导刊，2023，14(4)：75-78.

243. 祁艳红，陈少志．"四史"教育融入新闻传播学科理论课程路径研究[J]．传媒，2023(10)：76-78，80.

244. 钱聪，李丹丹．中西部高校虚拟教研室构建研究——以河套学院"新闻虚拟教研室"为例[J]．鹿城学刊，2023，35(2)：76-79.

245. 秦瑜明，白晓晴．数字出版专业人才的胜任力模型建构研究[J]．现代出版，2023(2)：77-84.

246. 邱飞．"双创"背景下传媒专业创新人才培养体系研究与实践——以重庆文理学院为例[J]．中国广播电视学刊，2023(11)：38-41，47.

247. 邱广宏．课程思政视域下地方高校卓越新闻人才育人模式创新研究——以绵阳师范学院为例[J]．绵阳师范学院学报，2023，42(4)：1-8.

248. 全可可，田力．探析我国新闻传播专业人才的培养路径——基于密苏里大学新闻学院文学硕士课程设置特色分析[J]．传媒论坛，2023，6(21)：56-58.

249. 冉明仙，刘雄豪．乡村振兴背景下地方高校课程思政创新路径分析——以《新闻学理论》为例[J]．产业与科技论坛，2023，22(20)：96-97.

250. 任孟山．中国式现代化与国际传播人才培养[J]．青年记者，2023(8)：23-25.

251. 任占文．新文科视域下我国高校新闻人才培养数据转向的路径、方法与策略研究[J]．传播与版权，2023(8)：1-4.

252. 阮久利，吴垠，夏煜峰．全媒体时代背景下的国外新闻传播学教育[J]．教育传媒研究，2023(4)：28-32.

253. 邵婉霞．智媒时代高校新闻传播类实验课程智能化变革研究[J]．新闻前哨，2023(6)：78-80.

254. 邵泽宇，郭玉锦，陈律言．网络与新媒体专业建设逻辑与应用型人才培养路径[J]．传媒，2023(16)：90-92，94.

255. 申玲玲，于湖．网络与新媒体专业人才培养中实践环节的优化研究[J]．今传媒，2023，31(8)：135-138.

256. 申文超．媒介融合语境下融合新闻学课程教学改革与创新[J]．西部广播电视，2023，44（7）：100-102.

257. 申雪凤，文宰鹤．新文科建设背景下卓越广告人才培养的课程群建设[J]．传媒，2023（6）：86-88.

258. 沈继秋．中国国际传播创新型人才培养[J]．国际公关，2023（19）：176-178.

259. 沈立平．"三全育人"视阈下的高校融媒体平台育人机制探索[J]．信阳农林学院学报，2023，33（4）：155-160..

260. 盛芳，傅毅飞．新文科建设背景下新闻传播史教学的"正"与"新"[J]．新闻世界，2023（6）：109-111.

261. 施瑞．美国新闻与传播教育专业认证的发展及启示[J]．青年记者，2023（14）：113-115.

262. 石安宏．边疆地区高校新闻人才培养的三条路径[J]．新闻战线，2023（5）：69-70.

263. 石迪．"学习强国"与新闻传播学课程思政教学资源库共建共享研究[J]．新闻前哨，2023（17）：21-24.

264. 石静．新闻教育人文实践路径创新探究——以西北民族大学为例[J]．兰州职业技术学院学报，2023，39（5）：31-34.

265. 斯琴图亚．广播电视编导专业"四位一体"实践教学创新研究[J]．传播与版权，2023（12）：118-120.

266. 宋亮，章宇．地方高校"二维四阶式"新闻传播人才培养模式探索与实践[J]．新闻世界，2023（7）：117-120.

267. 宋扬．马克思主义新闻观视域下新闻伦理教育的实践探索[J]．西部广播电视，2023，44（3）：40-42.

268. 宋扬．人工智能时代新闻伦理教育模式路径探索[J]．新闻研究导刊，2023，14（5）：26-28.

269. 苏聪．新闻传播学类专业应用型人才培养路径研究——以山西省各高校为例[J]．西部广播电视，2023，44（13）：72-74.

270. 苏凡博，陈浩．双维视角下元宇宙传媒人才培养模式建构[J]．出版广角，2023（8）：51-55.

271. 粟战，沈涛．元宇宙视域下数智化新闻传播人才培养的机理与逻辑[J]．中国有线电视，2023（7）：69-72.

272. 粟战．新文科背景下培养全媒化新闻传播人才：内涵指认与协同路径[J]．中国多媒体与网络教学学报(上旬刊)，2023(11)：58-61.

273. 孙德宏. 全媒体时代培养卓越新闻人才的几点看法[J]. 新闻战线，2023(1)：76-78.

274. 孙利军，高金萍. 国际传播能力建设视域下的国际传播人才"三观"研究[J]. 当代传播，2023(5)：72-75，80.

275. 孙笑. "新时代大思政"理念下影视类高校新闻理论课程思政创新路径——以新闻学概论课程思政建设为例[J]. 西部广播电视，2023，44(23)：66-69.

276. 孙艳艳，周立颖. 以马克思主义新闻观贯通三个课堂的课程思政育人路径探索[J]. 民族高等教育研究，2023，11(6)：77-81.

277. 孙一粟. 应用型人才培养视阈下的传播学概论教学改革探析[J]. 郑州师范教育，2023，12(4)：10-14.

278. 谈海亮. 利用开放式平台强化新闻传播专业实践教学的路径[J]. 品位·经典，2023(22)：151-153.

279. 谭筱玲，戴骋. 从"粗放式叠加"迈向"系统性融合"——全媒体时代网络与新媒体专业人才培养研究[J]. 青年记者，2023(24)：107-109.

280. 汤茜草，李本乾. 产业升级、供需偏离与传播学教育的结构重塑[J]. 教育传媒研究，2023(4)：38-43.

281. 唐洁. 学生过程性评价在新闻传播学本科教学中的多元实践[J]. 新闻研究导刊，2023，14(10)：28-30.

282. 唐娟，何则剑. 新文科建设背景下新闻传播类专业产学合作协同育人路径研究[J]. 中国广播电视学刊，2023(11)：35-37，66.

283. 唐娟，李雪. 红色文化与新闻传播人才德育新模式构建——基于新闻编辑课程思政的探讨[J]. 教育文化论坛，2023，15(4)：73-81.

284. 唐凯. 加强融媒体人才培养体系建设刍议[J]. 声屏世界，2023(21)：96-98.

285. 陶建杰，林晶珂. 专业社会化视角下新闻学子实习行为发生与满意度评价研究[J]. 全球传媒学刊，2023，10(4)：167-183.

286. 田嘉. 智媒化背景下新闻传播人才培养探析[J]. 中国报业，2023(23)：212-213.

287. 田烨. 新文科背景下西部高校新闻学本科专业综合改革——以西部97所高校为例[J]. 牡丹江教育学院学报，2023(4)：36-40.

288. 佟菲. 基于跨校修读的新闻学概论混合式教学研究[J]. 新闻研究导刊，2023，14(24)：63-65.

289. 万安伦，黄一玫．学科交叉融合背景下的出版人才培养：历史、困境、路径［J］．科技与出版，2023（1）：22-30.

290. 万陈芳．生态学视域下新闻传播本科人才培养质量提升路径［J］．新闻前哨，2023（22）：13-15.

291. 万京华，王会．打造一流新闻舆论工作队伍 在新征程上建功立业——学习习近平总书记有关新闻舆论工作队伍建设的重要论述精神［J］．中国记者，2023（11）：25-29.

292. 万洴，单文盛．"双轨三力"模式下的传媒实践教学平台研究［J］．西部广播电视，2023，44（8）：111-113.

293. 万亿，周莉．智能传播时代新闻教育的专业困境与路径突破［J］．教育传媒研究，2023（6）：6-12.

294. 王玢．课程思政理念融入传媒类专业教学的价值与路径［J］．中学政治教学参考，2023（40）：106-108.

295. 王传宝．新闻传播教育需要直面现实诘问［J］．青年记者，2023（13）：1.

296. 王大伦，张治中．高校新闻传播类专业产学研合作模式探究——以西南政法大学与重庆华龙网集团共建融媒体学院为例［J］．传媒，2023（21）：84-86.

297. 王沣．跨界视域下新闻传播人才培养模式分析——以红河学院为例［J］．红河学院学报，2023，21（1）：93-95.

298. 王海波．关于民族地区高校马克思主义新闻观课程教学改革的思考［J］．民族高等教育研究，2023，11（4）：87-92.

299. 王海波．马克思主义新闻思想课程教学模式创新探索［J］．新闻研究导刊，2023，14（5）：144-146.

300. 王海迪．《传播学概论》课程"三线并进，四频共振"教学创新研究［J］．新闻世界，2023（3）：81-85.

301. 王贺新．开放与交往：数字新闻人才"创新教育"研究［J］．青年记者，2023（21）：102-105.

302. 王嘉．指导性传播视域下"国际传播"课程思政实践路径［J］．教育传媒研究，2023（4）：66-68.

303. 王君超，张小雪．新闻实践教学模式的深化与拓展［J］．新闻战线，2023（15）：76-78.

304. 王浚丞．人工智能融入高校网络与新媒体专业教学改革的探索与实践［J］．高教论坛，2023（12）：20-26.

305. 王丽，李轩晨．产教融合背景下广电全媒体人才培养机制研究[J]．决策与信息，2023(7)：78-89.

306. 王莉．基于学生中心理论的新闻实务类课程教学改革——以"新媒体实务"课程为例[J]．兰州工业学院学报，2023，30(4)：148-151.

307. 王玲．职业能力提升导向下新闻专业课程教学改革研究——以廊坊师范学院"网络传播学"课程为例[J]．廊坊师范学院学报(社会科学版)，2023，39(4)：117-123.

308. 王淼汪洋．OBE 理念下应用型本科高校全媒体新闻采写课程教学模式探究[J]．传播与版权，2023(24)：9-11，15.

309. 王敏静．新闻传播类专业虚拟仿真实验项目在教学中的应用及反思[J]．传播与版权，2023(8)：103-105.

310. 王鹏飞，许晓童．分析新机遇 研讨新使命——2023 年传媒年会院长论坛综述[J]．传媒，2023(20)：9-11.

311. 王芹．智能互联网背景下新闻传播类专业"2+2"课程思政实践[J]．赤峰学院学报(汉文哲学社会科学版)，2023，44(11)：91-94.

312. 王然，李逸尧，严利华，等．"复合型"新闻传播人才岗位胜任力的市场期待研究——基于 789，311 则市场招聘大数据的分析[J]．新闻大学，2023(6)：101-115，120-121.

313. 王如一，孙宝国．基于布鲁姆教育情感目标的"新闻学概论"课程思政教学探讨[J]．北华大学学报(社会科学版)，2023，24(1)：127-132，155.

314. 王诗齐．媒介融合下新闻传播人才培养[J]．中国报业，2023(12)：230-231.

315. 王威力．生成式人工智能时代新闻传播学研究与教育新问题及欧洲经验——对话欧洲传播研究与教育学会主席约翰·唐尼教授[J]．国际新闻界，2023，45(12)：152-162.

316. 王文锋，曲芮萱．结构性非均衡：新闻传播学类专业"双万计划"的比较分析[J]．教育传媒研究，2023(4)：50-56.

317. 王锡靓．基于文献阅读与利用的中国新闻史课程教学改革探究[J]．传播与版权，2023(16)：100-102.

318. 王晓红．智媒时代网络与新媒体人才教育的变革——美国密苏里大学新闻学院人才教育的经验与启示[J]．青年记者，2023(23)：102-105.

319. 王晓江．边疆地区新闻学院研究生协同育人模式研究[J]．新闻前哨，2023(16)：64-65.

320. 王晓楠，马宏骥，郭菲，高海灵．高校文化传播人才数字化培养路径探析[J]．

全媒体探索，2023（7）：117-119.

321. 王星. 融媒环境下播音主持专业的新闻采写基础实践培养——以四川电影电视学院传媒教学部为例[J]. 声屏世界，2023（3）：89-91.

322. 王妍. 对大数据时代高校新闻传播学教育变革的思考[J]. 西部广播电视，2023，44（1）：90-92.

323. 王炎龙，江澜. 学科交叉融合背景下我国出版人才培养的行动逻辑及体系构建[J]. 科技与出版，2023（1）：45-52.

324. 王杨，白雨荷. 新文科背景下新闻传播人才培养创新思考[J]. 传播与版权，2023（2）：1-3.

325. 王杨，王薪惠. 社交媒体时代新闻伦理教育的再思考[J]. 中国报业，2023（8）：88-89.

326. 王一鸣. 新闻传播教育改革的焦点问题和时代走向——基于全国新闻传播学院院长研修班的调查[J]. 新闻大学，2023（10）：106-118，123.

327. 王艺，李列锋. 面向乡村振兴的卓越传媒人才培养模式与路径探讨[J]. 新闻研究导刊，2023，14（14）：35-37.

328. 王懿，游钜家，陈康妮，郑欣美. 数字时代新闻传播专业学生媒介素养培育研究[J]. 新闻研究导刊，2023，14（2）：32-35.

329. 王莹. 新文科背景下广播电视编导专业人才培养模式研究——基于广播电视编导专业大学生就业偏好的分析[J]. 传播与版权，2023（3）：112-114.

330. 王妤彬. 数据新闻人才培养的"三维融通"——以江西财经大学为例[J]. 传媒论坛，2023，6（23）：51-53.

331. 王瑜. 高职新闻传播专业虚拟仿真实训基地建设路径的探索与实践[J]. 陕西青年职业学院学报，2023（3）：46-49.

332. 王袁欣，刘德寰. 混合技能与人机协作：人工智能社会职业风险前瞻及人才培养路径转型[J]. 中国出版，2023（20）：29-34.

333. 王昀，张可. 新闻工作的边界流动与再职业化启示[J]. 青年记者，2023（21）：24-28.

334. 王志，张翼鹏. 中国特色新闻传播学科体系建设的三个理论路向[J]. 现代传播（中国传媒大学学报），2023，45（3）：9-16.

335. 王子健. 中国传播学教材建设情况考察（1988—2022 年）[J]. 青年记者，2023（21）：98-101.

336. 韦燕柳. 新文科建设背景下地方高校新闻传播专业人才培养思路与实践探

索[J]. 传播与版权，2023(1)：1-3.

337. 韦意. 新文科背景下新闻生产课程 ICIA 教学模式创新研究——以广西艺术学院为例[J]. 传媒，2023(1)：84-87.

338. 魏佳，肖楚瑜. 新时代传媒专业研究生课程思政的对策与路径研究[J]. 传媒观察，2023(S1)：81-85.

339. 魏敏，彭贵川. 新文科背景下广播电视学专业升级改造路径研究[J]. 新闻研究导刊，2023，14(19)：17-19.

340. 魏文欢. 新文科背景下新闻评论课程教学创新研究[J]. 河南教育(高等教育)，2023(10)：75-76.

341. 魏小荣. 新媒体背景下广播电视人才转型培养的困境及对策[J]. 大众文艺，2023(20)：92-94.

342. 温建梅. 产教融合视域下卓越新闻传播人才培养路径探究——以山西传媒学院新闻传播学院为例[J]. 传媒，2023(17)：20-22.

343. 温立红. 新文科建设背景下基于 OBE 理念的影视评论课程融合式教学改革与实践[J]. 视听，2023(12)：158-160.

344. 吴瑷伽. 基于产教融合办学理念的普通应用型高校播音主持专业人才培养模式研究——以重庆对外经贸学院为例[J]. 采写编，2023(1)：154-156.

345. 吴殿义，王薇. 新文科背景下的计算广告专业培养体系建设[J]. 国际品牌观察，2023(22)：34-39.

346. 吴韩. 高校新闻类课程实践的横向性拓展[J]. 青年记者，2023(6)：110-112.

347. 吴航行. 网络与新媒体专业产教融合发展的实践路径探究[J]. 传媒，2023(22)：75-77.

348. 吴珩，徐中民. 地方高校国际传播专业建设与人才培养[J]. 青年记者，2023(12)：119-121.

349. 吴鸿芳. 课程思政背景下"广播电视评论"课程实践研究[J]. 新闻传播，2023(5)：76-78.

350. 吴家豪，郑一航. 多元协同网络育人：高职传媒类专业实践教学课程思政探索[J]. 互联网周刊，2023(24)：74-76.

351. 吴心仪.《新闻学期刊》：民国时期学生刊物的先声[J]. 青年记者，2023(16)：122-124.

352. 吴欣宇，胡凯. 新技术视域下高校卓越新闻传播人才培养策略研究[J]. 新闻论坛，2023，37(4)：118-120.

353. 吴越，李明德．新闻传播类专业线上实践教学的逻辑、目标与方法［J］．西部学刊，2023（23）：137-140.

354. 武斌．新时代践行新闻评论课程思政的路径［J］．中国地市报人，2023（11）：90-92.

355. 夏兴通，陈奕．"双万计划"建设背景下新闻学概论课程思政建设分析［J］．现代商贸工业，2023，44（15）：193-195.

356. 夏志强，刘海通，詹健．基于云平台的高校复合型融媒体实验中心建设与实践［J］．实验室研究与探索，2023，42（10）：148-152.

357. 相德宝，曾睿琳．从"国际传播+"到"+国际传播"平台时代的国际传播人才培养模式重构［J］．对外传播，2023（12）：49-53.

358. 潇潇，唐元．范式革新、能力定位与融合趋向——新文科视域下新闻传播学科发展的三个转向［J］．合肥学院学报（综合版），2023，40（3）：133-138.

359. 肖佳．融媒体背景下新闻写作任务驱动式教学改革思路研究［J］．新闻传播，2023（21）：84-86.

360. 谢亚可．地方高校数据新闻课程教学困境与应对策略［J］．教育观察，2023，12（28）：18-20，25.

361. 谢玉丽，林秀芳，陈献朝．气象新闻人才能力提升策略分析［J］．华东科技，2023（2）：81-83.

362. 信潇．泛媒体视域下传媒云实践教学的改革初探［J］．电脑知识与技术，2023，19（23）：119-121.

363. 邢茹．媒介融合背景下的网络与新媒体专业教学困境及对策探析［J］．铜陵职业技术学院学报，2023，22（3）：89-94.

364. 熊敏，管雨彤．数字化变革背景下研究生媒介经营与管理课程教学改革探究［J］．新闻研究导刊，2023，14（14）：59-61.

365. 熊硕，张钰婷．新文科背景下新闻传播专业游戏学课程教改研究［J］．新闻前哨，2023（7）：25-27.

366. 熊祎斐．探究面向未来的新闻传播教育理念——评《新时代新闻传播教育》［J］．传媒，2023（18）：99.

367. 徐晨．"新文科建设"背景下全媒体人才培养目标反思与重构［J］．西部广播电视，2023，44（13）：87-89.

368. 徐晨．新文科建设中全媒体人才培养模式改革创新研究［J］．传媒论坛，2023，6（11）：71-73.

369. 徐海丽，刘树林，左晓鸳．新文科背景下应用型高校新闻传播类专业毕业设计优化探究［J］．新闻潮，2023（8）：43-46.

370. 徐宁．从招聘启事看融媒体时代报业人才需求新趋势［J］．传媒评论，2023（2）：52-54.

371. 徐燕，彭荷芳，高鹏．新文科理念下"广告策划与管理"课程教学创新路径研究［J］．常州工学院学报（社科版），2023，41（6）：135-139.

372. 徐依然．浅析媒体融合背景下出版业复合型人才的培养［J］．编辑学刊，2023（2）：111-115.

373. 徐逸君，王建民，贺涵甫．城市突发事件新闻全景报道教学实践与探索［J］．今传媒，2023，31（11）：153-158.

374. 徐瑛．新文科背景下新闻传播专业人才培养优化路径探析［J］．新闻研究导刊，2023，14（8）：23-25.

375. 徐展．从新闻"四力"入手讲好全媒体时代"大思政课"——以山东科技大学为例［J］．今传媒，2023，31（3）：143-146.

376. 许加彪．智能传播时代新闻传播教育的目标调适、方法重构与制度创新［J］．教育传媒研究，2023（6）：13-17.

377. 许松．场域的转换：新中国成立初期中国新闻教育的转型——以华中新闻专科学校的办学始末为例［J］．新闻爱好者，2023（6）：60-63.

378. 许同文，吕云虹．数据化转型：智能时代传媒教育的路径创新［J］．文化创新比较研究，2023，7（26）：66-69.

379. 许同文，赵国政．人机耦合视角下的新闻生产与新闻教育［J］．青年记者，2023（23）：96-98.

380. 许图．健康传播视角下媒介经营管理课程的教学改革探析［J］．新闻研究导刊，2023，14（22）：166-168.

381. 许雅．数字营销时代我国高校广告教育的生存之锚——基于新文科建设的若干思考［J］．湘南学院学报，2023，44（4）：119-123.

382. 鄢婷．智媒时代新闻摄影实践教学创新路径探究［J］．新闻研究导刊，2023，14（6）：18-20.

383. 闫洁．应用型本科高校大学生新闻宣传队伍的建设策略探究［J］．新闻研究导刊，2023，14（6）：119-122.

384. 闫瑞，吴楠楠．基于"四力"培养的网络与新媒体专业教学改革创新——以昌吉学院为例［J］．西部广播电视，2023，44（2）：96-98.

385. 闫伟华，周艺瑾．新文科背景下网络与新媒体专业人才培养的瓶颈与突破[J]．新闻论坛，2023，37（5）：116-120.

386. 严励，李征．范式理论视角下新闻传播大类培养中的"术"与"道"问题探究[J]．大学与学科，2023，4（3）：73-85.

387. 阎晓娟．应用型影视院校网络与新媒体专业核心课程建设研究[J]．西部广播电视，2023，44（13）：90-92，99.

388. 杨波，罗思嫣．谢六逸的新闻教育思想与实践[J]．教育文化论坛，2023，15（2）：31-40.

389. 杨帆．民办高校新闻学毕业设计创新改革实践研究——以沈阳城市学院为例[J]．记者摇篮，2023（4）：51-53.

390. 杨华．"三全育人"视域下新闻传播专业课程思政创新探析[J]．新闻潮，2023（7）：43-45.

391. 杨华．智媒体时代网络与新媒体专业人才培养的课程群建设[J]．传媒，2023（16）：84-86.

392. 杨杰．乡村振兴背景下传媒类大学生基层就业的困境与纾解[J]．传媒论坛，2023，6（14）：50-53.

393. 杨金花．学科共建视域下出版专门人才培养模式探析[J]．出版广角，2023（4）：22-26，34.

394. 杨娟．论人工智能时代的新闻传播教育改革[J]．新闻前哨，2023（22）：19-20.

395. 杨俊锋，党东耀．境外高校智能传播教育的探索与实践[J]．青年记者，2023（18）：109-111.

396. 杨岚．课程思政背景下马克思主义新闻传播教育理论与实践——评《西索新语——马克思主义新闻观进校园》[J]．当代电影，2023（10）：184.

397. 杨蕾，丁建锋．元宇宙视域下新闻专业教学模式探索[J]．全媒体探索，2023（1）：32-34.

398. 杨蕾，任鹏．智媒时代高校数据新闻教育生态路径探索[J]．青年记者，2023（18）：112-114.

399. 杨丽娜．思政育人理念在民办高校传媒类专业教学中的应用探索——以新闻学概论课程为例[J]．西部广播电视，2023，44（6）：83-86.

400. 杨莉，唐时顺．新文科背景下应用型新闻传播人才培养模式探索——基于重庆外语外事学院的实践研究[J]．潍坊工程职业学院学报，2023，36（3）：85-90.

401. 杨琳，李唐波，焦俊波．规范与创新：基于国家一流新闻学本科专业培养方案的分析与思考[J]．未来传播，2023，30(6)：101-113，139.

402. 杨茜．传媒类院校课程思政现状研究[J]．产业与科技论坛，2023，22(13)：189-190.

403. 杨秀，张林．比利时媒介素养教育政策的演进、特征与实践——基于行动者网络理论的分析[J]．新闻界，2023(4)：84-96.

404. 姚福．媒介融合视域下的新闻传播变革与新闻教育改革[J]．科学咨询(科技·管理)，2023(12)：75-78.

405. 姚远．广告摄影教学改革的三重逻辑[J]．创意与设计，2023(6)：91-96.

406. 姚姿如，喻国明．AGI 数智时代国际传播人才培养的需求转型[J]．中国出版，2023(23)：42-45.

407. 叶乔木．媒介融合背景下高校财经新闻报道人才培养模式研究[J]．中国地市报人，2023(2)：64-65.

408. 叶秀端．融媒时代数字传播课程教学理念创新与实践路径探索——以华侨大学为例[J]．传播与版权，2023(7)：119-121.

409. 衣硕．新时代新闻专业课程思政实施路径探索[J]．齐齐哈尔师范高等专科学校学报，2023(4)：128-130.

410. 殷敬淇．民族院校新闻传播类专业课程思政建设思路与实践[J]．传播与版权，2023(6)：4-6.

411. 尹瑛，洪念生．理念与方法：地方高校新闻传播专业课程思政教学体系建构——以宜春学院为例[J]．宜春学院学报，2023，45(8)：101-106.

412. 于迪，王金红．新文科背景下卓越新闻人才培养研究[J]．传播与版权，2023(23)：103-105.

413. 于胜男，刘丽明，黄力力．黑龙江自贸区建设背景下中俄全媒体人才合作培养模式研究[J]．新闻研究导刊，2023，14(2)：36-38.

414. 于悦．广播电视新闻编辑岗位胜任能力研究[J]．记者摇篮，2023(3)：15-17.

415. 余林．卓越新闻传播人才教育的质量体系建设研究——以专业认证为路径[J]．吉林省教育学院学报，2023，39(2)：141-145.

416. 余清楚，吕奚若．面向中国式现代化的新闻传播学科建设刍议[J]．青年记者，2023(8)：19-22.

417. 余索．中国共产党人的精神谱系融入地方院校新闻学专业课程思政教育实证研究[J]．新闻研究导刊，2023，14(2)：47-49.

418. 余索. 中国共产党人精神谱系融入新闻学课程思政教育的价值分析和传承路径[J]. 传播与版权，2023(6)：107-109.

419. 余映涛，孙秀红. 全媒体人才培养要走出"全"的误区[J]. 传媒论坛，2023，6(24)：61-63.

420. 喻满意. 破解新媒体时代高校新闻教育的困局[J]. 海河传媒，2023(1)：42-45.

421. 袁桐. 新文科背景下新闻传播学教育改革探析[J]. 传播与版权，2023(13)：112-114，118.

422. 袁桐. 新闻传播学量化研究方法课程教改探析[J]. 新闻世界，2023(9)：115-117.

423. 袁潇，李大伟，华维慧. OBE理念视角下广告学专业人才培养的创新模式研究[J]. 美术教育研究，2023(10)：161-163.

424. 袁雅楠，王月. 融媒体背景下地方高校"新闻编辑学"课程改革研究——以伊犁师范大学为例[J]. 西部广播电视，2023，44(4)：89-92.

425. 袁源洁. 基于虚拟仿真技术的高职全媒体专业群人培方案路径研究[J]. 宁波开放大学学报，2023，21(4)：16-18.

426. 詹洪春，杜涛，黄黎，等. 新时代卓越新闻传播人才教育培养的路径[J]. 新闻战线，2023(11)：81-83.

427. 占琦. 践行四力、以媒兴乡：传媒类高校课程思政实践教学路径创新探究[J]. 今传媒，2023，31(8)：150-152.

428. 张炳旭，郑心怡. 影视资源在中国新闻传播史教学中的应用研究[J]. 西部广播电视，2023，44(24)：160-163.

429. 张波. 生成式人工智能对新闻传播教育的影响及因应[J]. 中国广播电视学刊，2023(10)：22-25.

430. 张才刚. 智媒时代新闻传播人才培养的逻辑进路[J]. 中国编辑，2023(5)：110-115.

431. 张大伟，谢兴政. 新闻传播学专业设置20年"流动全景图"：趋势、特征及影响因素[J]. 现代传播（中国传媒大学学报），2023，45(10)：150-160.

432. 张帆，沈芷菡. 新文科背景下新闻传播专业建设与改革路径[J]. 新闻前哨，2023(18)：76-78.

433. 张海艳. 智媒时代新闻传播学融合教育的理念变革与路径创新探究[J]. 新闻传播，2023(21)：15-17.

434. 张宏伟. 思政教学在新闻史课程中应用的价值、实践与探索[J]. 新闻研究导刊, 2023, 14(14): 71-73.

435. 张娇娇. 基于 OBE 理念的地方院校新闻业务课程的教学改革与实践——以《新闻写作》为例[J]. 宿州学院学报, 2023, 38(1): 70-74.

436. 张静. 产教融合背景下地方高校新闻传播教育的改革与实践[J]. 安徽电气工程职业技术学院学报, 2023, 28(4): 121-125.

437. 张巨才, 王姝雯. 以定位为基点的新闻传播人才培养模式创新[J]. 中国广播电视学刊, 2023(6): 55-58.

438. 张俊. 人才培养视角下的出版产学互动逻辑[J]. 编辑学刊, 2023(6): 110-115.

439. 张昆. 时代呼唤教育家型新闻学院院长[J]. 教育传媒研究, 2023(3): 1.

440. 张莉, 李晓宇. "课赛结合"模式与创新型新闻传播人才培养研究[J]. 中国出版, 2023(6): 36-42.

441. 张林贺. "新闻学概论"课程思政本质内涵与路径探索[J]. 中州大学学报, 2023, 40(3): 120-124.

442. 张盟. 新文科背景下民办高校网络与新媒体专业应用型人才培养路径研究[J]. 新闻研究导刊, 2023, 14(24): 135-137.

443. 张梦晗, 高雅慧. 5G 时代新闻传播学在线实践教学的国际经验[J]. 传媒观察, 2023(S2): 90-93.

444. 张明, 何宜航. 社会实践中的马克思主义新闻观与思政教育融合探索——基于广西大学新闻与传播学院的案例分析[J]. 新闻潮, 2023(11): 39-42.

445. 张娜, 张雨晴. 新文科理念下新闻传播人才培养的进路[J]. 新闻世界, 2023(8): 114-117.

446. 张强. 智媒时代高职新闻传播人才培养模式的创新研究[J]. 新闻研究导刊, 2023, 14(1): 71-74.

447. 张守荣. "互联网+"背景下新闻传播类专业人才培养模式与就业反馈[J]. 高教学刊, 2023, 9(36): 169-172.

448. 张顺军, 刘雅倩. 基于云平台的新闻学专业实践教学体系建设刍议[J]. 新闻传播, 2023(20): 18-20.

449. 张特. 思政育人理念下全媒体新闻采访写作课程思政的创新路径研究[J]. 传播与版权, 2023(11): 98-101.

450. 张宪席, 张磊. 新文科视域下传媒类专业课程思政的进路探究[J]. 传播与版权，2023（20）：103-106.

451. 张潇予. 网络与新媒体专业全媒体视频采编课程体系建设——以辽宁传媒学院为例［J］. 传媒，2023（16）：93-95.

452. 张轩铭. 新闻传播学科课程思政的逻辑分析与路径探索［J］. 陕西教育（高教），2023（4）：91-93.

453. 张学霞，徐井楠，保惠. 西部院校卓越新闻传播人才教育培养的实践与创新——以北方民族大学为例［J］. 新闻知识，2023（11）：72-78，95.

454. 张学霞，张韧洁，夏亮亮. 新文科背景下"中国新闻传播大讲堂"融入课程建设的实践与启示［J］. 新闻知识，2023（1）：73-76，95.

455. 张月萍，商誉文，王鹏涛. 阅读教育：拓展马克思主义新闻观教育的新路向［J］. 教育传媒研究，2023（5）：30-34.

456. 章卫华，王晓峰. 融媒体时代市县级传媒青年人才培养的策略［J］. 声屏世界，2023（24）：88-90.

457. 赵东洋，刘畅. 新文科背景下非线性编辑课程成果导向教学模式的探索与实践［J］. 传播与版权，2023（12）：102-105.

458. 赵红艳. 新文科背景下传播学专业课程思政建设的实践路径探赜［J］. 黑龙江教育（理论与实践），2023（11）：32-34.

459. 赵袈利. 郑保卫：新闻学学科发展的助力者［J］. 海河传媒，2023（2）：2-3.

460. 赵静宜，聂远征. 产教融合背景下省属高校广告专业人才培养模式探索［J］. 传播与版权，2023（16）：95-99.

461. 赵静宜. 智能传播时代高校广告教育创新探索［J］. 新闻前哨，2023（1）：78-80.

462. 赵丽芳，张灿. 走出困境与不足：新形势下国际新闻传播人才培养创新路径［J］. 中国记者，2023（6）：84-88.

463. 赵莉莉，刘文晶，丁莉娜，等. 元宇宙赋能下网络与新媒体专业"专创融合"人才培养路径探赜［J］. 黑龙江工程学院学报，2023，37（6）：67-70，82.

464. 赵婷玉. 智媒时代国际传播人才培养的三个维度［J］. 教育传媒研究，2023（1）：60-64.

465. 赵伟东，佟彤. 论新文科视域下新闻学专业教学中的美学实践［J］. 理论观察，2023（2）：157-160.

466. 赵伟东. 新闻学专业"三维一体"育人体系的建构与实现路径［J］. 新闻战线，2023（18）：93-96.

467. 赵心. 新文科背景下广告学双创人才培养路径探析［J］. 大众文艺，2023（12）：193-195.

468. 赵禹岚. 课程思政在新闻采访与写作中的应用研究［J］. 新闻传播，2023（23）：88-90.

469. 赵媛. 媒体深融背景下党报集团人才培养方略——新华报业传媒集团的探索与成效［J］. 传媒观察，2023（S2）：64-65.

470. 赵振宇. 怎样认识和做好新闻评论与特色教育——写在《重思新闻评论和评论特色教育》出版之际［J］. 新闻前哨，2023（5）：23-24.

471. 赵仲夏. 智媒时代地方高校应用型新媒体人才培养模式的创新与思考——以鞍山师范学院网络与新媒体专业为例［J］. 鞍山师范学院学报，2023，25（3）：96-100.

472. 赵子铭. 新文科背景下卓越新闻传播人才培养路径探讨［J］. 传媒，2023（13）：76-78.

473. 郑东方，周安平. 超学科视域下我国数字出版人才培养前瞻［J］. 出版发行研究，2023（9）：14-21.

474. 郑芳民. 从"新闻民工"到"新闻人才"——融媒体时代广播电视媒体人才队伍建设［J］. 西部广播电视，2023，44（8）：105-107.

475. 郑久良. "课程思政"背景下新闻传播人才核心能力与培养路径研究［J］. 新闻传播，2023（6）：15-17.

476. 郑青华. 课程思政融入新闻与传播专业课程教学的探索与实践［J］. 传播与版权，2023（24）：105-107.

477. 郑文锋. 新文科背景下地方高校新闻传播人才培养思路与进路［J］. 科技传播，2023，15（15）：44-47.

478. 郑亚灵. "后互联网时代"新闻传播人才培养的专业挑战与重构［J］. 互联网周刊，2023（5）：25-27.

479. 郑勇华，宋宝成. 基于 CiteSpace 中国新闻与传播专业硕士教育研究：述评与展望［J］. 乐山师范学院学报，2023，38（12）：131-140.

480. 周大勇，贾洪瑞. 跨界与协同创新：智媒时代新闻传播教育的必然选择［J］. 白城师范学院学报，2023，37（6）：60-66.

481. 周高琴. 广东欠发达地区县级融媒体建设人才困境与地方院校新闻教育破局——基于粤北地区的考察［J］. 嘉应学院学报，2023，41（2）：76-81.

482. 周高琴. 新媒体环境下欧美高校新闻实践教育中的核心素养［J］. 新闻前哨，2023（11）：29-31.

483. 周浒. 红色基因融入高校传媒人才培养体系：核心要义、运行机理与实践路径[J]. 新闻论坛，2023，37(2)：115-118.

484. 周茂君，何江移. 新文科背景下广告学专业核心课程设置与人才培养——基于国内48所院校本科培养方案的内容分析[J]. 新闻与传播评论，2023，76(1)：114-128.

485. 周培源，刘亚东. 教育元宇宙视域下的新闻传播学课程优化与人才培养[J]. 全媒体探索，2023(1)：29-31.

486. 周庆安，张莉. 耗散与有序：学科交叉背景下全媒体新闻传播人才培养研究[J]. 中国编辑，2023(Z1)：68-73.

487. 周庆安，匡恺. 人工智能冲击下新闻传播教育的认同构建[J]. 青年记者，2023(8)：26-29.

488. 周帅. PBL教学模式在地方高校新闻传播学教学中的应用探究[J]. 传播与版权，2023(19)：111-113.

489. 周亚齐，蔺琳. 智媒时代新闻传播专业"BOPPPS+工作坊"产教融合协同培养机制研究[J]. 传播与版权，2023(11)：102-105.

490. 周叶飞，闫宏伟. 打造"实践感"：新闻实务课程教学的场景重塑——以上海高校市级重点课程建设为例[J]. 新闻知识，2023(8)：76-79，96.

491. 周颖菁. 学科交叉视域下新闻传播学与国际中文教育的融合[J]. 新闻前哨，2023(15)：10-12.

492. 周勇，郑画天. 历史源流与现实进路：面向未来的国际传播学科建设[J]. 中国编辑，2023(4)：28-34.

493. 周云倩，赵赟. 新闻传播学教材的现实困囿与提升路径——基于精品教材的分析[J]. 青年记者，2023(12)：116-118.

494. 朱丽萍. 新闻学"专创融合"课程建设创新性研究——以《影视脚本写作》课程为例[J]. 今传媒，2023，31(7)：67-69.

495. 朱良志，邓烨. 革新与回归：新闻与传播硕士课程思政建设的路径——以"新闻学传播学经典著作研读"课程为例[J]. 传媒，2023(23)：88-90.

496. 朱晓凯. 高校新闻学专业应用型课程"虚拟情景"影视化教学模式研究[J]. 新闻知识，2023(9)：72-76，95-96.

497. 朱学红，谢日安，戴吾蛟. 能力提升视角下研究生课程体系建构及路径优化——基于中南大学的实践经验[J]. 现代大学教育，2023，39(1)：103-110.

498. 邹璐，王橙澄. "谢六逸新闻实验班"体验式教学改革与课程思政效应探究[J].

兴义民族师范学院学报，2023(4)：70-73.

499. 邹媛媛. 新文科背景下新闻传播伦理与法规课程思政教学改革与实践[J]. 新闻研究导刊，2023，14(17)：74-77.

（中南民族大学文学与新闻传播学院　陶喜红）

7.6.2　全文转载 15 篇①

超学科视域下我国数字出版人才培养前瞻

郑东方　周安平

文章来源：郑东方，周安平. 超学科视域下我国数字出版人才培养前瞻[J]. 出版发行研究，2023(9)：14-21.

在中宣部指导和教育部支持下，国家新闻出版署主办了首届全国出版学科共建工作会，积极探讨出版学科建设和出版人才培养，积极推动互联网、大数据、人工智能同产业的深度融合。培养足够规模、符合时代要求的高层次数字出版人才，则成为出版业迎接数字产业革命挑战的关键任务。

一、我国数字出版人才培养问题的"单学科"反思

(一)"单学科"的定义

所谓"单学科"，即是"指在特定的知识领域或学科内部教授知识、技能和方法"。这种"专业化""专门化"在学科建设初期确实有利于学科发展和人才培养，但随着时代、社会的发展与变革，单学科僵化同质、壁垒森严、一成不变的封闭结构极易使学科发展陷入学科本位的陷阱之中，造成知识孤立和学科发展乏力，难以解决专业发展和人才培养在不断更迭的现实情境中所遇到的复杂、综合、多维问题。

(二)单学科视域下我国数字出版人才培养的问题

整体认识的缺失极易造成学科割裂、知识体系零散的局面，使学科发展难以为继，最终与学科建立的初衷背道而驰，造成学科建设与发展背离科学和社会发展的需要，无法承担其实践责任和社会功能。

1. 培养目标过度技术化

数字出版是提升全民数字素养与技能的重要路径，但现实中数字出版人才却严重匮

---

① 文章基本保留原貌，仅略去部分参考文献与注释。

乏，严重制约着行业发展。面对数字出版人才供应与行业需求的事实性脱节，数字出版专业应运而生。

这样的匹配关系所带来的是专业人才培养的极端偏向化。数字出版行业往往要求人才掌握大量的计算机应用、软件开发与运用等实操知识和能力，这就造成了我们的数字出版专业偏重培养技术型人才，而非出版融合发展人才。因此，仅将人才培养目标局限于培养技术型人才，无法匹配学科发展需求，也不利于学科专业人才的成长。

2. 知识结构单一

当前我国已有少数院校创设了数字出版专业建设点，以尝试培养既有传统编辑力、出版力，又懂新型数字媒体技术的"复合型人才"。然而纵观我国数字出版专业的课程体系，只重出版知识和数字技术知识，却欠缺了文化知识、文学知识、语言知识以及自然科学知识等，体现出明显的知识结构单一问题，导致人才能力结构过于单一，同质化严重，不利于人才的多元发展。

3. 理实背离

从现实的角度看，为实现出版行业的数字转型和升级，不少出版企业早已积极引入各种数字出版相关的工艺、设备、材料，比如大数据、数字出版保护技术、内容聚合工具、内容制作软件、AR/VR/MR 技术、数字加工等，同时也增设了很多数字出版的相关工种，比如阅读设计与呈现、AR/VR/MR 实施工艺、质量检测工艺与方案解决等。这些工艺、设备、材料以及相关的工种具有极强的实操性，仅靠书本学习相关理论难以胜任。

然而反观国内多数学校开设的实践环节。首先，书本知识更新速度慢。虽然当前有一些院校开设了实训课程，并编写了一些实训教材，但是书本知识的更迭速度远远跟不上数字技术的迭代速度，用书本来培养学生的数字出版实践能力具有明显的滞后性。其次，实践时间普遍较短。这样短的时间很难让学生真正理解、消化这些书本上学来的数字出版技术及其相关工作，更难以让学生真正掌握如何运用这些数字出版技术。再次，实践过程欠缺理论指导。当前的实践环节多为校外实践。然而离开了学校，学生的实践过程便脱离了教师的直接指导。这种情况给学生的实践带来了极大的盲目性和随意性，不利于学生串联理论与实践，造成理实背离。

从人类知识生产模式的发展史来看，学科的发展大致经历了单学科—多学科—跨学科—超学科的范式转换，正呈现出逐渐从学科分化走向学科综合的趋势。因此，在学科发展已经走向超学科发展的当下，唯有充分认识到数字出版专业在边界上应该是开放的，在专业结构上应该是优化、重组、整合的，才能助推其未来更好的发展。

二、我国数字出版专业的超学科品格

（一）何谓超学科

"超学科"的概念是相对于"多学科""交叉学科"和"跨学科"等概念提出的。所谓"多学科"，是指从多个学科来共同研究一个项目或课题，通过不同学科的参与和审视，从而实现更全面、更深入地认识所研究的问题。所谓"交叉学科"，是基于学科间关系谱系而形成的不同学科之间关于概念和方法的交流，其探寻的是不同学科之间的关联性，从而在应用层面、认知层面推动新知识、新方法甚至新学科的出现。所谓"跨学科"，指把一个学科的理论或方法跨界应用于另一学科领域的问题研究。

"超学科性"这个概念由瑞士心理学家皮亚杰 1970 年首次提出。埃里克·詹奇则在同年首次提出了超学科发展的思路，并将其定义为"在教育或创新系统中所有学科和跨学科的协调"。联合国教科文组织积极倡导超学科发展，认为超学科需要横跨并打破不同学科的边界，并基于这些学科的理论构建起新的知识或理论体系；这些新的知识或理论将取代并超越原有的各学科，从而发现一种新视角和一种新的学习体验。简言之，基于超学科产生新的知识体系不仅是兼具多学科性和交叉学科性，更重要的是多学科之间的有机融合。

换言之，"多学科性"概念所呈现的是学科间"合作还比较初步，仅仅限于研究结果的汇总"；"交叉学科"概念虽然尝试突破学科边界，但依然是以学科为导向的；"跨学科性"概念虽然也强调了突破学科边界，但其属于知识和方法的嫁接，没能完全跳出学科本位的壁障；而"超学科性"概念则是强调从认识论、方法论的层面解构并重新建构学科之间的关联，从而形成更深层、更新的理论体系和操作方法。其目标是理解现实世界，实现知识的统一。

超学科的特征包括：①强调各种现象的复杂性；②强调以现实问题为中心；③主张整体性、系统性、综合性的认识思路和研究思路；④运用联系的、跨界的思维，旨在创建新的理论体系、形式或方法，解决现实问题；⑤强调学科边界的开放性，注重创新性。

（二）数字出版专业具有超学科品格

数字出版专业的出现有其独特的时代使命、生存生态、发展要求和专业取向。

第一，数字出版专业有"立德树人"的时代使命。数字出版专业作为高等教育专业，是新时代讲好中国故事，助力文化强国建设的重要阵地。北京印刷学院出版学院教授张晓菲认为，出版专业必须遵循马克思主义出版观，与中国特色社会主义文化发展道路相吻合，贯彻习近平新时代中国特色社会主义思想。因此，立德树人是其必有之意。

第二，数字出版专业有"媒介融合"的生存生态。数字传播不断打破原有媒介之间的边界，推动不同媒介加速融合。其以及时、海量、交互、多媒等独特优势，改变了传播的生态——数字传播技术突破了传统意义上的"出版"范畴，重构了出版流程，使之成为一个相互关联的整体甚至系统。数字出版专业是数字传播生态下出版专业为主动拥抱新技术而产生的，因此媒介融合是其内含之意。

第三，数字出版专业有新文科建设的发展要求。数字出版专业体现了将文科建设与技术环境结合的理念之"新"；将人文学科与理工科结合、理论教学与产业实践结合的课程体系之"新"；以及将研究与开发、高校与实务、国内与国外等密切结合起来，建立综合一体化人才培养体系的培养模式之"新"。因此新文科建设是其应有之义。

第四，数字出版专业有"贯通政产学研用"的专业取向。2022 年 7 月 24 日，由国家新闻出版署主办、北京大学承办的首届全国出版学科共建工作会议在北京召开。

无论是"立德树人"的必有之意，"媒介融合"的内含之意，"新文科建设"的应有之义，还是"贯通政产学研用"的专业取向，都指向一些共同特性：一是"综合性"，二是"跨界性"，三是"开放性"。这样一种方法和过程，一方面要以原有的学科体系为前提，另一方面则要以形成新的学科体系为归宿。基于此而言，数字出版专业生而具有超学科品格。超学科性即是数字出版专业的身份特性，是其作为一个学科能够独立存在的基本特性。超学科性应当成为考察数字出版专业的学术研究、教学活动过程以及所涉及的知识体系的学理和方法论支撑。

三、超学科视域下我国数字出版人才的核心素养

基于超学科思维来探索数字出版人才的培养，需要考虑两方面问题：其一是在超学科的视域下，我国数字出版人才应当具备哪些核心素养？其二是基于超学科的核心素养以及超学科思维，我国数字出版人才的培养进路是什么？

（一）数字出版综合知识基础

相较于只注重技术层面的知识体系，综合的知识基础更能为数字出版人才的成长与发展提供丰富而长久的养分和能量。基于超学科的"综合性"特征，并依据数字出版专业独特的时代使命、生存生态和专业取向，数字出版人才应该兼具思政知识基础、语言文字文化知识基础、传统出版知识基础、数字传播知识基础以及特长知识基础。

（二）数字出版技术运用素养

基于超学科注重"解决现实问题"的实践性特征，数字出版人才应该具备数字出版技术运用的核心素养。依据数字出版技术自身的实践特性以及数字出版企业对人才能力的需求倾向，数字出版人才的技术运用素养结构应该包括以下三个方面：数字获取及评价能力、数字制作能力、数字运营能力。

（三）数字出版创新能力

在钱颖一教授看来，要培养出创新人才，仅仅靠知识积累是不够的，教育必须超越

知识。数字出版人才不应是只懂得运用数字出版技术的技术，而应是具备创造性解决复杂问题的能力，能够推动我国数字出版创新发展的高级知识分子。因此，基于超学科强调现象"复杂性"，注重"解决现实问题"的特点，数字出版人才除了应该具备数字出版综合知识基础和数字出版技术运用的素养外，还应当具备创新数字出版的素养。丰富数字出版的形式；探索孵化新型数字出版项目；思考创设数字出版的衍生业态等。真正成为"既专又通""既会动手，又会动脑"的人才。

四、我国数字出版人才的超学科培养进路

在首届出版教育国际高峰论坛上，有专家预测说："未来教育出版融合发展将沿着从'相加'到'相融'、从'内容'到'服务'、从'技术'到'应用'、从'数字'到'数智'、从'产品'到'生态'的趋势和路径持续发展。"

(一)跨学科合作，培养数字出版综合知识基础

由于我国数字出版人才所需的综合知识基础在边界上已经突破了数字出版的知识体系，有必要基于超学科主张的"联系的、跨界的思维"以及"开放学科边界"的思路，通过跨学科合作的方式来培养数字出版综合知识基础。跨学科合作包括两个层面。

其一是跨学科合作开展教研。作为数字出版综合知识基础，应当具有数字出版专业的特色。通过学科间合作教研来探究课程设置、教材编写、课程特色、教学模式、教师教育等，打造具有数字出版专业特色的综合知识基础。

其二是跨学科开展课程教学。有必要依托整个学校的资源，通过跨学科合作的方式，联合文学院、新闻传播学院、马克思主义学院、计算机学院等其他学院的相关教师、教学资源，构建跨学科教学共同体，形成多学科师资互动和教学互动，协同培养数字出版综合知识基础。

(二)校企合作+双导师+顶岗实习，立体培养数字出版技术运用素养

1. 校企合作：培养数字出版技术运用素养的平台保障

数字出版专业不仅应该多开实践类的课程，理论联系实际，更应该将学校教育与生产实际相结合，推动高校与新型网络公司或数字出版单位的沟通与互动，实现数字出版专业校企之间的紧密合作。

各高校应该真正实现深入而多方位的产教融合。充分整合高校资源与企业资源，实现高校与企业之间的即时沟通和持续双向互动，并通过制度上的规范，使校企合作更紧密。通过校企合作，为学生的实践搭建起良好的平台，以实践项目来引导教学方向和教学内容，从而克服学生实践少、实践难、实践不充分的问题。

2. 学校专业教师+业界技能教师：培养数字出版技术运用素养的师资保障

我们可以借鉴国外职业教育的"双轨制"，通过建立"学校专业教师+业界技能教师"

的"双师制"，将学界和业界的专家组成人才培养专家团队，对学生进行联合培养。

"双师制"有两层内涵。其一，理论+实践。实施"双师制"，一方面通过高校教师教授学生系统的专业理论基础知识以及实务储备知识，另一方面通过聘请数字出版企业内的高水平技术人才，教授学生数字出版的实操知识和经验。其二，校内+校外。将"双师制"与"校企合作"相结合。学生在学校学习期间，由高校教师负责教学，让学生所学的专业理论知识具有系统性；而学生在校外实践期间，则由技能教师"手把手"教其进行数字技术实践操作，让学生在实践环节不至于因为缺乏指导而盲目、困惑，从而较好地积累实操经验，真正提升实践能力。

实施"双师制"的关键在于学校专业教师和业界技能教师要实现双向良性互动。通过双向良性互动，使校内与校外、理论与实践紧密结合——学校能够结合业界的反馈信息来指导教学；业界能够精准补充学校没有教授的技术与实操技能，而不至于成为"两张皮"。

3. 顶岗实习：培养数字出版技术运用素养的制度保障

建立顶岗实习制。顶岗实习的意义在于，责任感的驱动，不仅能够认识各个岗位真正的工作需求与职责，熟悉岗位的技术要求，而且能够专心、系统地学习到各种实操技能。通过顶岗实习的制度，形成一个不断动态循环且立体的实践课程体系，真正实现校内与校外有机结合，学校与企业深度融合，为我国数字出版人才实践能力的培养提供新的探索方向。

(三)培养数字出版创新能力

基于超学科思维，应该以现实问题为导向，培养数字出版创新能力。具体而言，有两种进路：其一是积极推动项目式学习。通过将数字出版的现实问题转化为研究项目，以师生合作或者生生合作的模式，经过参与完成设计、计划、决策、执行、交流结果等复杂任务，主动探索整体而系统地解决这些真实的复杂现实问题的方法。其二是加强创新创业教育。创新创业教育是以培育学生的创业意识、创新精神、创新创业能力为主的教育。认知企业及行业环境，把握创业风险，掌握商业模式开发的过程、设计策略及技巧等；还能学习创业计划书撰写、创业市场评估、创业融资、创办企业流程与风险管理等，从而实现数字出版人才创新能力的培养。

五、结语

数字出版人才不能做只会运用数字技术的技术工人，而是要做文化的引领者、知识的生产者以及数字出版的创新者。未来的数字出版人才培养应当从单学科思维转变为超学科思维。如此方能培养出符合新时代要求、堪当民族复兴大任的复合型数字出版人才。

规范与创新：基于国家一流新闻学本科专业培养方案的分析与思考

杨　琳　李唐波　焦俊波

文章来源：杨琳，李唐波，焦俊波. 规范与创新：基于国家一流新闻学本科专业培养方案的分析与思考[J]. 未来传播，2023，30(6)：101-113，139.

专业培养方案是专业人才培养的基本依据，是新时代高校对"培养什么人、怎样培养人、为谁培养人"问题最直接的应答，是人才培养目标、培养理念、培养全过程最具体的体现。人才培养方案更是专业教学的基本遵循，其中培养目标、培养要求、学制及毕业要求、课程设置、课程模块结构与比例、实习要求、毕业论文等，直接反映了本科专业人才培养的思路，也反映出高等教育的办学理念。整体上，对本科专业教育教学的评价、评估中，将对培养方案的分析检视作为其中重要的依据，其原因也在于此。现有新闻教育人才培养的研究，从宏观角度提出问题与对策的成果相对较多，本文从培养方案切入，通过对培养目标、毕业要求、课程体系等分析，探讨新闻传播一流专业建设的规律、经验，进而探讨新时代新闻学专业人才培养的创新路径。

一、问题提出与研究设计

(一)研究回顾与问题提出

在现有新闻传播本科专业中，新闻学专业作为传统专业，发展历程最久，培养方案、课程框架与体系相对成熟。但是，在新的媒体技术迅猛发展，信息时代传播格局与传播生态不断变化的背景下，新闻专业如何在赓续学科传统的同时与时俱进？如何既坚守专业核心价值又回应数字时代转型？进一步，新闻专业培养目标和课程设置如何适应现今媒介环境和社会需求？这是新闻传播教育界迫切需要回答的问题，也是一流新闻专业建设中应深入讨论的重要课题。2019 年，教育部启动了一流本科专业建设"双万计划"，这是国家为全面振兴本科教育，提升高校人才培养能力，实现高等教育内涵式发展的重要举措。因此，本研究选取首批国家一流新闻学本科专业建设点，以其为标本，分析考察人才培养方案的具体问题，进一步探讨其中反映出的一流专业人才培养基本规律，及其所凸显的专业特色和专业优势。

(二)数据采集与研究设计

研究通过新闻院系官网、宣传手册以及专家访谈等方式，收集到首批国家一流本科专业建设点的 32 家新闻院系的新闻学本科培养方案，范围包括中国人民大学、中国传媒大学、复旦大学、华中科技大学、清华大学、暨南大学、武汉大学等高校。从区域分布上看，涵盖范围较广；从学科评估情况上看，均属于中国新闻传播学科实力排名靠前的高校；从整体学科地位上看，也从一定程度上代表了我国当前新闻传播教育改革发展的最新趋势。

二、研究发现及分析

（一）培养目标及毕业要求分析

1. 培养目标

培养目标是对该专业毕业生在学业完成后能够达到的职业和专业预期的总体描述，是专业教育根据专业发展与社会需求及学校定位对人才培养的总的设计。通常认为，培养目标既要能够指导专业教学工作，同时还要便于对目标是否达成进行一定程度的评价，因此需要更加具体明确，更能反映出不同专业对自身定位以及所培养人才在一定时期内的发展期望。

2. 毕业要求

紧紧围绕着"能力""知识""素质"三个核心展开，说明各高校在毕业要求制定上的认知与预期基本一致，以此三点为基础。"能力"集中体现为基本业务技能、外语能力、新媒体运用技能、新闻传播实践能力、语言文字表达能力等；"知识"集中体现为党和国家新闻宣传政策知识、新闻传播基础知识、现代新媒体技术知识、马克思主义新闻观等；"素质"集中体现为道德品质、社会责任感以及国际视野等。

（二）学分和学时情况分析

学分和学时是一门专业最基础的信息，反映不同院系对专业设置和人才培养体系的基本认知。

作为最基本的教学管理制度，学分制是学生毕业和获得学位的标准，通过实行学分制，能够在很大程度上促进学生个性发展，提升自主学习能力。因此，学分制改革被认为是本科教育教学改革的突破口，诸多高校都做了这方面的尝试与探索。

相比学分，各院系在总学时上存在较大差异，主要体现在实践教学的学时数量安排上。作为与学分制同等重要的计量学生学习负荷、评价学习效果的形式，用学时作为学习的一种量化体现是切实可行的。《标准》并未对总学时有具体规定，也在一定程度上赋予了各新闻院系灵活调整的空间，尤其是在理论教学、实验教学、课内实践教学、课外实践教学等学时安排上的自由度。如北京外国语大学适度降低总学分、总学时要求，鼓励学生自主建构知识结构，跨院系选修课程。

（三）课程设置及不同课程类型的学分分布

课程设置是培养方案内容的核心支撑部分，是专业教育的基础单元和主要形式，它不仅关乎专业教育理念，折射专业培养目标，凸显专业特色，也直接决定专业人才的知识、能力、素质结构的基本元素和重要特征。作为新闻传播教育教学改革引领者，首批一流本科专业建设点的课程设置成为各个学校关注的焦点。新闻教育课程如何求变，又如何回应现今社会需求，成为新闻传播教育界迫切需要共同面对的问题。

1. 课程设置体系

分为通识教育课程(包括必修与选修)、专业必修课程、专业选修课程、实践类课程四个大类。可以看到，其一，通识教育必修课程中，思想道德修养与法律基础、马克思主义基本原理概论、毛泽东思想和中国特色社会主义理论体系概论、中国近现代史纲要等作为《标准》中公共基础类课程，为各高校必修课程，因而词频最高。其二，通识教育选修课以人文艺术、社会科学、外文、自然科学为主体，为不同层次的学生提供了多样选择。专业必修课程最能体现新闻学区别于其他学科专业的知识特征，教学内容涵盖新闻理论与业务的核心知识点。从中可以总结出以下特征：第一，马克思主义新闻观为最高词频，凸显了我国新闻学专业教育的根本指导思想，以及未来新闻人培养的价值观引领。第二，新闻编辑和新闻评论等业务基础课始终反映新闻学专业学科特质，新闻学概论和传播学概论等理论基础课始终体现出新闻学专业的理论根基。第三，媒体融合课程数量的增多，凸显当下新闻教育界与业界共同关注的热点。第四，相对来说，史论类课程数量有所欠缺，一些院系将中国新闻传播史课程设置成专业选修课，外国新闻传播史课程减少。

同时，一些院系在专业必修课程设置方面展现出一定的创新性。在专业课程中设置有跨专业、跨学院的必修课程，如中国文学、社会学导论、心理学基础等，还有院系强化了特色课程和精品课程，凸显出院系的办学特色。譬如兰州大学的融合新闻报道、深度报道、国际新闻报道(双语)、财经新闻报道等特色课程的设置。

2. 不同课程类型的学分分布

32 家高校新闻学专业不同课程类型的学分分布差异比较明显。整体学分分布中，通识课程与专业必修课程设置的比例远高于专业选修与实践课程，两者的比例约为 2：1，实践类课程学分占比不足 16%，说明在新闻学人才培育方案中，通识课程与专业必修课程依旧占据主体。部分师范类高校的新闻院系专业必修课程占比较高，如东北师范大学专业必修课程学分比例为 33.1%，华东师范大学专业必修课程学分比例占 40% 以上。

三、基于新闻学专业培养方案的分析与思考

(一)理念先导，回应新文科建设与社会发展要求，是一流新闻传播专业培养方案设计首要研讨与回答的问题

任何一项培养计划的设计实施都需要理念作为先导，这是回答教育要培养"什么样的人"的根本问题。就本科阶段新闻学专业人才培养而言，只有对培养方案的核心理念

进行系统、科学且准确地把握，才能够在实际教学的过程中目标明确、精准施策。在探讨"高素质、全媒化、复合型、专家型"新闻传播人才培养体系的设计理念时，我们一方面应从建设世界一流大学和教育强国的角度出发，同时要直面全球传播生态与媒体格局的急剧变化，从新闻传播学学科发展自身与卓越新闻人才成长的全过程进行思考凝练，使得培养目标更加明确，与课程设置、人才培养切实结合。

(二)立足现实，面向社会对新闻传播人才的多元需求，依托各自特色优势的差异性定位培养目标

面对当前信息技术更新与媒介融合趋势的不断深入，新闻院系都对自身培养目标与培养模式进行了重新审视，无论是体现出培养"具备全媒体业务技能的新闻人才"的密苏里模式特点，还是呈现出"拥有复合型知识结构的专家型人才"的哥伦比亚模式特点，新闻传播教育的培养目标总的趋势是从精通单一技能的专业型人才向掌握多专业、多技能、多学科知识的复合型人才发展。同时，培养目标制定还需统筹考虑各高校自身的定位、历史、特色与发展优势，以期有效回应新闻传播院系的目标诉求与长远发展。行业、产业的变化和需求是首要因素，其次是学校的定位和特色，再次是地区因素、部校共建。差异性目标定位正在培养目标确立中不断呈现。

(三)交叉融合，新闻传播专业的交叉性、前沿性、实践性与新闻学专业本体特征体现的辩证

从能力、知识与素质三个角度看，一流新闻学本科专业建设点的人才培养与毕业要求中均重视技能、知识与素养教育，在课程设置方面也有所凸显，但仅实现了"姿态性融合"，并非系统性转型。新闻学科的交叉性、前沿性、实践性特征往往也表现为课程设置上的庞杂，这一点也不同程度存在于入选一流专业建设点的培养方案之中。因此，如何把握新闻传播学科的交叉融合趋势与新闻学专业本体特征之间的关系，尤其是如何在新闻传播专业二级学科培养方案之中体现其共同性与特色性，仍是新闻传播专业培养方案制订中应进一步辩证与探讨的课题。同时，重视学科交叉与融合，使得通识课程、专业课程、实践课程等容量的比例适当，通过顶层设计进行逻辑梳理与重构，尽可能扩大辅修专业、辅修课程范围，也是更好地实现跨学科融合人才培养的有效路径。

(四)"博"与"精"，公共基础课程、通识类课程及其课程体系内诸课程的辩证

通识教育是一种兼顾完整知识、自由心灵和高尚人格培养的活动，是一种超越专业教育的"元教育"或教育的教育。广义来讲，通识课包括公共基础类课程与一般意义上旨在提升学生人文素养、培养科学精神、提高艺术修养的人文社会科学类和自然科学类课程。狭义的通识课主要指后者。目前部分高校在课程安排上，存在将公共基础类课程归属于通识课程体系的情况。应该看到，两类课程的培养目标、定位有所不同、有所区

分，在具体课程目标、课程内容及授课形式等方面也应加以辩证分析把握。与此同时，考察通识课程体系内部具体内容发现，虽然多数课程都在形式上满足了跨学科、跨专业、跨知识的硬性条件，但在与本学科知识融合方面依然存在一定疏离，甚至游离状态。

（五）知识与能力、理论与实践、技术与人文、二级学科之间的关联等问题，仍然是新闻学专业培养的"永恒"课题

培养目标对专业课程设置的统领与课程设置对培养目标的支撑同等重要。课程设置是培养方案的关键环节与核心内容，课程设置的合理与否在很大程度上决定了新闻专业人才培养目标能否实现，关系并影响着整个培养方案的质量。课程内容的选择方面，部分院校在培养目标中提出要培养新闻传播、内容制作、网络编辑、经营管理、跨文化传播等多种专业能力的复合型人才，但在课程设置中却缺乏此类相关课程。更加值得注意的是，在专业必修（核心）课程中发现史论类课程有减少的趋势。如果说新闻传播教育必须旗帜鲜明地"固本"，那么，这个"本"就是新闻传播学科的独特性，在人才培养上就要保持基本的定力，映射到课程设置上也应当注重新闻史论综合素养的培养。譬如中国人民大学一直遵循"史论立院"的基本科研共识和人才培养理念共识，在人才培养上也是秉承"固本"优先，重点建设史论课程，强化基础史论的教学理念和教学教案的提升。

（六）学分学时的制约，仍是新闻专业培养方案中值得继续探讨的问题

尽管培养方案中的学分学时差异为不同目标定位的一流专业建设点预留了体现各自人才培养特色的空间，但在培养方案讨论与制订过程中，学分学时问题始终是争议的焦点问题之一。为了留出时间以增加学生的实践机会与自主学习空间，部分高校压缩学分已然成为趋势。事实上，本科人才培养方案的总学分设置，一方面，要遵循国家关于人才培养的相关文件要求、教学质量国家标准、专业人才培养目标；另一方面，要根据各自专业的特色目标定位，科学合理设置学分学时要求、课程模块与考核标准。同时，可以适当借鉴国外高校注重课程梯度的课程设置及基于弹性学制的学分制，重视低层次的入门级专业课程，在完成低层次课程、储备足够的学科基础知识后，再进入高层次课程的学习，制定适合不同阶段的课程学分学时。

四、结语

时代的变迁，媒介技术带来的变革，都要求对新闻传播学人才培养方案、课程体系进行改革创新。既要充分认识到技术逻辑对于新闻传播专业课程建构的关键作用，又要从新型复合型新闻传播人才培养理念出发，建构科学与人文融合的课程体系。同时关注到技术变迁带来的伦理、道德、法治、社会治理等现实问题，培养学生理性运用技术工

具的能力，努力构建创新博通与专精、科学与人文、技术与专业交叉融合的人才培养体系。

国际传播能力建设视域下的国际传播人才"三观"研究

孙利军　高金萍

文章来源：孙利军，高金萍. 国际传播能力建设视域下的国际传播人才"三观"研究[J]. 当代传播，2023(5)：72-75，80.

国际传播能力的三要素是谁来传？怎么传？传什么？由此可知，传播者是决定国际传播能力的关键之一。提升国际传播专门人才的综合能力是快速提升中国国际传播能力的重要路径，而国际传播专门人才综合能力的根本在于其正确的世界观、人生观和新闻观。换言之，"三观"决定了他对国际传播工作的理解和态度，以及对工作目标的追求和向往。

一、国际传播人才"三观"的研究背景

虽然社交媒体为全球网民赋权，每个人都有可能成为国际新闻传播者，但国际传播的主力军仍然是专业机构媒体从业者，即国际传播专门人才。国际传播专门人才是新闻传播从业者中的一个独特群体，他们不仅要具备一般新闻传播从业者的职业素养，还要能承担服务国家的职责与使命。

（一）国际传播的主力军主要来源于机构媒体

社交媒体使民众入局国际传播，民众传播与机构媒体合流，共同构成跨越国界和民族的信息流动中的主流，自媒体与主流媒体、国内媒体与国际媒体共同奏响国际传播的交响乐。一方面，虽然国际传播领域出现了诸多民众传播的成功案例，但是机构媒体主导的国际传播成功案例远远高于民众传播。就对外传播杂志社自 2015 年至今评选的"对外传播十大优秀案例"来看，87%的优秀案例为国际传播机构开展。在"2022 年度对外传播十大优秀案例"中，传播主体或幕后推手均为机构媒体。例如，2020 年 3 月"云象北迁"事件中，途经之地的民众首先利用微博、微信、短视频等新媒体平台传播信息；其后，中央电视台《新闻联播》和中央人民广播电台《中国之声》等主流媒体的跟进报道引发国际媒体的广泛关注。从 2021 年 6 月开始，西方主流媒体大规模的持续报道使该事件登上国际"热搜"。

中国国际传播能力的关键在于主流媒体国际传播从业人员，一方面他们是中国国际传播的主力军、国家队，拥有最强的资源配置和融合传播能力；另一方面与普通民众相比，通过培养高素质的国际传播人才可以快速提升国际传播能力。

（二）国际传播人才的研究现状

国际传播能力指一个国家或执政党利用本国和他国传统媒体和新媒体向全球公众传播其信息，以塑造其国家或政党形象，进而影响他国舆论并获得国际公众认同的能力。国际传播专门人才是决定国际传播能力的关键之一。

国内的国际传播人才研究与国际传播能力研究密切相关，早在2002年中国加入世界贸易组织后，就有研究者提出中国需要加强国际传播人才培养。根据中国知网检索，郭可在《入世后我国英语媒体面临的困境和战略思考》一文中，首次提出吸引高素质采编人才不仅仅是英语媒体的人事工作，而且是决定中国国际传播事业是否具有国际竞争力、能否更上一个层次的重要因素。2008年是中国国际传播的一个分水岭，胡锦涛提出"提高国内国际传播能力"；2009年6月26日，李长春在《光明日报》创刊60周年座谈会上提出，要着力造就"一批熟练掌握外语、善于在国际场合维护国家利益的外向型新闻人才。"在这一背景下，2009年国际传播人才和国际传播能力的研究文献逐渐增多。2020年以来，受新冠疫情后国际舆论环境恶化的影响，以及习近平总书记"5·31"讲话的鼓舞，国际传播能力和国际传播人才的研究文献同步激增。当前国内关于国际传播人才的研究，就主题来说主要分为三类：一是探讨国际传播人才的培养目标及类型，多数学者认为国际传播人才是精通外语、了解世界、熟悉国情的复合型新闻人才。任孟山从服务中国式现代化视角出发，认为国际传播人才应朝向两个方向：一是培养知识生产者和故事生产者；二是分析国际传播人才的素质能力。如苏志武认为，优秀的国际传播人才应当"政治立场坚定、新闻业务精通、深入了解国情、熟练运用外语、熟悉国际规则。"2012年史安斌将中国人民大学、清华大学、中国传媒大学三校的国际传播人才培养模式概括为"国情教育+融合新闻业务+外语+媒体实习"。大连外国语大学借鉴这一模式，创新性地增加了"世情教育"，即注重以国际视野为重、国家立场为本、着眼世界发展、传播多元题材、融合媒体教育、培养多元素质。郭书含认为，国际传播全媒型人才培养应围绕"四个融合"——政治素养与职业素养的融合、中国视角与世界格局的融合、内容为王与技术赋能的融合、数据思维与共情能力的融合，从人才培养前瞻谋划、加强政治引领、提升语言及跨文化能力、强化人才的综合能力素养和新媒体业务技能入手进行人才培养创新。

总的来看，已有研究成果认为国际传播人才培养目标是拥有外语能力、跨文化能力和新闻传播能力的复合型创新人才，培养模式围绕政治素养和专业素养展开。既有研究从国际舆论环境的变化解释了国际传播人才培养的重要性，但是对国际传播人才培养目标的来源缺乏分析。本文拟通过文献分析法和参与观察法，从国际传播人才"三观"内涵的来源分析入手，探索培育国际传播人才"三观"的路径。

二、国际传播人才"三观"的内涵

对于国际传播人才来说,服务国家的责任使命在一定程度上超越了基本的新闻职业素养,成为其首要特征以及职业价值观的核心。聚焦国家需求,梳理国际传播人才"三观"的内涵,主要来源于两个方面:一是执政党和国家对国际传播人才的要求,表现为与新闻传播或新闻传播教育相关的政策文件;二是国家或执政党领导人关于国际传播的讲话及其他文献。

(一)国际传播人才"三观"之源

就国家对国际传播人才的目标需求来看,优秀的国际传播人才应拥有全球视野,能够站在全球或全人类角度观察世界、思考问题,推动人类社会的发展、推动人类命运共同体的构建。2018年教育部、中宣部联合发布《关于提高高校新闻传播人才培养能力实施卓越新闻传播人才教育培养计划2.0的意见》,要求"培养造就一大批具有家国情怀、国际视野的高素质全媒化复合型专家型新闻传播后备人才……培养造就一大批适应媒体深度融合和行业创新发展,能够讲好中国故事、传播中国声音的优秀新闻传播后备人才。

就国际传播人才的职业素养来看,国家和人民需要新闻从业者首先要有一颗爱国心——中国心,这是对国家的高度认同感、归属感、责任感和使命感的基础。"为了谁""怎么讲"是中国国际传播人才职业能力的关键,坚持党的领导和以人民为中心是国际传播工作的出发点,服务大局是国际传播工作的基本要求。习近平在《致中央电视台建台暨新中国电视事业诞生60周年的贺信》中也强调"坚持党的领导,坚持以人民为中心,忠实履行职责使命,统筹广播与电视、内宣和外宣、传统媒体和新兴媒体,加强国际传播能力建设。"

就国际传播人才的职业技能来看,在中国话语和中国叙事体系尚未被西方世界接受时,要会用西方话语讲中国故事;在中国实践尚未被西方世界充分了解阶段,要善用融通中外的智慧传播中国声音。21世纪第二个十年,中国在全球的影响力不断上升,但是国际舆论场上长期以来"西强我弱"的格局尚未彻底改变。在当前国际形势不稳定、不确定格局下,在中西舆论斗争不断升级态势中,加强国际传播从业者的话语能力和融合传播能力显得格外迫切。习近平提出,要从构建中国对外传播话语体系和构建中国自主知识体系出发,提升中国国际传播能力。中国自主知识体系为国际传播提供传播内容和报道话语,有了传播内容和报道话语,还需要传播者抓住传播时机、善用传播技巧,方能传播致效。

(二)国际传播人才"三观"的基本内涵

总的来看,中国国际传播人才的"三观",就是拥有开阔的全球视野、深厚的家国情怀和正确的新闻观，具体体现为一双全球眼、一颗中国心和坚持马克思主义新闻观。

拥有"一双全球眼"，就是以全球为基点，兼容差异和异见，弘扬全人类共同价值。全人类共同价值——和平、发展、公平、正义、民主、自由，是世界各国人民价值理念的最大公约数，它超越了意识形态、社会制度和发展水平差异。国际传播人才的全球观是指基于平等、开放和参与的立场开展与他国的沟通与交往。在全球性挑战和全球性问题面前，跳出一国的狭小空间，从整个人类和世界的视角出发看待问题、分析问题、解决问题。

拥有"一颗中国心"，就是始终以中华文化为根，了解西方文化，积极促进中国与世界的沟通，推动形成与中国综合国力和国际地位匹配的国际话语权。在国际传播中，首先是要理解中国"独特的文化传统，独特的历史命运，独特的基本国情"；其次是积极向世界传播中国道路、中国制度、中国式现代化，在跨文化传播中求同存异、增进共识。

坚持马克思主义新闻观，就是始终站在马克思主义立场，坚持党性与人民性相统一，做中国人民与世界人民联系的纽带。新闻观是国际传播人才对新闻传播活动的观念的总和，新闻观的核心是新闻价值观，选择和报道新闻的标准。以马克思主义新闻观为指导，国际传播从业者要掌握高超的融合传播能力和国际话语表达能力，运用西方话术讲好中国故事，应用中国自主知识体系解释中国智慧和中国方案，为国家改革发展稳定营造有利的外部舆论环境。

三、国际传播从业者"三观"中存在的问题

国际传播人才的"三观"具象化体现在国际传播从业者的传播实践中，深刻影响国际传播效能的发挥。2019 年新冠肺炎疫情发生以来，国际舆论环境日趋恶化，中国国际话语权与国家综合实力极不匹配，中国共产党被美、西方污名化、妖魔化，国际传播领域频频出现中西舆论交锋，对中国国际传播实践构成巨大压力，并在一定程度上影响着国际传播从业者的"三观"。

（一）缺乏融通中外的智慧，未能从全球视野观照传播实践

融通中外，不仅需要融通中外的话语，更需要融通中外的智慧。一方面，国际报道过度重视道理和观点，把国际新闻报道当作国内会议报道、一般政务报道，缺乏事实和故事，没有将国家重大政策与普通民众的生活结合起来。报道中国的发展成就时，未能结合历史背景讲述变化，社会发展实绩与民生改变相脱离；另一方面，在国际传播中自说自话，或者各说各话、传而不通。

（二）忽视传播场域，片面迎合国内民族主义情绪

出于民族主义情绪，背弃全人类共同价值的国际新闻报道，以及渲染地区冲突中违

背人道主义的做法都是不可取的。国际传播中的"说理"，要站在人类整体立场、要基于共同体目标，仅从民族主义出发不仅容易引发国际公众误读，也会失去国内公众认同。

（三）未能摆脱路径依赖惯习，缺乏对新闻观的创新实践

长期以来国际传播从业者的路径依赖惯习，既包括对传播思维的依赖，也包括对传播话语的依赖，缺乏受众意识。除了主流国际传播机构，如《中国日报》、新华社等，国内还有大量国际传播机构与对内传播机构合一，其对内传播思维与话语体系深刻影响传播内容，在对外报道中忽视国际受众的接受习惯，使用对内报道的意识形态话语叙事，重观点轻事实，忽视文化折扣，在对外报道中面面俱到，道理多情感少。

总的来说，当前部分国际传播从业者缺乏明晰的专业意识，没有区分不同受众的信息需求，没有树立明确的国际传播意识。究其原因，一方面与国内主流媒体的体制机制有关，其负责国际传播的新闻从业者也并未全部接受过专门的国际传播职业训练和专业教育；另一方面与国际传播从业者的培养教育体系有关，当前外语外贸类高校承担了大量国际传播人才培养任务，但是这些高校的马克思主义新闻观教育往往基础薄弱，对马新观重视程度较低。

四、深化国际传播人才的"三观"教育

伴随着中国国际传播成为一项国家战略，国际传播人才的来源越来越多元，其学科背景既有新闻传播专业，也包括外国语言文学、国际政治、国际贸易等专业。针对国际传播人才学科背景多元的特点，应通过"三观"教育，帮助国际传播后备人才养成正确的职业价值观。

（一）加强政治判断力培养

优秀的国际传播人才是"具有高端对话能力、坚定国家立场又充满个性魅力的意见领袖"，其素养包括两个方面：一是政治素质，即政治判断力、政治领悟力、政治执行力；二是专业能力，即对国际舆论环境的复杂分析能力、对本土传播资源的整合应用能力、改善国际舆论和进行有节制斗争的能力。国际传播人才要透过复杂的国际舆论场了解事件本质，并站在中国立场迅速回应国际舆情。因此，加强国际传播人才的思想政治教育是职业能力培养的第一步，要从培养敏锐的政治判断力，以及对全球性政治经济文化和国际关系的准确把握，对中国制度和中国道路的深刻理解入手强化其职业能力培养。

（二）加强海外实践教育

海外实践一方面有助于培养国际传播后备人才的全球视野和跨文化能力，积累行业人脉；另一方面有助于他们打破"以我为主"的路径依赖惯习，增强受众意识。要鼓励

和支持国际传播后备人才参加海外实践，将专业理论与传播实践有机结合。可以充分利用国家层面的国际青年交流学习机制和平台走出国门，观察世界，打破自言自语、自说自话的局面，从而能够在全球视域下介绍中国精神、中国价值和中国力量，展现可信、可爱、可敬的中国形象。

（三）加强马新观创新思维

马克思主义新闻观自诞生以来就体现着与时俱进、不断创新的特征。中国共产党始终将马克思主义新闻观作为新闻传播的方法论和新闻观，用历史的、发展的、辩证的眼光看待世界。对于国际传播人才来说，马新观教育要针对当前国际舆论格局的变化，结合理论与实际，针对性地提高国际传播人才的新闻价值判断力和新闻话语表现力。坚持马新观具体体现为面向世界"讲好中国故事，传播中国声音"。中国故事包括"中国共产党治国理政的故事、中国人民奋斗圆梦的故事、中国坚持和平发展合作共赢的故事"。提高国际传播人才讲述中国特色故事的能力，夯实中国国际传播能力的根基。

在当前国际传播多元主体并存的格局下，要尽快提升国际传播专门人才的传播能力和综合实力，强化主流媒体在国际传播中的引领力、公信力和影响力；有效整合机构传播与民众传播力量，以差异化和区域性传播提升整体中国国际传播能力。

耗散与有序：学科交叉背景下全媒体新闻传播人才培养研究

周庆安　张　莉

文章来源：周庆安，张莉. 耗散与有序：学科交叉背景下全媒体新闻传播人才培养研究[J]. 中国编辑，2023（Z1）：68-73.

近年来，随着新兴媒体技术的快速发展，多个学科开始进入与新闻传播相关的各种实务领域。一方面，多个学科都注意到新闻传播学科的重要性，并开始参与新闻传播学科的知识体系建设；另一方面，不同的学科人才培养中，也都对传播素养给予了充分的关注。因此，跨学科的人才培养就成为当前新闻传播领域热议的话题。

但是，为何而跨，如何做好跨学科的人才培养，全媒体时代的人才培养应当从什么方向跨，才能够完成人才的自主培养。本文试图就此展开讨论，并探讨全媒体环境下人才培养的基本要求。

一、学科主体性的挑战和回应

作为一个高度基于实践工作的学科，新闻传播专业的学科建设和人才培养一直围绕着两大主体开展：一是技术驱动的主体，根据技术的发展不断完善叙事能力和传播能力的培养；二是民族国家的主体，基于不同的观念、意识形态和国家角色，不断完善媒介的构建和发展。在学科发展历史中，新闻传播的人才培养可以分为以下三个阶段。

第一个阶段从20世纪初新闻教育在全球发端开始，构建了极为重要的人文主义传统。人文主义传统也成为新闻教育的核心，其内在价值直到今天还在指引各国新闻教育工作。这个阶段的发端，不仅意味着通过技术讲故事成为新闻传播教育的关键环节，而且意味着以人为核心的历史观、社会观、价值观成为讲故事的外围结构，也成为构建学科知识体系的必然要素。在这个时期，新闻传播人才培养的路径是比较明确的，以写作、摄影、摄像等为叙事的核心，以人文主义的价值观教育和通识教育作为培养体系的支撑，共同构成了新闻传播主要是新闻学人才培养的模式。直到今天，这一路径依然有很清晰的示范性。

第二个阶段是第二次世界大战以来，尤其是第二次世界大战结束以来，形成了政治学、社会学、心理学、经济学等社会科学的多种理论和多元范式。这些理论和范式使得新闻报道产生了很强的兼容性。而传播学的发展，则更大程度上得益于社会科学的研究方法。社会科学的研究方法带来了量化处理的思维，也对海量的社会信息进行了更加结构化的处理。多学科的方法论，不仅参与了传播学知识主体的构建，而且参与了新闻传播主要是传播学领域的人才培养工作。在这个时期，因为范式的更新，人才培养也开始变得更加多元化。在广义的传播学研究中，人际、组织、大众、国际都逐渐开始成为人才培养的分支，公共关系和广告学等也逐渐成为人才培养的重要方向。

第三个阶段则可以被称为21世纪以来的技术交叉路径。随着20世纪90年代互联网技术的普及，直至近年来社交媒体的迅速发展，人工智能等新技术进入新闻传播行业，技术交叉路径由此开始逐渐影响人才培养的主体性和目标性。新闻传播教育界对于技术交叉路径的响应是非常积极的，21世纪以来，全球多所一流高校开设了与网络传播、新媒体相关的新专业，还有部分高校新闻传播学科和理工科共同建设相关的专业。近年来，人工智能、算法技术在行业中的深度运用，促使新闻传播教育工作者一方面反思技术困境，另一方面也强化了其对技术的深度融合理念。

这三个阶段不是替代的，而是叠加的。因此，新闻传播这一学科发展到今天，仍然是一个以叙事为核心、以多元社会科学方法论为范式、以技术交叉为发展路径的综合性社会科学。在过去历史发展的进程中，每一次知识体系的冲击其实并没有改变新闻传播学科的教育本质，而是进一步增强了新闻传播学科的耗散结构。

20世纪70年代，比利时科学家伊里亚·普里戈津在物理学中提出耗散结构，在这个理论中，一个不断变动的远离平衡态的开放系统，在通过与外界交换物质和能量的情况下，可能在一定的条件下形成一种新的稳定的有序结构。对于耗散结构的研究，逐渐从自然科学领域拓展到人文社会科学领域，新闻传播学科知识体系正是这样一个不断变动的开放系统，技术环境的变化、政治经济结构的变化都使得这个系统开放而变动，而多元学科的交叉和冲击，也会不断帮助学科知识结构自身进化为一个新的稳定的有序结构。

二、全媒体环境下新闻传播学科知识体系的变迁

新闻传播学科知识体系成为耗散结构是有充分理由的，这是一个内部熵值由于政治经济的影响不断增加，外部又因为技术变化而带来更多信息的结构。

在这种情况下，整个学科内部的结构就不会保持既有的稳定。上述三个阶段，虽然只解释了新闻传播学科知识体系的变化，但其实在这三个阶段中，每个阶段对于新闻传播学科知识体系转型的影响都是巨大的，也对人才培养提出了新的要求。第二次世界大战之后，全球新闻传播活动逐渐呈现出更多的叙事与方法的结合，对于叙事逻辑、研究方法的要求不断增加，使得教育教学方式也在发生巨大的变革。

而在互联网兴起之后，网络的影响已经逐渐开始改变新闻传播的本质属性了。此前从报纸到广播再到电视的变革，是在不断满足个体搜集信息的感官需求。而互联网带来的冲击，是从传播结构上颠覆了以往的传播路径。从新闻传播的本体论角度来说，尽管信息仍然是知识体系的主要研究对象，但是信息的生产者、使用者、渠道、规则都发生了巨大的变化，不少研究对象都不再是单一的，而是复合的。这就意味着，传统的单一学科问题，现在变成了复杂的多学科问题。

同时，新闻传播教育中需要考虑的因素开始变得多样化。仅以叙事而言，已经不再是线性的，而是立体的。它对于文字、影像和互动的配合要求已然变得更高。而大数据、人工智能在叙事中的进一步使用，又增加了新的叙事教育的维度。方洁等认为，数据给新闻叙事带来的能力变化包括能够获取与公众利益相关的数据、运用合适的软件工具分析数据、把通过分析发现的有价值的内容制作成数据报道。从对事实的叙述，到对现象的描述，再到对状态和趋势的勾画，从文字到画面再到数据表达，仅叙事能力一项，新闻传播教育承载的因素就十分丰富。

在这种情况下，上述的第三个阶段的技术交叉就不仅是一种路径，而且带来了学科知识体系结构性的变革。知识体系的耗散，带来了教育体系的耗散，甚至教育者和被教育者的角色都开始变得模糊，教师和学生之间使用新媒体的程度不同，对数据和人工智能的理解差异很大。石长顺等人在研究大数据背景下的媒介创新时运用了耗散结构，他们认为："大数据时代中的信息收集、处理与应用弹性正是耗散结构中的流动值，外界及组织自身的信息输入、输出的交换为构建媒体内容创新的耗散系统提供了阈值。"延伸来说，大数据时代新闻传播教育中的内部熵增，以及与多学科交叉的信息输入和交换，也都为教育的耗散系统提供了熵值。

因此，新闻传播教育需要进一步寻找有序结构，对抗知识体系内部的无序变动。这就要求新闻传播学科必须更进一步接纳多个学科，找到多学科交叉的最理想状态。那么，我们需要创造一种条件，不仅促使学科知识结构不断完善，而且使得教育模式和人才培养方式不断进化为一个更加稳定的有序结构。这种条件的形成本身一方面需要教育者能够尊重和掌握媒介发展的基本规律，不停留在传统媒介的条条框框之内；另一方面也需要教育者能够及时调整方向重点，尽可能探索教学共识，进而衍生出教学的中心和边缘。

三、耗散结构下的新闻传播人才能力培养

如果说因何交叉不是当前的重点，那么今天的问题则应该是如何交叉。新闻传播教育的核心挑战在于，教育者并不直接掌握技术变动的关键，常常因为技术驱动或者政治经济文化结构变化而被迫适应环境的变化。新闻传播人才培养的核心，也在于如何更好地适应媒介环境的变化，如何培养参与、服务甚至引领媒介环境变化的人才。

与之相似的一个问题是，新闻传播教育发展的一个趋势是要培养全媒体时代有竞争力的传媒人才，这就需要在现有的人才培养基础上更有前瞻性。这一前瞻性指的不仅是对于行业趋势的判断，而且是对于未来从业者基本素养的判断。在技术深度融合、学科深度交叉的时代，全媒体人才要重视以下四种能力的培养。

首先是叙事能力。在不同的媒介技术环境中，新闻传播叙事中的两个关键因素仍然没有改变：一是非虚构，二是时效性。非虚构所代表的真实、客观、平衡，是任何一个时期新闻传播教育必须遵循的原则，而时效性则代表了新闻传播叙事的根本竞争力。叙事的根本，是对"媒介即人的延伸"的一种确认，不管基于什么样的媒介形态，这种延伸最终都要通过传媒人来实现。因此，新闻传播人才培养应重视对未来传媒人叙事能力的培养。

其次是与相关知识领域的对话能力。这种对话能力的培养，需要在教育过程中构建一个符合新闻传播人才成长规律的通识环境，同时鼓励其在某一特定领域自由成长。对话能力体现在：拥有对相关知识领域的主要认知，对知识逻辑的归纳，以及对相关学科研究方法的了解。这种对话能力的核心，就是方法论和阐释学的要求，而方法论是对话的前提，理论阐释是对话的结果。

再次是全媒体环境下的舆论感知能力。全媒体时代的舆论感知能力不是通常意义上对某种特定舆论的关注，而是对舆论成因、发展逻辑、潜在风险的把握和归纳。这时候的舆论环境，不仅是媒介引导和议程设置的结果，而且还包括社会情感因素、网络议题扩散方式，甚至是受众互动程度。同时，国际舆论和国内舆论也存在一定的差别，国际传播工作者所面对的舆论环境还要叠加不同的政治经济背景，理解不同的文化特质、表达方式，这些都会对舆论的形成和走势产生影响。

最后是全媒体时代的融合表达能力。媒介融合带来的一个重大冲击是使得传统媒体人脱离了单一的工作状态，被动进入媒介融合的表达环境中。文字、图片、音频、视频等可视化能力以及与用户的互动，都是融合表达能力的关键。同时，融合表达能力还包括在不同的媒介场域中选择最恰当表达方式的能力。

综合来看，以上四种能力继承了新闻传播教育长久以来的传统，也对知识体系的拓展作出了回应。我们承认新闻传播学科知识体系的动态性，但也明白这种知识体系基于现代性的基础，代表了人本和理性的发展方向。

由新技术打造的社交媒体，实际正在带来交往性质（亦即传播属性）的变化，而这种变化并不是要改变人才培养的本质属性。人才培养在一定程度上，仍是一个重新寻找和重申新闻传播本体论的过程，在这个过程中对于多元场景下叙事能力的培养依然是核心。从方法论到技术驱动论，新的认知体系最终也将服务于叙事这一基本功能。

四、价值观教育与实践教育对人才培养的意义

新闻传播教育具有两个重要的支撑体系：一是价值观教育，二是实践教育。二者在全媒体人才培养过程中都需要进一步优化和升级——价值观教育面对复杂政治环境和技术环境亟须自洽，实践教育面对多元技术场景叠加亟须适应。

（一）价值观教育

新闻传播专业是一个与意识形态属性高度相关的学科，在任何时代都存在政治经济文化结构对其专业人才的深度影响。那么新闻传播教育的根本，就是对人的基本价值和媒介能力的再教育。而谈及人的基本价值教育，知识体系的耗散结构和上述四种能力的培养，不仅不会削弱价值观培养的重要性，反而会强化这一基础教育的意义。从技术政治的角度来说，每一次技术进步都带来了技术背后的重新赋权、社会阶层的调整、身份政治的变化。新闻传播教育如果进一步接纳技术交叉，那么要先强化"智能伦理""技术治理"等关键课程的设计。

除了技术政治之外，体现国家意志、弘扬主流价值在未来的新闻传播教育中还应当进一步得到强化。在这一过程中，要通过专业教育和通识教育，帮助学生在各个领域、各种文化对话中构建自身的价值体系和政治逻辑。

如果说全媒体人才培养的目标是培养能够适应媒介融合环境下多种传媒叙事工作的跨学科人才，那么价值观教育的目标就是确保这样的人才能够拥有坚定的主流价值观、开放的全球视野和敏锐的意识形态鉴别力。价值观教育不仅将更好地服务于叙事能力、对话能力、舆论感知能力、融合表达能力的培养，而且对于学科的主体性建设也有直接的推动作用。

（二）实践教育

新闻传播实践教育的特殊之处就在于其有一个开放透明的实验室，即媒体。全媒体环境下，这个实践场景开始叠加多元技术背景，场景的复杂性也就更明显了。实践教育不仅要完成对现实社会的叙事、对话、感知和融合，还要完成对技术叠加后场景的叙事、对话、感知和融合。全媒体时代的实践教育，技术叠加突出的特点是跨界。跨媒介，通过认识理解当前媒介融合趋势下的实践，突出媒介融合的实践教育理念，在实践教学场景、作品创作、理念运用和成果产出上突出跨媒介；跨行业，通过认识理解当前各个行业对于新闻传播人才的共同需求，构建一个多种行业合作的实践教学场景，在教学、应用和成果产出上突出跨行业；跨国界，通过认识理解当前全球化对新闻传播教育的影响，在实践场景设计、课程规划和成果产出上突出跨国界。

价值观教育和实践教育，二者是全媒体人才四种能力培养过程中不可或缺的基本支撑。新闻传播学科的重要性所在，恰恰是因为其对于现实政治经济活动的直接影响，人才与现实场景的直接对接，以及与历史现实的直接对话。价值观和实践两个教育体系，要为这些"直接的优势"接续更多可能。在未来学科交叉的大背景下，新闻传播领域的精英，未必都是新闻传播学科培养的人才，但是新闻传播学科所培养的人才，应当尽可能成长为新闻传播领域的精英。

五、结语

总体来说，构建新闻传播学科知识体系的耗散结构，将是未来一段时期的发展趋势。在耗散结构中，教育是促进有序增长的关键手段。在当下这样一个信息技术快速发展的时代，多数人文社会科学类学科都有一定的自主性焦虑，也对人才培养进行了深入的反思。这意味着，传统学科分类在全媒体环境下需要革新理念和教育模式。因此，有效构建一个基于学科发展的耗散结构，并以此重新明确人才培养的新目标，有助于更好地促进专业人才的培养。

基于成果导向的新闻学研究生人才培养核心能力框架构建

刘　洁　展威震　严佳敏

文章来源：刘洁，展威震，严佳敏．基于成果导向的新闻学研究生人才培养核心能力框架构建[J]．中国出版，2023(24)：40-44.

2020年，习近平总书记就研究生教育工作作出重要指示。他站在坚持和发展中国特色社会主义、实现中华民族伟大复兴的中国梦的战略高度，对研究生教育提出了殷切期待。近年来，随着我国新闻学研究生办学规模快速扩大，办学层次逐步完备、教学研究机构增多、学生人数大幅增加等"量"的增长的同时，研究生教育"质"的问题进一步显现，主要存在教学体系逻辑不清晰、与新闻实践活动相脱节等问题。鉴于此，如何提升新闻学研究生培养质量是国内新闻院系亟待解决的重要议题之一。

成果导向教育由美国学者斯派蒂提出，强调学习成果的重点不是学生的成绩，而是关注经过学习后，学生所具备的能力。随着在工程教育领域改革逐渐取得的成效，OBE理念在全世界范围内得到广泛关注和运用。OBE 中顶峰成果与反向设计的理念在美国工程教育专业认证标准中已得到全面贯彻落实。我国于 2005 年开始构建工程教育认证体系，有力地推动了工程教育专业的改革。在这一过程中，工程教育逐步出现了 3 个转变——从课程导向转变为产出导向、从以教师为中心转变为以学生为中心、从以质量监控为主导转变为持续改进为主导。新闻学研究生教育可以借鉴工程教育领域的成功经验，从"交给"学生什么内容延伸至学生毕业时"带走"什么，实现课程内容的理念转化，形成产出导向、学生为本、持续改进的教学理念。

基于此，本研究将以成果为导向的教学思想为依托，采用"反向设计、正向实施"的思路，在新时代中国特色社会主义新闻理论和马克思主义新闻观指导下，紧密结合中国新闻舆论工作实践，建构适应党和国家事业发展需要的中国新闻学研究生核心能力框架，以期为教育管理部门和高校出台、试点并实施新闻学研究生核心能力方案提供参考，满足新闻学研究生人才培养的内生需求，提高新闻学研究生在新时代讲好中国故事、传播中国声音的能力。

一、中国新闻学研究生核心能力框架

美国教育心理学家布鲁姆认为，教育目标可分为"知识"（knowledge）、"技能"（skill）与"态度"（attitude）3 个目标类型。"知识"是期望学生毕业时应知道什么（事实性知识）和理解什么（原理性知识）；"能力"是期望学生毕业时能应用这些知识做什么；"态度"是期望学生毕业时能按正确方向应用这些知识做什么。这 3 个目标是一种以学生为核心、以学生学习成果为导向的教育理念，通过多元化策略促进学生知识体系、实践能力、个人素养不断提升。本研究基于这 3 个教育目标建构出中国新闻学研究生核心能力框架的一级指标——知识、能力、素养，并通过文本分析法、访谈法等拟定二、三级指标。为使指标体系更加科学完善，本文运用德尔菲专家咨询法、层次分析法—熵权法，确定相关指标，构建新闻学研究生核心能力框架。

1. 基于德尔菲专家咨询法的框架构建

本研究借助于德尔菲专家咨询法，在初拟框架指标的基础上编制了问卷。随后，选择专家群体，通过多轮循环调查、反馈与统计分析，通过对指标进行优化和筛选，最终构建出新闻学研究生核心能力框架。第二轮结果表明专家意见基本达成共识，并逐渐趋于集中。

咨询专家的选择。本文采取非概率"主观抽样"方式进行专家咨询,邀请的专家涵盖新闻教育、新闻实践、行政管理等多个领域,在地域分布上实现了南北结合、东西兼顾的平衡。两轮咨询中具有副高级以上职称的专家占比分别为88%、94%。表现出较好的专家效度。

问卷的统计与分析。为体现参加评估、预测专家的水平与结果的可信和可靠程度的联系,本研究主要应用专家积极系数、满分频率、变异系数等统计指标进行说明。结果显示,专家能积极响应,对内容评判有把握,意见集中可靠,均达到要求且满足研究需求。

框架指标的优化与筛选。本研究框架指标的纳入标准为:均数大于3.5,变异系数小于0.3,满分频率大于0.3。为避免误删,规定只有3个筛选标准都不满足才被删除。同时,我们充分考虑专家们的修改建议,并结合研究小组的讨论意见进行筛选。经过两轮对框架指标进行增加、删除、合并等修订后,中国新闻学研究生核心能力框架基本得以建立,包含3个一级指标、10个二级指标、43个三级指标。

2. 基于AHP—熵权法框架指标权重确定

相对主观的AHP法与相对客观的熵权法相结合求出的各项指标权重,可供决策者面对复杂问题时作出判断。首先,按照AHP法计算权重。本研究采用专家群体决策法邀请5位专家通过1—9标度法对指标进行两两对比打分,得出各层评价矩阵,问卷回收率100%。随后运用和积法计算指标权重并进行一致性检验。然后,对专家打分的原始数据矩阵进行标准化处理后求取信息熵,计算各指标的熵值权重,并通过公式,计算出指标的组合权重。

二、核心能力培养优化方向

当前新闻院系对新闻学研究生的培养方案急需调整,以更好地适应时代需求。根据上文构建的框架和一级指标权重排序结果,能力(0.3808)、素养(0.3605)、知识(0.2587)位居前三,凸显了新闻学研究生核心能力培养方向上应以素养引领、知识为基、能力为核。下文我们将深入分析相关二、三级指标的权重和内在逻辑,为新闻学研究生培养提供更为明确的优化方向。

1. 素养引领:构筑以人民为中心的国家认同与正确舆论观念

素养下设二级指标权重排名第一的是思想政治素养(0.1440),其涵盖国家认同、社会责任与担当等方面,说明引导新闻学研究生树立正确政治信仰至关重要。与其密切相关的新闻职业素养权重也很高,为0.0475,表明思想政治素养在新闻学研究生培养中具有引领作用,它不仅影响着新闻学研究生的实践活动,还对其长久发展起指导作用。

在新闻职业素养中，"树立以人民为中心的新闻理念"（0.3151）和"坚持正确舆论导向"（0.2969）占据一半以上的比重，是新闻学研究生开展新闻舆论工作的重中之重。新闻学研究生只有在新闻舆论工作中坚持新闻工作的党性原则、树立以人民为中心的新闻理念和正确的舆论导向，才能真正为社会传递准确、有价值的信息，服务于人民群众。在自主发展素养（0.0897）下设的三级指标中，自我规划与深入实践的重要性占比为0.3942，表明要重视培养新闻学研究生自主学习和发展的能力，以促使其不断成长和进步。新闻学术素养（0.0467）、新闻职业性格（0.0326）权重系数虽相对前3个较低，但良好的新闻学术素养是新闻学研究生未来长时段职业发展的重要基础，与新闻实践相匹配的新闻职业性格是新闻记者职业生涯的"助推器"。

新闻学研究生的培养应注重凸显思想政治素养的修养和历练，特别要在新闻舆论工作中树立以人民为中心的新闻理念。同时，强调自主学习以及培养优秀的学术素养及职业性格，这是实现长期职业发展的基础。

2. 知识为基：兼顾新闻专业知识与跨学科知识

在新闻学专业知识中，占比较高的是新闻史（0.4083）、新闻理论（0.3441），这两类课程能帮助研究生熟悉党的新闻舆论工作历史，理解新闻领域的基本原理和中国共产党新闻舆论工作的基本规律和要求。第三是研究方法（0.1552），这体现出研究生培养阶段区别于本科教学，对研究方法的高度重视。新闻业务（0.0925）位于第四，笔者理解这基于两个原因：一是新闻采访、编辑、评论等实际运用的新闻专业知识在本科生阶段占有相当大比例，在研究生教学的前置学程已打下了良好基础；二是"新闻业务"更偏重能力，这在"新闻生产能力"部分已有较充分的体现。在"知识"部分，新闻院系要特别重视学习习近平新时代中国特色社会主义思想理论体系等知识，以及文学、历史学等人文学科基础知识和社会学、经济学、法学等社会科学基础知识，增进学生对人类社会和文明的理解，并得以运用跨专业知识解决实际问题。在新闻学研究生培养过程中要兼顾多学科知识，培养学生的综合素养和跨学科思维能力。

3. 能力为核：培养新闻生产及学术研究能力

在能力层面，新闻生产能力（0.1518）、新闻学术研究能力（0.1503）权重系数较高，不仅说明新闻学科偏重实践的特点，新闻学研究生要能准确、及时地报道新闻，而且学术能力也不可忽视，要能深入开展系统性的科学研究。在新闻生产能力的三级指标中，相较于新闻报道策划能力（0.0938），跨平台运营及管理能力（0.3487）、全媒体采写编评（0.28）、视听符号生产与传播能力（0.2774）占比更高，表明新闻学研究生要紧跟媒介技术发展，适应新闻行业的发展趋势，掌握多种媒介的新闻采写和传播技能。在新闻学术研究能力中，问题分析能力（0.3295）、定义与抽象问题（0.1348）、识别问题

（0.1572）占比较高，这意味着新闻学研究生应具备找到真问题，聚焦于关键问题深入研究并提出有效解决方案的能力。此外，在个人基本能力中，分析判断能力占比达0.5924，这表明新闻学研究生要具备敏锐的观察力和分析力，能准确地评估、解读事件及数据。新闻学研究生培养要以新闻生产能力和新闻学术研究能力并重，培养具有应用研究能力和应用实践能力的复合型新闻人才。

三、核心能力培养提升策略

当前，提升新时代中国特色社会主义新闻学国际话语权要把研究生培育质量提质加速作为一项重要任务。为此，要在准确理解和全面掌握习近平新时代中国特色社会主义思想和马克思主义新闻观的基础上，面向全新新闻业态，重视新闻学研究生对知识的系统性学习和能力的持续提升。

1. 以素养引领为关键，坚持不懈用习近平新时代中国特色社会主义思想和马克思主义新闻观，培养学生爱党爱国爱社会主义情怀

强化思想政治素养。新闻院系首先要培养学生的国家认同，包括对国家历史、政治体系和文化传统的深度学习，使其坚定中国特色社会主义道路自信、理论自信、制度自信和文化自信。其次要强调社会责任与担当，培养学生对社会问题的关注，可通过社会调查等方式，让学生认识到新闻学与社会紧密相连，加深对习近平总书记关于新闻舆论工作的重要论述的认识。最后要注重培养学生的公民品德，通过组织参观媒体机构、参与社会公益活动等，引导学生养成诚信、公正和负责任等品德，深化对法律法规、新闻道德的理解。

坚持马克思主义新闻观。新闻院系可通过系统的课程设置，如讨论课、学术讲座等，讲授马克思主义新闻观的创立和发展，引导学生熟悉和掌握以人民为中心的新闻理念，提高国际传播能力，做好新闻舆论工作。师生互动也是途径之一，教师积极发挥示范引领作用，帮助学生改进新闻报道文风，坚持正确舆论导向。同时，组织学生参与新闻报道和编辑工作，让他们亲身体验和实践马克思主义新闻观，达到理论素养与实践能力的双促进、双提升。

2. 以知识传授为基础，努力探索院系特色与新闻学专业课程相结合、通识知识与专业知识相贯通的人才培养模式

优化专业主干课程。审视和优化新闻学研究生的培养方案，构建中国特色新闻学教育体系，突出科学性、前瞻性和实用性，增加课程难度，拓展课程广度，减少"水课"，增加"金课"，可重点提升学生对新闻史的学习和认知、新闻理论的理解与应用、新闻业务的实践能力培养及研究方法的科研能力培养。

建设学科交叉与开放式选修课程。通过院校特色优势学科与新闻学专业相结合，实

现跨院系、跨学科的协同融合，如与社会学院合作开设媒介社会学，与地理学院合作开设媒介地理学等课程，拓宽学生的学科视野，培养具备跨学科思维和能力的新闻人才。

3. 以能力提升为核心，新闻实践能力与新闻学术研究能力并重，不断探索前沿领域、结合社会实践活动，提升人才核心竞争力

面向新时代、新技术、新需求培养学生新闻实践能力。当下新闻院系需要从实践环节、技术与创新能力培养及行业合作等多方面综合推进人才培养。如设立数据新闻实验室、社交媒体研究中心等，让学生深入研究和应用前沿领域，提高科研和实践创新能力；加强行业合作的实践导向，让学生亲身参与到实践活动中，提升实操和解决问题的能力，以培养出能快速适应变化的复合型新闻人才。

加强学生以问题意识为核心的新闻学术研究能力培养。首先，通过课程和导师训练，使学生关注新闻学术研究中的重大问题和前沿领域，激发他们对真问题的兴趣和研究动力。然后，注重研究方法的训练，培养他们运用科学的研究方法进行问题分析和研究的能力。同时，鼓励学生积极参与学术会议、读书会等，与其他学者进行对话和合作，提升学生的学术写作、学术交流能力。

四、结语

全国新闻院校研究生培养方向和培养方案参差多态，在丰富性背后起支撑作用的是对新闻学研究生核心能力的培养。本研究在搭建核心能力培养框架方面做了一些初步探索，期待该框架能充分展示新时代中国特色社会主义新闻传播理念、凝聚中国共产党新闻实践经验，同时为推进中国新闻学研究生培养与世界新闻学教育的沟通做好基础性工作，助力培养一大批提升中国新闻传播能力和新闻学国际话语权的生力军，增强新闻学研究生这一新闻传播领域大国竞争标志性力量。

加强面向南亚东南亚的国际传播人才培养

廖圣清　舒瑾涵

文章来源：廖圣清，舒瑾涵. 加强面向南亚东南亚的国际传播人才培养[J]. 传媒，2023（20）：21-23.

南亚东南亚，毗邻中国西南地区，是亚洲版图的重要组成部分，中国与两亚之间的政治合作、文化交流、商贸往来由来已久。当下，"加强同发展中国家团结合作，维护发展中国家共同利益""构建新型国际关系""构建人类命运共同体"迫在眉睫。国际传播，即"探究国家、政府、民间社会、流散族群和个人行为者之间的各种跨界传播。"开展面向南亚东南亚的国际传播，传递中国故事、中国声音、中国文化，在交流、交融中

进一步牢固中国与两亚的关系，是新闻传播学科回应新时期、新阶段、新任务的核心抓手。党的二十大强调，"人才是第一资源"，应当"着力培养担当民族复兴大任的时代新人"。推进面向南亚东南亚的国际传播，根本在于加强人才培养工作。本文通过讨论南亚东南亚的国际传播人才培养面临的问题，提出南亚东南亚的国际传播人才培养的路径，助力社会主义现代化建设和中华民族伟大复兴。

一、南亚东南亚国际传播人才培养的问题

我国南亚东南亚国际传播人才培养，主要以云南大学新闻学院(南亚东南亚国际传播学院)为中心，联合中国传媒大学、中国人民大学、复旦大学等各大高校协同推进。立足国家和区域发展，坚定"强、新、特"的学科发展定位，在学科体系、人才培养模式、课程体系、发展体系等方面不断进取，培养了一批批"有坚定的马克思主义新闻观，了解南亚、东南亚各国国情和民情，熟练掌握现代化国际传播手段，具备讲好中国故事的综合素质和实践能力的"专业人才，初步打造了具有鲜明特色的南亚东南亚的国际传播人才培养范本。但是，随着国家发展新时期、新节点的到来，现有的人才培养理念、培养目标、培养模式等难以满足我国与南亚东南亚深入交往的需求，存在种种问题。

1. 缺乏专业性、跨文化性、全球性的培养理念

专业定位是新闻传播学科主体性的重要体现，以云南大学为代表的院校，积极培养国家急需的南亚东南亚国际传播人才。但是，在实际安排中，仍旧沿袭原有传统新闻传播学人才的培养理念，无论是定位、思路、方案等层面，暂时未能全面转向以南亚东南亚为核心的国际传播，专业基础薄弱。长此以往，将会导致专家、教师、学生缺乏对于学科方向的认同感和归属感，从根本上给两亚国际传播人才培养带来阻碍。

当下，面向南亚东南亚国际传播人才培养理念的跨文化性不足。随着我国文化和两亚经济、文化等方面的频繁交流、融合，南亚东南亚国际传播人才跨文化能力缺失明显。在文化层面，熟悉南亚东南亚各国文化、习俗、信仰，并能将"中国故事"顺利转译到南亚东南亚语境中的人才较少。在语言层面，虽然英语已被广泛普及并运用在国际传播中，但是，信息要深入传播到当地群众，更需要擅长越南语、缅甸语、老挝语、马来语等小语种的综合性国际传播人才。在平台层面，南亚东南亚国际传播人才的培养主要集中于云南大学新闻学院，和两亚接壤的地区如德宏、西双版纳、百色等地缺少专业性的人才培养平台。

现有面向南亚东南亚的国际传播人才培养理念，主要集中于关注中国与两亚，区域特征明显，"全球理念"被置于压缩或边缘化状态。然而，全球性本身是国际传播区别于其他类型传播的特征所在，也是国际传播的最终目标。面向南亚东南亚国际传播人才

培养，应更新、重构国际传播人才培养理念，同时，还应进一步强化对"全球意识""中国立场""两亚视角"的整体性整合。

2. 缺乏针对性、差异性、综合性的培养目标

面向南亚东南亚的国际传播人才培养目标是回答"培养什么样的人才"。对此，云南大学新闻学院做了较为完善的探索，即坚持马克思主义新闻观，着力培养具有批判精神和独立思考能力，具有高度社会责任感，有跨学科知识和国际视野的高级人才。这一目标为人才培养指明了方向，提供了参照，但也与一般意义的国际传播人才培养目标高度重叠，未能针对性地凸显面向南亚东南亚的特征。

此外，相关人才培养目标仍局限于传统媒体语境和业态之中，致力于产出"新闻""广播电视""编辑出版"等人才。在全媒介传播主导的跨国交往中，大多数院校仍旧无差别地沿袭此类目标。尽管近年来，面向南亚东南亚的国际传播对复合型人才的培养势头渐长，但主要停留在技术培养层面的复合，未能实现专业、观念、思维等方面的深度转变。这种"无差异"的人才培养目标，会导致人才输出与传播实践难以匹配，专业理念与教学设置不合理等现实困境。

面向南亚东南亚的国际传播人才培养目标，过于强调专业知识和技能，如采、写、编、评，往往忽视了综合素质的培养。国际传播人才是沟通南亚东南亚和中国的纽带与桥梁，如果其文化积累匮乏、外语能力欠佳、沟通能力不足，便不利于打破各国人民之间认知、观念、认同等方面的壁垒，给南亚东南亚与中国之间的文化交流、商贸往来、情感交融带来巨大障碍。

3. 缺乏精准性、系统性、前沿性的培养模式

现有国际传播的人才培养模式，缺少相应的知识体系、师资队伍；未配备相应的课程结构、基础设施。建设面向南亚东南亚的人才培养模式，一些院校引进有海外经历的教师，并通过举办暑期课程、研究生论坛、专家讲座等方式。但如果未能在日常教学中将南亚东南亚和中国语境深度融合，同样也不利于精准培养相应的国际传播人才。

缺乏系统性也是面向南亚东南亚国际传播人才培养模式的问题之一。具体而言，课程的设置和教学，缺乏逻辑性、科学性、连贯性，学生难以充分吸收课程内容。在实习、就业中，高校、实习机构、用人单位之间尚未形成培养合力，难以促进学界、业界之间的人才流通与落地。

面向南亚东南亚的国际传播人才培养模式缺乏前沿性。一方面，未跟进新媒介技术发展，在实践上大多依靠传统媒介技术和传播形态展开，现有新闻院校增加了新媒体理论和实践课程，但仅仅浮于表面，如只是在课程里增加"网络时代""数字化"等背景。另一方面，未将国际传播人才培养的最新进展与南亚东南亚国际传播人才培养对接起

来，容易形成割裂和断层，造成画地自限、裹足不前的局面。

二、南亚东南亚国际传播人才培养的路径

加强面向南亚东南亚国际传播人才的培养，应积极从培养理念、培养目标、培养模式上探寻出路。树立兼具中国性、两亚性、世界性的南亚东南亚国际传播人才的培养理念。设置富有专业基础、现实视野、伦理自觉的南亚东南亚国际传播人才的培养目标。打造课程体系、师资队伍、管理评估三位一体的国际传播人才的培养模式。

1. 建立兼具中国性、两亚性、世界性的南亚东南亚国际传播人才的培养理念

在南亚东南亚国际传播人才培养中，中国性与两亚性的理念密不可分。中国性，意味着坚持中国共产党的领导，以马克思主义为指导思想，学习贯彻中国特色的国际传播观念，树立正确的政治、价值导向。两亚性，要求关照南亚东南亚各国国情、文化的共性与差异，以共情两亚人民为核心，在文化共识、情感联结中，凝聚认同。始终明确要以构建中国—南亚东南亚命运共同体为归旨，将中国性作为根基，积极探索与两亚性公平、开放、和谐交流、融通的可能，不断推动南亚东南亚国际传播人才培养的改革、创新。

中国性、两亚性的理念应在良性互动中形成合力，最终回应世界性的人才培养理念。首先，应当摒弃"西方主义"重视少数人利益，"东方例外"的立场，秉持均衡、普适的国际传播理念，培养一批将自身命运与世界命运联系在一起，沟通两亚、中国与世界，以实现全体人类共同利益为目标的人才。其次，以南亚东南亚国际传播人才为行动节点，将中国文化、中国方案、中国故事转化为传播内容，编织从中国起点落脚南亚东南亚各国，辐射世界的国际传播网络。

2. 设置富有专业基础、现实视野、伦理自觉的南亚东南亚国际传播人才的培养目标

对国际传播的理论、方法、技能的熟稔，是区别国际传播人才与一般新闻传播人才的根本。为培养专业基础扎实的人才，应当摒弃当前中国新闻传播学中存在的"学徒心态"和"殖民话语"等问题，以开放、包容的理念，由国际传播前沿概念、理论、议题、领域、方法切入，与南亚东南亚国际传播语境相勾连，完善相关理论、方法，打造专业知识库。其次，将专业知识转化为教育资源，通过设置课程、工作坊、讲座、实训等方式，推动专业知识的更新、扩散与落地，带动学生边做边学。

现实情境是检验专业基础的试金石，也是专业能力不断提升的源泉。培养富有现实视野的南亚东南亚国际传播人才目标，主张立足中国和南亚东南亚的意识形态、文化传统、价值观念，以专业的知识、技能，与关涉中国、两亚、全球的核心问题之间进行开放、平衡、动态的对话。具体实践上，一方面，推动跨国界、跨业态地进行人才实践、

交流，鼓励学生体验式、观察式地亲身参与到差异化、多元化环境中的实践；另一方面，坚持党管人才的原则，建设由区域到国家的人才实践平台、人才培养示范基地，为实现人才培养目标提供政策、平台支撑。

南亚东南亚的国际传播人才培养，还应追求与专业基础、现实视野相匹配的伦理自觉，这样才能确保人才在专业追求与价值实现中，保留批判思维，坚守家国情怀，勇于担当社会责任。第一，应当认识到中国不仅与南亚东南亚紧密相连，与世界各国也同处一个共同体，将沟通两亚，团结全球，视为应有的伦理自觉。第二，坚持马克思主义新闻观教育，坚持普遍性与特殊性相统一，积极探索跨文化传播，实现求同存异、聚同化异。第三，国际传播始终以两亚人民为中心，在坚守人文关怀中确立身份认同感，将人民幸福与社会发展相协调视为伦理自觉。

3. 打造课程体系、师资队伍、管理评估体系三位一体国际传播人才的培养模式

课程体系、师资队伍和管理评估体系是加强南亚东南亚人才培养的实践机制。课程体系设置，应当置于国际前沿、中国经验、两亚特色相辅相成的逻辑框架中。目前，国内外国际传播课程设置涵盖理论、技术、方法，涉及文化、法律、管理、计算机、健康等诸多领域。如复旦大学的"马克思主义新闻思想""英语新闻报道与写作""国际传播与跨文化传播"等课程；新加坡国立大学的"全球媒体传播""数据与传播""数字与全球传播"等课程；南加州大学的"国际政治经济学""跨国公司和全球化战略""全球传播法律和伦理""全球健康传播""跨文化营销和品牌管理"等课程；墨尔本大学的"流动性、文化和传播""全球媒介管理""全球危机报道"等课程。除了参考国际经验，秉持开放、多元、融通的观念，多领域、多技术、多学科地创新优化课程设置。还应当安排一些具有中国特色和南亚东南亚特色的课程，如关于中国、南亚东南亚各国传统文化的课程，小语种课程，等等。

师资队伍是推动课程展开的重要抓手。南亚东南亚国际传播的教师队伍需要具备跨学科、国际化的特征。在跨学科方面，应当注重跨学科师资队伍建设，建立由新闻传播学科教师牵头，多学科教师参与的教师团队，纳入小语种、社会学、计算机科学、信息科学等领域的教师。在国际化上，可以纳入有南亚东南亚学习、工作经验的教师，也可以引进来自南亚东南亚的国际教师，为人才教育提供更大空间。

建立有效的人才管理评估体系，可以完善南亚东南亚国际传播人才培养模式的监督、评价、反馈环节。良好的国际传播人才评估体系，应当具备设立标准和效果评估的功能。既能给人才培养模式提供依据，给管理者、教师、学生提供参照；又能监督人才培养的过程，考察人才培养的结果。具体而言，在时间上，可以建立"前期调研、中期管理、后期评估"的管理体系；在参与主体上，建立师生协同治理的管理体系。

三、总结与思考

党的十八大以来，习近平总书记多次谈到国际传播人才培养的重要性；党的二十大再次强调人才强国、教育兴国战略，这为南亚东南亚国际传播人才的培养指明了方向，提供了遵循。当下南亚东南亚国际传播人才培养，把握云南地缘、人缘、文缘优势，开启了多元主体协同参与的局面，取得了一定成效。作为服务于中国与南亚东南亚展开国际交流，构建中国—南亚东南亚命运共同体的核心基础，南亚东南亚国际传播人才培养应当强化价值导向，遵循学科规律，紧扣专业知识与社会实践，顺应亚洲与世界的发展趋势，扎根中国与两亚社会实际，从理念、目标、模式等方面入手，丰富人才培养主体，形成人才培养特色，创新人才培养思路与举措，打造价值观、知识、技能、实践之间良性互动体系，以培养全面发展、可堪大用、才高行洁的南亚东南亚国际传播人才。培养理念应当以马克思主义新闻观为指导，坚持为党育人、为国育才，融合两亚传播特征，秉持全球格局；培养目标应当以现实需求为导向，培养有责任担当和伦理自觉的专业化国际传播人才；培养模式应当打破国别、区域、学科、文化壁垒，在多元沟通中，继续开拓创新国际传播人才培养模式的边界与空间。

结构性非均衡：新闻传播学类专业"双万计划"的比较分析

王文锋　曲芮萱

文章来源：王文锋，曲芮萱. 结构性非均衡：新闻传播学类专业"双万计划"的比较分析[J]. 教育传媒研究，2023(4)：50-56.

为推动新工科、新医科、新农科、新文科建设，做强一流本科、建设一流专业、培养一流人才，全面振兴本科教育，提高人才培养能力，实现高等教育内涵式发展，教育部决定全面实施"六卓越一拔尖"计划2.0，并于2019年4月启动一流本科专业建设"双万计划"。"双万计划"的建设原则为，面向各类高校，在不同类型的普通本科高校建设一流本科；面向全部专业，覆盖全部92个本科专业类，分年度开展一流本科专业点建设；突出示范领跑，建设示范性本科专业，推动形成高水平人才培养体系；分"赛道"建设，中央部门所属高校、地方高校名额分列，向地方高校倾斜，鼓励支持高校在服务国家和区域经济社会发展中建设一流本科专业；"两步走"实施，报送的专业第一步被确定为国家级一流本科专业建设点，教育部组织开展专业认证，通过后再确定为国家级一流本科专业。

本文从不同赛道、不同省份、不同专业对三年新闻传播学类一流本科专业的"双万计划"建设点进行比较分析，力图多维度、多层面呈现新闻传播学类一流本科专业建设点的分布特征，发现我国新闻传播学类专业结构优化规律，进而引导和促进我国新闻传播学类专业内涵建设和高质量发展。

一、不同赛道的比较分析

"双万计划"一流本科专业建设点采取分赛道评选的方式，中央赛道与地方赛道名额分列，分别由中央部门所属高校与地方高校组成。从总体规模来看，全国新闻传播学类专业地方赛道入选"双万计划"的数量远高于中央赛道，约为中央赛道的 2 倍，充分彰显了"双万计划"向地方高校倾斜的政策目标。

从不同赛道的入选层级来看，中央部门所属高校与地方高校的入选存在显著的结构性差异。首先，从赛道来看，三年来中央赛道的高校均以国家级一流本科专业建设点为主，而地方赛道的高校国家级与省级建设点比重相对均衡，说明中央赛道入选的建设点绝大部分是国家级的，但省级入选的比重相对中央赛道而言明显增加。其次，从入选层级来看，省级层面主要是以地方高校入选的为主，而国家级层面地方高校入选的比重与中央部门所属高校的相差不大，说明尽管地方高校入选的国家级数量依然高于中央部门所属高校，但所占的比重相对省级而言显著减小。

从三年入选的趋势来看，地方赛道入选建设点数量总体呈明显递增趋势，特别是省级的入选数量在第二年有显著的增加，只是第三年反而略有减少，其中原因可能是入选省级的如再入选国家级则按国家级公布，空缺名额延至下一年统筹使用的政策缘故。中央赛道入选建设点数量总体三年起伏不大，但省级与国家级呈现差异明显的趋势变化。中央赛道的省级入选数量是逐年增加，特别是第三年环比增加近三倍的入选数量，而国家级入选数量在波动起伏中呈递减趋势。可见，"双万计划"始终保持向地方高校倾斜的政策导向，且倾斜力度逐渐增大。

二、不同省份的比较分析

"双万计划"实施三年来，新闻传播学类一流本科专业建设点的省份分布呈现不均衡状态，表现出一定的集中寡占性，特别是北京、湖北基本代表全国新闻传播学类专业建设的头部省份。

新闻传播学类专业建设与所在省份传媒行业乃至区域经济社会的发展呈较强的正相关。在国家级一流本科专业建设点入选的 29 个省份中，平均每省 7.2 个入选，其中高于平均建设点数的只有 9 个省份，表明新闻传播学类国家一流本科专业建设点的分布总体不均衡，特别是北京呈现明显的一极，是平均数的 4.3 倍，是最少省份的 31 倍。这种分布基本与我国高等教育优质资源的总体分布相呼应。

三、不同专业的比较分析

根据《普通高等学校本科专业目录(2020 年版)》，新闻传播学类包含 10 个专业，分别是新闻学、广播电视学、广告学、传播学、编辑出版学、网络与新媒体、数字出版、时尚传播、国际新闻与传播、会展。

在入选数量和覆盖面方面，"双万计划"实施三年来，新闻传播学类专业共计入选312个国家级和省级一流本科专业建设点，覆盖了新闻学、传播学、广告学等8个专业，只有新增设专业时尚传播与会展两个专业没有入选。入选的8个专业中，新闻学始终位居榜首，占总量的40%，约是位列其后的广告学专业的1.8倍。2019年以后，一流本科专业建设点选取开始向其他专业倾斜，尤其是广告学、广播电视学和网络新媒体专业，数量占比都有明显的增长。而这些专业，一方面适应当前我国新媒体产业的飞速发展，另一方面也与我国加强对外话语体系建构和国际传播需求相匹配。

在入选层次方面，除国际新闻与传播专业外，其他7个专业的国家级建设点数量均高于省级建设点数量。其中，新闻学专业共计入选92个国家级建设点，这说明在新闻传播学类专业中起步相对最为久远的新闻学专业，不仅在许多高校开设，而且是作为高水平高层级的重点建设。编辑出版学入选国家级建设点的数量虽然是其自身省级建设点的四倍之多，但与其他专业相比相对较少，仅多于新设专业数字出版和国际新闻与传播专业的入选数量，这一定程度说明编辑出版学与新闻学不同，更多偏向小而精的专业建设模式。另外，2019年网络与新媒体专业没有入选国家级建设点，而时至2021年，该专业已拥有15个国家级建设点。这说明随着互联网技术和新媒体行业的发展，网络与新媒体专业顺势而为，发展势头很好，明显强于同年新增设的数字出版专业（只有2个国家级建设点），也许是后者就业面向相对垂直导致开设高校不如前者广泛。

四、不同赛道与省份的交叉比较

从国家级层面来看，首先，共计16个省份有中央部门所属高校入选国家级新闻传播学类专业一流本科专业建设点。就省份分布而言，北京、上海、广东和湖北四省市，中央部门所属高校入选数量远高于其他省份，合计入选56个，占比65.1%。北京集聚了最多的国家一流本科专业建设点，遥遥领先位列第二且同样高校云集的上海。而且，北京、上海等地区还拥有多所中央部门所属高校入选2个及以上国家一流本科专业建设点。

其次，共计28个省份有地方高校入选国家级建设点。相较于中央赛道，地方赛道不仅入选数量规模更大，且省域分布范围更广，也更为均衡。除海南外，入选国家级一流本科专业建设点的省份皆有地方高校入选。安徽、河北、河南、江西、山西、云南、贵州、天津、内蒙古、广西、新疆和黑龙江、宁夏13个省份，仅有地方高校入选国家级建设点，且部分省份数量还不少，说明这些省份的地方高校的新闻传播学类专业建设具有较好的办学基础。就省域分布而言，湖北超越北京，以15个建设点位居榜首，湖南、浙江、广东三省仍然占据数量优势。就不同赛道而言，入选省级建设点的地方高校数量明显高于中央部门所属高校。此外，28 个省份入选的建设点中，湖南、四川等 20 个省份入选的省级建设点全部是地方高校的，中央部门所属高校没有一所。

五、不同赛道与专业类别的交叉比较

从入选专业在不同赛道的分布来看，除国际新闻与传播专业完全是中央赛道高校以外，其他 7 个专业在不同赛道均有分布。但新闻学、广告学、广播电视学、网络与新媒体以及编辑出版学等 5 个专业的地方赛道高校入选数量都高于中央赛道，而传播学、数字出版、国际新闻与传播等 3 个专业则是中央赛道高于地方赛道。可能的解释是，一方面新闻学、广播电视学等专业相对更偏向实践应用，地方赛道高校相比中央赛道更"接地气"，更注重专业应用。另一方面，传播学因其专业理论性相对较强，不面向具体的职业岗位，还有国际新闻与传播作为 2020 年新增设的新兴专业，开设时间较短，所以这些专业入选的更多是具有优势学科基础和办学积淀的中央部门所属高校。

从赛道在不同专业的分布来看，中央部门所属高校覆盖了所有参选专业，而地方高校没有一所入选国际新闻与传播一流本科专业，其他入选的也主要集中在新闻学、广告学、广播电视学以及网络与新媒体专业。在新兴专业中，随着互联网技术的发展，对网络与新媒体人才的需求与日俱增，网络与新媒体专业发展迅猛，也是新兴专业中入选高校最多的。

六、不同省份与专业类别的交叉比较

(一)国家级一流本科专业建设点不同省份与专业类别的交叉比较

从入选专业的省域分布来看，新闻学专业是国家一流本科专业建设点省域分布最广的专业，遍布 29 个省份，另一方面说明新闻学专业在各省份的发展很不均衡，极差有11 个。广告学、广播电视学专业的省域分布也比较广。网络与新媒体和编辑出版学专业省域分布则比较窄，只涉及不到一半的省份，而且各省份入选也一般在 1~3 个。传播学专业分布更窄，不到入选省份的四分之一，主要集中在北京，占入选总数的近三分之一。新兴专业数字出版，特别是国际新闻与传播专业只有个别省份入选，且基本集中在北京。

从入选省份的专业分布来看，北京是唯一覆盖专业类别最齐全的省份，包含所有参选的专业类别。其次是上海和浙江，只有新兴专业数字出版和国际新闻与传播专业没有入选，其余全部入选。再次是广东、湖北、湖南、江苏、四川等省份入选 5 个，覆盖了大部分参选专业类别。从省份入选专业总量规模来看，北京一骑绝尘领先，是位列其后的上海、广东和湖北的近两倍。

(二)省级一流本科专业建设点不同省份与专业类别的交叉比较

从入选专业的省份分布来看，省级一流本科专业建设点新闻学依然是分布省域最广的专业，其次是广告学、广播电视学和网络与新媒体等专业，覆盖面相对较少的是编辑出版学、国际新闻与传播，编辑出版学专业入选很少，可能是专业本身发展特别是专业面临的就业压力所致，而国际新闻与传播专业是 2020 年以后新增设的专业，建设时间短、办学积淀少，再加上专业偏重国际传播人才培养的特殊性，省域高校的分布针对性很强。

从入选省份的专业分布来看，各省份大多集中在新闻学、广告学、广播电视学和网络与新媒体四个专业。前面三个专业是传统专业，行业属性也很明显，而网络与新媒体专业则顺应了新媒体发展浪潮，许多省份高校纷纷顺势而为，加大了新媒体传播人才的培养力度。

七、结论与发现

第一，从不同赛道的总体规模来看，全国新闻传播学类专业地方赛道入选"双万计划"的高于中央赛道，但就入选层级而言，中央部门所属高校与地方高校的入选存在显著的结构性差异。可以说在国家一流本科专业建设点的入选上，中央赛道入选的概率远大于地方赛道。

第二，从不同省域的分布来看，新闻传播学类一流本科专业建设点的省域分布总体呈现非均衡状态，但省级建设点的分布相对国家级而言表现出相对均衡性。同时，新兴专业网络与新媒体、数字出版以及国际新闻与传播入选数量也有显著增长，说明多年来我国新闻传播学类专业建设守正创新，立足国情，着力培养卓越新闻传播人才。

第三，从不同专业的入选来看，"双万计划"覆盖了绝大部分新闻传播学类专业类别，但无论入选数量还是高层次发展都更多集中在传统专业类别，而且表现出新闻学专业的一枝独秀。说明多年来我国新闻传播学类专业建设及时回应新闻传播行业发展需求，积极观照国际传播能力建设等国家重大战略需求，着力培养卓越新闻传播人才。

第四，从不同赛道与省份的交叉分析来看，中央赛道新闻传播类一流本科专业建设点主要以更高层次的国家级为主，省域分布比较集中，而地方赛道主要承担省级层面的建设，省域分布相对比较均衡，基本与当地高等教育发展水平相适应。

第五，从不同赛道与专业类别的交叉分析来看，面向明确职业岗位、偏实践应用的专业（如新闻学、广告学、广播电视学、网络与新媒体、编辑出版学）在地方赛道入选的数量高于中央赛道，反之，不面向明确职业岗位、专业理论相对较强的专业（如传播学）或新设专业（如数字出版、国际新闻与传播）在中央赛道入选的数量高于地方赛道。

第六，从不同省份与专业类别的交叉分析来看，不同专业类别的国家一流本科专业建设点省域分布存在结构性非均衡，而省级一流本科专业建设点的省域分布相对均衡。

另外，无论国家级还是省级，不同省份入选的一流本科专业建设点覆盖的专业类别存在明显的不同。无论覆盖专业类别还是入选专业总量规模，北京都是绝对高居榜首，专业门类建设比较齐全且发展水平较高，而其他省份则覆盖专业类别比较单一，各有侧重。

八、讨论与启示

"双万计划"实施的三年，充分揭示了我国新闻传播学类专业建设的结构性非均衡发展趋势。一是专业间的非均衡；二是高校间的非均衡；三是地区间的非均衡。第一，传统老牌专业与新兴增设专业以及有职业面向与无职业面向的专业之间的非均衡发展。"双万计划"的名额分配方式是，综合考量不同专业数量和办学质量，在不同专业类按比例分配建设点的名额，然后在名额范围内择优。第二，中央部门所属高校与地方高校的新闻传播学类专业建设存在结构性非均衡发展。一方面，地方高校作为我国高等教育的主力军，数量众多，也是我国新闻传播教育的主体，其一流本科专业建设点规模总量都要远高于中央部门所属高校；另一方面，从一流本科专业建设点（特别是国家级）相比不同赛道高校总量而言，中央部门所属高校的比值显然远高于地方高校，尤其是在国家级的高层面建设。第三，经济社会发达地区与非发达地区的新闻传播学类专业建设存在非均衡发展。新闻传播学类一流本科专业建设点的省域分布呈现不均衡状态，与所在地区的教育水平、传媒行业乃至区域社会经济发展水平呈正相关。

"双万计划"已落下帷幕，入选的一定程度具有专业建设的相对优势，但没有入选的也未必建设水平"低人一等"。事实上，一些学校的有关专业建设水平绝对实力很强，但由于地域、高校或专业的统筹权衡而被"平衡"掉，也或许由于新闻传播学类专业在本校内相对处于边缘弱势地位而根本冲不出学校，特别是一些中央部门所属高校的专业更是如此。当然，入选的专业也并非拥有了"铁饭碗"，还需要经过建设及验收才能正式获得一流本科专业的认证，因此，一流本科专业建设点的获批只是建设起点，未来的建设任务任重道远。

面向"新文科"的中国新闻传播高等教育之破与立
——以网络与新媒体专业建设为突破口的改革探索

谷 虹 黄升民

文章来源：谷虹，黄升民. 面向"新文科"的中国新闻传播高等教育之破与立——以网络与新媒体专业建设为突破口的改革探索[J]. 现代传播（中国传媒大学学报），2023，45（10）：161-168.

"新文科"明确提出了构建世界水平、中国特色文科人才培养体系的总体目标。2020

年11月，教育部正式发布《新文科建设宣言》，对新文科建设作出全面部署，对中国新闻传播高等教育的高质量发展提出了新挑战和新命题，同时也打开了新思路和新格局。

一、中国新闻传播教育必须"破釜沉舟"而非"刻舟求剑"

中国新闻传播高等教育当前的困境在于一边是教育部"新文科"建设不断深入推进所提出的明确且具体的高标准和高要求，而另一边是面对传媒产业深度重构与跨越式发展而陷入前所未有的困惑和焦虑之中。如何跟进产业发展步伐，培养国家和时代所需要的人才成为新闻传播高等教育亟须回应的关键问题。

(一)新时代国家战略导向下的人才培养目标

新文科建设的根本任务是为未来培养具有国际视野和国际竞争力的中国特色文科人才。具体应包含三层要义：第一，应对新技术的发展，具备文理工艺交融贯通的跨学科复合能力；第二，满足新需求的生产，具备前沿知识和先进文化的创新能力，实现中华优秀传统文化的创造性转化和创新性发展；第三，面向新国情的需要，具备既能对内树立文化自信又能面向世界讲好中国故事的跨文化传播能力。

新文科的"新"，不是新旧的新，而是创新之新。中国新闻传播高等教育不能再"刻舟求剑""削足适履"，必须以"数字化""国际化"为整体改革方向，破釜沉舟，从教育思想、发展理念、质量标准、技术方法、考核评价等对人才培养范式进行全方位创新改革，才能培养新时代所需要的新闻传播卓越人才。

(二)教育改革与产业实践脱节导致的差距扩大

在当前5G、VR、AI、区块链、元宇宙等新一轮信息网络技术浪潮推动下，新闻传媒产业数据化、融合化、平台化、智能化趋势愈加显著。与此相对照，新闻传播高等教育跟进"四化"趋势仍有差距，具体表现在：缺乏大数据环境与相关技术实践条件，未能充分适配产业的深度融合化，对产业平台化的跟进较为缺位，解读产业智能化的能力与深度不足。由此带来知识体系更新缓慢、思维意识老化以及学科壁垒局限，进而与传媒产业飞速发展的鸿沟逐渐拉大。

(三)四个突破直指教育改革深层矛盾

当前中国新闻传播教育改革所面对的问题并非都能够及时、顺利解决，部分问题触及新闻传播高等教育的深层矛盾，需举全系统之力进行长期调整。所谓不破不立，四个层面的突破势在必行。

第一，突破新与旧的界限，以新专业带动传统专业的融合发展。在教育部2023年版的本科专业目录中，新闻传播学类的专业设置包括新闻学、广告学、广播电视学、传播学、编辑出版学、网络与新媒体(特设)、数字出版(特设)、时尚传播(特设)、国际新闻与传播(特设)以及会展(特设交叉专业)。目前这个专业架构，既涵盖了传统媒体时代以媒体类型进行专业区分的"竖井模式";又叠加了媒体融合时代面向新技术、新需求和新应用的"扁平模式"。通过新专业建设促进传统专业的发展,实现新知识与学科经典理论的连接,从而打破专业壁垒,实现学科内专业整体融合发展。

第二,打破文与理的藩篱,实现与新技术的系统对接。必须紧跟新一轮科技革命和产业变革新趋势,积极推动人工智能、大数据等现代信息技术与文科专业深入融合。由此可见,不仅要打破学科内的专业壁垒,还要实现跨学科的交叉融合,从"人文+技术"的角度打造新闻传播高等教育立足的根基,这是新闻传播高等教育改革的重点。

第三,破除学与用的边界,深化"产学研"一体化创新格局。促进学界业界优势互补,科研创新为人才培养注入新知识,教学育人反哺产业实践,产学研一体化的自洽循环,在当前快速革新的产业进程中显得尤为重要。

第四,延展内与外的向度,拓展新闻传播的国际视野。《新文科建设宣言》聚焦国家新一轮对外开放战略和"一带一路"建设,加大涉外人才培养,加强高校与实务部门、国内与国外"双协同",完善全链条育人机制。从对内树立文化自信、对外讲好中国故事,新时代的卓越新闻传播人才必须具备国际视野和国际竞争力,这是新闻传播高等教育改革的制高点。

(四)网络与新媒体是教育改革的突破口

作为新闻与传播学科中最具"新文科"特色和潜力的专业,网络与新媒体专业从2012年正式纳入教育部普通高等学校本科专业目录伊始,只用了短短的十年时间,就发展成为新闻传播学科中专业布点数排名第一的专业。然而,网络与新媒体专业建设高速发展、表面繁荣的十年,专业定位模糊、课程体系混乱、人才培养核心竞争力不足等问题依然没有得到根本解决。以下,将从专业定位、课程体系、毕业考核三个层面,探讨网络与新媒体专业建设中的改革探索和创新实践。

二、网络与新媒体专业定位的界定

"专业定位"是第一要素,属于专业建设的顶层设计,直接影响着专业建设中的其他内涵要素。"专业定位",必须回答"为谁培养人"和"培养什么人"的问题。

(一)专业定位的两大挑战

网络与新媒体专业建设的挑战,在于学科互涉、知识越界与专业融合的大背景下,如何处理好与学科内其他专业的关系,以及如何在与其他学科相关专业的对比中凸显本学科的独特性。这种融合创新的建设思路,一方面盘活了传统老牌专业的知识积淀,另一方面也在新的业务空间实现了新老专业的协同发展。

(二)服务于国家战略的三层培养目标与四类能力区间

网络与新媒体专业的人才培养目标应自觉服务于国家的宏观战略:首先,着眼于为

"新型主流媒体"和"县级融媒体"培养高素质、复合型、创新性的全媒体人才,为我国全媒体传播体系的构建源源不断地输送生力军和主力军。其次,为各级政府部门、企事业单位培养具备网络舆情监测、研判与沟通引导能力的高级传播管理人才。最后,面向互联网行业、商业媒体平台和社会化自媒体,输送具备高度社会责任感、爱国情怀和正确政治导向的创新应用人才,使其成为营造风清气朗的网络舆论空间的新生力量。

按照复合型与创新性两个维度,网络与新媒体的专业定位和能力体系可界定为四个象限区间:第一象限区间,定位于"新媒体内容生产与营销推广",具体的培养目标为新闻传播传统优势能力向新媒体延伸的单一能力人才。第二象限区间,定位于"新技术创新应用与网络社群运营",具体的培养目标为新媒体生态和新技术环境下的单一能力创新人才。第三象限区间,定位于"网络公共传播与新媒体产品研发",具体的培养目标为新媒体生态和新技术环境下的复合型创新人才。第四象限区间,定位于"融媒体新闻策划与全媒体运营管理",具体的培养目标为媒体技术融合、产品融合与生态融合背景下的复合型新闻策划与运营管理人才。

三、网络与新媒体课程体系的建构

将人才培养落到实处,在于课程体系的科学设置与持续优化。课程体系建设是新文科建设中落实高等教育高质量发展的基础和重要抓手,解决"如何培养人"的问题。

(一)课程体系的三大问题

针对我国网络与新媒体专业的课程体系建设现状,可以得出如下判断:我国网络与新媒体专业的课程体系建设还处于"初级阶段",基础薄弱、共识度低且缺乏稳定性。

网络与新媒体专业课程体系建设的困境在于以下三大深层问题:第一,本专业核心课程与学类其他专业课程的异同问题。无所不包但创新乏力的现状,是专业核心课程体系缺乏独特性与针对性,培养目标"失焦"导致课程体系出现学科内"大拼盘"的问题。第二,新闻传播类课程与技术类课程的融通问题。由于跨学科知识体系的整合缺乏顶层设计及深层融通机制,课程体系存在空有交叉广度而无交叉深度的状态。第三,史论课程与业务实践课程的比例问题。

(二)知识集群聚合与课程链纵向衔接

网络与新媒体专业课程建设现状及三大深层矛盾,皆指向课程体系层面的结构性问题。课程之间的关联关系,是由学科知识、研究方法以及应用知识的方式等逻辑关系所决定的。这种深层逻辑关系并非看不见、摸不着的感觉存在,而是可以通过量化的方式进行描述。

1. 聚类分析:建构五大课程集群的知识结构

针对课程间的横向相关关系,网络与新媒体专业的知识体系可以分为五大集群——

"专业思政课程集群""融合新闻课程集群""网络舆情课程集群""数字营销传播课程集群"以及"新媒体产品课程集群"。

（1）专业思政课程集群

该课程集群是整个专业人才培养的思政指向，由三个相互关联的子课程群构成。第一，以"马克思主义""中国特色""社会主义""形势与政策""新闻思想"等为关键词的"政治素质与家国情怀"子课程群。第二，以"道德""伦理""法规"等为关键词的"法制意识与职业道德"子课程群，相关课程旨在让学生树立崇高的新闻传播职业道德，坚守职业伦理，培养良好的法制意识。第三，以"网络素养""技术哲学""媒介文化"等为关键词的"新媒体素养与技术哲学"子课程群，相关课程旨在培养学生的新媒体素养，由技术适应、技术向善以及技术批判三个维度构成。

（2）融合新闻课程集群

围绕"融合新闻""网络新闻""数据新闻""编辑""制作""全媒体""融媒体"等关键词，形成了以"融合新闻学""数据新闻""全媒体战略管理"为核心课程的融合新闻课程集群。

（3）网络舆情课程集群

围绕"网络舆情""舆情监测""舆情研判""舆情分析""网络治理""危机传播""公共传播"等关键词，形成了以"危机传播管理""公共传播"为核心课程的网络舆情课程集群。

（4）数字营销传播课程集群

围绕"数字营销""营销传播""新媒体广告""人工智能""大数据""品牌""创意""设计"等关键词，形成了以"计算广告学""商业智能"为核心课程的数字营销传播课程集群。相关课程旨在培养学生基于新媒体生态的营销传播、策划创意与品牌管理能力。

（5）新媒体产品课程集群

围绕"新媒体产品""用户""项目管理""产品运营""界面设计""体验"等关键词，形成了以"新媒体用户研究""网络社群运营"为核心课程的新媒体产品课程集群。相关课程旨在培养学生新媒体产品领域包括用户研究、市场分析、产品策划、研发设计、体验测评、界面优化、运营管理、市场宣发、投融资等创新复合能力。

2. 交互效应矩阵：重组课程链的耦合机制

课程体系结构的另一条重要逻辑，是课程之间的纵向支撑关系，也就是课程之间的先后顺序以及先修课程对后续课程的支撑度高低。

（1）融合新闻课程链

在基础课程对业务课程的支撑关系中，对"融合新闻学"支撑程度较高的是以"新闻学概论""新闻采写""新闻评论"为代表的学科基础课，体现了"融合新闻学"课程需要新闻传播学科尤其是新闻学专业的核心课程提供"预备知识"。对"数据新闻"支撑程度较高的先修课程是以"数字媒体技术""网络与新媒体概论"为代表的专业基础课，可见"数据新闻"的学习需要具备较强的技术基础能力，这是网络与媒体专业所特有的。

（2）新媒体产品课程链

在基础课程对业务课程的支撑关系中，"市场营销学"和"新媒体数据分析与应用"是权重较高的基础课，反映出新媒体产品方向的业务课程不仅需要广告学专业等学科基础为其提供理论上的"预备知识"，还需要数据分析类课程为其提供必要的"技术储备"。

（3）网络舆情课程链

在基础课程对业务课程的支撑关系中，多门基础课程的权重接近，无论是学科基础课与专业基础课的比例，还是理论类课程与技术类课程的比例都比较均衡。由此可见，网络舆情方向对学生的知识、能力及素养的要求是比较综合性的。而"网络舆情监测与研判"和"网络治理"对"网络舆情分析与实训"的支持程度较大，更侧重培养学生网络空间的舆情分析与舆论引导。

四、网络与新媒体毕业考核的创新

毕业考核是对本科人才四年培养过程的终结性以及综合性评价，它反映出课程体系、教学方式方法、培养制度等实施性要素对培养目标的支撑和实现程度，是对整个人才培养过程质量的综合评定。新文科高质量人才培养离不开考核评估的改革。

（一）以毕业论文作为唯一考核方式的局限

从历史角度看，以毕业论文作为本科毕业的唯一考核方式，是大部分新闻传播学本科专业的选择。2020年，中共中央、国务院印发《深化新时代教育评价改革总体方案》（以下简称《方案》），提出要扭转不科学的教育评价导向，基本特征是评价内容、手段和主体的多元，是标准化与个性化的平衡。其次，《方案》还提出要"针对不同主体和不同类型教育特点，分类设计、稳步推进教育改革，健全综合评价方案"的指引。由此可见，建立多元、开放的评价体系，强化实践应用导向的毕业考核评估，是新时代高等教育评估改革的方向。

面向"新文科"的卓越新闻传播人才需要具备跨学科复合能力、跨时代创新能力以及跨文化传播能力，迫切需要探索更多考核评估方式和途径，建立多元开放的专业教育评价体系。

（二）毕业设计与毕业论文"二选一"的实践探索

网络与新媒体具备"文理交叉"的跨学科性质，在专业建设之初就开始探索毕业设计与毕业论文"二选一"的毕业考核创新模式，其中中国传媒大学、暨南大学、华中科技大学、深圳大学等是最早一批探索的院校。

实施毕业设计和毕业论文"二选一"的创新改革，需要一系列配套措施。其中，如何设置"二选一"的实施细则，以及如何正确引导学生进行分流选择，都面临新的挑战。"二选一"并非无条件的"自由选择"，而是有条件的"分流培养"。这样的创新设计，将不同发展志向的学生提前进行了分流，并通过相关的课程知识群以及工作坊进行分类培养，从而为毕业设计和毕业论文的实施开展奠定扎实的基础，也为学生的多元发展提供了更多可能性。

五、结语

"网络与新媒体"是"传统媒体"的全面升维、系统进化与深度融合，无论从媒介技术进化还是媒体产业融合发展的角度上看，网络与新媒体专业都有可能对传统专业造成冲击甚至替代。这使得网络与新媒体专业从设立的那一天起，就不可避免地成为中国新闻传播高等教育改革突破口的"鲇鱼"。"鲇鱼效应"不仅表现在专业招生和就业方面，也体现在课程建设和培养模式创新方面。是替代还是融合，是杂糅还是创新，是守城还是攻城，这不仅决定了这条"鲇鱼"的生存与否，也决定着面向"新文科"的中国新闻传播高等教育改革的成功与失败。

溯源中国新闻教育：清华大学早期新闻教育的历史考察
邓绍根

文章来源：邓绍根．溯源中国新闻教育：清华大学早期新闻教育的历史考察［J］．全球传媒学刊，2023，10（4）：148-166．

档案是历史的真实记录，历史是最好的教科书。本文梳理了 1952 年院系调整前清华大学探索新闻教育的情况，对其历史进行细致的再考察。这有利于丰富清华大学校史内容并深化对中国新闻教育史的认识和研究。

一、清华学校倡议成立"新闻研究会"

根据中国新闻教育史权威说法，北京大学新闻学研究会作为中国第一个系统讲授新闻课程并集体研究新闻学的新闻学术团体，成为中国新闻教育开端，标志着中国新闻学研究的兴起。

《清华周刊》是一份由清华学生主办的刊物，由清华大学学生自治会的出版科委员负责组织编辑出版。该刊介绍欧美新思潮、新学说，记录古今中外各界名人言行、轶事、佳话，记载本校大事及经过，讨论校内事务，有学生自治问题、课程分配问题、男女同校问题、教员聘用及待遇问题、学生入校及送美等问题，刊登小说、诗歌、时事评论等内容。

清华学校师生正是既顺应了中国社会内部对新闻事业及其教育的不断需求，也感受到世界新闻学研究及其教育的发展态势走进中国的影响，他们在学校里踊跃从事新闻报刊活动，积极出版《清华学报》《清华周刊》《通俗周报》等报刊，展开中外新闻交流活动。在这种活跃的新闻出版氛围下，清华学校于1916年12月提出了组织成立"新闻研究会"开展新闻学研究的倡议，提出的时间比北京大学更早。不过很遗憾的是，根据笔者迄今为止查阅档案报刊史料，这个"新闻研究会"的倡议没有下文，也没有开展具体活动的记载。而北京大学在富有报刊经验的蔡元培校长和徐宝璜等人倡议下，于1918年10月14日正式成立了"新闻研究会"并开班授课，成为中国新闻教育的开端。

二、清华学堂及学校赴美留学的新闻学生

清华学校倡议成立"新闻研究会"虽然没有成立，但是当时清华学校校长周诒春于1917年3月组织编写的《游美同学录》却出现了清华学堂出国学新闻的留学生的身影。《游美同学录》选编了留美回国精英401名，明确记载了邝煦堃"习经济学及新闻业"，并积极从事过新闻工作。

1931年5月1日，国立清华大学出版了纪念建校20周年纪念册《国立清华大学廿周年纪念刊》，扉页中英文注明"谨献给热心赞助清华发展的诸君"。在"统计图表"的"历年留美学生分科统计表"（一）中，有1909—1929年攻读社会科学（新闻学）的留学生数量统计，具体情况为："1909（1）、1918（1）、1920（1）、1921（1女生）、1922年（1）、1923年（3）、1927年（1）、1929年（1），总计10人"。1933年7月，国立清华大学组织编撰了《清华同学录》。在"学科分类表"统计中，"文科三九九人"中"新闻学六人"分别是："丁文彪、桂中枢、张继英、赵敏恒、邝煦堃、饶引之"。

但是，这和《国立清华大学廿周年纪念刊》的"历年留美学生分科统计表"记载的"总计10人"却不相符，少了四人。细查《清华同学录》的"同学总录"，笔者发现清华学校出国学新闻学的人数不止学科分类表中的六人。除以上六人外，还有三人，分别是：郑重、李幹、陈钦仁。

笔者将以上两表中的人物姓名与前面1921年《清华官费留美生各科人数分配一览表·新闻学》相比照，发现刘师舜、张耀祥（翔）、王国钧仍不在1933年《清华同学录》出现"新闻学"字眼的留美生名单中。1933年《清华同学录》出现"新闻学"字眼的留美生，相加也仅"9人"，仍与"总计10人"不相符。是记载有误还是当时出国后换了专业而未能更正还有待考察。

笔者查阅了当时《清华周刊》《大公报》等报刊及相关档案资料，结果在《申报》上发现了答案。1927年8月2日，《申报》刊登的消息《清华本届赴美之毕业生》报道了上海各团队将欢送清华赴美留学生情形，并刊登了"该校丁届毕业赴美生五十名录"，其中"五十，鲁潼平，米苏里，（新闻学）"，记载了 1927 年清华留美预备部毕业同学鲁潼平将赴美国密苏里大学新闻学院学习新闻学的史实。而 1933 年《清华同学录》并没有记载其学新闻，"鲁潼平，湖南宁乡，旧，浙江大学文理学院教授，杭州圣塘路九副公司"。

1929 年 8 月 17 日，《申报》刊登的寰球中国学生会调查报告《本届清华出洋学生三十八人》，发现了"苏宗固，意利诺大学，新闻学"。8 月 24 日，《申报》在"本埠新闻"专栏刊登了《一百二十五赴美生今晨放洋》，配图专门报道了"苏宗固君"。

实际上，经过资料对比和核实，笔者发现 1919 年清华留美预备部放洋同学桂中枢并没有统计在内。而在当年 7 月 29 日的《申报》刊登的"本部新闻"《清华赴美学生领袖已抵沪》中刊登了清华赴美学生名单，其中记载："桂中枢，川，教育新闻，惠司康新大学"。1919 年 8 月 1 日和 13 日关于"赴美学生消息"都提到了桂中枢。1920 年，除李幹之外，萧公权确实可以不计入学新闻名单。因为据同年 8 月 22 日《申报》刊登的《本届赴美学生调查录》记载："李幹，密召厘，新闻学；萧公权，密召厘，文学"。另外，1922 年不应该是一人，而是陈钦仁、饶引之、沈铭书三人。在当年 8 月 6 日《申报》的《本届出洋学生一览表》中记载："陈钦仁，米索里，新闻；饶引之，又，又；沈铭书，威士康新，又。"1933 年《清华同学录》中记载了陈钦仁、饶引之赴美学新闻，沈铭书则没有。据 1931 年《国立清华大学廿周年纪念刊》登记，1923 年是 3 人。在当年《申报》7 月 20 日《本埠新闻清华学校本届赴美学生》报道说："李迪俊，政治及新闻学，约翰霍金司大学……赵敏恒，新闻及商业管理，哥罗拉多大学。"而在同年 8 月 28 日自费赴美学生报道中，根据多方资料可以列出每个年份具体名单：1909 年（邝煦堃）、1918 年（郑重）、1919 年（桂中枢）、1920 年（李幹）、1921 年（张继英，专科女生同学）、1922 年（陈钦仁、饶引之、沈铭书）、1923 年（赵敏恒、李迪俊、丁文彪）、1927 年（鲁潼平）、1929 年（苏宗固）。总之，从 1909 年至 1929 年，有意或学习过新闻学的清华赴美留学生，包括萧公权，达 14 人之多。

此后，清华大学仍有学生不断赴美学习新闻学。1936 年 8 月，《大公报》公布了寰球学生会调查报告《最近一年之出洋生》，刊登了 237 位留美自费生名单，有三位赴美学习新闻学，分别是：黄庆枢（广东）、周益湘（湖南）、沙凤岐（江苏）。4 月 3 日，《中央日报》也报道了"周益湘创办英文中华季刊业于前月在美出版"的消息。同年，周益湘顺利毕业于密苏里大学新闻学院，获得新闻学学士学位（B. J. ）。1937 年 4 月，清华大学增订出版《清华同学录》，收录了 1909 年至 1936 年学生名录和留学生名单；但没有按照学科统计，查阅各种名录后并没有增加学习"新闻学"的记载。

三、蒋荫恩在清华中文系讲授"新闻学概论"

1937 年 7 月，抗战全面爆发后，国立清华大学南迁长沙，与北京大学、南开大学组建国立长沙临时大学。1938 年，迁至昆明改名为国立西南联合大学。1946 年 10 月，国立清华大学迁回北平清华园，复校开学，设有文、法、理、工、农 5 个学院、26 个系。

复校后，清华大学中文系教师有教授朱自清、陈寅恪、王力、浦江清、许维遹、陈梦家、余冠英，讲师张清常，教员何善周、王瑶，助教冯钟芸、季镇淮、朱德熙等。课程内容恢复了战前"中西并重"原则，更加强调"新旧并重"，开始重新注重新文学。为适应毕业生就业的需要，中文系增设了新闻学概论、图书馆学、语文教学研究、翻译等新课程，拓宽毕业生的就业方向。

1947 年 3 月 10 日，中国文学系召开第 2 次系务会议，朱自清、浦江清、许维遹、余冠英、何善周、王瑶等出席了会议。同年 4 月 25 日，梅贻琦在《清华校友通讯》复员后第 2 期刊登《复员后之清华》(续) 记载"'中国文学系'情况，增中国文学史分期研究、中国文学史专题研究、现代文学讨论及习作及新闻学概论等课。系务会议并议决下年度增设文学概论，为二年级必修学程；各体文习作及图书馆学翻译，为选修学程。文学概论、翻译，与部定课程中之世界文学史配合，俾学生可比较中西文学，不致有偏隅之见"。同年 6 月，1947 年度《清华大学一览》出版。其中载有《清华大学学程一览》，分别规定了文学院中国文学系必修学程一览 (文学组) 和选修学程一览 (文学组)。

1948 年 9 月，蒋荫恩受燕京大学委派，前往美国密苏里大学新闻学院，进修学习，考察研究美国新闻事业。北平解放后，他毅然中断在美国的新闻学研究，启程回国。1949 年 9 月 30 日，他抵达天津。10 月 1 日，蒋荫恩重返北京，出任燕京大学新闻学系教授兼系主任。他积极争取党和国家新闻宣传领导部门的指导和帮助，大力振兴和改革新闻系的工作与教学。他在已停刊的《燕京新闻》的基础上，于 1949 年 10 月 31 日创办了《新燕京》，并成立燕京通讯社、学校广播台等，作为学生的校内实习园地。他回国后，清华大学立即邀请他到中文系任教，讲授"新闻学概论"选修课程。

1950 年 1 月 13 日，清华大学召开第 38 次校务委员会会议，由潘光旦报告校委会文法小组对于精简课程的意见。议决：中国文学系拟聘请燕京大学新闻学系主任蒋荫恩为该系兼任副教授，于下学期每周讲授新闻学三小时。通过呈教育部核准。4 月，清华大学公布了《国立清华大学教职录》，其中蒋荫恩赫然在列，文学院中国文学系"兼任副教授蒋荫恩新闻学"。

笔者查阅清华大学相关档案史料，未能发现蒋荫恩在清华大学讲授"新闻学概论"选修课程的内容。但是当时他在燕京大学新闻学系同时负责讲授新闻学概论，从其内容可见端倪。在 1950 年出版的《燕京大学新闻学系概况》中详细记载了"新闻学概论"的教学目的、内容和方法。

蒋荫恩讲授"新闻学概论"选修课程深受学生欢迎，学生对此记忆深刻。据清华大学 1947 届本科毕业生张源潜回忆说：学校聘请"燕京大学新闻系主任蒋荫恩先生给我们开'新闻学概论'。蒋先生讲课很生动，我至今还记得两点：一是'新闻'（news）是反映东（e）西（w）南（s）北（n）的事情；另一是：狗咬人不是新闻，人咬狗才是新闻。当然，这是资产阶级的观点，当时听起来确实觉得非常有趣"。中国现代语言学家胡壮麟（1950 年入清华大学外文系英语组，1952 年院系调整入北京大学西语系英语语言文学专业）在《一个英语教师的独白》一文中记载了他考入清华大学学新闻和英语专业的经历。

随着政治形势的变化，清华大学中文系按照教育部指示，积极进行课程改革。1951 年 4 月 22 日，《光明日报》发表的《清华大学中文系的课改经验》一文中特别提到"新闻学概论"课程的教学改革成绩，"中文系各课教学与实际联系的总的方针，是贯彻爱国主义教育。至于各个课程的教学应该怎样联系实际，他们认为不能机械的详细的加以规定，需要教师们灵活运用。……'新闻学概论'联系时事，并到报社去参观"。

1952 年 1 月，清华大学举行全校"三反"（反贪污、反浪费、反官僚主义）运动，主张用批评和自我批评的方法，展开各界人士的思想改造运动。是年 5 月，教育部根据苏联经验出台了《关于全国高等学校 1952 年的调整设置方案》，制定"以培养工业建设人才和师资为重点，发展专门学院，整顿和加强综合性大学"的方针，决定以华北、东北、华东为重点进行全国高等院校院系调整，年底全国已有 3/4 的高等学校进行了院系调整和专业设置的工作。在全国全面院系调整中，原来拥有理、工、文、法、农五个学院的清华大学，其文科被撤销。文学院和理学院并入北京大学，法学院并入政法学院及财经学院，农学院并入农业大学，原北京大学和燕京大学与清华工学院合并成立多科性工业大学，即新的清华大学。其教学内容也实施了改革。院系调整前，清华各院系不设专业，重视外语、基础理论和人文知识的学习，学生在一、二、三年级重在学习基础理论，四年级着重学习专门知识。院系调整后，根据国家建设需要，按照苏联工科大学教育模式按系设立专业，有计划、分专业培养技术人才。学制也进行了调整。解放前，清华实行学分制，必修与选修相结合。学习苏联后，取消学分制，实行学年制。1952 年全国高等学校院系调整后，清华大学成为一所多科性工业大学，重点为国家培养工程技术人才。清华大学的新闻教育探索也随着院系调整和文科的取消戛然而止。

四、结语

纵观 1952 年院系调整前的历史，笔者发现：

第一，清华大学感应到了中国新闻事业由政论时代向新闻时代转型的脉搏，研究新闻，培养新闻人才。在中国新闻教育萌芽期，清华学校的有识之士在校内积极创办《清华周刊》《清华学报》《通俗周报》开展新闻出版活动的基础上，于1916年倡议成立"新闻研究会"，准备开展新闻学研究和教育。

第二，美国对民国时期新闻教育影响最大。许多有志青年正是在美国的影响下走出国门赴美学习新闻学，学习美国为主的国外新闻教育经验，回国后立足中国，结合本土实际，在摸索中不断前进。这在清华学堂到清华学校也得到了充分体现。其中有些也因为兴趣的改变转到别的专业领域，如萧公权、李幹、沈铭书、李迪俊、丁文彪、鲁潼平、苏宗固、周益湘等，但这段学习经历对他们后来从事新闻教育或其他教育事业以及新闻活动均产生了积极的影响。

第三，清华大学关爱学生，开设新闻课程，拓展新闻出版领域的就业渠道，涌现了许多人才。正如方汉奇先生所言："在水木清华这片花气氤氲、生机勃勃的土地上，曾经孕育、诞生和为中国的新闻传播事业输送过一大批杰出的人才。他们有学文科的，也有学理科工科的，尽管在校期间并没有上过传播系，受过新闻传播理论和实务的教育，但都在清华园这个文理交融、视野开阔，有着勤奋严谨学风的高等学府里受到过众多大师级教师们的熏陶，因而都有坚实的基础和强有力的后劲。"

1952年，随着全国院系调整，清华大学文科被撤销，其新闻教育的探索历史也随之停止。一直到1985年9月，清华大学中国语言文学系复建，设立了编辑学方向，重新开始了新闻传播教育的探索。1998年10月，清华大学正式成立传播系，开始了建制化的新闻传播教育。2002年4月21日，清华大学新闻与传播学院正式成立，清华大学新闻传播教育迈上了系统化发展的康庄大道。

新文科背景下广告学专业核心课程设置与人才培养
——基于国内48所院校本科培养方案的内容分析

周茂君　何江移

文章来源：周茂君，何江移. 新文科背景下广告学专业核心课程设置与人才培养——基于国内48所院校本科培养方案的内容分析[J]. 新闻与传播评论，2023，76（1）：114-128.

作为新文科的一个重要分支，如何在新文科背景下推进广告学专业核心课程改革已然成为国内新闻传播院校关注的重点。鉴于此，本研究收集了48所院校广告学专业的本科培养方案，对其核心课程设置与人才培养进行了分析，并在此基础上提出了具体对策。

一、文献回顾与问题的提出

广告教育改革一直以来备受关注，特别是新文科背景下如何推进广告学专业核心课程建设更是学界和业界普遍关心的重要话题。

（一）文献回顾

自 1983 年厦门大学建立国内第一个广告学专业开始到 20 世纪末，广告学专业经历了从无到有的跨越并得到快速发展。进入 21 世纪，广告学专业面临发展速度与质量不兼容的困境，立足高质量发展理念进行课程体系改革成为当时的首要任务。

具体而言，增设管理类课程，将新闻传播学科内部的其他核心课程整合到广告学课程当中以拓展广告教育的宽度；强化课程中的通识教育、人文素养教育以及广告历史发展教育以增加广告教育的厚度；将实战类课程引入广告教学当中以提升广告教育的硬度。

随着国际化水平的不断提高，学者们开始思考如何将国内的广告学专业本科教育与国际接轨。美日是世界上广告产业较为发达的国家且广告领域专业人才培养起步较早，自然成为学者们研究的对象。此外，美国广告学专业在课程设置方面通过对跨国资源的整合，以推动课程国际化的形式，培养学生的国际视野和多元文化素养。《新文科建设宣言》的发布引起了不少学者的热议。具体到新闻传播学科，学者们主要从宏观角度讨论了新文科背景下新闻传播学专业的未来发展方向。

（二）问题的提出

既有研究从不同角度探讨了广告学专业课程设置的问题，为实践中的课程设置改革提供了可借鉴的参考，但也存在需要补充的地方。新文科的提出源于社会问题的复杂化与综合化，实现跨学科之间的交融是应对这种新变化的重要路径。新文科的"新"主要体现在三个方面，即学科融合、技术赋能、创新发展。从三者之间的逻辑关系来看，学科融合与技术赋能是手段，而创新发展是最终目的，这也揭示出新文科建设的意义在于以学科融合和技术赋能推动文科教育的创新发展。新文科建设不仅仅是教育理念的变革，更是学科范式的创新，它要求在人才的培养过程中秉持文理兼容的思维理念。

二、研究设计与研究方法

（一）样本选择及数据收集

目前我国开展广告学专业本科教育的院校已经达到 302 所。为保证研究数据的全面性和有效性，本研究在全国范围内（不含港澳台）选取 48 所开设广告学专业的本科院校作为研究样本。样本选取原则如下：其一，综合考虑教育部对新闻传播学专业前四次学科评估的结果；其二，权衡地域分布的均衡性；其三，考虑院校性质的多样性，所选样本不仅包含文科类院校和综合性院校，同时兼顾了师范类院校和理工科院校；其四，考虑学校整体实力状况，所选样本既包括双一流建设高校也包括非双一流建设高校。

（2）编码及数据分析

为提高编码效率，本研究使用计算机辅助编码与人工校正的方式，以核心课程关键词为索引对广告学

专业核心课程进行编码。编码具体步骤如下：①分别对专业核心课程数据集和培养目标数据集进行分词、去停用词处理后，以词云的方式呈现并输出频率较高的关键词。②结合专业核心课程和培养目标分析结果，构建各二级编码类别下的关键词词库，并基于此以关键词为索引对核心课程进行计算机辅助编码。③为提高编码的准确性，在编码过程中根据编码结果不断修正词库以提高编码的准确性。

三、数据呈现与研究发现

对培养方案进行内容分析，以数据形式对结果进行呈现有助于更好地了解广告学专业核心课程设置的现状，同时也为后续的检讨提供了内容数据。

（一）数据呈现

培养目标的制定对于核心课程设置具有重要指导意义。总体来看，各个院校对于广告学专业本科人才培养定位较为明确，大多数高校致力于培养复合型、应用型、高素质、创新型、研究（科研）型、专门（专业）人才。基于自然语言处理和数据可视化技术，在对各院校广告学专业的培养目标进行分析整理后，进一步得出结论：广告学专业本科教育的培养目标在于为广告公司、新闻传播机构的广告部门、市场咨询机构、互联网公司、企事业单位等，培养了解业界前沿、熟悉广告运作流程，具备职业操守，能够从事市场调研、广告创意生产、品牌传播与公关、效果评估、经营与管理等工作的人才。

词频一方面反映了各门核心课程在广告学专业的重要程度，另一方面反映了各院校广告学专业核心课程的整体设置情况。结合各院校对广告学专业培养目标与专业核心课程设置情况，将全部课程按照编码表进行分类汇总。整体来看，由于广告学专业发展历史悠久，已经形成较为成熟的课程体系，但从横向上看，各院校之间核心课程设置依然存在较大差异性。

（二）研究发现

1. 理论素养类课程庞杂，新闻传播学类课程细分较多

理论素养类课程主要涵盖了新闻传播学类、市场营销类、广告学类、品牌与公关类、文学素养类、艺术素养类、数据分析与挖掘基础类、伦理与法规类、马克思主义新闻观类课程，在理论素养类课程体系中，新闻传播学类课程细分较多。

2. 实务操作类课程中创意生产类课程占比较大

从功用主义角度来看，高等教育目的在于将学生培养成为有知识、能工作的优秀人

才，广告学专业的本科人才培养亦如此。因此，在广告学专业核心课程中设置相应的实务操作类课程，提升学生的实践能力尤为重要。将广告学专业核心课程进行编码汇总之后，基于广告创意流程可以发现实务操作类课程主要涵盖六个方面：消费者行为分析与市场调研类、创意生产类、效果评估类、媒介策略类、媒介经营与管理类、策划类。

3. 对前沿类课程关注度不够

随"时"而定、适"时"而动是广告学专业课程教育改革的典型特征。这就要求广告学专业核心课程的设置既要重视基础理论与实践操作技能，又要与时俱进，关注业界前沿。从整体开设情况来看，各院校对前沿类课程关注度不足，其主要表现在三个方面：其一，部分高校尚未开设前沿类课程；其二，虽然有部分高校广告学专业开设了前沿类课程，但是前沿类课程在专业课程总学分中占比较小；其三，前沿类课程与其他非前沿类课程之间缺乏交叉融合的深度，尤其是技术类课程，部分学校在课程设置方面存在单纯就技术谈技术的问题。

4. 部分院校各类课程之间存在比例失衡的现象

基于编码数据，对各院校理论素养类课程与实务操作类课程之间的占比状况进行了统计分析，发现：对于二者之间的比例，各个院校并未达成较为一致的看法，有的比例失衡现象严重。此外，部分院校在核心课程设置方面概论性课程占比较高，缺乏对数据分析与挖掘类基础课程、效果评估类课程、伦理与法规类课程的重视。

5. 与数据分析相关的课程占比较小，且部分置于选修之中

大数据时代的来临对广告学专业人才培养提出了更高的要求，让学生掌握一定的数据分析和挖掘技能

成为广告学专业教育的目标。虽然不少高校相继开设了与数据分析相关的课程，但是重视程度仍然不够。虽然数据分析课程的开设在一定程度上满足了学生提升数据技能的需要，但是将其放置于选修课之中可能会导致部分学生因畏难心理而放弃修读，面临避而不选的尴尬局面。

四、结论与讨论

新文科建设对广告学专业本科人才培养提出了更高的要求，坚持多学科交叉融合对广告学本科专业核心课程进行改革，已经成为许多院校的基本共识。

(一)广告学本科专业核心课程改革应该如何体现"新文科建设"

理解新文科的本质是广告学核心课程改革的前提。由访谈不难看出，受访专家对于新文科的理解主要集中于学科间的交叉融合和课程的数字化转型两个方面。对于新文科背景下广告学本科专业核心课程改革而言，如何处理好新文科与传统文科之间的关系至关重要。这个过程并非文科与理工科之间的简单的"物理相加"，而是要它们产生"化学

反应",乃至深度融合,最终成为符合广告学本科专业需求的新型核心课程。

在对广告学专业核心课程的新文科建设中同时也需要注意以下几点:其一,"我们培养的学生不是一个纯粹操作性的人才,而是在具备一定理论基础上,有一定扩展性的高级人才";其二,"一方面我们的课程设置应该体现新文科的这种导向,另一方面必须要有能够体现对技术认识的系统性课程",关注课程间的整体性和系统性;其三,"新文科背景下广告学专业的核心课程改革不能够脱离整个新闻传播的发展大格局";其四,新文科建设不是"一蹴而就"的,各院校应当结合自身的师资力量、学科定位逐步、有序开展。

(二)核心课程改革中如何处理好"变"与"不变"之间的关系

重新认识广告是专业核心课程改革的一个重要前提。因此,总的来看"广告传播的本质没有发生变化",变化的是技术嵌入对"广告形态的冲击""广告运作流程的改变"。

基于这种"变"与"不变"的现实,核心课程的改革也应当坚持"变"与"不变"的思路。其一,能够体现基本核心能力的课程(如策划、创意与表现、文案写作、策略传播等)不能变,能够反映广告学经典理论的课程不能变。其二,整合内容重复的课程。一些简单的广告学原理,例如USP理论、品牌定位理论等,应该从整体性角度对原有的课程体系和课程内容进行重新整合,减少内容上的重复。其三,开设与数字广告、计算广告、程序化广告有关的新课。此外,受访专家B03提出"我们需要检讨一下,传统的理论到底有多大价值,是否在数字时代仍然适用",这关系到未来课程改革的具体方向。

(三)如何平衡好理论素养类课程与实务操作类课程之间的关系

在前面的数据分析中,我们发现各院校对于理论素养类课程与实务操作类课程之间的比例安排不尽相同,甚至部分院校之间的差别较大。因此,不同的学校类型、不同的专业定位、不同的师资结构最终导致各院校理论课程与实践课程之间的比例不尽相同。受访专家B04、B05也提出了相似的论述。针对如何平衡好理论素养类课程和实务操作类课程之间的关系这一问题,不同的受访专家提出了不同的解决思路,我们主要通过加量的方式解决这一问题。按照国标规范,该有的课程必须有,另外在选修课或者专项实践活动中通过"加量"的方式解决,比如组织学生参加竞赛,参与广告公司的一些实践业务,这些实践活动不占学分或者一部分占学分。

(四)广告学本科专业核心课程的改革如何体现数据科学思维

在广告学本科专业的核心课程改革中兼顾数据科学思维的培养至关重要,这得到了学界专家和业界专家的一致认可。

"数据思维的培养,不取决于一两门课程",它应该是一个系统性的工程。具体而言,相关的核心课程群应包含数据获取、数据清洗、数据洞察(包括对数据进行描述性统计以及对数据中隐含的相关关系或因果关系的挖掘)、数据可视化四个子维度。从培养的目标以及层次来看，数据类课程分为实战应用型与数据创新型两个类别。这两类课程有明显的区别，从未来预期看，实战应用型课程的目标在于在短时间内提升学生的数据技能，而数据创新型课程则以培养学生的数据创新思维为最终目的。从课程的内容设置来看，实战应用型课程不需要以复杂的数理知识为基础，那么学生仅需掌握菜单操作式的数据分析与挖掘工具即可(如八爪鱼、Tableau、SPSS 等)。与之不同，数据创新类课程则应该以数理类课程(如微积分、线性代数以及概率论与数理统计)与编程类课程(如 Python、R、MATLAB、Stata 等)为基础，在此基础上提高学生的创新性。对于各新闻传播院校的广告学专业而言，在具体的变革过程中应当基于各自培养目标在这两种课程模式中进行取舍，以培养学生的数据科学思维与数据科学技能。

在具体的教学过程中，受访专家 B04 表示，"相关的课程学习起来比较枯燥，教学方式上以理论学习为主，缺少场景运用"，学习效果并不理想。受访专家 B02 也提到了类似问题并且提出了相应的建议措施，"虽然开设了 Python 课程，据授课老师反映已经教得很简单了，但是学生依旧听不懂，所以我觉得这种数据思维和技术思维不是教出来的，而是做出来的。比如各大平台都有优化师，主要职责是根据数据去优化创意。学生在跟甲方合作的过程中，就可以通过实践来培养自己的数据思维。"无疑，学生通过这种方式学习到和培养起来的数据思维是最扎实的，是可以受益终生的。

(五)广告学专业人才培养如何满足业界的需求

"广告学专业教育应该面向社会、面向行业，培养实务性人才。"因此，从业界需求的视角来检视本科广告学专业人才培养类型和方向至关重要。结合专家的访谈记录，将业界的需求归结为以下几个方面。其一，具备扎实的理论功底。如受访专家 B10 所言，"传播学和广告学的底层理论没有过时，掌握扎实的理论知识依然非常重要。"在这个过程中，人才的培养不仅需要关注基础理论的"全貌"，也需要注重理论之间的"系统性"。其二，基础能力的培养。在访谈过程中，一些受访专家认为广告学专业背景并非那么重要，只是在"同等情况下优先考虑广告学专业的学生"。这是因为"相对于其他专业学生而言，广告学的专业背景可以让他对这个行业有更深入的理解，上手更快"。这就意味着，业界更加注重学生是否具备一些基础能力，如"文案写作、品牌策划、视频创作、整合营销、广告投放"等。其三，数字传播能力的培养。随着数字化的不断深入，"很多广告公司都在组建高素质数字营销团队，加强数字营销业务，为客户提供数字媒体、策划、创意、营销和咨询服务。"相应地，业界也就需要一批"了解数字传播环境，掌握数字营销工具和手段"的毕业生。有鉴于此，在人才的培养过程中需要"开设一些关于数字营销的课程，让学生了解数字营销趋势，善于挖掘新的数字流量洼地，熟悉品牌广告和效果广告各自的应用场景、实施方法、投放技巧、评估标准等"。其四，创新能力的培养。从业界实践来看，"广告正面临着营销环境和传播环境'双动态变化'的局面"，环境的变化倒逼着广告学专业人才培养的变化。相较于以往的高校毕业生来讲，在这样的环境下用人单位"不仅需要具有扎实理论基础的高才生，更需要具有创新精神和创新能力的毕业生；需要能'创造性'工作的人，而不是'适应性'工作的人"。

新闻传播教育改革的焦点问题和时代走向
——基于全国新闻传播学院院长研修班的调查

王一鸣

文章来源：王一鸣. 新闻传播教育改革的焦点问题和时代走向——基于全国新闻传播学院院长研修班的调查［J］. 新闻大学，2023（10）：106-118，123.

中国新闻史学会新闻传播教育史专业委员会、中国新闻传播教育年鉴编委会于2021年7月21—28日、2022年7月21—28日分别在甘肃兰州、江西井冈山举办了首届全国新闻传播学院院长研修班和第二届全国新闻传播学院院长研修班。两届研修班旨在汇聚群伦、集采众智，将新闻传播教育界的掌门人召集一堂，共同研讨当下新闻传播教育发展所面临的焦点问题，锚定新闻传播教育改革的时代走向。

研修班发起人张昆在开班仪式上指出："新闻传播教育未来该怎么走，取决于我们对一些重要问题的认知：在变革了的环境下，应该怎样理解新闻教育的本质与使命？适应着社会需求的变化，新闻传播专业该如何定位？新文科建设的主要抓手在哪里？在传媒转型、教育变革的情况下，院系管理应该如何创新？在双一流建设的背景下，如何处理科研与教学的关系？如何建设教学团队和学术团队？如何建设课程与教材？新闻教育改革的意涵是什么？改革的路径在哪里？"据此，本研究团队围绕院校基本情况、师资队伍、人才培养、学科建设、改革方向等设计了半结构化调查问卷和访谈提纲，展现了新闻传播教育共同体的集体智慧，为建构中国特色新闻传播学自主知识体系作出了贡献。

一、数据采集和样本画像

全国新闻传播学院院长研修班的授课专家团队由中国人民大学、复旦大学、中国传媒大学、华中科技大学、武汉大学等头部院校的12位现任院长组成，首届研修班学员共计132人，第二届研修班学员148人。研修班结束后，为进一步深描新闻传播教育改革中的关键问题，本文的研究团队在前期问卷调查的基础上，对国内10家新闻传播学院的院长进行了深度访谈，以使研究结果的呈现既具备横向覆盖上的广度，又具备纵向分析的深度。

（一）新闻传播学院院长（主任）画像

研究者首先从人口统计学角度描述调查对象的职务、年龄、最高学位和政治面貌等"用户画像"信息。在学科背景方面，受访者本科阶段所学专业为新闻传播学类的占比为 36.0%，硕士阶段专业为新闻传播学类的为 56.6%，博士阶段专业为新闻传播学类的则上升到 64.4%，而本硕博均为新闻传播学背景的占比仅 13.6%，呈现出"学历层次越高，新闻传播学科背景占比越大"的规律。这说明新闻传播学作为相对年轻的学科，其学院掌门人的专业背景比较多元，具有明显的"交叉"特性。在 161 名调查对象中，"有传媒业界经历"和"无传媒业界经历"者比例相当，这一数据反映了新闻传播教育天然的"职业亲和"特性：存在着一大批"两栖"型学者。

访谈资料显示，所有访谈对象一致认为多元化的学科背景有利于新闻传播学院院长的养成，如访谈对象 A 认为"新闻传播学科本身缘起于多学科的滋养与涵化，多元化学科背景的院长无疑更有多元的学科专业发展视野"，访谈对象 C 特别强调"院长所具备的其他学科的知识和经验一定要用于支撑新闻传播学科本身的发展，而不是消解新闻传播学科"。

（二）新闻传播院校画像

截至 2019 年 9 月，全国有 721 所大学在本科阶段开设了新闻传播学类专业，本科专业总数达 1352 个，"双一流"大学开设新闻传播学类专业的比例达 50% 以上。在研究生层次，截至 2021 年 7 月，全国有新闻传播学一级学科博士点 32 个，新闻传播学一级学科硕士点 127 个，新闻与传播专业硕士点 212 个，出版专业硕士点 34 个。

作为相对晚熟的学科，新闻传播学在《研究生教育学科专业目录》中位于"文学"门类之下，很大程度上反映了新闻传播学院与文学院之间由来已久的复杂关系。在 161 个调查对象中，有 79 家为独立的新闻传播学院，有 42 家为文学与新闻传播学院，有 8 家为文学院里的一个系，其余为文化与传媒学院、传媒与艺术学院、财经与新媒体学院等。在二级学院层面是否拥有独立的学科建制，在中国新闻传播教育的百年实践中已经被证明是影响学院发展的重要因素。数据表明，办学层次越高的院校，拥有独立新闻传播学院建制的比例越高，其学院的整体实力从历次学科评估结果来看也相对较强。

二、调查结果和数据分析：新闻传播教育改革的焦点问题

科学研究、人才培养和社会服务是现代高等教育的三大基本职能，新闻传播教育作为中国高等教育体系的子系统，同样承担着这三个方面的使命。在变革的环境下，新闻传播教育的主体——新闻传播学院所面临的焦点问题，诸如师资队伍建设、专业人才培养、学科建设与共建合作等，正是三大使命在新闻传播教育领域的具体体现。

（一）师资队伍建设：学院发展和办学过程中"最让院长操心的事情"

在回答"贵院目前师资队伍存在的主要问题"时，占比最高的是"科研动力不足"（80.2%），其次是"年龄结构不合理"（38.4%）、"学缘结构不合理"（30.5%）和"其他问题（职称结构不合理、性别结构不合理、缺乏实践型教师、高层次人才匮乏等）"（14.3%）。

除科研动力不足外，"结构不合理"是当前新闻传播学院师资队伍建设的第二个主要问题，也是造成我国高校新闻传播教育呈现"封闭性"特征的根源。首先是国内新闻传播学术界与国际新闻传播学术界交往不够密切，其次是新闻传播学术圈与其他学科学术圈乃至学科内部小圈子有明显距离感，再次是新闻传播学术界、教育界与业界的疏离。

针对结构不合理问题，从新闻传播业界和国际一流大学引进高层次人才是普遍做法，但在实践中，人才引进困难重重。问卷调查和访谈显示，业界师资引进和工作过程中最大的阻碍因素是"学历要求"和"科研能力"，尽管如此，从调查结果来看，院长（主任）们对"重金引进优秀人才所持的态度"还是比较积极的，在161位受访者中，有131位选择"比较支持"。相应地，受访者对"本院重点培养的优秀教师被挖走所持的态度"也比较开明，92位比较支持，认为是"正常的人才流动"，53位比较反对，16位认为"无所谓"。

（二）人才培养：新闻传播教育永恒的话题

人才培养的价值理念、目标指向和知识体系归根结底要落实到具体的培养路径——即"怎样培养人"的问题上来。新闻传播人才培养模式在探索过程中要解决两大关键问题：一是专业设置和划分问题。媒介融合、学科交叉背景下，新闻传播学科内部都没有打通专业壁垒，何谈与其他人文社科、自然科学大跨度交叉？从调查结果来看，院长（主任）们普遍认为应该按照"传播形态与内容混合"（75.1%）的逻辑划分本科专业，仅有9.9%的调查对象认为应该按照"媒介形态"划分。二是招生方式和培养方式问题，2001年北京大学正式实施"元培计划"后，按照"厚基础，宽口径"原则进行大类招生逐渐成为新闻传播学院招生与培养制度的主流，在161位问卷调查对象中，认为新闻传播学类专业本科应采取"新闻传播学大类招生"的占60.8%，认为应采取"文科大类招生"的占24.6%，认为应"分专业招生"的仅占14.6%。表明在大类招生已成为新闻传播学院普遍选择的同时，新闻传播教育共同体仍希望保持一定的主体性，倾向于在学科（学院）内部完成专业贯通，其次才是文科各学科（学院）之间的交叉融合。

（三）学科建设与共建合作：新闻传播学院的系统性工程

在学科建设过程中，新闻传播院校并非唯一的建设主体，联合其他单位力量、发挥多方主体优势进行共同建设是近年来新闻传播学院发展和学科建设的普遍选择。一般有三种共建合作形式，一是部校共建，即地方党委宣传部与高校共建新闻传播教育、共管新闻传播学院。在中宣部、教育部推动下，新闻传播教育部校共建模式取得了显著成果，此次调查中84.4%的单位认为部校共建缓解了新闻传播学院学科专业建设的经费短缺压力，76.6%的单位认为部校共建提升了新闻传播学院的社会服务能力，还有43.5%的单位认为部校共建使得新闻传播学院"党性增强"。与此同时，一些单位指出部校共建也存在一些负面影响。二是校媒（企）共建，有的研究将其归为部校共建的一部分。在调查的161家单位中有39家实施了校媒共建。交叉分析显示，不同层次院校在校媒共建比例上无明显差异。三是新闻传播院校之间的共建合作，具体合作方式比较灵活多样。从调查数据来看，较普遍的方式有"选派教师到合作院校进修"（85.6%）、"开展科研合作"（81.9%）、"聘请名校教师担任兼职教授/名誉院长"（65.8%）、"选派教师到合作院校攻读博士"（60.9%）、"名校课件共享"（58.5%）等。还有1位调查对象认为"强势学校有的也不一定强，其实他们更需要向普通的学校和普通的学生学习"。综上所述，以学科评估为手段，以部校共建、校媒共建、院校合作为桥梁，新闻传播教育正在走上一条具有中国特色和专业特色的学科建设之路。

三、新闻传播教育改革的时代走向

（一）以交叉融合为突破口持续推进学科发展建设

统计发现，"融合"是答案文本中出现频率最高的关键词，与之相关的有"学科交叉""淡化边界""打破学科壁垒""重新设置学科与专业"等，表明新文科建设背景下，学科交叉融合已成为当前新闻传播教育改革的首要突破口。

新闻传播学科的交叉融合，首先是学科内部各专业的融合，然后是与文科各专业的融合以及与理、工、医等学科间的交叉融合。自1918年北京大学新闻学研究会正式成立，中国本土的新闻学教育开始了第一次"建墙"；20世纪末伴随着传播学的引入，新闻传播教育的边界和视野极大拓展，随之也经历了第一次"拆墙"；最近20年，互联网崛起带来媒介革命和传播格局大变迁，新闻传播教育开启了技术驱动下的第二次"拆墙"。两次"拆墙"的结果，是"新闻专业性的消解"和"学科边界的泛化"，不少学者因而主张当下新闻传播教育需要再"学科化"、再"专业化"。由此引发我们思考，学科交叉融合必然意味着本学科主体性的弱化吗？如何平衡学科边界拓展和学科本源回归内外两股张力？如何避免学科发展中的"既要、又要、还要"陷阱？这些问题需要新闻传播教育工作者们在实践过程中继续探讨。

（二）以评价体系改革为抓手优化师资队伍结构

"师资队伍建设"是调查中词频仅次于融合的关键词，与之相关的有"评价体系""职称改革""多引进实践型教师""加强'双师型'教师队伍建设"等。如前所述，年龄、学缘、职称、性别等结构不合理是新闻传播学院师资队伍的主要问题，结构问题的根源在于评价体系。据访谈对象 J(某职业院校新闻传播学院院长)介绍，2021 年，中共中央办公厅、国务院办公厅印发了《关于推动现代职业教育高质量发展的意见》，提出要强化"双师型"教师队伍建设，"将体现技能水平和专业教学能力的双师素质纳入教师考核评价体系"，"在职务(职称)晋升、教育培训、评先评优等方面应向'双师型'教师倾斜"。目前，在职业院校层面，师资结构和评价体系改革已经正式启动，作为新闻传播教育主体部分的本科及以上院校，则需要其掌门人——新闻传播学院院长，有打破体制惯性的勇气和摆脱路径依赖的战略思维，在师资建设上不拘一格、勇于担当，在与校方的博弈过程中调动各方资源、改善办学条件，在与教师的协商过程中真正站在教师的角度，为每一类教师、每一位教师营造舒适的学院氛围，提供顺畅的职业发展通道。

(三)以课程体系重构为核心回归人才培养使命

"人才培养"是图 3 中出现的第三大关键词，与之相关的有"构建课程体系""培养方案改革""教学方法""重构课程内容"等。围绕课程建设，从 2003 年开始，教育部正式启动高等学校教学质量与教学改革工程"精品课程建设"；"十二五"期间，教育部在国家精品课的基础上又提出了"精品资源共享课"建设规划；2019 年以来，"一流课程建设"成为囊括精品课程、精品资源共享课、精品视频公开课等在内的宏大工程。

与单一的教学科目不同，课程体系是由诸多课程相互联系构成的有机整体，涉及教学团队、课程内容、教学方法、教材编撰、教学管理等各个方面。从教学改革的视角，要建设世界一流的新闻传播教育，改革的方向很明确，那就是按照"一系列共同认可的教学目标"进行课程体系框架的重构。所谓共同认可的教学目标，从普遍意义而言，即回归教育的本质——以学生为中心，而非以教师或管理机构的喜好和便利为中心。从本专业领域而言，即重拾新闻传播教育为社会培养职业人才和公共人才的使命，聚焦于打造"学生核心竞争力(即就业市场的不可替代性)"，将课程体系重构根植于外部环境的土壤中，在与社会需求、教师诉求和学生需要等因素的互动下，降低人才培养目标与外部环境需求的张力，逐步解决课程内容陈旧滞后、课程体系与时代脱节等问题。

四、结语

教育也是一门科学，也有其内在的、不以人的意志为转移的客观规律。新闻传播教育作为新闻传播学学术谱系中并不十分"热门"的研究方向之一，其知识生产体系和话语表达体系相较于整个新闻传播学更显薄弱。与一些概念化、抽象化的研究领域不同，新闻传播教育的规律并非主要来自研究者个人的理性思辨，而是来自研究者与研究对象(教育实践)、与被研究者(教育共同体)的互动和对话。如伊曼纽尔·华勒斯坦在《开放社会科学》中谈到的，社会科学不是主体对客体，很多时候是主体与主体的"主体间"对话，被研究对象不是研究工具，本身也在表达、对话和辩论中生产知识（华勒斯坦，1997：54）。按照互动与对话的逻辑，研究团队将参加研修班的院长、主任视为能动的主体而非静态的样本库，试图在本文中尽可能真实客观地呈现新闻传播学院院长们的集体智慧，同时将调查结果通过新闻传播教育史专业委员会、年鉴编委会等平台及时向共同体反馈，以便改进下一步研究。但是受限于研究方法和研究样本，本文还存在一些不足，研究团队将在第三届全国新闻传播学院院长研修班上更加全面、系统、深入地揭示和阐释中国新闻传播教育的多重景观。

新闻传播学专业设置 20 年"流动全景图"：趋势、特征及影响因素

张大伟　谢兴政

文章来源：张大伟，谢兴政．新闻传播学专业设置 20 年"流动全景图"：趋势、特征及影响因素[J]．现代传播（中国传媒大学学报），2023，45（10）：150-160．

一、引言

专业教育是高等教育区别于普通教育的关键特征之一。作为高校发展质量的决定性因素，高校专业建设水平与人才培养质量和特色紧密相关。据此，笔者节点式选取了近 20 年我国新闻传播学本科专业的开设情况，绘制和分析新闻传播专业开设"流动全景图"，摸排新闻传播学专业设置和布点的趋势及特征，并分析影响我国新闻传播专业设置和布点的关键因素。

二、数据采集

根据 1998 年发布的《普通高等学校本科专科目录》，新闻传播学成为一级学科。2001 年是我国高等教育体制改革元年，精英化的高等教育时代全面结束，迎来了高等教育大众化阶段。同年，教育部首次对我国高校专业目录进行统计，出版了《中国普通高等学校专业设置大全》。为动态呈现新闻传播学专业开设情况，笔者选取了 2009 年和 2020 年作为节点进行分析。

2000 年以来，教育部高等教育司出版了《专业设置大全》（2001 年版，2003 年版，2005 年版，2007 年版和 2009 年版），为本研究重要资料。2010 年开始《专业设置大全》停止出版。需要指出的是，2020 年全国本科高校名单未能涵盖军事类院校、中国社会科学院大学。

2020 年专业设置数据显示，部分高校新闻传播学专业尚有在校本科生，但已停招新生，本文一律将该校视作未开设此专业。如清华大学新闻与传播学院自 2020 年起不再招收本科生，2019 级（含）之前的本科生仍在校就读，本研究将其作为未开设新闻传

播学本科专业处理。这一情况同样存在于部分独立学院，如南京大学金陵学院 2020 年不再招收新生，同样视为未开设新闻传播学专业。

三、研究发现

（一）专业增设整体趋势：一级学科成立以来，专业数量迅速增长

学科专业结构的优化应当顺应新发展格局，着眼于国家重大战略需求和长远需要。自 1998 年新闻传播学成为一级学科以来，下设专业数量逐渐增多。2001 年，新闻传播学本科下设 4 个专业：新闻学、广告学、广播电视新闻学和编辑出版学。为适应社会发展需要，传播学专业作为目录外专业，于 2003 年在复旦大学、北京广播学院（现中国传媒大学）、中国科学技术大学、华南理工大学、华南师范大学、西南交通大学等 10 所高校率先开设；媒体创意专业作为目录外专业，旨在培养适应传媒事业发展要求的具有"创意"和"创新"能力的学生，于 2003 年在北京广播学院开设。截至 2009 年，新闻传播学共计开设 6 个本科专业。

2020 年，新闻传播学专业增设至 10 个：新闻学、广播电视学、广告学、传播学、编辑出版学、网络与新媒体、数字出版、时尚传播、国际新闻与传播和会展。2012 年教育部将原有的"媒体创意"及"新媒体与信息网络（2011 年新增专业）"合并，设置网络与新媒体专业，首批开设网络与新媒体专业的学校有南京师范大学、吉首大学、广州大学等。同年，开设了数字出版专业，旨在培养将传统印刷出版的内容数字化的复合型人才。首批开设该专业的高校有浙江传媒学院、曲阜师范大学等。同时，时尚产业的发展带动了时尚传播人才需求，教育部于 2017 年批准开设时尚传播专业，上海杉达学院成为首个开设此专业的高校。2018 年，为服务国家对外战略，教育部批准成立国际新闻与传播专业，中国传媒大学等高校率先招生。2020 年，为培养具有会展策略传播、智能会展技术和会展创意设计能力的中高端复合型人才，上海大学基于前期的办学经历及多方支持增设了会展专业。

（二）专业点增设整体发展趋势：数量"先急后缓"式上升，普通本科院校渐成主力

我国开设新闻传播学本科专业的高校数量不断增加，由 2001 年的 153 所，2009 年的 567 所，到 2020 年的 632 所（去除了合并、停止招生等情况），增速先急后缓。从学校层级及性质来看，2001 年开设新闻传播学本科专业的 985/211 高校 56 所，占比为 36.61%；公办普通本科高校 93 所，占比为 60.78%；民办普通本科高校及独立学院 4 所，占比为 2.61%。这一比例结构在 2009 年有较大变化，其中 985/211 高校数量为 85 所，占比为 14.99%；公办普通本科高校 311 所，占比为 54.85%；民办普通本科高校及独立学院 171 所，占比为 30.16%。发生较大变化的原因在于，这一期间社会力量参与高等教育办学，民办普通本科高校及独立学院总体比例上升。值得注意的是，985/211

高校近年来停招新闻传播学本科专业，一方面表明"双一流"建设体系促进985/211高校对专业设置重新调整，另一方面也说明在部分985/211高校内部，新闻传播学科处于弱势地位。

(三)"新""旧"专业点的分类增设趋势：传统媒体对应专业"先扬后抑"，网络与新媒体专业因"势"而起

新闻传播学专业布点整体增长迅速，从时间的纵轴来看，新闻传播学各专业点的开设数量，与社会对相关专业的人才需求紧密相关。2001—2020年，早期设置的四个新闻传播学专业(新闻学、广告学、广播电视新闻学和编辑出版学)，仅有新闻学专业点持续增长，广播电视(新闻)学、广告学和编辑出版学等专业的开设数量均呈现"先扬后抑"趋势，此种趋势与人才需求变化及专业知识结构调整有关。近年来，产业链和产业形态升级带动了品牌战略的升级，数字营销成为主流，大量广告学专业点开始数字化探索，大部分高校保留了广告学专业，但开设了数字营销的相关课程，亦有部分高校取消了广告学专业，转而开设网络与新媒体等专业。

传播学专业点呈现出小幅上涨趋势，从35所上涨至63所，相较于新闻学等其他专业，传播学专业开设数量相对较少。与此同时，各新闻传播院校的传播学专业培养目标差异较大，如中国科学技术大学偏科学传播方向，华中科技大学偏网络编辑方向，青岛农业大学偏农业影视制作方向等。传播学专业人才培养如何在凸显办学特色时，重构"核心知识架构"共识，事关传播学专业发展。同时，部分院校在开设传播学专业时具有"新闻学化"或"网络与新媒体化"倾向，专业师资力量较为薄弱，导致传播学本科专业相对弱势。此外，新闻传播学各专业人才培养思路通常以媒介形态为划分依据，如新闻学以报纸等纸质媒体为主，广播电视(新闻)学以视听媒体为主，网络与新媒体以网络媒体为主，广告学以广告企业为主，编辑出版学对应图书期刊出版。传播学未有明确的对应媒体，这在一定程度上制约了传播学学生的职业选择，进而增加了高校开设传播学专业的"顾虑"。

网络与新媒体是媒体创意专业转设的专业。2009年仅有4所高校开设媒体创意专业，自2012年起，众多本科高校开设网络与新媒体专业，专业点数量超越广播电视学、编辑出版学和传播学等专业，位列新闻传播学所有专业的前三位，表明新闻传播学专业开设与社会及媒介技术发展密不可分。

(四)专业布点的学校层级特征：985/211高校专业调整，广告、网络与新媒体专业受独立院校欢迎

新闻传播学专业在不同层级高校的开设数量变化存在一定规律。2001年，所设4个专业中，新闻学、广播电视新闻学和编辑出版学专业布点以985/211高校为主，仅广

告学较多见于公办普通本科高校。进入 2009 年，新闻传播学科 5 个主要专业开设高校均以公办普通本科高校为主，且除传播学和编辑出版学专业外，公办普通本科高校办学规模突出，较其他两类学校有明显数量优势，原因可能在于这类高校的基数较大，且地方政府不断加大对当地高校的政策支持和资源投入，促使公办普通本科高校的整体办学规模不断提升。2020 年，新闻传播学科 6 个主要专业开设高校仍然以公办普通本科高校为主，但专业开设高校的"第二方阵"有所差异：民办普通本科高校及独立学院在新闻学、广告学、网络与新媒体专业开设方面表现积极，985/211 高校在编辑出版学专业开设上保持相对优势，广播电视学和传播学则数量较平均。

在新闻传播学科各专业中，新闻学、广告学和网络与新媒体专业尤其受到民办普通本科高校及独立学院的欢迎。民办普通本科高校及独立学院以培养应用型人才为办学定位，着力发展应用型学科，服务区域发展。

（五）专业布点的区域特征：与区域经济、媒体产业联动，名校辐射作用显著

2001—2020 年，开设新闻传播学本科专业的高校地区分布情况变化不大，头部省份和尾部省份相对稳定。头部省份（自治区、直辖市）主要包含湖北省、江苏省、北京市、上海市、山东省、湖南省、浙江省、广东省、四川省和河南省，其中浙江省、广东省、四川省和河南省在 2009 年后跻身新闻传播教育大省。尾部省份（自治区、直辖市）则主要集中在西部地区，如宁夏回族自治区、青海省和西藏自治区。

由此可见，新闻传播学专业布点呈现出一定的集群效应，主要表现为：一是，新闻传播学专业点地区分布与各省份的高等教育水平和经济水平密切相关。二是，名校的区域辐射作用显著。以北京市、上海市、湖北省为例，这些地区一直位列新闻传播教育头部省市，三地知名高校众多，尤其是中国人民大学、中国传媒大学、复旦大学、武汉大学等始终是新闻传播教育重镇。三是，媒体产业发达程度对新闻传播专业布点具有明显推动作用。

（六）专业点所属学院的特征："新闻与传播""人文"占据半壁江山

新闻传播学科从二级学科发展为一级学科，且随着媒介技术和人才需求数量及能力结构的变化，各高校新闻传播专业点数量不断调整。2001 年，开设单一新闻传播专业的高校共有 105 所，占所有新闻传播院校的 68.63%；2009 年，虽然开设单一新闻传播专业的高校数量增加至 325 所，但开设新闻传播专业高校数量增幅较大，使得单一专业开设比例降至 57.32%；2020 年，开设单一新闻传播专业的高校数量减少至 309 所，但新闻传播院校数量持续上升，此消彼长，单一专业开设比例进一步降到 48.89%。

通过对 2020 年所有新闻传播学科的专业所在的院系进行梳理，利用 Tableau 软件将这些院系名称生成词云图。"新闻传播学院"和"新闻与传播学院"是当下最常见的新闻

传播院系命名方式，凸显了新闻学和传播学并重的学科独立性。其次，"文学院""人文学院""文学与新闻传播学院""文学与传媒学院""文法学院""传媒学院""文化与传媒学院""文化与传播学院"等命名方式也较多，蕴含了新闻传播学科曾隶属于中国语言文学一级学科的历史。从命名方式可以看出，在实际教学中，新闻传播学专业仍与文学专业联系密切。同时，新闻传播学科与艺术联系也较为紧密，诸如"艺术设计学院""艺术与传媒学院"的命名方式也较常见。

在确认院系名称之际，各高校亦会以本校人才培养定位为重要参考。例如，北京服装学院的传播学和广告学专业所在院系是时尚传播学院，通过其学院官网可知，该校传播学专业方向以时尚传播为主；北京外国语大学作为一所外国语高等学校，共开设 101种外国语言专业 40，其新闻传播专业下设于国际新闻与传播学院，凸显了国际新闻传播特色，在人才培养目标中，既要求学生"精通一至两门外语"，又希望学生"通晓国际规则，能够参与并逐步主导国际新闻传播和维护国家利益"。

此外，不少高校将编辑出版学专业与新闻学、传播学专业设于同一学院；但在编辑出版学专业的头部院校中，编辑出版学多归属于信息管理学院，如南京大学、武汉大学等。这种多元归属的产生，既有学校专业发展历史渊源，也反映和强化了编辑出版学在新闻传播学科的归属感不足。

四、总结与讨论

本文在梳理我国近 20 年新闻传播学科专业设置发展历程的基础之上，总结了专业设置和布点趋势、特征和影响因素。整体来看，21 世纪以来，新闻传播学专业设置及专业布点呈现出"双增长"趋势，新兴专业应需产生，专业数量持续增加，不同层级、不同历史传统院校形成了各有侧重、各具特色的专业点布局，专业布点形成集群效应。

其一，影响新闻传播学专业设置的因素。新闻传播学专业增设史，同时也是一部媒介技术变革史、人才能力结构变迁史。新闻传播学专业增设从"人才培养类型"满足了社会发展的需要，凸显了专业动态调整的"市场"逻辑。之后的数次调整，更是紧密围绕着媒介技术迭代、国家战略目标调整，培养社会发展所需人才。如"媒体创意"与"新媒体与信息网络"合并成"网络与新媒体专业"，体现了新闻传播学专业开设对媒介技术发展趋势的适应性；国际新闻与传播专业的开设，凸显了新闻传播学专业设置始终服务于国家战略需要的意识形态敏感性。

其二，影响新闻传播院校空间布局的因素。新闻传播院校的空间分布与地区经济发展水平、媒体产业发达程度及新闻传播知名院校既有分布情况密切相关。有研究认为，高校所处地区的经济发展程度的差异对高等教育的专业动态调整具有显著的驱动力。在高等教育院校省市集中度方面，发达的经济为这些省份的高校带来了源源不断的办学资源，高校数量众多，也为新闻传播专业落地提供了必要的"土壤"。此外，新闻传播学专业发展与媒介产业发展密不可分，无论是传统媒体的"头部"单位，如《人民日报》《光明日报》等，还是新媒体的"领头羊"，如腾讯、澎湃、字节跳动、新浪和搜狐等，其总部均开设于北京、上海和广东等地，并在经济较发达省份设立分支机构；媒介产业进驻和扩张为新闻传播专业布点提供了"市场需求"。需要指出的是，地区经济支撑、媒体产业带动、知名高校辐射、新闻传播高等教育院校集中是相辅相成的，它们之间的相互勾连催生了当前新闻传播院校的空间布局。

其三，影响院校专业布点的因素。不同层级院校的新闻传播学专业布点差异性明显，主要受以下几个因素的影响：一是学校的办学定位。二是学生招生和就业。三是学校的办学条件。四是专业历史渊源与独立性。高校内部院系的成立和调整需要服务于高校发展的长期目标，"双一流"的建设更是为各高校优化自身专业设置提出了新的要求，这亦成为影响新闻传播专业所在学院的关键因素。

需要指出的是，本研究部分问题有待深入：一是新闻传播学科专业设置回应了技术发展和国家发展战略，但师资力量是否匹配到位，人才培养是否达到了预期目标，仅从目前数据中尚无法得出相关结论；二是专业设置和布点受到了经济发展程度、媒介产业、知名高校的影响，致使新闻传播学科地域集中度较高，但三大因素的相互关系有待深入研究；三是各院校新闻传播学专业点的开设，受到了办学定位、招生和就业、办学条件、历史渊源等诸多因素的影响，但对于不同层级院校而言，影响因素的结构次序、强度等未能厘清。目前，对新闻传播学科专业设置的未来发展趋势尚缺少科学的判断，学者专家可针对这一议题展开研究，为新闻传播学科及专业发展提供更具前瞻性的研判，为教育部门及高校在新闻传播学专业设置决策中提供依据。

新闻人才培养"思""术"并举的逻辑理路

刘　冰　樊　丽

文章来源：刘冰，樊丽．新闻人才培养"思""术"并举的逻辑理路[J]．中国出版，2024(2)：42-47.

伴随新兴技术对新闻业形成的颠覆性影响，新闻教育生态急剧变化，促使新闻教育界重思"如何培养新闻人才"这一根本问题。毋庸置疑，新闻学具有很强的实践性和应用性，我国新闻人才培养从1918年新闻教育开端以来一直将实践能力放置于显性位置，即对于"术"的培养十分重视。反观不断出新的新闻传播业态，新闻人才培养"术"的内涵也在不断扩展，传统观念下的"术"已无法满足日新月异的新闻行业和社会变革需求，更难以在信息化社会中彰显新闻专业的边界与价值。我们需要对传统新闻人才培养模式进行变革，采取"思""术"并举策略，为国家和社会培养更高质量的新闻人才。

一、时代发展对新闻人才培养提出新要求

中国新闻教育以 1918 年北京大学成立新闻学研究会为开端，迄今中国新闻人才培养已经走过了 100 多个年头。1920—1926 年，全国高校共创办了 12 个新闻系（科），形成了中国早期新闻教育系统。中国新闻教育产生于近代报业发展对于新闻人才的需求。在当时救亡图存的社会形势之下，报纸作为改良社会的利器而存在，培养适应报业发展的新闻人才十分紧迫，新闻人才除了具有职业能力，还要有强烈的社会责任意识，所谓"铁肩担道义，妙手著文章"。

民国时期新闻教育具有"广人文、重实践"的显著特性，新闻人才培养方式多来自于西方新闻教育模式。1924 年燕京大学新闻系创办，仿效美国"密苏里模式"，以新闻实务训练为本位，这为中国新闻教育的起步和后续发展提供了参考坐标。在实践性新闻人才培养的风潮之下，各大学纷纷邀请当时著名报人如邵飘萍、徐宝璜等主讲新闻实战经验，并在课程设置中将操作层面的术理性课程作为"重头戏"。名记者黄远生提出的"四能"说，即新闻记者应当"脑筋能想、腿脚能奔走、耳能听、手能写"，对新闻人才实践能力培养具有指导意义，新闻教育界延续和传承了这一思想。

中国新闻教育真正的发展是在改革开放之后。20 世纪 80 年代至 21 世纪初我国进入"大众传播时代"，这一时期传统媒体的发展风起云涌，特别是西方传播学的引入，拓宽了新闻教育的视野。为了更好地适应大众传媒发展的需要，各新闻院系不断调整培养目标，拓宽专业口径，不断构建新闻人才实践能力培养体系。新闻院系结合业界实践活动，形成了基于报纸新闻业务的"采写编评"能力培养框架，这一培养模式一直延续至今，主导着新闻人才实践能力培养的主方向。

随着技术的不断发展，21 世纪以来，社会进入"泛媒体化"时代，全球化发展浪潮与信息技术革命为新闻业发展创造了新的机遇，同时也给新闻人才培养带来了全新挑战。迅速变革的新闻业，尤其是互联网产业的兴起与新媒体的发展，越来越需要多样化的技术型人才。传统媒体在内容生产与运营等各方面都亟待变革，这也几乎颠覆了传统的依托在报学基础上的新闻人才培养体系，促使以纸媒为主导的能力维度转变为适应全媒体需要的能力架构，基础上增加拍摄、剪辑、制作能力、数据分析能力等，涵盖印刷、影视和社交媒体等多个媒体领域，以此紧跟快速发展的传媒技术变革步伐。

不过，近年来新闻人才培养模式却受到社会质疑，虽然各高校在人才培养模式上不断根据业界的技术变革调整理念和做法，但是"新闻无学"却被屡次提及。为什么新闻教育界一向重视新闻实践能力培养，却未能在社会上形成引领行业发展的态势，其中的原因是多方面的。主要原因"在于它没有抓住新闻最本质的功能，也没有以此为基础来延展必要的知识框架和能力图谱"，新闻人才实践能力培养的"思""术"未能达到平衡状态，甚至过于强调操作层面的专业技能，而对于"术"的理解越来越窄化，导致困扰中国高校教育中的理论与实践结合问题在新闻人才培养方面尤为突出。"思"，是对实践技能在思想意识层面的培养，是对新闻人才思维能力等综合性的人文社科素养的提升；"术"，即从事新闻业务所需要的实践技能。"思""术"结合，共同构成了新闻人才所应具备的实践能力系统，在当下的新闻环境中显得尤为重要。

传媒技术的变革进一步促使教育界对新闻人才实践能力培养的重视和彰显，新闻人才实践能力培养在理念与实践上要有所调整，形成与信息社会发展趋势相匹配的新闻人才实践能力体系，在理论与实践之间的张力中尝试回答"培养什么样的新闻人才"这一核心问题，促进新闻学自主知识体系的建立，为学科发展提供源源不竭的思想和实践动力。

二、新闻人才培养"思"与"术"的内涵及相互关联

在 2018 年全国宣传思想工作会议上，习近平总书记指出，要"不断增强脚力、眼力、脑力、笔力，努力打造一支政治过硬、本领高强、求实创新、能打胜仗的宣传思想工作队伍"。这里的"四力"为新闻院系培养人才提供了发展方向和思路，也进一步引发新闻人才培养中的"思"与"术"内涵及关联的重新思考。

1."思"与"术"的内涵

新闻业在信息技术变革和社会发展中不断更新，新闻教育在关注技术的同时，向学生传授新闻技能，使学生理解技术背后的逻辑和特性，使他们在运用技术的同时理解新技术与新闻价值的关联，明晰技术背后的价值观念。新闻教育的作用不仅是为未来的新闻从业者提供新的技术能力，还要让学生们具备适应快速发展和变化的世界的能力。新闻教育不仅仅限于职业教育，新闻信息的生产与传播关乎社会的政治、文化发展。同时，技术驱动下的媒介生态呈现杂糅性，这需要从业人员具备更为综合化的理论知识和实践能力，应对媒介化社会产生的各种各样的复杂问题。因此，对世界和社会的认识能力、深度思考的能力、明辨信息的能力等成为新闻人才能力培养中不可或缺的内容。

2."思"与"术"的关联

在新闻人才实践能力培养中"术"是基础和核心，对新闻专业技能与信息技术的掌握是学生在专业领域发展自身的根本所在，但是不能仅限于此，立足于思维能力培养与训练的"思"则是能力培养中的关键和在更高维度上的提升。并且，"思""术"并举，两者处于相互支撑和平衡的状态。如果在新闻人才培养中只重"术"，就会使新闻教育陷入对新技术的追逐，新闻教育所需的硬件设施的建设速度与新技术的更新迭代之间总是

存在滞后性，这常使得新闻院系在此方面力不从心。新闻人才培养中的"思"，是思维能力等人文社科素养的提升，这需要有对现实情况的充分了解，也就是学生以专业技能与技术为镜对新闻运作环节与规律有所感知和体验之后，再对其从思维能力上进行提升。这样能使学生更深刻地理解新闻生产与传播的规律，有利于提升学生可持续性发展的实践能力，破解新闻教育定位"低"、专业知识培养"窄"和未来职业发展"薄"等新闻教育难题，也会更好地树立起学生对于新闻学专业的信心，有力击溃所谓"新闻无学"的谬论。

三、"思""术"并举的现实性与必要性

应当说，新闻教育百年来一直将专业实践能力作为人才培养的重中之重，但是反观新闻人才专业实践能力的具体内涵，很长一段时间，新闻专业实践能力往往只是等同于媒体运作能力。从新闻活动的本质属性和新闻教育的主要目标来看，它理应具有更深远的外延，构架更立体化、全方位的能力体系，以此使专业实践能力与日新月异的传媒变革相协调。

1. 回应国家战略需要与传媒生态变革

当前，我国正在不断推进全媒体传播体系建设。全媒体生产传播需要一体化组织架构的设立、新型采编流程的重构，内容生产体系和传播链条要集约化和高效率。与之相对应，新闻院校也在适应时代变革的需求，培养适应全媒体传播体系建设的融合新闻人才。媒体融合与智能传播的发展引发了新闻业界的巨大变革，甚至催生了新的媒体岗位。如美国出现了十大新兴新闻岗位：受众分析员、参与编辑、应用技术创新引领员、社交媒体和社区编辑、社会发现总监、移动项目经理、消费体验总监、直播编辑、创新实验室主任、虚拟现实编辑和拼接员。新闻人才所需要具备的专业实践能力要不断拓展，更要在"术"的基础上强调"思"的作用的发挥，即以思维能力带动专业性操作技能的提升，以此适应传媒业变化的性质、逻辑和趋势。

2. 适应新文科发展要求

新文科建设对新闻人才培养提出了新的时代要求。首先，媒体实践从内容生产到用户的信息消费再到运营模式等方面都发生了颠覆性改变，由此形成了杂糅性的媒介生态环境，这需要新闻院系在人才培养中为学生提供跨学科学习环境。专家型、复合型新闻人才培养以达到"知与行""学与用"的统一为目标，这就要求新闻人才既有对先进媒介技术的有效把握和运用，还要具备独立判断的能力和洞察社会问题的能力，以此才能适应社会发展的需要。由此可见，新时代需要的新闻人才不仅在于技术层面能力的提升，还要有适应时代发展的思维能力的培养。新闻人才培养的"思""术"并举，适应了新文科发展要求，也是新闻教育理念和思路深度变革的必然结果。

3. 锚定人才培养核心能力目标

常年的新闻教育形成的较为统一的认知就是新闻从业者要成为所谓的"杂家"，要有广泛的涉猎，才能在未来的新闻事业发展中具有核心竞争力。这拓宽了新闻学子的知识视野，也给人才培养带来了泛化发展的可能，即其他专业领域的人才也可以在新闻行业凭借自身的专业优势获得职位。新闻专业能力之所以被质疑和轻视，主要在于人们的认识存在误区，即将新闻专业能力窄化为媒体技术的使用能力。其实，这种看法是极其片面的。信息的鉴别处理能力、对于人类社会发展的洞察能力、作为未来职业新闻工作者所需要的人文社科素养，这些对于新闻生产与传播更为重要，对社会政治、文化的发展更有意义和作用。

四、新闻人才培养"思""术"并举的实施路径

新闻人才的"术"的培养已形成较为完备的体系，涉及课程设置、实践教学环节的开发，实习平台的打造以及学界与业界的合作等，"思"的培养与上述环节紧密相关，但是"思"的能力更蕴藏于无形之中。因此，在新闻人才专业实践能力培养中，需要确立"思""术"并举的实施路径，在新闻教学的各个环节中不断践行。

1. 增大科研培养力度，突破"术"的常规培养模式

以科研实践为统领，将"思""术"培养形成连接机制，建立新闻专业学生参与教师科研活动的实践项目，并与传统的实践教学等其他环节相协同匹配，将科研活动也纳入实践教学体系中。有学者提出"大实践观"，主要目的在于突出实践教学中的学术实践的重要性。

高校聚集大量的科研资源，但是科研与教学之间的相互转化特别是在人文社科领域并不明显。尤其是在本科教学层面，科研与教学往往分属于不同领域，学生参与科学研究的数量和质量均较低，相应的深度思维训练明显不足。这不利于新闻学科在人文社科领域地位的确立，也不利于学生对专业信心的建立。对于学生能力培养来讲，动手操作能力是基本盘，在此基础上要实现对能力培养的升维，即从"术"到"思"的培养，加强学生思维能力的训练，这也是能力培养的重要方面，甚至是决定专业培养质量的重要指标。科研项目的实际参与，是培养学生"思"的能力的有效方式。特别是"思"的培养在于理论与实践的联系能力、解决实际问题的能力，而对于新闻学子来讲，通过在科研活动中的实地参与，可以在这些能力上实现突破，为理论与实践寻找到较好的衔接口。

2. 强化"术"的培养精度与深度，提升思维能力

首先，基于融媒体发展和智能传播的现实需求，使学生掌握对数据的挖掘分析技术、数据可视化技术以及"人机协作"等智能技术。其次，网络信息传播环境形成了新的话语方式，由此要进一步强化对学生综合表达能力的培养。综合表达能力不仅是对技

术的运用，更是整体构思策划的能力、逻辑思维的能力和综合性的创新能力。再次，新闻教学实践活动中磨炼学生进行深度报道的调研与写作能力，更好地培养学生具备深度调查能力和研究解释能力，凸显专业核心竞争力。最后，在打磨"术"的同时，还要有人文意识的培养。从新闻价值的判断、新闻采访到新闻加工、新闻收受，新闻工作的整个过程始终围绕着人来展开，新闻学也相应带有很强的人文属性。新闻人才培养过程中尤其需要增强学生的人文素养，督促学生将新闻业务技能学习与人文经典研读有机结合起来，用人文精神丰富新闻学子的头脑，拓展学生的视野和胸怀。

3. 通识课程、专业课程及实训之间的衔接与贯通

新闻人才培养一直以来都遵循"通才+专才"的模式，很多高校为了帮助学生打下良好的人文社科基础，会在本科前两年让学生学习包括历史、中文、社会、艺术等学科在内的基础课程。这一课程设置对于新闻人才培养目标的实现十分必要。但遗憾的是，在实施过程中，由于通识课程分属于不同学科体系之中，未能在理论和实践方面更好地与新闻学专业课程形成有效衔接，即通识课与专业课之间存在脱节的情况，这就使得学生很难在"通"的基础上形成"专"的特长。因此，要加强通识课和专业课的衔接性，从专业出发来设计人文社科的通识课程。思想性的锻造需要理论与实践充分结合，将智能传播时代技术规则与原有新闻课程在理念和内容方式上实现进一步结合。

五、结语

新闻的生产与传播是综合性的思维活动，在媒介深度融合和技术驱动的智能传播环境下，更需要以明辨性、洞察性、批判性的思维能力和人文社科素养来引导新闻人才专业实践能力的培养，增强新闻人才对业界的强大适应能力和解决现实问题的能力，为信息社会的政治、文化发展提供重要的智力支持。传统新闻人才专业实践能力体系需要重新构建，强调"思"的培养的重要作用，并在整体性的人才培养体系中，从课程设置、实践平台构建到具体的实践环节等方面提升原有的"术"的培养深度和精度。特别是将高校具有普遍性和发展潜力的科研资源纳入其中，以科研训练培养学生的逻辑思维能力，实现对原有"术"的培养的突破与创新，实现从"术"到"思"的能力跃升。

学科交叉融合背景下的出版人才培养：历史、困境、路径

万安伦　黄一玫

文章来源：万安伦，黄一玫. 学科交叉融合背景下的出版人才培养：历史、困境、路径[J]. 科技与出版，2023(1)：22-30.

一、我国出版人才培养的历程回望

在出版学科发展的历程中，出版人才的培养始终是出发点和落脚点。中国共产党成

立伊始，革命志士便开始自发印刷各类进步读物，创办《向导》《劳动界》等刊物和"闽西列宁书局"等机构，鼓舞和唤醒广大群众。在抗日战争时期和解放战争时期，解放区的各级各类出版机构和国统区的各类地下书店及出版机构在对敌斗争中摸索出灵活的"编、印、发"模式，投身革命出版的人才队伍日益壮大。新中国成立后，出版人才培养走上制度化、规范化、常态化、科学化发展之路。1950年，全国新华书店总店与北京师范大学合作开办新中国首个出版发行培训班，培养社会主义出版发行人才。1956年，中央工艺美术学院开设书籍装帧设计本科专业。同年，中国人民大学新闻系开设出版专业。1958年，文化部创办文化学院并开设印刷工艺系，1960年招收第一届本科生，后旋即停招，该专业并入中央工艺美院。1978年，经国务院批准，在中央工艺美院印刷工艺系基础上组建全国第一个出版印刷类高等院校——北京印刷学院。1983年，武汉大学开设第一个全国图书发行专业。1984年，胡乔木致信教育部，由此，北京大学、南开大学和复旦大学编辑出版专业开办；此后，南京大学、北京师范大学等高校也相继开设此类专业。截至目前，全国共有编辑出版本科专业建设点67个，数字出版本科专业建设点22个，每年培养5000多名出版专业本科生。在研究生教育方面，2010年，出版硕士专业学位获批，北京大学、南京大学等14所高校成为首批获得出版硕士专业学位授权的培养单位；截至2022年，全国实际运行31所。与此同时，部分高校还依托中国语言文学、新闻传播学、信息管理学和图书情报学等一级学科，招收出版学相关方向的博士生，每年30人左右。

二、我国出版人才培养的现实困境

(1)出版专业的学科归属混乱，现有的出版专业招生和培养归属的学院和学科五花八门。由于各高校出版专业从属于不同的一级学科和学院，培养方案、师资构成和学习重点等方面均存在明显差异：将出版专业设在文学院的高校，多开设中国古代文学史、文学理论、古代汉语等汉语言文学专业的必修课程；将出版专业设在新闻传播学院的高校，则以新闻传播学的基础课程为主，附加一点编辑学、发行学、计算机排版等课程内容，与新闻传播学学科的区分度不明显。目前我国出版专业建设的领军高校是武汉大学，设有编辑出版和数字出版两个方向。

(2)专业培养方案与社会需求存在一定的脱节。①随着科技不断发展，无论是大数据和互联网传媒等新兴行业，还是传统的报业和出版业都有很大的出版人才缺口。但我国高校出版专业的培养方案大多仍沿用十几年前的课程设置，以编辑学概论、编辑实务、中外出版史和出版法规概论等传统出版课程为主，而与数字出版、新媒体营销相关的新课程所占比重不大。②近年来，我国出版"走出去"的步伐加快，"中国图书对外推广计划""中华学术外译项目"等一系列"走出去"的举措亟须拥有国际视野和良好外语沟通能力的专业人才，而过去往往忽视了对出版专业学生外语能力的要求和培养。③学生普遍重理论知识的学习而轻相关技能实践，学校设置的实践活动还有许多有待改进优化之处。由于知识和技能未能及时更新，难以领先甚至跟上出版业发展的脚步，毕业生在求职应聘过程中，其竞争力往往不如计算机专业或其他专业的毕业生。

（3）出版学科的高端人才严重不足。出版高等教育作为出版人才培养的第一梯队，需要配备大量本专业出身、素质过硬的高水平一线教师。然而，由于出版学科此前未能独立招收博士研究生，目前直接招收出版专业相关方向博士的院校仅有10所，实际招收及毕业的博士人数很少，这就导致出版专业科班出身的专业师资力量很少，有的院校甚至没有出版专业出身的教师，而由其他近似方向的老师兼任主要的课程教学工作。由于专业师资力量匮乏，年轻教师储备不足，导致出版科研产出低、话语权小，进而使许多学校的出版专业面临"边缘化"窘境。相较于其他以科技和创新为生产驱动力的行业，出版界的高精尖人才可谓是少之又少，而一个行业想取得健康、持续性发展，特别是还要完成转型升级的时代使命，需要大量高层次人才的投身与推动。

三、新时代学科交融合对出版人才培养的新要求

作为一个既古老又年轻的学科，出版学科培养什么样的人才才能为社会主义文化建设持续贡献自己的力量？笔者认为，学界与业界需携手向前、共同努力来寻找答案。出版业要融通学界和业界以便快速达到以下人才培养目标。

其一，培养具有党性原则、人民立场和家国情怀的中华优秀传统文化的传播传承人。出版的第一属性是思想文化属性，也叫意识形态属性，这是出版符号的表意性决定的。因而，出版是思想文化和舆论攻防的重要阵地。出版人应树立正确的人生观、世界观、价值观，做中国特色社会主义道路最坚定的拥护者，做中华文化的横向传播和纵向传承者。

其二，培养专业素质扎实、具有多学科交叉背景和融通能力的复合型出版人才。在经济和信息全球化的当下，各国各地、各行各业的竞争，说到底仍然是人才的竞争，因此，我们对复合型出版人才的培养要突出"一专多能"：一方面，学生的专业素养和专业基本功必须非常扎实。到了虚拟出版时代，出版又与互联网技术和数字技术紧密相关，这就要求现代出版从业者除了继续保持良好的政治认知水平、扎实的文化学术素养和过硬的语言文字功底，以确保出版的思想文化内容具有先进性，还要兼备美学修养、数字技术、传播技巧等，以确保能跟上行业发展的步伐。

其三，培养具有高超经营管理能力的综合型卓越出版人物。出版具有意识形态属性和科技属性，在商品交换时代，出版还具有经济属性（或称商品属性）。党和政府要求

文化企业应该把社会效益放在首位，社会效益与经济效益相统一。这就需要从业者懂得整合团队资源，把控选题方向，熟悉公众号等新媒体运营，加强与读者社群的联系，最终实现社会效益和经济效益的最大化，这正是学科交叉融合背景下出版人才培养的出发点和落脚点。

其四，培养具有"人类命运共同体"的广阔胸怀和纵览全球风云的国际视野的国际化出版人才。特别是中国出版"走出去"，可以带动和促进中华文化"走出去"。我国出版业要建立完善的国际市场，需要出版企业和出版人有能力根据不同国家、地区的文化背景和需求差异，做好出版国际渠道、市场规划布局。出版人本就被要求做"杂家"，这个"杂家"有时还要是"里通外国"的"洋杂家"。当然，我们一方面要积极推动中国优秀出版物走向世界，另一方面也要为中国读者引进全球的优秀作品，积极吸收人类一切优秀成果。

四、融通"政产学研用"的出版人才培养新路径

党和国家历来一直十分重视出版人才的教育与培养工作。在学科交叉融合大背景下，中宣部、教育部等部委陆续落实多项举措助力出版"政产学研用"的融通。

（1）"共建"既是"政产学研用"融通培养出版人才的创新之举，也是出版学科交叉融合发展的有效形式。2022年7月，"首届全国出版学科共建工作会"在北京大学召开，以学科交叉融合发展的理念，为培养适应新时代要求的高质量出版人才做好示范。会议还决定设立专门的出版学科共建工作联络处和专家组，协助主管部门抓好出版学科共建工作，为出版人才培养工作献计献策。共建学院（研究院）应就人才培养的关键性问题定期举办研讨会，交流宝贵经验。共建学院（研究院）要以学科交叉融合的人才培养为目标，为出版专业的学生提供广阔的平台，鼓励学生在完成必修课程后，按照自身职业规划，修读其他学院的课程，既要重视历史类、经济类等人文社科课程，也要重视信息技术类的课程，帮助学生补齐数字出版方面的知识短板。

（2）教材和教学是出版人才培养的基石，教材编写和教学改革必须适应学科交叉融合发展的大趋势。在学科交叉融合大背景下，我们应根据出版学界和业界的发展现状及未来趋势重新规划和编写一批新的教材，具体来看：①我们应该根据学科交叉融合的现实要求，将文学、史学、哲学、传播学、管理学、统计学、信息科学等学科范式引入出版学，进行学科交叉和文理交融。②我们应该依据媒体融合、出版融合、数字出版、数字人文、大数据分析、元宇宙等新技术和新形态的融合发展趋势，进行前沿性的新兴出版学科方向的教材编写。③我们应该重视学生与世界交融握手的能力，即"走向世界"的能力，通过开设国际出版贸易、国际出版法规等相关课程和聘请有经验的外教进行英语教学等方式提升国际视野和国际交往能力。有条件的学校还应进行访学交换和海外人

才引进等模式的尝试，为中华文化的全球传播培养融合式出版人才。④出版专业要与出版职业活动相结合，只有适应了出版专业学生的职业发展逻辑，我们的培养才更可能让学生有效地接受。

（3）学科最大的交叉融合是理论与实践的交叉融合，要强化"双导师制"等融合式培养制度。出版学科作为一个实践性较强的学科，一直以来与业界的联系十分紧密。学校应以"业界导师主导＋专题实践"的实习实训模式，讲授业界知识和实操内容，加大实操实训力度，以此解决学生走上工作岗位时缺乏专业实践经验和动手能力问题。在研究生教育阶段，部分院校在设置出版专业硕士的培养方案时就推行"双导师制"，但在实际推进的过程中，存在与业界导师联系不够等客观现状，使部分业界导师仅为"挂名"，指导作用甚微。学生应制度化地定期定时主动向业界导师汇报情况，行业导师也应提高人才培养责任感，除与学生定期沟通，由业界导师根据自己的经验和实习单位情况为学生量身制定切实可行的实习实训计划，及时为学生解答实践过程中遇到的困难与问题。

（4）我国出版专业硕士培养已有12年发展历史，对出版学科交叉融合及人才培养具有承前启后的特殊作用。现代出版人才培养，依靠业界培训和学界培养双轮驱动，高等院校是最重要和最关键的一轮。自2010年出版硕士专业学位点设立以来，已先后有4批34所高校获批设立出版硕士专业培养点，目前正常招生的有31所，北京大学2016年停招、苏州大学2020年停招、华中科技大学2021年停招，这3所高校停招对出版专业硕士招生和培养甚至对出版全链条的人才培养产生了一定的消极影响。因此，已获得出版专业硕士招生资格的高校要珍惜来之不易的招生资格，加大力度引进青年人才，建设教师梯队，大力扶持出版学科成长。在学科交叉融合背景下，已有的招收出版专业硕士的31所院校可结合本校人才培养的需要进行资源整合，尝试培养具有交叉属性强的特色出版专业人才。

（5）学科交叉融合背景下，出版专业博士设立对于出版学科建设和出版高端人才培养影响深远。出版学作为一个二级学科，各高校根据自身情况将学位点分设于文学院、新闻传播学院和信息管理学院等，在人才培养的目标和要求等方面存在较大差异。课程设置上也各不相同，难以形成统一的人才培养及评价标准，学术边界不清晰，加上出版学科的博士招生指标极少，许多学生在完成本科和硕士阶段的学习后，继续深造过程中往往或主动或被动地选择其他一级学科，这非常不利于出版学科的可持续发展和出版行业的转型升级。2022年9月14日，《研究生教育学科专业目录（2022）》正式公布，"出版"增列进入新版学科目录，位列"文学"大类之下，目录代号为0553，标志着出版学科人才培养可以授予出版博士专业学位，意味着我国出版学科实现了"中专—大专本科—

硕士—博士—博士后"一条龙式的全层次培养格局。未来，学术学位和专业学位在培养目标和培养方案层面能得到进一步区分与细化，学术学位和专业学位各自的就业方向将更加明晰，从根本上缓解了出版高端人才不足和动手能力不强的问题，为出版学科和出版产业的高质量协同发展奠定人才基础。

（6）学科交叉融合视域下，学界和业界要形成"接力培养"模式并倡导"终身学习"理念。我国出版业和出版学不能故步自封。理论、模式和技术等方面的发展具有创新性强、周期短等鲜明特质，因而，出版从业者更不能原地踏步，只有不断更新自身的知识储备，探索更多可能性，才能不被行业淘汰。因此，我们在理论知识和实践技能培养外，还要帮助出版专业学生养成"终身学习"的意识与能力，这也是推进建设学习型社会的必要条件。英国出版的学界和业界联系紧密，学校教研人员与出版企业、出版商学会、出版培训中心和出版协会等常常就业内紧迫问题开展研究，为出版企业发展提供咨询，并为出版企业的职员开设在职培训课程。我们应尽快推进形成学界和业界"携手培养"和"接力培养"出版人才的新模式，同时帮助学生养成"终身学习"的习惯和理念。学界和业界要在出版从业者培训上保持长期稳定的合作关系，要"扶上马，送一程"，通过定期举办讲座、工作坊和短期培训等方式，由学界专家为新入职员工解读国家关于出版的最新政策、前沿研究成果及软件应用。与此同时，出版单位要不断健全完善编辑培训教育制度，引导编辑做好职业规划，培养合格的学习型编辑和学者型编辑，与学界的"本科—硕士—博士"相对应，在出版业界形成"基层—中层—高层"完整人才培养链条。学科交叉融合背景下，学界和业界必须形成"接力培养"模式并倡导"终身学习"理念。

五、结语

党和国家一直以来高度重视出版业的发展，《出版业"十四五"时期发展规划》明确指出："出版工作是党的宣传思想文化工作的重要组成部分，是促进文化繁荣兴盛、建设社会主义文化强国的重要力量。"大力发展出版学科，培养大量高层次和高质量的出版人才，既是出版教育工作者的神圣使命，也是建设文化强国、出版强国和构建书香社会的智力保障。新时代的出版人才不能仅满足于做知识的搬运工，而是要做知识的生产者和文化的引领者，既拥有对社会现状和行业发展的观察与感知能力，又具有挖掘和预测社会热点的敏感度，能够引导符合社会主义核心价值观的阅读新风尚。在学科交叉融合背景下，我国出版人才的培养任重道远，唯有遵循出版学科交叉融合规律，方能培养出符合新时代要求、堪当民族复兴大任的复合型出版人才。

学科交叉融合背景下我国出版人才培养的行动逻辑及体系构建

王炎龙　江　澜

文章来源：王炎龙，江澜. 学科交叉融合背景下我国出版人才培养的行动逻辑及体系构建[J]. 科技与出版，2023(1)：45-52.

在出版业态变革的趋势下，学界结合学科交叉融合背景下的出版学科建设、融媒体环境下的培养工作转型、知识服务下的现实出版需求等不同经验性层面，对出版人才培养进行了针对性思考。笔者试图在"本原"的逻辑起点对学科交叉融合背景下出版人才培养的规律和体系构建进行思辨，从认识论、实践论、方法论和核心体系的逻辑依据展开出版人才培养体系的构建探究。

一、基于认识论逻辑的基础理论教育

出版人才如何培养，追寻的是一个事物由什么产生(并始终存在)的问题。而在培养出版人才的过程中，认识论的基础理论教育是人才培养的逻辑体系如何得以持续的关键。这种基于认识论的出版教育不仅仅是"意识的能动性"，更是"实践的能动性"；不仅为"解释世界"服务，更与"改造世界"直接相关。

(一)出版生产导向的文化价值理论传承

在不同的时间和空间背景下，常常为来自国家和民间权威的力量，进行着"有意识的创造"，正是一种"文化的生产"与"文化的再生产"的过程。出版不仅是对文化的传承与筛选的过程，也是一个公之于众的知识传播过程。不同时代的出版生产，技艺的精深发展所带来的出版活动，经历着从"铅与火"到"光和电"的演化更迭。出版生产过程经历着衍生、流变的同时，出版文化的"始终在场"让优秀出版人才的塑造蕴含着一种潜在可能。

出版物是精神思想的凝结物，凝聚着时代的精神文明成果。优秀出版人才的培养需要依托于具有历时性、共时性和现时性的文化价值系统，吸收借鉴历史价值，对不同的文化冲突求同存异，在出版活动中保持以我为主、为我所用的态度去统一现实需求和理想目标。

(二)出版渠道导向的知识传播理论培养

出版不仅是知识的选择和生产的过程，也是知识传播的过程，通过一定物质技术基础进行"公之于众"的行为，让"传播能力"成为出版人才培养的重要因素。遵循渠道融合逻辑，知识传播需要建立在全新的出版营销体系上。一方面，我们需要连接层级式的营销关系和合作伙伴型的扁平化网络，将多元渠道主体缔结在统一的契约关系之中；另一方面，出版渠道的出版物成品形态与知识传播之间不再完全遵循"产品—传播"的顺序逻辑关系，且渠道的差异性也会颠覆知识的最终产品样态，甚至跨渠道的知识形态可能会与原有的出版物类型形成对抗关系。

知识在不同类型渠道的加速化传播流转，会转变为一种基于内驱力的传播结构，形成新的知识生产和传播关系，加快知识经验的半衰期。而这种加速增长所带来的能量将要求出版人才在应对危机时需具备复合型的应对能力，能够依托新兴技术对不同渠道的知识产品样态进行前瞻预判，将替代型的出版物类型转换为互补型的内容资源，甚至将渠道作为新的组织生产方式，提高知识的积累和出版物的再增值能力。

(三)用户需求导向的价值服务理论指引

技术性策略在出版领域的运用，为出版业对用户进行精准营销，满足用户个性化需求，促进个性化阅读消费提供了便利。但在媒介技术变迁的新时代，原有的知识和信息收集、整理、筛选、把关、传播的出版格局被新的出版生态所打破，生产者、传播者、接收者之间的社会角色也时刻处于动变之中，知识半衰期的加快让出版理念不断被重新刷新。基于社会主义核心价值观的出版，最终目的是为人民服务，时刻嬗变着的出版生态中唯一保持恒定的质料是"用户"本身。

参与改造社会的智能技术物，是人类体力和脑力的延伸工具，在为出版活动提供不同方面的技术要素时，的确能够将出版者从简单重复的机械性劳动中解放出来，在人机协同中重构人与社会的生产关系。

在出版这一需要发挥人的主观能动性和思想创造性的社会活动中，智能技术物所发挥的作用始终是有限的。强大的数据化处理分析能够依据用户现有数据集进行汇聚和分析，人工智能技术也能对数据内容进行解构和重构，机器通过深度的迭代学习甚至能够拟合更为复杂高维的场景，在不断修正中提高处理和生产能力。但我们也需要思考，基于数据集表现的智能技术物，其所形成的内容是否只是对一种已有信息的加工？对激发出版人才及用户本身更为深层次的思想劳动并进行价值再创和知识的再生产而言，是否为一种束缚？这也就要求我们在出版人才培养过程中要具备思想性、创意性内容的生产和实践，在出版实践中能够以价值服务满足用户需求，而非基于单纯的数据画像或系统模型来满足用户要求。

二、基于实践论逻辑的行业适用者培育

理论与实践的统一是马克思主义的一个基本原则。实践作为一种复杂多样的人类活动方式，在出版人才培养中展示出强大的自我革新和自我创造特征；我们在总结出版生产和人才培养的历史经验中，要走出实践的复杂性和不确定性所带来的种种障碍，从实践的检验性上把握对人才培养的认识。

（一）以专业素养为内核的知识生产能力

立于当下的时间之轴，出版业横跨多领域、多环节，内容编辑、制作发行、版权交易、市场运营、经营管理等多个复杂的环节共同构成了出版活动流程。作为个体的出版行业适应者，需要具有多元化的职业素养，满足不同出版功能，符合"生产—编辑—传播"等多个出版流程的专业素养要求。

现代性伴随而来的是社会的加速流动，与此同时也缩短了知识从筛选、生产、传播到衰落的周期。出版行业在嵌入知识生产和服务的基础结构之中时，不可避免的是知识的液态化流变加剧，导致出版人才专业素养的滞后与现实发展的不匹配，而这种矛盾性也指引着出版人才培育时要回归知识内容和知识传播载体本身。出版教育必须以分类培养的方式，结合各个学校的优势，才能培养出具有某一方面核心能力的人才。

（二）以学科融合为基础的文化传播技术

新时代的信息化发展和出版生态的复杂交叉，必然要求出版教育的多学科有机融合。学科间兼收并蓄、博采众长是立足出版最初的学科体系本身，在不同学科知识中再聚集而生成新的结构。基于此，新时代学科交叉融合背景下的出版人才培养是融合逻辑之下出版知识体系的教育学习，出版者因不同学科系统性和规范化的教育积累而习得知识，获得发展的机会。这种跨学科的融合发展既是出版生产的基础，也是出版生产的条件，也重构了出版技术的核心要素。出版物不再只是单纯作为视觉的产物，而是为多感官、多体态服务的阅读对象。这些转变创新，需要出版队伍能够根据专业的学科基础进行不同知识的分解与再重构，再利用文化传播技术进行不同媒介上抽象符号系统的知识还原，甚至能够基于某些技术条件实现从抽象的文字符号向三维立体的具象丰富，将抽象的符号系统进行具象化呈现。

（三）以互动传播为核心的媒介融合运用

依托于外在化的物质条件，出版将知识从个体记忆独有转变为社会共享。信息化时代的出版生产注定是一个在不断融合聚集中的涌现，知识的存储在从固定的物理存在转变为云平台的开放存取时，并非简单的机械迁移。例如，出版的版权开发是纸质媒介和数字媒介之间相互转换的过程，在媒介的转换过程中知识信息的传输会产生质变，为了适应不同媒介传播的独特性，出版物的最终呈现也会被赋予传播媒介的元素特质。

信息生产逻辑的丰富与发展，使得用户的需求逻辑出现了结构性变革。对于出版行业适用者而言，能够根据媒介融合应用的属性促进互动传播，已经成为基础性的媒介素养要求。在当下，媒介融合不仅带来出版物生产的创新变革，也带来交流层面的实时通达，多种社交平台作为出版物交流的副产品成为连接出版生产者和受传者交流对话的渠道，为出版者与受众的实时交流从技术层面提供了连接可供性。同时，不同于印刷出版为主的阶段出版物生产的前置性，当下的在线出版是一种进行时态的连接，受众参与编作过程共同参与"写作空间"，受众对知识的生产与传播进入多维度的连接融通。

三、基于方法论逻辑的人才培养内源动因

从整体系统看出版人才培养流程的"制作者"，才能对出版人才的考量形成最终结果。出版产业每一个环节都具有系统性特征。出版和人、出版和社会、出版和技术，它们之间的关系其实是一种融合关系，同样具有系统性特征。出版领域存在结构化的问题，同时也有非结构化的问题。

(一)全流程的业态同频式培养

2019年科技部等部门制定印发的《关于促进文化和科技深度融合的指导意见》进行了促进文化和科技深度融合的顶层设计，让出版业态融合迎来新的发展机遇。出版行政主管部门、出版行业协会等开展出版融合业务的创新培训、交流活动，在岗培训能够适应出版深度融合发展的出版人才。出版者虽然无法做到满足出版业态发展的所有需求，但是不能缺失专业的职业素养和对事物的视野、格局和学习能力。在出版教育阶段，更需要基于文化和科技相融提高人的劳动效率，延伸和拓展人的主体性。总之，全流程的同频培养重点在于提高出版者的多维学习和融合创新能力，从高校出版教育的知识体系建设到出版从业人员的继续教育和合作培训，完善出版人才培养的持续性方法。

(二)全产业链的校企联合培养

文化科技创新体系的"产、学、研"一体化模式发展要求以"企业为主体、市场为导向"，但目前的出版教育中，明确出版企业主体地位的机制尚未形成，出版企业人才建设主体作用尚未发挥，也就是说企业层面的人才培养构想并未真正在现有的出版教育体系中"启动"，出版人才的应用型实践和理论性学习之间存在偏差。

高等院校出版教育的重要组成部分是建立校企联合培养基地，高校协同企业建立校内导师和校外导师"双导师"联合培养模式。随着出版教育的融合创新和校企联合推进，以市场为导向的出版人才队伍需要将融合发展理念作为学科发展的行动指南，发挥高校和企业在出版发展中的能动性，在应对技术挑战时主动适应并借助科技之善，推动理论与实践的知行合一。

(三)跨学科的学术共同体培养

知识体系的扩展，推动学科细分到学科融合。所以，以严格划分的学科体系去解决某一具体的综合性问题所发挥的效用是有限的，知识体系需要进入多元的、深层次的丰富和创新。

随着产业结构的调整，学科融合所带来的正向效应也成为学科发展的内生力量。出版是将本质和规律以知识的形式凝聚，并以某种方式公之于众的基础性渠道。作为知识体系传承和传播的"基础设施",出版涉及不同类型的科学,其与各个学科相互交织。现有的知识体系和产业结构都在试图通过连接增强学科的联合建构,带动文史哲艺等文科专业的内部融通、文理学科不同领域知识结构的交织以及人文、社会、自然领域的协同融合、知行合一。基于学术共同体的出版人才培养,正是为更多人提供更为广阔的视野,为生存和发展赋予更丰富的连接可能。

四、基于目标意识的出版人才培养体系构建

出版人才培养行动逻辑的指向体现了出版人才核心体系构建这一目的。体系构建的立体多维,是人才培养过程进行环节引导和管理的重要前提。

(一)马克思主义出版观的思想体系

马克思主义出版观是马克思主义基本原理关于出版活动总的立场、观点及方法,是运用辩证唯物主义和历史唯物主义观察世界、改造世界的有力武器,其根植于历史与实践之中,以事实为依据,以服务人民为目的,以实践为最终的检验标准。培育新时代的出版人才,就是要在出版教育中发挥马克思主义出版观理论体系对意识形态的指导作用,出版者要用习近平新时代中国特色社会主义思想武装出版队伍,以人民为中心进行为人民所喜闻乐见的文艺创造。我国出版人才围绕马克思主义出版观思想体系的培养,要坚持历史和实践的统一,科学和革命的统一,在认识论上坚定马克思主义信仰,实践论上认识其能动性和规律性的创造统一,与时俱进,因时而变。

(二)学科交叉融合逻辑的技能体系

学科交叉融合要求优秀出版者应该具备融合能力和素养。出版教育体系要与人的发展规律相一致,以文化和科技支撑出版教育,建立具有融合性和智慧性的时空共同体。在时间维度上,即时性层面培育能够适应出版传播融合变革的技术适应型人才,历时性层面确立终身化教育教学体系,促进出版者的可持续发展;在空间维度上实现不同人才培育空间的联合联通,学科融合,重构新的教育空间;校企融合,重构新的产业空间;线上线下的教育交互,重构新的学习空间。也就是说,出版学科专业技能的教育逻辑要符合从生存到发展,再到自我实现的需求层次递进。出版专业技能要求的训练,首先,要为出版者未来的职业生存服务,实现从学生到社会职业身份的转变;其次,在劳动关系中,出版行业的发展变革性决定了技能适配要根据实践需要进行终身学习,以在社会经验中激发改造世界的发展潜能;同时,优秀的出版者应该是一个具有主体价值的自我,自我实现要通过文化思想道德的价值约束从而进行理想自我的升华。

(三)全媒协同思维的职业创新体系

介质的融合协同重点在强化出版生态的跨介质、多角度延伸。出版产业本质上是知识密集型产业,以知识智力资本为主要生产要素。因此,协同融合的发展趋势更符合知识本身存在于网络之中的无边界性特征。传统出版活动是将无形状的思考以主题的形式进行物理化呈现的过程,随着出版的深度融合,出版媒介的绝对边界会越来越模糊,它会以更加符合知识本身特性的方式对出版产业的产出进行重塑,引领行业从规模化走向智慧化。在从某些具象的专业技术素养提升到抽象的职业创新提升的转变中,依据知识特性的深度连通,以人机协同广泛的创新创造活动为外在表象,内隐于智能技术的工具理性和人的价值理性之中。

五、结语

出版人才的培养是一个系统化过程,基于认识论逻辑的基础理论教育从出版物、出版渠道和用户的三个不同维度探寻如何创造解释世界和改造世界的基础动力;基于实践论逻辑的行业使用者在马克思主义指导下坚持理论和实践的结合下,在出版人才的培育中以发挥专业素养、学科融合、互动传播来将"潜在"革新为"实在";在整个系统流程中,认识论逻辑和实践论逻辑与方法论逻辑紧密交织、业态同频、校企联合、学术共同体的培养方式将出版的人才和技术、社会始终联系在一起,不断地延伸着对出版者、出版载体、出版技术和知识社会等的认识和改造。然而,我们也必须承认,由于认知的有限性,出版人才培养机制是动态的探索过程,要彻底地解答这些问题,仍需在现实存在的基础上进行更深入的理性思考和客观实践。

(中南民族大学文学与新闻传播学院　陶喜红)

7.6.3　内容摘要(39篇)

1. 漆亚林,孙鸿菲.中国式现代化视域下新闻传播人才卓越培养体系建构[J].中国编辑,2024,(4):77-83.

党的二十大报告指出要"以中国式现代化全面推进中华民族伟大复兴",强调"教育、科技、人才是全面建设社会主义现代化国家的基础性、战略性支撑"。中国式现代化赋予中国教育现代化以新内涵、新特征、新使命与新愿景。国家的顶层设计对新闻传播教育人才培养具有重要的引领作用。同时,不断迭代的技术革新对新闻媒体产生了全域冲击,解构了新闻业的传统秩序,亦颠覆了新闻传播教育与人才培养模式。5G、大数据、云计算、AI、虚拟现实等技术的高速发展给新闻传播教育带来了前所未有的机遇和挑战。新闻传播教育领域的从业者应及时转变工作思路,从中国式现代化的高度重新审视新闻传播教育的本质要求和发展路径。

2. 赵丽芳,张灿.走出困境与不足:新形势下国际新闻传播人才培养创新路径[J].中国记者,2023(6):84-88.

百年大计，教育先行。习近平总书记强调："人才培养体系必须立足于培养什么人、怎样培养人这个根本问题来建设，可以借鉴国外有益做法，但必须扎根中国大地办大学。"国际新闻传播人才培养是国际传播能力建设的基础其最终目标应该是让学生具备投入国际新闻传播主战场、成为主力军的本领，为"讲好中国故事"、提升我国软实力和话语权服务。基于此，学界要充分洞察时代要求、体察业界需求，以国际发展格局和国家发展大局为参照，不断创新国际新闻传播人才培养模式，用好中国特色国际传播资源，充分回应国际传播痛点与难点。业界也要充分参与到人才培养过程中来，形成"业界反哺学界，学界输送人才"的良性循环，推动我国国际传播能力不断提升。

3. 王威力. 生成式人工智能时代新闻传播学研究与教育新问题及欧洲经验——对话欧洲传播研究与教育学会主席约翰·唐尼教授[J]. 国际新闻界，2023，45（12）：152-162.

随着新技术的快速发展，特别是大语言模型如 ChatGPT 的兴起，新闻传播学界正面临着重大的变革。在这样的背景下，一些中国新闻传播学者开始审视与探讨当下出现的新问题，包括但不限于如何处理好人工智能与媒体内容生产及传播体系构建之间的关系、"人主体新闻"与"智能体新闻"之间的关系、大语言模型在内容生产中存在的法律与道德风险、由生成式人工智能技术所带来的学科思考与认知困惑、大语言模型与人类社会的"互构"风险与"交融"演进、智能技术对新闻传播学科发展的影响、从传播哲学层面思考大语言模型对新闻传播学教育与研究带来的变革以及近期 20 余位专家学者聚焦大语言模型时代的新变化提出的 66 个传播学研究新问题等。通过对话欧洲传播研究与教育学会主席约翰·唐尼（John Downey）教授，探讨生成式人工智能技术对新闻传播学研究、教育及学科发展的影响。这些讨论不仅反映了当前技术发展的全球趋势，还揭示了跨文化背景下不同的应对策略和思考方式，从而为中国新闻传播学在生成式人工智能时代的适应与发展提供了一个多元化的视角。

4. 夏志强，刘海通，詹健. 基于云平台的高校复合型融媒体实验中心建设与实践[J]. 实验室研究与探索，2023，42（10）：148-152.

在媒介深度融合发展的背景下，高校新闻传播人才教学体系的改革应以培养掌握融媒体技能的高素质全媒化复合型、专家型新闻传播人才为目标。融媒体实验中心建设应以清晰的学科建设目标和教学改革方向为指导，定位为多功能复合型融媒体实验中心。通过"实践教学基础云平台—实验室资源子平台—实践教学应用"三层式可扩展模块化融媒体云平台系统架构对各类媒体资源进行融合管理，为开展融媒体相关的综合实践教学提供支撑。新闻传播学科实践性较强，被称为"文科中的工科"，通过教学体系改革提升人才培养质量是高校行新闻传播学科建设的核心内容之一，其中实验实践教学体系改革是一项重要内容。为适应业界发展和人才培养体系改革的需求，传统的新闻传播类实验中心也应向融媒体实验中心转变，培养掌握融媒体技能的高素质全媒化复合型新闻传播人才。

5. 李琰，张佳琳，饶星，周玉宇，李霆. 基于数字化的高校虚拟仿真实验教学平台建设与实践[J]. 实验室研究与探索，2023，42(10)：233-238.

随着教育信息化建设的不断深入，各大高校也陆续在实验教学中引入新技术与新手段。其中，构建虚拟仿真实验教学平台就是重要举措，虚拟仿真技术和实验教学的融合发展模式成为落实高等教育数字化战略与新时代实验教学示范中心建设的重要内容。如何建设功能集约、开放高效虚拟仿真实验教学平台，实现资源高效管理、提升教学效益是目前急需解决的问题。分析了虚拟仿真实验教学平台开发的背景与现状，总结全链条、数字化、智分析的虚拟仿真实验教学平台建设与实践的具体经验，并结合本校平台的运行和应用，在高校实施教育数字化战略行动的大背景下，探讨虚仿平台的发展路径和趋势。

6. 王晓红. 智媒时代网络与新媒体人才教育的变革——美国密苏里大学新闻学院人才教育的经验与启示[J]. 青年记者，2023(23)：102-105.

时代瞬息万变，互联网技术不断升级，5G 网络携手物联网、大数据、云计算、人工智能让"万物关联"升级为"万物皆媒"，对传媒从业者的专业能力提出了更高的要求。话语引导、故事讲述、流量聚合、价值吸引能力等成为传媒从业者与以 AIGC 为代表的人工智能竞争御风而行的核心武器，这无疑对传统新闻教育发起了猛烈挑战。教育部2012 年在《普通高等学校本科专业目录(2012 年)》中增设网络与新媒体专业，目前，全国已有 100 多家高校设立此专业，但是作为一个新兴专业，它的发展之路一直处于摸索阶段。智媒时代的到来要求新闻从业者成为在技能、知识、媒介上全面复合、具有团队合作意识和动手实践能力的全能型人才，这种要求倒逼全球新闻传播院系从底层改革人才培养方案。密苏里大学新闻学院在 2019 年对人才培养方案进行重大改革，实施了"3+6+N"的人才培养模式、精细化团队教学的教学方法、跨界融通的课程设置、多阶教学的教学维度和"做中学"的教学实践，给我国新闻院校一定的启示。结合我国实际情况我国新闻院校应该走大传播、强实践、重在地、显特色的新闻卓越人才内涵发展之路。

7. 李旭庆，李怀亮. 中国式现代化进程中国际传播人才核心竞争力培养体系构建[J]. 湘潭大学学报(哲学社会科学版)，2023，47(6)：178-181.

中国式现代化进程中迫切需要培养一大批优秀的国际传播人才向世界传播中国声音，讲好中国故事。国际传播人才需要具备良好的政治素养、熟悉国际传播运作规律并能熟练运用各种传播手段、跨文化沟通能力等核心竞争力，其培养体系的构建要坚持国家战略需求导向、系统性、服务性、创新性、可行性原则，需要高校和传播界的共同努力。目前我国的国际传播人才培养相对滞后，存在着教育观念保守、资源整合匮乏、保障力度不够、培养体系不健全等问题。为此，许多学者在培养国际传播人才核心竞争力方面进行了多方位思考。但是，国际传播人才核心竞争力包括哪些内容、有效的培养路径是什么，众说纷纭，没有形成共识。因此，进一步探讨国际传播人才核心竞争力培养体系构建，具有重要的现实意义。

8. 王贺新．开放与交往：数字新闻人才"创新教育"研究［J］．青年记者，2023（21）：102-105.

新闻教育改革因为学科、专业的重要性成为备受关注的公共话题。作为服务行业人才需求的职业技能训练，新闻教育面对的是媒介革命引发的行业结构性变迁。它既不是原有新闻职业的改良，也不是媒介线性进化的一个阶段，而是生态与文化意义上的结构性变迁。新新闻生态下的专业媒体面临认知权威挑战，传统新闻教育模式下的毕业生面临就业前景忧虑。作为学科知识生产训练，媒介对传播与社会关系的重组，对学科和学术研究的变迁起着根本性的作用，新闻传播学科面临"整体转型"，"数字新闻学"（digital journalism studies）正在成为建构新闻学正当性和合法性的话语。新闻教育，无论是培养目标、教育模式，还是学科知识本身等方面亟须范式转换意义上的创新。新闻行业是个创新推动的知识生产行业。"媒体竞争关键是人才竞争，媒体优势核心是人才优势。"对于数字新闻人才来讲，无论是做好党的新闻舆论工作，"必须创新理念、内容、体裁、形式、方法、手段、业态、体制、机制"，还是发展文化产业，从事创意劳动，"创新"都是必不可少的核心素养。把"创新教育"作为贯穿数字新闻人才培养的重要内容，面向河北省内新闻传播学界和业界进行意见调研，探讨有关创新的意见光谱以及如何在本科教学层次的新闻教育过程中展开"创新教育"。

9. 唐娟，何则剑．新文科建设背景下新闻传播类专业产学合作协同育人路径研究［J］．中国广播电视学刊，2023（11）：35-37，66.

党的二十大报告指出，要"统筹职业教育、高等教育、继续教育协同创新，推进职普融通、产教融合、科教融汇，优化职业教育类型定位"。产学合作是当前高校推进产教融合、培养应用型人才的全新模式，是新文科建设的重要路径之一。新闻传播教育是新文科建设的重要组成部分，担负着培养新时代新闻传播专业人才的重任。新文科建设给新闻传播教学改革和人才培养带来了新的机遇和挑战。作为应用型文科专业，新闻传播教育必须与新闻传播实践密切接轨，主动适应媒介技术和媒介形态的新变化，对人才培养模式进行相应调整，满足社会对全媒化复合型专家型新闻传播人才的需要。通过搜集教育部网站"产学合作协同育人"项目的立项信息，对 2016—2021 年新闻传播类项目立项情况进行梳理和分析，发现问题并提出建议，以期为探索新闻传播类专业产学合作协同育人路径提供参考。

10. 石安宏. 边疆地区高校新闻人才培养的三条路径[J]. 新闻战线，2023（5）：69-70.

边疆地区高校新闻专业如何因地制宜，在新闻专业教学中贯彻落实马克思主义新闻观，实现"育人""育才"？近年来，滇西科技师范学院亚洲微电影学院结合自身实际，深入探索，逐渐形成思政引领、实践育人、应用成才三条路径，新闻人才培养方式不断出新。滇西科技师范学院亚洲微电影学院以立足现场、关注社会、心系时代为主线，推动新闻人才思政教育入脑入心；突出边疆特色，就地取材，引导学生在实践中了解新时代边疆地区发展现状，提升"眼力"；打造"我行我动"社会实践教学品牌，带领学生深入新闻一线，高质量完成新闻采写，锤炼"笔力"。

11. 张波. 生成式人工智能对新闻传播教育的影响及因应[J]. 中国广播电视学刊，2023（10）：22-25.

由美国 Open AI 公司开发的 ChatGPT 是一种基于深度学习技术的自然语言处理模型，可以生成高质量的文本。由于其具有强大的自然语言处理能力，甫一推出就在全球引发热潮。作为弱人工智能走向强人工智能的代表性科技产品，ChatGPT 席卷各行各业，教育业也不例外。新闻传播教育作为教育业的有机组成部分，自然也难以置身事外，ChatGPT 不仅给新闻传播领域的产业实践带来直接变化，也对新闻传播教育的人才培养理念与模式产生深远影响。新闻传播教育作为新闻传播业和教育业的交汇点，无论是从实践还是理论层面来看，ChatGPT 类生成式人工智能都成为理解当下新闻传播教育的一个重要基点，并对新闻传播教育中的人才培养目标、知识学习理念和学习评价方式产生深远影响。新闻传播教育需要增强对学习者系统思维、协作思维、创造思维和情感思维的培养。

12. 潘力，郑涛，陶然，李红秀. 新文科建设背景下广告学专业人才培养的创新模式[J]. 传媒，2023（18）：78-80.

着重培养创新型、复合型、应用型人才是新时代的要求。培养新时代所需的高素质人才，发展"新文科"势在必行。国外最早明确提出"新文科（New Liberal Arts）"理念的是斯隆基金会，国内相关研究自 2019 年后逐渐丰富。学者们普遍认为，文科教育不能缺失自然科学素养的训练，但对于"新文科"的定义、概念与内涵存在争议，高校建设新文科的方法和路径也有待探讨。基于此，文章以高校广告学专业为研究对象，聚焦于新时代的广告学人才培养模式，分析新时代广告学专业人才培养的机遇与挑战，厘清学科竞赛与新时代广告学专业人才培养的逻辑关联，构建以学科竞赛为驱动，强化人才培养特色、深化课程融合、优化实践教学模式与方法、加强师资队伍建设的人才培养模式，并建立学习目标达成的效果评估体系，进一步探讨高校广告学专业"新文科"人才培养模式的构建路径。

13. 曾祥敏，杨丽萍．国际传播人才培养模式探究——基于我国高校的观察分析［J］．中国编辑，2023（9）：72-78.

全面提升国际传播效能，建强适应新时代国际传播需要的专门人才队伍，是新形势下国家的战略需要。通过理论与实践的结合，归纳出当下我国国际传播人才培养的三种模式：综合院校的国际关系主导模式、传媒院校的新闻传播主导模式、外语院校的跨语言传播主导模式，并尝试从学科发展和人才培养的角度分析不同模式的特点、优势与问题，最后提出面向国家战略的国际传播人才多维复合能力建设要点。在高校特色化的培养模式基础上，面向加强国际传播能力建设的"五力"要求，提出国际传播人才多维复合能力的五个方面：政治能力是国际舆论引导力的根本，语言能力是国际传播影响力的基础，思维能力是中国话语说服力的核心，沟通能力是中国形象亲和力的关键，创新能力是中华文化感召力的要义。

14. 杨华．智媒体时代网络与新媒体专业人才培养的课程群建设［J］．传媒，2023（16）：84-86.

智媒体时代，我国传媒业的发展发生了深刻变革，为充分适应行业的发展变化，并为行业输送高质量的现代化人才，网络与新媒体专业应与时俱进，正视人才培养还存在的理论基础薄弱、跨学科属性不明显、缺乏智媒体思维等问题，优化人才培养方式。相比于传统媒体，智媒体具有更强的信息生产分发能力、更高效的信息匹配效率和更丰富的媒体传播功能。智媒体在技术全面赋能下正重塑传媒生态格局。面对这种新的传媒生态，网络与新媒体专业人才培养中的"课程群"建设需要得到深入分析，用以培养出真正的复合型新兴人才。课程群建设通过将多个相互关联的课程有机整合，能够带动专业课程发展，提升学生在职场上的核心竞争力，是智媒体背景下网络与新媒体专业人才培养的可行策略。

15. 孙德宏．全媒体时代培养卓越新闻人才的几点看法［J］．新闻战线，2023（1）：76-78.

新闻传播人才培养问题，始终是新闻学界和业界深度关切的大问题。以往强调"要培养合格闻人"，近来"培养卓越新闻传播人"又成为关注热点，而且已经有了一些实践和理论总结。在新闻传播已经进入互联网时代，媒体融合向纵深发展之时，这个话题既有重要的学术意义，也有紧迫的实践意义。媒体融合时代的新闻传播人，何为"合格"，何为"卓越"？什么才是卓越新闻传播人的突出品质？如何才能从合格走向卓越？培养卓越新闻传播人才，应该在深入学习马克思主义新闻观，提升专业知识、技能的同时，在培养求真求实的科学精神和求善求美的人文精神上下功夫。这既是作为精神产品的新闻传播追求真、善、美的学理基础，也是传播主体实现新闻审美传播的阐释立场。

16. 许松．场域的转换：新中国成立初期中国新闻教育的转型——以华中新闻专科学校的办学始末为例[J]．新闻爱好者，2023（6）：60-63.

"场域"是行动者展开实践的地方，是"结构化的斗争领域"。"新闻教育场域"则是从事新闻教育的群体及相关行动者展开实践的场所，也是这些行动者展开竞争的领域，而新闻教育则可以被理解为行动者在场域内不断实践的产物。中国早期新闻教育场域形成了基于培养追求"真实性"的"新闻记者"为目的和培养服从"战斗性"的"新闻干部"为目的的两种惯习生成路径。抗日战争促使新闻教育场域中两种惯习生成路径相互融合、相互影响，然而，随着战争状态的终结，新闻教育场域内的竞争促使场域转型成为必然。华中新闻专科学校诞生于抗战胜利后、解放战争时期，其后延续至新中国成立之初，该校的创办与中止办学集中体现了新闻教育场域由于内部竞争而逐步转型的过程。通过引入"新闻教育场域"这一概念分析华中新闻专科学校的办学经过，尝试建立分析中国新闻教育场域转型的整体框架，进而揭示促成中国新闻教育演变的内在机制。

17. 王然，李逸尧，严利华，杨航苏，王诗月．"复合型"新闻传播人才岗位胜任力的市场期待研究——基于789，311则市场招聘大数据的分析[J]．新闻大学，2023（6）：101-115，120-121.

在信息传播技术日新月异的当下，新闻传播就业市场的人才需求多元复合，新闻传播高等教育的人才培养日渐滞后，"复合型"新闻传播人才的建设任务迫在眉睫，但是，这样的人才到底应该具备何种能力结构却仁者见仁，智者见智。面对这一问题，只有准确评估就业市场对"复合型"新闻传播人才的实际需求，我国高等院校的新闻传播教育才能更具针对性和前瞻性。因此，结合岗位胜任力理论和市场需求，文章尝试构建了一套多层级、细粒度的"复合型"新闻传播人才的能力考评体系，并利用自然语言处理、数据挖掘和可视化技术，通过789，311则网络招聘广告，实现对"复合型"新闻传播人才的精准画像，以期为我国高等院校新闻传播的专业建设和人才培养提供有益参考。

18. 张才刚．智媒时代新闻传播人才培养的逻辑进路[J]．中国编辑，2023（5）：110-115.

智能技术催生了一场全新的媒体革命，传播权力的迁移与传播关系的重构是这场变革的显著特征，职业化新闻机构及其从业者的地位受到前所未有的挑战。对于以应用型人才培养为主要目标的高校新闻传播专业而言，当务之急是深刻理解智能传播背后的逻辑，在新的权力架构中推动人才培养模式的全面转型，借此重塑"新闻人"的专业地位与社会价值。具体实践中，应将技术规则融入课程体系，推进教学方法、教学内容和教学组织形式的全面改革；将行业标准引入育人环节，推动培养目标、培养规格和培养质量评价的整体更新；将智能平台纳入协同机制，推动高校课堂、媒体机构和内容分发渠道的资源共享。对技术规则、行业标准与平台价值的强调，本质上就是对智能传播逻辑的认同。

19. 杨秀，张林. 比利时媒介素养教育政策的演进、特征与实践——基于行动者网络理论的分析[J]. 新闻界，2023（4）：84-96.

媒介素养是人们获取、理解、分析信息和解决实际问题的能力，也是协调人与媒介关系的知识、技能、思维的综合性概念。媒介素养教育是提升个体媒介素养的重要途径，它可以系统性地教授个体认识、把握和应用媒介的技能以参与社会进程、实现自我发展。在媒介角色越来越重要的时代背景下，媒介素养教育成为提高公众媒介知识与技能水平、增强国家国际竞争力的重要途径。比利时以媒体教育高级委员会为核心行动者，通过转译将社会各部门、各组织、各群体等异质性行动者的利益、兴趣趋向统一，构建出多元主体相互链接、共同演进的关联网络。本文基于行动者网络理论，深入考察了比利时媒介素养教育法令与政策的发展历程、特征与实践，为我国进一步提升全民媒介素养技能与水平提供了借鉴。

20. 苏凡博，陈浩. 双维视角下元宇宙传媒人才培养模式建构[J]. 出版广角，2023（8）：51-55.

从传媒产业发展的历史纵向来看，每一次信息技术的革命都将引发传媒产业的生态重塑，如，互联网带来了传统媒体生态的深刻变革，移动互联网引发了信息入口的碎片化和 UGC 化等。而被认为互联网全要素整合终极形态的元宇宙，将会是下一场信息技术革命的核心。我国现有传媒产业生态必将迎来深刻的变革，相应的人才培养将会是高校传媒相关专业亟待思考的问题。自 2021 年以来，我国元宇宙的理论研究呈现如火如荼的局面。随着信息技术的高速迭代，元宇宙在未来必将加速渗透至相关产业应用领域，尤其是技术驱动的传媒产业将迎来革命性变革。作为传媒人才培养高地的高等院校，需要从顶层设计的角度研究元宇宙背景下的传媒人才培养模式，依托学科融合、柔性化人才培养机制及创新的课程体系，基于元宇宙概念的技术应用，重新构建全流程无边界的传媒人才培养模式。

21. 任孟山. 中国式现代化与国际传播人才培养[J]. 青年记者，2023（8）：23-25.

中国式现代化与国际传播人才培养既是理论命题也是社会命题。讨论中国式现代化与国际传播人才培养之间的关系，首先要讨论中国式现代化与国际传播之间的关系，确定两者的各自内涵，厘清两者之间的关系，才能确定国际传播人才培养到底需要遵循什么样的理念、选择什么样的路径、着眼于什么样的目标，才能既服务于中国式现代化发展，又能游刃有余于国际传播。在国际话语权的意义上讲，国际传播是"中国版中国故事"与"西方版中国故事"的竞争的竞争中有，这种竞争主要源于知识生产。"中国式现代化"既是社会实践，也是新时代的知识生产，为国际传播的"中国版中国故事"注入新内容、新意义、新目标，在与"西方版中国故事"了新坐标、新框架、新指引。在此逻辑下，国际传播人才培养需要在知识生产和故事生产两个方面、不同层次上加以努力。

22. 柴如瑾，卢晓东. 部校共建的生成及制度化：历史与机理[J]. 青年记者，2023（8）：113-115.

部校共建新闻学院模式虽是 2001 年才试点施行的，但支撑这一模式生成的是新闻教育重视理论与实践相结合的理念共识，以及我国新闻教育与新闻主管部门和媒体合作办学的实践传统。目前，部校共建模式已经扩散到全国百余所高校，为加强马克思主义新闻观教育、培养新闻传播人才发挥了重要作用。然而，在具体办学实践中，部校共建模式也不可避免地存在一些问题，需要进一步在理论上探究模式的理念、制度与结构，在实践中探索协同育人的教学、教材与课程。部校共建新闻学院模式在我国的生成和制度化经历了四个阶段：在院系调整中奠基，在教育改革中酝酿，在新世纪生成试点，在新时代推广扩散。地方宣传部门和高校在制度生成阶段发挥了重要作用，中央和国家机关在模式制度化中起到主导作用，媒体在不同阶段为制度变革提供改革空间。在强制、模仿和社会规范机制的作用下，部校共建模式的制度化扩散呈现自上而下由国家主导的本土化特征。

23. 罗雪蕾，周其林，孙月莉. 新闻传播类虚拟仿真实验教学：现状、问题与趋势[J]. 新闻春秋，2023（2）：68-74.

自 2020 年初以来，持续发展的新冠疫情对现有的教育体系提出了急迫而具体的要求；2021 年，"元宇宙"的概念又给出了虚拟教学场景新的描绘。如何充分利用现有资源开展线上教学活动，帮助学生完成相应的技能训练？通过对国家虚拟仿真实验教学项目共享平台中全部新闻传播学项目的观察，发现其线上实验教学的开展状况与建设路径值得进一步探讨。新闻传播学类虚拟仿真实验项目绝对数量不多，但在其所属人文社科类学科中所占比例较高；实验项目的专业分布并不均衡，新闻学、广播电视学和传播学优势明显，部分专业依然空缺；具体项目内容以情境再现、媒介融合技能培养和专业设备的虚拟化为主要内容，实验设计环节众多、综合性强。

24. 孟艳芳，赵竞鹤. 新文科建设背景下新媒体人才培养模式创新与实践[J]. 中国出版，2023（7）：50-53.

自 2018 年新文科建设在中国全面推进，国内许多高校已通过部分学科的专业人才培养体系转型，对新型教育模式进行了创新性探索。新文科建设发展理念坚持以习近平新时代中国特色社会主义思想为指导，强调文工融合、文理课程融通，在充分发挥自身学科优势的前提下积极进行改革创新，打破不同学科之间独立建设的教育理念，促进人才培养模式向"多学科、多技术融合发展"转变。在互联网快速发展和新文科建设背景下，新媒体人才培养呈现出新的特点和需求。文章通过对新文科背景下的新媒体人才培养模式创新与实践进行分析，提出新文科建设需要解决内涵建设、队伍建设、教学方法、实践创新4个层面的问题，以积极主动地应对和引领新时代人才需求的变化；需要通过形成"新体系"、开设"新课程"、建立"新模式"、搭建"新平台"实现系统性变革创新，以打造具有中国话语权的新文科体系。

25. 刘义昆，王一鸣. 知识共同体：《中国新闻传播教育年鉴》的编辑出版实践[J]. 出版广角，2023（6）：47-51.

"知识服务"是近年来出版领域的研究热点。伴随着数字时代出版实践边界不断拓展，学界以"出版领域知识服务"为主题的研究成果日益丰富，研究方向包括技术变革与出版知识服务创新、出版知识服务产品、依托专业特性的出版知识服务实践、出版领域知识服务人才培养、出版单位知识服务发展策略等。毋庸讳言，"知识服务"这一视角的转变，为数字时代出版领域的创新发展提供了学理支撑。不过，这一视角似乎更多地指向"知识传播"而忽视了"知识生产"，或导致对"知识生产和知识传播"出版本质的遮蔽。年鉴作为一种大型工具书，相较于期刊和著作有其独特之处，可以为探讨出版实践及其本质提供以往被忽视的知识。文章通过对《中国新闻传播教育年鉴》编辑出版实践的案例分析，尝试回应如下问题：编辑出版如何进行知识生产，如何助力学科发展？编辑出版的知识共同体如何形成、维系与发展？编辑出版如何提供知识服务，如何提供知识传播平台？如何在数字时代想象编辑出版的知识生产和知识传播？文章认为，从知识共同体看出版，可以勾连出版的知识生产、知识形式和知识传播。这一视角的转变，或可进一步打开出版学研究的想象力。

26. 魏佳，肖楚瑜. 新时代传媒专业研究生课程思政的对策与路径研究[J]. 传媒观察，2023（S1）：81-85.

传媒专业研究生是我国传媒产业的重要储备力量、未来传媒产业蓬勃发展的后备军。传媒专业更需要关注研究生教育在价值导向、理论体系建设及实践运行中面临的新变化，着眼于创新传媒专业研究生的课程思政教育培养模式。"人才培养模式的核心要素是人才培养理念、人才培养目标和人才培养过程。"只有深入挖掘各个要素中蕴含的思想政治教育资源，才能够构建完整、全面的研究生课程思政体系。为进一步将课程思政贯穿整个专业教育，传媒专业亟待从历史传承和时代发展的角度明确传媒专业研究生课程思政的培养目标，确立思政自觉与科学执教相融合、思政元素与专业特点相融合、通识教育与传媒课程相融合的培养理念，落实提升教师队伍的德育意识与美育能力，将课程思政贯穿传媒专业研究生课程体系建设，以互联网技术更新传媒专业学习场域等实施策略。

27. 申雪凤，文宰鹤. 新文科建设背景下卓越广告人才培养的课程群建设[J]. 传媒，2023(6)：86-88.

在全球科技革命和经济进入新发展、中国特色社会主义进入新时代的背景之下，新文科建设需要各文科专业突破传统思维，与时俱进交叉融合。课程是整个人才培养中最直接和学生面对面的基本单元，是新文科这一学科范式和教育理论落实在人才培养中的"最后一公里"。作为一门应用性很强的学科，广告学需要对行业、技术变化有敏锐的感知，承担着启迪、引领社会和行业发展的重任。通过体现专业特色、交叉融合优势的课程群，能够体现广告学专业人才培养的能力和素质，是新文科建设中卓越人才培养质量的基石。课程是高等教育人才培养的核心要素，课程建设成为新文科建设的重要内容。基于新文科建设和课程体系研究的梳理，参考国外广告学专业系列课程的经验，本文从新闻传播卓越人才培养实践入手，着重解决卓越广告人才课程群建设问题。通过突出专业特色、体现交叉融合、课程思政形成圈层效应的分析，提出"三维一体"课程群的构建形式，并且通过实践得到课程群建设的启示：要有针对性、增强逻辑性、体现专业特色和时代性。

28. 秦瑜明，白晓晴. 数字出版专业人才的胜任力模型建构研究[J]. 现代出版，2023(2)：77-84.

近年来，国家战略对出版业数字化发展高度重视，对数字出版专业的人才培养提出了新的要求。在我国出版业数字化发展的内外双重势能下，数字出版专业内涵不断延展，新时代数字出版人才应确立三重复合型角色定位，重塑职业边界和能力范畴。数字出版人才胜任力包括以知识、价值、技能三位一体健全人才素质体系的核心层，以"四种意识"培养推动出版教育与行业需求紧密衔接的思维层，以及贯通多域能力培养"一专多能"实践型复合人才的能力层，三层胜任力相互衔接，构成了数字出版人才胜任力的同心圆模型。已有成果探索了高校和业界数字出版人才培养的多元路径，为进一步研究提供了有益参照，但能力要求与培养创新研究的一体化程度较弱，业界与高校培养相对分割，系统化、体系化的实践人才培养模式尚待进一步完善。在探明数字出版的专业内涵和全流程专业角色需求的基础上，建构专业人才的胜任力模型，能够为高校数字出版实践人才培养体系的创新提供参考。

29. 张莉，李晓宇. "课赛结合"模式与创新型新闻传播人才培养研究[J]. 中国出版，2023（6）：36-42.

创新型新闻传播人才培养无论对我国新的发展阶段，还是对传媒形态变革下的新闻传播行业来说都具有战略支撑作用。创新型新闻传播人才是指有创新意识、创新思维和创新技能的新闻传播人才。这样的人才培养仅仅依靠传统的课堂教学方式，又或者通过实习或实践课程驱动的教育模式远远无法满足。基于问卷调研和访谈数据，研究发现，"课赛结合"的教育教学模式有助于创新型新闻传播人才的培养。为此，文章着重探索"课赛结合"的教育教学模式对创新型新闻传播人才培养的作用。其不仅具有系统性、协同性和开放性的优势，而且通过教师参与、学校支持、团队合作和个体投入的培养路径，对创新型新闻传播人才的创新能力、专业能力、跨学科素养和通用综合素养的提升有积极作用。

30. 徐依然．浅析媒体融合背景下出版业复合型人才的培养［J］．编辑学刊，2023（2）：111-115.

在媒体融合背景下，出版行业的转型升级与融合发展一直是业界关注的重点问题，出版业的转型升级离不开懂技术、能创新的新型编辑、复合型人才，而在融合过程中呈现出来的专业人才缺乏、传统编辑转型困难等问题则极大地制约了出版融合发展。习近平总书记多次强调"人才是第一资源持续"的人才输送是行业长盛不衰的源泉。对出版业来说，了解媒体融合背景下对复合型人才的要求、抓住人才培养特点、加快确立具有针对性的培养战略，是人才布局不可忽视的重要环节。文章从时代背景、人才培养视角出发，探讨媒体融合背景下出版业如何做好复合型人才的培养。

31. 杨金花．学科共建视域下出版专门人才培养模式探析［J］．出版广角，2023（4）：22-26，34.

出版事业的发展离不开出版专门人才的支撑，所谓出版专门人才，即掌握出版专业知识且符合出版岗位要求的人才。出版生态变化导致出版人才需求标准不断提升，作为产品经理人的编辑，不但要具备多样性认知能力，还要具备管理多样性认知团队的能力。无论是从社会学视角还是从教育学视角考量，出版专门人才都需要专业化培养，业界不能因为目前出版专业培养的人才能力不尽理想而否定其专业化培养的必要性和合理性。文章在学科共建视域下提出出版专门人才培养的相关路径：本硕博分层次贯通培养，重点打通出版专业学位人才培养通道以专业人才培养方案为抓手，提升出版专门人才培养质量；政产学研用协同创新，保障出版专门人才培养质量提升。

32. 丛挺，李锦田．数字出版自主知识体系建设与数字出版人才培养策略优化研究［J］．出版广角，2023（4）：27-34.

当前，出版学学科建设和专业人才培养受到党和国家、社会各界高度重视，推进具有中国特色的数字出版自主知识体系被提上议事日程。目前大多数学者对数字出版学科的研究仍主要围绕专业建设、课程设置、教学理念等方面展开，部分研究关注到数字出版知识体系构成，提出数字出版学科体系和范畴体系，但鲜少有直接针对数字出版自主知识体系建设展开的集中论述。文章从数字出版知识体系建设面临的现实挑战出发，分析知识体系建设过程中应遵循的原则与建设主体组成，提出数字出版自主知识体系建设从"元问题"出发，经历"概念化——范畴化——理论化"知识建构过程，最终形成具有中国特色的数字出版自主知识体系；并从人才培养基础设施建设、分类多元化培养路径、学科交叉培养模式三个方面，对自主知识体系建设背景下的数字出版人才培养策略提出优化建议。

33. 施晓珍，徐媛媛，宣尹千. 数字媒体技术类课程的慕课资源本地化应用特征研究[J]. 印刷与数字媒体技术研究，2023(4)：123-131.

近年来，基于互联网的大规模开放式在线课程——慕课（Massive Open Online Courses，MOOC）在全球范围内迅速发展。随着教育部深入推进一流课程建设工作，已有5116门课程被认定为首批国家级一流本科课程，一大批高校教师在不同学科课程教学中利用慕课资源深入开展在线学习、翻转课堂、混合式教学等教学模式改革，大力促进了优质资源的共建、共享。慕课资源的本地化应用不仅是单向地将资源嵌入课堂教学，其核心要义在于通过数字技术改变了课程资源的组织形式，促进了优质资源的共享共建，更大程度上满足了学生对精品化知识的个性化需求。文章以慕课融合课堂教学的实践分析为导向，结合数字媒体技术类课程特点及教学困惑，通过分析获得慕课资源的本地化应用特征，探讨了慕课资源为何要进入课程、如何融合到课堂教学、如何融合应用到教学中的具体场景等问题。并提出了后续推广慕课本地化应用的策略与建议，有望为数字媒体技术专业的其他课程改革提供经验借鉴。

34. 藏思，雒海潮. 大数据时代文旅融合人才培养路径研究[J]. 新闻爱好者，2023(6)：107-109.

目前各级各类市场面临空前的新局面，文化和旅游产业都属于传统产业，在竞争日趋激烈的市场环境下都已经暴露出一些自身存在的发展中急需解决的现实问题，于是文旅融合这种文化、旅游产业及相关要素相互渗透、交叉融合或整合重组，逐渐突破原有产业边界或要素领域，相互交融形成的新共生关系出现了，旅游产业因数字化转型升级而涌现出的多种旅游新业态导致了职业岗位特征渐趋复杂性、智能性和交叉性。这对旅游从业人员的能力素养也提出了更高层次的要求，仅仅依靠文旅融合已经不能搭上新时代市场发展的脉搏。为了促进文旅融合高质量发展，不仅要挖掘文旅资源内在的发展潜力，更要引入新元素，添加新动力。大数据时代，数智化时代社会各行业迭代和更新加快，从机械化、自动化、信息化到智能化，依托于海量数据产生的指数级增长信息数据为文旅融合下的旅游产业重组兼容提供了战略级资产。大数据在文旅融合发展中极大地激活文旅融合发展潜力的同时，也对相应岗位的人才培养提出了更高的要求。人才是各行业发展的重要基石，文化和旅游融合发展带动旅游产业的变革，旅游业发展需要聚焦创新引领的新型驱动力量，探索大数据时代文旅融合人才培养的新路径。

35. 胡钰. 高质量新闻传播教育之着力点[J]. 教育传媒研究，2023(4)：5.

当代新闻传播教育面临崭新的社会环境，突出体现在传播成为当代人的元行为，传播知识成为当代人的硬需求，而传播活动则成为社会治理的关键点。可以说，新闻传播教育正处在一个前所未有的机遇时代，活跃的传播实践催生强烈的教育机遇，与此同时，也处在一个日益紧迫的挑战时代，如果学科固化、教育老化，那么新闻传播教育就会被时代与实践所远离，成为自说自话的小圈子。新闻传播教育的改革与发展要对外部环境的变化作出积极响应，紧密围绕国际环境、技术环境等新特点，立足在学科独特性与自主性的建设上，持续加强新闻传播教育的实践性、硬核性与开放性。实践性强调的是新闻传播教育的能力导向，仅仅写论文式的学术导向是不适应时代发展需要的；硬核性强调的是新闻传播教育的知识体系，掌握了这些知识的新闻传播人才能适应时代的要求；开放性强调的是新闻传播教育要与各行业和各学科发生联系，借助当代社会传播行为的"毛细血管"，实现新闻传播人才培养质量的全面提升。为此，要找准时代对新闻传播人才能力提升的重点并以此为着力点来推动新闻传播教育高质量发展。

36. 代晓利，刘敏. 元宇宙赋能未来新闻传播教育及其带来的挑战[J]. 西昌学院学报(社会科学版)，2023，35(1)：18.

元宇宙是未来互联网发展的一种新形态，教育是元宇宙应用的重要领域之一。通过分析当下智媒时代新闻传播教育面临的困境及元宇宙所具有的基本特征为其走进教育场域所提供的条件，挖掘未来元宇宙与新闻传播教育深度融合的潜力，创新性提出元宇宙赋能未来新闻传播教育的进路。但需警惕元宇宙带来的资本性威胁、成瘾性风险、数字殖民等方面的挑战。并对此进行批判性反思，最后提出应从国际协调、国家干预、企业治理三个层面进行治理，为探寻新闻传播教育的高质量创新发展，提供一些有益的思考和启示。

37. 赵静宜. 智能传播时代高校广告教育创新探索[J]. 新闻前哨，2023(1)：78-80.

目前，我国的广告高等教育主要集中在综合型院校的新闻传播学院，且已形成本、硕博的完整培养体系。然而，有鉴于产业发展驱动力由电力、人脑力向大数据、机器算力转变，以及不同产业发展边界的日益模糊化、融合化，广告专业人才培养虽已达成立足于产业、定位于应用型学科的共识，但仍然难以对标广告生产实践的精准需求，从而导致广告高等教育效果式微。以大数据、人工智能、区块链、云计算为代表的智能技术催生出机器化生产、程序化投放、自动化匹配的智能广告产业。伴随广告产业不断升级的是高校广告教育在课程内容、教学方法、教育目标方面的滞后与脱节。从产业创新与产业需求的结果导向出发，高校广告教育应以智能技术为核心，重组知识体系、串联学习能力、精细培养目标。作为应用型学科的典型代表，广告教育必须始终与广告实践相结合，才能持续为产业创新培养高质量的专业人才。

38. 邵婉霞．智媒时代高校新闻传播类实验课程智能化变革研究［J］．新闻前哨，2023，（6）：78-80.

当前人工智能、虚拟现实等智能技术正在不断渗透社会生产和生活，并逐渐改变传媒业的运作方式和产业格局，信息传播的方式日渐丰富、传播主体进入智能化生存状态，人机融合、跨界合作成为各行业准入智能社会的大势所趋。贴近智能技术革新应用的新闻传播学科在近年的教学发展过程中，面临着跟进实践前沿、改革实验课程教学模式的挑战。当前智能技术的更新换代使得实验课程在发展形势和课程理念上都存在变革的必要性。如何理解智能技术对新闻传播实验课堂的变革、如何利用智能技术丰富实验课堂的形式，是本研究试图探索的核心问题。新闻传播类实验教学在课程设置、业务模式和教学环境上存在困境，需要借助智能技术工具赋能传媒智慧课堂新模式，拓展虚拟可视化和人机双师实验课堂形态，在教学理念融合化和教学设计数字化上集中发力，推动实验课程智能化变革进程。

39. 陈丽丹，姚艺．人工智能赋能新闻传播教育：实践转向、未来愿景与赋能路径［J］．重庆邮电大学学报（社会科学版），2023，35（1）：140-147.

人工智能技术在新闻传播教育领域的应用，驱使新闻传播教育发生了实践转向，调整了教育目标，创新了教学方式，并对教学场景进行了升级。随着人工智能技术的继续深入，未来的新闻传播教育应改变教育理念，从实用性为主的传统教育理念向智能化思维引领下的现代教育理念转型，培养兼具功能性和可迁移性的新闻智慧人才，并契合新闻传播教育的特性实现新闻传播教育与人工智能技术的深度融合。人工智能赋能新闻传播教育的路径包括数据赋能、场景赋能和个体赋能三个方面：通过数据赋能增强数据思维应用能力，通过场景赋能构建"具身化"虚拟教学情景，通过个体赋能定制"千人千面"个性化学习模式。

（中南民族大学文学与新闻传播学院　陶喜红）

7.6.4 2023 年部分新闻传播教育研究专著介绍

7.6.4.1 迈向实践：新闻传播教育的在地取径研究

作　　者：杨星星　孙信茹

定　　价：65.00

出版社：云南大学出版社

出版日期：2023 年 10 月

页　　数：269

ISBN：978-7-5482-4950-4

内容简介：该书以新闻传播教育教学理念与实践过程为观照对象，结合著者 20 余年的新闻传播教育教学实践经历，以"实践"和"在地"为核心指向，从新闻传播教育、研究型教学、协同教学、教学空间、教学创新和教学案例六个方面进行了专题探讨，较为全面地展现和阐释了新闻传播教育教学的在地价值取向和在地实践路径。"新闻传播教育论"主要探讨云南省新闻传播教育发展概貌及其一流本科专业建设的特色取径；"研究型教学"主要介绍研究型教学的理念与实践模式、研究型教学互动论及其"问题导向"、研究型教学的创新与活性机制等；"协同教学论"主要探讨新闻传播教育协同论及专业教学机制论、师生学术共同体建构实践及意义等；"教学空间论"主要研究传媒类专业教学"多元课堂"的建构与实践、新闻传播类专业教学场景建构与意义生产、Magic Desk 学术创新训练的空间形塑等；"教学创新论"主要探究本科学术创新训练的理念与实践、传媒类专业教学的"微观实践"与共同体建构、整合型教学法理念与实践等;"教学案例论"则主要分析集群化共同体框架下的本科项目运作实践以及本科学术训练与毕业论文等问题。通过历史性的考察与趋向性的判断,该书既展示了地方化的新闻传播教育教学图景,又采用横向延展的方法,对新闻传播教育教学过程进行了较为全面的考察。这对新闻传播教育教学改革与发展,具有重要的参考价值与借鉴意义。

7.6.4.2 媒介变革时代的新闻传播学子:学习状况、职业意识与培养模式创新

作　者:陶建杰

定　价:68.00

出版社:上海交通大学出版社

出版日期:2023 年 5 月

页　数:281

ISBN:978-7-313-28630-7

内容简介:融合新闻传播,对从业者提出了新的要求。除了一般意义上认为的"采写编评摄"融合新闻生产能力之外,对新闻从业者而言,从海量信息中对关键信息的迅速识别和筛选能力、信息内容分析能力、知识综合应用能力、数据可视化制作与呈现能力等都提出了较高要求。该书聚焦于当下新闻传播教育的现实困境,从新闻传播学子(简称"新闻学子")的角度探讨新闻传播教育转型与创新,关注的核心问题是:媒介变革时代对新闻学子的专业学习和职业意识有何影响?现有新闻传播人才培养模式如何回应现实之需?如何进行系统性改革?该书采用以定量为主的实证研究方法,重点关注以下方面:(1)新闻学子个体特征、专业学习状况;(2)新闻学子的专

业承诺现状及影响因素、对新闻教育的评价现状及影响因素；（3）新闻学子媒体实习行为的发生和影响因素；（4）新闻学子角色模范现状和作用；（5）新闻学子的职业认同、职业意愿；（6）从供给侧结构性改革视角，提出新闻传播人才培养模式创新的理念、层次和具体路径。

7.6.4.3　新闻传播学教材建设百人谈

作　　者：高校新闻学国家教材建设重点研究基地

定　　价：128.00

出版社：东方出版中心有限公司

出版日期：2023 年 4 月

页　　数：472

ISBN：978-7-5473-2179-9

内容简介：该书摘录了复旦大学高校新闻学国家教材建设重点研究基地于 2021 年年底举办的 10 场中国新闻传播学教材建设研讨会上来自学界、业界、出版界和新闻管理部门的 100 位专家学者的发言。这些专家回顾了我国新闻传播学教材建设的历程，研判了当前教材建设存在的紧迫问题，在许多重要问题上达成共识；从宏观层面和具体工作方面，勾画了新闻传播学教材建设的清晰思路和整体轮廓，并提出了建设的方针、原则、路径和方法，是构建"具有中国特色，兼具世界普遍意义"的中国特色新闻传播学教材体系的集体智慧。

（中南民族大学文学与新闻传播学院　陶喜红）

8. 他山之石

8.1 QS 全球新闻传播学科排行榜——基于 QS"传播与媒介研究" 学科排名和泰晤士高等教育(THE)中国学科评级的分析

2023 年 5 月 29 日,习近平总书记在二十届中央政治局第五次集体学习时的讲话中指出"要根据国际形势发展变化,完善教育对外开放战略策略,统筹做好"引进来"和"走出去"两篇大文章,有效利用世界一流教育资源和创新要素,使我国成为具有强大影响力的世界重要教育中心。"①从此出发,尽管近年来对以 QS 排名和泰晤士高等教育(THE)排名为代表的国际大学及学科排名榜单背后隐含的西方中心文化偏向,和其潜藏的营利性质与营销偏好的揭露与批评不绝于耳,但相关结果的国际影响力及信息参考价值仍不可忽视。基于此,在辩证看待其结果客观性与稳定性的基础上,这些国际排名榜单仍可作为重要的"他山之石",为新时代我国新闻传播学自主知识与教育体系的构建探索提供镜鉴。

基于此,2024 年,本研究延续对 QS"传播与媒介研究"学科排名情况的持续追踪关注,同时引入泰晤士高等教育(以下简称 THE)中国学科评级的最新数据作为补充参考,在综合比较分析中外新闻传播院校学术与教育国际表现的基础上,展望我国新闻传播学科未来发展走向。

8.1.1 国际新闻传播学科排名简介及体系概况

8.1.1.1 QS 大学及学科排名

夸夸雷利·西蒙兹(Quacquarelli Symonds,简称 QS)公司是英国的一家营利性咨询

---

① 习近平. 扎实推动教育强国建设[J]. 求是,2023(18):8.

机构。2004 年起该机构与《泰晤士报高等教育增刊》联合发布"THE-QS 世界大学排名"（THE-QS World University Rankings）。2010 年 QS 机构开始与《美国新闻与世界报道》、英国《周日时报》和韩国《朝鲜日报》合作，推出"QS 世界大学排名"（QS World Universities Rankings），至今已发展成为包括世界大学综合排名、学科排名、领域排名和地区排名等在内的综合性跨国排名评价系统①，在全球范围内具备较强传播力、影响力、公信力及院校报考与申请等参考价值。

2024 年 4 月 9 日，2024 年 QS 世界大学学科排名发布。在大学排名方面，麻省理工学院连续 12 年排名首位。中国大陆（内地）共有 5 所大学进入前 100 名。北京大学（并列第 17 名）、清华大学（第 25 名）和浙江大学（并列第 44 名）位居前三。复旦大学（第 50 名）、上海交通大学（第 51 名）紧随其后。港澳台地区共 6 所大学进入前 100 名。其中，排名最高的为香港大学，排名第 26，较 2022 年（第 21 名）有所下滑。

QS 大学学科排名开始于 2012 年。每年发布包括"艺术与人文""工程与技术""生命科学与医学""自然科学"及"社会科学与管理"五个领域的学科排名，其内含的细分学科领域不断增加。2024 年的排名新增了音乐学，总涵盖学科数达到 55 个。传播与媒介研究（communication & media studies）被纳入社会科学与管理领域。2024 的最新大学排名榜单涵盖了来自全球 96 个国家和地区的 1559 所高校与科研机构。自 2016 年以来，列入"传播与媒介研究"学科排名的全球高校与科研机构数量亦在逐年增加。2024 年，"传播与媒介研究"学科排名榜单囊括了来自 37 个国家和地区的 250 所院校机构。

（1）指标体系概况

QS 大学学科排名主要依据如下五个因素作为评价指标：学术声誉；雇主评价声誉；论文篇均引用率；H 指数；国际研究网络（IRN）指数（2022 年新引入的第五指标）。其中前两个是主观指标，后三个为客观指标。由于各学科在发文率和文化层面存在差异，因此 QS 在对不同学科进行评估时采用较为灵活的权重安排（见图 8-1）。

第一项学术声誉是 QS 世界大学学科排名的核心指标。指标得分依据全球范围内相关领域学者的反馈意见。受访者在提供其主要的学术背景和所在地区后，被要求列出他们认为在各自的研究领域内，除自己所处的院校机构外，较为优秀的至多 10 个国内研究机构和至多 30 个国际研究机构。第二项雇主评价声誉是 QS 学科排名的独创性评估指标，考量各院校机构毕业生的就业潜力与职业水准。指标得分以全球范围内相关领域毕业生的雇主企业机构的问卷回复为依据。雇主们在问卷中被要求确定其认为可以招聘其

---

① 刘强，丁瑞常. QS 大学排名体系剖析［J］. 比较教育研究，2013，35（3）：44-50，91.

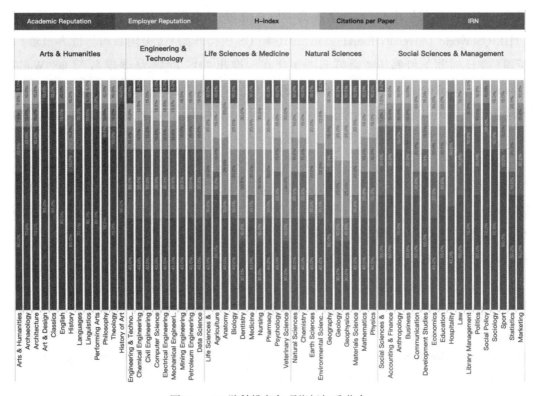

图 8-1　QS 学科排名各项指标权重分布

数据来源：https：//analytics-l. qs. com/t/IntelligenceUnitWebsite/views/QSWURbySubject-Methodology _
16494240828770/QSSubjectRankings-Methodology？：isGuestRedirectFromVizportal＝y＆：embed＝y。

毕业生的至多 10 个国内机构和至多 30 个国际机构，以及他们更倾向于招聘哪个学科的
毕业生。

　　第三项、第四项分别为论文篇均引用率和 H 指数，二者参照爱思唯尔 Scopus 数据
库，聚焦参评院校机构的研究国际影响。论文篇均引用率为每个学科设定了最低发表门
槛，分析参评院校近 5 年内每篇论文的引用量，以评估该院校机构的国际学术影响力。
H 指数自 2013 年成为学科排名指标，基于对学者发表工作的生产率和影响力的考量，
评估特定院校机构的总体研究水平。2022 年，IRN 指数被引入学科排名指标体系，以考
察各院校机构通过与其他机构建立可持续的研究伙伴关系，推动其国际研究网络地理覆
盖多样化的能力水平。

　　结合 2023 年发布的最新版指标权重情况来看，IRN 主要用于评估大类领域的国际
化水准，三个理工大类领域下属的部分科学相关的细分学科已将其作为评估指标。"艺

术与人文"和"社会科学与管理"两个人文社会科学领域则尚未有细分学科将其纳入评分，仍以前四项为依据。具体到传播与媒介研究领域，各指标的权重占比相对较为稳定。近 3 年来的比率均为：学术声誉 50%、雇主评价声誉 10%、论文篇均引用率 20%、H 指数 20%。新引入的 IRN 指标暂未加入权重计算。通过上述四项加权计算，QS 得出传播与媒介研究领域不同机构的综合评分，为居于 2023 年度前 250 位的院校研究机构排序(不含并列)。前 50 名有具体排名；"51~100""101~150""151~200"以及"201~250"各为一组，不区分排名。

2024 年 QS"传播与媒介研究"高校学科排名中，阿姆斯特丹大学、南加州大学和伦敦政治经济学院依然保持三强鼎立格局。阿姆斯特丹大学连续六年位居首位，伦敦政治经济学院稳中有进，与南加州大学并列第 2 位。南洋理工大学排名继续提升，与得州大学奥斯汀分校并列第 4。6~10 位分别为哈佛大学、宾夕法尼亚大学、斯坦福大学(2023 年第 4 位)、纽约大学、维也纳大学(2023 年第 14 位)。密歇根州立大学和威斯康星麦迪逊分校掉出前 10。

2024 年，中国大陆(内地)新闻传播院校有 10 所院校入围，排名趋势基本保持稳定，整体分布于第 2 至第 5 梯队(梯队内部排名不分先后，按英文名字母顺序排列)。第 2 梯队(51~100 位)包括北京大学和清华大学。第 3 梯队(101~150 位)包括复旦大学和浙江大学。南京大学、中国人民大学、上海交通大学和武汉大学处于第 4 梯队(151~200 位)。北京师范大学和中国传媒大学位于 5 五梯队(201~250 位)。

2024 年中国香港有 5 所院校上榜。香港理工大学近 4 年来首次入围，位于第 4 梯队。香港中文大学排名略有下滑，排名第 26 位(2023 年第 20 位)。香港城市大学、香港浸会大学与香港大学继续保持 51 至 100 位。中国台湾有两所高校入围，台湾大学排名保持 101~150 位，台湾政治大学降至 201~250 位。

8.1.1.2 泰晤士高等教育(THE)中国学科评级

2010 年起，《泰晤士报高等教育增刊》终止了与 QS 的合作，改与汤森路透(Thomson Reuters)合作，独立发布 THE 世界大学排名，新近又将爱思唯尔(ELSEVIER)纳入合作范围。发展至今，该排名已成为涵盖全球、区域及具体国别等不同层次维度的综合性排名体系。THE 排名聚焦对全球范围内的研究密集型大学的教学科研等核心任务进行评判，其结果揭示了全球高等教育界图景的转变，深受学生、教师、政府和行业专家的信赖。

2023年9月28日,2024年度THE世界大学排名发布。在大学排名方面,牛津大学连续第8年在世界大学排名中位居榜首,但排名前5的其他院校名次有所变化。斯坦福大学升至第2位,而哈佛大学的名次降至第4位。麻省理工学院上升两个名次排名第3位。在2022年排名并列第3后,剑桥大学2023年下滑至第5位。中国高校表现亮眼,入围高校数量及排名均有所上升。清华大学排名创历史新高,位列第12(2023年第16位),北京大学排名第14位(2023年第17位),这是历史上第一次有两所中国大陆(内地)高校跻身排名前15位。中国大陆(内地)目前有13所大学进入前200名,相较2020年的7所有所增加,进入世界大学排名前400位的中国大陆(内地)高校总数翻番,从2021年的15所增加到2023年的30所。

2020年起,THE推出中国学科评级榜单。该排名是现行唯一一个基于中国教育部学科分类、以全球大学为参照的中国大学绩效评级。① THE中国学科评级依据中国学科分类体系,涵盖哲学、经济学、法学、教育学、文学、历史学、理学、工学、农学、医学、管理学、交叉学科13个领域的83个细分学科,聚焦中国但也注重以全球视角描绘全球大学图景。新闻传播学归属于文学大类。2024年3月27日,2024年THE中国学科评级发布,最新榜单涵盖了全球1885所高校。

THE中国学科评级的绩效指标与THE世界大学排名、相关学科排名和声誉排名一脉相承,同样分为五个领域,分别是:教学(学习环境),研究(发表量、收入和声誉),引用(研究影响力),国际展望(国际学术人员、学生和国际合著)和行业收入(知识转移)。2024年THE中国学科评级排名没有跟随最新发布的第20版大学排名的步伐,更新研究指标的名称和权重内涵,依然沿用之前的考核标准。相较QS排名而言,THE学科评级的绩效指标体系更为复杂。具体而言,教学指标包括教学声誉调查、师生比和员工人均教学收入三个子指标。研究环境指标包括研究声誉调查,员工人均研究收入和研究产出总体量。研究质量指标着眼于大学在传播新知识和新思想方面的作用,通过统计特定院校发表的论文被全球学者引用的平均次数加权得分来衡量其研究影响力。国际展望指标聚焦院校的国际化建设水平,包括考察内部建设的国际学生比例和国际员工比例,以及考察国际学术合作的国际合作/合著比例。行业收入指标聚焦院校机构研究人员的人均业界研究收入,衡量高校推动相关行业领域创新、发明并为之提供专业咨询的能力。

---

① 2024年度中国学科评级[EB/OL]//Times Higher Education(THE).(2024-03-19)[2024-06-03].https://www.timeshighereducation.com/cn/ratings/china-subject-ratings/2024.

基于这五类核心指标，每个学科的指标权重都根据泰晤士高等教育世界大学排名的相关学科权重来进行计算。当总体评分被计算出来后，THE 对所大学的每个学科进行从 A+到 C-的评级。这些评级被平均地分配于参与了世界大学排名的大学，因此在某一学科中排名前 11.11%的大学获得 A+，下一个 11.11%的分段获得 A，以此类推。①

2024 年 THE 中国学科评级的数据，综合自 2024 年度 THE 世界大学排名、2023 年和 2024 年 THE 中国学术声誉调查、2022 和 2023 年 THE 学术声誉调查以及爱思唯尔（Elsevier）文献计量数据库。共有 86 所中国内地高校获得评级。浙江大学（83 个）总计入选学科数最多，中山大学（59 个）、天津大学（58 个）、同济大学（56 个）、郑州大学（52 个）、清华大学（51 个）均有 50 个及以上学科入选。在不同学科中获得 A+评级最多的高校分别是浙江大学（72 个）、清华大学（49 个）、北京大学（43 个）和上海交通大学（42 个）。具体到新闻传播学科，共有 36 所高校获得评级。

8.1.2　2024 年国际新闻传播学科排名趋势分析

8.1.2.1　QS 学科排名解析

（1）排名总体趋势

对入围排名院校机构的国家/地区总体分布情况进行统计（结果见表 8-1），2019—2024 年，美、英、澳三国每年合计都有约百所学校入围，持续占据整个榜单的"半壁江山"。2024 年，三国合计入围的院校机构数量为 120 所，与 2022 年持平。第二梯队中，加拿大有 13 所院校入围，独居第 4，中国大陆（内地）与德国均有 10 所高校入围，分列第 5、6。西班牙（9 所）、荷兰（7 所）、韩国（6 所）、比利时（5 所）、马来西亚（5 所）继续稳坐第二梯队中段，中国香港（5 所）成功冲入第二梯队。新西兰入选高校由 2023 年 7 所降至 4 所，跌出第二梯队。印度高校近六年首次进入榜单，2022 年入选榜单的爱沙尼亚、波兰及希腊 2023 年没有高校入围。整体来看，中国大陆（内地）高校表现趋稳，共有 10 所院校入围，入围数量排名第 5，加上中国香港与中国台湾地区的高校，合计共有 17 所，与澳大利亚并列第 3。

---

① 　更加细致全面的评分评级指标及规则介绍，见 THE 官网 https：//www.timeshighereducation. com/cn/china-subject-ratings-2024-methodology。

表 8-1　　**2019—2024 年 QS 传播与媒介研究排名入围院校机构数量(国家/地区)**

排序	1	2	3	4	5	6	7	8	9	10	11	12	13	14	15	16	17	18	19
年份 / 国家/地区数量	美国	英国	澳大利亚	加拿大	中国大陆	德国	西班牙	荷兰	韩国	比利时	马来西亚	中国香港	新西兰	丹麦	瑞典	意大利	法国	墨西哥	芬兰
2024　37	67	36	17	13	10	10	9	7	7	6	5	5	5	4	4	4	4	4	4
2023　38	71	32	17	14	11	10	8	7	7	5	5	4	5	5	4	4	4	4	3
2022　37	73	31	18	12	9	9	8	7	7	5	5	3	4	5	5	4	3	3	3
2021　36	71	28	17	9	9	7	7	7	7	5	5	4	6	4	4	4	3	2	3
2020　36	60	23	16	8	7	7	5	7	7	6	5	4	5	4	4	4	3	1	3
2019　35	61	23	17	8	7	8	8	5	7	5	5	4	6	4	4	4	2	1	3

排序	20	21	22	23	23	25	26	27	27	29	30	31	31	31	31	35	36	37
年份 / 国家/地区数量	日本	智利	哥伦比亚	爱尔兰	奥地利	俄罗斯	中国台湾	挪威	新加坡	瑞士	巴西	以色列	阿根廷	南非	捷克	印度尼西亚	葡萄牙	印度
2024　37	3	3	3	3	3	2	2	2	2	1	1	1	1	1	1	1	1	1
2023　38	3	2	2	1	1	3	2	2	2	2	1	1	1	1	1		1	
2022　37	3	2	2	1	1	3	2	2	1	1	1	1	1	1	1		1	
2021　36	3	1	1		1	2	2	2	1	1	1	1	1	1	1			
2020　36	3	1		1	1	2	3	2	2	1	1	1	1	1				
2019　35	3	1		1	1	2	3	2	2	1	1	1	1	1	1			

图表说明:

(1)本表空格部分代表该年份该国家/地区未入选;

(2)本表排序原则为数据从大到小,如同一年份数量相同则比较前一年数据,以此类推,若四个年份数据均相同则排序相同;

(3)本表数据来源于 QS 官网,详见:https://www.topuniversities.com/university-subject-rankings/communication-media-studies。

　　结合排名前 100 名的院校机构的地域分布表(结果见表 8-2),可进一步分析各国家和地区在传播与媒介研究领域的影响力。2024 年传播与媒介研究"世界百强"覆盖全球 25 个国家和地区,分布更加全球化、多元化,在一定程度上缓解了 2021—2023 年的新闻传播顶尖高校地域集中化趋势。美国入围前 100 名的院校机构数量为 34 所,较 2022

年略有下降，但依然占据首位，继续保持在全球传播与媒介研究领域中的主导地位。英国(15 所)、澳大利亚(9 所)，分列第 2、第 3 位。荷兰(5 所)、中国香港(4 所)、韩国(3 所)保持稳定。加拿大(4 所)、德国(4 所)、西班牙(3 所)入围前 100 院校数较 2022 年有所提升。2024 年，中国大陆(内地)院校有 2 所入围前 100，数量较 2022 年有所下降，综合中国大陆、中国台湾、中国香港地区，进入前 100 名的中国院校机构共 6 所，位列第 4。

从洲际来看，尽管多样性有所提升，但 2024 年全球新闻传播研究百强"美英引领、西强东弱"格局仍未根本改变。美洲依然是入围前 100 名院校机构数量最多的大洲，共有 40 所。欧洲紧随其后，有 38 所。其中，西欧和北美是媒介与传播研究的重点集中区域(美洲 40 所，北美有 38 所；欧洲 38 所全部为西欧高校)。亚洲有 13 所入选，基本保持稳定。大洋洲 10 所，略有上升。

表 8-2　2019—2024 年 QS 传播与媒介研究排名(前 100 名)入围院校机构数量(国家/地区)

排序		1	2	3	4	5	6	7	8	9	10	11	12	13	14	15	16	17	18	19
年份	国家/地区数量	美国	英国	澳大利亚	荷兰	中国香港	加拿大	德国	韩国	西班牙	中国大陆	比利时	瑞典	丹麦	新加坡	挪威	瑞士	芬兰	智利	奥地利
2024	24	34	15	9	5	4	4	4	3	3	2	2	2	2	2	2	2	1	1	1
2023	21	36	15	8	5	4	3	2	3	3	3	3	2	2	1	2	1	2	1	1
2022	20	38	14	8	5	4	3	2	3	2	3	4	3	2	2	1	1	3	1	1
2021	22	34	14	8	5	4	3	3	4	2	3	4	3	2	2	1	1	3	1	1
2020	25	32	14	8	4	4	3	3	4	2	3	3	3	2	2	1	1	3	1	1
2019	24	32	16	9	3	4	2	3	4	3	4	0	3	2	2	1	1	2	1	1

排序		20	21	22	23	24	25	26	27	28	28	28	28	28	28	34	35	36	37	
年份	国家/地区数量	新西兰	墨西哥	日本	意大利	马来西亚	中国台湾	以色列	巴西	阿根廷	爱尔兰	俄罗斯	法国	捷克	南非	哥伦比亚	印度尼西亚	葡萄牙	印度	
2024	24	1	1	1	1	1	0	0	0	0	0	0	0	0	0	0	0	0		
2023	21	1	1	0	0	0	0	0	0	0	0	0	0	0	0	0	0	0		
2022	20	1	0	0	0	0	0	0	0	0	0	0	0	0	0	0	0	0		

续表

排序		20	21	22	23	24	25	26	27	28	28	28	28	28	28	34	35	36	37
年份	国家/地区数量	新西兰	墨西哥	日本	意大利	马来西亚	中国台湾	以色列	巴西	阿根廷	爱尔兰	俄罗斯	法国	捷克	南非	哥伦比亚	印度尼西亚	葡萄牙	印度
2021	22	0	1	1	1	0	0	0	0	**0**	**0**	**0**	**0**	**0**	**0**	**0**	**0**	**0**	
2020	25	1	1	1	0	0	1	1	1	**0**	**0**	**0**	**0**	**0**	**0**	**0**	**0**	**0**	
2019	24	2	1	1	0	1	1	1	0	**0**	**0**	**0**	**0**	**0**	**0**				

图表说明：

（1）本表空格部分代表该年份该国家/地区未入榜单，加粗数字代表该国家/地区4年来均无院校机构入选前100；

（2）本表排序原则为数据从大到小，如同一年份数量相同则比较前一年数据，以此类推，若四个年份数据均相同则排序相同；

（3）本表数据来源于QS官网，详见：https：//www.topuniversities.com/university-subject-rankings/communication-media-studies。

结合2024年排名第101～250位的院校洲际分布数据可知，欧洲占比最多，为41%，美洲占比36%，亚洲占比15%，大洋洲占比7%，非洲占比1%（均四舍五入）。结合数据可发现，欧洲与北美地区媒介与传播教学与研究的发展仍处于领先地位，大洋洲所占的比重有所下降，亚洲则持续提升。若以入围世界"101～150"院校机构数量多于百强，并且已有至少1所院校入围百强为标准，来确定"较有发展后劲的国家和地区"①，2024年的数据继续表明，亚洲依然是全球范围内传播与媒介研究与教育的发展潜力较大的区域。

（2）中国院校排名总体态势

2024年，中国大陆（内地）高校上榜情况总体与上年差别不大，共有10所高校榜上有名。北京大学、清华大学、复旦大学、浙江大学、南京大学、中国人民大学、上海交通大学、武汉大学8所高校连续六年上榜。最新榜单中，北京大学和清华大学居于第2梯队（第51～100位），复旦大学与浙江大学降至第3梯队（101～150位）。在第4梯队（第151～200位）中，南京大学保持稳定，中国人民大学、上海交通大学和武汉大学降至

---

① 张国良，龚晓颖．中国新闻传播学科的国际影响力再考——基于QS"传播与媒介研究"领域排名的分析[J]．现代传播（中国传媒大学学报），2017，39（11）：137-141.

此方阵。北京师范大学连续第 2 年上榜,与中国传媒大学共处第 5 梯队(第 201~250 位)。

整体来看,2024 年 QS 学科榜单中,中国大陆(内地)高校排名总体虽略有下落,但各项指标评分却依然基本保持稳中向好趋势。"论文篇均引用率"指标提升相对较为明显。2024 年中国大陆(内地)上榜院校论文篇均引用率指标的平均得分从 2023 年的 78.1 上升至 81.5。结合具体的指标意涵,尽管论文篇均引用率指标占比不如学术声誉指标,但其在某种程度上更能够客观反映出院校专业实力的真实水平。2023 年度榜单呈现出的趋势与亮点表明,在以"持久危机"(Permacrisis)和"乌卡"(VUCA)为核心特征的全球风险社会语境下,我国新闻传播领域始终坚守中华文化立场,立足中国实践现实,理性看待全球排名评价体系,齐心构建并面向全球传播中国新闻传播自主知识体系,自信回应"我们是谁"和"我们从哪里来"的全球关切。与此同时,我国各大新闻传播院校融会践行习近平总书记有关宣传思想文化工作的重要指示中明确提出的"七个着力",在强化主体性和在地问题意识的基础上,致力于促进文明交流互鉴。各院校紧密追踪全球新闻传媒业发展前沿发展趋势,同时扩展完善开放合作机制平台,深化与全球新闻传播院校机构的学术平等交流与教育协作对话,团结全球新闻传播学界与教育界同仁,积极回应"全球新闻传播学科向何处走"的领域之问和"人类文明到哪里去"的时代之问。各新闻传播院校的国际引用指标稳步提升,不仅表明近年来中国特色哲学社会科学的国际影响力与学术话语权的持续增强,更以扎实的智识贡献和前沿的洞见审思,有力回击了美西方媒体将部分中国大学选择退出世界排名解读为"闭关锁国"的"双标式"涉华污名。①

2024 年,中国上榜院校总数为 17 所,与上年持平。6 所高校的新闻传播院系入选前 100 名,超过荷兰排名第 4,我国新闻传播学科的国际认可度日趋稳定。与此同时,近 3 年来持续的中国香港院校排名下滑趋势在 2024 年略有放缓。除香港中文大学下降相对较多外,香港城市大学、香港浸会大学与香港大学排名与 2023 年持平,且香港理工大学的首次入围,使中国香港地区院校入围数量增加至 5 所。中国台湾 2023 年依旧只有两所高校入选,台湾大学排名与上年持平,台湾政治大学下滑至第 5 梯队。

(3)世界顶尖新闻传播院校排名分析

检视 2022—2024 年 QS"传播与媒介研究"学科排名前 10 位的院校可发现,美国院校数量减少,但仍占据主导地位。与此同时,其他地区院校数量与排名也有一定提升。具体而言,2024 年 QS"传播与媒介研究"学科排名中,荷兰阿姆斯特丹大学继续保持第

---

① 中华人民共和国外交部. 美国所谓"言论自由"的事实真相[EB/OL]. [2024-05-25]. https://www. fmprc. gov. cn/wjbxw_new/202403/t20240314_11260665. shtml.

1，英国伦敦政治经济学院有所提升，与美国南加州大学和并列第 2。新加坡南洋理工大学升至第 4，再创亚洲新闻传播院校国际排名新高。奥地利维也纳大学异军突起，冲入前 10。美国院校方面，哈佛大学近 3 年来首次入围榜单即排名第 6，斯坦福大学降至第 8，密歇根州立大学和威斯康星麦迪逊分校近 3 年来首次无缘前 10。

综合分析近年的数据可发现，全球新闻传播院校头部格局的基本结构仍未根本变动，美国高校在国际学术影响力及话语权方面仍具备优势，英国、荷兰紧随其后。但与此同时，顶尖新闻传播院校的全球分布也更加多元，来自奥地利等国的"新面孔"跃跃欲试。新加坡继续坚守亚洲新闻传播的前沿阵地。南洋理工大学近年来排名的持续提升，成为非西方国家与地区新闻传播学术研究影响力与话语权建构和教育事业发展的亮点，为突破西方中心的学术研究与知识生产不平等，实现全球新闻传播场域内"去西方中心化"作出独特贡献。

8.1.2.2　THE 中国学科评级解析

相较 QS 排名而言，THE 中国新闻传播学科评级所覆盖的地域范围和院校层次均相对较广（见表 8-3）。整体来看，2024 年 THE 中国学科评级榜单中，新闻传播学科领域，荷兰是全球范围内评级表现最好的国家，获评院校平均等级为 A。具体到我国，2023 年共有 36 所新闻传播院校获得评级，与上年持平。共有 11 所高校获评 A-及以上，较 2023 年有所提升。共有 4 所院校获评 A+，北京大学、清华大学连续两年获评，复旦大学和浙江大学由 A 进升至 A+。上海交通大学获评 A，华中科技大学从 A-上升至 A。北京师范大学、华东师范大学连续第 2 年保持 A-，中山大学（2023 年 B+）、天津大学（2023 年 B）、西安交通大学（2023 年 B）评级升至 A-。

表 8-3　　　　**2024 年 THE 中国学科评级新闻传播学科评级 A-及以上院校**

院校名称	评级
复旦大学	A+
北京大学	A+
清华大学	A+
浙江大学	A+
华中科技大学	A
上海交通大学	A
北京师范大学	A-

院校名称	评级
华东师范大学	A-
中山大学	A-
天津大学	A-
西安交通大学	A-

图表说明：榜单基于教育部学科目录、评级、英文名称首字母排序，完整版参见泰晤士高等教育世界大学排名，https：//www.timeshighereducation.com/sites/default/files/csr_2024_final.pdf。

其次，相较 2023 年，我国评级 B-及以上高校由 11 所增加至 19 所，其中获评 B 级院校数量由 6 所上升至 10 所，获评 B-院校由 4 所下降至 2 所。与此同时，评级 C 及以下高校由 14 所降至 11 所，获评 C-院校由 4 所下降至 2 所。以上结果表明，我国新闻传播院校全球化发展进程的提速以及总体国际表现与认可度的显著提升(见表 8-4)。

表 8-4　　　**2024 年 THE 中国学科评级新闻传播学科评级 C-至 B+院校**

院校名称	评级	院校名称	评级
南京大学	B+	华南理工大学	B-
武汉大学	B+	长沙理工大学	C+
重庆大学	B	华侨大学	C+
大连理工大学	B	四川大学	C+
湖南大学	B	苏州大学	C+
暨南大学	B	东华大学	C
南开大学	B	广州大学	C
上海大学	B	南京师范大学	C
深圳大学	B	华南师范大学	C
同济大学	B	郑州大学	C
西交利物浦大学	B	东北师范大学	C-
厦门大学	B	西北大学	C-
汕头大学	B-		

图表说明：榜单基于教育部学科目录、评级、英文名称首字母排序，完整版参见泰晤士高等教育世界大学排名，https：//www.timeshighereducation.com/sites/default/files/csr_2024_final.pdf。

8.1.3　从 QS 学科排名展望新时代新闻传播教育新议程

8.1.3.1　以中国为方法，以世界为语境，彰显中国新闻传播学自主知识与教育体系的文化自主性与文明多样性价值关切

2022 年 4 月 25 日，习近平总书记在中国人民大学考察时强调："加快构建中国特色哲学社会科学，归根结底是建构中国自主的知识体系。"百年变局加速演进，全球化的裂解与动荡，使世界地缘政治局势面临高度不确定性。中国应对危机风险的治理实践，既是中华传统与现代文明的有机结合与多样彰显，更是全球发展进程的替代性创新。于世界而言，这些中国发展的实践超越了传统的西方认知范畴，需在中国语境下构建新理论，探索新答案。① 如何构建自主知识体系，以及与其互为表里的自主教育与人才培养体系，成为当下我国新闻传播学学科发展的重要命题。形塑与之相适配的价值认识论首当其冲。以中国式现代化的普惠开放与人类文明新形态的平等包容为精神内核，我国新闻传播学自主知识体系与教育体系构建，需要着眼于中国与世界的关系变动，以中国为方法、世界为语境，彰显文化自主性与文明多样性价值关切。

首先，国际学术研究发表及引用影响是 QS 排名和 THE 评级的共同关注。2023 年度 QS 学科排名中，我国新闻传播院校(含港澳台)在"论文篇均引用率"指标上表现亮眼，平均得分从 2023 年的 80.4 升至 83.4，中国大陆(内地)院校提升尤其明显。这不仅表明我国新闻传播院校学术研究的国际视野和全球性问题关怀持续扩展，更凸显出我国新闻传播学自主知识与教育体系的全球构建初见成效，国际学术发表意识与传播能力及学术成果国际影响力显著提升。面向未来，我国新闻传播学自主知识与教育体系构建，应继续深化以中国为方法，将"中国方案"与"中国路径"置于"全球知网"中，向世界阐明中国理论与实践的内在逻辑与外延价值。② 具体而言，我国新闻传播学学术研究及课程设计，应以全球化与现代化的持续性进程中涌现的各种问题为导向，以"建设性"和"正能量"为主线，将乡村振兴、生态文明建设、新质生产力、大国外交等"中国智慧"与"中国方案"与贫富鸿沟、气候变化、技术焦虑和地缘政治冲突等超国家困境相关联，与多元文明情境下的相通需要和相似实践相对话，与全人类共同价值相对接，在全球文化互化(Transculturation)进程中，彰显超越二元对立的文化自主性价值追求。

---

① 周庆安，许涌斌. 建构中国新闻传播学自主知识体系的十个基本问题[J]. 编辑之友，2024(1)：21-29.

② 史安斌，朱泓宇. 2023 年国际传播研究的新动向：基于三组关系的主题分析[J]. 当代传播，2024(1)：14-21.

其次，2024 年 QS 学科排行与 THE 中国学科评级所呈现出的全球地域/文化多样性包容特征，在一定程度上映射出当前全球文化格局的发展演变。一方面，"全球南方"（Global South）在全球治理领域的能见度与影响力提升，使之成为当下全球文化场域变革的关键变量。以政治文化"北退南进"、消费文化"北降南升"和媒介技术文化的"北领南追"为标识的全球文化传播"南方转向"持续深化。① 另一方面，也有部分"全球北方"（Global South）国家，意识到以中国为代表的南方国家和地区，对现代文明进程作出的实际贡献及其带来的现实利好，因此尝试跳出少部分国家炮制"新冷战"与"文明冲突论"话语窠臼，"向东看，向南走"以寻求跨文明对话合作的可能。基于此，我国新闻传播学自主知识与教育体系构建，应在坚定高度文化自信与文明自觉的基础上，以世界为语境，树立多元包容的文明多样性价值取向，以"对话协商"代替"耙粪攻讦"，以"引导纠偏"代替"放任自流"，助力中国作为"全球中间地带"（Global Middle），引领南南/南北合作与东西对话，共建全球文明社区的新使命。

首先，2024 年 QS 榜单广泛涵盖东南亚、中东欧、南美、西亚北非地区的南方国家院校。无独有偶，THE 中国学科评级报告中呈现的随机筛选整个评级绩效范围内的 100 所随机选择的全球高校的评级情况中，也不乏来自伊朗、巴西、印度尼西亚、尼日利亚等南方国家的高校。南方国家新闻传播院校的学术生产与人才教育模式与成果，为全球新闻传播知识与教育体系带来全新的智识贡献与方法路径。我国新闻传播学界应明晰中国在全球南方国家和地区的引领互联角色定位，依托"一带一路"倡议、"金砖国家"峰会、上海合作组织等南南区域合作机制及其创造的传播机遇，全面深化与沿线南方国家和地区新闻传播院校媒体的研究合作与教育交流，引领全球南方多元文明背景下新闻传播研究与教育的对话互鉴。结合中国促进沙伊和解，及中国领导人出访塞尔维亚及匈牙利等国家的外交动态，西亚北非地区与中东欧地区应当给予重点关注。中央广播电视总台视频通讯社联合清华大学伊斯雷尔·爱泼斯坦对外传播研究中心，共同编写《2023 全球南方视频媒体发展报告》，并于 2024 年 5 月 24 日发布。这一研究成果采用深度访谈的方法，采访了来自巴基斯坦《中巴经济走廊报》，南非金砖电视台、阿联酋通讯社、阿根廷 26 频道等南方媒体机构的 27 位媒体代表，分析研究全球南方视频媒体发展现状和趋势，探索全球南方媒体"共筑传播共同体"。

其次，在 2024 QS 学科榜单和 THE 中国学科评级中，法国、德国、奥地利、比利时、俄罗斯等欧洲国家入围的院校机构及排名整体上呈现稳定上升趋势。2024 年适逢中法建交 60 周年。5 月 5 日，习近平主席出访法国，并在 6 日同马克龙总统共见记者时

---

① 史安斌，戴润韬. 全球文化新格局与国际传播新使命："南方转向"的视角[J]. 对外传播，2024（4）：4-8.

的讲话中提出，要加快人文交流"双向奔赴"，以中法文化旅游年为契机，推进教育、体育、影视、青年、地方等合作。以中法双边关系为代表的中欧关系，是南北互利合作以应对地缘经济转型与政治动荡的典范，其战略价值、政治意义、经贸需求和文明内涵持续上升。从此出发，我国新闻传播学自主知识与教育体系的构建，应当抓住中欧建立全面战略伙伴关系 20 周年、中法建交 60 周年、中匈建交 75 周年、中国同欧盟建立外交关系 50 周年这几个连贯的关键时间节点合力创造的中欧文化传播"窗口期"，将全球合作交流的视野聚焦，从英美两个"头部"国家的"主流"院校，转向其他欧洲国家具备发展及创新潜势的"冷门"院校。双方应围绕全球治理挑战与中欧共同关切，融合传播学、外交学、政治学的多重视角，开展跨学科的新闻传播研究合作与教育经验共享，提升中欧文化传播深度广度，助推更广泛的人文交流与东西文明对话。2024 年 5 月 18 日，清华大学新闻与传播学院主办 2024 清华中欧传播论坛，并成立中欧文化传播研究中心，旨在搭建聚焦中欧文化传播议题的学术平台和多元共享的高端对话平台，发掘中欧文化传播内涵、拓展中欧文化传播外延。这一个案是我国新闻传播院校在前述方向上的有益探索。

8.1.3.2 顺应数智媒体发展趋势，构建中国新闻传播学自主知识与教育体系"素养-能力-治理"三位一体内容架构

2024 年，以 ChatGPT 和 Sora 等算法语言及视频模型为代表的生成式人工智能技术（AIGC）由 2023 年的井喷式发展走向成熟，并全方位嵌入数字媒介平台的运行逻辑之中，世界由平台化的"数字媒体"时代，升级进入"后平台化"的"数智媒体"时代。AIGC加持下的数智媒体技术深度介入新闻传播全链条，极大地推动了新闻传播场景的更新迭代，介于虚拟与现实之间的"Phygital"（数字-物理世界融合）成为"新常态"。与之相应，注重创造既真实又沉浸的"融合性真实"互动体验，呈现由物质现实和虚拟数字共同构建的合意事实的混合传播（Hybrid Communication）快速兴起。数智媒体场景在重新界定全球新闻传播学界与业界传统思考与实践思路与边界的同时，更孕育着以"人-机共生"实现传播增效赋能的创新潜势。①

在此背景下，本团队进一步考察了 2024 年 QS 学科榜单中排名前 10 院校和 THE 中国学科评级榜中 100 所随机选择的全球高校评级排名前 10 院校的专业课程设计与最新学术研究成果。初步结果显示，数智媒体技术的创新应用，以及对新闻传播学各细分领域理论与实践的重构变革，是全球新闻传播头部院校共同的研究重点议题与人才培养目

---

① 史安斌，郑恩.迈入"融合性真实"：文生视频技术对新闻传媒业态的重塑[J].传媒观察，2024(4)：27-36.

标。从此出发，顺应数智媒体发展趋势，阐释并助力"数字中国"和"数智华流"等中国特色的本土与全球数智传播的理论与实践创新，理应是未来我国新闻传播自主知识体系与教育体系构建的题中之义与必由之路。应对数智媒介技术对新闻传播领域的伦理规范、样态模式及治理监管带来的挑战与机遇，各院校应立足于新闻传播实践转向及其催生的现实需要，以"会用-能用-善用"为培育目标递进与线索逻辑，打造"素养-能力-治理"三位一体的跨学科、跨媒介、跨领域新闻传播学研究与教育内容框架。

"会用"聚焦于微观层面"人"的发展，聚焦个体在面对数智媒介技术手段时的主体性思考和能动性发挥。基于此，有必要将"数字素养"教育提升到"数智素养"的维度，从更宏观的视角来培养公众的技术辨别与理性应用能力。具体而言，相关研究与课程体系应在多样化 AIGC 技术应用能力培育的基础上，增添算法及人工智能技术的批判性认知培育。其核心关切在于，吸纳计算机科学、技术哲学、社会学等跨学科领域的理论资源，树立正向、积极、建设性的技术应用价值导向，实现对既有数智媒介技术应用在训练机制、应用场景和内容生产维度的创新性背后，所隐含的"西方中心主义"意识形态与知识权力建构偏向和"深度造假"弊端的纠偏，避免"追逐创新综合征"和"技术普世主义"。①

"能用"在"会用"的基础上更进一步，关注中观层面的跨媒介混合传播能力培养与媒介想象的多模态扩展。当前新闻传播学界对以 Tiktok、《原神》手游、Shein 快消平台等为代表的"数智华流"的关注，主要集中于经验观察与总结。如何充分发挥这些数智平台的传播效能，依然是亟待解决的关键议题。基于此，结合数智平台的媒介可供性特征，相关研究与课程体系应聚焦"跨媒介叙事"（Transmedia narrative）理论与实践思路，融汇语言学、文艺学的理论资源与研究培养经验教训，构建数智平台语境下的混合传播理论模式与能力培育框架。与此同时，数智平台混合传播的跨媒介特征，进一步决定了其对于"多模态"（Multimodal）对象关注，由此扩展了新闻传播学科的媒介想象力。从此出发，相关研究与课程体系建构，应当将关注重点从定义适配（Definitions）转向效用评估（Outcomes），深入挖掘数智媒体赋能下世博会、奥运会、博物馆等多模态传播样态所具备的传播潜力及其运作机制模式创新。

在宏观层面，"善用"强调体系维度的数智技术制度约束及治理体系构建。数智技术治理作为全球治理体系的重要一环，与全人类命运息息相关。相关学术成果的产出及研究与实践人才的培养，不仅是我国依托"数字中国"建设的鲜活在地经验，为"数智科技向善"和更加公正的"全球数字未来"建设贡献力量的关键，更是我国新闻传播学自主

① 史安斌，俞雅芸. 人机共生时代国际传播的理念升维与自主叙事体系构建［J］. 对外传播，2023（4）：9-13.

知识和教育体系形塑国际影响，获取国际声誉的重要途径。具体而言，相关研究与教育实践，可围绕数智技术治理话语权与对话机制建构、"数智鸿沟"弥合与算法公平建构和数智技术标准和评估体系的协商制定三大核心议题展开。

总结而言，百年变局之下，中国新闻传播学自主知识体系与教育体系构建恰逢其时。以 QS 学科排名和 THE 中国学科评级等国际新闻传播学科排名为参考，新闻传播学界应关照当前全球传播场域内的结构性变动，通过生产有针对性、目的性、实践性的新知识彰显文化自主性，同时协调促进南南合作与南北对话，助推多样文明平等交流互鉴。与此同时，我国新闻传播院校也应积极顺应数智媒体发展趋势，拓展学科内涵边界，构建跨界融合、全面务实的新闻传播理论与实践培养体系。

（清华大学新闻与传播学院　史安斌、刘长宇）

8.2　知名院系巡礼

8.2.1　密歇根州立大学的新闻传播教育①

密歇根州立大学位于美国密歇根州东兰辛市，其历史最早可追溯至 1855 年的密歇根州立农业学院，是美国赠地大学的典范，最开始以教授农业和机械知识为主，旨在培养实用型人才以促进南北战争后的经济恢复。为适应经济社会发展对人才培养的要求，学校在此后百余年的时间内数次变革，从最初的农业学院发展为综合性学校，于 1964 年正式更名为密歇根州立大学。密歇根州立大学的综合实力较强，被誉为"公立常青藤"，在 2023 年泰晤士高等教育发布的"世界大学影响力"排名第 26。该校以学术研究著称，常年收到来自美国国家科学基金会、美国国立卫生研究院、美国农业部等顶尖联邦机构的资助。

密歇根州立大学的传播艺术与科学学院有着悠久的历史，正如学院官网宣称："我们不仅是全美第一所传播艺术与科学学院，而且是最好的。"自 1955 年创办以来，密歇根州立大学的传播艺术与科学学院为美国培养了一批优秀的新闻人才，至今已有 8 位就读该学院的学生获得普利策新闻奖。学院不仅在传统新闻传播、广告公关领域

---

① 本节内容系广东省本科高校专项人才培养计划"国际传播卓越班人才培养计划"的阶段性成果。

屡获殊荣，还关注信息科学、环境、健康风险、游戏开发等，将传播艺术与科学相结合，具有多元化和跨学科的特征。密歇根州立大学的新闻传播教育在世界享有盛誉，2022 年和 2023 年 QS 传媒领域世界排名稳居第 9。作为美国办学规模较大、门类较全的综合性传播学院之一，拥有 56000 名校友，每年有千余名毕业生，密歇根州立大学传播艺术与科学学院在学科建设和人才培养等方面对国内高校也具有启示和借鉴意义。

8.2.1.1 办学条件

密歇根州立大学传播艺术与科学学院拥有一流的师资力量和领先的基础设施，为教学和科研提供充足保障。目前学院共有教职员工 260 余名，其中负责教学的专职教师有 185 名，博士生 79 名，学院老师多是来自学界和业界的佼佼者，包括艾美奖、普利策奖、美国社会学协会职业成就奖等荣誉获得者。2023 年 5 月 16 日，Prabu David 正式卸任院长一职，由原广告和公共关系主任 Teresa Mastin 担任临时院长。

在硬件设施方面，学院建设有阿凡达研究和沉浸式社交媒体应用中心（Center for Avatar Research and Immersive Social Media Applications）、游戏娱乐和学习实验室（Games for Entertainment and Learning Lab）、媒体与广告心理学实验室（Media and Advertising Psychology Lab）等 12 个先进创新中心和多媒体实验室，重点关注新闻、社交媒体、游戏开发、虚拟和增强现实以及通信科学等领域。

在传统媒体业面临数字化、信息化冲击的大背景下，密歇根州立大学传播艺术与科学学院不仅重视传统媒体平台的建设，也更重视新闻创新技术的探索。其中 WKAR 是传播艺术与科学学院创办的公共媒体，面向全美受众，提供新闻、信息和娱乐，荣获过密歇根州公共广播电视台年度奖、全国年度公共广播电台马可奖等荣誉。公共电视网 WKAR-TV 是全美历史悠久的教育电台，WKAR-AM 播放全国公共广播无线谈话节目，WKAR-FM 播放古典音乐节目。WKAR 在学院设有工作室，可为学生提供体验式教学和多样丰富的实习和就业机会。而新建的 Spartan 新闻编辑室和沉浸式媒体工作室以向学生提供体验式实践学习和研究环境而闻名。依托这些实验室和平台，不断开发学生的创意思维，提升专业技能和综合素养，培养创意型传播人才。

8.2.1.2 专业设置

密歇根州立大学传播艺术与科学学院办学规模庞大，专业分类细致，充分体现学科交融特征。学院共设置广告与公共关系系、传播系、沟通科学与障碍系、新闻系、媒体与信息系这 5 个大系，开设 21 个覆盖本硕博各层次的学位项目、14 个辅修项目以及 30 余个其他类型的授课项目(见表 8-5)。

表 8-5　　　　　　　　　　密歇根州立大学传播艺术与科学学院各类项目列表

类型		项目名称
学位项目 (21 个)	本科 (10 个)	Bachelor of Arts in Communication, Bachelor of Arts in Communication Leadership and Strategy, Bachelor of Science in Communicative Sciences and Disorders, Bachelor of Arts in Digital Storytelling, Bachelor of Arts in Journalism, Bachelor of Arts in Games and Interactive Media, Bachelor of Arts in Information Science, Bachelor of Science in Advertising Management, Bachelor of Arts in Creative Advertising, Bachelor of Arts in Public Relations
	硕士 (8 个)	Master of Arts in Communication, Masters of Arts in Communicative Sciences and Disorders, Master of Arts in Journalism, Master of Arts in Media and Information, Master of Science in User Experience, Master of Arts in Advertising and Public Relations, Master of Arts in Strategic Communication, Master of Arts in Health and Risk Communication
	博士 (3 个)	Ph. D. in Communication, Ph. D. in Communicative Sciences and Disorders, Ph. D. in Information and Media
辅修项目 (14 个)		Minor in Entrepreneurship and Innovation, Minor in Public Relations, Minor in Sales Leadership, Minor in Communicative Sciences and Disorders, Minor in Animation and Comics Storytelling in Media, Minor in Broadcast Journalism, Minor in Sports Journalism, Minor in Media Photography, Minor in Documentary Production, Minor in Game Design and Development, Minor in Information and Communication Technology for Development, Minor in Information Technology, Minor in Advertising Analytics, Minor in Fiction Filmmaking
证书项目 (8 个)		Health and Risk Communication Certificate, Digital Media Certificate, Graduate Certificate in College Teaching, Graduate Certificate in Journalism, Media Analytics Certificate, Organizational Communication for Leadership Certificate, MSU Digital Marketing Boot Camp, Serious Games Graduate Certificate

类型	项目名称
方向项目 （19个）	Concentration in Animation, Concentration in Audio Storytelling, Concentration in Filmmaking, Concentration in Multicam Production, Concentration in Broadcast Journalism, Concentration in Environment, Science and Health, Concentration in Information Graphics, Concentration in International Reporting, Concentration in Media Design, Concentration in Media Relations, Concentration in Photojournalism, Concentration in Sports Journalism, Concentration in Intercultural Communication, Concentration in Social Influence, Concentration in Communication Science, Analytics, and Research Methods, Concentration in Interpersonal Communication, Concentration in Mediated Communication, Concentration in Health Communication, Concentration in Organizational Communication
其他项目 （7个）	Public Relations Field Experience Program, Linked Bachelor's-Master's Degree in Advertising, Linked Bachelor's-Master's Degree in Communication, Linked Bachelor's-Master's Degree in Health and Risk Communication, Linked Bachelor's-Master's Degree in Media and Information, Specialization in Media and Information Studies, Specialization in Nonprofit Fundraising

其中，广告与公共关系系将传播与商业相结合，学院提供包括经济学和商学方面的课程，旨在培养学生分析、诊断和解决行业问题的创意能力和管理能力。传播系的教学目标是培养学生批判分析结构性问题的综合能力，理解人际、组织和中介沟通过程，通过深刻认知交往中的复杂网络以胜任在企业、政府、媒体等强调人际关系互动的工作。沟通科学与障碍系是学科交叉的典范，实现新闻传播与医学、心理学、语言学等多学科融合，旨在传播科学知识，改善沟通障碍患者的生活。新闻系作为传播艺术与科学学院老牌大系，在新闻教育和数字叙事领域处于美国领先地位，不仅有先进的实验室为学生提供沉浸式新闻创作环境，还有一批在业界获得顶尖奖项的优秀教师，致力于创造富有活力的新闻和信息传播环境。媒体与信息系以创新研究和创造性工作而闻名，师生合作参与研究、探索和设计下一代媒体和信息技术，毕业生多从事新媒体和互动媒体、信息产业等行业的工作。

（1）本科阶段

学士阶段专业设置有10个细分方向，学生可根据兴趣和特长选择专业，其中广告管理、沟通科学与障碍颁发理学学士学位，传播学、传播领导与战略、创意广告、数字叙事、游戏与互动媒体、信息科学、新闻学和公共关系颁发文学学士学位。在本科生培养阶段，传播艺术与科学学院注重将学术教育和职业能力培养相结合。学士学位毕业要求修满 120 个学分。本科一年级主要修读通识课程，由学院统一安排，总计 28 个学分。本科二年级实行专业分流，学生依据学业成绩、学术兴趣和职业目标考量选择某个专业进行学习，部分专业要求学生在大一修学特定课程，比如广告与公共关系系要求报读学生额外修学广告 205 和心理学 101 这两门课程（各专业特色课程见表 8-6）。实践方面，学院提供包括竞赛、俱乐部沙龙、媒体机构、交换项目等在内的专业实践项目，既丰富学生的大学生活，也让学生在真实环境中提升技能，为未来毕业求职做准备。学生可在学院的职业中心寻求实习和工作规划方面的援助，除了提供求职指导外，职业中心还为部分学生提供经济援助，补贴实习开销。

表 8-6　　　　密歇根州立大学传播艺术与科学学院部分本科特色课程

系	课程名称（学分）
广告与公共关系系	Mulgement（3）、Account Planning and Research（3）、Advertising and Society（3）、Integrated Campaigns（3）
传播系	Effects of Mass Communication（3）、Communication Campaign Design and timedia Commercial Production（3）、Advertising ManaAnalysis（4）、Methods of Communication Inquiry（3）、Quantitative Analysis for Social Research（4）、Crisis Communication and Rapid Response（3）
沟通科学与障碍系	Introduction to Communicative Sciences and Disorders（3）、Descriptive Phonetics（3）、Speech Science（3）、Evaluation Procedures in Speech-Language Pathology（3）、Intervention to Acquired Communicative Disorders（3）
新闻系	Visual Storytelling（3）、Multimedia Writing and Reporting（3）、Design and Layout（3）、Media sketching and Graphics（3）
媒体与信息系	Games and Interactivity（3）、Reasoning with Data（3）、Three-Dimensional Graphics and Design（3）、Games and Society（3）、Evaluate Human-Centered Technologies（3）、Interactive Prototyping（3）、Social Media and Social Computing（3）

（2）研究生阶段

该院设有广告与公共关系、传播学、沟通科学与障碍、健康风险传播、新闻学、传媒与信息、战略传播 7 个硕士研究生学位项目。硕士项目基本上是本科对应项目的延续，但体现了高阶和深化。博士研究生项目则致力于培养未来的学术学者、高校教师及行业先驱者，共分为3大方向：传播学、沟通科学与障碍、传媒与信息。以下对硕士学位项目进行介绍：

广告与公共关系硕士（Advertising and Public Relations）：理解广告和公共关系的原则和实践，参与社交媒体、媒体策划、社会营销等领域的研究。核心课程包括：广告和公共关系理论、广告和公共关系中的道德实践、广告和公共关系策略、广告和公共关系多媒体内容创作、定量研究方法。研究方向有数字和社交媒体、健康科学和环境、社会影响、广告与公共关系。

传播学硕士（Communication）：分为学术论文结业方式（预科博士学术研究方向）及期考结业方式（实务方向）两个方向。学术方向注重使用学术方法探究信息的创造、传播和接收，需要学习传播理论、研究方法、研究设计。学生可以选择一个专业研究重点领域，如人际沟通、组织传播、中介传播、说服力及社会影响、政治交流或跨文化交流等。

沟通科学与障碍硕士（Communicative Sciences and Disorders）：旨在为学生从事语言病理学行业提供学术和实践经验，此项目获得了美国语言听力协会的认可。核心课程包括沟通科学与障碍研究方法、语言障碍、吞咽困难的评估与治疗、运动言语障碍、临床研修班等。此项目对临床教育十分重视，学生也可根据兴趣增加学术研究任务以减少临床实践。

健康和风险传播硕士（Health & Risk Communication）：教授学生设计、编写、评估循证健康传播材料，解决社会健康问题。核心课程包括大众传播与公共卫生、不同人群的健康交流、研究方法、健康与科学写作、媒体关系、描述性和分析性流行病学，以及保健传播实习。毕业生的去向多为世界卫生组织、联合国儿童基金会、疾病控制和预防中心以及政府部门非营利组织等。

新闻学硕士（Journalism）：该项目分为学术研究及专业实务两个方向，学生可从事新闻学方面的学术研究或进一步深化新闻专业技能。核心课程包括新闻研究理论、当代新闻业面临的问题，此外学术方向还需要修读研究方法，实务方向需要修读多媒体报道并接受新闻培训。攻读新闻学硕士项目可在环境科学与健康新闻、国际新闻中选修感兴趣的方向。

传媒与信息硕士（Media & Information）：学生可在用户体验、媒体和信息产业管理、跨媒体制作（电影、影视作品、游戏）选择其一重点修学。核心课程包括理解和掌握社交媒体、游戏与交互设计、媒体与信息科技等，可帮助学生掌握设计、管理及使用信息与通信技术的能力。本项目研究方向包括人机交互、媒体与信息管理。

战略传播(线上)硕士(Strategic Communication)：注重挖掘学生的专业技能及专业洞察力，及时发现并利用机会开展有效传播。该项目旨在培养数字营销战略制定者、数字创新的应用者和指导决策者(通过收集、分析、解释数字营销数据)。

8.2.1.3 学术研究

密歇根州立大学以研究著称，聚集了一批对基础研究和前沿领域怀有探索热情的学者。传播艺术与科学学院涉足的研究领域十分广泛，包括健康、环境、媒体、技术、商业和公共事务等的转化研究，总体上可以细分为以下 11 个子领域：计算传播(Computational Communication)，游戏设计与开发(Game Design and Development)，全球与多元文化传播(Global & Multicultural Communication)，健康、风险、环境与科学传播(Health & Risk, Environment & Science Communication)，人本技术(Human-Centered Technology)，新闻业、新闻和信息(Journalism, News and Information)，媒体创新、设计与创业(Media Innovation, Design & Entrepreneurship)，媒介心理学(Media Psychology)，神经认知传播(Neurocognitive Communication)，政策与治理(Policy and Governance)，政治传播和公民参与(Political Communication and Civic Engagement)。这些研究领域与该学院的院名是吻合的：传播艺术和科学高度交融，跨学科特色非常明显。

具有多重学科背景的学者组建团队，利用学院先进的实验条件开展前沿研究，目前正在进行的代表性项目包括：环境新闻相关议题的研究，通过社交媒体了解社会规范和情绪对新冠肺炎期间社会距离的影响，家庭传播中父母的信息如何影响女性参与 STEM 职业，传播在改变健康行为和降低风险中的作用等。

地处五大湖的密歇根州立大学对环境和健康传播十分重视，立足学校的这种特色和定位，传播艺术与科学学院首倡环境新闻学，于 1994 年创办奈特环境新闻中心(Knight Center for Environmental Journalism)，围绕环境新闻进行系统科研和人才培养。吉姆·德特金(Jim Detjen)是该中心的创办者，也是一位忠实的环保主义者，有 20 多年的记者从业经验，先后到过 7 大洲 40 余个国家进行环境新闻采写，1997 年被《圣地亚哥地球时报》评为"世界上最有影响力的百位人物之一"。除了有丰富的环境新闻采写经验外，他还积极参与环境新闻教育，帮助创办了美国环境新闻记者协会和国际环境新闻记者协会，并担任主席。传播艺术与科学学院有 1/3 的教师在环境新闻学中心工作，旨在维系人与地球健康的生存，教研人员普遍具有丰富的环境新闻业界背景，与环境相关科研机构、环保组织保持密切互动。提供的课程有实验室环境报告、环境新闻研讨会等，突出实践重要性，注重向学生传授环境、科学和健康领域的新闻报道技巧。在环境媒体非营利组织"地球前进"(Planet Forward)赞助的 2023 年 StoryFest 竞赛中，该中心学生制作的播客作品《多年生谷物是可持续农业的未来》受到认可，并赢得前往冰岛报道气候变化的机会。

传播艺术与科学学院还成立了全球食品系统创新中心，是通过美国国际开发署高等教育网络解决方案建立的八个开发实验室之一，该项目旨在解决全球粮食短缺和安全问题。从关注的研究领域和从事的项目来看，密歇根州立大学传播艺术与科学学院关切公共问题的解决，具有社会责任感，正如其在学院官网所说的"塑造美好明天是我们的基因"。

8.2.1.4　保障机制

密歇根州立大学传播学院的奖学金种类丰富，申请要求明确，主要分为三大类：学院奖学金、针对特定专业或研究方向的奖学金、只限于研究生的奖学金。为增加学生获得资助的可能性，简化步骤的同时避免申请过程中出现错误，密歇根州立大学开发了一套奖学金申请系统，将相关要求集约化呈现，平台也会不定期更新并向学生推送申请信息。

学院奖学金面向学院所有学生，依据学生的经济需求、学业成绩、排名等多维条件综合确定。学生可在下一学年开始之前申请，需要同时提交一份通用申请表和传播学院申请表，完成申请后申请人将被自动考虑匹配所有符合要求的奖学金。本科一年级新生在入学时可参加杰出校友奖学金考试，通过考试且成绩优异的前 15 位学生获得此奖，奖金可用于减免学费、杂费、食宿费。学院各系也设有只面向本系专业方向学生的奖学金，多由该专业的杰出校友出资设立。在评定这些奖学金获得者时，不仅依据学生过往经历和表现，还考量学生对所学专业的热情，通过奖学金实现学业与职业的链接，具有就业导向性，帮助树立专业认同感。如广告与公共关系的 William J. Hopp 广告奖学金，不仅要求 3.0 以上学成绩、有广告公关方面的实践经历，还需要申请者提供 3-5 个简短的例子，证明对从事广告职业的热情和承诺。

类型多样、面向各层次的奖学金不仅能为学生学习生活减轻负担，还有助于激发学习和探索热情，鼓励学生积极参与学术、实践。符合要求的研究生可以申请研究金，以支持学术研究项目，除院系自设的研究奖学金外，部分高质量研究项目也可以获得来自国家科学基金会(NSF)、美国国家研究院以及企业等的资助。学院还为学生参与海外教育项目或华盛顿特区学习项目提供赞助，帮助学生拓宽眼界。

总而言之，密歇根州立大学传播艺术与科学学院成立 70 年来，始终致力传播科学研究，相信艺术与科学的融合，期待创造一个更美好、更有活力的未来。其办学理念与人才培养的特色和经验值得我国高校参考和借鉴。

（华南理工大学新闻与传播学院　曹小杰、鲍磊）

8.2.2　麻省理工学院的新闻传播教育

麻省理工学院（Massachusetts Institute of Technology，MIT）坐落于美国马萨诸塞州剑桥市内，主校区依查尔斯河而建，是一所享誉世界的顶尖私立研究型大学。学院自1861年建校，侧重应用科学和工程学，但同时也注重人文和艺术学科的发展，秉持"继续发展艺术、人文学科和社会科学"的治学态度。麻省理工学院全体教师致力于打破传统学科领域之间的壁垒以获得创新的可能，这一办学理念也体现在它们的院系设置和课程安排中。麻省理工学院没有单独的传播院系，而是将新闻与传播的教学内容融入人文、艺术与社会科学学院下的比较媒体研究/写作项目（Comparative Media Studies/Writing，CMS/W）。尽管没有作为独立科系存在，麻省理工学院的比较媒体研究/写作依然在全球范围内享有很高的声誉，并为学生提供优质的教育资源和广阔的发展平台。

8.2.2.1　办学理念：追求卓越 创新探索

麻省理工学院于1861年由著名自然学家威廉·巴顿·罗杰斯（William Barton Rogers）创立，他希望能够创建一个自由的学院来满足美国快速发展的需要。麻省理工学院的座右铭是"头脑和手"（Mens et Manus），象征着学术知识和实践目的的融合。麻省理工学院致力于为学生提供一种能够将严谨的学术研究和充满活力的校园环境相结合的教育，它旨在培养麻省理工学院社区中每位学员的能力和热情，并激发学员的激情和创造力，让他们在各自领域能够更好地为国家和世界服务。他们追求最高的诚信标准、卓越的智力和创造力、热爱探索和发现、相信边做边学的文化，同时也接受失败的风险，将失败视为成长阶梯上的必要一环，秉持着无所畏惧的态度进行科学探索。同时卓越与好奇心、开放与尊重、人性化和归属感也是麻省理工学院一直以来的价值追求。作为麻省理工学院最为热门的院系之一，比较媒体研究/写作在教学方面也体现了对于这种办学理念和价值追求的遵循。比较媒体研究/写作提供以合作和研究实验室为中心的学位课程，学员们可以在研究实验室中进行各种理论测试，包括但不限于全球媒体、数字人文、游戏、电子文学，等等。这种研究方向的多样性不仅取决于教师为学生提供什么，还取决于学院与捐助者和相关组织建立的战略伙伴关系

（见表8-7）。

表 8-7　　　　　　　　　　为研究实验室提供资助的各类组织（部分）

基金会、非营利组织和学校	公司	公共机构
亚瑟·维宁·戴维斯基金会	A2G 阳狮调制解调器	国家研究署
比尔和梅琳达·盖茨基金会	Adobe 系统	威尼斯城
卡内基公司	阿尔卡特朗讯	加泰罗尼亚政府
协和财团	Avea 实验室	意大利领事馆
弗洛伦斯·古尔德基金会	法国巴黎银行	意大利贸易委员会
福特基金会	思科系统	马里兰州公共电视台
布鲁诺·凯斯勒基金会	Emergence BioEnergy	马萨诸塞州
盖曼基金会	强生公司	美国国家艺术基金会
John S. 和 James L. Knight 基金会	万豪集团	国家人文基金会
约翰·麦克阿瑟和凯瑟琳·麦克阿瑟基金会	玛氏公司	新加坡国家研究基金会
马克斯·凯德基金会	Microsoft Studios	美国国家科学基金会
Marion 和 Jasper Whiting 基金会	莫比维亚集团	Provincia di Brescia
迈阿密基金会	摩托罗拉	佛罗伦萨省
麻省理工学院 Skoltech 计划	尼克	意大利广播电视台
纽约大学	诺基亚	Régie Autonome des Transports Parisiens
开放社会基金会	飞利浦北美	特伦蒂诺·斯维卢波
宾夕法尼亚大学	美洲狮	联合国儿童基金会

此外，学员们还可参与跨历史时期、文化背景和实验方法的媒体实践，以评估媒介变化、设计新媒介工具和预测媒体发展；加入以当代科学写作、小说、诗歌、新闻、数字媒体等为特色的研讨会和工作室。通过深度参与这些具有丰富社会意识、批判性专业知识的项目和活动，学生们将洞悉媒体美学与文体，理解社会、文化与媒体组织之间的关系、了解媒体与用户之间的相互作用。

8.2.2.2　专业设置：注重培养跨学科人才

CMS/W 在专业设置上体现了多学科兼收并蓄、跨学科融合互补的特点。它有一个硕士学位——科学写作（Science Writing）硕士学位和四个学士学位——比较媒体研究

（Comparative Media Studies）、比较媒体写作（Comparative Media Writing）、人文与工程（Humanities and Engineering）、人文与科学学士学位的研究方向可供学员选择。这五个专业方向的研究内容、课程设置存在较大差别，以下将分别进行详细介绍。

（1）科学写作专业

麻省理工学院提供的科学写作研究生课程是世界首屈一指的科学新闻和传播硕士课程之一。科学写作课程为期一年，在聚集世界知名科学家、尖端设施和开创性研究的社区内进行，致力于向学生介绍各种媒体形式的科学传播，包括新闻文章、长篇专题、调查报告、档案项目、广播和视频纪录片、数据可视化、播客和互动项目等。在一年的学习中，学生将学习基础研究和报道技能并制作可达出版标准的印刷、音视频和互动新闻作品。科学写作专业课程特色在于小班授课，该模式会通过调动各方面资源，如借助校友交流和指导机会、专业发展研讨会、全年多次的实习机会等，与科学传播领域的顶级媒体建立牢固的合作关系，为学生的职业发展提供支持。

（2）比较媒体研究专业

比较媒体研究开展的专业课程旨在将当代媒体（电影、电视、数字系统）的研究与对早期人类表达形式的广泛历史理解相结合。该课程涵盖来自文学研究、历史、人类学、艺术史和电影研究等核心人文学科的理论和解释原则，但同时也注重对这些内容进行综合性比较，以探索和拓展 21 世纪独特的新兴媒体文化。学生通过突破旧媒体对视听和文学形式研究施加的局限进行跨媒体思考并应对媒体环境的复杂性（见表 8-8）。

表 8-8　　　　　　　　　　针对比较媒体研究专业开设的部分课程①

计算机与社会课程（7门）	Phantasmal Media：Theory and Practice 幻象媒体：理论与实践、Introduction to Civic Media 公民媒体导论、Networked Social Movements 网络社会运动、Learning, Media, and Technology 学习、媒体与技术、Critical Internet Studies 批判性互联网研究、Games and Culture 游戏与文化、Current Debates in Media 当前媒体辩论
教育课程（5门）	Introduction to Education：Looking Forward and Looking Back on Education 教育概论：教育的展望与回顾、Introduction to Education：Understanding and Evaluating Education 教育概论：理解与评价、Design and Development for Games and Learning 游戏与学习的设计与开发、Education Theory and Practice I 教育理论与实践 I、Education Theory and Practice II 教育理论与实践 II

① https：//cmsw. mit. edu/education/comparative-media-studies/undergraduate/.

续表

游戏与互动媒体(9门)	Game Studies 游戏研究、Game Design Methods 游戏设计方法、Phantasmal Media：Theory & Practice 虚幻媒体：理论与实践、The Word Made Digital 世界数字化、Media Industries and Systems 媒体产业与系统、Creating Video games 视频游戏创作、Critical Internet Studies 互联网批判研究、Games for Social Change 社会变革游戏、Games and Culture 游戏与文化
电影和电视(15门)	Critical World building 批判世界建设、Transmedia Storytelling：Modern Sci-Fi 跨媒体讲述：魏玛与纳粹时期的现代科幻、Media in Weimar and Nazi Germany 传媒德国、Silent Film 默片、Production of Educational Videos 教育视频制作、South Asian America：Transnational Media 南亚美洲：跨国媒体、Culture and History 文化与历史、Short Attention Span Documentary 短期关注纪录片、The Social Documentary 社会纪录片、Innovation in Documentary：Technologies & Techniques 纪录片创新：技术与技巧、Introduction to Photography and Related Media 摄影与相关媒体概论、Advanced Video 先进影像、Introduction to Video 先进影像概论、Advanced Projects in Art，Culture and Technology 艺术、文化与技术的先进项目、Modern Art and Mass Culture 现代艺术与大众文化、Gender and Japanese Popular Culture 性别与日本流行文化、Modern Chinese Fiction and Cinema 中国现代小说与电影
媒体文化(21门)	The Visual Story：Graphic Novel，Type to Tablet 视觉故事：图形小说到平板电脑、Media in Weimar and Nazi Germany 魏玛和纳粹德国的媒体、South Asian America：Transnational Media，Culture and History 南亚美国：跨国媒体、文化和历史、Intro to Civic Media 公民媒体简介、Networked Social Movements：Media and Mobilization 网络化的社会运动：媒体与动员、Civic Media Collaborative Design Studio 公民媒体协作设计工作室、History of Media and Technology 媒体与技术的历史、Media Industries and Systems 媒体产业与发展系统、Writing for Social Media 社交媒体写作、Critical Internet Studies 批判性互联网研究、Gender and Media 性别与媒体、Fans and Fan Cultures 粉丝与粉丝文化、Applying Media Technologies in the Arts & Humanities 媒体技术在艺术与人文中的应用、Data Storytelling Studio 数据讲述工作室、Technology and Culture 科技与文化、Fun and Games：Cross-Cultural Perspectives 趣味与游戏：跨文化视角、Language and Technology 语言与技术、The Anthropology of Sound 声音人类学、Anthropology Through Speculative Fiction 推理小说中的人类学、Topics in Indian Popular Culture 印度流行文化中的话题、Visualizing Japan in the Modern World 现代世界中的日本形象

主修此专业的学生必须参与媒体研究导论课程、媒体实践和制作课程，除当代媒体

辩论课程之外的第二个沟通密集型课程和其他六门选修课。在满足学院毕业学分的常规要求之外，还需满足科学与技术限制选修课要求、实验室要求（12 学分）和体育要求（4 门体育课，每门 8 分）。

（3）比较媒体写作专业

CMS/W 将当代媒体的研究与创作和新闻实践相结合，研究当代媒体（电影、电视、游戏、社交媒体和数字互动）和其他媒体形式（小说、诗歌、电影和非虚构写作）。CMSW 提供两个本科专业，一个是上文提到的比较媒体研究专业，另一个便是比较媒体写作专业，而这两个专业也是 CMSW 的王牌专业。

主修比较媒体写作专业的学生能够获得专业交流委员会（WRAP，Writing，Rhetoric，and Professional Communication）提供的有关学科的线上线下、口头以及书面的综合指导；同时也能获得麻省理工学院写作与交流中心（WCC，Writing and Communication Center）提供的专业咨询服务。在毕业学分和必修课程方面，比较媒体写作专业的学生与比较媒体研究专业的学生要求基本相同。

（4）人文与工程专业

根据新发布的课程要求，人文与工程专业①的学生最多只有 6 门课程（72 学分）可用于冲抵主修科目学分和常规研究要求学分，并且已冲抵的 6 门课程学分不可再用于常规研究要求学分之外的 180 学分。此外，学生所选课程中至少有 8 门课程不能用于冲抵其他主修或辅修科目，同时为满足专业需要，至少要修 2 门归属于沟通密集型领域的课程。

（5）人文与科学专业

主修人文与科学②学位的学生与主修人文与工程学位的同学可以在相同的课程库中对所学课程进行选择，这些课程一部分归属于科学与工程科目，由该科目的教职员工决定；另一部分归属于人文学科领域，由学生和相应人文学科的顾问协商后决定。在多数情况下，为满足毕业要求，学生还需要产出一篇高级论文或参加一系列的高级研讨会。

除每个专业独有的课程和学分要求外，CMS/W 方向的学生均需要完成主修课程，学生可以在所有必修课和选修课中进行自由选择，来构建最符合个人兴趣的专业框架。学生们在选课阶段产生迷茫时，可以向教学顾问寻求帮助。每个学科的教学顾问会帮助

---

① https：//catalog. mit. edu/degree-charts/humanities-engineering-course-21e/.

② https：//catalog. mit. edu/schools/humanities-arts-social-sciences/humanities/#undergraduatetext.

学生安排适合他们兴趣和专业目标的课程。选课程序要求人文与工程、人文与科学这两个专业的学生在科学与工程学科、人文学科提供的课程库中选择并设计自己的学期课程表，学期课程表在通过教学顾问的审查之后才生效。

8.2.2.3 教师团队：高水平师资团队

人文、艺术与社会科学学院拥有一支由知名学者、资深新闻从业者和新闻业专家组成的高水平师资团队，他们有丰富的实践经验和深厚的学术造诣，能够为学生提供全方位的专业指导和支持。

CMS/W 目前有教授 22 人、研究科学家 11 人，每位教授和研究科学家都有业界顶级履历和丰富的媒介从业经验，包括但不限于出版过多部书籍、拍摄电影和纪录片、担任电台 DJ 和知名节目主持人、研究人机交互和平台游戏、获得各类文学奖项等。如 Kenneth Manning 教授的作品《科学的黑色阿波罗》入围普利策奖、肯尼迪图书奖和国家书评人协会奖；T. L. Taylor 教授是一位备受欢迎的演讲者和顾问，《纽约时报》、PBS、《洛杉矶时报》、BBC、CBC 和许多其他媒体的记者经常向泰勒博士寻求专业知识，她还经常担任工业和公民部门倡议的顾问(见表 8-9)。

表 8-9　　　　　　　　　　**比较媒体研究专业教师团队介绍**①

教授团队	Vivek Bald、Eugenia Brinkema、Federico Casalegno、Ian Condry、Junot Díaz、Paloma Duong、Fox Harrell、Heather Hendershot、Eric Klopfer、Crystal Lee、Helen Elaine Lee、Thomas Levenson、Alan Lightman、Kenneth Manning、Seth Mnookin、Nick Montfort、Jim Paradis、Justin Reich、Paul Roquet、Edward Schiappa、Philip Tan、T. L. Taylor、William Uricchio
研究科学家团队	Emma Anderson、Christina Bosch、Kat Cizek、Rik Eberhardt、Irene Lee、Katherine Moore、Scot Osterweil、Daniel Roy、Philip Tan、Aditi Wagh、Sarah Wolozin

8.2.2.4 保障机制：满载人文关怀

麻省理工学院为所有学生提供各种咨询和个人支持资源服务，从学业、生活和金融等方面尽可能为学生提供保障。

---

① https：//cmsw. mit. edu/people/.

在学业方面，麻省理工学院会为每名学生安排一名学术顾问。一年级办公室为一年级本科生指派学术顾问、学术部门为已申报专业的学生指派教师顾问。此外，每个学术部门都有各自的本科生和研究生负责人以及负责学术课程咨询的学术管理人员，为学生解答各种学业上的疑问和困惑。

在生活方面，学生生活部为所有麻省理工学院学生提供"支持和福祉"项目（Student Support And Well-being，SSAW），SSAW 由 6 个办公室组成，包括学生支持服务、残疾和访问服务、暴力预防和应对、酒精和其他药物服务、医疗团队和学生福利办公室。

当医疗问题影响本科生履行学业义务时，学生支持服务工作室会介入并提供帮助，充分调动校园资源并及时跟进学生成绩处理、辅助学生离校返校的申请等；残疾和访问服务确保所有残疾学生都能参与、获得麻省理工学院的活动和服务；暴力预防和应对办公室会对校园暴力、家庭暴力、跟踪和性骚扰等案件进行预防和调解；酒精和其他药物服务办公室通过与社区合作的方式来对学生的健康问题进行早期预防或解决，以促进健康社区的发展；医疗团队会在学生住院期间和重返校园后提供常态化医疗支持；学生福利办公室与整个学院的教职工合作，协调学院资源，关注 MIT 学生的身心健康并帮助建立良好的社交关系。

在金融方面，设立学生金融服务团队（Student Financial Services，SFS），为麻省理工学院本科生和研究生提供经济援助、贷款和预算方案规划等服务，学生在麻省理工学院进修的任何阶段都可向 SFS 寻求帮助。

在麻省理工学院，学生可以通过以下几种方式获得资金帮助：

①本科生应急支援基金：该资源用于帮助本科生支付各类不可预见的基本费用，如膳食资金、冬衣补贴或紧急回家等费用。

②米勒基金：该基金用于帮助支付保险未能涵盖的医疗费用。

③职业咨询和专业发展（CAPD）：有需要的学生可预约 CAPD 顾问，向其寻求帮助以找到合适的就业机会或远程工作机会。

④奖助学金：学生可以通过填写年度学生信息审查表来申请麻省理工学院奖学金，该奖学金会根据学生的经济情况按需发放，大约58%的本科生可以获得该奖学金。2022学年，麻省理工学院奖学金的中位数为 2023 美元。除麻省理工学院奖学金外，学生还可申请入学助学金、大学理事会奖学金（College Scholarship Service Profile）等。除常规奖助学金外，人文、艺术与社会科学学院（SHASS，School of Humanities，Arts，and Social Sciences）也为本院学生提供额外的资助机会（见表 8-10）。

表 8-10　　　　　　　**MIT&SHASS 资助机会 (部分)**①

SHASS 资助机会	外部奖学金和助学金
院长助学金	联邦佩尔助学金
人文奖	联邦补充教育机会补助金
凯利/道格拉斯人文研究与教学补助金	伊拉克和阿富汗服务补助金
德弗洛雷斯幽默基金	国家补助金
SHASS 本科生基金	校外奖学金 (私人)
Burchard 学者计划	/
SHASS 部门奖	/
荷兰艺术帕里茨奖学金	/
晨兴设计学院奖学金	/

麻省理工学院这所世界顶级学府以其独特的学术氛围和卓越的教育理念,吸引全球各地的学子前来探索和学习,在全球传播领域也享有盛誉。其师资力量雄厚,拥有一批知名学者、资深新闻从业者和业界专家;课程设置也富有创新性和前瞻性,涵盖新闻采编、多媒体报道、数据分析、新闻伦理等方面,旨在培养学生全面发展、掌握新闻行业的核心技能和知识的能力;同时注重跨学科的学习和研究,鼓励学生将新闻传播知识与其他学科进行融合,以拓宽视野、增强创新能力。这种跨学科的教育模式有助于培养具有全面素养和创新精神的新闻传播人才,对于我国开展新闻传播教育有一定借鉴意义。

(江西财经大学　罗书俊、张宇喆、黄靖雯)

8.2.3　维也纳大学传播系

8.2.3.1　历史、现状与目标

维也纳大学 (Universität Wien; University of Vienna) 由鲁道夫四世成立于 1365 年,坐落于奥地利共和国首都维也纳,是奥地利第一所大学及最高学府,也是德语世界最古老的大学、多瑙河地区的学术中心,产生了 21 位诺贝尔奖获得者。作为奥地利历史最悠久的大学,一直以来都是学术研究与人才培养的重要基地。

---

① https：//shass. mit. edu/resources/internal.

维也纳大学传播系（The Department of Communication）是维也纳大学社会科学学院（Fakultät für Sozialwissenschaften）的重要组成部分，也是世界上最大的传播科学系之一。该系成立于 20 世纪 40 年代，现拥有约 3900 名学生、超过 120 名员工及超过 140 名教职员。在众多学科领域中，传播系因其深厚的历史底蕴和前瞻的学术研究，逐渐成为欧洲乃至全球的焦点。维也纳大学传播系目前被评为欧洲顶尖的传播研究项目之一，其研究得到了众多资助机构的支持，例如欧盟及奥地利科学基金会。在 2023 年 QS 世界大学排名中，维也纳大学传播系排在第 14 位。维也纳的地理和文化地位以及其国际研究方向使维也纳大学传播系成为全球众多一流研究合作的关键中心。维也纳大学传播系与邻国以及美国和亚洲的许多大学都有研究联系。因此，维也纳大学传播系定期欢迎外国研究人员作为客座研究员或客座教授。

维也纳大学传播系的目标是成为欧洲及其他地区顶级传播研究的灯塔。其关键使命可以用三个总体标准来概括：第一，传播系的首要使命是追求卓越的教学和研究；第二，维也纳大学传播系认为其研究活动应该与整个社会相关；第三，维也纳大学传播系的目标是通过提供优良的研究和教学环境来专门支持院系中的新成员，为他们在学术界及其他领域取得成功的职业生涯做好准备，正如其良好的工作设置所表明的那样。

维也纳大学传播系现由萨宾·艾因威勒（Sabine Einwiller）教授（公共关系研究教授）担任系主任。约尔格·马特斯（Jörg Matthes）教授（传播学教授）与弗里茨·豪斯耶尔（Fritz (Friedrich) Hausjell）教授担任副系主任。玛蒂娜·温克勒（Martina Winkler）为系主任助理。

8.2.3.2 教学设置

（1）学士与硕士学位项目

在维也纳大学传播系，学生可以攻读传播学学士或硕士学位、传播学英语硕士学位或社会科学博士学位。维也纳大学的学士学位课程为期六个学期，旨在为该领域的职业生涯提供学术准备。硕士课程有四个学期，以学士学位的初步学术准备为基础，并为学生提供更深入地观察、研究和解决学术问题的机会。

为期三年的新闻与传播研究学士学位课程作为学术职前教育，旨在为学生提供新闻、公共关系、广告和市场研究等各个专业传播领域的职业相关技能；为期两年的新闻与传播研究硕士学位课程旨在深化学生在学士学位课程中获得的学术职前教育。特别值得注意的是，学生可以从内容上和方法上培养在其硕士论文范围内独立处理科学问题所需的能力。

传播系设有理事会对相应学士/硕士学位项目进行组织与管理。新闻与传播研究学士学位与硕士项目的主任由 Petra Herczeg 博士担任。她主要的研究领域为儿童与媒体、跨文化交流、语言和知识、新闻学。

维也纳大学还为学生提供学科辅导课程，教职人员提供的专业课程在入门期间辅以相应的学科辅导。这些学科辅导课程采用与入门讲座相关的练习形式，由经验丰富且经过适当培训的学生为学生授课。

BaGru Publizistik 是代表维也纳大学传播学学士和硕士课程所有学生的民选机构。除了提供与学习相关的所有建议外，BaGru Publizistik 还组织活动帮助学生相互联系。有时包括免费潘趣酒，有时还包括免费早午餐。如果学生有任何与学习相关的疑问或问题，该机构也是学生们在系里的第一联系人，协助其反馈问题。

（2）博士学位项目

维也纳大学传播系与维也纳大学博士研究中心（The Center for Doctoral Studies at the University of Vienna）合作，提供传播学博士学位的培养，作为社会科学博士项目的一部分。博士论文的要求是完成一篇篇幅较长的原创研究，对人类知识和科学作出了真正的贡献。因此，它与硕士学位论文有很大不同，而且要求更高。该项目对探索传播和媒体领域的不同内容、过程、效果、背景和系统研究问题开放。维也纳大学博士研究中心为潜在的博士生提供了申请的相关要求的结构化概述。维也纳大学以外的大学毕业生录取信息可在教学事务和学生服务网站上找到。

（3）伙伴制度（Buddy Project）

伙伴制度是一个旨在让德语作为外语和第二语言的学生在新闻与传播研究所的大学环境中融入、社会化和参与的项目。在伙伴制度中，以德语为母语的学生与以德语为外语的学生聚集在一起，共同完成学业。其重点是跨文化交流和互相帮助，让学生通过互助在大学中找到自己的出路。

8.2.3.3　学术科研

维也纳大学传播系进行的研究涉及公共传播（通过媒介）的过程及其基础设施条件，以及它们对社会和个人的影响。从比较的角度来看，这些研究包括系统和组织研究、新闻研究、历史媒介研究以及媒体内容和影响研究。在学科领域方面，维也纳大学传播系教授和学术研究人员致力于媒体监管、媒介娱乐、媒介史、媒体创新和媒体变革、政治传播、广告和公共关系等核心问题。维也纳大学传播学系对实证媒介和传播研究方法的使用和进一步发展是特别关键的焦点，特别是在计算传播科学方面。

通过其研究工作，维也纳大学传播系为以下重点研究领域作出了贡献："性别与转型""治理、民主、团结""移民、公民身份和归属感""政治竞争与传播""社会科学中的视觉研究"以及"动荡时期的知识社会"。在这种情况下，"传播者"不仅是传统意义上的传播者（例如记者），还包括使用其他传播形式（公关、咨询、广告）和流程的其他参与者（例如经济或政治参与者）。维也纳大学传播系的研究还侧重于新媒体传播技术及其对个人和社会的影响。

多年来，维也纳大学传播系已成功向著名资助机构申请外部资助，例如欧盟（Horizon 2020、Erasmus+）、奥地利科学基金（FWF）、奥地利共和国中央银行周年基金（OeNB）维也纳市和奥地利共和国各部委。

2014年，维也纳大学传播系设立了自己的研究奖。它旨在支持博士生和博士后追求、磨炼和加强自己的国际研究路线。主要目标是提高传播系年轻研究人员的国际知名度和影响力。成功的获奖者将获得高达2000欧元的奖金来完成拟议的研究项目。鼓励获奖者将其研究成果提交给国际会议和期刊。两名外部评审员和两名评选委员会成员负责评审过程。2022年，传播系将该奖项重新命名为Klaus Schönbach奖，以纪念其的前系主任（2010—2014）Klaus Schönbach。2022年，Kevin Koban和Melanie Saumer因其题为《在线敌意去：关于接收情况对旁观者处理反LGBTQIA+社交媒体评论的影响的眼球追踪研究》的研究提案获得了Klaus Schönbach奖。

维也纳大学传播系以其优秀的书籍和期刊出版物而闻名，在国内和国际上都受到高度评价。传播系成员曾担任或正在担任若干主要国际期刊的主编或副主编，如 *Communication Methods & Measures*、*International Journal of Media & Cultural Politics*、*Journalism Studies*、*Journal of Communication*、*International Journal of Press/Politics*、*Human Communication Research*。在媒介史领域，维也纳大学传播系自1986年起出版 *Medien & Zeit* 期刊。该期刊是一份在维也纳出版的跨学科期刊，它专注于传播研究的各种理论、方法和问题，旨在从历史角度和综合方法来考虑这些问题。

目前，维也纳大学传播系下设10个教研室（Labs）开展不同领域的研究。

（1）政治传播教研室

该教研室侧重于关注公共场所中社会政治话题的传播，即其研究机构、组织和公民如何在传统媒体和新媒体中进行交流；还从微观和宏观层面研究了这种类型的传播对公民政治认知、情感、态度和行为的影响。维也纳大学传播系参与了奥地利国家选举研究（AUTNES），并为奥地利以及更广泛的地方、国家和欧洲层面的选举研究作出了贡献。

（2）媒体与创新教研室

教研室关注媒体变革和媒体创新，其研究重点是媒体的数字化转型及其对个人和社会的影响。该领域的研究尤其探索通信技术如何塑造现代生活的个人、社会和心理方面。维也纳大学传播系在这一领域的研究强调一种（新）媒体环境，它对信息获取、政治知识、政治讨论和政治参与等民主方面既有积极的影响，也有消极的影响。媒体与创新是一个跨领域的主题，跨越传播系的多个研究传统。例如，传播系的学者探讨了不断变化的媒体环境对专业新闻的作用。学者们还研究了社交媒体对民主和日常生活各个方面的影响，例如，研究智能手机的使用对年轻人日常生活的影响以及 Instagram 的使用和主观生活满意度。此外，政治信息在不断变化的媒体环境中的作用也是一个关键研究领域，特别是在错误信息方面。最后，战略传播学者研究了信息通信技术给企业带来的风险和机遇。

（3）战略传播教研室

维也纳大学传播学系的学者主要探索与广告传播和企业传播相关的主题：其跨学科的学者团队研究经典广告技术的内容和效果，例如电视和平面广告、混合广告信息（例如产品植入、赞助）、政治广告或广告的数字方面。教研室重点关注广告效果背后的心理机制以及对儿童等弱势群体的研究。同时，战略性企业沟通领域涉及组织的沟通活动对其利益相关者（反之亦然）的影响以及两者的相互作用。教研室研究的重点在于关键情况下的沟通，涉及外部和内部企业环境、企业社会责任以及企业沟通和公共关系的透明度。

（4）方法与计算科学教研室

维也纳大学传播学系参与了广泛的先进计算方法的开发和应用来研究传播现象，以各种方式突破了该领域的方法论界限。计算传播研究与政治学、信息学、计算机语言学或心理学等相关学科密切互动。虽然该领域现有的专业知识非常广泛，但维也纳大学传播系特别关注自动文本分析，网络分析与仿真，以及实验等子领域。

（5）新闻教研室

其研究涉及研究新闻学的多种方法，包括奥地利新闻业的历史研究、新闻框架研究、自杀新闻报道、新闻与移民、少数族裔新闻报道、新闻与安全、新闻媒体监管、新闻自由、新闻数字化转型和新闻教育、新闻学、边缘新闻学、新闻学与日常生活、新闻学与集体记忆的比较研究，以及新闻学与其他社会领域的相互关系。教研室尤其关注比较新闻学研究、新闻学与日常生活、新闻转型、政治新闻这四个领域。

（6）媒介与娱乐教研室

该教研室主要分析非政治、娱乐媒体的内容和效果，例如电影、电脑游戏、非政治社交媒体或寓教于乐节目，涵盖娱乐教育、媒体对历史和历史话题的描述和影响、娱乐媒体对健康相关产品的描述和影响、社交媒体上的身体理想或幽默效应等特定说服机制等领域。

（7）健康传播教研室

维也纳大学传播系的健康传播研究探讨了媒体在健康领域的作用。该研究方向处于传播/社会科学和医学/公共卫生的交叉点，整合了医学、公共卫生、儿科或心理学等多个相邻领域的研究成果。维也纳大学传播系的健康传播学者开发、推进和应用传播理论和方法，为这些跨学科研究领域作出贡献。实验室的研究重点关注广泛的健康问题，如自杀预防、戒烟、癌症预防、疫苗接种、抑郁症、性传播疾病和营养。研究工作可大致分为七个领域：公共卫生运动信息的优化；全球健康差异和数字健康鸿沟；健康相关新闻的质量；刻板印象和健康迷思；新数字媒体技术与健康相关的后果；健康传播的历史视角；娱乐媒体中健康相关内容的使用和影响，特别是在身体满意度和营养方面。根据其对媒体在健康领域的作用的理论理解，维也纳大学传播系的健康传播研究明确解决了对个人和社会层面可能产生的有害和有益的后果。

（8）媒介治理教研室

媒介治理教研室的研究考察塑造和管理媒体和传播的规范和机构的转变。其焦点是这些过程背后和塑造的社会、文化、政治、经济和历史发展。其研究观察媒体政策、内容和控制的对象，技术基础设施和技术发展的问题，以及规范媒体与当局和市场关系的问题。维也纳大学传播系借鉴法律研究、社会学、政治学、人类学和历史学等多个学科议程并为之作出贡献，研究结构、流程、实践和话语以及它们在宏观、中观和微观层面的权力关系中的作用。实验室的研究围绕几个交叉主题进行组织，包括媒体治理、视听政策、新闻道德、公共服务媒体、频谱政策、平台监管、隐私和监视、版权以及性别和媒体政策。

（9）媒介史教研室

目前维也纳大学媒介史教研室已完成的研究项目包括："'图片战争'：1945—1955年奥地利的新闻摄影""通过取景器查看历史：1945—1955年奥地利的新闻摄影""世界之间的一代""通过'专制'走向民主？波斯尼亚和黑塞哥维那（1999—2002）"。

（10）女性主义媒介与性别教研室

女性主义媒体和传播研究在维也纳大学传播系有着悠久的历史，自1984年以来，其课程中也有相应的课程，代表了女性主义以复杂方式融入不同概念领域的丰富传统。教研室研究媒体中的性别代表性以及媒体在性别观念和意识形态构建中的作用。其研究包括多种方法和分析框架的使用有利于妇女表达自己的经验和观点；扰乱研究过程中的性别权力关系；开展有潜力促进更加性别平等的做法、流程和政策的研究；积极参与克服对妇女的压迫的活动。

8.2.3.4 国际交流

（1）伊拉斯谟+（ERASUMUS+）项目

维也纳大学传播系的伊拉斯谟+项目分为外出访学项目（outgoing）、外校访学接收项目（incoming），以及伊拉斯谟实习计划（internships）三个部分。伊拉斯谟+外出访学项目为该系学生提供赴包括欧洲、北美、非洲、亚洲、拉丁美洲等地区的项目合作院校交换学习的机会。赴欧洲交换项目为期一学期，学士项目学生从第三学期开始可以申请，硕士项目学生从第一学期开始可以申请。赴欧洲外其他地区交换项目为期一到两个学期，学士或硕士均需要先在该校完成两学期的学习。在伊拉斯谟+计划中，来自伊拉斯谟+合作大学的学生可以在维也纳大学学习一到两个学期。这样做的先决条件是，必须与分配到相关学习领域的合作大学签订机构间协议（IIA），并且学生必须由合作大学提名在维也纳大学进行伊拉斯谟+项目。伊拉斯谟实习计划是由 OEAD 赞助的实习。该实习可以在欧盟境内的任何公司、研究机构或任何类型的组织（非欧盟机构）进行。

（2）西奥多·赫茨尔（Theodor Herzl）新闻诗学讲座

该讲座由 Wolfgang R. Langenbucher 设立。自 2000 年夏季学期以来，已有 16 位讲者以正式讲座的形式阐述了他们对新闻学的看法。这些讲座的内容由 Picus Verlag 出版，Langenbucher 编辑。沃尔夫冈·R. 兰根布赫（Wolfgang R. Langenbucher）教授荣休后，汉内斯·哈斯（Hannes Haas）负责西奥多·赫茨尔（Theodor Herzl）的新闻学诗学讲座，直至他于 2014 年 3 月去世。自 2016 年、2017 年起，福尔克·哈努施（Folker Hanusch）和索菲·莱切勒（Sophie Lecheler）共同负责新闻学诗学的管理工作。

该讲座是几十年来国际文化和维也纳大学传统的一部分。比如，伊戈尔·斯特拉文斯基（Igor Stravinsky）于 1939—1940 年在哈佛大学作了题为"音乐诗"的客座讲座，这些为围绕"诗学"一词词源的学术客座活动树立了榜样。希腊语"poiein"的意思是创造性地行动或创造一些东西，诗学是对这一过程中所创造的东西的研究。英格堡·巴赫曼（Ingeborg Bachmann）于 1959—1960 年推出了法兰克福诗学讲座系列（Frankfurter Poetik-Vorlesungen），至今仍在举办，为几所德语大学提供了典范。追随这位奥地利诗人之后的著名演说家包括海因里希·伯尔（Heinrich Böll）、汉斯·马格努斯·恩岑斯伯格（Hans Magnus Enzensberger）、弗里德里希·迪伦马特（Friedrich Dürrenmatt）、君特·格拉斯（Günter Grass），以及 20 世纪 90 年代的罗尔夫·霍赫胡特（Rolf Hochhuth）、莎拉·基尔希（Sarah Kirsch）、玛琳·斯特雷鲁维茨（Marlene Streeruwitz）、埃纳尔·施里夫（Einar Schleef）和汉斯·乌尔里希·特雷切尔（Hans Ulrich Treichel）。根据这些客座讲座编写的书籍记录了德国现代文学40多年来的诗学。萨尔茨堡莫扎特音乐与表演艺术大学于1992年设立了诗学客座教授职位,包括客座讲座、肖像音乐会、教学和阅读。

在西奥多·赫茨尔讲座,新闻诗学首次被赋予与传统文学、音乐和艺术相同的文化和知识地位。就其日常规模而言,新闻可能看起来是一种服务,但除了这一属性,它也是一种非常特殊的文化产品,具有丰富的传统,享有相应的审美和知识地位。诸多真正的创造性成就也为新闻领域带来了众多可识别的作品,以及新闻经典的义务和连续性。就德语新闻业的文化史而言,这一经典与维也纳有很大关系。埃贡·欧文·基什(Egon Erwin Kisch)曾尝试记录这一经典及其影响深远的传统。这为"维也纳现代新闻学派"的建立提供了理由,与"世纪末"维也纳的许多其他发展并行。战争、政治动乱时期、流亡和社会变革消除了这些传统的连续性。但今天,在各种媒体和源源不断的新媒体中,维也纳大学传播系发现新闻业的创造性产出不仅体现在捕捉不断新的现实世界以及调查现实的具体方法中。除了书面文字,摄影和电视纪录片以及新的互联网内容也属于新闻表达的基本手段。

(3)开放科学实践

在社会科学领域,对开放科学的呼声越来越高。维也纳大学传播系旨在实施日益开放的科学实践。从2021年开始,托比亚斯·迪恩林(Tobias Dienlin)担任该部门的开放科学官员。他是传播系与开放科学相关的所有问题的联系人。

(西南政法大学新闻传播学院　王子艳)

8.2.4　美国西北大学的新闻传播教育

8.2.4.1　学院设置:并驾齐驱的传媒教育两大支柱

在西北大学这座学术的殿堂中,传播学院(School of Communication)和梅迪尔学院(Medill School of Journalism, Media, Integrated Marketing Communications)是新闻传播教育的两大重要支柱。

传播学院覆盖了从戏剧艺术、语言/声音艺术,到媒介技术与传播行为的多学科领域。学院不仅重视理论知识的传授,也注重实践技能的培养,使学生们能够在媒体制作、戏剧影视、临床声学、表演艺术等领域发挥出色的创造力和批判性思维能力。此外,传播学院涵盖从本科到博士层次的教育项目,为学生提供了丰富的学习和研究机会,培养他们成为未来传播行业的领导者。

与传播学院的广泛学科覆盖不同，梅迪尔学院专注于新闻学、媒体研究及市场营销传播的教育研究。自1921年建院以来，梅迪尔学院始终是全球新闻教育的先驱，培养了众多新闻与传播领域的杰出人才，已经成为美国中部，尤其是芝加哥大都会区媒体从业者的"摇篮"。学院结合了严谨的学术研究与实际应用，通过创新的课程设计和实践操作，确保学生能够适应不断变化的媒体环境，满足市场的专业需求。

西北大学的传播学院与梅迪尔学院共同铸就了一个多元化且深邃的学术领域，提供全面的新闻传播教育资源。这两所院校为全球传媒行业培养了众多杰出的专业人才。得益于其丰富的课程和项目，西北大学不仅在美国国内获得了广泛的认可，其在国际新闻与传播教育领域中也享有极高的声誉和尊重。通过这种教育模式，西北大学继续巩固其作为全球新闻传播教育创新者的地位。

(1)传播学院：引领前沿学科视野，跨学科融合领军之路

①专业与课程：塑造未来的全球领导者。

西北大学传播学院(school of communication)致力于通过团队合作、共同研究和深厚的学术基础对社会产生积极影响。学院为每位学生提供丰富的学习资源和实践训练，旨在激发学生的创造性和学术潜力。该学院的目标是建立一个多元化、公平和包容的社群，推动社会正向发展。通过这种方式，西北大学传播学院不仅在学科思维方式上引导学生，更通过实际行动和创新思维，培养学生成为能够在各自领域和社会中发挥重要影响力的未来领导者(见表8-11)。

表8-11　　　　　　　　　　西北大学传播学院的课程设置(部分)

专业	课程设置
传播学	情境传播：导论、分析与研究、公共演讲、计算无处不在(Computing Everywhere)、传播学研究方法、说服理论、传播与文化、传播与技术、健康传播专题、战略传播专题、传播学研究专题、社会网络分析、算法与社会、政治传播、现代修辞分析、跨文化媒体与受众、全球媒体与传播研讨会、传播与老龄化、组织领导力、非营利传播管理、媒体运动与社会变革、媒介技术史、沟通技巧与实践、视觉传播、营销传播、创意产业营销策略、创意品牌与设计、媒体领导力与战略、创意企业的商业模式、文化与艺术分析
广播/电视/电影	讲故事的艺术、唱片业的历史、电影史与评论、好莱坞电影史、媒体文本分析、电视剧集编写、银幕表演专题、电影摄影、互动媒体专题、电影/视频/音频制作专题、导演专题、纪录片制作、电脑动画、媒体与文化理论、电影文化史、屏幕文化的基础、编剧研讨会、声音研究导论、声音制作导论、声音科学导论、声音职业发展

续表

专业	课程设置
戏剧	情境下的戏剧、表演之声、舞台指导的基础知识、设计过程(场景、灯光、服装)、戏剧研究专题、音乐剧专题、莎士比亚之声、剧本创作、高级剧本创作序列、舞台管理、戏剧绘画、戏剧艺术家的计算机图形学、创意戏剧、戏剧与社会变革、木偶历史与表演、高级试镜技巧、舞台中的方言、舞台设计师的戏剧与美学理论
表演研究	表演模式、文本分析与表现、生产实验室、表演研究导论、表演文化与传播、黑人音乐研究、食品与表演、表演研究主题、亚裔美洲的艺术与表演、在非洲表演、同性恋和跨性别色彩批评、表演流行音乐、表演研究专题、拉丁裔表演、表演与技术研讨会
沟通科学与障碍	听力和言语声学导论、传播神经生物学、发声机制的解剖学和生理学、大脑和认知、语言科学、语音学、听力康复、言语和语言病理学临床协助、婴儿和幼儿的早期传播干预、传播科学与疾病专题、传播科学信号、系统和声学、听力学临床实践、听力学临床实习、临床言语解剖学、生理学和运动控制、成人神经运动言语疾病、儿童言语障碍

- 传播研究系(Department of Communication Studies)。

该系提供丰富的专业学位课程,包括传播学、声音艺术与工业硕士、传播学硕士,以及创意企业领导力硕士学位。此外,还有媒体、技术与社会的博士学位,以及传播研究博士学位和技术与社会行为方向博士学位。

创意企业领导力硕士项目旨在将学生的创意才能与商业知识、战略技能及创业思维相结合,专注于培养娱乐、媒体和艺术领域的专业人才。该项目为学生提供了机会与全球领先的创意产业的专业人士和组织进行交流和合作。媒体、技术与社会(MTS)是一个创新性的跨学科博士项目,专注于研究互动媒体、技术环境及其社会影响。研究领域包括儿童发展、数字媒体使用及其效果、健康与福祉、人机交互、创新与变革、媒体机构、网络和组织、社交媒体等。技术与社会行为(TSB)博士项目是计算机科学与传播学的联合博士项目,充分体现了西北大学对跨学科研究的强大支持。该项目深化学生对人类行为的理解,将这些知识应用于技术设计,并鼓励在技术使用环境中对技术进行评估和反思。

- 广播/电视/电影系(Department of Radio/Television/Film)。

广播/电视/电影系致力于探究媒体的历史、理论及生产,涵盖电影、电视、声音和互动媒体等领域。该专业深入分析媒体文本、技术和文化,并为学生提供广泛的实践机会,从而为未来的作家、导演、制片人和经理人等职业生涯奠定坚实基础。

该专业提供多个学位课程，包括广播/电视/电影本科学位、声音艺术与工业硕士学位、创意企业领导力硕士学位、纪录片媒体艺术硕士学位以及银幕和舞台写作艺术硕士学位。此外，屏幕文化硕士和博士学位项目为学生提供与国际知名学者合作的机会，涵盖电影、电视、数字媒体和声音研究等领域。

- 表演研究系（Department of Performance Studies）。

该专业的学生不仅学习如何分析和表演，还会学习如何通过表演来批判、重塑和改变世界。他们分析舞台上、后台和日常生活中的创意作品，并通过表演理论的批判性视角研究社会和文化实践。表演研究的研究生项目根植于对表演的分析和探索，既是艺术实践，是学术方法，也是参与历史、文化和人类表达的一种手段。该项目的学生在文化研究、民族志、表演理论和批评、教育学和数字学术方面进行批判性研究。他们还在表演、策展工作、媒体制作、组织领导、创意产业、教育和行动主义方面寻求创造性的应用和转化。表演研究博士生在攻读学位的同时还可以获得性别研究、亚洲研究、批判理论、修辞与公共文化、宗教与全球政治或非洲研究的研究生学位。

- 戏剧系（Department of Theatre）。

戏剧系为学生提供全面的戏剧艺术教育，覆盖从实践到历史理论的各个方面。专业课程包括表演、舞蹈、声乐、导演、编舞、剧本创作、音乐剧、儿童剧以及舞台管理等，同时涉及戏剧设计、历史和批评，以及服装、布景和灯光设计等细节。

学院提供多个专业学位，包括戏剧专业本科学位、舞蹈专业本科学位、表演艺术硕士学位、舞台设计艺术硕士学位、导演艺术硕士学位及戏剧博士学位。舞台设计艺术硕士项目是全美顶尖的研究生项目之一，拥有七名全职专业设计师和来自芝加哥专业戏剧社区的兼职教师。该项目强调设计师与导演之间的密切合作，注重对文本的深入分析和艺术声音的培养。

- 沟通科学与障碍系（Department of Communication Sciences and Disorders）。

沟通科学与障碍系致力于深入探索有关人类听觉、语言、学习和吞咽的科学。该系不断开发更有效的方法来预防、诊断和治疗相关的沟通障碍，并广泛研究影响沟通的社会、家庭和文化因素。系内提供的学位项目覆盖本科到博士阶段，包括人类传播科学本科学位、言语、语言与学习硕士学位、听力学博士学位、言语-语言病理学博士学位、跨部门神经科学博士学位和传播科学与疾病博士学位。

临床言语语言病理学（SLP）项目作为该院的标志性项目，由世界知名的科研和临床教学团队领衔，配备最先进的诊所和课程资源，旨在培养优秀的语言病理学家。

言语-语言病理学博士项目和跨部门神经科学博士项目则分别对接现代卫生教育政策的变化需求和神经科学的前沿研究，前者强化了循证实践的专业知识，后者则利用芝加哥和埃文斯顿两个校区的综合优势，打造高度跨学科的研究平台。

②传播学院的师资队伍：杰出成就与专业实力。

传播学院拥有 200 名专业教师，分为 168 名教研教师和 32 名实践教师两大队伍。这些教师在各自领域内具有卓越的成就，囊括艾美奖、托尼奖、奥斯卡奖的获得者及提名者，古根海姆研究员，以及国家科学基金会（NSF）、国家卫生研究院（NIH）和美国陆军研究实验室的资助者等。此外，传播学院院长 E. Patrick Johnson 曾荣获美国国家传播学会颁发的莱斯利·艾琳·科格杰出表现贡献奖和兰迪·梅杰斯纪念奖，这些荣誉标志着学院在学术界和实践领域的领导地位和专业影响力。

③ 职业发展与支持：为学生构建全面职业资源。

学院致力于为学生提供全面的职业指导和校友网络资源，以丰富学生的学术生活和实际工作经验。为此，学院特设外部项目、实习和职业服务办公室（EPICS），安排资深职业顾问为学生提供个性化的一对一指导。EPICS 致力于构建涵盖传播艺术与科学、沟通与障碍、电影、声音、创意及媒体行业等领域的 6 个研究生课程和 20 个本科学习社区。EPICS 通过组织校友座谈、雇主现场考察和与行业领导者的互动研讨会等活动，帮助学生建立与社会组织的有益联系，拓宽职业视野。此外，EPICS 还提供针对性的职业指导，包括简历和求职信撰写、职业规划与策略、工作及实习搜索、职业社交技巧等，全面支持学生的职业发展。

④ 学术探索与支持：为学生打造多元化研究环境。

该学院为学生和学术研究者提供了一个紧密合作的学术环境，拥有超过 50 个涉及基础科学与社会科学的研究实验室。这些实验室包括听觉神经科学、自闭症研究与临床合作、传播与公共政策中心、媒体心理学与社会影响、计算新闻以及社区网络科学等。这样多元化的实验室资源为有意深入研究或从事研究型职业的学生提供了广阔的选择空间。其中，传播学院设有专门的研究办公室，提供资金赞助及行政支持用于支持教师和学生的项目，旨在减轻学生在研究资金上的负担。

对于本科生而言，学院设立了本科课程和咨询办公室（OUPA），通过专业的学术顾问为学生提供定期指导。这些指导包括课程选择、学位进度、大学政策与程序、校园资源、专业发展机会及个人目标等方面的信息，帮助学生发掘个人优势与兴趣，同时获得在多样化环境中学习与成长的机会。

⑤跨学科视野：打造"修辞、媒体与公众"项目。

西北大学 2023 年推出了由传播学院、Weinberg 艺术与科学学院以及梅迪尔新闻学院共同开设的"修辞、媒体与公众"项目，该项目具有开创性意义，标志着跨学科教育迈出了重要的一步。该项目由三个学院教职员工共同努力推动，项目设在传播学系，通过传播学院管理，旨在促进学者和研究生之间的合作研究和学术交流。该项目反映了当今社会不断发展的需求，旨在培养未来几代学者和公共知识分子，以解决传播、政治、伦理和新闻话语交叉点的紧迫社会问题。项目通过借鉴修辞分析、批判/文化理论、媒体史、媒体美学和政治理论，来培养学生严谨思考日常生活中的个人经历与大规模社会、技术和政治变革之间的关系，并关注随着公众和社区的传播实践而形成的全球不平等问题，加深对现象的分析和批判。

（2）梅迪尔新闻、媒介与整合营销传播学院：培育未来新闻与传播领域的领袖

梅迪尔新闻、媒介与整合营销传播学院（Medill School of Journalism, Media, Integrated Marketing Communications）隶属于美国西北大学，是全美最负盛名的新闻教育机构之一。学院诞生于1921年，经过近百年的发展，已然成为全球培养媒体从业者的沃土与摇篮。

2010年，梅迪尔新闻学院决定正式将学院的名称改为"梅迪尔新闻、媒介与整合营销传播学院"。梅迪尔最具业界影响力的教育项目，也从"新闻学"转变为"整合营销传播（IMC）"。梅迪尔学院遵循"新闻学科与商科的融合"的模式，将新闻教育与公共关系、市场营销、广告等学科融为一体，打破传统新闻传媒教育与媒介经营之间的壁垒，培养新时代所推崇的"复合型人才"。

①专业与课程。

梅迪尔学院的新闻学专业由全球知名的学者团队领衔，他们不仅拥有丰富的实践经验，还具备卓越的学术能力。该专业提供了一系列核心课程，涵盖报道、写作、编辑及批判性思维，为学生打造专业的学术和实践基础。此外，梅迪尔学院拥有来自新闻、媒体、传播等多个行业的18000余名校友组成的全球网络，为学生毕业后的职业发展提供了丰富的资源和多元化的职业榜样。

本科阶段的新闻学教育分为核心课程、外部课程和选修课三大部分。核心课程包括新闻实践、媒体法律与道德、视频新闻学基础、新闻价值观、新闻写作基础和新闻报道等。外部课程则允许学生选修学院以外的相关专业课程，如政治学、历史学、经济学、计算机科学等，以拓宽知识视野。新闻学选修课程丰富多样，包括数据分析与可视化、纪录片制作、健康与科学报道、媒体中的人工智能、社交媒体视频的报道与制作等。

硕士阶段的新闻学教育则提供更为多元化的专业视角，学生可以在八个专业方向和三个选修领域中进行选择。专业方向包括健康、环境与科学报道，杂志新闻，媒体创新与内容战略，梅迪尔调查项目，政治、政策与外交事务报道，社会正义与解困式报道、体育报道、视频与广播等。选修领域则包括音频与播客新闻、商业新闻、数据新闻等，以满足学生的个性化学术和职业需求。

整合营销传播(IMC)是西北大学的新闻传播教育中最负盛名的项目，整合营销传播是一种战略性的创新方法，通过与消费者及其他利益相关者的互动、服务和沟通来促进传播效果。IMC 将对消费者的定性理解与大规模数据分析相结合，制定战略性的沟通和内容，以建立和维护强大的品牌。作为广告、公关和媒体传播的重要基础，IMC 已成为组织在数字时代管理客户体验的首选方式。许多毕业生进入如谷歌、脸书、德勤等顶级跨国公司工作(见表 8-12)。

表 8-12　　　　　　　　　西北大学梅迪尔新闻学院的课程设置(部分)

专业	课程设置
整合营销传播	整合营销传播导论和策略、消费者洞察、市场研究和数据分析、数字媒体策略、战略传播、数字社交和移动营销、法律、道德和技术、整合营销传播财务、财务会计、IMC 战略流程、IMC 领导力、MarTech 简介、品牌管理基础、品牌传播决策、购物者营销、客户价值创新、内容策略、投资者关系、媒体基础、媒体洞察策略、数据科学基础、数据管理和可视化、机器学习、用数据讲故事、危机公关
新闻学	报道和撰写新闻的基础知识、视频新闻基础知识、新闻价值观、实践与趋势、新闻实践、媒体历史、框架：媒体与边缘化、编辑和制作(杂志和视频)、媒体创新的创业方法、讲故事(互动新闻、杂志和专题写作、视频报道、拍摄和编辑)、双语报道、美国权力的困境、体育评论、体育媒体的演变、体育写作概论、纪录片、共情新闻、梅迪尔调查实验室、调查性新闻技巧、数据分析与可视化、新闻摄影概论、视频新闻基础、新闻方法论、互动新闻基础、用数据作企业报道、视觉叙事

②梅迪尔学院师资力量：汇聚多元专家，塑造新闻传播未来。

梅迪尔新闻、媒介与整合营销传播学院拥有一支充满活力和多样化的师资队伍，他们在新闻业、传播学、市场营销、公共关系等领域拥有丰富的专业知识和实践经验。大多数授课教师具有丰富的行业经验，曾在主流媒体机构、市场营销公司、公共关系机构等领域工作。他们能够将自己在实践中积累的经验和知识带入课堂，为学生提供真实、权威的行业视角。梅迪尔新闻学院的教师来自多个学科背景，包括新闻学、传播学、社会学、心理学、经济学等。他们的跨学科背景使得课程更加全面和多样化，能够满足不同学生的需求和兴趣。

③实践与研究支持：拓宽学生的社会接触面。

学院设立了多个实验室以满足新闻教育的不同需求。奈特实验室关注技术如何改变我们报道、消费和分享新闻和信息的方式；梅迪尔调查实验室整合了学院的本科生和研究生与资深记者共同工作，开展有重要意义的全国新闻调查。学生还可以参加为期一周的"梅迪尔探索"项目，在停课期间参与世界各地、不同领域的学习探索，获取有关工作和职业发展的重要信息。对于本科生来说，项目特别提供了各种为期一周的全球旅行、在国外专业媒体机构工作的机会以及为期一学期的出国留学机会。

此外，梅迪尔还与普利策中心共同设立了研究生报道奖学金，为在美国或美国以外提供重要沉浸式新闻项目的学生给予资金资助。普利策中心将提供指导，帮助学生围绕地方、国家或全球重要主题进行深度报道项目。整合营销传播项目中的斯皮格尔研究中心(SRC)致力于数据驱动分析，特别关注社交媒体和移动设备上的消费者行为。与此同时，零售分析委员会(RAC)专注于研究跨零售平台的消费者购物行为和技术影响。意象实验室则通过了解消费者决策的方式来寻求加强品牌的新方法，优化其营销传播。此外，本地新闻计划探索数字受众如何与本地新闻互动，并寻找新的方法来支持本地新闻商业模式。这些项目平衡了实践与研究的关系，为学生提供了广泛参与实践研究、实际应用课堂内容、探究发展兴趣的机会。

（中央民族大学新闻与传播学院　王袁欣、尹梦涵）

8.3　经典教材举隅

8.3.1　斯蒂芬·李特约翰：《人类传播理论（第九版）》

《人类传播理论（第九版）》（清华大学出版社，2009）为美国知名学者斯蒂芬·李特约翰(Stephen W. LittleJohn)与凯伦·福斯(Karen A. Foss)合著，史安斌译，此书是"新闻与传播系列教材·翻译版系列"的组成部分，全景式展示了传播学30年来曲折起伏和日渐成熟的过程，描绘了传播学理论和学科建设的历史脉络和基本路径。理论表达深入浅出，不仅按照八大主题和七大传统的纵横交织体系有序介绍了传播学理论的生发渊源与基本概念，形成传播学的理论框架和学术体系，还通过丰富而有趣的案例帮助读者加强对理论的理解和应用。

全书分为基础、理论两个部分，共11章（不含"结语"部分），从纵向维度的传播者、信息、谈话、关系、群体、组织、媒介和文化/社会八大主题，以及横向维度的传播理论汲取的符号学、现象学、控制论、社会心理学、社会文化、批判和修辞学七大传统的精华，梳理总结了有关人类传播的一系列理论、范式和假说。章前附有"本章结构图",章后涉及"应用与引申",方便读者准确把握理论的核心要旨与适用范围,并启发其探索理论的指导意义和实践价值。内容详尽,图文并茂,案例丰富,思路清晰,是一本备受好评的大众传播学教材。

第一部分"基础"中(第1~3章),主要探讨了传播理论的内涵、意义、功能和学术研究的种类和基本路径,界定了"传播"的概念以及传播研究的基本要求和学术规范,梳理了认识论、本体论、价值论、普遍性理论和实践性理论等几种基本理论范式的概念、原则和适用性,提出了评估传播理论价值高低的标准,并对搭建传播理论框架的七大传统进行了逐一探讨。

第二部分"理论"中(第4~11章),按照八大主题逐一对涉及上述七大传统的相关理论展开探讨,较为全面、清晰地勾勒出了包括人内传播、人际传播、群体传播、组织传播、大众传播、跨文化传播等在内的传播学各个"亚学科"的概念和理论轮廓。

第4章主要从作为"传播者"的个人视角出发,阐述了不同理论传统下传播者的概念内涵,并从社会心理学和社会文化两大传统视角出发探讨个人身份的心理建构和社会建构,并提出个人身份的塑造在很大程度上都是由与他人的互动所创造出来的意义。

第5~7章重点关注有关信息和谈话的理论,进而建立和发展了关系的主题。首先通过4个理论传统探讨了信息的建构与传递、信息的词语和符号,以及信息的阐释等问题。其次从人际关系、社会机制、目标实现等不同角度思考谈话行为的影响、谈话内容的解读回应以及谈话对社会机制和权利安排的建构。

第8~9章关注的语境更为宽泛,主要涉及群体和组织的相关理论。通过性别问题、群体任务、群体结构、互动等多个角度帮助读者厘清在群体传播中能够发挥作用的因素,并归纳出组织传播研究的3个领域:组织的结构、形式和功能,组织的管理、控制和权力,以及组织文化。

第10~11章主要从符号学、社会文化、社会心理学、控制论和批判传统5种传统,就媒介的内容与结构、社会与文化、受众展开讨论,主要考察了媒介信息中所使用的代码和符号、大众传媒的社会功能,以及个人效果、受众群体和受众的媒介使用等问题。

(南昌大学新闻与传播学院　陈世华)

8.3.2　塞弗林、坦卡德:《传播理论:起源、方法与应用(第五版)》

《传播理论起源、方法与应用(第五版)》(中国传媒大学出版社,2006)是较早引进中国的介绍传播理论的经典性译著。该书由沃纳　·　J. 赛佛林(Werner J. Severin)博士和小詹姆士　·　W. 坦卡德(James W. Tankard, Jr.)合著,郭镇之主译。

第一篇章(第1章):在进入"信息时代"之际,大众传播领域面临前所未有的挑战。书中作者建议通过科学方法研究大众传播中的问题。科学方法基于经验论和逻辑性,是了解、预测及控制世界的有力工具。该书第1章讨论了用于大众传播领域的理论的本质。20世纪90年代,传播学者致力于研究传播问题,发现新的传播技术没有完全取代旧的传播技术,而是引发旧技术承担新的角色。例如,电视没有使广播消失,而是促使了新类型的广播节目出现,如谈话节目和特定类型音乐节目。新传播技术的发展带来了不断变迁的媒介景观,这些变化也反过来影响大众传播理论本身。许多学者对于数字电视、互联网的发展对媒介景观的影响持不同态度。在新的传播环境中,一些现有理论可能经得住检验,而其他理论则需要修改以适应新的情况。

第二篇章(第2~3章):理论的检验需要科学方法。19世纪伟大的科学家赫胥黎(Thomas H. Huxley)将科学定义为"经过训练的和有组织的常识",并认为理论建构是人们在"生活中每时每刻"都在做的事情。该书第二篇章介绍了大众传播的科学方法与模式系统。第2章讲述了科学的方法,科学也来源于想象,但想象需要得到证实才能成为理论,从而帮助我们预测特定事件的结果。科学是积累而成的,建立在前人工作的基础上,提出假说并找出能够解释它们的因果关系,推动学科发展。作者还介绍了具体的科学操作方法,包括调查研究法、内容分析法、实验设计法和个案研究法。第2章将模式定义为"真实世界的一种理论化和简约化的表达",并引用两位作者的观点,指出模式和理论容易混淆。第3章从模式的定义、用途和评估展开介绍,并引用了丰富的经典案例。多伊奇(Deutsch, 1952)指出,模式是"各种符号和操作规则的一种结构,用来联系已有结构或过程中的相关要点"。模式提供考虑问题的框架,指出知识中的隐蔽漏洞,表明需要研究的领域。多伊奇引述了模式的四种显著功能:组织、启发、预测和测量,并对模式的评估标准进行了补充。早期的传播模式包括拉斯韦尔模式、传播的数学理论、奥斯古德模式、施拉姆模式、纽科姆的对称模式、韦斯特利—麦克莱恩模式、格伯纳模式和信息处理的概略理论。香农的传播的数学理论(信号传送的数学理论)是对当今传播模式的重要贡献,引导了许多后续传播模式的思考和发展。

第三篇章(第4~6章):第4章讨论了对理解过程的科学研究,并将其与传播行为联系起来。信息的理解受心理因素影响,如文化期待、动机、情绪及态度等,会进行选择性理解。当人们对大众传播消息作出反应时,这些力量同样起作用。选择性理解、选择性接触、选择性注意及选择性记忆是大众传播过程中的重要因素。视觉的修辞理论认为,图片和图像可以被用来构建复杂的论述,为大众媒介传播提供了一个有说服力的视角。第5章讨论了普通语义学领域对编码研究的思路。编码是将目的、意愿或意义转化成符号或代码的过程,由于语言的静态性、有限性和抽象性,可能出现语言误用,如固定层次抽象、认同不当、二元价值观评判和无意识投射。第 6 章讨论了技巧与传播之间的关系，对宣传的分析引出了大众传播效果的早期理论。拉斯韦尔和布朗定义的宣传包括大多数广告行为、政治竞选活动和公共关系，目的是帮助广告商、候选人和公司树立良好形象。一战后对宣传的分析表明了学者对大众传播效果的思考，被称为"枪弹论"。学者们总结出宣传的八种技巧：辱骂法、光辉泛化法、转移法、生活方式营销、证词法、平民法、洗牌作弊法和乐队花车法。

第四篇章（第 7~10 章）：此篇章基于社会心理学理论和研究，探讨了传播的社会性。第 7 章讨论了认知一致性理论，如海德的平衡理论、纽科姆的对称理论、奥斯古德的调和理论和费斯廷格的认知不和谐理论。这些理论解释了人们在态度、信仰、价值观和行为之间追求一致性的动机。第 8 章探讨了说服和态度之间的关系，霍夫兰的心理实验表明信源可信度、诉诸恐惧等因素影响说服效果。预防接种理论和麦圭尔的信息处理理论、佩蒂和卡西欧普的精心可能性模式、蔡肯等的启发-系统理论都是主要的说服过程模式。第 9 章描述了群体在传播过程中的作用，群体影响大众传播的方式包括稳定态度、预测行为和结合大众传播与人际传播的优势。创新的扩散研究表明，在采纳新事物过程中，人们对人际传播的依赖超过大众传播。第 10 章探讨了大众传播与人际传播的关系，伊里调查研究表明意见领袖在选民态度改变中起重要作用，"两级流动传播"逐渐发展为多级传播模式，广泛应用于扩散研究中。罗杰斯将创新决定过程描述为五个阶段：获知、说服、决定、实施、确认，研究发现人际传播和大众传播在新事物推广中都起着关键作用。

第五篇章（第 11~14 章）：此篇章系统讲述了大众媒介的效果与使用。第 11 章详细阐述了媒介的议程设置功能。1972 年，麦库姆斯和肖发表了议程设置理论假设的第一项系统研究成果，后续学者对该研究进行了补充。第 12 章的知识沟假说表明大众传播可能扩大不同社会阶层成员之间的知识差距。1970 年蒂奇诺等人在《大众媒介流动和知识差别的增长》中提出了知识沟的五种可能原因。在《芝麻街》电视节目研究中发现，媒介在特定情况下可以缩小知识沟。第 13 章论述了教养理论、沉默的螺旋、第三者效果等大众传播效果的理论。第 14 章从受众角度研究大众传媒的效果，提出了使用与满足理论并详细介绍了该理论的发展。

第六篇章（第 15~17 章）：此篇章从宏观视角探讨了大众传媒与社会的关系。第 15 章提出媒介的四种理论，讲述社会的政治、经济、文化直接影响大众传媒的内容，媒介所有权和控制权也影响媒介内容，媒介内容又决定媒介效果。第 16 章从经济角度讲述了媒介产业的发展，如电视、报纸和图书等产业。第 17 章论述了数字传播，基于互联网的发展，提出了电子空间、虚拟现实等概念，传统媒体时代的大众传播理论发生了变化。

第七篇章（第 18 章）：此篇章讨论了传播中的理论和研究的必要性，以及这些理论和研究在新闻、广告、广播、电视、电影和公共关系领域的应用。第 18 章用韦斯特利-麦克莱恩模式总结前面章节讨论的材料，将其整合在一起。

总体而言，该书是一本较为优秀的传播学入门教材，可以比较快速、清晰地掌握传播学偏经验学派的核心内容。对于初学者可以用来厘清基本概念，同时增加很多具有传播学特点的思维角度。

（江西师范大学新闻与传播学院　胡沈明、黄洁）

8.3.3　巴兰、戴维斯：《大众传播理论：基础、争鸣与未来》

《大众传播理论：基础、争鸣与未来（第五版）》（清华大学出版社，2014），作者为斯坦利·巴兰和丹尼斯·戴维斯著，曹书乐译，迄今已出版到第 5 版。斯坦利·巴兰博士，是美国布莱恩特大学传播系教授，著名的大众传播理论专家，主要学术兴趣为大众媒体与现实的社会建构、媒介素养等。丹尼斯·戴维斯博士，是美国宾州州立大学传播学院媒体研究荣休教授，主要研究方向为大众传播理论、新媒体素养、国际传播等。曹书乐，博士，清华大学新闻与传播学院讲师，英国威斯敏特大学访问学者。此书不仅是一部全面而权威的大众传播理论专著，更是对大众传播理论进行了全面的、基于历史的、权威性的介绍，同时也是一部对国内师生而言因独辟蹊径而值得细读的经典教材，非常值得大家细读。

该书的最大贡献就是建立了大众传播理论的历史观念，在具体历史语境中考察宣传理论、规范理论、中层理论、批判和文化理论以及当今各派学说，又将其进行学术整合，言之有据，使读者进一步感受到这种历史意识的思想力量。正如译者所言，如果说我们已经通过多本著作熟谙传播学中颗颗理论珍珠，那么这本书无疑为我们提供了将这些散落的璀璨珍珠串成美丽项链的合适金线。通过这本书，读者心中会自然形成一条历史脉络，能够更全面、更深刻地理解大众传播理论的发展。

全书共 12 章，在逻辑结构上可以划分为四大部分。

第一部分包括第一章和第二章，作者首先阐释了观念或假说和理论之间的区别，对大众传播理论进行定义。当我们进一步深入不断进化的传播革命时，我们需要通过理解大众传播理论来指导我们的行为和决策。但应该认识到，所有的社会理论都是一种人类建构，且是一种动态过程。后实证主义理论、阐释学理论、批判理论、规范理论是传播理论的主要四大类型，可以帮助我们对大众传播进行系统性探究。

接下来，作者从历史视角系统介绍了大众传播理论在大众社会理论时期、有效效果理论、批判和文化研究时期、意义生产理论四个不同时期所经历的演变过程，帮助读者更好地理解不同理论之间的争鸣和发展，捋清了不同时期相互竞争的研究观点。

第二部分是大众社会和大众文化时期，包括第三、第四、第五章。这一部分主要介绍了大众社会理论、宣传时代的媒体理论、规范理论的交替和更迭。19世纪末出现的大众社会理论将媒体视作一种破坏性的力量，认为媒体的力量巨大，它有能力塑造人们对社会的理解并操控人的行为，它深刻地影响了全球的政治与文化。在20世纪上半叶的宣传理论中，媒体是关注的焦点，极权主义宣传者展示了大众媒体的威力。20世纪40年代，社会责任理论成为美国占主导地位的规范理论，代表着激进自由主义观念与专家控制论的妥协。

第三部分主要介绍了有限效果论和批判文化理论的争鸣，包括第六、第七、第八章。1938年的《火星人入侵地球》广播剧促使了有限效果理论的诞生，认为媒体在社会中的作用是有限的。有限效果论通常使用传统的后实证主义路径进行研究，这也催生了另一种视角即文化研究和批判理论的出现，直接讨论媒体通过对构成日常生活基础的各种社会实践施加微妙的影响，使社会生活发生深刻的变化。

第四部分主要介绍了当代大众传播理论，包括积极的受众理论、意义制造理论等，包括第九至第十二章。这一部分对媒体理论面临的未来挑战进行了展望。此部分讨论了如何将经验学派和文化批判学派的观点结合起来创造新的媒介理论，以帮助我们展望媒介理论的未来趋势，以及理解媒介在社会中所扮演的角色。

《大众传播理论：基础、争鸣与未来（第五版）》是一部内容翔实而厚重的经典著作。作者追溯了大众传播在大众社会理论、有效效果理论、批判和文化研究、意义生产理论四个不同时期所产生的不同流派的起源和演进历程，系统解释了不同理论的研究者之间的合理差异、不同理论间的融通和互相阐释的可能性，为大众传播的理论发展提供了更宽广的基础。同时该教材也力证了大众传播理论是在特定的社会政治时期和特定的技术与媒体语境下被创造出来的，事实上都是一种人类建构的观点。

该书采用了历史的视角来展示不断发展变化着的媒体理论和媒介研究，讨论了各个流派的理论如何帮助我们更好地理解受众对媒体的使用、社会中媒体的角色、媒体与文化的关系等问题，同时不断回应处在转型期的社会所面临的新问题、新挑战。大众传播理论界的争鸣也是研究者如何更好地理解新媒体的角色以及新媒体在固有的大众媒体框架中的地位进行的争论。特别是当技术和政治经济的变化在重塑媒体的时候，也需要对大众传播理论进行批判性再审视。除此之外，作为教材，该书在每个章节附上概览、小结、理论探索提示及思考问题等，能够帮助读者更好地厘清学术脉络体系。该书还提供了详细的案例、图表和其他材料来详细解释重要的媒介理论，把理论放在相关的语境中进行阐释，帮助读者更好地解决"知其然不知其所以然"的问题。

（河南财经政法大学 文化传播学院 李晓）

8.3.4 洛厄里、德弗勒：《大众传播效果研究的里程碑(第三版)》

《大众传播效果研究的里程碑(第三版)》(中国人民大学出版社，2004)为美国知名学者希伦·A. 洛厄里(Shearon A. Lowery)与梅尔文·L. 德弗勒(Melvin L. DeFleur)著，刘海龙等译。此书是"新闻与传播学译丛·国外经典材料系列"的组成部分，全景式展示了 60 年间有关大众媒介效果的 14 个代表性研究成果，并借用"里程碑"这种特别的叙述方式讲述传播学研究的过去，为读者提供一幅大众传播研究所走过的"学术路线图"，使读者能够把握住多种学科对大众传播研究出现的奠基作用，感受传播学研究的突出进步与变化。

全书分为 16 章，首先以第 1 章作为此后诸章的大背景，讲述了大众传播研究的起点以及定量研究的发展历程和作用。第 2~15 章主要讨论了 14 个具有里程碑意义的媒介效果研究项目，第 16 章通过对这些研究的回顾和反思，总结出 10 个焦点理论。与前几版相比，这一版更关注目前正在成长的理论，把一些新的研究项目也加入里程碑，并且强调了经验性调查的量化数据的积累。

第 1 章，作者介绍了里程碑的选择标准，指出了大众传播调查研究的非系统特点，并针对"大众社会"这一概念的形成进行了详尽的阐述，揭示了大众传播调查这一新兴领域产生的基础条件，以及传播学最初的理论起点"魔弹论"。

第 2~4 章，主要探讨了"二战"前进行的三个非常重要的调查，分别是电影对儿童影响的佩恩基金研究、坎垂尔的公众对广播剧反应的调查，以及总统选举中媒介作用的经典研究"人民的选择"调查。

第 5~6 章，主要围绕受众研究的起源和发展过程展开。首先，为读者介绍了一项日间广播剧的调查研究，引出了"使用与满足"理论。其次，通过对艾奥瓦农民如何接受新型种子的研究介绍，阐述了"创新与采用"理论的内涵与意义。

第 7~8 章，主要聚焦于大众传播的说服效果研究。通过讨论"二战"中的电影研究，向读者表明不要高估电影对人们的态度、信仰、价值判断的改变作用。而对耶鲁项目的介绍则阐述了该项目诞生的许多大众传播过程与效果的概念和结论。

第 9 章，主要围绕人际关系对大众传播的效果影响展开，指出大众传播过程不仅包括直接的信息接触，而且包括媒介信息通过口耳相传的形式，由意见领袖再到达次级受众的信息流动过程。

第 10 章，作者介绍了里维尔项目针对战争传单的宣传效果研究，该研究在冷战的背景下展开，主要关注传单是如何作为最后一种可用的大众传播媒介而发挥信息传递作用的。

第 11~15 章，主要阐述了关于电视传播的效果研究。这些研究分别从电视与儿童、电视议程设置、电视暴力、电视与社会行为等方面展开，发现了电视的生理效果、情感效果、认知效果和行为效果，探讨了电视中的暴力行为和现实中的暴力行为之间的联系，并引出了重要的"议程设置"理论。

第 16 章，作者对 14 个里程碑研究进行了回顾与总结，同时对这些研究演变发展而来的 10 个焦点理论进行了简单介绍。

（南昌大学新闻与传播学院　陈世华）

8.4　学术流派梳理

8.4.1　文化研究学派

"文化研究"与"结构主义""后结构主义"是 20 世纪下半期新闻传播领域最有影响的三个学派。[①] "文化研究"学派出现的标志性事件是英国伯明翰大学于 1964 年成立的"当代文化研究中心"（Centre for Contemporary Cultural Studies，CCCS）[②]，在此种意义上，2024 年是"文化研究"学派出现 60 年的"生日"。

在"文化研究"学派"60 岁生日"之时"写史"，绕不过去的问题是，如何理解"文化研究"？从与中国新闻传播学界具有重要价值关联的角度着眼，英美与拉美有哪些关键的文化研究学者？"文化研究"对于中国新闻传播学界的知识生产又意味着什么？本节主要围绕这几个问题梳理文化研究学派。

8.4.1.1　如何理解"文化研究"

（1）什么是"文化研究"

在尼克·库尔德利（Nick Couldry）看来，"文化研究"中的"文化"很成问题，因为文

---

① 黄卓越. 斯图亚特·霍尔的遗产[J]. 中国图书评论，2014(4)：4.

② [美]齐亚乌丁·萨达尔. 文化研究[M]. 苏静静，译. 北京：当代中国出版社，2013：22.

化研究的目的绝不仅仅是研究文化本身，而是建立一种更好的、更具包容性的生活方式。① 因此，在英文中，"文化研究"用的是"Culture Studies"，以区别于通常意义上的对文化的研究。

尼克·库尔德利的上述论断包含"文化本身"和"生活方式"。

在某种意义上，文化研究确实是研究"文化"的，但它注重的是当代文化（而不是古典文化）、大众文化（而不是精英文化）和亚文化（而不是主流文化）。②

更重要的是，文化研究关注的重心并不仅仅是"文化"，而是与文化相关的整个生活方式。

将"文化"视为"生活方式"，这是雷蒙德·威廉斯（Raymond Williams）对如何理解"文化研究"所产生的最大影响。威廉斯在《文化与社会》中提出了"文化是整个生活方式"的观点。③ 回到学术脉络上，威廉斯概括了文化的三种界定方式：

第一种是"理想"的文化定义，把文化界定为人类完善的一种状态或过程（例如，最优秀的思想和艺术经典）；第二种是文化的"文献"定义，认为文化是知性和想象作品的整体；第三种是文化的"社会"定义，将文化视为一种整体的生活方式。④

威廉斯的文化定义对于文化研究有重大意义，正是上述的第三种定义，奠定了文化研究的理论基础。文化研究的目的不仅仅是阐发某些伟大的思想和艺术作品，更是阐明某种特殊生活方式的意义和价值。在他看来，文化分析，就是对整体生活方式中各种因素之间关系的研究，这为文化研究未来的发展开辟了广阔的天地。也难怪斯图亚特·霍尔（Stuart Hall）对威廉斯作出高度评价：这把论辩的全部基础从文学-道德的文化定义转变为一种人类学的文化意义，并把后者界定为一个"完整的过程"，在这一过程中，意义和惯例都是社会地建构和历史地变化的。⑤

（2）文化研究的若干特征

①改造世界的问题意识。文化研究是把一些不同的东西，放在同一个框架里，不同

---

① Couldry N. Cultural Studies Can We/should We Reinvent it? [J]. International Journal of Cultural Studies，2020，23(3)：292-293.

② 罗钢，刘象愚. 前言 文化研究的历史、理论与方法[C]//罗钢，刘象愚. 文化研究读本. 北京：中国社会科学出版社，2000：1.

③ 陶东风. 文化研究在中国——一个非常个人化的思考[J]. 湖北大学学报（哲学社会科学版），2008(4)：57.

④ 罗钢，刘象愚. 前言 文化研究的历史、理论与方法[C]//罗钢，刘象愚. 文化研究读本. 北京：中国社会科学出版社，2000：7.

⑤ 罗钢，刘象愚. 前言 文化研究的历史、理论与方法[C]//罗钢，刘象愚. 文化研究读本. 北京：中国社会科学出版社，2000：7-8.

在于，文化研究是以问题意识为出发点。① 这种问题意识乃是基于对建构一个更好的世界的可能性的憧憬。

作为一种交流和相互承认的实践②，文化研究预设的前提是：知识与被知者、观察者与被观察者之间具有相同的身份认同和共同的利益。③ 它是对知识政治(intellectual politics)的激进承诺，要用观念创造奇迹，要由观念创造奇迹。④

②反对学科的资源取向。文化研究没有什么边界意识，任何学科的理论资源都可以拿来为我所用。⑤ 学术界的基本共识是，文化研究是探讨普遍社会问题的特殊途径，而不是属于少数人的或专门化的研究领域。文化研究有着鲜明的反建制和反理论倾向，具有跨学科研究的鲜明特色。⑥ 换言之，文化研究倡导一种跨学科、超学科甚至是反学科的态度与研究方法。⑦

③尊重差异的价值导向。文化研究致力于对现代社会进行道德评价，文化研究的传统并不是不含任何价值取向的学术工作，而是服从批判性政治参与的社会重构。换言之，文化研究从来不是价值中立的。⑧

在生活全球化、公司集中化和技术整合化日益加剧的时代，文化研究旨在研究人间的差异扩张。它极力恢复和推进边缘性的、微不足道的或被鄙视的区域、身份、实践和媒介。⑨

④侧重权力关系的考察。"权力"在文化研究史上一直占据着中心地位。⑩ 文化研究关注文化中蕴含的权力关系及其运作机制。⑪ 它将文化演变及其与权力的关系作为研究

---

① 陈光兴．文化研究：本土资源与问题意识[J]．新闻大学，2007(2)：108.

② Couldry N. Cultural Studies Can We/should We Reinvent it？[J]. International Journal of Cultural Studies，2020，23(3)：293.

③ [美]齐亚乌丁·萨达尔．文化研究[M]．苏静静，译．北京：当代中国出版社，2013：7.

④ [澳]哈特利．文化研究简史[M]．季广茂，译．北京：金城出版社，2008：17.

⑤ 陈光兴．文化研究：本土资源与问题意识[J]．新闻大学，2007(2)：106.

⑥ [新西兰]西蒙·杜林．文化研究：批评导论[M]．李炳慧，译．开封：河南大学出版社，2015：丛书总序3-4.

⑦ 罗钢，刘象愚．前言 文化研究的历史、理论与方法[C]//罗钢，刘象愚．文化研究读本．北京：中国社会科学出版社，2000：1.

⑧ [美]齐亚乌丁·萨达尔．文化研究[M]．苏静静，译．北京：当代中国出版社，2013：7.

⑨ [澳]哈特利．文化研究简史[M]．季广茂，译．北京：金城出版社，2008：17.

⑩ [澳大利亚]马克·吉布森．文化与权力：文化研究史[M]．王加为，译．北京：北京大学出版社，2012：9.

⑪ 罗钢，刘象愚．前言 文化研究的历史、理论与方法[C]//罗钢，刘象愚．文化研究读本．北京：中国社会科学出版社，2000：1.

视角，目标始终是揭示各种权力关系（power relationship），以及权力关系如何影响和塑造文化研究。①

⑤以批判介入社会现实。文化研究是批判性的事业，致力于对支配性话语这一常识予以置换、去中心化、去神秘化和解构。② 有学者甚至主张，"一切批判理论当今都可以归在文化研究的名下"③。

作为文化研究"第一代学者"（如斯图亚特·霍尔）和"第二代学者"（如戴维·莫利）的社会批判思想继承人，文化研究"第三代学者"尼克·库尔德利近年提议重新发掘批判理论的资源④，以介入数据化建构的社会现实。

8.4.1.2　文化研究：英美与拉美的关键学者

（1）英国文化研究的奠基学者

理查德·霍加特、雷蒙德·威廉斯、E. P. 汤普森和斯图亚特·霍尔被视为英国文化研究的"奠基"学者。⑤

霍加特（1918—2014）于1964—1973年担任伯明翰当代文化研究中心的第一届主任。他对文化理论的贡献极大，在《识字的用途》一书中，霍加特探讨了工人阶级文化和民间文化之间的关系，以及大量生产的流行文本所"强加"的外在文化。《识字的用途》有助于人们再次聚焦"自下而上"的文化概念：碎片化的、特殊的、来自底层社群的象征与日常生活实践的文化。⑥

雷蒙德·威廉斯（1921—1988）对文化研究的影响力是难以估量的，他为我们理解文化、报刊、广播电视和广告作出了巨大贡献。⑦

除了文化理论与文化史，威廉斯对媒介研究产生重要影响的是其"文化唯物主义"

---

①　[美]齐亚乌丁·萨达尔. 文化研究[M]. 苏静静，译. 北京：当代中国出版社，2013：7.

②　[澳]哈特利. 文化研究简史[M]. 季广茂，译. 北京：金城出版社，2008：17.

③　金惠敏. 文化研究丛书总序，见李昕揆. 印刷术与西方现代性的形成：麦克卢汉印刷媒介思想研究[M]. 北京：商务印书馆，2018：2-3.

④　Couldry N. Recovering Critique in an Age of Datafication[J]. New Media & Society, 2020, 22 (7)：1135-1151.

⑤　[美]托比·米勒. 文化研究指南[M]. 王晓路，译. 南京：南京大学出版社，2009：3.

⑥　[澳]杰夫·刘易斯. 文化研究基础理论[M]. 郭镇之，等译. 北京：清华大学出版社，2012：78.

⑦　[英]约翰·斯道雷. 文化理论与大众文化导论[M]. 常江，译. 北京：北京大学出版社，2019：53-54.

思想,即"必须在物质生产和物质条件的背景中,通过日常生活的表征和实践来进行"①。在《电视:技术与文化形式》一书中,威廉斯提出应在两个层面理解媒介,电视既是(物质的)技术又是(符号的)文化形式。这一理解媒介的出发点被库尔德利与赫普在《现实的中介化建构》一书所继承。②

E. P. 汤普森(1924—1993)被誉为英国文化研究的"开山鼻祖"③,他最有影响的经典著作是《英国工人阶级的形成》。他把"阶级"看作"一种关系",汤普森强调阶级的动态生成性,把阶级"看成在人与人的相互关系中确实发生(而且可以证明已经发生)的某种东西"④。他把工人阶级的"经历"看作工人阶级"形成"的关键——"阶级是社会与文化的形成,其产生的过程只有当它在相当长的历史时期中自我形成时才能考察","经历"是"存在"与"觉悟"间的纽带,没有这些经历,意识就不会出现,"觉悟"就不会生成,阶级也就不能"形成"。⑤

斯图亚特·霍尔(Stuart Hall,1932—2014)被称作"文化研究之父",以"编码/解码""表征"理论和"接合"理论闻名于世。⑥ 其中,"编码/解码"理论是霍尔理论中"最具有可操作性的理论",成为其理论中最容易被作为"方法"来操演的理论。⑦

对于中国新闻传播教育而言,霍尔的《表征》(Representation)已成为包括复旦大学新闻学院在内的高校新闻院系培养(博士)研究生的精读教材。而"接合"理论则与马克思的意识形态和阶级理论、阿尔都塞的结构主义理论、葛兰西的文化霸权理论、福柯的权力话语理论——共同构成文化研究的基本理论。⑧

(2)美国文化研究的代表学者

劳伦斯·梅罗斯伯格(Lawrence Grossberg)(1947—   ),师从霍加特及霍尔等人,

① 陆扬,王毅:文化研究导论(修订版)[M]. 上海:复旦大学出版社,2015:176.

② [英]尼克·库尔德利,[德]安德烈亚斯·赫普. 现实的中介化建构[M]. 刘泱育,译. 上海:复旦大学出版社,2023:6.

③ [英]E. P. 汤普森. 共有的习惯:18 世纪英国的平民文化[M]. 沈汉,王加丰,译. 上海:上海人民出版社,2020:封二.

④ [英]E. P. 汤普森. 共有的习惯:18 世纪英国的平民文化[M]. 沈汉,王加丰,译. 上海:上海人民出版社,2020:前言 1-3.

⑤ 钱乘旦. E. P. 汤普森和《英国工人阶级的形成》[M]//[英]E. P. 汤普森. 共有的习惯:18 世纪英国的平民文化. 沈汉,王加丰,译. 上海:上海人民出版社,2020:997.

⑥ 肖爽. 由"编码/解码"走向"表征"——重读斯图亚特·霍尔的《编码/解码》[C]//周宪,陶东风. 文化研究(第 29 辑). 北京:社会科学文献出版社,2017:139.

⑦ 周计武. 主持人语[C]//周宪,陶东风. 文化研究(第 29 辑). 北京:社会科学文献出版社,2017:115.

⑧ 和磊. 文化研究论[M]. 济南:山东人民出版社,2016:40-69.

曾任《文化研究》主编。从某种意义上说，他把文化研究带到了美国，又利用自身的影响力把美国的文化研究带到了世界①，因而堪称美国文化研究的代表学者。其代表作为《媒介建构：流行文化中的大众媒介》和《文化研究的未来》。

值得注意的是，格罗斯伯格将其"语境主义"用到对自身研究的反省上，"我认识到了这样一种事实，即我所讲述的是在深受美国的影响下进行的，这种影响有时甚至是毫无察觉的"②。

（3）拉美文化研究的重要学者

耶稣斯·马丁-巴贝罗（Jesús Martín-Barbero）（1937—2021）是 20 世纪八九十年代拉丁美洲文化研究的重要学者。③ 他之所以重要，在某种意义上源于对中介（Mediation）的阐释④，成为尼克·库尔德利开展媒介研究的中介化思想的重要源头。

受马丁·巴贝罗的《传播、文化与霸权》⑤一书的启发，库尔德利认为研究媒介，重要的并非研究媒介本身，而是研究我们与媒介的关系所表征的更广泛的中介场域。⑥ 在库尔德利眼中，马丁·巴贝罗是伟大的思想家，他最近从中介、不平等和复杂性等方面分析了马丁·巴贝罗的洞见对于深度媒介化时代的媒介研究的重要性。⑦

8.4.1.3 文化研究与中国新闻传播学的知识生产

自 20 世纪八九十年代文化研究引入中国以来，文化研究的理论与实践研究日益渗透到包括传播学和社会学在内的不同学科领域中，并改变了这些学科的研究格局。⑧

（1）文化研究与媒介文化研究

凯尔纳早在 1995 年的《媒介文化》一书中，就率先将媒介文化纳入文化研究的框架。

---

① ［美］劳伦斯·梅罗斯伯格. 文化研究的未来［M］. 庄鹏涛，等译. 北京：中国人民大学出版社，2017：序言 3.

② ［美］劳伦斯·梅罗斯伯格. 文化研究的未来［M］. 庄鹏涛，等译. 北京：中国人民大学出版社，2017：5.

③ ［美］托比·米勒. 文化研究指南［M］. 王晓路，译. 南京：南京大学出版社，2009：6.

④ 乔治·尤德斯. 文化研究传统比较：拉丁美洲和美国［M］//［美］托比·米勒. 文化研究指南. 王晓路，译. 南京：南京大学出版社，2009：183.

⑤ Martín-Barbero J. Communication, Culture and Hegemony［M］. London：Sage, 1993.

⑥ Couldry N. Media, Voice, Space and Power：Essays of Refraction［M］. London：Routledge, 2020：232.

⑦ Couldry N. Hermeneutics for an Anti-hermeneutic Age：What the Legacy of Jesús Martín-Barbero Means Today［J］. Media, Culture & Society, 2024, 46（3）：659.

⑧ 曾一果. 回到本土发生现场和多维度地考察当代文化现象——近年来我国文化研究的前沿热点剖析［J］. 艺术评论，2019（8）：40.

隋岩认为，可以从社会思潮、技术变迁和学科融合等方面出发思考媒介文化。其中，以"跨学科"作为研究路径来讨论媒介文化，既是对媒介文化基于文化研究传统属性的延续，也是对媒介文化基于传播学研究视角的扩展。①

另据曾一果观察，近年来，媒介文化的研究已经逐渐从电视电影和报纸杂志的传统媒介文化逐渐转向对网络小说、微信、电子游戏、网络恶搞、网络短视频等各种各样的新媒介文化现象的关注。②

（2）文化研究与数字新闻学

文化研究早就关注"虚拟现实与脑机"问题，在文化研究和文化理论对新技术的讨论中，主体和身份已经成为核心主题。③ 常江认为，文化研究具备了成为数字新闻学主流研究方法论的潜能。由于新闻学与文化研究之间天然存在的亲缘性，文化研究成为数字新闻学研究的方法论，不但可能，而且适用。④

新闻学和文化研究之间的亲缘性包括两个层面。首先，新闻学和文化研究都关注技术在复杂社会形态下对意义的中介化过程，只不过前者主张通过新闻选择与报道的专业化实践达成这一目标，后者则主要通过对日常生活中的意义生产实践的探析来实现这一点。其次，新闻学和文化研究都有明确的民主价值取向，区别之处在于前者的整个实践体系建立在对平等的知情权的追求之上，后者则期望通过考察有关身份、权力和再现的各种斗争来追求文化平等。⑤

（3）文化研究与媒介社会学

对传媒问题的兴趣几乎贯穿了霍尔的整个学术生涯，他的名作《表征》集中体现了文化研究视野下媒介研究的基本理论框架和方法逻辑。在媒介运作所涉及的诸多环节要素中，意义生产的内在结构与外在条件成为文化研究范式的媒介社会学关注的核心焦点。在这种视野下，新闻不是对事件的"反映"，而是对现实的社会建构。文化研究从

---

① 隋岩. 媒介文化研究的三个路径[J]. 新闻大学，2015(4)：76.

② 曾一果. 回到本土发生现场和多维度地考察当代文化现象——近年来我国文化研究的前沿热点剖析[J]. 艺术评论，2019(8)：45.

③ ［澳］杰夫·刘易斯. 文化研究基础理论：第2版[M]. 郭镇之，等译. 北京：清华大学出版社，2012：289.

④ 常江. 文化研究作为数字新闻学的方法论思考[J]. 山西大学学报（哲学社会科学版），2020(4)：46-50.

⑤ 常江. 文化研究作为数字新闻学的方法论思考[J]. 山西大学学报（哲学社会科学版），2020(4)：46.

表征系统的符码维度入手，来分析和理解新闻媒介如何建构现实。①

文化研究视野下的媒介社会学具有强烈的现实关怀和社会批判色彩，提出了现实如何被建构的问题。② 在此种意义上，《现实的中介化建构》③可以视为文化研究第三代学者库尔德利(与赫普合作)从"媒介为什么重要"的角度，对数据如何建构社会现实的批判性思考。

(南京财经大学新闻学院　刘泱育)

8.4.2　媒介环境学派

8.4.2.1　媒介环境学的思想沿革

"媒介"一词在古代文化语境中最早见于《旧唐书·张形成传》："观古今用人，必因媒介。"④在传播学中，媒介是指在传播过程中负载、传递和延伸信息传达的工具⑤。媒介环境学作为传播学的一个重要分支，其历史可以追溯到20世纪30年代的北美，在70年代形成发展起来的一个传播学派。媒介环境学这个术语由加拿大著名传播学家麦克卢汉创造，但他并没有公开使用。1968年，尼尔·波兹曼首次公开使用这个术语。在这个时期，学者们开始关注媒介与社会、文化之间的相互作用。随着研究的深入，媒介环境学逐渐发展成为一个独立的学科领域。经过三代学者的努力，它已具备独特的理论视角和研究方法，成为与经验学派和批判学派鼎立的第三学派。⑥

媒介环境学的核心在于将媒介视为一种环境来研究，将技术进步、传播媒介对人及

---

①　黄典林. 媒介社会学的文化研究路径：以斯图亚特·霍尔为例[J]. 国际新闻界，2018(6)：71-73.

②　黄典林. 媒介社会学的文化研究路径：以斯图亚特·霍尔为例[J]. 国际新闻界，2018(6)：78.

③　[英]尼克·库尔德利，[德]安德烈亚斯·赫普. 现实的中介化建构[M]. 刘泱育，译. 上海：复旦大学出版社，2023.

④　(后晋)刘昫，等撰，(宋)欧阳修，(宋)宋祁，撰. 旧唐书[M]. 北京：中华书局，1997：819.

⑤　马睿，吴文杰. 重构媒介语言与文化身份：论国风山水游戏的发展方向[J]. 四川大学学报(哲学社会科学版)，2024，(3)：88-97，211-212.

⑥　郑燕，陈静. 中国媒介环境学现状研究[J]. 东岳论丛，2014，35(4)：176-180.

社会的影响作为关注的重点。① 媒介环境学认为，媒介通过其独特的物质结构和符号形式，对人们的感知、理解和感情产生深远影响。同时，媒介环境学也关注技术的发展和应用，认为技术是推动社会变革的重要因素之一。在媒介环境学的研究中，学者们通过跨学科的方法，结合社会学、心理学、文化学等多个学科的理论，对媒介进行深入的分析和研究。② 林文刚教授认为媒介环境学"旨在研究文化、科技与人类传播之间的互动共生关系"，研究媒介系统，"重点是传播媒介的结构冲击和形式影响"，它"还关心媒介形式的相互关系、媒介形式与社会力量的关系以及这些关系在社会、经济、政治方面的表现"。③

媒介环境学作为一个独立的学派，在传播学领域具有重要地位，其深层的理论命题包括多个方面。④ 首先，媒介不是中性的、透明的和无价值标准的渠道，而是具有自身的物质特征和符号特征，这些特征会影响信息的传播和接收。其次，每一种媒介都有其独特的偏向性，这种偏向性会影响人们的思维方式和行为模式。最后，传播技术会促成各种心理或感觉的、社会的、经济的、政治的、文化的结果，这些结果会进一步影响人类社会的发展。

8.4.2.2 技术媒介两维度解读媒介环境学派

（1）技术解读媒介环境学派

技术是媒介环境学的核心关键词之一。媒介环境学的技术理论源泉主要来自其先驱和奠基人芒福德的技术哲学思想。随后，媒介环境学者对技术的论述主要集中和夹杂在对媒介技术的研究中。事实上，媒介环境学者会将技术和媒介相互替换，技术是一种媒介，媒介也是一种特殊的技术。媒介环境学派的技术思想主要体现在以下四个方面：

①泛技术观。泛技术观是媒介环境学的一大特征。从传统意义上的机器技术到口语、印刷词、书面文字等都可以视为技术。媒介环境学者大多持有泛技术观，但是对技术所包含的内容不尽一致。例如，艾吕尔的技术概念既包含社会技术，如心理技术、管

① 张凌霄. 媒介环境学派的媒介影响观变迁——以媒介技术为视角[J]. 当代传播，2016(6)：37-40.

② 任孟山，穆亭钰. 媒介环境学的研究路径、理论发展与学科逻辑[J]. 陕西师范大学学报(哲学社会科学版)，2023，52(4)：105-115.

③ [美]林文刚. 媒介环境学：思想沿革与多维视野[M]. 何道宽，译. 北京：北京大学出版社，2007.

④ [美]林文刚. 媒介环境学：思想沿革与多维视野[M]. 何道宽，译. 北京：北京大学出版社，2007.

理技术、宣传技术，也包括抽象的技术，如速读技术。① 麦克卢汉不仅将机器、汽车、印刷术等常规意义上的技术视为技术，还将口语、印刷词、数字、广告等视为技术。②

②非技术决定论。媒介环境学并非严格意义上的技术决定论，媒介环境学者对技术的强调都归因于其独特的研究视角。媒介环境学是研究媒介形式的学科。正是为了与媒介内容研究相区别，弥补对媒介形式的忽视，媒介环境学特别将媒介形式置于研究的首位，关注媒介的性质、媒介对人、社会、文化等的影响。他们认为技术并非影响社会变革的完全的决定性因素，实际上还存在着政治、经济等其他因素的影响。

③技术的影响。媒介环境学派是从生态学的视角关照技术的影响。人性、和谐是媒介环境学者评判技术影响的考量标准。媒介环境学派考察了技术对人的心理和价值观等微观方面的影响，也考察了技术对社会、文化等宏观层面的影响。他们将技术是否有利人性的发展视为评判技术好坏的道德标准，这样的考量无不显示出他们强烈的现实关照和人文关怀。

④技术与人的关系。这一主题是媒介环境学最富人文关怀的议题。其涉及技术中性论、技术悲观主义、技术乐观主义等一系列论点。同时，还隐含着"技术即权力控制"这一命题。芒福德、麦克卢汉都论述了技术对人性的压抑和限制，并对技术的非人性给予了猛烈的批判。同时，他们也从技术的强大力量中看到了人的主动性，他们或多或少都表示了人主导技术的观点。其中，莱文森甚至公开声称自己是人类沙文主义者，能够绝对控制技术。这一主题后来延伸到了媒介与人的关系这一议题中。

（2）媒介解读媒介环境学派

媒介环境学的媒介思想的独特之处在于其独特的研究视角，即对媒介本身的关注。从这一视角出发，媒介环境学的媒介思想主要体现在以下几个方面：

①泛媒介观。与媒介环境学持有的泛技术观相联系，泛媒介观也是媒介环境学的特点之一。从窄义上的大众媒介，到口语、字母文字、象形文字、泥版、莎草纸、羊皮纸，再到汽车、住宅、武器等都可以纳入媒介的范畴。这一观点挑战了传统上对媒介的狭窄定义，摒弃了将媒介单纯视为大众传播工具的狭隘视角，转而强调媒介本身所承载的广泛作用与深远影响。泛媒介观采用的是一种广义的媒介定义，将媒介的范畴扩展到了更为广泛和多元的领域，即所有能够承载、传达信息的事物，都可以称之为媒介。麦克卢汉在著作《理解媒介——论人的延伸》详细分析了近30种媒介，充分论证了他持有

---

① 狄仁昆，曹观法. 雅克·埃吕尔的技术哲学[J]. 国外社会科学，2002(4)：16-21.

② [加]马歇尔·麦克卢汉. 理解媒介——论人的延伸[M]. 何道宽，译. 南京：译林出版社，2005.

的泛媒介观。① 同时，泛媒介视角下的媒介并不是单一的、独立的技术装置，而是在整体上能够影响人与人、人与事物、人与社会的关系的一种内置性的语法、语境或者是环境。

②媒介的偏向。媒介环境学认为，媒介并非中性的，而是有独特的偏向。媒介的偏向这一命题是媒介环境学的核心命题之一。这是对媒介性质的研究。伊尼斯认为媒介有时间和空间的偏向，麦克卢汉将其发展为媒介的感官偏向，波兹曼继承了这一命题，指出了媒介的意识形态偏向，莱文森指出了媒介的人性化偏向，梅罗维茨提出了媒介的前区偏向和后区偏向。后来尼斯特罗姆设计了一套理论来概括媒介偏向这一理论：不同的媒介具有不同的思想和情感偏向、时间、空间和感知偏向、政治偏向、社会偏向、形而上的偏向、内容的偏向、认识论的偏向。而正是媒介的偏向理论引出了媒介环境学的另一命题，即媒介对人的心理、认识、思维及对社会、文化等产生的影响与媒介的偏向有关。

③媒介即环境。这是媒介环境学的核心命题之一，也是其理论架构中最为重要的一部分。媒介环境学的定义是将媒介当作一种环境来研究。这一命题的内涵包括：作为感知环境的媒介、作为符号环境的媒介、单一媒介环境或多重媒介环境、作为媒介的环境。这一核心命题来自艾吕尔的技术环境思想和芒福德的社会生态理论。麦克卢汉首创了这一术语，波兹曼定义和阐释了这一术语并创办了这个学派。随后的学者丰富了这一理论命题。媒介不仅是环境的一部分，还塑造着环境及其中的一切。生存于其中的人依靠环境，也反过来塑造着环境。媒介环境学致力于研究人类生存其中的媒介环境，并力图达成人和环境的平衡。这是媒介环境学的终极目标。

④媒介史研究。媒介史研究是媒介环境学派的又一核心研究范式。它以技术为维度，将人类传播史划分为口语时代、文字时代、印刷时代和电子媒介时代四个前后相续、重叠的时期。媒介环境学者关注在每个时期占主导地位的媒介变迁和流变，以及在社会历史中的地位。有学者对单独的媒介技术的历史进行了考察，如芒福德对印刷术、摄影术等的研究，莱文森对新媒介的研究，波兹曼对印刷媒介和电子媒介的探究，翁对口语文化和书面文化的分析等。也有学者考察了整个媒介史，如伊尼斯从历史的宏观角度考察了自口语时代到电子媒介时代的媒介与文明的关系，莱文森考察了字母、印刷术、摄影术、电报、电话、电、广播、电影、电视、网络等出现在历史上的重要传播媒介。这是媒介环境学派独特的媒介历史研究视角。

---

① ［加］马歇尔·麦克卢汉. 理解媒介——论人的延伸［M］. 何道宽，译. 南京：译林出版社，2005.

⑤媒介的影响。对媒介本身的重视不得不关注媒介的影响。伊尼斯考察了媒介对文明的影响。麦克卢汉研究媒介对人的感知、心理和社会的影响。波兹曼研究了电子媒介对童年的影响及对印刷文化的侵蚀。翁探究了口语文化和书面文化对人的心理和思维方式的影响。莱文森分析了媒介对认识的影响以及新媒介带来的诸多弊端。梅罗维茨则解析了媒介对社会日常生活的影响。众多学者对媒介的影响的研究都涉及了媒介的好处和坏处两个方面。媒介环境学者不仅关注媒介在宏观层面的影响，也关注其在微观层面的影响。媒介环境学试图探究媒介是否使人们的生活变得更好还是更坏。这一任务的完成正好体现在对媒介影响的分析中。

8.4.2.3　媒介环境学派的发展历程及主流学派

媒介环境学的发展历程，以刘易斯·芒福德为先驱，经过三代学者的不懈努力，汇聚成两个主流学派，一是以加拿大多伦大学为主的多伦多学派，另一个是以美国纽约大学为主的纽约学派。① 可以说，多伦多学派是奠基者，纽约学派是光大者。纽约大学在媒介环境学领域内占据着举足轻重的核心位置，孕育并培养出众多该学科领域内享有国际盛誉的杰出学者。

（1）先驱者

刘易斯·芒福德，作为媒介环境学领域内广受认可的先驱者，其学术视野并未直接局限于媒介或传播的单一维度，而是肇始于对城市的深刻剖析，随后秉持人文主义的光辉，逐步将触角延伸至更为广阔的社会与历史领域。② 在 20 世纪 30 年代的标志性著作《技术与文明》中，芒福德勇敢地挑战了当时社会学与史学界对技术的漠视态度，开创性地梳理了西方文明的技术演进脉络，深刻剖析了社会环境、技术成果、生产力与生产关系之间错综复杂而又相辅相成的动态关系。他详细阐述了技术历史分期、技术有机论以及对"王者机器"的批判，展现了其独到的见解与深邃的思考。

具体来说，芒福德思想中涉及媒介影响且被媒介环境学进一步发扬光大的主要部分有技术历史分期、技术和社会之间的生态平衡和对作为技术的媒介的星点讨论。芒福德将人类的机器文明划分成了始生代技术时期、古生代技术时期和新生代技术时期三大阶段，认为机器的结果塑造了人的生活和文化形态，机器的进化带来了生产的分工，而分

---

① 邵培仁，廖卫民. 思想·理论·趋势：对北美媒介生态学研究的一种历史考察[J]. 浙江大学学报（人文社会科学版），2008，38(3)：180-190.

② 张凌霄. 媒介环境学派的媒介影响观变迁——以媒介技术为视角[J]. 当代传播，2016(6)：37-40.

工则导致以技术性取代人性、以机器异化人，最终从内部重构社会，塑造了不同阶段的文明。① 他认为，西方文明中机器文化压倒性地胜过了人的价值，也就削弱了人文艺术，因而他积极探寻对以机器为代表的技术理性和人类社会自身的人文环境之间的生态平衡。

芒福德持泛媒介观，认为技术是人体的延伸，技术可被视为人类探索并征服自然的媒介，并借对镜子和人的自我意识之间关系的论述来探讨技术媒介对人的心理的深层影响。② 芒福德还考察了作为交流工具的媒介给人类社会带来的影响，将印刷术视为元媒介的一种，认为印刷术使书面语言得以脱离时空局限，重塑了人们的时空观，也催生了"隔离和分析的思考方式"③，并视之为始生代技术时期最伟大的成就之一。他认为印刷术打破了人类感官具体和抽象的平衡，促进了中世纪社会的解体。此外他还考察了包括电报、电话、摄影术、留声机、电影等在内的一系列新媒介技术，对它们将带给新生代技术时期的通信革命和记录革命做了一系列预言，就媒介技术对人的感觉、思想及心理影响的阐释被后来的媒介环境学吸收并发扬光大。

（2）多伦多学派

多伦多学派以胆大睿智和最具原创性的媒介理论而闻名，他们考察媒介与文明之间的关系，分析传播媒介的偏向性，强调传播媒介的时间偏向和空间偏向之间的平衡对社会稳定的影响，提出了"媒介即信息""媒介是人体的延伸"的新主张，研究新技术和新媒体的发展对文化和社会所产生的影响。哈罗德·伊尼斯和马歇尔·麦克卢汉是媒介环境学派之多伦多学派的领军人物，也是媒介环境学派第一代的核心人物，被誉为"多伦多学派的双星"。

①哈罗德·伊尼斯。哈罗德·伊尼斯作为媒介环境学派第一代旗手，他的研究具有开辟疆土的价值，为人们理解媒介对社会的政治、经济、文化和人际交往的影响提供了理论启迪和评判依据。泛媒介主义者伊尼斯认为，媒介的内涵和外延都是极其丰富的，媒介不仅是一种传递信息的介质，更是牵扯到了各种复杂的社会关系。在伊尼斯的著述中隐含着一种思维，即凡是能够反映出一定历史时期内的文化和社会思潮的介质，都是一种媒介。因此在他的笔下，口语、字母表、诗歌、戏剧、散文、漫画、法律、数字等都是一种媒介。

1950 年，《帝国与传播》首次出版。在书中，伊尼斯着眼于媒介的巨大影响力甚至

---

① ［美］刘易斯·芒福德. 技术与文明［M］. 陈允明，等译. 北京：中国建筑工业出版社，2009.
② ［美］刘易斯·芒福德. 技术与文明［M］. 陈允明，等译. 北京：中国建筑工业出版社，2009.
③ ［美］刘易斯·芒福德. 技术与文明［M］. 陈允明，等译. 北京：中国建筑工业出版社，2009.

它改变帝国的能力，论述的重点是传播对文明的影响。书中所提出的"一种新媒介的长处，将导致一种新文明的诞生"已成为经典名言。①《帝国与传播》"传播的偏向"这一概念。媒介的重要性使之依据自身特性转化为倚重时空的不同偏向，从而表现为一种新形式：知识垄断。一方面，媒介由知识垄断这一中间环节进而影响社会权力结构以及文明兴衰。另一方面，知识垄断是一个不断形成又消解的循环过程，背后永恒不变的推手是权力。媒介偏向与知识垄断相互影响，文明不断以新的形式延续。②

伊尼斯以时空偏向性为标准，对媒介作了区分，这是其讨论传播偏向的前提。③ 媒介偏向论认为，根据传播媒介的特性，媒介大致可以分成两大类：一类是有利于时间上延续的媒介，如羊皮纸、石刻文字和泥板文字，笨重而耐久，所以它们承载的文字具有永恒的性质。但是，它们不容易运输、生产和使用。偏向时间的媒介能与具体地方的物质非常紧密地联系在一起，它们相对来说是稳定的社会现象，能将过去、现在和将来联结在一起。它们有助于树立权威，便于形成等级森严的社会体制，有利于维系传统的集权化宗教形式。就文化的角度而言，时间意味着神圣、道德和历史，与历史、传统、宗教及等级制度的发展有着密切的关系。另一类是有利于空间上延展的媒介，如莎草纸和纸张。它们容易运输，方便使用，能够远距离传播信息。但是它们传播的信息局限于当下，比较短暂。偏向空间的媒介更容易地被重新置放在其他地方，更喜欢跨越空间的各种行政关系的发展来促进世俗制度和政治权威朝着非集权化的方向发展。空间则意味着现在和将来，技术和世俗，意味着帝国的兴起、扩张，它与现实的世俗政治权力有关。时间文化是信仰、来世、礼仪和道德秩序的文化；空间文化则是世俗的、科学的、物质的和扩展不受约束的文化。

②马歇尔·麦克卢汉。麦克卢汉，继承了伊尼斯的媒介决定论观点，并将其继续发展壮大。麦克卢汉在对传播的研究中进行了独特的探索。他试图从艺术的角度来解释媒体本身，而不是用实证的方式来得出结论。在这种艺术的探索中，麦克卢汉得出了那个后来震惊世人的结论："媒介即信息"，"媒介是人体的延伸"。麦克卢汉在《理解媒介：论人的延伸》中提出了泛媒介观。④ 任何媒介都代表着或是速度、偏好、效率的变化，"信息"是媒介技术的特点带来的文化特征。媒介对个人和社会的影响都是由于新的尺

---

① Harold Innis. Empire and Communication[M]. London：Oxford University Press，1950.

② 王梦媛. 媒介偏向及知识垄断——评《帝国与传播》[J]. 东南传播，2019：47-49.

③ 杨保军. 坚定"偏向"中的观察与洞见——读伊尼斯《传播的偏向》眉批录[J]. 新闻记者，2017(11)：82-92.

④ Marshall McLuhan. Understanding Media：The Extension of Man[M]. New York：McGraw-Hill Book Company，1964.

度产生的，任何一种延伸或者技术都会对社会生活引入一种新的尺度和文化，故媒介的内容并不重要，重要的是不同技术形态产生的作用造成了怎么样的变化，值得关注的是媒介本身固有特点带来的讯息，这个时代使用的传播工具可能引发的社会变革。①

麦克卢汉沿着英尼斯关于广播的结论，即传播视觉和听觉偏向的思路，发展出"媒介是人身体的延伸"的理念。媒介即人的延伸，延伸意味着解除。广播是听觉的延伸，文字是视觉的延伸，轮子是脚步的延伸，这样的延伸是器官、感官或功能的强化和放大。② 技术对人的任何一种延伸，不仅会作用于个体的感官比率，还将改变人们的思维与行为方式。

麦克卢汉看来，语言是一种使人的各种感官都得到延伸的技术，语言调动人的所有感官参与其中，声音视觉听觉都相对平衡。文字的发明与古登堡印刷突出了视觉的地位，削弱了听觉触觉味觉，人们远离部落化的群体生活方式，发展出个人主义。电力时代的到来是对人中枢神经的全线延伸，全线程多方位放大了人们的感官，由工业时代的印刷术带来的非部落化瞬间重新整合为新的整体。

冷热媒介是麦克卢汉思想史上饱受争议的一个理论。该理论认为，媒介可以按照"清晰度"和"参与度"两个指标划分为冷热两类媒介：热媒介具有高清晰度，不需要调动受者的高参与度就能获得较好的传播效果；媒介具有低清晰度，需要调动受者的高参与度才能完成传播实践。电话是一种冷媒介，必须依赖于传播双方的积极沟通交流，收音机是一种热媒介，其提供的信号和内容足够丰富，听众不需要别的感官参与就能进行传播。这一理论在媒介环境内部和外部都引发了极大的争议和讨论，冷热本身是一组相对概念，麦克卢汉本人也未能进一步作出清晰的、服众的关于冷热的界定。

机械技术对人体感官之间的互动造成了阻断，而电力时代允许信息突破地域限制和时间差异在同步瞬时之间完成共享，处在电力媒介延伸下的感官与机能得以联合，电子媒介将带领人类重回部落时代和口语文化，无论身处地球何处都能够像共处旧时代的村落那样，电子媒介将整个地球连接成村庄。由拼音文字、印刷术带来的贫乏与疏离将不复存在，分割的个体也会重新整合起来。现代技术印证了麦克卢汉地球村的预言已成现实。

麦克卢汉认为文字印刷媒介易于分裂而整齐划一的特征有利于不同地区实现同质化，此为外爆。电力技术的速度优势和无所不至把世界变成了地球村，空间地理上的距

---

① ［加］马歇尔·麦克卢汉. 理解媒介——论人的延伸［M］. 何道宽，译. 南京：译林出版社，2019：03.

② 郭庆光. 传播学教程（第二版）［M］. 北京：中国人民大学出版社，2011：119-120.

离感被压缩，人的生存空间变得拥挤和膨胀，电力技术让地球村这一有限空间内各种信息四处逃窜，没有向外的出口，只得内爆。鲍德里亚在此基础上拓展了内爆的内涵，讯息在传播过程中被损耗，拟像和超真实的过程超越了真实本身，真实爆掉了，即电子媒介传播中已经没有了真实和内容的形式，媒介符号构建下对于"真实"世界的还原，引导媒介前的观众把"仿真"当作现实去理解，从而进入了"超真实"的幻境。

马歇尔·麦克卢汉和埃里克·麦克卢汉共同划分了媒介提升、过时、复活、逆转的四个阶段，讨论新媒介的发展历程以及它对整个社会系统的影响，此为媒介四定律。

提升：媒介延伸人的某种感官或者能力，提升了人的活动范围和活动形式。人可以通过媒介捕捉到更多有用的讯息，整个社会的认识能力也随之提高。

过时：媒介在更新换代中不断界定着新旧形态，新媒介的优秀性能对社会系统更好地适应后会淘汰那些旧有媒介。

复活：旧媒介的淘汰并不是销声匿迹式完全消亡，而是在社会需要出现时以"提升"的形式重新活跃在大众视野。电子书的出现淘汰了实体书馆，而疲倦了电子书浅层阅读体验的呼声又给纸质出版物的复活提供了条件，纸质书报以"精装书""纪念版"形式发行。

逆转：一种媒介形式复活后激发着各种媒介行为的潜能，达到一定程度后便可能改变原有的媒介功能。纸质书的再发行与"情怀"绑定在一起，典藏版一书难求现象背后是对原本"阅读知识"功能的逆转。互联网本初试图突破物理距离寻求联系，现代网民却在圈层中逐渐封闭社交范围。

（3）纽约学派

纽约学派是媒介环境学派的重要分支，在继承多伦多学派传统的基础上，展现出了独特的媒介环境风貌，主要代表人物有刘易斯·芒福德、尼尔·波兹曼、约书亚·梅罗维茨、保罗·莱文森、詹姆斯·凯利等。纽约学派身处世界之都纽约，近距离地观察和体验到了"媒介传播之实质"，在 20 世纪六七十年代美国社会动荡之际，媒介尤其是电视媒介的普及达到了顶峰，媒介报道、参与、印证、记录了一个时代，从而在这些学者的深刻目光的观照下，媒介传播显现出不同侧面、不同层次的本质性。① 正因为如此，纽约学派使媒介环境学研究迈入正轨，其现实意义显著。他们的学术贡献赢得了北美主流学术界的广泛认可，推动了媒介环境学会的创立与发展，至今仍在学术界保持高度活跃。

---

① 邵培仁，廖卫民．思想·理论·趋势：对北美媒介生态学研究的一种历史考察[J]．浙江大学学报（人文社会科学版），2008（3）：180-190.

①尼尔·波兹曼。尼尔·波兹曼以犹太人特有的精明洞悉电视等电子媒介对文化素养的侵蚀①，旗帜鲜明地提倡传播学和教育学的现实关怀、人文关怀和道德关怀，不进行命题作文式的对策研究，不为资本和选举机器服务，主张学者认真思考，敢于提出反对的异见。其核心内容包括童年的消逝、娱乐至死和媒介即隐喻。

印刷时代的到来使识字能力凸显到一定地位，进而划分了儿童和成人的概念，儿童需要接收识字能力的训练社会化，从而长为成人。《童年的消逝》观察传播媒介对交往的影响，电子传播弱化了媒介学习时必要的文字阅读力，童年和成人的概念消逝。

通过电视和网络媒介，娱乐得以达到至死的目的；一切都以娱乐的方式呈现；人类心甘情愿成为娱乐的附庸，最终成为娱乐至死的物种。电视节目通过图像的形式给孩童展现大量成人世界的媒介材料，将许多成人化的世界不加以筛选地呈现在孩童面前，媒介呈现会影响他们模仿和习得成人世界的行为，从而使本该单纯童稚的童年时代向成人世界倾斜。以图像为阅读特征的思维方式弱化了成人的思考能力，成人在电子世界退回心理上的年龄，"成人化的儿童"和"儿童化的成人"逐渐成为常态。尼尔·波兹曼对媒介技术的思考是消极的，商业化和电视媒介使政治、教育、经济等变得浅薄，人类文明和精神走向退化。

沿着电子时代对于视觉图片的强调而弱化印刷时代对文字的强调这一思路，政治、宗教、文化教育、公共事务等在电视媒介上的呈现方式被改变了，心甘情愿地沦为文化的附庸，我们在其中成为娱乐至死的物种。在印刷时代，去理解上述公共事务和社会生活离不开读者的思考和判断。阅读是一件严肃的理性活动，电视的瞬时和图像限制了人在接收信息时候的深入思考，失去传统和放弃思考之下，文化最终被娱乐所主宰。值得注意的是，他批评的不是娱乐这件事，而是一切本该严肃的文化都泛化为娱乐。

他在《娱乐至死》中还提出了"媒介即隐喻"，延续了"媒介即信息"的要点，认为媒介并非单纯的信息载体，能用一种隐蔽的力量作用于现实世界。人们实际上生存在媒介制造的巨大隐喻世界中，特定的媒介偏好某种特殊的内容，最终塑造了现实世界的文化特征。（比如邮件这种媒介形式带有的正式性，会不自觉地要求格式规范、使用书面称呼、抛弃口语化表达，从而衡量着交流形式的重视程度，适用于求职而不是日常聊天）这一理论将研究视角从媒介特征本身的考量拓展到了媒介的文化意义、社会组成之间的关系等。

②约书亚·梅罗维茨。梅罗维茨作为波兹曼的学生，他在英尼斯和麦克卢汉的媒理论基础上引入了戈夫曼的场景主义，将媒介对人的行为的决定作用引入具体的日常社会

---

① 倪晓文. 尼尔·波兹曼媒介批评理论的当代意义[J]. 学习与探索，2021(4)：136-142.

交流的结构从而进行动态分析。并且他改变了场景主义理论只将物理场所当场景，而将场景拓展为信息系统，当媒介变化的时候，信息系统也会随之而改变。①

媒介情境论是对戈夫曼情境论和麦克卢汉媒介观点的批判继承。在情境上，梅罗维茨认为戈夫曼忽略了角色和社会秩序的变化，用静态的观点描绘舞台其实不适用于生活中动态变化甚至各种可能融合的情景。电子媒介"消解"了"地域"所构成的时空观，通过情境重组创造信息环境，导致新情境的产生，情境的变化又会改变原先身份和行为的界限，影响人们的行为和社会角色。由此，他提出区别于前台和后台的混合场景——中台，以解释和定义现实生活中面对不同交往对象和交往地点时人的行为。在媒介观上，他同麦克卢汉一样思考媒介技术对人的影响，又进一步解释了电子媒介"为什么""如何"引起了这些变化。相比于戈夫曼对于人际关系的讨论，情境论更关注宏观的媒介、情境与人行为的关系；相比于"媒介即信息"的理论建构，情境论又注意到社会行为和角色扮演等具体层面。

③保罗·莱文森。保罗·莱文森则从媒介技术与现实关系的角度出发，将媒介的进化分为三个阶段：玩具、镜子和艺术，认为媒介的进化主要依赖于人的需求，因此媒介的发展呈人性化趋势。② 他提出了补偿性媒介，认为任何一种媒介都是对旧有媒介的进化和补偿，而媒介进化的方向就是人性化趋势。技术媒介的发展规律类似于达尔文的生物进化机制，也是一个适者生存、不断完善的过程，表现为前技术时代人类自然传播状态在更高层次的再现。不断地接近人性需求是媒介进化的原动力。

媒介进化论的核心观点是：随着技术传播媒介的发展，它们更多地倾向于复制真实世界中前技术的或是人性化的传播环境。互联网媒介则是对所有旧有媒介的补救和进化，电子打字是对纸笔书写的进化，语音交流是对人际传播的补偿，播客频道是对广播媒介的进化，人的各种现实需求在对媒介技术形态的不断改造中得以实现，新媒介技术的设计会复制前技术媒介已有的传播环境，故媒介总是朝着人性化的趋势进步。

④詹姆斯·凯利。詹姆斯认为传播的起源和最高境界，并不是智力信息的传递，而是构建并维系一个有秩序、有意义、能够用来支配和容纳人类行为的文化世界。仪式强调的是参与传播的主体人人平等，而不是控制者带有意识形态地宣传某种观点，以传播盛典构建起来的共同体在这个过程中享有着文化信念和传播体验，这些"仪式"所承载

---

① 约书亚·梅罗维茨. 消失的地域：电子媒介对社会行为的影响[M]. 北京：清华大学出版社，2002.

② 文雅诗. 马歇尔·麦克卢汉与保罗·莱文森媒介发展论之比较[J]. 新闻知识，2023(10)：80-87，96.

的情感包含着维持社会秩序、稳固国家社会的功能。①

传播是一种"现实得以生产、维系、修正和转变的符号过程"，重点在于讨论社会如何更好地存在和维系。传播仪式观的出现也将强调传播信息结果和知识接收的传播观界定为"传播的传递观"，仪式观注重时间上对团体的维系，传递观强调信息在空间中流动接收的效率。

8.4.2.4　媒介环境学核心观点评析

(1)媒介环境学的技术观

媒介环境学把媒介技术作为一个首要或重要因素加以强调。它承认社会主导媒介的技术特征对社会特征的决定性，非但没有否认社会和人对媒介的控制，而且强烈呼吁加强这种控制，从而对媒介的影响进行塑造。② 而且，媒介环境学认为，社会将在人与媒介技术的相互修改中发展，而不是始终朝着技术规定的方向演进。媒介环境学"致力于理解传播技术如何控制信息的形式、数量、速度、分布和流动方向，致力于弄清这样的信息形貌或偏向又如何影响人们的感知、价值观和态度"③。任何社会的文化类型和社会结构变迁都会受到技术的制约或促进，而不是由技术来决定。任何媒介研究学派都有自己鲜明的主张，媒介环境学派的特色就是以思辨的方式，深刻揭示技术对社会变迁的强大影响力。媒介环境学的技术观，不能因其鲜明的技术主张，就把它与技术决定论画等号，如果说它是一种技术决定论的话，只能是软技术决定论。④ 但是并不否认媒介环境学的局限性，传播技术和社会都是复杂的动态变量，它们相互作用、相互影响。传播技术对社会塑造力量的发挥，无法脱离特定的社会和文化背景，技术是如何与其他因素协同发挥作用的，媒介环境学尚未揭示。从微观上看，社会决定着技术；从宏观上看，技术决定着社会的特征。迄今为止，任何一种媒介技术时代，媒介的利弊都戏剧性地发挥着作用，且伴随人类社会始终。只有把技术与其他维度综合研究，才能深刻揭示社会问题的根源。

(2)媒介环境学的文化观

文化发展的历史源远流长，文化的进步使人类从野蛮走向文明。媒介文化的形成和

---

① [美]詹姆斯·W. 凯瑞. 作为文化的传播[M]. 丁未，译. 北京：华夏出版社，2005：7.

② 郭静. 关键理论亦或概念潮流：媒介化理论再反思[J]. 新闻界，2022，(8)：66-74.

③ [美]林文刚. 媒介环境学：思想沿革与多维视野[M]. 何道宽，译. 北京：北京大学出版社，2007：317-318.

④ 张冠文. 人与互联网的同构——媒介环境视阈下互联网交往形态的演化[M]. 北京：中国广播影视出版社，2015：24.

发展始终与大众传播媒介的发展合作及共同演进。现代传播手段已经极大地改变了人们的体验与意识，改变了人们的兴趣和感觉的构成。媒介环境学以强烈的人文关怀，从更加宏观的视野，以史学的眼光，对媒介技术与社会发展的关系进行阐释，对媒介技术与文化的关系进行分析。林文刚在《媒介环境学：思想沿革与多维视野》的序言中说，"媒介环境学旨在研究文化、科技与人类传播之间的互动共生关系"①。媒介环境学一直从媒介技术视角对文化进行研究，诠释了传播媒介与文化的互动关系及其协同推动社会发展的作用。文化影响技术扩散的速度和方向。任何一项新的技术从问世到普及都要经历一个创新扩散的过程，技术在社会中采纳与扩散程度和速度在很大程度上受制于现有的社会文化，并对未来文化的发展产生深远影响。只有当技术在社会中扩散到一定程度时，其塑造社会文化的力量才能发挥出来。人在媒介交往中不断创造着新的文化形态。文化是人创造意义的王国，文化就存在于人的行为中。人类文化的产生和发展始终与媒介如影随形。技术与文化的辩证关系总是历史的、动态的，文化是人类为生活而做的符号上的、工具层面上的、社会层面上的整体安排。② 媒介技术与文化的互生共融是一个不断变化的动力学过程，将每一个人裹挟其中，推动着社会不断前行。

（3）媒介环境学的受众观

人的需求是推动社会历史发展的基本动力，正是基于这些多元化的需求，人们通过各种渠道寻求满足，其中，大众媒介成为日常意义建构不可或缺的关键来源。③ 媒介作为人类的创造物，基于受众的需要产生，又在受众的需求的推动下不断发展和演化的。在媒介环境学中，受众是不可或缺的活性因子，其多元需求被视为媒介技术不断革新与演化的源泉，深刻影响着媒介技术的演进与文化生态的塑造。随着社会的快速发展，受众的信息需求日益多样化、个性化，从简单的信息获取到深度的知识探索，从娱乐消遣到社会参与，不同受众群体展现出不同的媒介使用偏好和需求模式。媒介环境学强调，媒介系统应积极响应这些需求变化，通过技术创新和内容优化，提供更加精准、高效、人性化的信息服务。受众的需求并非媒介环境学的学者们研究的重点，也没有专门提出相关的理论，但媒介环境学研究中蕴含丰富的关于受众的思想。媒介环境学认为，人性化即对受众需要的满足媒介发展演化的趋势。受众的需求是媒介技术和文化发展的重要推动力，技术和文化的发展又不断修改受众的需求，这些思想贯穿于媒介环境学的学术

---

① ［美］林文刚. 媒介环境学：思想沿革与多维视野［M］. 何道宽，译. 北京：北京大学出版社，2007：序言.

② ［英］罗杰·迪金森，等. 受众研究读本［M］. 单波，译. 北京：华夏出版社，2006：14.

③ ［英］罗杰·迪金森，等. 受众研究读本［M］. 单波，译. 北京：华夏出版社，2006：14.

主张之中，只是对于技术和文化的关注及其阐述的深刻掩蔽了它关于受众的思想。正是人们的技术创新促进了人的媒介交往的需求，这种需求的不断满足带来了今天媒介发展的繁荣，受众与媒介发展互为动力，并无限发展下去。①

（4）媒介环境学的制度观

制度，广义上将文化、传统、习俗都定义为制度，狭义的制度则仅指成文的规则。传播媒介无论是一种社会组织在社会信息的流通中发挥作用，还是作为一种交往的中介在人与人的相互作用共享信息，都会涉及社会利益的各个方面，离不开社会规则的制约，因此，制度是各种社会利益博弈达到均衡时所表现出来的结果。② 媒介环境学认为制度是媒介环境运行的规则，始终与技术共同作用，推动社会的变革。本年鉴所说制度指媒介制度，即社会制度中直接或间接对大众传播媒介的发展起着制约和控制作用的成文的规则，既包括国家大法中有关媒介的法令和制度，也包括各个职能部门颁布的规章、条例等成文的规范。③ 媒介制度的产生是一个长期的集体选择的过程，既有来自国家和政府的政治控制，也有来自利益群体和经济势力的控制，还有受众自身的控制等。媒介制度是一个制度系统，是由各项具体制度构成的一个有机整体。④ 制度研究也并非媒介环境学的学者们研究的重点，但仔细探寻仍然发现关于制度控制的思想对后来的研究有重要启发，建立与媒介技术发展相适应的制度体系是实现媒介人性化发展的前提。媒介环境学希望通过教育改变媒介对社会的不利影响。媒介环境学关于制度的思想是一个隐含的、点到而没有细究的话题，虽未被像技术和文化那样深刻阐释，却也表现了对制度控制的重视、希冀和批判，希望通过制度修改技术的发展方向，塑造良好的秩序，但又要保持新媒介的活力。

8.4.2.5　媒介环境学的反思：该往何处？

正如何道宽先生所言，媒介环境学进入了自身理论的反思阶段。随着越来越多的人成为媒介环境研究者，媒介环境学也日益进入传播学的主流圈子。与此同时，媒介环境学也可以看到自身发展面临的问题：媒介环境学者日益分散，媒介环境学的影响还有待拓展，更为重要的是对学科范式的拓展和对自身理论的进一步建构，总结出媒介环境学

---

① 张冠文. 人与互联网的同构——媒介环境视阈下互联网交往形态的演化[M]. 北京：中国广播影视出版社，2015.

② 丁和根. 中国传媒制度绩效研究[M]. 广州：南方日报出版社，2007.

③ 张冠文. 人与互联网的同构——媒介环境视阈下互联网交往形态的演化[M]. 北京：中国广播影视出版社，2015.

④ 潘祥辉. 论媒介制度的内涵及其分层演化原理[J]. 理论界，2012(2)：158-160.

派在反思阶段应该思考的几个问题。

(1)整合理论,拓展范式内涵,向媒介哲学推进

在探讨媒介技术的研究领域中,媒介环境学派并非开创者。传统的批判学派早已从政治经济学的角度分析了媒介技术对政治、经济、意识形态、个体和社会的影响。如今,媒介环境学派则以技术为核心,提出了深入研究媒介技术的口号。然而,要在这个领域中独具一格,就必须明确和巩固自己的研究视角。媒介环境学派以生态学为灵感,强调平衡、共生和人文主义的道德关怀,关注媒介环境的健康发展,构建了其独特的研究范式。

然而,至今为止,媒介环境学派尚未形成完整的理论体系,其研究方向亦有待进一步拓展。一种理论范式能否持续发展,关键在于其生命力的强弱以及是否能够衍生出更多的研究视角。在对媒介技术本身进行深入研究之后,媒介环境学派面临着一个重要问题:未来的发展方向在哪里?这些问题迫使当代媒介环境学者必须面对和解决。

从技术哲学角度来看,媒介环境学派的媒介思想源自技术哲学的深刻洞见。理解媒介环境学派的媒介思想必须追溯到其技术理论的根源。同样地,其媒介思想的进一步发展需要在不断深化的技术理论基础上进行。因此,若媒介环境学派要在理论上迈向新的高度,它必须将媒介理论推进到哲学的层面。这意味着,媒介环境学派需要更加审慎和深刻地思考媒介、人类、权力和理性之间的形而上关系。只有推进到媒介哲学的高度,媒介环境学派才能够在视野上实现更广泛的拓展。

(2)从技术角度分析媒介内容

媒介环境学派的核心研究对象是媒介技术,然而,媒介内容也是其研究中不可忽视的一个方面。事实上,媒介环境学派隐含地认为,媒介的形式决定了其中所承载的内容。然而,这一理论命题尚未得到充分深入的阐释。根据媒介环境学派的观点,每种媒介都具有独特的符号体系,不同的符号系统承载着不同的媒介内容。例如,马歇尔·麦克卢汉提出的"看门狗"的隐喻将媒介内容比作吸引看门狗的肉,强调了媒介内容的显著性。相反地,媒介环境本身常常被忽视,因其隐蔽性而鲜为人知。因此,媒介环境学派将研究的重点放在媒介技术和媒介环境上。然而,作者认为形式与内容是密不可分的。既然媒介环境学派强调媒介形式对内容的决定性影响,完全可以从技术角度分析媒介内容的产生和传播过程。媒介内容往往带有技术的印记,结合形式与内容的分析可以开辟媒介内容研究的新视角。在媒介环境学派的视角下,技术分析媒介内容的途径能够深化我们对媒介形式与内容互动关系的理解,从而为未来的研究开辟新的思路和方法。

(3)警惕信息烟尘:媒介技术发展的消极影响

由于媒介技术研究常常存在滞后性,迄今为止,媒介环境学派对于新兴网络媒介的

研究尚显不足，仅有莱文森的《新新媒介》作出了一些初步探索。自20世纪八九十年代人们迈入信息化时代以来，媒介环境发生了显著变化，使人类进入更为复杂的多重媒介环境。然而，媒介环境学者对这种变化尚未展开深入研究。其中，一个日益显现的问题值得学者们的关注——即对新媒介技术可能带来的信息过载及其消极影响的警惕。发达的媒介技术已将人们从信息匮乏的时代推向了信息过剩的时代。现今，人们虽然可以轻易获取各类信息，但过多、泛滥的信息却可能影响个人的判断力，如同烟尘般模糊了视线。许多人为处理过多的信息而不得不投入更多时间和精力，甚至有些人因此患上了信息焦虑症，在信息过载面前感到手足无措，失去了理性，这些问题都是媒介技术发展所带来的新挑战。

波兹曼曾预见并描述了这些问题，但未引起足够的重视。事实上，戴维申克早在20世纪末的《信息烟尘：在信息爆炸中求生存》中便关注并分析了这一现象。他深受麦克卢汉媒介思想的影响，理解到媒介技术的服务效应和负面效应，尽管他并未对媒介环境的变化进行深入探讨。而安德鲁基恩的《网民的狂欢：关于互联网弊端的反思》一书被誉为网络版的"娱乐至死"，指出了网络媒介带来的全民民主虚假诱惑对真理、音乐和道德等方面的消极影响。尽管他提及全民狂欢的媒介环境，但未对其作深入探讨。新的媒介技术必然带来新的问题，作为对媒介环境变化敏感的观察者，媒介环境学者应及时研究媒介环境的变迁，警惕新媒介技术可能引发的问题，并力求寻找解决之道，引导人们理性认知媒介技术及其环境变化，为生活在媒介环境中的人们创造更好的生活条件。

(4)智能传播时代媒介环境学的未来

与时俱进是任何学派持续发展的内生动力，对于媒介环境学派尤为重要。当前正处于一个技术更新换代迅速、求新求变求快的智能传播时代，技术的重要性日益凸显。媒介环境学派应在新媒介时代找到自身的定位，深耕智能媒介的沃土，发挥专业优势，为人们理解新媒介技术和新的媒介环境提供参考和指导。随着技术的迅速发展，新的媒介层出不穷，人们在面对这些新媒介形式时缺乏足够的了解。麦克卢汉在讨论单一媒介延伸导致人们麻木的问题时，强调了艺术家的角色至关重要。或许，在智能传播时代，媒介环境学者应该担负起艺术家的使命，继续怀揣着深厚的人文主义关怀，预见和识别媒介环境的变化，将真相展示给公众，推动媒介环境的健康发展。

（山东师范大学新闻与传媒学院　张冠文）

9. 我与《年鉴》

9.1 编 辑 札 记

9.1.1 "我们的"和"大家的"——《中国新闻传播教育年鉴》编撰札记

1918 年 3 月 27 日，胡适在致母亲的书信中写道："昨天忙了一天，替《新青年》做了一篇一万字的文章。这文是不卖钱的。不过因为这是我们自己办的报，不能不做文。昨天一直做到半夜后三点半钟才做好。这篇文字将来一定很有势力，所以我虽吃点小辛苦，也是情愿的。"①这是同仁办报时期《新青年》编辑们的真实心境：一方面，为了共同的志业不计报酬、不辞辛劳；另一方面，也打心眼里觉得自己干了一件特别有意义的事情。这样的心境，正是我参与编撰《中国新闻传播教育年鉴》(以下简称《年鉴》)的最大动力。记得当年张昆老师告诉我编撰《年鉴》的设想时，我激动得手足无措。因为我深知，在百余年的发展历程中，中国的新闻传播教育历经坎坷，连鼎鼎大名的燕京大学新闻系都曾一度停办。新中国成立后，先是将过去的经验推倒重来，一边倒地学习苏联，后在相当长的时间内基本陷于停滞。在此历史背景下，如果我们能够一年出版一卷《年鉴》，至少对新闻传播教育起到三个方面的推动作用：其一，很显然地，为当下及未来的新闻传播教育提供参考，这是年鉴的本义。其二，以《年鉴》编撰为纽带，形成了规模庞大的年鉴编委会，每年一次的编委会几乎囊括所有主流新闻传播院系。利用编委会这个平台，各主流新闻传播院系可以作会上、会下的充分交流，既可各取所需，亦可取长补短。于是，这个平台成为新闻传播教育界继教指委、高教委之后又一交流平台，不少好的教学、教育经验通过这个平台传之四方。其三，《年鉴》长期不间断地出版，将起到为新闻传播学科铸魂的作用。如果《年鉴》一直不间断地出版下去，若干年后就能

---

① 胡适 . 致母亲［C］// 耿云志，欧阳哲 . 胡适书信集（上）. 北京：北京大学出版社，1996：140.

成为中国新闻传播教育的文化坐标，由此形成一代又一代的集体记忆，收到传承中国特色的新闻传播教育精神之效果。

多年的编撰实践证明，"我们的"已成为《年鉴》编委会的共同心理。这突出的表现在编委们领受任务时的积极主动和完成任务时的保质保量。按照《年鉴》的编撰惯例，在每一年的编委会上先由张昆老师代表编辑部提出编撰任务，然后由各位编委自愿领取。一般来说，编辑任务保持大体不变，各位编委的任务也相对固定，因此，绝大多数的时候各位编委实际只作确认。据笔者多年的观察，编委们对自己的"固有任务"从不推却，往往在现场洪亮地应答："没问题!"颇为壮观的是，连绵不断的"没问题"应答声响彻整个会堂。即使有个别编委因客观原因不能到场，也通常派出代表，以示重视。而对于新增的或变动的编撰任务，常常出现两个或两个以上的编委争领同一任务的情景。来年，编辑部都能在截稿期限前收到所有编委或编委代表的来稿。疫情三年，皆是如此。令编辑部和出版社"头疼"的是，每年的到稿总篇幅大多超出预期，有时甚至超出几十万字。这也从一个侧面表明，各位编委在完成任务时是尽心尽力和保质保量的。

然而，在《年鉴》的文章中却不能带有一星半点"我们的"痕迹，而应时时处处秉持"大家的"立场，因为《年鉴》是公器不是私物。客观而言，作者不可避免地带有其自身的立场、观点，而这种立场、观点有时是纯私人的，因此，在《年鉴》的审稿过程中，编辑们要提高警惕，有些栏目应特别警惕，比如"口述史"栏目。"口述中包含各种不真实成分，几乎是难以避免的。因为时间久远，受访者记忆出现偏差，如记错了时间，人物张冠李戴、事件因果关系错乱等。而受访者站在今天的立场回溯历史，犹如戴有一副变色眼镜去眺望远处的山景。"①在笔者审稿的过程中就发现，因年代久远，口述史的受访者极易发生诸如时间、地点、人物、历史方位等细节性错误，也不同程度地存在掩恶溢美的现象。这就需要审稿人对相关历史细节熟稔。唯其如此，才能及时、准确地纠正错讹，不致发生张冠李戴的现象。当然，作为审稿人，充分尊重受访人意愿，是相当必要的。即是说，不能因为口述史实与主流记载存在抵牾就全盘否定口述史实的价值。这样，就泯灭了口述史的价值。美国著名的口述历史学家唐纳德·里奇曾语重心长地写道："大多数情况下，我们接触到的口述历史都倾向于混淆而非肯定我们的推测，将矛盾的观点摆在我们面前，鼓励我们，从多个视角审视历史事件。口述历史的价值不是来自去否定那些意想不到，而是要享受。通过加入更多广泛的声音，口述历史并不会简化历史叙事，而是使之更加复杂——也更加有趣。"②那么，究竟如何对待与主流记载有出

---

① 刘小萌. 中国知青口述史[M]. 北京：中国社会科学出版社，200：13.
② [美]唐纳德·里奇. 大家来做口述历史[M]. 邱霞，译. 北京：当代中国出版社，2019：Ⅳ.

入的口述史实呢？笔者的做法是，与受访人沟通，纠正其不确定之处，保留其言之凿凿的地方，尤其在关键史实、价值判断等方面慎之又慎，能不改则不改

千言万语凝练成一句话，用"我们"的热情为"大家"服务。

（华中师范大学新闻传播学院　张继木）

9.1.2　我欲载之空言，不如见之于行事之深切著明也

在《新闻传播教育导论》一书的后记中，张昆教授引用《太史公自序》"小子何敢让焉"一句，来表达自己对新闻传播教育的责任感和使命感。"我 30 多年的新闻传播教育生涯、我的教育之梦，以及冥冥之中浸入骨髓的使命感和责任感，激发了我创作的潜能。"在张昆教授看来：一个人能否干成一件事，关键在于他是否有足够的精神动力；这种动力又源自他的使命感和责任意识。

除了著作等身，张昆教授还创办了《中国新闻传播教育年鉴》。在他的带领下，《中国新闻传播教育年鉴》每年一部，每部百万字，从 2016 年开始总是如期首发。我于 2018 年加入年鉴编辑部，参与并见证了《中国新闻传播教育年鉴》的编辑全过程。我确信，《中国新闻传播教育年鉴》之所以能够坚持下来、泽被学林，甚至被誉为中国新闻传播教育的"史记"，正是源自学界同仁对新闻传播教育的这种责任感和使命感。

2023 年 11 月，中国新闻传播教育年鉴编撰委员会 2023 年学术年会在安徽大学举办。在"中国新闻传播年鉴奖"颁奖典礼上，我为"编撰贡献奖"草拟了颁奖词："这是一本百万字的年鉴。没有稳定的资金来源，只有学界同仁的长期资助；没有固定的编撰场所，只有每年一部的定期发布。这是一个 200 人的团队。他们来自五湖四海，却又组织绵密；他们需要自备干粮，却又无悔付出；他们运作高效，却又不失情怀与理想。他们是这本年鉴和这个团队的代表，他们记录历史、开拓未来，为中国新闻传播教育作出自己的贡献。"何其有幸，我竟然是这个团队的一员。

《中国新闻传播教育年鉴》的特殊之处在于，既不是政府创办，没有人员编制，也没有出版经费，甚至没有专门的办公场所。诚如中国人民大学周勇教授所言，记录历史本身是一件功德无量的事情，记录历史是为了更好地照亮未来。做记录历史这样的事情特别需要公益心。"《年鉴》团队能够沉下心，来做这样一件看似费力不讨好实则功在长远的事情特别不容易，这也是新闻传播学科的气质和精神的精髓所在。"

《年鉴》的编辑出版，全赖新闻传播学院校的大力支持。《年鉴》编撰工作由内而外形成了三个圈层：最内层是《年鉴》编辑部，负责具体的文稿编辑及组织工作；中间圈层是中国新闻传播教育年鉴编委会的 100 位成员，主要负责文稿撰写；最外层是"年鉴

之友"，由两个微信群近千人组成，随时为《年鉴》编撰提供支持。无论是年鉴的出版、会议的召开，相关经费皆由相关新闻传播学院校支持，《年鉴》编辑部不经手一分钱。

《年鉴》编委会有着明确的行动路径和职责分工。每年5月召开编委会，分配与认领下一年《年鉴》编撰的任务；每年11月召开学术年会并举行年鉴首发式，征集下一年的会议举办地并寻求出版资金支持；年底在武汉召开一次编辑部会议，推进《年鉴》稿件收集和编辑工作的落实。年鉴编辑部由华中科技大学、武汉大学、华中师范大学、中南财经政法大学、中南民族大学、湖北大学、武汉体育学院、华中农业大学、中国地质大学(武汉)等高校的老师和武汉大学出版社编辑组成。

作为一个纯粹的公益组织，《年鉴》既没有固定经费来源，也没有固定的编辑场所，完全是中国新闻传播学界自发形成的一个知识共同体；其形成端赖其成员的兴趣与热情，以及对中国新闻传播教育的使命。这种兴趣、热情与使命，能够转化为切实的行动，需要有一个平台，也需要有一个领军人物。诚如中国社会科学院大学唐绪军教授所言，"要做好一本年鉴，需要顺应一种趋势，需要拥有一面旗帜，需要凝聚一个团队，这个团队还要能够秉持一种奉献精神。《年鉴》能够坚持下来，这面旗帜就是张昆教授。"

《中国新闻传播教育年鉴》与其说是年鉴编委会的集体成果，不如说是中国新闻传播学界的智慧结晶。2022年和2023年，编委会两次召开《中国新闻传播教育年鉴》编撰理论与实践研讨会，包括国务院学位委员会新闻传播学学科评议组召集人、教育部新闻传播学类专业教学指导委员会主任委员、中国新闻史学会会长和双一流高校的校院负责人在内的40位专家，在队伍建设、内容建设、成果交流、体制机制等方面，为年鉴的长远发展提出建议。

暨南大学党委书记林如鹏教授提出两点建议：一是作为一个浩大的工程，为了《年鉴》更具权威性和全面性，应该发动更多的新闻院系参与；二是可以考虑成为一个出版基金，发动有责任感的企业或个人，共同支持《年鉴》这个学术共同体的成长，支持《年鉴》的可持续发展。个人建议很快就转变成了实际行动。暨南大学教育发展基金会决定，自2024年起每年资助20万元的经费，以支持《年鉴》的编辑出版和相关工作。

正是在学界的共同努力下，《年鉴》才能每年都能如期出版，至今已有八部。事实上，除了《年鉴》的正常出版外，年鉴编委会还推出了"全国新闻传播学院院长研修班""中国新闻传播年鉴奖"和"镜鉴工作室"微信公众号，与《年鉴》自身一起形成了《年鉴》知识服务的矩阵，通过各种方式服务中国新闻传播学界。而这一系列的举措，不仅提升了《年鉴》以及年鉴编委会的影响力，反过来又可为年鉴编委会的各项工作赢得支持。

在《太史公自序》里，司马迁引述孔子之语，子曰："我欲载之空言，不如见之于行事之深切著明也。"以"秉持史家精神，打造教育信史"为学科使命与学术追求，《中国新闻传播教育年鉴》"呈现了剧烈变动年代中国新闻教育史的整体的画卷"（胡百精），尝试为中国新闻传播学及其教育的发展提供历史视野与现实依据。延续《史记》之精神，《年鉴》没有用抽象的理论文章来发表意见，而是将中国新闻传播教育的整体面貌乃至细枝末节记录下来。让中国新闻传播教育"见之于行事"，这是《年鉴》的独特之处。

我曾撰写多篇理论文章来探讨《年鉴》的理论与实践。虽有不少心得，但不免会有"载之空言"的感慨。即便撰写了这篇《编辑札记》，也无法让全部的编撰工作"见之于行事"。或许，只有亲身参与年鉴编撰工作，才能真正有"深切著明"的感受吧。

[中国地质大学（武汉）艺术与传媒学院　刘义昆]

9.2　编读往来

编者按：2022 年 12 月 31 日，中国新闻传播教育年鉴编委会在湖北大学举行了首届年鉴编撰理论与实践研讨会，20 余位专家针对年鉴的内容体例、学术思想、改进方向提出了建设性的意见。现精选部分专家发言，以飨读者。

9.2.1　王润泽：年鉴以记录当代历史、反映教育实态为使命

尊敬的钱建国校长、张昆院长，各位尊敬的前辈、领导、同仁，大家上午好！非常高兴代表中国新闻史学会向《中国新闻传播教育年鉴（2022）》首发式暨首届年鉴编撰理论与实践研讨会的召开，表达真挚和热烈的祝贺！祝贺编辑部，也祝贺张昆院长。另外对承办此次会议的湖北大学和新闻学院的各位领导同仁表达真挚的感谢。

《中国新闻传播教育年鉴》是由中国新闻史学会新闻传播教育史专业委员会和《中国新闻传播教育年鉴》编撰委员会编辑出版的，刚才钱校长已经做了基本的介绍：从 2016 年开始，七年间，每年一部，每部 100 多万字，年鉴以记录当代历史、反映教育实态为使命，作为我们学界的整个的集体智慧的结晶，是一次为时代画像、为时代立传、为时代明德的学术实践，体现了中国新闻传播学界秉持实践精神，打造教育信史的学术追求，获得了学界的一致的高度的评价，也获得很多荣誉。这是我们学科的一个时代记录，其学术价值和意义一定会随着时间的推移而历久弥新。

中国新闻史学会是国内新闻传播学科的一级学会，1989 年注册，1991 年正式成立，目前学会有 23 个二级分会，基本涵盖了新闻传播学研究的各个领域，学会在几届会长

和各个二级分会的共同努力之下，团结学人，立足学术，健康发展，形成了很好的学术氛围和学术声誉。最近几年在上级部门的领导之下，在规范学会活动，提升学术影响力等方面进行内部建设，获得了首批民政部和教育部的优秀社团一等奖励资助，刚刚我们也收到消息，明年将继续获得奖励资助。非常感谢各位领导，各位专家，以及我们学会的各个二级分会、整个常务理事会、会员单位的大力支持。

中国新闻史学会新闻传播教育史专业委员会是中国新闻史学会最早成立二级分会，其专业地位和引领性质是独一无二的，这是 23 个分会中唯一以教育和人才培养为指向的二级分会，张昆教授更是以令人敬佩的热情和高质量的活动引领着教育分会的进步，所以借此机会，我也代表总会和我个人向张昆教授表达崇高的敬意。

我们这个时代，新闻传播学面临全方位创新发展，不仅是微观层面、中观层面，甚至是宏观层面，都要有根本性的一个转变，这里我提出一点不成熟的思考，还请各位前辈和领导批评指正。党的二十大提出中国式现代化的重要概念，实际上我个人认为这个概念可以将我们之前关于新闻传播学科变革的背景涵盖进去，之前我们在提出新闻传播学科要进行变革的动力方面，更多的是从技术层面提出的，体现的是技术引领性，但是中国式现代化的内涵更为丰富和立体，在中国语境下，现代化可以包括两个阶段，一个是工业化时期，一个是后工业化时期，也就是我们讲的信息化时代，新闻传播学科是在工业化时期诞生的，是以文本为核心的研究，最近有教授指出，目前新闻传播学是以纸质大众媒介为核心展开的，觉得非常有道理。从世界范围看，整个新闻传播学的知识体系都有比较明显的工业化痕迹，包括我们的一些知识体系和重要的概念，这实际上反映了资产阶级和资本主义时期人类交往的模式和规范，也代表了西方资本主义在这个学科话语体系的确立过程，比如我们可以以一个比较重要的概念"新闻价值"的学术概念史的分析，看出它是如何在实践过程中一步一步确立起来概念的内涵，又如何确立了西方的新闻价值要素的话语权。

在中国式现代化的大背景之下，在信息技术创新发展中，新闻学的基本问题已经发生了一个比较大的变化。比如什么是新闻？我们从文本的新闻概念到文化的新闻概念到实践的新闻概念，新闻已经从"对最近以及当下发生事实的报道"已经到了"新闻是人类构建新闻世界的一种主体性的实践，这种实践不仅构建了群体对于世界的认知，也构建了记者和新闻本身"，新闻研究的核心和边界有了更大的拓展。新闻的本质是不是一种对话和沟通？新闻的意义是不是建立一种共识？就像胡百精副校长最近的力作《共识与秩序：中国传播思想史》，实际上也是对我们学科本质和意义的历史梳理。那么事实是不是已经变成了新闻的一个基础？这都是我们值得研究的这个方面。

从工业文明到信息文明过程中，中国的新闻传播实践已经走在了世界同行的前面，我们的用户数和产品数量属于前列。这种情况之下，我们学界在原有的新闻传播学知识体系中，不仅可以对于原有的概念内涵进行更新换代，比如说核心的概念，什么是新闻？什么是新闻的价值？而且是不是也应该提出一些全新的概念，进而新闻传播学的整个学科面相有一个全新转向。

不久前中国人民大学林尚立校长在新闻学院调研的时候，讲到了新闻传播学科面临三大革命，一个是交往革命，一个是媒体革命，一个是舆论革命。其中交往革命的历史纵深性和厚重性是非常明确的，马克思和恩格斯在《德意志意识形态》一文中，已经提到了交往革命，在媒体诞生之后，人类的交往革命从蒸汽、电子等物质层面，进入更加广阔的思想和关系层面，其实这个革命还在继续，还在深化，这给整个新闻传播学科的转向提出了哲学基面的思考。

2016年习近平总书记提出建设包括新闻学在内的11个支撑性的人文社会学科，新闻学目前是社会学科，但我们要考虑学科是否具有基础性学科基因和内容？那如何能够做到一个支撑性的学科？

答案是肯定的。因为自新闻传播尤其是大众新闻传播诞生以来，通过交往革命，在人的个体和人类社会在精神思想观念信仰层面的改变、人的社会关系的改变甚至社会结构深层次的改变方面，新闻传播的作用有目共睹，在一定的社会历史时期已经发挥了和宗教哲学类似的作用。所以目前新闻传播学的研究，在与意识形态、政治制度、资本控制、社会功能等相关领域的研究基础之上，是不是可以在更深的层面进行研究，比如新闻传播在人类社会整体进步和个体自由解放所起的作用，以及作用所发生的机制方面继续进行研究，深度地开掘新闻传播学科与其他哲学社会科学之间的有机联系，深入推进新闻学与人类命运共同体的建设，将新闻传播学引入更加广阔的学术旷野。

在中国式现代化背景下，新闻传播学科应该有一个学科梦想，即在已经到来的世界信息革命，和中国全媒体新闻传播实践引领之下，通过元问题的总结、关键概念和理论体系的梳理，最终成就中国新闻传播学科话语权的构建，形成在全球学界的引领力。这是一个梦想，可能需要几代人的努力。以上是我不太成熟的想法，欢迎各位领导，各位专家批评指正，最后预祝大会圆满成功，祝各位领导、前辈、同仁身体健康！谢谢！

9.2.2 胡正荣：明确功能与定位，打造新闻传播学科大脑

各位领导同仁大家上午好，特别高兴能够参加《中国新闻出版教育年鉴(2022)》首发式。我首先代表社科院新闻所也代表社科大的新闻学院祝贺《中国新闻出版教育年鉴(2022)》首发仪式顺利召开，而且也特别要祝贺我们年鉴编撰的相关理论和实践研讨会议的召开。

那么就像这个前面如鹏书记提到的，我非常赞同他的观点，就是我们整个新闻传播教育，这个行当太需要一个历史的记录。而由张昆教授带领的这样一个团队，大家共建构起来这样的一个成果实属不易。在新闻传播教育这么多年的这个进程之中，我们留下足迹，留下印记的这个记录其实是有限的，但是在过去这七年之中，实际上是对中国的新闻传播教育做了非常完整的梳理和有效的记录。我有一种期待，期待我们这个年鉴能够越办越好。

我有一个具体的想法或者建议，就是我们的这部年鉴，从其功能和定位，或者从其作用上来说，从内容上可能我们有更多的期待。

从我这么多年从事新闻传播教育的认知来看，我觉得我们整个新闻传播的教育年鉴，它既是对整个教育的一个记录，我们整个新闻传播教育记录，但实际上，通过内部的，我们整个年鉴的这个分支的这个记录来讲，他实际上也是我们的学科志，同时也是我们各个高校的专业发展和专业进步（或者叫专业变迁，或者叫专业更迭）的专业志。那么刚才也说到，在年鉴里面有大量的这个人才记录，那从这个人才记录中实际上不光可以看到学界的人才。实际上，从每年的高校学生的毕业这个侧面也能反映出来，中国高等教育与中国新闻传播业之间的一种互动，因为我们是向行业或者向这个我们服务的面向提供人才的，所以我们这个人才智应该说不仅是对学者的记录，或者对学人的记录，其实也是对学生的记录，这样的话我们整个这个年鉴就能够看出来一个国家在这个领域人才发展的一个进程，或者人才需求规格的一个进程。

从另外一个侧面来看，它也是一个行业发展志。我觉得从七年这个年限当中，我们其实要做一个分析，明显可以看到发表的一些文章，我们学者发表那些通过分析文章，通过分析专业的变迁和变化，通过分析这个学科的侧重点，或者教学科凝练自己方向的这些侧重点来看，就能看到这实际上是适应了整个新闻传播行业和事业的变化。所以我觉得一个年鉴的这个作用和功能，在这一点上是绝对不可小看的。

当然再说大一点，它其实是对一个社会变迁的记录，我觉得我们新闻传播年鉴，或者说新闻传播教育，对于社会的记录作用应该说是非常重要的。所以这里面既涉及观念，也涉及社会的各个行业，涉及我们的文化建设、我们的社会建设，乃至国家的政治治理模式和结构的变迁。所以我觉得从新闻传播教育年鉴的这个内容上来说，我们实际上在有意无意之中在架构这样的一种结构。当然我觉得可能下一步可能更加有意义的，除了记录我们教育行业本身的专业和人才（包括各个高校的一些情况），还实际上通过学生的一种辐射，来关注行业的重点问题。这些关注实际上就已经做到了更多的、更广泛的内容概括。

在形式上我有一个建议，其实也是一个期待：现在的这个出版，不管是纸质出版，还是所有的这种定期出版物，特别是我们这个学科类的，已经越来越多地从简单的纸质图书慢慢走向了一种学科的数据库，所以特别期待我们年鉴已经有七年的这个积累，要形成一个中国新闻传播教育的一个数据库，这个数据库里面可以由上面的这些子库构成。那么这个学科数据库只是一个阶段性的一个工程，真正从长远发展来讲，它应该成为一个学科的大脑，也就是说其他学科的人对我们有兴趣，只要在这个平台上，他就可以搜索到他所需要的一切东西，家长们如果对这个学科和专业有兴趣，他在学科大脑里面也可以找到，给他提供一些必要的智能化的服务。所以在几年前，我在这个中国科协的这个科技期刊的改革方案里面，我们就提到了这样的一种观念。

简单来说，就是从一种年鉴的一个定期出版物的标准化、单向度和规模化的这种做法，大概慢慢地会走向一个学科大脑的建制，而学科大脑，实际上就是要向不同的用户提供个性化的、互动式的、服务式的、体验式的，特别是这个智能化的服务。Web3.0时代，这样的一个智能化的一种服务，那么把它的需求和我们所拥有的，这个数据储备做一个高度的智能匹配。所以这样的话，我们学科大脑的建成，那就是我们整个新闻传播教育年鉴的，这样的一个更重要的一个迭代升级。那么当然最后我也特别同意，如果我们这项事业要持续发展下去，并且是越做越好的话，那么张昆教授和张昆这个团队，是要全力以赴地支持了，所以我也特同意前面林书记提那个建议，最好我们大家共同努力形成一个基金，或者不管是以什么方式把建构这样的一个基金形成一种更加有效，并且高效，并且更加现代的一种模式，来推进整个中国新闻传播教育事业的这个进步。我就说这么多说，不当的地方也请大家批评指正。最后，也是2023年最后一天，明年就迎来了新的年份，所以我恭祝大家2023年新年快乐安康，谢谢各位。

9.2.3 雷跃捷：我与年鉴的三件事

雷跃捷（中国传媒大学传播研究院舆论研究所所长、湖南大学新闻传播学院特聘教授）：

尊敬的钱副校长，张昆教授，何志武教授，尊敬的各位嘉宾，首先，热烈祝贺《中国新闻传播教育年鉴（2022）》的首发式及首届年鉴编撰理论与实践研讨会召开，我今天发言的题目是："我与《中国新闻传播教育年鉴》"，我和《中国新闻传播教育年鉴》有三件事可以说。

第一件事是我和《中国新闻传播教育年鉴》有着不解之缘，首先是因为自己长期从事新闻传播教育和研究而结的缘分。其次是和《中国新闻传播教育年鉴》的编委会主任张昆教授相识而结的缘分。我多次去过华中科技大学张昆院长和张明新院长他们学院参访学习，参观中一个必做的节目，就是参访《中国新闻传播教育年鉴》编辑部。每次在这个时候，张昆教授总会热情洋溢地向我介绍正在编撰《中国新闻传播教育年鉴》的情况，说到《中国新闻传播教育年鉴》，他就像介绍自己的孩子一样，其呵护爱惜之情溢于言表，特别令人感动。所以我每一次去《中国新闻传播教育年鉴》编辑部，每读一卷新出版的《中国新闻传播教育年鉴》，就是自己受教育受鼓舞的时刻，也是自己向《中国新闻传播教育年鉴》致敬，向张昆教授、向华中科技大学新闻与信息传播学院以及所有为《中国新闻传播教育年鉴》编辑出版奉献的同仁致敬的时刻。

第二件事是受《中国新闻传播教育年鉴》编辑部的邀请，七年来为《中国新闻传播教育年鉴》供过稿和写过稿。在我的记忆里，我在中国传媒大学传播研究院担任院长期间，为《中国新闻传播教育年鉴》提供了我院承办的由商务部、教育部委托中国传媒大学开办的"发展中国家国际传播硕士项目"的办学经验和取得的成绩；提供过我曾担任"全国新闻学研究专业委员会"常务副会长期间，该研究会每年年会的介绍；2019年我被湖南大学特聘为教授、岳麓学者，我提供了湖南大学新闻传播学院于2019年11月召开的"第四届岳麓传媒与文化产业论坛——媒体融合时代的新闻传播教育国际学术研讨会"的介绍，明年我们还准备向《中国新闻传播教育年鉴》提供2022年湖南大学新闻与传播学院开展的"做马克思主义新闻观的践行者"征文活动的情况介绍。

更让我感动和欣慰的是，张昆教授多次向我约稿，我提供了自己的硕士导师，北京广播学院新闻系原主任康荫教授，新闻研究所原所长王珏教授等著名新闻学者的传略，同时，借《中国新闻传播教育年鉴》，我还撰写发表了怀念自己的恩师——中国人民大学新闻学院原院长何梓华教授的文章："永远的怀念"。寄托了自己对何老师的追思。2021版的《中国新闻传播教育年鉴》，还发表了我的口述文章："新闻教育和研究是有温度和生命力的事业"，在这篇文章中我将自己从事新闻传播教育和研究30多年的体会和经验做了较为系统的介绍和描述。这篇口述文章1万多字，是《中国新闻传播教育年鉴》编辑部通过湖南大学新闻与传播学院安排博士生采访我，对我口述的记录。由此我想到《中国新闻传播教育年鉴》编辑部的同仁，以及张昆教授，为办好这本年鉴，付出了太多的精力和时间，"感谢"两个字，真是难以表达自己的心情。

第三件事，就是想对继续办好《中国新闻传播教育年鉴》提三点建议。前面各位专家提了非常好的一些建议，这些建议我都赞成。我再提三点建议供参考。一是加大对《中国新闻传播教育年鉴》微信公众号的宣传推送力度。二是可以考虑对某些栏目进行必要的调整。三是对所征集的文章和史料，要做更进一步的完善和编辑。《中国新闻传播教育年鉴》已经连续出版了七本，是一个浩大的文化工程。《中国新闻传播教育年鉴》既是中国新闻传播教育的记录，也是中国新闻传播文化的传播，这就期待着《中国新闻传播教育年鉴》能够超越特定学科场域，而从人类文化的进步性事业去编撰出版这本大书。今天的发布会独具匠心，采取元宇宙的虚拟技术在云端发布，令人耳目一新。在此，送一副对联给 2022 年版的《中国新闻传播教育年鉴》首发式："立异标新 盛会连接元宇宙，通今博古 年鉴造就大先生"。恭祝各位 2023 年吉祥平安，谢谢。

9.2.4 方卿：记录当代，启迪未来

尊敬的钱校长、张昆教授，各位专家，大家早上好！

非常高兴应邀出席《中国新闻传播教育年鉴（2022）》版的首发式。首先，我要对《中国新闻传播教育年鉴（2022）》的首发表示热烈的祝贺，同时还要对张昆教授及其团队表示崇高的敬意。

前面的各位专家对年鉴的出版都给予了高度的评价，并且对年鉴将来的编撰工作都提出了一些很好的意见和建议，我都高度认同。我算不上是一个严格意义上的新闻传播学人，我从事的是编辑出版学教学与研究工作，处在新闻传播学科的一个边缘地带。因此，我从编辑出版学这个角度，谈两个方面的内容：一是个人的一点感受，二是一点建议。

作为一种历史悠久的工具书，年鉴主要有两个方面的核心作用或功能，一是记录当代，二是启迪未来。年鉴的编撰，实际上是"今人写史"，是一种超越一般史学著作的重要出版物，可以说是意义重大。我们国家每年出版的年鉴有数百种之多，但是对一个学科而言，有自己的教育方面的年鉴却并不多见。从这个意义上讲，《中国新闻传播教育年鉴（2022）》的编撰和出版，具有非常重要的意义。

一般认为，工具书的编撰，主要就是要花功夫，舍得投入精力，但事实上，花功夫、投入精力只是一个方面。实际上，工具书不只是工具，它同样有"思想"，它的选材、编撰体例和内容表达等都内含着编撰者的学术思想和学术功底。看过这本年鉴后，我深深地感觉到，它不仅客观地记录了过去一年我们国家新闻传播教育的现状，编撰者投入了大量的功夫或精力，而且在选材、体例和表达等方面都具有非常好的学术价值，体现了主编及其编撰团队的新闻传播教育的理念和思想。从这个意义上讲，我认为这本年鉴，不仅仅是张昆教授自己所讲的"是新闻出版教育的一种装备"，而且还可以看作是新闻传播教育理论和实践研究的一项重要学术成果，具有很高的学术价值。个人认为，《中国新闻传播教育年鉴（2022）》的出版，既具有新闻传播学方面的价值或意义，又具有编辑出版学方面的价值，在年鉴出版史上，也将留下浓墨重彩的一笔，是值得祝贺的一件事情。这算是我的一点感受。

第二，我再谈一点建议。前面的专家提到了很多很好的建议，我都高度认同。我刚

才说过我从事的是编辑出版学，编辑出版学这个学科的归属实际上到现在为止还存在着一些问题。本科层次，编辑出版学是在新闻传播学一级学科之下，在研究生教育和学位目录中，编辑出版学还没有明确的学科归属。2023年的学科目录调整时，由于专业学位和科学学位并表了，才有一个出版专业学位。《中国新闻传播教育年鉴（2022）》，部分地方涵盖编辑出版学，但是绝大多数地方还是没有涉及和观照编辑出版学这样的一个边缘学科。我相信，新闻传播学人有着很好的包容心态，我衷心期待张昆主编及其团队在未来的年鉴编撰中，能够更多地关照编辑出版这样的一个边缘学科，我也呼吁我们在座的各位新闻传播学教育的大咖们，能够关注编辑出版学这个小学科的发展，希望得到你们的支持！

我就讲这么多，最后祝各位专家和学者新年快乐，身体健康，吉祥如意，谢谢！

9.2.5　强月新：总结梳理年度发展态势、推动年鉴内容数据化

尊敬的钱校长、张昆主编，各位领导、各位专家，上午好！感谢张昆教授的邀请，有机会参加2022年版的中国新闻传播教育年鉴的首发仪式。首先祝贺《中国新闻传播教育年鉴首发式暨首届年鉴编纂理论与实践研讨会》顺利召开！

前天我收到了2022年版中国新闻传播教育年鉴，认真学习了一下。我仔细地翻完了这厚厚的一本年鉴。刚才也听到张昆主编的介绍，有几点感想。

第一点感想，就是不容易。因为年鉴编纂工作是一个大工程，涉及的事项多，资料也多，可以说千头万绪，编辑部也没有一个固定的编制和团队，能收集、整理、出版，而且出版了七本，影响也越来越大，确实不容易，所以也想起来一句话，叫有志者事竟成。借此机会，向张昆主编和他们的编辑团队致以崇高的敬意！

第二个感想，就是年鉴编辑工作还是有一些原创性的。一是年鉴编纂体例，不断优化，越来越完整、科学，二是年鉴内容非常丰富，资料比较扎实，基本上能反映新闻传播教育年度样貌，而且，也具有一定的学术性，特别是关于新闻教育，有一些比较新的研究新闻教育的一些论文，也收进去了。年鉴成为新闻传播教育的记录者、探索者、传播者，也会对新闻传播学科发展、专业建设具有启迪作用。

第三个感想就是值得期待。既然是年鉴，那就年年都要出。昆哥刚才说，年鉴要出到二十本，出到三十本，一直出下去，也会在出版的过程中不断地完善，所以非常值得期待。若干年以后回头看的时候，也许年鉴的价值才会充分显现。

这里也提两点建议，一个就是年鉴的2022年版的第一个部分是总论。总论现在基本上就是把当年的新闻教育的大事记录在里面，也没有完全按照时间顺序来编辑。建议在总论里面，对于新闻传播教育年度发展态势有个总结和梳理的东西，然后按时间顺序

把一些新闻传播教育大事列在后面。前面好几个专家说年鉴不仅记录历史，还要启迪未来。总论增加一个年度新闻传播教育发展概述，让读者对整个中国新闻传播教育，有一个比较全面的了解。

第二个建议，就是前面也有专家提到了，就是怎么样把年鉴内容数据化。数据化有两个大的好处，一个便于大家收集资料，另外便于大家学习使用，也有利于拓展年鉴的影响。最后再次祝贺年鉴的出版，也祝愿各位专家新年愉快、阖家平安！谢谢大家！

9.2.6 夏静：传媒变革时代，年鉴应做沟通学界与业界的桥梁

各位老师，各位专家大家上午好，今天非常高兴。有机会参加这次研讨会。这也是我一个很好的学习机会，刚才听了各位专家老师介绍年鉴这个浩大的工程。是由我自己的老师——张昆老师编撰的。听了他编撰这个年鉴的故事，我非常感动。我也想做一个新闻人，是不是应该找一个机会写一下这些编撰中国新闻人年鉴的老师们。从2016年的第一本，到今天百万余字的年鉴，是整个新闻传播教育界的智慧结晶，是中国新闻史上一项里程碑的学术善举。

年鉴既客观展示了高校新闻教育的发展途径，也深刻剖析了新闻教育面临的问题和需求，既记录了高校新闻教育的代表性人物，又再现了高校新闻教育在教学，科研，人才，培养等方面的做法和经验，为新闻传播教育改革的发展提供了启示和依据。

党的二十大报告指出着力造就拔尖创新人才，积极推进全媒体传播体系建设。塑造主流舆论新格局，传统媒体与新媒体深度融合。新闻教育当下已进入了改革的深水区。如何实现新闻专业人才的培养目标，使人才更好地实现社会市场的需求，这也是当下新闻教育所面临的需要重点研究的问题，当前中国新闻教育重要的使命任务是为中国式实现发展培养一大批活跃的新闻创新人才。在中国式现代化的背景下应该如何构建中国特色，时代特征的国际传播话语体系，构建为党为国的新闻传播人才培养体系，从业界对新闻传播采编人才的选拔来看，新闻媒体不仅仅局限于学新闻专业的学生，政治学经济学法学社会学历史学等专业的学生会越来越受到新闻媒体的青睐，为何变成这样的局面？

随着互联网和全球化的快速推进，网站微博微信公众号客户端等，同样需要具有新闻专业知识技能的人来运营，如果仅有新闻专业的背景，能胜任这些工作吗？产品设计、平台运营的能力、独立思考的能力、行业的洞察力和新闻实践的动手力是业内急需要，但学新闻专业的学生尚未完全具备这些能力。所以新闻人才培养的重点，现在已由知识型向能力型转变，我作为一个媒体的新闻人深深地感觉到在工作中间，随着互联网和新媒体的快速发展，人们获取信息的渠道方式发生了根本性的转变，手机和汽车将成

为人们生活的一部分。每天对着浩瀚的信息如何去选择？

在我现在的采访和工作中，深切地感受到能力的恐慌。那么业界现在反映的是，当下最缺的就是能快速处理综合性新闻能力的人才，同时也是新闻教育面临的新的挑战，如何培养出具有中国精神，中国文化东方智慧的新闻人才，也是中国新闻教育亟待解决的问题，我们可以看一些新闻学院都在专业设置课程设置培养方案等方面做了调整，如大数据与新媒体，智能媒体传播的新型传播体系分支机构也开始涌现，重在是画学科界限，把握当下媒体产品的信息传播规律。

在外部联合上，当前新闻教育仍然存在知识结构老化，同构现象严重，课程设置不合理与当下市场脱节的问题。近年来业界也进入了新闻教育参与的工作，学院也在新闻单位建立了实践与教育研究基地，学界业界融合的趋势良好，这也为年鉴提供了实践的数据平台。年鉴是一项涉及面广、工作量大的学术服务工程，编撰年鉴离不开综合能力强、研判能力强、有思想有思维的团队。当下年鉴工作主要是调动学界的研究力量，我们更愿意看到，加强学界与业界的合作交流，充分发挥学界和业界的集体智慧，加强对新闻传播的传播专业实践教育的研究，形成合力，特别是在教学上可以做一些实践性的探索。

9.3　年鉴记忆

9.3.1　不能只当旁观者，还要勇做参与者

转瞬之间，中国新闻传播教育年鉴第 10 部该出版了，作为新闻传播教育战线的老兵，由衷地赞美，热烈地祝贺！

《中国新闻传播年鉴》已然是我国新闻传播教育界公认的权威性强、史料性详的巨著。她全面真实地记录、记载和传播了我国新闻传播教育的发展历程，展示了各个学校新闻传播教育办学的特色和成就，为全国新闻传播教育改革提供了全方位、多层次的历史存照和现实参考，内容丰富，涉猎广泛，可读性强，有用性大，是当今新闻传播教育界厚重的一笔财富。自不多言，我也是《中国新闻传播教育年鉴》的受益者。

每当捧读这本年鉴，不由得自问：我该为年鉴做点什么？我又能为年鉴做点什么呢？这时另一个声音会飘过来：老啦，过时啦，没用了！确实，退休后脱离了教学、科研一线，明显感到思维迟钝，思想僵化、行为老化，语言退化，智力弱化。阅读年鉴时激起来的热情立马熄灭。

2024 年 3 月的一天，接到编辑部约稿，顿时紧张起来，4 月底要交稿，写啥呢？思

来想去，竟无从下笔。突然，灵光闪现，想起 2001 年 10 月下旬，我第一次参加教育部新闻学学科教学指导委员会在杭州的年会情景，何不历史再现，也算"我与年鉴"栏目的一丝关联。2001 年 10 月最后一个周末，中国新闻教育学会第五届理事会在美丽的杭州召开。按当时的惯例，大会的前一天是教育部新闻学学科教学指导委员会会议。我是刚受聘的新委员，第一次参加教指委会，感觉会上讨论的话题都非常高大上，站位很高，议题很重要，都是眼下新闻传播教育面临的困境、困惑及迫切需要解决的重点难点问题。作为"第三世界"的成员，机会难得，抱着来学习，多听少说或者不说的心态认真参会。已不记得在探讨哪个问题环节时，我突然发言说到关于新闻传播学科一直被定义为小学科的看法。我认为新闻传播学科对于社会的发展和进步起着重要的推动作用。随着网络的出现、科技的进步和社会的发展，新闻传播学的价值和发展趋势也越发凸显。但实际上，在学科地位和评价方面，一直被视为小学科，甚至还不如音、体、美。学位点，特别是博士点少得可怜，直接制约了新闻传播教育的发展，拉低了教学评估的数据，影响了人才的引进。我直截了当亮明观点：新闻传播学科的小学科是我们自己造成的！我建议，在国家开始有意识要扩大学位点的申报，提倡注重紧缺专业的合理布点时，我们学科应该抢抓本轮机遇。如果不解放思想，不转变思路，还是本着"宁缺毋滥""高标准"要求的态度，再一轮评审硕士点、博士点时就仍然会陷入自我人为拔高条件，严格控制数量的怪圈，很多够基本条件申报的学校仍然会被挡在门槛外。等到我们恍然醒悟过来，认识到学位点太少，特别是博士点太少，每年培养的高层次人才严重不足，不能满足新闻传播学专业教学、科研对高层次人才的需求，想要多设博士点时，国家政策也许又到了收口阶段。世上没有后悔药，那我们真是后悔都来不及。我强烈呼吁，在即将到来的新一轮学科点申报评审时，请有话语权、投票权的各位大佬、大咖，一定要站在学科长远发展和现实紧迫需要的高度，充分考虑新闻传播学科的特殊性，对高层次人才需求的紧迫性，要相互提携，求同存异，必须先把学科做大，然后才有可能做强。摘掉小学科的帽子，只能靠我们自己（见图 9-1）！

情绪有点小激动的我发言一结束，复旦大学主抓教学的副院长、教指委副主任刘海贵老师就表示，很赞同郑州大学董广安老师的发言，这个问题确实要引起大家高度重视，应该达成共识。随后也有几位委员表达了相同的观点。第二天早上在宾馆电梯口碰到了参加中国新闻教育年会的暨南大学吴文虎老师，他一脸严肃地说：听说你昨天在会上发难啦？我一愣，"啊，我的发言居然造成那么恶劣的印象？"吴老师随即温和微笑道："给你开玩笑的。好几个老师会后给我提起你的发言，非常好！"我立马释然。

在随后一轮的学位点申报，新闻传播博士点和硕士点都有了很大的突破，我暗自欣喜。目前，全国共有新闻传播一级博士点 34 个，据不完全统计，硕士点有 94 家。每年

图 9-1　2001 年教育部新闻传播学科教学指导委员会合影

培养的这些高层次人才活跃在各个高校、研究机构和业界，成为新闻传播教育、新闻传播研究和新闻传播学科实务界得力的中坚力量！今天，再不会有人小视新闻传播学科了吧。这件事后，我领悟到，作为新闻传播学科的一名教师，实事求是是我们教学、科研必须遵循的基本原则，任何时候都不应该以旁观者的姿态，事不关己，高高挂起；而是要以主人翁的精神，把想到的、听到的、感受到的问题、观点、认识，实事求是、开诚布公地及时交流沟通，为学科发展鼓与呼！共同参与新闻传播学科建设与发展，一起见证新闻传播学科的繁荣与兴旺。

笔力至此，忽然想起当年为新闻传播学科发展勤勤恳恳、呕心沥血、殚精竭虑的教指委老领导。他们是主任委员何梓华老师、副主任委员赵玉明老师。他们虽然已经离开了我们，但当他们在另一个世界看到今天新闻传播教育的蓬勃景象，一定备感欣慰，因为他们当年的付出已经结出了硕果。我们永远不能忘记新闻传播学科的前辈们为新闻传播学科发展作出的贡献！

《我与年鉴》记录了无数美好，承载着过往的风雨阳光，传播了几代人的使命与精神，才使我们有了回味、品味的平台。回忆过往，不被尘封，给年轻学人留下一些碎片或者亮点，这应该是这部年鉴不变的初心。

（郑州大学新闻与传播学院　董广安）

9.3.2 参与其中，书写并见证历史

《中国新闻传播教育年鉴》横空出世，茁壮成长，一晃五年；自己也由于历史的机缘，参与其中，见证并书写历史，莫感荣光。

2015 年 10 月 30 日，我收到中国新闻史学会新闻传播教育委员会秘书处周婷婷老师发来的邮件通知："学会第二届第三次常务理事会议定于 2015 年 12 月 12 日下午、晚上在广州中山大学召开。此次会议的主要议题是商议《中国新闻传播教育年鉴》的编撰工作，讨论年鉴的编写凡例与分工合作方案。这是中国新闻传播教育领域的第一本年鉴，也是学会第一次向外发布的大型集体研究成果，意义重大。"我立即回复我一定参加。当时我还只是作为暨南大学新闻与传播学代表——中国新闻史学会新闻传播教育委员会常务理事，觉得有责任参加，并承担了编撰中国新闻史学会和暨南大学新闻与传播学院介绍，以及暨大吴文虎教授访谈三项任务。

但是，后来自己研究的亲身经历对我触动特别大，使我加强了对编撰《中国新闻传播教育年鉴》的责任意识。我在参与撰写"马工程"重点教材《中国新闻传播史》时，教育部"马工程办"和高等教育出版社一再强调我们在教材的注释中，尽量要求引用年鉴的资料和数据，以保证资料和数据的权威性；我负责撰写改革开放初期的中国新闻传播史，很难找到权威可靠的年鉴数据。当时与新闻传播学相关的年鉴仅有《中国新闻年鉴》《中国广播电视年鉴》也很少这方面内容。权威数据的缺失，这让我在捉襟见肘，有些数据只能将就使用。这使我认识到《中国新闻传播教育年鉴》的价值所在，觉得自己作为新闻传播教育工作者和研究者更应该有一种历史的责任感，这也是这些年自己积极主动投入年鉴编撰工作的动因之一。

每年 3 月，我主要精力都投入《中国新闻传播教育年鉴》的编撰工作。由于张昆会长和学会同仁的信任，我承担的任务也越来越多，担子越来越重，责任也就越来越大了。除自己相关单位和中国新闻史学会的内容外，我还负责了整个研究生教育和博士后流动站。每年 3 月初，我就给学会所有理事发送邮件和微信《中国新闻传播教育年鉴》编撰求助信：

尊敬的各位理事和老师：

您好！我是暨南大学新闻与传播学院邓绍根老师。我受中国新闻史学会新闻传播教育史研究委员会张昆会长和《中国新闻传播教育年鉴》编委会委托，我承担了五项编写任务，目前已完成了四项，其中第四项任务研究生教育，需要你们的大力支持，提供硕士和博士招生培养的数据和资料，主要包括以下三方面内容：

1. 最新博士点、硕士点统计：各个博士点、硕士点招生与毕业学生人数。

2. 博士毕业生及学位论文篇目：列表表述，涉及内容含：学校、作者姓名、年级与专业、文章名、毕业分配去向。

3. 博士后流动站：各流动站在站人数、新进站人数、出站人数。各流动站新批准博士后基金项目。

请您积极帮忙，将你所在新闻院校的硕博招生培养情况作为宝贵历史资料留存在《中国新闻传播教育年鉴》，以免遗漏和错误。请将资料于 2 月 26 日前发至邮箱 dsgfjsd@163.com。请支持为盼！祝您工作顺利、生活顺意！

每次编撰求助信发出后，张昆会长和周婷婷老师都通过邮件和微信积极呼吁中国新闻史学会新闻传播教育委员会的理事和会员们将各自单位数据传给我，理事和会员们也积极配合提供数据，为我收集数据提供了极大的方便，大大提高了编撰的效率和质量，按时保质完成了编撰任务。五年来，我能顺利完成《中国新闻传播教育年鉴》，感谢中国新闻史学会新闻传播教育委员会的理事和会员们的大力支持，感谢全国新闻传播院校和科研机构的大力支持。众人划桨开大船，众人拾柴火焰高！

通过参加《中国新闻传播教育年鉴》编撰工作，我自己更获得了成长，取得了进步，推动了自己的中国新闻传播教育史的研究，书写了新闻传播教育的历史。我出版了自己第一本新闻传播教育史著作《中国新闻学的筚路蓝缕：北京大学新闻学研究会》。拙著深入系统地研究了中国新闻教育和学科建设的起点——北京大学新闻学研究会创办发展过程，全面分析了该会导师和会员情况，细致研究了该会会刊《新闻周刊》和师生教学相长的研究成果《新闻学》内容，恰如其分地评价了北京大学新闻学研究会历史地位和历史作用及其社会影响，将北京大学新闻学研究会研究推向了一个更高的学术水平。承蒙学界的厚爱，拙著获得了"第七届吴玉章人文社会科学青年奖"；我也陆续撰写和发表了《百年回眸：中国新闻传播教育史研究回顾与前瞻》《百年奠基：论徐宝璜新闻传播教育的历史贡献和遗产》《敬业育人：蒋荫恩的新闻教育及其教学研究》《开山创业：上海时期暨南大学新闻教育研究》《百年回望：论中国新闻传播教育发展历程及其特点》新闻传播教育史系列论文，深化了中国新闻传播教育史的研究。其中，论文《百年回眸：中国新闻传播教育史研究回顾与前瞻》《百年回望：论中国新闻传播教育发展历程及其特点》5000 字的缩写版也收录进了《中国新闻传播教育年鉴》。

参与年鉴编撰，置身书写历史其中，结交志同道合的同道人，前行之路有信心，艰辛奋斗有成果，快乐之后有收获，青史流传有芳香。

（中国人民大学新闻学院　邓绍根）

9.3.3 年鉴是搭建学术共同体的桥梁

2015 年 11 月 26 日，我收到中国新闻史学会新闻传播教育史研究委员会的来信，邀请我去中山大学开会，主要议题是讨论编辑《中国新闻传播教育年鉴》（以下简称《年鉴》）相关事宜。这是自己第一次与年鉴编写工作联系在一起，心里不免有些激动，也有些忐忑，不知道具体要做些什么。

这是中国新闻传播教育方面的第一本年鉴，也是中国新闻史学会新闻传播教育史研究委员会第一次对外发布的大型集体研究成果，意义重大。与会的很多专家学者是以前在课本和著作中才能见到的"学术大咖"，我觉得这是一次难得的学习机会。初期的年鉴编辑工作中，我主要负责新闻传播教育的专著与论文的梳理，这让我对新闻传播教育前沿研究有了深入的了解。后来，年鉴成立了武汉编辑部，我有幸成为编辑部成员，帮助编辑、校对稿件，对年鉴的编写有了更深入的了解。

编写年鉴需要严谨求实的态度。在《年鉴》的编写过程中，我印象深刻的是撰写并发布《新闻传播学类国家社科基金项目立项课题的统计分析》。《年鉴》编辑部于 2018 年准备推出两项"新产品"，一项是《年我国新闻传播学四大名刊学术论文统计分析》，另一项是《新闻传播学类国家社科基金项目立项课题的统计分析》，前者的撰写任务由湖北大学新闻传播学院院长廖声武教授承担，后者由我来承担撰写任务。接到任务之后，我感到有些压力，这项报告的撰写要有一定历史与理论高度，涉及面广，工作量大。我首先把 1991 年到 2017 年之间新闻传播类国家社科基金项目进行归类，建立了项目数据库。合计整理了 1500 多个项目，对于项目的主题、内容、关键词、项目的主持人、主持单位等都做了分析。每一项内容都精心整理、细致分析。报告发布之后，引起了广泛关注。有好几位学界同仁专门给我打电话、发信息要参考我们的报告和数据，以便了解国家社科基金资助的方向，为申报国家社科基金项目提供参考。后来有不少报告、论文和新闻引用该项分析报告。这既给我们增添了信心，也让我们有了更重的责任感。《年鉴》还有一项"副产品"——通过公众号发布《新闻院校获得项目数量排序》，不过，在统计中出现了一些细节上的问题。例如，有一所高校的名称发生了变化，但是，在项目排序的时候，将其作为两所高校来分析，排名出现错误。还有一位教授的项目属于国家社科基金委托项目，但是在国家社科基金项目数据库中没有列入该项目。另外有一位教授主持的重大攻关项目属于跨学科项目，没有统计进来。作为报告的统计与撰写团队的成员，我收到各方反馈之后，由衷地感到我的工作做得还不够仔细。尽管各位老师都非常理解我们，也非常宽容，但是对待数据与学术，的确应该有更加严谨的态度。尤其是年鉴的编写，这些数据和资料要载入史册，出现问题就会误导以后的研究者。于是，我们吸取大家的意见，对数据做了调整，好在年鉴编辑部很快在微信公众号里做了更正，消除了我的顾虑。

年鉴是教学工作好帮手。我的办公室摆放了多本《年鉴》，在教学之余，经常会查阅《年鉴》。哪些学校参与了"部校共建"？新闻传播类国家级教学成果奖获奖团队是如何开展教学创新的？新闻传播学专业优秀的创新创业团队是如何做项目的？遇到诸如此类的问题，我就会翻阅年鉴，很快就能够找到"样板"和"钥匙"。有一次，几位同学找我请教报考研究生的事情，不太了解哪些学校招收研究生，也不了解全国硕士点的分布情况。我顺手拿出《年鉴》(2019年版)，里面有一份《新闻传播一级学科博士点、硕士点，新闻与传播、出版专业硕士点汇总表》，详细梳理了全国有新闻传播类一级学科博士点、硕士点、专硕点的学校，并标明了哪些学校属于新增硕士点，同学们顿时如获至宝，眉开眼笑。

年鉴是搭建学术共同体的桥梁。《年鉴》的编写过程，也是新闻传播教育领域专家、学者互动与对话的过程。围绕年鉴的编写，每年要开几次规模不等的会议，每一次会议都会集中讨论新闻传播教育面临的一些重大问题，大家各抒己见，毫不保留。从一定程度上来讲，《年鉴》的编写推动了新闻传播教育学术共同体的建设。大家因《年鉴》结缘，共话人才培养改革，共谋新闻传播教育创新。5年来，这种深层次的交流与互动从未间断，大家有共同的信念，相似的学术旨趣，逐渐形成了一个稳定的学术共同体。编委会组织的每次活动和会议，我都积极参加，在与各位学界同仁的交往中，我进一步了解了全国新闻传播院系的办学情况、学术前沿的研究动态等。同时，也有更多的机会向各位专家学者请教，在这个温暖的大家庭中汲取营养，受益匪浅。

《年鉴》的编写是一项系统的工程，需要全国各地新闻传播院系的共同参与，积极配合才能够完成。最近几年，《年鉴》的编写质量不断提升，这与各位专家学者的积极参与密不可分。当然，今后还有一些需要注意的地方：一是编写要认真严谨，不能有丝毫疏忽大意，要经得起历史检验。二是在编写的过程中要多接受有建设性的意见和建议，秉持精益求精的态度。三是要建立年鉴的更正制度，避免以讹传讹。2023年是《年鉴》编辑出版的第8个年头，年鉴的体例和栏目逐渐稳定下来，《年鉴》(2016年版)还获得第八届高等学校科学研究优秀成果奖(人文社会科学)三等奖。相信有各位专家的精诚团结，不懈努力，我们一定能够为大家奉献更加完善、更有实用价值和历史价值的《年鉴》。

(中南民族大学文学与新闻传播学院　陶喜红)

9.3.4 躬逢其盛，与有荣焉

我先后在华中师范大学近代史研究所、中山大学历史系获得硕士和博士学位，专业是中国近现代史。不过，我的硕士学位选题是《清末民初〈申报〉政治倾向的演变》，博士论文题目为《中国近代报界群体意识的自觉：1905—1921 年报界的团体与活动》，都与中国新闻传播史有密切关联。因为这种机缘，2004 年 7 月，我入职广东外语外贸大学新闻与传播学院，从事新闻教育工作，开始跨越学科边际，接触新闻传播学界。2006年 8 月，我到复旦大学新闻学院从事博士后研究工作，在合作导师黄旦教授的指引下，对新闻传播学界逐渐熟悉起来。

我追随的几位业师——朱英教授、桑兵教授和黄旦教授，都痴迷学术，沉迷于书斋生活，很少涉足"学术江湖"。在三位老师潜移默化的影响下，2016 年之前，我的主要精力放在阅读理论书籍和搜索各类史料等方面，只发表过屈指可数的论文，仅出席过几次学术会议，且没有参加任何学术团体，是典型的"编外人员"，极少抛头露面。大约是 2016 年 5 月，广东外语外贸大学新闻与传播学院的侯迎忠教授因为担任副院长，事务繁多，就委托我参加中国新闻史学会新闻教育史学会召集的新疆会议。这是我第一次正式参加新闻传播学界的会议，第一次有规模地接触新闻传播学界的朋友，也是第一次参与《中国新闻教育年鉴》的编写工作，开始与年鉴及其编撰团队结下深厚的友谊。

新疆会议是在石河子大学召开，这所大学给我留下深刻的印象，特别是其占地规模非常大，据说有"石河子大学即石河子市"的戏称。在石河子大学举行的《中国新闻教育年鉴(2017)》筹备会议上，张昆老师安排给我的任务是"新闻学教育的历史回眸"。这种历史编撰类的文章，在我的专长范围之内，于是我很高兴答应下来。会议结束后，我查阅了相关资料，很快完成任务，并促使自己对中国新闻教育史有了一个比较直观的了解。我指导的第一个博士生李兴博，博士论文选题即为新闻教育史，因为参与年鉴编撰，对相关问题比较熟悉，我指导起来就方便了很多。

更有意义的是，在石河子大学会议期间，一些新闻传播学界的良师益友给我较多启发，开拓了我对新闻传播学的视野。为进一步密切与这些朋友的交往，我接受侯迎忠教授的建议，充当广东外语外贸大学新闻与传播学院的代表，出任中国新闻史学会新闻教育史学会的常务理事，并积极参加了新闻教育史学会召集的宁波会议、沈阳会议、海口会议等，这是我出席最频繁的会议类别。

2018 年 7 月，我调入暨南大学新闻与传播学院，依然坚持参加新闻教育史学会的工作，并开始承担更多的年鉴编撰任务。在 2019 年的年鉴编撰过程中，我负责《暨南大学新闻与传播学院介绍》和《2018 年广东省新闻传播教育发展综述》，并借此机会，对新单位和广东省新闻教育布局形成了一个总体认知。在收集资料过程中，暨南大学支庭荣教授、中山大学钟智锦和卢家银教授、华南理工大学赵泓和陈娟教授、华南师范大学刘兢教授、深圳大学黄春平和杨洸教授、广东外语外贸大学朱颖和罗坤瑾教授、广州大学田秋生教授、广东金融学院陈映教授、惠州学院许昕教授等人给予了较多帮助，提供了各种便利。我也借机加强了与兄弟院校同行之间的联络，获益良多。

2020年春节非常特殊，新冠疫情肆虐，大家都被禁足，在家蜗居。利用这个空闲时间，我继续为年鉴编撰贡献微薄的力量，以比较独特的方式"战疫"成功。在疫情期间，我一方面是继续综述广东省新闻传播教育的发展情况，另一方面是在海南师范大学卿志军教授、广西大学刘洪和王辉教授提供的资料基础上，编写了《华南地区新闻传播教育地图》。华南地区新闻传播教育地图主要涉及广东、海南和广西，为确保信息的真实性、及时性和完整性，我的调查主要是根据各省教育厅网站发布的2017年普通高校本科专业目录进行新闻传播类专业筛选，再根据所列专业和高校在学院官方网站进行核对，资料全部来源于各级教育部门网站、各高校和学院官网以及中国学位与研究生教育信息网等权威网站，以及诸位师友提供的资料。

多次参加年鉴编撰，让我对中国新闻传播教育的认识日益全面系统，同时深刻体会到年鉴编撰的重要性和显著意义。与历史悠久的同类作品相比，《中国新闻传播教育年鉴》无疑是新生代。但在张昆教授及学界诸多同仁的共同努力下，这套年鉴后来居上，奠定进一步发展的坚实基础。纵观已出版的五本年鉴，可以发现《中国新闻传播教育年鉴》延续已有结构，继承早计划、广发动、重统稿的编纂经验，在此基础上重视质量建设，不断寻找可能问题，挖掘进步空间，调整年鉴篇章，内容体例逐渐完备。

编纂新闻传播教育年鉴，既是传承新闻传播教育史的研究传统，也是记录当代中国新闻传播教育的发展历程，将为日后学术研究奠定良好基础。张昆教授整合全国新闻院系的力量，协调众多新闻教育者，共同编纂的皇皇巨著，不仅论题广泛，资料丰富，学理性突出，没有浮光掠影之弊。而且，《中国新闻教育年鉴》在继承优良传统的基础上，守正创新，呈现学脉的延续与开新，是对新闻学术共同体的极好交代。我躬逢其盛，与有荣焉！

（暨南大学新闻与传播学院　赵建国）

10. 附录与年表

10.1 最新政策文件

10.1.1 教育部等五部门关于印发《普通高等教育学科专业设置调整优化改革方案》的通知

教育部等五部门关于印发《普通高等教育学科专业设置调整优化改革方案》的通知

教高〔2023〕1号

各省、自治区、直辖市教育厅（教委）、发展改革委、工业和信息化主管部门、财政厅（局）、人力资源社会保障厅（局），新疆生产建设兵团教育局、发展改革委、工业和信息化局、财政局、人力资源社会保障局，有关部门（单位）教育司（局），部属各高等学校、部省合建各高等学校：

为全面贯彻党的二十大精神，进一步落实党中央、国务院关于深化新时代高等教育学科专业体系改革的决策部署，加快调整优化学科专业结构，推进高等教育高质量发展，现将《普通高等教育学科专业设置调整优化改革方案》印发给你们，请结合实际，认真抓好贯彻落实。

教育部 国家发展改革委 工业和信息化部

财政部 人力资源社会保障部

2023 年 2 月 21 日

普通高等教育学科专业设置调整优化改革方案

学科专业是高等教育体系的核心支柱，是人才培养的基础平台，学科专业结构和质量直接影响高校立德树人的成效、直接影响高等教育服务经济社会高质量发展的能力。为进一步调整优化学科专业结构，推进高等教育高质量发展，服务支撑中国式现代化建设，制定如下改革方案。

一、总体要求

1. 指导思想。深入学习贯彻党的二十大精神，全面贯彻落实习近平总书记关于教育的重要论述，完整、准确、全面贯彻新发展理念，面向世界科技前沿、面向经济主战场、面向国家重大需求、面向人民生命健康，推动高校积极主动适应经济社会发展需要，深化学科专业供给侧改革，全面提高人才自主培养质量，建设高质量高等教育体系。

2. 工作原则

——服务国家发展。以服务经济社会高质量发展为导向，想国家之所想、急国家之所急、应国家之所需，建好建强国家战略和区域发展急需的学科专业。

——突出优势特色。以新工科、新医科、新农科、新文科建设为引领，做强优势学科专业，形成人才培养高地；做优特色学科专业，实现分类发展、特色发展。

——强化协同联动。加强教育系统与行业部门联动，加强人才需求预测、预警、培养、评价等方面协同，实现学科专业与产业链、创新链、人才链相互匹配、相互促进。

3. 工作目标

到2025年，优化调整高校20%左右学科专业布点，新设一批适应新技术、新产业、新业态、新模式的学科专业，淘汰不适应经济社会发展的学科专业；基础学科特别是理科和基础医科本科专业点占比进一步提高；建好10000个左右国家级一流专业点、300个左右基础学科拔尖学生培养基地；在具有一定国际影响力、对服务国家重大战略需求发挥重要作用的学科取得突破，形成一大批特色优势学科专业集群；建设一批未来技术学院、现代产业学院、高水平公共卫生学院、卓越工程师学院，建成一批专业特色学院，人才自主培养能力显著提升。到2035年，高等教育学科专业结构更加协调、特色更加彰显、优化调整机制更加完善，形成高水平人才自主培养体系，有力支撑建设一流人才方阵、构建一流大学体系，实现高等教育高质量发展，建成高等教育强国。

二、改进高校学科专业设置、调整、建设工作

4. 加强学科专业发展规划。高校要科学制定学科专业发展中长期规划，主动适应国家和区域经济社会发展、知识创新、科技进步、产业升级需要，做好学科专业优化、

调整、升级、换代和新建工作。要将学科专业规划与学校事业发展规划相统一，建立健全工作制度，每年根据社会人才需求、学校办学定位、办学条件等，对本校学科专业设置调整进行专题研究。

5. 加快推进一流学科建设。高校要打破常规，服务国家重大战略需求，聚焦世界科学前沿、关键技术领域、传承弘扬中华优秀文化的学科，以及服务治国理政新领域新方向，打造中国特色世界影响标杆学科。要打破学科专业壁垒，深化学科交叉融合，创新学科组织模式，改革人才培养模式，培育优秀青年人才团队，深化国际交流合作，完善多渠道资源筹集机制，建设科教、产教融合创新平台等。

6. 深化新工科建设。主动适应产业发展趋势，主动服务制造强国战略，围绕"新的工科专业，工科专业的新要求，交叉融合再出新"，深化新工科建设，加快学科专业结构调整。对现有工科专业全要素改造升级，将相关学科专业发展前沿成果、最新要求融入人才培养方案和教学过程。加大国家重大战略、战略性新兴产业、区域支柱产业等相关学科专业建设力度，打造特色鲜明、相互协同的学科专业集群。推动现有工科交叉复合、工科与其他学科交叉融合、应用理科向工科延伸，形成新兴交叉学科专业，培育新的工科领域。

7. 加强新医科建设。面向人民生命健康，落实"大健康"理念，加快构建服务生命全周期、健康全过程的医学学科专业体系。聚焦理念内容、方法技术、标准评价等，全方位改造升级现有医学专业。主动适应医学新发展、健康产业新发展，布局建设智能医学、互联网医疗、医疗器械等领域紧缺专业。瞄准医学科技发展前沿，大力推进医科与理科、工科、文科等学科深度交叉融合，培育"医学+X""X+医学"等新兴学科专业。

8. 推进新农科建设。面向新农村、新农业、新农民、新生态，推进农林学科专业供给侧改革，服务支撑农业转型升级和乡村振兴。适应新一轮科技革命对人才培养的新要求，主动运用现代生物技术、信息技术、工程技术等改造提升现有涉农学科专业。服务国家种业安全、耕地保护建设、现代农业发展、生态系统治理、乡村建设等战略需求，以及森林康养、绿色低碳等新产业新业态发展，开设生物育种、智慧耕地、种子科学与工程、农林智能装备、乡村规划设计等重点领域紧缺专业。积极推进农工、农理、农医、农文深度交叉融合创新发展，培育新兴涉农学科专业。

9. 加快新文科建设。构建中国特色哲学社会科学，建构中国自主的知识体系，努力回答中国之问、世界之问、人民之问、时代之问，彰显中国之路、中国之治、中国之理。推动文科间、文科与理工农医学科交叉融合，积极发展文科类新兴专业，推动原有文科专业改造升级。强化重点领域涉外人才培养相关专业建设，打造涉外法治人才教育培养基地和关键语种人才教育培养基地，主动服务国家软实力提升和文化繁荣发展。推进文科专业数字化改造，深化文科专业课程体系和教学内容改革，做到价值塑造、知识传授、能力培养相统一，打造文科专业教育的中国范式。

10. 加强基础学科专业建设。建强数理化生等基础理科学科专业，适度扩大天文学等紧缺理科学科专业布局。精准推动基础医学（含药学）学科专业建设，推进基础与临床融通的整合式 8 年制临床医学教育改革。系统推进哲学、历史学等基础文科学科专业建设，推动形成哲学社会科学中国学派。促进多学科交叉融通。适应"强化基础、重视应用、特色培养"要求，分类推进基础和应用人才培养。高水平研究型大学要加大基础研究人才培养力度；地方高校要拓宽基础学科应用面向，构建"基础+应用"复合培养体系，探索设置"基础学科+"辅修学士学位和双学士学位项目。

11. 完善学科专业建设质量保障机制。高校要按照人才培养"先宽后深"的原则，制定科学、规范的人才培养方案，系统设计课程体系，配齐配强教师队伍、教学条件、实践基地等，确保人才培养方案落实落地。定期开展学科专业自评工作，建立健全学科专业建设质量年度报告制度，系统报告学科专业建设与调整整体情况、分专业建设情况、服务经济社会发展情况等，主动公开接受社会监督。

三、强化省级学科专业建设统筹和管理

12. 加强学科专业设置统筹。省级教育行政部门、有关部门（单位）教育司（局）要做好本地、本部门所属高校学科专业发展规划，指导本地、本部门高校做好学科专业设置工作。综合应用规划、信息服务、政策指导、资源配置等，促进所属高校优化学科专业结构。强化省级学位委员会统筹力度，推动学位授予单位动态调整学位授权点；充分发挥学位授权自主审核功能，推动自主审核单位优化现有学位授权点布局结构。

13. 严格学科专业检查评价。省级教育行政部门要对照相关标准，对所属高校新设学科专业的基本办学条件、师资力量、实践条件、学生满意度、招生规范度等进行检查，对未达到条件的要限制招生、限期整改。定期开展学科专业建设质量检查，对办学条件严重不足、教学质量低下、就业率过低的，要责令暂停招生、限期整改。

14. 开展人才需求和使用情况评价。国家和省级有关行业部门要主动开展行业人才需求预测、毕业生就业反馈预警及人才使用情况评价，适时发布区域及有关重点产业和行业人才需求。省级教育行政部门要积极开展高校学科专业与区域发展需求匹配度评估，及时公布本地优先发展和暂缓发展的学科专业名单。建立健全招生培养就业联动机制。鼓励行业企业参与高校人才培养方案修订及实施工作。

四、优化学科专业国家宏观调控机制

15. 切实发挥学科专业目录指导作用。实施新版研究生教育学科专业目录，完善一级学科设置、积极发展专业学位、统计编制二级学科和专业领域指导性目录，积极发展新兴交叉学科。修订普通高等学校本科专业目录，根据经济社会发展需求变化，动态调整国家控制布点本科专业和特设专业目录。

16. 完善学科专业管理制度。实施研究生教育学科专业目录管理办法和交叉学科设置与管理办法。定期编制急需学科专业引导发展清单。修订本科专业设置管理规定，探索建立专业预调整制度，明确高校申请备案(审批)专业，须列入学校发展规划，原则上提前1年进行预备案(申报)。加强学科专业存量调整，完善退出机制。对高校连续五年未招生的专业予以撤销处理。

17. 加强学科专业标准建设和应用。完善学位授权审核基本条件和学位基本要求，开展博士硕士学位授权点核验，完善本科专业类教学质量标准，兜住学科专业建设质量底线，推动高校依据标准和人才培养实际动态完善人才培养方案。发挥国务院学位委员会学科评议组、全国专业学位研究生教育指导委员会、教育部高等学校教学指导委员会等专家组织作用，积极开展对学科专业建设的指导与质量监督。

18. 强化示范引领。深入实施一流学科培优行动和一流本科专业建设"双万计划"，树立学科专业建设标杆。推进分类评价，基础学科专业更强调科教融合，应用型学科专业更强调产教融合，引导不同类型学科专业办出特色和水平。开展保合格、上水平、追卓越的三级本科专业认证工作。

19. 深入实施"国家急需高层次人才培养专项"。统筹"双一流"建设高校、领军企业、重点院所等资源，创新招生、培养、管理、评价模式，超常规布局一批急需学科专业，建成一批高层次人才培养基地，形成更加完备的高质量人才培养体系，显著提升高层次人才自主培养能力。

20. 加强专业学院建设。在学科专业基础好、整体实力强的高校建设30个左右未来技术学院；在行业特色鲜明、与产业联系紧密的高校建设300个左右现代产业学院；依托有关高校布局建设一批高水平公共卫生学院。支持高校以特色优势学科专业为依托，建设示范性集成电路学院、特色化示范性软件学院、一流网络安全学院、示范性密码学院、示范性能源学院、储能技术学院、智慧农业学院、涉外法治学院、国际组织学院等专业特色学院。推动专业性(行业特色型)高校进一步提高特色化办学水平。

21. 健全学科专业调整与人才需求联动机制。人力资源社会保障及有关行业部门要大力支持高校学科专业建设，建立健全人才预测、预警机制，建立人才需求数据库，及时向社会发布重点行业产业人才需求，对人才需求趋少的行业产业进行学科专业设置预警。

22. "一校一案"狠抓落实。各地各高校要根据改革方案，结合本地本校实际，按照

"一校一案"原则，研究制定学科专业改革实施方案。地方高校方案报省级教育行政部门备案，其他中央部门所属高校经主管部门同意后报教育部备案，直属高校及各地实施方案报教育部备案。各地各高校应结合年度学科专业设置，每年9月底前报告实施方案落实情况。

10.1.2　教育部高等教育司负责人就《普通高等学科专业设置调整优化改革方案》答记者问

教育部高等教育司负责人就《普通高等教育学科专业设置调整优化改革方案》答记者问

近日，教育部等五部门印发了《普通高等教育学科专业设置调整优化改革方案》（以下简称《改革方案》）。教育部高等教育司负责人就《改革方案》相关问题回答了记者提问。

1.《改革方案》出台的背景是什么？

答：党的二十大报告指出，培养造就大批德才兼备的高素质人才，是国家和民族长远发展大计，要全面提高人才自主培养质量，着力造就拔尖创新人才。高等教育人才自主培养质量以及服务国家和区域经济社会发展能力的高低，首先体现在学科专业的结构和质量上。习近平总书记高度重视学科专业设置工作，强调要优化同新发展格局相适应的教育结构、学科专业结构、人才培养结构。近年来，我国高等教育学科专业结构调整工作深入推进，目前全国普通高校本科专业布点总数6.6万个，较2012年新增1.7万个、撤销和停招了近1万个专业点，每年调整幅度将近5%，专业动态调整力度之大前所未有，推进了一场数量足够多、力度足够大、频度足够高的专业结构改革。

2022年，我国高等教育毛入学率达到59.6%，进入了普及化深入发展的阶段。随着我国高等教育普及化水平的不断提升，必须推动从规模增长向质量提升转变。学科专业是人才培养的基础平台，是开展有组织培养、构建高质量人才培养体系的四梁八柱。面向普及化背景下的多样化、个性化发展需求，需要进一步加强学科专业建设，完善质量保障机制，推进质量文化建设，全面提高人才自主培养质量，服务支撑中国式现代化建设。

在这一背景下，我们认真贯彻落实党的二十大精神，深刻领会和把握"走好人才自主培养之路"的要求，把学科专业设置调整优化与培养一流人才方阵、推动高等教育高质量发展紧密联系起来，并结合落实国务院深化新时代高等教育学科专业体系改革的决策部署，从学科专业体系改革进一步落到完善学科专业设置管理机制上，研制了《改革方案》。

2. 当前学科专业设置调整优化的着力点是什么？

答：学科专业是高等教育体系的核心支柱。完善学科专业设置调整优化工作，必须统筹结构和质量，从理念思路、体制机制、方法举措等方面推进创新。一要强化分类发展办学理念。紧扣少数高校在学科专业设置布局时缺乏科学审慎规划、片面追求"大而全"，热衷于设置投入少、容易开办的专业等问题，引导高校在不同赛道上办出水平。二要优化上下联动管理机制。进一步优化落实国家调控、省级统筹、高校自律的学科专业动态调整机制，推动省级教育行政部门加强对地方高校学科专业设置的统筹管理和对新设学科专业的评估检查。三要推动人才供需动态平衡。将学科专业调整与人才需求联动起来，建立健全科学规范的人才需求预测预警系统，提高人才培养和社会需求的契合度。

3.《改革方案》在总体思路原则上是如何考虑的？

答：《改革方案》坚持问题导向，强调学科专业设置调整优化改革要面向世界科技前沿、面向经济主战场、面向国家重大需求、面向人民生命健康，引导高校分类发展、特色发展，走好人才自主培养之路，提出了三条原则。一是服务国家发展，强调以服务经济社会高质量发展为导向，想国家之所想、急国家之所急、应国家之所需，建好建强国家战略和区域发展急需的学科专业。二是突出优势特色，强调以新工科、新医科、新农科、新文科建设为引领，调整优化专业结构，做强优势学科专业，做优特色学科专业，形成一大批特色优势学科专业集群和高水平人才自主培养体系。三是强化协同联动，强调教育系统与行业部门协同联动，实现学科专业与产业链、创新链、人才链相互匹配、相互促进。

4.《改革方案》提出了哪些工作目标？

答：《改革方案》明确了到 2025 年的相对量化的近期目标和到 2035 年的远景目标。

近期目标上，重点围绕形成特色优势学科专业集群，实现人才自主培养能力显著提升。到 2025 年，优化调整高校 20% 左右学科专业布点，新设一批适应新技术、新产业、新业态、新模式的学科专业，淘汰不适应经济社会发展的学科专业，基础学科特别是理科和基础医科本科专业点占比进一步提高。建设一批未来技术学院、现代产业学院、高水平公共卫生学院、卓越工程师学院，建成一批专业特色学院。

远景目标上，通过深入推进专业设置调整优化改革，高等教育学科专业结构更加协调、特色更加彰显、优化调整机制更加完善，形成高水平人才自主培养体系，有力支撑建设一流人才方阵、构建一流大学体系，实现高等教育高质量发展，建成高等教育强国。

5.《改革方案》提出哪些具体举措？

答：《改革方案》聚焦人才培养，针对学科专业设置调整优化改革的三大主体，围绕学校层面怎么规划设置、省级层面怎么统筹管理、国家层面怎么宏观调控，提出一系列有针对性、可操作的改革措施。

一是改进高校学科专业设置、调整、建设工作。《改革方案》提出了 8 条任务措施，明确要求高校要加强学科专业发展规划，加快推进一流学科建设，加强新工科、新医科、新农科、新文科和基础学科专业建设，完善学科专业建设质量保障机制，定期开展学科专业自评，健全年度报告制度等。

二是强化省级学科专业建设统筹和管理。《改革方案》提出了加强学科专业设置统筹、严格学科专业检查评价、开展人才需求和使用情况评价等 3 条任务措施。明确要求省级教育行政部门要综合应用规划、资源配置等措施，落实新设学科专业检查机制，及时公布本地优先发展和暂缓发展的学科专业名单，促进所属高校优化学科专业结构、更好服务区域经济社会发展。明确省级有关行业部门要适时发布区域重点产业和行业人才需求。

三是优化学科专业国家宏观调控机制。《改革方案》提出了切实发挥学科专业目录指导作用、完善学科专业管理制度、加强学科专业标准建设和应用、强化示范引领、实施"国家急需高层次人才培养专项"、加强专业学院建设、健全学科专业调整与人才需求联动机制、"一校一案"狠抓落实等 8 条政策措施。明确实施新版研究生教育学科专业目录，定期编制急需学科专业引导发展清单，修订本科专业设置管理规定，探索建立专业预调整制度等。明确人力资源社会保障及有关行业部门要建立人才需求数据库，将学科专业调整与人才需求联动起来。

10.1.3 教育部关于深入推进学术学位与专业学位研究生教育分类发展的意见

教育部关于深入推进学术学位与专业学位研究生教育分类发展的意见

教研〔2023〕2 号

各省、自治区、直辖市教育厅（教委），新疆生产建设兵团教育局，有关部门（单位）教育司（局），部属各高等学校、部省合建各高等学校：

为深入贯彻落实党的二十大精神，落实习近平总书记关于教育的重要论述和研究生教育工作的重要指示精神，深入推进学术学位与专业学位研究生教育分类发展、融通创新，着力提升拔尖创新人才自主培养质量，建设高质量研究生教育体系，现提出如下意见。

一、总体思路

1. 指导思想。以习近平新时代中国特色社会主义思想为指导，全面贯彻党的二十大精神，深入贯彻落实全国教育大会和全国研究生教育会议精神，推进教育强国建设，落实立德树人根本任务，遵循学位与研究生教育规律，坚持学术学位与专业学位研究生教育两种类型同等地位、同等重要，以提高拔尖创新人才自主培养质量为目标，以深化科教融汇、产教融合为方向，以强化两类学位在定位、标准、招生、培养、评价、师资等环节的差异化要求为路径，以重点领域分类发展改革为突破，推动学术创新型人才和实践创新型人才分类培养，健全中国特色学位与研究生教育体系，为加快建设教育强国、科技强国、人才强国提供更有力支撑。

2. 基本原则。问题导向，聚焦制约两类学位研究生教育分类发展的关键问题，提出针对性政策举措，增强改革的实效性。尊重规律，坚持先立后破、稳中求进，注重对现有人才培养过程的改造升级，增强改革的可操作性。整体推进，加强人才培养的全链条、各环节改革措施的衔接配合，增强改革的系统性。机制创新，大力推动培养单位内部体制机制改革，提升人才培养链、工作管理链的匹配度，增强改革的长效性。

3. 总体目标。到 2027 年，培养单位内部有利于两类学位研究生教育分类发展、融通创新的长效机制更加完善，两类教育各具特色、齐头并进的格局全面形成，学术创新型人才和实践创新型人才的培养质量进一步提高，学位与研究生教育的治理体系持续完善、治理能力显著提升，推动教育强国建设取得重大进展。

二、始终坚持学术学位与专业学位研究生教育两种类型同等地位

4. 坚持两类学位同等重要。学术学位与专业学位研究生教育都是国家培养高层次创新型人才的重要途径，都应把研究生的坚实基础理论、系统专门知识、创新精神和创新能力作为重点。学术学位依托一级学科培养并按门类授予学位，重在面向知识创新发展需要，培养具备较高学术素养、较强原创精神、扎实科研能力的学术创新型人才。专业学位按专业学位类别培养并授予学位，重在面向行业产业发展需要，培养具备扎实系统专业基础、较强实践能力、较高职业素养的实践创新型人才。培养单位应提高认识，在招生、培养、就业等方面对两类学位予以同等重视，保证两类学位研究生的培养质量。

5. 分类规划两类学位发展。完善两类学位的设置、布局、规模和结构。一级学科设置主要依据知识体系划分，宜宽不宜窄，应相对稳定。专业学位类别设置主要依据行业产业人才需求，突出精准，应相对灵活。在研究生教育学科专业目录中实行"并表"，统筹一级学科、专业学位类别设置并归入相应学科门类下，新设学科专业以专业学位类

别为主。学术学位坚持高起点布局，重点布局博士学位授权点，以大力支撑原始创新。专业学位坚持需求导向，新增硕士学位授予单位原则上只开展专业学位研究生教育，新增硕士学位授权点以专业学位授权点为主，同时具有学术学位与专业学位的领域侧重布局专业学位授权点，以全面支撑行业产业和区域发展。紧密对接国家高水平人才高地和吸引集聚人才平台建设规划，围绕京津冀协同发展、长江经济带发展、长三角一体化建设、粤港澳大湾区建设、成渝地区双城经济圈、东北振兴等国家发展战略，支持区域加大统筹力度，建设若干人才集聚平台，主动优化学科专业结构。以国家重大战略、关键领域和社会重大需求为重点，进一步提升专业学位研究生比例，到"十四五"末将硕士专业学位研究生招生规模扩大到硕士研究生招生总规模的三分之二左右，大幅增加博士专业学位研究生招生数量。

三、深入打造学术学位与专业学位研究生教育分类培养链条

6. 分类完善人才选拔机制。优化人才选拔标准，学术学位重点考核考生对学科知识的掌握与运用情况以及考生的学术创新潜力；专业学位重点考核考生的综合实践素质、运用专业知识分析解决实际问题能力以及职业发展潜力。在保证质量前提下充分发挥非全日制专业学位在继续教育中的作用。支持有条件的培养单位进一步扩大推荐免试（初试）招收专业学位研究生的规模，选拔具备较高创新创业潜质的应届本科毕业生。在专业学位招生中，鼓励增加一定比例具有行业产业实践经验的专家参加复试（面试）专家组。探索完善学生在学术学位与专业学位间互通学习的"立交桥"。

7. 分类优化培养方案。学术学位的培养方案应突出教育教学的理论前沿性，厚植理论基础，拓宽学术视野，强化科学方法训练以及学术素养提升，鼓励学科交叉，在多种形式的学术研讨交流、科研任务中提升科学求真的原始创新能力，注重加强学术学位各学段教学内容纵向衔接和各门课程教学内容横向配合。专业学位应突出教育教学的职业实践性，强调基础课程和行业实践课程的有机结合，注重实务实操类课程建设，提倡采用案例教学、专业实习、真实情境实践等多种形式，提升解决行业产业实际问题的能力，并在实践中提炼科学问题。培养单位应参照全国专业学位研究生教育指导委员会（以下简称专业学位教指委）发布的指导性培养方案制定本单位的专业学位培养方案，支持与行业产业部门共同制定体现专业特色的培养方案，增加实践环节学分，明确实践课程比例，设置专业学位专属课程，加强专业学位研究生教育核心课程建设，推进课程设置与专业技术能力考核的有机衔接。完善课程体系改进机制，规范两类学位间的课程分类设置与审查，优化监督机制，加强教育教学质量评价。

8. 分类加强教材建设。学术学位教材应充分反映本学科领域的最新知识及科研进展，有利于实施研究性教学和启发学术创新思维，引导学生开展自主性学习和探究性学

习。专业学位教材应充分反映本行业产业的最新发展趋势和实践创新成果，要将真实项目、典型工作任务、优秀教学案例等纳入专业核心教材，支持与行业产业部门共同编写核心教材，做好案例征集、开发及教学，加强案例库建设，将职业标准、执业资格、职业伦理等有关内容要求有机融入教材。学科评议组、专业学位教指委负责组织编写、修订、推荐本学科专业领域的核心教材。

9. 分类健全培养机制。学术学位应强化科教融汇协同育人，进一步发挥国家重大科研项目、重大科研平台在育人中的重要支撑作用，加强与国家实验室和行业产业一线的联合培养，鼓励以跨学科、交叉融合、知识整合方式开展高层次人才培养。专业学位应强化产教融合协同育人，将人才培养与用人需求紧密对接，深入建设专业学位联合培养基地，强化专业学位类别与相应职业资格认证的衔接机制，完善行业产业部门参与专业学位人才培养的准入标准及监测评价，确保协同育人基本条件与成效。完善研究生学业预警和分流退出机制，根据学生培养实际定期进行学业预警，对不适合继续攻读所在学科专业的研究生及时分流退出，保证研究生培养质量。

10. 分类推进学位论文评价改革。依据两类学位的知识理论创新、综合解决实际问题的能力水平要求和学术规范、科学伦理与职业伦理规范，分类制订学位论文基本要求和规范、评阅标准和规则及核查办法。优化交叉学科、专业学位论文评审和抽检评议要素(指标体系)。专业学位教指委研究编写各专业学位类别的《博士、硕士学位论文基本要求》，重点考核独立解决专业领域实际问题的能力。鼓励对专业学位实行多元学位论文或实践成果考核方式(专题研究类论文、调研报告、案例分析报告、产品设计/作品创作、方案设计等)，明确写作规范，建立行业产业专家参与的评审机制。支持为交叉学科、专业学位单独设置学位评定分委员会，专业学位评定分委员会可邀请行业产业专家参加。

11. 分类建设导师队伍。强化导师分类管理，完善导师分类评聘与考核制度。符合条件的教师可以同时担任学术学位导师和专业学位导师。专业学位应健全校外导师参加的双导师或导师组制度，完善校外导师和行业产业专家库，制定校外导师评聘标准及政策，明确校外导师责权边界，开展校外导师培训。鼓励建立导师学术休假制度，学术学位导师应定期在国内外访学交流，专业学位校内导师每年应有一定时间到行业产业一线开展调研实践；专业学位合作培养单位应支持校外导师定期参与高校教育教学，促进校内外导师合作交流的双向互动。

四、大力推进重点领域的分类发展改革实现率先突破

12. 以基础学科博士生培养为重点推进学术学位研究生教育改革。立足培养未来学术领军人才，支持具备条件的高水平研究型大学开展基础学科人才培养改革试点，把基

础学科主要定位于培养学术学位博士生，进一步提高直博生比例，对学习过程中不适合继续攻读博士学位且符合相应条件的，可只授予学术硕士学位或转为攻读专业硕士学位。支持培养单位加大资助力度，加强与强基计划、基础学科拔尖学生培养计划等的衔接，吸引具有推免资格的优秀本科毕业生攻读基础学科的硕士、博士。支持培养单位完善中央高校基本科研业务费使用机制，实现对基础学科优秀博士生的长周期稳定支持。试点建设基础学科高层次人才培养中心。

13. 以卓越工程师培养为牵引深化专业学位研究生教育改革。瞄准国家战略布局和急需领域，完善高校、科研机构工程专业学位硕士、博士学位授权点布局；创新高校与国家实验室、科研机构、科技企业、产业园区的联合培养机制，纳入符合条件的企业、国家实验室、科研机构、科技园区课程并认定学分，探索开展全日制专业学位研究生订单式培养、项目制培养；打造实践能力导向型的工程专业学位硕士、博士培养"样板间"，大力推动工程专业学位硕博士培养改革试点，全面推进卓越工程师培养改革。布局部分高校和中央企业共建一批国家卓越工程师学院，探索人才培养体系重构、流程再造、能力重塑、评价重建；依托学院、校企联合建设配套的工程师技术中心，打造类企业级别的仿真环境和工程技术实践平台；完善校企导师选聘、考核和激励机制，重构校企双导师队伍；强化突出实践能力培养的核心课程建设，推进工学交替培养机制，实施有组织的科研和人才培养，全面推动各专业学位结合自身特点深化改革创新。

五、加强学术学位与专业学位研究生教育分类发展的组织保障

14. 落实培养单位责任。培养单位应加强对学术学位与专业学位研究生教育分类发展工作的研究部署，确保正确育人方向，完善推动两类学位分类发展的政策举措和质量保障体系。健全单位内部覆盖机构、人员、制度、经费等要素的治理体系和运行管理机制，强化分类管理、分类指导、分类保障。具备条件的培养单位可为专业学位独立设置院系或培养机构，提供经费支持，聘任具有丰富行业产业经验的人员担任负责人，为专业学位发展创造更好环境。支持培养单位探索完善将学术学位与专业学位课堂授课、实践教学情况作为专业技术职务评聘因素的机制办法。

15. 加强部门政策支撑。强化学术学位与专业学位硕士、博士学位授权点的分类审核与评价，学术学位授权点突出高水平师资和科研的支撑，专业学位授权点把校外导师、联合培养基地等作为必要条件。完善政府投入为主、受教育者合理分担、其他多种渠道筹措经费的投入机制，加大财政对学术学位特别是基础学科的投入；完善差异化生均拨款机制，进一步完善专业学位培养成本分摊机制，健全学费标准动态调整机制，激励行业产业部门以多种形式投入专业学位研究生教育。充分发挥教育信息化的战略制高

点作用，着力推进学位与研究生教育资源数字化建设。统筹"双一流"建设、学科评估和专业学位评估，充分发挥专家组织、学会、协会作用，完善多元主体参与的两类学位建设质量分类评价和认证机制。积极开展国际实质等效的教育质量认证，推进相关交流合作，促进中国学位标准走出去，不断提升国际影响力。

教育部

2023 年 11 月 24 日

（华中科技大学新闻与信息传播学院　何志武整理）

10.2　新闻教育大事记

1月

1 月 5 日，"依托传媒学科构建新文科实验实训基地"研讨会在浙江大学召开。研讨会由浙江大学传媒与国际文化学院、本科生院、传媒实验教学中心、信息技术中心及浙江大学智能融媒体与数字内容创作实验教研室主办，旨在研讨依托传媒学科，构建作为产教研深度融合创新实践平台的新文科创新实验实训基地的路径与方法，以期探索自主创新和学科交叉融合的新文科学生实践创新能力培养新模式。

1 月 6 日，《2022 中国大学、央企、城市海外网络传播力建设系列报告》发布会顺利举办。该系列报告由北京师范大学新媒体传播研究中心、中国日报网、光明网和北京师范大学教育新闻与传媒研究中心联合发布。

1 月 9 日，中国人民大学-中国传媒大学战略合作签约仪式在中国传媒大学学术中心举行。中国人民大学党委书记张东刚，副校长王轶，党委副书记、副校长胡百精，中国传媒大学党委书记廖祥忠等全体校领导、党委常委出席签约仪式。两校全面携手、深度合作，开创了"985"高校和"211"高校、"双一流"建设高校和"双一流"学科建设高校深度合作的先河。

1 月 9 日，中国社会科学网发布《2022 年新闻传播学研究发展报告》。报告指出，2022 年，中国新闻传播学研究聚焦新闻传播学的自主意识与学科创新，数字传播时代的坚守与变革等课题持续深耕，并在媒介迭代中深化媒介问题研究，聚焦新技术，发现理解技术与媒介互动的新思路。

1 月 9 日，2022"讲好中国故事"创意传播大赛重庆分站赛定评会在重庆大学新闻学院 301 会议室举行。重庆市记协专职副主席丁道谊、中共重庆市委宣传部对外新闻处干部曾惠兰、上游新闻品牌主管刘琳、重庆大学新闻学院院长董天策、教授刘海明组成专家评委会，对 80 部入围定评环节的参赛作品进行评定。经各专家评审交流意见，此次定评会共评选出分站赛一等奖作品 5 部、二等奖作品 10 部、三等奖作品 15 部、优秀奖作品 20 部，并推选一、二等奖共计 15 部作品参加全国赛。

1 月 12 日，中国社会科学评价研究院发布《中国人文社会科学期刊 AMI 综合评价报告（2022 年）》，对 2022 年中国人文社会科学期刊评价结果进行公示。同时，此次评价新增了中国人文社会科学学术集刊评价，对 403 种学术集刊进行了评价。

1 月 31 日，由中央民族大学新闻与传播学院主办的第一届"启迪"研究生学术论坛在线上召开。论坛以"对话与交流：探讨国际传播的新可能"为主题，共分为开幕式、分论坛和闭幕式三个环节。来自海内外多所高校的专家学者和青年学子共同聚焦新形势下我国国际传播的机遇与挑战问题，通过主题演讲、论坛发言、嘉宾点评等形式分享了研究成果，展开了学术交流。

2 月

2 月 8 日，南京师范大学新闻与传播学院在线上举办了 2023 年"国际青年学者论坛·新闻传播学分论坛"。论坛上，来自英国伦敦政治经济学院（LSE）、约克大学、澳门大学、清华大学、中国传媒大学、南京大学、南京理工大学、南京师范大学等海内外高校的博士们进行了主题报告。

2 月 10 日，由中国科学院科学传播研究中心组织编写，科学出版社出版的《中国科学传播报告（2022）》在北京正式发布。报告总结了 2021 年中国科学传播现状，指出存在网络作品质量参差不齐、科学电影市场表现平淡等突出问题，对未来中国科学传播工作进行了展望。

2 月 11 日，围绕"文化强国建设与出版英才培养"主题，第十一届韬奋出版人才发展论坛在贵州省贵阳市顺利举办。论坛由国家新闻出版署指导，韬奋基金会主办，中国新闻出版研究院、中国新闻出版广电报社联办，来自全国各地出版企业和高校的 300 余位专家和业者参加了此次会议。

2 月 16 日，中央民族大学新闻与传播学院、大数据与国家传播战略教育部哲学社会科学实验室共建座谈会在中央民族大学新闻与传播学院会议室举行。大数据与国家传播战略教育部哲学社会科学实验室执行主任李卫东教授、主任助理徐迪副教授、王一鸣老师一行到访学院。学院特聘院长、大数据与国家传播战略教育部哲学社会科学实验室主任张昆教授，院长赵丽芳教授，副院长张垒、毛湛文等参加座谈。

2 月 16 日，由国家新闻出版署指导，中国新闻出版研究院、北京市委宣传部（北京市新闻出版局）与中国邮政集团有限公司报刊发行局联合主办的第十二届中国数字出版博览会在北京首钢园开幕。此届数字出版博览会的主题为"再出发 创未来"，通过论坛、数字出版展览、推介洽谈等活动，集中呈现了数字出版融合发展新进展新成效。

2月17日，由四川大学文学与新闻学院主办的"立德树人 传承文明——曹顺庆教授从教四十年暨新文科拔尖人才培养"国际学术会议在线上举行，来自法国索邦大学、美国俄亥俄州立大学、越南胡志明市国家大学、香港中文大学、中国社会科学院、北京师范大学、北京外国语大学、中央民族大学、首都师范大学、吉林大学、复旦大学、上海交通大学、浙江大学、浙江师范大学、浙江工商大学、河南大学、湖南大学、湘潭大学、长沙师范学院、华中科技大学、广西大学、暨南大学、电子科技大学、成都大学、四川外国语大学、四川师范大学、西南大学、西南交通大学、西南民族大学、重庆师范大学、重庆大学、贵州师范大学、西北民族大学、四川大学等海内外近40所高校的300余位学者参与会议。

2月18日，由华中科技大学新闻与信息传播学院钟瑛教授团队和中国新闻史学会网络传播史专业委员会共同研究编撰的《中国新媒体社会责任研究报告（2021—2022）》在线上正式发布。研究报告内容分为总报告、评价篇、专题篇和案例篇，其中总报告以媒体平台化为背景，系统梳理并总结了新媒体社会责任履行过程中的现实困境并提出了解决方案。

2月18日，由华南理工大学、中国外文局国际传播发展中心、广州市委宣传部与南沙区委联合主办的粤港澳大湾区国际传播论坛在南沙成功举行，粤港澳大湾区国际传播研究院等机构在论坛上举行了揭牌仪式。来自国（境）内外高校和业界的30余位专家学者通过线上、线下方式相聚广州，共同探讨粤港澳大湾区国际传播能力高质量发展的全媒体建设路径。

2月24日，《互联网与认知："俄乌冲突"舆论博弈研讨会（第四期）》在北京师范大学京师大厦第一会议室举行，研讨会由北京师范大学新闻传播学院和清华大学新闻与传播学院主办，来自北京师范大学、清华大学、中国国际问题研究院欧洲研究所等单位的40余位师生参与了讨论。研讨会由清华大学新闻与传播学院院长周庆安主持。

2月27日，由省委宣传部主办，省记协承办，武汉大学党委宣传部和新闻与传播学院协办的湖北"新闻大讲堂"在武汉大学开班，省委常委、宣传部部长许正中主持开班式并全程参加。中国人民大学新闻学院教授、博士生导师宋建武以《全媒体传播体系的媒体观和新闻观》为题，带来了"新闻大讲堂"首讲。

3月

3月2日，兰州大学新闻与传播学院、兰州大学国际传播与跨文化传播研究中心举办"国际传播与中华文明影响力提升"论坛。新华社甘肃分社副社长谭飞，中央广播电视总台甘肃总站站长刘龙，甘肃省委宣传部对外推广处处长白玉春，西北师范大学传媒学院院长、教授徐兆寿，中国日报社甘肃记者站站长马静娜，中国甘肃网总编辑张振宇，兰州大学党委宣传部副部长谢益群，兰州大学国际传播与跨文化传播研究中心主任、新闻与传播学院教授李娟等参加论坛。论坛由兰州大学新闻与传播学院党委书记曹国林主持。

3月2日，《岭南拾遗录》（第一季）作品发布会暨"岭南非遗传承传播田野调查与口述史"第二期开营仪式在暨南大学新闻与传播学院郁文报告厅举行。羊城晚报报业集团副社长、副总编辑胡泉，国家艺术基金活动处原负责人姚志华，暨南大学文化遗产创意产业研究院院长陈平，新闻与传播学院院长支庭荣，暨南大学传播与国家治理研究院院长杨先顺，学院党委副书记张建敏、网络与新媒体系主任谷虹以及课程和项目师生代表参加。

3月10日，安徽大学召开了全域认知与国际传播安徽省哲学社会科学重点实验室建设座谈会暨全域认知与国际传播研讨会，安徽大学党委常委、副校长高维清教授出席并致辞，安徽大学新闻传播学院院长姜红教授和副院长罗峰教授主持会议。此次会议邀请了北京师范大学新闻传播学院院长张洪忠教授、清华大学新闻与传播学院元宇宙实验室主任沈阳教授、华中科技大学教育部大数据与国家传播战略实验室执行主任李卫东教授、中国科学技术大学心理学系执行主任孔燕教授、安徽大学马克思主义学院执行院长吴学琴教授等专家学者。

3月11日，粤港澳高校计算传播学联盟启动仪式在北京师范大学珠海校区国际交流中心举行。此次活动由粤港澳高校计算传播学联盟主办，北京师范大学计算传播学研究中心承办。

3月11日，"全球交往理论创新研讨会"在松江融媒体中心成功举办。此次活动由上海外国语大学新闻传播学院、中国国际舆情研究中心与全球交往研究中心联合主办。研讨会由新传学院、全球交往研究中心张军芳教授主持，南京大学胡翼青教授、中国人民大学刘海龙教授，《新闻记者》刘鹏主编等多名学者参与，嘉宾们围绕全球交往理论创新的支点、理念的全球传播与接受及中国研究的全球交往底色三个核心问题展开了热烈而深入的研讨。

3月15日，"中国精神·四川力量"丛书编创会暨启动仪式在四川大学文学与新闻学院文科楼一区526会议室举行。四川大学出版社社长侯宏虹编审主持此次会议，传主代表、创作团队和部分学院师生共同参会。

3月17日，由云南大学新闻学院与缅甸政府管理学院新闻系共同举办的中缅本科生学术研讨会以线上方式举行。此次研讨会主题为"数字时代的新闻业",云南大学新闻学院院长廖圣清教授、韦平副教授、许孝媛老师以及新闻学院 2022 级本科生代表参与会议。开幕式由缅甸政府管理学院教师 Hsu Thiri Zaw 主持。此次研讨会充分发挥了云南大学"立足边疆、面向两亚"的新闻传播学科特色,为中缅本科生学术文化交流搭建了国际化平台,将推动云南大学新闻学院与缅甸政府管理学院的合作创新,促进两院高等教育高质量发展。

3 月 18 日,厦门大学传播研究所三十周年庆典暨《华夏传播研究》第十辑新书发布会于线上举行。厦门大学传播研究所所长谢清果、《华夏传播研究》集刊联合主编、河北大学新闻传播学院院长韩立新、浙江大学传播研究所教授、博士生导师邵培仁在会上致辞,南京大学新闻传播学教授、博士生导师潘祥辉以"重返传播史上的'青铜时代'——华夏传播研究的考古学视角及其拓展"为题做学术讲座。

3 月 18 日,山东省新闻传播学本科教学指导委员会 2023 年度会议在济南召开。山东广播电视台党委委员、副台长徐龙河,教育部新闻传播本科教学指导委员会委员、山东大学新闻传播学院院长刘明洋、山东省新闻传播学本科教学指导委员会主任委员、山东师范大学新闻与传媒学院执行院长常庆出席会议。山东省新闻传播学本科教学指导委员会秘书长、鲁东大学文学院副院长张成良主持会议。

3 月 22 日,"教与学的革命"珞珈论坛新闻与传播学院分论坛"双一流"建设背景下新闻传播学教材建设研讨会在武汉大学新闻与传播学院成功举办。此次研讨会聚焦新闻传播学一流教材建设与创新主题,围绕新闻传播学精品教材编写的标准、教材与科研的关系、实践类教材建设等议题展开深入研讨。

3 月 25 日,"新文明·新公益:'品牌中国·复旦'(2023)暨第四届上海数字公益广告国际论坛"在复旦大学举行。来自政府机构、主流媒体、品牌企业、国内外知名院校超过 100 余位嘉宾,围绕数字时代世界范围内公益广告的规范管理、激励机制、评价体系和可持续发展等议题展开了讨论与交流。

3 月 25 日,在第八届中国新闻史学会传媒经济与管理专业委员会学术年会上,全国 50 余所高校 100 多位学者集聚华中科技大学,就"ChatGPT 将对经济社会发展产生哪些影响?转型关键期传媒经济发展新赛道和新动能何在?"展开讨论。

3 月 25 日,河南大学第十一届铁塔记者文化节新闻创作座谈会于该校新闻与传播学院国家级示范中心 504 演播厅和腾讯会议室同步召开。这次座谈会聚焦"人工智能时代的新闻生产与创新传播"的主题,邀请了来自中国传媒大学、上海大学、黑龙江大学、安徽财经大学、江苏师范大学、新乡医学院、郑州升达经贸管理学院等高校获奖者代表。

3月29日，清华大学国家形象传播研究中心与爱德曼国际公关公司发布《2023年爱德曼全球信任度调查中国报告》。该调查已持续进行23年，旨在追踪全球不同国家公众对于政府、企业、非政府组织、媒体四类机构的信任变化趋势。2023年的报告聚焦打造"共信力"，穿越两极化世界的主题，引发了社会各界专家学者的热切关注和讨论。清华大学国家形象传播研究中心作为爱德曼国际公关公司在中国的唯一合作单位，已经连续12年与爱德曼国际公关公司联合研究并发布报告，在中国及亚太地区产生了极大影响。

3月29日，清华大学新闻与传播学院与四川国际传播中心在成都共同启动了"国际传播启航计划"。新闻与传播学院副院长张莉、四川报业集团副总编辑钟莉共同出席启动仪式。"国际传播启航计划"立足新闻与传播学院在四川报业集团的教学实践基地，主要推进国际传播人才培养的实践教学、特色化科研项目合作、智能媒体技术与国际传播发展等领域，并依托四川特有的文化资源，协力推进四川的国际传播工作。

3月30日，由陕西师范大学新闻与传播学院王勇安教授主编的"出版资源评估与研究"丛书新书发布会在陕西师范大学出版总社举行。中国版权协会理事长阎晓宏，陕西省委宣传部副部长武勇超，陕西师范大学校长游旭群、校长助理袁一芳，陕西新华出版传媒集团党委副书记、副董事长、总经理王欢院，中国出版协会副理事长惠西平等出席活动。会议由陕西师范大学新闻与传播学院副院长（挂职）周宏刚主持，王勇安教授、刘蒙之教授参会。

3月31日，上海外国语大学Z世代国际新闻传播人才培养基地成立仪式暨"实践育人创新与研究转化"专家对谈活动成功举办。上海外国语大学副校长衣永刚、松江区委宣传部副部长林华、上海外国语大学新闻传播学院院长郭可、松江区融媒体中心主任周样波、上海外国语大学新闻传播学院党委副书记胡正明，以及海外国语大学新闻传播学院师生出席此次活动。

4月

4月2日，中国式现代化视域下新闻传播学科创新论坛在厦门大学举行。此次论坛以"中国式现代化中的人文科学：使命、担当与情怀"为主题，由厦门大学中国式现代化研究院、厦门大学新闻传播学院联合主办，全国27所高校、科研院所学科带头人和业界专家出席论坛。厦门大学校长助理方颖、厦门大学新闻传播学院院长余清楚、中国人民大学新闻学院院长周勇、中国新闻史学会会长王润泽、清华大学新闻与传播学院陈昌凤教授与会致辞。此次论坛设三个平行论坛，来自学界、业界的专家学者与专业人士围绕中国式现代化进程中的新闻传播学科体系、话语体系、学术体系创新，人工智能发展对新闻传播教育的机遇与挑战、国际传播人才培养模式探索、中华文化海外传播创新研究、新文科实验教学探索与技术创新等主题进行汇报交流。

4月8日，由中国人民大学新闻学院、中国人民大学新闻与社会发展研究中心、中国气候传播项目中心、广西大学新闻与传播学院、中国社会科学出版社共同主办的《为气候行动鼓与呼——中国气候传播案例集萃》出版发行推介会暨学术研讨会，在中国人民大学逸夫会议中心举行。来自案例书稿参编单位的代表，以及政府部门、高校、媒体、企业、社会组织、智库等单位的50余位专家、学者和单位代表参加会议。

4月8日，首次以内参为主题的学术研讨会在郑州大学新闻与传播学院成功举行。研讨会由湖南师范大学内参研究中心与新华通讯社-郑州大学穆青研究中心联办，主题为"中国特色的内参传播"。

4月8日，网络媒体与全球传播国际研讨会暨《网络媒体与全球传播》国际期刊一周年庆活动在上海外国语大学虹口校区成功举办。此次研讨会为上海外国语大学新闻传播学院40周年庆祝系列活动之一，由上海外国语大学新闻传播学院和中国国际舆情研究中心承办。来自世界各地的《网络媒体与全球传播》期刊编委、评审专家等70余位学者通过线上线下相结合的方式分享了参与办刊的经验和学术成果，为期刊未来的发展提供了重要的参考意见和建议。

4月9日，教育部大数据与国家传播战略实验室在北京举行第一届大数据与国家传播战略研讨会，会上首次发布了实验室的全球公共产品——"寰球民意指数（2023）"调查报告。华中科技大学党委常委、副校长许晓东，人文社会科学处处长李志强，新闻与信息传播学院领导以及来自学界、业界的近30位专家和媒体从业者参与会议分享观点，共话构建人类命运共同体理念下国际传播新格局。华中科技大学教育部大数据与国家传播战略实验室发布的《寰球民意指数（2023）》显示，中国国家综合实力指数为252.20，位列世界第一梯队，是引人注目的增长极。

4月12日，由国务院国资委宣传局、国务院国资委新闻中心、中国人民大学新闻学院指导，中国人民大学国企形象建设研究院主办的"新时代国企形象建设沙龙——国有企业国际形象传播与软实力塑造"在中国人民大学举办。中国人民大学党委副书记、副校长胡百精出席沙龙。

4月12日，"推进媒体深度融合，共创主流舆论新格局"媒体融合创新发展研讨会在中国传媒大学召开。此次研讨会由中国传媒大学媒体融合与传播国家重点实验室主办，中国传媒大学中国网络视频研究中心承办。相关高校、视听平台、主流媒体的专家学者和业界代表围绕媒体融合发展趋势、视听新媒体平台特性、融媒创新典型案例等议题展开深度探讨。

4月15日，"第三届新闻传播史论课程群教学改革研讨会"拉开序幕。此次会议由华中科技大学新闻与信息传播学院、湖北省新闻传播史论名师工作室、湖北省新闻传播史论教学团队、中国新闻传播教育年鉴编委会联合主办。来自北京大学、清华大学、中国人民大学、复旦大学、中国传媒大学、香港城市大学等 55 所高校和研究机构的 117 位专家学者发表了演讲，800 余名参会者齐聚云端，就新时代下新闻传播史论课程群教学改革进行深入研讨，分享新闻传播教育学术研究与教学改革的新思路、新方法。

4 月 15 日，中国新闻史学会第六届常务理事会第六次会议于山东曲阜召开，此次会议由中国新闻史学会主办，山东大学新闻传播学院承办。中国新闻史学会是新闻传播学领域唯一的全国一级学术团体。中国新闻史学会副会长赵振祥、陈建云、陈先红，学报《新闻春秋》主编周蔚华，各二级机构理事长、代表，60 余位常务理事等出席会议。学会领导为新换届的二级机构理事长和常务理事颁发聘书，并向到届的常务理事致敬、颁发荣誉证书。会上，秘书处还向常务理事会汇报了二级分会换届情况、二级分会管理制度执行情况、2023 年学术年会筹备情况、2024 年第 13 届世界华文传媒与华夏文明国际学术研讨会承办情况。学会学报《新闻春秋》编辑部主任潘文静副教授汇报了办刊和组稿情况以及学报未来发展规划。

4 月 15 日，"移动互联网时代新闻传播学研究方法守正创新国际研讨会"在中国人民大学新闻学院举办。近年来，移动互联网兴起，挑战了新闻传播学研究的既有范式和研究结论，也对研究方法的创新提出了挑战。在此背景下，会议主办方邀请了海内外多所知名高校深耕研究方法的学者，共同探讨研究方法在新形势新背景下的挑战和创新之路，为实现中国式现代化背景下新闻传播学研究的本土化提供见解。

4 月 15 日，第五届"中国影像全球传播"论坛在四川外国语大学举行。论坛主题为"跨文化传播与跨媒介再造"，由中国高校影视学会影视国际传播专委会、四川外国语大学联合主办，四川外国语大学新闻传播学院（国际影视产业学院）、重庆市沙坪坝区文化和旅游发展委员会承办。

4 月 15—16 日，"第十届新闻史论青年论坛暨北京大学新闻学研究会年会"在天津师范大学召开。此次会议由北京大学新闻学研究会和天津师范大学新闻传播学院共同主办，北京大学新闻学研究会新闻史论师资特训班同窗会协办。2023 年正值北京大学新闻学研究会创会 105 周年、复会 15 周年，同时是天津师范大学新闻传播学院建院 20 周年。此次会议聚焦党的二十大报告的重要理论成果，以"中国式现代化视域下我国新闻事业的实践脉络与理论启示"为主题展开学术研讨。

4 月 15—16 日，由中国人民大学新闻学院、中国社会科学院大学新闻传播学院、河北大学新闻传播学院和北京印刷学院新闻传播学院、出版学院合办的第五期"四校联合新闻传播研究方法创新工作坊"在中国人民大学举办。此次工作坊由中国人民大学新闻学院承办，共十讲，分为学科前沿思想、质化研究方法和量化研究方法三个板块，向学界同仁分享当前新闻传播学研究的前沿方法与前景探索。

4月20日，"大模型应用中未成年人保护和发展评估——以 ChatGPT、文心一言等生成式人工智能为例"跨学科研讨会在京师大厦举行。研讨会由北京师范大学新闻传播学院主办。来自中国社会科学院、中国青少年研究中心、对外经济贸易大学、北京互联网法院及北师大新闻传播学院、教育学部、法学院专家学者参会，共同探讨 ChatGPT、文心一言等人工智能大模型对未成年人保护和发展的影响。

4月20日，由北京印刷学院主办的2023年"毕昇文化传承与印刷产业发展"首届毕昇文化论坛在毕昇故里——湖北省英山县举行。为加强高水平人才培养、促进地方经济高质量发展，该校与英山县签署战略合作协议。

4月21—23日，第四届媒介物质性论坛在福州召开。此次论坛由福建师范大学传播学院联合闽江学院新闻传播学院、福建省社会科学研究基地马克思主义与当代媒介研究中心、福建省新文科教育研究中心共同主办。来自美国杜克大学、美国格兰谷州立大学、清华大学、中国人民大学、复旦大学、南京大学、浙江大学、中国社会科学院大学、台湾世新大学、澳门科技大学等国(境)内外40余所高校的60余位专家学者参加了此次论坛。

4月22日，第四届新闻传播学研究生"青梅坛"在浙江大学传媒与国际文化学院举办。该论坛由安徽大学新闻传播学院、南京大学新闻传播学院、浙江大学传媒与国际文化学院、中国人民大学新闻学院和中山大学新闻传播学院五家单位联合发起。来自安徽大学、北京大学、北京师范大学、复旦大学、福建师范大学、华东师范大学、伦敦大学学院、南京大学、清华大学、四川大学、深圳大学、上海交通大学、上海理工大学、武汉大学、扬州大学、中国传媒大学、中国人民大学、浙江大学、浙江工业大学、中山大学、中央民族大学等高校的师生参会。

4月25日，由陕西省记协主办，西安交通大学新闻与新媒体学院承办的陕西省新闻事业与融媒体业务高级研修班正式开班，约60名来自全省各级新闻单位的业务骨干在交大创新港相聚，学习提升融媒体业务能力。此次培训以"守正创新，融合发展，协同共赢"为主题，围绕马克思主义新闻观基础理论与实践、媒体融合理论创新、全媒体新闻工作者的支持培养、陕西媒体转型深化改革方略、新闻奖创优等课题展开学习讨论和实践锻炼。

4月27日，中国政法大学光明新闻传播学院和广播电视政策法规研究基地联合举办的"文化法学与传播法学建设研讨会"在中国政法大学图书综合楼0814会议室成功召开。国家广播电视总局政策法规司副司长王健、中国政法大学党委副书记王立艳与来自中国政法大学、上海交通大学、浙江大学、华东政法大学、南京大学、暨南大学、浙大宁波理工学院、香港城市大学等校的十多位专家学者参与研讨。

4月27日，由中央统战部、中央宣传部、教育部、国家民委共同主办，暨南大学承办的"第二届铸牢中华民族共同体意识研究论坛"在广州举行。中央统战部副部长、国家民委主任、党组书记潘岳出席开幕式并发表主题演讲。大会公布了四部委第二轮"铸牢中华民族共同体意识研究基地"名单。

5月

5月3日，北京大学广告学专业建立30周年之际，"面向未来的全球广告发展"国际研讨会在北京大学举行。此次研讨会是北京大学新闻与传播学院推进"双一流"建设、落实北大"国际战略年"部署的重要举措。来自不同领域的300多位专家学者相聚燕园，共话全球广告发展未来。

5月4日，以"传播，为了团结"为主题的全球南方国际传播论坛在上海开幕，华东师范大学国际传播研究院同步揭牌成立。此次论坛由中央党校（国家行政学院）国际传播研究中心、中国外文局当代中国与世界研究院、华东师范大学国际传播研究院主办，华东师范大学传播学院协办。论坛旨在联络世界范围内进步知识分子，团结来自全球南方国家及地区的进步媒体，分享与交流中国和全球南方各地区的媒体实践经验，促成各国高校、智库、媒体等各类机构多元合作，为促进和平与发展的世界命运共同体贡献力量。来自中国、印度、加纳、赞比亚、南非、巴西、美国等国家和地区的百余名相关研究人员及媒体从业人员参会。

5月6日，由环球国际视频通讯社有限公司（国际视频通讯社，CCTV+）、北京外国语大学国际新闻与传播学院、社科文献出版社联合举办的《全球传播生态蓝皮书》（2022）发布会暨研讨会在北京举行，国际传播领域知名专家学者、相关业界人士参加会议，共同研讨全球传播格局与世界传媒发展趋势。

5月6—7日，中国人民大学新闻学院等单位组织召开第三届当代马克思主义新闻观学术研讨会。此次会议以"新时代新闻舆论与中国式现代化"为主题，来自全国的百余位专家学者参会，围绕习近平总书记关于新闻舆论工作的重要论述、马克思主义新闻学理论与实践、中国共产党新闻舆论工作的优良传统与历史经验、新时代中国舆论学自主知识体系建设、新时代舆论生态与国家治理创新、新时代中国国际传播能力建设等议题展开了全方位、多层次的讨论。

5月7日，由西安交通大学新闻与新媒体学院举办的第二届中国新闻史知识数据库建设及可视化设计决赛成功举行。中国传媒大学广告学院院长赵新利教授、同济大学人文学院副院长解学芳教授、广西大学新闻与传播学院院长王仕勇教授、西北大学新闻传播学院院长马锋教授、山西大学新闻学院院长庞慧敏教授等 15 位学界业界专家学者担任评委。决赛采用线上线下相结合的方式进行，省内队伍现场参赛，省外队伍通过腾讯会议参赛。

5 月 9 日，北京大学国际传播研究院揭牌仪式，暨"面向未来的国际传播：理论与实践"研讨会在北京大学英杰交流中心举办。来自业界和学界的多名国际传播领域专家学者齐聚一堂，共同见证研究院的成立，并围绕国际传播相关议题展开交流讨论。

5 月 9 日，为迎接第七个国家品牌日，2023 中国品牌日东湖论坛暨新能源汽车品牌高峰论坛在华中科技大学举行。此次活动由湖北省发展和改革委员会指导，华中科技大学新闻与信息传播学院和东湖品牌研究院主办，华视传媒集团承办。

5 月 10 日，北京大学社科部、国际合作部、新闻与传播学院与外交部新闻司共同举行了习近平新时代中国特色社会主义思想联学共建活动。与会人员集体参观了"同人民一起开拓 同祖国一起奋进"——北京大学学习贯彻习近平总书记'5·2'重要讲话精神五周年暨庆祝建校 125 周年主题展览，并以"深入学习贯彻习近平总书记关于新闻舆论和国际传播工作的重要论述，加强国际传播能力建设，讲好中国故事，传播好中国声音"为主题进行了交流座谈。北京大学副校长、教务长王博，外交部新闻司副司长胡键等 50 余名党员同志出席活动。

5 月 12—14 日，中国新闻传播教育年鉴编委会第十三次会议在南京大学成功举行，来自全国各地约 100 名专家学者出席了会议。会议确定了《中国新闻传播教育年鉴2024》编写大纲并落实了编写任务，提出了 2023 年度中国新闻传播教育年鉴奖候选人，同时就年鉴编撰理论与实践问题展开了深入的讨论。新闻教育界前辈吴高福、范以锦、黄升民、方晓红、倪延年、刘卫东等也参加了会议的讨论。

5 月 12—13 日，庆祝厦门大学传播研究所成立三十周年暨第三届华夏文明与传播学中国化高峰论坛在厦门大学召开。此次论坛由厦门大学新闻传播学院主办，厦门大学传播研究所承办，福建省高校人文社科研究基地·中华文化传播研究中心、厦门大学马克思主义新闻观研究与教育中心、华夏传播研究会、国际新闻与战略传播大数据实验室等单位协办。近百位来自南京大学、上海交通大学、南开大学、厦门大学、暨南大学、郑州大学等全国 30 余所高校及单位的学者与业界专家出席论坛。

5 月 13 日，由中国传媒大学主办，政府与公共事务学院、政治传播研究所承办的"第五届中国政治传播研究学术论坛"在中传学术中心开幕。论坛以"中国式现代化进程中的政治传播"为主题，来自海内外 80 余家高校、科研院所和 13 家学术期刊机构，100多位专家学者、业界精英和青年新锐参加。

5 月 13 日，2023 年新闻传播学院长论坛在广州隆重举行。该论坛由教育部高等学校新闻传播学类专业教学指导委员会主办,暨南大学新闻与传播学院承办,高等教育出版社、暨南大学教育发展基金会和暨南大学出版社协办。来自全国近 200 所高等学校新闻院系的院长、专家学者共聚一堂,共谋中国特色新闻传播学科实现高质量发展的新战略、新方向、新路径。

5 月 13 日,华南理工大学新闻与传播学院主办的新闻传播学期刊主编论坛成功举办。此次活动主题为"学术生产与学术生态",邀请了《新闻与传播研究》副主编张满丽、《国际新闻界》副主编陈阳、《现代传播》副主编潘可武及《新闻界》原总编辑邓树明四位对谈人。此次论坛由新闻与传播学院吴小坤副院长主持。

5 月 13 日,以"中国式现代化进程中的政治传播"为主题的"第五届中国政治传播研究学术论坛"在北京举行。此届论坛由中国传媒大学主办,中国传媒大学政府与公共事务学院、政治传播研究所承办。论坛开幕式举行了《中国政治传播研究》学术辑刊原创版出版发行仪式,同时首次向社会公布了中国政治传播研究学术论坛宣传片《时间伟力时代势能》。

5 月 14 日,中国新闻传播学知识体系创新与学科发展论坛在华南理工大学大学城校区举办。论坛邀请了国务院学位委员会新闻传播学学科评议组成员、教育部高等学校新闻传播学类专业教学指导委员会成员、国内知名高校新闻传播学院院长等 19 位专家学者,共同探讨新时期我国新闻传播学知识体系创新与学科发展,为推动新闻传播学的新文科建设和学科发展建言献策。

5 月 14 日,"ChatGPT 启示会:智能传播的大语言模型时代传播学研究新问题"在北京师范大学京师大厦第五会议室举行。研讨会由北京师范大学新闻传播学院、北京师范大学新媒体传播研究中心、北京师范大学计算传播学研究中心主办,清华大学新闻与传播学院新媒体研究中心、《国际新闻界》为协办单位。

5 月 14 日,智媒时代新闻传播教育变革与创新论坛于南京师范大学新闻与传播学院融媒体中心召开。来自复旦大学等国内多所高校的专家学者以及校内学院教授代表出席此次论坛。此次论坛由南京师范大学新闻与传播学院、新闻传播新文科教学研究改革虚拟教研室主办,时任副院长庄曦教授主持。

5 月 15 日,教育部高等教育司发出《关于 2022 年高等教育(本科)国家级教学成果奖拟授奖成果的公示》。公示名单显示:新闻传播学共获得 2022 年高等教育(本科)国家级教学成果奖拟授奖成果 6 项。其中中国传媒大学成为最大赢家,共获得 2 项国家级教学成果奖。中国人民大学、复旦大学、华中科技大学、暨南大学分别获得 1 项新闻传播学国家级教学成果奖。郑州大学获得一项(研究生)国家级教学成果奖。

5 月 15 日,全媒体新闻传播人才培养产教融合发展论坛于南京师范大学新闻与传播学院融媒体中心召开。来自国内多所高校的专家学者、省内外媒体的行业专家，以及校内学院教授代表出席此次论坛。论坛由南京师范大学新闻与传播学院、新闻传播新文科科学研究改革虚拟教研室主办，时任学院副院长庄曦教授主持。

5月16日，面向中国式现代化的新闻传播教育高峰论坛·新文科背景下新闻传播高层次人才培养创新论坛于南京师范大学新闻与传播学院融媒体中心召开，来自南京大学、南京广电集团等省内外多家高校与媒体的学界、业界专家代表受邀出席。此次论坛由南京师范大学新闻与传播学院、新闻传播新文科教学研究改革虚拟教研室主办，时任副院长庄曦教授主持。

5月17日，秦珪教授文献资料捐赠仪式暨新中国新闻评论教育发展史研讨会在华中科技大学新闻与信息传播学院会议室举行。秦珪教授的亲属、部分新闻界知名专家学者、新闻与信息传播学院师生参加此次会议。会议由华中科技大学新闻与信息传播学院党委书记金凌志主持。

5月18日，由西安交通大学新闻与新媒体学院举办的"中国-孟加拉国国际传播学术研讨会"成功举行。来自孟加拉国文科大学的 Habib Mohammad Ali 助理教授与数十名师生就中国-孟加拉国国际传播、孟加拉国媒介生态、孟加拉国涉华报道等问题展开讨论，分享国际学术研究的新问题、新思路、新方法。

5月19日，人民德育携手湖北第二师范学院共建人民德育(湖北)家庭教育指导中心，启动"十百千万"家庭教育示范工程仪式暨"新时代德育养成在家庭"活动。中国政策科学研究会会长、人民德育总顾问马利，湖北第二师范学院党委书记杨鲜兰等100余位家庭教育相关领域的领导、专家、学者等齐聚湖北第二师范学院，出席了此次论坛。

5月20日，由中国人民大学新闻学院，北海道大学媒体与传播研究院、国际公关媒体与观光学院共同举办的"媒体面临的挑战和未来的展望"中国人民大学-日本北海道大学研讨会召开。来自两所大学的学者和博士生参会，分享各自在媒体与传播领域的最新研究成果。中国人民大学新闻学院党委副书记闫岩教授主持此次研讨会。

5月20日，中央民族大学互联网平台企业发展与治理研究中心正式成立。中央民族大学党委副书记邹吉忠、人民日报社《新闻战线》总编辑薛原、腾讯云传媒行业副总经理王慧威，以及中央民族大学科研处处长黄锐、新闻与传播学院院长赵丽芳、互联网平台企业发展与治理研究中心主任郭全中共同为中心揭牌。

5月20日，"AGI时代下互联网平台发展与治理"研讨会在北京召开，聚焦生成式人工智能引发的深层次变革，探讨互联网企业尤其是平台企业的创新发展，主流媒体自主可控平台的打造，以及新技术环境下互联网创新治理路径等重要议题。研讨会由中央民族大学主办，新闻与传播学院承办。

5月20日，第七届广东省新闻与传播研究生学术论坛在暨南大学成功举办，20余位学界专家和300余名同学共同参与。论坛以"万物皆媒：数字时代人类文明新形态"为主题，分为开幕式、分论坛和闭幕式三个部分。

5月20—21日，2023年清华大学新闻传播学博士生学术论坛暨清华大学第707期博士生学术论坛在清华大学三堡学术基地举行。此次论坛主题为"变革与坚守：新时代中国新闻传播学发展的时代之问"，共设立中国特色新闻学、智能传播与计算传播、传媒艺术与影视传播、媒介史论与批判研究、风险与健康传播、国际传播六个分论坛。

5月20—21日，第九届中国西湖媒介素养国际会议（2023）在杭州举行。会议以"数智时代媒介（数字）素养前沿发展研究"为主题，由中国广播电视社会组织联合会、浙江传媒学院、浙江省媒介素养教育研究会联合举办。来自墨西哥、巴基斯坦、菲律宾、澳大利亚、我国香港地区及13个省市的110多位媒介素养专家、学者共聚西子湖畔，共叙媒介发展，共商素养教育。浙江传媒学院视频号对活动进行直播。

5月24日，中国人民大学新闻学院举办"明新青年访问学者"交流恳谈会。中国人民大学党委副书记、副校长胡百精，新闻学院院长周勇，党委书记张辉锋，副院长韩晓宁、李彪，党委副书记闫岩和项目联络人、新闻学院副教授宫贺出席恳谈会。此次访问学者计划以学术交流为目标，访问期间学院邀请了本院多名教师与访问学者们交流互动。杨保军、蔡雯、彭兰、周蔚华、刘海龙、邓绍根等学院知名教授和青年教师与访问学者们就学科发展、学术前沿、课程教学、人才培养、青年教师成才成长等方面进行探讨。

5月24日，国际传播学会（ICA）年会前会"全球中国的数字传播：创造性、真实性和可持续性"在加拿大多伦多召开。此次会议由浙江大学传媒与国际文化学院、ICA流行媒体与文化分会、英文季刊《传播与公共》（*Communication and the Public*）联合主办。来自海内外多位传播学者围绕社交媒体、数字新闻、数字治理、媒介融合等议题展开了深入讨论，交流中国媒体和数字社会传播研究的开创性思想、概念、理论和范式。会议由浙江大学传媒与国际文化学院副院长洪宇主持。

5月24日，西安交通大学新闻与新媒体学院"中国-中亚"国际传播学术研讨会在兴庆校区主楼E1104召开，区域国际传播研究团队全体成员参加会议。西安交通大学社科处处长梅红、外国语学院院长陈向京、国际教育学院院长温广瑞、人文学院党委书记纪梦然、国际合作处副处长韦学勇、新闻与新媒体学院院长马忠、党委副书记吴锋等出席会议。会议由孙鹤立副院长主持。

5月25日，由华中科技大学新闻与信息传播学院与缅甸国家管理学院（National Management Degree College，简称NMDC）共同组织的云端学生交流项目座谈会如期举行。

此次活动旨在为中缅新闻学子搭建学术与文化交流平台，增进两国学生对于彼此新闻媒体行业的认知，是引导两国学生践行人类命运共同体理念的一次生动实践，也是推动院际学生创新联合培养、促进两院高等教育国际化发展的重要举措。

5 月 25 日，上海外国语大学成功举办国际传播学会第 73 届年会（International Communication Association，简称 ICA）前会"Z 世代与全球传播"学术会议。此次会议由上海外国语大学主办，是上海外国语大学新闻传播学院建院 40 周年庆祝活动之一。会议由上外的学术期刊《网络媒体与全球传播》（OMGC）期刊承办，来自全球近 30 余位专家学者分享了前沿成果，部分会议论文将在《网络媒体与全球传播》2023 年第三期中刊出。来自国内外的 33 位学者通过线上线下相结合的方式分享了自己的学术成果，深入探讨了 Z 世代与全球传播之间的关系。在线下会场加拿大多伦多，美国博林格林州立大学的哈筱盈教授（Louisa Ha）作为《网络媒体与全球传播》的创刊主编主持了会议。

5 月 26 日，上海外国语大学新闻传播学院于虹口校区召开"新闻学专业国家级一流本科专业建设"研讨会暨本硕人才培养方案专家咨询会。郭可、陈沛芹、严怡宁以及相关新闻专业教师等人员出席。会议邀请了来自同济大学、复旦大学、上海交通大学以及澎湃新闻编委相关专家教授共商国家级一流本科专业建设大计，与会五位专家与本院代表就上外新闻学专业发展和建设提出建议和意见，并围绕本硕人才培养方案进行了深入探讨，针对课程设置、人才培养路径等提出一系列宝贵建议。

5 月 26 日，第 17 届中国好创意暨全国数字艺术设计大赛（重庆赛区）启动大会及重庆市高校数字化艺术与媒体设计人才创新培养研讨会在重庆交通大学南岸校区第一教学楼大数据中心召开。据悉，该赛是我国第一个以数字艺术为核心、在艺术设计、数字媒体、数字技术等专业领域里的综合性赛事，此次大赛由中国好创意暨全国数字艺术设计大赛组织委员会、重庆工商大学、重庆交通大学联合主办，重庆工商大学文学与新闻学院、重庆交通大学艺术设计学院联合承办。

5 月 27 日，以"提振新闻发布效能 服务党和国家工作大局"为主题的第三届中国新闻发言人论坛在清华大学召开。时任中央宣传部副部长、国务院新闻办公室主任孙业礼，清华大学副校长彭刚，国家发展和改革委员会党组成员、副主任、新闻发言人赵辰昕出席并致辞，中央宣传部对外新闻局局长陈文俊主持开幕式。

5 月 27 日，为深入学习贯彻习近平总书记"5·31"重要讲话精神，由北京外国语大学国际新闻与传播学院主办的第九届中国跨文化传播论坛在北京举行。论坛以"高质量发展与跨文化传播"为主题，由中国新闻史学会外国新闻传播史专业委员会和《国际跨文化传播学刊》（*Journal of Transcultural Communication*）编辑部提供学术支持。北京外国语大学赵刚副校长致欢迎辞，北京外国语大学孙有中副校长、清华大学新闻与传播学院荣休教授郭镇之致主题辞。开幕式由北京外国语大学国际新闻与传播学院院长姜飞主持，新闻传播学及跨文化传播研究领域的顶尖专家、知名学者、业界行家及优秀青年学子150余人参加论坛。

5月27日，"中国式现代化与国际传播能力建设"学术研讨会在湖南师范大学召开。此次会议是湖南师范大学与中国人民大学新闻学院联合举办的，以深入学习贯彻党的二十大精神和习近平总书记关于国际传播的重要论述，全面推进学习贯彻习近平新时代中国特色社会主义思想主题教育走深走实为主题。研讨会以线上线下同步方式进行，吸引了来自全国高校、研究机构及媒体的近40位专家参会。与会专家围绕湖湘文化与国际传播、中国特色哲学社会科学"三大体系"与国际传播、中国式出版现代化与国际传播等三个主题，展开了交流。

5月27日，河北经贸大学文化与传播学院在学校第二会议室举办新闻与传播专业学位研究生社会导师聘任仪式暨"校媒协同，双师育人"研讨会。校党委副书记刘建平出席并为社会导师颁发聘书，来自全国媒体的23位资深媒体工作者参加聘任仪式。文化与传播学院党委书记蔡金续、院长景义新、副院长马兴祥以及全体专硕研究生导师等40余人参会。

5月27日，由大连外国语大学、中国新闻史学会国际传播专业委员会主办的2023第七届中华文化海外传播大连论坛暨东北亚文明对话论坛在大连外国语大学图书馆报告厅召开。论坛开幕式上举行了"大连外国语大学东北亚周边传播研究院"揭牌仪式、名誉院长聘任仪式和特聘研究员聘书颁发仪式。北京大学视听传播研究中心主任陆地教授受聘为名誉院长。

5月27—29日，以"AI时代 数字化与青少年发展"为主题的第二届青少年互联网大会在北京师范大学召开。大会由北京互联网法院、《半月谈》杂志社、北京出版集团等联合主办，北京师范大学新闻传播学院、北京师范大学未成年人检察研究中心、北京师范大学互联网发展研究院和北京师范大学联合国教科文国际农村教育研究与培训中心共同承办。

5月28日，由北京大学新闻与传播学院、北京大学新闻学研究会共同主办的"北京大学新闻学研究会与马克思主义在中国的早期传播"专题研讨会在北京大学召开。北京大学党委书记郝平，中宣部《党建》杂志社社长有宝华，北京大学副校长孙庆伟，中国人民大学党委副书记、副校长胡百精，中央党史和文献研究院第一编研部原副主任张素华，人民日报新媒体中心副主任张意轩等出席会议。会议由北京大学新闻与传播学院党委书记唐金楠主持。

5月30日，在习近平总书记关于加强国际传播能力建设重要讲话发表两周年之际，中央广播电视总台与中国人民大学合作共建的"新时代国际传播研究院"正式成立。中宣部副部长、中央广播电视总台台长慎海雄与中国人民大学党委书记张东刚共同为研究院揭牌。中国人民大学校长林尚立，中央广播电视总台副台长邢博，教育部社会科学司司长徐青森，中国工商银行党委副书记、行长廖林出席并致辞。

5月30日，清华大学国家形象传播研究中心举办了"铸牢中华民族共同体意识与国家形象塑造"研讨会暨"国家形象传播系列沙龙"第三十四期活动。研讨会由清华大学新闻与传播学院教授、清华大学国家形象传播研究中心学术委员会主任胡钰教授主持，来自学界的多名专家学者围绕主题展开热烈讨论，从理论内涵、现实意义、实践路径等多方面共同探讨了如何通过铸牢中华民族共同体意识推动国家形象的塑造。

5月30日，中国传媒大学与中国新闻社战略合作框架协议签约仪式在中传学术中心举行。中国新闻社社长陈陆军、中国传媒大学校长张树庭、中国新闻社副总编辑、中国新闻网总裁俞岚、中国传媒大学副校长杨懿等出席签约仪式。

5月31日，由教育部社会科学司、中宣部国际传播局指导，中国传媒大学主办的国际传播后备人才培养与智库建设研讨会在北京举行。教育部国际传播联合研究院牵头高校中国传媒大学及首批14所联合高校北京大学、清华大学、中国人民大学、北京师范大学、北京外国语大学、复旦大学、上海外国语大学、浙江大学、武汉大学、华中科技大学、中山大学、暨南大学、云南大学、宁夏大学的校领导和专家学者参会研讨。会上，由中国记协和中国传媒大学共同建设的中外记者交流研究中心揭牌成立。

6月

6月3日，北京外国语大学"第三届马克思主义新闻观研究与实践高端论坛"举行。全国42所高校、媒体及政界代表齐聚北京外国语大学，聚焦"中国共产党形象全球传播"，深入研讨党的全球传播理论与实践，以推动马克思主义新闻观和党的国际传播事业深入发展。中共中央对外联络部副部长郭业洲，北京外国语大学党委副书记、校长杨丹，北京外国语大学学术委员会主任袁军在开幕式上致辞。开幕式由北京外国语大学党委常委、副校长赵刚主持。

6月3—4日，苏轼研究中心第二届全国研究生学术论坛在科华苑宾馆举行。此次论坛由四川省社会科学重点研究基地苏轼研究中心与四川大学文学与新闻学院共同举办，旨在深入推进四川历史名人文化传承创新工程、培育有志于苏轼研究的青年人才，并搭建研究生学术交流平台。来自全国多地高校与科研机构的苏轼研究专家与在读研究生参加了此次论坛。

6月3日，浙江传媒学院举办"新时代新媒介新语境：全媒体视域下口语传播的想象"高峰论坛。此次论坛旨在探讨全媒体时代口语传播的未来发展，为培养全媒体主播作出贡献。围绕全媒体时代的口语传播理论与教学发展、中国文化特色的口语传播学体系建设、全媒体时代口语传播与播音主持关系、口语传播与新媒体叙事变革、新媒体主持（网络主播）的传播实践等研究主题方向，共话全媒体时代口语传播的未来图景。

6月3日，中国教育发展战略学会教育新闻传播专业委员会2023年年会暨学术论坛在人大附中亦庄新城学校举办。中国教育发展战略学会会长韩进、中国教育发展战略学会常务副会长兼秘书长韩民出席会议并讲话。会议由教育部原新闻发言人王旭明主持。

6月6日，华中地区首支访俄新闻专业实践队正式启程。此次实践队由华中科技大学新闻与信息传播学院组织，将走访中国驻俄大使馆、新华社欧亚总分社，参加国际学术会议，与各大高校签署合作协议。他们以新闻青年的视角拓展中俄友谊文明之路，传承中俄友谊故事。

6月7日，中国国际新闻交流中心2023上半年"中国发展研究与媒体交流"外国记者培训项目结业仪式在中国人民大学新闻学院举行，来自非洲、亚太、中东欧、拉丁美洲和加勒比国家的55位记者参加仪式。外国记者培训项目为加强中国与非洲、亚太、中东欧、拉丁美洲和加勒比等地区国家之间的新闻交流和深化友谊作出了贡献。

6月10日，由南京师范大学、江苏省重点高端智库紫金文创研究院和江苏省非物质文化遗产保护协会主办，南京师范大学新闻与传播学院和紫金非遗管理与品牌传播研究中心承办的紫金非遗传播论坛在南京师范大学新闻与传播学院融媒体中心举行。此次论坛聚焦"讲好非遗故事，塑造中国形象"主题，旨在传播中华优秀传统文化，讲好非遗保护中国故事，塑造中国鲜明文化形象，打造更多非遗文化标识，以智库力量为非遗传承传播助力。

6月10日，中国国际新闻传播教育四十年论坛暨上海外国语大学新闻传播学院建院四十周年活动在上海外国语大学松江校区国际教育中心隆重举行。在论坛开幕式上，中共上海市委宣传部、上海外国语大学签署新一轮部校共建新闻传播学院合作协议。

6月10日，中国记协党组成员、书记处书记季星星一行到广西大学新闻与传播学院调研部校共建和马克思主义新闻观教育教学。

6月10日，由湖南大学新闻与传播学院特聘教授、岳麓学者雷跃捷领衔攻关的国家社科基金重大项目《健全重大突发事件舆论引导机制与提升中国国际话语权研究》专题研讨会在湖南大学召开，全国范围内的多名学者参与会议。唐珍名院长在会上表达了学校、学院对此次专题研讨会的高度重视，并对各位课题组成员表示由衷感谢。

6月10日，"上海交通大学文化产业管理专业创立三十周年暨第二届全球文化管理学术研讨会"在上海交通大学闵行校区召开。此次研讨会由上海交通大学主办，上海交通大学媒体与传播学院、上海交通大学全球文化管理研究中心承办，并得到中国文化产业管理专业委员会支持。

6月10日，由西安交通大学新闻与新媒体学院主办的首届"新媒体与乡村振兴"论坛顺利举行。论坛立足于以问题为导向的新媒体与社会发展、数字乡村建设、技术与社会变迁、社会治理现代化等交叉融合的研究理念，基于巩固脱贫攻坚成果与乡村振兴有效衔接的实践，探索传播格局变化中的乡村社会的变迁，探求新的传播生态下乡村社会发展及乡村治理现代化的路径及规律。

6月11日，由北京高校中国特色社会主义理论研究协同创新中心(北京外国语大学)主办、北京外国语大学马克思主义学院承办的"中国特色社会主义海外影响力论坛·2023"举行。论坛主题为"学习'两个结合'，推动马克思主义教学、研究高质量发展"。来自中国人民大学、中共中央党校(国家行政学院)、清华大学、北京大学、中国社会科学院等单位的专家，《马克思主义研究》《中国人民大学学报》等期刊的编辑及北外师生共60余人参加会议。

6月11日，"AI时代新闻传播学科建设与人才培养研讨会"在北京师范大学京举行。研讨会由北京师范大学新媒体传播研究中心主任、北京师范大学新闻传播学院院长张洪忠主持，主要围绕两个议题展开：一是AI时代背景下，师范院校之间如何加强沟通协作，深度开展学术合作；二是师范院校如何互促共进，使得理论成果快速落地，更好助推学科发展和人才培养。

6月13—15日，为期三天的2023年中国自然科学博物馆学会年会在江苏扬州隆重召开。苏州大学传媒学院贾鹤鹏教授带领科技传播团队，在该年会上成功举办了一场由传媒学院教师组成的专场专题报告会"科学传播理论进展与科普场馆创新发展"。这是中国自然科学博物馆学会年会历史上第一次由一所高校主办的专场专题报告会，会上发布的丰富的科普理论研究成果得到了全国科技馆同行的广泛关注和赞誉。

6月14日，由建行江苏省分行和南京大学新闻传播学院联合发起的"乡村振兴新闻调查总结暨县域经济发展新闻调查"启动仪式在南京大学新闻传播学院紫金报告厅举行，双方签署"国情教育社会实践基地"共建合作协议，并正式开启县域经济发展新闻调查。

6月15日，由中国图书进出口(集团)有限公司主办，华东师范大学出版学院等单位合办的首届"出版与技术创新大会"(PubTech)在BIBF(北京国际图书博览会)期间于北京国家会议中心隆重举行。华东师范大学出版学院(传播学院)院长王峰教授、邓香莲教授、王婷老师共同出席此次大会，并与参会中外嘉宾进行了深入交流。

6月15日，南方都市报社党委委员、副总编辑陶然等一行七人到访深圳大学传播学院。双方就师资队伍、人才培养、实习基地搭建、业界导师等议题展开讨论。双方均认为在媒体转型的大背景下，技术与思维并重是全媒型新闻人才培养的关键。巢院长表示，传播学院的人才培养有赖于业界的支持，希望未来能与南都展开深度人才培养合作，使业界资源充分融入课堂，并有望共建实习基地，拓宽学生视野，提高实践能力。

6月15日，四川省教育厅、四川省财政厅、四川省发展和改革委员会公布了四川省高等学校"双一流"建设贡嘎计划建设学科名单，成都体育学院新闻传播学成功入选。下一步，成都体育学院将按照四川省高等学校"双一流"建设贡嘎计划建设要求和新闻传播学科特色，着力建设具有鲜明特色的新闻传播一流学科。

6月15日，2023年中国式现代化媒体深度融合与国际传播高端论坛在云南师范大学举行。专家们围绕"中国式现代化媒体深度融合"和"国际传播"两个主题，分别就"城市国际传播""全媒体传播实践""国际传播格局与破局""媒体融合的推动力""传播生态变革""国际传播实践与理念""ChatGPT对数字中国建设的挑战与对策""媒体融合发展""城市景观生产与国际传播""体育文化传播"等前沿问题进行了主旨演讲。

6月15—16日，国家教材委高校哲学社会科学学科专家组成立大会在北京举行。马克思主义理论、哲学、历史学、经济学、法学、新闻传播学、政治学、社会学、文学、艺术学、教育学、管理学12个专家组正式成立。

6月16日，中共湖南省委《新湘评论》杂志社副社长一行三人赴湖南师范大学开展调研，新闻与传播学院党委书记沈贤岚，副院长王海刚等出席会议。双方围绕"如何发挥好党媒在意识形态教育中的定海神针作用"展开交流。刘少生表示：意识形态工作是为国家立心，为民族立魂的工作。新闻与传播学院部分硕士生和博士生参与座谈，并发表了各自看法，并提出了一些建议和对策。

6月16日，2023中国图书海外馆藏影响力报告发布会在北京国家会议中心BIBF中图展场举行。此次发布会以"增强中华文化精神标识"为主题，由北京外国语大学国际新闻与传播学院中国文化走出去效果评估中心、中国出版传媒商报社、中国图书进出口(集团)有限公司共同举办。发布会由中国出版传媒商报社执行董事(社长)、总编辑、党委书记宋强主持。

6月16日，在双边政府和有关部门的指导下，由上海大学、上海市广告协会、云南民族大学、云南省广告协会依托上海广告研究院和云南省广告与品牌研究院合作成立的"沪滇广告与品牌联合研究与协同促进中心"在云南民族大学隆重成立。

6月17日，由北京印刷学院、民进中央出版和传媒委员会、中国出版协会主办的"首届出版教育国际高峰论坛"在北京召开。中外出版学界、业界专家围绕"融媒体环境下的出版教育与人才培养"和"跨国出版公司的融媒体发展"两大主题，共话出版产业高质量发展未来。全国政协副主席、民进中央常务副主席朱永新出席并致辞，中国出版协会理事长邬书林出席并做主旨演讲。

6月17日，《〈大公报〉全史（1902—1949）》新书首发式暨新闻史研究与教学学术研讨会在天津师范大学召开。此次会议由中国新闻史学会、天津师范大学、复旦大学出版社、商务印书馆共同主办，天津师范大学新闻传播学院承办。

6月17—18日，首届深圳大学-南京大学新闻传播学青年学者学术论坛暨南京大学新闻传播学院第十一届青椒论坛在深圳大学成功举办。深圳大学传播学院荣休教授吴予敏作了题为《中国传播研究中的问题意识》的主旨演讲。来自南京大学和深圳大学的14名青年学者汇报了自己最新的研究成果，多名资深学者对汇报内容进行了点评。学者们齐聚一堂，积极开展学科对话，畅谈学术思想。

6月18日，厦门大学新闻传播学院"气候变化传播与科学普及中心"成立大会暨"全球气候传播与科普教育高峰论坛"通过线上方式举行。论坛围绕中心发展和气候传播与科普教育的学科前沿问题进行了探讨交流。中国人民大学新闻学院教授郑保卫，厦门大学新闻传播学院院长余清楚、海洋与地球学院院长史大林和环境与生态学院副院长马剑参加会议并致辞。

6月18日，由共青团北京大学新闻与传播学院委员会、共青团武汉大学新闻与传播学院委员会共同指导，北京大学新闻与传播学院研究生会、武汉大学新闻与传播学院研究生会组织举办的砥志"研"思，与日俱"新"——第一届"NEWS+"高校新闻与传播研究生会论坛在北京大学新闻与传播学院圆满举行。武汉大学新闻与传播学院研究生会秘书长杨辉带领主席团成员卢熙民、徐一凡，院常任代表委员闫晓栋赴北京组织论坛。全国9所高校新闻与传播学院研究生会近40名学生骨干参与此次论坛交流。

6月18日，南昌大学新闻与传播学院组织开展了第15届全国大学生广告艺术大赛南昌大学校赛评审会。此次校赛收到全校多个学院学生提交的参赛作品近500件。大赛评委专家根据省赛要求，秉承公正、公平、公开原则，对全部作品进行了细致的评审和综合考量，最终评出获奖作品136件。

6月18日，中国式现代化背景下的农业品牌创建暨"广东现象"研讨会在京召开，与会专家学者聚焦农业品牌创建的"广东现象"，就"推进品牌强农，助力农业强国建设""乡村振兴背景下的农业品牌传播策略""农业品牌营销创新升级"等议题进行了深入研讨。研讨会由中央民族大学新闻与传播学院和中国广告协会国际传播工作委员会联合主办。

6月18日，智能时代的卓越广告人才培养论坛暨中央民族大学广告学专业创办20周年庆祝活动举行。来自全国多所高校广告学专业的知名学者应邀与会，广告系教师和京内外百名校友线上线下齐聚论坛，共同探讨智能时代新趋势下广告教育革新与广告学人才培养创新之路。

6月19日，"智能传播时代新闻与传播硕士（MJC）人才培养研讨会"在上海师范大学影视传媒学院408室举行，学院领导与新闻与传播专业学位点导师围绕"如何推动专业硕士发展，回应智能传播时代人才需求"进行研讨，探索新闻与传播专业硕士学生的培养计划与目标。

6月20日，西南大学新闻传媒学院在副楼会议室举办了与华龙网"两江评"栏目的交流座谈会。华龙网"两江评"栏目责任编辑杨洋、栏目编辑杨金行以及学院副院长秦红雨、新闻学系教授王敏，同参会的20余名学生展开交流，为学子们搭建了思想碰撞的舞台。会议由王敏教授主持。

6月22日，世界遗产文化传播论坛在中国传媒大学开幕。在为期两天的论坛中，中国外文局当代中国与世界研究院院长于运全、清华大学吕舟教授等多位专家、学者与来自5个国家的国际嘉宾围绕"世界遗产国际传播与文明交流互鉴""世界遗产的价值传播与新技术应用"和"世界遗产突出普遍价值的物态展示与阐释"三项议题，开展深入交流和探讨。

6月25日，由北京大学国际传播研究院主办的首届朗润湖国际传播学青年学者论坛，暨2023北大国际传播博士生圆桌论坛在北京大学斯坦福中心举行。清华大学人文讲席教授、清华大学新闻与传播学院教授赵月枝，中央党校文史教研部副主任、教授秦露，北京大学新闻与传播学院副院长、长聘副教授王维佳出席论坛并担任评议嘉宾。论坛由北京大学新闻与传播学院博士生安泽主持。

6月26日，首届湖南省高校大学生"做马克思主义新闻观的践行者"征文活动在湖南大学正式启动。征文活动由湖南省新闻工作者协会指导，湖南省新闻传播学会、湖南大学新闻与传播学院与湖南大学马克思主义新闻观研究中心共同主办，湖南大学新闻与传播学院承办。征文活动以"做马克思主义新闻观的践行者"为主题主线，在2023年6月26日—10月15日期间，面向湖南高校在读学生征集理论研究、社会调查、媒体观察、作品评析等优秀作品。

6月25日，2023年上海大学新闻传播学院暑期"四力"实践出征仪式暨第五届上海国际大学生智能媒体节启动仪式、"智能媒体创意与运营工作坊"开班仪式在上海大学延长校区上海智能媒体传播创新实验中心104室举行。

6月25日，暨南大学与潮州市委宣传部共建"地市媒体融合发展研究院"合作框架协议签约仪式在潮州市广播电视台举行。中共潮州市委常委、宣传部部长刘星，市委宣传部常务副部长陈素玉，市委宣传部副部长许文彬，潮州日报社社长黄树荣，以及暨南大学传播与国家治理研究院名誉院长杨兴锋，出版社社长张晋升，新闻与传播学院院长支庭荣、院党委副书记张建敏、副院长罗昕、新闻学系主任赵建国等参加了签约仪式。

6月25日，为探讨新文科视域下的跨专业人才培养机制，黑龙江大学新闻学院联合俄语学院、法学院，共同组成调研团队赴北京调研。26—28日，北京外国语大学新闻学院院长姜飞教授、中国传媒大学新闻学院学部长高晓虹教授、中国人民大学新闻学院院长周勇教授分别带领部分班子成员和骨干教师，与黑龙江大学跨学科调研团队举行座谈。三所在京院校介绍了跨学科合作、国际传播人才本硕博贯通式培养、联手新闻媒体提升学生实践能力等多方面的经验。

6月28日，由复旦大学信息与传播研究中心、复旦大学新闻学院主办的第19届"中外新闻传播理论研究与方法"暑期学校开幕。来自全国各地（含港澳台地区）的50位暑期班学员一同在复旦大学新闻学院参加开幕式。暑期学校在学界有口皆碑，被誉为新闻传播学的"黄埔军校"。

6月29日，全国新闻与传播专业学位研究生教育指导委员会在上海复旦大学召开全体会议。会议指出，要持续提升全国新闻与传播专业学位研究生教育质量，着力培养创新型、应用型、复合型、高层次新闻传播人才，为强国建设、民族复兴作出新的更大贡献。

6月30日，国家教材委员会高校哲学社会科学学科专家组新闻传播学专家组工作会议在复旦大学举行。会议确定了新闻传播学相关教材建设的目录，并就新闻传播学相关教材主要内容及建设方式进行了深入的研讨。

7月

7月1日，由华东师范大学传播学院主办，华东师范大学战略传播研究中心承办的第六届战略传播学术研讨会以线上线下结合方式举行。此次研讨会以"战略升维与效能提升：中国特色国际传播战略体系重构"为主题，在新的全球信息传播秩序语境中，重新思考我国国际传播的战略和路径选择，以提升数字沟通能力和全球治理能力为要旨构建中国特色国际传播战略体系。

7月2日，由上海外国语大学新闻传播学院、中国国际舆情研究中心和《网络媒体与全球传播》期刊联合承办的"形象研究与全球传播"2023年年会在上海外国语大学虹口校区成功举办。此次会议为上海外国语大学新闻传播学院40周年庆祝系列活动之一，中外期刊主编、专家、青年学者等80余位代表参加了此次年会。此次年会设置了"中国的国家形象、城市与区域形象研究""媒体报道与全球传播"和"中国影像·全球传播"3个中文论坛，以及"Image Studies from Multiple Perspectives"与"Communicating National Images, the Mobile Ways：Innovative Comparative Investigations"2个英文论坛。

7月2日，由复旦大学新闻学院、第一财经主办的"与改革开放同行"2023财经媒体发展论坛在复旦大学举行。复旦大学党委书记裘新，中共上海市委宣传部副部长马笑虹，上海广播电视台台长、上海文化广播影视集团总裁宋炯明等多位领导和嘉宾参加会议并致辞。

7月3—14日，由中国人民大学新闻学院、中国人民大学新闻与社会发展研究中心和中国人民大学未来传播研究所联合举办的2023年计算社会科学暑期学校（SICSS-Beijing 2023）在中国人民大学成功举办。来自世界著名学府的13位学者进行了现场教学与主题演讲。

7月3日，形象研究与全球传播2023年研究生论坛于上海外国语大学虹口校区国际会议中心英伦厅成功举办。此次论坛吸引了30余位来自全国各地高校及科研院所的博士、硕士研究生参会，围绕网络媒体中的形象建构与国际传播探讨了最新观点与方法。

7月3—5日，首届大模型的媒体应用创新工作坊在北京师范大学新闻传播学院"新五维"未来空间成功举办。此次工作坊由北京师范大学新闻传播学院、中文信息学会SMP（社会媒体处理专委会）、第二届人工智能与未来媒体创新创意大赛组委会、智谱AI联合主办，采取"实战学习+项目开发"相结合的学习模式，旨在面向新闻传媒领域从业人员和青年学者，将大模型应用从"好莱坞式"想象引入现实社会场景，帮助学员建立起大模型媒体应用的技术思维和场景理念。此次工作坊共吸纳60多名学员，汇聚了来自人民日报社、新华通讯社、光明网、中国记协、四川日报社等新闻传媒业界人士，北京大学、中国科学技术大学、中国社会科学院大学、中国传媒大学、哈尔滨工业大学、深圳大学、南京师范大学等高校青年学者，以及来自北京大学、中国人民大学、浙江大学、北京师范大学、威斯康星大学麦迪逊校区、谢菲尔德大学等国内外高校学子，共同开展为期三天的大模型媒体应用研讨学习。

7月3—7日，第十五届浙江大学"国际前沿传播理论与研究方法"高级研修班在浙江大学顺利举行。此届研修班的主题为"全球数字平等：技术演进与社会变革"，由浙江大学、威斯康星大学、宾夕法尼亚大学、中国新闻史学会国际传播专业委员会和中国新闻史学会网络传播史专业委员会联合举办。在五天的时间里，来自国内外的专家学者和学员们通过主题讲座、线下参观、论文展示等多种形式深入研究国际传播学界所面临的重大问题，共同探讨全球数字平等的理论与实践来应对全球变局的挑战。

7月4日，全球大学生体育文化公益广告作品评审会在中国传媒大学举行。教育部、中宣部等机构相关领导，中央广播电视总台、中国教育电视台等国家级媒体的业界专家，清华大学、中国人民大学等高校的专家学者20余人参加了评审会。

2023年7月4日，2023网络与新媒体讲习班在重庆大学新闻学院开班。重庆大学社会科学部办公室主任韦春霞，中国新闻史学会网络传播史专业委员会荣誉理事长、重庆大学新闻学院学术委员会主任董天策，复旦大学新闻学院教授朱春阳等出席开班式，中国新闻史学会网络传播史专业委员会副理事长、重庆大学新闻学院教授曾润喜主持开班式。

7月5日，由国务院国资委宣传局、国务院国资委新闻中心、中国人民大学新闻学院指导，中国人民大学新时代国际传播研究院和国企形象建设研究院共同主办的"新时代国企形象建设沙龙——塑造责任品牌助力国企国际形象建设"在中国人民大学举办。此次沙龙重点关注"塑造责任品牌助力国企国际形象建设"，力求探寻扩大国企"好名声"和"好口碑"的方法及路径。

7月5日，"2023年传媒年会院长论坛"在郑州成功举行。论坛以"新征程传媒教育的机遇和使命"为主题，由传媒杂志社、中国传媒大学研究生院主办，河南大学新闻与传播学院承办。来自北京大学、清华大学、南开大学等全国多所高校新闻与传播学院院长及相关专家学者共聚一堂，探讨媒体发展中的热点问题，共话未来传媒新图景。传媒杂志社社长兼主编杨驰原主持开幕式。

7月5日，南京大学新闻传播学院"县域经济发展"新闻调研团队前往南通启东市进行实地调研。项目由南京大学新闻传播学院与建行江苏省分行联合发起，旨在深入了解当地代表性产业发展现状，关注金融业对县域经济发展的支持作用。调研团队成员有南京大学新闻传播学院党委书记刘源、教师和学生团队以及建设银行江苏省分行"融智新声"团队。

7月5日，由山东省广播电视局、青海省广播电视局出品，山东大学影视文化艺术传播研究中心摄制的系列人文纪录片《生声不息：黄河的咏叹》在"第二届山东网络视听大会暨首届山东网络直播嘉年华"上举行上线发布会。国家广播电视总局网络视听节目管理司一级巡视员董年初，山东省委宣传部副部长、山东省广播电视局党组书记、局长李建华莅临发布会现场。山东省广播电视局副局长、党组成员彭子良，青海省广播电视局党组书记、局长张新文为发布会致辞。山东大学新闻传播学院院长刘明洋、优酷副总编辑王天璐分别就本片的创作情况和上线播出情况进行了介绍。

7月5日，由国务院国资委宣传局、国务院国资委新闻中心、中国人民大学新闻学院指导，中国人民大学新时代国际传播研究院和国企形象建设研究院共同主办的"新时代国企形象建设沙龙——塑造责任品牌助力国企国际形象建设"在中国人民大学举办。此次沙龙重点关注"塑造责任品牌助力国企国际形象建设"，力求探寻扩大国企"好名声"和"好口碑"的方法及路径。

7月7日，由北京师范大学新闻传播学院主办的"全域电商内容生态健康指数（EC&MHI）研讨会"在京师大厦9309传播创新与未来媒体实验平台顺利举办。来自北京师范大学新闻传播学院、清华大学新闻与传播学院、北京大学新闻与传播学院、中国传媒大学新闻学院、复旦大学新闻学院、武汉大学新闻与传播学院等新闻学院的专家学者出席研讨会。

7月8日，第十届国家传播战略高峰论坛暨兰州大学新闻传播学科建设研讨会在兰州大学召开。该会议由教育部大数据与国家传播战略实验室主办，兰州大学新闻与传播学院、华中科技大学新闻与信息传播学院、华中科技大学国家传播战略研究院、兰州大学公共关系与战略传播研究中心共同承办。会议共同探讨了智能新媒体时代国际传播的新格局、新战略与新路径。此次论坛由安徽师范大学新闻与传播学院、华中科技大学新闻与信息传播学院联合主办，于2023年7月8日在芜湖市碧桂园凤凰酒店举办。此次论坛聚集来自学界及业界多位专业人士，从品牌传播、新媒介、跨文化等不同层面探讨乡村振兴与品牌发展。

7月8日13时15分，中国社会学会2023年学术年会第五届传播社会学论坛（编号：01论坛）于南开大学八里台校区第二教学楼B101举行。此次论坛由广州大学新闻与传播学院、南京大学社会学院、重庆大学公共管理学院共同承办，河海大学公共管理学院协办，论坛负责人为广州大学新闻与传播学院张杰教授、南京大学社会学院成伯清教授、重庆工商大学公共管理学院余建华教授。来自中国传媒大学、暨南大学、浙江大学、南京大学、四川大学、厦门大学、中山大学、兰州大学、南开大学、中国政法大学、中国农业大学、广州大学等全国各院校50余位师生进行了会议发言，共同探讨中国式现代化进程中传播社会学研究领域的新议题。

7月8日，由山东大学新闻传播学院与山东大学影视文化艺术传播研究中心联合举办的"2023山东大学影视文化传播高端学术论坛"第三期——暑期研讨会在山东大学中心校区落下帷幕。当期活动分为主旨演讲和学术写作沙龙两部分，邀请澳门科技大学人文艺术学院院长、澳门传媒研究中心主任、中国高校影视学会常务理事张志庆，学术志首席学术官、天津工业大学人文学院教授、国家社科基金结题同行评议专家赵鑫，山东省网络视听协会秘书长、《现代视听》杂志执行主编许翠兰，《新闻爱好者》杂志副主编、河南日报报业集团高级编辑施宇，《东岳论丛》杂志编辑、研究员王源作为学术嘉宾莅临现场，采取"线上+线下"的融合形式，面向省内和全国各高校同步开展。来自清华大学、中国人民大学、北京师范大学、华东师范大学、武汉大学、重庆大学、中央民族大学、陕西师范大学、河海大学、郑州大学、辽宁大学、安徽大学、华南理工大学、海南大学、广西大学、澳门科技大学、山东师范大学、山东女子学院等近40所高等院校200多名观众与该院师生共聚一堂，通过现场和网络云端的形式参与聆听。

7月8日，由安徽师范大学新闻与传播学院、华中科技大学新闻与信息传播学院联合主办的"第四届国家品牌传播论坛暨乡村振兴与品牌发展研讨会"在芜湖市举办。

7月10日，由黑龙江大学数字创意传播产业学院主办，哈尔滨市文旅局指导的"打造创意设计之都：哈尔滨城市形象国际传播论坛"成功举办。中国传媒大学外国语言文化学院院长、城市传播研究中心主任文春英教授做了题为《范式转移背景下的城市品牌传播新方向》的主旨发言，来自黑龙江大学、东北林业大学、哈尔滨市文旅局的与会专家结合龙江创意设计产业规划以及哈尔滨打造创意设计之都的区域发展战略，围绕哈尔滨城市品牌传播、城市形象建设、城市公益传播、城市吉祥物IP塑造等议题展开了深入的研讨和交流。

7月11日，由中国教育电视协会主办，校党委宣传部、融媒体中心承办的高校电视专业委员会2023年全体会员大会暨"高校优秀影视作品交流展映"活动在无锡举办。此次交流展映活动共收到来自全国124所高校报送的2063部影视作品，其中包括新闻类、专题类、纪录片类、教学类、学校形象宣传片类、短视频类、综艺类和主持人类奖项的评选。经过初评、复评等多轮次评选，组委会最终按照等级评选出一类、二类、三类作品。

7月11日，由北京大学新闻与传播学院主办的2023年国际新闻传播硕士研究生思政与国情教育讲座开班式在北京大学百周年纪念讲堂举行。来自北京大学、清华大学、中国人民大学、复旦大学、中国传媒大学、中山大学、北京外国语大学、上海外国语大学八所高校新闻传播院系的260名同学和教师参加此次讲座。在10天的课程中，有17位来自相关部委、媒体、智库的负责同志和专家为同学们授课。

7月11—15日，第五期马克思主义新闻观骨干师资高级研修班在北京和山东临沂举办。来自全国各高校的近50名教师参加了此次教学研修活动。

7月12日，2023中国新媒体大会国际传播论坛在长沙举办。中华全国新闻工作者协会新媒体专业委员会联合21家国际传播机构发布新时代国际传播《马栏山倡议》。此次论坛以"讲好中国故事 共塑中国形象"为主题，中国外文局局长杜占元、中国记协党组成员、书记处书记田玉红，湖南省委宣传部副部长（兼）、湖南省文化和旅游厅党组书记、厅长李爱武发表致辞，知名媒体人、专家学者、出海品牌企业代表等领域相关人士分享了各自面向海外受众发出中国声音，塑造中国形象的创新实践、成功经验和睿智思考。

7月14日，第五届公共传播学术论坛在喀什徕宁饭店顺利举行。此届学术论坛由浙江大学传媒与国际文化学院、浙大城市学院、浙江传媒学院、喀什大学人文学院、浙大宁波理工学院主办，喀什大学人文学院、浙江大学国际传播研究中心联合承办，中国新闻史学会国际传播专业委员会、浙江工业大学人文学院协办。会议围绕"数字文明时代的公共传播：全球化与中国性"这一主题展开，吸引近百名全国各高校、科研机构的专家学者前来参加。

7月15日，武汉大学新闻与传播学院2023年青年教师学术工作坊线上线下同步举行。此次工作坊是武汉大学新闻与传播学院青年教师学术沙龙第二场，也是学院40周年院庆系列活动之一，来自中国社会科学院、复旦大学、新疆大学、武汉大学等高校的50余名师生线上线下参会。

7月16日，吕梁市委宣传部在复旦大学与复旦大学新闻学院、华东师范大学中国传媒政策研究中心就校地合作进行座谈，并签订校地合作意向书。复旦大学新闻学院党委书记陆柳，复旦大学新闻学院教授刘海贵、邓建国，华东师范大学中国传媒政策研究中心主任武志勇，吕梁市委宣传部主持日常工作的副部长郭月秀，以及吕梁宣传系统相关领导、专家学者等参加座谈。

7月17日，中国科普研究所调研上海交通大学科普工作座谈会在徐汇校区钱学森图书馆顺利举行。媒体与传播院长李本乾、交大科学技术发展研究院学术发展与成果处副处长丁蕾、交大档案文博管理中心副书记罗莹、交大公共卫生学院党委副书记张晓晶书记等十余位领导及相关工作负责同志出席会议，中国科普研究所科普理论与政策研究室副主任王丽慧等四位同志出席会议。

7月17—21日，黑龙江大学新闻传播学院联手该校俄罗斯语言文学与文化研究中心、继续教育学院，顺利承办了"一带一路"国际传播能力提升高级研修班。来自全国各高校、科研院所和相关企业的100余人参加了为期五天的培训。该研修班由国家人社部专项资金全额支持，属国家层面的研修班。受邀的国内外知名专家学者在哈尔滨围绕"基于语料库的中国特色话语对外传播研究：议题、方法与案例""国家文化软实力和中华文化影响力提升""战略传播视角下的国际传播""讲好中国故事的多维视角：来自加拿大的观察与反思"等8个专题开展讲座，其间还赴哈尔滨深哈产业园开展了现场研学。

7月19日，首届安徽省新闻与传播专业学位研究生培养论坛在磐苑校区举行。校党委书记蔡敬民出席开幕式并致辞。中国人民大学新闻学院院长周勇、安徽大学研究生院常务副院长屈磊分别致辞，安徽大学新闻传播学院党委书记王丁凡主持开幕式，来自政府、学界、业界的专家学者参加论坛。

7月20日，同济大学与中国日报社签署战略合作协议，双方将发挥各自资源优势，加强在国际传播、融媒体平台建设、人才培养等方面合作，共同为讲好中国故事、传播好中国声音，展现可信、可爱、可敬的中国形象作出新的更大贡献。签约仪式在同济大学举行，中国日报社副总编辑刘伟玲、同济大学党委副书记吴广明出席并讲话。中国日报社上海分社社长徐晓民，同济大学党委常委、宣传部部长端木怡雯分别代表双方签约。

7月21日，出版视点系列专题研讨会在京召开，会上公布了2023年度出版智库高质量建设计划入选机构名单，北京印刷学院出版学院作为2022年度首批入选机构再次入选。中宣部出版局局长冯士新为入选智库颁牌，27家入选机构和媒体代表参加会议。北京印刷学院副院长陈丹代表学校接受颁牌，出版学院出版智库相关人员随行参会。

7月21日，第二届CMG全球媒体创新论坛——"全球变局下的媒体责任"分论坛在中央广播电视总台成功举办。此次论坛由中央广播电视总台、上海市人民政府主办，中央广播电视总台上海总站、复旦大学新闻学院、复旦大学全球传播全媒体研究院承办。新闻传播领域知名专家学者以及复旦大学新闻学院师生和校友代表百余人齐聚分论坛，深入探讨中国媒体如何在全球变局中履行媒体责任、实现融合创新，从而进一步提升我国主流舆论的世界影响力和引导力。

7月21日，"出版视点"系列专题研讨会在京召开，会上公布了2023年度出版智库高质量建设计划入选机构名单，南开大学出版研究院入选。中宣部出版局局长冯士新为入选智库颁牌。南开大学党委副书记牛文利，国家"万人计划"哲学社会科学领军人才、南开大学新闻与传播学院教授戚德祥，南开大学新闻与传播学院党委书记马长虹出席会议。

7月22日，由中国新闻传播教育年鉴编撰委员会主办、华中科技大学新闻与信息传播学院承办的第三届全国新闻传播学院院长研修班在武汉开班。来自全国80余所高校的新闻传播学院院长、书记和系主任120余人参加了为期6天的研修。承办单位还组织学员们前往辛亥革命武昌起义纪念馆、盘龙城遗址博物院、湖北日报传媒集团考察学习。

7月24日，"研究中国，讲好中国——大国博弈中的中国新闻传播学"第六届中国特色新闻学高级研讨班开班仪式在清华大学未来媒体实验室举行。开班仪式由清华大学新闻与传播学院党委书记胡钰主持。原国家新闻出版总署署长柳斌杰、中信改革发展研究基金会理事长孔丹、清华大学新闻与传播学院院长周庆安出席并致辞。来自全国各地的60余位新闻传播学教师、新闻工作者和博士研究生参加了此次开班仪式。

7月24日，"研究中国，讲好中国——大国博弈中的中国新闻传播学"第六届中国特色新闻学高级研讨班开班仪式在清华大学未来媒体实验室举行。开班仪式由清华大学新闻与传播学院党委书记胡钰主持。原国家新闻出版总署署长柳斌杰、中信改革发展研究基金会理事长孔丹、清华大学新闻与传播学院院长周庆安出席并致辞。来自全国各地的60余位新闻传播学教师、新闻工作者和博士研究生参加了此次开班仪式。

7月25日，由中国传媒大学主办，中国传媒大学外国语言文化学院发起并承办，中国日报新媒体中心为合作单位的首届"全球青年双语主持主播大赛"启动仪式在北京举行。此届大赛旨在促进语言交流和跨文化传播，挖掘和培养全球优秀的双语主持、主播人才，推广双语主持主播文化，向世界分享中国的精彩故事。

7月28日，中国人民大学新闻学院举行2023年度海外学者访问计划学术分享会，围绕国际传播、人工智能、社交媒体等多个重要议题展开讨论。美国雪城大学纽豪斯公共传播学院名誉教授Pamela J. Shoemaker，以及来自英国牛津大学、美国斯坦福大学、美国南加州大学的青年学者和博士生就自身学术经历和科研兴趣与人大新闻学院师生进行交流分享。

7月30日，2023(第十九届)中国广告论坛暨城市品牌营销大会在山西太原举行，此届大会以"高质量发展·新发展格局"为主题，论坛共设置"数智赋能高质量发展""虚实共生激活品牌新动能""新时代 新势能"三大主题论坛，并特别设置两场AIGC专场活动，助力推动人工智能赋能广告行业及区域品牌建设。相关政府部门、行业组织及知名媒体等共聚一堂，解读市场新环境，洞察行业新机遇，谋划未来新增长。

7月30日，中国高校影视学会广播专业委员会2023年会暨第八届中国广播创新发展学术研讨会，在广州三寓宾馆锦兴厅举办。此届学术研讨会由中国高校影视学会、广东广播电视台、暨南大学联合主办，广东广播电视台交通之声和暨南大学新闻与传播学院共同承办。来自全国百余名相关领域的专家学者共同参与此次活动。

7月30日，第八届中国广播创新发展学术研讨会分论坛一在广州举办。论坛以"交通广播的融合发展与未来沉思"为主题，来自重庆师范大学、南昌大学、安徽广播电视台、广东广播电视台等学界和业界的12位学者分享了他们的研究成果。论坛由中国传媒大学新闻学院教授成文胜主持，中国人民大学新闻学院教授周小普担任评议人。

7月30—31日，中国人民大学新闻学院举办的"创新的前沿：博士研究生国际学术研讨会-新闻学院分论坛"在立德楼508顺利举行。分论坛分别以"全球媒体与文化"和"崛起的新技术与未来传播"为主题，聚焦于新闻传播学领域的前沿研究和未来发展方向。

7月31日，2023全国新闻传播学骨干教师研修班在古都大同开幕。此届研修班由中国人民大学新闻学院提供学术支持，中国人民大学出版社主办，山西大学新闻学院、山西大同大学新闻与传媒学院共同协办。共有来自全国27个省(市、区)的近200位新闻传播学一线教师参与。

7月31日，北京大学-莆田妈祖文化工作室揭牌仪式在莆田市湄洲岛圆满举行。北京大学校务委员会副主任叶静漪、北京大学新闻与传播学院院长陈刚、副院长王维佳、莆田市副市长胡国防、福建省委宣传部对外新闻处处长柯宜达、湄洲岛党工委书记吴海端、管委会主任林峰以及北京大学新闻与传播学院教师、国际新闻传播项目硕士研究生、北大"妈祖文化研究"课题组、中央媒体记者、福建省委宣传部干事、湄洲岛管委会相关部门负责人等60余人参与了此次活动。

7月31日—8月10日，教育部中外语言交流合作中心"中欧国际中文教育多元合作与探索"项目系列活动在浙江大学连续展开。活动历时11天，由浙江大学传媒与国际文化学院承办，法国中文教师协会(AFPC)、日内瓦中文学校(Ecole Chinois de Genève)协助，旨在搭建中国与欧洲国际中文教师交流学习的平台，探索并推动中欧国际中文教育的多元合作。来自法国斯特拉斯堡大学、法国珍妮·玛纽尔学校(École Jeannine Manuel)和日内瓦国际中文学校等欧洲大中小学的15位中文教师参加了这次交流活动。

8月

8月1日，上海外国语大学新闻传播学院网络与新媒体专业举办"一流专业建设"专家研讨会。复旦大学新闻学院副院长周葆华等来自学界和业界的专家共话专业发展。会议围绕专业建设以及培养方案的修订展开了深入讨论。

8月1—4日，武汉大学新闻与传播学院"行知计划"主题调研实践队前往中国共产党的诞生地——上海、嘉兴开展实践调研。

8月2日，暨南大学新闻与传播学院联合翁源县委宣传部在翁源县融媒体中心举办暨南大学县级融媒体研究与实践翁源基地揭牌仪式。

8月4日，由中国传媒大学石榴籽研究院主办的"我们与海的约定"主题研学营开营。中国传媒大学校长张树庭、中央统战部民族局综合处处长李勇，中国证监会乡村振兴办主任杨志海，中央广播电视总台团委书记王强强等出席开营仪式。

8月2—4日，"2023紫金媒体融合创新实践高级研修班"在南京大学紫金传媒研究院(北京)举办，来自新华报业传媒集团、江苏省广播电视总台以及各设区市主要媒体、县级融媒体中心的50位负责同志和业务骨干参加了培训。

8月5—7日，"讲好中国故事 构建中国话语叙事体系暨新疆新闻传播教育40周年学术研讨会"在新疆大学召开。此次论坛由新疆大学新闻与传播学院、中国新闻史学会新闻传播教育史专业委员会、新疆大学中亚研究院、新疆直播产业研究院、中国新闻传播教育年鉴编委会、新疆大学新疆形象传播研究中心联合举办。

8月10日，华东师范大学青年跨学科系列论坛暨三友传播学术沙龙第43讲"开源运动与人类知识生产研究"在传播学院211会议室举行。传播学院教授、博士生导师甘莅豪作会议致辞，十余位来自各领域的学者、技术从业者、社区参与者和开源运动的倡导者参加沙龙并发言。

8月10日，洛阳市教学管理能力提升研修班开班仪式在湖南师范大学新闻与传播学院书山论坛举行。

8月10日，上海国际广告节"智能时代中国广告知识体系自主创新"院长高峰论坛在上海市普陀区数字广告园区举行。此次论坛以"智能时代中国广告知识体系自主创新"为主题，旨在探讨智能时代下中国广告知识体系的创新与发展，促进广告教育领域的交流与合作，为中国广告业的未来发展提供智慧和方向。来自上海大学、北京大学、复旦大学、上海交通大学、中国传媒大学等全国40余所高校的新闻传播领域专家学者进行了交流。

8月11日，北京大学新闻与传播学院许静教授团队开发的"全球健康传播"双语平行语料库正式发布。该语料库基于世界卫生组织网站等资源，涵盖WHO官方定义的内容主题和文本类型，主要有包括COVID-19、埃博拉、癌症等50余个健康主题以及新闻稿、声明、在线问答等10种文体类型，主要涉及中文、英文两种语言。

8月13日，"第二届(南亚东南亚)国际传播理论前沿与研究方法研究生暑期学校"开学典礼在昆明市顺利举行。此次暑期学校由云南大学新闻学院(南亚东南亚国际传播学院)、中国传媒大学新闻传播学部和南亚东南亚大学联盟新闻与传播学分委员会联合主办。

8月15日，2023(第六届)甘肃媒体融合创新与发展论坛在兰州开幕，省委常委、省委宣传部部长张永霞出席论坛并讲话。此届论坛由中共甘肃省委宣传部指导，甘肃日报社、甘肃日报报业集团主办，甘肃新媒体集团承办，主题为"深耕共融 创新致远"。来自业界、学界的专家学者齐聚一堂，共同探讨新形势下加强全媒体传播体系建设的对策与办法。

8月15日，北京师范大学"卫生设施技术革新与健康传播"媒体沙龙第一期活动在京师大厦举行。此次媒体沙龙由北京师范大学新闻传播学院主办，来自《人民日报》、新华社、《中国日报》《科技日报》等27家媒体记者参加活动。比尔及梅琳达·盖茨基金会北京代表处、农业农村部规划设计研究院、北京二七机车工业有限责任公司的业界和学界专家从多个角度，共同探讨卫生设施技术革新与健康传播的重要性及潜在解决方案。

8月15日，"新时代新江苏——2023范长江行动香港传媒学子江苏行"在泰州圆满收官。南京大学10名来自新闻传播学院、信息管理学院、文学院、海外教育学院的本硕同学作为江苏学子代表全程参与此次活动。从8月8日到8月15日，苏港两地学子先后走访南京、常州、无锡、苏州、泰州五座城市，并通过文字、图片、视频等多种形式的新闻作品，多层次、多角度报道了江苏的社会发展、经济成就与历史文化底蕴。

8月18日，由上海市社会科学界联合会与华东师范大学联合主办、华东师范大学出版学院和华东师范大学出版社联合承办的出版业高质量发展上海论坛暨部校共建出版学院工作推进会在华东师范大学举行。来自管理部门、业界和学界的专家学者，围绕建设出版强国、文化强国这一主题展开深入研讨，为共同推动部校共建出版学院的教学、科研和智库建设贡献智慧。中共上海市委宣传部副部长高韵斐出席会议并讲话。华东师范大学党委副书记孟钟捷，上海市社联党组书记、专职副主席王为松分别代表主办方致辞。华东师范大学党委常委、副校长雷启立主持论坛开幕式。

8月18—19日，由中国新闻史学会公共关系专业委员会主办，兰州大学新闻与传播学院承办，兰州大学公共关系与战略传播研究中心协办的中国新闻史学会公共关系专业委员会第七届学术年会在兰州大学召开。中国新闻史学会公共关系专业委员会第三届理事会换届大会也在这期间举行。来自学界、业界近60位专家齐聚一堂，共话公共关系的学术发展与创新。

8月19日，"亚太传播论坛2023"在澳门大学正式开幕。论坛以"历史、现在、未来"为核心关键词，作为思考全球传播新秩序的三个维度。论坛由亚太传播交流协会（APCEA）、亚太传播论坛联盟（澳门）主办，澳门大学、澳门大学澳门研究中心、华东师范大学传播学院合办。

8月19—20日，2023符号学国际会议在四川大学国家双创示范基地隆重举行。会议由中国中外文艺理论学会文化与传播符号学分会、中国新闻史学会符号传播学专业委员会、中国逻辑学会符号学专业委员会、四川大学文学与新闻学院、四川师范大学文学院主办。会议主题为"意义理论再出发"，吸引了参会学者268名，涉及6个国家和地区的187个科研院所单位，覆盖中国符号学的11大基地。

8月20日，意义工作坊：四川大学符号学-传媒学研究所成立十五周年学术座谈会，在科华苑宾馆二楼会议厅顺利召开。赵毅衡教授、陆正兰教授、胡易容教授、唐小林教授、谭光辉教授、饶广祥教授等107位校内、外研究所成员及部分硕博士研究生，共同参与了此次座谈会。

8月21日，由中国新闻史学会中国特色新闻专业委员会主办，宁夏大学新闻传播学院、宁夏回族自治区新闻工作者协会承办的中国新闻史学会中国特色新闻学专业委员会2023学术年会在宁夏银川召开。会议主题为"中国特色新闻学与民族地区传播"。论坛共设置三个平行论坛，分别围绕"民族地区的现代化与媒介创新""中华民族共同体意识在民族地区的传播与构建""民族地区的政治传播与社会治理"议题展开研讨。论坛还邀请与会专家与宁夏区级媒体、地市级媒体就做好地方主流媒体建设进行了深度交流讨论。

8月23日，"AIGC与新闻传播学教育研讨会暨2023中国科技新闻学会数据新闻专委会培训会议"在西北民族大学正式召开。会议由中国科技新闻学会和西北民族大学共同主办，中国科技新闻学会数据新闻专委会(挂靠上海大学新闻传播学院)和西北民族大学新闻传播学院联合承办。

8月24日，清华大学新闻与传播学院乡村振兴教学实践基地签约揭牌仪式在贵州省黔西南布依族苗族自治州兴仁市举行。清华大学新闻与传播学院党委委员、研究生工作组组长陆洪磊，共青团黔西南州委副书记杨舟顺子，兴仁市人民政府副市长陈凤出席了此次揭牌仪式。

8月26日，首届京沪两地青年新闻传播学者学术工作坊在复旦大学新闻学院成功举办，两地高校的九位青年学者就各自在新闻传播领域新近开展的学术研究进行了分享与交流。此次工作坊由四校青年教师联合发起，复旦大学新闻学院主办，复旦大学新闻学院研究员、《新闻大学》编辑部主任姜华及复旦大学新闻学院教授、《新闻记者》特约编辑白红义担任点评嘉宾，复旦大学新闻学院青年教师翁之颢主持了此次工作坊。

8月26日，中央民族大学主办的"新媒体与非物质文化遗产传承创新"学术论坛在北京召开。论坛意在贯彻落实习近平总书记在2023年6月2日文化传承发展座谈会上的重要讲话精神，发挥各学科独特优势和多学科交叉优势，让非物质文化遗产与新媒体相辅相成、共同发展。来自新闻传播学、民族学、人类学、社会学、民俗学等多个学科的专家学者，共同探讨和推动新媒体时代下中华优秀传统文化的赓续传承与创新传播。

8月28日，由中央民族大学、高等教育出版社共同主办的"马克思主义新闻观实践教学：对话与反思"学术论坛在北京召开，来自学界和业界的40余位专家学者与会。会议认为，当前马新观教育迎来"实践转向"，开始走出课堂，走进主流媒体和互联网企业、走入乡村边疆甚至走向世界，在行走的"移动课堂"中加深对马新观的理解；只有马克思主义新闻观经典论著和经典新闻作品相结合、把专业教育与课程思政相结合、把课堂教学与社会调研相结合、把学界与业界相结合，才能更好地推动马新观教育再上新台阶。

8月28日，由浙江大学传媒与国际文化学院范志忠教授与北京大学艺术学院陈旭光教授联合主编，由中国国际广播出版社出版的《中国电影蓝皮书2023》《中国电视剧蓝皮书2023》，在希腊雅典大学举行首发仪式。雅典大学中希文明互鉴中心希方理事会主席维尔维达斯基(Stelios Virvidakis)教授、《中希时报》副主编杨少波先生等，共同出席了首发仪式。

8月30日，2023全国广播电视和网络视听先进事迹报告会于中央广播电视总台央视十套播出。中国传媒大学电视学院党委成为报告会有史以来首个入选的高校单位，并作为事迹最突出、最具代表性的20个集体和个人代表之一在现场进行展示。

8月30—31日，以"共创一流新学科，同圆出版强国梦"为主题的全国出版学科专业共建暨出版专业学位研究生教指委工作会议在天津召开。此次会议由全国出版学科专业共建工作联络处主办，北京大学出版研究院、南开大学出版研究院共同承办，华东师范大学出版学院等单位联合协办。会议期间，七个专题学术论坛和三场行业沙龙同时举办，旨在加强全国出版学科共建交流，办好建强中国特色出版学科，加快推进文化强国、出版强国建设。

9 月

9 月 2 日，以"读懂中国——中华文明标识的国际传播"为主题的第二届国际传播同济论坛在校举行，来自社会各界的领导、专家学者齐聚一堂，共同探讨中华文明国际传播的途径与方法。此次论坛由中国公共关系协会学术委员会、同济大学中国对外话语体系研究中心主办，同济大学外国语学院承办。同济大学校长郑庆华出席论坛开幕式并致辞，常务副校长吕培明出席，中国公共关系协会副会长张小影主持开幕式。

9 月 11 日，2023 年第一期"国传·论道科技传播跨界沙龙"在国家科技传播中心报告厅举办。围绕"生成式 AI 与智能传播新图景"议题，7 位来自相关领域的学界、业界和媒体的嘉宾进行主题式研讨、互动式交流。与会嘉宾一致认为应重视新时代科技传播人才的培养与全社会崇尚科学氛围的营造，并倡导以科学走向公众的方式提高社会整体科学素养、增强人类社会福祉。"科技传播跨界沙龙"由中国科协科学技术传播中心主办，2023 年系列活动由中国人民大学新闻学院承办。

9 月 11 日，河南省网络文明大会网络素养教育论坛在河南大学举办。河南省委教育工委专职委员吕冰，河南省委网信办二级巡视员李丽，河南大学党委常委、副校长孙君健，开封市委宣传部副部长、文明办主任徐杰，河南大学党委宣传部部长、新闻中心主任杨萌芽，河南省内外部分专家学者和河南大学新闻与传播学院师生参加论坛。

9 月 13 日，暨南大学新闻与传播学院第二届"传播中国"训练营开营仪式举办。暨南大学新闻与传播学院党委书记支庭荣、学院党委副书记张建敏，学院副院长郑亮，研管办主任林少娴、广电系副教授嵇美云、广东广播电视台编辑高菘、全体训练营营员以及学院辅导员老师们共同参与了此次开营仪式。

9 月 13—14 日，浙江大学传媒与国际文化学院和新加坡南洋理工大学黄金辉传播与信息学院联合举办了以"Digital Media & Society"为主题的第四届博士生双边研讨会。浙江大学传媒与国际文化学院的 10 名博士研究生赴新加坡南洋理工大学黄金辉传播与信息学院参会。

9 月 14 日，山东大学新闻传播学院国际传播实验室(筹)实验项目建设研讨会举行。副院长倪万、副院长邱凌，实验中心主任于智源以及国际传播方向骨干教师、学生共同参与讨论，为国际传播实验室(筹)软硬件内容建设建言献策。

9月14日，香港中文大学新闻与传播学院院长朱顺慈教授一行前往中山大学交流访问。双方围绕学术研究合作、人才培养等议题展开深入交流。

9月15日，媒介基础设施青年学者工作坊（第二期）在上海举办。此次工作坊由上海大学新闻传播学院、中国传媒大学国家传播创新研究中心、华中科技大学新闻与信息传播学院、清华大学新闻与传播学院共同发起，由上海大学新闻传播学院和上海大学全球人工智能媒体传播研究院承办。上海大学新闻传播学院徐偲骕老师、中国传媒大学传播研究院贾文斌博士等担任此次会议联合召集人，上海大学新闻传播学院易前良教授等担任学术顾问。

9月15日，上海国际大学生智能媒体节第五届"卓越杯"智能媒体作品大赛颁奖典礼于上海衡山北郊宾馆凯旋宫举行。此届大赛由上海大学、澎湃新闻、封面传媒、东方网、看看新闻、腾讯云、欢网科技共同主办，出席"2023中国新闻史学会传媒经济与管理专业委员会学术年会暨第六届中国智能媒体传播高峰论坛"的专家学者也出席了颁奖典礼。

9月15—17日，"首届话语研究与国际传播高端论坛"在山西大学召开。会议由山西大学外国语学院和上海交通大学外国语学院马丁适用语言学研究中心联袂举办。来自高校和研究机构的20余位知名专家学者出席会议并发言，来自全国56所高校的116名外语教师、学者和研究生参会学习。山西省人民对外友好协会会长李悦娥教授、上海交通大学外国语学院马丁适用语言学研究中心主任王振华教授和山西大学外国语学院院长张耀平教授出席开幕式并致辞。

9月16日，"2023上海国际大学生智能媒体论坛"在上海衡山北郊宾馆成功举办。此届论坛由上海大学新闻传播学院、上海大学传媒经济研究中心、上海大学全球人工智能媒体传播研究院主办，以"价值共创：智能传播研究和实践的关键进路"为主题，研讨智能时代传媒发展的相关理论和实践问题。来自北京师范大学、华中师范大学、南京邮电大学、上海大学、武汉大学、中国人民大学等49所高校学子积极投稿，经专家评审后选出12篇"优秀论文"，并邀请作者围绕各自论文内容进行了现场的展示和交流。此次论坛由上海大学新闻传播学院徐偲骕老师主持。

9月16日，由中国新闻史学会媒介法规与伦理专业委员会和西南政法大学主办，西南政法大学新闻传播学院承办的中国新闻史学会媒介法规与伦理专业委员会2023年学术年会在西南政法大学渝北校区召开，学者就"技术·人文·法治：媒介法规与伦理研究的创新"展开了深入探讨与交流。

9月16日，"2023中国新闻史学会传媒经济与管理专业委员会学术年会暨第六届中国智能媒体传播高峰论坛"在上海举办。论坛发布了《智能时代中国传媒经济创新发展的五点共识》和《2022 全球/中国人工智能媒体发展研究报告》。此次论坛由中国新闻史学会传媒经济与管理专业委员会和上海大学联合主办，上海大学新闻传播学院、上海大学全球人工智能媒体传播研究院、上海大学传媒经济研究中心承办，智谱 AI、数传集团、欢网科技、奥致奥科技集团特邀协办。来自国内著名高校、科研院所、主流媒体等 70 多家单位的 200 多位专家学者参会。

9 月 16 日，"2023 年国家网络安全宣传周青少年网络保护分论坛"在福州举行。论坛以"清朗网络 E 路护航"为主题，由中央网信办网络法治局、共青团中央宣传部指导，中国网络社会组织联合会、教育部教育技术与资源发展中心（中央电化教育馆）、福建省网信产业联合会主办，中网联在线教育专委会、北京师范大学新闻传播学院承办。来自政府部门、中央新闻网站、社会组织、互联网企业、高校院所、相关中小学等百余位嘉宾参会。

9 月 16 日，第二届社会科学研究前沿议题研讨会暨社科期刊高质量发展论坛在上海师范大学西部会议中心举行。此次活动由上海师范大学休闲与旅游研究中心、影视传媒学院新闻与传播（MJC）专业硕士点、都市文化研究中心等多家校内机构共同主办。

9 月 17 日，在南京大学新闻传播学院紫金楼 111 报告厅，斯坦福大学社交媒体实验室主任、斯坦福大学哈里和诺曼钱德勒传播学教授杰夫·汉考克做了题为"人工智能与新闻传播的未来愿景"的专题讲座。

9 月 18 日，《全球发展前沿问题》大课堂第二讲"人工智能最新进展与未来展望"在北京大学新闻与传播学院报告厅举行。北京大学信息科学技术学院教授、北京智源人工智能研究院院长黄铁军以"人工智能的过去、现在与未来"为主题，为同学们介绍了人工智能的历史沿革、范式流派及发展现状，并探讨了人工智能在未来发展过程中面临的机遇与挑战。

9 月 20 日，由北京大学出版研究院、华闻传媒产业创新研究院联合主办的首届出版融合发展百人论坛，在第十三届中国数字出版博览会期间召开。论坛深入探索"出版-科技-思想充分联通、高校-政府-企业深度协同、教育-产业-社会整体创新"的高质量发展新模式，旨在策动出版创新的核心思维，打造政产学研用的智慧共同体，构建出版专业的培育高地，为中国出版行业的创新发展提供创造性能量。

9 月 20 日，粤港澳大湾区国际传播研究院在 B9 南座 307 会议室举办"咨政报告写作工作坊"。此次工作坊由粤港澳大湾区国际传播研究院副院长罗韵娟教授主持，新闻与传播学院 20 余名师生参加了此次活动。在交流讨论环节中，在场师生针对咨政报告的选题思路、咨政报告写作与学术论文写作的话语表达差异等问题进行了深入研讨。最后，与会师生一致认为，未来粤港澳大湾区国际传播研究院可以通过定期组织咨政报告选题和写作研讨会，提升师生们应对社会热点问题提出建议对策的能力，更好地为粤港澳大湾区国际传播事业的发展建言献策。

9月20—24日，第13届中国数字出版博览会开幕式暨主论坛在甘肃省敦煌市举办，大会以"数智赋能 联结未来"为主题，来自全国15个省市、200多家数字出版单位组团参展，总布展面积约1.6万平方米。此届数博会由中央宣传部（国家新闻出版署）、甘肃省委省政府和中国外文出版发行事业局指导，中国新闻出版研究院、甘肃省委宣传部、甘肃省酒泉市委市政府和中国邮政集团有限公司报刊发行局主办。

9月21日，上海交通大学媒体与传播学院副院长（主持工作）、特聘教授、文化创新与青年发展研究院首席专家徐剑教授团队发布了《2023全球电竞之都评价报告》，对全球20个电竞发展突出的城市进行了综合评估。上海在此次评价中超越洛杉矶，首次位列全球第一，并在三项一级指标"基础设施""赛事"和"俱乐部"中排名首位，充分展现了上海在全球电竞产业发展中的领先实力。

9月21日，由中国新闻社主办、中国新闻网承办的"创新国际传播 讲好中国故事"研讨会在北京举行。来自政府部门、国内外媒体、高校智库的各界人士齐聚一堂，就国际传播理论与实践创新展开讨论，多位国际政要和专家通过视频方式阐释了对讲好中国故事的看法。当日，中新社国际传播实验室正式成立，该实验室旨在通过学媒融合、创新协同，汇聚全球传播领域的最新研究成果和最新技术应用，追踪国际传播领域的新趋势，推进全媒体时代国际传播的前沿研究和具体实践，为提升国际传播效能、讲好中国故事提供技术、人才和平台支撑。

9月21日，"元宇宙与人工智能时代的出版与阅读"专题研讨会在敦煌举行的第十三届中国数字出版博览会期间隆重举行。此次研讨会是由中国新闻出版研究院元宇宙出版与阅读实验室与北京印刷学院数字出版前沿技术应用创新联合实验室共同主办的。

9月21日，广州大学新闻与传播学院与央广网广东频道共建"实习基地"签约及揭牌仪式举行。广州大学新闻与传播学院副院长张爱凤、央广网广东频道负责人陈亚勇出席并代表双方签署合作协议，共同对"广州大学新闻与传播学院实习基地"进行揭牌。

9月21日，主题为"聚力共生"的第二届元宇宙学术及商业应用论坛在南京市国际博览中心圆满举行。此次论坛由南京大学中德数字营销实验室与中国商务广告协会、中国商务广告协会元宇宙营销应用研究工作委员会、南京大学中德社会计算研究所等机构联合主办。来自南京大学、复旦大学等多位元宇宙学术研究的一线学者作深度报告与交流，蓝色光标集团蓝色宇宙等数字企业作专业分享。

9月23日，第五届中国新闻史学会地方新闻史专业委员会年会暨"新闻史的在地化与想象力"学术论坛在河南大学明伦校区隆重举行。校党委常委、副校长许绍康，中国新闻史学会会长、中国人民大学新闻学院副院长王润泽，中国新闻史学会地方新闻史专业委员会理事长、复旦大学新闻学院教授蒋建国，以及来自全国各高校的 200 余位专家学者莅临论坛，对报刊媒介的地方价值研究进行深入探索，回应新时代中国特色新闻学对"史学问题"的深度关切。

9 月 22 日，由北京外国语大学、中国外文局、中华文化学院联合主办的 2023 中华文化国际传播论坛在京举行。此届论坛主题为"积极践行全球文明倡议 共同推动人类文明发展进步"，近 400 名来自思想文化、国际传播领域的中外知名专家和专业人士参加活动。

9 月 23 日，"区域视角下海外中国研究新进展——马克思主义中国化时代化研究资料跟踪智库论坛"在中国传媒大学成功举办。来自全国十余所高校、科研机构和中央党史出版社等企事业单位的近 50 位专家学者就区域视角下海外中国研究重大前沿问题进行了深入的研讨交流。

9 月 23 日，第四届平台研究学术工作坊在深圳大学传播学院举办。此次工作坊的主题为"平台社会与数字中国"，旨在通过跨学科、跨地区、跨文化的比较，从理论创新和实证经验两个层面推进我们对于当下中国乃至全球数字平台的阐释与理解。我国新闻传播学领域知名学者、知名刊物编辑，以及近 70 位从事平台研究的青年学者受邀与会。此次学术工作坊由中国社会科学院新闻与传播研究所、深圳大学传播学院、上海大学新闻传播学院和苏州大学传媒学院联合主办，深圳大学传播学院、苏州大学新媒介与青年文化研究中心、上海大学全球人工智能媒体传播研究院和中国社科院新闻与传播研究所世界传媒研究中心共同承办。

9 月 23 日，由四川大学新闻学院主办的"数智时代的挑战与应对：2023 新闻传播学国家级一流本科专业建设研讨会"在四川大学江安校区举行。来自中国传媒大学、中国人民大学、复旦大学、北京大学、华中科技大学、上海交通大学、南京大学、北京师范大学、华南理工大学、重庆大学、西安交通大学、四川大学等高校的 100 余名学者参加了此次会议。

9 月 23 日，由郑州大学新闻与传播学院主办、中原传媒研究院承办的"中国式现代化赋能新闻传播业态、学术与教育"学术论坛以线上的方式举行，来自中国社会科学院、复旦大学、中国传媒大学、清华大学、武汉大学、浙江大学、华中科技大学、西安交通大学的多名专家学者共同参与了此次论坛。

9 月 23 日，由武汉大学媒体发展研究中心（教育部人文社会科学重点研究基地）、新疆大学新闻与传播学院、武汉大学新闻与传播学院、新疆大学中亚研究院共同主办，新疆大学涉疆国际舆情研究中心与新疆直播产业研究院承办的"第七届中国传播创新论坛（2023）暨国际传播效能提升学术研讨会"在新疆大学红湖校区顺利召开，来自全国各地 34 所高校的 80 余位嘉宾以"传播创新"和"国际传播效能提升"为主题，共同探讨中国传播的创新问题，共同建构中国传播创新体系、提升中国传播能力。

9 月 23—24 日，由教育部社会科学委员会语言文学、新闻传播学和艺术学学部和广西大学共同主办、广西大学新闻与传播学院承办的"纪念毛泽东诞辰 130 周年新闻学术研讨会"在广西大学举行。研讨会旨在纪念毛泽东同志诞辰 130 周年，推进毛泽东新闻思想与马克思主义新闻观研究。全国 50 多所高校、研究机构和媒体单位的 130 余名专家学者、硕博士研究生参加会议。

9 月 24 日，新闻学自主知识体系暨中国新闻学丛书（20 种）座谈会在河南大学举办，会议由《中国新闻学丛书》编辑委员会与河南大学联合主办，河南大学党委宣传部、清华大学新闻与传播学院、河南大学新闻与传播学院、河南大学出版社承办。

9 月 27 日，新华社媒体融合生产技术与系统国家重点实验室常务副主任、贺大为受邀做客"岳麓传媒·青年沙龙"，并与湖南大学新闻与传播学院师生进行交流。贺大为认为，在人文社会科学的大框架下，新闻学和传播学可以充分发挥大文科兼收并蓄的优势，延伸学科体系；他强调新闻敏感和态势洞察能力的重要性，认为新闻学的"道"在于超凡的感知力和洞察力。

9 月 27—28 日，"新时代 新亚运 新传播——推动体育宣传文化工作高质量发展"主题研讨暨中国体育传播影响力报告发布活动在浙江大学求是大讲堂举行，国家体育总局副局长张家胜、人民日报社副总编辑方江山、浙江大学党委副书记朱慧等出席活动并致辞。

9 月 28 日，江苏省广播电视总台网络传播部党支部与南京师范大学新闻与传播学院广播电视系教工党支部合作共建签约仪式暨广播电视与网络视听产教创新实践基地成立仪式于南京师范大学随园校区新传大楼 206 会议室举行。

9 月 28 日，"2023 北京国际设计周"之"版权保护赋能文化产业发展"论坛在北京印刷学院实体书店毕昇书坊二层举办。论坛由中国版权协会版权研究中心、北京印刷学院文化创意产业园主办，北京印刷学院文化创意产业园知识产权工作站、北京印刷学院文化创意产业园版权服务工作站承办，北京绿色印刷包装产业技术研究院、毕昇书坊为支持单位。

10 月

10 月 7—8 日，全国宣传思想文化工作会议在京召开。会上传达了习近平重要指示，中共中央政治局常委、中央书记处书记蔡奇出席会议并讲话。

10 月 8 日，"大模型传播生态创新论坛暨第二期大模型媒体应用工作坊"在北京师范大学新闻传播学院虚拟演播厅举行。活动分为上午场：第二期大模型媒体应用工作坊和下午场：大模型传播生态创新论坛两大部分。此次活动由北京师范大学新闻传播学院、智谱 AI、中文信息学会 SMP 专委会、北京师范大学新媒体传播研究中心、国家新闻出版署"出版业用户行为大数据分析与应用重点实验室"共同主办。

10 月 9 日，四川日报报业集团党委副书记、总编辑李鹏走进北京师范大学新闻传播学院"新媒体传播"课堂，做了题为"深融十年，智驱未来——来自四川日报全媒体的实践"的讲座。李鹏以党报资深媒体人的视角，结合自身在全媒体方向丰富的经验，介绍当下媒体转型的情况，为新媒体传播作出指导。北京师范大学新闻传播学院党委书记方增泉、院长张洪忠、副院长周敏出席讲座。

10 月 11 日，中国人民大学新闻学院、中国人民大学新闻与社会发展研究中心与中国高等教育学会新闻学与传播学专业委员会共同举办了以"多模态数据分析与传播研究"为主题的第 55 期新闻传播学术话语体系创新深研会，会议由中国人民大学新闻学院张伊妍老师主持。

10 月 11 日，学术主题对谈"数字景观美化了我们的生活吗？"在线上召开。华东师范大学国家话语生态研究中心首席专家胡范铸、暨南大学新闻与传播学院教授刘涛、华东师范大学传播学院副教授刘弢及华东师范大学传播学院教授甘莅豪为此次云上对谈的嘉宾，近百位线上观众参与此次沙龙。

10 月 13—15 日，中国新闻史学会新闻传播思想史专业委员会 2022—2023 学术"双年会"暨第九届中外新闻传播思想史论坛在武汉大学成功举办。此次"双年会"由中国新闻史学会新闻传播思想史专业委员会、武汉大学新闻与传播学院和武汉大学媒体发展研究中心(教育部人文社会科学重点研究基地)主办，武汉大学媒体发展研究中心环境与科学传播研究所、健康传播研究所协办。来自全国各大高校的近百名专家学者汇聚一堂，共同探讨"如何发展与反思数字时代新闻传播思潮的生产和再生产"。

10 月 14 日，"新趋势·新目标·新使命：技术迭代背景下的媒介文化研究"学术论坛暨 2023 年中国高校影视学会媒介文化专业委员会年会在同济大学成功举行。清华大学、中国人民大学、中国传媒大学、复旦大学、苏州大学等 50 多所高校和研究机构，《中国社会科学》《新闻与传播研究》《新闻大学》《现代传播》等 10 余家学术支持单位，《解放日报》、澎湃新闻、《广州日报》等媒体单位的百余位专家学者汇聚于同济大学，围绕全球数字技术变革下人与技术关系的新面貌以及媒介文化新现象和新问题展开讨论。

10 月 14 日，第二届"中国-东盟传媒与新闻传播教育"国际学术研讨会在广西大学举行。此次研讨会由广西大学主办，广西大学新闻与传播学院、广西大学东盟传媒与中国-东盟区域传播研究中心承办，华南理工大学新闻与传播学院、华南理工大学粤港澳大湾区国际传播研究院协办。来自东盟7个国家和国内清华大学、北京大学、浙江大学等高校的专家学者参加，探讨中国—东盟国际传播教育教学经验与实践，共商中国与东盟国家媒体传播发展与策略，共议建设中国—东盟命运共同体的前景与路径。

10月14日，"智媒时代国家形象塑造与国际传播路径创新"学术会议在成都召开。此次学术会议由中国广播电视社会组织联合会、成都大学主办，中广联合会西部学术研究基地、成都大学传媒研究院承办，来自全国70多所院校的230多位专家学者、青年学者、业界从业人员及在校学生参加会议。此次会议设置主论坛和4个分论坛，对新时代国际传播实践和理论体系的创新发展进行研讨，与会专家学者在进行学术对话的同时增进学术交流，促进了新时代国际传播研究领域的学术共同体搭建。

10月14日，由陕西师范大学新闻与传播学院主办的"2023年全国师范院校新闻与传播专业联盟会议"在陕西师范大学长安校区逸夫传媒教育楼举行。来自全国各地师范院校的专家学者齐聚西安，针对"智能传播时代的理论方法与实践""智能传播时代的学科创新与人才培养"等内容展开讨论。

10月14日，2023湖北新闻与传播教育学会年会暨"变革中的新闻传播教育与传媒业未来"论坛在中南民族大学举行，该活动由湖北省高等教育学会新闻与传播教育专业委员会、中南民族大学主办，中南民族大学文学与新闻传播学院承办。

10月14日，华南理工大学社科处主办、新闻与传播学院与教育部思想政治创新研究中心联合承办、中国新闻史学会智能与计算传播专业委员会协办的"多学科融合的社会计算"跨学科博学论坛在华南理工大学大学城校区仁厚里美育基地成功举办。

10月14日，第七届网络空间治理与传媒法治建设论坛暨"何微新闻奖"学术论坛、首届中国企业健康发展论坛开幕式在延安举行。论坛由西北政法大学、延安大学、中国新闻史学会新闻传播教育史研究委员会、中华全国法制新闻协会法制新闻理论专业委员会、北京健康产业协会联合主办，来自清华大学、中国人民大学、复旦大学等全国30余所院校的100余名专家学者，以线上线下相结合的形式参加。

10月14日，"学界与业界的对话：融媒体时代新闻传播学科发展研讨会"在延安大学召开，25名学者和业界专家围绕融媒体时代新闻传播学科人才培养的关键问题展开讨论。论坛由西北政法大学新闻传播学院（艺术学院）副院长陈琦主持。与会专家围绕新时代新要求，围绕融媒体时代新闻传播学科建设展开探讨，对融媒体时代新闻传播学科建设提出了可行性方案。

10月14日，首届"使命与责任：数字革命背景下的全球企业传播"研讨会在上海成功举办。此次会议由全球企业传播学会（The Global Corporate Communication Association,

GCCA)主办，由国家社科重大招标项目"一带一路中资企业社会责任形象构建与推进机制研究"课题组承办。在此次会议上，全球企业传播学会正式宣布成立，全球企业传播联盟(GCC)&中国全球企业传播高级智库(CTGC)学术共同体同时宣布成立。中国文化传媒集团总经理周泓洋教授受聘担任该联盟和智库主席，上海大学包国强教授担任首任会长。

10月14—15日，黑龙江大学新闻传播学院国际新闻与传播实验班师生赴"百年口岸"城市绥芬河，开展以"重走红色之路，体会中国式现代化"为主题的研学活动。

10月15日，第二届成渝双城科幻研究工作坊在四川大学文学与新闻学院顺利举办。此次工作坊由四川大学文学与新闻学院主办，重庆大学人文社会科学高等研究院联合主办。来自四川大学、重庆大学、香港城市大学等高校，包括文学、符号学、语言学、人类学、艺术学、哲学、电影学在内不同学科的30余位教师、博士生和硕士生与会研讨。

10月15日，河北经贸大学文化与传播学院在学校第二会议室举办校友论坛暨新闻与文化传播"产学研"融合发展研讨会，文化与传播学院党委书记蔡金续、院长景义新出席，校友代表、系主任、教师代表等40余人参会。校友代表围绕"校媒/校企协同育人机制、育人模式创新，合作实践教学模式、融合实践基地建设、协同育人运行管理和质量评价体系"等内容展开研讨。

10月18日，在第三届"一带一路"国际合作高峰论坛举办期间，中国传媒大学成功举办"民心相通·文明互鉴"全球记者沙龙。此次沙龙旨在以实际行动深入开展人文交流和文明互鉴，为促进"一带一路"国家民心相通、实现共同发展汇聚力量。"一带一路"11个共建国家的记者组织负责人和青年记者出席会议。

10月19日，上海交通大学-苏州大学科技传播论坛暨上海交通大学文治创新论坛在媒体与传播学院举行。《上海交通大学学报(哲学社会科学版)》副主编、上海交通大学媒体与传播学院副院长(主持工作)徐剑教授，《湖南师范大学社会科学学报》副主编、湖南师范大学新闻与传播学院尹金凤教授担任论坛点评嘉宾，双方学术骨干代表参加。论坛由上海交通大学媒体与传播学院长聘副教授牟怡主持。

10月20日，由中国记协指导，中国行业报协会主办，中国行业报协会新闻摄影专业委员会承办的，以融合十年，"新时代 新成就"为主题的2023中国行业媒体短视频创作与传播论坛在北京召开。论坛以"线下+线上"的方式进行，20余家主流媒体新媒体账号和平台同步全程直播。来自近百家行业媒体社长、总编辑、新媒体负责人以及高校代表等共计300余人参加此次论坛。

10月20—22日，由中国新闻史学会、中国社会科学院新闻与传播研究所、四川大学文学与新闻学院（新闻学院、出版学院）联合主办，四川大学文学与新闻学院（新闻学院、出版学院）承办的第九届中国新闻史青年学者论坛在成都举办。此次论坛以"识旧如新：媒介史研究的新元素、新面向与新思想"为主题。

10月21日，"纪念《新华日报》移渝发刊85周年暨第一届红岩精神与《新华日报》学术研讨会"在重庆红岩干部学院成功召开。会议由西南政法大学、重庆红岩革命历史文化中心、新华日报传媒集团、重庆市重庆史研究会主办，西南政法大学新闻传播学院、《传媒观察》编辑部、重庆红岩精神研究会、重庆红岩革命历史博物馆革命文物协同研究中心、西南政法大学—重庆红岩革命历史文化中心新闻与传播专业研究生联合培养基地、西南政法大学"习近平新闻舆论工作重要论述"课程组承办。

10月21日，《中国新闻传播教育年鉴》十周年纪念丛书编撰会议在郑州隆重举行。此次会议由中国新闻传播教育年鉴编撰委员会主办，河南大学新闻与传播学院承办。来自全国各地的专家学者齐聚郑州，围绕《中国新闻传播教育年鉴》十周年纪念丛书的编撰工作展开讨论。中国新闻传播教育年鉴编委会主任张昆教授在会上强调《中国新闻传播教育年鉴》在推动中国新闻传播教育领域进步和创新中所发挥的重要引领作用，指出年鉴的编撰是一种学术公益，为学术研究、教育改革提供了大量的一手资料。此次会议的举办将进一步推动《中国新闻传播教育年鉴》十周年纪念丛书的编撰和出版进程，以更高的质量、更丰富的内涵，更好地发挥年鉴为时代画像、为时代立传、为时代明德的重要使命。

10月21日，中国新闻史学会健康传播专业委员会2023年年会在北京师范大学珠海校区拉开帷幕。此次年会以"中国式现代化语境下的健康传播"为主题，探讨健康传播的研究和实践怎样更好地推动中国式现代化进程。此次年会由中国新闻史学会健康传播专业委员会、北京师范大学新闻传播学院、北京师范大学计算传播学研究中心主办。年会吸引了来自清华大学、北京大学、上海交通大学、北京师范大学等高校110余名专家学者参加。

10月21日，由华东师范大学传播学院王峰教授主持的"智能传播与西游记地图学科交叉研讨会"以线上线下结合的方式举行。此次会议受到华东师范大学传播学院、"数字人文与文学计算"协同创新团队、身体美学中心和中国文艺理论学会数字人文分会的联合支持。天津大学计算机学院薛霄教授、佰旗信息公司总经理王凯先生、新华三公司资深架构师李富先生、华东师范大学地理科学学院唐曦教授、张红副教授、张玥老师，以及技术相关的工程师团队和天津大学、华东师范大学的部分学生出席此次会议。

10月21日，"新疆大学新闻传播教育40周年暨新闻与传播学院建院20周年"庆祝大会在新疆大学红湖校区图书馆二楼报告厅举行。此次庆典活动由新疆大学新闻与传播学院党委书记吐尔逊托合提·阿塔吾拉主持。新疆大学党委常委、副校长刘正江，新闻与传播学院全体领导、全体教师、退休教师代表、学院校友代表及学生代表参加了活动。

10 月 21 日，由复旦大学新闻学院、中国新闻史学会地方新闻史专业委员会联合举办的"重访江南：长三角现代化进程中的新闻史研究"专题研讨会在复旦大学新闻学院开幕。来自全国各高校、研究机构的 50 余位专家学者莅会并分享研究报告。

10 月 21 日，以"AI 开启新未来"为主题的 2023（GIAC）智能视听大会在青岛高新区开幕，"国际传播：融合与创新"论坛作为智能视听大会的重要板块之一举办。来自中央、省、市相关部门领导，知名高校、科研院所专家学者，以及智能视听行业知名企业代表参会，为推动国际传播的融合与创新建言献策。中国公共外交协会副会长刘碧伟，人民网党委委员、监事会主席唐维红出席论坛并致辞。

10 月 23 日，"上海论坛 2023"高端圆桌暨亚太可沟通城市研究联盟首届论坛在复旦大学举行。此次论坛由复旦大学信息与传播研究中心、浙江大学数字沟通研究中心与 IP SHANGHAI 上海城市形象资源共享平台、文汇智库共同主办，旨在从新闻传播学视角回应习近平"人类命运共同体"理念，邀请亚太地区顶尖高校的城市传播领域著名专家，立足数字媒介技术建构亚太地区城市传播新型网络以及城市形象传播方式变革的新经验，聚焦"数字生活与城市形象"，探索数字时代城市形象塑造的新路径。来自海内外多所高校的学者出席此次会议。

10 月 27 日，由教育部社会科学司指导，中国传媒大学主办，中国传媒大学新闻传播学部、中国人民大学新闻学院与复旦大学新闻学院联合承办的"中国特色新闻传播学研究"学术研讨会在京举行。研讨会上，与会领导和专家围绕中国特色新闻传播学研究、中国新闻传播学自主知识体系建构做主旨发言。

10 月 27 日，由国际在线和北京大学文化与传播研究所联合主办的 2023 年国际传播沙龙在北京大学举行。此次沙龙主题为"新形势、新课题——国际传播能力建设面临的机遇与挑战"。来自政府、学界、媒体及出海企业的近 70 位嘉宾与会。国际在线总裁范建平在致辞中表示，受国际局势与新兴传播技术发展影响，当今国际舆论格局正经历深刻调整，但"西强东弱、北强南弱"的局势尚未发生根本改变，面向国际社会"讲好中国故事"仍然任重道远。国际在线多年来立足"网络国际传播主力军"定位，通过"好感传播""锐感斗争"两手抓，"线上栏目""线下活动"齐发力，在纷繁复杂的国际舆论场上努力发出中国声音。

10 月 27 日，中国新闻传播教育年鉴编辑部在华中师范大学举行工作会议。会议就第四届年鉴编撰贡献奖推选、2023 年学术年会暨常务理事会、年鉴编委会换届等事项进行了研讨。

10月27—28日，北京服装学院第十九届"科学·艺术·时尚"节系列活动之一：2023时尚传播国际研讨会暨首届时尚传播青年学者论坛，在北京服装学院樱花园校区举办，来自全国30余所高校的40余位时尚传播研究学者参加了论坛。此次活动由中国新闻史学会学术指导，《艺术设计研究》《新闻与传播评论》等期刊学术支持，北京服装学院时尚传播学院主办，时尚传播学院时尚传播研究中心承办。

10月28日，黑龙江大学新闻传播学院老梁新闻评论班成员在李群老师与张世光老师的带领下，前往渤海大学新闻与传播学院进行新闻评论以及学科建设问题的研学探讨。渤海大学新闻与传播学院院长安平、副院长高昕及部分教师与黑龙江大学师生进行了深度交流。双方学院的本科生、研究生代表出席会议。这是老梁新闻评论班成立以来首次赴省外进行参观交流，是贯彻落实新闻学院以人才培养"融合模式"改革和"课赛一体化"为基础的新文科建设的一次积极实践。

10月28日，由北京文化产业与出版传媒研究基地主办，北京印刷学院科研处与经济管理学院承办的第五届北京文化产业与出版传媒研究基地学术年会暨"学习贯彻落实习近平文化思想，推进文化产业高质量发展"论坛举行，旨在贯彻落实党的二十大的宏伟蓝图，持续推动文化繁荣、建设文化强国、建设中华民族现代文明的新时代文化使命。此次论坛得到国内各高校、研究机构以及文化与出版业界的积极响应与大力支持。

10月28日，"北京印刷学院服务北京全国文化中心建设科技成果推介会"在北京印刷学院新创大厦学术会议中心第一会议室举行。北京服装学院党委书记周志军、北京市科协宣传文化部部长刘发贤、大兴区科协主席肖翠玲、大兴区科委副主任董旭应邀出席推介会。学校党委常委、副院长刘杰民为推介会致辞，科研处、对外合作交流处、校产管理办公室、各二级学院负责人，各地校友及企业代表等100余人参会。

10月28日，以"十年回眸：讲好中国故事，提升国际传播能力"为主题的第二届中国故事国际传播论坛(2023)在华中科技大学举行。来自美国纽约州立大学、中国人民大学、中国传媒大学等高校的数十位专家学者参与会议研讨。在开幕式上，华中科技大学新闻与信息传播学院的陈先红教授发布了《中国故事国际传播指数报告(2022—2023)》。

10月28日，由粤港澳大湾区国际传播研究院策划组织的"大湾区国际传播系列圆桌论坛"在华南理工大学大学城校区成功举办。系列圆桌论坛首期以"粤港澳大湾区国际传播话语创新"为主题，汇聚业界和学界专家分享湾区国际传播话语创新的最新研究和实践成果，交流研讨湾区国际传播话语创新路径和方式。

10月28日，第六届中国品牌传播青年学者论坛在上海外国语大学虹口校区举行。此次论坛以"国际传播与品牌学科：中国品牌传播进入新时代"为主题，邀请了各高校和期刊的近百名专家学者对相关议题进行了学术交流与思想碰撞，共同探讨新时代、新形式、数智化背景下品牌传播的观念革新与路径突破。

10 月 29 日，华中科技大学新闻与信息传播学院 40 周年院庆大会在华中科技大学举办，来自湖北省委宣传部、湖北省记协的相关领导，中国人民大学新闻学院等百余家院校的专家，《人民日报》等 10 余家主流媒体，深圳市腾讯计算机系统有限公司等新媒体机构的代表以及数百名新闻学院院友参加了大会。作为全国第一所以理工科为主的高等院校创办的新闻系，新闻与信息传播学院自建系以来就始终贯彻学校"应用为主、文理渗透"的办学方针，坚持立德树人宗旨，为祖国新闻传播战线输送了大批人才，为国家和地方经济发展贡献了人才力量。

10 月 29 日，智媒时代的媒介秩序与公民隐私权利保护学术研讨会于南京师范大学新闻与传播学院舆情中心召开。此次会议由南京师范大学、中国新闻史学会媒介法规与伦理专业委员会主办，南京师范大学新闻与传播学院、国家社科基金重大项目"智媒时代公民隐私保护问题研究"项目组承办。南京师范大学新闻与传播学院副院长邹举教授主持此次会议，50 余位青年教师、博士、硕士研究生积极参与。

10 月 29—30 日，中国新闻史学会第六届常务理事会第五次会议暨第四届岳麓传媒与文化发展论坛，通过线上线下结合的形式在湖南大学举行。来自全国 50 余所高校和研究院所的新闻传播学者围绕"中国共产党新闻舆论思想与实践"的论坛主题，就"中国共产党新闻舆论工作历史经验""中国共产党新闻舆论思想""突发事件舆论引导""新时代的国际传播""新媒体 新发展""新文科建设背景下的新闻传播教育改革与一流专业建设"等议题开展学术研讨。

11 月

11 月 1 日，2023 清华国家形象论坛在清华大学主楼举办。此届论坛是清华大学国家形象传播研究中心主办的第十届论坛，以"中国式现代化与国家形象建构"为主题，邀请了 400 余位来自政府、企业、媒体及学界的专家学者，共同探讨了中国式现代化、国家形象建构、国际传播力等议题。

11 月 2 日，中国驻旧金山总领事馆教育参赞唐筠与来自两国教育界的重要代表举行友好会谈。太平洋大学传媒系研究生院主任董庆文教授、上海外国语大学新闻传播学院副院长陈沛芹教授，以及来自上海外国语大学访问学者徐颖春和郑婉出席此次会谈。双方一致认为，技术创新正为教育合作带来新的机遇。这场会谈加深了中美教育界人士之间的理解与友谊，为未来更加广泛和深入的教育合作奠定了基础。

11 月 2 日，中国西南政法大学与柬埔寨王国皇家法律经济大学合作备忘录签约仪式在敬业楼 1001 会议室举行。柬埔寨王国皇家法律经济大学校长陆占那、副校长索恩·索福恩、公共行政学院院长通·占查、国际关系处处长高远山代表柬埔寨王国皇家法律经济大学出席此次仪式。西南政法大学国际合作与交流处副处长李满奎等携新闻传播学院师生代表 11 人参会。

11 月 4 日，由中国人民大学新闻学院、清华大学新闻与传播学院和中国高等教育学会新闻学与传播学专业委员会联合举办的 2023 年"中外新闻学院院长论坛"暨第九届新闻传播学科高峰论坛在中国人民大学召开。论坛围绕"实践与理论：中国新闻传播学自主知识体系构建的路径与目标"的主题，设置主论坛与多个平行分论坛，邀请国内外新闻传播学院院长与学术期刊主编在学术交流与理论对话中，探索以传播为纽带的文化交流与文明共建。

11 月 4 日，"中国新闻传播学自主知识体系联盟"启动仪式暨"2023 年中外新闻传播学院院长论坛"在中国人民大学举行。中国人民大学新闻学院联合中国传媒大学、复旦大学、华中科技大学等 40 余所院校共同发起成立"中国新闻传播学自主知识体系联盟"，开启中国新闻传播学自主知识体系建设的新篇章。

11 月 4 日，新闻学专业建设暨安师大新闻教育 30 周年座谈会在安徽师范大学召开。此次座谈会由安徽师范大学主办，安徽大学新闻传播学院副院长崔明伍等学者、业界代表、校友代表应邀参会。

11 月 4 日，由北京大学、北京市教育委员会、韩国崔钟贤学术院主办，北京大学新闻与传播学院、北京大学国际新闻传播项目、共青团北京大学委员会共同承办的北京论坛（2023）"我与中国式现代化的故事"青年论坛在中关新园 7 号楼 205 会议室举行。

11 月 4 日，第十一届范敬宜新闻教育奖颁奖典礼在清华大学主楼后厅举行。第十二届全国人大教科文卫委员会主任委员、原国家新闻出版总署署长柳斌杰，人民日报社副社长胡果，清华大学副校长李路明，中国记协党组成员、书记处书记吴兢，中国外文局副局长于涛，辽宁报刊传媒集团（辽宁日报社）党委常委、副总编辑李明曙，大众报业集团党委常委、副总编辑陈承聚，以及国内近 50 所高校新闻学院的院长、负责人，新闻传播学界学会的会长、国务院学科组和教育部教指委的重要专家等出席颁奖典礼。清华大学新闻与传播学院党委书记、范敬宜新闻教育奖评审会执行主任胡钰介绍了第十一届范敬宜新闻教育奖评选情况。人民日报社研究部主任、范敬宜新闻教育奖评审会执行主任田俊荣宣布第十一届范敬宜新闻教育奖获奖者名单。清华大学新闻与传播学院院长周庆安主持会议。

11 月 4 日，由北京印刷学院主办、新闻传播学院承办的《出版企业社会责任观察》新书发布会暨出版企业社会责任座谈会在北京印刷学院举行。座谈会以习近平文化思想为指引，以《出版企业社会责任观察》一书的出版为契机，围绕出版企业如何更好地履行社会责任展开深入研讨。中宣部出版局副局长杨芳、中国出版协会理事长邬书林、中国期刊协会会长吴尚之出席座谈会并讲话，中国版权协会理事长阎晓宏作书面讲话。学校党委书记曹文军，党委副书记、院长田忠利出席座谈会并致辞。座谈会由学校党委常委、副院长刘杰民主持，新闻传播学院、出版学院师生和媒体代表参加此次座谈会。

11月4日，第八届口语传播学术论坛在华东师范大学闵行校区成功举行。此届论坛由华东师范大学传播学院与上海广播电视台融媒体中心联合主办，华东师范大学播音与主持艺术专业、战略传播研究中心承办，上海市演讲与口语传播研究会协办，论坛主题为"融合·共创·未来：智媒时代的口语传播与人才培养"。来自全国50余所高校的专家、博士研究生、硕士研究生以及各行各业的口语传播工作者180余人参加了会议，86位学者在会上交流了研究成果。与会专家学者及业界人士立足于媒介生态的变革趋势，从不同维度对口语传播领域的学科前沿和焦点进行了研讨。

11月4—5日，黑龙江大学新闻传播学院联合北京大学新闻与传播学院、中国新闻史学会外国新闻传播史专业委员会、北京大学视听传播研究中心以及黑龙江大学东北亚文化传媒研究院共同举办了"向北开放与周边传播"论坛和中国周边传播共同体成立大会。学者们就周边传播与推动"一带一路"发展以及东北振兴等话题在两场分论坛进行交流。东北亚文化传媒研究院另外举办了"向北开放与周边传播"智库论坛。

11月5日，亚太传播学会联盟（APCA）在清华大学举办2023学术年会。清华大学原党委常委、副书记韩景阳，清华大学新闻与传播学院院长周庆安教授，亚太新闻传播学会联盟主席、清华大学新闻与传播学院陈昌凤教授，亚洲舆论学会会长、菲律宾圣保罗大学简媞玛·科考（Jantima Kheokao）教授，中国新闻史学会会长、中国人民大学新闻学院副院长王润泽教授等致欢迎辞。

11月7日，2023年世界互联网大会乌镇峰会前夕，由桐乡市人民政府、浙江大学主办，浙江大学传媒与国际文化学院、乌镇数字文明研究院、《传播与公共》期刊、浙江大学融媒体研究中心、浙江大学传播研究所承办，浙江大学国际传播研究中心、浙江大学新闻传媒与社会发展研究所、中国IGF协办的第二届互联网史国际学术研讨会在乌镇召开。众多国内外知名专家学者参加此次会议。

11月7日，"全球数字平等"国际学科联盟首届年会在乌镇举行。由浙江大学牵头组建的"全球数字平等"国际学科联盟（International Digital Equality Alliance，IDEA）成立于2022年。该联盟以"数字平等"为核心要义，旨在推动各学科相关研究领域的学术机构与学者间对话合作，深刻剖析全球数字经济社会发展中面临的不平等问题，推进全球数字社会的公平正义与可持续发展。

11月7日，2023年"中国新闻传播大讲堂"（以下简称"大讲堂"）在中国传媒大学正式启动。2023 年度"大讲堂"以"中国式现代化：记者的行与思"为主题，邀请了来自全国 22 家媒体单位的 32 名优秀新闻工作者担任主讲人，录制了 32 集课程视频。

11 月 8 日，"新征程·再出发"使命愿景大讨论新闻与传播学院校友圆桌论坛在南昌大学校融媒体中心举行。此次论坛交流结合学习贯彻习近平总书记考察江西重要讲话精神、深刻认识学校发展定位、积极响应学校"新征程、再出发"号召，邀请了南昌大学新闻与传播学院校友代表，围绕"在新的起点上，学院如何抢抓机遇，实现新的突破"深入交流、共话发展。参会嘉宾围绕"新时代新闻与传播学院人才培养与发展前景"等问题进行深入探讨，积极为学院的创新发展建言献策。

11 月 9 日，2023 年世界互联网大会乌镇峰会未成年人网络保护论坛在浙江乌镇举行，大会由中国网络社会组织联合会、联合国儿童基金会、中国宋庆龄基金会联合主办，北京师范大学、腾讯公司与光明网共同协办。与会嘉宾围绕"与世界一起守护'未来'"主题，深入探讨为未成年人搭建清朗网络空间的有效路径。

11 月 10 日，由复旦大学新闻学院和高校新闻学国家教材建设重点研究基地共同主办的"中国新闻传播学自主知识体系建构与教材建设院长论坛"在复旦大学召开。论坛将构建自主知识体系与推进教材建设两项重要任务紧密结合，将新闻传播学的理论研究与人才培养紧密结合，对深化中国新闻学教材建设研究，推动中国自主的教材体系、知识体系，培养能够讲好中国故事、传播中国声音的卓越新闻传播人才具有重要意义。

11 月 11 日，2023 清华文创论坛在清华大学成功举办。此届论坛以"中华民族现代文明与文创发展"为主题，由清华大学文化创意发展研究院和新闻与传播学院主办。此届论坛同时在清华大学微信视频号、抖音等网络平台线上直播，在线参与人次总计超过 34 万，点赞数超过 14 万。

11 月 11 日，第十二届韬奋出版人才发展论坛在广西南宁举办。此届论坛由国家新闻出版署指导，韬奋基金会主办，中国新闻出版研究院、中国新闻出版报社联办，广西出版传媒集团有限公司承办。来自全国出版界的专家学者、从业人员及高校师生相聚一堂，围绕"在新的历史起点上建设出版人才队伍"主题，共话新时代出版人才培养的新路径、新思路、新方法。

11 月 11 日，"践行习近平文化思想，打造出版文化自信自强上海样本"产教融合发展论坛在上海理工大学召开。此次论坛由上海理工大学主办，中国音像与数字出版协会与上海出版印刷高等专科学校共同协办。论坛邀请了 20 余位国内涵盖传统出版、网文出版、游戏出版等领域的行业领导、专家学者、领军人物以及媒体代表和百余位师生参会。

11 月 11 日，中国新闻传播伦理与法规教育教学深研会在中国政法大学教学图书综合楼顺利举行。深研会由中国政法大学光明新闻传播学院与中国人民大学新闻与社会发展研究中心、中国人民大学新闻学院联合举办，旨在探讨新闻传播伦理与法规教育教学实践，以应对新闻传播业态、生态的结构性变迁对新闻传播教育模式、教学方式和教材建设带来的挑战。十多位从事新闻传播伦理与法规教学的专家学者出席会议，围绕"新业态、新实践、新体系"的主题展开了研讨。中国政法大学光明新闻传播学院党委副书记阴卫芝教授主持开幕式。

11月11日，《老子思想域外传播研究》新书发布暨深化老子思想域外传播研究研讨会在华东师范大学闵行校区成功举行。此次会议由华东师范大学人文与社会科学研究院主办，华东师范大学传播学院承办。来自新闻传播学、历史学和哲学界的专家、学者50余人参加了会议，21位学者和媒体人士在会上发言。与会者围绕《老子思想域外传播研究》及老子思想域外传播的下一步研究方向展开研讨。

11月11日，中国新闻史学会2023年学术年会在广州白云国际会议中心举行。此次学术年会以"时代主题·未来展望：中国式现代化与新闻传播史研究"为主题，旨在开展国际学术交流活动，推动新闻传播史研究，促进新闻传播学发展，助力科学研究创新和教育教学改革。此次大会由中国新闻史学会、暨南大学、中国人民大学新闻与社会发展研究中心联合主办，暨南大学新闻与传播学院、暨南大学传播与边疆治理研究院、广东外语外贸大学新闻与传播学院和暨南大学教育发展基金会承办，中国新闻史学会各二级机构、暨南大学计算传播研究中心和暨南大学出版社协办。开幕式由暨南大学党委副书记孙彧主持，来自高校和研究机构的专家学者、媒体记者等各界代表共700余位嘉宾参会。

11月12日，"智能认知世界 数字赋能品牌"第三届计算广告与数字品牌创新论坛暨国家级一流广告学专业建设研讨会在GIMC省广集团顺利举办。此次论坛由华南理工大学社会科学处和教务处共同指导，华南理工大学新闻与传播学院和未来技术学院共同主办，广东省新媒体与品牌传播创新应用重点实验室、广东省大数据与计算广告工程技术研究中心、广东省数字孪生人重点实验室共同承办，广东省广告协会、广州市广告行业协会共同协办，GIMC省广集团等企业提供支持，《新闻与传播研究》等期刊联合支持。

11月13日，西安交通大学新闻与新媒体学院与新华社新闻信息中心陕西中心共建"主流媒体新闻舆论传播效果评估中心"成立仪式在西安交通大学举行。新华社新闻信息中心党委常委、副主任张肆文，新华社陕西分社分党组成员、副社长杨玉玲，新华社新闻信息中心统计与反馈部主任姚芳，新华社新闻信息中心陕西中心主任谢方芳，西安交大新闻与新媒学院院长马忠、副院长张宏邦，西安交通大学出版社副总编辑秦茂盛出席签约及揭牌仪式。

11月13日，中山大学新闻传播学院20周年院庆大会顺利开展，中山大学党委副书记习振强，新闻传播学院院长钟智锦教授，校友代表、暨南大学新闻与传播学院副院长林仲轩教授在大会上致辞。来自全国30多所高校及科研院所的40余位专家学者，离退休教师代表，校友代表以及中山大学师生代表，共计300余人出席大会。大会首发了新闻传播学院20周年庆宣传视频，回顾了学院20年来的发展历程与取得的成果。

11月13日，第二届智能媒体与公共传播学术论坛在中山大学顺利召开。尹韵公、张昆、徐迎庆、程曼丽、李本乾、陈昌凤、王润泽、田丰、钟布9位知名学者依次发表了主旨演讲，呈现了不同学科的学者对智能媒体时代的新闻传播学发展和跨学科交叉研究的独到见解。下午议程以圆桌对谈形式展开，来自全国24所院系的34位专家学者就学科建设、人才培养、学术发表和跨学科研究等议题进行了深入探讨。

11月14日，湖南师范大学新闻与传播学院承办的"中国式现代化视域下新闻传播高等教育发展路径"研讨会在湖南师范大学图书馆学术报告厅召开。来自十余所高校的新闻与传播学院院长和资深专家参会。研讨会上，与会专家学者围绕"中国式现代化视域下新闻传播高等教育发展路径"的主题展开了深入学术研讨。专家们从人工智能、学科总体性、数字化、国际传播、自主知识体系的构建等方面探讨中国式现代化视域下，我国未来新闻传播高等教育领域的发展趋势和人才培养模式，一致认为应重塑新闻人才的专业硬核能力，坚持新闻传播学科协同育人的国家战略，将中国新闻教育与国际接轨，建设具有中国特色的、符合时代要求的新闻传播高等教育体系。

11月14日，由国际新闻传播教育联盟主办、上海大学新闻传播学院承办的"2023年国际新闻传播教育联盟理事会会议"在黄山学院文化与传播学院文澜楼以及线上同时举行。来自美国印第安纳大学、美国纽约州立大学、英国拉夫堡大学、新加坡南洋理工大学、香港城市大学、香港浸会大学和上海大学、黄山学院等海内外高校的新闻传播学专家开启线上线下同步会议，共同探讨"全球连接时代的新闻传播教育与研究"这一重要问题。

11月18日，第四届新媒体与社会变革国际学术会议在华中师范大学成功举办。此次国际学术会议由华中师范大学新闻传播学院主办，华中师范大学媒介伦理与媒介管理研究中心、华中师范大学大数据传播与应急管理中心承办。来自世界各地的专家学者汇聚一堂，共同探讨"新媒体与技术发展"的相关问题。此次国际学术会议得到了《新闻与传播研究》等期刊的支持。

11月18日，由中国广告协会学术与教育工作委员会联合厦门大学新闻传播学院共同主办的"2023全国广告学术研讨会暨厦门大学广告学专业创办40周年"，在厦门大学科学艺术中心三楼报告厅举行。

11月18日，江苏省第十届传媒学科研究生论坛在南京师范大学随园校区拉开帷幕。此次论坛以"全球视野下新闻与传播研究的本土创新"为主题，由江苏省文学类研究生教育指导委员会主办，南京师范大学研究生院、南京师范大学新闻与传播学院承办，来自全国各地的知名专家以及高校研究生共计百余人参会。

11月18日，第十六届中国青年传播学者论坛在南京大学新闻传播学院紫金楼拉开帷幕，50余位中国青年传播学者齐聚一堂，交流学术进展，畅谈学术思想。"中国青年传播学者论坛"是由中国青年传播学者自主发起组织的学术会议，旨在促进青年学者之间的学术交流、思想碰撞。

11月18—19日，第六届(2023)意识形态与舆论学术年会暨山西智库发展论坛在太原举行，来自全国40余所院校及科研智库机构的近200名专家学者参加会议，就"推进中国式现代化进程中的意识形态与舆论工作"这一主题进行了交流研讨。会议由中共山西省委宣传部指导，山西师范大学马克思主义学院、山西省重点智库意识形态研判及数据库建设智库、中国传媒大学协同创新中心、海南师范大学新闻传播与影视学院等单位主办。

11月18—19日，由复旦大学信息与传播研究中心与复旦大学新闻学院联合主办的传播与中国·复旦论坛(2023)成功举行。论坛以"智能沟通：城市共通体的前世、今生、未来"为主题，邀请复旦大学信息与传播研究中心主任孙玮教授、复旦大学信息与传播研究中心学术委员会主席黄旦教授和著名人文地理学家罗布·基钦等海内外知名学者发表演讲、交流学术。

11月18—19日，中国新闻史学会新闻传播教育史专业委员会2023学术年会暨《中国新闻传播教育年鉴(2023)》首发式在安徽大学、安庆师范大学两地举行。200余名来自中国人民大学、复旦大学、南京大学、等高校的专家学者汇聚一堂，共同探讨数字变革背景下新闻传播教育面临的挑战与机遇。在此次年会上，进行了中国新闻史学会新闻传播教育史专业委员会和中国新闻传播教育年鉴编委会的换届工作。据悉，作为中国新闻史学会旗下创办最早、规模最大的二级学会之一，新一届新闻传播教育史专业委员会理事会单位覆盖国内170余家新闻传播院校，年鉴为新闻传播教育领域最具影响力的公共知识产品，新一届编委会扩大至100余家单位。

11月18—19日，第八届中国网络视频"学院榜"盛典暨2023中国网络视频年度论坛在天津举办。此次活动由中国传媒大学指导，中国传媒大学中国网络视频研究中心、天津传媒学院联合主办，以"踔厉奋发：新视听·新征程"为主题，以专业、客观、独立的学术视野，呈现新时代中国网络视听行业的新作为，洞察新形势下中国网络视听行业的新发展。

11月19日，四方共建国际传播研究院揭牌仪式在广州暨南大学番禺校区新闻与传播学院融媒体大厅举办。揭牌仪式由暨南大学党委副书记、纪委书记夏泉主持，暨南大学党委书记林如鹏，中国新闻社总编辑张明新，南方报业传媒集团副社长、副总编黄灿，香港大公文汇传媒集团副总编辑王欣之等出席揭牌仪式。

11月20日，教育部高等学校动画、数字媒体专业教学指导委员会2023年度全体工作会议暨AIGC背景下的动画、数字媒体专业发展论坛在中传学术中心召开。教育部高等教育司副司长武世兴，国家广播电视总局宣传司副司长刘梅茹，中国传媒大学党委书记廖祥忠等领导、教师出席了此次会议。教指委委员们逐一从艺术、科技、教育、行业等多角度展开研讨，围绕AIGC、文科教育创新发展等话题踊跃建言，为动画、数字媒体专业建设和教学提供了宝贵的思路和建议。

11月23日，由国家版权局和世界知识产权组织主办、四川省版权局和成都市人民政府承办的第九届中国国际版权博览会暨2023国际版权论坛23日在四川成都举行，主题为"版权新时代 赋能新发展"。此届版博会设置线下展和线上展，线下展面积达5.2万平方米，设置4个展馆、5大展区，集中展示我国版权业新成就、新产品、新模式、新技术，展位数量、展馆面积、展会规模等均创历史新高。版博会是我国版权领域唯一的综合性、国际性、国家级专业博览会，也是集中展示展览版权作品、活跃版权交易贸易、促进版权价值转化、推动中外版权交流的重要平台。

11月23—24日，"南亚东南亚大学联盟系列国际学术论坛"在云南省昆明举办。该论坛由云南大学南亚东南亚大学联盟秘书处主办，云南大学新闻学院（南亚东南亚国际传播学院）、南亚东南亚大学联盟新闻与传播学分委员会承办，云南师范大学协办。

11月24—26日，"2023第14届中国印刷与包装学术年会暨产学研协同创新论坛"在京召开。该论坛由中国印刷技术协会指导，北京印刷学院、中国印刷科学技术研究院和《印刷技术》杂志社共同主办，《印刷与数字媒体技术研究》编辑部、印刷与包装工程学院、包装印刷新技术北京市重点实验室和印刷环保与智能技术重点实验室承办，国内32所印刷包装相关院校联办。论坛为期三天，主要包括主报告会、四大平行报告会、产学研协同创新论坛和参观交流环节。来自50多家相关院校、科研机构、创新型企业的200多名代表参加了会议。

11月25日，2023年江苏省新闻传播学学会年度大会在苏州举办。来自省内外新闻传播学界、业界的百余位专家学者参会，聚焦"中国式现代化背景下江苏新闻传播的新理论与新实践"这一主题开展学术交流，共同探讨新闻传播领域的发展趋势、面临问题以及最新的研究和思考。

11月25日，"中国特色出版学科新构想与新探索"出版学科发展论坛在北京印刷学院举行。论坛由北京印刷学院、中国出版协会联合主办，以"学习贯彻习近平文化思想，推进出版学一流学科建设"为主题，围绕"如何在出版学科建设中贯彻习近平文化思想，实现学科高质量发展；如何推动出版学界与业界的深度融合，扎实推进出版学科专业共建工作；如何从人才培养、教研体系、学科专业竞争力等方面集中发力，创造学科发展新气象"三大重点任务，聚集出版学界、业界专家，集中交流研讨，凝聚出版学科发展共识，共谋出版学科建设新成效。论坛由中国出版协会副理事长、北京印刷学院出版学院院长李朋义主持。

11月25日，第八届传播与国家治理论坛在复旦大学召开。论坛以"智能传播的多元共治"为主题，由复旦发展研究院传播与国家治理研究中心、复旦大学新闻学院主办，复旦大学信息与传播研究中心协办。论坛以"互联网基层治理创新""互联网与国家治理前沿"为主题召开分论坛，探讨多元共治的问题聚焦和有效路径。此次论坛还首发了由社科文献出版社出版的《互联网与国家治理发展报告（2023）》蓝皮书。

11月25日，由复旦大学新闻学院主办的第四届全国马克思主义新闻观论坛成功举办。论坛以"强根固魂 行稳致远"为主旨，邀请尹韵公、王润泽、丁柏铨等10位专家学者与会发言。论坛分为"明体达用 体用贯通"院长论坛、"文化引领 红色传承"联席会议、"立足中国 放眼世界"特邀论坛、"主动识变 守正创新"青年论坛和"博采众长 为我所用"学子论坛。开幕式后论坛发布了《中国马克思主义新闻观研究发展报告·2023年》。

11月25日，第四届中国数字城市品牌杭州论坛在杭州开幕。论坛由浙江大学主办，浙江大学数字沟通研究中心、浙江大学新闻传媒与社会发展研究所、浙江大学传媒与国际文化学院、杭州市城市品牌促进会、浙大城市学院新闻与传播学院联合承办。60余位来自政界、学界、媒体、企业等领域的相关专家与会，以"共建·共享·共赢：媒介、活动、展演与城市国际影响力"为主题，立足于数智时代中国城市传播实践与发展格局，致力于推动中国数字城市研究的范式创新，通过各界共建与经验共享，探索实现中国数字城市品牌升级与未来发展的共赢之路。

11月25日，由中国新闻史学会外国新闻传播史专业委员会主办，北京大学新闻与传播学院、北京外国语大学国际新闻与传播学院承办的"中国新闻史学会外国新闻传播史专业委员会2023学术年会"于在北京大学新闻与传播学院成功举办。来自国内30多所高校和科研机构的近70位学者参与了此次学术盛会。

11月25日，"第十届中国认知传播学术年会暨认知传播高端论坛"在山东青岛隆重召开。此次会议由全球修辞学会和中国认知传播学会主办，中国石油大学（华东）外国语学院和四川外国语大学新闻传播学院共同承办，四川大学文学与新闻学院、中国传媒大学经济与管理学院、暨南大学新闻与传播学院和成都大学传媒研究院共同协办。年会主题为"认知传播学自主知识思想体系建设",来自全国各地的100多位师生参与了此次学术年会。

11月25日,武汉大学新闻传播学科教育40周年发展大会在该校人文馆举行,湖北省委相关领导,十四届全国政协委员、原中国文联副主席胡孝汉,中国科学院院士、武汉大学校长张平文,武汉大学党委常务副书记沈壮海,以及来自学界和业界的专家学者、国内百余所新闻与传播学院代表、院友代表、相关职能部门和院系负责人、离退休教职工和在职教职工代表、师生代表等600余人出席会议。新闻与传播学院院友陈铭和孔钰钦主持大会。

11月25日,由北京工商大学主办、中国经济传媒协会指导、北京工商大学语言与传播学院承办的第十届全国经济新闻改革与发展研讨会暨第八届大学生经济新闻作品大赛颁奖会在北京召开。来自清华大学、中国人民大学等高校的学者,新华社、中央广播电视总台、《北京日报》《经济观察报》《北京商报》等新闻媒体的专家,共聚一堂,围绕"中国式现代化进程中的经济发展故事"主题展开思想碰撞与学术交流。

11月25—26日,第三届新闻创新研究工作坊在南京大学新闻传播学院紫金楼成功举行,此次工作坊由南京大学新闻传播学院、《新闻记者》杂志和《传媒观察》杂志共同主办,南京大学新闻传播学院新闻创新实验室承办。两天的会议包括1场主旨演讲、2场新闻创新主题圆桌研讨和6场论文工作坊。

11月26日,厦门大学国际传播研究中心揭牌仪式暨多学科视域下的国际传播研究学术研讨会在思明校区举行。近百位专家学者参会。厦门大学校长张宗益教授为中心揭牌发来寄语:"要将厦门大学国际传播研究中心打造成为国内一流的具有国际影响力的国际传播创新高地。希望中心以创新模式汇聚国内外优秀人才和资源,为重塑全球舆论生态、加快构建中国话语和中国叙事体系、全面提升我国国际传播效能探索新路径作出新贡献。"

11月26日,由复旦大学全球传播全媒体研究院、复旦大学新闻学院联合主办的"数字中国·全球沟通"复旦论坛(2023)成功举行。会议以"智能传播与共同体建构"为主题,来自全国各地的专家学者、业界精英围绕全媒体理论与技术社会化、国际传播、计算与智能传播、媒体融合与现代传播体系交流讨论。

11月27日,世界中文报业协会第56届年会在广州开幕。年会以"中文报业与中华文明传承发展"为主题,中国大陆(内地)及港澳台地区、新加坡、泰国、马来西亚、印度尼西亚等地的30多家主流媒体负责人、专家学者等代表出席。

11月28日,河北新闻界"好记者讲好故事"高校行巡讲第一站在河北经贸大学会议中心正式开讲，来自河北省新闻战线的 11 位优秀新闻工作者分享了他们在从业过程中亲身经历的感人故事。此次活动由河北省委宣传部、省记协主办，河北经贸大学文化与传播学院承办。河北省委宣传部部务会成员、省记协专职副主席崔文武，校党委常委、副校长高晓峰出席活动，文化与传播学院院长景义新、副院长马兴祥、副院长田悦芳出席。

12 月

12 月 1 日，中国传媒大学与联合国教科文组织联合主办的"无障碍信息传播与人权保障"研讨会在京召开。此次研讨会旨在通过搭建国际交流合作平台，凝聚国际智慧，共促信息平权，展示无障碍信息传播领域的中国之治，为建设"平等、融合、共享"的数字包容社会贡献力量。会议邀请来自中国、法国、蒙古国、马来西亚等 10 余个国家的代表，以现场或视频的形式参会，共同探讨提升社会的残障包容性、推进信息无障碍传播赋能残障人士的路径方法。

12 月 2 日，数字人文智能传播系列论坛——生成式 AI 与中国传媒及教育创新发展会议在华东师范大学闵行校区顺利举行。此次论坛由华东师范大学传播学院、数字人文学会主办，华东师范大学传播学院广播电视学系、华东师范大学影视创编中心、华东师范大学视觉文化研究中心承办，上海教育报刊总社、科大讯飞股份有限公司协办。与会专家学者及业界人士围绕论坛主题"生成式 AI 与中国传媒及教育创新发展"从不同维度进行了深度研讨。

12 月 2 日，第八届中国数据新闻大赛决赛暨"新一代人工智能信息传播与社会治理"学术论坛在深圳大学举办。中国高等教育学会新闻学与传播学理事长、中国人民大学新闻学院院长周勇在开幕式致辞中表示，经过决赛展示及答辩，来自复旦大学、中国人民大学、华中科技大学、西安交通大学、中国传媒大学、同济大学、四川大学、华南理工大学等高校及机构的一批优秀作品胜出。其中，13 个作品获得一等奖，26 个作品获二等奖，40 个作品获三等奖。在同期举行的"新一代人工智能信息传播与社会治理"论坛上，来自中国人民大学、香港浸会大学、四川大学等单位的专家学者，探讨了人工智能对信息传播与社会治理的深远影响，考量如何利用智能技术提升公共决策的质量和透明度。

12 月 2 日，首届全国高等师范院校新闻传播学青年学者论坛在南京师范大学随园校区成功举办。此次论坛由南京师范大学新闻与传播学院主办，以"媒介变迁与社会治理"为主题，共同探索师范类院校新闻传播学研究与教育的新思维、新方法、新实践，促进学科发展、提质人才培养。

12 月 2 日，第一届新时代新闻传播实践教学研讨会暨丝绸之路新闻传播教育联盟年会在兰州大学举办。兰州大学副校长勾晓华，兰州大学新闻与传播学院院长冯诚，中国新闻史学会新闻传播教育史委员会理事长、华中科技大学教授张昆分别致辞。兰州大学新闻与传播学院党委书记曹国林主持开幕式。来自新闻宣传学界、业界的 8 名专家学者分别做主旨发言。

12 月 2—8 日，以"提振全球信心 共促媒体发展"为主题的第五届世界媒体峰会在广州、昆明举行。来自世界 101 个国家和地区的 197 家主流媒体、智库、政府机构、驻华使领馆以及来自联合国机构和国际组织的 450 余名代表参加此届峰会。与会嘉宾在峰会上探讨媒体如何回答时代课题，广泛凝聚社会共识，肩负起传播正能量的重要责任。

12 月 3 日，由暨南大学新闻与传播学院、《探索与争鸣》编辑部、暨南大学新媒体文化研究中心联合举办的"言情：日常生活与当代中国人的情感结构"高峰圆桌论坛在暨南大学石牌校区第二文科楼郁文报告厅 516 举行，来自北京大学、南京大学、中国人民大学、中国社会科学院、暨南大学等高校和相关科研院所的 31 名学者嘉宾莅临现场。

12 月 3 日，西南政法大学新闻传播学"十四五"重点学科中期检查专家评审会成功举行。此次评审专家组由四川外国语大学副校长严功军教授担任组长，成员包括清华大学新闻与传播学院原副院长史安斌教授、西南大学新闻传媒学院副院长秦红雨教授。专家组一致认为，西南政法大学新闻传播学科在"十四五"期间持续向好发展，达到检查评估的优秀等级。希望新闻传播学科进步整合优质资源，发展国际传播，形成特色方向，同时，加强有组织科研和教学，调动学院青年教师积极性，形成团队合力，在科研项目、论文发表、著作出版、教学成果奖申报等方面取得新成绩。

12 月 3 日，中山大学新闻传播学院举办了"人工智能时代的网络治理与平台创新"研讨会。会议旨在促进学界与业界的交流，共同探讨技术发展对平台治理带来的机遇和挑战。会议邀请了新闻传播学、政治学、公共管理、计算机、法学等领域的学者和来自腾讯、抖音、互联网法院、地方相关管理部门的业界专家参与，围绕人工智能时代的网络治理与平台创新这一议题展开了深入讨论。

12 月 6 日，AIGC 与智能媒体高峰学术研讨会在上海大学新闻传播学院成功举办。此次论坛由上海大学新闻传播学院与中国科技新闻学会数据新闻专委会主办，由上午的开幕仪式和四节主旨报告组成。来自中国社会科学院、华中科技大学、武汉大学、中国传媒大学、中国人民大学、清华大学、复旦大学等高校与科研机构的近 20 位专家学者以及上海大学新闻传播学院上百位师生在线上线下共同与会。会议围绕"AIGC 与智能媒体生态变革、传播风险与治理路径"这一主题进行了探讨。

12 月 7 日，由西安交通大学新闻与新媒体学院与西安交大出版社合作共建的国际传播系正式成立。西安交通大学党委常委、宣传部部长成进，社科处副处长张日鹏，国际合作与交流处副处长孟祥丽，陕西师范大学新闻与传播学院院长许加彪，渭南广播电视台副总编辑高军，西安交通大学新闻与新媒体学院院长兼党总支书记马忠，新闻与新媒体学院学术委员会主任李明德，西安交通大学出版社副总编辑秦茂盛等参加揭牌仪式，并就国际传播系建设规划开展深入研讨。

12 月 8 日，华夏传播研究会第二届理事会第一次会议暨华夏传播研究与传播学自主知识体系建构座谈会在河北大学七一路校区 C3 座新闻传播学院楼二楼会议室召开。河北大学新闻传播学院副院长商建辉教授，华夏传播研究会会长谢清果、副会长张兵娟教授等、秘书长王婷、副秘书长彭翠等，以及其他理事会成员全体出席会议。会议采取线上线下结合的方式召开，由张兵娟教授主持。

12 月 9 日，中央民族大学新闻传播专业教育 40 周年发展大会在知行堂举行。来自全国各地近 150 位校友和师生齐聚一堂，共叙往昔情谊，共谋未来发展。中央民族大学党委副书记、校长郭广生，党委常委、副校长王志，以及新闻与传播学院荣休教授白润生，特聘院长张昆，特聘教授程曼丽，特聘教授费伟伟，兼职研究生导师、中央广播电视总台新闻节目中心副主任高岩等出席活动。

12 月 9 日，第八届中国电视研究年会在浙江大学传媒与国际文化学院举行。会议由浙江大学广播电影电视研究所、康奈尔-华东师范大学比较人文研究中心、中国传媒大学数字伦理研究所、深圳大学媒体融合与国际传播研究中心联合主办。2023 年的会议旨在理解"后电视"，探寻平台时代的媒体焕新。会议邀请了国内外知名学者和视听业界专家做主旨演讲，也吸引到来自各地的研究者和业内人士积极参与。

12 月 9 日，由中国国际电视台主办，新时代国际传播研究院承办的 2024 国际传播协作机制研讨会在中国人民大学召开。此次研讨会共同探讨了构建中国话语和中国叙事体系的行动路线，交流了中国理论阐释中国实践、中国实践升华中国理论的理念准则，凝聚了国际传播能力建设的精神合力，是贯彻落实党中央对国际传播能力建设战略部署的生动写照，是展示真实、立体、全面，可信、可爱、可敬的中国的思想指引，将推动我国国际传播事业迈向新的未来。

12 月 9 日，第二届华夏文明传播与企业家精神培育研讨会在河北大学举行，研讨会由华夏传播研究会、河北大学新闻传播学院及江苏宏德文化出版基金会主办。围绕"传播华夏文明，弘扬中华文化，培育新时代企业家精神"这一主题，来自中国新闻出版研究院、厦门大学、北京大学、南京大学、暨南大学及中国传媒大学等 80 余所高校共计 200 余位与会嘉宾展开热烈研讨。研讨会开幕式由河北大学新闻传播学院党委书记滑晓军主持。

12 月 9 日，第八届新闻传播学 CSSCI 来源期刊双年会暨江苏传媒发展研究院成立大会在南京召开，会议由南京大学、新华报业传媒集团主办；南京大学新闻传播学院、《传媒观察》编辑部、新华日报全媒体评论理论部承办。

12月9—10日，国际传播算法大会暨2023第五届中国国际传播学术年会在海南省三亚市举行，会议由中国新闻史学会国际传播专业委员会、四川观察和浙江传媒学院共同主办，来自清华大学、中国人民大学、墨尔本大学等国内外70多所院校的200多位专家学者、业界嘉宾就"新时代中国国际传播的理论与实践"这一主题展开了讨论。

12月10日，由北京大学新闻与传播学院、苏州大学红十字国际学院主办的"数智时代的人道传播与人道主义事业——技术、人文与共生"学术研讨会在北京大学新闻与传播学院成功召开。来自国内30多所高校、科研机构、社会组织的50余位专家学者、业界同行出席会议。

12月10日，由中共陕西省委宣传部、中共陕西省委网信办、中国公共关系协会指导，西安交通大学新闻与新媒体学院、厦门大学新闻传播学院共同主办的"第三届'一带一路'国际传播能力建设论坛"在中国陕西西安举办。中国公共关系协会副会长张小影，陕西省委宣传部副部长单红，陕西省委网信办副主任马卫东，西安交通大学党委常委、副校长席光，中国新闻史学会会长王润泽，厦门大学新闻传播学院院长余清楚出席论坛开幕式并致辞。西安交通大学党委常委、统战部部长张定红主持开幕式。

12月11日，湖南省"传承中华优秀传统文化"干部专题研修班开班仪式湖南师范大学新闻与传播学院书山论坛举行。此次研修班为期5天，由省委组织部依托湖南师范大学、中南大学和湖南大学等高校开展。来自63家组织单位共计180余名干部参与此次研修活动，旨在提高省直单位干部综合素质、落实习近平总书记对湖南重要指示批示，巩固拓展主题教育成果，勠力同心实现"三高四新"美好蓝图、加快建设社会主义现代化新湖南。

12月15日，在国家体育馆副馆举办的"AI无处不在，创芯无所不及——2023英特尔新品发布会暨AI技术创新派对"活动上，中国传媒大学"英特尔人工智能生成艺术创作实践中心"（CUC-Intel Generative AI Creativity Center）宣布成立。中国传媒大学党委常委、副校长柴剑平出席活动并与英特尔全球副总裁、中国区市场销售部总经理王稚聪，英特尔中国首席营销官吕冬等共同为创作实践中心揭牌。

12月16日，第七届中国舆论学论坛在重庆大学新闻学院召开，来自国内近30所高校的学者与业界专家齐聚一堂，共同探讨"新时代中国舆论学自主知识体系建设：议题及思路"，旨在总结和推动中国舆论学研究在理论和实践层面的探索和创新。此届论坛由中国新闻史学会舆论学研究专业委员会主办，重庆大学新闻学院承办，重庆大学数字媒体与传播研究院协办。

12月16日，"展现可信、可爱、可敬的中国形象——KOL 提升国际传播效能研讨会"在上海外国语大学虹口校区举办。此次会议由上海市重点培育智库"多语种国际舆情与话语研究"和上海市高校一类智库中国国际舆情研究中心共同主办。来自国内外的50 余位学界和业界专家学者通过线上线下的方式，围绕 KOL 如何在国际传播中发挥作用进行了深入研讨。

12月16日，全球气候治理的中国方案与国际传播学术研讨会在厦门大学思明校区举行。此次会议由中国气候传播项目中心与厦门大学新闻传播学院联合主办，厦门大学福建媒体发展研究院和广西大学气候与健康传播研究中心协办，来自 34 所高校科研院所的 60 名学者参加了会议。会议设置主旨演讲和五个分论坛。

12月16日，由中南财经政法大学党委宣传部、新闻与文化传播学院主办的"新闻的力量——第十九届影像中南文化艺术节闭幕式暨颁奖典礼"在南湖会堂顺利举行。

12月16—17日，2023 中国应用新闻传播论坛暨"应用新闻传播十大创新案例"发布大会在中南财经政法大学召开。该论坛由中国新闻史学会应用新闻传播学专业委员会、中南财经政法大学主办，中南财经政法大学新闻与文化传播学院、中南财经政法大学网络舆情研究中心承办。此届论坛聚焦"连接、开放、共享：应用新闻传播新动向"主题，多位新闻行业专家发表主题演讲，数十位来自不同高校的博士生、研究进行主题发言。

12月20日，第六期风向标论坛以"构建新时代中国科技国际传播体系"为主题在国家科技传播中心举办。北京市委宣传部一级巡视员徐和建、中国科协科学技术传播中心副主任陈锐、北京外国语大学国际新闻与传播学院院长姜飞、天津大学新媒体与传播学院院长陆小华、《科技日报》总编辑助理王俊鸣、《中国日报》评论部主任朱萍、腾讯集团战略传播中心高级研究员徐可等嘉宾出席，多位专家学者参加了此次活动。活动由北京外国语大学国际新闻与传播学院教授相德宝主持。

12月22日，上海外国语大学"国际传播研究中心揭牌仪式暨交叉学科创新科研项目开题论证会"在松江校区举行。会上，上海外国语大学国际传播研究中心揭牌成立。学校相关部处负责人以及校内外专家学者 20 余人参会。参会嘉宾结合自身专长，为深化课题研究、加强跨学科协同创新交流了意见。

12月22日，首届湖南省高校大学生"做马克思主义新闻观的践行者"征文颁奖典礼暨马克思主义新闻观教育创新论坛在湖南大学举办。2023 年 6—12 月，湖南省新闻传播学会、湖南大学新闻与传播学院、湖南大学马克思主义新闻观研究中心面向湖南全省高校在读学生开展"做马克思主义新闻观的践行者"征文活动，全省 17 所高校的 1000 多名学子参与活动。活动现场还举办了首届马克思主义新闻观教育创新论坛，创新论坛分为

"马克思主义新闻观教育与实践创新研究"教师分论坛和"做马克思主义新闻观的践行者"学生分论坛。

12月22日，第二届智能传播案例发布仪式暨大视听产业发展研讨会在北京印刷学院举行。新华社媒体融合生产技术与系统国家重点实验室"'问道'学习知识云权威思想智能问答学习平台"、国广国际在线网络（北京）有限公司"楼兰国际传播智慧云平台"等16个项目入选第二届智能传播案例。中国广播电视社会组织联合会副会长王求、中国社会科学院新闻与传播研究所所长胡正荣、中共北京印刷学院党委副书记彭红、中广联合会智能全媒体委员会会长辛如记，以及智能传播案例入选单位的领导、专家学者、编辑记者等70余位代表出席会议。

12月22日，由北京印刷学院主办的"纪念国际莫比斯多媒体大奖赛30周年学术论坛"于线上举行。出席此次国际学术论坛的嘉宾有国际莫比斯大赛主席、联合国教科文组织"数字创新、传输和出版"首席专家、法国巴黎第八大学副校长茜斯莲娜·阿兹玛赫教授，原法国文化部、文化科技司司长让-皮埃尔·达尔贝拉先生，联合国教科文组织"数字创新、传输和出版"教席成员、巴黎第八大学教授马修·奎尼奥先生，清华大学出版社奚春雁教授，原北京印刷学院设计艺术学院胡杰教授等。

12月23日，智能媒体与智能营销传播发展前沿论坛暨第五届智能营销传播学术工作坊在武汉大学新闻与传播学院举办。此次会议聚焦以 ChatGPT 等为代表的生成式大模型开创的新时代背景下媒体和营销传播领域的变革、机遇和挑战，由论坛主旨演讲和学术工作坊专题讨论两部分组成。来自清华大学、上海交通大学、中国传媒大学、暨南大学、武汉大学、华中科技大学等国内20余所高校的专家学者分享了智能媒体与智能营销传播前沿研究成果。

12月23日，新时代核科技出版与传播发展论坛暨中国原子能出版社成立50周年座谈会在北京举办。会议总结了出版社50年来与核同行、守正创新的奋斗历程。一是传播核科技信息，服务核科技创新；二是传承红色基因，弘扬核工业精神；三是出版多层次教材，支撑人才培养；四是普及核科学技术，提高全民族核科学素养。中国科学院院士张焕乔、吴宜灿，中国工程院院士胡思得、周永茂、于俊崇、樊明武、罗琦，通过视频向出版社送上祝福。

12月23日，高质量传媒高等教育助推京津冀协同发展研讨会在河北师范大学新闻传播学院举办。来自北京师范大学、天津师范大学、河北大学、河北经贸大学、河北科技大学、河北传媒学院等京津冀地区十几所高校的20余名专家、学者，以及河北师范大学新闻传播学院师生近百人参加会议。与会专家围绕京津冀地区一流传媒类学科、专业建设与合作，京津冀地区中华优秀传统文化传播研究与课程思政，人工智能赋能传媒类人才培养教学创新等议题进行了深入而热烈的交流，为以高质量传媒高等教育助推京津冀协同发展提供了思路和建议。

12月23日，中国科技新闻学会主办的2023中国科技传播论坛暨中国科技新闻学会35周年圆桌对话在京召开。此次论坛以"增强科技新闻工作者群体势能 提升科技传播全媒体创新动能"为主题，探讨科技新闻领域前沿话题，凝聚行业共识。来自全国各地的科技新闻工作者齐聚一堂，共同回顾中国科技新闻学会的发展历程，展望未来的发展愿景。

12月23日，智能传播与国际传媒能力建设论坛暨《智能媒体发展报告2023》发布会在杭州举办。该论坛和发布会由浙江传媒学院人文社科学部、浙江省传播与文化产业研究中心、浙江省社会治理与传播创新研究院、长三角智能传播研究院等多家单位共同主办，国家社科基金重大项目"融媒体环境下互联网平台型企业现代治理模式研究""互联网环境下新闻理论范式创新研究""'双循环'新格局下中国数字版权贸易国际竞争力研究"提供学术支持。

12月23日，智媒时代的国际传播创新论坛在南京师范大学新闻与传播学院召开。论坛邀请来自美国雪城大学、英国斯特灵大学、斯里兰卡科伦坡大学等高校的海外学者，省内国际传播方向的资深专家，以及中外新闻传播学子共聚一堂，在全球视野下，围绕智媒时代的国际传播前沿问题，开展交流互鉴。

12月24日，由中国新闻史学会广告与传媒发展专业委员会主办的"上海大学广告一流专业建设暨全国第八届广告教育学术论坛"在上海大学宝山校区乐乎楼学海厅召开。研讨会为2023上海大学广告学专业设立30周年庆典活动的学术主论坛，来自国内外的高校、媒体、企业的50余位嘉宾围绕大会主题，通过主旨演讲、主题报告、圆桌对话，为推动广告教育和广告产业高质量发展建言献策。上海大学新闻传播学院院长严三九、副院长牛盼强、厦门大学新闻传播学院陈培爱教授、上海外国语大学姜智彬教授等嘉宾出席会议。

12月29日，北京印刷学院与中国共产党早期北京革命活动纪念馆联合主办的"马克思主义在中国的早期传播"主题论坛在北京印刷学院学术交流中心举办。"光辉伟业红色序章——北大红楼与中国共产党早期北京革命活动主题展"巡展同期开展。中国共产党早期北京革命活动纪念馆副馆长黄春锋，中国电影博物馆社会教育部副主任黄婷，人民出版社编审侯俊智，中国印刷博物馆研究室主任章泽锋，以及北京印刷学院党委副书记彭红，党委常委、纪委书记冯怡，新闻传播学院、马克思主义学院师生代表参加活动。

12月30日，践行四力——新闻实践教学研讨会在厦门大学思明校区新闻传播学院至善楼411教室举行。会议由厦门大学新闻传播学院教授、博士生导师、新闻学系主任殷琦主持，来自福建省9所高校、3家新闻机构的17位专家学者参加会议。

（辽宁大学新闻与传播学院　吴优、崔振宇、杨超先、张津）

本年鉴的出版，受到了安徽大学新闻传播学院、河南大学新闻与传播学院、南京大学新闻传播学院、深圳大学传播学院的资助，谨在此表示衷心的感谢！

《中国新闻传播教育年鉴》编辑部

2024 年 10 月